단원별 기출문제집

+ 빈출 지문 OX

Always with you

사람이 길에서 우연하게 만나거나 함께 살아가는 것만이 인연은 아니라고 생각합니다.
책을 펴내는 출판사와 그 책을 읽는 독자의 만남도 소중한 인연입니다.
(주)시대고시기획은 항상 독자의 마음을 헤아리기 위해 노력하고 있습니다.
늘 독자와 함께하겠습니다.

코로나19 바이러스 "친환경 99.9% 항균잉크 인쇄" 전격 도입

언제 끝날지 모를 코로나19 바이러스
99.9% 항균잉크(V-CLEAN99)를 도입하여 「**안심도서**」로
독자분들의 건강과 안전을 위해 노력하겠습니다.

항균잉크(V-CLEAN99)의 특징

- 바이러스, 박테리아, 곰팡이 등에 항균효과가 있는 산화아연을 적용
- 산화아연은 한국의 식약처와 미국의 FDA에서 식품첨가물로 인증받아 **강력한 항균력**을 구현하는 소재
- 황색포도상구균과 대장균에 대한 테스트를 완료하여 **99.9%의 강력한 항균효과** 확인
- 잉크 내 중금속, 잔류성 오염물질 등 **유해 물질 저감**

TEST REPORT

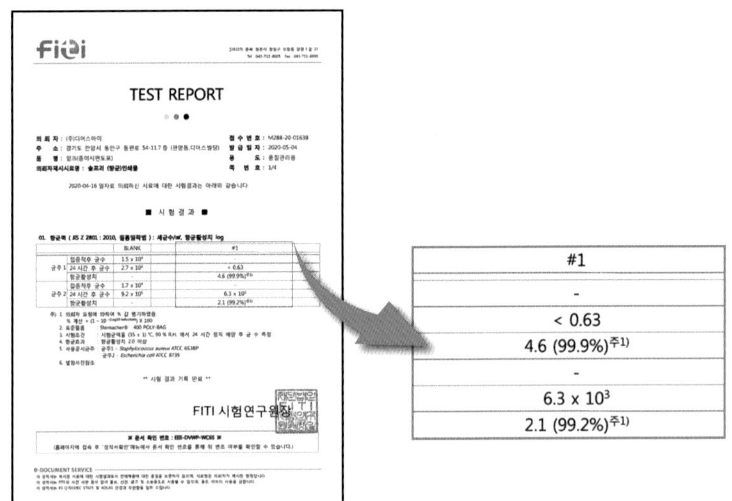

FITI

TEST REPORT

의 뢰 자 : (주)디어스아이
주 소 : 경기도 안양시 동안구 동편로 54-11 7층 (관양동,디어스빌딩)
품 명 : 잉크(종이시편도포)
의뢰자제시시료명 : 솔프리 (항균)인쇄물

접 수 번 호 : M288-20-01638
발 급 일 자 : 2020-05-04
용 도 : 품질관리용
쪽 번 호 : 1/4

2020-04-16 일자로 의뢰하신 시료에 대한 시험결과는 아래와 같습니다

■ 시험결과 ■

01. 항균력 (JIS Z 2801 : 2010, 필름밀착법) : 세균수/㎠, 항균활성치 log

		BLANK	#1
균주 1	접종직후 균수	1.5×10^4	-
	24 시간 후 균수	2.7×10^6	< 0.63
	항균활성치	-	4.6 (99.9%)주1)
균주 2	접종직후 균수	1.7×10^4	-
	24 시간 후 균수	9.2×10^6	6.3×10^3
	항균활성치	-	2.1 (99.2%)주1)

** 시험 결과 기록 완료 **

FITI 시험연구원장

#1
-
< 0.63
4.6 (99.9%)주1)
-
6.3×10^3
2.1 (99.2%)주1)

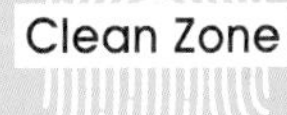

본서는 2007년부터 2021년까지 7·9급 공무원시험에서 출제된 국제법 기출문제를 상세한 해설과 함께 단원별로 분류한 객관식 문제집입니다. 객관식 시험을 준비하는 데 있어 같은 유형의 객관식 문제들을 연습하는 것은 그 무엇보다 중요한 과정이며, 특히 기출문제는 출제경향을 파악할 수 있는 가장 중요한 자료가 될 것입니다. 본서는 이러한 객관식 문제 연습과 출제경향 파악을 희망하는 공무원시험 수험생들에게 중요한 수험서가 될 것입니다.

본서의 특징은 다음과 같습니다.

1 본서의 기본적인 편제는 편저자의 기존 국제법 수험서들과 마찬가지로 2001년 대한국제법학회의 권고안을 따랐습니다. 따라서 편저자의 기존 국제법 수험서들과 함께 공부한다면 더욱더 효율적인 수험준비가 될 것이며, 혹시나 본서와 편제가 다른 일부 수험서들로 공부를 한 경우에도 전반적인 편제는 2001년 대한국제법학회의 권고안과 대동소이하므로 출제경향 파악과 객관식 문제연습을 위한 수험서로서는 본서가 더없이 좋은 역할을 할 것입니다.

2 공무원시험의 국제법 출제경향은 '조문 : 이론 : 판례'가 '65% : 30% : 5%' 정도의 비율로 출제됩니다. 특히 조문의 경우에는 조문 자체의 표현을 그대로 사용하여 출제하는 경우들이 많으므로 외교부의 조약문 공식번역본의 표현들을 익숙하게 해두는 것이 중요한바, 본서의 문제해설에서는 조문을 근거로 출제된 지문의 경우 관련된 조문을 해설에서 직접 제시하여 수험생들이 별도로 조약집 등을 찾아야 하는 번거로움을 덜 수 있도록 구성하였습니다.

3 30% 정도 출제되는 국제법 이론에 대하여 교수 저서에서 견해대립이 있거나 또는 표현이나 서술방식이 다른 부분들이 있는 경우 그러한 부분들을 별도로 정리하여 해설에 추가함으로써, 기출지문과 다른 내용이나 표현으로 출제될 경우를 대비할 수 있도록 구성하였습니다.

4 5% 정도 출제되는 판례의 경우 사실관계를 물어보는 경우는 거의 없으며, 관련된 주요쟁점과 판시내용이 주로 출제되는바, 정답과 직접 관련이 없는 판례의 경우에도 해설에서 관련된 주요쟁점들을 함께 제시하여 줌으로써 추가적인 판례출제의 경우도 대비할 수 있도록 하였습니다.

본서로 수험준비를 하시는 모든 분들께 합격의 기쁨이 함께하기를 기원합니다.

편저자 드림

국가직 7급	07년	08년	09년	10년	11년	12년	13년	14년	15년	16년	17년	18년	19년	20년	21년	평균
조문	60%	67.5%	70%	55%	60%	70%	82%	75%	70%	55%	72%	72%	70%	60%	70%	67%
이론	36%	32.5%	25%	40%	37.5%	24%	12%	21%	25%	35%	20%	18%	27%	30%	30%	27%
판례	4%	5%	5%	5%	2.5%	6%	6%	4%	5%	10%	8%	10%	3%	10%	10%	6%
국제법 기초이론	2문	1문	2문	2문	2문	2문	1문	2문	0문	2문	1문	1문	1문	2문	3문	1.5문
국가	2문	2.5문	3문	5문	3문	3문	2문	3문	4문	2문	2문	5문	5문	5문	5문	3.4문
국제기구	3문	2문	1문	0문	2문	2문	2문	2문	3문	3문	1문	1문	2문	1문	2문	1.8문
개인	3문	4.25문	4문	3.5문	2문	2문	2.5문	2문	3문	3문	5문	2문	1문	2문	4문	2.9문
국가영역 및 해양법	4문	3.25문	3문	4.25문	5문	4문	4문	5문	4문	4문	5문	4문	4문	4문	5문	4.2문
국가기관 및 조약	3문	4문	3문	2.25문	2문	3문	4문	2문	3문	3문	2문	3문	3문	2문	2문	2.8문
분쟁해결	1문	1문	1문	1문	2문	2문	2.5문	2문	1문	1문	3문	1문	2문	2문	2문	1.5문
국제경제법	2문	2문	3문	2문	2문	2문	2문	2문	2문	2문	1문	3문	2문	2문	2문	2문
국가직 9급	07년	08년	09년	10년	11년	12년	13년	14년	15년	16년	17년	18년	19년	20년	21년	평균
조문	55%	50%	75%	70%	45%	60%	60%	38%	65%	70%	55%	62%	72%	53%	50%	59%
이론	36%	46%	25%	29%	50%	37%	33%	50%	30%	29%	39%	33%	20%	35%	45%	35%
판례	9%	4%	0%	1%	5%	3%	7%	12%	5%	1%	6%	5%	8%	12%	5%	6%
국제법 기초이론	3문	2문	2문	2문	2문	2문	1문	1문	3문	2문	2문	2문	1문	2문	2문	2문
국가	2문	4문	4문	3문	3문	3문	2문	4문	3문	4문	3문	5문	5문	4문	3문	3.5문
국제기구	3문	2문	2문	2문	2문	2문	1문	2문	2문	2문	3문	2문	2문	1문	2문	2문
개인	2문	2문	2문	2문	2문	2문	2문	2.5문	3문	2문	2문	3문	2문	2문	2문	2.2문
국가영역 및 해양법	3문	3문	3문	5문	5문	4문	4문	5.5문	5문	4문	4문	3문	4문	5문	5문	4.1문
국가기관 및 조약	3문	3문	3문	2문	2문	3문	3문	2문	1문	2문	3문	2문	3문	1문	2문	2.3문
분쟁해결	2문	2문	2문	2문	2문	2문	4문	1문	1문	2문	1문	1문	1문	2문	2문	1.8문
국제경제법	2문	2문	2문	2문	2문	2문	3문	2문	2문	2문	2문	2문	2문	3문	2문	2.1문

객관식 국제법 시험은 과거에 외무고시, 행정고시, 사법시험, 경찰간부시험 등에서도 시행되었으나, 현재는 국가직 7급 및 국가직 9급 공무원시험 정도에서만 매년 시행되고 있을 뿐이며, 지방직 시험에서는 2011년 이후 시행되지 않고 있다. 해경특채시험, 해경승진시험, 해경5급시험에서도 국제법 과목이 시행되었거나 또는 현재 시행되고 있으나 이들 시험의 국제법 문제들은 다른 시험의 기출문제들을 거의 동일한 형태로 반복하는 문제들이 대부분이므로 별도의 출제경향 분석은 필요 없는 내용들이다. 이 책으로 수험준비를 하는 수험생들 대부분의 관심사인 국가직 7급 및 국가직 9급 공무원시험의 국제법 출제경향을 살펴보면 다음과 같다.

국제법 과목은 기출문제가 반복해서 출제되는 비율이 매우 높다. 시험에 따라 그 비율이 조금씩 달라지기는 하지만 2017년까지는 대부분의 공무원시험에서 국제법 문제는 1~2문제 정도를 제외하고는 기출문제의 내용을 반복하는 것이었다. 다만 최근에는 기출문제의 범위를 벗어난 문제의 비율이 올라간 시험들이 나타나고 있는바, 국제법이 직렬별 필수과목이 된 이후에는 변별력 제고를 위하여 이러한 경향이 당분간 지속될 것으로 보인다. 이러한 경향 하에서도 9급 시험과 7급 시험은 기출문제의 내용을 반복하는 비율이 다르다. 9급 시험의 경우 기출문제의 범위를 벗어난 문제들의 수가 2018년 2문, 2019년 3문, 2020년 2문, 2021년 2문 정도로 이전보다는 조금 더 올라갔으나 급격하게 올라가지는 않았다. 이에 반해 7급 시험의 경우 기출문제의 범위를 벗어난 문제들의 수가 2018년 5문, 2019년 5문, 2020년 7문, 2021년 5문 정도로 9급 시험에 비해 상대적으로 높은 편이다.

수험준비의 관점에서 기출문제의 범위를 벗어난 문제들을 분류하면, 처음 출제되기는 하였지만 대부분의 교수저서에서 다루어지고 있는 내용으로서 가끔씩이라도 다시 출제될 가능성이 있는 내용들과, 처음 출제되었고 대부분의 교수저서에서도 다루어지지 않고 있는 내용으로서 다시 출제될 가능성이 지극히 낮은 문제들이 있다. 전자의 예로는 본서 54쪽 27번의 「조약의 국가승계에 관한 비엔나협약」에 관한 2018년 7급 문제가 있는바, 이 문제는 2019년 9급 시험에서 다시 출제되었다(52쪽 26번 문제). 이런 문제의 경우에는 관련 내용들을 정리하여 반복하여 학습을 하여야 한다. 후자의 예로는 본서 20쪽 25번의 「법적 의무를 창출하는 국가의 일방적 선언에 관한 적용원칙」에 관한 2019년 7급 문제가 있으며, 이런 문제의 경우에는 해당 기출문제 자체와 그 해설만으로 내용을 정리해 두고 공부범위를 확장하는 데 있어서 신중을 기하여야 한다.

총 14개년(2007~2020) 국제법 기출문제 수록

총 14개년의 국제법 기출문제를 2001년 대한국제법학회의 권고안에 따른 편제에 따라 분류하였습니다.

PART 1

국제법 기초이론

국 제 법 1 4 개 년 단 원 별 기 출 문 제 집

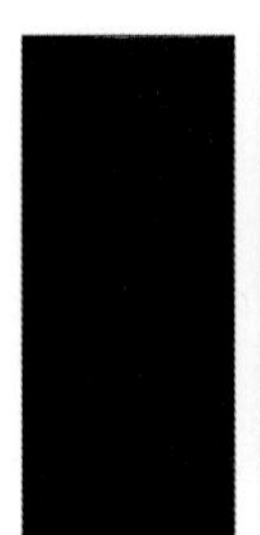

CHAPTER 01 국제법 개설

CHAPTER 02 국제법의 법원

CHAPTER 03 국제법과 국내법의 관계

정확하고 상세한 해설

문제와 관련된 조문을 해설에 수록하여 학습의 편의성을 더했으며, 학설의 대립이 있거나 같은 뜻을 가진 다른 표현이 있을 경우 해설에 별도로 정리하였습니다.

국제관습법에 대한 설명으로 옳지 않은 것은? 10년 9급

① 국제관습법은 일반적 관행과 법적 확신에 의하여 형성된다.
② 오로지 두 국가 간에도 국제관습법이 성립될 수 있다.
③ 국제관습법은 국제사법재판소(ICJ)에서 재판준칙으로 적용된다.
④ 국제관습법의 … 다.

더 알아보기 국제

① 재판소는 재판소

가. 분쟁국에 의하

나. 법으로 수락

다. 문명국에

해설

난도 ★

① [○] … 의 '관행'과 주관적 요건으로서의 '법적 확신'이 있어야 하며, 관행은 … 야 한다.
② [○] … 국가 사이에서도 국제관습법이 성립될 수 있다고 하였다.
③ [○] ICJ … 반원칙', '판결과 학설' 및 당사자가 합의하는 경우에 '형평과 선'을 재판준칙 …
④ [×] 조약과 … 하다. 조약과 국제관습법 상호간에는 특별법우선의 원칙, 신법우선의 원칙이 적용 …

더 알아보기 국제사법재판소(ICJ) 규정 제38조

① 재판소는 재판소에 회부된 분쟁을 국제법에 따라 재판하는 것을 임무로 하며, 다음을 적용한다.
가. 분쟁국에 의하여 명백히 인정된 규칙을 확립하고 있는 일반적인 또는 특별한 국제협약(조약)
나. 법으로 수락된 일반관행의 증거로서의 국제관습
다. 문명국에 의하여 인정된 법의 일반원칙
라. 법칙결정의 보조수단으로서의 사법판결 및 제국(諸國)의 가장 우수한 국제법 학자의 학설. 다만, 제59조(재판소 결정의 효력)의 규정에 따를 것을 조건으로 한다.
② 이 규정은 당사자가 합의하는 경우에 재판소가 형평과 선에 따라 재판하는 권한을 해하지 아니한다.

답 ④

국제법 관련 주요 판례

알아두어야 할 국제법 관련 판례를 해설 부분에 수록하였습니다.

④ 국제사법재판소는 2012년 페리니(Ferrini) 사건에서 국제법상 강행규범을 위반하는 국가에 주권면제가 적용되지 않는다고 밝혔다.

해설
난도 ★★★
① [○] 우리나라 대법원은 1998년 주한미군 식당에서 해고된 노동자가 미국 정부를 상대로 제기한 소송에서 제한적 주권면제론을 수용한 판결에서 "국제관습법에 의하면 국가의 주권적 행위는 다른 국가의 재판권으로부터 면제되는 것이 원칙이라 할 것이나, 국가의 사법적 행위까지 다른 국가의 재판권으로부터 면제된다는 것이 오늘날의 국제관습법이라고 할 수 없다."라고 하여 국제관습법을 근거로 국가면제를 인정하는 판결을 하였다.
② [○] 제한적 주권면제론에서는 국가의 행위를 권력적 · 공법적 · 비상업적 행위와 비권력적 · 사법적 · 상업적 행위로 구분하여 전자에 대해서만 국가면제를 부여한다.
③ [○] 국가면제와 국가원수나 외교사절의 특권 · 면제는 구별된다.
④ [×] 2012년 독일–이탈리아간 국가관할권 면제 사건(페리니 사건)에서 ICJ는 제2차 세계대전 중에 있었던 독일의 행위가 강행규범 위반과 관계된 것일지라도 국제관습법인 주권면제가 적용된다고 하였다.

문항별 점검표

문항별로 완벽하게 학습이 되었는지를 점검할 수 있도록 구성하였습니다.

07 국제법과 국내법의 관계에 대한 설명으로 옳은 것은?

확인 Check! ○ △ ×

① 대부분의 국가에서 국제관습법은 변형의 방식으로 국내법적 효력을 갖는다.
② 영국은 조약에 대하여 수용이론을 채택하여 일원론적 입장을 취하고 있다.
③ 미국은 ... 자기집행적 조약으로 인정한다.
④ 국... 원칙적으로 개별국가가 판단할 문제이다.

...은 수용의 방식으로 국내법적 효력을 갖는다.
...론을 채택하여 이원론적 입장을 취하고 있다.
...조약규정에 나타난 당사국의 의도와 주변상황 등을 고려하여 판...
...캘리포니아 사건'에서 인권과 관련된 UN헌장 제55조와 제56조는 비...
바 있다.
④ [○] 국제사회에는 중앙집권적인 집행기구가 없으며, 개별국가의 국제법상 의무이행의 방법은 당...

단원별 빈출 지문 OX, 2021년 국가직 7·9급 최신기출문제 수록

시험에 자주 출제되는 핵심 지문을 반복학습할 수 있도록 단원별 빈출 지문 OX를 수록하였으며 2021년 국가직 7·9급 국제법 기출문제를 통해 실제 시험처럼 풀어볼 수 있도록 구성하였습니다.

부록1 단원별 빈출 지문 ○×

PART 1 국제법 기초이론

001 국제조직과 개인이 국제법 주체로 등장함으로써 국제법의 개념을 국가 간의 관계를 규율하는 법이 아닌 국제사회의 법으로 파악하는 주장의 근거가 되었다. [98년 외시] ○ ×

2021 국가직 7급 국제법

풀이시간 : ________ 분

01 국가관할권에 대한 설명으로 옳은 것은?
① 상설국제사법재판소(PCIJ)는 Lotus호 사건에서 국가가 영역 밖으로 관할권을 행사하려면 명시적인 국제법적 근거가 필요하다고 보았다.

03 국제법위원회(ILC) 2001년 「국제위법행위에 관한 국가책임초안」의 해석상 국가책임에 대한 설명으로 옳지 않은 것은?
① 국가가 종교단체에 교도소의 운영을 위탁한 경우, 그 종교단체의 행위로 국가책임이 성

목차

PART 1
국제법 기초이론

국제법 14개년 단원별 기출문제집

CHAPTER 01 국제법 개설

CHAPTER 02 국제법의 법원

CHAPTER 03 국제법과 국내법의 관계

CHAPTER 01 국제법 개설

제1절 국제법의 의의

01 **다음 중 국제법의 규율사항으로 볼 수 없는 것은?** 09년 지방

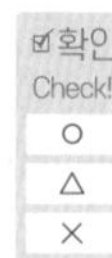

① A국이 B국 영토를 무력으로 공격하였다.
② B국 기업이 A국으로 수출하고 있는 상품에 대하여 A국 세관이 법적 근거 없이 수입금지 조치를 취하였다.
③ B국 정부가 외국으로부터 상품을 구매하는 데 있어 A국 기업의 동종상품을 이유 없이 차별하였다.
④ A국 민간기업이 B국 민간기업과 상품의 수출입 계약을 체결했는데, B국 민간기업이 이유 없이 일방적으로 계약 파기를 선언하였다.

해설

난도 ★★

현대사회에서의 국제법은 일반적으로 '국제사회의 법'으로 정의된다. 가장 기본적으로 국제법 주체는 국가이며, 국제기구도 다양한 분야에서 국제법 주체로 활동하고 있으며, 개인도 조약에서 별도로 규정하고 있는 경우에는 소송당사자 등의 국제법 주체가 될 수 있다.

① [○] 국가 대 국가 간의 분쟁으로서 국제법의 규율사항이 된다.
② [○], ③ [○] 국제경제법상 어느 한 국가가 국제법을 위반하여 다른 국가의 기업에게 피해를 준 경우 그 다른 국가가 관련 국제법에 따라 소송을 제기할 수 있으며 이 경우 국제법이 적용된다.
④ [×] 민간기업과 민간기업간의 계약에 대해서는 국제법이 적용되지 않는다.

답 ④

제2절 국제법의 성질

제3절 국제법의 역사

02 **국제법 역사에 대한 설명으로 옳은 것은?** 20년 7급

① Bynkershoek는 자연법론에 입각한 국제법관을 주장한 대표적인 학자이다.
② Gentili는 국제법학을 신학이나 윤리학으로부터 분리하고 확립한 학자로 평가된다.
③ Zouche는 국제법을 jus inter gentes 대신 jus gentium으로 호칭하자고 주장하였다.
④ Bentham은 jus gentium을 law of nations로 번역하여 사용한 최초의 학자이다.

해설
난도 ★★★
① [×] 빈켈슈크는 근대 실증주의적 국제법학의 시조로 평가받고 있다.
② [○] 젠틸리는 국제법학을 신학이나 윤리학으로부터 분리해 국제법학의 고유영역을 개척한 최초의 학자로 거론되고 있다.
③ [×] 즈우치는 국제법을 jus gentium 대신 jus inter gentes로 호칭하자고 주장하였다.
④ [×] 벤담은 jus inter gentes를 번역하여 international law라는 용어를 처음으로 사용하였다.

답 ②

제4절 국제법의 주체

03 **국제법에 대한 설명으로 옳은 것은?** 20년 9급

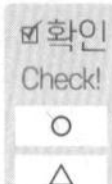

① 20세기 초까지 다수의 국제법 학자들은 국제기구 및 개인을 국가와 동일한 국제법 주체로 간주하였다.
② 'Jus gentium'이라는 용어는 현재에도 국제법의 다른 표현으로 널리 이용되고 있다.
③ 푸펜도르프(Pufendorf)는 실정법만이 법적으로 구속력 있는 규칙을 담고 있다고 주장하였다.
④ 국제사법은 국제적 규범체제, 즉 국제법이 아닌 특정 국가의 국내법의 명칭에 불과하다.

해설
난도 ★★

① [×] 국제기구가 국제사회에 등장하기 시작한 것은 19세기이며, 20세기 초에 보편적 기구가 발전하기 시작하였다. 개인이 국제법 주체로 인정되기 시작한 것은 20세기 초이며, 국제법 주체로 인정되는 경우에도 제한적 · 수동적 주체일 뿐이며, 국가와 동등한 지위가 인정되지는 않는다.
② [×] 'Jus gentium'이라는 용어는 고대로마제국에서 로마인과 로마인 간에 적용되는 법인 'Jus civile'(시민법)에 대비되는 개념으로, 로마인과 이민족 간 및 이민족 상호간에 적용되는 법을 지칭하던 용어다. 'Jus gentium'이라는 용어가 '국제법'(international law)이라는 용어의 어원으로 인정되기는 하지만 그 법적 성격은 어디까지나 국내법이며, 현대의 '국제법' 개념과는 구별되는 것이다.
③ [×] 푸펜도르프(Pufendorf)는 자연법만이 유일한 법이라고 했던 강경한 자연법론자다.
④ [○] 국제사법이란 섭외사법 사건에서 어느 국가의 법을 적용할 것인가를 결정하는 법으로서 국내법에 해당된다.

답 ④

CHAPTER

02 국제법의 법원

제1절 법원 일반론

01 국제사법재판소(ICJ) 규정 제38조 제1항에 규정된 재판준칙으로서 옳지 않은 것은? 16년 9급

☑확인 Check! ○ △ ×

① 분쟁국에 의하여 명백히 인정된 규칙을 확립하고 있는 일반적인 또는 특별한 국제협약
② 법으로 수락된 일반관행의 증거로서의 국제관습
③ 문명국에 의하여 인정된 법의 일반원칙
④ 법칙결정의 보조수단으로서 UN 총회결의

해설
난도 ★
① [○] ICJ규정 제38조 제1항 가호.
② [○] ICJ규정 제38조 제1항 나호.
③ [○] ICJ규정 제38조 제1항 다호.
④ [×] ICJ규정 제38조 제1항 라호에서는 '법칙결정의 보조수단으로서의 사법판결 및 제국의 가장 우수한 국제법 학자의 학설'을 규정하고 있다. UN총회결의를 비롯한 국제기구의 결의에 대한 내용이 없다.

더 알아보기 ICJ규정 제38조

① 재판소는 재판소에 회부된 분쟁을 국제법에 따라 재판하는 것을 임무로 하며, 다음을 적용한다.
가. 분쟁국에 의하여 명백히 인정된 규칙을 확립하고 있는 일반적인 또는 특별한 국제협약
나. 법으로 수락된 일반관행의 증거로서의 국제관습
다. 문명국에 의하여 인정된 법의 일반원칙
라. 법칙결정의 보조수단으로서의 사법판결 및 제국의 가장 우수한 국제법 학자의 학설. 다만, 제59조의 규정에 따를 것을 조건으로 한다.

답 ④

02 국제사법법원(ICJ) 규정 제38조가 규정하는 재판의 준칙에 대한 설명으로 옳지 않은 것은?

12년 7급

☑확인 Check! ○ △ ×

① '법으로 수락된 일반관행의 증거로서의 국제관습'이 성립하기 위해서는 국제법 주체의 일관되게 반복되는 행위로 형성되는 일반관행과 법적 확신(opinio juris)을 갖추어야 한다.
② '문명국에 의하여 인정된 법의 일반원칙'은 국내법의 원칙으로 보는 것이 일반적이나 국제법의 원칙도 포함된다는 입장도 있다.
③ ICJ는 직권으로 '형평과 선(ex aequo et bono)'을 재판준칙으로 사용할 수 없다.
④ 국내법원의 사법판결(judicial decisions)은 ICJ의 재판준칙으로 사용될 수 없다.

해설

난도 ★★

① [○] ICJ규정 제38조 제1항 나호에서는 "법으로 수락된 일반관행의 증거로서의 국제관습"으로 명시하고 있으며, 국제관습법이 성립하기 위해서는 '관행'과 '법적 확신'이 있어야 하며, '관행'은 일반성 · 통일성 · 일관성 · 지속성의 요건을 갖추어야 한다.
② [○] '문명국에 의하여 인정된 법의 일반원칙'에서 '문명국'은 전 세계 모든 국가를 의미하며, '법'은 국내법을 의미한다는 것이 일반적 견해다. 다만 '법'의 의미에 대해 '국제법'을 의미한다는 견해, '국제법과 국내법'을 통칭한다는 견해도 있다.
③ [○] ICJ규정 제38조 제2항에서는 "이 규정은 당사자가 합의하는 경우에 재판소가 형평과 선에 따라 재판하는 권한을 해하지 아니한다."고 규정하고 있다.
④ [×] ICJ규정 제38조 제1항 라호에서 규정한 '사법판결'에는 국제재판 · 국내재판, 사법재판 · 중재재판을 불문하며 명령과 권고적 의견까지도 포함한다.

답 ④

03 국제사법재판소(ICJ) 규정 제38조에 대한 설명으로 옳지 않은 것은?

09년 9급

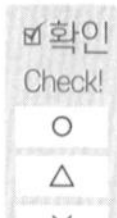

① 국제재판소의 판결은 법칙결정을 위한 보조수단이다.
② '형평과 선'에 의한 재판은 당사자간의 합의가 있는 경우에만 가능하다.
③ '법의 일반원칙'은 국제법상의 일반원칙을 의미한다.
④ 법으로 수락된 일반관행도 재판의 준칙이다.

해설

난도 ★★

① [○] ICJ규정 제38조 제1항 라호.
② [○] ICJ규정 제38조 제2항.
③ [×] ICJ규정 제38조 제1항 다호에 규정된 '법의 일반원칙'은 국내법의 일반원칙을 의미한다는 것이 일반적 견해다.
④ [○] ICJ규정 제38조 제1항 나호.

더 알아보기 ICJ규정 제38조

① 재판소는 재판소에 회부된 분쟁을 국제법에 따라 재판하는 것을 임무로 하며, 다음을 적용한다.
  가. 분쟁국에 의하여 명백히 인정된 규칙을 확립하고 있는 일반적인 또는 특별한 국제협약
  나. 법으로 수락된 일반관행의 증거로서의 국제관습
  다. 문명국에 의하여 인정된 법의 일반원칙
  라. 법칙결정의 보조수단으로서의 사법판결 및 제국의 가장 우수한 국제법 학자의 학설. 다만, 제59조의 규정에 따를 것을 조건으로 한다.

② 이 규정은 당사자가 합의하는 경우에 재판소가 형평과 선에 따라 재판하는 권한을 해하지 아니한다.

답 ③

04 **국제법의 연원(sources of law) 상호간의 효력관계에 관한 설명으로 옳지 않은 것은?** 08년 9급

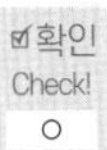

① 조약 상호간에는 원칙적으로 특별법우선의 원칙, 신법우선의 원칙이 적용된다.
② 조약과 국제관습법이 충돌하는 경우에는 일반적으로 어느 것이 더 우선한다고 말할 수 없다.
③ 다자간조약과 지역적 국제관습법이 상충될 경우 다자간조약이 우선한다.
④ 국제연합(UN) 헌장은 그 회원국 사이의 관계에서는 다른 일반 성문조약보다 우선한다.

해설

난도 ★★

① [○], ② [○] 조약과 관습법 상호간, 조약 상호간, 관습법 상호간은 원칙적으로 효력이 동등하며, 특별법우선의 원칙과 신법우선의 원칙이 적용된다.
③ [×] 특별법우선의 원칙에 따라 지역적 국제관습법이 다자간조약에 우선한다.
④ [○] 국제연합회원국의 헌장상의 의무와 다른 국제협정상의 의무가 상충되는 경우에는 이 헌장상의 의무가 우선한다(UN 헌장 제103조).

답 ③

05 **국제법상 조약의 체결과정을 순서대로 바르게 나열한 것은?** 13년 9급

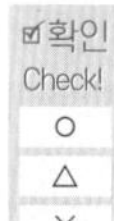

① 교섭 → 서명에 의한 인증 → 비준 → 등록 → 비준서 교환
② 교섭 → 비준 → 서명에 의한 인증 → 등록 → 비준서 교환
③ 교섭 → 비준 → 비준서 교환 → 서명에 의한 인증 → 등록
④ 교섭 → 서명에 의한 인증 → 비준 → 비준서 교환 → 등록

해설
난도 ★★
일반적으로 조약은 '교섭 - 채택 - 인증 - 기속적 동의표시 - 등록'의 절차를 거친다. '비준'은 기속적 동의표시의 방법이며, '비준서 교환'은 체약국들의 '기속적 동의표시'가 확정되는 시점이다.

답 ④

06 **국제법상 조약의 등록과 공고에 대한 설명으로 옳지 않은 것은?** 10년 지방

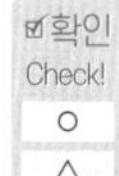

① 비밀조약의 폐해를 예방하기 위하여 도입된 제도이다.
② 국제연맹규약은 등록되지 아니한 조약도 법적인 효력을 가진다고 하였다.
③ UN에 등록되지 아니한 조약의 당사국은 UN의 어떠한 기관에 대하여도 그 조약을 원용할 수 없다.
④ 조약의 등록은 UN사무국에 조약을 등록함으로써 실효성을 높이기 위한 제도이다.

해설
난도 ★★
① [○] 조약의 등록제도는 비밀조약의 폐해를 방지하기 위하여 국제연맹에서 신설된 제도이다.
② [×] 앞으로 연맹국이 체결할 모든 조약 또는 국제협정은 즉시 연맹사무국에 등록하며, 연맹사무국은 가급적 속히 이를 공표하여야 한다. 이러한 조약 또는 국제협정은 전기의 등록을 완료할 때까지는 구속력이 발생하지 않는다(국제연맹규약 제18조). 국제연맹규약은 조약의 등록을 효력요건(발효요건)으로 규정하여 등록되지 않은 조약은 처음부터 효력을 갖지 않는 것으로 하였다.
③ [○] 이 조 제1항의 규정에 따라 등록되지 아니한 조약 또는 국제협정의 당사국은 국제연합의 어떠한 기관에 대하여도 그 조약 또는 협정을 원용할 수 없다(UN헌장 제102조 제2항).
④ [○] UN헌장 제102조에서는 UN회원국이 체결하는 모든 조약과 협정이 가능한 한 사무국에 등록되고 사무국에 의하여 공표되도록 규정하고 있는바, 이는 조약의 실효성을 높이기 위한 제도이다.

답 ②

제3절 국제관습법

07 **국제관습법에 대한 설명으로 옳은 것은?** 20년 7급

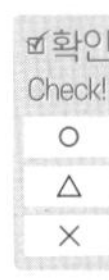

① ICJ는 Military and Paramilitary Activities in and against Nicaragua 사건에서 법적 확신만을 통한 국제관습법의 성립 가능성을 부인하였다.

② ICJ는 Fisheries 사건에서 노르웨이의 집요한 반대자(persistent objector)론에 근거한 주장을 배척하였다.

③ ICJ는 Right of Passage over Indian Territory 사건에서 두 국가 간의 국제관습법은 성립될 수 없다고 판단하였다.

④ ICJ는 North Sea Continental Shelf 사건에서 비교적 단기간에는 국제관습법이 성립될 수 없다고 판단하였다.

해설

난도 ★★★

① [○] 니카라과 사건에서 ICJ는 법적 확신만을 통한 국제관습법의 성립가능성을 부인하였다.

② [×] 영국-노르웨이 어업사건에서 ICJ는 '만의 10마일 봉쇄선 원칙'이 국제관습법이라는 영국의 주장에 대하여 설령 이 원칙이 국제관습법이라고 할지라도 이 원칙에 일관되게 반대해온 노르웨이에 대해서는 적용할 수 없다고 하여 집요한 반대자 이론을 인정하였다.

③ [×] 인도령 통행권 사건에서 ICJ는 두 국가 간의 국제관습법 성립도 인정하였다.

④ [×] 북해대륙붕 사건에서 ICJ는 단기간에도 국제관습법이 성립할 수 있는 가능성은 인정하였으나, 대륙붕경계획정에 있어서의 등거리선 원칙이 국제관습법화 되었다는 덴마크와 네덜란드의 주장에 대해서는 참여한 국가의 수가 국제관습법 성립의 근거로서 충분하지 않다는 이유로 받아들이지 않았다.

답 ①

08 **국제관습법 형성에 대한 설명으로 옳지 않은 것은?** 17년 9추

① 국제인권법의 영역에서는 법적 확신보다 국가 관행이 더 중요하다.

② 국제사법재판소(ICJ)는 2개국 사이의 지역적 국제관습법의 성립을 인정하였다.

③ 최소한 해당 문제에 특별한 이해관계가 있는 국가들의 실행이 공통적일 필요가 있다.

④ 국내 법원의 판결도 국제관습법 형성에 기여할 수 있다.

해설

난도 ★★★

① [×] 국제인권법, 국제환경법, 국제경제법 등과 같이 시급한 입법이 요구되는 분야에서는 국가 관행보다 법적 확신이 더 중요하게 다루어진다. 이러한 경향으로 인하여 나타난 것이 국가 관행 없이 법적 확신만으로 국제관습법의 성립을 인정하는 이른바 '인스턴트관습법' 이론이다. 그러나 아직까지 '인스턴트관습법'이 일반적으로 인정되는 것은 아니다.

② [○] 국제사법재판소(ICJ)는 '인도령 통행권 사건' 등에서 2개국 사이의 지역관습법의 성립을 인정하였다.

③ [○] 국제관습법의 성립에는 '관행'과 '법적 확신'이 필요하며, 관행의 형성에는 당해 국제관습법에 특별한 이해관계가 있는 국가들의 참여 여부가 특히 중요하며, 이러한 관행은 일관되고 통일되어야 한다.

④ [○] 국내법이나 국내법원의 판결도 국제관습법의 증거가 될 수 있다.

답 ①

09 **국제관습법의 효력 및 적용에 대한 설명으로 옳지 않은 것은?** 17년 9급

① 조약과 국제관습법이 충돌할 때에는 특별법 우선 원칙이나 후법 우선 원칙이 적용된다.

② 조약으로 성문화된 국제관습법규는 그 조약의 비당사국에 적용된다.

③ 국제법상 강행규범(jus cogens)은 일반 국제관습법보다 우월한 효력이 있다.

④ 신생독립국에 대해서는 그 국가가 수립되기 전에 형성된 국제관습법이 적용되지 않는다.

해설

난도 ★★

① [○] 조약과 국제관습법은 원칙적으로 효력이 동등하며, 이들 상호간에는 특별법 우선의 원칙, 신법(후법) 우선의 원칙이 적용된다.

② [○] '조약법에관한비엔나협약' 제38조에서는 조약규정 중 국제관습법으로 인정되는 규정은 조약의 비당사국인 제3국을 구속함을 명시하고 있다.

③ [○] 강행규범은 국제법상 상위규범으로서 임의규범인 조약이나 국제관습법에 우선한다.

④ [×] 신생독립국에 대해 그 국가가 수립되기 전에 형성된 기존의 국제관습법이 적용되는지에 대해서는 견해가 대립한다. 종래에는 신생국에게도 기존의 국제관습법이 적용된다고 보는 것이 일반적이었지만, 최근에는 신생국이 기존의 국제관습법을 수락하는 경우에만 그 신생국에 적용된다고 보는 견해가 유력하다.

답 ④

10 국제관습법의 성립요건에 대한 설명으로 옳지 않은 것은?

10년 지방

☑확인 Check! ○ △ ×

① 관행의 성립에는 획일성(uniformity)과 일관성(consistency)이 요구된다.
② 국제관습법이 성립되기 위해서는 보편적(universal) 관행이 필수적이다.
③ 국제관습의 심리적 요소인 '법적 확신'은 관련국의 작위나 부작위로부터 추정될 수 있다.
④ 1969년 북해대륙붕사건에서 국제사법재판소(ICJ)는 단기간의 경과가 새로운 국제관습법의 형성에 장애가 되는 것은 아니라고 하였다.

해설

난도 ★★

① [○] 국제관습법의 성립에는 '관행'과 '법적 확신'이 있어야 하며, '관행'은 일반성 · 통일성 · 일관성 · 지속성이 있어야 한다.
② [×] 국제관습법이 성립되기 위해서 관행이 반드시 보편적일 필요는 없다. 일반적 관행만으로도 국제관습법은 성립할 수 있다.
③ [○] 국제관습법의 입증에 있어서 관행의 존재가 입증되면 법적 확신은 추정된다고 보는 것이 일반적이다. 따라서 관련국의 작위나 부작위로부터 '관행'이 입증되면 '법적 확신'은 추정될 수 있다.
④ [○] 관행의 형성에 필요한 시간은 개별적으로 판단되고 또한 가변적인 것으로서, 북해대륙붕 사건에서 ICJ는 관행이 광범위하고 동일하다면 단기간에도 국제관습법이 성립될 수 있음을 인정한 바 있다.

답 ②

11 다음 내용과 가장 관련이 깊은 것은?

10년 7급

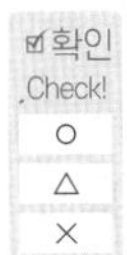

- 국가 관행(state practice)
- 법적 확신(opinion juris)
- 완강한 반대국가 이론

① 국제조약 ② 국제관습
③ 법의 일반원칙 ④ 형평과 선

해설

난도 ★

② [○] 국제관습(법)의 성립요건으로 관행과 법적 확신이 요구되며, 국제관습(법)의 효력범위에 대한 제한이론으로 완강한 반대국가 이론이 있다.

답 ②

12 국제관습법에 대한 설명으로 옳지 않은 것은?

10년 9급

☑확인 Check! ○ △ ×

① 국제관습법은 일반적 관행과 법적 확신에 의하여 형성된다.
② 오로지 두 국가 간에도 국제관습법이 성립될 수 있다.
③ 국제관습법은 국제사법재판소(ICJ)에서 재판준칙으로 적용된다.
④ 국제관습법의 효력은 조약보다 하위이다.

해설

난도 ★★

① [○] 국제관습법이 성립하기 위해서는 객관적 요건으로서의 '관행'과 주관적 요건으로서의 '법적 확신'이 있어야 하며, 관행은 일반성 · 통일성 · 일관성 · 지속성의 요건이 충족되어야 한다.
② [○] 인도령 통행권 사건에서 ICJ는 포르투갈과 인도 두 국가 사이에서도 국제관습법이 성립될 수 있다고 하였다.
③ [○] ICJ규정 제38조에서는 '조약', '국제관습', '법의 일반원칙', '판결과 학설' 및 당사자가 합의하는 경우에 '형평과 선'을 재판준칙으로 규정하고 있다.
④ [×] 조약과 국제관습법의 효력은 원칙적으로 동등하다. 조약과 국제관습법 상호간에는 특별법우선의 원칙, 신법우선의 원칙이 적용된다.

더 알아보기 국제사법재판소(ICJ) 규정 제38조

① 재판소는 재판소에 회부된 분쟁을 국제법에 따라 재판하는 것을 임무로 하며, 다음을 적용한다.
　가. 분쟁국에 의하여 명백히 인정된 규칙을 확립하고 있는 일반적인 또는 특별한 국제협약(조약)
　나. 법으로 수락된 일반관행의 증거로서의 국제관습
　다. 문명국에 의하여 인정된 법의 일반원칙
　라. 법칙결정의 보조수단으로서의 사법판결 및 제국(諸國)의 가장 우수한 국제법 학자의 학설. 다만, 제59조(재판소 결정의 효력)의 규정에 따를 것을 조건으로 한다.
② 이 규정은 당사자가 합의하는 경우에 재판소가 형평과 선에 따라 재판하는 권한을 해하지 아니한다.

답 ④

13 국제관습법에 관한 설명으로 옳지 않은 것은?

07년 7급

① 국제관습법은 국제법의 주요 법원(法源)이다.
② 국제관습법이 성립하려면 관행과 법적 확신이 존재하여야 한다.
③ 원칙적으로 국제관습법의 효력은 조약보다 우위에 있다.
④ 20세기 이후 많은 국제관습법 규범들이 성문화되었다.

해설

난도 ★★

① [○] 국제법의 주요 법원(法源)에는 조약, 국제관습법 등이 있다.

② [○] 국제관습법이 성립하려면 관행과 법적 확신이 있어야 하며, 관행은 일반성, 계속성, 통일성, 일관성의 요건을 갖추어야 한다.

③ [×] 조약과 국제관습법은 원칙적으로 효력이 동등하며 이들 사이에는 특별법우선의 원칙, 신법우선의 원칙이 적용된다.

④ [○] 20세기 이후 국제연맹이나 국제연합을 통한 국제관습법의 성문화가 시도되어 많은 성과들이 있었으며, 현재도 국제관습법의 성문화를 위한 노력들이 계속되고 있다.

답 ③

14 **국제관습(international custom)에 관한 설명으로 옳지 않은 것은?** 07년 9급

① 국제관습이 성립하기 위해서는 일반적 관행(general practice)과 법적 확신(opinion juris)이 필요하다.

② 국제관습은 국제성문법인 조약에 대해 보충적 효력만을 갖는다.

③ 일반적 관행으로 인정되기 위해서는 해당 행위의 계속성 및 통일성 등이 요구된다.

④ 일부 국가들만의 국제관습의 성립도 가능하다.

해설

난도 ★★

① [○], ③ [○] 국제관습(법)이 성립하기 위해서는 '관행'과 '법적 확신'이 있어야 하며, '관행'은 일반성, 지속성, 통일성, 일관성의 요건을 갖추어야 한다.

② [×] 조약과 국제관습법은 원칙적으로 효력이 동등하며 이들 사이에는 특별법우선의 원칙, 신법우선의 원칙이 적용된다.

④ [○] ICJ는 인도령 통행권 사건에서 포르투갈의 자국 식민지 간 통행권이 포르투갈과 인도 두 국가 사이에서 국제관습(법)으로 성립하였음을 인정한바 있으며, 비호사건에서도 남미국가들에게만 적용되는 지역관습법의 성립가능성을 인정한바 있다.

답 ②

15 **국제법상 강행규범(jus cogens)에 대한 설명으로 옳지 않은 것은?** 19년 9급

☑확인 Check! ○ △ ×

① 1969년 「조약법에관한비엔나협약」은 강행규범을 명시하고 있다.
② 강행규범의 위반은 대세적 의무를 위반하는 국제범죄이다.
③ 강행규범은 동일한 성질을 가진 추후의 규범에 의해서만 변경될 수 있다.
④ 조약은 그 체결 당시에 강행규범과 충돌하는 경우에 무효이다.

해설

난도 ★★

① [○], ③ [○], ④ [○] 1969년 조약법에관한비엔나협약은 제53조에서 강행규범을 명시하고 있다.
② [×] 강행규범과 대세적 의무는 동일한 개념이 아니라고 보는 것이 일반적 견해다.

더 알아보기 조약법에관한비엔나협약 제53조【일반국제법의 절대규범(강행규범)과 충돌하는 조약】

조약은 그 체결 당시에 일반국제법의 절대규범과 충돌하는 경우에 무효이다. 이 협약의 목적상 일반국제법의 절대규범은 그 이탈이 허용되지 아니하며 또한 동일한 성질을 가진 일반국제법의 추후의 규범에 의해서만 변경될 수 있는 규범으로 전체로서의 국제공동사회가 수락하며 또한 인정하는 규범이다.

답 ②

16 **국제법상 강행규범(jus cogens)에 관한 설명으로 옳지 않은 것은?** 15년 9급

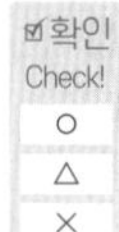

① 강행규범은 이탈이 허용되지 아니하며 또한 동일한 성질을 가진 일반 국제법의 추후의 규범에 의해서만 변경될 수 있는 규범으로 전체로서의 국제 공동사회가 수락하며 인정하는 규범이다.
② 국제법위원회(ILC)는 강행규범의 예를 거론한 바 있다.
③ 조약법에관한비엔나협약에서는 국제법상 강행규범의 예를 구체적으로 적시하지 않고 있다.
④ 국제재판소는 현재까지 판결에서 강행규범의 개념을 인정하지 않고 있다.

해설

난도 ★★

① [○], ③ [○] 1969년 조약법에관한비엔나협약 제53조에서는 "이 협약의 목적상 일반국제법의 절대규범(강행규범)은 그 이탈이 허용되지 아니하며 또한 동일한 성질을 가진 일반국제법의 추후의 규범에 의해서만 변경될 수 있는 규범으로 전체로서의 국제공동사회가 수락하며 또한 인정하는 규범이다."라고 규정하여 강행규범의 개념(정의)에 관한 규정은 두고 있으나, 그 구체적인 예에 관한 규정은 없다.
② [○] 1969년 조약법에관한비엔나협약 제정 당시 작성된 국제법위원회(ILC)의 보고서에서는 강행규범의 구체적인 예로 UN헌장의 원칙에 위반한 노예매매금지, 무역사용의 금지(침략행위금지), 해적행위 금지, 집단살해 금지, 국제법상 범죄(를 예정한 조약)의 금지, 인권 존중, 주권평등, 민족자결권 등을 들고 있다.

④ [×] 바르셀로나 트랙션 사건(1970, ICJ)에서의 '대세적 의무'(obligations erga omnes) 개념에 대해 강행규범과 동일한 의미로 파악하는 견해도 있으며, 엄격한 의미에서 구분된다고 하는 견해도 있다. 또한 이란인질 사건(1970, ICJ)에서의 '강행적 의무'(imperative obligation)의 개념에 대하여 강행규범을 확인한 것이라고 보는 견해와 강행규범인지 아닌지의 문제에 대한 판단은 회피한 것이라고 보는 견해가 있다.

답 ④

17 1969년 조약법에관한비엔나협약이 규정하고 있는 강행규범(jus cogens)에 대한 설명으로 옳은 것은 모두 몇 개인가? 13년 7급

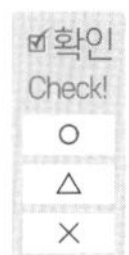

ㄱ. 일반국제법의 새로운 강행규범이 출현하는 경우에 그 규범과 충돌하는 현행조약은 소급하여 무효이다. ㄴ. 강행규범은 전체로서의 국제공동사회가 수락하고 인정하는 규범이다. ㄷ. 강행규범은 그 이탈이 허용되지 않는 규범이다. ㄹ. 강행규범은 동일한 성질을 가진 일반 국제법의 추후 규범에 의해서만 변경될 수 있다.

① 1개 ② 2개
③ 3개 ④ 4개

해설
난도 ★★
옳은 것은 ㄴ, ㄷ, ㄹ 3개다.
ㄱ. [×] 일반국제법의 새 절대규범이 출현하는 경우에 그 규범과 충돌하는 현행 조약은 무효로 되어 종료한다(조약법에관한비엔나협약 제64조).
ㄴ. [○], ㄷ. [○], ㄹ. [○] 이 협약의 목적상 일반국제법의 절대규범은 그 이탈이 허용되지 아니하며 또한 동일한 성질을 가진 일반국제법의 추후의 규범에 의해서만 변경될 수 있는 규범으로 전체로서의 국제공동사회가 수락하며 또한 인정하는 규범이다(조약법에관한비엔나협약 제53조).

답 ③

18 국제법상 강행규범(jus cogens)에 대한 설명으로 옳지 않은 것은? 11년 9급

☑확인 Check! ○ △ ×

① 강행규범은 국가들로 구성되는 국제공동체 전체에 의해 수락되고 승인된 규범이다.
② 강행규범의 존재에 대한 입증책임은 이를 주장하는 측에 있다.
③ 강행규범은 조약보다 그 효력이 우위에 있다.
④ 강행규범은 영구불변한 것으로 수정될 수 없다.

해설
난도 ★★
① [○], ④ [×] 일반국제법의 절대규범(강행규범)은 그 이탈이 허용되지 아니하며 또한 동일한 성질을 가진 일반국제법의 추후의 규범에 의해서만 변경될 수 있는 규범으로 전체로서의 국제공동사회가 수락하며 또한 인정하는 규범이다(조약법에관한비엔나협약 제53조). 강행규범은 '동일한 성질을 가진 일반국제법의 추후의 규범', 즉 추후의 강행규범에 의하여 변경될 수 있으므로 영구불변한 것은 아니다.
② [○] 국가가 어느 규칙을 강행규범이라고 주장하는 경우 입증책임은 1차적으로 주장하는 국가에게 있다. 국가는 자기가 주장하는 강행규범이 '국제사회 전체에 의하여 수락되고 또한 인정된 것'이라는 증명을 해야 한다.
③ [○] 조약은 그 체결 당시에 일반국제법의 절대규범(강행규범)과 충돌하는 경우에 무효이며(조약법에관한비엔나협약 제53조), 새로운 강행규범이 출현하는 경우 그 규범과 충돌하는 현행 조약은 무효로 되어 종료한다(조약법에관한비엔나협약 제64조).

답 ④

19 **강행규범에 대한 설명으로 옳지 않은 것은?** 10년 9급

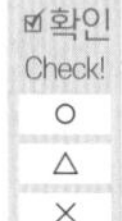

① 어떠한 국제규범이 강행규범으로 되기 위해서는 그 규범의 강행적 성질이 국제공동체 전체에 의하여 수락되고 인정되어야 한다.
② 강행규범과 충돌하는 조약 규정에 근거하여 행하여진 행위의 결과는 가능한 한 제거되어야 한다.
③ 강행규범에 반하는 행위와 관련해서도 위법성조각사유를 원용할 수 있다.
④ 강행규범은 차후의 새로운 강행규범에 의해서만 수정될 수 있다.

해설
난도 ★★
① [○], ④ [○] 조약법에관한비엔나협약 제53조.
② [○] 제53조(일반국제법의 절대규범(강행규범)과 충돌하는 조약)에 따라 무효인 조약의 경우에 당사국은 일반국제법의 절대규범과 충돌하는 규정에 의존하여 행하여진 행위의 결과를 가능한 한 제거하는 조치를 취한다(조약법에관한비엔나협약 제71조 제1항 (a)호).
③ [×] 이 장(위법성조각사유)의 어떤 것도 일반국제법상의 강행규범에 의하여 발생한 의무와 일치하지 아니하는 어떠한 국가행위의 위법성을 조각하지 아니한다(국제위법행위에대한국가책임규정초안 제26조).

더 알아보기 조약법에관한비엔나협약 제53조【일반국제법의 절대규범(강행규범)과 충돌하는 조약】
조약은 그 체결 당시에 일반국제법의 절대규범과 충돌하는 경우에 무효이다. 이 협약의 목적상 일반국제법의 절대규범은 그 이탈이 허용되지 아니하며 또한 동일한 성질을 가진 일반국제법의 추후의 규범에 의해서만 변경될 수 있는 규범으로 전체로서의 국제공동사회가 수락하며 또한 인정하는 규범이다.

답 ③

20 1969년 조약법에관한비엔나협약상 강행규범(jus cogens)에 관한 설명 중 옳은 것은? 09년 7급

☑확인 Check! ○ △ ×

① 조약은 그 체결 당시 강행규범과 충돌하는 경우에는 무효이다.
② 강행규범은 그로부터의 이탈이 허용된다.
③ 강행규범의 위반은 조약의 상대적 무효사유이다.
④ 동일한 성질을 가진 추후의 강행규범에 의해서도 변경될 수 없다.

해설

난도 ★★

① [○] 조약은 그 체결 당시에 일반국제법의 절대규범과 충돌하는 경우에 무효이다(조약법에관한비엔나협약 제53조 1문).
② [×], ③ [×], ④ [×] 이 협약의 목적상 일반국제법의 절대규범은 그 이탈이 허용되지 아니하며 또한 동일한 성질을 가진 일반국제법의 추후의 규범에 의해서만 변경될 수 있는 규범으로 전체로서의 국제공동사회가 수락하며 또한 인정하는 규범이다(조약법에관한비엔나협약 제53조 2문).

답 ①

21 국제법상 강행규범(jus cogens)에 대한 설명으로 옳지 않은 것은? 09년 9급

☑확인 Check! ○ △ ×

① 조약은 그 체결 당시에 강행규범과 충돌하는 경우 무효이다.
② 새 강행규범이 출현하는 경우에 그 규범과 충돌하는 현행 조약은 무효로 되어 종료한다.
③ 강행규범은 동일한 성질을 가진 추후의 일반국제법 규범에 의해서만 변경될 수 있다.
④ 국제연합헌장은 집단살해, 전쟁범죄 그리고 노예제도 금지를 강행규범으로 규정하고 있다.

해설

난도 ★★

① [○], ③ [○] 조약법에관한비엔나협약 제53조.
② [○] 일반국제법의 새 절대규범이 출현하는 경우에 그 규범과 충돌하는 현행 조약은 무효로 되어 종료한다(조약법에관한비엔나협약 제64조).
④ [×] 국제연합헌장에는 강행규범에 관한 예시규정이 없다.

더 알아보기 조약법에관한비엔나협약 제53조【일반국제법의 절대규범(강행규범)과 충돌하는 조약】

조약은 그 체결 당시에 일반국제법의 절대규범과 충돌하는 경우에 무효이다. 이 협약의 목적상 일반국제법의 절대규범은 그 이탈이 허용되지 아니하며 또한 동일한 성질을 가진 일반국제법의 추후의 규범에 의해서만 변경될 수 있는 규범으로 전체로서의 국제공동사회가 수락하며 또한 인정하는 규범이다.

답 ④

22 **국제사법재판소(ICJ) 규정 제38조 제1항에서 규정하고 있는 법의 일반원칙에 대한 설명으로 옳지 않은 것은?** 13년 7급

☑확인 Check! ○ △ ×

① 법의 일반원칙은 ICJ의 재판준칙 중 하나로 통설의 입장에 따르면 국내법의 일반원칙을 그 내용으로 한다.
② ICJ는 상설국제사법재판소(PCIJ)에 비하여 법의 일반원칙을 덜 원용하고 있다.
③ 프레비히어 사원 사건(Temple of Preah Vihear Case)에서 ICJ는 금반언의 원칙을 법의 일반원칙으로 원용하였다.
④ 법의 일반원칙은 ICJ규정에 처음 도입된 개념이다.

해설
난도 ★★
① [○] ICJ규정 제38조 제1항에서 ICJ의 재판준칙의 하나로 규정하고 있는 '법의 일반원칙'은 국내법의 일반원칙으로 보는 것이 일반적 견해다.
② [○] 1920년대 '법의 일반원칙'이 조약과 관습법 이외의 제3의 법원으로 도입된 이래 점차로 그 적용은 줄어들고 있으며, ICJ도 PCIJ에 비해 법의 일반원칙을 원용하는 빈도는 낮은 편이다.
③ [○] 프레비히어 사원 사건에서 ICJ는 프랑스가 제작한 지도상의 국경을 인정하여 오던 태국이 50년이 지난 후에 이를 부정하는 것은 금반언의 원칙에 반한다고 하였다.
④ [×] ICJ규정 제38조는 PCIJ규정을 계수한 것으로서 PCIJ규정에서 법의 일반원칙은 이미 재판준칙으로서 도입되었었다.

답 ④

23 **국제사법재판소(ICJ) 규정상 법칙결정의 보조수단인 것은?** 18년 9급

① 법으로 수락된 일반관행의 증거로서의 국제관습
② 문명국에 의하여 인정된 법의 일반원칙
③ 분쟁국에 의하여 명백히 인정된 규칙을 확립하고 있는 국제협약
④ 국내재판소의 판결

해설
난도 ★
④ [○] ICJ규정 제38조 제1항 라호에서 '판결'과 '학설'을 법칙결정의 보조수단으로 명시하고 있다.

더 알아보기 국제사법재판소(ICJ) 규정 제38조

① 재판소는 재판소에 회부된 분쟁을 국제법에 따라 재판하는 것을 임무로 하며, 다음을 적용한다.
  가. 분쟁국에 의하여 명백히 인정된 규칙을 확립하고 있는 일반적인 또는 특별한 국제협약(조약)
  나. 법으로 수락된 일반관행의 증거로서의 국제관습
  다. 문명국에 의하여 인정된 법의 일반원칙
  라. 법칙결정의 보조수단으로서의 사법판결 및 제국(諸國)의 가장 우수한 국제법 학자의 학설. 다만, 제59조(재판소 결정의 효력)의 규정에 따를 것을 조건으로 한다.

답 ④

24 **성립 당시 그 자체로서 국제법상 법적 구속력을 갖는(은) 문서는?** 12년 7급

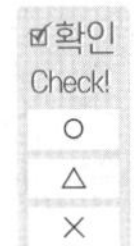

① UN헌장 제7장의 강제조치를 결정(the decision)한 안전보장이사회의 결의
② UN 총회에서 만장일치로 채택된 결의
③ 1992년 환경과 개발에 대한 리우선언(Rio Declaration)
④ 1948년 세계인권선언

해설

난도 ★★

① [○] UN안전보장이사회의 결의에는 권고적 효력만 있는 경우와 법적 구속력이 인정되는 경우가 있다. UN헌장 제6장상의 분쟁의 평화적 해결에 관한 안전보장이사회의 결의는 권고적 효력이 있으며, UN헌장 제7장상의 강제조치에 관한 결의와 절차사항에 관한 안전보장이사회의 결의는 법적 구속력이 있는 것으로 본다.
② [×] UN총회에서의 결의는 원칙적으로 권고적 효력만 있으며, 사무총장의 선출, 예산안의 통과, ICJ 재판관 선출 등의 내부문제에 관한 결의는 예외적으로 법적 구속력이 있는 것으로 본다.
③ [×] 1992년 환경과 개발에 대한 리우선언(Rio Declaration)은 환경과 개발의 조화에 입각한 21세기 지구환경보전을 위한 대장전이라 할 수 있으나 법적 구속력은 없다.
④ [×] 1948년 세계인권선언은 당시 UN경제사회이사회의 보조기관이었던 인권위원회(Commission on Human Rights)가 준비하여 1948년 12월 10일 UN총회에서 채택된 것으로 법적 구속력은 없다.

답 ①

25 국제연합 국제법위원회의 「법적 의무를 창출하는 국가의 일방적 선언에 관한 적용원칙」에 대한 설명으로 옳지 않은 것은? 19년 7급

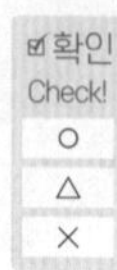

① 구두로 발표된 일방적 선언은 이를 명백히 수락한 제3국에 의무를 부과할 수 있다.

② 국가원수, 정부수반, 외교장관은 법적 구속력 있는 일방적 선언을 발표할 수 있는 권한 있는 자로 인정된다.

③ 법적 구속력을 갖는 일방적 선언은 특정 국가가 아닌 국제공동체 전체에 대해 발표되어야 한다.

④ 법적 구속력 있는 일방적 선언에 포함된 의무의 범위에 의심이 발생하는 경우, 그 범위는 엄격하게 해석되어야 한다.

해설

난도 ★★★

① [○] 일방적 선언은 구두 또는 서면으로 할 수 있다(원칙 5). 공개적으로 행하고 구속받겠다는 의사를 명백히 하는 선언은 법적 의무를 창설하는 효과를 가질 수 있다(원칙 1).

② [○] 일방적 선언은 그렇게 할 수 있는 권한을 부여받은 당국이 행하는 경우에만 그 국가를 국제적으로 구속한다. 그 직무에 의하여 국가원수와 정부수반, 외교장관은 그러한 선언을 천명할 권한이 있다(원칙 4).

③ [×] 일방적 선언은 국제공동체 전체를 상대로 행할 수도 있고, 한 개 국가나 여러 국가를 상대로 행할 수도 있으며, 또한 다른 실체를 상대로 행할 수도 있다(원칙 6).

④ [○] 일방적 선언은 그것이 분명하고 구체적인 조건으로 진술되는 경우에만 선언국에 의무를 초래한다. 그러한 선언에서 유래하는 의무의 범위에 관하여 의심이 있는 경우에는, 그들 의무는 제한적으로 해석되어야 한다. 그러한 의무의 내용을 해석함에 있어서는 그것이 선언된 문맥과 상황과 더불어 가장 먼저 선언의 텍스트에 비중을 두어야 한다(원칙 7).

답 ③

제6절 국제법의 법원(종합)

26 **국제법의 연원에 대한 설명으로 옳지 않은 것은?** 17년 9급

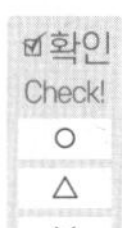

① 국제사법재판소 규정 제38조 제1항은 국제법의 연원을 직접 정의한 것이 아니다.
② 국제법의 형식적 연원은 국제법이 성립 · 제정되는 방법, 절차 또는 형태를 가리킨다.
③ 국제법의 연원에 해당하는 조약에는 국제기구가 당사자인 조약이나 구두조약이 포함되지 않는다.
④ 국제관습법이 형성되기 위해서는 적어도 일반관행(general practice)이 있어야 한다.

해설
난도 ★★
① [○] ICJ규정 제38조에서는 ICJ의 재판에서 적용될 재판준칙들을 열거하고 있으며, 국제법의 법원을 직접 명시한 것은 아니다.
② [○] 국제법의 형식적 법원(연원)은 '국제법의 존재형식' 또는 '법을 제정하는 절차 내지 방식' 등으로 정의된다.
③ [×] 국제법의 연원에 해당하는 조약에는 국제기구가 당사자인 조약이나 구두조약도 포함된다.
④ [○] 국제관습법의 성립하기 위해서는 '관행'과 '법적 확신'이 있어야 하며, '관행'은 일반성 · 통일성 · 일관성 · 계속성이 있어야 한다.

답 ③

27 **국제사법재판소(ICJ)가 판단한 국제법의 연원에 대한 설명으로 옳은 것은?** 16년 7급

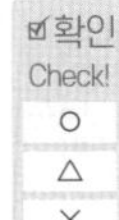

① ICJ는 2개국 간의 관습국제법이 성립될 수 없다고 판단하였다.
② ICJ는 분쟁 당사국간 회의의사록이 ICJ 관할권 성립에 기초가 되는 국제협정으로 판단하였다.
③ ICJ는 회부된 분쟁에 적용되는 국제법규를 해석할 때 형평(equity)을 고려하여 판단한 적이 없다.
④ ICJ는 조약이나 관습국제법에 우선하여 법의 일반원칙을 적용할 수 있다고 판단하였다.

해설
난도 ★★
① [×] 인도령 통행권 사건에서 2개국 간의 국제관습법의 성립을 인정하였다.
② [○] ICJ규정 제38조에서는 조약을 재판준칙으로 규정하고 있으며, 조약은 그 명칭을 불문한다.
③ [×] 뮤즈강 사건에서 ICJ는 형평의 원칙을 적용하였다.
④ [×] 법의 일반원칙은 조약이나 관습법이 없는 경우에 적용되는 보충적 법원이다.

답 ②

28 국제법의 연원에 관한 설명으로 옳지 않은 것은?

15년 9급

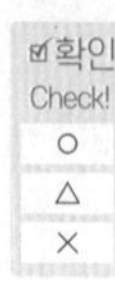

① 국제법의 연원에는 국제협약, 국제관습법, 법의 일반원칙 등이 있다.
② 국제관습법의 성립요건으로 일반적 관행과 심리적 요소로서의 법적 확신을 필요로 한다는 것이 일반적인 견해이다.
③ 연성법(Soft Law)은 조약이나 국제관습법과 같이 법적 구속력을 가진다.
④ 국제사법재판소(ICJ)는 비호권 사건(Asylum Case)에서 지역관습법의 성립 가능성을 다룬 바 있다.

해설

난도 ★★

① [○] 국제협약(조약)과 국제관습법 이외에 법의 일반원칙을 형식적 법원으로 인정할 것인지에 대해 부정적인 견해도 있으나 다수설은 '법의 일반원칙'의 독자적 · 보충적 법원성을 인정한다.
② [○] 국제관습법의 성립에는 '관행'과 '법적 확신'이 있어야 하며, '관행'은 일반성 · 통일성 · 일관성 · 지속성의 요건이 충족되어야 한다.
③ [×] 연성법(Soft Law)이란 법적 구속력이 없으나 형성과정에 있는 법으로서 구체적인 권리 · 의무를 규정하지 않은 조약이나 내용이 구체적이기는 하나 법적 구속력이 없는 결의나 선언 등의 형태를 띤다. 일반적으로 조약이나 관습법은 법적 구속력이 있으나 연성법(Soft Law)은 법적 구속력이 없다.
④ [○] '비호권 사건'에서 ICJ는 지역관습법의 성립가능성을 인정하였으나, 남미지역에서의 관행의 일관성이 없었음을 이유로 외교공관의 비호권이 남미지역에서의 지역관습법으로 인정되지는 않는다고 하였다.

답 ③

29 국제법의 연원에 관한 설명으로 옳지 않은 것은?

14년 7급

① 일반관행이 국제관습법이 되기 위해서는 국가들에 의하여 법적 구속력 있는 것으로 수락되어야 한다.
② 법의 일반원칙의 내용은 점차 조약과 국제관습법으로 흡수되어 독립적인 재판의 준칙으로 자주 원용되지 않고 있다.
③ 국제사법재판소(ICJ)는 부탁된 사건에 대하여 당사국의 합의 여부와 관계없이 형평과 선(ex aequo et bono)을 적용하여 재판한다.
④ UN 사무국에 등록되지 않은 조약도 당사국에 대하여 효력이 발생한다.

해설

난도 ★★

① [○] 국제관습법이 성립하기 위해서는 '일반관행의 존재'와 '법적 확신'이 필요하다.
② [○] 법의 일반원칙의 내용은 점차 조약과 국제관습법으로 흡수되어 그 적용이 줄어들고 있다.
③ [×] '형평과 선'(ex aequo et bono)은 당사자가 합의하는 경우에 한하여 ICJ의 재판준칙이 될 수 있다.
④ [○] 국제연맹체제에서는 조약의 등록이 효력요건이었으나, 국제연합에서는 조약의 등록을 UN의 모든 기관에 대한 대항요건으로 규정하고 있다(UN헌장 제102조 제2항 참조).

답 ③

30 국제법의 법원(法源)에 대한 설명으로 옳지 않은 것은?

12년 9급

① 국제관습법은 법으로 수락된 일반관행의 증거로서의 국제관습을 말한다.
② 문명국에 의하여 인정된 법의 일반원칙은 국제사법재판소(ICJ)의 재판준칙이 될 수 있다.
③ 국제사법재판소는 당사국이 합의하는 경우 형평(衡平)과 선(善)에 의해 재판할 수 있다.
④ 조약과 국제관습법의 충돌이 있는 경우 조약이 우선적으로 적용된다.

해설

난도 ★★

① [○] ICJ규정 제38조 제1항 나호에서는 "법으로 수락된 일반관행의 증거로서의 국제관습"이 ICJ의 재판준칙임을 명시하고 있다.
② [○] ICJ규정 제38조 제1항 다호에서 "문명국에 의하여 인정된 법의 일반원칙"이 ICJ의 재판준칙임을 명시하고 있다.
③ [○] ICJ규정 제38조 제2항에서 "이 규정은 당사자가 합의하는 경우에 재판소가 형평과 선에 따라 재판하는 권한을 해하지 아니한다."고 명시하고 있다.
④ [×] 국제법상 조약과 국제관습법은 원칙적으로 효력이 동등하며, 양자간에는 신법우선의 원칙, 특별법우선의 원칙이 적용된다.

답 ④

31 국제법의 연원에 대한 설명으로 옳지 않은 것은?

11년 7급

☑확인 Check! ○ △ ×

① 국제조약은 문명국에 의하여 인정된 법의 일반원칙(general principle of law)에 우선한다.
② 국제법상 선례구속의 원칙이 인정되기 때문에, 국제적 법원은 분쟁처리에 있어 당연히 선례를 검토하게 되고 유사사례에 적용을 시도하게 된다는 점에서 판결의 법원(法源)적 기능을 찾을 수 있다.
③ 국제조약과 국제관습은 특별법우선이나 신법우선의 법리에 따라 국제조약이 우선 적용될 수도 있고, 국제관습이 우선 적용될 수도 있다.
④ 형평과 선(ex aequo et bono)은 당사자의 합의가 있을 경우 해당 사건에 한해 국제사법재판소의 재판준칙이 될 수 있다.

해설

난도 ★★

① [○] '법의 일반원칙'은 조약과 관습법이 없는 경우에만 적용되는 보충적 법원으로서 조약과 관습법이 '법의 일반원칙'에 우선한다.
② [×] 국제법상 선례구속의 원칙은 인정되지 않으며 판결은 해당 사건에 대해서만 효력을 갖는 것이 일반적이며, ICJ규정 제59조에서도 "재판소의 결정은 당사자 사이와 그 특정사건에 관하여서만 구속력을 가진다."고 규정하고 있다.
③ [○] 조약과 관습법은 원칙적으로 효력이 동등하며, 이들 사이에는 특별법우선의 원칙, 신법우선의 원칙이 적용된다.
④ [○] ICJ규정 제38조 제2항에서는 "이 규정은 당사자가 합의하는 경우에 재판소가 형평과 선에 따라 재판하는 권한을 해하지 아니한다."고 규정하고 있다.

답 ②

32 국제법의 연원(sources of law)에 관한 설명으로 옳지 않은 것은?

10년 7급

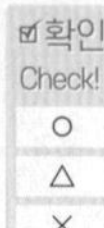

① 국제사법재판소의 판결은 국내법원 판결의 원용을 배제하지 않는다.
② 국제법의 일반원칙은 당사자의 동의 없이 국제사법재판소의 재판준칙이 될 수 있다.
③ 학설의 경우는 국제법의 법원성은 부정되나 간접적 · 보조적 법원으로 원용될 수 있다.
④ 조약과 국제관습법 간의 위계에 있어서 원칙적으로 조약이 우선한다.

해설

난도 ★

① [○] ICJ규정 제38조 제1항 (라)호.
② [○] ICJ규정 제38조 제1항 (다)호.
③ [○] ICJ규정 제38조 제1항 (라)호.
④ [×] 원칙적으로 조약과 국제관습법은 효력이 동등하다. 조약과 국제관습법 상호간에는 특별법우선의 원칙, 신법우선의 원칙이 적용된다.

더 알아보기 국제사법재판소(ICJ) 규정 제38조

① 재판소는 재판소에 회부된 분쟁을 국제법에 따라 재판하는 것을 임무로 하며, 다음을 적용한다.
가. 분쟁국에 의하여 명백히 인정된 규칙을 확립하고 있는 일반적인 또는 특별한 국제협약(조약)
나. 법으로 수락된 일반관행의 증거로서의 국제관습
다. 문명국에 의하여 인정된 법의 일반원칙
라. 법칙결정의 보조수단으로서의 사법판결 및 제국(諸國)의 가장 우수한 국제법 학자의 학설. 다만, 제59조(재판소 결정의 효력)의 규정에 따를 것을 조건으로 한다.

답 ④

CHAPTER 03 국제법과 국내법의 관계

제1절 이론의 전개

01 국제법과 국내법의 관계에 대한 설명으로 옳지 않은 것은? 18년 9급

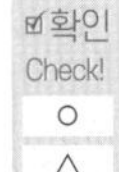

① 일원론에 따르면 국제법은 국내법적 변형절차 없이 국내재판소가 직접 적용할 수 있다.
② 이원론에 따르면 국내법에 의해 국제법의 효력이 좌우되지 않는다.
③ 일원론에 따르면 국제법과 국내법이 하나의 통일된 법질서를 구성한다.
④ 켈젠(Kelsen)은 과학적인 방법에 근거한 국내법 우위론을 주장하였다.

해설
난도 ★★
① [○], ③ [○] 국제법과 국내법을 하나의 통일된 법질서를 구성하는 것으로 보는 일원론은 수용이론과 상응하는 것으로서 국제법이 별도의 변형절차 없이 국내에 적용될 수 있는 것으로 본다.
② [○] 이원론에 따르면 국제법과 국내법이 충돌하더라도 양자는 상호 효력에 영향을 미치지 않고 국제법은 국제법대로 국내법은 국내법대로 양립하여 효력을 갖는다.
④ [×] 켈젠(Kelsen)은 국제법 우위론을 주장하였다.

답 ④

제2절 국제법질서에서 국내법의 지위

제3절 국내법질서에서 국제법의 지위

02 **국제법의 국내적 효력에 관한 각국의 태도에 대한 설명으로 옳지 않은 것은?** 10년 지방

① 영국의 경우 조약에 대해서는 이원론을 채택하고 있다.
② 우리나라의 경우 일반적으로 승인된 국제법규는 특별한 입법절차 없이도 국내법적 효력을 갖는다.
③ 미국의 경우 비자기집행적 조약은 입법에 의한 변형을 거쳐야만 미국법이 될 수 있다.
④ 독일의 경우 국제관습법은 국내입법을 통해 국내법으로 변형되어야 국내적 효력이 있다.

해설

난도 ★★

① [○] 영국의 경우 이원론을 채택하여 원칙적으로 조약은 의회의 이행법률 제정이라는 변형절차를 통하여 국내적으로 적용된다고 본다.

② [○] 헌법 제6조 제1항에서는 "헌법에 의하여 체결 · 공포된 조약과 일반적으로 승인된 국제법규는 국내법과 같은 효력을 지닌다."라고 규정하여 조약과 국제관습법 모두에 대하여 수용이론을 채택하고 있다.

③ [○] 미국의 경우 조약을 자기집행적 조약과 비자기집행적 조약으로 나누어 자기집행적 조약은 변형절차 없이 그대로 국내에 적용되지만, 비자기집행적 조약은 국내법으로의 변형절차를 거쳐야만 적용될 수 있는 것으로 본다.

④ [×] 독일헌법 제25조에서는 국제법의 일반규칙은 연방법의 본질적 부분을 구성한다고 하고 있으며, 이는 국제관습법의 경우 곧바로 연방법의 일부가 되는 것을 의미한다.

답 ④

03 대한민국에서 국제법과 국내법의 관계에 대한 설명으로 옳지 않은 것은?

16년 7급

☑확인 Check! ○ △ ×

① 국제형사재판소(ICC)에 관한 로마규정은 자기집행조약인 바 국회의 비준동의 없이도 국내법과 동일한 효력을 갖는다.

② 관습국제법과 국내법률 간의 충돌이 있을 경우, 이들 간에는 특별법우선원칙이나 신법우선원칙에 의하여 해결한다.

③ 대법원은 지방자치단체의 조례가 세계무역기구(WTO) 정부조달에 관한 협정(AGP)에 위반되는 경우 그 효력이 없다고 판단하였다.

④ 헌법재판소는 마라케쉬 협정에 의하여 관세법위반자의 처벌이 가중된다고 하더라도 이는 법률에 의한 형사처벌이라고 판단하였다.

해설

난도 ★★★

① [×] 자기집행적 조약과 비자기집행적 조약을 구분하는 것은 미국에서 판례로 발달한 이론이다. 우리나라는 헌법 제6조 제1항에서 "헌법에 의하여 체결 · 공포된 조약과 일반적으로 승인된 국제법규는 국내법과 같은 효력을 지닌다."라고 규정하여 조약에 대해 수용이론을 채택하고 있으며, 헌법 제60조 제1항에서는 중요한 국제조직에 관한 조약은 반드시 그 체결 · 비준에 대한 국회의 동의를 받도록 하고 있다.

② [○] 우리나라는 국제관습법에 대해 수용이론을 채택하고 있으며, 그 효력에 대해 법률동위설이 다수설이다. 따라서 국제관습법과 국내법률은 원칙적으로 효력이 동등하며 이들 상호간에는 특별법우선의 원칙, 신법우선의 원칙이 적용된다.

③ [○] '전라북도 친환경급식 조례' 사건(대판 2005.9.9. 2004추10)에서 대법원은 "지방자치단체가 제정한 조례가 관세 및 무역에 관한 일반협정(GATT)이나 정부조달에 관한 협정(AGP)에 위반되는 경우에는 그 효력이 없다."라고 하였다.

④ [○] 헌법재판소는 "… 마라케쉬협정에 의하여 관세법위반자의 처벌이 가중된다고 하더라도 이를 들어 법률에 의하지 아니한 형사처벌이라거나 행위시의 법률에 의하지 아니한 형사처벌이라고 할 수 없다."(헌재 1998.11.26. 97헌바65)고 하였다.

답 ①

04 우리 헌법이 취하고 있는 국제관계에 관한 입장으로 옳지 않은 것은?

08년 9급

① 대한민국은 국제평화의 유지에 노력하고 침략적 전쟁을 부인한다.

② 국회는 국군의 외국에의 파견에 대한 동의권을 가진다.

③ 대통령은 조약의 체결과 비준 권한을 가진다.

④ 헌법에 의하여 체결 · 공포된 조약은 국내입법을 통하여만 국내법과 같은 효력을 가진다.

해설

난도 ★★

① [○] 대한민국은 국제평화의 유지에 노력하고 침략적 전쟁을 부인한다(헌법 제5조).

② [○] 국회는 선전포고, 국군의 외국에의 파견 또는 외국군대의 대한민국 영역 안에서의 주류에 대한 동의권을 가진다(헌법 제60조 제2항).

③ [○] 대통령은 조약을 체결 · 비준하고, 외교사절을 신임 · 접수 또는 파견하며, 선전포고와 강화를 한다(헌법 제73조).

④ [×] 헌법에 의하여 체결 · 공포된 조약과 일반적으로 승인된 국제법규는 국내법과 같은 효력을 가진다(헌법 제6조 제1항). 헌법에 의하여 체결 · 공포된 조약은 국내입법과 같은 별도의 수용절차 없이도 국내법과 같은 효력을 갖는 것이 원칙이다.

답 ④

05 **국제법과 국내법의 관계에 대한 설명으로 옳은 것은?** 20년 9급

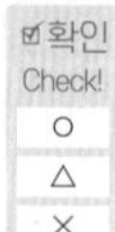

① 변형이란 국제법이 국제법의 자격으로 직접 국내적으로 적용되고, 사법부도 국제법에 직접 근거하여 재판을 함으로써 국제법을 실현하는 방식을 의미한다.
② 국가행위의 국제위법성 결정은 국제법에 의하여 정해지며, 이는 동일한 행위가 국내법상 적법하다는 결정에 의하여 영향받지 아니한다.
③ 대한민국 대법원은 급식조례사건(대판 2005.9.9. 2004추10)에서 학교급식에 우리 농산물을 사용하도록 한 조례가 관세 및 무역에 관한 일반협정(GATT) 제1조 최혜국대우 원칙에 위반된다고 하였다.
④ 상설국제사법재판소(PCIJ)는 1926년 Certain German Interests in Polish Upper Silesia 사건에서 국내법은 단순한 사실이 아니라 구속력 있는 규범이라는 점을 확인하였다.

해설
난도 ★★★
① [×] 변형이란 국제법이 국내적으로 적용되기 위하여 그 형태를 국내법으로 바꾸는 것을 말한다.
② [○] 국가행위의 국제위법성의 결정에는 국제법이 적용된다. 그러한 국제위법성의 결정은 국내법에 의한 동일한 행위의 합법 결정에 의하여 영향을 받지 아니한다(국제위법행위에대한국가책임규정초안 제3조).
③ [×] 급식조례사건(대판 2005.9.9. 2004추10)에서 대법원은 학교급식에 우리 농산물을 사용하도록 한 조례안은 내국민대우 원칙을 규정한 '1994년 관세 및 무역에 관한 일반협정'에 위반되어 그 효력이 없다고 하였다.
④ [×] 국제법원에서 국내법은 단순한 사실로 간주된다. 상부실레지아에서의 일부 독일인의 이익에 관한 사건에서 PCIJ는 폴란드가 국내법을 적용하여 독일과의 관계에서 국제조약을 위반한 것은 국제법상 위법한 것으로서 국가책임이 발생한다고 하였다.

답 ②

06 **국제법과 국내법의 관계에 대한 설명으로 옳지 않은 것은?** 18년 7급

① 미국은 자기집행적 조약규정에 대해서는 수용이론을 적용한다.
② 영국은 이원론에 의거하여 의회의 이행법률 제정을 통해 조약을 적용한다.
③ 우리나라는 일원론에 의거하여 모든 조약을 변형 없이 직접 적용한다.
④ 독일은 연방 의회의 동의법률 제정을 통해 조약에 국내법적 효력을 부여한다.

해설
난도 ★★★
① [○] 미국 연방헌법은 조약에 대해 수용이론을 채택하였으나, 미국 법원들은 조약을 자기집행적 조약과 비자기집행적 조약으로 구분하여 자기집행적 조약에 대해서는 수용이론을 비자기집행적 조약에 대해서는 변형이론을 적용한다.
② [○] 영국은 변형이론을 채택한 이원론 국가다. 특히 변형의 방법으로서 이행법률 제정을 통한 변형을 예정하고 있는 대표적인 국가다.
③ [×] 우리나라 헌법 제6조 제1항에서는 "헌법에 의하여 체결·공포된 조약과 일반적으로 승인된 국제법규는 국내법과

같은 효력을 가진다."라고 규정하고 있으며, 이는 조약과 국제관습법 모두에 대해 수용이론을 채택하고 있다고 보는 데는 이견이 없다. 그러나 모든 조약에 대해 수용이론을 적용할 것인지에 대해서는 다른 해석론이 있는바, 일부 조약의 경우 조약 규정 자체에서 국내입법을 예정하고 있으며 이런 경우에는 국내입법이라는 변형이 있어야만 해당 조약을 국내에 적용할 수 있다고 보는 견해가 있다(정인섭). 이 견해에서는 "각 체약국은 범죄를 엄중한 형벌로 처벌 할 수 있도록 할 의무를 진다."라고 규정한 1970년 「항공기의 불법납치 억제를 위한 조약」 제2조를 그 예로 들고 있다. 이러한 견해에 따를 경우 옳지 않은 지문이 된다.

④ [○] 독일은 조약체결 후 해당 조약을 국내에 적용하도록 하는 연방의회의 동의법률 제정을 통해 조약에 국내법적 효력을 부여하는 형식을 취하고 있다.

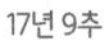 ③

07 **국제법과 국내법의 관계에 대한 설명으로 옳은 것은?** 17년 9추

① 대부분의 국가에서 국제관습법은 변형의 방식으로 국내법적 효력을 갖는다.
② 영국은 조약에 대하여 수용이론을 채택하여 일원론적 입장을 취하고 있다.
③ 미국은 인권조약을 대부분 자기집행적 조약으로 인정한다.
④ 국제법상 의무이행의 방법은 원칙적으로 개별국가가 판단할 문제이다.

해설

난도 ★★★

① [×] 대부분의 국가에서 국제관습법은 수용의 방식으로 국내법적 효력을 갖는다.
② [×] 영국은 조약에 대하여 변형이론을 채택하여 이원론적 입장을 취하고 있다.
③ [×] 조약의 자기집행성 여부는 조약규정에 나타난 당사국의 의도와 주변상황 등을 고려하여 판단하며, 미국 캘리포니아주 대법원은 '세이후지 대 캘리포니아 사건'에서 인권과 관련된 UN헌장 제55조와 제56조는 비자기집행적이라고 판단한 바 있다.
④ [○] 국제사회에는 중앙집권적인 집행기구가 없으며, 개별국가의 국제법상 의무이행의 방법은 당해 개별국가가 결정한다.

답 ④

08 국제법과 국내법의 관계에 대한 설명으로 옳지 않은 것은?

17년 7급

① 현대 국제법질서 하에서는 국제법에 위반되는 국내법의 경우 국내적으로 당연히 무효가 되는 것이 관례이다.

② 이원론(dualism)은 국제법과 국내법을 서로 독립된 별개의 법체계로 보는 이론이다.

③ 미국에서는 조약을 자기집행조약과 비자기집행조약으로 나누어 조약의 국내적 효력발생 절차를 달리하고 있다.

④ 국제법 우위론에 따르면 국내법의 유효성 및 타당성의 근거는 국제법에 있다.

해설

난도 ★★

① [×] 국내법이 국제법을 위반하였다 하더라도 국제법이 국제법을 위반한 국내법의 국내적 효력을 직접적으로 무효화하지는 않는다(바르셀로나 트랙션 사건). 국제법에 저촉되는 국내법도 그 국가 내에서는 유효한 법률로 효력을 가질 수 있다.

② [○] 이원론은 국제법과 국내법을 상호 독립된 별개의 법체계로 이해한다.

③ [○] 미연방헌법 제6조 제2항은 조약의 국내적 지위에 관하여 "이 헌법, 또는 이 헌법을 실행하여 제정된 미합중국의 법률이나, 미국의 권능에 의하여 체결된 또는 장래에 체결될 모든 조약은 이 국가의 최고법이다. 각 주의 재판관은 그 주의 헌법이나 법률에 반대규정이 있더라도 이들의 구속을 받는다."라고 규정하여 모든 조약규정에 대해 일원론을 채택하고 있는 것으로 보이나, 실제로 미국의 법원들은 조약규정을 「자기집행적」 조약 규정과 「비자기집행적」 조약 규정으로 나누어, 전자에 대해서는 수용이론을, 후자에 대해서는 변형이론을 적용하고 있다.

④ [○] 국제법 우위론에서는 국내법의 효력의 근거가 국제법에 있다고 설명한다.

답 ①

09 국제법과 국내법의 관계에 대한 설명으로 옳은 것은?

16년 9급

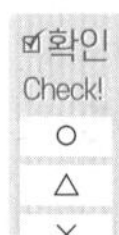

① 오늘날 일원론은 국내법우위론을 의미한다.

② 우리나라 헌법에서는 헌법이 조약보다 우선한다고 명시하고 있다.

③ 이원론에 따르면 조약은 국내법으로 수용되거나 변형될 수 있다.

④ 국제재판소의 입장에서 국내법은 단순한 사실에 지나지 않는다.

해설

난도 ★★

① [×] 오늘날의 일원론은 국제법 우위의 일원론을 의미한다.

② [×] 헌법 제6조 제1항에서는 "헌법에 의하여 체결 · 공포된 조약과 일반적으로 승인된 국제법규는 국내법과 같은 효력을 지닌다."라고만 규정하고 있으며 헌법과의 관계에서의 효력을 명시하지는 않고 있다.

③ [×] 이원론에 따르면 조약이 국내에 적용되기 위해서는 변형절차를 거쳐야만 한다.

④ [○] 국제재판소는 국내법을 단순한 사실로 간주한다. 국제재판소는 국내법을 해석할 의무도 권한도 없고 국내법을 당연히 알고 있다고 간주되지도 않으며, 따라서 분쟁당사국이 관련 국내법에 대한 입증책임을 진다.

답 ④

10 국제법과 국내법의 관계에 관한 설명으로 옳지 않은 것은?

14년 7급

☑확인 Check! ○ △ ×

① 이원론에 의할 때 조약은 원칙적으로 직접적인 국내적 효력을 갖지 않는다.
② 조약 당사국은 조약 불이행에 대한 정당화의 사유로 자국 국내법을 원용할 수 없다.
③ 미국 연방헌법에 의할 때 조약은 미연방을 구성하는 각 주의 법률보다 우위이나 주의 헌법보다는 하위의 효력을 갖는다.
④ 영국의 판례는 일부 판례를 제외하면 국제관습법에 대하여 수용이론을 적용하고 있다.

해설

난도 ★★

① [○] 이원론은 국제법과 국내법을 상호 독립된 별개의 법체계로 이해한다. 따라서 양자가 저촉되는 경우가 있어도 상호 효력에 영향을 미치지 않고 국제법은 국제법대로 국내법은 국내법대로 양립하여 효력을 갖는다고 한다.
② [○] 국가는 자기의 국제의무의 범위를 제한하기 위해 국내법을 원용할 수 없다(상부사보이 및 젝스자유지역 사건).
③ [×] 미국에서 조약은 주헌법에 우선하며, 연방의 제정법, 즉 연방법률과는 동등한 효력을 갖는다.
④ [○] 일부 예외적인 판례가 있기는 하지만, 일반적으로 영국은 국제관습법이 보통법(common law)의 일부를 형성하며, 자동적으로 영국 국내법의 일부를 형성한다는 입장이다(모르텐슨 대 피터스 사건).

답 ③

11 다음 설명 중 옳지 않은 것은?

14년 9급

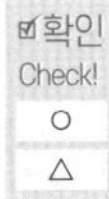

① 국제관계에서는 국제법만이 구속력이 있는 법규범으로 인정되며, 국내법은 규범이 아닌 사실로서 인정된다.
② 대외적 이행의무의 유무에 있어서 자기집행적조약과 비자기집행적조약은 차이가 있다.
③ 영국은 국제법과 국내법의 관계에 대해 Mortensen 대 Peters 사건을 통하여 의회제정법이 국제관습법에 우선함을 확인하였다.
④ 국내법 질서 속에서 국제법의 지위는 개별국가의 헌법질서에 따라 결정된다.

해설

난도 ★★

① [○] 국제법원은 국내법을 단순한 사실로 간주한다. 국제법원을 국내법을 해석할 의무도 권한도 없으며, 국내법을 당연히 알고 있다고 간주되지도 않는다. 따라서 분쟁당사국이 관련 국내법에 대한 입증책임을 진다.
② [×] 자기집행적조약과 비자기집행적 조약은 대내적인 자기집행성에 있어서 차이가 있다. 자기집행적 조약은 국내에 적용되기 위하여 별도의 입법과 같은 구체화가 필요 없는 조약을 말하며, 비자기집행적 조약은 국내에 적용되기 위하여 별도의 입법 등을 통한 구체화가 필요한 조약을 말한다.
③ [○] 모르텐슨 대 피터스 사건에서 영국법원은 국제관습법에 대하여 보통법(common law)과 동등한 효력을 인정하였으며, 국내법에 있어서 의회의 제정법이 보통법보다 우위에 있다고 하였다. 따라서 의회제정법과 국제관습법의 내용이 충돌하는 경우 국내법인 의회제정법이 우선한다.
④ [○] 국내법 질서 속에서의 국제법의 지위는 개별국가들의 국내법(국내헌법)에 따라 결정된다.

답 ②

12 국제법과 국내법의 관계에 대한 설명으로 옳지 않은 것은?

12년 9급

확인 Check! ○ △ ×

① 국제사법재판소는 국제법의 국내법에 대한 우위 원칙을 견지해 왔다.
② 이원론의 입장에 따르면 국제법을 국내적으로 수용하기 위해서는 변형 절차를 거쳐야 한다.
③ 국가는 국제의무를 회피할 목적으로 자국의 국내법을 원용할 수 있다.
④ 대한민국 헌법은 일반적으로 승인된 국제법규를 국내법의 일부로서 수용한다는 의사를 표명하고 있다.

해설

난도 ★

① [○] 국제법원은 국내법에 대한 국제법 우위의 원칙을 견지해 왔으며 국제사법재판소도 마찬가지의 입장이다.
② [○] 국제법이 국내적으로 적용되기 위해서는 그 형태를 국내법으로 바꾸는 변형이 있어야 한다는 이론이 변형이론이며, 이는 국제법과 국내법을 서로 다른 별개의 독자적 법체계로 보는 이원론에 상응하는 이론이다.
③ [×] '단찌히 주재 폴란드국민의 대우에 관한 권고적 의견' 사건에서 PCIJ는 "국가는 자기의 국제의무를 회피할 목적으로 자국 또는 타국의 국내법을 원용할 수 없다."고 하였다.
④ [○] 대한민국 헌법 제6조 제1항에서는 "헌법에 의하여 체결 · 공포된 조약과 일반적으로 승인된 국제법규는 국내법과 같은 효력을 지닌다."고 규정하고 있다.

답 ③

13 국제법과 국내법의 관계에 대한 설명으로 옳지 않은 것은?

11년 7급

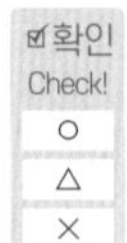

① 국제법우위의 일원론(monism)은 국제법과 국내법의 관계를 상하관계로 보고, 국내법은 국제법에 의해 위임(delegation)된 부분적 질서에 불과하다고 주장한다.
② 이원론(dualism)을 취하는 국가에서는 조약이 비준되었다고 하더라도 국내적 효력을 갖기 위해서는 국제법을 국내법으로 변경하는 변형(transformation)이 필요하며, 이러한 변형의 방식으로 입법기관이 해당 조약과 동일한 내용의 상세한 국내법을 제정하는 방식을 취하거나 해당 조약을 국내법으로 시행한다는 형식적인 법률만을 제정하여 국제법의 국내적 실현을 달성할 수도 있다.
③ 국제법과 국내법이 상충하는 경우 국가는 조약의 불이행에 대한 정당화의 방법으로 국내법 규정을 원용할 수 있다.
④ 국제법에 저촉되는 국내법도 그 국가 내에서는 유효한 법률로 효력을 가질 수 있으나 그 국가는 타국과의 관계에서 국제법상의 책임문제가 발생하게 된다.

해설

난도 ★★

① [○] 국제법우위의 일원론은 국제법과 국내법은 통일적인 하나의 법체계를 이루고, 상호 별개의 법체계를 형성하는 것이 아니라고 보며, 국제법이 국내법보다 상위에 있고 국내법이 하위에 있다고 본다. 국제법우위의 일원론은 국내법의 효력의 근거는 국제법에 있으며, 국내법은 국제법에 의하여 위임된 부분적 질서에 불과하다고 본다.
② [○] 이원론은 국제법과 국내법을 서로 독립된 별개의 법체계로 이해하며, 양자가 저촉되는 경우가 있어도 상호 효력에 영향을 미치지 않고 국제법은 국제법대로 국내법은 국내법대로 양립하여 효력을 갖는다고 본다. 이원론은 국제법과 국내법을 상호 독립된 별개의 법체계로 이해하므로 국제법이 국내적으로 타당하려면 국제법은 국내법으로의 변형이 필요하다고 한다.

③ [×] 상부사보이 및 젝스자유지역 사건에서 PCIJ는 "국제법과 국내법이 상충하는 경우 국가는 조약의 불이행에 대한 정당화의 방법으로 국내법 규정을 원용할 수 없다."고 하였으며, 1969년 조약법에관한비엔나협약 제27조에서도 "어느 당사국도 조약의 불이행에 대한 정당화의 방법으로 그 국내법 규정을 원용해서는 아니 된다."고 규정하고 있다.

④ [○] 국제법 우위의 원칙은 국제적 차원에서만 인정되는 것이며 국제법을 위반한 국내법의 국내적 효력은 국가의 국내관할권에 유보되어 있으므로 개별 국가의 입장에 따라 국내적으로는 유효할 수도 있다. 다만, 개별 국가의 국내법이 국제법을 위반하는 경우에는 국제법상의 국가책임문제가 발생하게 된다.

답 ③

14 국제법과 국내법의 관계에 대한 설명으로 옳지 않은 것은?

11년 9급

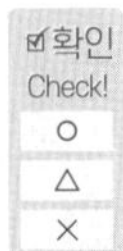

① 영국은 조약의 국내적 효력과 관련하여 이원론을 적용하고 있다.
② 이원론에 따르면 국제법과 국내법은 별개의 독자적인 법체계를 형성한다.
③ 이원론에 따르면 국제법에 위반되는 국내법은 당연히 무효가 된다.
④ 국내법 우위의 일원론에 따르면 국제법을 부인하는 결과가 된다.

해설

난도 ★★

① [○] 영국은 조약의 국내적 효력과 관련하여 이원론을 채택하여 원칙적으로 조약이 의회의 이행법률 제정이라는 변형절차를 통하여 국내적으로 적용된다고 본다.

②[○], ③ [×] 이원론은 국제법과 국내법을 서로 독립된 별개의 법체계로 이해한다. 따라서 양자가 저촉되는 경우가 있어도 상호 효력에 영향을 미치지 않고 국제법은 국제법대로 국내법은 국내법대로 양립하여 효력을 갖는다고 한다.

④ [○] 국내법 우위의 일원론은 통일적인 하나의 법체계 내에서 국내법이 국제법보다 상위에 있고 국제법이 하위에 있다고 한다. 국내법은 대내적으로 국민에 대해 표시된 국가의사이고, 국제법은 대외적으로 표시된 국가의 의사에 불과하므로 국제법은 소위 「대외적인 국가법」으로 국내법의 일부분을 구성하는 데 지나지 않는다고 하여, 결국 이 이론은 국제법부인론으로 이어진다.

답 ③

15 국제법과 국내법의 관계에 대한 설명 중 옳지 않은 것은?

09년 7급

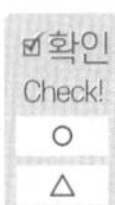

① 이원론(dualism)에 따르면 국제법을 국내적으로 적용하기 위해서는 변형이 필요하다.
② 일원론(monism)에 따르면 국제법과 국내법은 하나의 법체계에 속한다.
③ 우리나라 헌법은 조약과는 달리 일반적으로 승인된 국제법규는 법률에 우선하는 효력을 인정하고 있다.
④ 국제재판소의 판례에 따르면 국가는 국제조약을 시행할 국내법의 결여를 이유로 국제법상의 의무를 거부할 수 없다.

해설

난도 ★★

① [○] 이원론은 국제법과 국내법을 상호 독립된 별개의 법체계로 이해하므로 국제법이 국내적으로 타당하려면 국제법은 국내법으로의 변형이 필요하다고 한다. 따라서 국내법원은 변형을 거치지 않은 국제법에 구속되지 않으며, 국제법과 국내법은 양자 간에 어떠한 충돌도 실제 적용상 발생할 수 없게 된다.

② [○] 일원론은 국제법과 국내법은 별개의 법체계를 이루고 있는 것이 아니라 통일적인 법체계를 형성하고 있는 것이라고 한다.

③ [×] 헌법에 의하여 체결 · 공포된 조약과 일반적으로 승인된 국제법규는 국내법과 같은 효력을 지닌다(헌법 제6조 제1항).

④ [○] '단찌히법원의 관할권에 관한 권고적 의견' 사건에서 PCIJ는 "국가는 국제조약을 시행할 국내법의 결여를 이유로 국제의무의 이행을 거부할 수 없다."고 하였다.

답 ③

16 국제법과 국내법의 관계에 대한 설명으로 옳지 않은 것은?

08년 7급

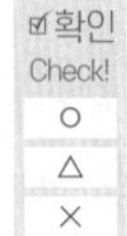

① 1969년 조약법에관한비엔나협약에 의하면, 조약의 불이행을 정당화하기 위하여 자국의 국내법 규정을 원용할 수 없다.

② 영국에서 국제관습법은 별도로 국내법으로의 변형절차 없이도 국내법적 효력을 가진다.

③ 우리나라에서는 헌법에 의하여 체결 · 공포된 조약은 일반적으로 국내 법률과 같은 효력을 갖는다.

④ 미국에서 조약과 조약에 의거하여 체결한 행정협정(executive agreement)은 의회의 비준동의를 받아야 한다.

해설

난도 ★★

① [○] 어느 당사국도 조약의 불이행에 대한 정당화의 방법으로 그 국내법 규정을 원용해서는 아니 된다(조약법에관한비엔나협약 제27조).

② [○] 영국에서 국제관습법은 보통법(common law)의 일부를 형성하며, 자동적으로 영국 국내법의 일부를 형성한다.

③ [○] 헌법에 의하여 체결 · 공포된 조약과 일반적으로 승인된 국제법규는 국내법과 같은 효력을 지닌다(헌법 제6조 제1항).

④ [×] 행정협정은 별도의 비준절차 없이 서명만으로 효력이 발생하는 약식조약의 대표적인 예로서, 미국에서 발달하였다.

답 ④

17 국제법과 국내법의 관계에 관한 설명 중 옳은 것은?

07년 7급

① 국제재판에서 자국의 국내법 규정을 원용하여 국제법 위반을 정당화할 수 없다.

② 국내법의 타당근거가 국제법에 있다고 보는 견해가 국내법우위론이다.

③ 국제법과 국내법이 모두 동일한 법질서에 속한다고 보는 입장이 이원론(dualism)이다.

④ 우리나라에서 국제법의 국내적 효력을 법률과 동위로 보는 것처럼, 다른 국가들도 모두 국제법의 국내적 효력은 법률과 동위로 보고 있다.

해설
난도 ★

① [○] 국제재판에서 국제법원들은 일반적으로 국내법에 대한 국제법의 우위성을 인정하여 왔다. PCIJ는 '단찌히 주재 폴란드국민의 대우에 관한 권고적 의견' 사건에서 "국가는 자기의 국제의무를 회피하기 위하여 자국 또는 타국의 헌법을 원용할 수 없다."고 하였으며, '상부사보이 및 젝스자유지역 사건'에서 "국가는 자기의 국제의무의 범위를 제한하기 위하여 국내법을 원용할 수 없다."고 하였다.
② [×] 국내법의 타당근거가 국제법에 있다고 보는 견해는 국제법우위론이다.
③ [×] 국제법과 국내법이 모두 동일한 법질서에 속한다고 보는 입장은 일원론이다.
④ [×] 국제법의 국내적 효력은 개별 국가들의 국내법에 따라 달라질 수 있다. 우리나라의 경우 헌법 제6조에서 "헌법에 의하여 체결 · 공포된 조약과 일반적으로 승인된 국제법규는 국내법과 같은 효력을 지닌다."라고 규정하였고, 이에 대한 해석으로 조약과 국제관습법의 효력에 대하여 '법률동위설'이 일반적 견해이지만, 다른 국가들은 국제법의 국내적 효력순위에 대하여 헌법과 동위의 효력을 인정하는 경우도 있고, 국제법을 국내법률보다 우위에 두는 경우도 있고, 국내법률을 국제법보다 우위에 두는 경우도 있다.

답 ①

18 국제법과 국내법의 관계에 관한 설명으로 옳은 것은? 07년 9급

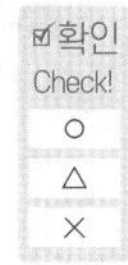

① 국제법상 국가는 자국의 국내법규정을 이유로 국제법위반을 정당화할 수 있다.
② 국제법상 이원론은 국제법과 국내법이 하나의 통일된 법체계를 형성한다는 이론이다.
③ 대한민국 헌법에서는 헌법에 의하여 체결 · 공포된 조약과 일반적으로 승인된 국제법규는 국내법과 같은 효력을 가진다고 규정하고 있다.
④ 국제적으로 국제법을 국내법체계 내로 받아들이는 방법은 통일되어 있다.

해설
난도 ★★

① [×] 국제법상 국가는 자국의 국내법 규정을 이유로 국제법 위반을 정당화할 수 없다는 것이 국제법원의 일반적 입장이다. PCIJ는 '단찌히 주재 폴란드국민의 대우에 관한 권고적 의견' 사건에서 "국가는 자기의 국제의무를 회피하기 위하여 자국 또는 타국의 헌법을 원용할 수 없다."고 하였으며, '상부사보이 및 젝스자유지역 사건'에서 "국가는 자기의 국제의무의 범위를 제한하기 위하여 국내법을 원용할 수 없다."고 하였다.
② [×] 국제법과 국내법이 하나의 통일된 법체계를 형성한다는 이론은 일원론이다. 이원론은 국제법과 국내법을 서로 독립된 별개의 법체계로 이해한다.
③ [○] 헌법 제6조 제1항에서 "헌법에 의하여 체결 · 공포된 조약과 일반적으로 승인된 국제법규는 국내법과 같은 효력을 지닌다."라고 규정하고 있다.
④ [×] 국제적으로 국제법을 국내법체계 내로 받아들이는 방법은 통일되어 있지 않으며, 개별 국가들의 입장에 따라 수용이론과 변형이론이 있다. 수용이론은 국제법이 고유의 성질을 잃지 않고 국제법으로서의 법적 성질을 그대로 유지한 채 그 자체로서 국내법질서에 도입된다고 보며, 변형이론은 국제법이 국내적으로 적용되기 위해서는 그 형태를 국내법으로 바꾸는 변형이 있어야 한다고 본다.

답 ③

PART 2
국가

국제법 14개년 단원별 기출문제집

CHAPTER 01 승인론

제1절 국가 일반론

01 「1933년 국가의 권리와 의무에 관한 몬테비데오조약」에 따른 국가의 성립 요건에 대한 설명으로 옳지 않은 것은? 14년 7급

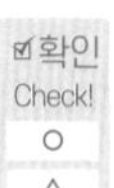

① 국가는 민족자결권에 기초하여 수립되어야 한다.
② 국가는 항구적 인구를 보유하여야 한다.
③ 국가는 일정한 영토를 보유하여야 한다.
④ 국가는 실효적인 주권을 행사할 수 있는 정부를 보유하여야 한다.

해설
난도 ★
① [×], ② [○], ③ [○], ④ [○] 1933년 '국가의 권리 · 의무에 관한 몬테비데오협약'에서는 국가의 성립요건으로서 (ⅰ) 항구적 인구, (ⅱ) 일정한 영토, (ⅲ) 실효적 정부, (ⅳ) 국제관계 설정 및 유지능력을 열거하고 있다. 민족자결권에 기초한 수립은 요건에 해당하지 않는다.

답 ①

02 「1933년 국가의 권리와 의무에 관한 몬테비데오협약」상 국가 성립요건이 아닌 것은? 12년 9급

확인 Check! ○ △ ×

① 영구적 주민(a permanent population)
② 정부승인(recognition of government)
③ 명확한 영역(a defined territory)
④ 타 국가와 관계를 맺을 수 있는 능력 (the capacity to enter into relations with other states)

해설
난도 ★
① [○], ② [×], ③ [○], ④ [○] '1933년 국가의 권리와 의무에 관한 몬테비데오협약'상 국가 성립요건에는 영구적 인민(a permanent population), 명확한 영역(a defined territory), 정부(government), 국제관계 설정 및 유지능력(the capacity to enter into relations with other states)이 있다.

답 ②

03 **국제법상 분리독립에 대한 설명으로 옳은 것은?** 15년 7급

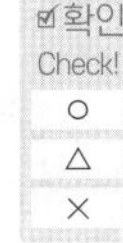

① 1914년 제1차 세계대전이 일어날 때까지 분리독립에 의하여 국가가 탄생한 예가 없다.
② 어느 국가의 중앙정부가 그 국가 영역 내 특정 지역을 통제하는 지방 조직을 국가로 승인하는 경우 그 지역에서 국가가 탄생한다.
③ 어느 국가의 영토 일부 및 그 영토상의 주민이 분리독립하는 경우 그 국가의 계속성은 소멸한다.
④ 1945년 제2차 세계대전이 종결된 이후 자결권 행사를 통해서 분리독립이 실현된 예가 없다.

해설
난도 ★★★
① [×] 1776년 영국으로부터 미국이 독립한 것은 분리독립으로 평가된다.
② [○] 어느 국가의 중앙정부가 그 국가 영역 내 특정 지역을 통제하는 지방 조직을 국가로 승인하는 경우 신생국이 생성되는 분리독립에 해당된다.
③ [×] 국제법상 국가의 계속성은 국제법주체가 근본적인 외적 또는 내적 변화에도 불구하고 존속함을 의미한다. 이른바 '국가계속성의 이론'에 의하면 (ⅰ) 국가내부의 혁명적 변화, (ⅱ) 영토의 변경, (ⅲ) 전시점령의 조치 등은 국제법주체로서 국가의 존재에 영향이 없고 따라서 원칙적으로 국가소멸의 결과를 가져오지 않는다.
④ [×] 1991년 구 소련에서 14개 공화국의 독립, 1971년 파키스탄에서 방글라데시의 독립, 1993년 에티오피아에서 에리트리아의 독립 등은 분리독립의 예에 해당한다.

답 ②

제2절 국가승인

1. 개설

04 **국제법상 국가승인이 필요한 경우를 모두 고르면?** 10년 지방

☑확인 Check! ○ △ ×

> ㄱ. 무주지(무주지)에 신국가를 세운 경우
> ㄴ. 식민지 지배에서 벗어나 독립한 경우
> ㄷ. 전쟁을 통하여 기존 국가를 정복한 경우
> ㄹ. 국가 내에서 쿠데타가 발생한 경우
> ㅁ. 국가가 분열(dissolution)한 경우
> ㅂ. 국가원수가 살해된 경우
> ㅅ. 한 국가가 다른 국가에 병합(annexation)된 경우

① ㄱ, ㄴ, ㅁ
② ㄱ, ㅁ, ㅅ
③ ㄴ, ㄷ, ㅂ
④ ㄷ, ㅁ, ㅅ

해설

난도 ★

ㄱ. [○], ㄴ. [○], ㄷ. [×], ㄹ. [×], ㅁ. [○], ㅂ. [×], ㅅ. [×]

국가승인의 대상이 되는 신생국이 성립하는 경우로는 신생독립(ㄱ), 분리독립(ㄴ), 분열(ㅁ), 합병 등이 있다. 병합(ㅅ)은 신생국이 성립하지 않으므로 국가승인의 대상이 아니다.

답 ①

05 **신생국에 대한 국가승인으로 간주되지 않는 것은?** 10년 7급

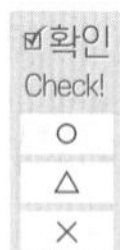

① 선언을 통하여 승인에 대한 의사를 전달하는 것
② 신생국의 영사에게 영사인가장을 부여하는 것
③ 신생국이 참여한 다자조약에 가입하는 것
④ 신생국과 우호통상항해조약을 체결하는 것

해설

난도 ★★

① [○] 국가기관이 선언 · 통고 · 조약규정 · 국제회의의결 등을 통하여 승인의사를 표시하는 것은 명시적 국가승인에 해당한다.

② [○] 신생국에게 영사인가를 요구하거나, 신생국의 영사에게 영사인가장을 부여하는 것은 묵시적 국가승인에 해당한다.

③ [×] 신생국이 참여한 다자조약에 가입하는 것은 국가승인으로 인정되지 않는다.

④ [○] 신생국과 우호통상항해조약 등의 포괄적 조약을 체결하는 것은 묵시적 국가승인에 해당한다.

답 ③

2. 본질

06 신국가 또는 신정부가 국제법위반의 결과로 생겨난 경우는 제외하되, 국가들은 사실상의 요건을 구비한 신국가나 신정부를 승인할 의무가 있다는 내용의 주장은? 14년 9급

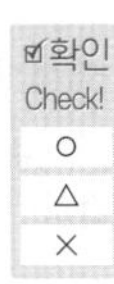

① 라우터팍트 독트린
② 브레즈네프 독트린
③ 드라고 독트린
④ 칼보 독트린

해설

난도 ★★★

① [○] 영국의 국제법학자인 라우터팍트(Lauterpacht)는 "국가들은 국가성립이나 정부성립에 관한 사실상의 요구사항을 충족시키고 있는 집단에 대해서는 승인할 의무가 있다."고 주장한 바 있는데 이를 라우터팍트주의(Lauterpacht Doctrine)라고 한다. 그러나 국가관행을 보면 거의 대부분이 이러한 이론을 받아들이지 않고 있다.

② [×] 브레즈네프 독트린(Brezhnev Doctrine)은 1968년 8월 소련이 체코슬로바키아에 대하여 군사개입을 하면서 내세웠던 주장으로서, 사회주의 국가의 주권이란 그 나라의 발전방향이 다른 사회주의 국가 및 국제공산주의 운동의 이익과 충돌하지 않는 범위 내에서만 보장된다는 '제한주권론'을 그 내용으로 한다.

③ [×] 1902년 베네수엘라의 채무변제 중단에 따른 유럽국가들의 무력공격이 있자, 아르헨티나 외무장관이었던 드라고(Luis M. Drago)는 "계약상의 채무를 회수하기 위하여 무력을 행사할 수 없다."고 주장하였던바, 이를 드라고 독트린(Drago Doctrine)이라고 한다.

④ [×] 아르헨티나 법학자인 칼보(Carlos Calvo)는 자신의 저서 '유럽과 미국 국제법의 이론과 실제'(1868, International Law of Europe and America in theory and Practice)에서 "외국인은 배상청구를 위하여 무력을 사용할 수 없으며, 외국인은 본국 정부에 외교적 개입을 요청하기보다는 재류국의 법정에서 문제를 해결해야 한다."고 주장하였던바, 이를 칼보 독트린(Calvo Doctrine)이라고 하며, 드라고 독트린은 칼보 독트린을 발전시킨 개념이라고 할 수 있다.

답 ①

07 국가승인에 대한 국제실행(practice)으로 옳은 것을 모두 고른 것은? 12년 7급

ㄱ. 1965년 UN 안전보장이사회는 인종차별적 소수 백인국가인 로디지아를 승인하지 말 것을 요구하는 결의를 채택하였다.
ㄴ. '국가의 권리와 의무에 대한 몬테비디오협약'은 "국가는 다른 국가의 승인과 상관없이 존재한다."라고 규정하여 '선언적 효과설'에 입각하고 있다.
ㄷ. 미국에 의해서 승인된 피승인국은 미국법원에 제소할 수 있는 권리를 취득한다.

① ㄱ, ㄴ　② ㄱ, ㄷ
③ ㄴ, ㄷ　④ ㄱ, ㄴ, ㄷ

해설

난도 ★★★

ㄱ. [○] 1965년 안전보장이사회 결의 216에서는 인종차별적인 남로디지아에 대한 불승인을 선언하였다.

ㄴ. [○] 1933년 '국가의 권리 · 의무에 관한 몬테비데오협약'에서는 '선언적 효과설'의 입장을 취하고 있다.

ㄷ. [○] 제소권에 있어서는 미국법도 창설적 효과설에 기초하고 있어서, 미국 법원에서 미승인국가나 미승인정부의 제소권은 인정되지 않는 것이 원칙이나, 제소권을 제외한 다른 문제들에서는 대체로 선언적 효과설에 기초하고 있다.

답 ④

3. 요건

08 **스팀슨주의(Stimson Doctrine)에 대한 설명으로 옳은 것은?** 12년 9급

① 부전조약(不戰條約)에 위반된 방법으로 성립한 국가승인을 반대하는 것이다.
② 국제분쟁 해결수단으로서의 전쟁을 반대하는 것이다.
③ 실효적 지배력을 가지지 못한 정부의 승인을 반대하는 것이다.
④ 상조의 승인을 반대하는 것이다.

해설

난도 ★★

① [○], ② [×], ③ [×], ④ [×] 일본이 1931년 무력을 사용하여 만주국을 건설하였을 때, 미국은 1928년 브리앙-켈로그 조약(일명 부전조약)에 위반된 수단으로 형성된 사태 · 조약 등을 승인하지 않겠다고 경고하였다. 이처럼 국제연맹규약 또는 부전조약에 위반하는 방법으로 성립된 모든 사태, 조약 또는 협정을 승인하지 않겠다는 불승인정책을 당시 미국의 국무장관이었던 스팀슨이 주장하였다고 하여 스팀슨주의(Stimson Doctrine)라고 하며 불승인주의라고도 한다.

답 ①

4. 방법

09 **묵시적 국가승인에 해당하지 않는 것은?** 16년 9급

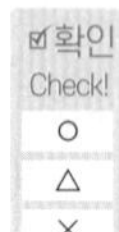

① 기존 국가가 신생국 국민에게 비자를 발급하는 것
② 기존 국가와 신생국 간에 상주외교사절을 교환하는 것
③ 기존 국가와 신생국 간에 우호통상항해조약을 체결하는 것
④ 기존 국가가 독립을 얻은 신생국에게 축하메시지를 보내는 것

해설

난도 ★

① [×], ② [○], ③ [○], ④ [○] 묵시적 국가승인의 예로는 우호통상(항해)조약 등의 포괄적 (양자)조약의 체결, 외교관계의 수립, 미승인국 외교사절의 공식접수, 상임외교사절의 교환, 주권국가로 인정하는 외무부장관의 기자회견, 신생국 국기 승인, 신생국 국기에 대한 예의표시, 신생국이 파견한 영사에게 인가장 발급, 신생국에 자국영사의 인가 요구, 신생국에 독립축하메시지 전달, 국내법원의 제소권 인정, 국가원수의 국빈자격 방문, 대통령의 공식 접견, 미승인국의 영역주장에 대한 합법성 인정 등이 있다. 기존 국가가 신생국 국민에게 비자를 발급하는 것은 묵시적 국가승인으로 인정되지 않는다.

답 ①

10 국가에 대한 묵시적 승인으로만 나열된 것은? 13년 7급

☑확인 Check! ○ △ ×

① 상주 외교사절의 교환, 독립을 획득한 신국가에게 축하메시지를 보내는 것
② 상대국의 여권 인정, 상주외교사절의 교환
③ 장기간의 양국회담, 독립을 획득한 신국가에게 축하메시지를 보내는 것
④ 상주외교사절의 교환, 통상대표부의 설치 허가

해설

난도 ★

① [○], ② [×], ③ [×], ④ [×] '상대국의 여권 인정', '장기간의 양국회담', '통상대표부의 설치 허가' 등은 묵시적 국가승인으로 인정되지 않는다.

더 알아보기 국가에 대한 묵시적 승인

묵시적 승인에 해당되는 것	묵시적 승인에 해당되지 않는 것
• 우호통상(항해)조약 등 포괄적 조약의 체결 • 외교관계의 수립, 미승인국 외교사절의 공식접수, 상임외교사절의 교환 • 주권국가로 인정하는 외무부장관의 기자회견 • 신생국 국기(國旗) 승인, 국기에 대한 예의표시 • 신생국이 파견한 영사에게 인가장(認可狀) 발급, 신생국에 자국영사의 인가(認可) 요구 • 신생국에 독립 축하 메시지 전달 • 국내법원의 제소권(提訴權) 인정 • 국가원수의 국빈자격 방문, 대통령의 공식 접견 • 미승인국의 영역주장에 대한 합법성 인정	• 인가장 없는 영사의 파견 및 접수 • 미승인국가를 포함한 다자간 협정의 체결 • 미승인국 대표가 참가하는 국제회의 출석 • 미승인국의 국제조직 참가 • 단순한 통상교섭행위 • 정부관리들에 의한 공식 교섭행위 • 무역사절단의 파견 · 교환 • 통상대표부의 설치 • 통상대표의 파견 · 접수 • 임시사절의 파견 · 접수 • 범죄인 또는 납치된 승객 등의 인도 • 반란단체와의 교섭 • 국제적 청구의 제기와 보상금지급 • 미승인국가의 국민에 대한 비자발급 • 여러 가지 일상적이거나 긴급한 문제에 관한 공식 또는 비공식접촉의 유지 • 특정문제에 관한 의사교환 • 미승인국 법률의 효력 인정 • 정식국호의 사용 • 외교적 편의를 위한 연락사무소 설립 • 단순한 행정편의를 위한 협정의 체결 • 고위급 회담의 개최 • 불승인의사를 명백히 한 상태에서 양자조약의 체결 • 단순한 사무적 내용의 양자조약 체결 • 포로협정의 체결 • 신사협정의 체결

답 ①

11 **국가의 묵시적 승인으로 볼 수 없는 것은?** 07년 7급

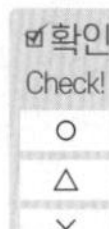

① 상주외교사절의 교환
② 영사인가장의 발급
③ 우호통상항해조약의 체결
④ 미승인국 국민에 대한 비자 발급

해설
난도 ★
① [○], ② [○], ③ [○], ④ [×] 상주외교사절의 교환, 영사인가장의 발급, 우호통상항해조약의 체결은 묵시적 국가승인에 해당하지만, 미승인국 국민에 대한 비자 발급은 묵시적 국가승인에 해당되지 않는다.

답 ④

5. 효과

12 **국가승인의 효과에 대한 설명으로 옳은 것은?** 09년 9급

확인 Check! ○ △ ×

① 국가승인의 효과는 승인국과 피승인국 사이에서만 발생한다는 의미에서 상대적이다.
② 국가승인의 효과는 법률불소급의 원칙에 의해 승인을 행한 시점부터 발생한다.
③ 승인국과 피승인국간의 외교관계가 단절되면 승인은 취소된다.
④ 사실상 승인은 법적 효과를 가지지 않는다.

해설
난도 ★★
① [○] 승인의 효과는 승인국과 피승인국 간의 관계에서만 발생하며 승인을 하지 않은 국가와의 관계에서는 발생하지 않는다.
② [×] 국가승인의 효과는 국가가 사실상 성립하였던 시기로 소급한다.
③ [×] 외교관계의 단절이 반드시 승인의 취소나 철회를 의미하는 것은 아니다.
④ [×] 사실상 승인도 일단 승인이 행해진 후에는 국제법 주체성을 인정받는다는 법적 효과가 발생하지만 그 효력의 범위는 제한적이다.

답 ①

6. 국가승인(종합)

13 **국제법상 국가승인에 대한 설명으로 옳은 것은?** 19년 7급

① 승인을 받지 않은 국가적 실체는 국제법상 권리를 향유하거나 의무를 부담하지 않는다.
② 국제연합 가입과 국제연합 회원국 상호간의 국가승인은 별개 문제이다.
③ 외교관계의 단절은 승인의 철회로 간주된다.
④ 국제연합 회원국은 무력사용으로 수립된 국가를 승인할 수 있다.

해설
난도 ★★
① [×] 미승인국이라 하더라도 최소한 전투수행이나 외국인의 권익보호에 관한 국가책임의 이행에 관하여는 국제법의 적용을 받는 국제법주체로서의 지위가 인정되어야 할 것이다. 또한 국가승인이 없다고 해서 양국 간에 아무런 법률관계도 존재하지 않는 것은 아니다. 단지 외교관계 수립과 같은 통상적인 국가 간의 관계가 이루어지지 않고 해당 국가가 국제법 주체로서 취급되지 않을 뿐이다.
② [○] 신회원국의 UN가입과 국가승인의 문제는 별개의 문제라는 것이 일반적 견해다.
③ [×] 외교관계 수립은 묵시적 국가승인으로 인정되나, 외교관계의 단절이 반드시 승인의 철회를 의미하는 것은 아니다.
④ [×] UN헌장은 전문과 제2조 제4호에서 무력사용을 금지하고 있다.

더 알아보기 신회원국의 UN가입과 국가승인의 관계

① 유보의 의사표시가 없는 한 모든 회원국과의 관계에서 국가승인으로 인정된다는 견해 : 최재훈, 이한기, 조기성
② 가입지지 투표를 한 회원국과의 관계에서만 국가승인으로 인정된다는 견해 : 김한택
③ 신회원국의 UN가입과 국가승인은 별개의 문제라는 견해 : 김대순, 김명기, 김정균, 성재호, 나인균, 김정건, 이병조, 이중범
→ UN에서의 관행과 다수설은 신회원국의 UN가입과 국가승인을 별개의 문제로 본다.

답 ②

14 **국가승인에 대한 설명으로 옳지 않은 것은?** 17년 9추

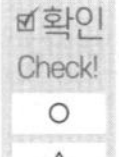

① 창설적 효과설에 따르면 신생국은 기존 국가의 승인을 받아야만 법적으로 존재하게 된다.
② 최근 사인의 권리의무에 관하여 미승인국의 법률은 준거법으로 수락되지 않는 것이 원칙이다.
③ Tinoco 중재판정은 정부의 실효적 통제를 중시하여 선언적 효과설을 따르고 있다.
④ 미국 법원에서 미승인국가나 미승인정부의 제소권은 인정되지 않는 것이 원칙이다.

해설
난도 ★★★
① [○] 창설적 효과설은 국가의 성립이란 단순한 역사적 사실에 그치는 것이며, 국가승인이란 국가성립과는 관련 없는 독립적인 사실로, 신생국은 국제사회의 기존 국가에 의해 승인되지 않는 한 국제법상의 법인격을 보유할 수 없다는 견해다.
② [×] 미승인국의 법률에 근거하여서도 법률관계가 형성될 수 있다.
③ [○] 티노코 사건은 정부승인의 효과에 있어서 선언적 효과설을 인정한 판례로 평가된다.
④ [○] 제소권에 있어서는 미국법도 창설적 효과설에 기초하고 있으나, 제소권을 제외한 다른 문제들에서는 대체로 선언적 효과설에 기초하고 있다.

답 ②

15 국제법상 국가승인에 대한 설명으로 옳은 것은?

17년 9급

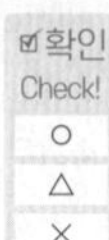

① 국가승인은 승인하는 국가와 승인받는 국가의 쌍방적 행위이다.
② 국가가 소멸하는 경우에는 국가승인의 명시적 취소가 필요하다.
③ 정부승인의 변경은 국가승인 여부에 영향을 주지 아니한다.
④ 국제기구의 가입은 신규 회원국에 대한 기존 회원국의 국가승인으로 간주된다.

해설

난도 ★★

① [×] 국가승인은 승인부여국의 일방적 행위다.
② [×] 국가가 소멸하는 경우에도 국가승인의 명시적 취소는 필요 없다.
③ [○] 정부승인은 국가계속성을 전제로 한다. 정부승인의 전제인 정부변경이 있더라도 그것으로 국가가 변경되지는 않는다.
④ [×] 신생국의 국제기구 가입과 기존 회원국에 의한 국가승인은 별개라는 것이 일반적 견해다.

답 ③

16 국가승인에 대한 설명으로 옳지 않은 것은?

16년 7급

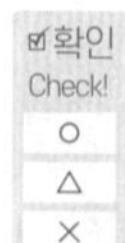

① 국가는 영사특권을 부여하겠다는 구상서로써 미승인국을 승인할 수 있다.
② 국제연합(UN) 회원국으로서의 가입이 그 국가에 대한 기존 UN회원국의 집단적 승인으로 해석되지 않는다.
③ 국가승인제도는 1930년의 에스트라다주의(Estrada Doctrine)로 점차 대체되었다.
④ 선언적 효과설에 따르면 국가성(statehood)을 갖춘 국가는 타국의 승인여부와 무관하게 국제법 주체로 인정된다.

해설

난도 ★★

① [○] 구상서(口上書)는 상대국에 대한 의사표시를 말로 하지 않고 기록으로 제기하는 외교문서의 한 형식을 말한다. 기존 국가가 신생국에게 자국영사의 인가를 요구하거나, 신생국의 영사를 인가하는 것은 묵시적 국가승인으로 인정된다.
② [○] 신생국의 국제기구 가입은 기존 회원국에 의한 국가승인으로 보지 않는 것이 일반적이다. UN에서의 관행도 신생국의 UN가입과 기존 회원국의 국가승인 문제는 별개로 본다.
③ [×] 에스트라다주의(Estrada Doctrine)란 "각국은 다른 신정권에 대하여 그 성립이나 법적 자격의 정당성의 여부 등 국내문제에 대한 가치판단을 하는 것을 억제하여야 하고, 국가로서 이미 승인되어 있는 이상 그 국내에서 혁명에 의하여 정부가 교체되더라도 정부승인의 행위는 불필요하며, 외교관계의 지속여부만을 결정하면 된다."라고 하는 주장으로서 정부승인에 대해 사실주의에 입각한 정책을 가리킨다. 1930년 멕시코의 외상 에스트라다가 제창하였으며 이것은 국가승인이 아닌 정부승인과 관련된 정책이다.
④ [○] 선언적 효과설은 국가는 타국에 의해 승인되기 이전부터 이미 국가로서의 국제법주체성이 부여되어 있으며, 승인이라는 것은 그러한 국가의 지위를 확인하고 선언하는 행위에 불과하다고 보는 견해다.

답 ③

17 국제법상 국가승인에 관한 설명으로 옳지 않은 것은?

15년 9급

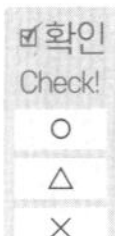

① 사실상의 승인은 외교관계의 수립과 정치적 성격의 양자조약의 체결을 통해 이루어진다.

② 정식 외교관계의 수립과 UN 가입 신청에 대한 지지 등은 묵시적 승인에 해당하는 것으로 간주된다.

③ 승인은 일반적으로 각 국가에 의하여 개별적으로 이루어지나, 관련 국가들이 공동으로 승인을 부여하는 경우도 있다.

④ 국가가 소멸하는 경우 소멸된 국가에 대한 승인은 합법적으로 철회될 수 있다.

해설

난도 ★★

① [×] 사실상의 승인은 무역관계 수립, 영사관계 수립 등에 의하여 이루어진다. 외교관계의 수립과 정치적 성격의 양자조약의 체결을 통해 이루어지는 것은 법률상 승인이다.

② [○] 정식 외교관계의 수립에 대해서는 묵시적 승인으로 보는 것이 일반적이다. UN가입 신청에 대한 지지에 대해서는 이를 국가승인으로 보는 견해와 국가승인과는 별개의 문제로 보는 견해가 대립한다. UN에서의 관행과 다수설은 신회원국의 UN가입과 국가승인을 별개의 문제로 본다. 이 지문은 다수설과 UN의 관행에 따르면 틀린 지문이나 소수설에 따르는 경우 옳은 지문이 될 수도 있다. 따라서 다른 지문들까지 참고하여 정오를 상대적으로 판단하여야 한다.

③ [○] 국가승인은 개별적 승인, 집단적 승인 모두 가능하다.

④ [○] 법률상 승인은 철회할 수 없는 것이 원칙이나, 국가가 소멸한 경우에는 예외적으로 철회가 가능하다.

답 ①

18 국제법상 국가승인제도에 대한 설명으로 옳지 않은 것은?

11년 7급

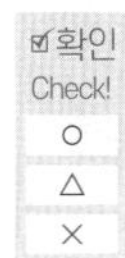

① 국가승인은 승인국의 단독행위이다.

② 국가승인 이전의 국가는 사실상의 존재에 지나지 않는 것으로서 국제법주체성이 부정된다는 견해가 창설적 효과설이다.

③ 조건부 승인에 있어서 조건의 불이행이 있다고 해서 승인이 무효가 되는 것은 아니며, 다만 의무불이행에 대한 국가책임문제가 발생할 뿐이다.

④ 무역사절단의 교환이나 통상교섭행위는 신생국가에 대한 묵시적 승인으로 본다.

해설

난도 ★

① [○] 국가승인은 승인부여국의 일방적 의사표시인 단독행위다.

② [○] 국가의 성립이란 단순한 역사적 사실에 그치는 것이며, 국가승인이란 국가성립과는 관련 없는 독립적인 사실로, 신생국은 국제사회의 기존 국가에 의해 승인되지 않는 한 국제법상의 법인격을 보유할 수 없다는 견해가 창설적 효과설이다. 창설적 효과설은 승인 이전의 국가의 국제법주체성을 전면적으로 부인하며, 오로지 승인행위만이 국가성을 창설하고, 승인이 있어야 신생국은 다른 국가와 공식관계를 수립할 수 있고, 신생국은 승인에 의해 비로소 국제법주체가 된다고 본다.

③ [○] 조건부승인은 일정한 조건을 붙여서 하는 승인이다. 조건부 승인에 있어 조건이 성취되지 않았다고 해서 승인이 무효가 되거나 승인을 철회(취소)할 수 있는 것은 아니며, 다만 그 불이행이 국제위법행위가 되는 경우 국가책임을 발생하게 할 수는 있다.

④ [×] 무역사절단의 교환이나 통상교섭행위는 신생국에 대한 묵시적 승인으로 인정되지 않는다.

더 알아보기 묵시적 승인에 해당되는 것들

(i) 우호통상(항해)조약 등 포괄적 (양자)조약의 체결
(ii) 외교관계의 수립, 미승인국 외교사절의 공식접수, 상임외교사절의 교환
(iii) 주권국가로 인정하는 외무부장관의 기자회견
(iv) 신생국 국기(국기) 승인, 국기에 대한 예의표시
(v) 신생국이 파견한 영사에게 인가장 발급, 신생국에 자국영사의 인가 요구
(vi) 신생국에 독립축하메시지 전달
(vii) 국내법원의 제소권 인정
(viii) 국가원수의 국빈자격 방문, 대통령의 공식접견
(ix) 미승인국의 영역주장에 대한 합법성 인정

답 ④

19 **국가승인에 관한 설명 중 옳지 않은 것은?** 09년 지방

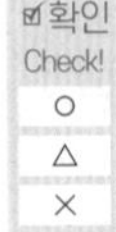

① 국가로 승인되기 위해서는 국가로서의 실체적 요건과 국제법을 준수할 의지와 능력을 갖출 것이 요구된다.
② 상조의 승인(premature recognition)이나 지연승인이 발생하는 것은 승인행위가 개별 국가에 의해 판단되고 행해지기 때문이다.
③ 상조의 승인과 사실상의(de facto) 승인은 동일한 의미를 갖는 것이다.
④ 일국의 국가원수가 승인되지 않은 국가를 국빈 자격으로 공식 방문하는 것은 묵시적 승인의 한 형태로 간주된다.

해설
난도 ★★
① [○] 국가승인의 일반적 요건으로 피승인국의 국가성립이라는 객관적 요건과 피승인국의 국제법 준수의사와 능력이라는 주관적 요건을 필요로 한다.
② [○] 상조의 승인이란 승인 받을 수 있는 (객관적) 요건을 완전히 구비하지 못한 신국가에게 승인을 부여하는 것을 말하며, 지연승인이란 승인 받을 수 있는 (객관적) 요건을 완전히 구비한 신국가에게 승인을 부여하지 않는 것을 말한다. 승인행위의 재량적 성격으로 인하여 상조의 승인이나 지연승인은 국제사회에서 실제로 행해진다.
③ [×] 상조의 승인과 사실상의 승인은 국가승인의 요건을 갖추지 못한 경우에 행해진다는 점에서 유사한 면이 있지만 동일한 개념은 아니다.
④ [○] 국가원수의 국빈자격 방문은 상대방 국가에 대한 묵시적 승인으로 간주된다.

더 알아보기 상조의 승인과 사실상의 승인

	상조의 승인	사실상의 승인
I설	국가승인의 객관적 요건조차 갖추지 않았음에도 승인하는 경우	국가승인의 객관적 요건은 갖추었으나 주관적 요건이 결여된 상태에서 승인하는 경우
II설	주관적 요건 · 객관적 요건 불문하고 국가승인의 요건이 갖추어지지 않았음에도 승인하는 경우	국가승인의 요건은 일단 갖추었으나 존속할 것인지에 대해 의문이 있는 상황에서 승인하는 경우

→ 실제에 있어 상조의 승인이 사실상의 승인 형태로 행하여지는 경우가 많기에 양자를 엄격하게 구별하는 것은 어려우나 동일한 의미를 갖는 것은 아니다.

답 ③

20 **국가승인에 관한 설명으로 옳은 것은?** 08년 9급

① A국을 승인하지 않은 B국이 A국이 당사국인 다자조약에 가입하면 그 A국을 승인한 것으로 본다.
② 국가승인은 승인한 국가와 승인받은 국가 사이에만 효력이 있다.
③ 외교사절의 접수는 명시적 국가승인이다.
④ A국이 B국을 승인하지 않은 경우 양 국가 사이에는 어떠한 법률관계도 존재할 수 없다.

해설
난도 ★
① [×] 미승인국을 포함한 다자조약을 체결하거나 미승인국이 기존의 다자조약에 새로 가입하였다고 하여 다른 체약국들이 미승인국을 승인한 것으로 보지는 않는다.
② [○] 국가승인을 하면 승인국과 피승인국 사이에서만 효력이 발생하는 상대적 효력이 있게 된다.
③ [×] 명시적 국가승인은 기존 국가가 신생국에 대한 승인의사를 명시적으로 표시하는 것으로 선언, 통고, 조약상의 규정, 국제회의에서의 의결 등의 방법으로 행해진다. 묵시적 국가승인은 승인의사가 추정되는 기존 국가의 행위에 의하여 간접적으로 피승인국에 대한 국가승인 의사를 표시하는 승인방법이다. 외교관계의 수립, 미승인국 외교사절의 접수, 상임외교사절의 교환 등은 묵시적 국가승인에 해당한다.
④ [×] 국가승인이 없는 경우 외교관계수립과 같은 통상적인 국가 간의 관계가 이루어지지 않고 해당 국가가 국제법 주체로서 취급되지 않을 뿐, 국가승인이 없다고 해서 기존국가와 미승인국 간에 아무런 법률관계도 존재하지 않는 것은 아니며, 국가는 미승인국의 법률을 준거법으로 적용할 수도 있다.

답 ②

21 국가승인에 관한 설명으로 옳지 않은 것은?

07년 9급

① 국가승인의 의사는 묵시적으로도 표현될 수 있다.
② 국가승인시 일정한 조건을 부과할 수 있다.
③ 국가승인은 반드시 UN헌장에 규정된 방식과 절차에 따른다.
④ 국가승인은 일반적으로 각 국가에 의해서 개별적으로 이루어지나, 관련 국가들이 공동으로 승인을 부여하는 경우도 있다.

해설
난도 ★
① [○] 국가승인의 방법으로 명시적 승인 · 묵시적 승인이 모두 가능하다.
② [○] 국가승인의 방법으로 일정한 조건을 부과하는 조건부 승인, 아무 조건을 부과하지 않는 무조건 승인이 모두 가능하다.
③ [×] UN헌장에는 국가승인의 방식과 절차에 관한 규정이 없다.
④ [○] 국가승인의 방법으로 각 국가들이 개별적으로 하는 개별적 승인이 일반적이나, 어러 국가들이 공동하여 집단적으로 승인하는 집단적 승인도 가능하다.

답 ③

제3절 기타 승인론

22 교전단체 승인에 대한 설명으로 옳지 않은 것은?

18년 9급

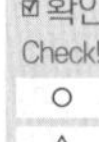

① 교전단체 승인이 있는 경우 교전단체와 중앙정부 간의 무력충돌은 국제적 무력충돌로 간주된다.
② 제3국은 반란지역에서의 자국민의 이익을 보호하기 위하여 교전단체 승인을 할 필요가 있다.
③ 중앙정부에 의한 교전단체 승인의 효력은 교전단체에만 미치고 제3국에는 미치지 않는다.
④ 제3국이 반란단체와 중앙정부 간의 무력충돌에 대해 중립선언을 하는 경우 교전단체 승인이 된 것으로 볼 수 있다.

해설
난도 ★★★
① [○] 교전단체 승인이 있는 경우 교전단체와 중앙정부 간의 관계에는 국내법이 아닌 국제법이 적용된다.
② [○] 제3국은 반란단체가 장악한 지역에서의 자국민 보호 등을 위하여 교전단체 승인을 하게 된다.
③ [×] 중앙정부에 의한 교전단체 승인은 절대적 효력이 있으며, 그 효력은 제3국에도 미친다.
④ [○] 제3국이 중앙정부와 반란단체의 무력충돌에 대하여 중립을 선언하는 것은 명시적 승인에 해당한다.

답 ③

23 국제법상 승인제도에 대한 설명으로 옳은 것은? 20년 7급

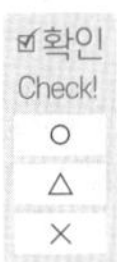

① 국가 및 정부 승인은 합헌성의 원칙에 따라 행해지며 승인은 국가의 일방적 재량행위이다.
② 창설적 효과설에 따르면 국가 승인은 신생국가에 국제적 법인격을 부여하는 행위이다.
③ 1933년 「국가의 권리 · 의무에 관한 몬테비데오 협약」은 승인의 철회에 대하여 규정하지 않았다.
④ 반란 집단이 소재한 국가의 중앙정부가 아닌 제3국은 교전단체 승인을 할 수 없다.

해설

난도 ★★

① [×] 국가승인의 경우 국제법을 위반한 무력사용으로 성립한 국가를 승인하지 않는다는 '스팀슨주의'가 있으나, 이는 개별 국가의 헌법과의 관계에서의 합헌성에 관한 것이 아니며, 또한 스팀슨주의가 국제법상 확립되었는지 여부에 대해서는 견해대립이 있다. 정부승인의 경우 비합헌적인 방법으로 성립한 정부를 승인해서는 안 된다는 토바르주의(정통주의, 윌슨주의)와, 국가로서 이미 승인되어 있고 사실상 정부로서 성립하였다면 정부승인은 불필요하다고 보는 에스트라다주의(사실주의, 제퍼슨주의)가 있으며, 현대 국가들은 대부분 에스트라다주의의 입장을 취하고 있다.
② [○] 창설적 효과설에 따르면 승인 이전의 국가의 국제법 주체성은 전면적으로 부정되며, 오로지 승인행위만이 국가성을 창설하게 된다.
③ [×] 1933년 '국가의 권리의무에 관한 몬테비데오협약' 제6조에서 "승인은 무조건적이며 철회할 수 없다."는 규정을 두고 있다.
④ [×] 반란 집단이 소재한 국가의 중앙정부가 아닌 제3국도 반란 집단이 장악한 지역에서의 자국민 보호 등과 관련하여 직접 교섭할 필요가 있는 경우에는 교전단체 승인을 할 수 있다.

답 ②

24 입헌군주제인 A국가가 합법적인 헌법 개정을 통해 공화국으로 변경되었을 경우, 제3국에게 제기되는 승인 문제는? 16년 9급

① 제3국 입장에서는 어떠한 승인도 할 필요가 없다.
② 국가 체제가 변경된 것이므로 국가승인이 필요하다.
③ 정부 형태가 변경된 것이므로 정부승인이 필요하다.
④ 국가 체제와 정부 형태 모두 변경되었으므로 국가승인과 정부승인이 모두 요구된다.

해설

난도 ★★

국가승인의 문제는 국가가 새로 성립하였을 때 발생하며, 정부승인의 문제는 정부가 비합법적인 방법으로 변경되었을 때 발생한다. 위 사안에서 A국이라는 국가는 계속되면서 합법적인 헌법 개정을 통해 정부형태만 입헌군주제에서 공화국으로 변경된 경우 국가승인의 문제는 물론이고 정부승인의 문제도 발생하지 않는다.

답 ①

25 **국제법상 승인제도에 대한 설명으로 옳지 않은 것은?** 11년 9급

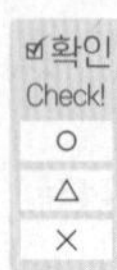

① 승인의 요건을 완전히 갖추지 못한 국가에 대한 승인을 '시기상조의 승인'이라고 한다.
② 정통주의 또는 토바르주의(Tobar Doctrine)란 일단 국가승인이 있으면 정부승인행위는 불필요하다는 주장이다.
③ 1933년 '국가의 권리와 의무에 관한 몬테비데오협약'은 국가의 성립요건으로서 '항구적 인구', '일정한 영역', '정부' 및 '타국과 관계를 맺을 수 있는 능력' 등을 제시하고 있다.
④ 승인은 조약규정 또는 국제회의의 결의나 공동선언을 통해 이루어질 수 있다.

해설
난도 ★★
① [○] (시기)상조의 승인(premature recognition)이란 승인 받을 수 있는 (객관적) 요건을 완전히 구비하지 못한 신국가에게 승인을 부여하는 것을 말하며, 승인행위의 재량적 성격으로 인하여 상조의 승인이 실제 행해지기도 한다.
② [×] 정통주의 또는 도바르주의는 징통정부만 승인하고 비합법적인 방법으로 집권한 정부를 승인해서는 아니 된다는 원칙이다. 일단 국가승인이 있으면 정부승인행위는 불필요하다는 주장은 사실주의, 에스트라다주의에 해당한다.
③ [○] 1933년의 「국가의 권리 · 의무에 관한 몬테비데오협약」(Montevideo Convention on the Right and Duties of States)에서는 국가의 자격요건으로서 「영구적(항구적) 인민(인구, 주민)」(permanent population), 「일정한(한정된, 명확한) 영토(영역)」(a defined territory), 「(실효적) 정부」(government), 「국제관계 설정 및 유지능력(외교능력, 타국과의 관계를 형성할 수 있는 능력)」(capacity to enter into relations with other States)을 열거하고 있다.
④ [○] 승인은 명시적 승인 · 묵시적 승인 모두 가능하다. 선언, 통고, 조약규정, 국제회의의 결의 등을 통하여 승인의사를 명시적으로 표시하는 것은 명시적 승인에 해당한다.

답 ②

제5절 국가승계

26 **1978년 조약의 국가승계에 관한 비엔나협약의 내용에 대한 설명으로 옳은 것은?** 19년 9급

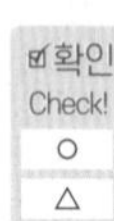

① 승계국이 선임국의 영역 일부를 승계한 경우에는 선임국의 비(非)국경조약이 해당 영역에 계속 적용된다.
② 선임국이 승계국에 병합된 경우 승계국은 선임국이 체결했던 국경조약에 구속되지 않는다.
③ 신생국은 해당 영역에 적용되던 선임국의 비(非)국경조약을 계속 인정할 의무가 없다.
④ 승계국은 선임국이 당사국인 기본적 인권과 권리에 관한 조약을 자동적으로 승계한다.

해설

난도 ★★★

전통적으로 조약은 물적 조약(real treaties)과 인적 조약(personal treaties)으로 구분한다. '물적 조약'은 체약당사국의 개인적 성격과는 관계없이 영토에 부착되어 그 영토에 긴밀히 연결된 조약을 말하며, '영토적 조약', '지역적 조약' '국경조약', '처분적 조약'이라고도 한다. 인적 조약은 동맹조약 · 통상조약 · 범죄인인도조약과 같이 체약당사국의 개인적 성격이 강한 조약을 말하며, '비영토적 조약', '비국경조약', '비처분적 조약'이라고도 한다.

① [×] 조약의국가승계에관한비엔나협약 제15조에 의하면, 승계국이 선임국의 영토 일부를 승계한 경우에는 선임국의 비국경조약은 해당 영역의 승계국에게 승계되지 않는 것이 원칙이다.

② [×] 조약의국가승계에관한비엔나협약 제31조. 국가가 병합된 경우 국경조약은 승계국에 승계되는 것이 원칙이다.

③ [○] 조약의국가승계에관한비엔나협약 제16조. 신생국은 선임국의 국경조약은 백지출발주의가 적용되어 승계되지 않는 것이 원칙이다.

④ [×] 조약의국가승계에관한비엔나협약에는 '기본적 인권과 권리에 관한 조약'의 승계문제에 관한 별도의 명시적 규정은 없다.

더 알아보기 조약의국가승계에관한비엔나협약

제15조【영토 일부의 승계】

한 국가의 영토의 일부 또는 한 국가의 영토에 속하지 않으나 그 국가가 국제관계에 대해 책임을 지는 영토가 다른 한 국가의 영토의 일부가 되는 경우

(a) 선임국의 조약은 국가승계가 문제되는 영토와 관련하여 국가승계일로부터 종료되며,

(b) 승계국의 조약은 국가승계가 문제되는 영토와 관련하여 국가승계일로부터 발효한다.

단, 그 영토에 대한 조약의 적용이 그 조약의 대상 및 목적과 양립할 수 없거나 그 운용의 조건을 급격하게 변화시킨다는 것이 조약 자체에 의해 또는 그 밖의 방법으로 확인되는 경우에도 예외로 한다.

제16조【선임국의 조약과 관련한 지위】

신생국은 국가승계일 당시 그 조약이 국가승계가 문제되는 영토와 관련하여 발효 중에 있었다는 사실만으로 여하한 조약을 계속 유지하거나 또는 그 당사자로 되어야 할 의무가 없다.

제31조【국가승계일 현재 발효 중인 조약과 관련한 국가통합의 효과】

① 두 개 또는 그 이상의 국가들이 통합하여 하나의 승계국을 구성하는 경우, 국가승계일 현재 이들 국가들 중 어느 하나와 관련하여 발효 중이었던 모든 조약은 다음의 경우를 제외하고는 승계국에 대해 계속 효력을 가진다.

(a) 승계국과 타당사국(들)이 달리 합의하는 경우; 또는

(b) 승계국에 대해 조약을 적용하는 것이 조약의 대상 및 목적과 양립할 수 없거나 조약의 운용 조건을 급격하게 변화시킨다는 것이 조약 자체로부터 또는 다른 방법에 의해 확인되는 경우

② 제1항에 따라 계속 유효한 여하한 조약도 다음의 경우를 제외하고는 국가승계일 현재 그 조약이 적용되고 있던 영토의 부분에 대해서만 적용된다.

(a) 제17조 3항에 언급된 부류에 속하지 않는 다자조약의 경우에 있어, 조약이 그 영토 전체에 대해 적용되어야 함을 승계국이 통고하는 경우;

(b) 제17조 3항에 언급된 부류에 속하는 다자조약의 경우에 있어, 승계국과 타당사국들이 달리 합의하는 경우; 또는

(c) 양자조약의 경우에 있어, 승계국과 타당사국이 달리 합의하는 경우

③ 제2항 (a)는 승계국의 영토 전체에 대해 조약을 적용하는 것이 조약의 대상 및 목적과 양립할 수 없거나 조약의 운용 조건을 급격하게 변화시킨다는 것이 조약 자체로부터 또는 다른 방법에 의해 확인되는 경우에는 적용되지 아니한다.

답 ③

27 「조약의국가승계에관한비엔나협약」상 조약의 승계에 대한 설명으로 옳지 않은 것은? 18년 7급

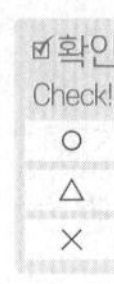

① 국가승계란 영토의 국제관계 관련 책임이 한 국가로부터 다른 국가로 이전되는 것을 말한다.

② 국가의 일부 분리에 있어서 선행국 영토 전체에 유효한 조약은 각 승계국의 승계통고에 의해 효력을 가진다.

③ 새로 독립한 국가는 승계통고에 의해 기존 다자조약의 당사자로 될 수 있다.

④ 조약에 의해 수립된 국경은 국가승계의 영향을 받지 않는다.

해설

난도 ★★★

① [○] "국가승계"라 함은, 영토의 국제적 관계와 관련한 책임이 한 국가로부터 다른 국가로 이전됨을 의미한다(조약의국가승계에관한비엔나협약 제2조 제1항 (b)호).

② [×] 조약의국가승계에관한비엔나협약 제34조 제1항에 의하면, 국가 일부의 분리에 있어서 조약의 국가승계는 원칙적으로 승계통고 없이도 이루어진다.

③ [○] 제2항 및 제3항에 따를 것을 조건으로 하여, 신생국은 승계의 통고에 의해 국가승계가 문제되는 영토와 관련하여 국가승계일 당시 유효하던 여하한 다자조약에도 당사자로 될 수 있다(조약의국가승계에관한비엔나협약 제17조 제1항).

④ [○] 국가승계는, 조약에 의해 확립된 국경, 또는 조약에 의해 확립된 국경제도에 관한 권리 및 의무들에 대해서는 영향을 미치지 아니한다(조약의국가승계에관한비엔나협약 제11조).

더 알아보기 조약의국가승계에관한비엔나협약

제34조 【국가 일부의 분리에 있어서 국가승계】

① 한 국가의 영토의 한 부분 또는 수 개의 부분이 하나 또는 수 개의 국가를 형성하는 경우, 선임국이 계속 존재하는가의 여부에 관계없이,

(a) 국가승계일 현재 선임국의 영토 전체에 대해 유효한 여하한 조약도 이와 같이 형성된 각 승계국에 대해 계속 효력을 가진다.

(b) 국가승계일 현재 승계국으로 된 선임국의 영토의 부분에 대해서만 발효하던 모든 조약은 그 승계국에 대해서만 계속 효력을 가진다.

② 제1항은 다음의 경우 적용되지 아니한다.

(a) 관계국이 달리 합의하는 경우; 또는

(b) 승계국에 대해 조약을 적용하는 것이 조약의 대상 및 목적과 양립할 수 없거나 조약의 운용 조건을 급격하게 변화시킨다는 것이 조약 자체로부터 또는 다른 방법에 의해 확인되는 경우

답 ②

CHAPTER 02 국가의 관할과 면제

제1절 국가관할권

1. 개설

2. 결정기준

01 **A국 국민인 甲이 A국 내에서 국경너머 B국에 소재하는 C국 국민인 乙에게 총격을 가해 B국에서 乙이 사망한 경우, B국이 甲에 대해 형사관할권의 행사를 주장할 수 있는 근거가 되는 이론은?** 18년 9급

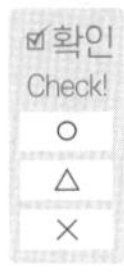

① 주관적 속지주의(subjective territorial principle)
② 객관적 속지주의(objective territorial principle)
③ 능동적 속인주의(active personality principle)
④ 수동적 속인주의(passive personality principle)

해설
난도 ★★
B국은 범죄결과의 발생지국이므로 객관적 속지주의에 근거하여 관할권을 행사할 수 있다.

답 ②

02 **대한민국 영역 외에 있는 대한민국의 선박 또는 항공기 내에서 죄를 범한 외국인에게 우리나라 형법을 적용하도록 규정한 형법 제4조에 해당되는 관할권 원칙은?** 16년 9급

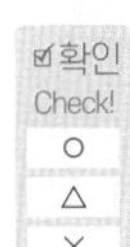

① 속지주의
② 속인주의
③ 보호주의
④ 보편주의

해설
난도 ★★
한 국가의 영역 밖에 있는 그 국가의 국적을 가진 선박 또는 항공기 내부에서 행해진 행위에 대해서도 그 선박이나 항공기의 국적국이 관할권을 갖는다는 원칙을 기국주의라고 하며 속지주의의 한 유형으로 본다.

답 ①

03 A국의 국적을 가진 민간인 갑(甲)이 B국에서 C국 국적의 여행객들을 상대로 절도행위를 한 경우, C국이 갑(甲)에 대하여 형사관할권의 행사를 주장할 수 있는 근거는? 17년 7급

☑확인 Check! ○ △ ×

① 능동적 속인주의(Active Personality Principle)
② 수동적 속인주의(Passive Personality Principle)
③ 보편주의(Universality Principle)
④ 속지주의(Territorial Principle)

해설

난도 ★★

외국(B국)에서 외국인(A국 국적의 민간인 甲)이 자국민(C국 국적의 여행객들)에 대해 범죄를 범한 경우 피해자의 국적국(C국)이 관할권을 가진다는 원칙을 수동적 속인주의라고 한다.

답 ②

04 A국 국적의 甲이 B국에서 C국 국적의 乙을 우발적으로 살해한 경우 C국이 甲에 대하여 형사관할권을 주장할 수 있는 이론적 근거는? 10년 7급

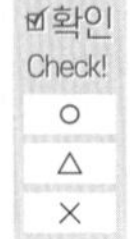

① 속지주의
② 속인주의
③ 수동적 속인주의
④ 보호주의

해설

난도 ★★

① [×] 속지주의는 사안의 발생장소를 기준으로 관할권의 존부를 결정하는 원칙으로서, 문제의 사안에서 속지주의 관할권을 행사할 수 있는 국가는 B국이다.

② [×] 속인주의는 행위의 장소에 관계없이 행위자의 국적을 기준으로 관할권을 행사하는 원칙으로서, 문제의 사안에서 속인주의의 관할권을 행사할 수 있는 국가는 A국이다.

③ [○] 수동적 속인주의는 피해자의 국적을 기준으로 관할권을 행사하는 원칙으로서, 문제의 사안에서 C국은 C국 국적의 乙이 살해되었으므로 수동적 속인주의를 적용하여 관할권을 행사할 수 있다.

④ [×] 보호주의는 국가적 법익이 침해된 그 국가가 관할권을 행사하는 원칙으로서, 모든 범죄에 적용되는 것은 아니고 국가의 안전, 영토의 보전, 독립의 위협, 통화 · 여권 등의 위조 · 행사와 같은 국가적 법익이 침해된 경우에만 인정된다. 문제의 사안은 보호주의가 적용될 수 있는 사례라고 보기 어렵다.

답 ③

05 **A국 국민 甲이 B국에서 C국 국민 乙에 의해 살해되었다. 이 경우 A국이 乙에 대해 형사관할권을 행사할 수 있는 이론적 근거는?** 07년 9급

☑확인 Check! ○ △ ×

① 속지주의(territorial principle)

② 속인주의(nationality principle)

③ 보편주의(universality principle)

④ 수동적 속인주의(passive nationality principle)

해설

난도 ★★

① [×] 속지주의(屬地主義, territorial principle)란 국가가 자국영토 내에서 발생한 사안에 대해 행위자의 국적에 관계없이 사안의 발생장소를 기준으로 관할권을 존부를 결정하는 원칙을 말한다. 위 사안에서 속지주의 관할권을 행사할 수 있는 것은 B국이다.

② [×], ④ [○] 속인주의(屬人主義, nationality principle)란 행위의 장소에 관계없이 행위자 또는 피해자의 국적을 기준으로 관할권을 행사하는 원칙을 말하며, 능동적 속인주의와 수동적 속인주의가 있다. 능동적 속인주의[active nationality(personality) principle]란 행위의 장소에 관계없이 행위자의 국적을 기준으로 관할권을 행사하는 원칙을 말하며, 일반적으로 속인주의라고 하면 능동적 속인주의를 말한다. 수동적 속인주의[passive nationality(personality) principle]란 외국에서 외국인이 자국민에 대해 범죄를 행하였을 경우 피해자의 국적국이 관할권을 가진다는 원칙을 말한다. 위 사안에선 (능동적)속인주의 관할권을 행사할 수 있는 것은 C국이며, 수동적 속인주의 관할권을 행사할 수 있는 것은 A국이다.

③ [×] 보편주의(普遍主義, universality principle)란 다수 국가에 공통된 이익을 해하는 범죄에 대해 그 행위자의 신병을 확보한 모든 국가에게 관할권이 인정된다는 원칙을 말하는 것으로서, 허용적 보편주의와 의무적(강제적) 보편주의가 있다. 허용적 보편주의(permissive universality principle)는 "행위장소나 행위자의 국적에 관계없이 국제사회의 공통된 이익을 해하는 행위에 대해 국제사회의 구성원인 모든 국가가 관할권을 행사할 수 있다."는 원칙을 말한다. 의무적(강제적) 보편주의(obligatory universality principle)는 국제공동체를 중대한 범죄로부터 좀 더 안전하게 지기키 위해서는 관할권의 행사를 의무화 · 강제화하는 것이 필요하다는 인식하에 세계대전 후의 조약들에서 도입된 것으로 "국가는 범인을 자국에서 소추 · 처벌하든가 아니면 다른 관계국에 인도해야 한다."는 원칙을 말하는 것으로서, 조약에 규정된 경우에 한하여 조약당사국에게만 적용되므로 보편성에 대해서는 논란이 있다. 해적행위, 전쟁범죄, 제노사이드, 인도에 반하는 죄, 평화에 대한 죄 등 국제공동체를 위협하는 중대한 범죄에 대해서만 보편주의 적용이 문제된다.

답 ④

06 **X국 국민 갑(甲)이 Y국의 통화를 Z국의 영토 내에서 위조한 사건에 대하여 X, Y, Z 각국의 관할권 행사 근거를 옳게 연결한 것은?** 12년 7급

☑확인 Check! ○ △ ×

	X국	Y국	Z국
①	속인주의	보호주의	속지주의
②	속인주의	보편주의	수동적 속인주의
③	속지주의	보호주의	속인주의
④	수동적 속인주의	보편주의	속지주의

해설

난도 ★★

X국은 자국 국민 甲이 범죄행위를 하였으므로 (능동적)속인주의에 의한 관할권을, Y국은 자국통화가 위조되어 국가적 법익이 침해되었으므로 보호주의에 의한 관할권을, Z국은 자국의 영토 내에서 범죄행위가 이루어졌으므로 속지주의에 의한 관할권을 가질 수 있다.

답 ①

07 **공해상에서 A국 국적의 해적들에 의해 피랍된 B국 선박과 관련된 사건에 대하여 C국이 관할권을 행사하기 위한 근거가 될 수 있는 이론은?** 11년 9급]

☑확인 Check! ○ △ ×

① 속지주의 ② 속인주의
③ 보호주의 ④ 보편주의

해설

난도 ★★

④ [○] 다수 국가에 공통된 이익을 해하는 범죄에 대하여 그 행위자의 신병을 확보한 모든 국가에게 관할권이 인정된다는 것이 보편주의다. 보편주의는 주권평등과 불간섭을 기초로 하는 국제법 하에서 예외적인 경우에만 적용된다. 해적행위, 전쟁범죄, 집단학살, 인도에 반하는 죄, 평화에 대한 죄 등의 국제범죄와 명시적인 조약규정에 의해 적용된다.

답 ④

08 우리나라 군함 동해호는 부산으로 귀항하던 중 태평양 공해상에서 일본 유조선을 약탈하고 있는 국적불명의 해적선을 발견하고 이를 추적하여 나포하였다. 동해호가 동 해적선을 추적하여 나포할 수 있는 국가관할권에 대한 이론적 근거로 옳은 것은? 10년 지방

☑확인 Check!
○
△
×

① 보편주의
② 수동적 속인주의
③ 보호주의
④ 효과주의

해설
난도 ★★
① [○] 보편주의란 다수국가에 공통된 이익을 해하는 범죄에 대하여 그 행위자의 신병을 확보한 모든 국가에게 관할권이 인정되는 것을 말한다. 보편주의가 적용되는 대표적인 경우가 해적행위다.

더 알아보기 국가관할권의 결정기준

	국제법의 국가관할권	형법의 장소적 적용범위	형법규정
범죄지국가가 관할권을 행사한다는 이론	속지주의	속지주의	제2조 · 제4조
범죄자의 국가가 관할권을 행사한다는 이론	(능동적) 속인주의	속인주의	제3조
범죄피해자의 국가가 관할권을 행사한다는 이론	수동적 속인주의	(국민)보호주의	제6조
법익이 침해된 국가가 관할권을 행사한다는 이론	보호주의	(국가)보호주의	제5조 · 제6조
모든 국가가 관할권을 행사할 수 있다는 이론	보편주의	세계주의	

답 ①

3. 새로운 이론

09 국외에서 이루어진 외국기업의 담합행위에 의한 자국 경쟁법 위반행위에 대해 각국이 관할권을 행사하는 방식에 대한 설명으로 옳은 것만을 모두 고르면? 18년 7급

> ㄱ. 미국의 경우, 효과이론에 의거하여 규제할 수 있다.
> ㄴ. 독일의 경우, 효과이론을 채용한 경쟁제한방지법에 근거하여 규제할 수 있다.
> ㄷ. 유럽연합의 경우, 이행이론에 의거하여 규제할 수 있다.
> ㄹ. 우리나라의 경우, 효과이론을 채용한 공정거래법에 근거하여 규제할 수 있다.

① ㄱ, ㄷ
② ㄱ, ㄴ, ㄷ
③ ㄴ, ㄷ, ㄹ
④ ㄱ, ㄴ, ㄷ, ㄹ

해설
난도 ★★★

ㄱ. [○] 미국의 경우 아메리칸 바나나 사건(1909)에서는 미국 독점규제법의 역외적용을 거부하였으나, 알코아(ALCOA) 사건(1945)과 하트퍼드(Hartford) 사건(1993)에서는 효과이론을 근거로, 팀벌레인 사건(1976)에서는 이익형량이론을 근거로 재판관할권을 행사하였으며, 헬름즈버튼법(1996)에서는 효과이론을 채택하였다.

ㄴ. [○] 독일의 경쟁제한금지법(Gesetz gegen Wettbewerbsbeschränkungen; GWB) 제98조 제2항 전단은 "이 법률은 경쟁제한행위가 이 법률의 적용범위 밖에서 행하여지더라도 그 행위의 효과가 이 법률의 적용범위 내에서 발생하는 모든 경쟁제한행위에 적용된다."고 규정함으로써 효과이론을 명시적으로 채택하였다.

ㄷ. [○] EU의 경쟁법은 EU 역외에서 행해진 EU 역외 기업의 행위에 대해서도 EU 회원국의 통상과 경쟁질서를 제한하는 반경쟁적 영향을 초래하는 경우 적용된다. 유럽위원회와 유럽사법재판소는 경쟁제한행위의 EU 역내 영향에 입각하여 EU 역내의 자회사를 통제하는 외국 모회사의 EU 역외에서의 행위에 대해 EU법을 적용하였다. 그 근거에는 단일경제실체이론과 이행이론(실행이론)이 있다.

ㄹ. [○] 우리나라 대법원도 효과이론에 근거하여 판시한바 있다(대판 2006.3.23. 2003두11124 참조).

답 ④

4. 국가관할권의 제한

10 **공해상에서 국적을 달리 하는 선박이 충돌한 경우에 관련 국가의 형사관할권 행사 가능 여부가 주요 쟁점이 된 사건은?** 18년 9급

☑확인 Check! ○ △ ×

① 아임 얼론호 사건(the I'm Alone case)

② 인터한델 사건(Interhandel case)

③ 로터스호 사건(the S.S. Lotus case)

④ 레인보우 워리어호 사건(Rainbow Warrior case)

해설

난도 ★★

① [×] 아임 얼론호 사건은 공해상의 추적권이 주요쟁점인 사건이다.

② [×] 인터한델 사건은 외교적 보호의 행사요건 중 국내구제완료의 원칙에 관한 판례다.

③ [○] 로터스호 사건은 터키 국적의 보즈코트호와 프랑스 국적의 로터스호가 공해상에서 충돌하여 보즈코트호가 침몰하고 선원들이 사망한 사건으로서 관련자들에 대한 형사관할권이 터키와 프랑스 중 어느 나라에 있는지가 주요쟁점이었던 사건이다. PCIJ는 주관적 속지주의에 의한 프랑스의 관할권과 객관적 속지주의에 의한 터키의 관할권 모두 성립 가능하다고 보았으나, 수동적 속인주의에 대해서는 직접 판단하지 않았다.

④ [×] 레인보우 워리어호 사건은 남태평양 지역에서의 프랑스의 핵실험에 대한 반대운동을 하던 그린피스 소속의 레인보우 워리어호를 폭파 · 침몰시킨 프랑스 비밀정보국 요원들이 남태평양 지역에서 수감되어 있던 중 프랑스가 이들을 본국으로 귀환시킴으로써 발생한 사건으로, 국가책임의 위법성조각사유 중 불가항력과 조난에 관한 판례다.

답 ③

11 **상설국제사법법원(PCIJ)의 로터스(Lotus)호(號) 사건에 대한 설명으로 옳은 것은?** 13년 9급

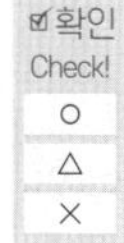

① 능동적 속인주의(active personality principle)에 근거하여 프랑스 선원에 대한 터키법원의 재판관할권이 인정되었다.

② 공해상에서 국적을 달리하는 선박 충돌의 경우에는 가해선의 국적국과 피해선의 국적국이 모두 관할권을 행사할 수 있다고 판시하였으며, 이 내용이 1982년 UN해양법협약에도 규정되었다.

③ 이 사건에서 PCIJ는 국제법이 명시적으로 금지하지 않는 분야에 대해서는 주권국가가 행동의 자유를 갖는다는, 소위 '금지이론'을 판시하였다.

④ 이 사건의 판결 원칙은 그 후 마르텐스 조항(Martens Clause)으로 계승되었다.

해설

난도 ★★★

① [×], ② [×] PCIJ는 로터스호 사건에서 주관적 속지주의에 의한 터키의 관할권과 객관적 속지주의에 의한 프랑스의 관할권이 경합할 수 있음을 인정하였다. 능동적 속인주의나 수동적 속인주의에 대해서는 판단하지 않았다. 또한 공해상의 선박에 대한 기국의 배타적 관할권을 부인한 이 판결은 국제관행에 합치되지 않는 것으로 평가되며, 1958년 공해에 관한 제네바협약, 1982년 UN해양법협약에서 기국주의가 채택됨으로써 이러한 판결의 내용은 부정되게 되었다.

③ [○] 로터스호 사건에서 "국제법에 의하여 특별히 허용되지 않은 행위는 금지된다."는 프랑스의 주장과 "국가들에 의하여 수락되고 행동의 제한을 구체화한 실정법이 없는 한 국가의 행동에 제한이 있을 수 없다."는 터키의 주장이 대립하였다. PCIJ는 터키의 주장을 받아들였다.

④ [×] 마르텐스 조항(Martens Clause)이란 1899년 제1차 헤이그 평화회의에서 러시아 측 대표인 마르텐스(Fyodor F. Martens)의 요청으로 헤이그 육전협약 전문에 삽입된 문장, "더욱 완벽한 전쟁법전이 제정되기 전까지는, 체약국들은 그들에 의하여 채택된 규칙에 포함되지 아니하는 경우에 있어서도 주민과 교전자들이 문명화된 민족들 간에 수립된 관행, 인도의 법칙 및 공공양심의 요구로부터 오는 국제법 원칙들의 보호 및 지배 하에 놓인다고 선언함이 사리에 맞는다고 생각하는 바이다."라는 부분을 지칭한다.

답 ③

5. 국가관할권(종합)

12 관할권에 대한 설명으로 옳지 않은 것은? 20년 9급

① 모든 국가는 보편주의에 따라 해적선, 해적항공기의 재산을 반드시 압수해야 한다.
② 영미법계 국가는 속지주의를 원칙으로 하고 속인주의는 보충적으로만 채택하고 있다.
③ 보호주의는 피해국가의 영토 내에서 효과 또는 결과가 발생될 것을 요구하지 않는다.
④ 대한민국 형법 제3조는 형사관할권 행사의 원칙으로 속인주의를 반영하고 있다.

해설

난도 ★★

① [×] 보편주의란 다수국가에 공통된 이익을 해하는 범죄에 대해 그 행위자의 신병을 확보한 모든 국가에게 관할권이 인정되는 것을 말한다. 보편주의에는 허용적 보편주의와 의무적(강제적) 보편주의가 있는바, 허용적 보편주의에서는 관할권이 인정되는 것일 뿐이며, 의무적(강제적) 보편주의에서는 직접 관할권을 행사하든가 아니면 관할권을 행사하고자 하는 국가에게 인도하여야 한다. 그리고 의무적(강제적) 보편주의는 별도의 규정이 있는 경우에만 인정되는 것인바, UN해양법협약 제105조에서는 "모든 국가는 공해 또는 국가관할권 밖의 어떠한 곳에서라도, 해적선 · 해적항공기 또는 해적행위에 의하여 탈취되어 해적의 지배하에 있는 선박 · 항공기를 나포하고, 그 선박과 항공기 내에 있는 사람을 체포하고, 재산을 압수할 수 있다."라고 규정하여 의무적(강제적) 보편주의가 아닌 허용적 보편주의의 입장을 취하고 있다.

② [○] 대륙법계 국가는 일반적으로 속인주의를 원칙으로 하고 속지주의를 보충적으로 채택하며, 영미법계 국가는 일반적으로 속지주의를 원칙으로 하고 속인주의를 보충적으로 채택한다.

③ [○] 보호주의란 외국인의 외국에서의 행위라도 그로 인하여 어느 국가의 법익이 침해된 경우에는 그 법익이 침해된 국가가 관할권을 가지는 것을 말한다. 따라서 피해국가의 영토 내에서 효과 또는 결과가 발생될 것을 요구하지 않는다.

④ [○] 대한민국 형법 제3조 "본법은 대한민국 영역 외에서 죄를 범한 내국인에게 적용한다."는 규정은 속인주의를 반영한 것이다.

답 ①

13 국가의 형사관할권 행사에 대한 설명으로 옳지 않은 것은?

19년 9급

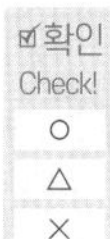

① 국가는 자국에서 살인을 저지르고 외국으로 도주한 자국민에 대하여 재판관할권을 가지지만 외국에서 그를 직접 체포할 권한은 없다.

② 영토에 근거한 관할권은 영토국의 이해관계가 국적에 근거한 타국의 이해를 압도하므로 국적에 근거한 관할권보다 우월한 지위를 가진다.

③ 국제법상 관할권 행사의 여러 근거로 인하여 동일 사안에서 동일인에 대해 형사관할권을 행사할 수 있는 국가가 복수로 존재할 수 있다.

④ 항공기 납치나 테러 등 일정 범죄의 방지와 처벌을 다루는 조약에서는 당사국에게 기소 또는 인도 의무(aut dedere aut judicare)를 규정하기도 한다.

해설

난도 ★★★

① [○] 이 경우 속지주의에 의한 관할권이 인정되지만 형사집행관할권의 영토적 한계로 인하여 외국에서 그 국가의 동의 없이 직접 체포할 수는 없다.

② [×] 국제법상 국가관할권이 경합하는 경우 어떤 것이 우선하는지에 대해 확립된 법 원칙은 없다.

③ [○] 속지주의, 속인주의, 수동적 속인주의, 보호주의, 보편주의 등 관할권 행사의 여러 근거로 인하여 동일 사안에서 동일인에 대해 형사관할권을 행사할 수 있는 국가가 복수로 존재할 수 있다.

④ [○] 1970년 헤이그협약(항공기의 불법납치 억제를 위한 협약), 1971년 몬트리올협약(민간항공의 안전에 대한 불법적 행위의 억제를 위한 협약), 2010년 베이징협약(국가민간항공 관련 불법행위의 억제에 관한 협약) 등에는 '인도 아니면 소추'의 방식을 규정하고 있다.

답 ②

14 국가관할권에 대한 설명으로 옳지 않은 것은?

09년 9급

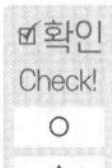

① 속인주의에 의하면 국가관할권은 범죄자의 국적에 기초하여 성립된다.

② 속지주의에 의하면 국내에서 개시되어 외국에서 완성된 범죄에 대해서는 관할권이 성립되지 않는다.

③ 보편주의에 의하면 국제사회 전체에 대한 중대한 범죄에 대해서는 모든 국가가 관할권을 갖는다.

④ 보호주의에 의하면 국가안보를 위협하는 외국인의 해외활동에 대해서도 관할권이 성립할 수 있다.

해설

난도 ★★

① [○] (능동적) 속인주의는 행위의 장소에 관계없이 행위자(범죄자)의 국적을 기준으로 관할권을 행사하는 원칙을 말한다.

② [×] 속지주의는 국가가 자국영역 내에서 발생한 사안에 대해 행위자의 국적에 관계없이 사안의 발생장소를 기준으로 관할권의 존부를 결정하는 원칙을 말한다. 속지주의에는 행위의 개시를 중심으로 관할권을 판단하는 주관적 속지주의와 행위의 결과를 중심으로 관할권을 판단하는 객관적 속지주의가 있다. 국내에서 개시되어 외국에서 완성된 범죄에 대해서는 주관적 속지주의에 따라 관할권 성립이 가능하다.

③ [○] 보편주의는 다수국가에 공통된 이익을 해하는 범죄에 대해 그 행위자의 신병을 확보한 모든 국가에게 관할권이 인정되는 것을 말한다.

④ [○] 보호주의는 외국인의 외국에서의 행위라도 그로 인하여 어느 국가의 법익이 침해된 경우에는 그 법익이 침해된 국가가 관할권을 가진다는 원칙이다.

답 ②

15 관할권에 대한 설명으로 옳지 않은 것은?

08년 7급

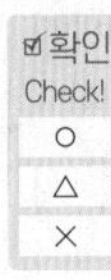

① 속인주의에 의하면, 자국민이 국외에서 행한 범죄행위에 대해서도 관할권을 갖는다.

② 객관적 속지주의에 의하면, 국외에서 개시되어 자국에서 완성된 범죄행위에 대해서도 관할권을 갖는다.

③ 효과주의에 의하면, 외국인이 자국 밖에서 행한 행위로 인하여 그 결과가 자국에게 실질적인 영향을 미친 경우 역외에 있는 해당 외국인에 대해서도 관할권을 갖는다.

④ 보호주의에 의하면, 외국인이 외국에서 자국민에게 행한 범죄행위에 대해서도 그 피해자가 자국민이라는 이유로 관할권을 갖는다.

해설

난도 ★★

① [○] 행위의 장소에 관계없이 행위자의 국적을 기준으로 관할권을 행사하는 원칙을 (능동적) 속인주의라고 한다.

② [○] 행위자나 피해자의 국적에 관계없이 사안의 발생장소를 기준으로 관할권을 판단하는 원칙을 속지주의라고 한다. 속지주의에는 행위의 개시를 중심으로 관할권을 판단하는 주관적 속지주의와 행위의 결과를 중심으로 관할권을 판단하는 객관적 속지주의가 있다.

③ [○] 어떤 행위가 영토 밖에서 외국인에 의해 행해지더라도 그 효과가 영토국에 미치는 경우, 그 영토국이 관할권을 갖는다는 이론을 효과이론(효과주의, 영향이론)이라고 한다.

④ [×] 보호주의란 외국인의 외국에서의 행위라도 그로 인하여 국가의 법익이 침해된 경우에는 그 국가가 관할권을 가진다는 원칙을 말한다. 외국인이 외국에서 자국민에게 행한 범죄행위에 대해서 그 피해자의 국적국이 관할권을 행사하는 것은 수동적 속인주의라고 한다.

답 ④

제2절 국가면제와 국가행위이론

16 국제법상 주권면제에 대한 설명으로 옳지 않은 것은?

20년 7급

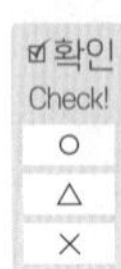

① 2004년 채택된 「국가 및 국유재산의 관할권 면제에 관한 UN협약」상 타국 법의 적용에 대한 국가의 동의는 그 타국 법정의 관할권 행사에 대한 동의로 간주될 수 없다.

② ICJ는 Arrest Warrant 사건에서 주권면제의 법리보다 강행규범의 실현이 우선되어야 한다는 다수의견을 제시하였다.

③ ICJ는 Jurisdictional Immunities of the State 사건에서 주권면제의 법리와 강행규범의 내용은 서로 충돌의 여지가 없다고 판단하였다.

④ 이탈리아 최고법원인 Corte di Cassazione는 Ferrini 사건에서 국제범죄행위에 대하여는 주권면제를 인정할 필요가 없다고 판시하였다.

해설

난도 ★★★

① [○] 「국가 및 국유재산의 관할권 면제에 관한 협약」 제7조 제2항에서 타국 법의 적용에 대한 국가의 동의는 그 타국 법정에 의한 관할권 행사에 대한 동의로 간주될 수 없음을 규정하고 있다.

② [×] 국제체포영장 사건에서 ICJ는 집단학살에 관여한 협의가 있는 콩고민주공화국의 외교장관 은돔바시에 대한 벨기에의 체포영장 발부는 국제법상 현직 외교장관에게 인정되는 특권 · 면제와 불가침을 위반한 것이라고 판단하였다.

③ [○] 독일–이탈리아 간 국가관할권 면제 사건에서 ICJ는 강행규범은 규범의 내용에 관한 것인 데 반해 국가면제는 규범의 절차적 측면에 관한 것이므로 양자는 충돌하지 않는다고 판단하였다.

④ [○] 이탈리아 최고재판소는 페리니 사건을 비롯한 일련의 재판에서 제2차 세계대전 중 나치독일이 이탈리아를 점령한 후 자행한 강제노동과 학살 등에 대한 배상과 독일정부 소유의 재산에 대한 강제집행까지 인정함으로써 독일의 국가면제 주장을 배척하였다.

답 ②

17 국제법상 주권면제에 대한 설명으로 옳은 것은? 19년 7급

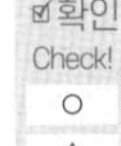

① 주권면제는 국제법상 강행규범이므로 침해할 수 없다.

② 국가는 법정지국에 소재하는 부동산과 관련된 소송에서 주권면제를 원용할 수 없다.

③ 본소에서 피고가 된 외국이 반소를 제기하더라도 본소에서는 주권면제를 향유한다.

④ 국가가 타국법의 적용에 동의하면 그 국가 법원의 관할권을 수락한 것으로 간주된다.

해설

난도 ★★★

① [×] 일반적으로 주권면제가 국제법상 강행규범으로 인정되는 것은 아니다.

② [○] 부동산에 관한 소송은 그 부동산 소재지국 재판소의 배타적 관할 하에 있는 것으로 본다. 2004년 「국가 및 그 재산의 관할권 면제에 관한 UN협약」 제13조에서도 이를 명시하고 있다.

③ [×] 본소에서 피고가 된 외국이 반소를 제기하는 경우에는 재판관할권 면제를 포기한 것으로 인정되어 재판관할권이 성립하는 것으로 본다.

④ [×] 타국 법의 적용에 대한 국가의 동의는 그 타국 법정에 의한 관할권 행사에 대한 동의로 간주될 수 없다(국가 및 그 재산의 관할권 면제에 관한 협약 제7조 제2항 참조).

답 ②

18 주권면제에 대한 국제법의 내용으로 옳지 않은 것은?

19년 9급

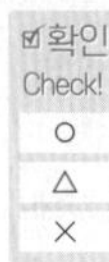

① 주권면제는 국가의 주권평등 원칙에 토대를 둔 국제법 질서의 근본원칙이다.

② 주권면제는 구체적인 내용에 있어서 각국의 국내법과 사법실행의 영향을 받는다.

③ 주권면제는 국가의 위법행위에 대한 국제법적 책임의 면제를 포함한다.

④ 주권면제는 각국 국내법원의 민사소송 외에 형사소송에서도 인정된다.

해설

난도 ★★

① [○] 주권면제(국가면제)는 "대등한 자는 대등한 자를 지배할 수 없다."는 주권평등 개념에서 출발한 것으로서, 국제법상 확립된 원칙이라고 할 수 있다.

② [○] 주권면제(국가면제)는 법정지국의 관할권 면제를 그 내용으로 하며, 재판관할권 면제와 강제집행권 면제가 포함된다.

③ [×] 주권면제(국가면제)는 국가의 위법행위에 대한 국제법적 책임의 면제를 의미하지 않는다.

④ [○] 주권면제(국가면제)에는 법정지국의 민사재판관할권 면제뿐만 아니라 형사재판관할권 면제도 포함된다.

 ③

19 국제법상 주권면제에 대한 설명으로 옳지 않은 것은?

18년 7급

① 우리나라는 주권면제에 관한 국내법의 제정 없이 국제관습법의 형태로 주권면제론을 수용하고 있다.

② 제한적 주권면제론에서는 주권면제 대상이 국가의 주권적 행위로 한정되고 상업적 행위는 배제된다.

③ 「국가 및 그 재산의 관할권면제에 관한 국제연합협약」에 따른 국가면제는 국제법에 따라 주어지는 국가원수의 면제와 특권을 저해하지 않는다.

④ 국제사법재판소는 2012년 페리니(Ferrini) 사건에서 국제법상 강행규범을 위반하는 국가행위에 대해 주권면제가 적용되지 않는다고 밝혔다.

해설

난도 ★★★

① [○] 우리나라 대법원은 1998년 주한미군 식당에서 해고된 노동자가 미국 정부를 상대로 제기한 소송에서 제한적 면제론을 수용한 판결에서 "국제관습법에 의하면 국가의 주권적 행위는 다른 국가의 재판권으로부터 면제되는 것이 원칙이라 할 것이나, 국가의 사법적 행위까지 다른 국가의 재판권으로부터 면제된다는 것이 오늘날의 국제법이나 국제관례라고 할 수 없다."라고 하여 국제관습법을 근거로 국가면제를 인정하는 판결을 하였다.

② [○] 제한적 주권면제론에서는 국가의 행위를 권력적 · 공법적 · 비상업적 행위와 비권력적 · 사법적 · 상업적 행위로 구분하여 전자에 대해서만 국가면제를 부여한다.

③ [○] 국가면제와 국가원수나 외교사절의 특권 · 면제는 구별된다.

④ [×] 2012년 독일-이탈리아간 국가관할권 면제 사건(페리니 사건)에서 ICJ는 제2차 세계대전 중에 있었던 독일의 행위가 강행규범 위반과 관계된 것일지라도 국제관습법인 주권면제가 적용된다고 하였다.

답 ④

20 주권면제에 대한 설명으로 옳지 않은 것은?

17년 9추

① 국제사법재판소(ICJ)의 판례에 따르면 강행규범과 주권면제가 충돌하는 경우 강행규범이 우선한다.

② 목적을 기준으로 주권적 행위와 상업적 행위를 구분하면 국가의 대부분의 행위가 주권적 행위가 될 수 있다.

③ 한국에는 주권면제에 관한 입법이 존재하지 않지만 대법원은 제한적 주권면제론을 따른다.

④ 주권면제협약에 따르면 피고용인이 특정한 공권력 행사를 위하여 채용되는 경우 주권면제가 부인되지 않는다.

해설

난도 ★★★

① [×] '독일 · 이탈리아 간 국가관할권 면제 사건'에서 이탈리아는 독일의 전쟁범죄 및 반인도적 범죄는 강행규범 위반에 해당되며 강행규범과 국가면제가 충돌하는 경우 강행규범이 우선한다고 주장하였으나, ICJ는 강행규범은 규범의 내용에 관한 것인 데 반해 국가면제는 규범의 절차적 측면에 관한 것이므로 양자가 충돌하지 않는다고 판단하였다. 결론적으로 ICJ는 강행규범 위반이 연계되어 있더라도 국가면제에 관한 국제관습법의 적용은 영향받지 않는다고 하였다.

② [○] 제한적 면제론에 따를 때 구분기준에는 목적기준(주관적 기준)과 성질기준(객관적 기준)이 있다. 목적기준에 의하면 국가의 상업적 행위도 국가의 목적을 이유로 권력적 · 공법적 행위로 인정되어 국가면제의 대상이 될 가능성이 커지고 제한적 면제 이론의 취지를 살리기 어려워진다.

③ [○] 우리나라는 아직 주권면제에 관한 법률이 없다. 다만 대법원은 종래 절대적 면제론을 지지하였으나(74마28), 1998년 주한미군 식당에서 해고된 노동자가 미국 정부를 상대로 제기한 소송에서 제한적 면제론을 수용한 판결을 한 바 있다(97다3921).

④ [○] 주권면제협약 제11조에서는 고용계약에 관한 소송은 원칙적으로 주권면제를 원용할 수 없는 소송이지만, 피고용자가 공권력행사에 있어 특별한 기능의 수행을 위하여 고용된 경우에는 주권면제의 원용을 인정하고 있다.

답 ①

21 주권면제에 대한 설명으로 옳지 않은 것은?

16년 7급

① 비교적 일찍부터 법정지국에 소재하는 부동산에 관한 소송에서 외국은 주권면제를 누릴 수 없었다.

② 제한적 주권면제론에 따르면 재판관할권이 성립할 경우에 그에 따른 강제집행관할권도 성립한다.

③ 국가의 주권적 행위와 상업적 행위를 구분할 경우 목적 개념을 기준으로 하면 제한적 주권면제론의 취지를 살리기 어렵다.

④ 대한민국 법원은 대한민국 영토 내에서 외국의 사법(私法)적 행위에 대하여 법원이 재판권을 행사할 수 있다고 판단하였다.

✎해설

난도 ★★

① [○] 부동산은 영토주권의 객체로서 그와 관련된 소송은 그 소재지국 재판소의 배타적 관할 하에 있어야 하며, 고전적인 절대적 면제 이론에서도 부동산 관련 소송에는 국가면제가 적용되지 않았다.

② [×] 제한적 면제론에서도 재판관할권의 면제와 강제집행관할권의 면제는 별개의 문제다. 재판관할권의 면제를 포기하여 재판관할권이 성립하더라도 별도로 강제집행관할권의 면제를 포기하지 않으면 강제집행관할권이 성립하지 않는다.

③ [○] 목적기준에 따르면 국가의 상업적 행위도 국가의 목적을 이유로 권력적 · 공법적 행위로 인정되어 국가면제의 대상이 될 가능성이 커지고 제한적 면제 이론의 취지를 살리기 어려워진다.

④ [○] 우리나라 대법원의 경우 1975년 판결에서는 절대적 면제론을 지지하였으나, 1998년 주한미군 식당에서 해고된 노동자가 미국 정부를 상대로 제기한 소송에서 제한적 면제론을 수용한 판결을 내린바 있다.

답 ②

22 2004년 「국가 및 그 재산의 관할권 면제에 관한 UN협약」의 내용에 대한 설명으로 옳지 않은 것은? 15년 7급

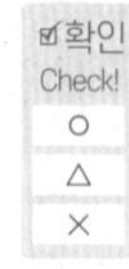

① 국가는 국제협정, 서면상의 계약, 특정 소송 관련 법정에서의 선언 또는 서면상의 통고를 통하여 타국 법정이 관할권을 행사하는 것을 명시적으로 동의한 경우, 타국 법정에 제기된 소송에서 관할권 면제를 원용할 수 없다.

② 타국 법의 적용에 대한 국가의 동의는 그 타국 법정에 의한 그 국가의 관할권 행사에 대한 동의로 간주된다.

③ 국가간의 상업적 거래와 관련된 분쟁이 타국 법정의 관할권에 속하는 경우, 국가는 그 관할권으로부터 면제를 주장할 수 있다.

④ 국가의 대리인이 타국 법정에 증인으로 출석하는 경우, 이는 전자의 국가가 타국 법정의 관할권 행사에 동의하는 것으로 해석될 수 없다.

✎해설

난도 ★★★

① [○] 국가가 국제협정, 서면계약, 재판정에서의 선언 또는 재판소에의 서면전달 등을 통하여 외국 재판소의 재판권 행사에 명시적으로 동의한 경우 그 사항 또는 사건과 관련하여 타국의 법정에 제기된 소송에서 관할권 면제를 원용할 수 없다(제7조 제1항 참조).

② [×] 타국 법의 적용에 대한 국가의 동의는 그 타국 법정에 의한 관할권 행사에 대한 동의로 간주될 수 없다(제7조 제2항).

③ [○] 국가가 외국의 자연인 또는 법인과의 상업적 거래에 참가하고 있고 적용 가능한 국제사법의 원칙에 의해 그 상업적 거래에 관련된 분쟁이 타국 법정의 관할권에 속하는 경우, 그 국가는 그 상업적 거래로부터 제기되는 소송에서 그 관할권으로부터의 면제를 주장할 수 없다(제10조 제1항).

④ [○] 국가대표자가 단지 증인의 자격으로 재판정에 출두한 경우 재판관할권 면제의 포기로 인정되지 않는다.

답 ②

23 국가면제와 관련된 국제재판소 및 국내법원의 태도에 대한 설명으로 옳은 것은?

15년 7급

① 국제법상 강행규범을 위반하는 경우에는 국가면제를 부여하지 않는 것이 각국 국내법원에 의해 통일적으로 확립된 사법관행이다.

② 대한민국 법원은 주권적 행위와 상업적 행위를 구분하지 않고 국가면제를 인정하고 있다.

③ 국제사법재판소(ICJ)는 국가의 관할권 면제(Jurisdictional Immunities of the State) 사건에서 문제의 행위가 강행규범 위반이더라도 국내법원에 의한 국가면제 적용 여부에 영향을 미치지 아니한다고 밝혔다.

④ 유럽인권재판소(ECHR)는 알 아자니(Al Adsani) 사건에서 국내법원이 고문 관련 민사소송에서 국가면제 주장을 받아들임으로써 공정한 재판에 대한 피해자의 권리를 침해하였다고 밝혔다.

해설

난도 ★★★

① [×] 미국법원들은 강행규범의 위반을 국가면제의 묵시적 포기로 수락하지 않고 있으며, 미국법 이외의 국내법들도 강행규범 위반을 국가면제의 부인과 연결짓지는 않고 있는 것이 아직까지의 관행으로 보인다.

② [×] 우리나라 대법원의 경우 1975년 판결에서는 절대적 면제론을 지지하였으나(대판 1975.5.23. 74마28), 1998년 주한미군 식당에서 해고된 노동자가 미국 정부를 상대로 제기한 소송에서 제한적 면제론을 수용한 판결(대판 1998.12.17. 97다3921)을 내린바 있다.

③ [○] 국제사법재판소(ICJ)는 독일-이탈리아간 국가관할권 면제 사건(2012)에서 제2차 세계대전 당시 독일이 강행규범인 국제인도법을 위반하였다 하더라도 이탈리아 국민이 독일을 상대로 제기한 민사소송에서 이탈리아 법원의 관할권 성립을 인정한 것, 이탈리아 내 독일 소유 부동산에 대한 강제집행을 인정한 것, 그리스 법원의 판결을 이탈리아 내에서 집행할 수 있도록 한 것 모두 독일의 국가면제를 침해한 것으로서 국제법을 위반한 것이라고 판단하였다.

④ [×] 유럽인권재판소(ECHR)는 알 아자니 사건에서 국제법상 '고문금지'가 강행규범임을 인정하더라도, 법정지국 밖에서 발생한 고문에 대한 손해배상을 요구하는 민사소송에서도 국가면제를 부여하지 않는다는 원칙이 국제법상 확립된 것은 아니므로, 영국법원이 쿠웨이트에 국가면제를 부여한 것이 알 아자니의 '재판을 받을 권리'를 침해한 것으로 볼 수는 없다라고 하였다.

답 ③

24 국제법상 국가면제에 관한 설명으로 옳지 않은 것은?

15년 9급

① 국가면제는 국가 또는 국가의 재산이 타국 재판소의 관할권으로부터 면제됨을 의미한다.

② 국가면제론은 19세기 이래 영국과 미국 등에서의 판례를 바탕으로 하여 국제관습법의 형태로 발전되어 왔다.

③ 국가면제의 향유 주체인 국가는 국가 또는 중앙정부만을 의미하며, 공법인 등은 제외된다.

④ 국가는 국가면제를 포기할 수 있다.

해설

난도 ★★

① [○] 국가면제는 국가 또는 국가의 재산이 다른 국가의 관할권으로부터 면제됨을 의미하며, 면제의 범위에는 재판관할권 면제와 강제집행권 면제가 포함된다.

② [○] 국가면제론은 19세기 이래 영국과 미국 등에서의 판례를 바탕으로 하여 국제관습법의 형태로 발전되어 왔으며, 1812년 스쿠너익스체인지호 사건은 국가면제에 관한 미국 최초의 판례에 해당한다.

③ [×] 국가면제의 권리를 향유하는 주체는 주권국가이다. 구체적으로는 외국의 정치적 하부기구나 국가기관 또는 공법인이 포함되며, 국가기관의 범주에는 국가기관원, 주류군대, 군함, 군용항공기 등이 포함된다.

④ [○] 국가는 국가면제를 명시적 또는 묵시적으로 포기할 수 있다.

답 ③

25 국가면제에 대한 설명으로 옳지 않은 것은?

14년 9급

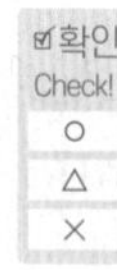

① 국가 및 그 재산의 관할권 면제에 관한 UN협약의 초안은 완성되었으나, 아직 정식 조약문으로 채택되지 못하였다.

② 우리 대법원의 국가면제에 관한 태도는 절대적 면제이론에서 제한적 면제이론으로 변경되었다.

③ 우리나라는 국가면제법 또는 주권면제법을 제정하고 있지 않다.

④ 원칙적으로 피고국가가 행한 재판관할권의 면제 포기에는 자국 재산의 압류 또는 강제집행의 면제 포기까지 포함하는 것은 아니다.

해설

난도 ★★★

① [×] UN총회는 2004년 12월 2일의 결의를 통해 「국가 및 그 재산의 관할권 면제에 관한 UN협약」을 채택하는 데 성공하였다. 2005년 1월 17일 뉴욕의 UN본부에서 서명을 위해 개방된 UN협약은 30번째 비준, 수락, 승인 혹은 가입문서가 UN사무총장에게 기탁된 일자 후 30일째 되는 날로부터 발효한다. 2020년 10월 1일 기준 36개국이 서명하였고 22개국이 비준한 상태로 아직 미발효 상태다.

② [○] 우리나라 대법원의 경우 1975년 판결에서는 절대적 면제론을 지지하였으나(대판1975.5.23. 74마281), 1998년 주한미군 식당에서 해고된 노동자가 미국 정부를 상대로 제기한 소송에서 제한적 면제론을 수용한 판결(대판 1998.12.17. 97다39216)을 내린바 있다.

③ [○] 미국, 영국, 캐나다, 호주 등은 제한적 면제론을 수용한 국내법을 제정하였으나, 우리나라는 국가면제에 관한 국내법을 아직 제정하지 않았다.

④ [○] 외국재산에 대한 강제집행권은 재판관할권 행사의 경우보다도 심각한 주권침해가 야기될 수 있다는 점에서 강제집행권의 면제는 재판관할권의 면제와는 독립적으로 다루어지고 있다. 외국재산에 대한 강제집행이 가능하기 위해서는 해당 외국에 의한 별도의 면제포기가 있어야 한다.

답 ①

26 국가면제에 대한 설명으로 옳지 않은 것은?

12년 7급

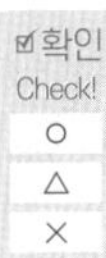

① 어느 국가 및 그 재산이 다른 국가의 재판 및 강제집행관할권으로부터 면제를 받는다는 것을 말한다.
② UN국가면제협약상 면제에서 제외되는 상업적 거래란 국가가 외국의 사인과 거래관계를 맺은 경우로서 그 거래에 대한 분쟁이 타국 법원의 관할권에 속하는 경우이다.
③ 고용계약에 대해서는 원칙적으로 국가면제가 인정되지 않으나 고용된 사람이 면제를 주장하는 국가의 공공업무(governmental authority)에 종사하는 경우에는 여전히 면제가 인정된다.
④ 국가가 면제를 포기하고 외국법원의 소송에 응소한 경우 집행권으로부터의 면제도 포기한 것으로 본다.

해설

난도 ★★★

① [○] 국가면제(國家免除, state immunity)란 법정지국(法廷地國)이 자국영역 내에서 외국 및 그 재산에 대하여 주권평등원칙에 입각하여 당해 외국을 당사자로 한 소송에서 자국관할권의 행사를 면제하는 행위를 말한다. 주권면제(主權免除, sovereign immunity)라고도 하며, 과거에는 '군주의 면제'라고도 불렸다.
② [○] UN국가면제협약 제10조 제1항.
③ [○] UN국가면제협약 제11조 제1항, 제2항.
④ [×] 외국재산에 대한 강제집행권은 재판관할권 행사의 경우보다 심각한 주권침해가 야기될 수 있다는 점에서 강제집행권의 면제는 재판관할권의 면제와는 독립적으로 다루어지고 있다. 외국재산에 대한 강제집행이 가능하기 위해서는 해당 외국에 의한 별도의 면제포기가 있어야 한다.

더 알아보기 UN국가면제협약

제10조【상업적 거래】
① 국가가 외국의 자연인 또는 법인과의 상업적 거래에 참가하고 있고 적용 가능한 국제사법의 원칙에 의해 그 상업적 거래에 관련된 분쟁이 타국 법정의 관할권에 속하는 경우, 그 국가는 그 상업적 거래로부터 제기되는 소송에서 그 관할권으로부터의 면제를 주장할 수 없다.

제11조【고용계약】
① 관계국들간에 별도의 합의가 없는 경우, 국가는 타국의 영토상에서 전체적으로 또는 부분적으로 수행되었거나 또는 수행될 사업을 위해 그 국가와 개인 간에 체결된 고용계약과 관련된 소송에 있어서 권한 있는 그 타국의 법정에서 관할권 면제를 주장할 수 없다.
② 제1항은 다음과 같은 경우에 적용되지 아니한다.
(a) 피고용자가 공권력행사에 있어 특별한 기능의 수행을 위하여 고용된 경우

 ④

27 국가면제(State Immunity)에 관한 설명으로 옳지 않은 것은?

10년 7급

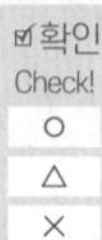

① 국가면제는 주권평등원칙의 논리적 귀결로 흔히 "대등한 자들은 서로에 대해 관할권을 갖지 못한다."는 격언으로 표현된다.

② 국가대표의 자격으로 행동하는 자도 국가면제의 목적상 국가로 간주된다.

③ 상업적 거래는 제한적 국가면제의 대상이 아니나 '국가간'에 이루어지는 경우에는 국가면제를 원용할 수 있다.

④ 국가면제는 법정지국의 입법관할권의 면제까지 포함하고 있다.

해설

난도 ★★

① [○] 국가면제는 "대등한 자는 대등한 자를 지배할 수 없다."는 주권평등 개념에서 출발하였다.

② [○] 국가면제의 권리를 향유하는 주체는 주권국가이다. 구체적으로는 외국의 정치적 하부기구나 국가기관 또는 공법인이 포함되며, 국가기관의 범주에는 국가기관원, 주류(駐留)군대, 군함, 군용항공기 등이 포함된다. 2004년 채택된 「국가 및 그 재산의 관할권 면제에 관한 UN협약」(일명, 국가면제협약) 제2조 제1항에서는 ""국가"라 함은 (ⅰ) 국가 및 각종 정부기관 (ⅱ) 연방국가의 구성단위 또는 국가의 주권적 권위의 행사를 위임받아 그 자격으로 행동하는 국가의 정치적 하부조직 (ⅲ) 국가의 주권적 권위의 행사를 위임받아 실제로 이를 수행하는 국가의 기관 또는 조직 및 기타 주체, 그리고 (ⅳ) 직무상으로 행동하는 국가의 대리인을 의미한다."라고 규정하고 있다.

③ [○] 국가면제협약 제10조에서는 '상업적 거래에 관한 소송'에 대하여는 국가면제가 인정되지 않는다고 규정하면서도 상업적 거래가 국가간에 이루어지는 경우에는 국가면제를 원용할 수 있다고 하였다.

④ [×] 국가면제(주권면제)란 법정지국이 자국영역 내에서 외국 및 그 재산에 대하여 주권평등원칙에 입각하여 당해 외국을 당사자로 한 소송에서 자국관할권의 행사를 면제하는 행위를 말하며, 재판관할권의 면제와 강제집행권의 면제로 구분된다. 입법관할권의 면제는 포함되지 않는다.

더 알아보기 국가및그재산의관할권면제에관한국제연합협약

제10조【상업적 거래】

① 국가가 외국의 자연인 또는 법인과의 상업적 거래에 참가하고 있고 적용가능한 국제사법원칙에 의해 그 상업적 거래에 관련된 분쟁이 타국법정의 관할권에 속하는 경우, 그 국가는 그 상업적 거래로부터 제기되는 소송에서 그 관할권으로부터의 면제를 주장할 수 없다.

② 제1항은 다음의 경우에는 적용되지 아니한다.

(a) 국가간의 상업적 거래의 경우, 또는

(b) 그 상업적 거래의 당사자들이 명시적으로 별도의 합의를 하는 경우

③ 국영기업 또는 국가에 의해 설립되어 독립된 법인격을 가지며 다음의 능력이 있는 주체가 그 스스로 참가하고 있는 상업적 거래에 연루되는 경우, 그 국가가 향유하는 재판관할권의 면제는 영향받지 않는다.

(a) 원고 또는 피고 자격, 그리고

(b) 국가가 그 운영 또는 관리를 허가한 재산을 포함한 재산의 취득, 소유 및 처분의 능력

답 ④

28 국가면제에 대한 설명으로 옳지 않은 것은? 10년 9급

☑확인 Check! ○ △ ×

① 미국과 영국의 국가면제 관련 법률은 제한적 면제이론을 따르고 있다.
② 재판관할권으로부터의 국가면제는 국가책임의 면제를 수반한다.
③ 재판관할권으로부터의 국가면제의 포기가 당연히 판결의 집행을 보장하는 것은 아니다.
④ The Schooner Exchange v. Mcfaddon 사건은 국가면제와 관련된 대표적 사건이다.

해설

난도 ★★

① [○] 국가면제와 관련하여 미국은 1976년 「외국주권면제법」을 제정하였고, 영국은 1978년 「국가면제법」을 제정하였으며, 이들은 제한적 면제 이론을 따랐다.

② [×] 국가면제는 재판관할권의 면제와 강제집행권의 면제로 구분되며, 국가가 법정지국의 재판관할권으로부터 면제된다는 것은 국제법으로부터 면제나 법정지국의 입법관할권으로부터의 면제를 의미하는 것은 아니기에 위법행위에 대한 국제법상 · 국내법상의 책임이 조각되거나 면제되는 것은 아니다.

③ [○] 외국재산에 대한 강제집행권은 재판관할권 행사의 경우보다 심각한 주권침해가 야기될 수 있다는 점에서 강제집행권의 면제는 재판관할권의 면제와는 독립적으로 다루어진다. 외국재산에 대한 강제집행이 가능하기 위해서는 해당 외국에 의한 별도의 면제포기가 있어야 한다.

④ [○] The Schooner Exchange v. Mcfaddon 사건은 국가면제에 관한 미국 최초의 판례로서, 미연방대법원은 평시관계에 있는 외국의 군함에 대해 국내법원의 관할권이 면제된다고 판결하였다.

답 ②

29 국가면제(또는 주권면제) 이론에 대한 설명 중 옳지 않은 것은? 09년 지방

① 국가면제 이론은 과거 절대적 면제론에서 제한적 면제론으로 발전하였다.
② 재판관할권 행사가 인정되어 승소판결을 받으면 피소국의 국가재산에 대해 강제집행이 가능하다.
③ 미국은 1976년 외국주권면제법(Foreign Sovereign Immunities Act of 1976)을 제정하여 제한적 국가면제론을 적용하고 있다.
④ 우리나라는 1998년 대법원 판결을 통해 제한적 국가면제론을 받아들였다.

해설

난도 ★★★

① [○] 국가면제론 초기인 19세기에는 소송원인을 불문하고 모든 경우에 타국에서 관할권면제를 부여받는다는 절대적 면제론이 일반적이었으나, 20세기 중반 이후 현재는 국가의 행위를 권력적 · 공법적 · 비상업적 행위와 비권력적 · 사법적 · 상업적 행위로 구분하여 전자에 대해서만 관할권면제를 부여하는 제한적 면제론이 일반적이다.

② [×] 외국재산에 대한 강제집행권은 재판관할권 행사의 경우보다도 심각한 주권침해가 야기될 수 있다는 점에서 강제집행권의 면제는 재판관할권의 면제와는 독립적으로 다루어지고 있다. 외국재산에 대한 강제집행이 가능하기 위해서는 해당 외국에 의한 별도의 면제포기가 있어야 한다.

③ [○] 국가면제에 관한 국내법 제정의 예로는 1976년 미국의 「외국주권면제법」, 1978년 영국의 「국가면제법」, 1982년 캐나다의 「국가면제법」, 1985년 오스트레일리아의 「외국면제법」 등이 있다.

④ [○] 우리나라에는 아직 국가면제에 관한 입법은 존재하지 않는다. 다만 판례는 1998년 주한미군 식당에서 해고된 노동자가 미국 정부를 상대로 제기한 소송에서 제한적 면제론을 수용한 판결(대판 1998.12.17. 97다3921)을 내린바 있으며, 이 판결에서 대법원은 국제관습법을 근거로 국가면제를 인정하였다.

답 ②

30 국가면제에 관한 설명 중 옳지 않은 것은? 09년 7급

☑확인 Check! ○ △ ×

① 국가면제는 국가 또는 국가의 재산이 타국 재판소의 관할권으로부터 면제됨을 의미한다.
② 국가면제는 국내 사법절차 및 국제재판소의 사법절차에 적용된다.
③ 한 국가의 재판소에서 국가면제의 주장은 소송의 일방당사자가 외국이거나 또는 소송의 객체가 외국의 재산인 경우에 제기된다.
④ UN총회는 2004년 '국가와 그 재산의 관할권 면제에 관한 UN협약'을 채택하였다.

해설

난도 ★★★

① [○], ② [×], ③ [○] 국가면제는 단지 타국의 집행관할권, 특히 사법절차에 관련된 일체의 행정적 · 집행적 권한을 포함한 '재판관할권'으로부터의 면제를 의미한다. 쉽게 말해서, 타국법정의 피고석에 앉지 않을 국가(또는 국가재산)의 특권을 지칭한다. 따라서 그것은 국제법으로부터의 면제 또는 법정지국의 입법관할권, 즉 국내법 자체로부터의 면제를 의미하는 것이 아니기 때문에 위법행위에 대한 국제법 또는 국내법상의 책임이 조각되는 것은 아니다.

④ [○] UN총회는 2004년 12월 2일의 결의를 통해 「국가 및 그 재산의 관할권 면제에 관한 UN협약」을 채택하는 데 성공하였다. 2005년 1월 17일 뉴욕의 UN본부에서 서명을 위해 개방된 협약은 30번째 비준, 수락, 승인 혹은 가입문서가 UN 사무총장에게 기탁된 일자 후 30일째 되는 날로부터 발효한다. 2020년 10월 1일 기준 36개국이 서명하였고 22개국이 비준한 상태로 아직 미발효 상태다.

답 ②

31 국제법상 국가면제(state immunity)에 관한 설명으로 옳지 않은 것은? 08년 9급

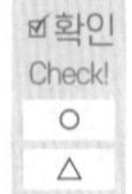

① 국가면제는 집행관할권으로부터의 면제를 포함하지 아니한다.
② 초기에는 절대적 면제를 인정하였으나 오늘날에는 제한적 면제를 인정하는 방향으로 전환되었다.
③ 제한적 면제를 부여하기 위하여 국가행위를 상업적 행위(acts jure gestionis)와 권력적 행위(acts jure imperii)로 구분하고 있다.
④ 1972년의 '유럽국가면제협약'은 제한적 면제의 입장에서 면제가 인정되지 않는 경우를 명시하고 있다.

해설

난도 ★★

① [×] 국가면제는 법정지국이 자국영역 내에서 외국 및 그 재산에 대하여 주권평등원칙에 입각하여 당해 외국을 당사자로 한 소송에서 자국의 관할권 행사를 면제하는 것을 말하며, 재판관할권의 면제뿐만 아니라 집행관할권의 면제도 포함된다.

② [○], ③ [○] 국가면제의 대상이 되는 국가행위의 범위에 대하여 소송원인이 된 국가행위의 성격을 불문하고 관할권면제를 인정하는 절대적 면제와 소송원인이 된 국가행위를 권력적 · 공법적 · 비상업적 행위와 비권력적 · 사법적(私法的) · 상업적 행위로 구분하여 권력적 · 공법적 · 비상업적 행위에 대해서만 관할권면제를 인정하는 제한적 면제가 있다. 국가면제론의 발생 초기인 19세기에는 절대적 면제가 일반적이었으나, 20세기 중반 제한적 면제론이 등장한 이후 오늘날은 제한적 면제론이 일반적이다.

④ [○] 1972년 「유럽국가면제협약」은 국가면제 전반에 관하여 채택된 다자조약으로 국가면제가 국제법상 확립된 원칙임을 천명하고 제한적 면제론을 채택하여 일정한 경우 국가면제의 제한을 인정하였다.

답 ①

CHAPTER 03 국가책임

01 2001년 「국제위법행위에 대한 국가책임 초안」상 행위의 국가 귀속에 대한 설명으로 옳은 것만을 모두 고르면? 19년 9급

☑확인 Check! ○ △ ×

> ㄱ. 비공권적 성격을 가지는 국가기관의 행위는 국제법상 국가의 행위로 귀속될 수 없다.
> ㄴ. 공권력을 행사할 권한을 부여받고 그 자격으로 행동한 개인의 행위는 국제법상 국가의 행위로 귀속될 수 있다.
> ㄷ. 공권력을 행사할 권한을 부여받고 그 권한을 초월하여 행동한 개인의 행위는 국제법상 국가의 행위로 귀속될 수 없다.
> ㄹ. 공권력의 부재 시 그 행사가 요구되는 상황에서 그 권한을 행사한 개인의 행위는 국제법상 국가의 행위로 귀속될 수 있다.

① ㄴ, ㄷ
② ㄴ, ㄹ
③ ㄱ, ㄴ, ㄷ
④ ㄱ, ㄴ, ㄹ

해설
난도 ★★

ㄱ. [×] 기관이 입법, 행정, 사법 또는 다른 기능을 수행하든, 그 기관이 국가조직에서 어떠한 위치를 차지하든, 그 기관의 국가의 중앙정부 또는 지방단위의 기관으로서의 성격에 관계없이, 국가기관의 행위는 국제법상 국가의 행위로 간주된다(국제위법행위에대한국가책임규정초안 제4조 제1항). 행위의 성격에 관계없이 국가기관의 행위는 국제법상 국가의 행위로 간주된다.

ㄴ. [○] 제4조에 의한 국가기관은 아니지만 당해 국가의 법에 의하여 정부권력요소를 행사하도록 권한을 부여받은 개인 또는 실체의 행위는 그러한 개인 또는 실체가 개별적인 경우에 있어서 그러한 자격으로 행위한 경우 국제법상 당해 국가의 행위로 간주된다(국제위법행위에대한국가책임규정초안 제5조).

ㄷ. [×] 국가기관이나 정부권력요소를 행사할 수 있는 권한을 부여받은 개인 또는 실체의 행위는 그러한 기관, 개인 또는 실체가 그러한 자격으로 행위하였다면 권한을 초과하거나 또는 지시를 위반하였다 할지라도 국제법상 당해 국가의 행위로 간주된다(국제위법행위에대한국가책임규정초안 제7조). 이 경우에도 국제법상 국가의 행위로 간주된다.

ㄹ. [○] 개인 또는 집단의 행위는 그러한 개인 또는 집단이 공공당국의 부재 또는 결여 상태이고 그러한 권력요소의 행사가 요구되는 것과 같은 상황에서 사실상 정부권력요소를 행사한 경우 국제법상 국가의 행위로 간주된다(국제위법행위에대한국가책임규정초안 제9조).

답 ②

02 **UN 국제법위원회(ILC)의 국제위법행위에 대한 국가책임 규정 초안(Draft Articles on Responsibility of States for Internationally Wrongful Acts, 2001)에 따른 국가책임의 성립요건에 관한 설명으로 옳지 않은 것은?** 15년 9급

확인 Check! ○ △ ×

① 국가기관의 자격으로 한 국가기관의 행위는 자신의 권한을 초과하여 행한 경우에도 국제법상 그 국가의 행위로 간주된다.

② 개인의 행위는 그 행위를 수행함에 있어서 사실상 국가의 지시를 받아서 행동하는 경우에도 국제법상 그 국가의 행위로 간주되지 않는다.

③ 국가의 새 정부를 구성하는 데 성공한 반란단체의 행위는 국제법상 그 국가의 행위로 간주된다.

④ 국가행위로 귀속될 수 없는 행위에 대하여 국가가 자신의 행위로 승인하고 채택하는 경우 당해 행위는 그 범위 내에서 그 국가의 행위로 간주된다.

해설

난도 ★★

① [○] 국가기관이나 정부권력요소를 행사할 수 있는 권한을 부여받은 개인 또는 실체의 행위는 그러한 기관, 개인 또는 실체가 그러한 자격으로 행위하였다면 권한을 초과하거나 또는 지시를 위반하였다 할지라도 국제법상 당해 국가의 행위로 간주된다(국제위법행위에대한국가책임규정초안 제7조).

② [×] 개인 또는 집단의 행위는 당해 개인 또는 집단이 그 행위를 실행하는 데 있어서 사실상 국가의 지시 또는 감독이나 통제 하에 행위하였다면 국제법상 국가의 행위로 간주된다(국제위법행위에대한국가책임규정초안 제8조).

③ [○] 국가의 새로운 정부가 되는 반란단체의 행위는 국제법상 당해 국가의 행위로 간주된다(국제위법행위에대한국가책임규정초안 제10조 제1항).

④ [○] 전조들에 의하여 국가로 귀속될 수 없는 행위일지라도 국가가 문제의 행위를 당해 국가 자신의 것으로 인정하고 채택하는 경우 그 범위 내에서는 국제법상 당해 국가의 행위로 간주된다(국제위법행위에대한국가책임규정초안 제11조).

답 ②

03 **2001년 UN 국제법위원회(ILC)의 국제위법행위에 대한 국가책임 초안에 따르면 국가의 행위로 귀속될 수 없는 경우는?** 14년 7급

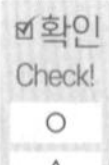

① 지방자치단체가 해외 투자를 유치하는 행위

② 국가기관이 자신의 권한을 초과하거나 지시를 위반하는 행위

③ 민간단체가 국가의 위임을 받아 교도소를 운영하는 행위

④ 타국에 파견된 공무원이 사인의 자격에서 하는 행위

해설

난도 ★

① [○] 기관이 입법, 행정, 사법 또는 다른 기능을 수행하든, 그 기관이 국가조직에서 어떠한 위치를 차지하든, 그 기관의 국가의 중앙정부 또는 지방단위의 기관으로서의 성격에 관계없이, 국가기관의 행위는 국제법상 국가의 행위로 간주된다(국제위법행위에대한국가책임규정초안 제4조 제1항).

② [○] 국가기관이나 정부권력요소를 행사할 수 있는 권한을 부여받은 개인 또는 실체의 행위는 그러한 기관, 개인 또는 실체가 그러한 자격으로 행위하였다면 권한을 초과하거나 또는 지시를 위반하였다 할지라도 국제법상 당해 국가의 행위로 간주된다(국제위법행위에대한국가책임규정초안 제7조).

③ [○] 제4조에 의한 국가기관은 아니지만 당해 국가의 법에 의하여 정부권력요소를 행사하도록 권한을 부여받은 개인 또는 실체의 행위는 그러한 개인 또는 실체가 개별적인 경우에 있어서 그러한 자격으로 행위한 경우 국제법상 당해 국가의 행위로 간주된다(국제위법행위에대한국가책임규정초안 제5조). 국가로부터 교도소 운영권한을 위임받아 교도소를 운영하는 민간단체의 행위는 국가로 귀속된다.

④ [×] 국가기관이 한 행위일지라도 국가기관으로서가 아니라 사인의 지위에서 행한 행위라면 원칙적으로 국가에 귀속되지 않는다.

답 ④

04 국제연합(UN)의 2001년 '국제위법행위에 대한 국가책임에 관한 규정 초안'에 대한 설명으로 옳지 않은 것은? 11년 9급

확인 Check! ○ △ ×

① 국가의 국제위법행위는 작위 및 부작위로부터 발생할 수 있다.
② 국가책임을 발생시키는 요건으로 피해의 발생을 요구하고 있다.
③ 위법성 조각사유와 대항조치에 대하여 규정하고 있다.
④ 입법 · 사법 · 행정 등 그 기능과 관계없이 국가기관의 행위는 국가의 행위로 간주된다.

해설

난도 ★★

① [○] 국제위법행위에대한국가책임규정초안 제2조.

② [×] 국가책임을 발생시키는 요건으로 피해의 발생을 명시하지 않고 있으며 이는 불요설을 채택한 것으로 평가된다.

③ [○] 국제위법행위에대한국가책임규정초안 제1부 제5장에서 위법성 조각사유에 대하여 규정하고 있으며, 위법성 조각사유 중의 하나로 제22조에서 대항조치를 규정하고 있다.

④ [○] 기관이 입법, 행정, 사법 또는 다른 기능을 수행하든, 그 기관이 국가조직에서 어떠한 위치를 차지하든, 그 기관의 국가의 중앙정부 또는 지방단위의 기관으로서의 성격에 관계없이, 국가기관의 행위는 국제법상 국가의 행위로 간주된다(국제위법행위에대한국가책임규정초안 제4조 제1항).

더 알아보기 국제위법행위에대한국가책임규정초안

제2조【국가의 국제위법행위의 요건】
행위가 다음과 같은 작위 또는 부작위를 구성할 때 국가의 국제위법행위가 존재한다.
(a) 국제법에 의하여 국가에게 귀속되고
(b) 국가의 국제의무위반을 구성하는 경우

답 ②

05 국가책임 관련 위법성 조각사유에 대한 설명으로 옳은 것은?

20년 7급

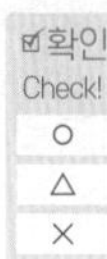

① 불가항력에 해당하는 상황은 자연적 또는 물리적 상황으로 발생될 수 있으나, 인간의 행위로는 발생될 수 없다.

② 필요성(긴급피난)은 대응조치, 자위 등의 사유와 같이 선행되는 국제의무 위반행위를 전제로 한다.

③ 불가항력과 달리 조난의 경우, 행위 주체의 측면에서 의무의 준수 여부는 선택적이라 할 수 있다.

④ 동의국이 상대국에게 사후 동의를 부여하는 경우, 이는 동의국의 상대국에 대한 책임추궁권을 저해하지 않는다.

해설

난도 ★★★

① [×] 불가항력이란 국가의 통제를 넘어서 그 의무를 실행하는 것을 실질적으로 불가능하게 만드는 저항할 수 없는 힘 또는 예측하지 못한 사건의 발생을 말하는 것으로서, 천재지변과 같은 자연현상에서 비롯될 수도 있고, 반란과 같은 인위적 상황에서 비롯될 수도 있다.

② [×] 자위권 행사나 대항조치는 선행되는 상대국의 국제의무 위반행위를 전제로 하나, 필요성(necessity, 긴급피난, 긴급상황)은 선행되는 상대국의 국제의무 위반행위를 전제로 하지 않는다.

③ [○] 불가항력적 상황에서 행위자는 다른 행위를 선택하는 것이 실질적으로 불가능하며, 따라서 침해이익과 보호이익간의 비례성도 요구되지 않는다. 반면, 조난의 상황에서 행위자는 비자발적으로 행동하는 것이 아니며, 따라서 침해이익과 보호이익간의 비례성이 요구된다.

④ [×] 다른 국가에 의한 일정한 행위의 범행에 대한 국가의 유효한 동의는 행위가 당해 동의의 한계 내에 남아 있는 한도 내에서 동의한 국가와의 관계에 있어서 당해 행위의 위법성을 조각한다(국제위법행위에대한국가책임규정초안 제20조).

답 ③

06 국제연합 국제법위원회가 2001년 채택한 「국제위법행위에 대한 국가책임 초안」상 위법성 조각사유에 대한 설명으로 옳은 것은?

19년 7급

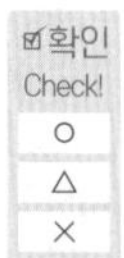

① 국제위법행위에 대한 위법성 조각사유의 존재는 그 행위국의 피해배상(reparation for injury)의무를 완전하게 면제시킨다.

② 국제위법행위에 대한 위법성 조각사유의 존재는 해당 규범의 법적 성질에 관계없이 모든 국제법규범의 위반을 정당화한다.

③ 국제위법행위가 국제공동체의 본질적 이익을 중대하게 침해하더라도 그 행위국의 본질적 이익을 보호하는 유일한 수단일 경우에는 위법성이 조각된다.

④ 조난(distress)은 개인의 생명을 보호하려는 것이고, 긴급피난(necessity)은 국가의 본질적 이익을 중대하고 급박한 위험으로부터 보호하려는 것이다.

해설

난도 ★★★

① [×] 제27조 (b)호에서는 위법성 조각의 주장이 문제의 행위에 의하여 발생한 물질적 손해에 대한 보상의 문제를 침해하지 않는다고 규정하고 있다.

② [×] 제26조에서는 강행규범을 위반하는 경우 위법성이 조각되지 않는다고 규정하고 있다.

③ [×] 제25조에서는 국제공동체의 본질적인 이익을 중대하게 해치지 아니하는 경우에만 긴급피난을 위법성조각사유로 주장할 수 있다고 규정하고 있다.

④ [○] 조난은 개인의 생명과 관련된 것이고(제24조), 긴급피난은 국가의 이익과 관련된 문제이다(제25조).

답 ④

07 2001년 국제위법행위에 대한 국가책임 초안에 규정된 위법성조각사유가 아닌 것은? 17년 9급

① 피해국의 유효한 동의

② 국제연합 헌장에 따른 합법적인 자위조치

③ 타국의 국제위법행위에 대한 무력복구

④ 불가항력에 기인한 행위

해설

난도 ★

2001년 국제위법행위에 대한 국가책임 초안 제5장에서는 위법성조각사유로 동의(제20조), 자위(제21조), 국제위법행위에 대한 대항조치(제22조), 불가항력(제23조), 조난(제24조), 긴급상황(제25조)을 규정하고 있다.

답 ③

08 2001년 UN국제법위원회(ILC)가 채택한 국제위법행위에 대한 국가책임 규정초안 상 위법성조각사유에 해당하는 것은 모두 몇 개인가? 13년 7급

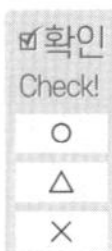

ㄱ. 긴급피난
ㄴ. 불가항력
ㄷ. 무력복구
ㄹ. 피해국의 동의
ㅁ. 인도적 간섭
ㅂ. UN헌장에 합치되는 합법적인 자위조치

① 3개 ② 4개

③ 5개 ④ 6개

해설

난도 ★

ILC의 2001년 국제위법행위에 대한 국가책임 규정 초안상의 위법성조각사유에는 동의(제20조), 자위(제21조), 대항조치(제22조), 불가항력(제23조), 조난(제24조), 긴급상황(제25조)가 있다. 이에 해당하는 것은 ㄱ, ㄴ, ㄹ, ㅂ 4개다.

답 ②

09 2001년 '국제위법행위에 대한 국가책임 규정 초안'에 의한 국제위법행위의 위법성조각사유에 관한 설명으로 옳지 않은 것은? 10년 7급

☑확인 Check! ○ △ ×

① UN헌장에 부합하는 합법적인 자위조치는 위법성이 조각된다.
② 불가항력(Force Majeure)의 경우는 스스로 자초한 경우에도 위법성이 조각된다.
③ 대항조치(Countermeasure)가 위법성 조각사유로 원용되기 위해서는 사전에 위반국에게 의무의 이행을 요청하여야 한다.
④ 무력사용에 의한 대항조치는 위법성을 조각하지 않는다.

해설
난도 ★★
① [○] 국가행위의 위법성은 그 행위가 국제연합헌장과 일치하여 주어진 적법한 자위조치를 구성하는 경우 조각된다(제21조).
② [×] 제23조 제2항 (a)호.
③ [○] 제52조 제1항 (a)호.
④ [○] 제50조 제2항 (a)호.

더 알아보기 국제위법행위에대한국가책임규정초안

제23조【불가항력】
① 당해 국가의 국제의무와 일치하지 않는 국가행위의 위법성은 그 행위가 불가항력, 즉 국가의 통제를 넘어서 그 의무를 실행하는 것을 실질적으로 불가능하게 만드는 저항할 수 없는 힘 또는 예상하지 못한 사건의 발생에 기인하는 경우 조각된다.
② 다음의 경우에는 제1항이 적용되지 아니한다.
(a) 불가항력의 상황이 단독으로 또는 다른 요인들과 결합하여 불가항력의 상황임을 주장하는 국가의 행위에 기인하는 경우 또는
(b) 그 국가가 발생한 당해 상황의 위험을 인수한 경우

제52조【대항조치 요구와 관련한 조건】
① 대항조치를 취하기 전에 손해를 입은 국가는
(a) 제43조에 따라 책임 있는 국가에게 제2부에 의한 당해 국가의 의무를 이행할 것을 요구하여야 하고
(b) 책임 있는 국가에게 대항조치를 취하기로 한 어떠한 결정을 통지하고 당해 국가와의 협상을 제공하여야 한다.

답 ②

10 대응조치(countermeasures)에 대한 설명으로 옳은 것은? 20년 9급

☑확인 Check! ○ △ ×

① 대응조치는 국가의 고유한 권리이기에 다자협약의 틀에서 제한될 수 없다.
② 국가는 인도주의적 조약에서 보호하는 개인에 대하여 복구로써 대응조치를 취할 수 있다.
③ 대응조치로 인하여 발생한 타국(제3국)의 권리에 대한 침해는 정당화된다.
④ 관습국제법상의 의무 위반에 대한 대응조치로 피해국은 조약법상의 의무 이행을 거부할 수 있다.

해설

난도 ★★★

① [×] 대응조치는 조약에 규정되어 있지 않더라도 국가에게 인정될 수 있는 고유한 권리로서의 성격이 없는 것은 아니나, 그렇다고 하여 다자조약에서 이에 대한 규율을 하면서 제한할 수 없는 것도 아니다. ILC의 2001년 국가책임초안에서도 대응조치의 요건 · 절차 및 대응조치 시에도 준수하여야 하는 국제법상의 의무 등을 규율하고 있다.

② [×] ILC의 2001년 국가책임초안 제50조 제1항 (c)호에서는 대항조치가 '복구가 금지되는 인도적 성격의 의무'에 영향을 미치지 않는다고 규정하고 있다.

③ [×] ILC의 2001년 국가책임초안 제49조 제1항에서는 대항조치의 상대방을 '책임 있는 국가'로 한정하고 있다. 제3국의 권리에 대한 침해는 인정되지 않는다.

④ [○] ILC의 2001년 국가책임초안 제49조 제2항에서는 대항조치의 내용을 '국제의무의 일시적인 불이행'으로 제한하고 있는바, 여기에서의 국제의무에는 조약상의 의무, 국제관습법상의 의무가 모두 포함되며, 책임 있는 국가가 국제관습법상의 의무를 위반한 데 대한 대응조치로 조약상의 의무를 이행하지 않는 것도 가능하다.

답 ④

11 **2001년 국제위법행위에 대한 국가책임 초안상 대응조치(countermeasures)에 의해 영향을 받을 수 있는 의무는?** 16년 9급

확인 Check! ○ △ ×

① 환경 보호 의무

② 기본적 인권의 보호 의무

③ 복구가 금지되는 인도적 성격의 의무

④ UN 헌장에서 구현된 무력의 위협 및 사용의 금지 의무

해설

난도 ★

국제위법행위에 대한 국가책임규정 초안 제50조에서는 대항조치를 하는 경우에도 영향을 주지 않는, 즉 준수하여야 하는 국제법상의 의무들을 규정하고 있는바 '환경 보호 의무'는 이에 해당되지 않는다.

더 알아보기 국제위법행위에대한국가책임규정초안

제50조【대항조치에 의하여 영향을 받지 않는 의무】

① 대항조치는 다음에 영향을 주지 아니한다.

(a) 국제연합헌장에서 구체화된 무력의 위협이나 사용을 금지할 의무

(b) 기본적인 인간의 권리를 보호할 의무

(c) 일반국제법의 강행규범에 의한 다른 의무

② 대항조치를 취하는 국가는 그 국가의 다음의 의무 이행을 면제받지 아니한다.

(a) 당해 국가와 책임 있는 국가 사이에 적용될 수 있는 어떠한 분쟁해결절차에 따를 의무

(b) 외교 또는 영사의 기관원, 공관영내, 기록과 문서의 불가침성을 존중할 의무

답 ①

12 **2001년 UN국제법위원회가 채택한 '국제위법행위에 대한 국가책임에 관한 규정초안'상의 '대항조치'(countermeasures)에 관한 설명 중 옳지 않은 것은?** 09년 7급

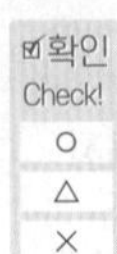

① 대항조치는 그 조치를 취하는 국가가 책임국에 대한 국제의무를 당분간 불이행하는 것으로 제한된다.
② 대항조치로서 기본적 인권의 보호 의무를 부과하고 있는 국제법을 위반할 수는 없다.
③ 대항조치는 일방적으로 결정하여 실시할 수 있으며 분쟁상대방에 대하여 대항조치를 취하기 전에 교섭을 제의할 의무는 없다.
④ 국제위법행위가 중지되고 또한 분쟁이 당사국들에게 구속력 있는 결정을 할 수 있는 재판소에 계류중인 경우에는 대항조치를 취해서는 안 된다.

해설

난도 ★★★

① [○] 대항조치는 책임 있는 국가에 대한 수단으로 취해지는 국가의 국제의무의 일시적인 불이행으로 제한된다(국제위법행위에대한국가책임규정초안 제49조 제2항).
② [○] 국제위법행위에대한국가책임규정초안 제50조 제1항 (b)호에서는 "대항조치는 기본적인 인간의 권리를 보호할 의무에 영향을 주지 아니한다."고 규정하고 있다.
③ [×] 대항조치를 취하기 전에 손해를 입은 국가는 (a) 제43조에 따라 책임 있는 국가에게 제2부에 의한 당해 국가의 의무를 이행할 것을 요구하여야 하고, (b) 책임 있는 국가에게 대항조치를 취하기로 한 어떠한 결정을 통지하고 당해 국가와의 협상을 제공하여야 한다(국제위법행위에대한국가책임규정초안 제52조 제1항). 원칙적으로 대항조치를 취하기 전에 교섭을 제의할 의무가 있는 것이다.
④ [○] (a) 국제위법행위가 중지되었고 (b) 분쟁이 당사자에게 구속력 있는 결정을 할 수 있는 권한을 가진 법원이나 재판소에 계쟁 중인 경우 대항조치는 취해질 수 없고 이미 취해진 경우에는 부당한 지체 없이 중지되어야 한다(국제위법행위에대한국가책임규정초안 제52조 제3항).

답 ③

13 **국제법상 국가책임과 관련된 내용으로 옳지 않은 것은?** 20년 9급

☑확인 Check! ○ △ ×

① 1986년 Nicaragua 사건에서 미국의 일반적 통제에 따른 콘트라반군의 행위는 미국에 귀속될 수 있다고 하였다.
② 1928년 Factory at Chorzow 사건에서 원상회복이 불가능한 경우 금전배상이 이루어져야 한다고 하였다.
③ 1997년 Gabčikovo-Nagymaros Project 사건에서 위법성조각사유가 문제의 의무를 종료시키는 것은 아니라고 하였다.
④ 1987년 Yeager 사건에서 혁명수비대원들이 공권력 부재시 정부권한을 행사한 것을 인정하였다.

해설

난도 ★★★

① [×] 니카라과 사건에서 ICJ는 콘트라 반군의 행위가 미국에 귀속되기 위해서는 미국이 콘트라 반군의 군사적 · 준군사적 위반행위를 실효적으로 통제하였어야 하지만, 이는 인정되지 않는다고 판단하여 콘트라 반군 행위의 미국 귀속을 인정하지 않았다.

② [○] 호르죠 공장 사건에서 PCIJ는 국가책임에 따른 손해배상의 원칙은 원상회복이며 원상회복이 불가능한 경우에 금전배상을 한다고 하였다.

③ [○] 가브치코보-나기마로스 사건에서 ICJ는 긴급피난이라는 위법성조각사유가 있는 경우 조약을 위반한 국가의 위법성이 제거될 수는 있어도 조약을 종료시키지는 못한다고 하였다.

④ [○] 예거 사건에서 미국-이란 청구재판소는 이란 혁명수비대원들의 행동이 공권력 부재 · 결여 시의 사실상 정부권한의 행사로 인정되며 따라서 이란정부에 책임이 귀속된다고 판단하였다.

답 ①

14 **2001년 국제위법행위에 대한 국가책임 초안의 내용에 대한 설명으로 옳은 것은?** 18년 7급

① 국가의 행위가 상업적 성격을 지닌 경우에는 국가책임이 성립하지 않는다.

② 국가의 행위가 2001년 초안 규정상 국제범죄에 해당하는 경우에는 국가책임이 가중된다.

③ 대응조치를 취하는 국가는 책임국과 관계에서 적용되는 분쟁해결절차상의 의무로부터 면제된다.

④ 국제위법행위의 법적 결과에는 의무 위반 중지 및 재발방지, 계속적 의무 이행, 만족이 포함된다.

해설

난도 ★★

① [×] 국가기관의 행위라면 그 기능이나 성격에 관계없이 국가책임이 성립한다.

② [×] 국제의무 위반에 대해 국가책임이 성립한다고 규정할 뿐, 의무의 내용에 따라 책임의 정도를 구분하지 않는다.

③ [×] 대응조치를 취하는 국가는 책임국과 관계에서 적용되는 분쟁해결절차에 따를 의무를 면제받지 않는다(제50조 제2항 a호).

④ [○] 제2부에서 국가책임의 해제 내용으로서 계속적인 실행의무, 의무위반의 중지와 재발방지, 원상회복, 보상(금전배상), 사죄(만족) 등을 규정하고 있다.

답 ④

15 **2001년 국제법위원회(ILC)가 채택한 국제위법행위에 대한 국가책임 규정 초안의 내용으로 옳지 않은 것은?**

18년 9급

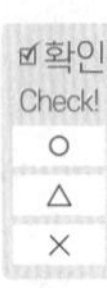

① 대응조치(countermeasures)는 받은 피해에 비례하여야 한다.
② 행정부뿐만 아니라 입법부나 사법부의 행위에 의해서도 국가의 국제책임이 성립한다.
③ 지방자치단체의 행위는 그 국가의 행위로 간주되지 않는다.
④ 국제위법행위는 작위에 의해서도, 부작위에 의해서도 발생할 수 있다.

해설
난도 ★
① [○] 국제위법행위에대한국가책임규정초안 제51조.
② [○] 국제위법행위에대한국가책임규정초안 제4조 제1항.
③ [×] 국제위법행위에대한국가책임규정초안 제4조 제1항. 지방자치단체의 행위도 국제법상 국가의 행위로 간주된다.
④ [○] 고제위법행위에대한국가책임규정초인 제2조.

더 알아보기 국제위법행위에대한국가책임규정초안

제2조【국가의 국제위법행위의 요건】
행위가 다음과 같은 작위 또는 부작위를 구성할 때 국가의 국제위법행위가 존재한다.
(a) 국제법에 의하여 국가에게 귀속되고
(b) 국가의 국제의무위반을 구성하는 경우
제4조【국가기관의 행위】
① 기관이 입법, 행정, 사법 또는 다른 기능을 수행하든, 그 기관이 국가조직에서 어떠한 위치를 차지하든, 그 기관의 국가의 중앙정부 또는 지방단위의 기관으로서의 성격에 관계없이, 국가기관의 행위는 국제법상 국가의 행위로 간주된다.
② 기관에는 당해 국가의 국내법에 따라 그러한 지위를 가진 어떠한 개인이나 실체도 포함한다.
제51조【비례성】
대항조치는 국제위법행위의 중대성과 문제의 권리를 고려하여 입은 손해와 비례하여야 한다.

답 ③

16 **2001년 국제위법행위에 대한 국가책임 초안의 내용에 대한 설명으로 옳지 않은 것은?**

17년 9추

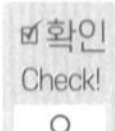

① 국가의 국제위법행위는 국제책임을 초래한다.
② 유책국이 복수인 경우 각 국가는 전체 위법행위에 대하여 연대책임을 진다.
③ 유책국은 위법행위를 중단해야 하고 재발 방지를 보증해야 한다.
④ 국가행위가 UN 헌장과 합치되는 합법적 자위조치에 해당하는 경우 그 행위의 위법성은 조각된다.

해설

난도 ★★

① [○] 국가의 모든 국제위법행위는 당해 국가의 국제책임을 발생시킨다(국제위법행위에대한국가책임규정초안 제1조).

② [×] 여러 국가가 동일 위법행위에 대해 책임이 있는 경우, 그 각 국가에게 책임을 물을 수 있다.

③ [○] 국제위법행위에 대하여 책임 있는 국가는 다음의 의무를 진다. (a) 행위가 계속 진행 중인 경우 당해 행위를 중지하는 것 (b) 상황이 그렇게 요구하는 경우 재발방지에 대한 적절한 확인과 보증(국제위법행위에대한국가책임규정초안 제30조).

④ [○] 국가행위의 위법성은 그 행위가 국제연합헌장과 일치하여 주어진 적법한 자위조치를 구성하는 경우 조각된다(국제위법행위에대한국가책임규정초안 제21조).

답 ②

17 **2001년 국제법위원회(ILC)가 채택한 국제위법행위에 대한 국가책임 규정 초안을 따를 때, 국가의 국제책임에 대한 설명으로 옳지 않은 것은?** 17년 7급

① 한 국가의 신정부를 구성하게 되는 반란단체의 행위는 국제법상 그 국가의 행위로 간주되지 않는다.

② 국제의무의 연원에는 조약과 국제관습법이 모두 포함된다.

③ 국가기관의 자격으로 한 행위는 그것이 행위자의 권한을 넘는 행위인 경우에도 국제법상 그 국가의 행위로 간주된다.

④ 국가책임의 성립요소로 손해의 발생을 열거하지 않고 있다.

해설

난도 ★★

① [×] 국가의 새로운 정부가 되는 반란단체의 행위는 국제법상 당해 국가의 행위로 간주된다(국제위법행위에대한국가책임규정초안 제10조 제1항).

② [○] 국가의 행위가 국제의무에 의하여 당해 국가에게 요구되는 것과 일치하지 않는 경우, 그 의무의 기원이나 성격과 관계없이 국가의 국제의무위반이 존재한다(국제위법행위에대한국가책임규정초안 제12조).

③ [○] 국가기관이나 정부권력요소를 행사할 수 있는 권한을 부여받은 개인 또는 실체의 행위는 그러한 기관, 개인 또는 실체가 그러한 자격으로 행위하였다면 권한을 초과하거나 또는 지시를 위반하였다 할지라도 국제법상 당해 국가의 행위로 간주된다(국제위법행위에대한국가책임규정초안 제7조).

④ [○] 2001년 「국제위법행위에대한국가책임규정초안」 제2조에서는 국가책임의 성립요건으로 '손해발생'을 명시하지 않았다.

답 ①

18 2001년 국제위법행위에 대한 국가책임 초안의 내용에 대한 설명으로 옳은 것은?

15년 7급

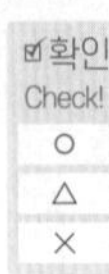

① 국가기관의 행위가 상업적 성격을 가지는 경우에는 국가책임이 발생하지 않는다.

② 정부권한을 행사하도록 위임받은 개인의 월권행위는 위임한 국가에 귀속되지 않는다.

③ 국가책임이 성립하기 위해서는 국가에 귀속되는 행위에 의한 국제의무 위반, 고의 또는 과실 및 손해의 발생이 필요하다.

④ 문제가 된 행위의 위법성이 조각되더라도 그 행위로 인해 야기된 중대한 손실에 대한 보상까지 면제되는 것은 아니다.

해설

난도 ★★

① [×] 기관이 입법, 행정, 사법 또는 다른 기능을 수행하든, 그 기관이 국가조직에서 어떠한 위치를 차지하든 그 기관의 국가의 중앙정부 또는 지방단위의 기관으로서의 성격에 관계없이, 국가기관의 행위는 국제법상 국가의 행위로 간주된다(국제위법행위에대한국가책임규정초안 제4조 제1항).

② [×] 국가기관이나 정부권력요소를 행사할 수 있는 권한을 부여받은 개인 또는 실체의 행위는 그러한 기관, 개인 또는 실체가 그러한 자격으로 행위하였다면 권한을 초과하거나 또는 지시를 위반하였다 할지라도 국제법상 당해 국가의 행위로 간주된다(국제위법행위에대한국가책임규정초안 제7조).

③ [×] 2001년 국제위법행위에 대한 국가책임 초안에서는 국제위법행위의 요건으로서 '고의 또는 과실' 및 '손해의 발생'을 명시하지 않고 있다.

④ [○] 이 장에 따른 위법성을 조각하는 상황의 주장은 (a) 위법성을 조각하는 상황이 더 이상 존재하지 않는 한도의 경우 문제의 의무의 준수, (b) 문제의 행위에 의하여 발생한 어떠한 물질적 손해에 대한 보상의 문제를 침해하지 아니한다(국제위법행위에대한국가책임규정초안 제27조).

답 ④

19 UN 국제법위원회(ILC)가 채택한 2001년 '국가책임초안'에 대한 설명으로 옳은 것은?

13년 9급

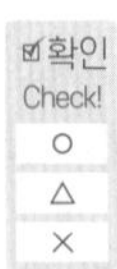

① 부작위에 의해서는 국가책임이 발생되지 않는다.

② 불법행위 주체가 자신 또는 자신에 의하여 보호를 받는 다른 사람의 생명을 구하는 데 다른 합리적인 방법이 존재하지 않을 경우, 즉 조난(distress) 행위는 그 불법성(위법성)이 조각된다.

③ 조난 행위(불법행위)가 더 중대한 위험을 초래하는 경우에도 그 불법성은 조각된다.

④ 사법기관의 국제의무 위반행위는 국가책임을 발생시키지 않는다.

해설

난도 ★★

① [×] 부작위에 의해서도 국가책임이 발생할 수 있다(국제위법행위에대한국가책임초안 제2조 참조).

② [○] 국제위법행위에대한국가책임규정초안 제24조 제1항.

③ [×] 조난 상황에서의 행위가 그에 상당한 또는 더 큰 위험을 일으킬 것 같은 경우에는 위법성이 조각되지 않는다(국제위법행위에대한국가책임규정초안 제24조 제2항).

④ [×] 기관이 입법, 행정, 사법 또는 다른 기능을 수행하든, 그 기관이 국가조직에서 어떠한 위치를 차지하든, 그 기관의 국가의 중앙정부 또는 지방단위의 기관으로서의 성격에 관계없이, 국가기관의 행위는 국제법상 국가의 행위로 간주된다(국제위법행위에대한국가책임초안 제4조 제1항).

답 ②

20 **2001년에 UN국제법위원회가 채택한 '국제위법행위에 대한 국가책임초안'에 규정된 내용으로 옳지 않은 것은?** 10년 9급

☑확인 Check! ○ △ ×

① 어떠한 행위에 대하여 국가의 국제책임이 성립하기 위해서는, 그 행위가 해당 국가에 귀속되며 국제의무의 위반을 구성하여야 한다.
② 국가의 국제범죄에 대해서는 국제공동체 전체로부터의 제재가 가하여진다.
③ 자위권 행사를 위법성조각사유로 인정한다.
④ 고의 또는 과실을 국가책임 성립요건으로 인정하지 않는다.

해설
난도 ★★
① [○] 국제위법행위에대한국가책임규정초안 제2조.
② [×] 1980년 국가책임 초안에 규정되었던 '국제범죄' 개념은 2001년 국가책임초안에서는 삭제되었다.
③ [○] 국가행위의 위법성은 그 행위가 국제연합헌장과 일치하여 주어진 적법한 자위조치를 구성하는 경우 조각된다(국제위법행위에대한국가책임규정초안 제21조).
④ [○] 2001년 ILC의 '국제위법행위에대한국가책임규정초안'에서는 국가책임 성립요건으로 고의 또는 과실을 명시하지 않았으며, 이것은 불요설(객관적 책임이론, 무과실책임설)을 채택한 것으로 평가된다.

더 알아보기 국제위법행위에대한국가책임규정초안

제2조【국가의 국제위법행위의 요건】
행위가 다음과 같은 작위 또는 부작위를 구성할 때 국가의 국제위법행위가 존재한다.
(a) 국제법에 의하여 국가에게 귀속되고
(b) 국가의 국제의무위반을 구성하는 경우

답 ②

21 **국가책임에 관한 설명 중 옳지 않은 것은?** 09년 지방

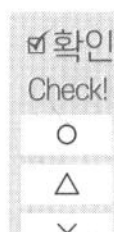

① 국가기관의 직무상 행위 중 권한 밖의 행위도 일정한 경우 국가책임이 성립한다고 보는 것이 일반적인 견해이다.
② 지방자치단체가 국제위법행위를 하면 국가책임이 성립한다고 보는 것이 일반적인 견해이다.
③ 사인(私人)은 국가기관이 아니므로 어떤 경우에도 사인의 행위로 인한 국가책임은 성립하지 않는다.
④ 국가책임 추구의 주체는 원칙적으로 국가이나 예외적으로 개인도 책임추구의 주체가 될 수 있다.

해설

난도 ★

① [○] 국가기관의 직무상 행위는 다소 그 권한의 범위를 벗어난 경우에도 국가의 행위로 귀속되며 국제위법행위를 구성하는 경우 국가책임이 발생한다고 본다. 2001년 ILC국가책임 초안에서도 이와 관련된 규정을 두고 있다. 국가기관이나 정부권력요소를 행사할 수 있는 권한을 부여받은 개인 또는 실체의 행위는 그러한 기관, 개인 또는 실체가 그러한 자격으로 행위하였다면 권한을 초과하거나 또는 지시를 위반하였다 할지라도 국제법상 당해 국가의 행위로 간주된다(국제위법행위에대한국가책임규정초안 제7조).

② [○] 국가의 중앙기관의 행위 · 지방기관의 행위 모두 그 행위는 국가의 행위로 귀속되며 국제위법행위를 구성하는 경우 국가책임이 발생한다고 본다. 2001년 ILC국가책임 초안에서도 이와 관련된 규정을 두고 있다. 기관이 입법, 행정, 사법 또는 다른 기능을 수행하든, 그 기관이 국가조직에서 어떠한 위치를 차지하든, 그 기관의 국가의 중앙정부 또는 지방단위의 기관으로서의 성격에 관계없이, 국가기관의 행위는 국제법상 국가의 행위로 간주된다(국제위법행위에대한국가책임규정초안 제4조 제1항).

③ [×] 원칙적으로 사인의 행위는 국가에 귀속되지 않지만 예외적으로 국가에 귀속되어 국가책임이 발생하는 경우가 있다(국제위법행위에대한국가책임규정초안 제4조 제2항, 제5조, 제8조, 제11조). 또한 외국인에게 피해가 발생하는 경우, 국가가 당해 사인의 행위에 대해 '상당한 주의'를 다하여 사전예방조치 또는 사후구제조치를 다하지 않는 경우에는 국가가 책임을 진다.

④ [○] 국제위법행위의 책임추구주체는 원칙적으로 피해국이나, 예외적으로 조약 등의 규정상 개인에게 제소권이 인정된 경우에는 개인도 책임추구의 주체가 된다.

답 ③

22 2001년 '국제위법행위에 대한 국가책임 초안'의 내용에 대한 설명으로 옳지 않은 것은? 09년 9급

① 입법기관의 국제위법행위는 국가책임을 발생시킨다.
② 하급공무원의 국제위법행위는 국가책임을 발생시킨다.
③ 공무원의 월권행위에 대해서는 국가책임이 성립되지 않는다.
④ 주정부의 국제위법행위는 연방국가의 국가책임을 발생시킨다.

해설

난도 ★

①[○], ②[○], ④[○] 기관이 입법, 행정, 사법 또는 다른 기능을 수행하든, 그 기관이 국가조직에서 어떠한 위치를 차지하든, 그 기관의 국가의 중앙정부 또는 지방단위의 기관으로서의 성격에 관계없이, 국가기관의 행위는 국제법상 국가의 행위로 간주된다(국제위법행위에대한국가책임규정초안 제4조 제1항).

③ [×] 국가기관이나 정부권력요소를 행사할 수 있는 권한을 부여받은 개인 또는 실체의 행위는 그러한 기관, 개인 또는 실체가 그러한 자격으로 행위하였다면 권한을 초과하거나 또는 지시를 위반하였다 할지라도 국제법상 당해 국가의 행위로 간주된다(국제위법행위에대한국가책임규정초안 제7조).

답 ③

23 2001년 국제법위원회(ILC)에서 채택한 '국제위법행위에 대한 국가책임에 관한 규정 초안'의 내용에 대한 설명으로 옳지 않은 것은? 08년 7급

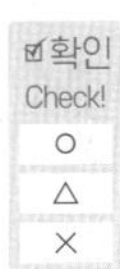

① 사인이 공공당국의 부재 또는 직무이행이 불가능할 때 사실상 정부의 권한을 행사하였다고 하더라도 그 행위는 그 국가의 행위로 간주되지 아니한다.

② 국가책임의 성립요건으로 고의 또는 과실을 규정하고 있지 않다.

③ 중앙정부의 기관뿐만 아니라 지방자치단체 또는 연방국가의 구성국의 행위에 의해서도 국가책임이 성립한다.

④ 정권장악에 성공한 반란단체의 행위는 당해 국가의 행위로 간주된다.

해설

난도 ★★

① [×] 개인 또는 집단의 행위는 그러한 개인 또는 집단이 공공당국의 부재 또는 결여 상태이고 그러한 권력요소의 행사가 요구되는 것과 같은 상황에서 사실상 정부권력요소를 행사한 경우 국제법상 국가의 행위로 간주된다(국제위법행위에대한국가책임규정초안 제9조).

② [○] 국제위법행위에대한국가책임규정초안에서는 국가책임의 성립요건으로 고의 또는 과실을 명시하지 않았으며, 이것은 불요설을 채택한 것으로 평가된다.

③ [○] 기관이 입법, 행정, 사법 또는 다른 기능을 수행하든, 그 기관이 국가조직에서 어떠한 위치를 차지하든, 그 기관의 국가의 중앙정부 또는 지방단위의 기관으로서의 성격에 관계없이, 국가기관의 행위는 국제법상 국가의 행위로 간주된다(국제위법행위에대한국가책임규정초안 제4조).

④ [○] 국가의 새로운 정부가 되는 반란단체의 행위는 국제법상 당해 국가의 행위로 간주된다(국제위법행위에대한국가책임규정초안 제10조 제1항). 반란 또는 다른 운동단체의 행위는 기존 국가의 영역의 부분 또는 그 국가의 지배하의 영역에서 새로운 국가를 수립하는 데 성공하는 경우 국제법상 당해 새로운 국가의 행위로 간주된다(국제위법행위에대한국가책임규정초안 제10조).

답 ①

24 국가의 국제책임에 관한 설명으로 옳지 않은 것은? 08년 9급

① 권력분립의 원칙에도 불구하고 조약이행과 관련된 입법부의 입법부작위는 국가책임을 발생시킬 수 있다.

② 사법부에 의한 재판의 거절(denial of justice)이 있는 경우 국가책임이 발생할 수 있다.

③ 행정부의 불법행위는 정부산하기관과 지방자치단체의 불법행위를 포함한다.

④ 신국가 수립에 성공한 반란단체의 행위는 그 국가의 행위로 간주되지 아니한다.

해설
난도 ★★

① [○] 국가의 국제위법행위가 있는 경우 국가책임이 발생한다. 국가의 국제위법행위는 작위뿐만 아니라 부작위에 의해서도 성립하며, 행정부의 행위뿐만 아니라 입법부나 사법부의 행위에 의해서도 성립한다. ILC의 2001년 국가책임초안에서도 이와 같은 내용을 규정하고 있다.
② [○] 사법부의 '재판의 거부'(denial of justice)에 의하여 국가의 국제위법행위가 성립할 수 있다. 재판의 거부에는 소송불수리, 사법절차의 비효율성, 심리의 부당한 지연, 판결의 지연이나 불공정한 재판절차, 명백히 불공정하고 편파적인 재판, 유죄판결의 부집행, 부당한 사면 등이 있다.
③ [○] 중앙기관의 행위뿐만 아니라 지방기관의 행위도 국가의 행위로 간주되고 국제위법행위가 성립할 수 있다.
④ [×] 국가의 새로운 정부가 되는 반란단체의 행위는 국제법상 당해 국가의 행위로 간주된다. ILC의 2001년 국가책임초안에서도 이에 대하여 규정하고 있다.

답 ④

25 **국가책임과 관련한 설명으로 옳지 않은 것은?** 07년 9급

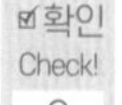

① 국가의 작위뿐만 아니라 부작위에 의해서도 국가책임이 성립한다.
② 국가의 고의 · 과실이 없는 경우에도 일정한 경우 국가책임을 물을 수 있다.
③ 국가책임은 타 국가에 대한 직접침해에 의해서만 발생한다.
④ 중앙정부의 기관뿐만 아니라 한 국가 내의 영토적 단위의 기관도 국가기관으로 간주된다.

해설
난도 ★★

① [○] 행위가 국제법에 의하여 국가에게 귀속되고 국가의 국제의무위반을 구성하는 작위 또는 부작위를 구성할 때 국가의 국제위법행위가 존재한다(국제위법행위에대한국가책임규정초안 제2조).
② [○] 국가의 국제위법행위 성립에 국가의 고의 · 과실이 있어야 하는지에 대해서는 필요설(주관적 책임이론, 과실책임설)과 불요설(객관적 책임이론, 무과실책임설, 결과책임설, 절대적책임설)의 견해가 대립한다. 종래의 통설은 국가의 국제위법행위의 성립에 국가의 고의 · 과실을 요건으로 하였으나, 최근에는 고의 · 과실을 국가의 국제위법행위의 성립요건으로 하지 않는 경향이 증대되고 있다. ILC의 2001년 「국제위법행위에 대한 국가책임 규정 초안」에서는 국가의 국제위법행위 성립에 고의 · 과실을 필요로 하는지에 대하여 명시하지 않았으며, 이는 불요설을 채택한 것으로 평가된다.
③ [×] 국제위법행위에대한국가책임규정초안 제1부 제4장에서는 다른 국가의 행위와 관련해서도 국가책임이 성립할 수 있음을 규정하고 있다. 이에 해당되는 다른 국가의 행위에는 '국제위법행위의 범행에 대한 교사 또는 원조'(제16조), '국제위법행위의 실행에 대하여 행사된 감독과 통제'(제17조), '다른 국가에 대한 강제'(제18조) 등이 있다.
④ [○] 기관이 입법, 행정, 사법 또는 다른 기능을 수행하든, 그 기관이 국가조직에서 어떠한 위치를 차지하든, 그 기관의 국가의 중앙정부 또는 지방단위의 기관으로서의 성격에 관계없이, 국가기관의 행위는 국제법상 국가의 행위로 간주된다(국제위법행위에대한국가책임규정초안 제4조 제1항).

답 ③

CHAPTER 04 국가의 기본적 권리 의무

제1절 국가의 기본적 권리

01 국제기구의 의사결정에 있어서 국가평등의 원칙을 가장 잘 반영하고 있는 것은? 11년 7급

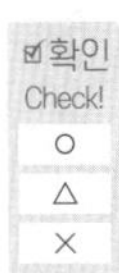

① IMF 총회에서의 SDR 할당 문제
② 유럽이사회(European Council)에서의 의장선출 문제
③ WTO 각료회의에서의 WTO 설립협정 제1부속서 다자간무역협정에 관한 해석결정 문제
④ IBRD 총회에서의 신회원국 가입승인 문제

해설
난도 ★★★
① [×] 특별인출권(SDR)은 회원국의 국제수지악화를 해소하고 국제유동성을 공급하기 위하여 1970년 1월 1일부터 IMF가 창출한 국제준비자산으로서, IMF회원국 각각의 쿼터에 비례하여 해당 회원국에 배분된다.
② [×] 유럽이사회에는 가중다수결제도가 적용된다.
③ [○] 각료회의와 일반이사회에서 세계무역기구 각 회원국은 하나의 투표권을 갖는다(WTO설립협정 제9조 제1항). 각료회의와 일반이사회는 이 협정과 다자간무역협정의 해석을 채택하는 독점적인 권한을 갖는다. …… 해석의 채택에 대한 결정은 회원국 4분의 3 다수결에 의한다(WTO설립협정 제9조 제2항).
④ [×] IBRD에서의 투표권은 출자규모에 비례하여 달라진다.

답 ③

02 국가가 향유하는 국제법상의 권리가 아닌 것은?

10년 9급

① 타국의 국제위법행위로 인하여 손해를 받은 자국민을 위하여 그 타국을 상대로 손해배상을 청구할 권리
② 배타적 경제수역(EEZ)에서의 천연자원의 탐사, 개발, 보존 및 관리를 위한 주권적 권리
③ 국제사법재판소(ICJ)에 권고적 의견을 요청할 권리
④ 타국으로부터 침략을 받은 경우 무력으로 대응할 권리

해설

난도 ★★★

① [○] 국가는 외국에 재류하는 자국민이 재류국으로부터 부당한 대우를 받거나 또는 불법하게 권리 이익의 침해를 받을 경우에 재류국에게 적당한 구제방법을 취하도록 요구할 수 있는 권리를 갖는바, 이러한 권리를 '외교적 보호권'이라고 한다.

② [○] UN해양법협약 제56조 제1항 (a)호.

③ [×] 국가나 개인은 ICJ에 권고적 의견을 요청할 권리가 없다.

④ [○] 국가가 자신에게 가해진 급박 · 현존하는 무력적 공격에 대해 정당방위의 법리에 의거하여 공격을 방어하기 위한 적정범위를 넘어서지 않는 한도에서 무력적 방위행위를 할 수 있는 권리를 자위권이라고 하며, 이는 국제관습법으로도 인정되며, UN헌장 제51조에서도 명시하고 있다.

더 알아보기 UN해양법협약

제56조【배타적경제수역에서의 연안국의 권리, 관할권 및 의무】
① 배타적경제수역에서 연안국은 다음의 권리와 의무를 갖는다.
(a) 해저의 상부수역, 해저 및 그 하층토의 생물이나 무생물 등 천연자원의 탐사, 개발, 보존 및 관리를 목적으로 하는 주권적 권리와, 해수 · 해류 및 해풍을 이용한 에너지생산과 같은 이 수역의 경제적 개발과 탐사를 위한 그 밖의 활동에 관한 주권적 권리
(b) 이 협약의 관련규정에 규정된 다음 사항에 관한 관할권
(i) 인공섬, 시설 및 구조물의 설치와 사용
(ii) 해양과학조사
(iii) 해양환경의 보호와 보전
(c) 이 협약에 규정된 그 밖의 권리와 의무

답 ③

03 국제법상 자위(self-defence)에 대한 설명으로 옳지 않은 것은? 20년 7급

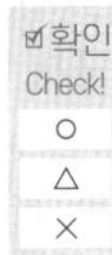

① 뉘른베르크 국제군사재판소는 자위권 행사의 합법성 여부는 궁극적으로 조사 및 재판의 대상이 된다고 판결하였다.

② ICJ는 콩고민주공화국과 우간다 간의 Armed Activities on the Territory of the Congo 사건에서 콩고령에 주둔하는 비정규군 조직이 우간다를 공격한 행위에 대하여 우간다는 자위권을 행사할 수 있는 상황은 아니라고 판단하였다.

③ UN국제법위원회의 2001년 「국제위법행위에 대한 국가책임초안」 주해에 따르면 자위권 행사가 「UN헌장」 제2조 제4항 의무 외 다른 국제의무의 불이행을 구성하는 경우, 그러한 불이행의 위법성은 동항의 위반과 관련되는 한 조각된다.

④ 아직 임박하지 않은 추정적 공격에 대한 자위권 행사는 UN헌장이 아닌 Caroline 공식에 의하면 수락될 가능성이 크다.

해설

난도 ★★★

① [○] 뉘른베르크 국제군사재판소는 자위권의 합법성 여부가 궁극적으로 조사 및 재판의 대상이 된다고 판결하였다.

② [○] "콩고령 군사활동 사건"은 콩고민주공화국(DRC)과 부룬디 · 르완다 · 우간다 사이에서 있었던 사건이다. 'DRC v. 브룬디' 사이의 사건은 DRC가 소송중단 의사를 밝힘으로써 2001년 1월 30일 종결되었다. 'DRC v. 르완다' 사이의 경우 1999년에 DRC가 처음 제소한 사건은 2001년 1월 30일 'DRC v. 부룬디' 사건과 함께 종결되었으나, 2002년 5월 28일 DRC가 새로 제소한 사건은 2006년 2월 3일 ICJ가 관할권이 없다고 판단하였다. 'DRC v. 우간다' 사이의 사건은 2000년 7월 1일 잠정조치 명령이 있었고, 2005년 12월 19일 본안에 대한 판시를 하면서 양국간 배상액에 대한 협의를 진행하도록 하였으나, 양국간 배상액에 대한 합의가 이루어지지 않아 2015년 DRC가 배상액 결정을 ICJ에 요청하여 현재도 재판소에 계류 중이다. 콩고민주공화국(DRC) v. 우간다 간 콩고령 군사활동 사건에서 ICJ는 DRC정규군이 아닌 반군조직에 의한 무력공격에 대하여 자위권을 행사한 것이라는 우간다의 주장을 받아들이지 않았다.

③ [○] "「국제위법행위에 대한 국가책임」에 관한 국제법위원회의 주석"에 따르면 "의무불이행이 UN헌장 제2조 제4항(무력행사금지)의 위반에 관계되는 경우 자위는 UN헌장 제2조 제4항의 의무 이외에 다른 의무의 불이행도 정당화시킬 수 있다. [Self-defence may justify non-performance of certain obligations other than that under Article 2, paragraph 4, of the Charter of the United Nations, provided that such non-performance is related to the breach of that provision.]

④ [×] 캐롤라인호 사건에서 미국 국무장관 웹스터(Daniel Webster)는 "자위권은 그 필요성이 급박하고, 압도적이며, 다른 수단을 선택할 여지가 없고, 숙고할 여유가 전혀 없는" 경우에만 허용되며, 또한 "자위의 필요성에 의하여 정당화되는 행위는 바로 그 필요성에 의하여 제한되어야 하고 따라서 명백히 그 범위 내에 있어야 하기 때문에 불합리하거나 과도한 것이어서는 안 된다"고 언급하였던바 이를 이른바 웹스터공식 또는 캐롤라인공식이라고 한다. 이에 따르면 아직 임박하지 않은 추정적 공격에 대한 자위권 행사는 인정되지 않는다.

답 ④

04 **국제법상 자위권에 대한 설명으로 옳지 않은 것은?** 19년 7급

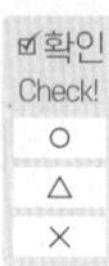

① 자위권 발동 여부는 1차적으로 개별 국가가 판단하며, 무력공격의 존재 여부는 공격을 당한 국가가 증명해야 한다.

② 침략국에 대한 안전보장이사회의 경제제재 중에는 피침략국이 영토 침범 상태하에 놓여 있더라도 개별적 자위권을 행사할 수 없다.

③ 「국제연합 헌장」에서 규정하고 있지 않은 자위권의 내용은 국제관습법에 의해 보완된다는 것이 국제사법재판소의 입장이다.

④ 이미 종료된 공격에 대항한 무력공격은 국제법상 금지된 무력복구에 해당한다.

해설

난도 ★★

① [○] 국제사회에는 조직적인 중앙기관이 결여되어 있으므로, 자위권의 요건구비 여부에 대한 1차적인 판단은 결국 자위권을 행사하는 국가 자신이 이를 행사할 수 밖에 없다.

② [×] 피침략국의 자위권 행사는 국제평화와 안전을 유지하기 위하여 안전보장이사회가 필요한 조치를 취할 때까지만 허용된다. 이것은 안전보장이사회가 피침략국에 의한 무력행사를 불필요하고 부적절한 것으로 만드는 실효적 조치를 취할 때까지는 피침략국의 자위권 행사가 계속될 수 있다는 것을 의미한다(김대순).

③ [○] 국제사법재판소는 UN헌장에서 규정하고 있지 않은 집단적 자위권의 요건에 대하여 국제관습법에 기초한 판단을 한 바 있다(니카라과 사건).

④ [○] 자위권 행사를 위해서는 무력공격의 급박성이 요구된다. 이미 종료된 무력공격에 대항하여 하는 무력공격은 무력복구에 해당한다.

답 ②

05 **국제연합(UN) 헌장상 자위권에 대한 설명으로 옳지 않은 것은?** 19년 9급

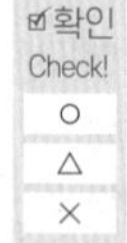

① 무력공격을 받은 국가는 안전보장이사회가 침략국에 대해 경제제재 조치를 취하면 피(被)점령상태가 지속되고 있더라도 자위권 행사를 계속할 수 없다.

② 국제사법재판소는 국제법상 자위권이 조약상 권리이면서 국제관습법상 고유한 권리로도 병존하고 있다고 밝혔다.

③ 비정규군이나 무장단체의 무력행사는 무력공격에 해당될 수 있으나, 반군에 대한 단순한 무기 · 병참 지원은 해당되지 않는다.

④ 집단적 자위권은 무력공격의 직접적 피해자가 아닌 제3국이 독자적으로 판단하여 행사할 수는 없다.

해설

난도 ★★

① [×] 자위권은 안전보장이사회가 국제평화와 안전을 유지하기 위하여 필요한 조치를 취할 때까지 허용된다. 바꾸어 말하면, 안전보장이사회가 피공격국 자신에 의한 무력행사를 불필요하고 부적절한 것으로 만드는 '실효적' 조치를 취할 때까지는 자위권을 계속될 수 있다.

② [○] 자위권은 종래 관습법으로 인정되다가 제2차 세계대전 이후 UN헌장에 명문화된 것이다. 니카라과 사건에서 ICJ는 이러한 내용을 확인하였다.

③ [○] 자위권 행사의 전제요건으로서의 무력공격의 주체는 국가로 한정되지 않으며, 비정규군이나 무장단체, 용병의 무력행사도 그 규모와 효과에 따라 자위권의 행사대상인 무력공격에 해당할 수 있다. 또한 니카라과 사건에서 ICJ는 니카라과의 엘살바도르 반군에 대한 무기공급은 자위권 행사의 전제요건으로서의 무력공격에는 해당되지 않는다고 하였다.

④ [○] 조약상의 집단적 자위권 행사는 조약규정에 따라서 행사하면 되고, 관습법상의 자위권 행사는 피침국의 요청이 있어야 한다. 어떤 경우이든 피침국의 의사가 개입되는 것이고, 제3국이 독자적으로 판단하는 문제는 아니다.

답 ①

06 국제법상 자위권에 대한 설명으로 옳지 않은 것은?

18년 7급

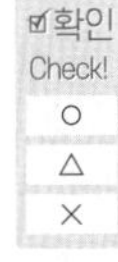

① 「국제연합헌장」 제51조는 개별적 자위권뿐만 아니라 집단적 자위권도 국가의 고유한 권리로 인정하고 있다.

② 국제사법재판소는 니카라과 사건에서 「국제연합헌장」 제51조의 자위권이 기존의 국제관습법상 자위권 개념을 모두 포섭하고 있다고 보았다.

③ 국제사법재판소는 Oil Platforms 사건에서 자위권을 행사하기 위한 무력공격의 존재 여부에 대한 입증책임이 피침국에 있다고 확인하였다.

④ 국제사법재판소는 Oil Platforms 사건에서 사망자가 없는 함정피격에 대응하여 순양함을 포함한 여러 척의 해군 함정과 비행기를 공격한 행위가 자위권 행사의 비례성 요건을 위반하였다고 판단하였다.

해설

난도 ★★★

① [○] UN헌장 제51조에서는 "이 헌장의 어떠한 규정도 국제연합 회원국에 대하여 무력공격이 발생한 경우, 안전보장이사회가 국제평화와 안전을 유지하기 위하여 필요한 조치를 취할 때까지 개별적 또는 집단적 자위의 고유한 권리를 침해하지 아니한다."라고 하여 개별적 자위권뿐만 아니라 집단적 자위권도 고유한 권리로 명시하였다.

② [×] 니카라과 사건에서 ICJ는 집단적 자위권의 행사요건으로 '피침국의 요청'을 제시하였으나, UN헌장 제51조에서는 이에 대한 언급이 없으므로, ICJ가 UN헌장 제51조의 자위권이 기존의 국제관습법상 자위권 개념을 모두 포섭하고 있다고 본 것이라고 할 수는 없다.

③ [○] ICJ는 오일플랫폼 사건에서 자위권을 행사하기 위한 무력공격의 존재 여부에 대한 입증책임이 피침국에 있다는 것을 확인하였으며, 자위권을 행사하였다는 미국의 주장에 대하여 이란의 무력공격에 대한 증거가 부족하다는 이유로 자위권 행사요건으로서의 무력공격의 존재를 인정하지 않았다.

④ [○] ICJ는 오일플랫폼 사건에서 70여 일에 걸쳐 수차례에 불과한 사망자가 없는 산발적인 함정공격에 대응하여 무력공격이 현존하지 않은 상황임에도 순양함을 포함한 여러 척의 해군 함정과 비행기를 공격한 행위는 자위권 행사의 필요성 교건과 비례성 요건을 위반한 것이라고 하였다.

답 ②

07 **UN 헌장 제51조의 자위권에 대한 설명으로 옳지 않은 것은?** 17년 9추

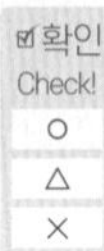

① 이라크의 쿠웨이트 침공 당시 집단적 자위권 및 안전보장이사회의 결의가 다국적군의 무력행사의 근거가 되었다.

② 자위권을 행사할 경우 필요성과 비례성의 원칙은 준수되어야 한다.

③ 집단적 자위권을 행사하기 위해서는 피침국의 요청이나 방위조약과 같은 사전합의가 있어야 한다.

④ 자위권의 행사와 UN 헌장 제7장에 따른 안전보장이사회의 권한은 서로 배타적이다.

해설

난도 ★★

① [○] 제1차 걸프전쟁 당시 다국적군은 집단적 자위권과 안전보장이사회의 결의를 근거로 무력을 행사하였다.

② [○] 자위권 행사에는 필요성과 비례성이 요구된다.

③ [○] 관습법상의 집단적 자위권을 행사하기 위해서는 피침국의 요청이 있어야 하며, 개별 조약상의 집단적 자위권을 행사하기 위해서는 조약상의 요건을 준수하여야 한다.

④ [×] UN헌장 제51조에서는 "… 또한 이 조치는, 안전보장이사회가 국제평화와 안전의 유지 또는 회복을 위하여 필요하다고 인정하는 조치를 언제든지 취한다는, 이 헌장에 의한 안전보장이사회의 권한과 책임에 어떠한 영향도 미치지 아니한다."라고 하여 자위권 행사가 UN헌장 제7장에 따른 안전보장이사회의 조치를 배제하지 않음을 규정하고 있다.

답 ④

08 **국제법상 자위권에 관한 설명으로 옳지 않은 것은?** 15년 9급

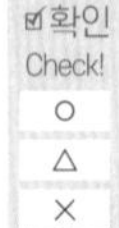

① 자위권은 국가의 고유한 권리로서 개별적 자위권과 집단적 자위권으로 구분된다.

② 자위권의 행사는 무력 공격에 비례하고 또한 대응에 필요한 조치의 범위 내에서만 정당화될 수 있다.

③ 자위권은 안전보장이사회가 국제평화와 안전을 유지하기 위해 필요한 조치를 취할 때까지 행사될 수 있다.

④ UN 헌장 제51조는 자위권을 행사함에 있어서 회원국이 취한 조치는 즉시 총회에 보고되어야 한다고 규정하고 있다.

해설

난도 ★

① [○], ③ [○], ④ [×] 이 헌장의 어떠한 규정도 국제연합 회원국에 대하여 무력공격이 발생한 경우, 안전보장이사회가 국제평화와 안전을 유지하기 위하여 필요한 조치를 취할 때까지 개별적 또는 집단적 자위의 고유한 권리를 침해하지 아니한다. 자위권을 행사함에 있어 회원국이 취한 조치는 즉시 안전보장이사회에 보고된다(UN헌장 제51조). 총회가 아니라 안전보장이사회에 보고된다.

② [○] 자위권 행사에 따른 방위행위는 필요한 한도를 넘지 않아야 한다는 비례성 원칙을 준수하여야 한다. 방위의 한계를 넘은 행위는 과잉방위로서 위법성을 조각하지 않는다.

답 ④

09 국제법상 자위권(right of self-defence)에 대한 설명으로 옳지 않은 것은? 12년 9급

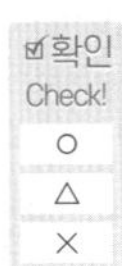

① 「UN헌장」상 합법적으로 무력을 사용할 수 있는 권리이다.
② 상대국의 위법한 무력사용이 선행되는 경우에만 가능하다.
③ 개별적 행사는 가능하나 집단적 행사는 인정되지 않고 있다.
④ 급박하고 현존하는 무력공격에 대하여 발동할 수 있다.

해설

난도 ★

① [○] UN헌장 제2조 제4항에서 무력행사금지 원칙을 규정하고 예외적으로만 무력행사를 허용하고 있는바, 자위권 행사는 UN헌장상 예외적으로 허용되는 무력행사 중 하나에 해당한다.
② [○] 자위권 행사는 상대방의 무력공격을 전제로 한다.
③ [×] 현대국제법상 집단적 자위권 행사는 UN헌장에서뿐만 아니라 관습법상으로도 인정된다.
④ [○] 자위권 행사는 급박 · 현존하는 무력공격에 대하여 인정되며, 예방적 자위권은 인정하지 않는 것이 일반적이다.

답 ③

10 UN 헌장 제51조상의 자위권에 대한 설명으로 옳지 않은 것은? 11년 7급

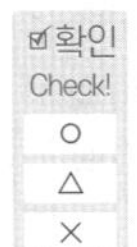

① 자위권은 개별적 또는 집단적으로 행사될 수 있다.
② UN 헌장에 의하면 개별적 자위권은 국가의 고유한 권리이지만, 집단적 자위권은 국가의 고유한 권리가 아니다.
③ 자위권의 행사로 회원국이 취한 조치는 즉각 안전보장이사회에 보고되어야 하며, 이러한 회원국의 조치는 안전보장이사회의 사후 심사대상이 된다.
④ 자위권의 행사에는 필요한 한도를 넘지 않아야 한다는 비례성의 원칙을 고려해야 한다.

해설

난도 ★★

① [○], ② [×] '개별적 또는 집단적 자위의 고유한 권리'를 명시하고 있다.
③ [○] 자위권의 행사는 즉시 안전보장이사회에 보고되어야 하며, 이로써 안전보장이사회의 사후심사의 대상이 된다.
④ [○] 자위권 행사는 필요한 한도를 넘지 않아야 한다. 방위의 한계를 넘은 행위는 과잉방위로서 위법성을 조각하지 않는다.

더 알아보기 UN헌장 제51조

이 헌장의 어떠한 규정도 국제연합 회원국에 대하여 무력공격이 발생한 경우, 안전보장이사회가 국제평화와 안전을 유지하기 위하여 필요한 조치를 취할 때까지 개별적 또는 집단적 자위의 고유한 권리를 침해하지 아니한다. 자위권을 행사함에 있어 회원국이 취한 조치는 즉시 안전보장이사회에 보고된다. 또한 이 조치는, 안전보장이사회가 국제평화와 안전의 유지 또는 회복을 위하여 필요하다고 인정하는 조치를 언제든지 취한다는, 이 헌장에 의한 안전보장이사회의 권한과 책임에 어떠한 영향도 미치지 아니한다.

답 ②

11 국제법상 자위권에 관한 설명으로 옳지 않은 것은?

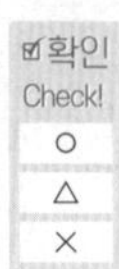

① 자위권 행사의 시간적 한계는 안전보장이사회가 국제평화와 안전의 유지를 위하여 필요한 조치를 취할 때까지이다.
② 자위권 행사의 요건은 '무력공격'의 발생에 한정된다.
③ 자위권을 국가의 고유한 권리로 인정하고 있다.
④ 집단적 자위권은 인정되지 않는다.

해설

난도 ★

① [○] UN헌장 제51조에서는 '안전보장이사회가 국제평화와 안전을 유지하기 위하여 필요한 조치를 취할 때까지' 개별적 또는 집단적 자위의 고유한 권리를 침해하지 아니한다고 하여 자위권 행사의 시간적 한계를 규정하고 있다.
② [○] 국제법상 자위권은 국제법 주체의 행위로 귀속시킬 수 있는 무력공격이 있는 경우에 한하여 인정된다. UN헌장 제51조에서도 자위권 행사를 회원국에 대하여 '무력공격이 발생한 경우'로 한정하고 있다.
③ [○] UN헌장 제51조에서는 개별적 또는 집단적 자위가 '고유한 권리'임을 명시하고 있다.
④ [×] UN헌장 제51조에서는 집단적 자위권을 명시하고 있으며, 니카라과 사건에서 ICJ도 집단적 자위권이 국제관습법상 인정되는 권리임을 인정하였다.

더 알아보기 UN헌장 제51조

이 헌장의 어떠한 규정도 국제연합 회원국에 대하여 무력공격이 발생한 경우, 안전보장이사회가 국제평화와 안전을 유지하기 위하여 필요한 조치를 취할 때까지 개별적 또는 집단적 자위의 고유한 권리를 침해하지 아니한다. 자위권을 행사함에 있어 회원국이 취한 조치는 즉시 안전보장이사회에 보고된다. 또한 이 조치는, 안전보장이사회가 국제평화와 안전의 유지 또는 회복을 위하여 필요하다고 인정하는 조치를 언제든지 취한다는, 이 헌장에 의한 안전보장이사회의 권한과 책임에 어떠한 영향도 미치지 아니한다.

답 ④

12 국가의 무력사용을 제한하려는 국제공동체의 노력에 대한 설명으로 옳지 않은 것은? 18년 9급

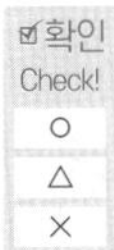

① 1907년 계약상의 채무회수를 위한 병력 사용의 제한에 관한 협약(Porter Convention)은 채무국이 중재 제의를 거부하거나 중재 판정을 준수하지 않을 경우에는 병력 사용을 금지하지 않는다.

② 1919년 국제연맹규약은 전쟁을 완전히 금지하지는 않고 분쟁에 대한 중재 판정이나 사법 판결 또는 연맹이사회의 심사 보고 후 3개월 이내에는 연맹 회원국이 전쟁에 호소하지 못하도록 하였다.

③ 1928년 부전조약은 캐롤라인(Caroline)호 사건에서 나온 자위권 요건을 명시적으로 반영하여 무력 사용의 금지를 규정하였다.

④ 1945년 UN헌장은 국제관계에서 무력의 위협이나 무력 사용을 일반적으로 금지하였다.

해설

난도 ★★★

① [○] 1902년 베네수엘라의 채무변제 중단에 따른 유럽국가들의 무력공격이 있자, 아르헨티나 외무장관이었던 드라고(Luis M. Drago)는 "계약상의 채무를 회수하기 위하여 무력을 행사할 수 없다."고 주장하였으며(드라고주의, Drago Doctrine), 1907년 제2차 헤이그평화회의에서 미국대표였던 포터(Porter)는 이러한 주장을 일부 수정하여 계약상 채무회수를 위하여 전혀 무력을 사용할 수 없는 것이 아니라 우선 중재재판을 받도록 하는 조약안을 제시하였다(포터주의, Porter Doctrine). 이 조약이 「계약상 채무회수를 위한 무력사용의 제한에 관한 협약」이며, 그 주장자와 제안자의 이름을 따서 드라고-포터(Drago-Porter) 협약이라고도 부른다.

② [○] 국제연맹은 전쟁을 전반적으로 금지한 것이 아니라 일정한 전쟁만을 금지하고 그 밖의 전쟁에 대해서는 일정한 제한 내지 조건을 두었을 뿐이다. 다시 말해서 일정한 전쟁을 불법이라고 규정하여 그 밖의 전쟁은 합법임을 간접적으로 인정한 셈이다. 또한 국제연맹규약 제12조 제1항에서는 "연맹의 회원국들은 그들 사이에 국교단절에 이를 우려가 있는 분쟁이 발생한 경우, 그 사건을 중재재판이나 연맹이사회의 사실심사에 부탁할 것에 동의하며, 또한 중재재판관들의 판정이나 연맹이사회의 보고 후 3개월이 경과할 때까지는 어떠한 경우에도 전쟁에 호소하지 않을 것에 동의한다."라고 규정하고 있다.

③ [×] 부전조약(不戰條約)은 미국의 국방장관 켈로그(Kellogg)와 프랑스 외무장관 브리앙(Briand)의 발안으로 1928년 파리에서 15개국이 체결하여 1929년 효력을 발생하였으며, 1939년까지 모두 63개국이 당사자가 되어 아르헨티나 · 볼리비아 · 우루과이 · 엘살바도르 4개국을 제외한 당시의 모든 국가가 가입하였다. 조약의 정식명칭은 「국가정책수단으로서의 전쟁포기에 관한 조약」이며, 켈로그-브리앙(Kellogg-Briand) 조약이라고도 한다. 부전조약에서는 국가정책수단으로서의 전쟁을 금지하지만, 자위권 행사의 경우에는 전쟁이 가능하며, 또한 전쟁에 이르지 않는 무력행사가 가능한 것으로 해석될 여지를 두었고, 조약위반에 대해 제재할 수 있는 근거규정은 두지 않았다는 문제점이 있었다. 부전조약은 총 3개 조문으로 이루어진 조약으로 자위권의 행사요건과 관련된 구체적인 내용은 없다.

④ [○] UN헌장 제2조 제4항에서는 "모든 회원국은 그 국제관계에 있어서 다른 국가의 영토보전이나 정치적 독립에 대하여 또는 국제연합의 목적과 양립하지 아니하는 어떠한 기타 방식으로도 무력의 위협이나 무력행사를 삼간다."라고 하여 무력의 위협이나 무력사용을 일반적으로 금지하고 있다.

답 ③

13 국제법상 무력행사에 대한 설명으로 옳지 않은 것은?

12년 9급

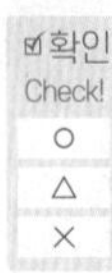

① 「UN헌장」은 무력의 행사뿐만 아니라 무력에 의한 위협도 금지하고 있다.
② 오늘날 무력 행사금지는 「UN헌장」에 의한 것으로 UN회원국에게만 적용된다.
③ 「국제연맹규약」에서는 전쟁에 이르지 않는 무력사용은 가능하다는 해석의 여지를 두고 있다.
④ 무력사용금지 원칙에는 직접적인 무력사용뿐만 아니라 간접적인 무력사용도 포함된다.

해설

난도 ★★

① [○] 모든 회원국은 그 국제관계에 있어서 다른 국가의 영토보전이나 정치적 독립에 대하여 또는 국제연합의 목적과 양립하지 아니하는 어떠한 기타 방식으로도 무력의 위협이나 무력행사를 삼간다(UN헌장 제2조 제4항).
② [×] 오늘날 무력행사금지는 UN헌장에서뿐만 아니라 관습법상으로도 인정되며, 강행규범으로까지도 본다.
③ [○] 국제연맹(LN)규약 제15조 제6항에서는 "…… 전쟁에 호소하지 않을 것을 약속한다."라고 규정하여 전쟁에 이르지 않는 무력사용은 가능한 것으로 해석할 여지를 두고 있었다.
④ [○] 무력사용금지 원칙에는 직접적인 무력사용뿐만 아니라 간접적인 무력사용도 금지된다.

답 ②

14 현행 국제법상 국가의 무력 사용에 관한 설명 중 옳지 않은 것은?

07년 7급

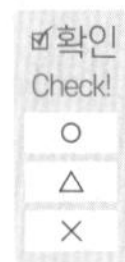

① UN헌장은 예외적인 경우에만 국가의 무력 사용(use of force)을 허용하고 있다.
② 타국으로부터 무력 공격(armed attack)을 받은 국가는 자위권 행사의 수단으로 무력을 사용할 수 있으나, 그것은 UN헌장상의 권리일 뿐이고 국제관습법상 그러한 권리는 인정되지 않는다.
③ 국제사법재판소(ICJ)는 니카라과 사건에서 타국으로부터 무력공격을 받은 국가를 위하여 제3국이 집단적 자위권을 행사하려면 그 무력공격을 받은 국가의 요청이 있어야 한다고 판시했다.
④ ICJ는 코퓨(Corfu)해협 사건에 알바니아 영해 내에서 동 해역에 부설된 기뢰를 제거하기 위해 영국 군함들이 실시한 소해 작전은 국제법 위반이라고 판시했다.

해설

난도 ★★

① [○] UN헌장은 제2조 제4항에서 무력행사금지원칙을 규정하고 예외적인 경우에만 무력사용을 허용하고 있다. UN헌장상 예외적으로 허용되는 무력사용에는 '자위권 행사'(제51조), '지역적 협정 또는 지역적 기구에 의한 강제조치(제53조), 구적국조항(제53조), UN에 의한 강제조치(제7장) 등이 있다.
② [×] UN헌장에서는 "개별적 또는 집단적 자위의 고유한 권리"라고 하여 자위권이 UN헌장 이전에 국가의 고유한 권리임을 인정하고 있다. 다만, 집단적 자위권에 대하여는 UN헌장에서 먼저 인정되고 나중에 관습법화되었다고 보는 것이 일반적 견해다.
③ [○] 니카라과 사건에서 ICJ는 집단적 자위권 행사요건으로 '무력공격을 당한 국가의 지원요청'을 언급하고, 엘살바도르, 온두라스, 코스타리카 등이 미국의 지원을 요청한 적이 없다는 이유로 미국의 집단적 자위권 행사 주장을 받아들이지 않았다.
④ [○] 코르푸해협 사건에서 영국은 알바니아 영해인 코르푸해협에서의 기뢰폭발로 자국 군함과 군인이 피해를 입자 알바니아의 반대에도 불구하고 알바니아 영해에 진입하여 기뢰제거 작업을 하였던바, ICJ는 이에 대하여 영국이 알바니아의 영역주권을 침해하여 국제법을 위반한 것이라고 판단하였다.

답 ②

제4절 불간섭

15 **국제법상 국내문제불간섭원칙에 대한 설명으로 옳지 않은 것은?** 20년 9급

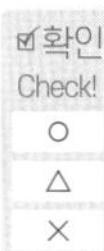

① 국내문제는 국가의 대내적 문제와 대외적 문제를 포함하므로, 영토적 개념에 기반을 두지 않는다.
② 국제사법재판소(ICJ)는 1986년 Nicaragua 사건에서 미국의 니카라과에 대한 경제원조의 중단은 관습법상 동 원칙의 위반으로 볼 수 없다고 판결하였다.
③ 일국이 타국의 문제에 개입할 경우 그것이 강제적인 것이 아닐지라도 간섭에 해당한다.
④ UN헌장 제2조 제7항에 따르면 본질상 국내 관할권 안에 있는 사항에 대하여는 UN도 간섭할 수 없다.

해설
난도 ★★
① [○] 국내문제불간원칙에서 국내문제란 국내관할권에 속하는 사항, 즉 국제법이 국가에 의한 규율에 일임하고 있는 사항을 말하는 것으로, 국내문제 · 대외문제 모두 포함되며 반드시 영토상에서 발생하는 문제들에 한정되지도 않는다.
② [○] 니카라과 사건에서 ICJ는 미국이 니카라과에 대한 경제원조약속을 일방적으로 하였다가 나중에 다시 일방적으로 철회한 것은 니카라과에 대한 국내문제불간원칙 위반은 아니라고 하였다.
③ [×] 간섭이란 일반적으로 어느 국가가 자신의 의사를 다른 국가에게 강제하는 것을 말한다.
④ [○] UN헌장 제2조 제7항에서는 "이 헌장의 어떠한 규정도 본질상 어떤 국가의 국내관할권 안에 있는 사항에 간섭할 권한을 국제연합에 부여하지 아니하며, 또는 그러한 사항을 이 헌장에 의한 해결에 맡기도록 회원국에 요구하지 아니한다."라고 규정하여 UN의 국내문제불간섭 의무에 대하여 규정하고 있다.

답 ③

16 **국내문제불간섭원칙에 대한 설명으로 옳지 않은 것은?** 17년 9급

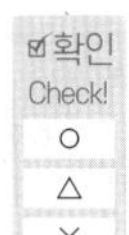

① 국내문제인가의 여부는 고정적이고 불변적이 아니라 유동적이고 가변적이다.
② 국내문제불간섭 원칙은 주권평등 원칙을 보장하며 안정적인 국제질서를 유지하는 기능을 한다.
③ 국제연맹 규약은 전적으로 국내문제에 대한 간섭을 금지한다.
④ 국제연합 헌장은 국내문제에 대한 간섭을 예외 없이 금지한다.

해설
난도 ★★
① [○] 국내문제 여부는 시간적 · 공간적으로 변동될 수 있는 상대적 · 가변적인 것이다.
② [○] 국내문제불간섭은 주권평등원칙으로부터 도출되는 당연한 논리적 귀결이면서 또한 주권평등원칙을 보장하며 안정적인 국제질서를 유지하는 기능을 한다.
③ [○] 국제연맹규약 제15조 제8항에서 "분쟁당사국의 일방이 그들 사이의 분쟁이 국제법상 오로지(solely) 그 당사국의 국내관할권에 속한 사항에 관하여 발생한 것이라고 주장하고 연맹이사회가 그렇게 인정한 경우에는 연맹이사회는 그 취지를 보고하고 또한 그 분쟁의 해결에 관한 아무런 권고도 하지 않을 것으로 한다."라고 규정하였다.
④ [×] UN헌장에서는 국내문제불간원칙에 대해 UN헌장 제7장에 의한 강제조치라는 예외를 인정한다.

답 ④

17 국내문제불간섭 의무에 관한 설명으로 옳지 않은 것은?

14년 7급

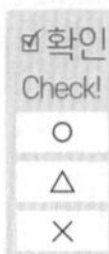

① 국내문제는 고정된 것이 아니며 국제사회의 발달에 따라 가변적이다.
② 본질적으로 국내 관할권에 속한 사항에 대하여는 UN도 간섭할 수 없다.
③ 국제사법재판소(ICJ)의 판결에 따르면 자발적 경제원조의 중단은 불간섭원칙을 위반한 것이다.
④ 국내문제로 발생한 사건이 국제평화와 안전을 파괴하거나 위협하는 경우에는 UN의 강제조치가 적용될 수 있다.

해설

난도 ★★

① [○] 국내문제의 내용 또는 범위는 확정적인 것이 아니며, 국내문제는 시간적 · 공간적으로 변동될 수 있는 상대적 · 가변적인 것이다.
② [○] ④ [○] 이 헌장의 어떠한 규정도 본질상 어떤 국가의 국내관할권 안에 있는 사항에 간섭할 권한을 국제연합에 부여하지 아니하며, 또는 그러한 사항을 이 헌장에 의한 해결에 맡기도록 회원국에 요구하지 아니한다. 다만, 이 원칙은 제7장에 의한 강제조치의 적용을 해하지 아니한다(UN헌장 제2조 제7항).
③ [×] 니카라과 사건에서 ICJ는 미국이 일방적 · 자발적 성격을 띤 경제원조를 일방적으로 중단한 것은 불간섭원칙 위반으로 볼 수 없다고 판시하였다.

답 ③

18 국제연합(UN)헌장 제2조 제1항과 제7항에서 추론되는 원칙에 대한 적절한 해석으로 볼 수 없는 것은?

10년 지방

① '국내관할권 안에 있는 사항'이란 각 국가의 국내법의 규율에 맡겨진 법 영역을 지칭한다.
② '간섭'이란 타국의 의사에 관계없이 자신의 의사를 다른 국가에 강제하는 것을 의미한다.
③ 동 조항에서 의미하는 국내문제불간섭 원칙은 국제관습법이 되었다고 볼 수 있다.
④ 국내문제에 대한 간섭은 국제법상의 '침략'을 구성한다.

해설

난도 ★★

① [○] 국내문제란 국내관할권에 속하는 사항, 즉 국제법이 국가에 의한 규율에 일임하고 있는 사항을 말한다. 반드시 영토상에서 발생하는 사항에 한정되지는 않는다.
② [○] 간섭이란 어느 국가가 국제법상의 권원 없이 일방의 의사를 타방에게 그 의사에 반함에도 불구하고 강제하는 것을 말한다. 따라서 국제법상 권원이 있는 간섭은 간섭이 아니다.
③ [○] 니카라과 사건에서 ICJ는 '불간섭 원칙'이 국제관습법임을 확인하였다.
④ [×] 국내문제에 대한 간섭이 모든 경우에 있어서 '침략'을 구성하는 것은 아니다. UN헌장 제2조 제7항에서는 'UN헌장 제7장에 의한 강제조치'를 불간섭원칙의 예외로 인정하고 있으며, 또한 국제법상 '침략'의 정의에 관한 통일된 규정이 있는 것은 아니지만, 일반적으로 '침략'이라고 하면 무력에 의한 침략을 의미한다.

답 ④

19 국내문제불간섭의 원칙에 대한 설명 중 옳지 않은 것은?

09년 7급

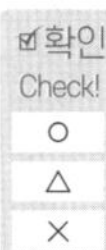

① 국내문제불간섭의 원칙은 국제연맹규약 제15조 제8항과 UN헌장 제2조 제7장에 규정되어 있다.
② 상설국제사법재판소(PCIJ)는 "국내문제와 국제문제 사이의 경계설정은 본질적으로 상대적인 문제로서 그것은 국제관계의 발전에 따라 가변적이다."라고 권고적 의견을 제시한 바 있다.
③ UN헌장은 무엇이 국내문제인지에 대한 결정 권한을 안전보장이사회에 부여하고 있다.
④ 국제사법재판소(ICJ)의 '니카라과에 대한 군사적 및 준군사적 활동사건'은 동 원칙과 관련 있는 국제판례이다.

해설

난도 ★★

① [○], ③ [×] 분쟁당사국의 일방이 그들 사이의 분쟁이 국제법상 오로지 그 당사국의 국내관할권에 속한 사항에 관하여 발생한 것이라고 주장하고 연맹이사회가 그렇게 인정한 경우에는 연맹이사회는 그 취지를 보고하고 또한 그 분쟁의 해결에 관한 아무런 권고도 하지 않을 것으로 한다(LN규약 제15조 제8항). 이 헌장의 어떠한 규정도 본질상 어떤 국가의 국내관할권 안에 있는 사항에 간섭할 권한을 국제연합에 부여하지 아니하며, 또는 그러한 사항을 이 헌장에 의한 해결에 맡기도록 회원국에 요구하지 아니한다. 다만, 이 원칙은 제7장에 의한 강제조치의 적용을 해하지 아니한다(UN헌장 제2조 제7항). UN헌장에는 국내문제 판단권자에 대한 명문의 규정이 없으며 관행상 UN의 각 기관에 있는 것으로 본다.

② [○] 튀니지-모로코 국적법 사건에서 PCIJ는 국내문제의 범위는 상대적 · 가변적인 것이며, 국적문제는 원칙적으로 국내문제이지만 이 사건에서는 국제문제화 되었다고 판단한바 있다.

④ [○] 국내문제불간섭 원칙은 니카라과 사건의 주요쟁점 중 하나였다. ICJ는 미국의 콘트라반군 지원은 국내문제불간섭 원칙 위반이지만, 미국의 일방적인 경제원조 중단은 국내문제불간섭 원칙 위반이 아니라고 하였다.

답 ③

20 국제연합헌장에 규정된 국내문제불간섭의 원칙에 대한 설명으로 옳지 않은 것은?

09년 9급

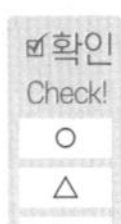

① 본질적으로 국내관할권에 속하는 사항에 대해서는 간섭할 수 없다.
② 국내문제 여부에 대한 일차적 판단은 안전보장이사회가 한다.
③ 국제연합헌장 제7장의 강제조치에 대해서는 이 원칙이 적용되지 않는다.
④ 국제연합의 기본원칙을 정한 국제연합헌장 제2조에 규정되어 있다.

해설

난도 ★★

① [○], ③ [○], ④ [○] UN헌장 제2조 제7항.

② [×] 국제연합헌장에는 판단권자에 대한 규정이 없으며, 관행상 UN의 각 기관에 있는 것으로 본다.

더 알아보기 UN헌장

제2조【원칙】

이 기구 및 그 회원국은 제1조에 명시한 목적을 추구함에 있어서 다음의 원칙에 따라 행동한다.

⑦ 이 헌장의 어떠한 규정도 본질상(essentially) 어떤 국가의 국내관할권 안에 있는 사항에 간섭할 권한을 국제연합에 부여하지 아니하며, 또는 그러한 사항을 이 헌장에 의한 해결에 맡기도록 회원국에 요구하지 아니한다. 다만, 이 원칙은 제7장에 의한 강제조치의 적용을 해하지 아니한다.

답 ②

21 오늘날 국제사회에서 국내문제불간섭원칙이 약화된 원인이라고 볼 수 없는 것은? 08년 9급

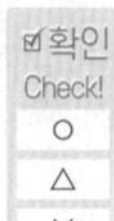

① 관련 조항인 국제연합(UN)헌장 제2조 제7항의 폐기
② 세계경제의 통합과 국제화
③ 인권문제의 국제화
④ 국제기구와 비정부기구(NGOs)의 활발한 활동

해설
난도 ★

① [×] 최근에는 국내문제의 국제문제화 경향 증대에 따라 '국내문제불간섭원칙'에 관한 UN헌장 제2조 제7항을 사문화할 것을 주장하는 경우들이 있으나, UN헌장 제2조 제7항은 여전히 유효하다.
② [○] 자유무역을 추구하는 WTO체제 출범 이후 세계경제는 더욱더 통합되고 국제화되었고, 이는 국제사회에서 국내문제불간섭원칙이 약화된 원인들 중 하나라고 할 수 있다.
③ [○] 인권문제가 국제화 되면서 인도적 간섭의 인정 여부에 대해서는 견해가 대립한다. 19세기 이래 강대국들이 침략행위의 구실로 인도적 간섭을 남용하였다는 이유로 현대국제법에서는 인도적 간섭을 부정하는 것이 일반적 견해였으나 최근에는 국제사회 곳곳에서 벌어지는 심각한 인권침해사태에 대한 인도적 간섭 주장이 증대되고 있다.
④ [○] 국제연합을 비롯한 국제기구들의 적극적인 활동과 다양한 비정부기구들의 활발한 활동도 국제사회에서 국내문제불간섭원칙이 약화된 원인 중 하나라고 할 수 있다.

답 ①

제5절 국가의 기본적 권리 의무(종합)

22 다음 설명 중 옳은 것은? 14년 9급

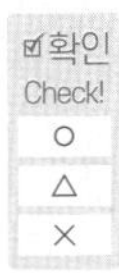

① UN 헌장과 1974년 UN 총회의 침략정의 결의에 따르면 무력공격의 주체는 국가에 국한된다.

② 사법절차상 자위권을 이유로 자신의 무력사용이 정당하다고 주장하는 국가가 관련 사실관계를 입증해야 한다.

③ UN 헌장은 명시적으로 예방적 자위권에 대해서 규정하고 있다.

④ 외국에 소재하는 자국민의 보호를 이유로 군사적으로 개입하는 것은 해당 영토국의 동의가 있더라도 국제법상 허용되지 않는다.

해설

난도 ★★★

① [×] 1974년 UN총회의 '침략정의결의'에서는 침략의 주체를 국가로 한정하고 있으나, UN헌장에서는 "회원국에 대하여 무력공격이 발생한 경우 ……"라고 하여 무력공격의 대상에 대해서는 규정하고 있으나 무력공격의 주체에 대해서는 규정하지 않고 있으며, 반드시 국가로 한정되는 것으로 보지는 않는다.

② [○] 자위권은 무력행사금지원칙이 확립된 현대국제사회에서 예외적으로 허용되는 무력행사로서, 자위권 행사의 정당성에 대한 입증책임은 이를 주장하는 측에 있다.

③ [×] UN헌장에는 예방적 자위권에 관한 명문의 규정이 없다.

④ [×] 영토국의 유효한 동의에 기초한 타국의 행위는 그 동의의 범위 내에서 위법성이 조각된다. 따라서 이 경우에도 영토국의 동의가 강행규범 위반 등의 경우가 아니라면 위법성이 조각되는 행위로서 허용될 수 있다.

답 ②

PART 3
국제기구

국 제 법 1 4 개 년 단 원 별 기 출 문 제 집

CHAPTER 01 국제기구 일반론

제1절 국제기구의 지위

1. 개설

2. 법인격

01 **국제법상 법인격을 가진 국제기구에 대한 설명으로 옳지 않은 것은?** 17년 9급

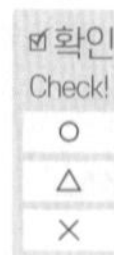

① 기구는 설립조약과 기타 부여된 임무의 범위 내에서 조약체결권을 가진다.
② 기구는 회원국의 국제위법행위로 인한 자신의 피해에 대하여 회원국을 상대로 배상청구권을 행사할 수 있다.
③ 기구는 별도의 법적 조치나 합의 없이도 모든 회원국 내에서 국내법상 법인격을 가진다.
④ 기구의 특권과 면제는 기구가 회원국 공동의 이익을 위해 활동할 수 있도록 기구의 자유와 법적 안전을 보장하는 것이다.

해설
난도 ★★
① [○] 국제기구에게 모든 조약을 체결할 수 있는 권한이 당연히 인정되는 것은 아니며, 설립조약 등에 조약체결권에 관한 명시적 규정이 있거나 또는 기구의 목적달성을 위한 묵시적 권한으로 인정된 경우에 한하여 조약을 체결할 수 있다.
② [○] 국제기구는 그 기관의 직원에 대하여 국가의 외교적 보호와 유사한 권한인 직무보호권을 행사하여 기구 및 직원이 입은 손해에 대하여 배상을 청구할 수 있다.
③ [×] 국제기구의 국내적 법인격은 국제기구의 설립조약이나 특별조약 등에서 명시적으로 규정하는 경우들이 많다.
④ [○] 국제기구가 회원국 공동의 이익을 위해 활동할 수 있도록 기구의 자유와 법적 안전을 보장하고 효과적인 기능수행을 위해 국제기구의 특권 · 면제가 인정된다.

답 ③

02 국제기구의 법인격에 대한 설명으로 옳지 않은 것은?

16년 7급

확인 Check!
○
△
×

① 국제기구는 법인격 보유 여부에 관계없이 그 회원국과 별개의 법적 실체로 인정된다.

② 국제기구의 법인격은 기구의 목적과 기능, 실행 등을 통해 묵시적으로 인정되기도 한다.

③ 국제기구는 특정 국가 내에서 법인격을 인정받기 위해 많은 경우 설립헌장에 그 근거를 두고 있다.

④ 국가의 포괄적 법인격에 비해 국제기구의 법인격은 상대적으로 그 범위가 제한적이다.

해설

난도 ★★

① [×] 국제기구는 권리 · 의무의 주체로서 활동할 수 있는 능력인 법인격이 있는 경우에 회원국과는 별도의 독립된 실체로 인정된다.

② [○] 국제기구의 설립조약에 명시되어 있지 않더라도 국제기구가 그 목적달성을 위한 기능을 효과적으로 수행할 수 있도록 목적달성을 위해 꼭 필요한 권한은 인정해야 한다는 것을 묵시적 권한 이론이라고 한다.

③ [○] 국제기구의 국내적 법인격에 대해서는 국제기구의 설립조약이나 특별조약에서 명시적으로 규정하는 경우들이 많다.

④ [○] 국제법의 가장 기본적인 주체는 국가이며, 국제기구는 국가에 비해 제한적인 범위에서 국제법의 주체로 인정된다.

답 ①

03 국제기구의 법인격에 대한 설명으로 옳지 않은 것은?

15년 7급

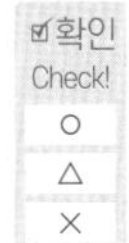

① 국제기구가 소재지국과 조약 체결을 통해 국내법상 법인격을 부여받게 되는 경우에는 그 기구에 속한 모든 회원국의 국내법상 법인격을 인정받게 된다.

② UN 헌장에는 UN의 국제법상 법인격을 부여하는 직접적인 명문 규정이 없음에도 UN의 목적, 직무, 권한 등에 따라 UN의 국제법상 법인격이 인정되고 있다.

③ UN 헌장 제43조의 조약체결권과 제105조의 목적달성에 필요한 특권과 면제에 대한 권한 부여는 UN의 국제법상 법인격을 전제로 한 것이다.

④ UN은 다른 국제법주체에 대한 국제청구를 제기하여 자신의 권리를 지킬 능력을 가지고 있다.

해설

난도 ★★

① [×] 국제기구의 국내법상의 법인격은 그 국제기구의 설립조약이나 특별조약에서 명시적으로 규정하는 경우들이 많으며(예 UN헌장 제104조, WTO설립협정 제8조), 이러한 조약의 당사자인 회원국들은 이를 이행할 의무가 있다. 국제기구의 국내법상의 법인격이 명시되어 있지 않은 상황에서 국제기구와 그 기구의 소재지국이 조약체결을 통해 국내법상 법인격이 인정된 경우 이것은 조약당사자인 그 국제기구와 소재지국 간에만 효력이 있는 것이며 다른 회원국들이 그 국제기구에 대한 법인격 부여를 어떤 형태로 할 것인지는 각 회원국에게 맡겨져 있다.

② [○] 국가들은 국제기구의 국제적 법인격을 인정하는 데 소극적이어서 설립조약에서 이를 명시하는 경우는 드물며, 판례와 학설에 의해 인정되고 있다. UN도 UN헌장에서 UN의 국제적 법인격을 명시하지는 않았으나 묵시적 권한으로서 UN의 목적 · 기능에 관련된 임무수행에 필요한 국제적 법인격이 인정된다고 본다. ICJ도 'UN근무 중 입은 손해배상에 관한 권고적 의견' 사건에서 이를 확인한 바 있다.

③ [○], ④ [○] 국제기구는 국제법 주체로서의 법인격이 인정되면 조약체결권, 특권 · 면제, 국제청구권, 제소권 등의 권리를 갖게 된다. UN헌장 제43조의 조약체결권과 제105조의 특권 · 면제도 이러한 국제법 주체로서의 법인격을 전제로 한 것이다.

답 ①

04 국제연합(UN)의 법인격에 대한 설명으로 옳지 않은 것은?

13년 9급

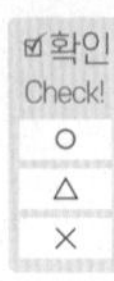

① UN은 자신의 직원이 입은 손해에 대하여 직무보호권을 행사할 수 있다.

② UN은 임무 수행과 목적 달성을 위하여 필요한 법적 능력과 특권 및 면제를 회원국의 영토 내에서 향유할 수 있다.

③ UN총회와 안전보장이사회는 국제사법법원(ICJ)에 재판사건(contentious case)의 소송을 제기할 수 있다.

④ UN은 조약을 체결할 수 있다.

해설

난도 ★★

① [○] 국제기구의 공무원이 국제위법행위로 인하여 손해를 입은 경우, 소속 국제기구가 직무라는 인연에 기초하여 배상을 받도록 국제책임을 추구하는 것을 직무보호 또는 기능적 보호라고 한다. 'UN근무 중 입은 손해배상에 관한 권고적 의견' 사건에서 ICJ는 UN이라는 보편적 국제기구의 객관적 법인격을 인정하고 UN헌장에 명시적인 규정이 없더라도 묵시적 권한으로서 직무보호권이 인정된다고 하였다.

② [○] 기구는 그 임무의 수행과 그 목적의 달성을 위하여 필요한 법적 능력을 각 회원국의 영역 안에서 향유한다(UN헌장 제104조).

③ [×] 국가만이 재판소에 제기되는 사건의 당사자가 될 수 있다(ICJ규정 제34조 제1항). 국가가 아닌 UN총회나 안전보장이사회는 ICJ에 제소되는 사건의 당사자가 될 수 없다.

④ [○] UN은 보편적 국제기구로서 조약체결능력이 인정된다.

 ③

3. 권리·의무

05 직무보호권에 대한 설명으로 옳지 않은 것은?

11년 7급

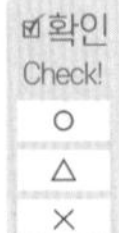

① 국제기구 소속공무원이 공무수행 중 국제불법행위로 손해를 입은 경우, 소속 국제기구가 손해배상을 받기 위해 가해국에 대해 국제책임을 추구하는 것을 말한다.

② 국제기구는 직무보호권에 근거하여 소속공무원에게 통행권(laissez-passer)이라는 신분증을 발급한다.

③ 국가는 자국민을 위해 외교적 보호권을 갖는 반면, 국제기구는 소속공무원을 위해 직무보호권을 갖는다.

④ 1949년 벨나돗트백작 사건에서 ICJ는 외교적 보호권과 직무보호권이 경합하는 경우 UN의 직무보호권이 우선한다는 권고적 의견을 주었다.

해설

난도 ★★

① [○] 국제기구의 공무원이 국제위법행위로 인하여 손해를 입은 경우, 소속 국제기구가 직무라는 인연에 기초하여 배상을 받도록 국제책임을 추구하는 것을 직무보호(職務保護, functional protection)라고 하며, '기능적(機能的) 보호'라고도 한다.

② [○] 임무수행을 위해 파견되는 직원을 위해 국제기구가 자체적으로 발행하는 문서를 레쎄빠쎄(laissez-passer)라고 한다. 「UN의 특권과 면제에 관한 협약」 제7장과 「UN전문기구의 특권과 면제에 관한 협약」 제8장에서 이에 관해 규정하고 있다.

③ [○] 외교적 보호는 국적을 기초로 하며 직무보호는 직무를 기초로 한다.

④ [×] 외교적 보호권과 직무보호권이 경합하는 경우 무엇이 우선하는가에 대한 일반적인 법원칙이 확립되어 있는 것은 아니다. ICJ도 1949년 벨나돗트백작 사건에서 '이중적 보호권'이 존재한다고 하여 우선순위에 대한 판단은 하지 않았다고 보는 것이 일반적 견해다.

답 ④

4. 국제기구의 지위(종합)

06 **국제법상 국제기구에 대한 설명으로 옳지 않은 것은?** 20년 7급

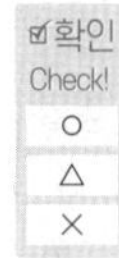

① 국제기구가 국제법상의 법인격을 갖는 것과 특정 국가 내에서 법인격을 인정받는 것은 별개의 문제이다.
② 국제적십자위원회(ICRC)는 민간단체로 출발했으나, 오늘날 정부 간 국제기구에 준하는 국제법 주체성을 인정받는 독특한 존재이다.
③ UN국제법위원회 2011년「국제기구의 책임에 관한 규정초안」에 따라 국제기구의 행위는 그 행위 발생 시에 그 국제기구가 문제의 의무에 구속되지 않는 한, 국제의무의 위반을 구성하지 않는다.
④ 1986년「국가와 국제기구간 또는 국제기구 상호간의 조약법에 관한 비엔나협약」제6조에 따라 국제기구의 조약 체결능력은 그 기구의 규칙에 따르는바, 국제기구는 설립 조약상의 명문 규정 이상으로 조약체결권을 행사할 수 없다.

해설
난도 ★★★
① [○] 국제기구의 국내적 법인격과 국제적 법인격은 별개의 문제로서, 국제기구의 국내적 법인격에 대해서는 그 국제기구의 설립조약에서 명시하는 경우가 일반적이지만, 국제기구의 국제적 법인격에 대해서는 설립조약에 명시하지 않고 판례와 학설로서 인정되는 것이 일반적이다.
② [○] 국제적십자위원회(ICRC)는 1864년 적십자조약 체결로 발족한 대표적인 비정부기구다. 일반적으로 비정부기구는 조약체결능력이 없고 국제법주체로서의 법인격이 인정되지 않지만, 국제적십자위원회는 국가들과 본부협정 등을 체결하기도 하며, 이들 국가들은 이러한 협정들을 진정한 의미에서의 국제협정(조약)으로 간주하는 것으로 평가된다.
③ [○] 2011년 ILC의「국제기구의 책임에 관한 규정 초안」제2부 제3장은 2001년「국제위법행위에 대한 국가책임 규정 초안」제1부 제3장과 유사한 규정을 두고 있는바, 제10조에서 "국제기구의 행위는 그 행위가 발생한 때에 당해 국제기구가 문제의 의무에 구속되지 않는다면 국제의무위반을 구성하지 아니한다."라고 규정하고 있다.
④ [×] 국제기구는 설립조약에 명시되어 있지 않더라도 국제기구가 그 목적달성을 위해 필요한 권한이 인정된다(묵시적 권한 이론).

답 ④

07 **국제법상 국제기구에 대한 설명으로 옳은 것은?** 19년 7급

☑확인 Check! ○ △ ×

① 복수 국가의 합의로 설립된 모든 기구는 독자적 법인격이 자동적으로 인정된다.
② 국제기구 회원국의 상주대표부 설치는 국제관습법에 따라 해당 기구 및 소재지국의 동의를 받아야 한다.
③ 국제기구는 기구의 목적 및 기능과 충돌하는 권한을 묵시적으로 부여받은 것으로 추론될 수 없다.
④ 국제기구 직원의 면제와 특권은 한시적으로 제한된 임무를 수행하는 전문가에게는 인정되지 않는다.

해설

난도 ★★

① [×] 모든 국제기구에 독자적 법인격이 인정되는 것은 아니다.
② [×] 국제기구 회원국의 상주대표부 설치 문제는 일반적으로 본부설치에 관한 협정 등을 체결하여 그 규정에 따르고 있다.
③ [○] 묵시적 권한 이론이란 국제기구의 설립조약에 명시되어 있지 않더라도 국제기구가 그 목적달성을 위한 기능을 효과적으로 수행할 수 있도록 목적달성을 위해 꼭 필요한 모든 권한은 인정된다는 것을 말한다. 기구의 목적 및 기능과 충돌하는 권한은 인정되지 않는다.
④ [×] 국제기구의 효과적인 기능수행을 위해 국제기구의 재산 · 본부 · 직원 등에 대해 일정한 특권 · 면제가 인정된다. 특권 · 면제가 인정되는 국제기구 직원의 범위에는 한시적으로 제한된 임무를 수행하는 경우도 포함된다.

답 ③

08 **국제기구에 대한 설명으로 옳지 않은 것은?** 14년 9급

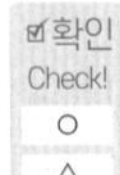

① 국제기구가 회원국과 별개의 법적 실체로 인정되려면 법인격을 보유하여야 한다.
② 국제기구의 법인격은 고유권한설에 따르면 그 목적과 역할의 범위 내에서 당연히 인정된다.
③ 국제기구도 손해배상청구권을 행사할 수 있다.
④ 국가 이외의 다른 실체는 국제기구의 회원이 될 수 없다.

해설

난도 ★★

① [○] 국제기구는 영속적 조직체로서 회원국과는 별도의 독립된 실체이며, 그 목적과 원칙을 달성하고 효과적인 활동을 위하여 법인격이 필요하다.
② [○] ICJ의 1949년 'UN근무 중 입은 손해배상에 관한 권고적 의견'상의 국제기구의 법인격에 관한 해설을 둘러싸고 견해가 대립한다. '객관적 법인격설'에서는 국제기구의 법인격은 당해 기구의 기본조약상 명시적 혹은 묵시적으로 그 기구의 법인격에 관한 규정이 있어야 하고, 또 그 규정의 범위 내에서 그런 인격을 향유하는 것이라고 하며, '고유권한설'에서는 기본조약과는 관계없이 특정한 목적과 역할을 위임받고 있는 국제기구는 그 목적과 역할의 범위 내에서 당연히 법인격이 인정된다고 한다.
③ [○] 'UN근무 중 입은 손해배상에 관한 권고적 의견' 사건에서 ICJ는 보편적 국제기구인 UN의 객관적 법인격을 인정하고 아울러 손해배상청구권도 인정하였다.
④ [×] 국가 이외의 다른 실체가 국제기구의 회원이 되는 경우도 있다. 세계무역기구(WTO)의 경우 국가뿐만 아니라 독자적 관세영역에 대하여도 회원자격을 인정하고 있다.

답 ④

09 정부간 국제기구에 대한 일반적 설명으로 옳지 않은 것은?

11년 9급

☑확인 Check! ○ △ ×

① 정부간 국제기구의 회원자격은 일반적으로 국가에게만 인정된다.
② 정부간 국제기구는 일반적으로 총회, 이사회(집행기구), 사무국의 조직을 갖는다.
③ 정부간 국제기구는 일반적으로 무제한적인 법인격 또는 관할권을 보유한다.
④ 정부간 국제기구는 설립목적의 범위 내에서 헌장이 명시하지 않은 권한을 행사할 수 있다.

해설

난도 ★★

① [○] 정부간 국제기구의 회원자격은 일반적으로 국가(정부)에게만 인정된다. 국가 간의 조약 없이 여러 나라 국적의 사적 · 공적 인물들로 구성되는 비정부간 국제기구(NGO)는 정부간 국제기구와 구별되며 일반적으로 국제법 주체성이 인정되지 않는다.

② [○] 정부간 국제기구는 일반적으로 총회, 이사회, 사무국의 조직을 갖는다. 총회는 일반적으로 전회원국으로 구성된 전체기관으로서의 성격을 가지며, 주요 의사결정을 담당하고, 이사회는 일반적으로 한정된 수의 회원국으로 구성된 한정기관으로서의 성격을 가지며, 일상업무를 수행하며, 사무국은 일반적으로 독자적 의사결정기관이 아니며, 국제공무원으로 구성되어 행정사무를 담당한다.

③ [×] 국제기구의 권한은 무제한적으로 인정되는 것이 아니라 설립조약상에 규정된 목적과 기능을 실현하기 위해서만 인정된다는 '전문성의 원칙'이 적용된다.

④ [○] 국제기구의 설립조약에 명시되어 있지 않더라도 국제기구가 그 목적달성을 위한 기능을 효과적으로 수행할 수 있도록 목적달성을 위해 꼭 필요한 모든 권한을 인정해야 한다는 '묵시적 권한의 원칙'이 적용된다.

답 ③

10 국제기구에 관한 설명으로 옳지 않은 것은?

08년 9급

① 국제기구가 국제적 청구능력을 가진다는 것이 국제사법재판소(ICJ)의 입장이다.
② 국제기구는 일반적으로 그 목적달성과 임무수행에 필요한 경우 조약을 체결할 수 있다.
③ 국제기구에게는 국제법상 특권 · 면제가 인정되지 아니한다.
④ 국제기구는 일반적으로 그 기구의 설립조약을 가지고 있다.

해설

난도 ★★

① [○] 'UN근무 중 입은 손해배상에 관한 권고적 의견' 사건에서 ICJ는 UN이라는 보편적 기구의 국제적 청구능력을 인정한 바 있다.

② [○] 국제기구는 설립조약에 명시되어 있지 않더라도 기구의 설립목적 달성과 임무수행에 필요한 권한이 인정되는바, 이를 '묵시적 권한 이론' 또는 '묵시적 관할 이론'이라고 한다.

③ [×] 국제기구의 효과적인 기능수행을 위해 국제기구의 재산 · 본부 · 직원 등에 대해 일정한 특권 · 면제와 직무보호(기능적 보호)가 인정된다.

④ [○] 국제기구는 일반적으로 조약과 같은 국제법상의 합의에 의하여 설립되고 국가(정부)가 주요 구성원인 독립적 단체를 말한다.

답 ③

11 국제법상 국제기구에 관한 설명 중 옳지 않은 것은?

07년 7급

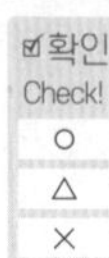

① 국제기구는 법인격을 향유할 수 있다.
② 다국적기업 역시 국제기구에 속한다.
③ 비정부간 국제기구는 설립지의 국내법에 의하여 규율된다.
④ 일반적으로 국제기구라 함은 정부간 국제기구를 의미한다.

해설

난도 ★★

① [○], ④ [○] 일반적으로 국제기구라 함은 정부간 국제기구를 의미하며, 국제기구는 법상 권리 · 의무의 주체로서 활동할 수 있는 법적 능력인 법인격을 향유할 수 있다. 국제기구의 법인격에는 국내적 법인격과 국제적 법인격이 있으며, 국내적 법인격은 국제기구의 설립조약에서 명시하는 경우들이 많고, 국제적 법인격은 설립조약에서 명시하지 않고 판례나 학설로 인정되는 경우들이 많다.

② [×] 다국적기업은 국제법상 개인의 지위에 있다고 보는 것이 일반적이다.

③ [○] 비정부간 국제기구는 정부간의 조약 없이 여러 나라 국적의 사적 · 공적 인물들로 구성되어 국제관계에서 활동하는 조직체를 말하는바, 일반적으로 국제법주체성이 인정되지 않고, 그 법적 지위는 개별 국가들의 국내법에 의하여 결정된다.

답 ②

12 국제기구의 국제위법행위 관련 책임에 대한 설명으로 옳지 않은 것은?

20년 7급

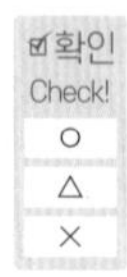

① UN국제법위원회 2011년 「국제기구의 책임에 관한 규정초안」에 규정된 위법성 조각사유에 자위는 포함된다.
② 네덜란드 대법원은 Nuhanović사건에서 UN PKO 활동과정에서 비롯된 결과라도 문제의 행위에 대해 네덜란드가 실효적 통제를 하고 있었다면 그 책임은 네덜란드에 귀속된다고 판단하였다.
③ 유럽인권재판소는 Behrami 및 Saramati 사건에서 UN KFOR의 행위는 피고 「유럽인권협약」 당사국들에 귀속된다고 판결하였다.
④ UN국제법위원회 2011년 「국제기구의 책임에 관한 규정초안」에 따라 국제기구 행위의 국제위법성은 국제법에 의하여 결정된다.

해설

난도 ★★★

① [○] UN국제법위원회(ILC)의 2011년 「국제기구의 책임에 관한 규정 초안」 제21조에서 "국제기구의 행위가 국제법에 따라 정당한 자위권 행사를 구성하는 경우, 그 행위의 위법성은 조각된다."라고 규정하고 있다.

② [○] 보스니아 내전 당시 스레브레니차(Srebrenica)에 주둔하였던 네덜란드 군대의 난민 퇴거행위와 그에 따른 네덜란드의 국가책임이 문제되었던 누하노비치 사건에서 네덜란드 대법원은 당시 네덜란드 군대에 대하여 네덜란드가 실효적으로 통제하고 있었으므로 네덜란드에 책임이 귀속된다고 판단하였다.

③ [×] Behrami 및 Saramati 사건에서 유럽인권재판소는 코소보 주둔 평화유지군인 KFOR(Kosovo Force)의 행위는 UN에 귀속되며 유럽협약 체약당사국의 영토외관할권 문제는 아니라고 판단하였다.

④ [○] UN국제법위원회의 2011년 「국제기구의 책임에 관한 규정 초안」 제5조에서 "국제기구 행위의 국제위법성 결정에는 국제법이 적용된다."라고 규정하고 있다.

답 ③

제2절 국제기구의 종류

13 「UN헌장」 상 전문기구에 대한 설명으로 옳은 것은? 20년 9급

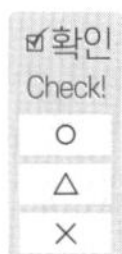

① UN경제사회이사회는 전문기구로부터 정기보고를 받기 위한 적절한 조치를 취할 수 있다.
② 전문기구의 활동분야는 군사, 경제, 사회, 문화, 교육, 보건이다.
③ 「UN헌장」 제7조 제2항에 따르면 전문기구는 필요시 동 헌장에 따라 창설될 수 있다.
④ UN국제법위원회는 「UN헌장」 제13조의 목적을 위해 설치된 UN총회의 전문기구이다.

해설
난도 ★★★

① [○] 경제사회이사회는 전문기루로부터 정기보고를 받기 위한 적절한 조치를 취할 수 있다(UN헌장 제64조 제1항).
② [×] 정부간 협정에 의하여 설치되고 경제, 사회, 문화, 교육, 보건 분야 및 관련 분야에 있어서 기본적 문서에 정한대로 광범위한 국제적 책임을 지는 각종 전문기구는 제63조의 규정에 따라 국제연합과 제휴관계를 설정한다(UN헌장 제57조 제1항). 군사 분야는 전문기구의 활동영역이 아니다.
③ [×] 필요하다고 인정되는 보조기관은 이 헌장에 따라 설치될 수 있다(UN헌장 제7조 제2항). UN헌장 제7조 제2항에서 규정하고 있는 것은 UN전문기구가 아니라 UN주요기관의 보조기관에 관한 것이다.
④ [×] UN국제법위원회는 UN헌장 제13조의 목적을 위해 설치된 UN총회의 보조기관이다. 전문기구가 아니다.

답 ①

제3절 유럽연합

14 **유럽연합(EU)에 대한 설명으로 옳지 않은 것은?** 08년 7급

☑확인 Check! ○ △ ×

① 유럽집행위원회(European Commission)는 법안 제안권을 갖는다.
② 유럽의회(European Parliament)는 EU입법과정에서 최종의결권을 행사할 수 없다.
③ 마스트리히트(Maastricht) 조약에 의하여 유럽공동체(EC)가 해체되고 유럽연합(EU)이 탄생하였다.
④ 유럽사법재판소(European Court of Justice)는 공동체설립조약의 해석과 적용을 통하여 법이 준수되도록 확보하는 것을 주요 임무로 한다.

해설
난도 ★★★

① [○] 유럽집행위원회(European Commission)는 입법안 및 정책을 제안하고 집행하는 데 주도적 역할을 하며 대외관계에서 EU를 대표한다.
② [○] 유럽의회(European Parliament)는 간접적인 법안제출권, 집행기관 감독권, 예산에 관한 권한, 신회원국 가입 동의권 등이 있다. 최종의결권은 없다.
③ [×] 기존의 세 유럽공동체(ESEC, EEC, EURATOM)는 1992년 마스트리히트조약 이후에도 여전히 별개의 법인격체로서 계속 존재하고 있으며, 다만 ECSC는 그 설립조약에 예견된 50년의 수명이 다하여 2002년 자동 소멸하였을 뿐이다(김대순).
④ [○] 유럽사법재판소(ECJ; European Court of Justice)은 EU의 최고법원으로 분쟁 발생시 EU조약과 EU법을 해석 · 적용한다.

답 ③

CHAPTER 02 국제연합

제1절 국제연합 일반론

01 UN에 대한 설명으로 옳은 것은? 16년 7급

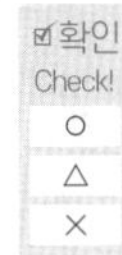

① 최초의 평화유지군이었던 UNEF(United Nations Emergency Force)는 UN 안전보장이사회의 결의로 설치되었다.

② 스위스는 영세중립국의 지위와 UN 회원국의 지위가 조화되지 않는다는 이유로 지금도 UN에 가입하고 있지 않다.

③ ICJ는 UN 헌장에 따라 채택된 UN 안전보장이사회의 결의에 따른 의무가 UN 회원국들이 체결한 조약상의 의무에 우선한다고 판단하였다.

④ UN 안전보장이사회는 유고슬라비아와 소말리아 사태에서 평화유지군 설치를 위한 결의를 채택하였지만, 개별국가의 무력사용은 허용하지 않았다.

해설

난도 ★★★

① [×] 최초의 평화유지군이었던 UNEF는 UN총회의 결의로 설치되었다.

② [×] 스위스는 2002년에 UN에 가입하였다.

③ [○] 로커비 사건에서 ICJ는 UN헌장상의 의무가 개별 협정상의 의무보다 우선한다는 것을 확인하였다.

④ [×] PKO도 자위권 행사의 경우에는 무력사용이 허용된다.

답 ③

02 UN 평화유지활동의 일반적인 운영 원칙에 해당하지 않는 것은? 17년 9추

☑확인 Check! ○ △ ×

① 중립의 원칙
② 파병국 지휘의 원칙
③ 자위의 원칙
④ 동의의 원칙

해설

난도 ★★

UN 평화유지활동(PKO)에는 분쟁당사자들이 동의하는 경우에만 가능하다는 당사자동의 원칙, 분쟁당사자 사이에서 중립을 지켜야 한다는 중립의 원칙, 자위를 위한 경우 외에는 무력을 사용할 수 없다는 무력불사용의 원칙이 적용된다.

답 ②

03 국제연합의 평화유지활동에 대한 설명으로 옳지 않은 것은? 09년 9급

☑확인 Check! ○ △ ×

① 군사적 조치에 관한 국제연합헌장 제42조는 안전보장이사회의 평화유지군 창설을 규정하고 있다.
② 평화유지군은 주재국(host State)이 주둔동의를 철회하면 철수하여야 한다.
③ 최초의 평화유지군은 1956년 수에즈분쟁시 국제연합 총회에 의해 창설된 UNEF이다.
④ 평화유지군에게는 원칙적으로 자위를 위한 무기사용만 허용된다.

해설

난도 ★★

① [×] UN헌장에는 PKO에 관한 명시적인 규정이 없다.
② [○] 분쟁당사자들의 동의가 있을 경우에만 설립 · 배치될 수 있으며, 주재국이 주둔동의를 철회하면 철수하여야 한다.
③ [○] UN평화유지활동(PKO, Peace Keeping Operation)과 UN평화유지군(PKF, Peace Keeping Force)을 사실상 동일한 개념으로 보는 입장에서는 PKO의 중심을 PKF에 둠으로써 사실상 양자를 구분하지 않고 PKO의 효시를 최초의 PKF 활동이었던 1956년 UN긴급군(UNEF)로 본다.
④ [○] 평화유지군은 자위를 위한 경우 외에는 무력사용이 금지된다.

답 ①

1. 목적과 원칙

04 **UN헌장 제1조상의 UN의 목적에 대한 설명 중 옳지 않은 것은?** 07년 7급

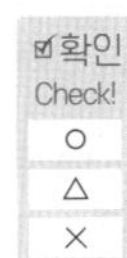

① 사람들의 평등권 및 자결의 원칙에 대한 존중을 기초로 하여 국가간 우호관계를 발전시킨다.
② 정치적 또는 기타의 의견, 사회적 출신, 재산, 출생 등에 의한 어떠한 차별 없이 모든 사람의 인권 및 기본적 자유에 대한 존중을 촉진한다.
③ 평화의 파괴로 이어질 우려가 있는 국제적 분쟁이나 사태의 조정 및 해결을 위하여 노력한다.
④ 경제적 · 사회적 · 문화적 또는 인도적 성격의 국제문제를 해결하기 위하여 국제적 협력을 달성한다.

해설
난도 ★★★
① [○] UN헌장 제1조 제2호.
② [×] UN헌장 제1조 제3호. '정치적 또는 기타의 의견, 사회적 출신, 재산, 출생 등에 의한 어떠한 차별 없이'가 아니라 '인종 · 성별 · 언어 또는 종교에 따른 차별 없이'이다.
③ [○] UN헌장 제1조 제1호.
④ [○] UN헌장 제1조 제3호.

더 알아보기 UN헌장

제1조【목적】
국제연합의 목적은 다음과 같다.
1. 국제평화와 안전을 유지하고, 이를 위하여 평화에 대한 위협의 방지, 제거 그리고 침략행위 또는 기타 평화의 파괴를 진압하기 위한 유효한 집단적 조치를 취하고 평화의 파괴로 이를 우려가 있는 국제적 분쟁이나 사태의 조정 · 해결을 평화적 수단에 의하여 또한 정의와 국제법의 원칙에 따라 실현한다.
2. 사람들의 평등권 및 자결의 원칙의 존중에 기초하여 국가간의 우호관계를 발전시키며, 세계평화를 강화하기 위한 기타 적절한 조치를 취한다.
3. 경제적 · 사회적 · 문화적 또는 인도적 성격의 국제문제를 해결하고 또한 인종 · 성별 · 언어 또는 종교에 따른 차별 없이 모든 사람의 인권 및 기본적 자유에 대한 존중을 촉진하고 장려함에 있어 국제적 협력을 달성한다.
4. 이러한 공동의 목적을 달성함에 있어서 각국의 활동을 조화시키는 중심이 된다.

답 ②

05 「국제연합(UN)헌장」 제2조에 규정된 UN 및 그 회원국이 준수해야 할 행동의 기본원칙이 아닌 것은? 12년 9급

☑확인 Check! ○ △ ×

① 국내문제 불간섭의 원칙
② 인권존중의 원칙
③ 국제분쟁의 평화적 해결원칙
④ 주권평등의 원칙

해설

난도 ★

① [○], ② [×], ③ [○], ④ [○] UN헌장 제2조에서는 UN의 (행동)원칙으로 주권평등, 신의성실, 분쟁의 평화적 해결, 무력행사금지, UN에의 협력, 비회원국 행동확보, 국내문제불간섭 등을 규정하고 있다. 인권존중의 원칙은 UN헌장 제2조상의 원칙에 해당되지 않는다.

더 알아보기 UN헌장

제2조【원칙】

이 기구 및 그 회원국은 제1조에 명시한 목적을 추구함에 있어서 다음의 원칙에 따라 행동한다.

1. 기구는 모든 회원국의 주권평등 원칙에 기초한다.
2. 모든 회원국은 회원국의 지위에서 발생하는 권리와 이익을 그들 모두에 보장하기 위하여, 이 헌장에 따라 부과되는 의무를 성실히 이행한다.
3. 모든 회원국은 그들의 국제분쟁을 국제평화와 안전 그리고 정의를 위태롭게 하지 아니하는 방식으로 평화적 수단에 의하여 해결한다.
4. 모든 회원국은 그 국제관계에 있어서 다른 국가의 영토보전이나 정치적 독립에 대하여 또는 국제연합의 목적과 양립하지 아니하는 어떠한 기타 방식으로도 무력의 위협이나 무력행사를 삼간다.
5. 모든 회원국은 국제연합이 이 헌장에 따라 취하는 어떠한 조치에 있어서도 모든 원조를 다하며, 국제연합이 방지조치 또는 강제조치를 취하는 대상이 되는 어떠한 국가에 대하여도 원조를 삼간다.
6. 기구는 국제연합의 회원국이 아닌 국가가, 국제평화와 안전을 유지하는데 필요한 한, 이러한 원칙에 따라 행동하도록 확보한다.
7. 이 헌장의 어떠한 규정도 본질상 어떤 국가의 국내 관할권 안에 있는 사항에 간섭할 권한을 국제연합에 부여하지 아니하며, 또는 그러한 사항을 이 헌장에 의한 해결에 맡기도록 회원국에 요구하지 아니한다. 다만, 이 원칙은 제7장에 의한 강제조치의 적용을 해하지 아니한다.

답 ②

06 **UN회원국이 준수해야 할 기본원칙으로 UN헌장 제2조에 규정되어 있지 않은 것은?** 07년 9급

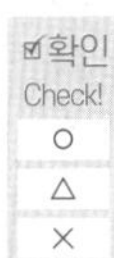

① 주권평등의 원칙
② 인권존중 원칙
③ 분쟁의 평화적 해결 원칙
④ 헌장상 의무의 성실한 이행 원칙

해설

난도 ★

① [○], ③ [○], ④ [○] UN헌장 제2조에서는 주권평등(제1항), 헌장상 의무의 성실한 이행(제2항), 분쟁의 평화적 해결(제3항), 무력행사 및 위협의 금지(제4항), UN에의 협력(제5항), 비회원국의 행동확보(제6항), 국내문제불간섭(제7항)을 규정하고 있다.

② [×] 인권존중 원칙은 UN헌장 제2조에서 규정하고 있는 UN의 기본원칙이 아니다. UN의 기본원칙이 아닌 것의 예로 자주 나오는 것에는 '인권존중 원칙', '민족자결 원칙' 등이 있다.

답 ②

2. 회원국의 지위

07 **국제연합 회원국에 대한 설명으로 옳지 않은 것은?** 17년 9급

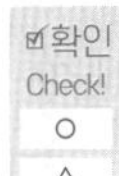

① 국제연합 회원국 가입은 안전보장이사회의 권고에 따라 총회의 결정에 의하여 이루어진다.
② 국제연합 회원국 가입에 관한 안전보장이사회의 권고에는 상임이사국의 거부권이 인정된다.
③ 국제연합 헌장 원칙을 끈질기게 위반하는 회원국은 제명될 수 있다.
④ 국제연합에서 제명된 회원국은 국제연합 전문기구의 회원국 자격도 박탈된다.

해설

난도 ★★

① [○] 그러한 국가의 국제연합 회원국으로의 승인은 안전보장이사회의 권고에 따라 총회의 결정에 의하여 이루어진다(UN헌장 제4조 제2항).

② [○] 국제연합 회원국 가입 문제는 안전보장이사회 표결상 비절차사항으로서 상임이사국의 동의 투표를 포함한 9개 이사국의 찬성투표로써 한다. 따라서 상임이사국의 거부권이 인정된다.

③ [○] 이 헌장에 규정된 원칙을 끈질기게 위반하는 국제연합 회원국은 총회가 안전보장이사회의 권고에 따라 기구로부터 제명할 수 있다(UN헌장 제6조).

④ [×] UN회원국의 제명과 UN전문기구 회원국 자격은 별개의 문제다.

답 ④

3. 총회

08 **UN인권이사회(Human Rights Council)에 대한 설명으로 옳은 것은?** 18년 9급

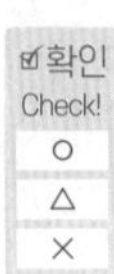

① 인권이사회는 2008년 UN안전보장이사회의 결의에 의해 설립되었다.

② 인권이사회는 UN의 전문기구(specialized agency)로서의 지위를 가진다.

③ 인권이사회는 국가의 인권 의무 이행과 관련하여 보편적 정례검토(Universal Periodic Review)를 행한다.

④ 인권이사회 자문위원회는 개인 자격으로 봉사하는 20인의 인권전문가로 구성된다.

해설

난도 ★★★

① [×] UN인권이사회(Human Rights Council)는 2006년 UN총회 결의에 의해 설립되었다.

② [×] UN인권이사회(Human Rights Council)는 UN전문기구가 아니라 UN총회의 보조기관이다.

③ [○] UN인권이사회(Human Rights Council) 설립에 관한 UN총회 결의(A/Res/60/251)에서는 모든 국가의 인권의무 이행과 관련하여 보편적이고 정기적인 검토(Universal Periodic Review)를 행하도록 규정하였다.

④ [×] 인권이사회는 2007년 6월 결의를 통해 인권이사회 자문위원회를 설치하였다. 인권이사회 자문위원회는 개인 자격으로 봉사하는 18인의 전문가로 구성되며, 임기는 3년이고 한 번 재선될 수 있다.

답 ③

09 **UN 총회에서 결정되는 사항 중 출석하여 투표하는 회원국의 3분의 2의 다수로 결정되는 사항이 아닌 것은?** 15년 9급

① UN헌장의 개정

② 회원국의 UN으로부터의 제명

③ 경제사회이사회의 이사국의 선출

④ 안전보장이사회의 비상임이사국의 선출

해설

난도 ★

① [×] 이 헌장의 개정은 총회 구성국의 3분의 2의 투표에 의하여 채택되고, 안전보장이사회의 모든 상임이사국을 포함한 국제연합회원국의 3분의 2에 의하여 각자의 헌법상 절차에 따라 비준되었을 때, 모든 국제연합회원국에 대하여 발효한다(UN헌장 제108조).

② [○], ③ [○], ④ [○] 중요문제에 관한 총회의 결정은 출석하여 투표하는 구성국의 3분의 2의 다수로 한다. 이러한 문제는 국제평화와 안전의 유지에 관한 권고, 안전보장이사회의 비상임이사국의 선출, 경제사회이사회의 이사국의 선출, 제86조 제1항 다호에 의한 신탁통치이사회의 이사국의 선출, 신회원국의 국제연합 가입의 승인, 회원국으로서의 권리 및 특권의 정지, 회원국의 제명, 신탁통치제도의 운영에 관한 문제 및 예산문제를 포함한다(UN헌장 제18조 제2항).

답 ①

10 **국제연합 총회가 단독으로 결정할 수 있는 것만을 모두 고르면?** 19년 7급

확인 Check! ○ △ ×

ㄱ. 국제연합 사무총장의 임명
ㄴ. 국제연합 예산안의 심의 및 승인
ㄷ. 국제연합 안전보장이사회 상임이사국 선출
ㄹ. 투표권이 정지된 분담금 미납 국제연합 회원국의 투표 허용

① ㄱ, ㄴ
② ㄴ, ㄷ
③ ㄴ, ㄹ
④ ㄷ, ㄹ

해설

난도 ★★★

ㄱ. [×] 사무총장은 안전보장이사회의 권고로 총회가 임명한다(UN헌장 제97조).
ㄴ. [○] 총회는 기구의 예산을 심의하고 승인한다(UN헌장 제17조 제1항).
ㄷ. [×] 안전보장이사회는 15개 국제연합회원국으로 구성된다. 중화민국, 불란서, 소비에트사회주의공화국연방, 영국 및 미합중국은 안전보장이사회의 상임이사국이다. 총회는 먼저 국제평화와 안전의 유지 및 기구의 기타 목적에 대한 국제연합회원국의 공헌과 또한 공평한 지리적 배분을 특별히 고려하여 그 외 10개의 국제연합회원국을 안전보장이사회의 비상임이사국으로 선출한다(UN헌장 제23조 제1항). 안전보장이사회의 5개 상임이사국은 UN헌장에 명시되어 있다.
ㄹ. [○] 기구에 대한 재정적 분담금의 지불을 연체한 국제연합 회원국은 그 연체금액이 그때까지의 만 2년간 그 나라가 지불하였어야 할 분담금의 금액과 같거나 또는 초과하는 경우 총회에서 투표권을 가지지 못한다. 그럼에도 총회는 지불의 불이행이 그 회원국이 제어할 수 없는 사정에 의한 것임이 인정되는 경우 그 회원국의 투표를 허용할 수 있다(UN헌장 제19조).

답 ③

11 **국제연합(UN) 총회가 안전보장이사회의 권고 없이 단독으로 처리할 수 있는 것으로만 열거한 것은?** 19년 9급

확인 Check! ○ △ ×

① 국제연합 비회원국의 국제사법재판소규정 당사국으로의 결정, 안전보장이사회 비상임이사국의 선출
② 안전보장이사회 비상임이사국의 선출, 예산의 승인 및 각 회원국에 대한 경비의 할당
③ 회원국의 권리와 특권의 정지, 안전보장이사회 비상임이사국의 선출
④ 회원국 가입의 승인, 사무총장의 임명

해설

난도 ★★★

- 안전보장이사회의 권고로 총회가 결정하는 사항에는 UN에의 가입(UN헌장 제4조 제2항), 권리와 특권의 정지(UN헌장 제5조), 제명(UN헌장 제6조), 사무총장의 임명(UN헌장 제97조), UN회원국이 아닌 국가의 ICJ규정 당사국으로의 결정(UN헌장 제93조 제2항)이 있다.
- 총회가 안전보장이사회의 권고 없이 단독으로 결정할 수 있는 사항에는 안전보장이사회 비상임이사국 선출(UN헌장 제23조 제1항), 예산 승인 및 경비할당(UN헌장 제17조)이 있다.
- 안전보장이사회가 총회의 개입 없이 단독으로 결정할 수 있는 사항에는 회원국의 정지된 권리와 특권의 회복(UN헌장 제6조)이 있다.

답 ②

12 국제연합(UN) 총회의 권한 중 안전보장이사회의 권고 없이 단독으로 처리할 수 있는 것은?

12년 9급

① 사무총장의 임명

② 안전보장이사회 비상임이사국의 선출

③ 회원국으로의 승인

④ 회원국의 권리와 특권의 행사 정지

해설

난도 ★★★

① [×], ③ [×], ④ [×] 신회원국의 가입, 회원국의 권리와 특권의 정지, 회원국의 제명, 사무총장의 임명 등은 안전보장이사회의 권고에 따라 총회가 결정하는 사항들이다.

② [○] 안전보장이사회 비상임이사국 선출은 총회 단독권한이다(UN헌장 제23조 제1항 참조).

답 ②

13 UN 총회에 대한 설명으로 옳지 않은 것은?

10년 9급

① 총회의 각 구성국은 1개의 투표권을 가진다.

② 총회는 어떠한 분쟁 또는 사태와 관련하여 안전보장이사회가 임무를 수행하고 있는 동안에도 적절하다고 판단되는 권고를 할 수 있다.

③ 총회는 그 임무의 수행에 필요하다고 인정되는 보조기관을 설치할 수 있다.

④ 총회는 안전보장이사회로부터 연례보고와 특별보고를 받아 심의한다.

해설

난도 ★★

① [○] 총회의 각 구성국은 1개의 투표권을 가진다(UN헌장 제18조 제1항).

② [×] 안전보장이사회가 어떠한 분쟁 또는 사태와 관련하여 이 헌장에서 부여된 임무를 수행하고 있는 동안에는 총회는 이 분쟁 또는 사태에 관하여 안전보장이사회가 요청하지 아니하는 한 어떠한 권고도 하지 아니한다(UN헌장 제12조 제1항).

③ [○] 총회는 그 임무의 수행에 필요하다고 인정되는 보조기관을 설치할 수 있다(UN헌장 제22조).

④ [○] 총회는 안전보장이사회로부터 연례보고와 특별보고를 받아 심의한다(UN헌장 제15조 제1항).

답 ②

4. 안전보장이사회

14 **UN안전보장이사회에 대한 설명으로 옳지 않은 것은?** 20년 9급

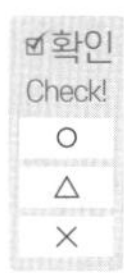

① UN회원국은 국제평화와 안전의 유지를 위한 일차적 책임을 UN안전보장이사회에 부여하고 있다.
② UN안전보장이사회는 필요시 보조기관을 설치할 수 있으며, 설치된 보조기관은 UN안전보장이사회 결의를 통하여 해체된다.
③ UN안전보장이사회가 취하는 강제조치의 경우에 비군사적 조치는 반드시 군사적 조치보다 선행되어야 한다.
④ 새로운 의제의 삽입, 회의의 정지와 휴회 등 절차사항에 관한 UN안전보장이사회의 결정은 9개 이사국의 찬성투표로써 한다.

해설

난도 ★★

① [○] 국제연합의 신속하고 효과적인 조치를 확보하기 위하여, 국제연합회원국은 국제평화와 안전의 유지를 위한 일차적 책임을 안전보장이사회에 부여하며, 또한 안전보장이사회가 그 책임하에 의무를 이행함에 있어 회원국을 대신하여 활동하는 것에 동의한다(UN헌장 제24조 제1항).
② [○] 안전보장이사회는 그 임무의 수행에 필요하다고 인정되는 보조기관을 설치할 수 있다(UN헌장 제29조). 안전보장이사회가 보조기관을 설치하거나 해체할 때에는 안전보장이사회의 결의에 의하는 것이 일반적이다.
③ [×] UN헌장 제42조에서는 "안전보장이사회는 제41조에 규정된 비군사적 강제조치가 불충분할 것으로 인정하거나 또는 불충분한 것으로 판명되었다고 인정하는 경우에는, 국제평화와 안전의 유지 또는 회복에 필요한 공군, 해군 또는 육군에 의한 조치를 취할 수 있다"라고 규정하여 비군사적 강제조치가 반드시 선행될 필요는 없는 것으로 규정하고 있다.
④ [○] 절차사항에 관한 안전보장이사회의 결정은 9개 이사국의 찬성투표로써 한다(UN헌장 제27조 제2항).

답 ③

15 **국제연합 안전보장이사회에 대한 설명으로 옳지 않은 것은?** 18년 7급

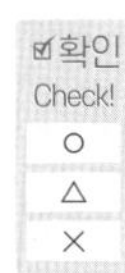

① 안전보장이사회는 자체 의사규칙을 채택한다.
② 안전보장이사회는 회원국에 대해 구속력이 있는 결정을 할 수 있다.
③ 안전보장이사회 이사국은 국제연합 소재지에 대표를 항상 두어야 한다.
④ 회원국은 자국 관련 안전보장이사회 토의에 참석하여 투표할 수 있다.

해설

난도 ★★

① [○] 안전보장이사회는 의장선출방식을 포함한 그 자체의 의사규칙을 채택한다(UN헌장 제30조).
② [○] 국제연합 회원국은 안전보장이사회의 결정을 이 헌장에 따라 수락하고 이행할 것을 동의한다(UN헌장 제25조).
③ [○] 안전보장이사회는 계속적으로 임무를 수행할 수 있도록 조직된다. 이를 위하여 안전보장이사회의 각 이사국은 기구의 소재지에 항상 대표를 둔다(UN헌장 제28조 제1항).
④ [×] 그 외 모든 사항에 관한 안전보장이사회의 결정은 상임이사국의 동의 투표를 포함한 9개 이사국의 찬성투표로써 한다. 다만, 제6장 및 제52조 제3항에 의한 결정에 있어서는 분쟁당사국은 투표를 기권한다(UN헌장 제27조 제3항). 분쟁의 평화적 해결에 관한 안전보장이사회의 결정에서 분쟁당사국은 투표를 기권한다.

답 ④

16 UN 안전보장이사회의 권한에 대한 설명으로 옳지 않은 것은?

14년 7급

☑확인 Check! ○ △ ×

① 안전보장이사회는 국제평화와 안전의 유지를 위한 1차적 책임을 부담한다.

② 안전보장이사회는 회원국에 대하여 구속력 있는 결정을 내릴 수 있다.

③ 평화에 대한 위협과 관련한 안전보장이사회의 결의에 따른 의무는 회원국에 대하여 다른 조약상의 의무보다 우선한다.

④ 안전보장이사회는 어떠한 분쟁에 관하여 분쟁당사국의 요청 여부와 관계없이 분쟁당사국에 그 분쟁의 평화적 해결을 위한 권고를 할 수 있다.

해설

난도 ★★

① [○] 국제연합의 신속하고 효과적인 조치를 확보하기 위하여, 국제연합 회원국은 국제평화와 안전의 유지를 위한 일차적 책임을 안전보장이사회에 부여하며, 또한 안전보장이사회가 그 책임하에 의무를 이행함에 있어 회원국을 대신하여 활동하는 것에 동의한다(UN헌장 제24조 제1항).

② [○] 국제연합 회원국은 안전보장이사회의 결정을 이 헌장에 따라 수락하고 이행할 것을 동의한다(UN헌장 제25조).

③ [○] 국제연합 회원국의 헌장상의 의무와 다른 국제협정상의 의무가 상충되는 경우에는 이 헌장상의 의무가 우선한다(UN헌장 제103조).

④ [×] 제33조 내지 제37조의 규정을 해하지 아니하고, 안전보장이사회는 어떠한 분쟁에 관하여도 모든 당사자가 요청하는 경우 그 분쟁의 평화적 해결을 위하여 그 당사자에게 권고할 수 있다(UN헌장 제38조).

답 ④

17 UN헌장상 안전보장이사회만의 전속적 권한은?

14년 9급

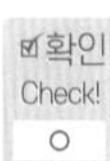

① 회원국의 가입 및 제명

② 예산 심의 · 승인

③ 국제사법재판소 재판관의 선출

④ 정지된 회원국의 권리와 특권의 회복

해설

난도 ★

① [×] 그러한 국가의 국제연합 회원국으로의 승인은 안전보장이사회의 권고에 따라 총회의 결정에 의하여 이루어진다(UN헌장 제4조 제2항).

② [×] 총회는 기구의 예산을 심의하고 승인한다(UN헌장 제17조 제1항).

③ [×] 총회 및 안전보장이사회는 각각 독자적으로 재판소의 재판관을 선출한다(ICJ규정 제8조). 총회 및 안전보장이사회에서 절대다수표를 얻은 후보자는 당선된 것으로 본다(ICJ규정 제10조 제1항).

④ [○] 안전보장이사회에 의하여 취하여지는 방지조치 또는 강제조치의 대상이 되는 국제연합 회원국에 대하여는 총회가 안전보장이사회의 권고에 따라 회원국으로서의 권리와 특권의 행사를 정지시킬 수 있다. 이러한 권리와 특권의 행사는 안전보장이사회에 의하여 회복될 수 있다(UN헌장 제5조).

답 ④

18 UN 안전보장이사회 상임이사국의 거부권에 대한 설명으로 옳지 않은 것은? 12년 7급

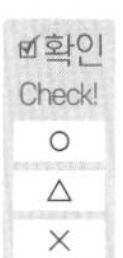

① 절차사항(procedural matters)에 대해서는 거부권을 행사할 수 없다.
② 해당 사항이 절차사항(procedural matters)인지 아니면 그 외의 모든 사항(all other matters)인지를 결정하는 표결에서 거부권을 행사할 수 있다.
③ 국제사법법원(ICJ) 판사의 선출을 위한 표결에서 거부권을 행사할 수 있다.
④ 평화에 대한 위협의 존재에 대한 결정에 대하여 거부권을 행사할 수 있다.

해설

난도 ★★★

① [○] 절차사항에 관한 안전보장이사회의 결정은 9개 이사국의 찬성투표로써 한다(UN헌장 제27조 제2항). 절차사항에 관한 안전보장이사회의 결정에는 상임이사국의 거부권이 인정되지 않는다.
② [○] 어떤 사항이 절차문제인지 비절차문제인지 여부를 결정하는 선결문제는 비절차문제로서 상임이사국의 거부권이 적용된다(UN헌장 제27조 제3항 참조).
③ [×] 안전보장이사회의 투표는, 재판관의 선거를 위한 것이든지 또는 제12조에 규정된 협의회의 구성원의 임명을 위한 것이든지, 안전보장이사회의 상임이사국과 비상임이사국 간에 구별없이 이루어진다(ICJ규정 제10조 제2항).
④ [○] '평화에 대한 위협의 존재에 대한 결정'은 비절차문제로서 상임이사국의 거부권이 적용된다(UN헌장 제27조 제3항, 제39조 참조).

 ③

19 UN 안전보장이사회에 대한 설명으로 옳지 않은 것은? 17년 7급

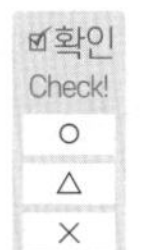

① 안전보장이사회는 UN의 주요 기관 중 하나로서 5개의 상임이사국과 10개의 비상임이사국으로 구성된다.
② 안전보장이사회는 국제평화와 안전의 유지를 위한 일차적 책임을 부여받고 있다.
③ 안전보장이사회가 UN헌장 제6장에 의한 결정을 하는 경우 분쟁 당사국인 이사국은 기권을 해야 한다.
④ 안전보장이사회의 모든 결정은 상임이사국의 동의투표를 포함한 9개 이사국의 찬성투표로써 결정된다.

해설

난도 ★★

① [○] 안전보장이사회는 15개 국제연합회원국으로 구성된다. 중화민국, 불란서, 소비에트사회주의공화국연방, 영국 및 미합중국은 안전보장이사회의 상임이사국이다. 총회는 먼저 국제평화와 안전의 유지 및 기구의 기타 목적에 대한 국제연합회원국의 공헌과 또한 공평한 지리적 배분을 특별히 고려하여 그 외 10개의 국제연합회원국을 안전보장이사회의 비상임이사국으로 선출한다(UN헌장 제23조 제1항).
② [○] 국제연합의 신속하고 효과적인 조치를 확보하기 위하여, 국제연합회원국은 국제평화와 안전의 유지를 위한 일차적 책임을 안전보장이사회에 부여하며, 또한 안전보장이사회가 그 책임하에 의무를 이행함에 있어 회원국을 대신하여 활동하는 것에 동의한다(UN헌장 제24조 제1항).
③ [○], ④ [×] 절차사항에 관한 안전보장이사회의 결정은 9개 이사국의 찬성투표로써 한다(UN헌장 제27조 제2항). 그 외 모든 사항에 관한 안전보장이사회의 결정은 상임이사국의 동의 투표를 포함한 9개 이사국의 찬성투표로써 한다. 다만, 제6장 및 제52조 제3항에 의한 결정에 있어서는 분쟁당사국은 투표를 기권한다(UN헌장 제27조 제3항).

답 ④

20 UN 안전보장이사회에 관한 설명으로 옳지 않은 것은? 15년 9급

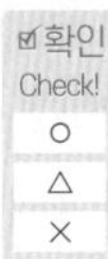

① 안전보장이사회는 UN의 신속하고 효과적인 조치를 확보하기 위하여 국제평화와 안전의 유지를 위한 일차적 책임을 진다.
② UN 회원국은 안전보장이사회의 결정을 UN헌장에 따라 수락하고 이행할 것을 동의한다.
③ 안전보장이사회는 그 임무의 수행에 필요하다고 인정되는 보조기관을 설치할 수 있다.
④ 안전보장이사회는 국제사법재판소(ICJ)의 판결을 집행하기 위하여 어떠한 경우에도 권고할 수 없다.

해설
난도 ★★
① [○] 국제연합의 신속하고 효과적인 조치를 확보하기 위하여, 국제연합회원국은 국제평화와 안전의 유지를 위한 일차적(primary) 책임을 안전보장이사회에 부여하며, 또한 안전보장이사회가 그 책임하에 의무를 이행함에 있어 회원국을 대신하여 활동하는 것에 동의한다(UN헌장 제24조 제1항).
② [○] 국제연합회원국은 안전보장이사회의 결정을 이 헌장에 따라 수락하고 이행할 것을 동의한다(UN헌장 제25조).
③ [○] 안전보장이사회는 그 임무의 수행에 필요하다고 인정되는 보조기관을 설치할 수 있다(UN헌장 제29조).
④ [×] 안전보장이사회는 필요하다고 인정하는 경우 판결을 집행하기 위하여 권고하거나 취하여야 할 조치를 결정할 수 있다(UN헌장 제94조 제2항).

 ④

21 UN 안전보장이사회에 대한 설명으로 옳지 않은 것은? 11년 7급

① 국제평화와 안전에 대한 일차적인 책임(primary responsibility)은 안전보장이사회가 지나, 안전보장이사회가 자신의 기능을 수행하지 못할 경우 이차적으로 총회가 개입할 수 있다.
② 안전보장이사회는 필요하다고 인정하는 경우 국제사법재판소(ICJ)의 판결을 집행하기 위하여 권고하거나 취하여야 할 조치를 결정할 수 있다.
③ 안전보장이사회의 강제조치에 관한 결정은 그 조치의 대상이 되는 국가에게만 구속력을 가진다.
④ 절차사항에 관한 안전보장이사회의 결정은 9개 이사국의 찬성투표로 한다.

해설
난도 ★★
① [○] 국제연합의 신속하고 효과적인 조치를 확보하기 위하여, 국제연합회원국은 국제평화와 안전의 유지를 위한 일차적(primary) 책임을 안전보장이사회에 부여하며, 또한 안전보장이사회가 그 책임하에 의무를 이행함에 있어 회원국을 대신하여 활동하는 것에 동의한다(UN헌장 제24조 제1항). 총회는 광범위한 심의 · 토의 · 권고의 권한을 갖고 있는바, 안전보장이사회가 국제평화와 안전에 대한 자신의 기능을 수행하지 못할 경우 이차적으로 개입할 수 있다.
② [○] 사건의 당사자가 재판소가 내린 판결에 따라 자국이 부담하는 의무를 이행하지 아니하는 경우에는 타방의 당사자는 안전보장이사회에 제소할 수 있다. 안전보장이사회는 필요하다고 인정하는 경우 판결을 집행하기 위하여 권고하거나 취하여야 할 조치를 결정할 수 있다(UN헌장 제94조 제2항).
③ [×] 안전보장이사회의 강제조치에 관한 결정은 모든 UN회원국에 대하여 효력이 있다(UN헌장 제2조 제2항, 제7항 및 제48조, 제49조 등 참조).
④ [○] 절차사항에 관한 안전보장이사회의 결정은 9개 이사국의 찬성투표로써 한다(UN헌장 제27조 제2항).

답 ③

22 국제연합(UN) 안전보장이사회의 권한에 대한 설명으로 옳지 않은 것은?

10년 지방

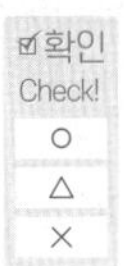

① 안전보장이사회가 강제조치를 하는 경우 반드시 비군사적 조치가 선행되어야 한다.
② 안전보장이사회는 UN헌장 제51조에 따른 자위권 행사의 적부를 심사할 권한을 갖는다.
③ 안전보장이사회가 내리는 절차사항 이외의 모든 사항에 관한 결정에는 거부권이 적용된다.
④ 안전보장이사회는 국제평화와 안전의 유지를 위하여 필요한 경우 군사조치를 취할 수 있다.

해설
난도 ★★

① [×], ④ [○] 안전보장이사회는 제41조에 규정된 조치가 불충분할 것으로 인정하거나 또는 불충분한 것으로 판명되었다고 인정하는 경우에는, 국제평화와 안전의 유지 또는 회복에 필요한 공군, 해군 또는 육군에 의한 조치를 취할 수 있다(UN헌장 제42조). 군사적 강제조치는 반드시 비군사적 강제조치 후에 취하는 것이 아니라 비군사적 강제조치 없이 곧바로 또는 이와 병행하여 실시될 수도 있다.

② [○] 자위권을 행사함에 있어 회원국이 취한 조치는 즉시 안전보장이사회에 보고되며, 국제평화와 안전의 유지에 관한 1차적 책임이 있는 안전보장이사회의 사후심사의 대상이 된다.

③ [○] 그 외 모든 사항[비절차사항(비절차문제), 실질사항(실질문제)]에 관한 안전보장이사회의 결정은 상임이사국의 동의투표를 포함한 9개 이사국의 찬성투표로써 한다(UN헌장 제27조 제3항). 따라서 절차사항 외 모든 사항(비절차사항, 실질사항)에 관한 안전보장이사회의 결정에는 상임이사국의 거부권이 적용된다.

답 ①

23 다음 중 UN 안전보장이사회의 거부권제도의 폐단을 방지하기 위한 노력 내지 방안과 관련이 없는 것은?

09년 지방

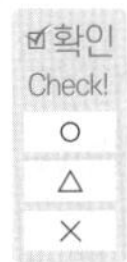

① 선택조항(optional clause)의 수락
② 중간위원회(일명 소총회)의 설치
③ UN총회의 '평화를 위한 단결결의'
④ UN헌장의 거부권 관련규정 해석에 있어서 UN의 관행

해설
난도 ★★★

① [×] '선택조항의 수락' 문제는 국제사법재판소(ICJ)의 강제관할권에 관한 것으로서 UN 안전보장이사회의 거부권과는 관련이 없다.

② [○] '중간위원회'(소총회)는 상임이사국의 거부권 남용을 방지하기 위하여 제3차 UN총회결의에 의해 설치되었다. 중간위원회는 거부권적용이 없는 총회를 중시하여 설치된 것이나 소련 등 6개국이 참가하지 않았을 뿐만 아니라, 회원국에 권고할 권한도 없었으므로 근본적 해결책이 되지 못하였다.

③ [○] 1950년 11월 3일의 '평화를 위한 단결결의'는 한국전쟁과 관련된 안전보장이사회 결의안들이 소비에트연방의 거부권 행사로 부결되는 일들이 계속되자 안전보장이사회가 상임이사국의 거부권 행사로 제 역할을 하지 못할 때 총회에 일정한 권한을 주고자 총회에서 채택된 결의 중 하나다. 이 결의에서는 총회가 집단적 강제조치까지 회원국에 권고할 수 있도록 하였으나, 어디까지나 권고적 효력만 있을 뿐 강제행동을 명령할 수 없으므로 충분한 해결책이 되지 못하였다.

④ [○] 안전보장이사회 상임이사국의 거부권 남용으로 인한 문제의 근본적인 해결책으로 거부권에 관한 UN헌장 규정의 개정이라는 방법이 있으나, UN헌장 개정을 위한 표결에는 안전보장이사회 상임이사국의 거부권이 적용되므로 현재의 국제정치 하에서는 사실상 이루어질 가능성이 없다. 따라서 원래 국제정치현실을 승인한 결과인 거부권제도를 법적으로 해결한다는 것은 어려운 일이며, 그 해결은 정치적 현실의 진전에 의존할 수밖에 없다고 본다.

답 ①

24 UN 안전보장이사회의 표결에 대한 설명 중 옳지 않은 것은? 09년 7급

① 안전보장이사회 각 이사국은 1개의 투표권을 갖는다.
② 안전보장이사회의 표결은 절차사항과 비절차사항으로 구분되는데, 비절차사항에 관할 결정은 상임이사국의 동의투표를 포함하는 9개 이사국의 찬성투표로 성립한다.
③ 안전보장이사회 상임이사국은 절차사항에 대한 표결에 있어서는 거부권을 갖지 않는다.
④ 안전보장이사회 이사국이 아닌 UN회원국은 안전보장이사회의 결의내용에 특별한 이해관계가 인정되는 경우 안전보장이사회에서 투표권을 가질 수 있다.

해설
난도 ★★
① [○] 안전보장이사회의 각 이사국은 1개의 투표권을 가진다(UN헌장 제27조 제1항).
② [○], ③ [○] 그 외 모든 사항[비절차사항(비절차문제), 실질사항(실질문제)]에 관한 안전보장이사회의 결정은 상임이사국의 동의 투표를 포함한 9개 이사국의 찬성투표로써 한다. 다만, 제6장(분쟁의 평화적 해결) 및 제52조(지역적 약정 또는 지역적 기관에 의한 지역적 분쟁의 평화적 해결) 제3항에 의한 결정에 있어서는 분쟁당사국은 투표를 기권한다(UN헌장 제27조 제3항).
④ [×] 안전보장이사회의 이사국이 아닌 어떠한 국제연합 회원국도 안전보장이사회가 그 회원국의 이해에 특히 영향이 있다고 인정하는 때에는 언제든지 안전보장이사회에 회부된 어떠한 문제의 토의에도 투표권 없이 참가할 수 있다(UN헌장 제31조).

답 ④

25 UN헌장에 규정된 안전보장이사회에 대한 설명으로 옳은 것은? 08년 7급

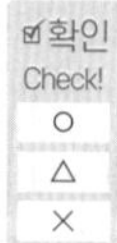

① 안전보장이사회는 UN의 예산을 심의하고 승인하며 UN의 다른 기관으로부터 보고를 받아 심의한다.
② 새로운 회원국의 가입승인은 안전보장이사회의 권고에 따라 총회가 결정하며, 안전보장이사회의 권고 시에는 상임이사국의 거부권이 인정된다.
③ 안전보장이사회는 정치적 분야에 있어서 국제협력을 촉진하고, 국제법의 점진적 발달 및 그 법전화를 장려하기 위하여 연구를 발의하고 권고한다.
④ 지역적 기관은 안전보장이사회의 허가 없이는 어떠한 경우에도 강제조치를 취할 수 없다.

✐해설

난도 ★★

① [×] 총회는 기구의 예산을 심의하고 승인한다(UN헌장 제17조제1항). 총회는 국제연합의 다른 기관으로부터 보고를 받아 심의한다(UN헌장 제15조 제2항).

② [○] 그러한 국가의 국제연합 회원국으로의 승인은 안전보장이사회의 권고에 따라 총회의 결정에 의하여 이루어진다(UN헌장 제4조 제2항). 안전보장이사회의 표결은 9개 이사국의 찬성투표를 요하는 절차사항과 상임이사국의 동의투표를 포함한 9개 이사국의 찬성투표를 요하는 절차사항 외의 사항(비절차사항, 실질사항)으로 구분된다(UN헌장 제27조 제3항).

③ [×] UN헌장 제13조 제1항 가호에서 총회의 권한 · 임무 중 하나로 정치적 분야에 있어서 국제협력을 촉진하고, 국제법의 점진적 발달 및 그 법전화를 장려하기 위하여 연구를 발의하고 권고하는 것에 대한 규정을 두고 있다.

④ [×] 안전보장이사회는 그 권위 하에 취하여지는 강제조치를 위하여 적절한 경우에는 그러한 지역적 약정 또는 지역적 기관을 이용한다. 다만, 안전보장이사회의 허가 없이는 어떠한 강제조치도 지역적 약정 또는 지역적 기관에 의하여 취하여져서는 아니 된다. 그러나 이 조 제2항에 규정된 어떠한 적국에 대한 조치이든지 제107조(구적국)에 따라 규정된 것 또는 적국에 의한 침략 정책의 재현에 대비한 지역적 약정에 규정된 것은, 관계정부의 요청에 따라 기구가 그 적국에 의한 새로운 침략을 방지할 책임을 질 때까지는 예외로 한다(UN헌장 제53조 제1항). 원칙적으로 지역적 기관은 안전보장이사회의 허가 없이 강제조치를 취할 수 없지만, 예외적으로 적국에 대한 조치, 구적국조항에 따른 조치는 가능하다.

답 ②

26 **국제연합(UN) 안전보장이사회에 관한 설명으로 옳지 않은 것은?** 08년 9급

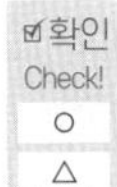

① 이사국이 아닌 국가는 안전보장이사회의 토의에 참가할 수 없다.
② 절차사항에 관한 결정에는 최소 9개 이사국의 찬성투표가 요구된다.
③ 안전보장이사회는 국제평화와 안전을 위하여 일차적 책임을 진다.
④ 안전보장이사회의 결정은 회원국을 구속한다.

✐해설

난도 ★★

① [×] 안전보장이사회의 이사국이 아닌 어떠한 국제연합회원국도 안전보장이사회가 그 회원국의 이해에 특히 영향이 있다고 인정하는 때에는 언제든지 안전보장이사회에 회부된 어떠한 문제의 토의에도 투표권 없이 참가할 수 있다(UN헌장 제31조). 안전보장이사회의 이사국이 아닌 국제연합회원국 또는 국제연합회원국이 아닌 어떠한 국가도 안전보장이사회에서 심의 중인 분쟁의 당사자인 경우에는 이 분쟁에 관한 토의에 투표권 없이 참가하도록 초청된다. 안전보장이사회는 국제연합회원국이 아닌 국가의 참가에 공정하다고 인정되는 조건을 정한다(UN헌장 제32조). 안전보장이사회 이사국이 아닌 국가라도 안전보장이사회가 그 회원국의 이해에 특히 영향이 있다고 인정하는 때, 또는 분쟁당사자로서 안전보장이사회의 토의에 참가하도록 초청된 경우에는 안전보장이사회의 토의에 참가할 수 있다.

② [○] 절차사항에 관한 안전보장이사회의 결정은 9개 이사국의 찬성투표로써 한다(UN헌장 제27조 제2항).

③ [○] 국제연합의 신속하고 효과적인 조치를 확보하기 위하여, 국제연합회원국은 국제평화와 안전의 유지를 위한 일차적(primary) 책임을 안전보장이사회에 부여하며, 또한 안전보장이사회가 그 책임하에 의무를 이행함에 있어 회원국을 대신하여 활동하는 것에 동의한다(UN헌장 제24조 제1항).

④ [○] 국제연합회원국은 안전보장이사회의 결정을 이 헌장에 따라 수락하고 이행할 것을 동의한다(UN헌장 제25조).

답 ①

27 UN 안전보장이사회에 관한 설명으로 옳지 않은 것은?

07년 7급

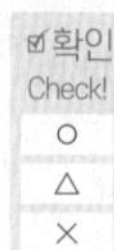

① 안전보장이사회는 15개국 UN회원국으로 구성된다.
② 안전보장이사회의 각 이사국은 1인의 대표를 가진다.
③ 안전보장이사회의 비상임이사국은 10개국이다.
④ 안전보장이사회의 비상임이사국은 3년의 임기로 선출된다.

해설

난도 ★

① [○] 안전보장이사회는 15개 국제연합회원국으로 구성된다(UN헌장 제23조 제1항 1문).
② [○] 안전보장이사회의 각 이사국은 1인의 대표를 가진다(UN헌장 제23조 제3항).
③ [○] 총회는 먼저 국제평화와 안전의 유지 및 기구의 기타 목적에 대한 국제연합회원국의 공헌과 또한 공평한 지리적 배분을 특별히 고려하여 그 외 10개의 국제연합회원국을 안전보장이사회의 비상임이사국으로 선출한다(UN헌장 제23조 제1항).
④ [×] 안전보장이사회의 비상임이사국은 2년의 임기로 선출된다(UN헌장 제23조 제2항).

답 ④

28 UN 안전보장이사회에 관한 설명으로 옳지 않은 것은?

07년 9급

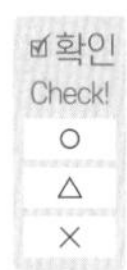

① 안전보장이사회는 5개 상임이사국과 10개 비상임이사국으로 구성된다.
② 안전보장이사회는 국제평화와 안전의 유지 또는 회복을 위하여 권고한다.
③ 안전보장이사회는 필요한 보조기관을 설치할 수 있다.
④ 안전보장이사회는 UN사무총장을 임명한다.

해설

난도 ★

① [○] 안전보장이사회는 15개 국제연합회원국으로 구성된다. 중화민국, 불란서, 소비에트사회주의공화국연방, 영국 및 미합중국은 안전보장이사회의 상임이사국이다. 총회는 먼저 국제평화와 안전의 유지 및 기구의 기타 목적에 대한 국제연합회원국의 공헌과 또한 공평한 지리적 배분을 특별히 고려하여 그 외 10개의 국제연합회원국을 안전보장이사회의 비상임이사국으로 선출한다(UN헌장 제23조 제1항).
② [○] 안전보장이사회는 평화에 대한 위협, 평화의 파괴 또는 침략행위의 존재를 결정하고, 국제평화와 안전을 유지하거나 이를 회복하기 위하여 권고하거나, 또는 제41조(비무력적 강제조치) 및 제42조(무력적 강제조치)에 따라 어떠한 조치를 취할 것인지를 결정한다(UN헌장 제39조).
③ [○] 안전보장이사회는 그 임무의 수행에 필요하다고 인정되는 보조기관을 설치할 수 있다(UN헌장 제29조).
④ [×] 사무총장은 안전보장이사회의 권고로 총회가 임명한다(UN헌장 제97조).

답 ④

16년 9급

29 **안전보장이사회와 UN 총회의 관계에 대한 설명으로 옳지 않은 것은?**

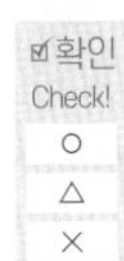

① 안전보장이사회가 국제평화와 안전의 유지를 위한 1차적 책임을 진다.
② 안전보장이사회가 다루고 있는 사태에 대하여도 총회는 국제사법재판소(ICJ)에 권고적 의견을 요청할 수 있다.
③ ICJ 재판관의 선출은 안전보장이사회의 권고로 총회에 출석하여 투표한 회원국의 3분의 2의 다수로 결정된다.
④ 안전보장이사회가 어떠한 분쟁이나 사태와 관련하여 UN헌장에서 부여된 임무를 수행하고 있는 동안에는 총회는 이 분쟁 또는 사태에 관하여 안전보장이사회가 요청하지 않는 한 어떠한 권고도 하지 아니한다.

해설
난도 ★★
① [○] 국제연합의 신속하고 효과적인 조치를 확보하기 위하여, 국제연합회원국은 국제평화와 안전의 유지를 위한 일차적(primary) 책임을 안전보장이사회에 부여하며, 또한 안전보장이사회가 그 책임하에 의무를 이행함에 있어 회원국을 대신하여 활동하는 것에 동의한다(UN헌장 제24조 제1항).
② [○], ④ [○] 총회 또는 안전보장이사회는 어떠한 법적 문제에 관하여도 권고적 의견을 줄 것을 국제사법재판소에 요청할 수 있다(UN헌장 제96조 제1항). "안전보장이사회가 어떠한 분쟁 또는 사태와 관련하여 이 헌장에서 부여된 임무를 수행하고 있는 동안에는 총회는 이 분쟁 또는 사태에 관하여 안전보장이사회가 요청하지 아니하는 한 어떠한 권고도 하지 아니한다."라고 하는 UN헌장 제12조 제1항의 규정은 UN총회가 ICJ에 대해 권고적 의견을 요청하는 경우에 관한 것이 아니라 UN총회가 직접 권고를 할 수 있는지 여부에 관한 문제이다. 따라서 ②번, ④번 모두 옳은 지문이다.
③ [×] 총회 및 안전보장이사회는 각각 독자적으로 재판소의 재판관을 선출한다(ICJ규정 제8조). 총회 및 안전보장이사회에서 절대다수표를 얻은 후보자는 당선된 것으로 본다(ICJ규정 제10조 제1항). ICJ재판관 선출은 총회와 안전보장이사회 모두에게 권한이 있으며, 각각 독자적으로 절대다수표로 선출한다.

답 ③

15년 7급

30 **UN 총회와 안전보장이사회의 관계에 대한 설명으로 옳지 않은 것은?**

확인 Check! ○ △ ×

① 안전보장이사회가 어떠한 분쟁 또는 사태에 관하여 헌장에서 부여된 임무를 수행하는 동안에는 총회는 안전보장이사회가 요청하지 않는 한 이에 대하여 어떤 권고도 할 수 없다.
② 총회는 국제평화와 안전을 위태롭게 할 우려가 있는 사태에 대하여 안전보장이사회의 주의를 환기할 수 있다.
③ 안전보장이사회의 요청이 있는 경우 UN 사무총장은 총회의 특별회기를 소집한다.
④ 안전보장이사회가 국제평화와 안전의 유지 또는 회복에 필요한 공군, 해군 또는 육군에 의한 조치를 취하려 할 때는 총회의 사전 동의를 얻어야 한다.

해설

난도 ★★★

① [○] 안전보장이사회가 어떠한 분쟁 또는 사태와 관련하여 이 헌장에서 부여된 임무를 수행하고 있는 동안에는 총회는 이 분쟁 또는 사태에 관하여 안전보장이사회가 요청하지 아니하는 한 어떠한 권고도 하지 아니한다(UN헌장 제12조 제1항).

② [○] 총회는 국제평화와 안전을 위태롭게 할 우려가 있는 사태에 대하여 안전보장이사회의 주의를 환기할 수 있다(UN헌장 제11조 제3항).

③ [○] 특별회기는 안전보장이사회의 요청 또는 국제연합회원국의 과반수의 요청에 따라 사무총장이 소집한다(UN헌장 제20조).

④ [×] UN헌장 제42조에서는 "안전보장이사회는 제41조에 규정된 조치가 불충분할 것으로 인정하거나 또는 불충분한 것으로 판명되었다고 인정하는 경우에는, 국제평화와 안전의 유지 또는 회복에 필요한 공군, 해군 또는 육군에 의한 조치를 취할 수 있다."라고 규정하고 있으며, 이 경우 총회의 사전 동의는 필요 없다.

답 ④

31 **국제연합(UN) 안전보장이사회와 총회의 권한 배분에 대한 설명으로 옳은 것은?** 10년 지방

① 국제평화와 안전의 유지에 대한 1차적 책임은 총회와 안전보장이사회에 균등하게 배분되어 있다.

② 양 기관 모두 국제평화와 안전을 위협하는 행위에 대해 법적 구속력 있는 결정(decision)을 내릴 권한을 보유하고 있다.

③ 양 기관 모두 거부권 제도를 채택하고 있는 점은 주권평등 원칙에 반한다는 견해가 있다.

④ 양 기관은 모두 독립적으로 국제사법재판소(ICJ) 재판관 선출권을 갖는다.

해설

난도 ★★

① [×] 국제연합의 신속하고 효과적인 조치를 확보하기 위하여, 국제연합 회원국은 국제평화와 안전의 유지를 위한 일차적 책임을 안전보장이사회에 부여하며, 도한 안전보장이사회가 그 책임하에 의무를 이행함에 있어 회원국을 대신하여 활동하는 것에 동의한다(UN헌장 제24조 제1항). 국제평화와 안전의 유지에 대한 1차적 책임은 안전보장이사회에 부여되어 있다.

② [×] 총회의 결의는 원칙적으로 권고적 효력만 있으며, 예외적으로 사무총장의 선출, 예산안의 통과, ICJ 재판관 선출 등과 같은 내부문제에 관한 총회의 결의는 구속력이 있는 것으로 본다. 안전보장이사회의 경우 UN헌장 제6장상의 분쟁의 평화적 해결에 관한 결의는 권고적 효력이 있으며, UN헌장 제7장상의 강제조치에 관한 결의와 절차사항에 관한 결의는 구속력이 있는 것으로 본다.

③ [×] 안전보장이사회에서는 비절차문제(실질문제)에 대한 5대 상임이사국의 거부권을 인정하고 있으나, 총회에는 이러한 거부권 제도가 없다.

④ [○] 총회 및 안전보장이사회는 각각 독자적으로 재판소의 재판관을 선출한다(ICJ규정 제8조).

답 ④

32 UN 안전보장이사회와 총회에 대한 설명으로 옳은 것은?

10년 9급

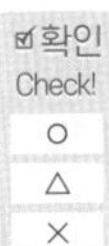

① UN 회원국은 국제평화와 안전의 유지를 위한 일차적 책임을 UN 총회에 부여하고 있다.
② UN 회원국만이 자국이 당사자인 분쟁에 관하여 안전보장이사회의 주의를 환기할 수 있다.
③ 안전보장이사회의 절차사항에 대한 의사결정에 있어서는 상임이사국의 거부권이 행사될 수 있다.
④ 절차사항 외 모든 사항에 관한 안전보장이사회의 결정은 상임이사국의 동의투표를 포함한 9개 이사국의 찬성투표로 한다.

해설

난도 ★★

① [×] 국제연합의 신속하고 효과적인 조치를 확보하기 위하여, 국제연합회원국은 국제평화와 안전의 유지를 위한 일차적 책임을 안전보장이사회에 부여하며, 또한 안전보장이사회가 그 책임하에 의무를 이행함에 있어 회원국을 대신하여 활동하는 것에 동의한다(UN헌장 제24조 제1항). 국제평화와 안전의 유지에 대한 1차적 책임은 총회가 아니라 안전보장이사회에 있다.

② [×] UN회원국이 아닌 국가는 자국이 당사자인 어떠한 분쟁에 관하여도, 이 헌장에 규정된 평화적 해결의 의무를 그 분쟁에 관하여 미리 수락하는 경우에는 안전보장이사회 또는 총회의 주의를 환기할 수 있다(UN헌장 제35조 제2항). 회원국은 분쟁당사자 여부 불문하고 총회나 안전보장이사회의 주의환기가 가능하며, 비회원국은 분쟁당사자인 경우에 한하여 총회나 안전보장이사회의 주의환기가 가능하다.

③ [×] 절차사항에 관한 안전보장이사회의 결정은 9개 이사국의 찬성투표로써 한다(UN헌장 제27조 제2항). 절차사항에 대한 의사결정에 있어서는 안전보장이사회 상임이사국의 거부권은 인정되지 않는다. 안전보장이사회 상임이사국의 거부권은 비절차사항(실질사항)에 대한 의사결정에 있어서만 인정된다.

④ [○] 그 외 모든 사항[비절차사항(비절차문제), 실질사항(실질문제)]에 관한 안전보장이사회의 결정은 상임이사국의 동의투표를 포함한 9개 이사국의 찬성투표로써 한다(UN헌장 제27조 제3항).

답 ④

33 UN 안전보장이사회와 총회의 권한 및 임무에 관한 설명 중 옳은 것은?

09년 지방

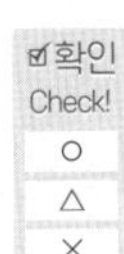

① UN의 기관 중 총회는 국제평화와 안전의 유지를 위한 일차적 책임을 진다.
② 안전보장이사회가 국제사회의 평화와 안전을 위한 임무를 수행하는 경우 회원국을 대신하여 활동할 수는 없다.
③ 안전보장이사회가 어떠한 분쟁 또는 사태와 관련하여 UN헌장상의 임무를 수행하고 있는 동안에는 총회는 안전보장이사회의 요청이 없는 한 당해 분쟁 또는 사태에 관하여 권고를 해서는 안 된다.
④ 총회는 국제평화와 안전의 유지에 관한 문제를 토의할 권한이 없다.

해설

난도 ★★

① [×], ② [×] 국제연합의 신속하고 효과적인 조치를 확보하기 위하여, 국제연합회원국은 국제평화와 안전의 유지를 위한 일차적 책임을 안전보장이사회에 부여하며, 또한 안전보장이사회가 그 책임하에 의무를 이행함에 있어 회원국을 대신하여 활동하는 것에 동의한다(UN헌장 제24조 제1항).

③ [○] 안전보장이사회가 어떠한 분쟁 또는 사태와 관련하여 이 헌장에서 부여된 임무를 수행하고 있는 동안에는 총회는 이 분쟁 또는 사태에 관하여 안전보장이사회가 요청하지 아니하는 한 어떠한 권고도 하지 아니한다(UN헌장 제12조 제1항).

④ [×] 총회는 국제연합회원국이나 안전보장이사회 또는 제35조 제2항에 따라 국제연합회원국이 아닌 국가에 의하여 총회에 회부된 국제평화와 안전의 유지에 관한 어떠한 문제도 토의할 수 있으며, 제12조에 규정된 경우를 제외하고는 그러한 문제와 관련하여 1 또는 그 이상의 관계국이나 안전보장이사회 또는 이 양자에 대하여 권고할 수 있다(UN헌장 제11조 제2항).

답 ③

6. 강제조치

34 UN의 집단안전보장체제에 대한 설명으로 옳지 않은 것은? 18년 9급

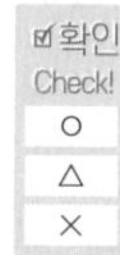

① UN헌장은 무력의 위협이나 무력 사용을 금지하고 있으므로 회원국은 무력공격에 대하여 자위권을 행사할 수 없다.

② UN헌장 제7장에 따라 국제평화와 안전의 유지에 관하여 안전보장이사회가 채택한 결정은 회원국에 대하여 구속력을 가진다.

③ 안전보장이사회는 비군사적 조치의 하나로 무역금지 등의 경제제재조치를 취할 수 있다.

④ 안전보장이사회가 군사적 조치를 취하는 경우, 그러한 조치는 회원국의 병력에 의한 봉쇄 등을 포함할 수 있다.

해설

난도 ★★

① [×] UN헌장 제2조 제4항에서 무력행사금지원칙을 규정하면서도 무력행사금지원칙에 대한 예외로서 제51조에 자위권에 관한 규정을 두고 있다.

② [○] 안전보장이사회의 결의 중 UN헌장 제6장상의 분쟁의 평화적 해결에 관한 결의는 회원국에 대한 법적 구속력이 없는 것으로 보고, UN헌장 제7장상의 강제조치에 관한 결의는 회원국에 대한 법적 구속력이 있는 것으로 본다.

③ [○] 안전보장이사회는 그의 결정을 집행하기 위하여 병력의 사용을 수반하지 아니하는 어떠한 조치를 취하여야 할 것인지를 결정할 수 있으며, 또한 국제연합회원국에 대하여 그러한 조치를 적용하도록 요청할 수 있다. 이 조치는 경제관계 및 철도, 항해, 항공, 우편, 전신, 무선통신 및 다른 교통통신수단의 전부 또는 일부의 중단과 외교관계의 단절을 포함할 수 있다(UN헌장 제41조).

④ [○] 안전보장이사회는 제41조(비무력적 강제조치)에 규정된 조치가 불충분할 것으로 인정하거나 또는 불충분한 것으로 판명되었다고 인정하는 경우에는, 국제평화와 안전의 유지 또는 회복에 필요한 공군, 해군 또는 육군에 의한 조치를 취할 수 있다. 그러한 조치는 국제연합회원국의 공군, 해군 또는 육군에 의한 시위, 봉쇄 및 다른 작전을 포함할 수 있다(UN헌장 제42조).

답 ①

35 UN 안전보장이사회의 역할에 대한 설명으로 옳지 않은 것은?

17년 9추

☑확인 Check! ○ △ ×

① 국제 평화와 안전의 유지에 관한 제1차적 책임기관이다.
② 비군사적인 강제조치로서 구 유고국제형사재판소를 설치한 바 있다.
③ UN 헌장 제7장에 따라 군사적 조치를 취할 경우 비군사적 조치를 먼저 행하여야 한다.
④ 강제조치를 위하여 적절한 경우 지역적 약정이나 지역적 기관을 이용할 수 있다.

해설

난도 ★★

① [○] 국제연합의 신속하고 효과적인 조치를 확보하기 위하여, 국제연합회원국은 국제평화와 안전의 유지를 위한 일차적 책임을 안전보장이사회에 부여하며, 또한 안전보장이사회가 그 책임하에 의무를 이행함에 있어 회원국을 대신하여 활동하는 것에 동의한다(UN헌장 제24조 제1항).
② [○] 구 유고국제형사재판소는 UN헌장 제7장상의 안전보장이사회의 결의에 근거하여 설치되었다.
③ [×] UN헌장 제42조에서는 "안전보장이사회는 제41조에 규정된 조치가 불충분할 것으로 인정하거나 또는 불충분한 것으로 판명되었다고 인정하는 경우에는, 국제평화와 안전의 유지 또는 회복에 필요한 공군, 해군 또는 육군에 의한 조치를 취할 수 있다."라고 규정하여 제41조상의 비무력적 강제조치를 반드시 선행하고 있지는 않다.
④ [○] 안전보장이사회는 그 권위 하에 취하여지는 강제조치를 위하여 적절한 경우에는 그러한 지역적 약정 또는 지역적 기관을 이용한다(UN헌장 제53조 제1항).

답 ③

36 UN 안전보장이사회의 군사적 강제조치에 대한 설명으로 옳지 않은 것은?

16년 7급

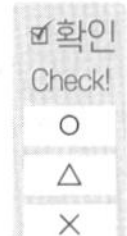

① UN 안전보장이사회는 평화에 대한 위협, 평화의 파괴 또는 침략행위의 존재를 먼저 결정하여야 한다.
② 비군사적 강제조치가 불충분할 것으로 인정하거나 또는 불충분한 것으로 판명되었다고 인정하는 경우에 사용된다.
③ UN 회원국과의 특별협정에서 병력의 수 및 종류를 규율한다.
④ 한국전쟁 당시 UN군은 군사참모위원회(Military Staff Committee)의 지휘를 받았다.

해설

난도 ★★★

① [○] 안전보장이사회는 평화에 대한 위협, 평화의 파괴 또는 침략행위의 존재를 결정하고, 국제평화와 안전을 유지하거나 이를 회복하기 위하여 권고하거나, 또는 제41조 및 제42조에 따라 어떠한 조치를 취할 것인지를 결정한다(UN헌장 제39조).
② [○] 안전보장이사회는 제41조에 규정된 조치가 불충분할 것으로 인정하거나 또는 불충분한 것으로 판명되었다고 인정하는 경우에는, 국제평화와 안전의 유지 또는 회복에 필요한 공군, 해군 또는 육군에 의한 조치를 취할 수 있다(UN헌장 제42조).
③ [○] 그러한 협정은 병력의 수 및 종류, 그 준비 정도 및 일반적 배치와 제공될 편의 및 원조의 성격을 규율한다(UN헌장 제43조 제2항).
④ [×] 지금까지 UN헌장 제7장의 규정에 따라 특별협정이 체결되어 군사참모위원회의 지휘를 받는 UN군이 설치된 적은 없다.

답 ④

37 **UN 헌장 제7장에 대한 설명으로 옳지 않은 것은?** 16년 9급

☑확인 Check! ○ △ ×

① 군사적 조치를 취하기 전에 반드시 비군사적 조치가 선행되어야 하는 것은 아니다.
② 안전보장이사회의 비군사적 강제조치에는 포괄적 제재와 표적 제재가 모두 포함된다.
③ 안전보장이사회의 군사적 강제조치 결정은 표적국가를 포함한 모든 회원국에게 법적 의무를 부과한다.
④ 강제조치의 발동요건으로서 평화에 대한 위협, 평화의 파괴 또는 침략행위의 존재가 결정되어야 한다.

해설

난도 ★★

① [○] UN헌장 제42조에서는 "안전보장이사회는 제41조(비무력적 강제조치)에 규정된 조치가 불충분할 것으로 인정하거나 또는 불충분한 것으로 판명되었다고 인정하는 경우에는, 국제평화와 안전의 유지 또는 회복에 필요한 공군, 해군 또는 육군에 의한 조치를 취할 수 있다."라고 규정하여 반드시 비군사적 조치의 선행을 필요로 하는 것은 아니다.

② [○] 안전보장이사회는 그의 결정을 집행하기 위하여 병력의 사용을 수반하지 아니하는 어떠한 조치를 취하여야 할 것인지를 결정할 수 있으며, 또한 국제연합회원국에 대하여 그러한 조치를 적용하도록 요청할 수 있다. 이 조치는 경제관계 및 철도, 항해, 항공, 우편, 전신, 무선통신 및 다른 교통통신수단의 전부 또는 일부의 중단과 외교관계의 단절을 포함할 수 있다(UN헌장 제41조).

③ [×] UN헌장 제42조에 의거한 안전보장이사회의 결정은 표적국가에 대해서는 구속력 있는 결정이며, 무력사용의 권한을 부여한 국가들에 대해서는 그것은 원칙적으로 UN헌장 제2조 제4항에 의하여 금지된 무력사용을 정당화하는 권고에 해당된다.

④ [○] 안전보장이사회는 평화에 대한 위협, 평화의 파괴 또는 침략행위의 존재를 결정하고, 국제평화와 안전을 유지하거나 이를 회복하기 위하여 권고하거나, 또는 제41조 및 제42조에 따라 어떠한 조치를 취할 것인지를 결정한다(UN헌장 제39조).

답 ③

38 **UN의 권한으로 UN 헌장에 명시되지 않은 것은?** 14년 7급

① 평화파괴국에 대한 비군사적 강제조치
② 침략국에 대한 군사적 강제조치
③ 평화유지군의 파견을 통한 강제조치
④ 지역적 기관을 이용한 강제조치

해설
난도 ★★★
① [○] 안전보장이사회는 평화에 대한 위협, 평화의 파괴 또는 침략행위의 존재를 결정하고, 국제평화와 안전을 유지하거나 이를 회복하기 위하여 권고하거나, 또는 제41조 및 제42조에 따라 어떠한 조치를 취할 것인지를 결정한다(UN헌장 제39조). 안전보장이사회는 그의 결정을 집행하기 위하여 병력의 사용을 수반하지 아니하는 어떠한 조치를 취하여야 할 것인지를 결정할 수 있으며, 또한 국제연합 회원국에 대하여 그러한 조치를 적용하도록 요청할 수 있다(UN헌장 제41조).
② [○] UN헌장 제39조. 안전보장이사회는 제41조에 규정된 조치가 불충분할 것으로 인정하거나 또는 불충분한 것으로 판명되었다고 인정하는 경우에는, 국제평화와 안전의 유지 또는 회복에 필요한 공군, 해군 또는 육군에 의한 조치를 취할 수 있다(UN헌장 제42조).
③ [×] UN헌장에는 UN의 평화유지활동(PKO)에 대한 명시적인 근거규정이 없다. 안전보장이사회 결의 또는 총회의 결의에 의하여 이루어지고 있을 뿐이다.
④ [○] 이 헌장의 어떠한 규정도, 국제평화와 안전의 유지에 관한 사항으로서 지역적 조치에 적합한 사항을 처리하기 위하여 지역적 약정 또는 지역적 기관이 존재하는 것을 배제하지 아니한다(UN헌장 제52조).

답 ③

39 「국제연합(UN)헌장」에 따른 강제조치에 대한 설명 중 옳지 않은 것은? 11년 9급

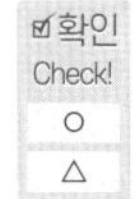

① UN안전보장이사회는 강제조치를 취하기 전에 잠정조치에 따르도록 당사국에게 요청할 수 있다.
② 비무력적 강제조치에는 경제관계의 중단, 교통 및 통신수단의 중단, 외교관계의 단절 등이 포함된다.
③ 강제조치의 대상이 된 국가는 강제조치로 인한 피해에 대하여 배상을 청구할 수 있다.
④ 무력적 강제조치를 취하기 위한 군대의 파병을 위해 UN과 회원국간에 특별협정을 체결한 사례는 없다.

해설
난도 ★★
① [○] 사태의 악화를 방지하기 위하여 안전보장이사회는 제39조에 규정된 권고를 하거나 조치를 결정하기 전에 필요하거나 바람직하다고 인정되는 잠정조치를 따르도록 관계 당사자에게 요청할 수 있다(UN헌장 제40조).
② [○] 안전보장이사회는 그의 결정을 집행하기 위하여 병력의 사용을 수반하지 아니하는 어떠한 조치를 취하여야 할 것인지를 결정할 수 있으며, 또한 국제연합 회원국에 대하여 그러한 조치를 적용하도록 요청할 수 있다. 이 조치는 경제관계 및 철도, 항해, 항공, 우편, 전신, 무선통신 및 다른 교통통신수단의 전부 또는 일부의 중단과 외교관계의 단절을 포함할 수 있다(UN헌장 제41조).
③ [×] 국제법상 배상청구는 국제위법행위에 대해 가능한 것이므로 UN헌장에 의한 적법한 강제조치에 대해서는 배상을 청구할 수 없다.
④ [○] UN헌장 제43조에서 예정하고 있는 특별협정은 지금까지 체결된 바 없으며, 그 결과 군사참모위원회는 무용지물의 보조기관이 되고 말았으며, 전체적으로 UN헌장 제43조에서 제47조까지의 규정은 휴면상태에 빠져 있다.

답 ③

7. 사무국

40 **UN 사무총장에 대한 설명으로 옳지 않은 것은?** 12년 7급

① UN 안전보장이사회의 권고로 총회가 임명한다.
② UN 안전보장이사회의 상임이사국은 UN 사무총장 선출에 거부권을 행사할 수 없다.
③ UN 사무총장은 최고행정책임자로서 총회가 정한 규칙에 따라 직원을 임명한다.
④ UN 사무총장은 국제평화와 안전의 유지를 위협하는 사항에 대하여 안전보장이사회의 주의를 환기할 수 있다.

해설
난도 ★★
① [○] 사무총장은 안전보장이사회의 권고로 총회가 임명한다(UN헌장 제97조).
② [×] 안전보장이사회의 의사결정상 비절차문제로서 상임이사국의 거부권이 적용된다.
③ [○] 사무총장은 기구의 수석행정직원이다(UN헌장 제97조). 직원은 총회가 정한 규칙에 따라 사무총장에 의하여 임명된다(UN헌장 제101조 제1항).
④ [○] 사무총장은 국제평화와 안전의 유지를 위협한다고 그 자신이 인정하는 어떠한 사항에도 안전보장이사회의 주의를 환기할 수 있다(UN헌장 제99조).

답 ②

41 **1946년 UN의 특권과 면제에 관한 협약상 UN 및 UN직원의 특권과 면제에 대한 설명으로 옳지 않은 것은?** 13년 7급

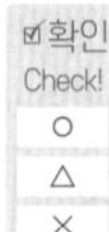

① UN과 UN재산은 모든 소송으로부터 면제된다.
② UN의 공관, 재산, 문서는 불가침이다.
③ UN의 모든 직원에게는 국제법에 따라 외교관과 동일한 재판관할권의 면제가 부여된다.
④ UN의 출판물의 경우 관세 및 수출입상의 금지와 제한으로부터 면제된다.

해설
난도 ★★★
① [○] 국제연합과 그 재산 및 자산은 그 소재지 및 보유자에 관계없이 모든 종류의 법적 절차로부터의 면제를 향유한다(UN의특권과면제에관한협약 제2조).
② [○] 국제연합의 공관은 불가침이다. 국제연합의 재산과 자산은 소재지 및 보유자에 관계없이 집행적 · 행정적 · 사법적 또는 입법적 조치를 통한 수색 · 징발 · 몰수 · 수용 및 다른 모든 형태의 간섭으로부터 면제된다(UN의특권과면제에관한협약 제3조). 국제연합의 문서 및 국제연합에 속하거나 국제연합이 보유하는 모든 서류는 소재지에 관계없이 통상 불가침이다(UN의특권과면제에관한협약 제4조).
③ [×] 'UN의 특권과 면제에 관한 협약' 제18조 (가)호에서는 국제연합의 직원은, "공적 자격으로 행한 구두 또는 서면진술 및 모든 행위와 관련하여 법적 절차로부터 면제된다."고 규정하고 있는바, 이는 '외교관계에 관한 비엔나협약' 제31조에서 규정하고 있는 외교관의 재판관할권 면제와 구별된다.
④ [○] 국제연합의 출판물의 경우 관세 및 수출입상의 금지와 제한으로부터 면제된다(UN의특권과면제에관한협약 제7조 (다)호).

답 ③

8. UN헌장(종합)

42 **국제연합(UN)에 대한 설명으로 옳은 것은?** 19년 9급

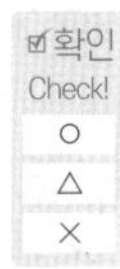

① 회원국의 제명은 해당 조항이 실제 적용된 사례가 있고, 탈퇴는 관련 명문 조항이 없으나 실제 제기된 사례가 있다.

② 신탁통치이사회는 신탁통치지역 주민의 정치, 경제, 사회 및 교육 분야의 발전에 관하여 총회에 매년 보고를 하고 있다.

③ 안전보장이사회 상임이사국은 안전보장이사회의 권한 사항에 대한 모든 의결에서 거부권을 행사할 수 있다.

④ 총회는 안전보장이사회가 국제평화와 안전의 일차적 책임을 다할 수 없는 경우 회원국에 집단적 조치를 권고할 수 있다.

해설

난도 ★★★

① [×] 회원국 제명에 관한 UN헌장 제6조가 실제 적용된 사례는 없다. 한편 UN헌장에는 탈퇴에 관한 명문 규정이 없지만 탈퇴가 가능하다는 것이 일반적 견해고, 실제로 인도네시아는 1965년 말레이시아의 비상임이사국 선출에 반발하여 탈퇴한 바 있다.

② [×] 1994년 유일하게 남아 있던 신탁통치지역인 팔라우가 마지막으로 독립하여 신탁통치지역이 전부 없어짐으로써 신탁통치이사회의 임무는 사실상 종료되었다.

③ [×] 절차사항에 관한 안전보장이사회의 결정은 9개 이사국의 찬성투표로써 한다(UN헌장 제27조 제2항). 그 외 모든 사항에 관한 안전보장이사회의 결정은 상임이사국의 동의 투표를 포함한 9개 이사국의 찬성투표로써 한다(UN헌장 제27조 제3항). 상임이사국의 거부권 행사는 비절차사항에 관한 결정에서만 가능하다.

④ [○] 총회는 안전보장이사회가 어떠한 분쟁 또는 사태와 관련하여 UN헌장에서 부여된 임무를 수행하고 있는 동안에는 그 분쟁 또는 사태와 관련하여 안전보장이사회가 요청하지 않는 한 어떠한 권고도 할 수 없지만(UN헌장 제12조 제1항 참조), 그렇지 않은 경우에는 광범위한 범위의 권고 권한이 있으며, 이에는 집단적 조치의 권고도 포함된다.

답 ④

43 UN에 대한 설명으로 옳지 않은 것은? 18년 9급

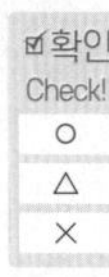

① 신회원국의 UN 가입의 승인은 중요문제로서 그 문제에 관한 총회의 결정은 출석하여 투표하는 회원국의 3분의 2의 다수로 한다.
② 사무국은 UN의 주요기관으로서 1인의 사무총장과 UN이 필요로 하는 직원으로 구성하고, 사무총장은 안전보장이사회의 권고로 총회가 임명한다.
③ 총회에 의하여 그러한 권한이 부여될 수 있는 UN의 전문기구는 그 활동범위 안에서 발생하는 법적 문제에 관하여 국제사법재판소(ICJ)의 권고적 의견을 요청할 수 있다.
④ 회원국은 타 회원국들 간의 분쟁에 대해서는 안전보장이사회의 주의를 환기할 수 없다.

해설

난도 ★★

① [○] 중요문제에 관한 총회의 결정은 출석하여 투표하는 구성국의 3분의 2의 다수로 한다. 이러한 문제는 국제평화와 안전의 유지에 관한 권고, 안전보장이사회의 비상임이사국의 선출, 경제사회이사회의 이사국의 선출, 제86조 제1항 다호에 의한 신탁통치이사회의 이사국의 선출, 신회원국의 국제연합 가입의 승인, 회원국으로서의 권리 및 특권의 정지, 회원국의 제명, 신탁통치제도의 운영에 관한 문제 및 예산문제를 포함한다(UN헌장 제18조 제2항).
② [○] 사무국은 1인의 사무총장과 기구가 필요로 하는 직원으로 구성한다. 사무총장은 안전보장이사회의 권고로 총회가 임명한다(UN헌장 제97조).
③ [○] 총회에 의하여 그러한 권한이 부여될 수 있는 국제연합의 다른 기관 및 전문기구도 언제든지 그 활동범위 안에서 발생하는 법적 문제에 관하여 재판소의 권고적 의견을 또한 요청할 수 있다(UN헌장 제96조 제2항).
④ [×] 국제연합 회원국은 어떠한 분쟁에 관하여도, 또는 제34조에 규정된 성격의 어떠한 사태에 관하여도, 안전보장이사회 또는 총회의 주의를 환기할 수 있다(UN헌장 제35조 제1항).

 ④

44 국제연합 헌장상 국제평화와 안전의 유지와 관련된 권한 및 절차에 대한 설명으로 옳지 않은 것은? 17년 9급

① 총회는 출석하여 투표하는 국가의 과반수로 국제평화와 안전의 유지에 관한 권고 여부를 결정한다.
② 사무총장은 국제평화와 안전의 유지에 관한 사항에 대해서 안전보장이사회의 주의를 환기할 수 있다.
③ 안전보장이사회는 국제평화와 안전의 유지를 위한 일차적 책임을 회원국으로부터 부여받았다.
④ 회원국은 어떠한 분쟁에 대하여도 안전보장이사회의 주의를 환기할 수 있다.

✐해설

난도 ★★

① [×] 중요문제에 관한 총회의 결정은 출석하여 투표하는 구성국의 3분의 2의 다수로 한다. 이러한 문제는 국제평화와 안전의 유지에 관한 권고, 안전보장이사회의 비상임이사국의 선출, 경제사회이사회의 이사국의 선출, 제86조 제1항 다호에 의한 신탁통치이사회의 이사국의 선출, 신회원국의 국제연합 가입의 승인, 회원국으로서의 권리 및 특권의 정지, 회원국의 제명, 신탁통치제도의 운영에 관한 문제 및 예산문제를 포함한다.

② [○] 사무총장은 국제평화와 안전의 유지를 위협한다고 그 자신이 인정하는 어떠한 사항에도 안전보장이사회의 주의를 환기할 수 있다(UN헌장 제99조).

③ [○] 국제연합의 신속하고 효과적인 조치를 확보하기 위하여, 국제연합회원국은 국제평화와 안전의 유지를 위한 일차적(primary) 책임을 안전보장이사회에 부여하며, 또한 안전보장이사회가 그 책임하에 의무를 이행함에 있어 회원국을 대신하여 활동하는 것에 동의한다(UN헌장 제24조 제1항).

④ [○] 국제연합회원국은 어떠한 분쟁에 관하여도, 또는 제34조에 규정된 성격의 어떠한 사태에 관하여도, 안전보장이사회 또는 총회의 주의를 환기할 수 있다(UN헌장 제35조 제1항).

답 ①

45 UN 헌장상 분쟁해결에 대한 설명으로 옳지 않은 것은?

15년 7급

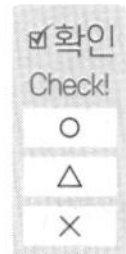

① 분쟁의 계속이 국제평화와 안전의 유지를 위태롭게 하는 경우, 분쟁의 당사자들은 우선 교섭, 심사, 중개, 조정, 중재재판, 사법적 해결, 지역적 기관 또는 지역적 약정의 이용 또는 당사자가 선택하는 다른 평화적 수단에 의해 해결을 구한다.

② 분쟁의 당사자인 UN 비회원국은 UN 헌장에 규정된 평화적 해결의무를 관련 분쟁에 관하여 미리 수락한 경우에는 안전보장이사회 및 총회의 주의를 환기할 수 있다.

③ 안전보장이사회는 분쟁의 계속이 국제평화와 안전의 유지를 위태롭게 할 우려가 실제로 있다고 인정하는 경우 적절하다고 인정되는 해결 조건을 권고할 것인지를 결정한다.

④ 총회는 평화에 대한 위협, 평화의 파괴 또는 침략행위의 존재를 결정하고, 그 해결을 위해 권고하거나 비군사적 또는 군사적 제재조치를 취할 수 있다.

✐해설

난도 ★★

① [○] 어떠한 분쟁도 그의 계속이 국제평화와 안전의 유지를 위태롭게 할 우려가 있는 것일 경우, 그 분쟁의 당사자는 우선 교섭, 심사, 중개, 조정, 중재재판, 사법적 해결, 지역적 기관 또는 지역적 약정의 이용 또는 당사자가 선택하는 다른 평화적 수단에 의한 해결을 구한다(UN헌장 제33조 제1항).

② [○] 국제연합회원국이 아닌 국가는 자국이 당사자인 어떠한 분쟁에 관하여도, 이 헌장에 규정된 평화적 해결의 의무를 그 분쟁에 관하여 미리 수락하는 경우에는 안전보장이사회 또는 총회의 주의를 환기할 수 있다(UN헌장 제35조 제2항).

③ [○] 안전보장이사회는 분쟁의 계속이 국제평화와 안전의 유지를 위태롭게 할 우려가 실제로 있다고 인정하는 경우 제36조에 의하여 조치를 취할 것인지 또는 적절하다고 인정되는 해결조건을 권고할 것인지를 결정한다(UN헌장 제37조 제2항).

④ [×] 안전보장이사회는 평화에 대한 위협, 평화의 파괴 또는 침략행위의 존재를 결정하고, 국제평화와 안전을 유지하거나 이를 회복하기 위하여 권고하거나, 또는 제41조 및 제42조에 따라 어떠한 조치를 취할 것인지를 결정한다(UN헌장 제39조).

답 ④

46 UN에 대한 설명으로 옳지 않은 것은?

13년 7급

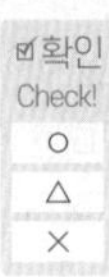

① 중요한 문제에 관한 총회의 결정은 출석하여 투표하는 구성국의 3분의 2의 다수로 한다.
② 안전보장이사회가 어떠한 분쟁 또는 사태에 대하여 헌장상의 임무를 수행하고 있는 동안에는 총회는 어떤 경우에도 이들 문제와 관련하여 여하한 권고도 할 수 없다.
③ 안전보장이사회의 각 이사국은 1개의 투표권을 가진다.
④ 절차사항에 관한 안전보장이사회의 결정은 9개 이사국의 찬성투표로써 한다.

해설

난도 ★★

① [○] 중요문제에 관한 총회의 결정은 출석하여 투표하는 구성국의 3분의 2의 다수로 한다(UN헌장 제18조 제2항).
② [×] 안전보장이사회가 어떠한 분쟁 또는 사태와 관련하여 이 헌장에서 부여된 임무를 수행하고 있는 동안에는 총회는 이 분쟁 또는 사태에 관하여 안전보장이사회가 요청하지 아니하는 한 어떠한 권고도 하지 아니한다(UN헌장 제12조 제1항). 따라서 반대해석상 안전보장이사회가 요청하는 경우에는 총회가 권고를 할 수 있다.
③ [○] 안전보장이사회의 각 이사국은 1개의 투표권을 가진다(UN헌장 제27조 제1항).
④ [○] 절차사항에 관한 안전보장이사회의 결정은 9개 이사국의 찬성투표로써 한다(UN헌장 제27조 제2항).

 ②

47 국제연합헌장의 의무 위반에 대한 제재수단으로 옳지 않은 것은?

09년 9급

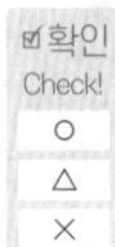

① 분담금 체납액이 만 2년간 지불하였어야 할 분담금액 이상인 회원국은 총회에서 투표권을 가지지 못한다.
② 국제연합 사무국에 등록되지 않은 조약은 무효이다.
③ 강제조치의 대상이 되는 회원국에 대해서는 회원국으로서의 특권과 권리의 행사를 정지시킬 수 있다.
④ 국제연합헌장의 원칙을 지속적으로 위반하는 회원국은 제명될 수 있다.

해설

난도 ★★

① [○] 기구에 대한 재정적 분담금의 지불을 연체한 국제연합회원국은 그 연체금액이 그때까지의 만 2년간 그 나라가 지불하였어야 할 분담금의 금액과 같거나 또는 초과하는 경우 총회에서 투표권을 가지지 못한다(UN헌장 제19조).
② [×] 이 조 제1항의 규정에 따라 등록되지 아니한 조약 또는 국제협정의 당사국은 국제연합의 어떠한 기관에 대하여도 그 조약 또는 협정을 원용할 수 없다(UN헌장 제102조 제2항). 조약의 등록은 대항요건일 뿐, 효력요건은 아니다.
③ [○] 안전보장이사회에 의하여 취하여지는 방지조치 또는 강제조치의 대상이 되는 국제연합 회원국에 대하여는 총회가 안전보장이사회의 권고에 따라 회원국으로서의 권리와 특권의 행사를 정지시킬 수 있다(UN헌장 제5조).
④ [○] 이 헌장에 규정된 원칙을 끈질기게 위반하는 국제연합 회원국은 총회가 안전보장이사회의 권고에 따라 기구로부터 제명할 수 있다(UN헌장 제6조).

답 ②

48 UN의 기관에 대한 설명 중 옳지 않은 것은?

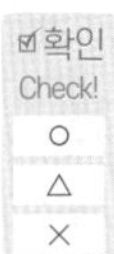

① 안전보장이사회에서의 모든 결정은 상임이사국 전체의 동의를 포함한 9개 이사국 이상의 찬성투표에 의하여 이루어진다.

② 경제사회이사회는 총회에서 선출된 54개 이사국으로 구성되며, 경제사회적 문제뿐만 아니라 인권에 관한 사항도 권고할 수 있다.

③ 신탁통치이사회는 신탁통치지역 주민의 정치적, 경제적, 사회적 및 교육적 발전을 촉진하기 위해 설치된 것이나, 현재에는 신탁통치대상국이 없다.

④ 사무총장은 안전보장이사회의 권고에 따라 총회에서 임명되며, 헌장상 사무총장의 임기에 관한 규정은 없다.

해설

난도 ★★

① [×] 절차사항에 관한 안전보장이사회의 결정은 9개 이사국의 찬성투표로써 한다(UN헌장 제27조 제2항). 그 외 모든 사항에 관한 안전보장이사회의 결정은 상임이사국의 동의 투표를 포함한 9개 이사국의 찬성투표로써 한다. 다만, 제6장 및 제52조 제3항에 의한 결정에 있어서는 분쟁당사국은 투표를 기권한다(UN헌장 제27조 제3항).

② [○] 경제사회이사회는 총회에 의하여 선출된 54개 국제연합회원국으로 구성된다(UN헌장 제61조). 이사회는 모든 사람을 위한 인권 및 기본적 자유의 존중과 준수를 촉진하기 위하여 권고할 수 있다(제62조 제2항).

③ [○] 1994년 유일하게 남아 있던 신탁통치지역인 팔라우(Palau)가 마지막으로 독립하여 더 이상 신탁통치지역이 존재하지 않음으로써 신탁통치이사회의 임무는 사실상 종료되었다.

④ [○] UN헌장 제97조. UN헌장상 사무총장의 임기에 관하여 명문규정이 없으므로 1946년 1월 24일 총회결의에 의해 5년으로 정해졌으며 연임이 가능하다.

답 ①

49 UN의 주요기관에 관한 설명으로 옳지 않은 것은?

07년 9급

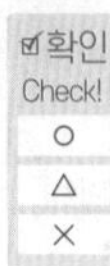

① 총회는 UN의 모든 회원국으로 구성되는 UN의 최고기관으로서 평화와 안전의 유지에 관한 일차적 책임을 담당한다.

② 사무국은 1명의 사무총장과 UN이 필요로 하는 직원으로 구성된다.

③ 경제사회이사회는 UN과 전문기구 사이의 제휴관계를 설정하는 협정을 체결할 수 있다.

④ 국제사법재판소는 UN의 주요기관 가운데 하나이다.

해설

난도 ★★

① [×] 총회는 모든 국제연합회원국으로 구성된다(UN헌장 제9조 제1항). 국제연합의 신속하고 효과적인 조치를 확보하기 위하여, 국제연합회원국은 국제평화와 안전의 유지를 위한 일차적(primary) 책임을 안전보장이사회에 부여하며, 또한 안전보장이사회가 그 책임하에 의무를 이행함에 있어 회원국을 대신하여 활동하는 것에 동의한다(UN헌장 제24조 제1항). 평화와 안전의 유지에 관한 일차적 책임을 담당하는 기관은 총회가 아니라 안전보장이사회다.

② [○] 사무국은 1인의 사무총장과 기구가 필요로 하는 직원으로 구성한다(UN헌장 제97조).

③ [○] 경제사회이사회는 제57조(전문기구)에 규정된 어떠한 기구와도, 동 기구가 국제연합과 제휴관계를 설정하는 조건을 규정하는 협정을 체결할 수 있다(UN헌장 제63조 제1항).

④ [○] 국제연합의 주요기관으로서 총회 · 안전보장이사회 · 경제사회이사회 · 신탁통치이사회 · 국제사법재판소 및 사무국을 설치한다(UN헌장 제7조 제1항).

답 ①

PART 4
개인

국제법 14개년 단원별 기출문제집

CHAPTER 01 개인일반론

제1절 국제법상 개인의 지위

01 국제사법재판소(ICJ)와 국제포획재판소(IPC)에 대한 설명으로 옳지 않은 것은? 13년 7급

① UN안전보장이사회는 어떠한 법적 문제에 관하여도 권고적 의견을 줄 것을 ICJ에 요청할 수 있다.
② 모든 UN회원국은 ICJ규정의 당연 당사국이다.
③ IPC는 중립국과 교전국 간의 중대한 마찰의 주요 원인을 없애려고 하였다.
④ IPC 창설에 관한 협약상 이 재판소에는 국가만이 제소를 할 수 있었다.

해설
난도 ★★★
① [○] 총회 또는 안전보장이사회는 어떠한 법적 문제에 관하여도 권고적 의견을 줄 것을 국제사법재판소에 요청할 수 있다(UN헌장 제96조 제1항).
② [○] 모든 국제연합회원국은 국제사법재판소 규정의 당연 당사국이다(UN헌장 제93조 제1항).
③ [○], ④ [×] 국제포획재판소(IPC)는 포획사건에 대한 국가법원의 제소를 심리하기 위하여 1907년 헤이그회의에서 체결된 '국제포획재판소의 설립에 관한 협정'에 따라 설립하고자 하였던 국제법원이나 미국, 영국 등의 반대로 실제로 설립되지는 못하였다. 이 재판소의 설립협정에서는 해상포획의 대상이 된 적국인 또는 중립국인이 국내포획법원의 판정에 불복하는 경우, 국제포획재판소에 직접 제소할 수 있도록 하여 개인의 제소권을 인정하고 있었다.

답 ④

제2절 국적

02 우리나라 「국적법」에 대한 설명으로 옳은 것만을 모두 고르면? 19년 7급

☑확인 Check! ○ △ ×

ㄱ. 국적은 국가의 인적 관할권 행사의 기초가 된다.
ㄴ. 「국적법」은 부모 양계 혈통주의를 적용하고 있다.
ㄷ. 국가는 국내법에 따라 자국민의 범위를 결정할 재량권을 갖지 못한다.
ㄹ. 국가는 개인의 국적을 자의적으로 박탈할 수 없고, 개인은 자신의 국적을 변경할 권리를 갖지 않는다.
ㅁ. 「국적법」은 후천적 복수 국적자가 국내에서 외국 국적을 행사하지 않겠다는 서약을 하는 경우 외국 국적의 유지를 허용하고 있다.

① ㄱ, ㄴ, ㄹ　② ㄱ, ㄴ, ㅁ
③ ㄴ, ㄷ, ㄹ　④ ㄷ, ㄹ, ㅁ

해설
난도 ★★★
ㄱ. [○] 국적은 해외에 나가 있는 자국민에 대한 관할권 행사의 근거가 되며, 이러한 국적에 기인한 자국민에 대한 관할권을 속인주의 관할권이라 한다.
ㄴ. [○] 우리나라 국적법은 부모양계혈통주의를 채택하고 있다(국적법 제2조).
ㄷ. [×] 국가가 어떤 개인에게 자국의 국적을 부여할 것인가는 원칙적으로 그 국가의 국내문제에 속한다. 다만 절대적인 국내문제는 아니고 상대적 · 가변적인 국내문제라는 한계가 있다(튀니지–모로코 국적법 사건).
ㄹ. [×] 국가는 일정한 경우 개인의 국적을 박탈할 수 있으며, 또한 개인도 일정한 경우 자신의 국적을 변경할 권리가 있다.
ㅁ. [○] 만 20세가 되기 전에 복수국적자가 된 자는 만 22세가 되기 전까지, 만 20세가 된 후에 복수국적자가 된 자는 그 때부터 2년 내에 제13조와 제14조에 따라 하나의 국적을 선택하여야 한다. 다만, 제10조 제2항에 따라 법무부장관에게 대한민국에서 외국 국적을 행사하지 아니하겠다는 뜻을 서약한 복수국적자는 제외한다(국적법 제12조 제1항).

답 ②

03 국적에 대한 설명으로 옳지 않은 것은? 17년 7급

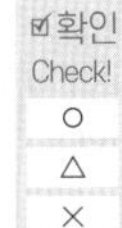

① 국제사법재판소(ICJ)는 1955년 노테봄(Nottebohm) 사건에서 외교적 보호권의 행사가 유효하기 위해서는 국적국과 그 국민 사이에 진정한(genuine) 유대(link/connection)가 있어야 한다고 판시하였다.
② 1930년 국적법 저촉에 관한 헤이그협약에 따르면 누가 자국의 국민인가는 각국의 국내법에 의하여 결정된다.
③ 1930년 국적법 저촉에 관한 헤이그협약에 따르면 둘 이상의 국적을 가진 개인은 그 각각의 국적국에 의하여 자국민으로 간주될 수 있다.
④ 우리나라 「국적법」은 부계혈통주의를 원칙으로 하고 있다.

해설

난도 ★★★

① [○] 노테봄 사건에서 ICJ는, 외교적 보호권을 행사하기 위해서는 자연인과 국적국 간에 '진정한 관련성'(genuine link)이 있어야 하는데, 리히텐슈타인과 노테봄은 '진정한 관련성'이 없으므로 과테말라는 리히텐슈타인의 외교적 보호권 행사를 인정할 필요가 없으며 리히텐슈타인은 과테말라에 대해 노테봄에 관한 외교적 보호권 행사를 주장할 수 없다고 하였다.
② [○] 국적법의 저촉에 관한 헤이그협약 제1조.
③ [○] 국적법의 저촉에 관한 헤이그협약 제3조.
④ [×] 우리나라 국적법은 부모양계혈통주의를 원칙으로 한다.

더 알아보기 1930년 국적법의 저촉에 관한 헤이그협약

제1조
누가 자기 나라 국민인가는 각 국가가 자국법에 의거하여 결정한다. 이 법은 국제조약, 국제관습 그리고 국적에 관하여 일반적으로 인정된 법의 원칙들과 일치하는 한에서만 다른 국가들의 승인을 받는다.
제2조
개인이 특정 국가의 국적을 보유하고 있는가의 문제는 그 국가의 법에 따라 결정된다.
제3조
이중국적을 가진 자는 그 국적이 소속된 국가의 어느 편으로부터도 자국민으로 취급된다.

더 알아보기 국적법

제2조【출생에 의한 국적 취득】
① 다음 각 호의 어느 하나에 해당하는 자는 출생과 동시에 대한민국 국적을 취득한다.
  1. 출생 당시에 부(父) 또는 모(母)가 대한민국 국민인 자
  2. 출생하기 전에 부가 사망한 경우에는 그 사망 당시에 부가 대한민국의 국민이었던 자
  3. 부모가 모두 분명하지 아니한 경우나 국적이 없는 경우에는 대한민국에서 출생한 자

답 ④

04 국적을 판단하는 데 있어 개인과 국적부여국간의 '진정한 관련성'(genuine connection)의 원칙을 강조한 사건은? 11년 9급

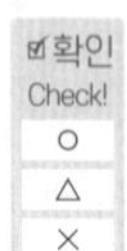

① 노테봄(Nottebohm) 사건
② 트레일 스멜터(Trail Smelter) 사건
③ 비호권(Asylum) 사건
④ 로터스(Lotus)호 사건

해설
난도 ★
① [○] 노테봄 사건에서 ICJ는 자연인에 대하여 국적국이 외교적 보호권 행사를 위해서는 자연인과 국적국 간에 진정한 관련성(genuine link)이 있어야 한다고 하였다.
② [×] 트레일 제련소 사건의 주요쟁점은 국제법상 영역(사용)관리책임의 인정 여부에 관한 것이었다.
③ [×] 비호권 사건의 주요쟁점은 국제관습법의 요건과 외교적 비호권의 인정 여부였다.
④ [×] 로터스호 사건의 주요쟁점은 해상에서의 선박충돌과 국가관할권의 경합에 관한 문제였다.

답 ①

05 개인의 국적에 관한 설명으로 옳지 않은 것은?

07년 9급

① 국적의 부여 요건을 정하는 것은 원칙적으로 각국의 국내문제이다.
② 국가는 자국민을 위한 외교적 보호의 권리를 갖는다.
③ 국제사법재판소는 Nottebohm 사건에서 청구국과 그 국민 사이에 진정한 관련(genuine link)이 존재하는 경우에만 외교적 보호권이 발생한다고 판시한 바 있다.
④ 이중국적자자 제3국으로부터 침해를 받는 경우, 그의 국적국가들은 당해 제3국에 대하여 외교적 보호권을 행사할 수 없다.

해설
난도 ★★
① [○] 국가가 어떤 개인에게 자국의 국적을 부여할 것인가는 원칙적으로 그 국가의 국내문제에 속한다. 다만 이는 국가의 완전한 자유재량에 속하는 것이 아니라 국제법에 합치되어야만 효력이 있는 상대적 국내문제이다.
② [○] 국적은 개인과 국가간의 법적 유대관계에 의하여 어떤 개인을 특정 국가에 귀속시키는 기준이 되며, 국가는 자국민에 대해 외교적 보호권을 행사할 수 있다.
③ [○] 노테봄 사건에서 ICJ는 외교적 보호권을 행사하기 위해서는 자연인과 국적국 간에 '진정한 관련성'(genuine link)이 있어야 하는데, 리히텐슈타인과 노테봄은 '진정한 관련성'이 없으므로 노테봄에 대한 리히텐슈타인의 외교적 보호권 행사는 인정되지 않는다고 하였다.
④ [×] 이중국적자의 국적국 상호간에는 외교적 보호권 행사가 불가능하지만 이중국적자가 제3국으로부터 침해를 받은 경우 진정한 관련 있는 국가가 외교적 보호권을 행사하게 된다.

답 ④

CHAPTER 02 외교적 보호

제1절 외교적 보호 개관

제2절 행사요건

01 **국내구제완료원칙에 관한 설명 중 옳지 않은 것은?** 09년 지방

① 가해국의 실체법 또는 절차법상에서 외국인에 대하여 법적 진입장벽이 존재하는 경우에는 적용되지 않는다.

② 피해를 입은 외국인은 그의 본국이 국제적 차원에서 외교적 보호권을 행사하기 전에 가해국의 국내구제 절차를 완료해야 한다는 원칙이다.

③ 가해국으로 하여금 일차적으로 국제법 의무위반에 대한 교정의 기회를 부여하고 당해국의 주권을 존중하려는 데 목적이 있다.

④ 국가 스스로 손해를 입은 경우에는 적용되지 않으나, 외교관의 경우에는 동 원칙이 적용된다.

해설

난도 ★★

① [○] 법률상 또는 사실상의 장애로 인해 사실상 국내구제절차가 없거나 있더라도 실효성이 없는 경우에는 국내구제완료의 원칙이 적용되지 않는다.

② [○] 자국민이 재류국에서의 국내구제절차를 완료한 후가 아니면 본국은 외교적 보호권을 행사할 수 없는데, 이를 「국내구제완료(國內救濟完了)의 원칙」(exhaustion of local remedies)이라고 한다.

③ [○] 국내구제완료의 원칙은 주권평등원칙에 기초하여 가해국의 주권적 입장과 재판관할권을 존중하여 일차적으로 가해국에게 의무위반에 대한 교전의 기회를 부여하려는 것이다.

④ [×] 국가(기관)에 대한 직접침해의 경우, 자발적 관련성이 없는 경우, 국내구제절차가 없거나 있더라도 실효성이 없는 경우, 당사자 합의에 의해 국내구제완료원칙이 배제된 경우 등에는 국내구제완료원칙이 적용되지 않는다.

답 ④

02 외교적 보호권과 관련하여 국내구제절차완료에 대한 설명으로 옳지 않은 것은?

08년 7급

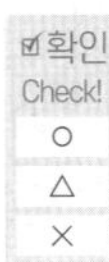

① 불가항력으로 외국영토에 들어가 손해를 입은 경우, 즉 외국과 개인 간에 자발적 연관(voluntary link)이 없는 경우에는 국내구제절차완료의 원칙을 배제하고 바로 소속 국가의 외교적 보호권 행사가 가능하다.

② 국내구제절차가 실효적 구제의 상당한 가능성을 제공하지 않는 경우에도 국내구제절차를 완료해야 한다.

③ 국가는 조약을 통하여 혹은 외국인과의 계약을 통하여 국내구제절차완료 원칙의 적용을 배제할 수 있다.

④ 외교사절이나 국가기관에 해당하는 개인 등 국가 자체가 입은 피해에 대하여는 국내구제절차를 완료하지 않아도 된다.

해설

난도 ★★

① [○] 피해자와 가해국 사이에 '자발적 관련성'(voluntary link)이 없는 경우에는 국내구제완료의 원칙은 적용되지 않으며, 자발적인 관련성이 없는 경우는 크게 불가항력으로 외국영토에 들어가 손해를 입은 경우와 관련성이 가해국 정부의 위법행위에 의하여 창설되는 경우가 있다.

② [×] 법률상 또는 사실상의 장애로 인해 사실상 국내구제절차가 없거나, 있더라도 실효성이 없는 경우에는 국내구제완료의 원칙이 적용되지 않는다.

③ [○] 국내구제완료의 원칙은 강행규범이 아니며 외국인을 잘못 대우한 가해국을 보호하기 위한 것이므로, 가해국은 국내구제완료의 원칙을 포기할 수 있으며 국간간 합의인 조약에 의해서뿐만 아니라 외국인과의 계약을 통해서도 가능하다.

④ [○] 국내구제완료의 원칙은 국가의 행위로 사인(私人)이 피해를 입은 간접침해에만 적용된다. 따라서 군함 등의 국가재산, 정부관리 · 외교관 등의 국가기관에 대한 공격과 같은 직접침해의 경우에는 국내구제완료의 원칙은 적용되지 않는다.

답 ②

03 **국제법위원회(ILC) 외교적 보호 초안에 따른 외교적 보호권에 대한 설명으로 옳지 않은 것은?** 17년 9추

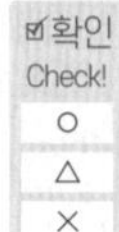

① 외교적 보호권은 국가의 권리로서 피해자의 의사와 관계없이 행사될 수 있다.
② 국내적 구제절차 완료에는 사법적 · 행정적 구제절차가 모두 포함된다.
③ 피해자인 국민은 국적계속의 원칙에 따라 출생 시부터 피해를 구제받을 때까지 청구국의 국적을 유지하여야 한다.
④ 이중국적자의 국적국은 제3국에 대해 독자적 또는 공동으로 외교적 보호권을 행사할 수 있다.

해설
난도 ★★★
① [○] 외교적 보호권은 피해자 개인의 권리가 아니라 국가 자신의 권리다. 외교적 보호권의 주체는 국가이며 국가 이외의 개인이나 단체는 외교적 보호권의 주체가 될 수 없다.
② [○] 국내구제의 범위에는 이용가능한 모든 구제수단이 포함된다. 통상적인 사법절차뿐만 아니라 행정기관과 행정법원, 이용가능한 경우 헌법재판소까지도 포함된다.
③ [×] 피해자는 '권리침해 발생시부터 외교적 보호권 행사(국제청구)시까지 (또는 판결시까지, 또는 권리구제(이행)시까지)' 청구국의 국적을 계속해서 유지하여야 한다.
④ [○] 이중국적자가 제3국으로부터 피해를 입은 경우 이중국적국 모두 외교적 보호권을 행사할 수 있다.

답 ③

04 **2006년 국제법위원회(ILC)의 외교적 보호에 관한 규정 초안을 따를 때, 외교적 보호권에 대한 설명으로 옳지 않은 것은?** 17년 7급

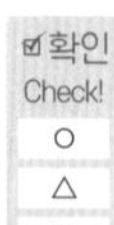

① 피해를 입은 자국민이 외교적 보호를 요청하지 않는 한 국가는 외교적 보호권을 행사할 수 없다.
② 법인의 국적국도 외교적 보호권의 행사가 가능하다.
③ 피해자는 피해의 발생 시부터 외교적 보호권의 공식 청구 시까지 청구국의 국적을 계속 유지하고 있어야 한다.
④ 피해자가 가해국의 국내적 구제절차로부터 명백히 배제되어 있는 경우에는 그 국내적 구제절차를 완료하지 않더라도 외교적 보호권을 행사할 수 있다.

해설
난도 ★★★
① [×] 국가가 현재의 초안에 따라 외교적 보호를 행사할 권리를 가진다(외교보호초안 제2조). 외교적 보호권은 피해자 개인의 권리가 아니라 국가 자신의 권리이므로 국가는 청구를 제기하고 주장함에 있어 완전한 재량권을 향유한다.
② [○] 외교적 보호는 국적 국가가 행사할 권리를 갖는다(외교보호초안 제3조 제1항). 법인에의 외교보호의 목적상 국적국은 회사의 설립지국을 의미한다(외교보호초안 제9조).

③ [○] 국가는 피해 일자부터 공식청구를 제기하는 일자까지 계속적으로 국적을 유지한 사람에 대해서 외교적 보호를 행사할 권한을 갖는다(외교보호초안 제5조 제1항). 피해일자로부터 공식청구를 제기하는 일자까지도 계속적으로 국적을 유지하거나 혹은 그 승계국의 국적을 유지한 회사의 국가는 외교적 보호를 행사할 권한을 갖는다(외교보호초안 제10조 제1항).

④ [○] 외교보호초안 제15조 (d)호에서 '피해자가 국내구제수단으로 명백히 배제된 경우' 국내구제수단완료는 필요하지 않다고 규정하고 있다.

더 알아보기 외교보호초안

제15조【국제구제수단완료 원칙의 예외 (Exceptions to the local remedies rule)】

국내구제수단완료는 다음과 같은 곳에서는 필요하지 않다.

(a) 실효적 보상(redress)을 제공할 합리적으로 이용 가능한 국내구제수단이 없거나 혹은 국내구제수단이 실효적 보상의 합리적인 가능성을 제공하지 않는 경우

(b) 피고국가{the state alleged to be responsible}로 인해 기인한 구제절차의 부당한 지연

(c) 침해 시점에서 피해자와 피고국가 간에 적절한 관련성(relevant connection)이 없는 경우

(d) 피해자가 국내구제수단으로 명백히 배제된 경우 혹은

(e) 피고국가가 국내구제수단완료의 요구를 포기한 경우

답 ①

05 **2006년 UN 국제법위원회(ILC)의 외교적 보호 규정 초안의 내용에 대한 설명으로 옳지 않은 것은?** 15년 7급

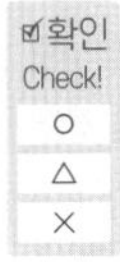

① 외교적 보호를 행사할 수 있는 국적국의 정의에 노테봄(Nottebohm) 사건에서 유래된 '진정한 유대'(genuine link) 기준이 명시되었다.

② 피해 발생시와 외교적 보호의 청구 제기시의 국적이 동일한 경우에는 피해자 국적이 계속되었다고 추정한다.

③ 이중국적자에 대해서는 그 중 어느 국가라도 또는 공동으로 제3국에 대하여 외교적 보호를 청구할 수 있다.

④ 회사가 등록지국법상 더 이상 존속하고 있지 않을 때는 그 회사 주주의 국적국도 외교적 보호를 행사할 수 있다.

해설

난도 ★★★

① [×] 외교보호초안 제4조에서는 "자연인에 대한 외교적 보호의 목적상 국적 국가는 그 자연인이 국제법에 부합되지 않는 것이 아닌 그 국적국의 법에 따라 출생, 혈통, 귀화, 국가승계, 혹은 기타 다른 방법으로 취득한 국적의 국가이다."라고만 규정하고 있으며, '진정한 유대'(genuine link)를 명시하지는 않았다.

② [○] 외교보호초안 제5조 제1항에서는 "국가는 피해 일자부터 공식청구를 제기하는 일자까지 계속적으로 국적을 유지한 사람에 대해서 외교적 보호를 행사할 권한을 갖는다. 국적이 두 일자 모두에 존재한다면 그 국적은 그 기간 동안 계속 존재한 것으로 추정한다."라고 규정하고 있다.

③ [○] 이중 혹은 다중국적자의 국적국은 국적국이 아닌 제3국에 대해서 외교적 보호를 행사할 수 있다(외교보호초안 제6조 제1항).

④ [○] 외교보호초안 제11조에서는 회사가 회사에 대한 침해와 관련 없는 이유로 설립지국의 법에 따라 없어진 경우 회사의 주주의 국적국가는 자국의 주주에 대해서 외교적 보호를 행사할 수 있다고 규정하고 있다.

답 ①

06 2006년 UN 국제법위원회(ILC)가 채택한 외교적 보호에 관한 규정 초안(Draft Articles on Diplomatic Protection)의 내용으로 옳지 않은 것은? 15년 9급

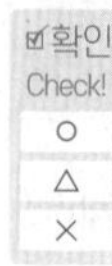

① 국가가 무국적자에게 외교적 보호를 행사할 경우, 무국적자가 피해를 입을 시에 또한 공식적으로 청구를 제기할 시에 그 국가에 합법적으로 상주하여야 한다.
② 기업의 경우 주주의 국적국이 외교적 보호를 행사할 수 있는 경우가 있다.
③ 이중국적자의 경우 국적국 상호간에는 외교적 보호를 행사할 수 없다.
④ 피해 발생 이후 청구와 관계없는 이유로 국적이 변경된 경우, 새로운 국적 취득이 국제법에 반하지 않으면 현재의 국적국이 외교적 보호를 행사할 수 있다.

해설

난도 ★★★

① [○] 국가는 피해 시와 공식청구 제기 시에 그 국가에서 합법적으로 거주하고 있는 무국적자에 대해서 외교적 보호를 행사할 수 있다(외교보호초안 제8조).
② [○] 외교보호초안 제11조에서는 "(a) 회사가 회사에 대한 침해와 관련 없는 이유로 설립지국의 법에 따라 없어진 경우; 혹은 (b) 회사의 피해발생 시점에 피해에 대한 책임이 설립지국에 있다고 주장되어지고, 그 설립지국에서의 회사설립이 그 곳에서 영업을 하기 위한 전제조건으로서 그 국가에 의해서 요구되어진 경우" 회사의 침해와 관련해서 회사의 주주의 국적국가는 자국의 주주에 대해서 외교적 보호를 행사할 수 있음을 규정하고 있다.
③ [×] 외교보호초안 제7조에서는 "외교적 보호를 행사하고자 하는 국가의 국적이 피해 시와 공식청구 제기 시에 모두 우세하지 않는 한, 그 국적국가는 타국적국가에 대하여 외교적 보호를 행사할 수 없다."라고 규정하고 있는바, 이 규정의 반대해석상 피해 시와 공식청구 제기 시에 모두 우세한 국적국가는 타국적국가에 대하여 외교적 보호를 행사할 수 있는 것이 된다.
④ [○] 국가는 국제청구의 제기와는 관련 없이 국제법에 부합되지 않는 것이 아닌 방법으로 인한 개인의 국적취득 혹은 국적상실로 인하여 침해 당시에는 자국민이 아니었으나 공식청구 제기 시에는 자국민인 사람에 대해서는 외교적 보호를 행사할 수 있다(외교보호초안 제5조).

답 ③

07 국적국의 외교보호권 행사 원칙과 관련된 국제사법법원(ICJ)의 판례를 바르게 연결한 것은? 12년 7급

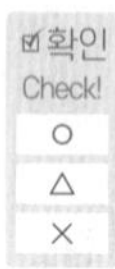

(가) 국적국이 외교보호권을 행사하기 위해서는 그 국적은 '기본적으로 소속된 사회적 사실로부터 오는 법적 유대감, 존재, 관심과 정서에 대한 진정한 관련성과 함께 국가와 국민간의 권리와 의무'를 의미하는 것이어야 한다.
(나) 국적국이 외교보호권을 행사하기 위해서는 '국내구제절차의 사전완료(prior exhaustion of local remedies)'가 필요하다.

	(가)	(나)
①	로터스호(Lotus) 사건	노테봄(Nottebohm) 사건
②	코르푸(Corfu)해협 사건	라그란드(LaGrand) 사건
③	노테봄(Nottebohm) 사건	라그란드(LaGrand) 사건
④	노테봄(Nottebohm) 사건	인터한델사(Interhandel) 사건

해설

난도 ★★

(가) 노테봄 사건에서 ICJ는 외교적 보호권을 행사하기 위해서는 자연인과 국적국 간에 '진정한 관련성'이 있어야 한다고 하였다.

(나) 인터한델 사건에서 ICJ는 외교적 보호권을 행사하는 경우 국제구제완료의 원칙이 국제관습법상의 확립된 원칙임을 확인하였다.

답 ④

08 외교적 보호(diplomatic protection)와 관련 있는 사건은? 07년 9급

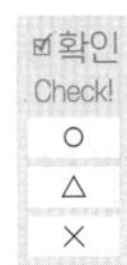

① Barcelona Traction 사건
② Island of Palmas 사건
③ Eastern Greenland 사건
④ Clipperton Island 사건

해설

난도 ★

① [○] 바르셀로나 트랙션 사건의 주요쟁점은 법인에 대한 외교적 보호(권) 행사에 있어서 국적국의 판단에 관한 것이었다. ICJ는 외교적 보호 행사의 기초가 되는 법인의 국적은 '진정한 관련'(genuine link)이 아니라 외형적 · 객관적 기준으로 판단하여, 법인설립지국가나 본점소재지 국가가 법인의 국적국이 된다고 하였다.
② [×] 팔마스섬 사건의 주요쟁점은 영역취득사유로서의 선점의 요건에 관한 것이었다.
③ [×] 동부그린란드 사건의 주요쟁점은 영역취득사유로서의 선점의 요건과 구두조약의 조약성 인정 여부에 관한 것이었다.
④ [×] 클리퍼튼섬 사건의 주요쟁점은 영역취득사유로서의 선점의 요건에 관한 것이었다.

답 ①

CHAPTER 03 외국인의 지위

제1절 일반적 지위

01 국제법상 외국인 보호에 관한 설명으로 옳지 않은 것은? 08년 9급

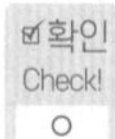

① 외국인이란 내국인이 아닌 자로 무국적자를 포함하지 않는다.
② 칼보(Calvo)조항은 내국민대우기준을 주장하는 라틴아메리카 국가들의 입장이 반영된 것이다.
③ 외국인 보호에 있어서 국제표준주의는 국제적으로 적용되는 최소한의 보호기준을 정하고 그 이상으로 보호하라는 것이다.
④ 외국인 보호에 있어서 내국민대우주의는 내국민과 동등한 대우를 하라는 것이다.

해설
난도 ★★

① [×] 외국인이란 자국국적을 보유하지 않은 자를 말하며, 이는 전혀 국적을 갖지 않은 무국적자와 외국국적을 가진 자로 구분된다. 무국적자는 외국인에 포함하지 않는다.

② [○] 남미국가들이 외국인과 계약체결시 "계약상의 분쟁에 관하여 어떠한 경우에도 본국의 외교적 보호를 인정하지 않는다."는 조항을 삽입하는 경우가 있는데, 이 조항을 가리켜 아르헨티나의 법학자 칼보(Carlos Calvo)가 주장하였다고 하여 '칼보조항'(Calvo clause)이라고 한다. 칼보조항은 외국인의 보호수준에 대하여 국내표준주의를 주장하는 남미국가들의 입장을 반영한 것으로 볼 수 있으나, 외교적 보호권은 국제법상 국가의 권리이며 개인이 포기할 수 있는 것이 아니므로, 본국의 외교적 보호권을 배제하려는 의도를 가지는 한 국제법상 무효로 간주된다.

③ [○] 외국인 보호에 있어서 '국제표준주의'는 외국인의 보호와 국제교통의 안전을 이유로 일반 문명국에서 기대되는 정도의 주의를 요한다고 주장하며, 국제적으로 적용되는 최소한의 보호기준을 정하고 그 이상으로 보호할 것을 요구하는 입장이다. 일반적으로 선진국들에 의하여 주장되고 있으며, '국제최소기준주의'라고도 한다.

④ [○] 외국인 보호에 있어서 '내국민대우주의'는 내외국인 평등의 원칙을 근거로 하여 당해 국가 내에서 보통 자국민에게 부여되고 있는 정도의 주의로서 외국인을 보호하면 족하다고 하는 것으로서, 일반적으로 개도국들이나 후진국들에 의하여 주장되고 있으며 '국내표준주의'라고도 한다.

답 ①

제2절 외국인의 출입국

02 **외국인의 출입국에 관한 설명으로 옳지 않은 것은?** 09년 9급

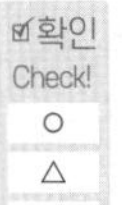

① 국가는 외국인의 입국을 허용해야 할 일반국제법상 의무가 없다.
② 국가들은 조약을 통해서 국민의 상호입국을 허용할 의무를 부담할 수 있다.
③ 국가는 적법하게 입국한 외국인의 출국을 특별한 사유가 없는 한 제한할 수 없다.
④ 추방은 형벌에 해당하기 때문에 엄격한 사법심사를 거쳐 이루어져야 한다.

해설

난도 ★★

① [○], ② [○] 외국인의 입국허가 여부는 국내문제로 간주되어 국가의 재량에 따라 자유로이 처리할 수 있다. 입국의 허가 여부나 조건의 부가는 국가의 자유재량에 속하며 입국을 허용할 의무는 없다. 실제로는 양국간의 우호통상항해조약 등에서 상호적으로 입국을 인정하는 경우가 많으며, 조약이 없는 경우에도 관행으로 외국인의 입국을 허용하는 것이 보통이다.

③ [○] 국가는 적법하게 입국한 외국인의 출국을 제한할 수 없는 것이 원칙이다. 다만 외국인이 체류 중 벌금 · 세금 · 수수료 등의 급부의무를 이행하지 않은 경우, 외국인에게 형의 집행, 심문 등을 받아야할 귀책사유가 있는 경우, 전시에 있어서 전쟁수행의 필요상 교전국의 국민에 대하여 일정기간 출국을 금지해야 할 필요가 있는 경우 등에는 예외적으로 외국인의 출국을 금지할 수 있다.

④ [×] 외국인은 그의 자발적 의사에 반하여 체류국으로부터 강제적으로 출국되지 않는 것이 원칙이지만, 예외적으로 그의 의사에 반하여 강제적으로 출국하게 되는 경우가 있다. 국가는 영역권에 입각하여 정당한 이유가 있는 경우에는 외국인에 대하여 출국을 명령할 수 있다.

 답 ④

03 **외국인의 출입국에 관한 설명 중 옳은 것은?** 07년 7급

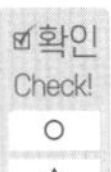

① 실제로 2개국 간에 체결되는 우호통상항해조약에서 당사국 국민의 상호입국을 인정하는 것이 일반적이다.
② 외국인의 입국은 당해 외국인의 자유재량사항이다.
③ 외국인은 원칙적으로 출국의 자유를 향유할 수 없다.
④ 외국인을 추방할 경우 반드시 외교기관을 경유하여야 한다.

해설

난도 ★★

① [○], ② [×] 외국인의 입국허가 여부는 국내문제로 간주되어 국가의 재량에 따라 자유로이 처리할 수 있다. 입국의 허가 여부나 조건의 부가는 국가의 자유재량에 속하며 입국을 허용할 의무는 없다. 그러나 실제로는 양국간의 우호통상항해 조약 등에서 상호적으로 입국을 인정하는 경우가 많으며, 조약이 없는 경우에도 관행으로 외국인의 입국을 허용하는 것이 보통이다.

③ [×] 외국인은 원칙적으로 출국의 자유를 향유한다. 외국인이 자발적 의사에 의해 재류국으로부터 출국하는 것은 자유이며, 재류국은 외국인의 출국을 금지할 수 없는 것이 원칙이다. 다만 외국인이 체류 중 벌금 · 세금 · 수수료 등의 급부의무를 이행하지 않은 경우, 외국인에게 형의 집행, 심문 등을 받아야 할 귀책사유가 있는 경우, 전시에 있어서 전쟁수행의 필요상 교전국의 국민에 대하여 일정기간 출국을 금지해야 할 필요가 있는 경우 등의 사정이 있을 때에는 해당 외국인의 출국을 금지할 수 있다.

④ [×] 외국인은 그의 자발적 의사에 반하여 체류국으로부터 강제적으로 출국되지 않는 것이 원칙이지만, 정당한 이유가 있는 경우에는 예외적으로 추방될 수 있으며, 추방의 정당한 이유로는 국가안전, 공공질서, 보건 등이 있다. 추방은 형벌이 아닌 행정행위로서 반드시 외교기관을 경유하거나 사법심사를 거칠 필요가 없다.

답 ①

제3절 외국인 재산의 국유화

04 **외국인 재산의 수용에 대한 설명으로 옳지 않은 것은?** 16년 7급

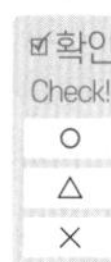

① 2001년 UN 국제법위원회(ILC)가 채택한 국제위법행위에 대한 국가책임 규정초안에 따르면 외국인 재산의 위법한 수용에 대한 구제방법은 1차적으로 금전배상이다.

② 1973년 천연자원에 대한 영구주권결의는 "각국은 가능한 보상금액과 지급방법을 결정할 권리가 있다."라고 규정하였다.

③ 1962년 천연자원에 대한 영구주권결의는 각국의 국유화 또는 수용의 권리를 인정하며 소유주는 "국제법에 따라 적절한 보상을 지급받아야 한다."고 규정하였다.

④ 국제법상 국가는 자국영토 내 외국인의 재산을 수용하거나 국유화할 수 있는 주권적 권한을 가지나, 수용 시에는 공익의 원칙, 비차별의 원칙, 보상의 원칙 등이 충족되어야 한다.

해설

난도 ★★★

① [×] 2001년 국제위법행위에 대한 국가책임 규정 초안에서는 손해배상의 1차적인 방법으로 원상회복을 규정하고 있다.

② [○] 1973년 '천연자원에 관한 영구주권결의'는 국유화국에 보상액 및 지급방법에 대한 결정권능이 있으며, 국유화와 관련된 모든 문제를 국유화국의 국내법에 의해 해결하도록 하였다.

③ [○] 1962년 '천연자원에 관한 영구주권결의'는 공익과 보상을 국유화의 요건으로 제시하고, 보상의 기준에 대하여 '국제법에 따른 적절한 보상'이라고 하였다.

④ [○] 외국인재산의 국유화는 영토주권에 근거한 법적 권리로서 인정되며, 공익의 원칙, 무차별의 원칙, 보상의 원칙 요건을 준수하여야 한다.

답 ①

05 국제법상 외국인 재산의 수용에 관한 설명으로 옳지 않은 것은? 10년 7급

확인 Check! ○ △ ×

① 수용의 대상이 되는 재산은 동산, 부동산, 무체재산 등이 모두 포함된다.
② 내외국인간 및 외국인 상호간의 비차별은 합법적 수용 요건으로 간주되고 있다.
③ 제3세계 국가들은 수용과 관련된 분쟁은 수용국의 국내법에 따라 해결되어야 한다고 주장하고 있다.
④ 국유화의 경우는 보상에서 제외된다.

해설
난도 ★★
① [○] 수용의 대상이 되는 재산에는 동산, 부동산, 무체재산(특허, 저작권 등의 지적재산권) 등이 모두 포함된다. 계약상의 권리도 포함되는 것으로 본다.
② [○] 수용(국유화)을 행하는 국가는 내국인과 외국인간 및 외국인 상호간에 차별을 두어서는 안되며, 모든 내외국인의 재산을 평등하게 취급해야 한다.
③ [○] 제3세계의 입장은 보상의무는 존재하지만 보상기준은 국내법이 결정할 문제이며, 수용에 따른 분쟁도 당사국간에 합의가 이루어지지 않는 한 수용국의 국내법에 따라 국내재판소에서 해결해야 한다는 것이다.
④ [×] 국유화는 보상을 지급하여야 한다. 보상의 기준에 대해서는 선진국들이 주로 주장하는 완전보상설(국제표준주의)과 개도국들이나 후진국들이 주로 주장하는 부분보상설(국내표준주의)이 대립한다.

답 ④

제4절 외국인의 지위(종합)

06 국제법상 외국인의 지위에 대한 설명으로 옳지 않은 것은? 15년 7급

① 외국인에는 무국적자와 외국국적자가 포함된다.
② 외국인의 입국 허용 여부는, 달리 정한 조약이 없는 한, 국가의 재량에 속한다.
③ 일단 입국한 외국인에게는 출국의 자유가 없다.
④ 국가는 합법적으로 입국한 외국인을 자의적으로 추방할 수 없다.

해설
난도 ★★
① [○] 외국인이란 자국국적을 보유하지 않은 자를 말하며, 이는 전혀 국적을 갖지 않은 무국적자와 외국국적을 가진 자로 구분된다.
② [○] 외국인의 입국허가 여부는 국내문제로 간주되어 국가의 재량에 따라 자유로이 처리할 수 있다. 입국의 허가여부나 조건의 부가는 국가의 자유재량에 속하며 입국을 허용할 의무는 없다.
③ [×] 외국인이 자발적 의사에 의해 재류국으로부터 출국하는 것은 자유이며, 재류국은 외국인의 출국을 금지할 수 없는 것이 원칙이다.
④ [○] 평시에 있어서 외국인을 정당한 사유 없이 강제적으로 추방할 수 없으며, 추방의 정당한 사유에는 국가안전, 공공질서, 보건 등이 있다.

답 ③

07 외국인의 지위에 관한 설명 중 옳지 않은 것은?

09년 7급

☑확인 Check! ○ △ ×

① 국가가 외국인의 입국을 허용한 경우에 국제법이 요구하는 일정한 기준에 따라 대우해야 한다.
② 비자(VISA)란 외국정부가 발행하는 입국사증이다.
③ 외국인에게는 국가주권에 직접 영향을 미치는 참정권을 주지 않을 수 있다.
④ 외국인에게 병역의무와 납세의무를 부과할 수 없다.

해설

난도 ★★

① [○] 외국인은 생명 · 재산에 대해 재류국의 보호를 받을 국제법상 권리가 있으며, 재류국은 입국한 외국인에 대하여 입법 · 행정 · 사법상 「상당한 주의」를 가지고 생명 · 재산을 보호할 국제법상의 의무를 부담한다.
② [○] 비자(visa)란 외국인에 대한 출입국 허가의 증명으로서 정부가 발행하는 입국사증(入國査證), 즉 출입국 허가를 증명하는 문서를 말한다.
③ [○] 원칙적으로 정치적 권리인 선거권, 피선거권, 공무담임권 등과 근로의 권리, 교육을 받을 권리, 인간다운 생활을 할 권리 등은 외국인에게 인정되지 않는다.
④ [×] 외국인은 병역의무, 교육의무 등을 지지 않는다. 납세의무는 진다.

답 ④

CHAPTER 04 개인의 형사책임

제1절 범죄인인도

01 **정치범 불인도의 원칙에 관한 설명으로 옳지 않은 것은?** 12년 9급

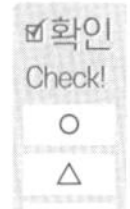

① 국가원수와 그 가족에 대한 살해는 오늘날 정치범죄로 인정된다.
② 일반적으로 피청구국이 범죄의 정치적 성격을 결정한다.
③ 전쟁관련범죄, 항공기납치 등은 오늘날 정치범죄로 인정되지 않는다.
④ 오늘날 대부분의 범죄인 인도조약은 정치범죄를 인도대상에서 제외시키고 있다.

해설

난도 ★★

① [×] 국가원수와 그 가족에 대한 살해는 오늘날 정치범죄로 인정되지 않는다(가해조항, 벨기에조항).
② [○] 정치범 여부는 범행의 동기와 성질, 목적, 행위시 상황을 고려하여 판단하는데, 최종적으로는 범죄인인도를 요구받은 국가가 판단할 문제다.
③ [○] 국제법을 위반한 개인을 형사처벌하는 국제범죄는 정치범죄로 인정되지 않는다. 집단살해, 인도에 반한 죄, 전쟁범죄, 항공기불법납치, 해적행위, 테러행위 등은 국제범죄로서 정치범불인도의 원칙이 적용되지 않는다.
④ [○] 정치범불인도의 원칙은 국제관습법으로 확립되었다고 보는 것이 통설이며 또한 대부분의 범죄인 인도조약도 이 원칙을 채택하고 있다.

답 ①

02 **'정치범 불인도 원칙'에 대한 설명으로 옳지 않은 것은?** 11년 9급

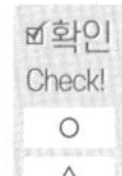

① 집단살해에 가담한 자에 대해서는 이 원칙이 적용되지 않는다.
② 기존 정부의 전복과 새로운 정부의 수립을 목적으로 비밀정치조직을 구성한 자에 대하여는 이 원칙이 적용되지 않는다.
③ 국가원수 및 그 가족을 살해하려다가 미수에 그친 자에 대해서는 이 원칙이 적용되지 않는다.
④ 무정부주의자의 테러범죄에 대해서는 이 원칙이 적용되지 않는다.

해설

난도 ★★

① [○] 국제법을 위반한 개인을 형사처벌하는 국제범죄는 정치범죄로 인정되지 않는다. 전쟁범죄, 해적행위, 집단살해, 항공기불법납치, 테러행위 등은 국제범죄로서 정치범불인도의 원칙이 적용되지 않는다.

② [×] 기존 정부의 전복과 새로운 정부의 수립을 목적으로 비밀정치조직을 구성한 자의 경우 전형적인 정치범으로서 정치범불인도 원칙이 적용된다.

③ [○] 벨기에가 1956년 범죄인인도법에서 '국가원수나 그 가족에 대한 살해행위는 정치범죄로 인정되지 않는다.'고 규정한 조항을 가해조항 또는 벨기에조항이라고 하며 정치범불인도 원칙에 대한 예외로서 다수 국가들의 지지를 얻고 있다.

④ [○] 모든 국가의 정치적 질서를 파괴하는 무정부주의자의 행위와 같은 반사회적 범죄는 정치범불인도 원칙이 적용되지 않는다.

답 ②

03 국제법상 범죄인인도 제도와 관련이 없는 것은? 10년 지방

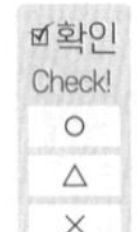

① 국내구제완료의 원칙
② 정치범불인도의 원칙
③ 범죄 특정의 원칙
④ 최소한의 중요성 원칙

해설

난도 ★

① [×] 국내구제완료의 원칙은 외교적 보호권 행사에 있어서 자국민이 재류국에서의 국내구제절차를 완료한 후가 아니면 국적국이 외교적 보호권을 행사할 수 없다는 원칙을 말한다. 이는 외교적 보호권 행사와 관련된 것으로 국제법상 범죄인인도 제도와는 관련이 없다.

② [○] 정치범불인도의 원칙이란 범죄인인도에 있어서 보통범죄인은 인도의 대상이 되지만 정치범죄인은 인도의 대상으로부터 제외된다는 원칙을 말한다.

③ [○] 범죄 특정의 원칙(특정성의 원칙)은 범죄인의 인권을 보호하기 위하여 청구국에 인도된 범죄인은 범죄인인도 청구의 원인이 된 범죄에 대해서만 처벌되며, 그 이외의 인도 전의 범죄에 대해서는 중한 죄 · 경한 죄 불문하고 처벌되지 않는다는 원칙을 말한다.

④ [○] 최소한의 중요성의 원칙은 일반적으로 중한 범죄가 인도의 대상이 된다는 원칙을 말한다. 우리나라 범죄인인도법과 한미범죄인인도조약에서는 인도대상범죄로 인도시에 청구국과 피청구국 양국 모두의 법률에 의하여 1년 이상의 자유형 또는 그 이상의 중형으로 처벌될 수 있는 범죄로 규정하고 있다.

답 ①

04 우리나라 범죄인 인도법상 절대적 인도거절 사유에 해당하지 않는 것은?

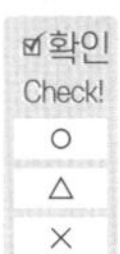

① 범죄인이 인종, 종교, 국적, 성별, 정치적 신념 또는 특정 사회단체에 속한 것 등을 이유로 처벌되거나 그 밖의 불리한 처분을 받을 염려가 있다고 인정되는 경우
② 인도범죄에 관하여 대한민국 법원에서 재판이 계속(係屬) 중이거나 재판이 확정된 경우
③ 대한민국 또는 청구국의 법률에 따라 인도범죄에 관한 공소시효 또는 형의 시효가 완성된 경우
④ 인도범죄의 전부 또는 일부가 대한민국 영역에서 범한 것일 경우

해설

난도 ★★

① [○] 범죄인인도법 제7조 제4호.
② [○] 범죄인인도법 제7조 제2호.
③ [○] 범죄인인도법 제7조 제1호.
④ [×] 범죄인인도법 제9조 제2호. 인도범죄의 전부 또는 일부가 대한민국 영역에서 범한 것일 경우 임의적 인도거절사유가 된다.

더 알아보기 범죄인인도법

제7조【절대적 인도거절 사유】
다음 각 호의 어느 하나에 해당하는 경우에는 범죄인을 인도하여서는 아니 된다.
1. 대한민국 또는 청구국의 법률에 따라 인도범죄에 관한 공소시효 또는 형의 시효과 완성된 경우
2. 인도범죄에 관하여 대한민국 법원에서 재판이 계속 중이거나 재판이 확정된 경우
3. 범죄인이 인도범죄를 범하였다고 의심할 만한 상당한 이유가 없는 경우. 다만, 인도범죄에 관하여 청구국에서 유죄의 재판이 있는 경우는 제외한다.
4. 범죄인이 인종, 종교, 국적, 성별, 정치적 신념 또는 특정 사회단체에 속한 것 등을 이유로 처벌되거나 그 밖의 불리한 처분을 받을 염려가 있다고 인정되는 경우

제9조【임의적 인도거절 사유】
다음 각 호의 어느 하나에 해당하는 경우에는 범죄인을 인도하지 아니할 수 있다.
1. 범죄인이 대한민국 국민인 경우
2. 인도범죄의 전부 또는 일부가 대한민국 영역에서 범한 것인 경우
3. 범죄인의 인도범죄 외의 범죄에 관하여 대한민국 법원에 재판이 계속 중인 경우 또는 범죄인이 형을 선고받고 그 집행이 끝나지 아니하거나 면제되지 아니한 경우
4. 범죄인이 인도범죄에 관하여 제3국(청구국이 아닌 외국을 말한다. 이하 같다)에서 재판을 받고 처벌되었거나 처벌받지 아니하기로 확정된 경우
5. 인도범죄의 성격과 범죄인이 처한 환경 등에 비추어 범죄인을 인도하는 것이 비인도적이라고 인정되는 경우

답 ④

05 **대한민국 범죄인인도법상 임의적 인도거절 사유가 아닌 것은?** 13년 9급

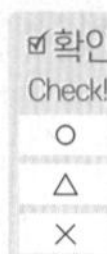

① 인도범죄에 관하여 청구국에서 유죄의 재판이 있는 경우를 제외하고, 범죄인이 인도범죄를 범하였다고 의심할 만한 상당한 이유가 없는 경우
② 범죄인이 대한민국 국민인 경우
③ 범죄인이 인도범죄 이외의 범죄에 관하여 대한민국 법원에 재판이 계속중인 경우
④ 인도범죄의 성격에 비추어 범죄인을 인도하는 것이 비인도적이라고 인정하는 경우

해설
난도 ★★
①은 절대적 인도거절사유에 해당하며 ②, ③, ④는 임의적 인도거절사유에 해당한다.
① [×] 범죄인인도법 제7조 제3호.
② [○] 범죄인인도법 제9조 제1호.
③ [○] 범죄인인도법 제9조 제3호.
④ [○] 범죄인인도법 제9조 제5호.

답 ①

06 **우리나라의 범죄인인도법에 의할 때 절대적 인도거절사유가 아닌 것은?** 13년 7급

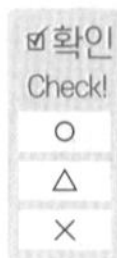

① 범죄인이 대한민국 국민인 경우
② 청구국의 법률에 따라 인도범죄에 관한 형의 시효가 완성된 경우
③ 대한민국 법률에 따라 인도범죄에 관한 공소시효가 완성된 경우
④ 인도범죄에 관하여 대한민국 법원에서 재판이 확정된 경우

해설
난도 ★★
①번은 임의적 인도거절사유에 해당하며 ②, ③, ④는 절대적 인도거절사유에 해당한다.
① [×] 범죄인인도법 제9조 제1호.
② [○] 범죄인인도법 제7조 제1호.
③ [○] 범죄인인도법 제7조 제1호.
④ [○] 범죄인인도법 제7조 제2호.

답 ①

07 **우리나라의 범죄인인도에 대한 설명으로 옳지 않은 것은?** 08년 7급

☑확인 Check! ○ △ ×

① 범죄인인도는 원칙적으로 국가의 재량사항에 해당하나 조약에 의하여 의무화되기도 한다.
② 범죄인이 인도범죄 이외의 범죄에 관한 사건으로 인하여 형의 선고를 받고 그 집행을 종료하지 아니한 경우는 임의적 인도거절사유에 해당한다.
③ 인도청구국의 인도청구가 범죄인이 행한 정치적 성격을 지닌 다른 범죄에 대하여 재판을 하거나 그러한 범죄에 대하여 이미 확정된 형을 집행할 목적으로 행하여진 것이라고 인정되는 경우에는 범죄인을 인도하여서는 안 된다.
④ 범죄인이 대한민국 국민인 경우는 절대적 인도거절사유에 해당한다.

해설
난도 ★★
① [○] 아직까지 범죄인인도 의무를 창설하는 일반 국제관습법은 없으며, 이를 규율하는 보편조약도 없다. 범죄인인도는 국제사법공조제도의 하나일 뿐이며, 범죄인인도를 요청받은 국가는 조약상의 합의가 없는 한, 범죄인을 인도할 의무는 없다.
② [○] 범죄인인도법 제9조 제3호.
③ [○] 인도청구가 범죄인이 범한 정치적 성격을 지닌 다른 범죄에 대하여 재판을 하거나 그러한 범죄에 대하여 이미 확정된 형을 집행할 목적으로 행하여진 것이라고 인정되는 경우에는 범죄인을 인도하여서는 아니 된다(범죄인인도법 제8조 제2항).
④ [×] 범죄인이 대한민국 국민인 경우는 임의적 인도거절사유에 해당한다(범죄인인도법 제9조 제1호 참조).

 ④

08 **범죄인인도에 대한 설명으로 옳지 않은 것은?** 20년 9급

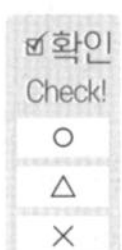

① 미국연방대법원은 Alvarez-Machain 사건에서 동 법원은 관할권을 행사할 수 없다고 판시하였다.
② 유럽연합(EU)의 유럽체포영장제도상 범죄특정의 원칙은 상호주의 조건하에서 포괄적으로 포기 또는 제한되고 있다.
③ 집단살해죄, 인도에 반한 죄, 전쟁범죄, 항공기납치범죄 등은 정치범으로 인정되지 않는다.
④ 인도 또는 송환되어 사형, 고문 또는 기타 비인도적 대우를 받을 것이 예견되는 경우에 인도를 거절할 수 있다.

해설
난도 ★★★
① [×] 알바레즈-맥케인 사건에서 미연방대법원은 알바레즈-맥케인을 납치하였다는 국제위법행위는 미국 법원의 관할권 행사에 영향을 미치지 않는다고 하여 미국 법원의 관할권을 인정하였다.
② [○] 유럽연합은 일종의 신속인도 절차인 유럽체포영장제도를 도입하는 「유럽체포영장과 회원국들 간의 인도절차에 관한 2002.6.13.자 이사회 골격결정」(Council Framework Decision of 13 June 2002 on the European Arrest Warrant and the surrender procedure between Members States, FWD)을 채택하고, 2004년부터 유럽체포영장제도를 시행하였는바, 범죄특정의 원칙도 상호주의 조건 하에 포괄적으로 포기 내지는 제한되고 있으며, 범죄인 자신이 영장발부국으로 인도된 뒤 범죄특정 원칙의 권리를 포기하는 것도 허용되고 있다.
③ [○] 국제법을 위반한 개인을 형사처벌하는 국제범죄는 정치범죄로 인정되지 않는바, 전쟁범죄, 해적행위, 집단살해, 항공기불법납치, 인도에 반한 죄 등이 이에 해당된다.
④ [○] 범죄인이 인도되어 사형 · 고문 또는 기타 비인도적 대우를 받을 것이 예견되는 경우에 인도를 거절할 수 있다. 우리나라 범죄인인도법 제9조 제5호에서도 "인도범죄의 성격과 범죄인이 처한 환경 등에 비추어 범죄인을 인도하는 것이 비인도적이라고 인정되는 경우"에는 범죄인을 인도하지 아니할 수 있도록 규정하고 있다.

답 ①

09 **국제법상 범죄인인도에 대한 설명으로 옳지 않은 것은?** 17년 9추

① 범죄인인도는 국제관습법상 확립되었다.
② 일반적으로 인도 대상 범죄는 범죄인인도조약 체약국 쌍방의 국내법상 범죄로 규정되어 있어야 한다.
③ 국가원수에 대한 살해는 정치범죄로 인정되지 않는다.
④ 일반적으로 대륙법계 국가들은 자국민을 타국에 인도하지 않지만 영미법계 국가들은 자국민도 인도한다.

해설
난도 ★★
① [×] 아직까지 범죄인인도 의무를 창설하는 일반 국제관습법은 없으며, 이를 규율하는 보편조약도 없다. 범죄인인도는 국제사법공조제도의 하나일 뿐이며, 범죄인인도를 요청받은 국가는 조약상의 합의가 없는 한, 범죄인을 인도할 의무는 없다.
② [○] 인도대상범죄는 청구국과 피청구국 양국 모두에서 범죄로 인정되는 것이어야 한다.
③ [○] 국가원수에 대한 살해행위는 정치범으로 인정하지 않는 것이 일반적이다.
④ [○] 속인주의를 원칙으로 하는 대륙법계국가들은 대체로 자국민불인도의 원칙을 지지하지만, 속지주의를 원칙으로 하는 영미법계국가들은 대체로 자국민불인도의 원칙을 인정하지 않는다.

답 ①

17년 7급

10 국제법상 범죄인인도제도에 대한 설명으로 옳은 것은?

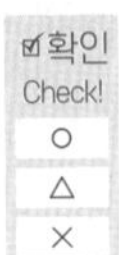

① 우리나라 「범죄인인도법」은 우리나라 또는 청구국의 법률에 따라 인도범죄에 관한 공소시효가 완성된 경우를 임의적 인도거절 사유로 규정하고 있다.

② 우리나라 「범죄인인도법」은 범죄인이 대한민국 국민인 경우를 절대적 인도거절 사유로서 규정하고 있다.

③ 서울고등법원은 중국 국적의 리우치앙(劉强)을 정치범으로 인정하여 그를 일본으로 인도하는 것을 허용하지 않았다.

④ 우리나라가 체결한 범죄인인도조약은 인도청구국의 법률상 범죄로 성립되기만 하면 그 행위를 인도대상범죄로 규정하고 있다.

해설

난도 ★★

① [×] 범죄인인도법 제7조 제1호. 절대적 인도거절사유에 해당한다.

② [×] 범죄인인도법 제9조 제1호. 임의적 인도거절사유에 해당한다.

③ [○] '리우치앙 사건'에서 서울고등법원은 리우치앙의 범죄는 일반물건 방화라는 일반범죄의 성격보다 정치적 성격이 더 큰 상대적 정치범죄로서 한일범죄인인도조약 제3조 (다)호에서 규정하고 있는 '정치적 범죄'에 해당하고, 달리 범죄인을 인도하여야 할 예외사유가 존재하지 아니한다는 이유로 인도거부 결정을 하였다.

④ [×] 우리나라가 체결한 최초의 범죄인인도조약인 '대한민국과 호주간의 범죄인인도조약'을 비롯하여 우리나라가 체결한 모든 범죄인인도조약에서 범죄인인도 청구국과 피청구국 모두에서 범죄로 인정되는 경우에 한하여 범죄인인도 대상으로 한다는 이른바 '이중범죄의 원칙'(쌍방가벌성의 원칙)을 규정하고 있다.

더 알아보기 범죄인인도법

제6조【인도범죄】
대한민국과 청구국의 법률에 따라 인도범죄가 사형, 무기징역, 무기금고, 장기 1년 이상의 징역 또는 금고에 해당하는 경우에만 범죄인을 인도할 수 있다.

답 ③

11 범죄인인도에 관한 설명으로 옳지 않은 것은? 14년 7급

☑확인 Check! ○ △ ×

① 특정성의 원칙에 의해서 범죄인 및 범죄 내용이 특정되어야 인도 절차가 개시된다.
② 인도 요청국과 피요청국 사이에 범죄인인도조약이 없더라도 범죄인을 인도할 수 있다.
③ 해외에서 범죄를 저지른 자국민을 인도하지 않는 것은 국제관습법을 위반하는 것이 아니다.
④ 범죄인인도조약이 체결되어 있지 않은 국가 간의 범죄인인도 의무는 국제관습법상 확립되어 있지 않다.

해설

난도 ★★

① [×] 범죄인인도에 있어서 특정성의 원칙이란 청구국에 인도된 범죄인은 청구의 원인이 된 범죄에 대해서만 처벌되며, 그 이외의 인도 전의 범죄에 대해서는 중한 죄 · 경한 죄 불문하고 처벌되지 않는다는 것을 말한다.

② [○] 국가는 타국과의 개별적 조약에 의해 범죄인인도 의무를 규정하는 것이 보통이지만, 이러한 조약이 없는 경우에도 국제예양상 또는 국내법에 의하여 범죄인을 인도할 수도 있다.

③ [○] 범죄인이 자국민인 경우에는 인도하지 않는다는 주장을 자국민불인도 원칙이라고 한다. 속인주의를 원칙으로 하는 대륙법계 국가들은 대체로 자국민불인도 원칙을 지지하지만, 속지주의를 원칙으로 하는 영미법계 국가들은 대체로 자국민불인도 원칙을 인정하지 않는다.

④ [○] 아직까지 범죄인인도 의무를 창설하는 일반 국제관습법은 없으며, 이를 규율하는 보편조약도 없다. 범죄인인도는 국제사법공조제도의 하나일 뿐이며, 범죄인인도를 요청받은 국가는 조약상의 합의가 없는 한, 범죄인을 인도할 의무는 없다.

답 ①

12 범죄인인도제도에 대한 설명 중 옳지 않은 것은? 12년 7급

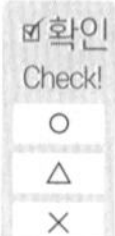

① 정치범불인도원칙은 국제형사법원(ICC)의 범죄인인도에도 적용된다.
② 범죄인은 범죄행위지에서 처벌하는 것이 침해 법익(法益)과 증거수집의 관점에서 합리적이고 타당하나 자국민의 불인도원칙을 고수하는 국가들도 있다.
③ 인도 대상은 형사소추 대상이나 유죄판결을 받은 사람이어야 한다.
④ 인도된 범죄인 또는 피의자는 인도청구의 대상이 된 범죄행위에 한하여 기소 및 처벌된다.

해설

난도 ★★

① [×] 국제형사재판소(ICC)는 집단살해죄, 인도에 반한 죄, 전쟁범죄, 침략범죄를 관할한다(ICC규정 제5조 제1항). 이에 반해 정치범불인도원칙은 상대적 정치범죄, 가해조항(벨기에조항), 무정부주의자와 같은 반사회적 범죄, 전쟁범죄 · 해적행위 · 집단살해 · 항공기납치 · 테러행위 등의 국제범죄, 다자조약에 의해 범죄인인도의무를 부담하는 범죄에 대해서는 적용되지 않는다.

② [○] 속인주의를 원칙으로 하는 대륙법계 국가들은 대체로 자국민불인도 원칙을 지지하지만, 속지주의를 원칙으로 하는 영미법계 국가들은 대체로 자국민불인도원칙을 인정하지 않는다.

③ [○] 인도대상은 범죄인이어야 한다. 재판이나 범죄사실에 관계되는 진실을 밝혀내기 위하여 증인으로 필요한 사람은 범죄인인도의 대상이 되지 않는다.

④ [○] 청구국에 인도된 범죄인은 청구의 원인이 된 범죄에 대해서만 처벌되며, 그 이외의 인도 전의 범죄에 대해서는 중한 죄 · 경한 죄를 불문하고 처벌되지 않는다.

답 ①

09년 7급

13 **범죄인인도에 관한 설명 중 옳지 않은 것은?**

① 범죄인인도조약이 없어도 범인을 인도할 수 있다.

② 국내법에 의해 정치범불인도원칙을 최초로 규정한 국가는 벨기에이다.

③ 우리나라 범죄인인도법상 인도대상 범죄는 청구국과 피청구국의 법률에 의해 사형, 무기 또는 1년 이상의 징역에 해당하는 범죄에 한한다.

④ 범죄인인도제도는 국제관습법상 확립된 제도이다.

해설

난도 ★★

① [○], ④ [×] 아직까지 범죄인인도 의무를 창설하는 일반 국제관습법은 없으며, 이를 규율하는 보편조약도 없다. 범죄인인도는 국제사법공조제도의 하나일 뿐이며, 범죄인인도를 요청받은 국가는 조약상의 합의가 없는 한, 범죄인을 인도할 의무는 없다. 국가는 타국과의 개별적 조약에 의해 범죄인인도 의무를 규정하는 것이 보통이지만, 이러한 조약이 없는 경우에도 국제예양상 또는 국내법에 의해서도 범죄인을 인도할 수 있다.

② [○] 국내법상 정치범불인도 원칙을 처음으로 규정한 것은 1833년 벨기에의 범죄인인도법이며, 국제법상 정치범불인도 원칙을 처음으로 규정한 것은 1834년 프랑스 · 벨기에간 조약이다.

③ [○] 대한민국과 청구국의 법률에 따라 인도범죄가 사형, 무기징역, 무기금고, 장기 1년 이상의 징역 또는 금고에 해당하는 경우에만 범죄인을 인도할 수 있다(범죄인인도법 제6조).

답 ④

제2절 국제형사법

14 국제형사재판소(ICC)에 관한 로마규정에 따라 ICC가 관할하는 범죄에 해당하지 않는 것만을 모두 고른 것은? 17년 9추

☑확인 Check! ○ △ ×

ㄱ. 전쟁범죄 ㄴ. 국제테러범죄 ㄷ. 마약범죄 ㄹ. 침략범죄 ㅁ. 해적

① ㄱ, ㄴ, ㄷ
② ㄱ, ㄷ, ㄹ
③ ㄴ, ㄷ, ㅁ
④ ㄴ, ㄹ, ㅁ

해설
난도 ★
ICC규정 제5조【재판소의 관할범죄】
재판소의 관할권은 국제공동체 전체의 관심사인 가장 중대한 범죄에 한정된다. 재판소는 이 규정에 따라 다음의 범죄에 대하여 관할권을 가진다.
가. 집단살해죄
나. 인도에 반한 죄
다. 전쟁범죄
라. 침략범죄

답 ③

15 1998년 국제형사재판소(ICC) 규정에서 명시적으로 언급한 국제범죄 중에서 ICC가 현재 관할권을 행사하지 못하고 있는 국제범죄는? 13년 9급

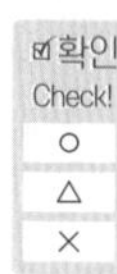

① 집단살해죄(The crime of genocide)
② 인도에 반한 죄(Crimes against humanity)
③ 전쟁범죄(War crimes)
④ 침략범죄(The crime of aggression)

해설

난도 ★

1998년 채택된 '국제형사재판소규정' 제5조 제2항에서는 "제121조 및 제123조에 따라 침략범죄를 정의하고 재판소의 관할권 행사 조건을 정하는 조항이 채택된 후, 재판소는 침략범죄에 대한 관할권을 행사한다."라고 규정하여 '침략범죄'에 대한 관할권을 유보하였고, 2010년 국제형사재판소 로마규정 재검토회의에서 침략범죄에 관한 정의 규정이 마련되었으나, 신설규정인 제15조의2, 제15조의3의 각 ②항에서는 "재판소는 조약개정에 대한 30개 당사국의 비준 혹은 수락이 있은 지 1년 후 범한 침략범죄에 대해서만 재판권을 행사할 수 있다."라고 규정하고, 각 ③항에서는 "재판소는 규정 개정안의 채택을 위해 요구되는 것과 동일한 당사국의 다수결에 의해 2017년 1월 1일 후에 취해질 결정을 조건으로 침략범죄에 대해 재판권을 행사할 수 있다."라고 규정하였으며, 제3부속서의 양해사항 제1호 및 제3호에서는 개정에 대한 30개국의 비준 후 1년이 경과한 시기와 다수당사국이 결정한 침략범죄에 대한 관할권 행사시기 중 늦은 시점 이후에 관할권을 행사할 수 있다고 명시하였다. 이후 2016년 6월 27일 팔레스타인이 비준서를 기탁함으로써, 30개국의 비준이 완성되었고, 2017년 12월 14일 ICC규정 당사국 총회에서 국제형사재판소 로마규정 채택 20주년이 되는 2018년 7월 17일부터 침략범죄에 대하여 ICC가 관할권을 행사하도록 하는 결의가 채택되었다. 다만 이러한 침략범죄에 대한 ICC의 관할권 행사는 개정조문을 비준 · 수락한 당사국에 대해서만 적용된다는 한계가 있으며, 또한 2010년 신설된 부속서에서 미국이 요청한 '침략범죄' 정의 규정 관련 양해사항이 받아들여짐으로써 침략범죄의 적용범위에 대해서는 여전히 국가들 간의 견해대립이 있는바, 이러한 문제점들은 앞으로 ICC가 실제로 법을 적용하는 과정에서 해결하여야 할 과제로 남아있다. 이 문제는 '침략범죄'에 대한 관할권이 유보되어 있던 2013년 출제된 문제로 당시에는 ④번이 정답이었다.

답 ④

16 **국제형사재판소 재판관할 범죄 중 인도에 반하는 죄에 대한 설명으로 옳은 것은?** 18년 7급

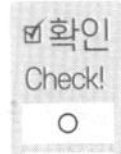

① 인도에 반하는 죄를 구성하는 체계적인 공격은 반드시 국가의 공식적인 정책일 필요는 없다.

② 인도에 반하는 죄는 무력분쟁 상황 등 전시에 이루어지는 것을 전제로 한다.

③ 인도에 반하는 죄를 구성하는 공격은 폭력적 형태로 자행된 행위만을 포함한다.

④ 인도에 반하는 죄가 성립하기 위해서는 공격에 대한 인식이 존재할 필요가 없다.

해설

난도 ★★★

① [○] ICC규정 제7조 제1항에서는 "이 규정의 목적상 "인도에 반한 죄"라 함은 민간인 주민에 대한 광범위하거나 체계적인 공격의 일부로서 그 공격에 대한 인식을 가지고 범하여진 다음의 행위를 말한다."라고 규정하고 있으며, 제7조 제2항 가호에서는 ""민간인 주민에 대한 공격"이라 함은 그러한 공격을 행하려는 국가나 조직의 정책에 따르거나 이를 조장하기 위하여 민간인 주민에 대하여 제1항에 규정된 행위를 다수 범하는 것에 관련된 일련의 행위를 말한다."라고 규정하고 있다.

② [×] ICC규정 제7조상 '인도에 반한 죄'는 무력분쟁이나 전시를 전제로 하지 않는다.

③ [×] ICC규정 제7조 제1항에서 규정하고 있는 인도에 반하는 죄를 구성하는 공격은 반드시 폭력적 형태일 것을 요하지 않는다.

④ [×] ICC규정 제7조 제1항에서는 "이 규정의 목적상 "인도에 반한 죄"라 함은 민간인 주민에 대한 광범위하거나 체계적인 공격의 일부로서 그 공격에 대한 인식을 가지고 범하여진 다음의 행위를 말한다."라고 규정하여, 인도에 반하는 죄는 공격에 대한 인식을 가지고 범하여질 것을 전제로 하고 있다.

더 알아보기 국제형사재판소 규정

제7조【인도에 반한 죄】

① 이 규정의 목적상 "인도에 반한 죄"라 함은 민간인 주민에 대한 광범위하거나 체계적인 공격의 일부로서 그 공격에 대한 인식을 가지고 범하여진 다음의 행위를 말한다.

가. 살해

나. 절멸

다. 노예화

라. 주민의 추방 또는 강제이주

마. 국제법의 근본원칙을 위반한 구금 또는 신체적 자유의 다른 심각한 박탈

바. 고문

사. 강간, 성적 노예화, 강제매춘, 강제임신, 강제불임, 또는 이에 상당하는 기타 중대한 성폭력

아. 이 항에 규정된 어떠한 행위나 재판소 관할범죄와 관련하여, 정치적 · 인종적 · 국민적 · 민족적 · 문화적 및 종교적 사유, 제3항에 정의된 성별 또는 국제법상 허용되지 않는 것으로 보편적으로 인정되는 다른 사유에 근거하여 어떠한 동일시될 수 있는 집단이나 집합체에 대한 박해

자. 사람들의 강제실종

차. 인종차별범죄

카. 신체 또는 정신적 · 육체적 건강에 대하여 중대한 고통이나 심각한 피해를 고의적으로 야기하는 유사한 성격의 다른 비인도적 행위

② 제1항의 목적상

가. "민간인 주민에 대한 공격"이라 함은 그러한 공격을 행하려는 국가나 조직의 정책에 따르거나 이를 조장하기 위하여 민간인 주민에 대하여 제1항에 규정된 행위를 다수 범하는 것에 관련된 일련의 행위를 말한다.

답 ①

17 국제형사재판소(ICC)가 관할권을 행사하게 할 수 있는 제소주체로서 ICC에 관한 로마규정 제13조에 규정되지 않은 것은? 18년 9급

☑확인 Check! ○ △ ×

① ICC의 소추관(the Prosecutor)

② UN인권이사회

③ UN안전보장이사회

④ ICC에 관한 로마규정의 당사국

해설

난도 ★

ICC규정 제13조에서는 제소주체로 당사국, 안전보장이사회, 소추관을 규정하고 있다.

더 알아보기 국제형사재판소규정

제13조【관할권의 행사】
재판소는 다음의 경우 이 규정이 정한 바에 따라 제5조에 규정된 범죄에 대하여 관할권을 행사할 수 있다.
가. 1개 또는 그 이상의 범죄가 범하여진 것으로 보이는 사태가 제14조(당사국에 의한 사태의 회부)에 따라 당사국에 의하여 소추관에게 회부된 경우
나. 1개 또는 그 이상의 범죄가 범하여진 것으로 보이는 사태가 국제연합헌장 제7장(평화에 대한 위협, 평화의 파괴 및 침략행위에 관한 조치)에 따라 행동하는 안전보장이사회에 의하여 소추관에게 회부된 경우
다. 소추관이 제15조(소추관)에 따라 그러한 범죄에 대하여 수사를 개시한 경우

답 ②

19년 9급

18 **국제형사재판소(ICC)의 관할권에 대한 설명으로 옳지 않은 것은?**

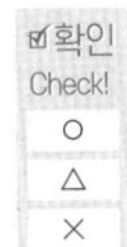

① 재판소의 관할범죄에 대해서는 어떠한 시효도 적용되지 아니한다.
② 재판소는 「국제형사재판소에 관한 로마규정」이 발효한 후에 행해진 범죄에 대해서만 관할권을 가진다.
③ 재판소의 관할범죄에 대해 재판관할권을 가진 국가가 수사 중일 때에는 원칙적으로 재판소가 관할권을 행사하지 않는다.
④ 재판소의 관할범죄를 저지른 국가원수에 대해서는 국가면제가 적용되어 재판소는 관할권을 행사할 수 없다.

해설
난도 ★★
① [○] 재판소의 관할범죄에 대하여는 어떠한 시효도 적용되지 아니한다(ICC규정 제29조).
② [○] 재판소는 이 규정의 발효 후에 범하여진 범죄에 대하여만 관할권을 가진다(ICC규정 제11조 제1항).
③ [○] 재판소는 사건이 그 사건에 대하여 관할권을 가지는 국가에 의하여 수사되고 있거나 또는 기소된 경우 사건의 재판 적격성이 없다고 결정한다. 단, 그 국가가 진정으로 수사 또는 기소를 할 의사가 없거나 능력이 없는 경우에는 그러하지 아니하다(ICC규정 제17조 제1항 가호).
④ [×] 이 규정은 공적 지위에 근거한 어떠한 차별 없이 모든 자에게 평등하게 적용되어야 한다. 특히 국가원수 또는 정부 수반, 정부 또는 의회의 구성원, 선출된 대표자 또는 정부 공무원으로서의 공적 지위는 어떠한 경우에도 그 개인을 이 규정에 따른 형사책임으로부터 면제시켜 주지 아니하며, 또한 그 자체로서 자동적인 감형사유를 구성하지 아니한다(ICC규정 제27조 제1항).

답 ④

19 국제형사재판소(ICC)의 관할권에 대한 설명으로 옳지 않은 것은? 13년 7급

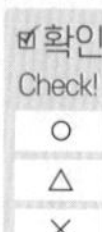

① ICC는 범행 당시 18세 미만자에 대하여 관할권을 가지지 아니한다.
② ICC의 관할범죄에 대하여는 어떠한 시효도 적용되지 않는다.
③ ICC에 의하여 유죄판결을 받은 자는 ICC규정에 따라서만 처벌될 수 있다.
④ ICC규정에 의한 처벌은 일사부재리원칙이 적용되지 않는다.

해설

난도 ★★★

① [○] 재판소는 범행 당시 18세 미만자에 대하여 관할권을 가지지 아니한다(ICC규정 제26조).
② [○] 재판소의 관할범죄에 대하여는 어떠한 시효도 적용되지 아니한다(ICC규정 제29조).
③ [○] 재판소에 의하여 유죄판결을 받은 자는 이 규정에 따라서만 처벌될 수 있다(ICC규정 제23조).
④ [×] 이 규정에 정한 바를 제외하고, 누구도 재판소에 의하여 유죄 또는 무죄판결을 받은 범죄의 기초를 구성하는 행위에 대하여 재판소에서 재판받지 아니한다(ICC규정 제20조 제1항).

답 ④

20 국제형사재판소(International Criminal Court)가 현재 관할권을 행사할 수 없는 범죄는? 09년 7급

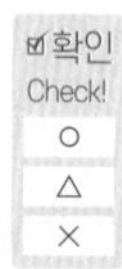

① 집단살해죄 ② 전쟁범죄
③ 침략범죄 ④ 인도에 반한 죄

해설

난도 ★

① [○], ② [○], ③ [×], ④ [○] 1998년 채택된 ICC규정 제5조 제1항에서는 '집단살해죄', '인도에 반한 죄', '전쟁범죄', '침략범죄'를 관할범죄로 규정하면서도, 제5조 제2항에서 '침략범죄를 정의하고 관할권 행사조건을 정할 때까지' 침략범죄에 대한 관할권 행사의 유보를 규정하고 있었다. 2010년 6월 우간다 캄팔라(Kampala)에서 개최된 「로마규정 재검토회의」에서, 「침략범죄」에 대한 관할권 유보를 규정한 제5조 제2항을 삭제하고, 침략범죄의 정의규정인 제8조의2와 침략범죄의 관할권 규정인 제15조의2, 제15조의3을 신설하였다. 신설규정인 제15조의2, 제15조의3의 각 ②항에서는 "재판소는 조약개정에 대한 30개 당사국의 비준 혹은 수락이 있은 지 1년 후 범한 침략범죄에 대해서만 재판권을 행사할 수 있다."라고 규정하고, 각 ③항에서는 "재판소는 규정 개정안의 채택을 위해 요구되는 것과 동일한 당사국의 다수결에 의해 2017년 1월 1일 후에 취해질 결정을 조건으로 침략범죄에 대해 재판권을 행사할 수 있다."라고 규정하였으며, 제3부속서의 양해사항 제1호 및 제3호에서는 개정에 대한 30개국의 비준 후 1년이 경과한 시기와 다수당사국이 결정한 침략범죄에 대한 관할권 행사시기 중 늦은 시점 이후에 관할권을 행사할 수 있다고 명시하였다. 이후 2016년 6월 27일 팔레스타인이 비준서를 기탁함으로써, 30개국의 비준이 완성되었고, 2017년 12월 14일 ICC규정 당사국 총회에서 국제형사재판소 로마규정 채택 20주년이 되는 2018년 7월 17일부터 침략범죄에 대하여 ICC가 관할권을 행사하도록 하는 결의가 채택되었다. 다만 이러한 침략범죄에 대한 ICC의 관할권 행사는 개정조문을 비준 · 수락한 당사국에 대해서만 적용된다는 한계가 있으며, 또한 2010년 신설된 부속서에서 미국이 요청한 '침략범죄' 정의규정 관련 양해사항이 받아들여짐으로써 침략범죄의 적용범위에 대해서는 여전히 국가들 간의 견해대립이 있는바, 이러한 문제점들은 앞으로 ICC가 실제로 법을 적용하는 과정에서 해결하여야 할 과제로 남아있다. 이 문제는 '침략범죄'에 대한 관할권이 유보되어 있던 2009년 출제된 문제로 당시에는 ③번이 정답이었다.

답 ③

21 국제형사재판소(ICC)의 관할권에 대한 설명으로 옳지 않은 것은? 09년 9급

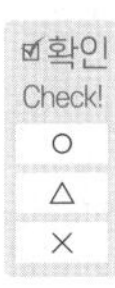

① ICC는 그 규정의 발효 후에 발생한 범죄에 대하여 관할권을 가진다.
② ICC가 관할권을 행사하기 위해서는 범죄발생지국과 피고인의 국적국이 모두 ICC 규정의 당사국이어야 한다.
③ 안전보장이사회는 ICC의 관할범죄가 범하여진 것으로 보이는 사태를 ICC 소추관(prosecutor)에게 회부할 수 있다.
④ ICC 규정의 당사국이 된 국가는 이에 의하여 ICC의 관할범죄에 대하여 동 재판소의 관할권을 수락한다.

해설

난도 ★★

① [○] 재판소는 이 규정의 발효 후에 범하여진 범죄에 대하여만 관할권을 가진다(ICC규정 제11조 제1항).
② [×] ICC가 관할권을 행사하기 위해서는 '범죄발생지국'과 '피고인의 국적국' 중 1개국이라도 ICC규정의 당사국이거나 ICC의 관할권을 수락하였으면 충분하다.
③ [○] ICC규정 제13조 나호에 따르면, 안전보장이사회는 UN헌장 제7장에 따라 ICC의 관할범죄가 범하여진 것으로 보이는 사태를 소추관에게 회부할 수 있다.
④ [○] 이 규정의 당사국이 된 국가는 이에 의하여 제5조에 규정된 범죄에 대하여 재판소의 관할권을 수락한다(ICC규정 제12조 제1항).

더 알아보기 ICC규정

제12조【관할권 행사의 전제조건】
② 제13조 가호 또는 다호의 경우, 다음 중 1개국 또는 그 이상의 국가가 이 규정의 당사국이거나 또는 제3항에 따라 재판소의 관할권을 수락하였다면 재판소는 관할권을 행사할 수 있다.
가. 당해 행위가 발생한 영역국, 또는 범죄가 선박이나 항공기에서 범하여진 경우에는 그 선박이나 항공기의 등록국
나. 그 범죄 혐의자의 국적국

답 ②

22 국제형사재판소(ICC)가 재판관할권을 행사할 수 있는 경우에 해당하는 것은? 10년 7급

① 사건이 그 사건에 대하여 재판관할권을 가진 국가에 의해 수사 중인 경우
② 사건이 그 사건에 대하여 재판관할권을 가진 국가가 소추의사 또는 능력이 없어 관련자를 소추하지 않기로 결정한 경우
③ 관련자가 제소의 대상이 된 행위에 대하여 이미 독립·공정한 재판을 받은 경우
④ 사건이 국제형사재판소에 의한 추가적인 행동을 정당화할 만큼 충분히 중대하지 않은 경우

해설

난도 ★★★

① [×] ICC규정 제17조 제1항 가호.
② [○] ICC규정 제17조 제1항 나호.
③ [×] ICC규정 제17조 제1항 다호.
④ [×] ICC규정 제17조 제1항 라호.

더 알아보기 ICC규정

제17조【재판적격성의 문제】

① 전문 제10항과 제1조(재판소)를 고려하여 재판소는 다음의 경우 사건의 재판적격성이 없다고 결정한다.

가. 사건이 그 사건에 대하여 관할권을 가지는 국가에 의하여 수사되고 있거나 또는 기소된 경우. 단, 그 국가가 진정으로 수사 또는 기소를 할 의사가 없거나 능력이 없는 경우에는 그러하지 아니하다.

나. 사건이 그 사건에 대하여 관할권을 가지는 국가에 의하여 수사되었고, 그 국가가 당해인을 기소하지 아니하기로 결정한 경우. 단, 그 결정이 진정으로 기소하려는 의사 또는 능력의 부재에 따른 결과인 경우에는 그러하지 아니하다.

다. 당해인이 제소의 대상인 행위에 대하여 이미 재판을 받았고, 제20조 제3항에 따라 재판소의 재판이 허용되지 않는 경우

라. 사건이 재판소의 추가적 조치를 정당화하기에 충분한 중대성이 없는 경우

답 ②

23 「국제형사재판소 관할 범죄의 처벌 등에 관한 법률」에 대한 설명으로 옳지 않은 것은? 20년 7급

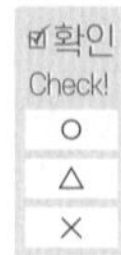

① 군대의 지휘관(지휘관의 권한을 사실상 행사하는 사람을 포함한다) 또는 단체 · 기관의 상급자(상급자의 권한을 사실상 행사하는 사람을 포함한다)가 실효적인 지휘와 통제하에 있는 부하 또는 하급자가 집단살해죄등을 범하고 있거나 범하려는 것을 알고도 이를 방지하기 위하여 필요한 상당한 조치를 하지 아니하였을 때에는 그 집단살해죄등을 범한 사람을 처벌하는 외에 그 지휘관 또는 상급자도 각 해당 조문에서 정한 형으로 처벌한다.

② 집단살해죄등에 대하여는 「형사소송법」 제249조부터 제253조까지 및 「군사법원법」 제291조부터 제295조까지의 규정에 따른 공소시효와 「형법」 제77조부터 제80조까지의 규정에 따른 형의 시효에 관한 규정을 적용하지 아니한다.

③ 집단살해죄등의 피고사건에 관하여 이미 국제형사재판소에서 유죄 또는 무죄의 확정판결이 있은 경우에는 판결로써 면소를 선고하여야 한다.

④ 이 법은 대한민국 영역 밖에서 대한민국 또는 대한민국 국민에 대하여 이 법으로 정한 죄를 범한 외국인에게 적용하나, 대한민국 영역 밖에서 집단살해죄등을 범하고 대한민국 영역 안에 있는 외국인에게 적용하지 아니한다.

해설

난도 ★★★

「국제형사재판소 관할 범죄의 처벌 등에 관한 법률」은 2002.11.13. 비준된 「국제형사재판소에 관한 로마규정」의 국내적 이행을 위한 입법으로서, 국제형사재판소에서 관할하는 집단살해죄, 인도에 반한 죄 및 전쟁범죄 등의 처벌규정을 마련하는 한편, 외국인이 국외에서 범한 범죄도 처벌하는 등 형사법상의 특칙을 규정하고, 국제형사재판소와의 범죄인 인도 및 형사사법공조 등 협력의 근거를 마련하기 위하여 2007.12.21. 제정 · 시행되었다.

① [○] 「국제형사재판소 관할 범죄의 처벌 등에 관한 법률」 제5조

② [○] 「국제형사재판소 관할 범죄의 처벌 등에 관한 법률」 제6조

③ [○] 「국제형사재판소 관할 범죄의 처벌 등에 관한 법률」 제7조

④ [×] 「국제형사재판소 관할 범죄의 처벌 등에 관한 법률」 제3조 제4항, 제5항. 대한민국 영역 밖에서 집단살해죄 등을 범하고 대한민국 영역 안에 있는 외국인에게도 적용된다.

더 알아보기 국제형사재판소 관할 범죄의 처벌 등에 관한 법률

제3조【적용범위】

① 이 법은 대한민국 영역 안에서 이 법으로 정한 죄를 범한 내국인과 외국인에게 적용한다.

② 이 법은 대한민국 영역 밖에서 이 법으로 정한 죄를 범한 내국인에게 적용한다.

③ 이 법은 대한민국 영역 밖에 있는 대한민국의 선박 또는 항공기 안에서 이 법으로 정한 죄를 범한 외국인에게 적용한다.

④ 이 법은 대한민국 영역 밖에서 대한민국 또는 대한민국 국민에 대하여 이 법으로 정한 죄를 범한 외국인에게 적용한다.

⑤ 이 법은 대한민국 영역 밖에서 집단살해죄등을 범하고 대한민국영역 안에 있는 외국인에게 적용한다.

제4조【상급자의 명령에 따른 행위】

① 정부 또는 상급자의 명령에 복종할 법적 의무가 있는 사람이 그 명령에 따른 자기의 행위가 불법임을 알지 못하고 집단살해죄등을 범한 경우에는 명령이 명백한 불법이 아니고 그 오인에 정당한 이유가 있을 때에만 처벌하지 아니한다.

② 제1항의 경우에 제8조 또는 제9조의 죄를 범하도록 하는 명령은 명백히 불법인 것으로 본다. [전문개정 2011.4.12]

제5조【지휘관과 그 밖의 상급자의 책임】

군대의 지휘관(지휘관의 권한을 사실상 행사하는 사람을 포함한다. 이하 같다) 또는 단체 · 기관의 상급자(상급자의 권한을 사실상 행사하는 사람을 포함한다. 이하 같다)가 실효적인 지휘와 통제하에 있는 부하 또는 하급자가 집단살해죄등을 범하고 있거나 범하려는 것을 알고도 이를 방지하기 위하여 필요한 상당한 조치를 하지 아니하였을 때에는 그 집단살해죄등을 범한 사람을 처벌하는 외에 그 지휘관 또는 상급자도 각 해당 조문에서 정한 형으로 처벌한다. [전문개정 2011.4.12]

제6조【시효의 적용 배제】

집단살해죄등에 대하여는 「형사소송법」 제249조부터 제253조까지 및 「군사법원법」 제291조부터 제295조까지의 규정에 따른 공소시효와 「형법」 제77조부터 제80조까지의 규정에 따른 형의 시효에 관한 규정을 적용하지 아니한다. [전문개정 2011.4.12]

제7조【면소의 판결】

집단살해죄등의 피고사건에 관하여 이미 국제형사재판소에서 유죄 또는 무죄의 확정판결이 있은 경우에는 판결로써 면소를 선고하여야 한다. [전문개정 2011.4.12]

답 ④

24 **국제형사재판소(ICC)에 대한 설명으로 옳지 않은 것은?** 17년 7급

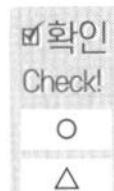

① ICC는 자연인에 대하여만 관할권을 가진다.

② UN안전보장이사회가 UN헌장 제7장에 따라 채택하는 결의로 ICC에 수사 또는 기소의 연기를 요청하는 경우 12개월의 기간 동안은 ICC규정에 따른 어떠한 수사나 기소도 개시되거나 진행되지 아니한다.

③ ICC는 범행 당시 만 20세 미만자에 대하여 관할권을 가지지 아니한다.

④ ICC의 관할범죄 중 침략범죄에 대해서 현재에는 ICC가 관할권을 행사할 수 없다.

해설

난도 ★★

① [○] 재판소는 이 규정에 따라 자연인에 대하여 관할권을 갖는다(ICC규정 제25조 제1항).

② [○] 안전보장이사회가 국제연합헌장 제7장에 따라 채택하는 결의로 재판소에 수사 또는 기소의 연기를 요청하는 경우 12개월의 기간 동안은 이 규정에 따른 어떠한 수사나 기소도 개시되거나 진행되지 아니한다(ICC규정 제16조).

③ [×] 재판소는 범행 당시 18세 미만자에 대하여 관할권을 가지지 아니한다(ICC규정 제26조).

④ [○] 제121조 및 제123조에 따라 침략범죄를 정의하고 재판소의 관할권 행사 조건을 정하는 조항이 채택된 후, 재판소는 침략범죄에 대한 관할권을 행사한다. 그러한 조항은 국제연합헌장의 관련 규정과 부합되어야 한다(ICC규정 제5조 제2항). 출제 당시인 2017년을 기준으로 옳은 지문으로 처리하였으나, 2018년 7월 17일부터 침략범죄에 대하여 ICC가 관할권을 행사하도록 하는 결의가 채택되었다는 점에 주의하여야 한다.

답 ③

25 국제형사재판소에 대한 설명으로 옳지 않은 것은? 17년 9급

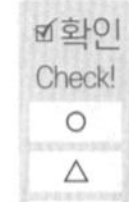

① 국제형사재판소의 관할범죄에 대해서는 어떠한 시효도 적용되지 않는다.

② 소추관은 재판소 관할범죄에 관한 정보에 근거하여 독자적으로 수사를 개시할 수 있다.

③ 국제연합 안전보장이사회는 범죄가 발생한 것으로 보이는 사태를 소추관에게 회부할 수 있다.

④ 국제형사재판소 재판관은 국제연합 총회에서 비공개 투표를 통해 선출된다.

해설

난도 ★★★

① [○] 재판소의 관할범죄에 대하여는 어떠한 시효도 적용되지 아니한다(ICC규정 제29조).

② [○] ICC규정 제13조 다호.

③ [○] ICC규정 제13조 나호.

④ [×] 재판관은 제112조에 따라 재판관 선거를 위하여 소집되는 당사국총회의 회의에서 비밀투표로 선출된다(ICC규정 제36조 제6항).

더 알아보기 ICC규정

제13조【관할권의 행사】

재판소는 다음의 경우 이 규정이 정한 바에 따라 제5조에 규정된 범죄에 대하여 관할권을 행사할 수 있다.

가. 1개 또는 그 이상의 범죄가 범하여진 것으로 보이는 사태가 제14조(당사국에 의한 사태의 회부)에 따라 당사국에 의하여 소추관에게 회부된 경우

나. 1개 또는 그 이상의 범죄가 범하여진 것으로 보이는 사태가 국제연합헌장 제7장(평화에 대한 위협, 평화의 파괴 및 침략행위에 관한 조치)에 따라 행동하는 안전보장이사회에 의하여 소추관에게 회부된 경우

다. 소추관이 제15조(소추관)에 따라 그러한 범죄에 대하여 수사를 개시한 경우

답 ④

26 국제형사재판소(ICC)에 대한 설명으로 옳지 않은 것은? 16년 7급

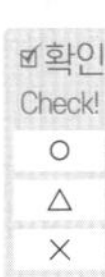

① ICC의 재판관은 18명이며, 선출의 방식은 ICJ의 재판관을 선출하는 방식과 같다.
② UN 안전보장이사회가 ICC에 관한 로마규정 비당사국 국적의 범인을 ICC에 회부하는 경우, 비당사국의 ICC 재판권 수락선언은 필요 없다.
③ ICC는 집단살해죄, 인도에 반한 죄, 전쟁범죄, 침략범죄에 대하여 관할권을 가진다.
④ ICC의 관할범죄에 대하여는 어떠한 시효도 적용되지 아니한다.

해설

난도 ★★★

① [×] 제2항의 규정을 조건으로 재판소에는 18인의 재판관을 둔다(ICC규정 제36조 제1항). 재판관은 제112조에 따라 재판관 선거를 위하여 소집되는 당사국총회에서 비밀투표로 선출된다. 제7항을 조건으로, 재판관으로 선출되는 자는 출석하여 투표한 당사국의 3분의 2 이상의 최다득표를 한 18인의 후보자로 한다(ICC규정 제36조 제6항).
② [○] ICC규정 제13조 나호, 제12조 2호. 안전보장이사회는 ICC에 사건을 회부할 수 있으며, ICC규정 당사국이 회부하거나 소추관이 직접 수사를 개시한 경우에는 범죄혐의자의 국적국이 ICC규정 비당사국이라면 재판소의 관할권 수락이 필요하지만, 안전보장이사회가 회부한 경우에는 이러한 관할권 수락이 필요 없다.
③ [○] ICC규정 제5조 제1항에서는 ICC의 관할범죄로 집단살해죄, 인도에 반한 죄, 전쟁범죄, 침략범죄로 규정하고 있다.
④ [○] 재판소의 관할범죄에 대하여는 어떠한 시효도 적용되지 아니한다(ICC규정 제29조).

더 알아보기 ICC규정

제12조【관할권 행사의 전제조건】
② 제13조 가호 또는 다호의 경우, 다음 중 1개국 또는 그 이상의 국가가 이 규정의 당사국이거나 또는 제3항에 따라 재판소의 관할권을 수락하였다면 재판소는 관할권을 행사할 수 있다.
가. 당해 행위가 발생한 영역국, 또는 범죄가 선박이나 항공기에서 범하여진 경우에는 그 선박이나 항공기의 등록국
나. 그 범죄 혐의자의 국적국
③ 제2항에 따라 이 규정의 당사국이 아닌 국가의 수락이 요구되는 경우, 그 국가는 사무국장에게 제출되는 선언에 의하여 당해 범죄에 대한 재판소의 관할권 행사를 수락할 수 있다. 그 수락국은 제9부에 따라 어떠한 지체나 예외도 없이 재판소와 협력한다.

제13조【관할권의 행사】
재판소는 다음의 경우 이 규정이 정한 바에 따라 제5조에 규정된 범죄에 대하여 관할권을 행사할 수 있다.
가. 1개 또는 그 이상의 범죄가 범하여진 것으로 보이는 사태가 제14조에 따라 당사국에 의하여 소추관에게 회부된 경우
나. 1개 또는 그 이상의 범죄가 범하여진 것으로 보이는 사태가 국제연합헌장 제7장에 따라 행동하는 안전보장이사회에 의하여 소추관에게 회부된 경우
다. 소추관이 제15조에 따라 그러한 범죄에 대하여 수사를 개시한 경우

답 ①

27 국제형사재판소(ICC)에 대한 설명으로 옳지 않은 것은?

14년 7급

☑확인 Check! ○ △ ×

① ICC는 UN과 별개의 국제법인격을 갖는 독립된 국제기구이다.

② ICC는 UN 안전보장이사회 결의에 의하여 회부된 국제범죄 사건을 다룰 수 없다.

③ ICC는 ICC 로마규정이 발효된 2002년 이후의 국제범죄에 대해서만 관할권을 갖는다.

④ ICC 로마규정의 당사국이 된 국가는 ICC의 관할범죄에 대한 재판관할권을 수락한 것이 된다.

해설

난도 ★★★

① [○] 재판소는 국제적 법인격을 가진다. 또한 재판소는 그 기능의 행사와 목적 달성에 필요한 법적 능력을 가진다(ICC규정 제4조 제1항).

② [×] ICC규정 제13조 나호에 의하면, ICC는 UN헌장 제7장에 따라 행동하는 UN안전보장이사회가 소추관에게 회부한 사건에 대하여 관할권을 행사할 수 있다.

③ [○] 재판소는 이 규정의 발효 후에 범하여진 범죄에 대하여만 관할권을 가진다(ICC규정 제11조 제1항).

④ [○] 이 규정의 당사국이 된 국가는 이에 의하여 제5조에 규정된 범죄에 대하여 재판소의 관할권을 수락한다(ICC규정 제12조 제1항).

답 ②

28 1998년에 채택된 국제형사재판소(ICC)에 관한 로마규정에 대한 설명으로 옳지 않은 것은?

11년 7급

① ICC의 관할대상 범죄를 저지른 개인이 국가원수 또는 정부수반인 경우 국가면제가 적용되어 이들에 대한 형사관할권을 행사할 수 없다.

② ICC의 재판관할권에 포함되는 범죄는 집단살해죄, 인도에 반한 죄, 전쟁범죄 및 침략범죄이다.

③ ICC는 ICC규정 발효 이후의 범죄에 대해서만 관할권을 가진다.

④ ICC와 국내재판소간의 관계에 대해서는 이른바 '보충성의 원칙'이 도입되었다.

해설

난도 ★★

① [×] 이 규정은 공적 지위에 근거한 어떠한 차별없이 모든 자에게 평등하게 적용되어야 한다. 특히 국가 원수 또는 정부 수반, 정부 또는 의회의 구성원, 선출된 대표자 또는 정부 공무원으로서의 공적 지위는 어떠한 경우에도 그 개인을 이 규정에 따른 형사책임으로부터 면제시켜 주지 아니하며, 또한 그 자체로서 자동적인 감형사유를 구성하지 아니한다(ICC규정 제27조 제1항).

② [○] ICC규정 제5조

③ [○] 재판소는 이 규정의 발효 후에 범하여진 범죄에 대하여만 관할권을 가진다(ICC규정 제11조 제1항).

④ [○] 재판소는 상설적 기구이며, 이 규정에 정한 바와 같이 국제적 관심사인 가장 중대한 범죄를 범한 자에 대하여 관할권을 행사하는 권한을 가지며, 국가의 형사관할권을 보충한다(ICC규정 제1조).

더 알아보기 ICC규정

제5조【재판소의 관할범죄】

① 재판소의 관할권은 국제공동체 전체의 관심사인 가장 중대한 범죄에 한정된다. 재판소는 이 규정에 따라 다음의 범죄에 대하여 관할권을 가진다.

가. 집단살해죄

나. 인도에 반한 죄

다. 전쟁범죄

라. 침략범죄

답 ①

29 국제형사재판소(ICC)에 대한 설명으로 옳지 않은 것은? 10년 9급

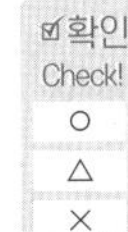

① '로마규정(Rome Statue of the International Criminal Court)'이 발효한 후에 행하여진 범죄에 대해서만 재판관할권을 가진다.

② 자연인에 대하여만 재판관할권이 있고 법인에 대하여는 재판관할권이 없다.

③ 재판관할권을 가진 국가가 수사 중인 사건에 대해서도 원칙적으로 재판관할권을 행사한다.

④ 범행 당시 18세 미만자에 대해서는 재판관할권을 가지지 아니한다.

해설

난도 ★★

① [○] 재판소는 이 규정의 발효 후에 범하여진 범죄에 대하여만 관할권을 가진다(ICC규정 제11조 제1항).

② [○] 재판소는 이 규정에 따라 자연인에 대하여 관할권을 갖는다(ICC규정 제25조 제1항).

③ [×] 재판소는 상설적 기구이며, 이 규정에 정한 바와 같이 국제적 관심사인 가장 중대한 범죄를 범한 자에 대하여 관할권을 행사하는 권한을 가지며, 국가의 형사관할권을 보충한다(ICC규정 제1조 2문). 위 조문과 같이 ICC의 관할권 행사는 국가의 형사관할권을 보충하는 성격을 가지며, ICC규정 제17조 가호에서는 '사건이 그 사건에 대하여 관할권을 가지는 국가에 의하여 수사되고 있거나 또는 기소된 경우' 원칙적으로 ICC의 재판적격성이 없다고 규정하고 있다.

④ [○] 재판소는 범행 당시 18세 미만자에 대하여 관할권을 가지지 아니한다(ICC규정 제26조).

더 알아보기 ICC규정

제17조【재판적격성의 문제】

① 전문 제10항과 제1조(재판소)를 고려하여 재판소는 다음의 경우 사건의 재판적격성이 없다고 결정한다.

가. 사건이 그 사건에 대하여 관할권을 가지는 국가에 의하여 수사되고 있거나 또는 기소된 경우. 단, 그 국가가 진정으로 수사 또는 기소를 할 의사가 없거나 능력이 없는 경우에는 그러하지 아니하다.

나. 사건이 그 사건에 대하여 관할권을 가지는 국가에 의하여 수사되었고, 그 국가가 당해인을 기소하지 아니하기로 결정한 경우. 단, 그 결정이 진정으로 기소하려는 의사 또는 능력의 부재에 따른 결과인 경우에는 그러하지 아니하다.

다. 당해인이 제소의 대상인 행위에 대하여 이미 재판을 받았고, 제20조 제3항에 따라 재판소의 재판이 허용되지 않는 경우

라. 사건이 재판소의 추가적 조치를 정당화하기에 충분한 중대성이 없는 경우

답 ③

30 국제형사재판소(ICC)에 관한 설명으로 옳은 것은?

07년 7급

① ICC는 국가를 피고로 할 수 있다.

② ICC는 전범과 대량학살범을 처벌하기 위한 최초의 국제사법기관이다.

③ ICC 설립규정은 형사실체규범도 포함하고 있다.

④ 기소의 주체는 ICC 설립규정 당사국에만 한정하고 있다.

해설

난도 ★★

① [×] 재판소는 이 규정에 따라 자연인에 대하여 관할권을 갖는다(ICC규정 제25조 제1항). 국가에 대한 관할권은 없다.

② [×] 국제형사재판소(ICC) 이전에도 전범이나 대량학살범을 처벌하기 위한 뉘른베르그재판소, 동경재판소, 구유고형사재판소, 르완다형사재판소 등의 비상설적인 재판소들은 있었다.

③ [○] 국제형사재판소(ICC) 규정은 무엇이 관할대상 범죄인가에 대한 형사실체규범과 그러한 범죄자를 처벌하는 절차에 관한 형사절차규범을 모두 포함하고 있다.

④ [×] ICC규정 제13조에서는 관할권 행사가 가능한 경우로 ICC규정 당사국이 소추관에게 회부한 경우, 안전보장이사회가 소추관에게 회부한 경우, 소추관이 수사를 개시한 경우로 규정하고 있다.

답 ③

CHAPTER 05 국제인권법

제1절 난민

01 **「난민의 지위에 관한 협약」의 내용에 대한 설명으로 옳지 않은 것은?** 18년 7급

① 체약국은 인종, 종교 또는 출신국에 의거하여 난민을 차별해서는 아니 된다.
② 체약국은 난민의 귀화를 장려하는 정책을 실시하여서는 아니 된다.
③ 체약국은 국가안보를 이유로 합법적으로 체류하는 난민을 추방할 수 있다.
④ 체약국은 생명이 위협받을 우려가 있는 국가로 난민을 추방하여서는 아니 된다.

해설
난도 ★★★
① [○] 체약국은 난민에게 인종, 종교 또는 출신국에 의한 차별 없이 이 협약의 규정을 적용한다(난민의 지위에 관한 협약 제3조).
② [×] 체약국은 난민의 동화 및 귀화를 가능한 한 장려한다. 체약국은 특히 귀화 절차를 신속히 행하기 위하여 또한 이러한 절차에 따른 수수료 및 비용을 가능한 한 경감시키기 위하여 모든 노력을 다한다(난민의 지위에 관한 협약 제34조).
③ [○] 체약국은 국가안보 또는 공공질서를 이유로 하는 경우를 제외하고 합법적으로 그 영역에 있는 난민을 추방하여서는 아니 된다(난민의 지위에 관한 협약 제32조 제1항).
④ [○] 체약국은 난민을 어떠한 방법으로도 인종, 종교, 국적, 특정사회 집단의 구성원신분 또는 정치적 의견을 이유로 그 생명이나 자유가 위협받을 우려가 있는 영역의 국경으로 추방하거나 송환하여서는 아니 된다(난민의 지위에 관한 협약 제33조 제1항).

답 ②

02 **난민지위협약 및 난민지위의정서에 대한 설명으로 옳지 않은 것은?** 17년 9추

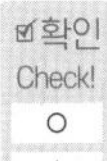

① 무국적자도 난민에 해당될 수 있다.
② 국제적으로 통일적인 난민 인정 절차를 마련하고 있다.
③ 국내실향민은 난민에 해당되지 않는다.
④ 난민은 생명이나 자유가 위협받을 우려가 있는 영역의 국경으로 송환되지 않는다.

해설

난도 ★★

① [○] 난민협약 제1조에서는 "…… 이들 사건의 결과로서 상주국가 밖에 있는 무국적자로서 종전의 상주 국가로 돌아갈 수 없거나 또는 그러한 공포로 인하여 종전의 상주국가로 돌아가는 것을 원하지 아니하는 자, ……"라고 규정하여 무국적자의 난민가능성을 인정하고 있다.

② [×] 난민협약과 난민의정서는 난민자격결정에 대하여 직접 규율하고 있지 않다. 난민지위의 결정을 위해 어떤 절차를 도입할 것인지의 문제는 각 체약국의 국내법에 맡겨져 있으며, 실제로 각 체약국이 채택한 절차에는 상당한 차이가 있다.

③ [○] 난민협약에서는 " … 국적국 밖에 있는 자로서 … ", " … 상주국가 밖에 있는 무국적자로서 … " 등의 표현을 사용하여 국외거주를 난민인정의 요건으로 하고 있다.

④ [○] 난민을 어떠한 방법으로도 인종, 종교, 국적, 특정사회 집단의 구성원신분 또는 정치적 의견을 이유로 그 생명이나 자유가 위협받을 우려가 있는 영역의 국경으로 추방하거나 송환하여서는 아니 된다(난민협약 제33조 제1항).

답 ②

03 **1951년 난민지위협약에 대한 설명으로 옳은 것은?** 16년 9급

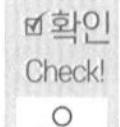

① 비호받을 국가로의 입국권이 난민에게 보장되고 있다.
② 경제적 사유나 자연재해로 인한 난민도 적용대상에 포함된다.
③ 국제이행절차로서 개인통보제도와 국가간통보제도가 도입되었다.
④ 난민으로서의 법적 요건을 갖추었는지에 대한 판정권이 개별 국가에 유보되어 있다.

해설

난도 ★★★

① [×] 국가는 외국인에게 입국을 허용해야 할 국제법상 의무가 없으므로 원칙적으로 난민도 해당 국가로부터 입국허가를 받아야 하며, 1951년 난민지위협약에서도 난민의 자유로운 입국의 권리를 보장하고 있지는 않다.

② [×] 1951년 난민지위협약에는 정치적 난민만을 난민으로 규정하고 있으며 경제적 난민이나 자연적 난민에 대한 언급은 없다.

③ [×] 1951년 난민지위협약상 개인통보제도, 국가간통보제도는 없다.

④ [○] 1951년 난민지위협약에서는 난민자격결정에 관하여 직접 규율하고 있지 않으며, 난민지위협약 제9조에서 "특정 개인이 사실상 난민인가의 여부, ……를 체약국이 결정할 때까지"라고 표현함으로써 난민지위결정을 체약국의 국내법에 맡겨두고 있다.

답 ④

04 국제법상 난민에 대한 설명으로 옳은 것은? 14년 9급

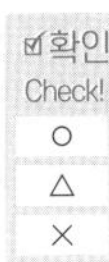

① 1951년 난민협약과 난민지위에 관한 의정서는 난민지위의 확인 및 결정절차를 회원국의 국내법에 위임하고 있다.

② 강제송환금지원칙은 불법 입국한 난민에게는 적용되지 않는다.

③ 제네바난민협약은 세계인권선언과 마찬가지로 체약국의 난민 비호 의무를 규정하고 있다.

④ 우리나라는 난민을 인정한 경우가 없다.

해설

난도 ★★★

① [○] 난민협약과 난민의정서는 난민자격결정에 관하여 직접 규율하고 있지 않으며, 이는 각 체약국의 국내법에 맡겨져 있다.

② [×] 난민을 어떠한 방법으로도 인종, 종교, 국적 특정사회집단의 구성원신분 또는 정치적 의견을 이유로 그 생명이나 자유가 위협받을 우려가 있는 영역의 국경으로 추방하거나 송환하여서는 아니 된다(난민협약 제33조 제1항). 강제송환금지원칙은 추방금지원칙과는 달리 난민이 불법적으로 피난국 내에 있는 경우에도 적용된다.

③ [×] 세계인권선언에서는 비호를 난민의 권리로 규정하고 있다. 모든 사람은 박해를 피하여 타국에서 피난처를 구하고 비호를 향유할 권리를 가진다(세계인권선언 제14조 제1항).

④ [×] 우리나라는 1992년 12월 난민협약 및 난민의정서에 가입하였고, 1993년 12월 출입국관리법 및 시행령에 난민관련 조항을 신설하였으며, 2013년 7월 1일부터는 난민법이 시행되고 있다. 2001년 2월 최초의 난민 인정 이후 2019년 12월 31일까지 누적 난민인정자는 총 1,015명이다.

답 ①

05 1951년 난민지위협약상 난민의 지위는 박해를 받을 우려가 있는 사람에게 부여된다. 다음 중 박해의 사유에 해당하지 않는 것은? 10년 7급

① 인종 ② 종교

③ 국적 ④ 궁핍

해설

난도 ★

① [○], ② [○], ③ [○], ④ [×] 1951년의 '난민의 지위에 관한 협약' 제1조 A(2)호에서는 난민의 자격요건으로 '인종, 종교, 국적 또는 특정 사회집단의 구성원 신분 또는 정치적 의견을 이유로 박해를 받을 우려가 있다는 충분한 이유가 있는 공포로 인하여 국적국 밖에 있는 자로서 그 국적국의 보호를 받을 수 없거나 또는 그러한 공포로 인하여 그 국적국의 보호를 받는 것을 원하지 아니하는 자 및 이들 사건의 결과로서 상주국가 밖에 있는 무국적자로서 종전의 상주국가로 돌아갈 수 없거나 또는 그러한 공포로 인하여 종전의 상주국가로 돌아가는 것을 원하지 아니하는 자'라고 규정하고 있다. 인종 · 종교 · 국적은 박해의 공포에 대한 사유로 인정되지만 궁핍은 박해의 공포에 대한 사유로 인정되지 않는다.

답 ④

06 난민의 비호에 대한 설명으로 옳지 않은 것은?

08년 7급

확인 Check! ○ △ ×

① 정치적 난민에게 망명을 허용한 경우 본국에의 인도를 거절할 수 있다.
② 국제사법재판소는 1950년 비호권사건(Asylum case)에서 외교공관의 외교적 비호권을 인정하였다.
③ 비호권은 국가의 권리로서 개인이 외국에 요구할 수는 없다.
④ 박해받을 우려가 있는 본국으로 난민을 송환해서는 안 된다.

해설

난도 ★★

① [○] 본국의 추적이 미치지 않는 외교사절공관 · 외국군대병영 · 외국군함 · 외국군용항공기 · 외국영사 내에 들어온 정치적 난민에게 망명을 허용하고 그 본국에의 인도를 거절하는 것을 '비호'(asylum)라고 한다. 비호의 인정 여부에 대해서는 견해대립이 있지만 일단 정치적 난민에게 망명을 허용한 경우에는 본국에의 인도를 거절할 수 있다.
② [×] ICJ는 비호사건에서 남미지역에서의 관행의 일관성이 없었음을 이유로 남미지역에서의 외교공관의 비호권을 지역관습법으로 인정하지 않았다.
③ [○] 비호(asylum)는 망명을 허용할 주권국가의 권리이며, 망명처의 제공을 요구할 수 있는 개인의 권리가 아니다. 어떠한 개인도 망명을 요구할 권리는 없으며, 또한 어떤 국가도 망명을 허용할 의무는 없다.
④ [○] 난민협약 제33조 제1항에서는 "난민을 어떠한 방법으로도 인종, 종교, 국적, 특정사회집단의 구성원신분 또는 정치적 의견을 이유로 그 생명이나 자유가 위협받을 우려가 있는 영역의 국경으로 추방하거나 송환하여서는 아니 된다."라고 규정하고 있는바, 이를 강제송환금지(non-refoulment)라고 한다.

답 ②

07 「1951년 난민의 지위에 관한 협약」에 대한 설명으로 옳은 것은?

12년 9급

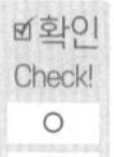

① 정치적 난민뿐만 아니라 경제적 난민도 보호의 대상으로 인정된다.
② 난민의 개인적 지위는 1차적으로 거소지 국가의 법률에 의하여 규율된다.
③ 난민은 체약국 내에서 재판을 받을 권리, 공공교육, 사회보장제도에 대하여 내국민대우를 받는다.
④ 강제송환금지 규정은 국제관습법상 확립된 원칙을 명문화한 것이다.

해설

난도 ★★★

① [×] 정치적 난민만을 보호의 대상으로 인정한다(난민협약 제1조 A(2)호 참조).
② [×] 난민의 개인적 지위는 주소지 국가의 법률에 의하거나 또는 주소가 없는 경우에는 거소지 국가의 법률에 의하여 규율된다(난민협약 제12조 제1항).
③ [×] 난민은 종교, 저작권 및 공업소유권, 재판을 받을 권리, 배급, 초등교육, 공공구제, 노동법제와 사회보장, 재정상의 부과금 등에서 거류지 국민에게 부여되는 대우와 동일한 대우를 받는다.
④ [○] 강제송환금지가 국제관습법으로 확립된 것인지에 대해서는 견해가 대립한다. 추방금지(제32조)와 강제송환금지(제33조)는 협약 성립 당시에 이미 일반관습법규가 되어 있었다는 주장도 있으나(김대순), 국제관습법상 확립된 원칙은 아니라는 견해도 있다(이한기).

답 ④

08 1951년 '난민의 지위에 관한 협약'에서 규정하는 내용에 부합하는 것은? 08년 9급

☑확인 Check! ○ △ ×

① 난민은 소속국으로부터 정치적 박해 또는 경제적 곤란을 피하여 외국으로 탈출한 자를 말한다.

② 입국 전에 중대한 비정치적 범죄를 범한 자도 난민의 보호를 받을 수 있다.

③ 공급이 부족한 물자의 배급에 있어서 난민은 내국인과 동일한 대우를 부여받는다.

④ 난민은 자신이 체재하는 국가의 법령을 준수할 의무가 없다.

해설

난도 ★★★

① [×] 난민협약 제1조 A호에서는 난민의 요건으로 "인종, 종교, 국적 또는 특정 사회집단의 구성원 신분 또는 정치적 의견을 이유로 박해를 받을 우려가 있다는 충분한 이유가 있는 공포로 인하여 국적국 밖에 있는 자"를 규정하고 있는바, 난민협약상 경제적 곤란을 이유로 하는 난민은 인정되지 않는다.

② [×] 전쟁범죄, 중죄인, 반국제연합 행위자 등은 난민자격에서 배제된다(난민협약 제1조 F호 참조).

③ [○] 공급이 부족한 물자의 분배를 규제하는 것으로서 주민 전체에 적용되는 배급제도가 존재하는 경우, 난민은 그 배급제도의 적용에 있어서 내국민에게 부여되는 대우와 동일한 대우를 부여받는다(난민협약 제20조).

④ [×] 모든 난민은 자신이 체재하는 국가에 대하여 특히 그 국가의 법령을 준수할 의무 및 공공질서를 유지하기 위한 조치에 따를 의무를 진다(난민협약 제2조).

답 ③

09 **1948년 집단살해죄의 방지와 처벌에 관한 협약의 내용에 대한 설명으로 옳지 않은 것은?** 15년 7급

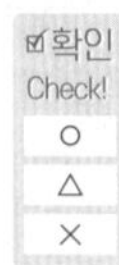

① 집단살해는 평시가 아닌 전시에 적용되는 국제법상 범죄이다.
② 집단살해가 성립되기 위해서는 국민적, 인종적, 민족적 또는 종교적 집단을 전부 또는 일부 파괴할 의도로서 그 구성원의 살해 등이 행하여져야 한다.
③ 집단의 아동을 강제적으로 타 집단으로 이동시키는 것은 집단살해에 해당한다.
④ 협약의 해석, 적용 또는 이행에 관한 체약국간의 분쟁은 분쟁당사국의 요구에 의하여 국제사법재판소(ICJ)에 부탁되어야 한다.

해설
난도 ★★★
① [×] 체약국은, 집단살해가 평시에 행해졌는지 전시에 행해졌는지를 불문하고 이를 방지하고 처벌할 것을 약속하는 국제법상의 범죄임을 확인한다(집단살해의 방지와 처벌에 관한 협약 제1조). 1948년 집단살해의 방지와 처벌에 관한 협약 제1조에 따르면 집단살해가 평시에 행해졌는지 전시에 행해졌는지를 불문한다.
② [○] 본 협약에서 집단살해라 함은 국민적, 인종적, 민족적 또는 종교적 집단의 전체 또는 일부를 파괴할 의도로 행하여진 이하의 행위를 말한다(집단살해의 방지와 처벌에 관한 협약 제2조).
③ [○] 집단살해의 방지와 처벌에 관한 협약 제2조 (마)호에서는 국민적, 인종적, 민족적 또는 종교적 집단의 전체 또는 일부를 파괴할 의도로 '집단 내의 아동을 강제적으로 타 집단으로 이동시키는 것'을 '집단살해'로 규정하고 있다.
④ [○] 본 협약의 해석, 적용 또는 이행에 관한 체약국간의 분쟁은 집단살해 또는 제3조에 열거된 기타 행위의 어떤 것이라도 이에 대한 국가책임에 관한 분쟁을 포함하여 분쟁 당사국의 요구에 의하여 국제사법재판소에 부탁한다(집단살해의 방지와 처벌에 관한 협약 제9조).

답 ①

10 **1948년 세계인권선언에 명시되지 않은 권리는?** 14년 9급

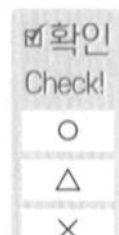

① 박해를 피해 피난처를 구할 권리
② 국적을 가질 권리
③ 정보를 전달하고 접수할 권리
④ 건강하고 쾌적한 환경에서 생활할 권리

해설

난도 ★★

① [○] 모든 사람은 박해를 피하여 타국에서 피난처를 구하고 비호를 향유할 권리를 가진다(세계인권선언 제14조 제1항).

② [○] 모든 사람은 국적을 가질 권리를 가진다(세계인권선언 제15조 제1항).

③ [○] 모든 사람은 의견과 표현의 자유에 관한 권리를 가진다. 이 권리는 간섭받지 않고 의견을 가질 자유와 모든 매체를 통하여 국경에 관계없이 정보와 사상을 추구하고, 접수하고, 전달하는 자유를 포함한다(세계인권선언 제19조).

④ [×] 1948년에 성립된 세계인권선언은 경제적 · 사회적 · 문화적 권리보다는 시민적 · 정치적 권리에 더 많은 비중을 두고 있다. 평화의 향유권 · 건강한 환경의 향유권 · 자결권 · 개발권 등은 제3세대 인권으로서 1970년대 이후에 발달하게 된다.

답 ④

11 「경제적, 사회적 및 문화적 권리에 관한 국제규약」에 대한 설명으로 옳지 않은 것은? 17년 9급

① 규약은 외국인의 경제적 권리 보장 정도에 대한 개발도상국의 재량을 인정하고 있다.

② 규약은 당사국이 권리의 완전한 실현을 가용 자원의 한도 내에서 점진적으로 달성하도록 명시하고 있다.

③ 규약은 모든 당사국에게 권리의 실현을 위해 취한 조치와 발전을 보고할 의무를 부과하고 있다.

④ 규약은 대규모적이고 지속적 형태의 권리 침해를 조사할 수 있는 특별보고관 제도를 두고 있다.

해설

난도 ★★★

① [○] 개발도상국은, 인권과 국가 경제를 충분히 고려하여 이 규약에서 인정된 경제적 권리를 어느 정도까지 자국의 국민이 아닌 자에게 보장할 것인가를 결정할 수 있다(제2조 제3항).

② [○] 이 규약의 각 당사국은 특히 입법조치의 채택을 포함한 모든 적절한 수단에 의하여 이 규약에서 인정된 권리의 완전한 실현을 점진적으로 달성하기 위하여, 개별적으로 또한 특히 경제적, 기술적인 국제지원과 국제협력을 통하여, 자국의 가용 자원이 허용하는 최대한도까지 조치를 취할 것을 약속한다(제2조 제1항).

③ [○] 이 규약의 당사국은 규약에서 인정된 권리의 준수를 실현하기 위하여 취한 조치와 성취된 진전사항에 관한 보고서를 이 부의 규정에 따라 제출할 것을 약속한다(제16조 제1항).

④ [×] 경제적 · 사회적 및 문화적 권리에 관한 국제규약에 특별보고관 제도는 없다.

답 ④

12 다음 중 개인청원(통보) 제도를 인정하고 있는 국제문서는?

15년 9급

☑확인 Check! ○ △ ×

① 세계인권선언
② 시민적 및 정치적 권리에 관한 국제규약 선택의정서
③ 집단살해죄의 방지 및 처벌에 관한 협약
④ 난민의 지위에 관한 의정서

해설

난도 ★★

② B규약 제1선택의정서에서는 B규약상의 권리가 침해되었다고 주장하는 개인(단체는 불가)이 국내구제절차를 완료한 후에 인권위원회(Human Rights Committee)에 서면으로 청원(통보, 고발)할 수 있는 제도를 두고 있다(B규약 제1선택의정서 제2조 참조).

답 ②

13 1966년 시민적 및 정치적 권리에 관한 국제규약 선택의정서상 개인통보제도에 대한 설명으로 옳지 않은 것은?

16년 9급

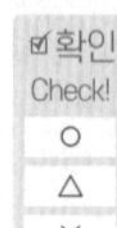

① 국내적 구제완료 원칙이 적용된다.
② 자연인이 아닌 단체의 통보도 받아들여진다.
③ 당사국의 관할권에 복종하지 않는 외교사절의 행위는 개인통보의 대상이 되지 않는다.
④ 국가에 귀속시킬 수 없는 사인(私人)에 의한 권리침해는 개인통보의 대상이 되지 않는다.

해설

난도 ★★★

① [○], ② [×] 제1조에 따를 것을 조건으로, 규약에 열거된 어떤 권리가 침해되었다고 주장하는 개인들은 모든 이용가능한 국내적 구제조치를 완료하였을 경우, 이사회에 심리를 위한 서면통보를 제출할 수 있다(시민적 및 정치적 권리에 관한 국제규약 선택의정서 제2조). 단체의 통보는 인정되지 않는다.

③ [○] 이 의정서의 당사국이 된 규약당사국은 그 관할권에 속하는 자로서 동국에 의한 규약에 규정된 권리에 대한 침해의 희생자임을 주장하는 개인으로부터의 통보를 접수하고 심리하는 이사회의 권한을 인정한다(시민적 및 정치적 권리에 관한 국제규약 선택의정서 제1조). 이 규정에서는 당사국의 관할권에 속하는 자의 통보를 인정하고 있으므로 당사국의 관할권에 속하지 않는 자의 통보는 인정되지 않는다.

④ [○] 시민적 및 정치적 권리에 관한 국제규약 선택의정서 제1조에서는 규약당사국에 의하여 규약상의 권리가 침해된 경우에 통보를 인정하므로 국가로 귀속시킬 수 없는 사인에 의한 권리침해는 개인통보의 대상이 되지 않는다.

답 ②

14 1951년 난민의 지위에 관한 협약(난민협약)과 1966년 시민적 및 정치적 권리에 관한 국제규약(B규약)에 따른 외국인의 출입국에 대한 설명으로 옳은 것은? 17년 7급

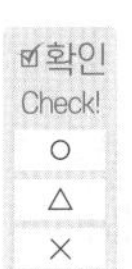

① 국가는 국가안보, 공공질서 또는 경제 상황을 이유로 합법적으로 그 영역에 있는 난민을 추방할 수 있다.

② 모든 사람은 자국을 포함하여 어떠한 나라로부터도 자유로이 퇴거할 수 없음이 원칙이다.

③ 국가는 생명이 위협되는 영역으로부터 직접 온 난민에게 즉시 합법적 입국을 허용하여야 한다.

④ 전쟁범죄(war crime) 또는 인도에 반한 죄(crime against humanity)를 범한 사람은 난민협약 규정의 적용을 받지 못한다.

해설

난도 ★★★

① [×] 국가안보 또는 공공질서를 이유로 하는 것을 제외하고 합법적으로 그 영역에 있는 난민을 추방하여서는 아니 된다(난민협약 제32조 제1항). 상기 권리는 법률에 의하여 규정되고, 국가안보, 공공질서, 공중보건 또는 도덕 또는 타인의 권리와 자유를 보호하기 위하여 필요하고, 또한 이 규약에서 인정되는 기타 권리와 양립되는 것을 제외하고는 어떠한 제한도 받지 아니한다(국제인권B규약 제12조).

② [×] 모든 사람은 자국을 포함하여 어떠한 나라로부터도 자유로이 퇴거할 수 있다(국제인권B규약 제12조 제2항).

③ [×] 국가는 외국인에게 입국을 허용해야 할 국제법상 의무가 없으므로 원칙적으로 난민도 해당 국가로부터 입국허가를 받아야 하며, 난민협약에서도 난민의 자유로운 입국의 권리를 보장하고 있지는 않다.

④ [○] 이 협약의 규정은 다음의 어느 것에 해당한다고 간주될 상당한 이유가 있는 자에게는 적용하지 아니한다. (a) 평화에 대한 범죄, 전쟁범죄 또는 인도에 대한 범죄에 관하여 규정하는 국제문서에 정하여진 그러한 범죄를 범한 자. … (난민협약 제1조 F(a))

답 ④

15 '시민적 · 정치적 권리에 관한 국제규약'과 동 규약의 선택의정서에 나타난 인권보호의 이행을 위한 제도적 장치로 옳은 것만 모두 고르면? 10년 지방

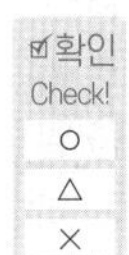

ㄱ. 개인의 국가고발(청원) 제도
ㄴ. 국가별 보고서 검토 제도
ㄷ. 국가간 고발제도
ㄹ. 국가별 보고관 제도
ㅁ. 현장조사 제도

① ㄱ, ㄴ

② ㄱ, ㄴ, ㄷ

③ ㄱ, ㄴ, ㄷ, ㄹ

④ ㄱ, ㄴ, ㄷ, ㄹ, ㅁ

해설

난도 ★★

1966년 채택된 국제인권규약에는 '경제적 · 사회적 · 문화적 권리에 관한 국제규약'(A규약)과 '시민적 · 정치적 권리에 관한 국제규약'(B규약)이 있으며, A규약에는 A규약 선택의정서가, B규약에는 B규약 제1선택의정서와 제2선택의정서가 있다.

ㄱ. [○] B규약 제1선택의정서에서는 B규약상의 권리가 침해되었다고 주장하는 개인이 국내구제절차를 완료한 후에 인권위원회(Human Rights Committee)에 서면으로 고발(청원, 통보)할 수 있는 제도를 두고 있다.

ㄴ. [○] B규약 당사국은 인권실현을 위하여 취한 조치와 발전에 관한 보고서를 사무총장에 제출하고, 제출된 보고서는 인권위원회(Human Rights Committee)에 송부되며, 인권위원회는 국가별 보고서를 검토한다.

ㄷ. [○] B규약 제41조상의 국가간 고발제도를 수락한 당사국 상호간에는 한 당사국이 다른 당사국의 규약위반을 인권위원회(Human Rights Committee)에 통보할 수 있도록 규정하고 있다.

ㄹ. [×] 국가별 보고관 제도에 관한 규정은 없다.

ㅁ. [×] 조정위원회에 회부된 문제에 대한 사실조사에 관한 규정은 있으나, 현장조사에 관한 직접적인 근거규정은 없다.

답 ②

16 **'1966년 시민적 및 정치적 권리에 관한 국제규약'에 대한 설명으로 옳지 않은 것은?** 10년 9급

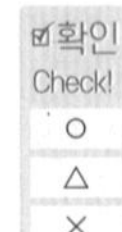

① 각 당사국은 동 규약을 위반한 다른 당사국을 고발할 의무가 있다.

② 한국도 1990년에 가입하여 당사국이 되었다.

③ 제1조에는 자결권에 관한 규정을 두고 있다.

④ 각 당사국은 규약상 권리를 실현하기 위해 취한 조치와 진전상황에 관하여 UN 사무총장에게 보고서를 제출하여야 한다.

해설

난도 ★★★

① [×] 이 규약의 당사국은 타 당사국이 이 규약의 규정을 이행하고 있지 아니하다고 생각할 경우에는, 서면통보에 의하여 이 문제에 관하여 그 당사국의 주의를 환기시킬 수 있다(국제인권B규약 제41조 (a)호). 통보를 접수한 국가가 최초의 통보를 접수한 후 6개월 이내에 당해 문제가 관련당사국 쌍방에게 만족스럽게 조정되지 아니할 경우에는, 양 당사국 중 일방에 의한 이사회와 타 당사국에 대한 통고로 당해 문제를 이사회에 회부할 권리를 가진다(국제인권B규약 제41조 (b)호). 각 당사국은 규약을 위반한 다른 당사국을 고발할 의무가 있는 것이 아니라 고발할 수 있는 권리가 있다.

② [○] 1966년 국제인권규약은 '경제적 · 사회적 · 문화적 권리에 관한 국제규약'(A규약, 사회권규약)과 '시민적 · 정치적 권리에 관한 국제규약'(B규약, 자유권규약), A규약 선택의정서, B규약 제1선택의정서, B규약 제2선택의정서로 구성되어 있으며 A규약, B규약, B규약 제1선택의정서는 1966년 채택, 1976년 발효되었으며 우리나라는 1990년에 가입하였다. 1989년에 채택된 B규약 제2선택의정서, 2008년 채택된 A규약 선택의정서에 대하여는 한국은 아직 가입하지 않았다.

③ [○] B규약 제1조 제1항에서는 "모든 사람은 자결권을 가진다. 이 권리에 기초하여 모든 사람은 그들의 정치적 지위를 자유로이 결정하고, 또한 그들의 경제적, 사회적 및 문화적 발전을 자유로이 추구한다."라고 규정하여 자결권을 명시하였으며, 제1조 제2항 및 제3항에서도 이와 관련된 내용을 규정하고 있다.

④ [○] B규약 제40조에서 규약당사국의 보고서 제출 의무와 관련된 내용을 규정하고 있다. 규약 당사국은 규약에서 인정된 권리를 실현하기 위하여 취한 조치와 그러한 권리를 향유함에 있어서 성취된 진전사항에 관한 보고서를 국제연합 사무총장에게 제출하여야 한다.

답 ①

17 **국제인권규약에 대한 설명으로 옳지 않은 것은?** 19년 7급

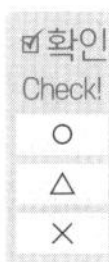

① 국제인권규약은 「경제적, 사회적 및 문화적 권리에 관한 국제규약」과 「시민적 및 정치적 권리에 관한 국제규약」을 포함한다.

② 「경제적, 사회적 및 문화적 권리에 관한 국제규약」과 「시민적 및 정치적 권리에 관한 국제규약」 모두 자결권을 명문으로 보장하고 있다.

③ 「시민적 및 정치적 권리에 관한 국제규약」에서 보장하는 권리를 침해받은 개인이 국내적 구제조치를 거치지 않고 국제적으로 통보하는 것이 보장된다.

④ 「경제적, 사회적 및 문화적 권리에 관한 국제규약」에서 보장하는 권리를 침해받은 개인이 국제적으로 통보를 제출할 수 있는 국제진정절차가 수립되어 있다.

해설

난도 ★★★

① [○] 국제인권규약은 A규약인 「경제적, 사회적 및 문화적 권리에 관한 국제규약」과 B규약인 「시민적 및 정치적 권리에 관한 국제규약」을 포함한다.

② [○] 「경제적, 사회적 및 문화적 권리에 관한 국제규약」과 「시민적 및 정치적 권리에 관한 국제규약」 모두 제1조에서 민족자결권을 규정하고 있다.

③ [×] B규약 선택의정서에서는 B규약상의 권리가 침해되었다고 주장하는 개인(단체는 불가)이 국내구제절차를 완료한 후에 인권이사회에 서면으로 통보할 수 있는 제도를 두고 있다.

④ [○] A규약 선택의정서에서는 A규약상의 권리가 침해되었다고 주장하는 개인 또는 단체가 국내구제절차를 완료한 후에 사회권위원회에 통보할 수 있는 제도를 두고 있다.

답 ③

18 **시민적 및 정치적 권리에 관한 국제규약과 경제적 · 사회적 및 문화적 권리에 관한 국제규약(선택의정서 포함)에 공통된 설명으로 옳지 않은 것은?** 16년 7급

① 재산권에 관하여 규정하고 있지 않다.

② 국가의 비상사태시 당사국의 의무 위반 조치가 허용되는 인권과 허용되지 않은 인권을 구분하고 있다.

③ 국가간 통보제도와 개인통보제도를 도입하여 조약의 이행감독장치를 강화하였다.

④ 민족자결권에 관하여 규정하고 있다.

해설
난도 ★★★
국제인권규약은 '경제적 · 사회적 및 문화적 권리에 관한 국제규약'(A규약)과 '시민적 및 정치적 권리에 관한 국제규약'(B규약)으로 구성된다.

① [○] A규약이 지적재산권 보호에 관한 매우 원칙적인 규정만 두고 있을 뿐, A규약, B규약 모두 재산권에 관한 구체적인 내용은 없다.

② [×] B규약 제4조에서는 '국민의 생존을 위협하는 공공의 비상사태의 경우' 당사국이 규약상의 의무를 위반하는 조치를 취할 수 있도록 하고 있으면서도, 그 같은 비상사태에서조차도 위반조치가 허용되지 않는 인권을 명시하고 있다. A규약 제4조에서는 이런 구분 없이 '권리의 본질과 양립할 수 있는 한도 내에서, 또한 오직 민주 사회에서의 공공복리증진의 목적으로 반드시 법률에 의하여 정하여지는 제한에 의해서만' 권리를 제한할 수 있도록 규정하고 있다.

③ [○] 국가간 통보(고발)제도와 관련해서, A규약의 경우 종래 국가간 통보제도가 없다가, 2013년 5월 A규약 선택의정서가 발효되면서, A규약 선택의정서의 당사국으로서 제10조상의 사회권위원회의 권한을 인정한다고 선언한 국가들에 대해서는 국가간 고발이 가능한 것으로 규정하였으며, B규약의 경우 B규약 제41조상의 국가간 고발제도를 수락한 당사국 상호간에는 한 당사국이 다른 당사국의 규약위반을 인권위원회에 통보할 수 있도록 하고 있다. 개인통보(고발)제도와 관련해서, A규약의 경우 종래 개인통보제도가 없다가, 2013년 5월 A규약 선택의정서가 발효되면서, A규약상의 권리가 침해되었다고 주장하는 개인 또는 단체가 국내구제절차를 완료한 후에 사회권위원회에 통보(고발, 청원)할 수 있도록 A규약 선택의정서에서 규정하고 있으며, B규약의 경우, B규약 선택의정서에서 B규약상의 권리가 침해되었다고 주장하는 개인이 국내구제절차를 완료한 후에 인권위원회에 서면으로 통보(고발, 청원)할 수 있도록 규정하고 있다.

④ [○] A규약, B규약 모두 제1조에서 민족자결권에 관한 규정을 두고 있다.

답 ②

19 **국제인권규약에 관한 설명으로 옳지 않은 것은?** 15년 9급

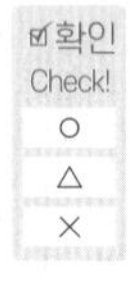

① 국제인권규약은 세계인권선언의 일반원칙들을 법적 구속력이 있는 문서에 담을 필요성에 따라 채택되었다.

② 시민적 및 정치적 권리에 관한 국제규약에는 생명권과 신체의 자유와 안전에 관한 권리 등이 규정되어 있다.

③ 경제적 · 사회적 및 문화적 권리에 관한 국제규약에는 근로의 권리와 사회보장을 받을 권리 등이 규정되어 있다.

④ 경제적 · 사회적 및 문화적 권리에 관한 국제규약에서 보장되는 인권은 점진적으로 실현되어야 하는 것이므로, 규약 당사국에게 어떠한 의무도 부과되지 않는다.

해설
난도 ★★

① [○] 1948년 UN총회에서 채택된 세계인권선언은 인권에 관한 구체적인 내용을 담고 있음에도 법적 구속력이 없는 문서였다. 이에 법적 구속력이 있는 문서의 필요성에 따라 1976년 법적 구속력이 있는 조약으로서 '국제인권규약'이 채택되기에 이르렀다.

② [○] '시민적 및 정치적 권리에 관한 국제규약'(B규약)은 생명권의 보장과 사형제도의 원칙적인 금지, 고문의 금지, 공정한 재판을 받을 권리 등 헌법상 자유권적 기본권, 정치적 기본권 및 청구권적 기본권의 보장에 관한 것이다.

③ [○] '경제적 · 사회적 및 문화적 권리에 관한 국제규약'(A규약)은 노동의 권리, 노동조건의 보장, 노동조합의 결성, 사회보장을 받을 권리, 교육을 받을 권리 등 헌법상 사회권적 기본권의 보장에 관한 것이다.

④ [×] '경제적 사회적 및 문화적 권리에 관한 국제규약'(A규약)에서는 '점진적' 실현을 목표로 하며, '시민적 정치적 권리에 관한 국제규약'(B규약)에서는 '즉각적' 실현을 목표로 한다. 두 규약 모두 보고서 제출 의무 등을 규정하고 있다.

답 ④

20 1966년 체결된 2개의 국제인권규약에 대한 설명 중 옳지 않은 것은? 09년 지방

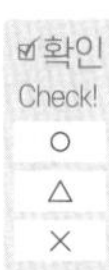

① 시민적 · 정치적 권리에 관한 국제규약에는 민족자결권에 관한 조항을 두고 있다.

② 개인이 직접 인권위원회에 청원할 수 있는 제도는 경제적 · 사회적 · 문화적 권리에 관한 국제규약뿐만 아니라 시민적 · 정치적 권리에 관한 국제규약 위반의 경우에도 적용된다.

③ 위 2개의 인권규약 모두 남녀평등권 조항을 두고 있다.

④ 경제적 · 사회적 · 문화적 권리에 관한 국제규약에 의하면 개발도상국은 자국의 경제적 능력을 고려하여 외국인에 대한 경제적 권리의 보장 정도를 결정할 수 있다.

해설

난도 ★★★

① [○] 시민적 · 정치적 권리에 관한 국제규약 제1조에서 민족자결권에 대하여 규정하고 있다.

② [×] 1966년 국제인권규약은 크게 경제적 · 사회적 · 문화적 권리에 관한 규약(A규약)과 시민적 · 정치적 권리에 관한 규약(B규약)으로 구성되어 있는바, 국제인권규약상의 권리가 침해되었을 때 개인이 직접 청원할 수 있는지의 문제와 관련하여, A규약에서는 종래 개인의 직접 청원제도가 없다가, 2013년 5월 A규약 선택의정서가 발효되면서, A규약상의 권리가 침해되었다고 주장하는 개인 또는 단체가 국내구제절차를 완료한 후에 사회권위원회에 청원(고발, 통보)할 수 있도록 A규약 선택의정서에서 규정하고 있으며, B규약에서는 B규약상의 권리가 침해되었다고 주장하는 개인(단체는 불가)이 국내구제절차를 완료한 후에 인권위원회에 서면으로 청원(고발, 통보)할 수 있도록 B규약 선택의정서에서 규정하고 있다. 2013년 A규약 선택의정서가 발효되기 전에 출제된 문제로서 출제 당시 ②번 지문은 옳지 않은 지문으로 출제되었으나, 현재는 A규약, B규약 모두 선택의정서에서 개인의 청원제도를 두고 있다는 점을 주의하여야 한다.

③ [○] A규약 제3조, B규약 제3조 공히 "이 규약의 당사국은 이 규약에 규정된 모든 … 권리를 향유함에 있어서 남녀에게 동등한 권리를 확보할 것을 약속한다."라고 하는 남녀평등에 관한 규정을 두고 있다.

④ [○] A규약 제2조 제3항에서 "개발도상국은, 인권과 국가 경제를 충분히 고려하여 이 규약에서 인정된 경제적 권리를 어느 정도까지 자국의 국민이 아닌 자에게 보장할 것인가를 결정할 수 있다."라고 하여 외국인에 대한 경제적 권리의 보장 정도를 개발도상국이 결정할 수 있도록 규정하고 있다.

답 ②

21 '경제적 · 사회적 · 문화적 권리에 관한 국제규약'(사회권규약)과 '시민적 · 정치적 권리에 관한 국제규약'(자유권규약)의 차이점에 대한 설명 중 옳지 않은 것은? 09년 7급

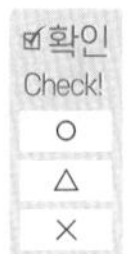

① 사회권규약은 권리의 완전한 실현을 점진적으로 달성함을 목표로 하는 데 비해, 자유권규약은 권리의 완전한 실현을 규약의 발효 또는 가입 즉시 확보할 것을 목표로 한다.

② 사회권규약과 자유권규약은 모두 국가보고제도와 개인의 국가고발제도를 도입하고 있다.

③ 자유권규약에는 공공의 비상사태시에 당사국이 규약상의 의무를 위반하는 조치를 취하는 것을 허용하고 있지만 이 경우에도 위반할 수 없는 인권을 규정하고 있다.

④ 사회권규약은 개발도상국들에게 경제적 권리에 관한 한 외국인을 차별할 수 있는 권리를 허용하고 있다.

✐해설

난도 ★★

① [○] 사회권규약 제2조 제1항에서는 "이 규약에서 인정된 권리의 완전한 실현을 점진적으로 달성하기 위하여"라고 표현하여 '권리의 점진적 실현'을 목표로 규정하고 있으나, 자유권규약에서는 이러한 규정이 없어 '권리의 즉각적 실현'을 목표로 한다.

② [×] 국가보고의무와 관련하여, 사회권규약에서는 사무총장을 거쳐 경제사회이사회에 송부하도록 규정하고 있으며(사회권규약 제16조), 자유권규약에서는 사무총장을 거쳐 인권위원회에 송부하도록 되어 있다(자유권규약 제40조). 개인의 국가고발제도와 관련해서, 사회권규약에서는 종래 개인의 국가고발제도가 없다가, 2013년 5월 사회권규약 선택의정서가 발효되면서, 사회권규약상의 권리가 침해되었다고 주장하는 개인 또는 단체가 국내구제절차를 완료한 후에 사회권위원회에 고발(청원, 통보)할 수 있도록 사회권규약 선택의정서에서 규정하고 있으며, 자유권규약 선택의정서에서는 자유권규약상의 권리가 침해되었다고 주장하는 개인(단체는 불가)이 국내구제절차를 완료한 후에 인권위원회에 서면으로 고발(청원, 통보)할 수 있도록 자유권규약 선택의정서에서 규정하고 있다. 2013년 사회권규약 선택의정서가 발효되기 전에 출제된 문제로서 출제 당시에는 ②번 지문이 옳지 않은 지문으로 출제되었으나, 현재는 사회권규약, 자유권규약 모두 선택의정서에서 개인의 국가고발제도를 두고 있으므로 옳지 않은 지문이 될 수 있다.

③ [○] 자유권규약 제4조에서는 '국민의 생존을 위협하는 공공의 비상사태의 경우' 당사국이 규약상의 의무를 위반하는 조치를 취할 수 있도록 하고 있으면서도, 그 같은 비상사태에서조차도 위반조치가 허용되지 않는 인권을 명시하고 있다. 사회권규약 제4조에서는 이런 구분 없이 '권리의 본질과 양립할 수 있는 한도 내에서, 또한 오직 민주 사회에서의 공공복리증진의 목적으로 반드시 법률에 의하여 정하여지는 제한에 의해서만' 권리를 제한할 수 있도록 규정하고 있다.

④ [○] 사회권규약 제2조 제3항에서는 "개발도상국은, 인권과 국가 경제를 충분히 고려하여 이 규약에서 인정된 경제적 권리를 어느 정도까지 자국의 국민이 아닌 자에게 보장할 것인가를 결정할 수 있다."라고 규정하여 개발도상국에게 외국인에 대한 사회권규약상의 경제적 권리 보장 범위의 재량을 인정하며, 일정한 경우 차별대우도 가능하다.

답 ②

22 경제적 · 사회적 · 문화적 권리에 관한 국제규약(ICESCR)과 시민적 · 정치적 권리에 관한 국제규약(ICCPR)에 동일한 내용으로 규정된 사항은? 08년 7급

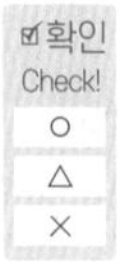

① 당사국은 규약상의 권리의 실현을 위한 조치 및 상태 등에 대한 보고서를 UN인권위원회에 제출하여야 한다.

② 당사국은 규약상의 권리실현을 즉시적으로 달성하기 위한 제반 조치를 취해야 한다.

③ 모든 민족은 자결권을 갖는다.

④ 규약상의 권리침해의 희생자임을 주장하는 개인은 UN 인권위원회에 청원할 수 있다.

✐해설

난도 ★★

① [×] 시민적 · 정치적 권리에 관한 국제인권규약(B규약)에 해당되는 내용이다. 경제적 · 사회적 · 문화적 권리에 관한 국제규약(A규약)에서는 사무총장을 경유하여 경제사회이사회에 제출하도록 하고 있다.

② [×] A규약상의 인권은 점진적 실현을 목표로 하나, B규약상의 인권은 즉각 실행을 목표로 한다.

③ [○] A규약, B규약 모두 제1조에서 민족자결권에 관한 규정을 두고 있다.

④ [×] B규약상의 권리가 침해되었다고 주장하는 개인은 인권위원회(Human Rights Committee)에 서면으로 청원할 수 있는 제도가 B규약 제1선택의정서에 규정되어 있고, A규약상의 권리가 침해되었다고 주장하는 개인이나 단체는 국내구제절차를 완료한 후에 사회권위원회에 청원할 수 있는 제도가 2013년 5월 발효된 A규약 선택의정서에 규정되어 있다.

답 ③

23 **개인통보절차를 이용할 수 있는 조약으로만 묶은 것은?** 19년 9급

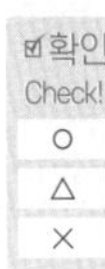

ㄱ. 난민의 지위에 관한 협약
ㄴ. 여성에 대한 모든 형태의 차별철폐에 관한 협약
ㄷ. 모든 형태의 인종차별 철폐에 관한 국제협약
ㄹ. 시민적 및 정치적 권리에 관한 국제규약
ㅁ. 아동의 권리에 관한 협약
ㅂ. 집단살해죄의 방지와 처벌에 관한 협약

① ㄱ, ㄴ, ㄷ, ㄹ
② ㄱ, ㄴ, ㄷ, ㅁ
③ ㄴ, ㄷ, ㄹ, ㅁ
④ ㄴ, ㄷ, ㄹ, ㅂ

해설

난도 ★★★

개인통보제도는 국제기구가 개인으로부터 직접 권리구제의 청원을 받아 이를 심의하는 제도를 말한다. '경제적 · 사회적 및 문화적 권리에 관한 국제규약', '시민적 및 정치적 권리에 관한 국제규약', '인종차별철폐협약', '고문방지협약', '여성차별철폐협약', '아동의 권리에 관한 협약' '이주노동자권리협약', '장애인권리협약' 등에 마련되어 있다.

ㄱ. [×] '난민의 지위에 관한 협약'은 난민에게 재판을 받을 권리는 인정하고 있으나 개인통보제도를 규정하지는 않았다.
ㄴ. [○] '여성에 대한 모든 형태의 차별철폐에 관한 협약 선택의정서'에서 개인이 여성차별철폐위원회에 직접 사건을 통보하고 구제를 요청할 수 있게 하였다.
ㄷ. [○] '모든 형태의 인종차별 철폐에 관한 국제협약'에서는 협약의 이행감독장치로 '인종차별철폐위원회'를 두고, 개인의 피해 통고에 대해 심의하도록 하고 있다.
ㄹ. [○] '시민적 및 정치적 권리에 관한 국제규약 선택의정서'에서는 개인이 '인권이사회'(Human Rights Committee)에 직접 통보하여 구제를 요청할 수 있도록 하고 있다.
ㅁ. [○] 2011년에 채택된 '개인통보제도에 대한 아동권리협약 선택의정서'에서 개인통보제도를 규정하고 있다.
ㅂ. [×] '집단살해죄의 방지와 처벌에 관한 협약'은 집단살해 범죄자를 국내법원이나 국제형사재판소에서 처벌하도록 하는 규정은 있지만 개인통보제도를 규정하지는 않았다.

답 ③

24 **UN의 인권 보호에 대한 설명으로 옳지 않은 것은?** 20년 7급

① 인권이사회(Human Rights Council)의 보편적 정례 인권 검토제도(UPR)는 모든 회원국에게 적용된다.
② 인권위원회(Commission on Human Rights)는 경제사회이사회의 보조기관이다.
③ 「UN헌장」에 따르면 총회는 인권 및 기본적 자유의 실현을 원조하기 위한 권고를 행한다.
④ 인권고등판무관(High Commissioner for Human Rights)은 사무총장의 동의를 얻어 총회가 임명한다.

해설
난도 ★★★

① [○] 인권이사회(Human Rights Council) 설립에 관한 UN총회 결의(A/Res/60/251)에서는 모든 국가의 인권의무 이행과 관련하여 보편적이고 정기적인 검토(Universal Periodic Review)를 행하도록 규정하였다.
② [○] 인권위원회(Commission on Human Rights)는 경제사회이사회의 보조기관이고, 인권이사회(Human Rights Council)는 총회의 보조기관이다.
③ [○] UN헌장 제13조 제1항 나호에서 총회는 "경제, 사회, 문화, 교육 및 보건 분야에 있어서 국제협력을 촉진하며 그리고 인종, 성별, 언어 또는 종교에 관한 차별 없이 모든 사람을 위하여 인권 및 기본적 자유를 실현하는 데 있어 원조하는 것"을 위하여 연구를 발의하고 권고한다고 규정하고 있다.
④ [×] 인권고등판무관(High Commissioner for Human Rights)은 높은 도덕성과 인격을 갖추고 인권분야에 대한 전문지식과 공정한 임무수행에 필요한 다양한 문화에 대한 일반적 지식과 이해를 가진 자 중에서 지리적 안배를 고려하여 선임되며, UN총회의 승인을 받아 UN사무총장이 임명하고, 4년의 임기로 1회에 한하여 중임될 수 있다.

답 ④

25 **인권의 국제적 보호에 대한 설명으로 옳지 않은 것은?** 11년 7급

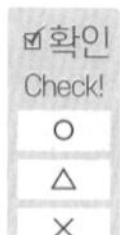

① 1948년 세계인권선언은 법적 구속력이 없는 정치적 · 도덕적 문서에 불과하다.
② 1966년 경제적 · 사회적 및 문화적 권리에 관한 국제규약은 당사국들을 법적으로 구속한다.
③ 1966년 경제적 · 사회적 및 문화적 권리에 관한 국제규약은 국가간고발제도를 도입하고 있다.
④ 1966년 시민적 및 정치적 권리에 관한 국제규약의 이행감독장치로 인권위원회(Human Rights Committee)가 설치되었다.

해설

난도 ★★

① [○] 세계인권선언 자체는 UN총회의 결의로서 법적 구속력이 없는 정치적 · 도덕적 문서에 불과하다. 다만, 세계인권선언이 반대 없이(찬성 48, 반대 0, 기권 8) 채택된 UN총회 결의라는 점에서 국제관습법의 내용을 확인한 것으로 보아 법적 구속력을 인정하려는 견해도 있다.

② [○] UN헌장의 인권조항이나 세계인권선언은 법적 구속력이 없는 불충분한 것이었고, 이에 국제인권규약을 UN인권위원회(Commission on Human Rights)가 준비하여 1966년 12월 16일 UN총회에서 만장일치로 채택되어, 1976년 발효하였으며, 법적 구속력이 있는 조약이다.

③ [×] 경제적 · 사회적 및 문화적 권리에 관한 국제규약(A규약)의 선택의정서(2013년 발효)에서는 이 선택의정서 당사국으로서 제10조상의 사회권위원회의 권한을 인정한다고 선언한 국가들에 대해서는 국가간 고발이 가능한 것으로 규정하고 있으나, A규약 자체에는 이에 관한 규정이 없으며, 또한 이 지문은 A규약 선택의정서가 발효되기 전인 2011년에 출제된 것이므로 출제 당시에는 옳지 않은 지문이었으나, 현재는 A규약 선택의정서까지 고려하였을 때 옳은 지문으로 볼 수도 있다.

④ [○] B규약의 이행감독장치로 인권위원회(Human Rights Committee)가 있다. 인권위원회는 18명의 위원으로 구성되며, 임기는 4년이고 동일인이 재지명 받을 수 있다. 이사회는 동일 국가의 국민을 2인 이상 포함할 수 없다.

답 ③

26 다음 설명 중 옳지 않은 것은? 07년 7급

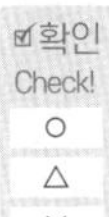

① 세계인권선언은 UN안전보장이사회의 보조기관인 인권위원회(Commission on Human Rights)가 준비하여 UN의 제3차 총회에서 채택되었다.

② 시민적 · 정치적 권리에 관한 국제규약 선택의정서는 인권침해에 대하여 개인이 인권위원회(Human Rights Committee)에 통보(Communication)할 수 있는 제도를 두고 있다.

③ 유럽국가들 간에는 1953년 9월 '인권 및 기본적 자유의 보호를 위한 협약'이 발효하여 세계인권선언의 조약화가 처음으로 실현되었다.

④ 1978년 발효한 미주인권협약은 미주인권재판소를 창설하였다.

해설

난도 ★★★

① [×] 인권위원회는 1946년 경제사회이사회의 보조기관으로 설치되었으며, 세계인권선언 채택을 위해 노력하여 1948년 제3차 UN총회에서 세계인권선언이 채택되었다.

② [○] 시민적 · 정치적 권리에 관한 국제규약(B규약) 선택의정서는 B규약상의 권리가 침해되었다고 주장하는 개인(단체는 불가)이 국내구제절차를 완료한 후에 인권위원회(Human Rights Committee)에 서면으로 통보(청원, 고발)할 수 있는 제도를 두고 있다.

③ [○] 1953년 9월 '인권 및 기본적 자유의 보호를 위한 협약'이 발효하여 세계인권선언의 조약화가 처음으로 실현되었다. 이 조약으로 인권보호를 위한 최초의 국제법원인 유럽인권재판소가 설치되었으며, 현재 이 재판소는 개인의 제소권도 인정된다.

④ [○] 미주인권협약(American Convention on Human Rights)은 1969년에 코스타리카 산호세에서 미주의 여러 나라 간에 체결된 인권에 관한 협약으로서, 1978년 발효되었으며, 이 조약에 의하여 1978년 미주인권재판소가 창설되었다.

답 ①

CHAPTER

06 개인(종합)

01 **국제법상 개인에 대한 설명으로 옳지 않은 것은?** 20년 9급

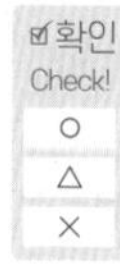

① UN국제법위원회의 외교적보호 규정초안 제8조는 난민의 합법적인 상거주지국의 이들에 대한 외교적 보호 행사를 불허한다.

② 중요한 국제법 규칙을 위반한 개인에게 국제책임이 성립될 수 있다는 원칙 자체는 일반적으로 수용되고 있다.

③ 자진하여 외국국적을 취득한 자국민에게 국적을 유지시켜줌으로써 이중국적의 발생을 사실상 수용, 방임하는 예가 증가하고 있다.

④ 일반국제법은 외국인의 집단적 추방을 금지하지 않은 것으로 보이나, 국가 간의 조약을 통해서 이를 금지시킬 수 있다.

해설

난도 ★★★

① [×] 국가는 국제적으로 인정되는 기준에 따라 그 국가에 의해서 난민으로 승인되고, 피해 시와 공식청구 제기 시에 그 국가에서 합법적으로 상주하고 있는 난민에 대하여 외교적 보호권을 행사할 수 있다(외교보호초안 제8조 제2항).

② [○] 중요한 국제법 규칙으로서 개인에게 부여된 국제법상의 의무를 위반하는 경우 국제위법행위에 대한 책임이 성립될 수 있다.

③ [○] 교통수단이 발달하고 국제적 인적 교류가 증대하면서 현대사회에서는 이중국적이 발생할 가능성이 증대되었고, 이러한 경향을 반영하여 이중국적을 사실상 수용 내지 방임하는 국가가 증가하고 있다. 우리나라 국적법도 일정한 경우에는 이중국적을 허용하고 있다.

④ [○] 일반국제법은 외국인의 '집단적' 추방(collective expulsion of aliens)을 금지하지 않는 것으로 보이나, 이는 국가 간의 조약을 통하여 금지시킬 수 있으며, 실제로 유럽인권협약 제4의정서(1963) 제4조에서는 이를 금지하고 있다.

답 ①

PART 5

국가영역 및 해양법

CHAPTER 01 해양법

제1절 해양법 개관

01 「1982년 UN해양법협약」에 대한 설명으로 옳지 않은 것은? 12년 9급

☑확인 Check! ○ △ ×

① 군도수역제도의 신설
② 영해 범위의 확정
③ 대륙붕 기준의 변경
④ 접속수역제도의 신설

해설
난도 ★
① [○] 군도국가의 특수성을 고려하여 군도수역제도를 인정하였다.
② [○] 영해의 범위에 관한 최초의 합의가 이루어져 성문화되었으며, 관습법상 3해리였던 영해의 범위가 12해리로 확대되었다.
③ [○] 대륙붕의 개념이 1958년 협약의 자연적 개념에서 자연적 연장과 거리기준의 법적 개념으로 변경되었다.
④ [×] 접속수역제도는 1958년 협약에서도 인정된 제도로서, 1982년 UN해양법협약에서는 12해리로 그 범위가 확대되었을 뿐이다.

답 ④

02 「1982년 UN해양법협약」에 의하여 처음 보편적 국제법상의 제도로 공식화된 해양법상의 제도가 아닌 것은? 11년 9급

☑확인 Check! ○ △ ×

① 대륙붕제도
② 군도수역제도
③ 심해저제도
④ 배타적경제수역제도

해설
난도 ★
① [×], ② [○], ③ [○], ④ [○] 1982년 UN해양법협약에서는 '최대 12해리 영해제도', '군도수역제도', '배타적경제수역제도', '심해저제도', '통과통항권' 등이 처음으로 성문화되었다.

답 ①

제2절 UN해양법협약

1. 영해

03 **1982년 「해양법에 관한 국제연합 협약」상 내수(internal waters)에 대한 설명으로 옳지 않은 것은?** 19년 9급

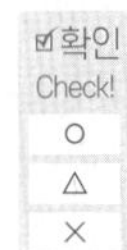

① 항만, 하천, 만, 직선기선의 내측 수역은 내수에 포함된다.

② 운하는 연안국의 내수에 해당되지만 국제적으로 중요한 국제운하는 조약을 통하여 이용이 개방되어 있다.

③ 연안국이 새로이 직선기선을 적용하여 영해가 내수로 변경된 수역에서는 외국 선박의 무해통항권이 인정되지 않는다.

④ 연안국은 내수로 진입한 외국 민간선박의 내부사항에 대하여 자국의 이해가 관련되어 있지 않는 한 관할권을 행사하지 않는 것이 관례이다.

해설

난도 ★★★

① [○] 원칙적으로 영해기선의 육지 쪽 수역은 그 국가의 내수의 일부를 구성한다(UN해양법협약 제8조 제1항 참조).

② [○] 운하는 연안국의 내수에 해당되지만 중요한 국제운하는 조약을 통하여 이용이 개방되어 있다(예 수에즈운하, 파나마운하).

③ [×] 제7조(직선기선)에 규정된 방법에 따라 직선기선을 설정함으로써 종전에 내수가 아니었던 수역이 내수에 포함되는 경우, 이 협약에 규정된 무해통항권이 그 수역에서 계속 인정된다(UN해양법협약 제8조 제2항).

④ [○] 연안국은 내수에서 외국 민간선박에 대해 민사관할권 · 형사관할권을 완전하게 행사할 수 있다. 다만, 내수로 진입한 외국 민간선박의 내부사항에 대하여 자국의 이해가 관련되어 있지 않는 한 관할권을 행사하지 않는 것이 관례다.

답 ③

04 **「해양법에 관한 국제연합협약」상 영해기선에 대한 설명으로 옳은 것은?** 19년 7급

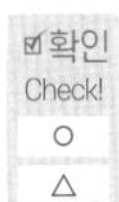

① 영해의 직선기선을 설정할 때 특정 지역의 경제적 이익은 고려사항이 아니다.

② 간조노출지의 저조선은 영해 측정 기선으로 사용될 수 없다.

③ 국가는 어떠한 경우라도 타국의 영해를 공해로부터 격리시키는 방법으로 직선기선제도를 적용할 수 없다.

④ 만의 입구를 직선으로 연결하여 기선으로 삼을 경우, 만 폐쇄선 안쪽의 수역은 영해로 본다.

해설
난도 ★★
① [×] 직선기선의 방법을 적용하는 경우, 특정한 기선을 결정함에 있어서 그 지역에 특유한 경제적 이익이 있다는 사실과 그 중요성이 오랜 관행에 의하여 명백히 증명된 경우 그 경제적 이익을 고려할 수 있다(UN해양법협약 제7조 제5항).
② [×] 간조노출지의 전부 또는 일부가 본토나 섬으로부터 영해의 폭을 넘지 아니하는 거리에 위치하는 경우, 그 간조노출지의 저조선을 영해기선으로 사용할 수 있다(UN해양법협약 제13조 제1항).
③ [○] 어떠한 국가도 다른 국가의 영해를 공해나 배타적경제수역으로부터 격리시키는 방식으로 직선기선제도를 적용할 수 없다(UN해양법협약 제7조 제6항).
④ [×] 제4부(군도수역)에 규정된 경우를 제외하고는 영해기선의 육지 쪽 수역은 그 국가의 내수의 일부를 구성한다(UN해양법협약 제8조 제1항).

답 ③

05 1982년 UN해양법협약상 영해제도에 대한 설명으로 옳지 않은 것은? 18년 9급

① 영해의 폭은 연안국의 기선으로부터 최대 12해리까지 설정될 수 있으며, 영해에서 연안국은 주권적 권리를 행사하고 외국선박에 대해 통항만을 이유로 수수료를 부과할 수 있다.
② 연안국은 핵추진 유조선에 대하여는 영해 내에서 지정된 항로대만을 통항하도록 요구할 수 있다.
③ 영해를 통항 중인 외국 선박 내에서 발생한 범죄와 관련하여 그 선박의 선장이 현지 당국에 지원을 요청한 경우 연안국은 형사관할권을 행사할 수 있다.
④ 연안국은 무해하지 아니한 통항을 방지하기 위하여 필요한 조치를 자국 영해에서 취할 수 있다.

해설
난도 ★★
① [×] 모든 국가는 이 협약에 따라 결정된 기선으로부터 12해리를 넘지 아니하는 범위에서 영해의 폭을 설정할 권리를 가진다(UN해양법협약 제3조). 연안국의 주권은 영토와 내수 밖의 영해라고 하는 인접해역, 군도국가의 경우에는 군도수역 밖의 영해라고 하는 인접해역에까지 미친다(UN해양법협약 제2조 제1항). 외국선박에 대하여 영해의 통항만을 이유로 어떠한 수수료도 부과할 수 없다(UN해양법협약 제26조 제1항). 영해에서 연안국은 주권적 권리가 아니라 주권을 가진다. 배타적경제수역이나 대륙붕에서 연안국에게 인정되는 주권적 권리는 주권과 구별된다는 것이 일반적 견해다.
② [○] 특히 유조선, 핵추진선박 및 핵물질 또는 본래 위험하거나 유독한 그 밖의 물질이나 재료를 운반 중인 선박에 대하여서는 이러한 항로대(지정항로대)만을 통항하도록 요구할 수 있다(UN해양법협약 제22조 제2항).
③ [○] UN해양법협약 제27조 제1항 (c)호.
④ [○] 연안국은 무해하지 아니한 통항을 방지하기 위하여 필요한 조치를 자국 영해에서 취할 수 있다(UN해양법협약 제25조 제1항).

더 알아보기 UN해양법협약

제27조【외국선박 내에서의 형사관할권】
① 연안국의 형사관할권은 오직 다음의 각호의 경우를 제외하고는 영해를 통항하고 있는 외국선박의 선박 내에서 통항 중에 발생한 어떠한 범죄와 관련하여 사람을 체포하거나 수사를 수행하기 위하여 그 선박 내에서 행사될 수 없다.
(a) 범죄의 결과가 연안국에 미치는 경우
(b) 범죄가 연안국의 평화나 영해의 공공질서를 교란하는 종류인 경우
(c) 그 선박의 선장이나 기국의 외교관 또는 영사가 현지 당국에 지원을 요청한 경우
(d) 마약이나 향정신성물질의 불법거래를 진압하기 위하여 필요한 경우

답 ①

06 1982년 UN 해양법협약상 직선기선에 관한 설명으로 옳지 않은 것은? 15년 9급

확인 Check! ○ △ ×

① 해안선이 깊게 굴곡이 지거나 잘려 들어간 지역, 또는 해안을 따라 아주 가까이 섬이 흩어져 있는 지역에서는 직선기선의 방법이 사용될 수 있다.

② 원칙적으로 간조노출지까지 또는 간조노출지로부터 직선기선을 설정할 수 있다.

③ 직선기선은 해안의 일반적 방향으로부터 현저히 벗어나게 설정할 수 없다.

④ 어떠한 국가도 다른 국가의 영해를 공해나 배타적 경제수역으로부터 격리시키는 방식으로 직선기선 제도를 적용할 수 없다.

해설

난도 ★★

① [○] 해안선이 깊게 굴곡이 지거나 잘려 들어간 지역, 또는 해안을 따라 아주 가까이 섬이 흩어져 있는 지역에서는 영해기선을 설정함에 있어서 적절한 지점을 연결하는 직선기선의 방법이 사용될 수 있다(UN해양법협약 제7조 제1항).

② [×] 직선기선은 간조노출지까지 또는 간조노출지로부터 설정할 수 없다. 다만, 영구적으로 해면 위에 있는 등대나 이와 유사한 시설이 간조노출지에 세워진 경우 또는 간조노출지 사이의 기선설정이 일반적으로 국제적인 승인을 받은 경우에는 그러하지 아니하다(UN해양법협약 제7조 제4항).

③ [○] 직선기선은 해안의 일반적 방향으로부터 현저히 벗어나게 설정할 수 없으며, 직선기선 안에 있는 해역은 내수제도에 의하여 규율될 수 있을 만큼 육지와 충분히 밀접하게 관련되어야 한다(UN해양법협약 제7조 3항).

④ [○] 어떠한 국가도 다른 국가의 영해를 공해나 배타적경제수역으로부터 격리시키는 방식으로 직선기선제도를 적용할 수 없다(UN해양법협약 제7조 제6항).

답 ②

07 1982년 UN해양법협약상 영해에 대한 설명으로 옳은 것만을 모두 고른 것은? 13년 9급

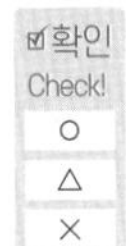

ㄱ. 본토로부터 30해리 떨어진, 인간이 거주할 수 없거나 독자적인 경제 활동을 유지할 수 없는 돌섬(rocks)도 그 자체의 영해를 가진다.

ㄴ. 본토로부터 영해의 폭을 넘는 거리에 위치한 간조노출지(low-tide elevation)는 영해기선으로 사용될 수 없다.

ㄷ. 인공섬은 그 자체의 영해를 가질 수 없다.

① ㄴ　　② ㄱ, ㄷ

③ ㄴ, ㄷ　　④ ㄱ, ㄴ, ㄷ

해설

난도 ★★

ㄱ. [○] 인간이 거주할 수 없거나 독자적인 경제 활동을 유지할 수 없는 암석은 배타적경제수역이나 대륙붕을 가지지 아니한다(UN해양법협약 제121조 제3항).

ㄴ. [○] 간조노출지 전부가 본토나 섬으로부터 영해의 폭을 넘는 거리에 위치하는 경우, 그 간조노출지는 자체의 영해를 가지지 아니한다(UN해양법협약 제13조 제2항).

ㄷ. [○] 인공섬 · 시설 및 구조물은 섬의 지위를 가지지 아니한다. 이들은 자체의 영해를 가지지 아니하며 이들의 존재가 영해, 배타적경제수역 또는 대륙붕의 경계획정에 영향을 미치지 아니한다(UN해양법협약 제60조 제8항).

답 ④

08 1982년 UN해양법협약상 영해에 대한 설명으로 옳지 않은 것은?

13년 7급

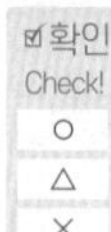

① 모든 국가는 이 협약에 따라 결정된 기선으로부터 12해리를 넘지 아니하는 범위에서 영해의 폭을 설정할 권리를 가진다.

② 연안국은 군사훈련을 포함하여 자국의 안전보호상 긴요한 경우에는 어떠한 공표도 없이 영해의 지정된 수역에서 외국 선박의 무해통항을 일시적으로 정지시킬 수 있다.

③ 영해에서 무해통항하는 외국의 잠수함은 해면 위로 부상하여 국기를 게양하고 항행하여야 한다.

④ 해안굴곡이 심하거나 해안에 아주 가까이 섬이 산재한 경우 영해기선을 설정함에 있어서 직선기선의 방법이 사용될 수 있다.

해설

난도 ★★

① [○] 모든 국가는 이 협약에 따라 결정된 기선으로부터 12해리를 넘지 아니하는 범위에서 영해의 폭을 설정할 권리를 가진다(UN해양법협약 제3조).

② [×] 연안국은 무기를 사용하는 훈련을 포함하여 자국의 안전보호상 긴요한 경우에는 영해의 지정된 수역에서 외국선박을 형식상 또는 실질상 차별하지 아니하고 무해통항을 일시적으로 정지시킬 수 있다(UN해양법협약 제25조 제3항).

③ [○] 잠수함과 그 밖의 잠수항행기기는 영해에서 해면 위로 국기를 게양하고 항행한다(UN해양법협약 제20조).

④ [○] 해안선이 깊게 굴곡이 지거나 잘려 들어간 지역, 또는 해안을 따라 아주 가까이 섬이 흩어져 있는 지역에서는 영해기선을 설정함에 있어서 적절한 지점을 연결하는 직선기선의 방법이 사용될 수 있다(UN해양법협약 제7조 제1항).

답 ②

09 1982년 UN해양법협약상 영해(territorial sea)에 대한 설명으로 옳지 않은 것은?

10년 9급

① 영해의 기선은 통상기선과 직선기선으로 구분된다.

② 연안국의 주권은 영해의 상공 · 해저 및 하층토에까지 미친다.

③ 영해의 폭은 기선으로부터 12해리를 넘지 못한다.

④ 모든 국가의 선박과 항공기는 연안국의 영해에서 무해통항권을 향유한다.

해설

난도 ★

① [○] 영해의 폭을 측정하기 위한 기선을 '영해기선'이라고 하며(UN해양법협약 제6조), 영해기선은 접속수역(UN해양법협약 제33조 제2항), 배타적경제수역(UN해양법협약 제57조), 대륙붕(UN해양법협약 제76조 제1항) 측정의 기준선이 되기도 한다. 이러한 영해기선에는 통상기선과 직선기선이 있으며, 통상기선은 '연안국이 공인한 대축척해도에 표시된 해안의 저조선'으로 하고(UN해양법협약 제5조), 직선기선은 '해안선이 깊게 굴곡이 지거나 잘려 들어간 지역, 또는 해안을 따라 아주 가까이 섬이 흩어져 있는 지역'에서 '적절한 지점을 연결하는 직선'(UN해양법협약 제7조 제1항)을 말한다.

② [○] 이러한 주권은 영해의 상공 · 해저 및 하층토에까지 미친다(UN해양법협약 제2조 제1항).

③ [○] 모든 국가는 이 협약에 따라 결정된 기선으로부터 12해리를 넘지 아니하는 범위에서 영해의 폭을 설정할 권리를 가진다(UN해양법협약 제3조).

④ [×] 연안국이거나 내륙국이거나 관계없이 모든 국가의 선박은 이 협약에 따라, 영해에서 무해통항권을 향유한다(UN해양법협약 제17조). 항공기에 대해서는 무해통항권이 인정되지 않는다.

답 ④

10 1982년 해양법협약상 영해제도에 대한 설명으로 옳지 않은 것은?

08년 9급

☑확인 Check! ○ △ ×

① 연안국은 영해기선으로부터 12해리를 초과하지 아니하는 범위 내에서 영해의 폭을 설정할 권리를 가진다.

② 영해 내에서의 외국어선의 어로행위는 연안국의 평화, 공공질서 또는 안전을 해치지 않는 것으로 인정된다.

③ 영해를 항해하는 외국선박에 대해서는 일정한 조건에서 무해통항권이 인정된다.

④ 연안국은 영해를 항해하는 외국 선박에 대하여 일정한 경우 형사관할권을 가질 수 있다.

해설

난도 ★★

① [○] 모든 국가는 이 협약에 따라 결정된 기선으로부터 12해리를 넘지 아니하는 범위에서 영해의 폭을 설정할 권리를 가진다(UN해양법협약 제3조).

② [×] 외국선박이 영해에서 어로활동에 종사하는 경우, 외국선박의 통항은 연안국의 평화, 공공질서 또는 안전을 해치는 것으로 본다(UN해양법협약 제19조 제2항 (i)호 참조).

③ [○] 연안국이거나 내륙국이거나 관계없이 모든 국가의 선박은 이 협약에 따라, 영해에서 무해통항권을 향유한다(UN해양법협약 제17조).

④ [○] UN해양법협약 제27조에 의하면, 연안국의 형사관할권은 영해를 통항하고 있는 외국선박의 선박 내에서 통항 중에 발생한 범죄와 관련하여 사람을 체포하거나 수사를 수행하기 위하여 그 선박 내에서 원칙적으로 행사될 수 없고, 예외적인 경우에만 행사될 수 있다.

더 알아보기 UN해양법협약

제19조【무해통항의 의미】

① 통항은 연안국의 평화, 공공질서 또는 안전을 해치지 아니하는 한 무해하다. 이러한 통항은 이 협약과 그 밖의 국제법 규칙에 따라 이루어진다.

② 외국선박이 영해에서 다음의 어느 활동에 종사하는 경우, 외국선박의 통항은 연안국의 평화, 공공질서 또는 안전을 해치는 것으로 본다.

(a) 연안국의 주권, 영토보전 또는 정치적 독립에 반하거나, 또는 국제연합헌장에 구현된 국제법의 원칙에 위반되는 그 밖의 방식에 의한 무력의 위협이나 무력의 행사
(b) 무기를 사용하는 훈련이나 연습
(c) 연안국의 국방이나 안전에 해가 되는 정보수집을 목적으로 하는 행위
(d) 연안국의 국방이나 안전에 해로운 영향을 미칠 것을 목적으로 하는 선전행위
(e) 항공기의 선상 발진 · 착륙 또는 탑재
(f) 군사기기의 선상 발진 · 착륙 또는 탑재
(g) 연안국의 관세 · 재정 · 출입국관리 또는 위생에 관한 법령에 위반되는 물품이나 통화를 싣고 내리는 행위 또는 사람의 승선이나 하선
(h) 이 협약에 위배되는 고의적이고도 중대한 오염행위
(i) 어로활동
(j) 조사활동이나 측량활동의 수행
(k) 연안국의 통신체계 또는 그 밖의 설비 · 시설물에 대한 방해를 목적으로 하는 행위
(l) 통항과 직접 관련이 없는 그 밖의 활동

답 ②

11 1982년 UN해양법협약상 무해통항에 대한 설명으로 옳지 않은 것은? 20년 9급

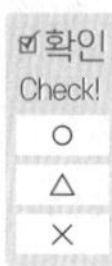

① 조사활동이나 측량활동을 수행하는 외국선박의 통항은 연안국의 평화, 공공질서 또는 안전을 해치는 것으로 본다.

② 연안국이거나 내륙국이거나 관계없이 모든 국가의 선박은 동 협약에 따라 영해에서 무해통항권을 향유한다.

③ 연안국은 영해를 통항하는 외국선박에 제공된 특별한 용역에 대한 대가로서 수수료를 부과할 수 없다.

④ 연안국은 군사훈련을 포함하여 자국 안보에 필요한 경우 외국선박의 무해통항을 일시적으로 정지시킬 수 있다.

해설

난도 ★★

① [○] 외국선박이 영해에서 조사활동이나 측량활동의 수행에 종사하는 경우, 외국선박의 통항은 연안국의 평화, 공공질서 또는 안전을 해치는 것으로 본다(UN해양법협약 제19조 제2항 (j)호).

② [○] 연안국이거나 내륙국이거나 관계없이 모든 국가의 선박은 이 협약에 따라, 영해에서 무해통항권을 향유한다(UN해양법협약 제17조).

③ [×] 외국선박에 대하여 영해의 통항만을 이유로 어떠한 수수료도 부과할 수 없다(UN해양법협약 제26조 제1항). 수수료는 영해를 통항하는 외국선박에 제공된 특별한 용역에 대한 대가로서만 그 선박에 대하여 부과할 수 있다(UN해양법협약 제26조 제2항).

④ [○] 연안국은 무기를 사용하는 훈련을 포함하여 자국의 안전보호상 긴요한 경우에는 영해의 지정된 수역에서 외국선박을 형식상 또는 실질상 차별하지 아니하고 무해통항을 일시적으로 정지시킬 수 있다(UN해양법협약 제25조 제3항).

답 ③

12 1982년 UN해양법협약상 영해에서의 무해통항에 관한 설명으로 옳지 않은 것은? 15년 9급

① 통항은 연안국의 평화, 공공질서 또는 안전을 해치지 아니하는 한 무해하다.

② 잠수함은 타국의 영해에서 해면 위로 국기를 게양하고 항행한다.

③ 외국 선박이 타국의 영해에서 어로 활동에 종사하는 경우, 이를 무해한 통항으로 보지 않는다.

④ 연안국은 자국의 안전보호상 긴요한 경우에는 제한 없이 외국선박의 무해통항을 정지시킬 수 있다.

해설

난도 ★★

① [○] 통항은 연안국의 평화, 공공질서 또는 안전을 해치지 아니하는 한 무해하다(UN해양법협약 제19조 제1항).

② [○] 잠수함과 그 밖의 잠수항행기기는 영해에서 해면 위로 국기를 게양하고 항행한다(UN해양법협약 제20조).

③ [○] UN해양법협약 제19조 제2항 (i)호에서는 외국선박이 영해에서 '어로활동'에 종사하는 경우, 외국선박의 통항은 연안국의 평화, 공공질서 또는 안전을 해치는 것으로 본다.

④ [×] 연안국은 무기를 사용하는 훈련을 포함하여 자국의 안전보호상 긴요한 경우에는 영해의 지정된 수역에서 외국선박을 형식상 또는 실질상 차별하지 아니하고 무해통항을 일시적으로 정지시킬 수 있다. 이러한 정지조치는 적절히 공표한 후에만 효력을 가진다(UN해양법협약 제25조 제2항).

답 ④

13 영해의 무해통항권에 대한 설명으로 옳지 않은 것은? 11년 9급

① 무해란 연안국의 평화와 질서 또는 안전을 해하지 않는 것을 의미한다.
② 통항이란 타국의 영해를 횡단하거나 내수로 출입하기 위하여 그 영해를 지나는 것이다.
③ 연안국은 외국선박의 자국 영해통항에 관한 법령을 제정하여 준수를 요구할 수 있다.
④ 무해통항권은 타국의 영해를 잠수항행하여 통과하는 잠수함에게도 보장된다.

해설

난도 ★

① [○] 통항은 연안국의 평화, 공공질서 또는 안전을 해치지 아니하는 한 무해하다(UN해양법협약 제19조 제1항).

② [○] 통항이라 함은 다음의 목적을 위하여 영해를 지나서 항해함을 말한다. (a) 내수에 들어가지 아니하거나 내수 밖의 정박지나 항구시설에 기항하지 아니하고 영해를 횡단하는 것 또는 (b) 내수를 향하여 또는 내수로부터 항진하거나 또는 이러한 정박지나 항구시설에 기항하는 것(UN해양법협약 제18조 제1항).

③ [○] UN해양법협약 제21조에서는 연안국이 영해에서의 무해통항에 관한 법령을 제정할 수 있는 권한과 이를 공표할 의무와 영해를 무해통항하는 외국선박의 준수의무를 규정하고 있다.

④ [×] 잠수함과 그 밖의 잠수항행기기는 영해에서 해면 위로 국기를 게양하고 항행한다(UN해양법협약 제20조). 영해에서 잠수함의 잠항통항은 보장되지 않는다.

답 ④

14 영해에서의 무해통항권에 관한 설명으로 옳지 않은 것은? 07년 9급

① 통항은 연안국의 평화, 공공질서 또는 안전을 해치지 아니하는 한 무해하다.
② 연안국은 영해에서 외국선박의 무해통항을 정지시킬 수 없다.
③ 잠수함과 그 밖의 잠수항행기기는 타국의 영해에서 해면 위로 부상하여 국기를 게양하고 항행한다.
④ 연안국은 자국이 인지하고 있는 자국 영해에서의 통항에 관한 위험을 적절히 공표한다.

해설

난도 ★

① [○] 통항은 연안국의 평화, 공공질서 또는 안전을 해치지 아니하는 한 무해하다(UN해양법협약 제19조 제1항).

② [×] 연안국은 무기를 사용하는 훈련을 포함하여 자국의 안전보호상 긴요한 경우에는 영해의 지정된 수역에서 외국선박을 형식상 또는 실질상 차별하지 아니하고 무해통항을 일시적으로 정지시킬 수 있다(UN해양법협약 제25조 제3항).

③ [○] 잠수함과 그 밖의 잠수항행기기는 영해에서 해면 위로 국기를 게양하고 항행한다(UN해양법협약 제20조).

④ [○] 연안국은 자국이 인지하고 있는 자국 영해에서의 통항에 관한 위험을 적절히 공표한다(UN해양법협약 제24조 제2항).

답 ②

15 **｢해양법에 관한 국제연합협약｣상 영해를 항행 중인 외국 상선에서 발생한 범죄에 대한 연안국의 형사관할권 행사 사안이 아닌 것은?** 17년 9급

☑확인 Check! ○ △ ×

① 마약 또는 향정신성물질의 불법거래 진압
② 선박 일반승무원의 긴급한 연안국 지원 요청
③ 범죄의 결과로 연안국에 대한 직접적 영향 발생
④ 연안국의 평화 및 영해의 공공질서를 교란하는 범죄 발생

해설
난도 ★
UN해양법협약
제27조【외국선박 내에서의 형사관할권】
① 연안국의 형사관할권은 오직 다음의 각호의 경우를 제외하고는 영해를 통항하고 있는 외국선박의 선박 내에서 통항 중에 발생한 어너한 범죄와 관련하여 사림을 세포하거나 수사를 수행하기 위하여 그 선박 내에서 행사될 수 없다.
(a) 범죄의 결과가 연안국에 미치는 경우
(b) 범죄가 연안국의 평화나 영해의 공공질서를 교란하는 종류인 경우
(c) 그 선박의 선장이나 기국의 외교관 또는 영사가 현지 당국에 지원을 용청한 경우
(d) 마약이나 향정신성물질의 불법거래를 진압하기 위하여 필요한 경우

답 ②

16 **외국선박에 대한 연안국의 권리와 의무에 대한 설명으로 옳은 것은?** 20년 9급

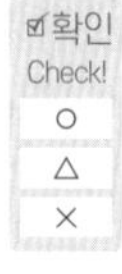

① Chung Chi Cheung v. The King 사건에서 영국 추밀원은 정부선박의 치외법권을 인정하였다.
② 불가항력 등 합리적 사유 없이 영해에 정박하고 있거나 내수를 떠나 영해를 통항 중인 외국선박에 대하여 연안국은 민사관할권을 행사할 수 있다.
③ The M/V Saiga호 사건에서 국제해양법재판소(ITLOS)는 연안국이 배타적 경제수역 내의 외국선박에 대하여 자국의 관세법을 강제할 권리를 가진다고 판결하였다.
④ 외국군함이 연안국의 영해 내에서 향유하는 면제에는 연안국이 무해하지 아니한 통항을 방지하기 위하여 영해 내에서 채택하는 필요한 조치로부터의 면제도 포함된다.

해설
난도 ★★★
① [×] Chung Chi Cheung v. The King 사건에서 영국 추밀원은 영국 식민지인 홍콩 내에 있었던 중국 관세선 내에서 발생한 사건에 대하여 치외법권을 부인하고 영국의 관할권을 인정하였다.
② [○] UN해양법협약 제28조 제2항에서는 "제2항의 규정은 영해에 정박하고 있거나 내수를 떠나 영해를 통항 중인 외국선박에 대하여 자국법에 따라 민사소송절차를 위하여 강제집행이나 나포를 할 수 있는 연안국의 권리를 침해하지 아니한다."라고 하여 영해 내 외국선박에 대한 민사관할권이 인정되는 예외적인 경우를 규정하고 있다.
③ [×] M/V Saiga호 사건에서 국제해양법재판소(ITLOS)는 기니의 배타적 경제수역에서 유류를 판매한 세인트 그레나딘 국적의 M/V Saiga호에 대하여 기니의 관세법을 적용하여야 한다는 기니의 주장을 인정하지 않았다.

④ [×] UN해양법협약 제25조 제1항에서는 "연안국은 무해하지 아니한 통항을 방지하기 위하여 필요한 조치를 자국 영해에서 취할 수 있다."라고 규정하고 있으며, 제32조에서는 "제1관, 제30조 및 제31조에 규정된 경우를 제외하고는 이 협약의 어떠한 규정도 군함과 그 밖의 비상업용 정부선박의 면제에 영향을 미치지 아니한다."라고 규정하고 있다. 따라서 제25조 제1항에서 언급된 연안국이 무해하지 아니한 통항을 방지하기 위하여 영해 내에서 채택하는 필요한 조치는 군함에도 적용된다.

답 ②

2. 접속수역

17 **「해양법에 관한 국제연합협약」상 영해 및 접속수역에 대한 설명으로 옳은 것은?** 19년 7급

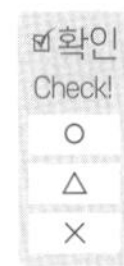

① 연안국의 접속수역은 내수를 포함하며 관세 · 재정 · 출입국관리 · 위생 및 군사적 목적의 관할권을 행사하기 위한 수역이다.

② 연안국은 영해를 통항 중인 외국선박 내에 있는 사람에 대해서 민사관할권을 행사하기 위하여 그 선박을 정지시킬 수 있다.

③ 연안국은 자국의 내수를 떠나 영해를 통과 중인 외국선박에 대하여 범인 체포에 필요한 어떠한 조치도 취할 수 있다.

④ 외국항공기는 연안국의 동의가 없더라도 영해 상공에서 비행의 자유를 향유한다.

해설

난도 ★★★

① [×] 내수는 영해기선의 육지 쪽 수역을 의미하며(UN해양법협약 제8조), 접속수역은 연안국의 영해에 접속해 있는 수역으로 연안국의 영토나 영해에서의 관세 · 재정 · 출입국관리 또는 위생에 관한 법령의 위반방지나 그 처벌을 위하여 필요한 통제를 할 수 있는 수역을 말한다(UN해양법협약 제33조). 내수는 연안국의 주권이 미치는 수역으로서 접속수역과는 구별된다.

② [×] 연안국은 영해를 통항 중인 외국선박 내에 있는 사람에 대한 민사관할권을 행사하기 위하여 그 선박을 정지시키거나 항로를 변경시킬 수 없다(UN해양법협약 제28조 제1항).

③ [○] 위의 규정은 내수를 떠나 영해를 통항 중인 외국선박 내에서의 체포나 수사를 목적으로 자국법이 허용한 조치를 취할 수 있는 연안국의 권리에 영향을 미치지 아니한다(UN해양법협약 제27조 제2항).

④ [×] 연안국의 영해에서 외국은 무해통항권을 가지나 이는 선박에 대해서만 인정되는 것이며, 항공기의 무해통항권은 인정되지 않는다.

답 ③

18 **1982년 해양법협약상 접속수역에 대한 설명으로 옳지 않은 것은?** 09년 9급

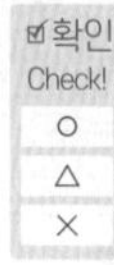

① 영해기선으로부터 24해리 범위 내에서 설정할 수 있다.
② 연안국이 당연히 갖게 되는 수역이 아니라 연안국의 선포를 요한다.
③ 접속수역의 해저로부터 역사적 유물을 반출하는 행위는 연안국의 영토나 영해에서의 법령위반행위로 추정될 수 있다.
④ 해양자원이용과 해양과학조사를 위하여 국가관할권을 확장한 수역이다.

해설

난도 ★★

① [○] 접속수역은 영해기선으로부터 24해리 밖으로 확장할 수 없다(UN해양법협약 제33조 제2항).
② [○] 점유나 선언을 요하지 않는 대륙붕과 달리 접속수역은 선포를 필요로 한다. 우리나라는 「영해및접속수역법」 제3조의2에서 접속수역에 관한 규정을 두고 있다.
③ [○] 이러한 유물의 거래를 통제하기 위하여 연안국은 제33조(접속수역)를 적용함에 있어서, 연안국의 승인 없이 제33조(접속수역)에 규정된 수역의 해저로부터 유물을 반출하는 것을 제33조(접속수역)에 언급된 자국의 영토나 영해에서의 자국 법령 위반으로 추정할 수 있다(UN해양법협약 제303조 제2항).
④ [×] 접속수역은 연안국 법령통제권의 실효성을 확보하기 위하여 인정되는 제도일 뿐, 자원이나 과학조사 등과는 관계가 없다.

답 ④

3. 국제해협

19 **「1982년 UN해양법협약」상 국제해협의 통과방법에 대한 설명으로 옳지 않은 것은?** 12년 9급

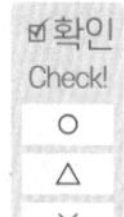

① 통과통항은 모든 선박과 항공기가 향유할 수 있으므로 군함에게도 인정된다.
② 통항로의 한 쪽 입구가 외국영해로 연결되는 해협에서는 통과통항권이 인정된다.
③ 잠수함의 경우 통과통항 한다면 잠수항행이 인정되는 것으로 해석된다.
④ 통과는 무해통항의 경우와 마찬가지로 계속적이고 신속하여야 한다.

해설

난도 ★★

① [○] 무해통항의 경우 「모든 국가의 선박」이라고 하여 군함의 무해통항 인정 여부에 대하여 견해가 대립하나(UN해양법협약 제17조), 통과통항의 경우 「모든 선박과 항공기」라고 하여 군함에 대해서도 통과통항을 인정한다(UN해양법협약 제38조 제1항).
② [×] 통항로의 한 쪽 입구가 외국영해로 연결되는 해협에서는 UN해양법협약 제45조의 무해통항이 적용된다.
③ [○] 무해통항의 경우 잠항통항에 대한 제한규정이 있으나(UN해양법협약 제20조), 통과통항의 경우 이러한 제한규정이 없어 잠항통항이 가능한 것으로 해석한다.
④ [○] 무해통항(UN해양법협약 제18조 제2항 1문), 통과통항(UN해양법협약 제38조 제2항) 모두 통항은 계속적이고 신속하여야 한다.

답 ②

20 '1982년 UN해양법협약'상 통과통항권에 대한 설명으로 옳지 않은 것은?

10년 9급

☑확인 Check! ○ △ ×

① 통과통항권은 모든 선박과 항공기가 향유한다.
② 통과통항은 무해통항의 경우와 마찬가지로 계속적이고 신속해야 한다.
③ 해협연안국은 필요한 경우 해협 내에 항로대를 지정하고, 통항분리방식을 설정할 수 있다.
④ 잠수함은 통과통항하는 경우에 반드시 물 위로 떠올라 국기를 게양하고 항행하여야 한다.

해설
난도 ★★

① [○] 제37조(통과통항의 적용범위)에 언급된 해협 내에서, 모든 선박과 항공기는 방해받지 아니하는 통과통항권을 향유한다(UN해양법협약 제38조 제1항). 영해에서의 무해통항권이 모든 국가의 선박에 대해 인정되는 데 반해, 국제해협에서의 통과통항권은 모든 선박과 항공기에 대해 인정된다.
② [○] 통항은 계속적이고 신속하여야 한다(UN해양법협약 제18조 제2항). 통과통항이라 함은 공해 또는 배타적경제수역의 일부와 공해 또는 배타적 경제수역의 다른 부분간의 해협을 오직 계속적으로 신속히 통과할 목적으로 이 부에 따라 항행과 상공비행의 자유를 행사함을 말한다(UN해양법협약 제38조 제2항).
③ [○] 해협연안국은 선박의 안전통항을 촉진하기 위하여 필요한 경우, 이 부에 따라 해협 내 항행을 위하여 항로대를 지정하고 통항분리방식을 설정할 수 있다(UN해양법협약 제41조 제1항).
④ [×] 무해통항의 경우 잠수함의 잠항통항에 대한 제한규정이 있지만(UN해양법협약 제20조), 통과통항의 경우 잠수함의 통행방식에 관한 명시적 제한규정이 없으므로 잠수항행이 가능한 것으로 해석한다.

답 ④

21 UN해양법협약이 공해 또는 경제수역과 다른 공해 또는 경제수역을 연결하는 국제항행에 사용되는 해협에 적용하기 위하여 채택한 해협통항 방법은?

07년 7급

☑확인 Check! ○ △ ×

① 무해통항
② 통항분리
③ 자유통항
④ 통과통항

해설
난도 ★

① [×] '무해통항'이란 외국선박이 연안국의 평화, 공공질서 또는 안전을 해치지 않고 연안국의 영해를 항행하는 것을 말한다. UN해양법협약 제17조에 따르면 "연안국이거나 내륙국이거나 관계없이 모든 국가의 선박은 UN해양법협약에 따라, 영해에서 무해통항권을 향유한다."
② [×] '통항분리'란 선박충돌을 방지하기 위하여 입출항 항로를 설정하거나 기타 적절한 방법을 사용하여 선박이 한쪽 방향으로만 항행할 수 있도록 항로를 분리하는 것을 말한다. UN해양법협약에서는 영해내의 통항분리방식(제22조), 국제항행에 이용되는 해협의 통항분리방식(제41조), 군도항로대의 통항분리방식(제53조)에 대하여 규정하고 있다.
③ [×] '자유통항'은 선박이 자유롭게 통항하는 것을 말한다. UN해양법협약 제87조에서는 연안국이거나 내륙국이거나 관계없이 모든 국가는 공해(公海, high sea)에서 '항행의 자유'가 있음을 규정하고 있다.
④ [○] '통과통항'이란 공해나 배타적경제수역의 일부와 공해나 배타적경제수역의 다른 부분간의 국제항행에 이용되는 해협 내에서, 선박과 항공기가 방해받지 않고 해협을 통과하여 통항하는 것을 말한다. UN해양법협약 제37조 제1항에서는 모든 선박과 항공기가 통과통항권을 향유한다고 규정하였다.

답 ④

22 1982년 UN해양법협약상 무해통항과 통과통항에 대한 설명으로 옳지 않은 것은? 15년 7급

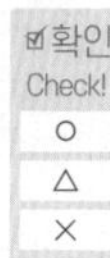

① 모든 국가의 선박은 타국의 영해에서 무해통항권을 향유하며, 통항이 연안국의 평화, 공공질서 또는 안전을 해치지 아니하는 한 무해하다.

② 연안국은 영해통항에 관한 연안국의 법령을 준수하지 않고 연안국의 법령준수 요구를 무시한 외국군함을 나포할 수 있다.

③ 통과통항은 공해나 배타적경제수역의 일부와 공해나 배타적 경제수역의 다른 부분 사이의 국제항행에 이용되는 해협에 적용된다.

④ 연안국은 통과통항을 방해하거나 정지시킬 수 없으며, 해협 내의 위험을 적절히 공표할 의무를 진다.

해설

난도 ★★

① [○] 연안국이거나 내륙국이거나 관계없이 모든 국가의 선박은 이 협약에 따라, 영해에서 무해통항권을 향유한다(UN해양법협약 제17조).

② [×] 군함이 영해통항에 관한 연안국의 법령을 준수하지 아니하고 그 군함에 대한 연안국의 법령준수 요구를 무시하는 경우, 연안국은 그 군함에 대하여 영해에서 즉시 퇴거할 것을 요구할 수 있다(UN해양법협약 제30조).

③ [○] 이 절은 공해나 배타적경제수역의 일부와 공해나 배타적경제수역의 다른 부분간의 국제항행에 이용되는 해협에 적용한다(UN해양법협약 제37조).

④ [○] 해협연안국은 통과통항권을 방해할 수 없으며 자국이 인지하고 있는 해협 내 또는 해협 상공에 있어서의 항행이나 비행에 관한 위험을 적절히 공표한다. 통과통항은 정지될 수 없다(UN해양법협약 제44조).

답 ②

23 1982년 UN해양법협약상 무해통항과 통과통항에 대한 설명으로 옳은 것은? 13년 7급

① 연안국은 자국의 영해를 무해통항하는 외국 선박에 대하여 국적에 따른 차별 없이 항상 통행세를 부과할 수 있다.

② 해양과학조사선과 수로측량선을 포함한 외국 선박은 통과통항 중 해협연안국의 사전허가 없이 어떠한 조사활동이나 측량활동도 수행할 수 없다.

③ UN해양법협약은 연안국 영해를 항행하는 군함의 무해통항권을 명시적으로 부인하고 있다.

④ 해협연안국은 해협의 통과통항에 관한 법령을 제정할 수 없다.

해설

난도 ★★

① [×] 외국선박에 대하여 영해의 통항만을 이유로 어떠한 수수료도 부과할 수 없다(UN해양법협약 제26조 제1항). 수수료는 영해를 통항하는 외국선박에 제공된 특별한 용역에 대한 대가로서만 그 선박에 대하여 부과할 수 있다(UN해양법협약 제26조 제2항).

② [○] 해양과학조사선과 수로측량선을 포함한 외국 선박은 통과통항 중 해협연안국의 사전허가 없이 어떠한 조사활동이나 측량활동도 수행할 수 없다(UN해양법협약 제40조).

③ [×] 1982년 UN해양법협약에는 군함의 무해통항 인정 여부에 관한 명시적 규정이 없다.

④ [×] 연안국은 이 협약의 규정과 그 밖의 국제법규칙에 따라 다음 각호의 전부 또는 일부에 대하여 영해에서의 무해통항에 관한 법령을 제정할 수 있다(UN해양법협약 제21조 제1항).

답 ②

4. 배타적경제수역

24 「해양법에 관한 국제연합협약」상 배타적경제수역 내 연안국의 관할권 행사 대상으로 옳은 것만을 모두 고르면? 18년 7급

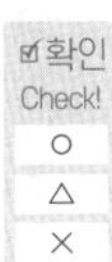

> ㄱ. 천연자원의 탐사, 개발, 보존 및 관리 목적의 활동
> ㄴ. 해양환경의 보호와 보전 활동
> ㄷ. 해양과학조사
> ㄹ. 인공섬, 시설 및 구조물의 설치와 사용
> ㅁ. 해풍을 이용한 경제적 개발과 탐사를 위한 활동

① ㄱ, ㄴ, ㄷ
② ㄱ, ㄹ, ㅁ
③ ㄴ, ㄷ, ㄹ
④ ㄷ, ㄹ, ㅁ

해설
난도 ★
UN해양법협약
제56조【배타적경제수역에서의 연안국의 권리, 관할권 및 의무】
① 배타적경제수역에서 연안국은 다음의 권리와 의무를 갖는다.
(a) 해저의 상부수역, 해저 및 그 하층토의 생물이나 무생물 등 천연자원의 탐사, 개발, 보존 및 관리를 목적으로 하는 주권적 권리와 해수 · 해류 및 해풍을 이용한 에너지생산과 같은 이 수역의 경제적 개발과 탐사를 위한 그 밖의 활동에 관한 주권적 권리
(b) 이 협약의 관련규정에 규정된 다음 사항에 관한 관할권
(i) 인공섬, 시설 및 구조물의 설치와 사용
(ii) 해양과학조사
(iii) 해양환경의 보호와 보전
(c) 이 협약에 규정된 그 밖의 권리와 의무

답 ③

25 1982년 UN해양법협약상 배타적 경제수역에서 연안국 권리의 근거가 나머지 셋과 다른 것은? 16년 9급

☑확인 Check! ○ △ ×

① 해양과학조사 ② 인공섬의 설치
③ 풍력발전기 설치 ④ 폐기물 투기에 의한 오염 규제

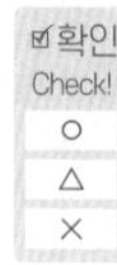

해설
난도 ★★
UN해양법협약 제56조에 의하면, 해양과학조사, 인공섬의 설치, 폐기물 토기에 의한 오염 규제는 관할권에 근거하며, 풍력발전기의 설치는 주권적 권리에 근거한다.

답 ③

26 1982년 UN해양법협약상 배타적 경제수역제도에 대한 설명으로 옳지 않은 것은? 17년 7급

☑확인 Check! ○ △ ×

① 연안국은 자국의 배타적 경제수역에서 천연자원의 탐사, 개발, 보존 및 관리를 목적으로 하는 주권적 권리를 갖는다.
② 연안국은 자국의 배타적 경제수역에서 타국 항공기의 비행을 허가할 권리를 갖는다.
③ 인간이 거주할 수 없거나 독자적인 경제활동을 유지할 수 없는 암석(rocks)은 배타적 경제수역을 가질 수 없다.
④ 연안국은 자국의 배타적 경제수역에 인공섬이나 구조물을 설치할 수 있고, 그 인공섬 및 구조물의 안전을 보장하기 위하여 안전수역을 설정할 수 있다.

해설
난도 ★★
① [○] UN해양법협약 제56조 제1항 (a)호.
② [×] 연안국이거나 내륙국이거나 관계없이, 모든 국가는, 이 협약의 관련규정에 따를 것을 조건으로, 배타적경제수역에서 제87조에 규정된 항행 · 상공비행의 자유, 해저전선 · 관선 부설의 자유 및 선박 · 항공기 · 해저전선 · 관선의 운용 등과 같이 이러한 자유와 관련되는 것으로서 이 협약의 다른 규정과 양립하는 그 밖의 국제적으로 적법한 해양 이용의 자유를 향유한다(UN해양법협약 제58조 제1항).
③ [○] 인간이 거주할 수 없거나 독자적인 경제활동을 유지할 수 없는 암석은 배타적경제수역이나 대륙붕을 가지지 아니한다(UN해양법협약 제121조 제3항).
④ [○] 연안국은 필요한 경우 항행의 안전과 인공섬 · 시설 및 구조물의 안전을 보장하기 위하여 이러한 인공섬 · 시설 및 구조물의 주위에 적절한 조치를 취할 수 있는 합리적인 안전수역을 설치할 수 있다(UN해양법협약 제60조 제4항).

더 알아보기 UN해양법협약

제56조【배타적경제수역에서의 연안국의 권리, 관할권 및 의무】
① 배타적경제수역에서 연안국은 다음의 권리와 의무를 갖는다.
(a) 해저의 상부수역, 해저 및 그 하층토의 생물이나 무생물 등 천연자원의 탐사, 개발, 보존 및 관리를 목적으로 하는 주권적 권리와, 해수 · 해류 및 해풍을 이용한 에너지생산과 같은 이 수역의 경제적 개발과 탐사를 위한 그 밖의 활동에 관한 주권적 권리

답 ②

27 **1982년 UN해양법협약(이하 해양법협약)상 배타적 경제수역에 대한 설명으로 옳지 않은 것은?** 14년 9급

☑확인 Check! ○ △ ×

① 1951년 노르웨이와 영국 간의 어업권 사건(Fisheries case)에서 관습법으로 인정된 내용으로 해양법협약에서 처음 성문화되었다.
② 연안국은 배타적 경제수역에서의 해양과학조사에 대한 관할권을 갖는다.
③ 연안국은 해저의 상부수역, 해저 및 그 하층토의 생물이나 무생물 등 천연자원의 탐사, 개발, 보존 및 관리를 목적으로 하는 주권적 권리를 갖는다.
④ 연안국은 배타적 경제수역에서의 인공섬, 시설 및 구조물의 설치와 사용에 대한 관할권을 갖는다.

해설

난도 ★★

① [×] 1951년 노르웨이와 영국 간의 어업권 사건(Fisheries case)에서의 주요쟁점은 '직선기선'의 합법성 문제였다. 1982년 UN해양법협약 이전에 배타적 경제수역은 다수의 국가들에 의하여 개별적으로 주장되었을 뿐 국제법상 일반적으로 인정되던 제도는 아니다.
② [○] UN해양법협약 제56조 제1항 (b)(ii)호.
③ [○] UN해양법협약 제56조 제1항 (a)호.
④ [○] UN해양법협약 제56조 제1항 (b)(i)호.

더 알아보기 UN해양법협약

제56조【배타적경제수역에서의 연안국의 권리, 관할권 및 의무】
① 배타적경제수역에서 연안국은 다음의 권리와 의무를 갖는다.
(a) 해저의 상부수역, 해저 및 그 하층토의 생물이나 무생물 등 천연자원의 탐사, 개발, 보존 및 관리를 목적으로 하는 주권적 권리와, 해수 · 해류 및 해풍을 이용한 에너지 생산과 같은 이 수역의 경제적 개발과 탐사를 위한 그 밖의 활동에 관한 주권적 권리
(b) 이 협약의 관련규정에 규정된 다음 사항에 관한 관할권
(i) 인공섬, 시설 및 구조물의 설치와 사용
(ii) 해양과학조사
(iii) 해양환경의 보호와 보전

답 ①

28 1982년 UN해양법협약상 배타적경제수역(EEZ)에 대한 설명으로 옳은 것은? 12년 7급

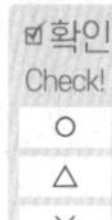

① 연안국은 EEZ의 해저와 그 지하자원에 대해서만 관할권을 행사한다.
② EEZ은 영해의 외측한계로부터 200해리까지의 수역을 말한다.
③ 내륙국은 연안국의 EEZ의 잉여생물자원에 대해 어떠한 권리도 갖지 않는다.
④ 인간의 거주 또는 독자적 경제생활을 유지할 수 없는 암초(rocks)는 EEZ를 가질 수 없다.

해설
난도 ★★

① [×] 연안국은 배타적 경제수역(EEZ)에서 해저의 상부수역, 해저 및 그 하층토의 생물이나 무생물 등 천연자원의 탐사, 개발, 보존 및 관리를 목적으로 하는 주권적 권리와, 해수 · 해류 및 해풍을 이용한 에너지생산과 같은 배타적 경제수역의 경제적 개발과 탐사를 위한 그 밖의 활동에 관한 주권적 권리를 갖는다(UN해양법협약 제56조 제1항 (a)호 참조). 지하자원에 대한 것은 '주권적 권리'가 정확한 용어이며, 해저와 지하자원뿐만 아니라 상부수역에 대해서도 인정된다.
② [×] 배타적 경제수역은 영해기선으로부터 200해리를 넘을 수 없다(UN해양법협약 제57조). 영해의 외측한계로부터가 아니라 영해기선으로부터다.
③ [×] 내륙국은 모든 관련국의 경제적 · 지리적 관련 상황을 고려하고 이 조 및 제61조, 제62조의 규정에 따라 형평에 입각하여 동일한 소지역이나 지역 내 연안국의 배타적 경제수역의 생물자원 잉여량 중 적절한 양의 개발에 참여할 권리를 가진다(UN해양법협약 제69조 제1항).
④ [○] 인간이 거주할 수 없거나 독자적인 경제활동을 유지할 수 없는 암석은 배타적경제수역이나 대륙붕을 가지지 아니한다(UN해양법협약 제121조 제3항).

답 ④

29 배타적경제수역(EEZ)에 대한 설명으로 옳지 않은 것은? 11년 7급

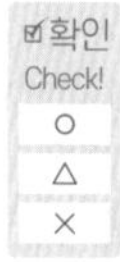

① 배타적경제수역은 연안국의 주권적 권리 및 관할권과 공해자유의 일부가 병존하는 제3의 특별수역으로서 영해와 공해의 중간적 법제도이다.
② 연안국은 배타적경제수역 내에서 천연자원의 탐사, 개발, 보존 및 관리를 목적으로 하는 주권적 권리를 갖는다.
③ 서로 마주보고 있거나 인접한 연안국간의 배타적경제수역 경계획정은 중간선의 원칙 또는 형평의 원칙에 의해 해결한다.
④ 항행과 상공비행의 자유는 배타적경제수역과 공해에서 동일하게 인정된다.

해설
난도 ★★

① [○] 배타적경제수역(排他的經濟水域, exclusive economic zone)은 영해 밖에 인접한 수역으로서, 연안국의 권리와 관할권 및 다른 국가의 권리와 자유가 이 협약의 관련규정에 의하여 규율되도록 이 부에서 수립된 특별한 법제도에 따른다(UN해양법협약 제55조). UN해양법협약은 배타적경제수역이 영해도 공해도 아니라는 점에서 특별한 법제도라고 지칭하였다.
② [○] UN해양법협약 제56조 제1항 (a)호.
③ [×] 서로 마주보고 있거나 인접한 연안을 가진 국가간의 배타적경제수역 경계획정은 공평한 해결에 이르기 위하여, 국제사법재판소규정 제38조에 언급된 국제법을 기초로 하는 합의에 의하여 이루어진다(UN해양법협약 제74조 제1항).
④ [○] UN해양법협약 제58조 제1항, 제87조 제1항.

더 알아보기 UN해양법협약

제56조【배타적경제수역에서의 연안국의 권리, 관할권 및 의무】
① 배타적경제수역에서 연안국은 다음의 권리와 의무를 갖는다.
(a) 해저의 상부수역, 해저 및 그 하층토의 생물이나 무생물 등 천연자원의 탐사, 개발, 보존 및 관리를 목적으로 하는 주권적 권리와, 해수 · 해류 및 해풍을 이용한 에너지생산과 같은 이 수역의 경제적 개발과 탐사를 위한 그 밖의 활동에 관한 주권적 권리

제58조【배타적경제수역에서의 다른 국가의 권리와 의무】
연안국이거나 내륙국이거나 관계없이, 모든 국가는, 이 협약의 관련규정에 따를 것을 조건으로, 배타적경제수역에서 제87조(공해의 자유)에 규정된 항행 · 상공비행의 자유, 해저전선 · 관선 부설의 자유 및 선박 · 항공기 · 해저전선 · 관선의 운용 등과 같이 이러한 자유와 관련되는 것으로서 이 협약의 다른 규정과 양립하는 그 밖의 국제적으로 적법한 해양이용의 자유를 향유한다.

제87조【공해의 자유】
① 공해(公海, high sea)는 연안국이거나 내륙국이거나 관계없이 모든 국가에 개방된다. 공해의 자유는 이 협약과 그 밖의 국제법 규칙이 정하는 조건에 따라 행사된다. 연안국과 내륙국이 향유하는 공해의 자유는 특히 다음의 자유를 포함한다.
(a) 항행의 자유
(b) 상공비행의 자유
(c) 제6부(대륙붕)에 따른 해저전선과 관선 부설의 자유
(d) 제6부(대륙붕)에 따라 국제법상 허용되는 인공섬과 그 밖의 시설 건설의 자유
(e) 제2절(공해생물자원의 관리 및 보존)에 정하여진 조건에 따른 어로의 자유
(f) 제6부(대륙붕)와 제13부(해양과학조사)에 따른 과학조사의 자유

답 ③

30 1982년 UN해양법협약상 연안국의 배타적경제수역(EEZ)에서의 권리에 대한 설명으로 옳지 않은 것은?
10년 지방

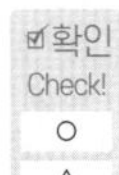

① 연안국은 자국 영해의 외측한계선으로부터 200해리까지 배타적경제수역을 설정할 수 있다.
② 연안국은 해양과학조사와 해양환경보호에 관한 관할권을 갖는다.
③ 연안국은 '생물자원의 허용어획량'을 결정한다.
④ 연안국은 '생물자원의 개발 및 보존'에 관한 국내법령을 제정하고 시행할 수 있다.

해설
난도 ★
① [×] 배타적경제수역은 영해기선으로부터 200해리를 넘을 수 없다(UN해양법협약 제57조). 영해의 외측한계선으로부터 200해리까지가 아니라 영해기선으로부터 200해리까지다.
② [○] UN해양법협약 제56조 제1항
③ [○] 연안국은 자국의 배타적경제수역에서의 생물자원의 허용어획량을 결정한다(UN해양법협약 제61조 제1항).
④ [○] UN해양법협약 제61조, 제62조, 제73조에서 '생물자원의 개발 및 보존'에 관한 연안국 법령의 제정 · 시행에 대한 규정을 두고 있다.

답 ①

31 배타적 경제수역(EEZ)에 관한 설명 중 옳지 않은 것은?

09년 7급

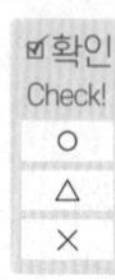

① 배타적 경제수역(EEZ)제도는 1958년의 UN해양법협약에서 처음으로 성문화되었다.

② 배타적 경제수역(EEZ)에서 어업법령 위반에 대한 연안국의 처벌에는 관련국간 달리 합의하지 않는 한 금고 또는 다른 형태의 체형이 포함되지 아니한다.

③ 타국은 연안국의 동의 없이는 배타적 경제수역(EEZ) 내에서 해양과학조사를 행할 수 없다.

④ 연안국은 필요한 경우 인공섬과 시설물 및 구조물의 주위에 안전수역을 설치할 수 있다.

해설

난도 ★★

① [×] 배타적 경제수역(EEZ) 제도는 1982년 UN해양법협약에서 처음으로 성문화되었다.

② [○] 배타적경제수역에서 어업법령 위반에 대한 연안국의 처벌에는, 관련국간 달리 합의하지 아니하는 한, 금고 또는 다른 형태의 체형이 포함되지 아니한다(UN해양법협약 제73조 제3항).

③ [○] UN해양법협약 제56조 제1항 (b)(ii)호.

④ [○] 연안국은 필요한 경우 항행의 안전과 인공섬 · 시설 및 구조물의 안전을 보장하기 위하여 이러한 인공섬 · 시설 및 구조물의 주위에 적절한 조치를 취할 수 있는 합리적인 안전수역을 설치할 수 있다(UN해양법협약 제60조 제4항).

더 알아보기 UN해양법협약

제56조【배타적경제수역에서의 연안국의 권리, 관할권 및 의무】

① 배타적경제수역에서 연안국은 다음의 권리와 의무를 갖는다.

(b) 이 협약의 관련규정에 규정된 다음 사항에 관한 관할권

(i) 인공섬, 시설 및 구조물의 설치와 사용

(ii) 해양과학조사

(iii) 해양환경의 보호와 보전

답 ①

32 1982년 '해양법협약'상 배타적 경제수역에 관한 설명으로 옳지 않은 것은?

08년 9급

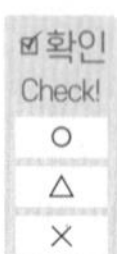

① 배타적 경제수역은 영해기선으로부터 200해리를 초과할 수 없다.

② 연안국은 배타적 경제수역에서 해저와 하층토는 물론 상부수역과 상공에 대해서도 주권을 행사할 수 있다.

③ 인간이 거주할 수 없거나 독자적인 경제활동을 유지할 수 없는 바위섬(rocks)은 배타적 경제수역을 가지지 아니한다.

④ 모든 국가는 일정한 제한에 따를 것을 조건으로 항행 · 상공비행의 자유 등을 향유한다.

해설

난도 ★★

① [○] 배타적경제수역은 영해기선으로부터 200해리를 넘을 수 없다(UN해양법협약 제57조).

② [×] 해저와 하층토 및 상부수역에 대해서는 일정부분 주권적 권리가 인정되나, 상공에 대해서는 이러한 권리가 인정되지 않는다(UN해양법협약 제56조 참조). 또한 '주권'과 '주권적 권리'의 성질에 대해서는 동일설과 구분설로 견해가 대립한다.

③ [○] 인간이 거주할 수 없거나 독자적인 경제활동을 유지할 수 없는 암석은 배타적경제수역이나 대륙붕을 가지지 아니한다(UN해양법협약 제121조 제3항).

④ [○] 연안국이거나 내륙국이거나 관계없이, 모든 국가는, 이 협약의 관련규정에 따를 것을 조건으로, 배타적경제수역에서 제87조(공해의 자유)에 규정된 항행 · 상공비행의 자유, 해저전선 · 관선 부설의 자유 및 선박 · 항공기 · 해저전선 · 관선의 운용 등과 같이 이러한 자유와 관련되는 것으로서 이 협약의 다른 규정과 양립하는 그 밖의 국제적으로 적법한 해양이용의 자유를 향유한다(UN해양법협약 제58조 제1항).

답 ②

33 UN해양법협약상 배타적 경제수역(EEZ)에 대한 설명 중 옳지 않은 것은? 07년 7급

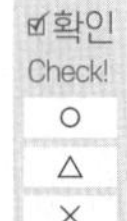

① 연안국의 EEZ는 영해의 외측한계선으로부터 200해리까지 주장할 수 있다.
② 연안국은 자국의 EEZ에서 해양과학조사에 대한 관할권을 갖는다.
③ 연안국은 자국의 EEZ에서 해양환경보호에 대한 관할권을 갖는다.
④ 모든 국가는 EEZ에서 항행 및 상공비행의 자유를 향유한다.

해설

난도 ★

① [×] 배타적경제수역은 영해기선으로부터 200해리를 넘을 수 없다(UN해양법협약 제57조). 영해의 외측한계선이 아니라 영해기선이 기준이 된다.

② [○] UN해양법협약 제56조 제1항 (b)(ⅱ)호.

③ [○] UN해양법협약 제56조 제1항 (b)(ⅲ)호.

④ [○] 연안국이거나 내륙국이거나 관계없이, 모든 국가는, 이 협약의 관련규정에 따를 것을 조건으로, 배타적경제수역에서 제87조(공해의 자유)에 규정된 항행 · 상공비행의 자유, 해저전선 · 관선 부설의 자유 및 선박 · 항공기 · 해저전선 · 관선의 운용 등과 같이 이러한 자유와 관련되는 것으로서 이 협약의 다른 규정과 양립하는 그 밖의 국제적으로 적법한 해양이용의 자유를 향유한다(UN해양법협약 제58조 제1항).

더 알아보기 UN해양법협약

제56조【배타적경제수역에서의 연안국의 권리, 관할권 및 의무】
① 배타적경제수역에서 연안국은 다음의 권리와 의무를 갖는다.
(b) 이 협약의 관련규정에 규정된 다음 사항에 관한 관할권
(ⅰ) 인공섬, 시설 및 구조물의 설치와 사용
(ⅱ) 해양과학조사
(ⅲ) 해양환경의 보호와 보전

답 ①

34 **배타적 경제수역(EEZ)에 관한 설명으로 옳지 않은 것은?** 07년 9급

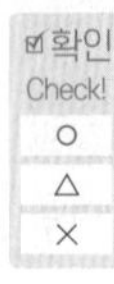

① 배타적 경제수역은 영해기선으로부터 300해리까지 설정할 수 있다.

② 연안국은 배타적 경제수역에서 천연자원의 탐사, 개발, 보존 및 관리를 목적으로 하는 주권적 권리를 가진다.

③ 모든 국가는 타국의 배타적 경제수역에서 일정한 조건하에 해저전선 · 관선을 부설할 수 있다.

④ 배타적 경제수역 내의 인공섬 · 시설 및 구조물은 섬의 지위를 가지지 아니한다.

해설

난도 ★★

① [×] 배타적경제수역은 영해기선으로부터 200해리를 넘을 수 없다(UN해양법협약 제57조).

② [○] 배타적경제수역에서 연안국은 해저의 상부수역, 해저 및 그 하층토의 생물이나 무생물 등 천연자원의 탐사, 개발, 보존 및 관리를 목적으로 하는 주권적 권리와, 해수 · 해류 및 해풍을 이용한 에너지생산과 같은 이 수역의 경제적 개발과 탐사를 위한 그 밖의 활동에 관한 주권적 권리를 갖는다(UN해양법협약 제56조 제1항 (a)호).

③ [○] 연안국이거나 내륙국이거나 관계없이, 모든 국가는, 이 협약의 관련규정에 따를 것을 조건으로, 배타적경제수역에서 제87조(공해의 자유)에 규정된 항행 · 상공비행의 자유, 해저전선 · 관선 부설의 자유 및 선박 · 항공기 · 해저전선 · 관선의 운용 등과 같이 이러한 자유와 관련되는 것으로서 이 협약의 다른 규정과 양립하는 그 밖의 국제적으로 적법한 해양이용의 자유를 향유한다(UN해양법협약 제58조 제1항).

④ [○] 인공섬 · 시설 및 구조물은 섬의 지위를 가지지 아니한다. 이들은 자체의 영해를 가지지 아니하며 이들의 존재가 영해, 배타적경제수역 또는 대륙붕의 경계획정에 영향을 미치지 아니한다(UN해양법협약 제60조 제8항).

답 ①

5. 대륙붕

35 **UN해양법협약상 대륙붕의 최대 범위에서 상부수역에 해당되는 것을 모두 고른 것은?** 10년 7급

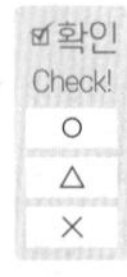

ㄱ. 영해	ㄴ. 접속수역
ㄷ. 배타적 경제수역	ㄹ. 공해

① ㄱ, ㄴ, ㄷ, ㄹ ② ㄱ, ㄴ, ㄷ

③ ㄱ, ㄴ, ㄹ ④ ㄱ, ㄴ

해설

난도 ★★★

ㄱ. [○], ㄴ. [○], ㄷ. [○], ㄹ. [○] 배타적경제수역은 영해기선으로부터 200해리를 넘을 수 없다(UN해양법협약 제57조). … 대륙붕의 바깥한계선을 이루는 고정점은 영해기선으로부터 350해리를 넘거나 2500미터 수심을 연결하는 선인 2500미터 등심선으로부터 100해리를 넘을 수 없다(UN해양법협약 제76조 제5항). 대륙붕에 대한 연안국의 권리는 그 상부수역이나 수역 상공의 법적 지위에 영향을 미치지 아니한다(UN해양법협약 제78조 제1항). 대륙붕의 최대범위는 원칙적으로 350해리를 넘을 수 없으며, 상부수역의 경우 영해기선으로부터 최대 12해리까지는 영해, 영해기선으로부터 최대 24해리까지는 접속수역, 영해기선으로부터 최대 200해리까지는 배타적경제수역, 영해기선으로부터 200해리 밖의 대륙붕의 상부수역은 공해에 해당한다.

답 ①

36 '1982년 UN해양법협약'상 대향국 또는 인접국간 배타적 경제수역과 대륙붕의 경계획정에 대한 설명으로 옳은 것은? 10년 9급

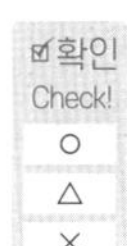

① 중간선(median line) 또는 등거리선(equidistance line) 원칙을 적용한다.
② 형평한 해결(equitable solution)에 이르기 위하여 국제법에 기초하여 합의하도록 한다.
③ 육지의 자연적 연장(natural prolongation)을 최대한 존중한다.
④ 해양자원의 공평한 배분이 이루어지도록 한다.

해설

난도 ★★

① [×] 배타적경제수역의 경계획정과 대륙붕의 경계획정 모두 원칙적으로 당사자 합의에 의한다.
② [○] 배타적경제수역의 경계획정과 대륙붕의 경계획정 모든 '공평한 해결'(형평한 해결, equitable solution)을 목표로 한다.
③ [×] 대륙붕의 경계획정과 관련해서는 '자역적 기준'에 대한 언급이 있으나, 배타적경제수역의 경계획정과 관련해서는 이러한 언급이 없다.
④ [×] 배타적경제수역이나 대륙붕 모두 경계획정과 관련해서 '해양자원의 공평한 배분'에 관한 언급은 없다.

더 알아보기 UN해양법협약

제74조【대향국간 또는 인접국간의 배타적경제수역의 경계획정】
① 서로 마주보고 있거나 인접한 연안을 가진 국가간의 배타적경제수역 경계획정은 공평한 해결에 이르기 위하여, 국제사법재판소규정 제38조에 언급된 국제법을 기초로 하는 합의에 의하여 이루어진다.
② 상당한 기간 내에 합의에 이르지 못할 경우 관련국은 제15부에 규정된 절차에 회부된다.
③ 제1항에 규정된 합의에 이르는 동안, 관련국은 이해와 상호협력의 정신으로 실질적인 잠정약정을 체결할 수 있도록 모든 노력을 다하며, 과도적인 기간 동안 최종 합의에 이르는 것을 위태롭게 하거나 방해하지 아니한다. 이러한 약정은 최종적인 경계획정에 영향을 미치지 아니한다.
④ 관련국간에 발효 중인 협정이 있는 경우, 배타적경제수역의 경계획정에 관련된 사항은 그 협정의 규정에 따라 결정된다.

제83조【대향국간 또는 인접국간의 대륙붕의 경계획정】
① 서로 마주보고 있거나 인접한 연안국간의 대륙붕 경계획정은 공평한 해결에 이르기 위하여, 국제사법재판소규정 제38조에 언급된 국제법을 기초로 하여 합의에 의하여 이루어진다.
② 상당한 기간 내에 합의에 이르지 못할 경우, 관련국은 제15부에 규정된 절차에 회부한다.
③ 제1항에 규정된 합의에 이르는 동안 관련국은, 이해와 상호협력의 정신으로, 실질적인 잠정약정을 체결할 수 있도록 모든 노력을 다하며, 과도적인 기간 동안 최종 합의에 이르는 것을 위태롭게 하거나 방해하지 아니한다. 이러한 약정은 최종적 경계획정에 영향을 미치지 아니한다.
④ 관련국간에 발효 중인 협정이 있는 경우, 대륙붕의 경계획정에 관련된 문제는 그 협정의 규정에 따라 결정된다.

답 ②

37 해양법에 관한 국제연합협약상 대륙붕과 배타적 경제수역을 비교 설명한 것으로 옳지 않은 것은? 08년 7급

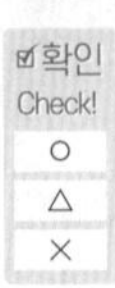

① 대륙붕과 배타적 경제수역제도 모두 천연자원에 대한 연안국의 주권적 권리를 인정한다.

② 대륙붕의 외측한계는 영해기선으로부터 200해리를 초과할 수도 있으나, 배타적 경제수역은 영해기선으로부터 200해리를 초과할 수 없다.

③ 인간이 거주할 수 없거나 독자적인 경제활동을 유지할 수 없는 암석은 대륙붕을 가질 수 있으나, 배타적 경제수역을 가질 수는 없다.

④ 대향 또는 인접한 연안을 가진 국가 간의 대륙붕이나 배타적 경제수역의 경계획정은 국제사법재판소(ICJ)규정 제38조에 언급된 국제법을 기초로 하여 합의를 통해 이루어진다.

해설

난도 ★★

① [○] 연안국은 대륙붕을 탐사하고 그 천연자원을 개발할 수 있는 대륙붕에 대한 주권적 권리를 행사한다(UN해양법협약 제77조 제1항). 배타적경제수역에서의 천연자원에 대한 연안국의 주권적 권리는 제56조 제1항 (a)호에서, 대륙붕에서의 천연자원에 대한 연안국의 주권적 권리는 제77조 제1항에서 규정하고 있다.

② [○] 배타적경제수역은 영해기선으로부터 200해리를 넘을 수 없다(UN해양법협약 제57조). 연안국의 대륙붕(大陸棚, continental shelf)은 영해 밖으로 영토의 자연적 연장에 따라 대륙변계의 바깥 끝까지, 또는 대륙변계의 바깥 끝이 200해리에 미치지 아니하는 경우, 영해기선으로부터 200해리까지의 해저지역의 해저와 하층토로 이루어진다(제76조 제1항). 대륙붕의 바깥한계선을 이루는 고정점은 영해기선으로부터 350해리를 넘거나 2500미터 수심을 연결하는 선인 2500미터 등심선으로부터 100해리를 넘을 수 없다(제76조 제5항).

③ [×] 인간이 거주할 수 없거나 독자적인 경제활동을 유지할 수 없는 암석은 배타적경제수역이나 대륙붕을 가지지 아니한다(UN해양법협약 제121조 제3항).

④ [○] 서로 마주보고 있거나 인접한 연안을 가진 국가간의 배타적경제수역 경계획정은 공평한 해결에 이르기 위하여, 국제사법재판소규정 제38조(재판준칙)에 언급된 국제법을 기초로 하는 합의에 의하여 이루어진다(UN해양법협약 제74조 제1항). 서로 마주보고 있거나 인접한 연안국간의 대륙붕 경계획정은 공평한 해결에 이르기 위하여, 국제사법재판소규정 제38조(재판준칙)에 언급된 국제법을 기초로 하여 합의에 의하여 이루어진다(UN해양법협약 제83조 제1항). 배타적경제수역의 경계획정에 관한 UN해양법협약 제74조의 규정과 대륙붕의 경계획정에 관한 UN해양법협약 제83조의 규정은 '배타적경제수역'과 '대륙붕'이라는 단어만 다를 뿐 완전히 동일한 내용을 담고 있다.

답 ③

38 1982년 UN해양법협약상 대향국들이 달리 합의하지 않는 경우 이들 간의 해양경계획정에 대한 설명으로 옳지 않은 것은? 16년 7급

① 대륙붕과 배타적 경제수역은 별개의 제도인 바, 대륙붕과 배타적 경제수역의 경계획정에 적용되는 원칙은 동일하지 않다.

② 영해의 경계획정은 역사적 권원이나 특별한 사정이 존재하지 않는 한 중간선에 의한다.

③ 대륙붕 경계획정은 공평한 해결에 이르기 위하여, ICJ 규정 제38조에 언급된 국제법을 기초로 하는 합의에 의하여 이루어진다.

④ ICJ는 배타적 경제수역의 경계획정에 관한 UN해양법협약규정이 관습국제법을 반영하는 것으로 판단하였다.

해설

난도 ★★

① [×] 1982년 UN해양법협약상 배타적경제수역의 경계획정 방식(제74조)과 대륙붕의 경계획정 방식(제83조)은 동일하다.

② [○] 두 국가의 해안이 서로 마주 보고 있거나 인접하고 있는 경우, 양국간 달리 합의하지 않는 한 양국의 각각의 영해기선상의 가장 가까운 점으로부터 같은 거리에 있는 모든 점을 연결한 중간선 밖으로 영해를 확장할 수 없다(UN해양법협약 제15조).

③ [○] 서로 마주보고 있거나 인접한 연안국간의 대륙붕 경계획정은 공평한 해결에 이르기 위하여, 국제사법재판소규정 제38조에 언급된 국제법을 기초로 하여 합의에 의하여 이루어진다(UN해양법협약 제83조 제1항).

④ [○] '니카라과-콜롬비아 간 해양경계획정 사건'에서 ICJ는 배타적경제수역 경계획정에 관한 UN해양법협약 제74조는 국제관습법을 반영한 것임을 확인하였다.

답 ①

39 **1982년 UN해양법협약상 대향국간 또는 인접국간의 해양경계획정 원칙을 바르게 짝지은 것은?** 16년 9급

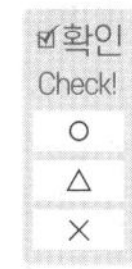

	영해	대륙붕	배타적 경제수역
①	중간선	형평한 해결	형평한 해결
②	근접성	육지의 자연적 연장	형평한 해결
③	육지의 자연적 연장	근접성	중간선
④	근접성	육지의 자연적 연장	자원의 공정한 분배

해설

난도 ★★★

UN해양법협약 제15조에서는 영해의 경계획정과 관련하여 중간선 원칙을, 제74조에서는 배타적경제수역의 경계획정과 관련하여 공평한(형평한) 해결의 원칙을, 제83조에서는 대륙붕의 경계획정과 관련하여 공평한(형평한) 해결의 원칙을 각각 규정하고 있다.

더 알아보기 UN해양법협약

제15조【대향국간 또는 인접국간의 경계획정】

두 국가의 해안이 서로 마주보고 있거나 인접하고 있는 경우, 양국간 달리 합의하지 않는 한 양국의 각각의 영해기선상의 가장 가까운 점으로부터 같은 거리에 있는 모든 점을 연결한 중간선 밖으로 영해를 확장할 수 없다. 다만, 위의 규정은 역사적 권원이나 그 밖의 특별한 사정에 의하여 이와 다른 방법으로 양국의 영해의 경계를 획정할 필요가 있는 경우에는 적용하지 아니한다.

답 ①

6. 공해

40 1982년 「해양법에 관한 국제연합협약」상 공해(High Seas)에 대한 설명으로 옳지 않은 것은? 19년 9급

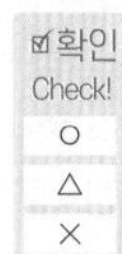

① 공해와 독립된 법체제를 형성하고 있는 심해저의 한계설정은 대륙붕의 바깥한계를 결정한다.

② 공해는 모든 국가에 개방되므로 국가들은 공해에서 자국기를 게양한 선박을 항해시킬 권리를 가진다.

③ 추적권은 공해자유 원칙을 제한하여 인정하는 예외적 권리이므로 법령위반으로 믿을만한 충분한 이유가 있을 때 인정된다.

④ 협약은 연안국이 관할권을 행사할 수 있는 수역 이외를 공해로 보는 소극적 방식으로 규정하였다.

해설

난도 ★★★

① [×] UN해양법협약 제134조 제4항에서는 "이 조(제134조【제11부 심해저의 적용범위】)의 규정은 제6부(대륙붕)에 따른 대륙붕의 바깥한계 설정이나 해안을 마주하거나 해안이 인접한 국가 간의 경계획정에 관한 협정의 효력에 영향을 미치지 아니한다."라고 규정하여 심해저 관련 규정이 대륙붕의 바깥한계 설정에 영향을 미치지 않음을 명시하고 있다.

② [○] 연안국이거나 내륙국이거나 관계없이 모든 국가는 공해에서 자국기를 게양한 선박을 항행시킬 권리를 가진다(UN해양법협약 제90조).

③ [○] 외국선박에 대한 추적은 연안국의 권한 있는 당국이 그 선박이 자국의 법령을 위반한 것으로 믿을 만한 충분한 이유가 있을 때 행사할 수 있다(UN해양법협약 제111조 제1항).

④ [○] UN해양법협약 제86조에서는 "이 부(제7부 공해)의 규정은 어느 한 국가의 배타적 경제수역 · 영해 · 내수 또는 군도국가의 군도수역에 속하지 아니하는 바다의 모든 부분에 적용된다."라고 규정하여 공해의 범위를 소극적 방식으로 규정하였다.

답 ①

41 「해양법에 관한 국제연합협약」상 공해로부터의 무허가방송에 대한 설명으로 옳은 것만을 모두 고르면? 18년 7급

확인
Check!
○
△
×

> ㄱ. 선박의 기국은 무허가방송 종사자를 자국 법원에 기소할 수 있다.
> ㄴ. 모든 국가의 군함은 무허가방송에 종사하는 선박에 대해 임검권을 갖는다.
> ㄷ. 무허가방송 종사자의 국적국은 그 종사자를 자국 법원에 기소할 수 있다.
> ㄹ. 해적방송이 수신되지만 허가된 무선통신이 방해받지 않는 국가는 무허가방송 종사자를 자국 법원에 기소할 수 없다.
> ㅁ. 시설의 등록국은 무허가방송 종사자를 자국 법원에 기소할 수 있다.

① ㄱ, ㄴ, ㄹ

② ㄱ, ㄷ, ㄹ

③ ㄱ, ㄷ, ㅁ

④ ㄴ, ㄷ, ㅁ

해설

난도 ★★★

옳은 것은 ㄱ, ㄷ, ㅁ 이다.

ㄱ. [○] UN해양법협약 제109조 제3항 (a)호.

ㄴ. [×] UN해양법협약 제110조 제1항 (c)호. 군함 기국이 UN해양법협약 제109조에 따른 관할권을 보유한 경우 그 군함은 무허가방송에 종사하는 선박에 대해 임검권을 갖는다.

ㄷ. [○] UN해양법협약 제109조 제3항 (c)호.

ㄹ. [×] UN해양법협약 제109조 제3항 (d)호. 무허가방송의 송신이 수신될 수 있는 국가는 허가된 무선통신이 방해받았는지 여부와 관계없이 무허가방송에 종사하는 자를 자국 법원에 기소할 수 있다.

ㅁ. [○] UN해양법협약 제109조 제3항 (b)호.

더 알아보기 UN해양법협약

제109조【공해로부터의 무허가방송】

③ 무허가방송에 종사하는 자는 다음 국가의 법원에 기소될 수 있다.

(a) 선박의 기국

(b) 시설의 등록국

(c) 종사자의 국적국

(d) 송신이 수신될 수 있는 국가

(e) 허가된 무선통신이 방해받는 국가

제110조【임검권】

① 제95조와 제96조에 따라 완전한 면제를 가지는 선박을 제외한 외국선박을 공해에서 만난 군함은 다음과 같은 혐의를 가지고 있다는 합리적 근거가 없는 한 그 선박을 임검하는 것은 정당화되지 아니한다. 다만, 간섭행위가 조약에 따라 부여된 권한에 의한 경우는 제외한다.

(a) 그 선박의 해적행위에의 종사

(b) 그 선박의 노예거래에의 종사

(c) 그 선박의 무허가방송에의 종사 및 군함 기국이 제109조에 따른 관할권 보유

(d) 무국적선

(e) 선박이 외국기를 게양하고 있거나 국기제시를 거절하였음에도 불구하고 실질적으로 군함과 같은 국적 보유

답 ③

42 **UN해양법협약상 공해에 대한 설명으로 옳지 않은 것은?** 17년 9추

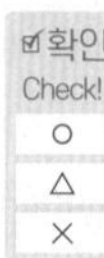

① 국가는 공해의 일부를 자국의 주권하에 둘 수 없다.
② 공해의 자유에는 항행의 자유, 상공비행의 자유, 해저전선과 관선 부설의 자유 등이 포함된다.
③ 공해상의 선박에 대하여는 기국이 배타적 관할권을 행사한다.
④ 공해상의 무허가 방송 종사자에 대하여는 선박의 기국, 종사자의 국적국만이 형사관할권을 행사할 수 있다.

해설

난도 ★★

① [○] 어떠한 국가라도 유효하게 공해의 어느 한 부분을 자국의 주권하에 둘 수 없다(UN해양법협약 제89조).
② [○] UN해양법협약 제87조 제1항.
③ [○] 국제조약이나 이 협약에 명시적으로 규정된 예외적인 경우를 제외하고는 선박은 어느 한 국가의 국기만을 게양하고 항행하며 공해에서 그 국가의 배타적인 관할권에 속한다(UN해양법협약 제92조 제1항).
④ [×] UN해양법협약 제109조 제3항. 선박의 기국, 종사자의 국적국뿐만 아니라 시설의 등록국, 송신이 수신될 수 있는 국가, 허가된 무선통신이 방해받는 국가도 형사관할권을 행사할 수 있다.

더 알아보기 UN해양법협약

제87조【공해의 자유】
① 공해(公海, high sea)는 연안국이거나 내륙국이거나 관계없이 모든 국가에 개방된다. 공해의 자유는 이 협약과 그 밖의 국제법 규칙이 정하는 조건에 따라 행사된다. 연안국과 내륙국이 향유하는 공해의 자유는 특히 다음의 자유를 포함한다.
(a) 항행의 자유
(b) 상공비행의 자유
(c) 제6부(대륙붕)에 따른 해저전선과 관선 부설의 자유
(d) 제6부(대륙붕)에 따라 국제법상 허용되는 인공섬과 그 밖의 시설 건설의 자유
(e) 제2절(공해생물자원의 관리 및 보존)에 정하여진 조건에 따른 어로의 자유
(f) 제6부(대륙붕)와 제13부(해양과학조사)에 따른 과학조사의 자유

제109조【공해로부터의 무허가방송】
③ 무허가방송에 종사하는 자는 다음 국가의 법원에 기소될 수 있다.
(a) 선박의 기국
(b) 시설의 등록국
(c) 종사자의 국적국
(d) 송신이 수신될 수 있는 국가
(e) 허가된 무선통신이 방해받는 국가

답 ④

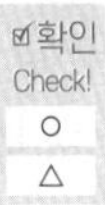

43 1982년 UN해양법협약상 배타적경제수역과 공해에 대한 설명으로 옳지 않은 것은? 15년 7급

☑확인 Check! ○ △ ×

① 공해 또는 배타적경제수역의 일부와 외국 영해와의 사이에 있는 국제항행에 이용되는 해협에는 무해통항이 적용된다.
② 배타적경제수역은 영해기선으로부터 200해리를 넘을 수 없다.
③ 배타적경제수역에서 연안국은 인공섬, 시설 및 구조물의 설치와 사용에 대한 배타적 관할권을 행사할 수 없다.
④ 선박은 어느 한 국가의 국기만을 게양하고 항행하며 공해에서 그 국가의 배타적 관할권에 속한다.

해설

난도 ★★

① [○] 이 절은 공해나 배타적경제수역의 일부와 공해나 배타적경제수역의 다른 부분간의 국제항행에 이용되는 해협에 적용된다(UN해양법협약 제37조).
② [○] 배타적경제수역은 영해기선으로부터 200해리를 넘을 수 없다(UN해양법협약 제57조).
③ [×] 배타적경제수역에서 연안국은 인공섬, 시설 및 구조물의 설치와 사용에 관한 관할권을 가진다(UN해양법협약 제56조 제1항 (b)(ⅰ)호 참조).
④ [○] 국제조약이나 이 협약에 명시적으로 규정된 예외적인 경우를 제외하고는 선박은 어느 한 국가의 국기만을 게양하고 항행하며 공해에서 그 국가의 배타적인 관할권에 속한다(UN해양법협약 제92조 제1항).

답 ③

44 1982년 UN해양법협약상 공해에서의 관할권행사에 대한 설명으로 옳지 않은 것은? 17년 7급

☑확인 Check! ○ △ ×

① 모든 국가는 해적선 · 해적항공기 또는 해적행위에 의하여 탈취되어 해적의 지배하에 있는 선박 · 항공기를 나포하고, 그 안의 해적들을 체포하며, 재산을 압수할 수 있다.
② 군함은 일정한 범죄혐의가 있는 외국선박(군함 및 비상업용 정부선박을 제외한다)을 임검할 수 있다.
③ 추적권의 행사는 추적선과 피추적선 및 그 보조선이 모두 연안국의 관할수역 내에 있을 때 개시되어야 한다.
④ 선박은 한 국가의 국기만을 게양하고 항행하며 공해에서 그 국가의 배타적 관할권에 속한다.

해설

난도 ★★★

① [○] 모든 국가는 공해 또는 국가관할권 밖의 어떠한 곳에서라도, 해적선 · 해적항공기 또는 해적행위에 의하여 탈취되어 해적의 지배하에 있는 선박 · 항공기를 나포하고, 그 선박과 항공기 내에 있는 사람을 체포하고, 재산을 압수할 수 있다(UN해양법협약 제105조).

② [○] 제95조(공해상 군함의 면제)와 제96조(정부의 비상업적 업무에만 사용되는 선박의 면제)에 따라 완전한 면제를 가지는 선박을 제외한 외국선박을 공해에서 만난 군함은 다음과 같은 혐의를 가지고 있다는 합리적 근거가 없는 한 그 선박을 임검하는 것은 정당화되지 아니한다(UN해양법협약 제110조 제1항).

③ [×] 외국선박에 대한 추적은 연안국의 권한 있는 당국이 그 선박이 자국의 법령을 위반한 것으로 믿을만한 충분한 이유가 있을 때 행사할 수 있다. 이러한 추적은 외국선박이나 그 선박의 보조선이 추적국의 내수 · 군도수역 · 영해 또는 접속수역에 있을 때 시작되고 또한 추적이 중단되지 아니한 경우에 한하여 영해나 접속수역 밖으로 계속될 수 있다. 영해나 접속수역에 있는 외국선박이 정선명령을 받았을 때 정선명령을 한 선박은 반드시 영해나 접속수역에 있어야 할 필요는 없다(UN해양법협약 제111조 제1항).

④ [○] 국제조약이나 이 협약에 명시적으로 규정된 예외적인 경우를 제외하고는 선박은 어느 한 국가의 국기만을 게양하고 항행하며 공해에서 그 국가의 배타적인 관할권에 속한다(UN해양법협약 제92조 제1항).

답 ③

45 **공해상 선박의 관할권에 대한 설명으로 옳지 않은 것은?** 14년 9급

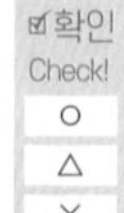

① 모든 국가는 자국기를 게양한 선박에 대하여 행정적 · 기술적 · 사회적 사항에 관하여 관할권을 행사한다.

② 기국 외의 어떠한 국가도 공해상의 군함에 대해 관할권을 주장할 수 없다.

③ 기국 외의 어떠한 국가도 공해상의 비상업용 업무에만 사용되는 국가소유의 선박에 대해 관할권을 주장할 수 없다.

④ 2개국 이상의 국기를 게양하고 항행하는 선박은 기국 모두가 관할권을 가진다.

해설

난도 ★★★

① [○] 국제조약이나 이 협약에 명시적으로 규정된 예외적인 경우를 제외하고는 선박은 어느 한 국가의 국기만을 게양하고 항행하며 공해에서 그 국가의 배타적인 관할권에 속한다(UN해양법협약 제92조 제1항). 모든 국가는 자국기를 게양한 선박에 대하여 행정적 · 기술적 · 사회적 사항에 관하여 유효하게 자국의 관할권을 행사하고 통제한다(UN해양법협약 제94조 제1항).

② [○] 공해에 있는 군함은 기국 외의 어떠한 국가의 관할권으로부터도 완전히 면제된다(UN해양법협약 제95조).

③ [○] 국가가 소유하거나 운용하는 선박으로서 정부의 비상업적 업무에만 사용되는 선박은 공해에서 기국 외의 어떠한 국가의 관할권으로부터도 완전히 면제된다(UN해양법협약 제96조).

④ [×] 2개국 이상의 국기를 편의에 따라 게양하고 항행하는 선박은 다른 국가에 대하여 그 어느 국적도 주장할 수 없으며 무국적선으로 취급될 수 있다(UN해양법협약 제92조 제2항).

답 ④

46 1982년 UN해양법협약상 공해상에서의 군함의 임검권에 대한 설명으로 옳지 않은 것은?

13년 7급

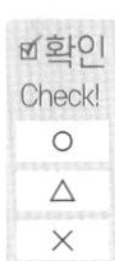

① 공해상의 위법행위를 방지하기 위하여 군함은 일정한 범죄혐의의 외국 선박을 검문할 수 있다.
② 공해상에서 군함은 해적행위, 노예무역과 무국적선의 혐의가 있는 외국 선박을 임검과 수색할 수 있다.
③ 선박은 혐의의 근거가 없고 그 혐의를 입증할 어떠한 행위도 행하지 아니한 경우 입은 손실이나 피해에 대해 보상을 받는다.
④ 군함 이외의 군용항공기와 정부 공용선박은 임검권을 행사할 수 없다.

해설

난도 ★★★

① [○], ② [○] UN해양법협약 제110조 제1항.

③ [○] 혐의가 근거 없는 것으로 밝혀지고 또한 임검을 받은 선박이 그 혐의를 입증할 어떠한 행위도 행하지 아니한 경우에는 그 선박이 입은 모든 손실이나 피해에 대하여 보상을 받는다(UN해양법협약 제110조 제3항).

④ [×] 이러한 규정은 군용항공기에 준용한다(UN해양법협약 제110조 제4항). 이러한 규정은 또한 정부 업무에 사용 중인 것으로 명백히 표시되어 식별이 가능하며 정당하게 권한이 부여된 그 밖의 모든 선박이나 항공기에도 적용한다(UN해양법협약 제110조 제5항).

더 알아보기 UN해양법협약

제110조【임검권】

① 제95조(공해상 군함의 면제)와 제96조(정부의 비상업적 업무에만 사용되는 선박의 면제)에 따라 완전한 면제를 가지는 선박을 제외한 외국선박을 공해에서 만난 군함은 다음과 같은 혐의를 가지고 있다는 합리적 근거가 없는 한 그 선박을 임검하는 것은 정당화되지 아니한다. 다만, 간섭행위가 조약에 따라 부여된 권한에 의한 경우는 제외한다.

(a) 그 선박의 해적행위에의 종사
(b) 그 선박의 노예거래에의 종사
(c) 그 선박의 무허가방송에의 종사 및 군함 기국이 제109조(공해로부터의 무허가방송)에 따른 관할권 보유
(d) 무국적선
(e) 선박이 외국기를 게양하고 있거나 국기제시를 거절하였음에도 불구하고 실질적으로 군함과 같은 국적 보유

답 ④

47 공해에서 기국(旗國)관할권의 예외, 즉 공해 경찰권에 대한 설명으로 옳지 않은 것은?

12년 7급

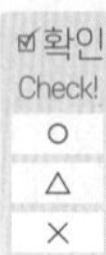

① 군함이 해적행위에 대한 합리적 근거를 가지고 타국의 사(私)선박에 대하여 행하는 검문행위는 정당행위로 인정된다.

② 연안국의 법령을 위반하고 도주하는 외국 선박에 대하여 정선명령을 할 당시 정선명령을 하는 선박은 영해나 접속수역 안에 있어야 한다.

③ 선박 충돌로 인하여 가해선박 선장의 형사책임이 발생한 경우 형사절차는 그 선장의 국적국에 의해서도 제기될 수 있다.

④ 연안국의 추적권(right of hot pursuit)은 추적당하는 선박이 그 국적국 또는 제3국의 영해에 들어가면 소멸한다.

해설

난도 ★★★

① [○] UN해양법협약 제110조 제1항 (a)호.

② [×] 영해나 접속수역에 있는 외국선박이 정선명령을 받았을 때 정선명령을 한 선박은 반드시 영해나 접속수역에 있어야 할 필요는 없다(UN해양법협약 제111조 제1항).

③ [○] 공해에서 발생한 선박의 충돌 또는 선박에 관련된 그 밖의 항행사고로 인하여 선장 또는 그 선박에서 근무하는 그 밖의 사람의 형사책임이나 징계책임이 발생하는 경우, 관련자에 대한 형사 또는 징계 절차는 그 선박의 기국이나 그 관련자의 국적국의 사법 또는 행정당국 외에서는 제기될 수 없다(UN해양법협약 제97조 제1항). 이 조문의 반대해석상 관련자인 선장의 국적국은 관련자에 대한 형사절차를 제기할 수 있다.

④ [○] 추적권은 추적당하는 선박이 그 국적국 또는 제3국의 영해에 들어감과 동시에 소멸한다(UN해양법협약 제111조 제3항).

답 ②

48 국제법상 추적권 행사의 요건에 대한 설명으로 옳지 않은 것은?

12년 9급

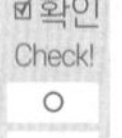

① 추적권은 추적당하는 외국선박이 그 기국 또는 제3국의 영해 내로 도주해 들어갔을 때에도 계속된다.

② 외국선박이 추적국의 내수, 군도수역, 영해, 접속수역에 있어야 추적을 개시할 수 있다.

③ 추적은 중단 없이 계속되어야 하며, 정선명령을 한 선박은 영해 또는 접속수역에 있어야 할 필요는 없다.

④ 추적은 시각이나 음향 정선신호가 외국선박이 보거나 들을 수 있는 거리에서 발신된 후 시작되어야 한다.

해설

난도 ★★★

① [×] 추적권은 추적당하는 선박이 그 국적국 또는 제3국의 영해에 들어감과 동시에 소멸한다(UN해양법협약 제111조 제3항).

② [○] UN해양법협약 제111조 제1항 2문.

③ [○] UN해양법협약 제111조 제1항 2문, 3문.

④ [○] UN해양법협약 제111조 제4항.

더 알아보기 UN해양법협약

제111조【추적권】

① 외국선박에 대한 추적은 연안국의 권한 있는 당국이 그 선박이 자국의 법령을 위반한 것으로 믿을 만한 충분한 이유가 있을 때 행사할 수 있다. 이러한 추적은 외국선박이나 그 선박의 보조선이 추적국의 내수 · 군도수역 · 영해 또는 접속수역에 있을 때 시작되고 또한 추적이 중단되지 아니한 경우에 한하여 영해나 접속수역 밖으로 계속될 수 있다. 영해나 접속수역에 있는 외국선박이 정선명령을 받았을 때 정선명령을 한 선박은 반드시 영해나 접속수역에 있어야 할 필요는 없다. 외국선박이 제33조(접속수역)에 정의된 접속수역에 있을 경우 추적은 그 수역을 설정함으로써 보호하려는 권리가 침해되는 경우에 한하여 행할 수 있다.

② 추적권은 배타적경제수역이나 대륙붕(대륙붕시설 주변의 안전수역 포함)에서 이 협약에 따라 배타적경제수역이나 대륙붕(이러한 안전수역 포함)에 적용될 수 있는 연안국의 법령을 위반한 경우에 준용한다.

③ 추적권은 추적당하는 선박이 그 국적국 또는 제3국의 영해에 들어감과 동시에 소멸한다.

④ 추적당하는 선박이나 그 선박의 보조선이 또는 추적당하는 선박을 모선으로 사용하면서 한 선단을 형성하여 활동하는 그 밖의 보조선이 영해의 한계 내에 있거나, 경우에 따라서는, 접속수역 · 배타적경제수역 한계 내에 또는 대륙붕 상부에 있다는 사실을 추적선박이 이용 가능한 실제적인 방법으로 확인하지 아니하는 한, 추적은 시작된 것으로 인정되지 아니한다. 추적은 시각이나 음향 정선신호가 외국선박이 보거나 들을 수 있는 거리에서 발신된 후 비로소 이를 시작할 수 있다.

⑤ 추적권은 군함 · 군용항공기 또는 정부업무에 사용 중인 것으로 명백히 표시되어 식별이 가능하며 그러한 권한이 부여된 그 밖의 선박이나 항공기에 의하여서만 행사될 수 있다.

⑧ 추적권의 행사가 정당화되지 아니하는 상황에서 선박이 영해 밖에서 정지되거나 나포된 경우, 그 선박은 이로 인하여 받은 모든 손실이나 피해를 보상받는다.

답 ①

49 「1982년 UN해양법협약」에 규정된 공해(公海)에 대한 설명으로 옳지 않은 것은? 11년 9급

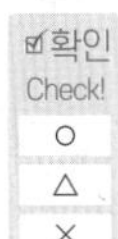

① 모든 국가는 공해상에서 자국기를 게양한 선박을 자유롭게 항행시킬 권리가 보장된다.

② 공해는 어떤 국가의 내수 · 영해 · 군도수역 · 배타적 경제수역에도 속하지 아니하는 바다이다.

③ 공해상에서의 선박 충돌사고의 경우 피해 선박의 기국이 형사재판관할권을 행사한다.

④ 평화시 공해상을 항행하는 군함에 대하여는 기국이 관할권을 행사한다.

해설

난도 ★★★

① [○] 연안국이거나 내륙국이거나 관계없이 모든 국가는 공해에서 자국기를 게양한 선박을 항행시킬 권리를 가진다(UN해양법협약 제90조).

② [○] 이 부(제7부 공해)의 규정은 어느 한 국가의 배타적경제수역 · 영해 · 내수 또는 군도국가의 군도수역에 속하지 아니하는 바다의 모든 부분에 적용된다(UN해양법협약 제86조).

③ [×] 공해에서 발생한 선박의 충돌 또는 선박에 관련된 그 밖의 항행사고로 인하여 선장 또는 그 선박에서 근무하는 그 밖의 사람의 형사책임이나 징계책임이 발생하는 경우, 관련자에 대한 형사 또는 징계 절차는 그 선박의 기국이나 그 관련자의 국적국의 사법 또는 행정당국 외에서는 제기될 수 없다(UN해양법협약 제97조 제1항). 공해상에서의 선박 충돌사고의 경우 가해선박의 기국이나 가해자의 국적국이 형사재판관할권을 행사한다.

④ [○] 공해에 있는 군함은 기국 외의 어떠한 국가의 관할권으로부터도 완전히 면제된다(UN해양법협약 제95조).

답 ③

50 **1982년 UN해양법협약상 해적 행위와 관련된 관할권의 행사에 대한 설명으로 옳지 않은 것은?** 14년 7급

확인 Check! ○ △ ×

① 해적 선박을 나포한 국가의 법원은 부과될 형벌을 결정할 수 있다.
② 모든 국가는 해적에 의하여 탈취된 선박도 나포할 수 있다.
③ 모든 국가는 해적에 의하여 탈취된 선박 내에 있는 재산을 압수할 수 있다.
④ 모든 국가는 공해상의 해적 선박과 해적 항공기에 대하여 관할권을 행사하여야 한다.

해설

난도 ★★★

① [○], ② [○], ③ [○], ④ [×] 모든 국가는 공해 또는 국가관할권 밖의 어떠한 곳에서라도, 해적선 · 해적항공기 또는 해적행위에 의하여 탈취되어 해적의 지배하에 있는 선박 · 항공기를 나포하고, 그 선박과 항공기 내에 있는 사람을 체포하고, 재판을 압수할 수 있다. 나포를 행한 국가의 법원은 부과될 형벌을 결정하며, 선의의 제3자의 권리를 존중할 것을 조건으로 그 선박 · 항공기 또는 재산에 대하여 취할 조치를 결정할 수 있다(UN해양법협약 제105조). 모든 국가는 공해상의 해적 선박과 해적 항공기에 대하여 관할권을 행시할 수 있을 뿐, 반드시 관할권을 행사하여야 하는 것은 아니다.

답 ④

51 **해적행위에 대한 국가관할권 행사에 대한 설명으로 옳지 않은 것은?** 11년 7급

① 보편주의원칙에 기초하여 모든 국가가 관할권을 행사할 수 있다.
② UN 해양법협약상 해적을 체포한 국가는 해적을 '인도하거나 소추'(aut dedere, aut juricare)하여야 한다.
③ 해적행위의 혐의가 있는 선박의 나포가 충분한 근거 없이 행하여진 경우, 나포를 행한 국가는 그 선박의 국적국에 대하여 나포로 인하여 발생한 손실 또는 손해에 대한 책임을 진다.
④ 해적행위를 이유로 한 나포는 군함 · 군용항공기 또는 정부업무를 수행 중인 것으로 명백히 표시되고 식별이 가능하며 그러한 권한이 부여된 그 밖의 선박이나 항공기만이 행할 수 있다.

해설

난도 ★★★

① [○], ② [×] UN해양법협약 제105조에서는 해적을 체포한 국가가 보편관할권에 따라 자국에서 관할권을 행사할 수 있음은 규정하고 있으나, 해적을 '인도하거나 소추'하여야 한다는 규정은 두고 있지 않다.

③ [○] 해적행위의 혐의가 있는 선박이나 항공기의 나포가 충분한 근거가 없이 행하여진 경우, 나포를 행한 국가는 그 선박이나 항공기의 국적국에 대하여 나포로 인하여 발생한 손실 또는 손해에 대한 책임을 진다(UN해양법협약 제106조).

④ [○] 해적행위를 이유로 한 나포는 군함 · 군용항공기 또는 정부업무를 수행 중인 것으로 명백히 표시되고 식별이 가능하며 그러한 권한이 부여된 그 밖의 선박이나 항공기만이 행할 수 있다(UN해양법협약 제107조).

답 ②

52 **UN해양법협약상 해적에 대한 설명 중 옳지 않은 것은?** 07년 7급

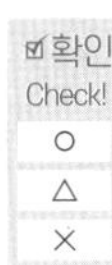

① 공해 또는 국가관할권 밖의 장소에서 행해진 해적행위에 대하여 적용된다.

② 해적행위의 주체에는 사선(私船)은 물론 사항공기(私航空機)의 승무원과 승객도 포함되는 것으로 규정하고 있다.

③ 모든 국가는 해적행위를 자국 법원에서 자국의 국내법을 적용하여 처벌할 수 있다.

④ 해적행위의 실효적 진압을 위하여 죄형법정주의 원칙을 충족하도록 각국의 관련 국내형사법을 완비할 의무를 규정하고 있다.

해설

난도 ★★★

① [○], ② [○] UN해양법협약 제101조.

③ [○] 모든 국가는 공해 또는 국가관할권 밖의 어떠한 곳에서라도, 해적선 · 해적항공기 또는 해적행위에 의하여 탈취되어 해적의 지배하에 있는 선박 · 항공기를 나포하고, 그 선박과 항공기 내에 있는 사람을 체포하고, 재산을 압수할 수 있다. 나포를 행한 국가의 법원은 부과될 형벌을 결정하며, 선의의 제3자의 권리를 존중할 것을 조건으로 그 선박 · 항공기 또는 재산에 대하여 취할 조치를 결정할 수 있다(UN해양법협약 제105조).

④ [×] UN해양법협약 제105조에서 해적행위에 대한 보편주의 관할권을 규정하고 있을 뿐, 조약당사국에게 해적행위 처벌에 관한 국내형사법을 완비할 의무를 규정하지는 않았다.

더 알아보기 UN해양법협약

제101조【해적행위의 정의】

해적행위라 함은 다음 행위를 말한다.

(a) 민간선박 또는 민간항공기의 승무원이나 승객이 사적 목적으로 다음에 대하여 범하는 불법적 폭력행위, 억류 또는 약탈행위

(i) 공해상의 다른 선박이나 항공기 또는 그 선박이나 항공기 내의 사람이나 재산

(ii) 국가관할권에 속하지 아니하는 곳에 있는 선박 · 항공기 · 사람이나 재산

(b) 어느 선박 또는 항공기가 해적선 또는 해적항공기가 되는 활동을 하고 있다는 사실을 알고서도 자발적으로 그러한 활동에 참여하는 모든 행위

(c) (a)와 (b)에 규정된 행위를 교사하거나 고의적으로 방조하는 모든 행위

답 ④

7. 섬

53 **1982년 UN해양법협약상 섬과 관련된 설명으로 옳지 않은 것은?** 15년 9급

① 섬은 바닷물로 둘러싸여 있으며, 밀물일 때에도 수면 위에 있는, 자연적으로 형성된 육지지역이다.
② 섬은 자신의 영해를 가질 수 있다.
③ 연안국의 영해 밖에 존재하는 인공섬이나 그 외의 해양구조물도 독자적으로 영해를 가질 수 있다.
④ 인간이 거주할 수 없거나 독자적인 경제활동을 유지할 수 없는 암석(rocks)은 배타적 경제수역을 가질 수 없다.

해설
난도 ★★
① [○] 섬이라 함은 바닷물로 둘러싸여 있으며, 밀물일 때에도 수면 위에 있는, 자연적으로 형성된 육지지역을 말한다(UN해양법협약 제121조 제1항).
② [○] 제3항에 규정된 경우를 제외하고는 섬의 영해, 접속수역, 배타적경제수역 및 대륙붕은 다른 영토에 적용 가능한 이 협약의 규정에 따라 결정한다(UN해양법협약 제121조 제2항). 일반적인 섬은 자신의 영해를 가질 수 있다.
③ [×] 인공섬 · 시설 및 구조물은 섬의 지위를 가지지 아니한다. 이들은 자체의 영해를 가지지 아니하며 이들의 존재가 영해, 배타적경제수역 또는 대륙붕의 경계획정에 영향을 미치지 아니한다(UN해양법협약 제60조 제8항).
④ [○] 인간이 거주할 수 없거나 독자적인 경제활동을 유지할 수 없는 암석은 배타적경제수역이나 대륙붕을 가지지 아니한다(UN해양법협약 제121조 제3항).

답 ③

54 **1982년 UN해양법협약의 섬에 대한 설명으로 옳은 것을 모두 고르면?** 10년 지방

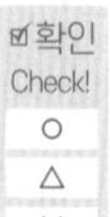

ㄱ. 섬은 자연적으로 형성될 필요는 없지만 밀물시에 수면 위로 드러나야 한다.
ㄴ. 섬은 자신의 대륙붕을 갖는다.
ㄷ. 섬은 원칙적으로 자신의 영해를 가질 수 있다.
ㄹ. 인간이 거주할 수 없거나 독자적인 경제활동을 유지할 수 없는 암석에는 배타적경제수역(EEZ)을 설정할 수 없다.
ㅁ. 연안국의 영해 밖에 존재하는 인공섬이나 그 외의 해양구조물도 독자적으로 영해를 가질 수 있다.

① ㄱ, ㄴ
② ㄴ, ㄷ
③ ㄷ, ㄹ
④ ㄹ, ㅁ

해설
난도 ★★
ㄱ. [×] 섬이라 함은 바닷물로 둘러싸여 있으며, 밀물일 때에도 수면 위에 있는, 자연적으로 형성된 육지지역을 말한다(UN해양법협약 제121조 제1항).
ㄴ. [×], ㄷ. [○], ㄹ. [○] 제3항에 규정된 경우를 제외하고는 섬의 영해, 접속수역, 배타적경제수역 및 대륙붕은 다른 영토에 적용 가능한 이 협약의 규정에 따라 결정한다(UN해양법협약 제121조 제2항). 인간이 거주할 수 없거나 독자적인 경제활동을 유지할 수 없는 암석은 배타적경제수역이나 대륙붕을 가지지 아니한다(UN해양법협약 제121조 제3항).
ㅁ. [×] 인공섬 · 시설 및 구조물은 섬의 지위를 가지지 아니한다. 이들은 자체의 영해를 가지지 아니하며 이들의 존재가 영해, 배타적경제수역 또는 대륙붕의 경계획정에 영향을 미치지 아니한다(UN해양법협약 제60조 제8항).

답 ③

8. 심해저

55 **국제법상의 특수지역에 대한 설명으로 옳지 않은 것은?** 16년 7급

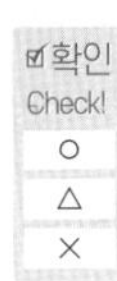

① 1979년 달조약에 따르면 달과 달의 천연자원은 인류의 공동유산이다.
② 1959년 남극조약에 따라 남극에 대한 각국의 영유권 주장은 동결되었다.
③ 1982년 UN해양법협약 체제하에서 심해저 개발은 심해저공사(Enterprise)의 배타적 개발체제에 따른다.
④ 1982년 UN해양법협약 제11부의 이행에 관한 협정이 체결된 것은 인류의 공동유산 개념의 현실화가 어렵다는 점을 보여준다.

해설

난도 ★★★

① [○] 1979년 '달조약'에서는 달과 기타 천체 및 그 천연자원을 인류공동유산으로 하였으며, 이는 '인류공동유산'을 규정한 최초의 조약이다.
② [○] 남극조약 제4조에서 영유권 주장의 동결을 규정하고 있다.
③ [×], ④ [○] 1982년 UN해양법협약에서 심해저 개발을 엄격하게 규제하면서 심해저 개발을 원하는 국가들의 조약 가입이 늦어지자 1994년 제11부 이행협정이 체결되어 심해저 개발에 시장원리를 도입하게 되었다.

답 ③

56 **인류공동유산(common heritage of mankind) 개념에 대한 설명으로 옳지 않은 것은?** 11년 7급

확인 Check! ○ △ ×

① 남극조약 전문에서는 남극지역은 특정 국가의 전용 대상이 아닌 인류공동유산이라고 명시하고 있다.
② 심해저와 그 자원에 대한 모든 권리는 인류 전체에게 부여된 인류공동유산이다.
③ 동 개념은 특정국가에 의하여 독점되지 않고 인류 전체의 이익을 위한 활용이 예정된 지역으로 개별 국가의 접근은 보장될 수 있으나, 독점적 이익추구는 배제된다.
④ 1979년 달조약은 달과 그 천연자원을 인류공동유산이라고 명시하고 있다.

해설

난도 ★★★

① [×] 남극에 대해서도 인류공동유산 개념을 적용하자는 주장이 있으나 아직까지 적용되지 않고 있다.
② [○] UN해양법협약 제136조에서는 "심해저와 그 자원은 인류의 공동유산이다."라고 명시하고 있다.
③ [○] '인류공동유산'은 국가의 주권적 지배와 특정 국가 · 자연인 · 법인에 의한 전유가 배제되고, 국제기구를 통하여 공동으로 관리 · 탐사 · 개발하며, 이익은 국제기구를 통해 인류 전체에 배분되고, 이용은 평화적 목적에 한정된다.
④ [○] 1979년 '달과 기타 천체에서의 국가활동에 관한 협약'(일명, 달조약)에서 달과 기타 천체 및 그 천연자원을 인류공동유산으로 하였으며, 이는 '인류공동유산'을 규정한 최초의 조약이다.

답 ①

57 **다음 중 인류공동유산(common heritage of mankind)의 개념이 최초로 명문화된 국제조약은?** 08년 7급

① 남극조약
② 멸종위기에 처한 야생동식물종의 국제거래에 관한 협약
③ 달과 기타 천체에서의 국가 활동에 관한 협약
④ 대륙붕에 관한 협약

해설

난도 ★★

① [×] 남극조약에는 인류공동유산 개념에 관한 규정이 없다.
② [×] 「멸종위기에 처한 야생동식물종의 국제거래에 관한 협약」은 야생동식물종의 국제적인 거래가 동식물의 생존을 위협하지 않도록 여러 보호단계를 적용하여 33,000생물 종의 보호를 보장하는 데 목적이 있는 조약이다. 이 조약에는 인류공동유산 개념에 관한 규정이 없다.
③ [○] '인류공동유산'이 처음으로 언급된 것은 1970년 '심해저원칙선언'이며, 조약상 최초로 등장한 것은 1979년 '달과 기타 천체에서의 국가활동에 관한 협약'(일명, 달협약)에서이다.
④ [×] 1958년 대륙붕에 관한 제네바협약에는 인류공동유산 개념에 관한 규정이 없다.

답 ③

9. 분쟁해결

58 **UN해양법협약 제15부의 분쟁해결제도에 대한 설명으로 옳지 않은 것은?** 17년 9추

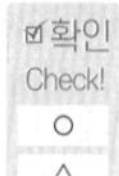

① 당사국 스스로가 선택한 평화적 분쟁해결수단이 우선 적용된다.
② 당사국은 해양경계획정과 관련된 분쟁에 대하여 강제절차의 적용 배제를 선언할 수 없다.
③ 국가는 협약의 가입시 또는 그 이후 언제라도 국제해양법재판소, 국제사법재판소, 제7부속서 중재재판소, 제8부속서 중재재판소 중 하나 또는 그 이상을 분쟁해결절차로 선택할 수 있다.
④ 분쟁 당사국이 제287조의 재판소를 선택하지 않은 경우 제7부속서에 따른 중재를 수락한 것으로 본다.

해설

난도 ★★★

① [○] 당사국은 이 협약의 해석이나 적용에 관한 당사국간의 모든 분쟁을 국제연합헌장 제2조 제3항의 규정에 따라 평화적 수단에 의하여 해결하여야 하고, 이를 위하여 헌장 제33조 제1항에 제시된 수단에 의한 해결을 추구한다(UN해양법협약 제279조).
② [×] UN해양법협약 제298조 제1항 (a)(i)호.
③ [○] UN해양법협약 제287조 제1항.
④ [○] UN해양법협약 제287조 제3항.

더 알아보기 UN해양법협약

제287조【절차의 선택】

① 어떠한 국가도 이 협약의 서명, 비준, 가입시 또는 그 이후 언제라도, 서면 선언에 의하여 이 협약의 해석이나 적용에 관한 분쟁의 해결을 위하여 다음 수단 중의 어느 하나 또는 그 이상을 자유롭게 선택할 수 있다.

(a) 제6부속서(국제해양법재판소규정)에 따라 설립된 국제해양법재판소

(b) 국제사법재판소

(c) 제7부속서(중재재판)에 따라 구성된 중재재판소

(d) 제8부속서(특별중재재판)에 규정된 하나 또는 그 이상의 종류의 분쟁해결을 위하여 그 부속서에 따라 구성된 특별중재재판소

③ 유효한 선언에 포함되어 있지 아니한 분쟁의 당사자인 당사국은 제7부속서(중재재판)에 따른 중재를 수락한 것으로 본다.

제298조【제2절 적용의 선택적 예외】

① 국가는 제1절(총칙)에 의하여 발생하는 의무에 영향을 미침이 없이 이 협약 서명, 비준, 가입시 또는 그 이후 어느 때라도 다음 분쟁의 범주 중 어느 하나 또는 그 이상에 관하여 제2절(구속력 있는 결정을 수반하는 강제절차)에 규정된 절차 중 어느 하나 또는 그 이상을 수락하지 아니한다는 것을 서면 선언할 수 있다.

(a) (ⅰ) 해양경계획정과 관련된 제15조(대향국간 또는 인접국간의 영해의 경계획정), 제74조(대향국간 또는 인접국간의 배타적경제수역의 경계획정) 및 제83조(대향국간 또는 인접국간의 대륙붕의 경계획정)의 해석이나 적용에 관한 분쟁 또는 역사적 만 및 권원과 관련된 분쟁. 다만, 이러한 분쟁이 이 협약 발효 후 발생하고 합리적 기간 내에 당사자간의 교섭에 의하여 합의가 이루어지지 아니하는 경우, 어느 한 당사자의 요청이 있으면 이러한 선언을 행한 국가는 그 사건을 제5부속서(조정) 제2절(제15부 제3절에 따른 조정절차에의 강제회부)에 따른 조정에 회부할 것을 수락하여야 하나, 육지영토 또는 도서영토에 대한 주권이나 그 밖의 권리에 관한 미해결분쟁이 반드시 함께 검토되어야 하는 분쟁은 이러한 회부로부터 제외된다.

(ⅱ) 조정위원회가 보고서(그 근거가 되는 이유 명시)를 제출한 후, 당사자는 이러한 보고서를 기초로 합의에 이르기 위하여 교섭한다. 교섭이 합의에 이르지 못하는 경우, 당사자는, 달리 합의하지 아니하는 한, 상호 동의에 의해 제2절(구속력 있는 결정을 수반하는 강제절차)에 규정된 어느 한 절차에 그 문제를 회부한다.

(ⅲ) 이 호는 당사자간의 약정에 따라 종국적으로 해결된 해양경계분쟁, 또는 당사자를 구속하는 양자협정이나 다자협정에 따라 해결되어야 하는 어떠한 해양경계분쟁에도 적용되지 아니한다.

답 ②

59 **1982년 UN해양법협약의 해석이나 적용에 관한 분쟁(해양분쟁)의 해결에 대한 설명으로 옳지 않은 것은?** 16년 7급

확인 Check! ○ △ ×

① 해양분쟁의 해결을 위한 기본원칙은 분쟁을 UN헌장 제33조 제1항에 의해 평화적으로 해결한다는 것이다.

② 해양분쟁과 도서 영토에 관한 분쟁이 함께 검토되어야 하는 경우 의무적 조정절차로부터 면제된다.

③ 당사국은 가입시 또는 그 이후 어느 때라도 국제사법재판소(ICJ) 및 1982년 UN 해양법협약 부속서에 규정된 해양분쟁의 해결 방법 중 하나 이상을 선택할 수 있다.

④ 당사국은 가입시 또는 그 이후 어느 때라도 해양분쟁의 해결방법을 선택하지 않은 경우 국제해양법재판소(ITLOS)를 선택한 것으로 간주한다.

해설

난도 ★★★

① [○] 당사국은 이 협약의 해석이나 적용에 관한 당사국간의 모든 분쟁을 국제연합헌장 제2조 제3항의 규정에 따라 평화적 수단에 의하여 해결하여야 하고, 이를 위하여 헌장 제33조 제1항에 제시된 수단에 의한 해결을 추구한다(UN해양법협약 제279조).

② [○] UN해양법협약 제298조 제1항 (a)(i)호에서는 '해양경계획정의 해석이나 적용에 관한 분쟁' 또는 '역사적 만 및 권원과 관련된 분쟁'에 관하여 강제관할권을 수락하지 않는다는 서면선언을 할 수 있다고 규정하면서도, 이러한 분쟁이 교섭에 의한 합의가 이루어지지 않는 경우 어느 한 당사자의 요청으로 조정에 회부될 것을 수락하여야 한다고 규정하고 있으나, 이러한 조정회부에 대한 예외로서 '육지영토 또는 도서영토에 대한 주권이나 그 밖의 권리에 관한 미해결분쟁이 반드시 함께 검토되어야 하는 분쟁'은 조정회부로부터 제외된다고 규정하고 있다.

③ [○] UN해양법협약 제287조 제1항.

④ [×] 유효한 선언에 포함되어 있지 아니한 분쟁의 당사자인 당사국은 제7부속서에 따른 중재를 수락한 것으로 본다(UN해양법협약 제287조 제3항).

더 알아보기 UN해양법협약

제287조【절차의 선택】

① 어떠한 국가도 이 협약의 서명, 비준, 가입시 또는 그 이후 언제라도, 서면 선언에 의하여 이 협약의 해석이나 적용에 관한 분쟁의 해결을 위하여 다음 수단 중의 어느 하나 또는 그 이상을 자유롭게 선택할 수 있다.

(a) 제6부속서(국제해양법재판소규정)에 따라 설립된 국제해양법재판소

(b) 국제사법재판소

(c) 제7부속서(중재재판)에 따라 구성된 중재재판소

(d) 제8부속서(특별중재재판)에 규정된 하나 또는 그 이상의 종류의 분쟁해결을 위하여 그 부속서에 따라 구성된 특별중재재판소

답 ④

60 1982년 UN해양법협약상 강제적 분쟁해결절차의 적용배제선언의 대상에 해당하지 않는 것은? 16년 9급

☑확인 Check! ○ △ ×

① 해양경계의 획정 또는 역사적 만과 관련된 분쟁
② 해양환경의 보호에 관한 국제기준을 위반한 분쟁
③ 비상업용 업무를 수행중인 정부 선박에 의한 군사활동에 관한 분쟁
④ 안전보장이사회가 UN헌장에 따라 부여받은 권한을 수행하고 있는 분쟁

해설

난도 ★★★

UN해양법협약 제298조[제2절(구속력 있는 결정을 수반하는 강제절차) 적용의 선택적 예외]에서는 '강제관할권의 선택적 예외'를 규정하고 있는바, '해양경계획정의 해석이나 적용에 관한 분쟁' 또는 '역사적 만 및 권원과 관련된 분쟁'(제1항 (a)호), '군사활동에 관한 분쟁' 또는 '주권적 권리나 관할권의 행사와 관련된 법집행활동에 관한 분쟁'(제1항 (b)호), 'UN안전보장이사회가 UN헌장에 따라 부여받은 권한을 수행하고 있는 분쟁'(제1항 (c)호)이 이에 해당한다.

더 알아보기 UN해양법협약

제298조【제2절 적용의 선택적 예외】

① 국가는 제1절(총칙)에 의하여 발생하는 의무에 영향을 미침이 없이 이 협약 서명, 비준, 가입시 또는 그 이후 어느 때라도 다음 분쟁의 범주 중 어느 하나 또는 그 이상에 관하여 제2절(구속력 있는 결정을 수반하는 강제절차)에 규정된 절차 중 어느 하나 또는 그 이상을 수락하지 아니한다는 것을 서면 선언할 수 있다.

(a) (ⅰ) 해양경계획정과 관련된 제15조(대향국간 또는 인접국간의 영해의 경계획정), 제74조(대향국간 또는 인접국간의 배타적경제수역의 경계획정) 및 제83조(대향국간 또는 인접국간의 대륙붕의 경계획정)의 해석이나 적용에 관한 분쟁 또는 역사적 만 및 권원과 관련된 분쟁. 다만, 이러한 분쟁이 이 협약 발효 후 발생하고 합리적 기간 내에 당사자간의 교섭에 의하여 합의가 이루어지지 아니하는 경우, 어느 한 당사자의 요청이 있으면 이러한 선언을 행한 국가는 그 사건을 제5부속서(조정) 제2절(제15부 제3절에 따른 조정절차에의 강제회부)에 따른 조정에 회부할 것을 수락하여야 하나, 육지영토 또는 도서영토에 대한 주권이나 그 밖의 권리에 관한 미해결분쟁이 반드시 함께 검토되어야 하는 분쟁은 이러한 회부로부터 제외된다.

(ⅱ) 조정위원회가 보고서(그 근거가 되는 이유 명시)를 제출한 후, 당사자는 이러한 보고서를 기초로 합의에 이르기 위하여 교섭한다. 교섭이 합의에 이르지 못하는 경우, 당사자는, 달리 합의하지 아니하는 한, 상호 동의에 의해 제2절(구속력 있는 결정을 수반하는 강제절차)에 규정된 어느 한 절차에 그 문제를 회부한다.

(ⅲ) 이 호는 당사자간의 약정에 따라 종국적으로 해결된 해양경계분쟁, 또는 당사자를 구속하는 양자협정이나 다자협정에 따라 해결되어야 하는 어떠한 해양경계분쟁에도 적용되지 아니한다.

(b) 군사활동(비상업용 업무를 수행중인 정부 선박과 항공기에 의한 군사활동 포함)에 관한 분쟁 및 주권적 권리나 관할권의 행사와 관련된 법집행활동에 관한 분쟁으로서 제297조(제2절 적용의 제한) 제2항 또는 제3항에 따라 재판소의 관할권으로부터 제외된 분쟁

(c) 국제연합안전보장이사회가 국제연합헌장에 따라 부여받은 권한을 수행하고 있는 분쟁. 다만, 안전보장이사회가 그 문제를 의제로부터 제외하기로 결정하는 경우 또는 당사국에게 이 협약에 규정된 수단에 따라 그 문제를 해결하도록 요청한 경우에는 그러하지 아니하다.

답 ②

61 1982년 UN해양법협약(이하 해양법협약) 체제의 분쟁해결에 대한 설명으로 옳지 않은 것은?

14년 9급

① 분쟁당사자들이 동일한 분쟁해결절차로써 분쟁을 해결하기로 합의하지 않았다면 달리 합의하지 않는 한 해당 분쟁은 자동적으로 국제해양법재판소에 회부된다.

② 2012년 방글라데시와 미얀마 간 벵골만사건은 국제해양법재판소가 판결한 첫 번째 해양경계획정 사례이다.

③ 국제해양법재판소는 해양법협약과 관련된 사항이라면 인권에 관한 사항에 대해서도 재판권을 행사할 수 있다.

④ 국제해양법재판소는 권고적 의견을 내릴 수 있는 권한이 있다.

해설

난도 ★★★

① [×] 분쟁당사자가 그 분쟁에 관하여 동일한 분쟁해결절차를 수락하지 아니한 경우, 당사자간 달리 합의하지 아니하는 한, 그 분쟁의 제7부속서에 따른 중재에만 회부될 수 있다(UN해양법협약 제287조 제5항).

② [○] 인도양 동북부의 벵골만 지역에서 해저유전 개발이 활발해지면서 인접한 방글라데시와 미얀마 간에 경계획정과 관련한 분쟁이 발생하였으며, 2009년 10월 방글라데시가 제소를 하고 미얀마가 이에 응함으로써 재판이 진행되었다. 국제해양법재판소(ITLOS)는 이 사건에서 잠정적 등거리선(중간선) 원칙을 확인하였다.

③ [○] 제287조에 언급된 재판소는 이 부에 따라 재판소에 회부되는 이 협약의 해석이나 적용에 관한 분쟁에 대하여 관할권을 가진다(UN해양법협약 제288조 제1항).

④ [○] UN해양법협약의 목적과 관련된 국제협정이 재판소에 대한 권고적 의견의 요청을 명확하게 규정하는 경우 재판소는 법적 문제에 대한 권고적 의견을 제공할 수 있다(국제해양법재판소규칙 제138조 제1항).

답 ①

62 1982년 UN해양법협약상의 분쟁해결방식에 관한 설명 중 옳은 것은?

09년 지방

① 협약 당사국들은 배타적경제수역 내 연안국의 주권적 권리에 관한 분쟁에 대해서 협약상 강제절차를 수락할 의무를 부담한다.

② 협약 당사국들은 해양경계획정에 대해서 협약상 강제절차를 배제하는 서면선언을 할 수 있지만, 섬의 영유권을 둘러싼 분쟁과 결부되는 경우 반드시 조정절차를 거쳐야 한다.

③ 협약 당사국들은 국제해양법재판소(ITLOS)의 심해저분쟁재판부(Sea-Bed Disputes Chamber)에서 심해저기구(Sea Bed Authority)의 재량권 행사가 부당함을 다툴 수 있다.

④ 분쟁당사국이 동일한 분쟁해결절차를 수락하지 않는 경우, 달리 합의하지 않는 한 당해 분쟁은 중재에 회부된다.

해설

난도 ★★★

① [×] 연안국은 배타적경제수역의 생물자원에 대한 자국의 주권적 권리 및 그 행사(허용어획량, 자국의 어획능력, 다른 국가에 대한 잉여량 할당 및 자국의 보존관리법에서 정하는 조건을 결정할 재량권 포함)에 관련된 분쟁을 그러한 해결절차에 회부할 것을 수락할 의무를 지지 아니한다(UN해양법협약 제297조 제3항 (a)호).

② [×] UN해양법협약 제15부(분쟁의 해결) 제2절(구속력 있는 결정을 수반하는 강제절차)에서는 강제관할권을 규정하고 있으며, 제15부 제3절(제2절 적용의 제한과 예외)에서는 강제관할권의 예외에 관한 규정을 두고 있는바, 제297조(제2절 적용의 제한)에서는 '강제관할권의 자동적 예외'를, 제298조(제2절 적용의 선택적 예외)에서는 '강제관할권의 선택적 예외'에 관하여 규정하고 있다. '강제관할권의 선택적 예외'를 규정하고 있는 UN해양법협약 제298조 제1항 (a)(i)에서는 "해양경계획정과 관련된 제15조(대향국간 또는 인접국간의 영해의 경계획정), 제74조(대향국간 또는 인접국간의 배타적 경제수역의 경계획정) 및 제83조(대향국간 또는 인접국간의 대륙붕의 경계획정)의 해석이나 적용에 관한 분쟁 또는 역사적 만 및 권원과 관련된 분쟁"에 대하여 강제관할권을 수락하지 아니한다는 서면선언을 할 수 있다고 규정하면서도, "이러한 분쟁이 이 협약 발효 후 발생하고 합리적 기간 내에 당사자간의 교섭에 의하여 합의가 이루어지지 아니하는 경우, 어느 한 당사자의 요청이 있으면 이러한 선언을 행한 국가는 그 사건을 제5부속서(조정) 제2절(제15부 제3절에 따른 조정절차에의 강제회부)에 따른 조정에 회부할 것을 수락하여야 한다."고 규정하고 있으나, "육지영토 또는 도서영토에 대한 주권이나 그 밖의 권리에 관한 미해결분쟁이 반드시 함께 검토되어야 하는 분쟁"은 이러한 조정에의 회부로부터 제외된다고 규정하고 있다.

③ [×] 해저분쟁재판부는 이 부(제11부 심해저)에 따른 해저기구의 재량권행사에 관하여는 관할권을 가지지 아니한다. 어떠한 경우에도 해저분쟁재판부는 자신의 재량으로 해저기구의 재량을 대체할 수 없다(UN해양법협약 제189조).

④ [○] 분쟁당사자가 그 분쟁에 관하여 동일한 분쟁해결절차를 수락하지 아니한 경우, 당사자간 달리 합의하지 아니하는 한, 그 분쟁은 제7부속서에 따른 중재에만 회부될 수 있다(UN해양법협약 제287조 제5항).

더 알아보기 UN해양법협약

제298조【제2절 적용의 선택적 예외】

① 국가는 제1절에 의하여 발생하는 의무에 영향을 미침이 없이 이 협약 서명, 비준, 가입시 또는 그 이후 어느 때라도 다음 분쟁의 범주 중 어느 하나 또는 그 이상에 관하여 제2절에 규정된 절차 중 어느 하나 또는 그 이상을 수락하지 아니한다는 것을 서면 선언할 수 있다.

(a) (i) 해양경계획정과 관련된 제15조, 제74조 및 제83조의 해석이나 적용에 관한 분쟁 또는 역사적 만 및 권원과 관련된 분쟁. 다만, 이러한 분쟁이 이 협약 발효 후 발생하고 합리적 기간 내에 당사자간의 교섭에 의하여 합의가 이루어지지 아니하는 경우, 어느 한 당사자의 요청이 있으면 이러한 선언을 행한 국가는 그 사건을 제5부속서 제2절에 따른 조정에 회부할 것을 수락하여야 하나, 육지영토 또는 도서영토에 대한 주권이나 그 밖의 권리에 관한 미해결분쟁이 반드시 함께 검토되어야 하는 분쟁은 이러한 회부로부터 제외된다.

답 ④

10. 기타 해양법규정

63 **1982년 UN해양법협약에 따르면 오염규제에 관한 관련 국제규칙보다 국내 법령에서 완화된 오염규제기준을 채택할 수 없는 것은?** 18년 9급

① 국가관할권하의 해저활동에 의한 오염
② 육상오염원에 의한 오염
③ 심해저활동에 의한 오염
④ 투기에 의한 오염

해설
난도 ★★★
① [○] '국가관할권하의 해저활동에 의한 오염'에 대해 규정하고 있는 UN해양법협약 제208조 제3항에서는 "이러한 법령과 조치는 적어도 국제규칙, 기준 및 권고관행과 절차와 동등한 효력을 갖도록 한다."라고 규정하여 국제규칙보다 완화된 국내법령의 오염규제기준의 가능성을 열어두고 있다.
② [×] '육상오염원에 의한 오염'에 대해 규정하고 있는 UN해양법협약 제207조에서는 관련 법령을 제정하고(제1항) 필요한 조치를 취하며(제2항) 이와 관련하여 지역자원에서 조화되도록 노력한다(제3항)고 규정할 뿐 국제규칙, 규정 등과의 관계에 대해서는 명시적인 규정을 두지 않고 있다.
③ [○] '심해저활동에 의한 오염'에 대해 규정하고 있는 UN해양법협약 제209조 제2항에서는 "이러한 법령의 요건은 적어도 제1항에 언급된 국제규칙, 규정 및 절차와 동등한 효력을 가져야 한다."라고 규정하여 국제규칙보다 완화된 국내법령의 오염규제기준의 가능성을 열어두고 있다.
④ [○] '투기에 의한 오염'에 대해 규정하고 있는 UN해양법협약 제210조 제6항에서는 "국내법령과 조치는 이러한 오염을 방지, 경감 및 통제하는 데 있어서 적어도 세계적 규칙 및 기준과 동등한 효력을 가져야 한다."라고 규정하여 국제규칙보다 완화된 국내법령의 오염규제기준의 가능성을 열어두고 있다.

답 ②

11. UN해양법협약(종합)

64 **1982년 「UN해양법협약」에 대한 설명으로 옳은 것은?** 20년 7급

① 해양과학조사활동은 해양환경이나 그 자원의 어느 한 부분에 대한 어떠한 권리 주장의 법적 근거도 될 수 없다.
② 국제해저기구 이사회는 중대하고도 계속적으로 제11부의 규정을 위반한 당사국에 대하여는 총회의 권고에 따라 회원국으로서의 권리와 특권의 행사를 정지시킬 수 있다.
③ 특수한 지리적 위치를 이유로 하여 내륙국의 권리와 편의를 설정하고 있는 이 협약의 규정과 해양출입권의 행사에 관한 특별협정은 최혜국대우조항의 적용에 포함된다.
④ 내륙국의 국기를 게양한 선박은 해항에서 다른 외국선박에 부여된 것과 동등한 대우를 받지 않는다.

✎해설

난도 ★★★

① [○] 해양과학조사활동은 해양환경이나 그 자원의 어느 한 부분에 대한 어떠한 권리 주장의 법적 근거도 될 수 없다(UN해양법협약 제241조).

② [×] 총회는 중대하고도 계속적으로 이 부(제11부)의 규정을 위반한 당사국에 대하여는 이사회의 권고에 따라 회원국으로서의 권리와 특권의 행사를 정지시킬 수 있다(UN해양법협약 제185조 제1항). 국제해저기구 이사회가 아니라 국제해저기구 총회의 권한이다.

③ [×] 특수한 지리적 위치를 이유로 하여 내륙국의 권리와 편의를 설정하고 있는 이 협약의 규정과 해양출입권의 행사에 관한 특별협정은 최혜국대우조항의 적용으로부터 제외된다(UN해양법협약 제126조).

④ [×] 내륙국의 국기를 게양한 선박은 해항(海港, maritime ports)에서 다른 외국선박에 부여된 것과 동등한 대우를 받는다(UN해양법협약 제131조).

답 ①

65 1982년 UN해양법협약에 대한 설명으로 옳지 않은 것은?

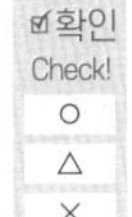

① 1982년 UN해양법협약은 군함의 무해통항권을 인정하지 않으며 외국 군함이 연안국의 영해에 들어올 때는 그 연안국의 사전허가를 얻어야 한다고 명시적으로 규정하고 있다.

② 연안국은 배타적경제수역의 생물자원에 관한 자국의 어획능력을 결정한다.

③ 연안국은 배타적경제수역의 생물자원을 관리하는 주권적 권리를 행사함에 있어서 자국법령을 준수하도록 보장하기 위하여 승선 · 검색 · 나포 및 사법절차를 포함하여 필요한 조치를 취할 수 있다.

④ 당사국은 1982년 UN해양법협약의 해석이나 적용에 관한 당사국 간의 모든 분쟁을 평화적 수단에 의하여 해결하여야 한다.

✎해설

난도 ★★

① [×] 1982년 UN해양법협약에는 군함의 무해통항권 인정 여부에 대한 명시적 규정이 없다.

② [○] 연안국은 자국의 배타적경제수역에서의 생물자원의 허용어획량을 결정한다(UN해양법협약 제61조 제1항).

③ [○] 연안국은 배타적경제수역의 생물자원을 탐사 · 개발 · 보존 및 관리하는 주권적 권리를 행사함에 있어서, 이 협약에 부합되게 채택한 자국법령을 준수하도록 보장하기 위하여 승선, 검색, 나포 및 사법절차를 포함하여 필요한 조치를 취할 수 있다(UN해양법협약 제73조 제1항).

④ [○] 당사국은 이 협약의 해석이나 적용에 관한 당사국간의 모든 분쟁을 국제연합헌장 제2조 제3항의 규정에 따라 평화적 수단에 의하여 해결하여야 하고, 이를 위하여 헌장 제33조 제1항에 제시된 수단에 의한 해결을 추구한다(UN해양법협약 제279조).

답 ①

66 UN 해양법협약에 대한 설명으로 옳지 않은 것은? 17년 9추

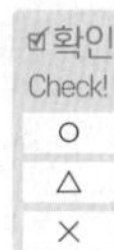

① 한국은 배타적 경제수역(EEZ)과 관련하여 일본과는 중간수역, 중국과는 잠정조치수역을 설정한 바 있다.
② 모든 국가는 타국의 배타적 경제수역의 상공에서 상공비행의 자유를 누린다.
③ 영토의 자연적 연장과 상관없이 연안국의 대륙붕은 영해 바깥으로 200해리 한도까지 인정된다.
④ 인간이 거주할 수 없거나 독자적인 경제활동을 유지할 수 없는 암석은 배타적 경제수역을 가지지 아니한다.

해설
난도 ★★
① [○] 1998년 체결된 신한일어업협정에서는 중간수역을, 2001년 체결된 한중어업협정에서는 잠정조치수역을 설정하였다.
② [○] 연안국이거나 내륙국이거나 관계없이, 모든 국가는, 이 협약의 관련규정에 따를 것을 조건으로, 배타적경제수역에서 제87조(공해의 자유)에 규정된 항행 · 상공비행의 자유, 해저전선 · 관선 부설의 자유 및 선박 · 항공기 · 해저전선 · 관선의 운용 등과 같이 이러한 자유와 관련되는 것으로서 이 협약의 다른 규정과 양립하는 그 밖의 국제적으로 적법한 해양이용의 자유를 향유한다(UN해양법협약 제58조 제1항).
③ [×] 연안국의 대륙붕은 영해 밖으로 영토의 자연적 연장에 따라 대륙변계의 바깥 끝까지, 또는 대륙변계의 바깥 끝이 200해리에 미치지 아니하는 경우, 영해기선으로부터 200해리까지의 해저지역의 해저와 하층토로 이루어진다(UN해양법협약 제76조 제1항).
④ [○] 인간이 거주할 수 없거나 독자적인 경제활동을 유지할 수 없는 암석은 배타적경제수역이나 대륙붕을 가지지 아니한다(UN해양법협약 제121조 제3항).

답 ③

67 1982년 UN 해양법협약에 관한 설명으로 옳지 않은 것은? 14년 7급

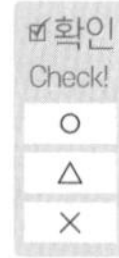

① 배타적 경제수역(EEZ)에서 연안국은 해양과학조사 및 해양환경보호에 대한 관할권을 갖는다.
② 타국의 영해를 통항하는 핵물질 또는 유독 물질을 운반 중인 선박은 무해통항권 자체가 인정되지 않는다.
③ 영해의 경계를 획정할 때 항만체계와 불가분의 일체를 이루는 가장 바깥의 영구적인 항만시설은 해안의 일부를 구성한다.
④ 자국의 EEZ에서 불법 조업을 하던 타국 어선을 해양경찰 선박이 추적하여 공해상에서 나포한 것은 정당한 추적권의 행사이다.

해설
난도 ★★
① [○] UN해양법협약 제56조 제1항 (b)호.
② [×] 연안국이거나 내륙국이거나 관계없이, 모든 국가의 선박은 이 협약에 따라, 영해에서 무해통항권을 향유한다(UN해양법협약 제17조). 핵추신선박 및 핵물질 또는 본래 위험하거나 유독한 그 밖의 물질이나 재료를 운반 중인 선박에 대해서는 지정된 항로대만을 통항하도록 요구할 수 있으며(UN해양법협약 제22조 제1항 참조), 이러한 선박은 영해에서 무해통항권을 행사하는 경우, 이러한 선박에 대하여 국제협정이 정한 서류를 휴대하고 또한 국제협정에 의하여 확립된 특별예방조치를 준수하여야(UN해양법협약 제23조 참조) 하는 제한이 있을 뿐 무해통항권 자체가 인정되지 않는 것은 아니다.
③ [○] 영해의 경계를 획정함에 있어서, 항만체계의 불가분의 일부를 구성하는 가장 바깥의 영구적인 항만시설은 해안의 일부를 구성하는 것으로 본다(UN해양법협약 제11조).

④ [○] 연안국은 자국의 EEZ에서 생물자원에 대한 관할권을 가지며(UN해양법협약 제56조 제1항 (a)호 참조), 이와 관련된 연안국 법령을 위반한 외국선박에 대하여 정당한 추적권을 행사할 수 있다(UN해양법협약 제111조).

더 알아보기 UN해양법협약

제56조【배타적경제수역에서의 연안국의 권리, 관할권 및 의무】
① 배타적경제수역에서 연안국은 다음의 권리와 의무를 갖는다.
(b) 이 협약의 관련 규정에 규정된 다음 사항에 관한 관할권
(ⅰ) 인공섬, 시설 및 구조물의 설치와 사용
(ⅱ) 해양과학조사
(ⅲ) 해양환경의 보호와 보전

답 ②

68 다음 중 옳은 것만을 모두 고른 것은? 13년 9급

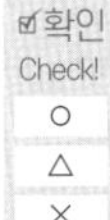

ㄱ. 국제사법법원(ICJ)은 코르푸(Corfu)해협사건에서 영국 군함의 통과통항권을 인정하였다.
ㄴ. 1982년 UN해양법협약상 통과통항권을 행사하는 잠수함은 잠수항행을 할 수 있다.
ㄷ. 1982년 UN해양법협약상 무해통항권은 선박과 항공기에 대해서 인정된다.
ㄹ. 1982년 UN해양법협약상 연안국 영해에서 외국 선박의 평화적인 조사 활동은 무해통항으로 인정된다.

① ㄱ
② ㄴ
③ ㄱ, ㄴ
④ ㄴ, ㄷ, ㄹ

해설
난도 ★★
ㄱ. [×] 국제해협에서의 군함의 무해통항권을 인정하였을 뿐 통과통항권을 인정한 것은 아니다. 통과통항은 1982년 UN해양법협약에서 처음으로 도입되었다.
ㄴ. [○] 1982년 UN해양법협약에는 통과통항시 잠항통항에 대한 명시적인 제한 규정이 없으며, 이는 잠항통항이 가능한 것으로 해석된다.
ㄷ. [×] 무해통항권은 선박에 대해서만 인정된다.
ㄹ. [×] 조사활동은 유해한 것으로 본다.

답 ②

69 1982년 UN해양법협약과 관련하여 그 숫자의 크기가 같은 것을 모두 고른 것은? 12년 7급

☑확인 Check! ○ △ ×

> ㄱ. 영해의 최대 폭
> ㄴ. 접속수역의 영해기선으로부터의 외측 한계
> ㄷ. 만의 자연적 입구 양쪽의 저조지점간의 최대 거리(단, 역사적 만은 제외)
> ㄹ. 군도수역에 있어서 직선군도기선의 최장 길이

① ㄱ, ㄹ ② ㄴ, ㄷ
③ ㄷ, ㄹ ④ ㄱ, ㄷ, ㄹ

해설
난도 ★★
숫자의 크기가 같은 것은 'ㄴ, ㄷ'이다.
ㄱ. 12해리(UN해양법협약 제3조).
ㄴ. 24해리(UN해양법협약 제33조 제2항).
ㄷ. 24해리(UN해양법협약 제10조 제4항, 제5항).
ㄹ. 100해리(UN해양법협약 제47조 제2항).

답 ②

70 UN해양법협약에 관한 설명으로 옳지 않은 것은? 10년 7급

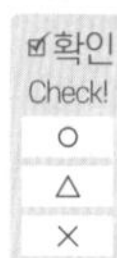

① 국제해협에서의 통과통항권은 항공기의 통항도 포함된다.
② 섬은 영해와 대륙붕 및 배타적 경제수역을 가지나, 암석(Rocks)은 영해, 대륙붕, 배타적 경제수역을 갖지 않는다.
③ 군함이 영해의 통항에 관한 연안국의 법령을 준수하지 않고, 연안국의 준수요청도 무시하는 경우에 연안국은 그 군함을 영해로부터 즉각 퇴거하도록 요구할 수 있다.
④ 원칙적으로 연안국은 내수에서 외국선박에 대해 무해통항권을 보장할 의무가 없다.

해설
난도 ★★
① [○] 제37조(통과통항의 적용범위)에 언급된 해협 내에서, 모든 선박과 항공기는 방해받지 아니하는 통과통항권을 향유한다(UN해양법협약 제38조 제1항).
② [×] 제3항에 규정된 경우를 제외하고는 섬의 영해, 접속수역, 배타적 경제수역 및 대륙붕은 다른 영토에 적용 가능한 이 협약의 규정에 따라 결정한다(UN해양법협약 제121조 제2항). 인간이 거주할 수 없거나 독자적인 경제활동을 유지할 수 없는 암석은 배타적 경제수역이나 대륙붕을 가지지 아니한다(UN해양법협약 제121조 제3항). 암석(Rocks)도 영해는 갖는다.
③ [○] 군함이 영해통항에 관한 연안국의 법령을 준수하지 아니하고 그 군함에 대한 연안국의 법령준수 요구를 무시하는 경우, 연안국은 그 군함에 대하여 영해에서 즉시 퇴거할 것을 요구할 수 있다(UN해양법협약 제30조).

④ [○] 제7조(직선기선)에 규정된 방법에 따라 직선기선을 설정함으로써 종전에 내수가 아니었던 수역이 내수에 포함되는 경우, 이 협약에 규정된 무해통항권이 그 수역에서 계속 인정된다(UN해양법협약 제8조 제2항). 위 조문내용과 같이 내수에서는 종전에 내수가 아니었던 수역이 직선기선을 설정함으로써 내수에 포함되는 경우에만 그 수역에서 무해통항권이 인정되고, 일반적으로 내수에서는 무해통항권이 인정되지 않는다.

답 ②

71 1982년 UN해양법협약에 관한 설명 중 옳은 것은? 09년 지방

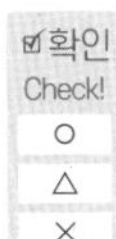

① 직선기선의 설정은 해안의 일반적 방향으로부터 현저하게 벗어날 수 없다.

② 공해상에서 해적행위를 하는 외국선박에 대한 관할권의 행사는 허용될 수 없다.

③ 배타적경제수역(EEZ)에서 외국인의 어업은 동 협약에 따라 어떠한 경우에도 허용되지 않는다.

④ 1994년에 체결된 UN해양법협약 제11부의 이행협정은 기존 심해저 개발에 관한 시장경제원리를 완화시키고, 개도국들의 재정부담을 경감하였다.

해설

난도 ★★

① [○] 직선기선은 해안의 일반적 방향으로부터 현저히 벗어나게 설정할 수 없으며, 직선기선 안에 있는 해역은 내수제도에 의하여 규율될 수 있을 만큼 육지와 충분히 밀접하게 관련되어야 한다(UN해양법협약 제7조 제3항).

② [×] 모든 국가는 공해 또는 국가관할권 밖의 어떠한 곳에서라도, 해적선 · 해적항공기 또는 해적행위에 의하여 탈취되어 해적의 지배하에 있는 선박 · 항공기를 나포하고, 그 선박과 항공기 내에 있는 사람을 체포하고, 재산을 압수할 수 있다(UN해양법협약 제105조). 공해 또는 국가관할권 밖의 어떠한 곳에서라도 해적행위는 관할권 대상이 된다.

③ [×] 연안국이 전체허용어획량을 어획할 능력이 없는 경우, 협정이나 그 밖의 약정을 통하여 제4항에 언급된 조건과 법령에 따라 허용어획량의 잉여량에 관한 다른 국가의 입어를 허용한다(UN해양법협약 제62조 제2항).

④ [×] 심해저 개발을 엄격하게 제한했던 UN해양법협약의 본래의 취지와 달리 1994년의 이행협정은 국제심해저개발제도 및 생산정책을 기본적으로 시장경제원리에 따라 운영하도록 함으로써 UN해양법협약상의 심해저에 관한 내용들을 사실상 무력화시켰다.

답 ①

72 1982년 UN해양법협약의 내용에 대한 설명 중 옳지 않은 것은? 

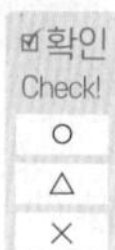

① 해안선이 깊게 굴곡이 지거나 해안을 따라 아주 가까이 섬이 흩어져 있는 지역에서는 영해기선을 설정함에 있어서 직선기선을 사용할 수 있다.

② 연안국은 관세 · 재정 · 출입국관리 또는 위생에 관한 자국 법령의 위반을 방지하기 위하여 접속수역을 설정할 수 있다.

③ 군도국가의 영해, 접속수역, 배타적 경제수역(EEZ)과 대륙붕의 폭은 군도기선을 설정한 경우 이로부터 측정한다.

④ 연안국이거나 내륙국이거나 관계없이 모든 국가의 선박은 영해에서 자유통항권을 향유한다.

해설

난도 ★★

① [○] 해안선이 깊게 굴곡이 지거나 잘려 들어간 지역, 또는 해안을 따라 아주 가까이 섬이 흩어져 있는 지역에서는 영해기선을 설정함에 있어서 적절한 지점을 연결하는 직선기선의 방법이 사용될 수 있다(UN해양법협약 제7조 제1항).

② [○] 연안국은 영해에 접속해 있는 수역으로서 접속수역이라고 불리는 수역에서 연안국의 영토나 영해에서의 관세 · 재정 · 출입국관리 또는 위생에 관한 법령의 위반방지를 위하여 필요한 통제를 할 수 있다(UN해양법협약 제33조 제1항).

③ [○] 영해, 접속수역, 배타적경제수역과 대륙붕의 폭은 제47조(군도기선)에 따라 그은 군도기선으로부터 측정한다(UN해양법협약 제48조).

④ [×] 연안국이거나 내륙국이거나 관계없이 모든 국가의 선박은 이 협약에 따라, 영해에서 무해통항권을 향유한다(UN해양법협약 제17조).

답 ④

73 **1982년 해양법협약의 내용에 대한 설명으로 옳지 않은 것은?** 09년 9급

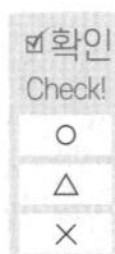

① 심해저제도는 인류의 공동유산 개념에 입각해서 제도화된 것이다.
② 국제해협의 경우 영해의 폭은 영해기선으로부터 3해리를 초과할 수 없다.
③ 대륙붕의 외측한계는 영해기선으로부터 200해리 이상일 수도 있다.
④ 배타적경제수역은 연안국의 영역에 포함되지 않는다.

해설

난도 ★★

① [○] UN해양법협약 제136조에서 심해저가 인류의 공동유산임을 명시하고 있다.

② [×] 국제해협에서는 영해 부분의 통과통항이 인정될 뿐, 영해의 범위 설정에 있어서는 UN해양법협약의 일반적인 내용을 따른다. 따라서 국제해협에서도 UN해양법협약 제3조에 따라 연안국은 영해기선으로부터 최대 12해리까지 영해를 설정할 권리를 가진다.

③ [○] 연안국의 대륙붕은 영해 밖으로 영토의 자연적 연장에 따라 대륙변계의 바깥 끝까지, 또는 대륙변계의 바깥 끝이 200해리에 미치지 아니하는 경우, 영해기선으로부터 200해리까지의 해저지역의 해저와 하층토로 이루어진다(UN해양법협약 제76조 제1항). 해저에 있는 대륙붕의 바깥한계선을 이루는 고정점은 영해기선으로부터 350해리를 넘거나 2500미터 수심을 연결하는 선인 2500미터 등심선으로부터 100해리를 넘을 수 없다(UN해양법협약 제76조 제5항). 해저산맥에서는 대륙붕의 바깥한계는 영해기선으로부터 350해리를 넘을 수 없다. 이 항은 해양고원 · 융기 · 캡 · 해퇴 및 해저돌출부와 같은 대륙변계의 자연적 구성요소인 해저고지에는 적용하지 아니한다(UN해양법협약 제76조 제6항). 대륙붕은 원칙적으로 대륙변계의 바깥 끝까지라는 자연적 기준과 영해기선으로부터 200해리까지라는 거리기준 두 가지에 의하며, 대륙변계의 바깥끝이 200해리를 넘는 경우에도 대륙붕의 바깥한계선은 영해기선으로부터 350해리를 넘거나 2,500미터 등심선으로부터 100해리를 넘을 수 없다. 다만 이러한 대륙붕의 한계는 대륙변계의 자연적 구성요소인 해저고지에는 적용되지 않는다.

④ [○] 연안국의 주권은 영토와 내수 밖의 영해라고 하는 인접해역, 군도국가의 경우에는 군도수역 밖의 영해라고 하는 인접해역에까지 미친다(UN해양법협약 제2조 제1항). 이러한 주권은 영해의 상공 · 해저 및 하층토에까지 미친다(UN해양법협약 제2조 제2항). 배타적경제수역에서 연안국은 주권적 권리를 가질 뿐 주권을 가지는 것은 아니다. '주권적 권리'와 '주권'은 구별하는 것이 일반적 견해다.

답 ②

CHAPTER 02 기타 영역론

제1절 국가영역

01 **국제법상 영공에 대한 설명으로 옳은 것은?** 19년 9급

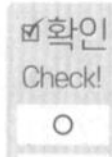

① 국가항공기는 하부국가의 동의하에 그 영공을 비행할 수 있다.
② 영공의 상방한계는 「국제민간항공협약」에서 정하고 있다.
③ 영해와 접속수역 상공까지 연안국의 완전하고 배타적인 주권이 미친다.
④ 민간항공기는 제3국의 영공에서 완전한 상공비행의 자유를 향유한다.

해설
난도 ★★
① [○], ④ [×] 영공주권의 절대성에 의하여 영해에서의 무해통항과 유사한 권리가 항공기에는 인정되지 않는다. 그러므로 하부국가가 동의하지 않은 비행 및 착륙은 영공침범으로서 국제적 불법행위를 구성하게 된다.
② [×] 영공의 상방한계에 관한 일반조약이나 국제관습법은 없다.
③ [×] 연안국의 주권은 영토와 내수 밖의 영해라고 하는 인접해역, 군도국가의 경우에는 군도수역 밖의 영해라고 하는 인접해역에까지 미친다(UN해양법협약 제2조 제1항). 접속수역 상공에는 주권이 미치지 않는다.

답 ①

02 **국제법상 현상유지(uti possidetis) 원칙에 대한 설명으로 옳지 않은 것은?** 17년 9급

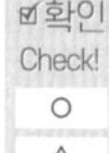

① 국제법상 uti possidetis 원칙은 현재의 점유자가 계속 점유한다는 로마법에서 유래하였다.
② 중남미 국가들은 독립 당시 국경선에 uti possidetis 원칙을 적용하였다.
③ 아프리카단결기구(OAU)는 자결권에 의거하여 uti possidetis 원칙의 적용을 반대하는 결의를 채택하였다.
④ 국제사법재판소는 uti possidetis 원칙을 독립국의 수립 시에 어디서나 적용되는 일반원칙이라고 밝혔다.

해설

난도 ★★

① [○] uti possidetis 란 '사실상의 상태에 따라'라는 의미의 로마사법상의 용어로 식민통치 당시의 경계선을 기준으로 국경선을 결정한다는 원칙이다.

② [○] uti possidetis 원칙은 1810년대 남미국가들이 스페인 식민통치에서 독립할 때 행정구역을 기준으로 국경선을 설정한 것이 유래가 되었다.

③ [×] 1964년 아프리카단결기구(OAU)의 국가수반회의에서 식민지 당시의 경계를 존중한다고 결의됨으로써 확인된 바 있다.

④ [○] ICJ는 부르키나파소 대 말리 사건에서 uti possidetis 원칙이 국제법상 일반원칙임을 확인하였다.

답 ③

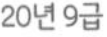

03 국제법상 영토취득의 권원으로서 선점과 시효에 대한 설명으로 옳은 것은?

20년 9급

① 원소유국의 묵인은 시효를 완성시키기 위해 필요하지 아니하다.

② 시효의 대상은 무주지인 반면 선점의 대상은 타국의 영토이다.

③ 양자 모두 실효적 지배와 국가의 영토취득 의사를 필요로 한다.

④ 영토취득에 있어 선점은 일회적 점유를 통해 완성이 가능하다.

해설

난도 ★★

① [×] 국제법상 영토취득의 권원으로서 시효는 장기간에 걸쳐 평온하게 타국영토를 점유 · 지배함으로써 그 영토를 취득하게 되는 것을 말하는바, 점유의 평온성이 인정되기 위해서는 원소유국의 묵인은 필수적이라고 할 것이다.

② [×] 선점의 대상은 무주지인 반면 시효의 대상은 타국의 영토이다.

③ [○] 선점은 무주지에 대한 국가의 실효적 지배와 선점의 의사를 요건으로 하며, 시효는 타국 영토에 대한 장기간의 평온한 점유 · 지배를 요건으로 한다. 따라서 실효적 지배는 선점과 시효 양자 모두의 요건에 해당한다.

④ [×] 영토취득에 있어 선점은 1회적 점유를 통해 완성되는 것이 아니라 실효성 있는 계속적 지배를 요건으로 한다.

답 ③

04 **국제법상 선점에 관한 설명으로 옳지 않은 것은?** 15년 9급

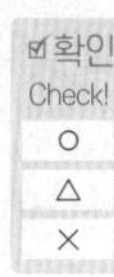

① 선점은 무주지(terra nullius)를 대상으로 한다.
② 서부 사하라(Western Sahara) 사건에서 국제사법재판소(ICJ)는 정치적으로나 사회적으로 조직화된 부족들의 거주지는 무주지로 볼 수 없다고 판단하였다.
③ 페드라 블랑카 섬 영유권 사건(Case concerning Sovereignty over Pedra Branca/Pulau Batu Puteh, Middle Rocks and South Ledge)에서 국제사법재판소(ICJ)는 선점 사실을 이해 관계국에 통고하여야 한다는 입장을 취하였다.
④ 팔마스섬(Island of Palmas) 사건에서 Huber 중재재판관은 선점은 실효적이어야 한다는 것을 확인한 바 있다.

해설
난도 ★★★

① [○] 선점은 무주지에 대해 영유의사를 갖고 먼저 실효적 지배를 함으로써 영역을 취득하는 것을 말한다. 선점의 주체는 국가여야 하며, 선점의 객체는 무주지여야 한다.
② [○] 서부 사하라 사건에서 ICJ는 선점의 대상이 되는 지역은 무주지이어야 하는바, 사회적 및 정치적 조직을 갖춘 원주민이 거주하고 권한 있는 대표자가 존재한다면, 그 지역은 원시취득의 대상요건을 결여한다고 하여 스페인의 무주지 선점 주장을 부인하였다.
③ [×] 일반국제법상 선점의 요건으로 이해관계국에 대한 통고가 필요한지에 대해서는 견해가 대립한다. 클리퍼튼섬(Clipperton Island) 사건에서는 선점의 통고가 이루어지기도 하였으나 이는 국제법상 확립된 요건으로 보기는 어렵다. 페드라 블랑카 섬 영유권 사건에서 ICJ는 싱가포르가 선점의 시기로 주장한 19세기 중반 당시 섬들이 무주지 선점을 적용할 수 있는 상태가 아니었음을 이유로 싱가포르의 선점 주장을 인정하지 않았다. 선점의 요건으로 이해관계국에 대한 통고가 필요한지에 대한 직접적인 판단은 이루어지지 않았다.
④ [○] 중재재판관 후버(Max Huber)는 "발견이라는 불완전한 권원은 상당한 기간 내에 당해 지역에 대한 실효적 점유로서 완성되어야 한다."고 지적하고, 19세기의 국제법은 선점의 실효성을 요청하므로 발견만 하고 실효적 지배가 수반되지 않는 경우, 그 발견의 효과는 권리의 계속적 및 평화적 행사에 우선하지 못한다고 결정하였다.

답 ③

05 선점에 의한 영토취득에 대한 설명으로 옳지 않은 것은?

14년 9급

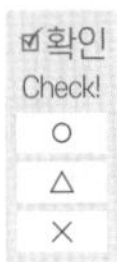

① 국가가 영토취득의 의사를 가지고 무주지를 실효적으로 지배함으로써 완성되는 권원이다.
② 국제사법재판소는 사회적 · 정치적으로 조직화된 부족이 살고 있는 지역은 무주지로 볼 수 없다고 판단하였다.
③ 국가행정기구의 설치는 실효적 지배 완성의 필수요소이다.
④ 실효적 지배의 개념은 대상지역에 따라 다를 수 있는 상대적인 개념이다.

해설

난도 ★★

① [○] 선점이란 국가가 무주지에 대해 영유의사를 갖고 먼저 실효적 지배를 함으로써 영역을 취득하는 것을 말한다.
② [○] ICJ는 서부사하라 사건에서 선점의 대상은 무주지이며, 사회적 · 정치적 조직을 갖춘 원주민이 거주하고 권한 있는 대표자가 존재한다면 그 지역은 원시취득의 대상이 되지 않는다고 하였다.
③ [×] 클리퍼튼섬 사건에서는 프랑스가 클리퍼튼섬에 행정기구를 설치하지 않았음에도 불구하고 프랑스의 실효적 지배를 인정하였다.
④ [○] 실효적 지배의 정도는 개별적 여건 등에 따라 완화될 수 있다. 동부그린란드 사건과 클리퍼튼섬 사건에서 이를 확인하였다.

답 ③

06 국가의 영토 취득사유에 대한 설명으로 옳지 않은 것은?

11년 9급

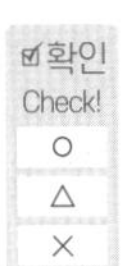

① 시효는 무주지(無主地)를 취득하는 것을 말한다.
② 첨부는 인공적 또는 자연적 사실에 의한 영토의 취득사유이다.
③ 국가 간의 전쟁을 통항 정복은 합법적인 영토의 취득사유가 아니다.
④ 선점이 성립하기 위해서는 '실효적 지배'(effective control)가 요구된다.

해설

난도 ★★

① [×] 시효는 장기간에 걸쳐 평온하게 타국영토를 점유 · 지배함으로써 그 영토를 취득하게 되는 것을 말한다. 무주지(無主地)는 선점의 대상이 될 뿐이다.
② [○] 첨부란 해저의 융기, 하구의 삼각주의 형성 등으로 토지가 증대되어 영토를 취득하게 되는 것을 말한다. 자연적 사실에 의한 것이 보통이나 해안의 매립, 인공섬의 설치 같은 인위적인 경우도 있다.
③ [○] 정복은 국가가 일방적 의사로서 타국의 영토를 자국의 영토에 병합하는 것을 말한다. 오늘날 정복은 적법한 영역취득사유로 인정되지 않는다.
④ [○] 선점이란 무주지에 대해 영유의사를 갖고 먼저 실효적 지배를 함으로써 영역을 취득하는 것을 말한다. 선점의 주체는 국가여야 하고, 선점의 객체는 무주지여야 하며, 국가는 무주지를 자국영토로 하려는 의사로 '실효적 지배'를 하여야 한다.

답 ①

07 과거에는 국가가 영토를 획득할 수 있는 방법의 하나였으나, 1928년 켈로그 브리앙(Kellog-Briand)조약이나 현재 UN헌장 제2조 4항의 규정에 반하여 영토 획득의 방법으로서 타당성을 잃은 것은? 13년 9급

☑확인 Check! ○ △ ×

① 점령(occupation)
② 시효취득(prescription)
③ 정복(conquest)
④ 부합(accretion)

해설
난도 ★
① [×] 점령이란 다른 국가의 영토의 일부 또는 전부를 일시적으로 사실상 지배하는 것으로, 점령만으로 영토획득이 이루어지지는 않는다.
② [×], ④ [×] 시효취득이나 부합(첨부)은 현대국제법에서도 합법적인 영역취득사유로 인정된다.
③ [○] 정복의 경우 일방적 무력행사가 가능하였던 시대에는 국가영역 취득사유로 인정되었으나, 무력행사가 금지된 현대국제법에서는 정당한 영역취득사유로 인정되지 않는다.

답 ③

08 오늘날 국제법상 국가의 영역권 취득 사유로 인정되지 않는 것은? 10년 9급

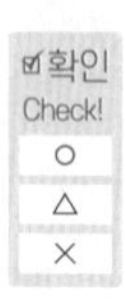

① 정복(conquest)
② 선점(occupation)
③ 첨부(accretion)
④ 할양(cession)

해설
난도 ★
① [×] 정복은 국가가 일방적 의사로서 타국의 영토를 자국의 영토에 병합하는 것을 말하는 것으로서, 오늘날 적법한 영역취득사유로 인정되지 않는다.
② [○] 선점이란 무주지에 대해 영유의사를 가지고 먼저 실효적 지배를 함으로써 영역을 취득하는 것을 말한다.
③ [○] 첨부란 해저의 융기, 하구의 삼각주의 형성 등으로 토지가 증대되어 영토를 취득하게 되는 것을 말한다. 자연적 사실에 의하는 것이 일반적이나 해안의 매립, 인공섬의 설치와 같은 인위적인 경우도 있을 수 있다.
④ [○] 할양이란 국가간의 합의에 의한 영토의 이전을 말한다.

답 ①

09 극지에 대한 설명으로 옳지 않은 것은?

20년 7급

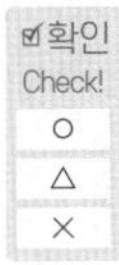

① 1959년 「남극조약」의 당사국이 아닌 1980년 「남극해양생물자원보존에 관한 협약」의 체약당사국은 남극조약지역의 환경보호 및 보존을 위한 남극조약 협의당사국의 특별한 의무와 책임을 인정한다.

② 북극지역의 원주민을 대표하는 일부 민간단체는 오타와선언으로 설립된 북극이사회에 영구참여자의 자격으로 참여하며, 북극이사회의 의사결정은 절대 다수결에 의한다.

③ 1991년 「남극조약 환경보호의정서」는 남극환경보호를 위해 상호협력하는 것을 주요 내용으로 하며, 남극조약지역에서 과학적 연구를 제외하고는 광물자원과 관련된 어떠한 활동도 금지한다.

④ 비북극국가들, 세계적 및 지역적 차원의 정부 간 및 의회 간 기구, 그리고 비정부기구는 북극이사회로부터 옵서버 지위를 부여받을 수 있다.

해설

난도 ★★★

① [○] 남극조약의 당사국이 아닌 체약당사국은 남극조약지역의 환경보호 및 보존을 위한 남극조약협의당사국의 특별한 의무와 책임을 인정한다(남극해양생물자원보존에관한협약 제5조 제1항).

② [×] 북극이사회는 북극 주변 국가들 간의 북극정책 논의를 위하여 1996년의 오타와선언을 기반으로 설립되었다. 북극이사회에는 아이슬란드, 러시아, 노르웨이, 덴마크, 스웨덴, 캐나다, 미국, 핀란드 등 8개국이 회원국으로, 이누이트, 사미족 등 6개 원주민 단체가 상시참여단체로, 한국, 영국, 프랑스, 독일, 네덜란드, 폴란드, 스페인, 중국, 이탈리아, 일본, 인도, 싱가포르, 스위스 등 13개국이 옵서버국가로, 국제적십자연맹, 북대서양해양포유류위원회, UN환경계획 등 13개 기구가 국제기구옵서버로, 해양보호자문위원회, 환극지보전연합, 국제북극과학위원회 등 12개 기구가 비정부기구옵서버로, EU가 잠정옵서버로 참여하고 있다. 북극이사회의 의사결정은 8개 회원국의 컨센서스로 한다.

③ [○] 1991년 「남극조약 환경보호의정서」는 제6조(협력)를 비롯한 다수의 규정에서 '협력'에 관해 규정하고 있으며, 제7조에서는 "과학적 연구를 제외하고는 광물자원과 관련된 어떠한 활동도 금지된다."라고 규정하고 있다.

④ [○] 북극이사회의 설립기초가 된 오타와선언 제3항에서는 북극이사회의 옵서버 지위가 비북극국가들(non-Arctic states), 세계적 및 지역적 차원의 정부 간 및 의회간 기구(inter-governmental and inter-parliamentary organizations, global and regional), 비정부기구(non-governmental organizations)에 개방되어 있음을 규정하고 있다.

답 ②

10 1959년 남극조약에 대한 설명으로 옳은 것은?

14년 7급

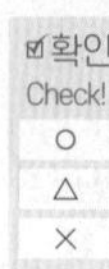

① 남극조약은 남극에 군사기지 설치를 허용한다.

② 남극조약은 남극에서 기존 영토주권에 대한 청구권(claim) 확대 주장을 허용한다.

③ 남극조약의 적용 대상은 남위 60도 이남의 남극대륙으로서 빙산은 적용 대상이 아니다.

④ 남극조약은 과학적 연구나 평화적 목적을 위한 군의 요원 또는 장비 사용을 허용한다.

해설

난도 ★★★

① [×] 남극지역은 평화적 목적을 위하여서만 이용된다. 특히, 군사기지와 방비시설의 설치, 어떠한 형태의 무기실험 및 군사훈련의 시행과 같은 군사적 성격의 조치는 금지된다(남극조약 제1조 제1항).

② [×] 이 조약의 발효 중에는 남극지역에서의 영토주권에 관한 새로운 청구권 또는 기존 청구권의 확대를 주장할 수 없다(남극조약 제4조 제2항).

③ [×] 이 조약의 제규정은 모든 빙산을 포함하여 남위 60도 이남의 지역에 적용된다(남극조약 제6조).

④ [○] 이 조약은 과학적 연구를 위하거나 또는 기타 평화적 목적을 위하여 군의 요원 또는 장비를 사용하는 것을 금하지 아니한다(남극조약 제1조 제2항).

답 ④

제3절 항공법

11 항공법에 대한 설명으로 옳지 않은 것은?

20년 9급

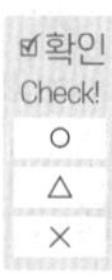

① 1944년 「국제민간항공협약」은 군, 세관 및 경찰업무에 사용되는 항공기, 국가원수와 기타 고위 공직자들을 위해 준비되는 항공기에는 적용되지 않는다.

② 비행정보구역(FIR)은 민간항공의 안전과 효율을 도모하기 위한 제도이며 영공 주권의 인정과는 무관하지만 공해 상공으로는 펼쳐질 수 없다.

③ 자국의 접속수역 상공을 비행 중인 항공기에 대해 해당 연안국은 자국의 접속수역에서의 선박에 대해 행하는 것과 동일한 목적의 규제를 실시할 수 있다.

④ 방공식별구역(ADIZ)은 대부분의 국가가 실시하고 있는 제도는 아니며, 그 운영 폭이 제각각이고 통일된 기준도 없으므로 일반적 관행이 수립되었다고 할 수 없다.

해설

난도 ★★★

① [○] 본 협약은 민간항공기에 한하여 적용하고 국가의 항공기에는 적용하지 아니한다(국제민간항공협약 제3조 (a)호). 군, 세관과 경찰업무에 사용하는 항공기는 국가의 항공기로 간주한다(국제민간항공협약 제3조 (b)호).

② [×] 비행정보구역(FIR)이란 국제민간항공기구가 항공교통관제를 위해 각 나라가 담당하는 공역을 구분한 것을 말한다. 민간항공의 안전과 효율을 도모하기 위한 제도로서 영공주권과는 무관하며, 공해 상공으로까지 펼쳐질 수 있다.

③ [○] UN해양법협약 제33조에서는 연안국이 접속수역에서 "연안국의 영토나 영해에서의 관세 · 재정 · 출입국관리 또는 위생에 관한 법령의 위반방지", "연안국의 영토나 영해에서 발생한 위의 법령 위반에 대한 처벌"을 위하여 필요한 통제를 할 수 있다고 규정하고 있으며, 통제대상으로서 선박과 항공기를 구분하지 않고 있다.

④ [○] 방공식별구역(ADIZ)은 영공의 방위를 위하여 영공 외곽 공해 상공에 설정되는 공중구역으로서, 국가들이 자위권을 이유로 일방적으로 설정하여 선포하지만 국제법적 근거에 대해서는 논란이 있다.

답 ②

12 항공테러 억제 관련 주요 국제협약에 대한 설명으로 옳지 않은 것은? 15년 7급

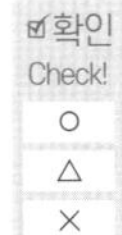

① 1963년 항공기내 범죄 및 기타 행위에 관한 협약(일명 1963년 동경협약)은 범죄인 인도 의무를 규정하고 있다.

② 1970년 항공기의 불법납치 억제를 위한 협약(일명 1970년 헤이그협약)은 범죄인의 인도 또는 소추를 명시하고 있다.

③ 1971년 민간항공의 안전에 대한 불법적 행위의 억제를 위한 협약(일명 1971년 몬트리올협약)은 비행중인 항공기 및 운항 중인 항공기와 그 탑승자의 안전에 대한 불법적 행위의 억제를 목적으로 한다.

④ 2010년 국제민간항공에 관련된 불법행위 억제에 관한 협약(일명 2010년 북경협약)은 적용 대상 범죄들을 정치범죄로 간주하지 않는다고 명시하고 있다.

해설

난도 ★★★

① [×] 1963년 도쿄협약에는 범죄인인도에 관한 규정이 없다.

② [○] 그 영토 내에서 범죄혐의자가 발견된 체약국은 만약 동인을 인도하지 않을 경우에는, 예외 없이, 또한 그 영토 내에서 범죄가 행하여진 것인지 여부를 불문하고 소추를 하기 위하여 권한 있는 당국에 동 사건을 회부하여야 한다(항공기의 불법납치 억제를 위한 협약 제7조). 1970년 헤이그협약에는 범죄인의 인도 또는 소추를 명시하고 있다.

③ [○] 1971년 몬트리올협약에서는 비행중인 항공기뿐만 아니라 운항중인 항공기까지 그 적용대상으로 하고 있다.

④ [○] 제1조에 규정된 범죄들 중 어느 것도 범죄인인도나 사법공조의 목적상 정치범, 정치범과 연관된 범죄 또는 정치적 동기에 의해 유발된 범죄로 간주되지 않는다. 따라서, 그러한 범죄에 근거한 범죄인인도 또는 사법공조 요청은 그것이 정치범, 정치범과 연관된 범죄 또는 정치적 동기에 의해 유발된 범죄에 관한 것이라는 이유만으로 거부될 수는 없다(국제민간항공에 관련된 불법행위 억제에 관한 협약 제13조).

답 ①

13 **국제우주법에 대한 설명으로 옳지 않은 것은?** 20년 7급

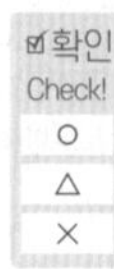

① 1975년 「외기권에 발사된 물체의 등록에 관한 협약」에 따라 각 등록국은 때때로 등록이 행해진 우주물체에 관련된 추가 정보를 UN사무총장에게 제공할 수 있다.

② 1967년 「달과 기타 천체를 포함한 외기권의 탐색과 이용에 있어서의 국가 활동을 규율하는 원칙에 관한 조약」에 따라 과학적 조사 또는 기타 모든 평화적 목적을 위하여 군인을 이용하는 것은 금지되지 아니한다.

③ 1986년 '외기권으로부터 지구의 원격탐사에 관한 원칙' 제13의 해석상 탐사국은 피탐사국의 사전동의를 의무적으로 구해야 한다.

④ 1967년 「달과 기타 천체를 포함한 외기권의 탐색과 이용에 있어서의 국가 활동을 규율하는 원칙에 관한 조약」에 따라 외기권에 발사된 물체 또는 구성 부분이 그 등록국인 본 조약의 당사국의 영역 밖에서 발견된 것은 동 당사국에 반환되어야 한다.

해설

난도 ★★★

① [○] 각 등록국은 때때로 등록이 행해진 우주물체에 관련된 추가 정보를 국제연합 사무총장에게 제공할 수 있다(외기권에발사된물체의등록에관한협약, 일명 우주등록조약 제4조 제2항).

② [○] 과학적 조사 또는 기타 모든 평화적 목적을 위하여 군인을 이용하는 것은 금지되지 아니한다(달과기타천체를포함한외기권의탐색과이용에있어서의국가활동을규율하는원칙에관한조약, 일명 우주조약 제4조).

③ [×] 1986년 UN총회가 채택한 결의인 '외기권으로부터 지구의 원격탐사에 관한 원칙'의 원칙 13에서는 "특별히 개발도상국의 필요와 관련하여 국제협력을 증진하고 강화하기 위하여, 우주로부터 지구원격탐사를 수행하는 국가는, 요청 시 기회를 제공하고 그것으로부터 파생되는 상호혜택을 강화하기 위하여, 영토가 탐지되는 국가와 협의하여야 한다."라고 규정하여 피탐사국과의 협의에 관한 규정을 두고 있을 뿐이며, 피탐사국의 사전동의를 의무적으로 구해야 하는 것은 아니다.

④ [○] 외기권에 발사된 물체의 등록국인 본 조약의 당사국은 동 물체가 외기권 또는 천체에 있는 동안, 동 물체 및 동 물체의 인원에 대한 관할권 및 통제권을 보유한다. 천체에 착륙 또는 건설된 물체와 그 물체의 구성부분을 포함한 외기권에 발사된 물체의 소유권은 동 물체가 외기권에 있거나 천체에 있거나 또는 지구에 귀환하였거나에 따라 영향을 받지 아니한다. 이러한 물체 또는 구성부분이 그 등록국인 본 조약 당사국의 영역 밖에서 발견된 것은 동 당사국에 반환되며 동 당사국은 요청이 있는 경우 그 물체 및 구성부분의 반환에 앞서 동일물체라는 자료를 제공하여야 한다(우주조약 제8조).

답 ③

19년 7급

14 **상공 및 외기권 우주에 대한 국제법의 설명으로 옳은 것은?**

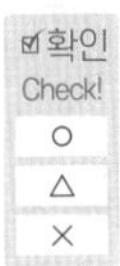

① 「해양법에 관한 국제연합협약」상 국제해협의 통과통행이 적용되는 상부 공간에 대해서는 연안국이 완전하고 배타적인 주권을 행사할 수 없다.

② 1967년 「달과 기타 천체를 포함한 외기권의 탐색과 이용에서의 국가 활동을 규율하는 원칙에 관한 조약」은 달을 인류 공동의 유산으로 규정하고 있다.

③ 방공식별구역(Air Defense Identification Zone)은 연안국의 주권이 인정되는 공역(空域)이다.

④ 비행정보구역(Flight Information Region)은 항공교통관제서비스를 제공하는 구역으로 국제법상 주권적 성격을 가지는 영공으로 간주된다.

해설

난도 ★★★

① [○] 통과통항이라 함은 공해 또는 배타적경제수역의 일부와 공해 또는 배타적경제수역의 다른 부분간의 해협을 오직 계속적으로 신속히 통과할 목적으로 이 부에 따라 항행과 상공비행의 자유를 행사함을 말한다(UN해양법협약 제38조 제2항). 해협연안국은 통과통항권을 방해할 수 없으며 자국이 인지하고 있는 해협 내 또는 해협 상공에 있어서의 항행이나 비행에 관한 위험을 적절히 공표한다. 통과통항은 정지될 수 없다(UN해양법협약 제44조).

② [×] 1979년 「달과 기타 천체에서의 국가활동에 관한 협약」에서 달과 기타 천체 및 그 천연자원을 인류공동유산으로 하였으며, 이는 인류공동유산을 규정한 최초의 조약이다.

③ [×] 방공식별구역(ADIZ)은 영공의 방위를 위해 영공 외곽 공해 상공에 설정되는 공중구역이다. 국가들은 자위권을 이유로 일방적으로 설정하여 선포하지만 국제법적 근거에 대해서는 논란이 있다.

④ [×] 비행정보구역(FIR)이란 국제민강항공기구(ICAO)가 항공교통관제를 위해 각 나라가 담당하는 공역을 구분한 것을 말한다. 비행정보구역상의 항공기는 관할 국가 요청시 제반 정보를 제공할 의무가 있다.

 ①

18년 7급

15 **우주물체에 의해 발생한 손해에 대한 국제책임의 내용으로 옳은 것은?**

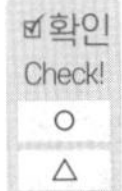

① 타국의 지구 표면이나 비행 중인 항공기에 손해를 입히는 경우에는 과실이 있을 때에만 책임이 발생한다.

② 지구 표면 외의 장소에서 타국의 우주물체에 손해를 입히는 경우에는 절대책임이 발생한다.

③ 국제책임은 우주물체의 발사를 의뢰한 국가가 부담하고 그 발사를 실시한 국가는 면책이 된다.

④ 비정부주체가 우주물체를 소유하고 발사한 경우에 대해서도 소속국이 국제책임을 져야 한다.

해설

난도 ★★★

① [×] 발사국은 자국 우주물체가 지구표면에 또는 비행중의 항공기에 끼친 손해에 대하여 보상을 지불할 절대적인 책임을 진다(우주손해배상조약 제2조).

② [×] 지구표면 이외의 영역에서 발사국의 우주물체 또는 동 우주물체상의 인체 또는 재산이 타 발사국의 우주물체에 의하여 손해를 입었을 경우, 후자는 손해가 후자의 과실 또는 후자가 책임져야 할 사람의 과실로 인한 경우에만 책임을 진다(우주손해배상조약 제3조).

③ [×] 2개 또는 그 이상의 국가가 공동으로 우주물체를 발사할 때에는 그들은 발생한 손해에 대하여 공동으로 그리고 개별적으로 책임을 진다(우주손해배상조약 제5조 제1항).

④ [○] 본 조약의 당사국은 달과 기타 천체를 포함한 외기권에 있어서 그 활동을 정부기관이 행한 경우나 비정부주체가 행한 경우를 막론하고, 국가활동에 관하여 그리고 본 조약에 규정한 조항에 따라서 국가활동을 수행할 것을 보증함에 관하여 국제적 책임을 져야 한다(우주조약 제6조 제1문).

답 ④

16 **1972년 우주 물체에 의하여 발생한 손해에 대한 국제책임에 관한 협약에 따른 책임문제의 설명으로 옳은 것은?** 14년 7급

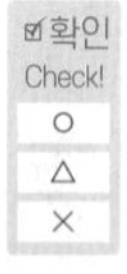

① UN헌장과 1967년의 우주조약을 포함한 국제법과 일치하지 않는 발사국의 활동 결과로 야기된 손해에 대해서는 피해국의 과실 여부에 관계없이 발사국이 절대책임을 진다.

② 우주 물체가 지구 표면의 사람에 끼친 손해에 대해서 발사국은 피해자의 중대한 과실 유무의 입증에 관계없이 절대책임을 진다.

③ 지구 표면 이외의 영역에서 발사국의 우주 물체가 다른 발사국의 우주 물체에 대해 손해를 끼친 경우에 발사국은 피해국의 과실 유무에 상관없이 배상책임을 진다.

④ 손해는 달과 기타 천체를 포함한 외기권, 대기권에서 발생한 손해를 의미하고 지구 표면에서 일어난 손해는 제외한다.

해설

난도 ★★★

① [○] UN헌장 및 달과 기타 천체를 포함한 외기권의 탐색과 이용에 있어서의 국가 활동을 규율하는 원칙에 관한 조약을 포함한 국제법과 일치하지 않는 발사국에 의하여 행하여진 활동으로부터 손해가 발생한 경우에는 어떠한 면책도 인정되지 않는다(우주손해배상조약 제6조 제2항).

② [×] 발사국은 자국 우주물체가 지구 표면에 또는 비행중의 항공기에 끼친 손해에 대하여 보상을 지불할 절대적인 책임을 진다(우주손해배상조약 제2조). 본 조 제2항의 규정을 따를 것으로 하여 발사국측의 절대책임의 면제는 손해를 입히려는 의도 하에 행하여진 청구국 또는 청구국이 대표하는 자연인 및 법인측의 작위나 부작위 또는 중대한 부주의로 인하여 전적으로 혹은 부분적으로 손해가 발생하였다고 발사국이 입증하는 한도까지 인정된다(우주손해배상조약 제6조 제1항). 위 두 조문에 의하면, 우주물체로 인하여 지구공간에서 발생한 손해에 대하여 발사국은 원칙적으로 절대적 책임을 지지만, 발사국이 피해자의 고의 또는 중대한 과실로 인하여 피해자의 피해가 발생한 것이라는 점을 입증하면 그 부분에 대해서는 책임지지 않는다.

③ [×] 지구 표면 이외의 영역에서 발사국의 우주물체 또는 동 우주물체상의 인체 또는 재산이 타 발사국의 우주물체에 의하여 손해를 입었을 경우, 후자는 손해가 후자의 과실 도는 후자가 책임져야 할 사람의 과실로 인한 경우에만 책임을 진다(우주손해배상조약 제3조).

④ [×] "손해"라 함은 인명의 손실, 인체의 상해 또는 기타 건강의 손상 또는 국가나 개인의 재산, 자연인이나 법인의 재산 또는 정부간 국제기구의 재산의 손실 또는 손해를 말한다(우주손해배상조약 제1조 (a)호).

답 ①

17 1967년의 달과 기타 천체를 포함한 외기권의 탐색과 이용에 있어서의 국가활동을 규율하는 원칙에 관한 조약에 대한 설명으로 옳지 않은 것은? 11년 7급

☑확인 Check! ○ △ ×

① 동 조약의 목적은 우주이용을 법으로 규제하고 우주에서의 법질서를 창설 · 유지하는 데 있다.
② 동 조약은 우주질서의 창설을 위한 기본법과 우주군축실현을 위한 군축조약으로서의 양면성을 가지고 있다.
③ 동 조약에 의하면 달과 기타 천체를 포함한 외기권은 영유가 금지되어 있다.
④ 동 조약에 의하면 비록 과학적 조사의 목적일지라도 군인을 이용하는 것은 금지된다.

해설

난도 ★★★

① [○], ② [○] 우주조약의 목적은 우주이용을 법으로 규제하고 우주에서의 법질서를 창설 · 유지하는 데 있는바, 우주조약은 인류가 처음으로 갖게 된 우주기본법이라 할 수 있으며, 또한 우주군축실현을 위한 군축조약으로서의 성격도 가지고 있다.
③ [○] 달과 기타 천체를 포함한 외기권은 주권의 주장에 의하여 또는 이용과 점유에 의하여 또는 기타 모든 수단에 의한 국가 전용의 대상이 되지 아니한다(우주조약 제2조).
④ [×] 우주조약 제4조에서는 "과학적 조사 또는 기타 모든 평화적 목적을 위하여 군인을 이용하는 것은 금지되지 아니한다."라고 규정하고 있다.

답 ④

10년 지방

18 우주공간에 대한 설명으로 옳지 않은 것은?

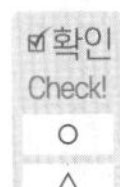

① 우주는 특정 국가가 점유하지 못하는 공간이며 모든 국가가 자유롭게 이용할 수 있다.
② 천체의 탐사와 이용은 인류의 이익을 위하여 평등하고 자유롭게 행해져야 한다.
③ 천체에서의 군사적 이용은 금지된다.
④ 우주물체가 우주공간에서 제3국에게 손해를 끼치는 경우, 동 우주물체의 국적국은 무과실 책임을 진다.

해설

난도 ★★★

① [○] 달과 기타 천체를 포함한 외기권은 주권의 주장에 의하여 또는 이용과 점유에 의하여 또는 기타 모든 수단에 의한 국가 전용의 대상이 되지 아니한다(우주조약 제2조).

② [○] 달과 기타 천체를 포함한 외기권은 종류의 차별 없이 평등의 원칙에 의하여 국제법에 따라 모든 국가가 자유로이 탐색하고 이용하며 천체의 모든 영역에 대한 출입을 개방한다. 달과 기타 천체를 포함한 외기권에 있어서의 과학적 조사의 자유가 있으며 국가는 이러한 조사에 있어서 국제적인 협조를 용이하게 하고 장려한다(우주조약 제1조).

③ [○] 본 조약의 당사국은 지구주변의 궤도에 핵무기 또는 기타 모든 종류의 대량파괴 무기를 설치하지 않으며, 천체에 이러한 무기를 장치하거나 기타 어떠한 방법으로든지 이러한 무기를 외기권에 배치하지 아니할 것을 약속한다. 달과 천체는 본 조약의 모든 당사국에 오직 평화적 목적을 위하여서만 이용되어야 한다. 천체에 있어서의 군사기지, 군사시설 및 군사요새의 설치, 모든 형태의 무기의 실험 그리고 군사연습의 실시는 금지되어야 한다(우주조약 제4조).

④ [×] 발사국은 자국 우주물체가 지구 표면에 또는 비행중의 항공기에 끼친 손해에 대하여 보상을 지불할 절대적인 책임을 진다(우주손해배상조약 제2조). 지구 표면 이외의 영역에서 발사국의 우주 물체 또는 동 우주 물체상의 인체 또는 재산이 타 발사국의 우주 물체에 의하여 손해를 입었을 경우, 후자는 손해가 후자의 과실 또는 후자가 책임져야 할 사람의 과실로 인한 경우에만 책임을 진다(우주손해배상조약 제3조). 우주손해배상조약 제2조에서는 우주물체로 인하여 지구공간에서 발생한 손해에 대한 무과실책임을 규정하고 있으며, 제3조에서는 우주물체로 인하여 우주공간에서 발생한 손해에 대한 과실책임을 규정하고 있다. 다만 제6조에서는 지구공간에서의 무과실책임의 면제에 관한 규정을 두고 있다.

답 ④

19 **우주공간 이용에 적용되는 법질서로 옳지 않은 것은?** 10년 7급

① 우주물체 등록자유의 원칙

② 우주활동자유의 원칙

③ 평화적 이용의 원칙

④ 영유금지의 원칙

해설

난도 ★★

① [×] 「외기권에 발사된 물체의 등록에 관한 협약」(일명 우주등록조약, Convention on Registration of Objects Launched into Outer Space) 제2조 제1항에서는 "우주물체가 지구 궤도 또는 그 이원에 발사되었을 때, 발사국은 유지하여야 하는 적절한 등록부에 등재함으로써 우주물체를 등록하여야 한다. 각 발사국은 동 등록의 확정을 국제 연합 사무총장에게 통보하여야 한다."라고 규정하여 우주물체의 등록 및 통보의무를 규정하고 있다.

② [○] 「달과 천체를 포함한 외기권의 탐색과 이용에서의 국가활동을 규율하는 원칙에 관한 조약」(일명 우주조약, Treaty on Principles Governing the Activities of States in the Exploration and Use of Outer Space, including the Moon and the Other Celestial Bodies) 제1조에서는 "달과 기타 천체를 포함한 외기권은 종류의 차별 없이 평등의 원칙에 의하여 국제법에 따라 모든 국가가 자유로이 탐색하고 이용하며 천체의 모든 영역에 대한 출입을 개방한다. 달과 기타 천체를 포함한 외기권에 있어서의 과학적 조사의 자유가 있으며 국가는 이러한 조사에 있어서 국제적인 협조를 용이하게 하고 장려한다."라고 규정하여 '우주활동자유의 원칙'을 규정하고 있다.

③ [○] 우주조약 제4조에서는 "달과 천체는 본 조약의 모든 당사국에 오직 평화적 목적을 위하여서만 이용되어야 한다."라고 규정하여 '평화적 이용의 원칙'을 규정하고 있다.

④ [○] 우주조약 제2조에서는 "달과 기타 천체를 포함한 외기권은 주권의 주장에 의하여 또는 이용과 점유에 의하여 또는 기타 모든 수단에 의한 국가 전용의 대상이 되지 아니한다."라고 규정하여 '영유금지의 원칙'을 규정하고 있다.

답 ①

09년 지방

20 우주활동의 법적 책임에 대한 설명 중 옳은 것은?

☑확인 Check! ○ △ ×

① 현재 발효 중인 조약 중에 우주물체로부터 발생한 손해배상과 관련한 조약은 없고, 손해배상과 관련해서는 국제관습법에 의한다.

② 손해가 지구표면 등에서 발생한 경우에는 우주활동의 주체가 과실책임을 진다.

③ 우주활동의 주체가 사인(私人)일지라도 이로 인한 손해에 대한 책임은 그 소속 국가가 진다.

④ 손해배상의 청구에 있어서는 국내구제를 완료할 것이 요구된다.

해설

난도 ★★★

① [×] 「우주물체에 의하여 발생한 손해에 대한 국제책임에 관한 협약」(Convention on the International Liability for Damage Caused by Space Objects, 일명 우주손해배상조약)이 1972년 3월 29일 채택, 1972년 9월 1일 발효되었다.

② [×] 발사국은 자국 우주물체가 지구 표면에 또는 비행중의 항공기에 끼친 손해에 대하여 보상을 지불할 절대적인 책임을 진다(우주손해배상조약 제2조). 지구 표면 이외의 영역에서 발사국의 우주물체 또는 동 우주물체상의 인체 또는 재산이 타 발사국의 우주물체에 의하여 손해를 입었을 경우, 후자는 손해가 후자의 과실 또는 후자가 책임져야 할 사람의 과실로 인한 경우에만 책임을 진다(우주손해배상조약 제3조). 우주손해배상조약에서는 손해가 지구표면 이외의 영역, 즉 우주영역에서 발생한 경우에는 과실책임을(우주손해배상조약 제3조), 지구표면 등에서 발생한 경우에는 무과실책임을(우주손해배상조약 제2조) 규정하고 있다. 다만 지구표면 등에서 손해가 발생한 경우의 무과실책임에는 일정한 예외가 인정된다(우주손해배상조약 제6조).

③ [○] 우주조약 제6조 1문에서는 "본 조약의 당사국은 달과 기타 천체를 포함한 외기권에 있어서 그 활동을 정부기관이 행한 경우나 비정부 주체가 행한 경우를 막론하고, 국가활동에 관하여 그리고 본 조약에서 규정한 조항에 따라서 국가활동을 수행할 것을 보증함에 관하여 국제적 책임을 져야 한다."라고 규정하여 비정부주체의 우주활동도 국가가 국제책임을 진다고 규정하고 있으며, 우주손해배상조약 제1조 (c)호에서는 "'발사국'이라 함은 (ⅰ) 우주물체를 발사하거나 또는 우주 물체의 발사를 야기하는 국가 (ⅱ) 우주물체가 발사되는 지역 또는 시설의 소속국을 의미한다."라고 규정하여 구체적인 우주활동의 주체가 정부인지 사인인지 구별을 하지 않고 있다.

④ [×] 이 협약에 의거 발사국에 대한 손해 보상 청구의 제시는 청구국 또는 청구국이 대표하고 있는 자연인 및 법인이 이용할 수 있는 사전 어떠한 국내적 구제의 완료를 요구하지 않는다(우주손해배상조약 제11조 제1항). 국가책임의 추궁을 위한 전제조건으로 국내적 구제완료를 요하지 않는다.

답 ③

CHAPTER 03 국제환경법

제1절 국제환경법 일반

1. 개설

01 **국제환경법상 '차별적 공동책임'(common but differentiated responsibility)에 대한 설명으로 옳지 않은 것은?** 11년 9급

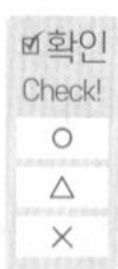

① 차별적 공동책임은 인류의 공동유산 또는 공동책임의 개념으로부터 발전한 것이다.
② 선진국과 개발도상국의 환경오염에 대한 책임의 차이를 인정한 것이다.
③ 선진국은 개도국에 대하여 환경오염해결에 필요한 기술이전과 재정지원을 하여야 한다는 것이다.
④ 인간환경에 관한 스톡홀름회의에서 처음으로 공식 선언되었다.

해설
난도 ★★★
① [○] 차별적 공동책임은 인류의 공동유산 개념으로부터 발전한 것으로, 형평에서 도출된 국제환경법 원칙이다.
② [○] '차별적 공동책임'에서 '공동책임'이란 모든 국가들이 인류의 공동관심사인 환경보호와 보전을 위해 노력해야 함을 의미하고, '차별책임'이란 환경문제에 대해 개별국가가 지닌 상이한 개발 정도와 능력, 지구환경훼손에 대한 상이한 책임 등을 감안한 책임을 의미한다.
③ [○] 선진국들은 개도국들보다 더 많은 비용을 부담하고 개도국에 대하여 필요한 기술이전과 재정지원을 하여야 한다.
④ [×] 차별적 공동책임의 원칙은 1992년 UN환경개발회의(UNCED; 리우회의)에서 새로이 제시된 원칙들 중 하나다.

답 ④

02 **국제환경법상 지속가능개발 원칙에 대한 설명으로 옳지 않은 것은?** 17년 9급

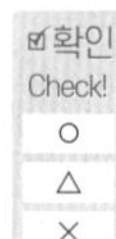

① 국제사법재판소는 가비치코브-나지마로스(Gabčikovo-Nagymaros) 사건에서 지속가능개발 원칙이 일반 국제관습법임을 확인하였다.
② 지속가능개발의 개념은 1987년 브룬트란드(Brundtland) 보고서를 계기로 국제사회에서 일반화되었다.
③ 지속가능개발 원칙은 환경보호가 개발과정의 중요한 일부이고 개발과정과 분리되어서는 아니 된다는 것을 포함한다.
④ 지속가능개발 원칙은 개발의 권리가 현세대와 미래세대의 요구를 공평하게 충족할 수 있도록 실현될 것을 포함한다.

✎해설

난도 ★★★

① [×] ICJ는 가비치코브-나지마로스 사건에서 조약의 종료, 조약의 승계 등의 문제에 대해 판단하였다.

② [○] 1983년 UN총회 결의에 의해 환경과 개발에 관한 세계위원회(일명, 브룬트란트위원회)가 설립되었으며, 1987년 「우리 공동의 미래」(브룬트란트보고서)라는 제하(題下)의 보고서를 발표하였고, 이 보고서를 계기로 국제사회에서 '지속가능한 개발 원칙'이 일반화되었다.

③ [○], ④ [○] '지속가능한 개발의 원칙'이란 국가가 자연자원을 개발하고 사용함에 있어 지속가능하도록 보장하여야 한다는 것이다. '지속가능한 개발의 원칙'에는 ㉠ 미래세대의 이익을 위한 자연자원의 보존(세대간 형평의 원칙, inter-generational equity), ㉡ 합리적인 방법으로 자연자원을 이용(지속가능한 사용의 원칙, sustainable use), ㉢ 다른 국가의 필요를 고려하여 자연자원을 형평하게 이용하는 것(형평한 이용의 원칙 또는 세대내 형평의 원칙, equitable use or intra-generational equity), ㉣ 경제개발 및 기타 개발계획에 반드시 환경적인 고려를 하도록 보장하는 것(환경과 개발의 통합 원칙)을 포함한다.

답 ①

03 **국제환경법의 주요 원칙에 대한 설명으로 옳은 것은?** 20년 7급

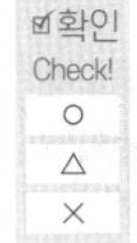

① 1996년 「런던덤핑의정서」는 해양환경에 유입되는 폐기물 또는 그 밖의 물질이 그 영향과의 인과관계를 증명하는 단정적인 증거가 없더라도 피해를 발생시킨다고 믿을 만한 이유가 있으면 동 물질을 해양에 투기하여서는 아니된다고 규정함으로써 사전배려의 원칙을 채택하였다.

② 1969년 「유류오염에 대한 민사책임에 관한 국제협약」의 규정은 군함 또는 국가에 의하여 소유되거나 운영되는 선박으로서 당분간 정부의 비상업적 역무에 사용되는 것에 대하여 적용된다.

③ 중재법원은 Lanoux호 사건에서 국가는 자국의 관할권 내 국제하천을 이용하기 위하여 타국의 동의를 얻어야 한다는 국제관습법상 협의의무를 확인하였다.

④ 상설국제사법재판소(PCIJ)는 Meuse강 사건에서 국가는 월경피해금지의무를 부담하며 이는 사전배려의 원칙에 의거한 피해예방의무로 발전하였다고 인정하였다.

✎해설

난도 ★★★

① [○] 이 의정서를 이행하는 데 있어 체약당사국은 해양에 투입된 폐기물이나 그 밖의 물질이 위해를 초래할 가능성이 있는 경우, 투입된 물질과 그 영향 간의 인과관계를 증명하는 결정적인 증거가 없더라도 폐기물이나 그 밖의 물질의 투기로 인한 환경보호를 위하여 적절한 사전조치를 취하는 예방적 접근방식을 적용한다(런던덤핑의정서 제3조 제1항).

② [×] 본 협약의 규정은 군함 또는 국가에 의하여 소유되거나 운영되는 선박으로서 당분간 정부의 비상업적 역무에 사용되는 것에 대하여는 적용되지 않는다(유류오염손해에대한민사책임에관한국제협약 제11조 제1항).

③ [×] 라누호 사건에서 중재법원은 국제하천의 상류국은 하류국의 이익을 침해하지 않는 범위 내에서 국제하천수를 이용할 수 있다는 국제법원칙을 확인하고, 프랑스의 수로변경이 까롤강의 수위를 변경시키는 것은 아니라는 이유로 프랑스의 수로변경은 적법한 것으로 판단하였다.

④ [×] 뮤즈강 사건은 벨기에와 네덜란드 사이를 흐르는 뮤즈강의 이용과 관련된 조약의 위반 여부가 쟁점이었던 판례다.

답 ①

04 국제환경법의 일반원칙에 대한 설명으로 옳지 않은 것은?

16년 7급

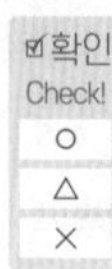

① 환경보호에 관하여 모든 국가가 공동의 책임을 지나, 각국은 경제적 · 기술적 상황을 고려하여 차별화된 책임을 부담한다.

② 심각한 환경피해의 우려가 있는 경우 과학적 확실성이 다소 부족해도 환경 훼손에 관한 방지조치를 우선 취해야 한다.

③ 환경오염을 유발한 책임이 있는 자와 오염발생지역을 관할하는 국가기관이 공동으로 오염처리비용을 부담한다.

④ 어느 국가도 자신의 관할권 내에서의 활동으로 다른 국가 또는 자국 관할권 바깥 지역에 환경피해를 야기하지 말아야 한다.

해설

난도 ★★★

① [○] 국제환경법에서는 '차별적 공동책임의 원칙'이 적용된다. 공동책임이란 모든 국가들이 인류의 공동관심사인 환경보호와 보전을 위해 노력해야 함을 의미하고, 차별책임이란 환경문제에 대해 개별국가가 지닌 상이한 개발 정도와 능력, 지구환경훼손에 대한 상이한 책임 등을 감안한 책임을 의미한다.

② [○] 국제환경법에서는 '사전주의 원칙'이 적용된다. '사전주의'는 어떤 국가도 타국 또는 공해와 대기권의 환경에 대해 유해한 영향을 초래하지 않도록 사전에 주의해야 한다는 원칙을 말한다. 사전주의에서 강조하는 내용은 ㉠ 과학적 입증이 되지 않았다는 것만을 이유로 심각한 위험을 안고 있는 환경문제에 대한 조치를 연기할 수 없다는 것, ㉡ 경제적으로 비효율적이라는 것이 일정한 환경문제에 대한 대응을 연기하는 이유가 될 수 없다는 것, ㉢ 환경오염은 시기를 놓치는 경우 회복이 불가능하거나 상당한 시간과 비용이 소요된다는 것 등이라고 볼 수 있다.

③ [×] 국제환경법에서는 오염행위를 한 국가가 오염제거비용과 손해배상을 부담해야 한다는 '오염자 부담' 원칙이 적용된다.

④ [○] 국제환경법에서는 자국 영토를 타국영토 또는 타국의 권리에 해를 끼치는 방법으로 사용하거나 사용하도록 허가하여서는 안 된다는 '영역사용의 관리책임 원칙'이 적용된다.

답 ③

05 환경문제의 특성에 따라 국제환경법의 연원과 이행에서 나타나는 특징에 대한 설명으로 옳지 않은 것은?

15년 7급

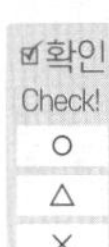

① 국제환경법의 이행과 준수는 주로 상호주의에 의해 뒷받침되고 있다.
② 국제환경조약의 체결에 있어서는 먼저 기본협약을 만들고 그 후에 의정서를 추가하는 방식의 유용성이 크다.
③ 환경보호를 위한 법은 국제법이 먼저 정립되고 이를 국내법이 수용하여 이행하는 방식으로 발전하였다.
④ 국제환경조약의 체결과정에서는 상대적으로 비국가행위자(non-state actor)의 참여가 활발하다.

해설

난도 ★★★

① [×] 전통 국제법에서는 상호주의적 보장을 통하여 그 이행이 확보되는 분야가 많다. 자국내 외교사절에 대한 국제법상의 특권과 면제를 어느 국가가 인정하지 않으면, 곧바로 해외의 해당국 외교사절이 동일한 취급을 받게 된다. 자연 각국은 자국내 외교사절에게 국제법에 합당한 대우를 한다. 그러나 국제환경문제는 상호주의적 보장을 통한 대처나 문제해결이 불가능한 분야이다. 해양오염 방지를 위한 의무를 특정 국가가 해태하였다고 하여, 다른 국가들도 오염방지를 포기할 수 없다. 다른 국가의 의무이행 포기가 최초의 불이행국으로 하여금 다시 의무이행으로 복귀하도록 강제하는 효과도 거둘 수 없다. 이에 국제환경법은 이행확보를 위하여 특별한 장치를 필요로 한다(정인섭).

② [○] 다수의 국제환경조약은 선 기본협약(framework convention)의 정립, 후 추가문서의 채택이라는 방식으로 성립되어 왔다. 즉, 국제사회는 특정 주제의 국제환경조약을 채택함에 있어서 우선은 추상적 의무나 기본원칙 등 각국이 명분상 반대하기 어렵고 무리 없이 동의할 수 있는 내용만을 규정하는 기본협약을 먼저 채택하고, 이에 관한 구체적인 이행의무의 규정은 후속의 의정서나 부속서, 부록 등 다양한 형식의 문서를 추가하는 방식이 자주 사용되어 왔다. 이러한 방식은 국제환경문제에 대한 국제사회의 공통적 인식을 쉽게 확보하고, 구체적 기준에 관한 어려운 협상은 좀 더 시간을 두고 진행할 수 있게 한다. 이를 통하여 보다 많은 국가들이 협상의 장에 나타나도록 유도할 수 있으며, 내용상으로는 좀 더 정밀한 과학적 또는 경제적 지식을 조약 체계 속에 반영시킬 수 있다. 오존층 보호를 위한 비엔나 협약은 후속 몬트리올 의정서에 의하여 실질적인 내용이 보완되었으며, 기후변화협약은 후속 교토의정서에 의하여 구체화되었다.

③ [○] 국내법에 대한 국제법의 선도적 역할. 국제법 중에는 각국 국내법에서의 실행이 축적되어 점차 국제법으로 발전된 내용이 적지 않다. 그러나 범세계적 규제 설정을 주요 내용으로 하는 국제환경법은 국제법이 우선 정립되고, 각국에 대하여는 이러한 국제규범의 국내적 이행이 요구되는 형상으로 발전하였다. 즉, 국제법이 국내법의 발전을 선도하는 형식이다(정인섭).

④ [○] 국제환경법은 그 정립과정에 국제법의 어느 분야보다도 비국가 행위자(non-state actor) 들의 참여가 활발한 분야이다. 국제인권법과 더불어 국제환경법에 관하여는 국제법 중에서 NGO의 활약이 가장 활발하다. 국제환경 NGO에는 Green Peace와 같이 일반인에게도 이름이 널리 알려진 기구가 적지 않다. 또한 수많은 국제적 기업들 역시 국제환경법 정립에 직간접적으로 영향을 미치고 있다. 오늘날 거의 모든 국제환경분쟁은 상업적 이해와 관련이 깊다. 환경의 보전과 보호는 상업적 이해와 자주 충돌하게 된다. 이에 각국의 거대 기업들은 자국 정부에 대한 영향을 통하여 국제환경규범의 정립에 적극적으로 참여하려 하고 있다. NGO나 거대 기업들이 직접 국제환경규범을 정립할 수는 없으나, 배후에서 규범 내용의 결정에 적극적인 역할을 하고 있다. 적지 않은 국제환경규범은 결국 환경보호의 필요성과 상업적 이해간의 타협점에서 타결된다(정인섭).

답 ①

06 국제환경법의 일반원칙으로 옳은 것만을 모두 고른 것은?

13년 9급

☑확인 Check! ○ △ ×

> ㄱ. 비차별적인 공동책임원칙에 근거한 국제협력
> ㄴ. 예방
> ㄷ. 오염자부담
> ㄹ. 지속가능한 개발
> ㅁ. 자국(自國) 영역 외의 환경에 손해를 끼치지 않을 의무

① ㄷ, ㄹ
② ㄱ, ㄴ, ㅁ
③ ㄴ, ㄷ, ㄹ, ㅁ
④ ㄱ, ㄴ, ㄷ, ㄹ, ㅁ

해설
난도 ★★
ㄱ. [×], ㄴ. [○], ㄷ. [○], ㄹ. [○], ㅁ. [○] 국제환경법상의 일반원칙에는 '영역사용의 관리책임'(자국 영역 외의 환경에 손해를 끼치지 않을 의무), '사전주의'(사전예방), '차별적 공동책임', '국제협력', '오염자부담', '지속가능한 개발', '환경영향평가' 등이 있으며, 이 밖에 '무과실책임', '동등한 접근 · 이용', '정보제공 및 협의', '분쟁의 평화적 해결', '국제법과 국내법을 발전시켜 나갈 의무' 등을 국제환경법의 원칙으로 보는 견해도 있다.

답 ③

07 국제환경법의 주요 원칙이 아닌 것은?

12년 7급

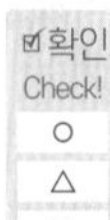

① 사후주의
② 공동 그러나 차별적인 책임
③ 오염자 비용부담
④ 지속가능한 개발

해설
난도 ★★
① [×], ② [○], ③ [○], ④ [○] 국제환경법의 주요 원칙에는 영역사용의 관리책임, 사전주의(事前注意), 차별적 공동책임, 국제협력, 오염자부담, 지속가능한 개발, 환경영향평가 등이 있다.

답 ①

08 국제환경법의 원칙에 대한 설명으로 옳지 않은 것은? 11년 7급

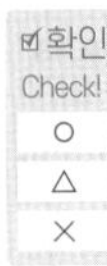

① 인간환경에 관한 스톡홀름 원칙 21, 우주조약, 생물다양성협약 등은 차별적 공동책임(common but differentiated responsibility) 원칙과 관련이 있다.

② 사전주의 원칙은 환경훼손의 위험성이 농후하나 그 과학적 확실성을 확신할 수 없는 경우에 적용하기 위하여 등장한 것이다.

③ 지속가능한 개발의 원칙은 세대간 형평의 원칙, 지속가능한 사용의 원칙, 형평한 이용의 원칙 또는 세대 내 형평의 원칙, 환경과 개발의 통합 원칙 등을 포함한 개념이다.

④ 오염자부담원칙은 오염방제의 비용에 관한 원칙으로서 법적인 측면보다는 경제정책적인 측면이 강한 원칙이다.

해설

난도 ★★★

① [×] '차별적 공동책임'은 1992년 리우선언 제7원칙에서 제시된 원칙이다. 인간환경에 관한 스톡홀름 원칙 21에서는 '환경에 대한 국가의 권리와 책임'을 규정하고 있으며, 우주조약에는 '차별적 공동책임'에 관한 규정이 없다.

② [○] 어떤 국가도 타국 또는 공해와 대기권의 환경에 대해 유해한 영향을 초래하지 않도록 사전에 주의해야 한다는 원칙이다. 사전주의 원칙에서 강조하는 내용은 (ⅰ) 과학적 입증이 되지 않았다는 것만을 이유로 심각한 위험을 안고 있는 환경문제에 대한 조치를 연기할 수 없다는 것, (ⅱ) 경제적으로 비효율적이라는 것이 일정한 환경문제에 대한 대응을 연기하는 이유가 될 수 없다는 것, (ⅲ) 환경오염은 시기를 놓치는 경우 회복이 불가능하거나 상당한 시간과 비용이 소요된다는 것 등이라고 볼 수 있다.

③ [○] Sands는 세계환경개발위원회의 개념정의를 기초로 다음과 같은 네 가지 원칙이 지속가능한 개발의 원칙에 포함될 수 있을 것으로 보고 있다. (ⅰ) 미래세대의 이익을 위한 자연자원의 보존(세대간 형평의 원칙, inter-generational equity), (ⅱ) 합리적인 방법으로 자연자원을 이용(지속가능한 사용의 원칙, sustainable use), (ⅲ) 다른 국가의 필요를 고려하여 자연자원을 형평하게 이용하는 것(형평한 이용의 원칙 또는 세대내 형평의 원칙, equitable use or intra-generational equity), (ⅳ) 경제개발 및 기타 개발계획에 반드시 환경적인 고려를 하도록 보장하는 것(환경과 개발의 통합 원칙).

④ [○] 오염자부담원칙은 오염방제의 비용에 관한 원칙으로서 법적인 측면보다는 경제정책적 측면이 강한 원칙으로서, 환경통제수단이 갖는 국제경제적 의의에 관하여 관심이 점증하면서 경제협력개발기구(OECD)는 1972년에 오염자부담원칙을 제시하였다.

답 ①

2. 주요환경규범

09 **1992년 환경과 개발에 관한 리우 선언의 원칙에 대한 설명으로 옳지 않은 것은?** 17년 9추

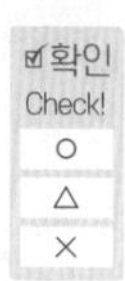

① 각 국가는 개별 능력에 따라 사전주의적 접근법을 도입하도록 요구되었다.
② 오염자부담의 원칙에서는 다른 원칙들에 비해 법적 강제성이 강화된 용어를 사용하여 법적 규범성을 강조하였다.
③ 협력의무의 원칙에 따르면 환경에 해로운 효과를 초래할 긴급사태 발생시 즉각 다른 국가들에게 이를 통고해야 한다.
④ '공동의 그러나 차별화된' 책임 원칙은 지속가능한 개발과 관련하여 선진국에게 더 많은 부담을 부여하였다.

해설
난도 ★★★
① [○] 환경을 보호하기 위하여 각 국가의 능력에 따라 예방적 조치가 널리 실시되어야 한다(리우선언 원칙15).
② [×] 리우선언 원칙 16에서는 "국가 당국은 오염자가 원칙적으로 오염의 비용을 부담해야 한다는 원칙을 고려하여 환경비용의 내부화와 경제적 수단의 이용을 증진시키도록 노력해야 한다."라고 규정하여 법적 규범성을 완화하였다.
③ [○] 각 국가는 국경을 넘어서 환경에 심각한 악영향을 초래할 수 있는 활동에 대하여 피해가 예상되는 국가에게 사전에 적시적인 통고 및 관련 정보를 제공하여야 하며 초기단계에서 성실하게 이들 국가와 협의해야 한다(리우선언 원칙19).
④ [○] 지국의 환경악화에 대한 제각기 다른 책임을 고려하여, 각 국가는 공통된 그러나 차별적인 책임을 가진다. 선진국들은 그들이 지구 환경에 끼친 영향과 그들이 소유하고 있는 기술 및 재정적 자원을 고려하여 지속 가능한 개발을 추구하기 위한 국제적 노력에 있어서 분담하여야 할 책임을 인식해야 한다(리우선언 원칙7).

답 ②

10 **1992년 환경과 개발에 관한 리우데자네이로선언(리우선언)에 대한 설명으로 옳지 않은 것은?** 17년 7급

① 리우선언은 기본적으로 스톡홀름선언의 정신을 계승하고 있으며, 국가가 자원을 개발할 때 자원 개발이 지속 가능하게 수행되어야 함을 선언하고 있다.
② 리우선언의 시행을 위해 법적 구속력을 갖춘 구체적 행동지침으로서 의제 21(Agenda 21)과 기후변화협약, 생물다양성협약이 함께 채택되었다.
③ 선진국과 개발도상국의 '공동의 그러나 차별적인(common but differentiated)' 책임을 인정하고 있다.
④ 환경목적을 위한 무역정책조치가 국제무역상 자의적 또는 부당한 차별조치나 위장된 규제수단이 되어서는 안 된다는 점을 선언하였다.

해설
난도 ★★★
① [○] 유엔 환경 개발 회의가 1992년 6월 3일~14일간 리우데자네이로에서 개최되었다. 스톡홀름 선언을 재확인하고, 이를 더욱 확고히 할 것을 추구하며, 모든 국가와 사회의 주요 분야 그리고 모든 사람들 사이의 새로운 차원의 협력을 창조함으로써, 새롭고 공평한 범세계적 동반자 관계를 수립할 목적으로 모두의 이익을 존중하고, 또한 지구의 환경 및 개발체제의 통합성을 보호하기 위한 국제 협정 체결을 위하여 노력하며, 우리들의 삶의 터전인 지구의 통합적이며 상호 의존적인 성격을 인식하면서, 다음과 같이 선언한다(리우선언 전문).

② [×] 의제 21(Agenda 21)은 리우선언의 시행을 위한 구체적 행동지침으로서의 성격을 가지나 법적 구속력은 없다.

③ [○] 각 국가는 지구 생태계의 건강과 안전성을 보존, 보호 및 회복시키기 위하여 범세계적인 동반자 정신으로 협력해야 한다. 지구의 환경 악화에 대한 제각기 다른 책임을 고려하여, 각 국가는 공통된 그러나 차별적인 책임을 가진다. 선진국들은 그들이 지구 환경에 끼친 영향과 그들이 소유하고 있는 기술 및 재정적 자원을 고려하여 지속 가능한 개발을 추구하기 위한 국제적 노력에 있어서 분담하여야 할 책임을 인식해야 한다(리우선언 원칙7).

④ [○] 각 국가는 환경 악화 문제에 적절히 대처하기 위하여, 모든 국가의 경제 성장과 지속 가능한 개발을 도모함에 있어 도움이 되고 개방적인 국제 경제 체제를 증진시키도록 협력해야 한다. 환경적 목적을 위한 무역 정책 수단은 국제 무역에 대하여 자의적 또는 부당한 차별적 조치나 위장된 제한을 포함해서는 아니 된다. 수입국의 관할지역 밖의 환경적 문제에 대응하기 위한 일방적 조치는 회피되어야 한다. 국경을 초월하거나 지구적 차원의 환경 문제에 대처하는 환경적 조치는 가능한 한 국제적 합의에 기초해야 한다(리우선언 원칙12).

답 ②

11 **1992년 UN 환경개발회의에서 채택된 리우선언(The Rio Declaration on Environment and Development)에 규정되지 않은 것은?** 15년 9급

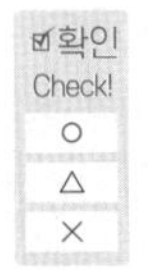

① 분쟁의 강제적 해결 원칙
② 오염자부담 원칙
③ 공동의 그러나 차별적 책임 원칙
④ 예방 및 사전주의 원칙

해설

난도 ★★

① [×], ② [○], ③ [○], ④ [○] 1992년 브라질 리우 데 자네이루(Rio de Janeiro)에서 개최된 UN환경개발회의(UNCED)에서 채택된 「환경과 개발에 관한 리우선언」(일명, 리우선언)에서는 환경과 관련된 27개의 원칙이 규정되었다. 이러한 원칙에는 자연자원에 대한 절대주권의 제한(원칙2), 개발과 환경에 대한 세대 간 형평(원칙3), 환경훼손에 대한 차별적 공동책임(원칙7), 환경원인 무역조치의 공정성 및 투명성(원칙12), 환경보호를 위한 사전주의적 접근(원칙15), 오염자부담의 원칙(원칙16), 환경영향평가(원칙17) 등이 있다.

답 ①

12 **'1992년 환경과 개발에 관한 리우선언(Rio Declaration of the UN Conference on Environment and Development)'에 제시된 국제환경법의 원칙이 아닌 것은?** 10년 9급

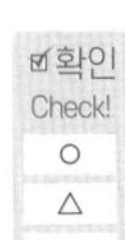

① 무과실책임의 원칙(liability principle)
② 공동의 그러나 차별화된 책임의 원칙(common but differentiated responsibility principle)
③ 사전주의 원칙(precautionary principle)
④ 오염자부담 원칙(polluter-pays principle)

해설

난도 ★★

1992년 리우선언의 주요내용에는 1972년 스톡홀름선언 재확인, 자연자원에 대한 절대주권의 제한, 개발과 환경에 대한 세대간 형평, 환경훼손에 대한 차별적 공동책임, 환경원인 무역조치의 공정성 및 투명성, 환경보호를 위한 사전주의적 접근, 오염자부담원칙, 환경영향평가 등이 있다.

① [×] 리우선언에는 환경책임에 있어서의 고의 · 과실에 관한 언급이 없다.

② [○] 지구의 환경 악화에 대한 제각기 다른 책임을 고려하여, 각 국가는 공통된 그러나 차별적인 책임을 가진다(리우선언 원칙7).

③ [○] 환경을 보호하기 위하여 각 국가의 능력에 따라 예방적 조치가 널리 실시되어야 한다. 심각한 또는 회복 불가능한 피해의 우려가 있을 경우, 과학적 불확실성이 환경 악화를 지양하기 위한 비용/효과적인 조치를 지연시키는 구실로 이용되어서는 아니 된다(리우선언 원칙15).

④ [○] 국가 당국은 오염자가 원칙적으로 오염의 비용을 부담해야 한다는 원칙을 고려하여 환경 비용의 내부화와 경제적 수단의 이용을 증진시키도록 노력해야 한다(리우선언 원칙16).

답 ①

13 **1992년 UN환경개발회의에서 채택된 것이 아닌 것은?** 07년 9급

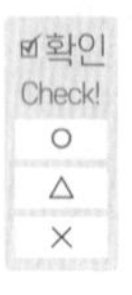

① 기후변화협약(Framework Convention on Climate Change)
② 생물다양성협약(Convention on Biological Diversity)
③ 의제21(Agenda21)
④ 오존층보호협약(Convention for the Protection of the Ozone Layer)

해설

난도 ★★

① [○], ② [○], ③ [○] 1992년 UN환경개발회의가 개최되어 '환경과 개발에 관한 리우선언'(Rio de Janeiro Declaration on Environment & Development), '의제21'(Agenda21), '산림원칙'(Principles on Forests)을 채택하였으며 또한 동 회의기간 중에 'UN기후변화협약'(UN Framework Convention on Climate Change)과 '생물다양성협약'(Convention on Biological Diversity)이 서명을 위해 개방되었다.

④ [×] 오존층보호협약(Vienna Convention for the Protection of the Ozone Layer)은 오존층파괴물질의 생산과 소비를 억제하여 오존층을 보호하기 위한 조약으로서, 1985년 채택되고 1988년 발효되었다.

답 ④

14 **1972년 채택된 유엔인간환경선언에 명시된 내용에 해당하는 것은?** 18년 7급

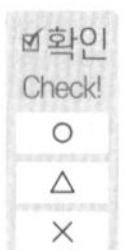

① 월경성 환경피해를 야기하지 아니할 책임 원칙
② 공동의 그러나 차별적 책임 원칙
③ 사전주의 원칙
④ 지속가능한 발전 원칙

해설

난도 ★★★

① [○] 월경성 환경피해를 야기하지 아니할 책임 원칙(영역사용의 관리책임 원칙, 타국이익 보호의 원칙)은 1972년 채택된 UN인간환경선언 원칙 21에 명시되어 있다.

② [×] 공동의 그러나 차별적 책임 원칙(차별적 공동책임 원칙)은 1992년 리우선언에서 처음 명시적으로 채택되었고, 이후 UN기후변화협약, 생물다양성협약 등에도 반영되었다.

③ [×] 사전주의 원칙은 일반 국제관습법으로 폭넓은 인정을 받고 있지만 아직 확고한 지위를 얻었다고 결론내릴 수는 없다. ICJ는 가브치코보-나기마로스 사건을 통해 이 원칙을 인식하고 있음을 보여 주었으며, 트레일 제련소 사건도 이 원칙이 반영된 것으로 본다. 1992년 리우선언의 원칙 15에는 명시되어 있다.

④ [×] 지속가능한 발전 원칙은 1987년 브룬트란트 보고서를 계기로 국제사회에서 일반화되었다.

답 ①

3. 분야별 환경규범

15 기후변화에 대응하는 국제환경협약에 대한 설명으로 옳은 것은? 19년 7급

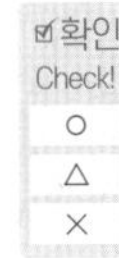

① 「기후변화에 관한 국제연합 기본협약」은 선진국이 배정받은 쿼터보다 적게 배출한 온실가스의 차이분을 다른 국가에 매각할 수 있는 거래 제도를 도입하였다.

② 「기후변화에 관한 국제연합 기본협약에 대한 교토의정서」는 모든 당사국에 온실가스를 감축할 의무를 공통으로 부과하면서도 감축치를 차등적으로 정하였다.

③ 「파리협정」은 기온 상승 폭을 산업화 이전에 비해 섭씨 2도보다 낮은 수준으로 유지하고자 역사적 누적 책임이 있는 선진국에 한정하여 감축의무를 부과하였다.

④ 「파리협정」에 따라 국가별 감축은 개별 국가가 5년 단위로 제출하는 자발적 기여 방안에 따라 이행하기로 하고, 별도의 등록부를 통해 관리하기로 하였다.

해설

난도 ★★★

① [×] 배출권거래제도를 규정한 것은 「기후변화에 관한 국제연합 기본협약에 대한 교토의정서」이다.

② [×] 교토의정서는 제1부속서에 포함된 당사국들에게는 부속서A에 포함된 온실가스 배출량을 2008~2012년의 5년 동안 1990년 대비 최소 5% 감축할 의무를 부담시키고, 구체적인 감축목표치는 국가별로 다르게 할당되어 있다. 그러나 제1부속서에 포함되지 않은 당사국에게는 감축의무를 부과하고 있지 않다.

③ [×], ④ [○] 2015년 제21차 당사국총회(COP21, 파리)에서는 2020년부터 모든 국가가 참여하는 신기후체제의 근간이 될 파리 협정(Paris Agreement)이 채택되었다. 이로써 선진국에만 온실가스 감축 의무를 부과하던 기존의 교토의정서 체제를 넘어 모든 국가가 자국의 상황을 반영하여 참여하는 보편적인 체제가 마련되었다. 파리 협정은 지구 평균기온 상승을 산업화 이전 대비 2℃ 보다 상당히 낮은 수준으로 유지하고, 1.5℃로 제한하기 위해 노력한다는 전지구적 장기목표 하에 모든 국가가 2020년부터 기후행동에 참여하며, 5년 주기 이행점검을 통해 점차 노력을 강화하도록 규정하고 있다. 파리 협정은 또한, 모든 국가가 스스로 결정한 온실가스 감축목표를 5년 단위로 제출하고 국내적으로 이행토록 하고 있으며, 재원 조성 관련, 선진국이 선도적 역할을 수행하고 여타국가는 자발적으로 참여하도록 하고 있다. 협정은 기후행동 및 지원에 대한 투명성 체제를 강화하면서도 각국의 능력을 감안하여 유연성을 인정하고 있으며, 2023년부터 5년 단위로 파리 협정의 이행 및 장기목표 달성 가능성을 평가하는 전지구적 이행점검(global stocktaking)을 실시한다는 규정을 포함하고 있다. 2015년 12월 파리에서 채택되고, 2016년 4월 22일 미국 뉴욕에서 서명된 파리협정은 10월 5일 발효요건이 충족되어 30일 후인 11월 4일 공식 발효되었다.

답 ④

16 **1992년 기후변화협약에 대한 설명으로 옳지 않은 것은?** 16년 9급

확인 Check! ○ △ ×

① 이 협약에 대하여는 어떠한 유보도 행할 수 없다.
② 공통의 그러나 차별화된 책임 원칙을 적용하고 있다.
③ 청정개발체제, 공동이행제도, 배출권거래제도 등을 도입하였다.
④ 지구온난화를 방지하기 위하여 이산화탄소 등의 온실가스 배출을 제한하고 있다.

해설

난도 ★★

① [○], ② [○], ④ [○] 1992년 기후변화협약에서는 차별적 공동책임(전문, 제3조 제1항, 제4조 제1항), 사전주의적 조치의무(제3조 제3항), 1부속서에 포함된 선진국과 기타 국가들의 온실가스 감축의무(제4조 제2항), 2부속서에 포함된 선진국들의 개도국 지원의무(제4조 제3항, 제4항, 제5항), 협약이행을 지원하기 위한 재정지원체제(제12조), 유보의 전면금지(제24조) 등을 규정하고 있다.

③ [×] 청정개발체제, 공동이행제도, 배출권거래제도 등이 도입된 것은 교토의정서이다.

답 ③

17 **「기후변화협약」에 따른 후속 합의로서 주요 국가들의 온실가스 배출 감축 의무를 규정하고 있는 것은?** 12년 9급

확인 Check! ○ △ ×

① 교토의정서
② 바젤협약
③ 오존층보호협약
④ 몬트리올의정서

해설

난도 ★★

① [○] 교토의정서는 기후변화협약 당사국회의에서 채택된 것으로 온실가스배출량 감축의무에 관한 법적 구속력 있는 국제적 합의다.

② [×] 바젤협약은 유해폐기물의 생산증가를 억제하고 인간건강을 보호하기 위한 조약이다.

③ [×] 오존층보호협약은 오존층파괴물질의 생산과 소비를 억제하여 오존층을 보호하기 위한 조약이다.

④ [×] '오존층 파괴물질에 관한 몬트리올의정서'는 '오존층보호협약'의 구체적 이행을 위하여 프레온가스 및 할론의 생산 및 소비를 규제하는 기본조약이다.

답 ①

10년 지방

18 기후변화협약의 구체적 이행을 위해 온실가스 감축목표를 설정하고 있는 조약은?

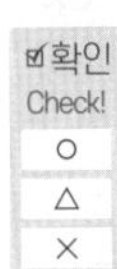

① 1989년 바젤(Basel)협약
② 1992년 생물다양성협약
③ 1997년 교토(Kyoto)의정서
④ 1971년 람사르(Ramsar)협약

해설
난도 ★★
① [×] 1989년 바젤협약은 유해성폐기물의 국경을 넘는 이동과 그 처리의 통제에 관한 협약이다.
② [×] 1992년 생물다양성협약은 생물종과 생태계의 파괴현상을 방지 · 회복하기 위해 UN환경개발회의(UNCED)에서 채택되었다.
③ [○] 1997년 교토의정서는 기후변화협약 당사국회의에서 채택된 것으로 온실가스배출량 감축의무에 대한 법적 구속력이 있는 국제적 합의로서, 구체적인 온실가스 감축목표를 설정하고 있다.
④ [×] 1971년 람사르협약은 습지보호에 관한 협약이다.

답 ③

09년 9급

19 온실가스배출을 감축하기 위한 교토의정서에 규정된 소위 '교토메카니즘'에 포함되지 않는 것은?

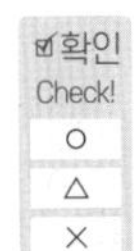

① 공동이행제도
② 환경영향평가제도
③ 청정개발제도
④ 배출권거래제도

해설
난도 ★
① [○], ② [×], ③ [○], ④ [○] 1997년 교토의정서에서는 온실가스 감축의무 이행의 보조수단으로 배출권거래, 공동이행, 청정개발체제 등 시장원리에 기초한 3개 메커니즘을 도입하였다.

답 ②

20 1997년 교토의정서에 규정된 3대 신축성 체제, 즉 교토 메커니즘(mechanism)에 해당하는 것으로 옳지 않은 것은? 08년 7급

☑확인 Check! ○ △ ×

① 공동이행(joint implementation)
② 규제물질거래금지(trading control of regulated substance)
③ 배출권거래(emissions trading)
④ 청정개발체제(clean development mechanism)

해설
난도 ★
① [○], ② [×], ③ [○], ④ [○] 교토의정서는 온실가스배출량 감축목표 달성수단으로 국내적인 감축정책 및 조치 외에 온실가스 감축의무 이행을 위한 보조수단으로 배출권거래, 공동이행, 청정개발체제 등 시장원리에 기초한 제도를 두고 있는바, 이를 교토의정서 3대 메커니즘이라고 한다.

답 ②

21 1997년 기후변화협약 교토의정서의 내용으로 옳지 않은 것은? 14년 9급

☑확인 Check! ○ △ ×

① 온실가스 배출량 감축의무를 이행하는 데 있어 소위 배출적립제도를 두었다.
② 온실가스 배출량의 국가 간 거래를 허용하는 소위 배출권거래를 마련하였다.
③ 온실가스 배출권 거래의 변형된 형태인 공동이행은 인정되지 않는다.
④ 온실가스 배출량 감축의무는 협약 제1부속서에 포함되지 않는 당사국들에게는 적용되지 않는다.

해설
난도 ★★
① [○] 배출권적립제도(banking system)는 교토의정서 제1부속서에 포함된 국가가 이행기간 동안 실제로 배출한 온실가스의 양이 할당받은 양보다 적을 경우, 그 만큼 차기이행기간의 할당량에 추가하는 제도이다.
② [○] 배출권거래(emmissions trading) 제도는 목표연도에서의 배출쿼터와 그에 못 미치는 실제배출량 사이의 차이를 타국에 팔 수 있는 제도이다.
③ [×] 제1부속서에 포함된 국가간 타국에 자본과 기술을 투자하여 온실가스를 줄여준 뒤 그 감축에 상응하는 배출쿼터를 당해 국가로부터 넘겨받을 수 있는 공동이행(joint implementation) 제도가 시행되고 있다.
④ [○] 1부속서에 포함된 당사국들은 2008~2012년의 5년 동안 1990년 대비 최소 5% 온실가스 배출량을 감축할 의무를 부담한다. 1부속서에 포함되지 않은 당사국들에게는 감축의무를 부과하고 있지 않다.

답 ③

22 **기후변화의 국제적 규제에 대한 설명 중 옳지 않은 것은?** 09년 지방

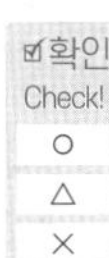

① 1992년 기후변화협약은 온실가스의 규제에 있어 선진국과 개발도상국간에 '공동의 그러나 차별적인' 책임을 인정한다.

② 1997년 교토의정서는 부속서 1 국가들에게 2008년부터 2012년까지 1990년 배출수준보다 5% 이상 감축하도록 보장하는 규정을 두었다.

③ 교토의정서는 온실가스 배출권거래제도를 도입하였다.

④ 1992년 기후변화협약은 협약이행을 지원하기 위한 재정지원체제를 두고 있지 않다.

해설

난도 ★★★

① [○] 기후변화협약 제3조에서는 기후변화협약의 목적달성을 위한 협약당사국들의 행동원칙의 하나로 '차별적 공동책임'에 관한 규정을 두고 있다.

② [○] 1부속서에 포함된 당사국들은 2008~2012년의 5년 동안 1990년 대비 최소 5% 온실가스배출량을 감축할 의무를 부담한다. 구체적인 감축목표치는 국가별로 다르게 할당되어 있다.

③ [○] 교토의정서에서는 온실가스 감축의무 이행의 보조수단으로 배출권거래, 공동이행, 청정개발체제 등 시장원리에 기초한 3개 메커니즘을 도입하였다.

④ [×] 기후변화협약 제11조에서 '재정지원체제'에 관한 규정을 두고 있다.

답 ④

23 **1997년 UN기후변화협약 교토의정서와 관련한 설명 중 옳지 않은 것은?** 09년 7급

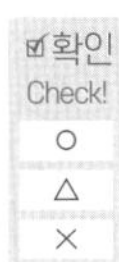

① 협약 제1부속서에 포함된 당사국들은 온실가스 배출감축의무를 공동으로 이행할 수 있다.

② 협약 제1부속서에 포함되지 않은 당사국들도 2008년~2012년 사이에 일정한 비율로 온실가스 배출량을 감소시킬 의무를 진다.

③ 온실가스배출쿼터를 국가간에 거래할 수 있도록 허용하고 있다.

④ 교토의정서상 온실가스에는 이산화탄소 외에도 메탄, 아산화질소, 수소불화탄소 등도 포함된다.

해설

난도 ★★★

① [○] 부속서 1의 당사자는, 이들 당사자에 의한 부속서 가(A)에 규정된 온실가스의 총 인위적 배출량을 이산화탄소를 기준으로 환산한 배출량에 대하여 이를 2008년부터 2012년까지의 공약기간동안 1990년도 수준의 5% 이상 감축하기 위하여, 이러한 총 배출량이 이 조 및 부속서 나에 규정된 이들 당사자의 수량적 배출량의 제한 · 감축을 위한 공약에 따라 계산되는 배출허용량을 초과하지 아니하도록 개별 또는 공동으로 보장한다(교토의정서 제3조 제1항).

② [×] 모든 당사자는, 공통적이지만 그 정도에는 차이가 있는 각자의 책임과 국가 및 지역에 고유한 개발우선순위 · 목적 · 상황을 고려하고, 부속서 1에 포함되지 아니한 당사자에 대하여는 어떠한 새로운 공약도 도입하지 아니하나 협약 제4조 제1항의 기존 공약에 대하여는 이를 재확인하며, 지속가능한 개발을 달성하기 위하여 이들 공약의 이행을 계속 진전시키고, 협약 제4조제3항 · 제5항 및 제7항을 고려하여 다음 사항을 수행한다(교토의정서 제10조). 부속서 1에 포함되지 않은 당사국들에게는 감축의무를 부과하고 있지 않다.

③ [○] 교토의정서 제17조에서 '배출권거래제도'에 관한 규정을 두고 있다. '배출권거래'(제17조), '공동이행'(제4조), '청정개발'(제12조) 3개를 교토의정서 3대 메커니즘이라고 한다.

④ [○] 교토의정서 부속서 가(A)에서는 감축대상 온실가스의 종류로 이산화탄소(CO2), 메탄(CH4), 아산화질소(N2O), 수소불화탄소(HFCs), 과불화탄소(PFCs), 육불화황(SF6)을 규정하고 있다.

답 ②

24 **1992년 생물다양성협약의 목적과 직접적인 관련이 없는 것은?** 07년 7급

① 생물다양성의 보전
② 유전자원의 이용으로부터 발생하는 이익의 공유
③ 생물자원의 지속가능한 이용
④ 멸종위기야생동식물의 국제교역 규제

해설
난도 ★★★
① [○], ② [○], ③ [○], ④ [×] 생물다양성협약은 생물종과 생태계의 파괴현상을 방지 · 회복하기 위하여 1992년 채택되었다. 협약 제1조에서는 "이 협약의 목적은 이 협약의 관련 규정에 따라 추구될 것인 바, 유전자원과 유전기술에 대한 모든 권리를 고려한 유전자원에 대한 적절한 접근, 관련기술의 적절한 이전 및 적절한 재원제공 등을 통하여 생물다양성을 보전하고, 그 구성요소를 지속가능하게 이용하며, 또한 유전자원의 이용으로부터 발생되는 이익을 공정하고 공평하게 공유하는 것이다."라고 규정하고 있다.

답 ④

4. 국제환경법 일반(종합)

25 **국제환경법에 대한 설명으로 옳지 않은 것은?** 20년 9급

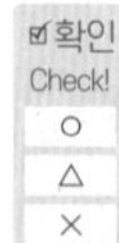

① 협력의 원칙은 「UN해양법협약」 제198조, 「생물다양성협약」 제5조 등에서 중요하게 다루어지고 있다.
② 사전주의의 개념은 독일 「임미시온방지법」 제5조에 규정된 Vorsorgeprinzip에서 유래되었다.
③ 지속가능한 발전의 세부원칙에는 세대간 형평(inter-generational equity), 지속가능한 이용(sustainable use), 공정한 이용(fair use) 등이 포함된다.
④ 세계자연보전연맹(IUCN)은 국가, 정부 기관, NGO, 연구소 등에 회원자격을 개방하고 있다.

해설
난도 ★★★
① [○] UN해양법협약 제12부 제2절에서 해양환경의 보호 · 보전에 관한 지구적 · 지역적 협력에 대하여 규정하고 있는바, 관련 조문에는 제197조(지구적 · 지역적 차원의 협력), 제198조(급박한 피해나 현실적 피해의 통고), 제199조(오염대비 비상계획), 제200조(연구 · 조사계획과 정보 · 자료교환), 제201조(규칙제정을 위한 과학적 기준)가 있다. 생물다양성협약 제5조에서도 "각 체약당사자는 생물다양성의 보전과 지속가능한 이용을 위하여 국가 관할권 이원지역 및 그 밖의 공동 관심사에 대하여 다른 체약당사자와 직접 또는 적절한 경우 권한있는 국제기구를 통하여 가능한 한 그리고 적절히 협력한다."라고 규정하여 협력에 관해 규정하고 있다.

② [○] 사전주의 개념의 기원에 대하여는 1972년의 미연방물오염통제법을 비롯한 미국 국내환경법으로 보는 견해, 1970년대 상업포경 유예선언으로 보는 견해, 1990년 지속가능한 발전에 대한 베르겐선언으로 보는 견해 등이 있으나, 1974년 독일연방생활방해방지법(일명, 임미시온방지법) 제5조에서 언급된 '사전배려의 원칙'(Vorsorgeprinzip)에서 유래하였다고 보는 것이 일반적인 견해다.

③ [×] P. Sands는 세대간 형평(inter-generational equity), 지속가능한 이용(sustainable use), 공평한 이용(equitable use), 환경과 개발의 통합, 네 가지 원칙이 지속가능한 발전의 개념에 포함된다고 보았다. 공정한 이용(fair use)이 아니라 공평한 이용(equitable use)이 정확한 용어이다.

④ [○] 세계최대의 환경단체인 세계자연보전연맹(IUCN)은 1948년 UN의 지원하에 국제기구로 출발하였으나, 현재는 국가뿐만 아니라 정부기관, NGO, 연구소 등에게도 회원자격이 개방되어 있다.

답 ③

26 국제환경규범체제에 대한 설명으로 옳지 않은 것은?

17년 7급

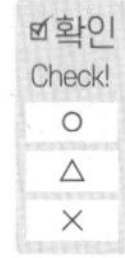

① 물새의 서식지로서 국제적 중요성이 있는 습지에 관한 협약(Ramsar Convention)은 생태계보존을 위한 습지의 중요성을 인식한 국제사회가 1975년 이라크의 람사르에서 채택하였다.

② 멸종위기에 처한 야생 동식물종의 국제거래에 관한 협약(CITES)은 3개의 부속서(Appendix)에 열거된 종의 표본에 대한 국제거래를 규제하고 있다.

③ 녹색기후기금(Green Climate Fund)은 기후변화에 대처하기 위해 국제사회가 정한 목표를 달성하려는 지구적 노력에 기여하기 위하여 설립되었다.

④ 생물다양성협약(Convention on Biological Diversity)의 목적은 생물다양성의 보존, 그 구성요소의 지속 가능한 이용, 유전자원의 공정하고 공평한 이익의 공유이다.

해설

난도 ★★★

① [×] 람사르협약의 정식명칭은 「물새서식지로서 국제적 중요성이 있는 습지에 관합 협약」(Convention on Wetlands of International Importance Especially Waterfowl Habitat)이며, 1971년 2월 2일 이란의 람사르에서 18개국이 모여 조약문을 채택, 1975년 12월 21일 발효하였다.

② [○] 멸종위기 야생 동식물 국제거래에 관한 협약(CITES, Convention on International Trade in Endangered Species of Wild Flora and Fauna)은 야생동식물종의 국제적인 거래가 동식물의 생존을 위협하지 않도록 여러 보호단계를 적용하여 33,000 생물 종의 보호를 보장하는 데 목적이 있는 조약으로서, 당사국은 협약 규정에 따른 경우를 제외하고 부속서 1, 2, 3에 포함된 종의 표본의 거래를 허용하지 아니한다.

③ [○] 녹색기후기금(GCF, Green Climate Fund)은 UN기후변화협약(UNFCCC)에 따라 선진국들이 개발도상국의 온실가스 감축과 기후변화 적응을 지원하기 위하여 설립된 국제기구다. 2010년 멕시코 칸쿤에서 개최된 UN기후변화협약 제16차 당사국총회에서 기금설립이 승인되었으며, 본부는 대한민국 인천광역시 연수구 송도동에 있다.

④ [○] 이 협약의 목적은 이 협약의 관련 규정에 따라 추구될 것인 바, 유전자원과 유전기술에 대한 모든 권리를 고려한 유전자원에 대한 적절한 접근, 관련기술의 적절한 이전 및 적절한 재원제공 등을 통하여 생물다양성을 보전하고, 그 구성요소를 지속가능하게 이용하며, 또한 유전자원의 이용으로부터 발생되는 이익을 공정하고 공평하게 공유하는 것이다(생물다양성협약 제1조).

답 ①

27 환경 관련 국제협약의 내용에 대한 설명으로 옳은 것은?

14년 7급

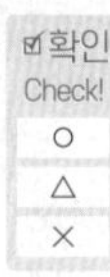

① 1972년 런던덤핑협약은 지구온난화 방지를 위한 온실가스 배출권의 거래를 제한하고 있다.
② 1985년 오존층보호협약에 따르면 협약 당사국은 개도국에 대체 기술을 신속히 이전할 의무를 부담한다.
③ 1987년 오존층 파괴물질에 관한 의정서는 비당사국들과 통제 물질을 교역하는 것을 금지함으로써 환경과 무역을 연계시키고 있다.
④ 1999년 바젤책임배상의정서는 국경을 넘는 대기오염에 있어서의 지역적 협력을 의무화하고 있다.

해설

난도 ★★★

① [×] 1972년 런던덤핑협약의 공식적인 명칭은 '폐기물 및 기타 물질의 투기에 의한 해양오염 방지에 관한 협약'(Convention on the Prevention of Marine Pollution by Dumping of Wastes and other Matters, London Convention)이다. 온실가스 배출권 거래에 관해 규정하고 있는 것은 1997년 교토의정서이다.
② [×] 1985년 오존층보호에 관한 비엔나협약은 당사국들에게 실질적인 기술이전의무를 부과하고 있다고 보기 어렵다는 평가가 일반적이다. 이에 반발하여 서명을 거부한 개도국들이 많았으며 결국 협약은 제한적인 당사국 수에다가 당사국에게 구체적인 의무를 부과하지 않는 협약이 되고 말았다.
③ [○] 1987년 오존층을 파괴하는 물질에 관한 몬트리올의정서 제4조에서는 비당사국과의 규제물질 수출입뿐만 아니라 관련 기술 및 설비의 수출입도 금지하고 있다.
④ [×] 1999년 바젤협약 책임배상에 관한 의정서는 1989년 유해폐기물의 국가간 이동 및 처리의 통제에 관한 바젤협약 제12조(손해책임협의)에 따라 배상책임을 구체화한 조약이다.

답 ③

28 국제환경 보호에 관한 설명으로 옳은 것은?

10년 7급

① '지속가능한 개발'은 환경보존을 위하여 경제개발을 우선시하려는 개념이다.
② 환경보호에 시장 지향적 개념으로 도입된 제도가 배출권 거래이다.
③ 미국은 교토의정서에 비준하지 않았으며 현재 동 의정서는 발효하지 않은 상태이다.
④ 지구의 환경보호를 위하여 교토의정서에 참가하지 않는 국가에게도 온실가스 감축의무를 부담하게 하였다.

해설

난도 ★★★

① [×] 1980년대 환경보호를 하면서도 개발의 필요성을 고려한 절충적 개념으로 등장한 것이 '지속가능한 개발'(sustainable development)이다. '지속가능한 개발'이란 "그들 자신의 필요를 충족시킬 수 있는 미래세대의 능력을 위태롭게 하지 않는 범위 내에서 현재의 필요를 충족시키는 개발"로 정의된다.
② [○] 1997년 교토의정서에서는 온실가스 감축의무 이행의 보조수단으로 배출권거래, 공동이행, 청정개발체제 등 시장원리에 기초한 3개 메커니즘을 도입하였다.
③ [×] 교토의정서(정식명칭 「기후변화에 관한 국제연합 기본협약에 대한 교토의정서」, Kyoto Protocol to the United Nations Framework Convention on Climate Change)는 1997년 12월 11일 교토에서 채택되었으며, 1부속서 국가들을 포함하여 55개 협약당사국이 기속적 동의표시를 한 후 90일째 발효하도록 하였는바, 2004년 11월 18일 러시아가 UN에 비준서를 기탁함으로써 발효요건이 충족되어 2005년 2월 16일 발효되었다. 미국은 1998년 11월 서명하였으나, 아직까지 비준하지 않고 있다.
④ [×] 교토의정서 1부속서에 포함된 국가 이외의 국가들에게는 감축의무를 부과하지 않았다.

답 ②

29 국가가 자국의 영토이용으로 인하여 타국에 환경적 피해를 주지 말아야 한다는 월경피해방지의 원칙을 확인한 국제판례는? 13년 7급

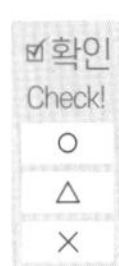

① 트레일 제련소 사건(Trail Smelter Case)
② 새우－바다거북 사건(Shrimp－Turtle Case)
③ 프랑스 핵실험 사건(Nuclear Tests Case)
④ 나우르 인산염지대 관련 사건(Certain Phosphate Lands in Nauru Case)

해설
난도 ★★
① [○] 트레일 제련소 사건은 국제환경법 원칙들 중 하나인 '영역사용의 관리책임 원칙'이 최초로 언급된 판례다.
② [×] 새우-바다거북 사건은 환경보호를 이유로 한 무역제한조치의 적법성 여부에 관한 판례다.
③ [×] 프랑스 핵실험 사건은 프랑스가 남태평양 지역에서 대기 중 핵실험을 하지 않겠다는 일방적 선언의 법적 구속력 여부에 관한 판례다.
④ [×] 나우르 인산염지대 사건은 ICJ 소송절차에서 법률적 이해관계가 있음에도 소송절차에 참가하지 못한 국가들에 대한 법적 구속력 여부에 관한 판례다.

답 ①

30 국제사법재판소(ICJ)가 펄프공장(Pulp Mills on the River Uruguay) 사건에서 언급한 국제환경법상의 일반원칙은? 19년 9급

① 환경영향평가
② 공동의 그러나 차별적 책임
③ 사전주의(事前注意)
④ 오염자부담

해설
난도 ★★★
아르헨티나-온두라스 간 펄프공장 사건에서 ICJ는 국제환경법 관련 조약 등에서 규정하고 있는 환경영향평가는 이제 국제관습법의 일부를 구성하는 것으로 볼 수 있다고 하였으며, 환경영향평가의 요건은 관련 당사국이 제정한 국내법령상의 기준과 절차를 통하여 당사국이 환경영향평가를 시행한다고 하였다.

답 ①

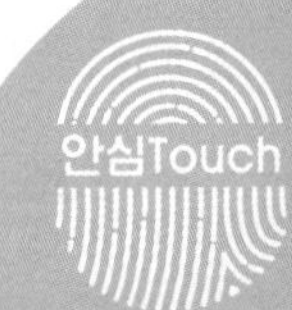

31 핵연료의 재처리문제로 인하여 발생한 국제사건은?

17년 7급

☑확인 Check! ○ △ ×

① 2010년 펄프공장(Pulp Mills on the River Uruguay) 사건
② 2001년 MOX 제조공장(The MOX Plant) 사건
③ 1974년 호주와 프랑스 간 핵실험(Nuclear Test) 사건
④ 1941년 트레일 제련소(Trail Smelter) 사건

해설

난도 ★★★

① [×] 2010년 펄프공장 사건은 우루과이강의 우루과이쪽 연안에 건설예정이거나 건설된 펄프공장과 관련하여 아르헨티나와 우루과이 사이에 발생한 국제환경법 관련 사건이다.
② [○] 2001년 MOX(mixed oxide fuel) 공장 사건은 원자력발전소를 가동하면서 발생한 사용 후 핵연료를 재처리하는 MOX 재처리공장의 허가를 둘러싸고 영국과 아일랜드 사이에 발생한 사건이다.
③ [×] 1974년 핵실험 사건은 남태평양에서 핵실험을 하려는 프랑스와 이에 반대하는 호주 간에 발생한 사건으로서 핵연료 재처리와 직접적 관련성은 없다.
④ [×] 1941년 트레일 제련소 사건은 미국 국경지역에 있는 캐나다의 트레일 제련소에서 배출된 오염물질들이 대기 중에 이동하여 타고 미국 영역을 침범함으로써 발생한 사건이다.

답 ②

32 자국 내의 활동으로 인하여 발생한 인접국의 오염피해에 대하여 그 국가의 책임을 부담하여야 하는 근거가 될 수 없는 것은?

08년 9급

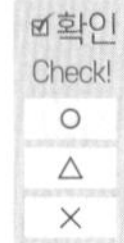

① 하몬주의(Harmon Doctrine)
② 코르푸해협 사건(Corfu Channel Case)
③ 1972년 스톡홀름선언(Stockholm Declaration) 원칙(Principle) 21
④ 핵무기의 위협/사용의 적법성 사건(Legality of the Threat or Use of Nuclear Weapons Case)

해설

난도 ★★★

① [×] 하몬주의는 국제하천의 상류국이 자국의 영토주의를 이유로 하천수를 배타적으로 이용하고 이로 인한 하류국의 피해에 대해서는 상류국이 어떠한 국제법상 책임도 지지 않는다는 것이다.
② [○] 코르푸해협 사건에서 ICJ는 알바니아가 자국 영해에 매설되어 있는 기뢰의 위험성을 고지하지 않아서 발생한 영국의 피해에 대하여 알바니아에게 배상책임이 있다고 판단하였던바, 결과적으로 코르푸해협 사건은 환경오염문제와 직접 관련된 것은 아니지만 자국 내의 활동과 관련된 피해에 대한 책임문제, 즉 영역관리책임의 원칙 형성에는 기여한 것으로 평가된다.
③ [○] 1972년 스톡홀름선언의 원칙21 제2문에서는 "각국은 또한 자국의 관할권내 또는 지배하의 활동이 다른 나라의 환경이나 국가의 관할권 범위를 벗어난 지역의 환경에 손해를 끼치지 않도록 조치를 마련할 책임을 진다."라고 규정하고 있다.
④ [○] 핵무기의 위협/사용의 적법성 사건에서 ICJ는 국가들이 자신의 관할과 지배의 영역에서 한 행위들이 다른 국가들 또는 자신의 지배영역 밖의 어떤 지역의 환경을 침해하지 않도록 지켜주어야 하는 실재적 · 일반적 의무는 이제는 환경과 관련한 국제법을 집대성한 것의 일부라고 하였다.

답 ①

PART 6
국가기관 및 조약

국 제 법 1 4 개 년 단 원 별 기 출 문 제 집

CHAPTER 01 국가기관

제1절 외교사절

1. 외교관계 일반

01 외교사절의 파견 및 접수와 관련된 아그레망(agrément)에 대한 설명으로 옳지 않은 것은? 17년 9급

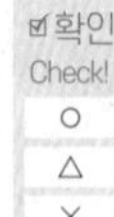

① 파견국은 파견하고자 하는 공관장에 대한 접수국의 아그레망 부여 여부를 사전에 확인하여야 한다.
② 접수국이 아그레망의 부여를 거부하려면 정당한 이유를 파견국에 서면으로 제시하여야 한다.
③ 파견국은 파견하고자 하는 공관직원에 대한 접수국의 아그레망을 요청할 필요가 없다.
④ 접수국은 파견국의 무관 임명을 승인하기 위하여 사전에 명단제출을 요구할 수 있다.

해설
난도 ★★
① [○] 외교관계에관한비엔나협약 제4조 제1항.
② [×] 접수국은 "아그레망"을 거절한 이유를 파견국에 제시할 의무를 지지 아니한다(외교관계에관한비엔나협약 제4조 제2항).
③ [○] 공관장의 파견에 있어서는 아그레망의 요청이 필수이지만, 하급 외교관 파견시 아그레망의 요청이 필요한가에 대해서는 견해가 대립한다.
④ [○] 무관의 경우 접수국이 사전승인을 요구할 수 있다.

답 ②

02 아그레망 제도에 관한 설명 중 옳은 것은? 09년 지방

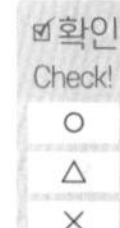

① 모든 외교관을 파견할 때에는 사전에 아그레망을 필요로 한다.
② 접수국은 아그레망을 거부할 수 있으나 그 사유를 밝힐 의무는 없다.
③ 아그레망은 사전통고의 의미 밖에 없으므로 접수국이 이를 거절할 수는 없다.
④ 아그레망의 거부는 국가승인의 철회를 의미한다.

해설

난도 ★★

① [×] 파견국은 공관장으로 파견하고자 제의한 자에 대하여 접수국의 '아그레망'(agreement)이 부여되었음을 확인하여야 한다(외교관계에관한비엔나협약 제4조 제1항).

② [○] 접수국은 '아그레망'을 거절한 이유를 파견국에 제시할 의무를 지지 아니한다(외교관계에관한비엔나협약 제4조 제2항).

③ [×] '아그레망'은 사전동의의 의미를 갖는 것으로 접수국은 '아그레망'의 부여를 거부할 수 있다.

④ [×] 아그레망의 거부는 국가승인의 철회를 의미하지 않는다.

답 ②

03 파견국이 외교사절단의 장을 파견할 때 외교사절단의 장을 통해 접수국 원수 또는 외무장관에게 보내는 것은? 07년 9급

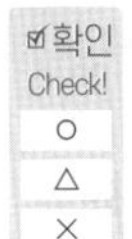

① 아그레망

② 신임장

③ 위임장

④ 인가장

해설

난도 ★★

① [×] '아그레망'(agrément)이란 특정인을 외교사절로 임명하기 전에 상대접수국에게 이의의 유무에 관한 의사를 조회하여 상대접수국으로부터 받는 동의를 말한다.

② [○] '신임장'(信任狀, letter of credence)이란 특정인을 외교사절로서 파견한다는 취지의 문서를 말하는 것으로서, 파견국의 원수나 외무장관이 접수국의 국가원수나 외무장관에게 보내는 것이다. 외교관계에관한비엔나협약 제13조에서는 공관장은 자기의 신임장을 제정하였을 때 그의 직무를 개시한 것으로 간주된다고 규정하고 있다.

③ [×] 위임장(委任狀, consular commission)이란 영사기관장을 파견하고자 할 때 파견국이 영사기관장을 임명하고 그 자격을 증명하는 성명, 종류, 계급, 관할구역 및 기관소재지를 기재한 문서로서, 외교상 또는 적절한 경로를 통하여 접수국에 송부한다.

④ [×] 인가장(認可狀, exequatur)이란 영사기관장이 접수국에 도착하여 자국 외교사절단장을 통하여 위임장을 제출하였을 때, 이에 대해 접수국이 접수국의 국가원수 또는 외무장관의 이름으로 그 영사기관장을 인가하는 문서를 말한다.

답 ②

04 1961년 외교관계에관한비엔나협약상 불만(不滿)한 인물(persona non grata)에 대한 내용으로 옳지 않은 것은? 19년 9급

① 접수국은 개인적 불만사항이 없더라도 불만한 인물로 통보할 수 있다.
② 파견국은 접수국의 불만한 인물 통보를 수용하여야 한다.
③ 접수국은 불만한 인물 통보에 대한 사유를 설명할 의무가 없다.
④ 접수국은 불만한 인물 통보를 그 인사의 자국 부임 전까지만 할 수 있다.

해설

난도 ★★★

① [○], ② [○], ③ [○], ④ [×] 접수국은, 언제든지 그리고 그 결정을 설명할 필요 없이, 공관장이나 또는 기타 공관의 외교직원이 불만한 인물(persona non grata)이며, 또는 기타의 공관직원을 받아들일 수 없는 인물이라고 파견국에 통고할 수 있다. 이와 같은 경우에, 파견국은 적절히 관계자를 소환하거나 또는 그의 공관직무를 종료시켜야 한다. 접수국은 누구라도 접수국의 영역에 도착하기 전에 불만한 인물 또는 받아들일 수 없는 인물로 선언할 수 있다(외교관계에관한비엔나협약 제9조 제1항). 접수국은 불만한 인물을 통보하면서 그 사유를 설명할 의무는 없다.

답 ④

2. 외교공관에 대한 특권·면제

05 1961년 외교관계에관한비엔나협약상 외교공관의 불가침에 대한 설명으로 옳은 것은? 13년 7급

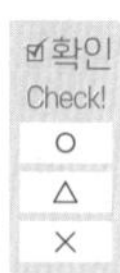

① 외교공관에는 불가침권이 인정되지만 외교사절의 주거는 불가침권이 인정되지 않는다.
② 접수국의 관헌은 화재 등으로 인하여 진정으로 긴급을 요하는 경우에는 외교사절의 동의가 없더라도 외교공관에 출입할 수 있다.
③ 외교공관 불가침의 대상은 공관의 건물뿐 아니라 건물의 부지도 포함한다.
④ 외교공관 내의 비품류나 기타 재산은 수색, 징발, 압류로부터 면제되나 강제집행으로부터 면제되지 아니한다.

해설

난도 ★★

① [×] 외교관의 개인주거는 공관지역과 동일한 불가침과 보호를 향유한다(외교관계에관한비엔나협약 제30조 제1항).
② [×] 공관지역은 불가침이다. 접수국의 관헌은 공관장의 동의 없이는 공관지역에 들어가지 못한다(외교관계에관한비엔나협약 제22조 제1항). 본 협약에서는 공관의 불가침에 대한 예외규정이 없다.
③ [○] "공관지역"이라 함은 소유자 여하를 불문하고 공관장의 주거를 포함하여 공관의 목적으로 사용되는 건물과 건물의 부분 및 부속토지를 말한다(외교관계에관한비엔나협약 제1조 (ⅰ)호).
④ [×] 공관지역과 동 지역 내에 있는 비품류 및 기타 재산과 공관의 수송수단은 수색, 징발, 차압 또는 강제집행으로부터 면제된다(외교관계에관한비엔나협약 제22조 제3항).

답 ③

06 외교관계에관한비엔나협약에 규정된 외교공관의 불가침에 대한 설명으로 옳지 않은 것은? 09년 9급

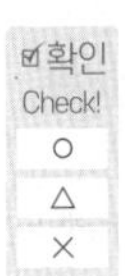

① 접수국의 관리는 공관장(head of the mission)의 동의 없이는 공관지역에 들어갈 수 없다.
② 접수국은 공관지역을 보호하기 위해 모든 적절한 조치를 취할 특별한 의무가 있다.
③ 공관지역, 공관 내의 설비 및 기타 재산과 공관의 수송수단은 수색, 징발, 차압 또는 강제집행으로부터 면제된다.
④ 외교공관의 불가침권에는 인도적 고려에 근거한 외교적 비호권이 포함된다.

해설
난도 ★★
① [○] 공관지역은 불가침이다. 접수국의 관헌은, 공관장의 동의 없이는 공관지역에 들어가지 못한다(외교관계에관한비엔나협약 제22조 제1항).
② [○] 접수국은, 어떠한 침입이나 손해에 대하여도 공관지역을 보호하며, 공관의 안녕을 교란시키거나 품위의 손상을 방지하기 위하여 모든 적절한 조치를 취할 특별한 의무를 가진다(외교관계에관한비엔나협약 제22조 제2항).
③ [○] 공관지역과 동 지역 내에 있는 비품류 및 기타 재산과 공관의 수송수단은 수색, 징발, 차압 또는 강제집행으로부터 면제된다(외교관계에관한비엔나협약 제22조 제3항).
④ [×] 외교관계에관한비엔나협약 제22조에서 "공관의 불가침성"을 규정하고 있지만 이것이 외교공관의 비호권을 인정하는 것은 아니다. 현대국제법상 외교공관의 비호권은 일반적으로 인정되지는 않는다.

답 ④

07 외교관 및 외교공관의 불가침성에 대한 내용으로 옳지 않은 것은? 12년 7급

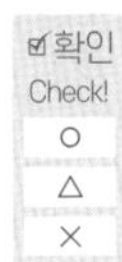

① 외교관은 어떠한 형태의 체포나 구금도 당하지 않는다.
② 외교공관이나 공관장 관저는 불가침의 대상으로 접수국의 관헌은 공관장의 동의 없이 공관이나 관저에 들어갈 수 없다.
③ Asylum사건에서 국제사법법원(ICJ)은 외교공관으로의 망명권(Diplomatic Asylum)이 국제관습법으로 인정된다고 판단하였다.
④ 접수국과 파견국 간의 무력충돌이 발생하였을 경우에도 접수국은 외교공관, 재산 및 공문서를 존중하고 보호해야 한다.

✎해설

난도 ★★★

① [○] 외교관의 신체는 불가침이다. 외교관은 어떠한 형태의 체포 또는 구금도 당하지 아니한다(외교관계에관한비엔나협약 제29조).

② [○] 공관지역은 불가침이다. 접수국의 관헌은, 공관장의 동의 없이는 공관지역에 들어가지 못한다(외교관계에관한비엔나협약 제22조 제1항).

③ [×] 비호(Asylum) 사건에서 ICJ는 외교공관으로의 망명권을 관습법으로 인정하지 않았다.

④ [○] 접수국은, 무력충돌의 경우에라도, 공관의 재산 및 문서와 더불어 공관지역을 존중하고 보호하여야 한다(외교관계에관한비엔나협약 제45조 (a)호).

※ 1961년 외교관계에관한비엔나협약에서는 "외교관은 어떠한 형태의 체포 또는 구금도 당하지 아니한다."라고 규정하고 있다(제29조 2문). 그러나 관습법상 외교관의 위법행위에 대하여 정당방위나 긴급피난으로서의 조치는 할 수 있으며, 접수국 안전을 위하여 자국 국내법에 의해 외교관을 일시 구속할 수도 있다[다만 이러한 구속은 일시적인 것이어야 하며 긴급한 필요가 없을 경우에는 곧 해제해야 한다]. 따라서 「1961년 외교관계에관한비엔나협약」이라는 전제를 하지 않은 문제에서 관습법까지 고려한다면 ①번도 틀린 지문이 될 수 있으나, 명백히 틀린 ③번 지문이 있어 복수정답이 인정되지는 않았다.

답 ③

08 **외교신서사(diplomatic courier)에 관한 설명으로 옳지 않은 것은?** 10년 7급

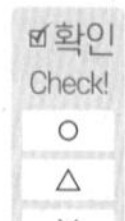

① 외교신서사는 직무수행상 접수국의 보호를 받는다.
② 접수국은 외교신서사가 휴대하는 외교행낭을 개봉하거나 유치할 수 없다.
③ 외교신서사는 어떠한 형태로도 체포 · 구금당하지 않는다.
④ 임시외교신서사의 경우는 접수국에서 특권과 면제의 대상이 되지 않는다.

✎해설

난도 ★★★

①[○], ③[○] 외교신서사(外交信書使, diplomatic courier)는 그의 신분 및 외교행낭을 구성하는 포장물의 수를 표시하는 공문서를 소지하여야 하며, 그의 직무를 수행함에 있어서 접수국의 보호를 받는다(외교관계에관한비엔나협약 제27조 제5항).

② [○] 외교행낭(外交行囊, diplomatic bag)은 개봉되거나 유치되지 아니한다(외교관계에관한비엔나협약 제27조 제3항).

④ [×] 파견국 또는 공관은 임시외교신서사를 지정할 수 있다. 이러한 경우에는 본조 제5항상의 규정이 또한 적용된다. 다만, 동 신서사가 자신의 책임하에 있는 외교행낭을 수취인에게 인도하였을 때에는 제5항에 규정된 면제가 적용되지 아니한다(외교관계에관한비엔나협약 제27조 제6항).

답 ④

3. 외교관에 대한 특권·면제

09 「외교관계에관한비엔나협약」상 접수국이 아닌 제3국의 의무에 대한 설명으로 옳지 않은 것은? 19년 7급

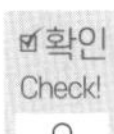

① 제3국은 외교관의 체류 목적을 불문하고 그 외교관에게 불가침권을 부여해야 한다.
② 제3국은 통과 중인 통신문 및 외교행낭에 대한 불가침성을 접수국에서와 동일하게 부여해야 한다.
③ 제3국은 노무직원의 통과에 대하여 이들의 통행을 방해하지 않을 의무가 있다.
④ 제3국은 불가항력으로 자국 영역에 들어온 외교관 가족의 귀국 보장에 필요한 면제를 부여해야 한다.

해설
난도 ★★

① [×] 외교관이 부임, 귀임 또는 본국으로 귀국하는 도중, 여권사증이 필요한 경우 그에게 여권사증을 부여한 제3국을 통과하거나 또는 제3국의 영역 내에 있을 경우에, 제3국은 그에게 불가침권과 그의 통과나 귀국을 보장함에 필요한 기타 면제를 부여하여야 한다(외교관계에관한비엔나협약 제40조 제1항). 제3국은 부임, 귀임 또는 본국으로 귀국하는 도중에 있는 외교관에 대하여만 불가침권을 부여한다.
② [○] 제3국은, 사증이 필요한 경우 여권사증이 부여된 외교신서사와 통과중인 외교행낭에 대하여 접수국이 부여하여야 하는 동일한 불가침권과 보호를 부여하여야 한다(외교관계에관한비엔나협약 제40조 제3항).
③ [○] 본조 제1항에 명시된 것과 유사한 사정하에서 제3국은, 공관의 행정 및 기능직원 또는 노무직원과 그들 가족이 그 영토를 통과함을 방해하여서는 아니 된다(외교관계에관한비엔나협약 제40조 제2항).
④ [○] 본조 제1항, 제2항, 및 제3항에 따른 제3국의 의무는 전기 각항에서 언급한 자와 공용통신 및 외교행낭이 불가항력으로 제3국의 영역 내에 들어간 경우에도 적용된다(외교관계에관한비엔나협약 제40조 제4항).

답 ①

10 외교사절의 재판관할권 면제의 포기에 대한 설명으로 옳지 않은 것은? 10년 지방

① 면제의 포기는 그에 기초하여 소송이 진행되고 있는 도중에 철회할 수 없다.
② 면제의 포기는 언제나 명시적으로 하여야 한다.
③ 면제의 포기는 외교사절 개인의 권한이 아니라 외교사절단의 장(長)의 권한이다.
④ 외교관은 자신이 제기한 본소(本訴)와 직접 관련되는 반소(反訴)에 대해서는 면제를 주장할 수 없다.

해설
난도 ★★

① [○] 재판관할권 면제를 포기하여 일단 소송이 진행되던 도중에 다시 재판관할권의 면제를 주장할 수는 없다.
② [○] 포기는 언제나 명시적이어야 한다(외교관계에관한비엔나협약 제32조 제2항).
③ [×] 파견국은 외교관 및 제37조에 따라 면제를 향유하는 자에 대한 재판관할권의 면제를 포기할 수 있다(외교관계에관한비엔나협약 제32조 제1항). 재판관할권 면제의 포기는 외교사절이나 외교사절단장 개인의 권한이 아니라 파견국의 권한이다.
④ [○] 외교관과 제37조에 따라 재판관할권의 면제를 향유하는 자가 소송을 제기한 경우에는 본소에 직접 관련된 반소에 관하여 재판관할권의 면제를 원용할 수 없다(외교관계에관한비엔나협약 제32조 제3항).

답 ③

11 1961년 「외교관계에관한비엔나협약」 상 특권 · 면제에 대한 설명으로 옳지 않은 것은?

19년 9급

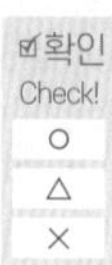

① 특권 · 면제를 받을 권리가 있는 자가 이미 접수국 영역 내에 있을 경우 접수국 외무부에 그의 임명을 통고한 순간부터 특권 · 면제를 향유한다.

② 외교관의 가족은 그 외교관이 사망하는 경우 접수국으로부터 퇴거하는 데에 필요한 상당한 기간이 만료할 때까지 기존의 특권 · 면제를 계속 향유한다.

③ 외교관의 부임과 귀국을 위해 필요한 여권사증을 부여한 제3국은 그 외교관에게 통과의 보장에 필요한 면제와 불가침권을 부여하여야 한다.

④ 외교관이 제3국에 일시적으로 체류하더라도 제3국은 그 체류목적을 불문하고 외교관의 특권 · 면제를 보장하여야 한다.

해설

난도 ★★

① [○] 특권 및 면제를 받을 권리가 있는 자는, 그가 부임차 접수국의 영역에 들어간 순간부터, 또는 이미 접수국의 영역 내에 있을 경우에는, 그의 임명을 외무부나 또는 합의되는 기타 부처에 통고한 순간부터 특권과 면제를 향유한다(외교관계에관한비엔나협약 제39조 제1항).

② [○] 공관원이 사망하는 경우에, 그의 가족은 접수국을 퇴거하는 데 요하는 상당한 기간이 만료할 때까지 그들의 권리인 특권과 면제를 계속 향유한다(외교관계에관한비엔나협약 제39조 제3항).

③ [○], ④ [×] 외교관이 부임, 귀임 또는 본국으로 귀국하는 도중, 여권사증이 필요한 경우 그에게 여권사증을 부여한 제3국을 통과하거나 또는 제3국의 영역 내에 있을 경우에, 제3국은 그에게 불가침권과 그의 통과나 귀국을 보장함에 필요한 기타 면제를 부여하여야 한다(외교관계에관한비엔나협약 제40조 제1항). 외교관이 제3국에 체류하는 모든 경우에 불가침권과 기타 면제가 부여되는 것이 아니라, '부임, 귀임 또는 본국으로 귀국'하는 도중인 경우에 한하여 인정된다.

답 ④

12 외교관계에관한비엔나협약상 외교특권과 면제에 대한 설명으로 옳지 않은 것은?

17년 9급

① 외교관의 개인주거공간은 공관과 동일한 불가침성을 향유한다.

② 외교관은 접수국의 모든 인적 및 공적 역무로부터 면제된다.

③ 외교행낭은 외부에 식별가능한 표지가 부착되어야 하며 개봉되거나 유치되지 않는다.

④ 외교관은 접수국의 모든 민사 및 행정재판관할권으로부터 면제된다.

해설

난도 ★★

① [○] 외교관의 개인주거는 공관지역과 동일한 불가침과 보호를 향유한다(외교관계에관한비엔나협약 제30조 제1항).

② [○] 접수국은, 외교관에 대하여 모든 인적 역무와 종류 여하를 불문한 일체의 공공역무 및 징발, 군사상의 기부 그리고 숙사 제공 명령에 관련된 군사상의 의무로부터 면제하여야 한다(외교관계에관한비엔나협약 제35조).

③ [○] 외교행낭을 구성하는 포장물은 그 특성을 외부에서 식별할 수 있는 표지를 달아야 하며 공용을 목적으로 한 외교문서나 물품만을 넣을 수 있다(외교관계에관한비엔나협약 제27조 제4항). 외교행낭(外交行囊, diplomatic bag)은 개봉되거나 유치되지 아니한다(외교관계에관한비엔나협약 제27조 제3항).

④ [×] 외교관계에관한비엔나협약 제31조 제1항에서는 민사 및 행정 재판 관할권의 원칙적인 면제를 규정하면서, 3가지 예외에 관한 규정을 함께 두고 있다.

더 알아보기 외교관계에관한비엔나협약

제31조【외교관의 재판관할권 면제】

① 외교관은 접수국의 형사재판관할권으로부터의 면제를 향유한다. 외교관은 또한, 다음 경우를 제외하고는 접수국의 민사 및 행정 재판 관할권으로부터의 면제를 향유한다.

(a) 접수국의 영역 내에 있는 개인부동산에 관한 부동산 소송. 단, 외교관이 공관의 목적을 위하여 파견국을 대신하여 소유하는 경우는 예외이다.

(b) 외교관이 파견국을 대신하지 아니하고 개인으로서 유언집행인, 유산관리인, 상속인 또는 유산수취인으로서 관련된 상속에 관한 소송.

(c) 접수국에서 외교관이 그의 공적 직무 이외로 행한 직업적 또는 상업적 활동에 관한 소송.

답 ④

13 **1961년 외교관계협약에 따른 외교관의 특권과 면제에 대한 설명으로 옳지 않은 것은?** 16년 7급

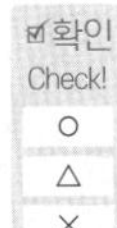

① 외교관의 신체는 불가침이며 어떠한 형태의 체포 또는 구금도 당하지 아니한다.
② 외교관은 접수국의 형사재판관할권으로부터의 면제를 향유한다.
③ 외교관은 민사재판의 경우 증인으로서 증언할 의무를 부담한다.
④ 외교관의 개인주거는 공관지역과 동일한 불가침과 보호를 향유한다.

해설

난도 ★★

① [○] 외교관의 신체는 불가침이다. 외교관은 어떠한 형태의 체포 또는 구금도 당하지 아니한다. 접수국은 상당한 경의로서 외교관을 대우하여야 하며 또한 그의 신체, 자유 또는 품위에 대한 여하한 침해에 대하여도 이를 방지하기 위하여 모든 적절한 조치를 취하여야 한다(외교관계에관한비엔나협약 제29조).
② [○] 외교관은 접수국의 형사재판관할권으로부터의 면제를 향유한다(외교관계에관한비엔나협약 제31조 제1항).
③ [×] 외교관은 증인으로서 증언을 행할 의무를 지지 아니한다(외교관계에관한비엔나협약 제31조 제2항).
④ [○] 외교관의 개인주거는 공관지역과 동일한 불가침과 보호를 향유한다(외교관계에관한비엔나협약 제30조 제1항).

답 ③

14 **1961년 외교관계에관한비엔나협약상 외교관의 특권과 면제에 대한 설명으로 옳지 않은 것은?** 16년 9급

☑확인 Check! ○ △ ×

① 외교관은 접수국의 형사재판관할권으로부터 절대적으로 면제된다.
② 외교관의 개인주거는 공관지역과 동일한 불가침과 보호를 향유하지 않는다.
③ 접수국의 관헌은 소유자가 누구인지를 불문하고 공관장의 주거에 공관장의 동의 없이는 들어갈 수 없다.
④ 파견국과 접수국 간에 외교관계가 단절되거나 무력충돌이 발생한 경우에도 공관의 재산과 문서는 보호된다.

해설
난도 ★★
① [○] 외교관은 접수국의 형사재판관할권으로부터의 면제를 향유한다(외교관계에관한비엔나협약 제31조 제1항). 형사재판관할권 면제를 규정하면서도 예외에 관한 규정은 두지 않아 절대적 면제로 규정하고 있다.
② [×], ③ [○] 외교관의 개인주거는 공관지역과 동일한 불가침과 보호를 향유한다(외교관계에관한비엔나협약 제30조 제1항). "공관지역"이라 함은 소유자 여하를 불문하고, 공관장의 주거를 포함하여 공관이 목적으로 사용되는 건물과 건물의 부분 및 부속토지를 말한다(외교관계에관한비엔나협약 제1조 (i)호).
④ [○] 2개국 간의 외교관계가 단절되거나, 또는 공관이 영구적으로 또는 잠정적으로 소환되는 경우에, 접수국은, 무력충돌의 경우에라도, 공관의 재산 및 문서와 더불어 공관지역을 존중하고 보호하여야 한다(외교관계에관한비엔나협약 제45조 (a)호).

답 ②

15 **외교 면제와 특권에 관한 설명으로 옳지 않은 것은?** 14년 7급

① 행정 · 기술 직원의 관세 면제는 최초 부임 시 가져오는 물품에 대해서만 적용된다.
② 접수국의 국민이 아닌 개인적 사용인은 봉급에 대한 세금에서 면제되지 않는다.
③ 외교관의 세대를 구성하는 가족 중 접수국의 국민이 아닌 자는 접수국의 형사재판 관할권으로부터 면제된다.
④ 접수국의 국민이나 영주자가 아닌 역무직원은 봉급에 대한 세금 면제와 사회보장규정의 적용에 대한 면제를 향유한다.

해설
난도 ★★
① [○] 공관의 행정 및 기능직원은, …… 그들은 또한 처음 부임할 때에 수입한 물품에 관하여 제36조 제1항에 명시된 특권을 향유한다(외교관계에관한비엔나협약 제37조 제2항).
② [×] 공관원의 개인사용인은, 접수국의 국민이나 영주자가 아닌 경우, 그들이 취업으로 인하여 받는 보수에 대한 부과금이나 조세로부터 면제된다(외교관계에관한비엔나협약 제37조 제4항).
③ [○] 외교관의 세대를 구성하는 그의 가족은, 접수국의 국민이 아닌 경우, 제29조에서 제36조까지 명시된 특권과 면제를 향유한다(외교관계에관한비엔나협약 제37조 제1항).
④ [○] 접수국의 국민이나 영주자가 아닌 공관의 노무직원은, 그들의 직무 중에 행한 행위에 관하여 면제를 향유하며 그들이 취업으로 인하여 받는 보수에 대한 부과금이나 조세로부터 면제되고, 제33조(접수국 사회보장의 면제)에 포함된 면제를 향유한다(외교관계에관한비엔나협약 제37조 제3항).

답 ②

16 외교사절의 특권 면제에 대한 설명으로 옳지 않은 것은?

14년 9급

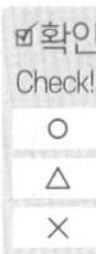

① 외교관계에관한비엔나협약은 공관지역의 불가침과 관련하여 어떠한 예외도 인정하지 않는 절대적 불가침을 규정하고 있다고 해석된다.

② 접수국은 공용을 위한 공관의 자유로운 통신을 허용해야 하나, 무선송신기의 설치 및 사용은 동의하지 않을 수 있다.

③ 파견국은 외교관의 재판관할권 면제를 포기할 수 있으며, 포기는 묵시적으로도 가능하다.

④ 공관의 문서 및 서류는 어느 때나 그리고 어느 곳에서나 불가침이다.

해설

난도 ★★

① [○] 1961년 외교관계에관한비엔나협약에서는 "공관지역의 불가침이다."라고만 규정할 뿐, 공관의 불가침에 대한 예외 규정이 없다. 그러나 전염병 예방이나 화재진화와 같은 긴급한 필요가 있을 경우에는 국제관습법상 예외가 인정된다고 보는 것이 다수설이다. 이 지문에서는 1961년 '외교관계에관한비엔나협약'의 태도를 물어 보았으므로 외교공관의 불가침에 대한 예외를 인정하지 않는 지문으로서 옳은 지문이다.

② [○] 접수국은 공용을 위한 공관의 자유로운 통신을 허용하며 보호하여야 한다. … 다만, 공관은 접수국의 동의를 얻어야만 무선송신기를 설치하고 사용할 수 있다(외교관계에관한 비엔나협약 제27조 제1항).

③ [×] 파견국은 외교관 및 제37조에 따라 면제를 향유하는 자에 대한 재판관할권의 면제를 포기할 수 있다(외교관계에관한비엔나협약 제32조 제1항). 포기는 언제나 명시적이어야 한다(외교관계에관한 비엔나협약 제32조 제2항).

④ [○] 공관의 문서 및 서류는 어느 때나 그리고 어느 곳에서나 불가침이다(외교관계에관한비에나협약 제24조).

 ③

17 외교관의 특권과 면제에 대한 설명으로 옳지 않은 것은?

11년 7급

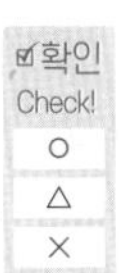

① 외교관은 자신이 부임하기 위하여 접수국의 영토에 들어갔을 때부터 특권과 면제를 향유하며, 직무가 종료된 경우에도 접수국을 떠나는 데 필요한 상당한 기간 동안 특권과 면제가 인정된다.

② 외교관의 면제는 접수국의 재판관할권으로부터의 면제를 의미하는 것이지 파견국의 재판관할권으로부터도 면제되는 것은 아니다.

③ 외교관의 면제는 실질적으로 파견국에 속하는 것이기 때문에 면제를 포기할 수 있는 자는 외교관이 아니고 파견국이다.

④ 관습법상 국가면제의 묵시적 포기가 허용되는 것과 마찬가지로 외교면제의 묵시적 포기도 가능하다.

해설
난도 ★★
① [○] 특권 및 면제를 받을 권리가 있는 자는, 그가 부임차 접수국의 영역에 들어간 순간부터, 또는 이미 접수국의 영역 내에 있을 경우에는, 그의 임명을 외무부나 또는 합의되는 기타 부처에 통고한 순간부터 특권과 면제를 향유한다(외교관계에관한비엔나협약 제39조 제1항). 특권과 면제를 향유하는 자의 직무가 종료하게 되면, 여사(如斯)한 특권과 면제는 통상 그가 접수국에서 퇴거하거나 또는 퇴거에 요하는 상당한 기간이 만료하였을 때에 소멸하나, 무력분쟁의 경우일지라도 그 시기까지는 존속한다(외교관계에관한비엔나협약 제39조 제2항).
② [○] 접수국의 재판관할권으로부터 외교관을 면제하는 것은 파견국의 재판관할권으로부터 외교관을 면제하는 것은 아니다(외교관계에관한비엔나협약 제31조 제4항).
③ [○] 파견국은 외교관 및 제37조(외교관 가족과 공관직원 및 개인사용인의 특권과 면제)에 따라 면제를 향유하는 자에 대한 재판관할권의 면제를 포기할 수 있다(외교관계에관한비엔나협약 제32조 제1항). 외교관의 재판관할권 면제를 포기하는 주체는 파견국이다.
④ [×] 포기는 언제나 명시적이어야 한다(외교관계에관한비엔나협약 제32조 제2항). 국가면제는 명시적 또는 묵시적으로 포기할 수 있으나, 외교면제의 포기는 반드시 명시적이어야 한다.

답 ④

18 외교사절의 특권과 면제에 대한 설명으로 옳지 않은 것은? 11년 9급

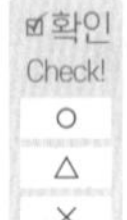

① 외교사절의 독립적이고 효율적인 업무수행을 위하여 인정된다.
② 접수국은 외교공관을 보호하기 위하여 적절한 조치를 취하여야 한다.
③ 외교관에 대한 접수국의 재판관할권 면제는 민사재판에만 적용되며 형사재판에는 적용되지 않는다.
④ 외교사절의 특권과 면제는 공관차량 및 사절단장의 개인 주거에도 적용된다.

해설
난도 ★★
① [○] …… 이러한 특권과 면제의 목적이 개인의 이익을 위함이 아니라 국가를 대표하는 외교공관 직무의 효율적 수행을 보장하기 위한 것임을 인식하고, …… (외교관계에관한비엔나협약 전문)
② [○] 접수국은 어떠한 침입이나 손해에 대하여도 공관지역을 보호하며, 공관의 안녕을 교란시키거나 품위의 손상을 방지하기 위하여 모든 적절한 조치를 취할 특별한 의무를 가진다(외교관계에관한비엔나협약 제22조 제2항).
③ [×] 외교관은 접수국의 형사재판관할권으로부터의 면제를 향유한다. 외교관은 또한, 다음 경우를 제외하고는 접수국의 민사 및 행정 재판관할권으로부터의 면제를 향유한다(외교관계에관한비엔나협약 제31조 제1항). 외교관에 대한 접수국의 재판관할권 면제는 형사재판 · 민사재판 모두 인정되며, 다만 형사재판관할권 면제는 예외가 없으며, 민사재판관할권 면제는 예외가 인정된다.
④ [○] 외교관의 개인주거는 공관지역과 동일한 불가침과 보호를 향유한다(외교관계에관한비엔나협약 제30조 제1항). 외교관의 서류, 통신문 그리고 제31조 제3항에 규정된 경우를 제외한 그의 재산도 동일하게 불가침권을 향유한다(외교관계에관한비엔나협약 제30조 제2항).

답 ③

19 **외교사절의 특권과 면제에 대한 설명으로 옳지 않은 것은?** 09년 9급

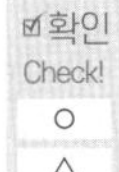

① 외교관은 접수국의 형사재판관할권으로부터 절대적으로 면제된다.
② 파견국은 명시적 또는 묵시적으로 재판관할권의 면제를 포기할 수 있다.
③ 외교관은 접수국의 민사 및 행정관할권으로부터 원칙적으로 면제된다.
④ 외교관이 세대에 속하는 가족도 접수국의 국민이 아닌 한 외교관과 동일한 면제와 특권을 누린다.

해설

난도 ★★

① [○], ③ [○] 외교관계에관한비엔나협약 제31조 제1항. 외교관에 대한 접수국의 형사재판관할권 면제는 예외가 인정되지 않지만, 민사 및 행정 재판 관할권은 일정한 예외가 인정된다.

② [×] 파견국은 외교관 및 제37조(외교관 가족과 공관직원 및 개인사용인의 특권과 면제)에 따라 면제를 향유하는 자에 대한 재판관할권의 면제를 포기할 수 있다(외교관계에관한비엔나협약 제32조 제1항). 포기는 언제나 명시적이어야 한다(외교관계에관한비엔나협약 제32조 제2항).

④ [○] 외교관의 세대를 구성하는 그의 가족은, 접수국의 국민이 아닌 경우, 제29조에서 제36조까지 명시된 특권과 면제를 향유한다(외교관계에관한비엔나협약 제37조 제1항).

더 알아보기 외교관계에관한비엔나협약

제31조【외교관의 재판관할권 면제】

① 외교관은 접수국의 형사재판관할권으로부터의 면제를 향유한다. 외교관은 또한, 다음 경우를 제외하고는 접수국의 민사 및 행정 재판 관할권으로부터의 면제를 향유한다.

(a) 접수국의 영역 내에 있는 개인부동산에 관한 부동산 소송. 단, 외교관이 공관의 목적을 위하여 파견국을 대신하여 소유하는 경우는 예외이다.

(b) 외교관이 파견국을 대신하지 아니하고 개인으로서 유언집행인, 유산관리인, 상속인 또는 유산수취인으로서 관련된 상속에 관한 소송.

(c) 접수국에서 외교관이 그의 공적 직무 이외로 행한 직업적 또는 상업적 활동에 관한 소송.

답 ②

20 1961년 '외교관계에관한비엔나협약'상 외교사절의 특권과 면제에 관한 설명으로 옳지 않은 것은? 08년 9급

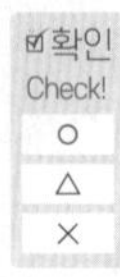

① 외교사절의 특권 · 면제는 외교사절의 권리이므로 자유롭게 포기할 수 있다.

② 외교사절은 신체 및 명예에 대한 불가침권을 가지며 접수국은 신체 및 명예에 대한 침해를 방지하기 위하여 적절한 조치를 취하여야 한다.

③ 접수국은 국가안보의 목적으로 그 영토 내에서 외교사절의 여행의 자유를 제한할 수 있다.

④ 외교사절의 직무가 종료하여 퇴거하거나 또는 퇴거에 필요한 상당한 기간이 만료되었을 때 그의 특권은 소멸한다.

해설

난도 ★★

① [×] 파견국은 외교관 및 제37조(외교관 가족과 공관직원 및 개인사용인의 특권과 면제)에 따라 면제를 향유하는 자에 대한 재판관할권의 면제를 포기할 수 있다(외교관계에관한비엔나협약 제32조). 외교사절의 특권 면제는 외교사절 개인의 권리가 아니라 파견국의 권리다. 파견국의 명시적 동의에 의해서만 포기될 수 있다.

② [○] 외교관의 신체는 불가침이다. 외교관은 어떠한 형태의 체포 또는 구금도 당하지 아니한다. 접수국은 상당한 경의로서 외교관을 대우하여야 하며 또한 그의 신체, 자유 또는 품위에 대한 여하한 침해에 대하여도 이를 방지하기 위하여 모든 적절한 조치를 취하여야 한다(외교관계에관한비엔나협약 제29조).

③ [○] 접수국은 국가안전을 이유로 출입이 금지되어 있거나 또는 규제된 지역에 관한 법령에 따를 것을 조건으로 하여 모든 공관원에게 대하여, 접수국 영토 내에서의 이동과 여행의 자유를 보장하여야 한다(외교관계에관한비엔나협약 제26조). 원칙적으로 접수국 영토 내에서의 이동과 여행의 자유가 보장되지만, 국가안전상 필요한 경우에는 제한될 수 있다.

④ [○] 특권과 면제를 향유하는 자의 직무가 종료하게 되면, 여사(如斯)한 특권과 면제는 통상 그가 접수국에서 퇴거하거나 또는 퇴거에 요하는 상당한 기간이 만료하였을 때에 소멸하나, 무력분쟁의 경우일지라도 그 시기까지는 존속한다. 단, 공관원으로서의 직무 수행 중에 그가 행한 행위에 관하여는 재판관할권으로부터의 면제가 계속 존속한다(외교관계에관한비엔나협약 제39조 제2항).

 ①

21 외교사절의 특권과 면제에 관한 설명 중 옳은 것은? 07년 7급

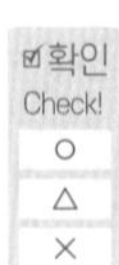

① 외교관이 사절단의 목적을 위해 파견국을 대신하여 임차한 것으로서 접수국 영역 내에 소재하는 건물에 대해서 민사소송이 제기된 경우 접수국의 재판관할권으로부터 면제된다.

② 외교사절단의 공관은 불가침이며, 국제사법재판소(ICJ)는 비호(庇護)사건(Asylum Case)에서 페루 주재 콜롬비아 대사관에 피신한 페루 야당 지도자 아야 데라 토레에 대하여 동 대사관이 외교적 비호를 부여할 권리가 있다고 판시했다.

③ 외교관은 접수국의 중앙 및 지방정부가 부과하는 조세로부터 면제되며, 전기 및 수도요금을 포함한 각종 부과금으로부터도 면제된다.

④ 외교관의 특권은 그 직무가 종료하여 접수국으로부터 퇴거하는 때에 소멸하며, 외교관의 재임기간 중 직무상의 공적 행위에 대한 면제도 접수국으로부터 퇴거하는 때에 소멸한다.

해설

난도 ★★★

① [○] 접수국의 영역 내에 있는 외교관의 개인부동산에 관한 부동산 소송은 접수국의 민사재판관할권으로부터 면제되지 않지만, 외교관이 공관의 목적을 위하여 파견국을 대신하여 소유하는 경우는 예외다(외교관계에관한비엔나협약 제31조 제1항 (a)호).

② [×] 비호사건에서 콜롬비아는 외교공관의 비호권이 남미지역의 지역관습법이라고 주장하였으나, ICJ는 남미지역에서의 '계속적이고 일관된 관행'의 존재를 찾을 수 없다고 하여 외교공관의 비호권을 남미지역에서의 지역관습법으로 인정하지 않았다.

③ [×] 외교관은 원칙적으로 국가, 지방 또는 지방자치단체의 모든 인적 또는 물적 부과금과 조세로부터 면제되지만, 특별한 용역의 제공에 부과된 요금 등은 면제되지 않는다(외교관계에관한비엔나협약 제34조).

④ [×] 특권과 면제를 향유하는 자의 직무가 종료하게 되면, 여사(如斯)한 특권과 면제는 통상 그가 접수국에서 퇴거하거나 또는 퇴거에 요하는 상당한 기간이 만료하였을 때에 소멸하나, 무력분쟁의 경우일지라도 그 시기까지는 존속한다. 단, 공관원으로서의 직무 수행 중에 그가 행한 행위에 관하여는 재판관할권으로부터의 면제가 계속 존속한다(외교관계에관한비엔나협약 제39조 제2항). 외교관의 공적 행위에 대한 면제는 그 직무종료 후에도 계속된다.

더 알아보기 외교관계에관한비엔나협약

제34조【외교관에 대한 조세의 면제】

외교관은 다음의 경우를 제외하고는, 국가, 지방 또는 지방자치단체의 모든 인적 또는 물적 부과금과 조세로부터 면제된다.

(a) 상품 또는 용역의 가격에 통상 포함되는 종류의 간접세.

(b) 접수국의 영역 내에 있는 사유 부동산에 대한 부과금 및 조세. 단, 공관의 목적을 위하여 파견국을 대신하여 소유하는 경우는 예외이다.

(c) 제39조(특권 및 면제의 존속기간) 제4항의 규정에 따를 것을 조건으로, 접수국이 부과하는 재산세, 상속세 또는 유산세.

(d) 접수국에 원천을 둔 개인소득에 대한 부과금과 조세 및 접수국에서 상업상의 사업에 행한 투자에 대한 자본세.

(e) 특별한 용역의 제공에 부과된 요금.

(f) 제23조(공관지역에 대한 조세의 면제)의 규정에 따를 것을 조건으로 부동산에 관하여 부과되는 등기세, 법원의 수수료 또는 기록수수료, 담보세 및 인지세.

답 ①

22 외교관의 재판관할권 면제에 관한 설명 중 옳지 않은 것은?

07년 7급

☑확인 Check!
○
△
×

① 외교관에게 접수국 절차법의 적용을 면제해 주는 것이다.
② 형사재판관할권의 면제는 절대적이다.
③ 민사 및 행정재판 관할권의 면제는 부동산, 상속, 접수국에서의 영업활동에 관한 소송에도 적용된다.
④ 파견국은 외교관의 재판관할권 면제를 포기할 수 있다.

해설

난도 ★★

① [○] 외교관의 재판관할권 면제는 실체법의 면제가 아니라 절차법의 면제다. 외교관이 접수국 법률을 위반하면 위법행위가 되지만 접수국의 재판관할권으로부터 면제되어 재판절차가 진행되지 않을 뿐이다.

② [○] 외교관은 접수국의 형사재판관할권으로부터의 면제를 향유한다(외교관계에관한비엔나협약 제31조 제1항). 형사재판관할권의 면제는 절대적 면제로서, 파견국이 재판관할권 면제를 포기하지 않는 이상 접수국은 외교관에 대하여 형사재판관할권을 행사할 수 없다.

③ [×] 외교관은 원칙적으로 접수국의 민사 및 행정 재판관할권으로부터의 면제를 향유한다. 다만 이에는 예외가 3가지 있다. 외교관계에관한비엔나협약 제31조 제1항 참조.

④ [○] 파견국은 외교관 및 제37조(외교관 가족과 공관직원 및 개인사용인의 특권과 면제)에 따라 면제를 향유하는 자에 대한 재판관할권의 면제를 포기할 수 있다(외교관계에관한비엔나협약 제32조). 외교관의 재판관할권 면제의 포기는 외교관 개인의 권리가 아니라 파견국의 권리다.

더 알아보기 외교관계에관한비엔나협약

제31조【외교관의 재판관할권 면제】

① 외교관은 접수국의 형사재판관할권으로부터의 면제를 향유한다. 외교관은 또한, 다음 경우를 제외하고는 접수국의 민사 및 행정재판관할권으로부터의 면제를 향유한다.

(a) 접수국의 영역 내에 있는 개인부동산에 관한 부동산소송. 단, 외교관이 공관의 목적을 위하여 파견국을 대신하여 소유하는 경우는 예외이다.

(b) 외교관이 파견국을 대신하지 아니하고 개인으로서 유언집행인, 유산관리인, 상속인 또는 유산수취인으로서 관련된 상속에 관한 소송.

(c) 접수국에서 외교관이 그의 공적 직무 이외로 행한 직업적 또는 상업적 활동에 관한 소송.

답 ③

4. 외교관 및 외교공관의 특권·면제

23 **1961년 외교관계에관한비엔나협약상 특권과 면제에 대한 설명으로 옳지 않은 것은?** 18년 9급

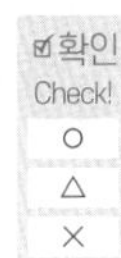

① 공관의 문서 및 서류는 불가침이다.
② 접수국의 재판관할권으로부터 면제되는 외교관은 파견국의 재판관할권으로부터도 면제를 향유한다.
③ 민사소송에 관한 재판관할권으로부터의 면제의 포기는 동 판결의 집행에 관한 면제의 포기로 간주되지 않는다.
④ 공관은 접수국의 동의를 얻어야만 무선송신기를 설치하고 사용할 수 있다.

해설
난도 ★★
① [○] 공관의 문서 및 서류는 어느 때나 그리고 어느 곳에서나 불가침이다(외교관계에관한비엔나협약 제24조).
② [×] 접수국의 재판관할권으로부터 외교관을 면제하는 것은 파견국의 재판관할권으로부터 외교관을 면제하는 것은 아니다(외교관계에관한비엔나협약 제31조 제4항).
③ [○] 민사 또는 행정소송에 관한 재판관할권으로부터의 면제의 포기는 동 판결의 집행에 관한 면제의 포기를 의미하는 것으로 간주되지 아니한다(외교관계에관한비엔나협약 제32조 제4항).
④ [○] 공관은 접수국의 동의를 얻어야만 무선송신기를 설치하고 사용할 수 있다(외교관계에관한비엔나협약 제27조 제1항).

답 ②

24 **외교관 및 외교공관의 특권과 면제에 대한 설명으로 옳지 않은 것은?** 17년 9추

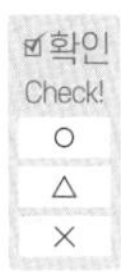

① 재판관할권 면제의 포기에는 그 판결의 집행에 관한 면제의 포기가 포함된다.
② 외교관은 공무 이외의 상업적 활동에 관한 소송에서는 접수국의 민사 및 행정 재판관할권에 복종해야 한다.
③ 외교관의 개인 주거와 개인적 서류도 불가침과 보호의 대상이 된다.
④ 접수국은 긴급사태에서도 외교공관에 강제로 진입할 수 없다.

해설
난도 ★★
① [×] 민사 또는 행정소송에 관한 재판관할권으로부터의 면제의 포기는 동 판결의 집행에 관한 면제의 포기를 의미하는 것으로 간주되지 아니한다. 판결의 집행으로부터의 면제를 포기하기 위하여서는 별도의 포기를 필요로 한다(외교관계에관한비엔나협약 제32조 제4항).
② [○] 외교관은 또한, 다음 경우를 제외하고는 접수국의 민사 및 행정재판관할권으로부터의 면제를 향유한다. … (c) 접수국에서 외교관이 그의 공적 직무 이외로 행한 직업적 또는 상업적 활동에 관한 소송(외교관계에관한비엔나협약 제31조 제1항 (c)호).
③ [○] 외교관의 개인주거는 공관지역과 동일한 불가침과 보호를 향유한다(외교관계에관한비엔나협약 제30조 제1항).
④ [○] 전염병 예방이나 화재진화와 같은 긴급한 필요가 있는 경우 국제관습법상 예외가 인정된다고 보는 것이 다수설이다.

답 ①

5. 외교사절(종합)

25 **「외교관계에관한비엔나협약」상 외교사절에 대한 설명으로 옳지 않은 것은?** 18년 7급

① 외교공관의 모든 공관원은 협약상 외교관에 해당한다.
② 외교공관의 공관장 계급은 파견국과 접수국의 합의에 따른다.
③ 공관장은 서열과 의례에 관계되는 것을 제외하고 계급에 따른 차별을 받지 아니한다.
④ 공관장의 해당 계급 내 서열은 직무를 개시한 일자와 시간의 순서에 따라 정해진다.

해설

난도 ★★

① [×] "공관원"이라 함은 공관장과 공관직원을 말한다(외교관계에관한비엔나협약 제1조 (b)호). "공관직원"이라 함은 공관의 외교직원, 행정 및 기능직원 그리고 노무직원을 말한다(외교관계에관한비엔나협약 제1조 (c)호). 공관원에는 외교관이 아닌 행정 및 기능직원이나 노무직원도 포함된다.
② [○] 공관장에게 부여되는 계급은 국가간의 합의로 정한다(외교관계에관한비엔나협약 제15조).
③ [○] 서열 및 의례에 관계되는 것을 제외하고는, 그들의 계급으로 인한 공관장간의 차별이 있어서는 아니 된다(외교관계에관한비엔나협약 제14조 제2항).
④ [○] 공관장은 제13조의 규정에 의거하여 그 직무를 개시한 일자의 시간의 순서로 각자의 해당계급 내의 서열이 정하여진다(외교관계에관한비엔나협약 제16조 제1항).

답 ①

26 **'1961년 외교관계에관한비엔나협약'상 외교관의 지위에 대한 설명으로 옳지 않은 것은?** 10년 9급

① 파견국은 특정인을 공관장으로 파견하고자 할 경우, 접수국의 동의를 얻어야 한다.
② 외교관은 접수국의 형사재판관할권으로부터의 면제를 향유한다.
③ 외교관은 파견국의 재판관할권으로부터 면제된다.
④ 접수국의 반대가 없는 한, 2개국 또는 그 이상의 국가가 동일한 자를 공관장으로 파견할 수 있다.

해설

난도 ★★

① [○] 파견국은 공관장으로 파견하고자 제의한 자에 대하여 접수국의 "아그레망"(agreement)이 부여되었음을 확인하여야 한다(외교관계에관한비엔나협약 제4조 제1항).
② [○] 외교관은 접수국의 형사재판관할권으로부터의 면제를 향유한다(외교관계에관한비엔나협약 제31조 제1항).
③ [×] 접수국의 재판관할권으로부터 외교관을 면제하는 것은 파견국의 재판관할권으로부터 외교관을 면제하는 것은 아니다(외교관계에관한비엔나협약 제31조 제4항).
④ [○] 2개국 또는 그 이상의 국가는, 접수국의 반대가 없는 한, 동일한 자를 공관장으로 타국에 파견할 수 있다(외교관계에관한비엔나협약 제6조).

답 ③

27 1961년 외교관계에관한비엔나협약의 내용에 대한 설명 중 옳은 것은?

09년 7급

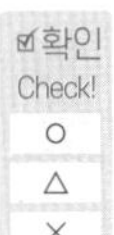

① 외교사절의 특권과 면제의 시기는 외교사절의 직무개시 시기와 동일하다.
② 접수국은 외교사절단의 수가 지나치게 많다는 이유로 접수를 거부할 수 없다.
③ 외교관의 공적 행위에 관한 면제는 그 직무 종료 후에도 계속된다.
④ 본 협약에 따르면 '인도적 동기'에서 외교공관의 비호권이 인정된다.

해설

난도 ★★

① [×] 공관장은 일률적으로 적용되는 접수국의 일반적 관행에 따라 자기의 신임장을 제정하였을 때 또는 그의 도착을 통고하고 신임장을 제정하였을 때 또는 그의 도착을 통고하고 신임장의 진정등본을 접수국의 외무부 또는 합의된 기타 부처에 제출하였을 때에 접수국에서 그의 직무를 개시한 것으로 간주된다(외교관계에관한비엔나협약 제13조 제1항). 특권 및 면제를 받을 권리가 있는 자는, 그가 부임차 접수국의 영역에 들어간 순간부터, 또는 이미 접수국의 영역 내에 있을 경우에는, 그의 임명을 외무부나 또는 합의되는 기타 부처에 통고한 순간부터 특권과 면제를 향유한다(외교관계에관한비엔나협약 제39조 제1항). 특권과 면제를 향유하는 자의 직무가 종료하게 되면, 여사한 특권과 면제는 통상 그가 접수국에서 퇴거하거나 또는 퇴거에 요하는 상당한 기간이 만료하였을 때에 소멸하나, 무력분쟁의 경우일지라도 그 시기까지는 존속한다(외교관계에관한비엔나협약 제39조 제2항).

② [×] 접수국은 또한 유사한 범위 내에서 그리고 무차별의 기초 위에서, 특정 범주에 속하는 직원의 접수를 거부할 수 있다(외교관계에관한비엔나협약 제11조 제2항).

③ [○] 특권과 면제를 향유하는 자의 직무가 종료하게 되면, 여사(如斯)한 특권과 면제는 통상 그가 접수국에서 퇴거하거나 또는 퇴거에 요하는 상당한 기간이 만료하였을 때에 소멸하나, 무력분쟁의 경우일지라도 그 시기까지는 존속한다. 단, 공관원으로서의 직무 수행 중에 그가 행한 행위에 관하여는 재판관할권으로부터의 면제가 계속 존속한다(외교관계에관한비엔나협약 제39조 제2항).

④ [×] 외교관계에관한비엔나협약 제22조에서는 "공관지역은 불가침이다. 접수국의 관헌은, 공관장의 동의 없이는 공관지역에 들어가지 못한다."라고 규정하고 있지만 이것이 외교공관의 비호권을 인정하는 것은 아니다.

답 ③

28 외교사절에 대한 설명으로 옳지 않은 것은?

08년 7급

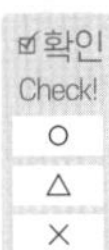

① 아그레망의 요청이란 외교사절의 장을 정식으로 임명하기 전에 접수국의 이의여부를 문의하는 절차로 파견국의 재량행위이다.
② 외교관계에관한비엔나협약에 의하면, 외교관의 특권과 면제가 인정되는 목적은 외교공관 직무의 효율적 수행을 보장하기 위해서이다.
③ 외교사절은 접수국의 영역 내에 입국하는 순간부터 특권과 면제를 향유한다.
④ 외교사절이란 외교교섭 및 기타의 직무를 수행하기 위하여 외국에 파견되는 국가의 대외적 대표기관이다.

해설

난도 ★★

① [×] 파견국은 공관장으로 파견하고자 제의한 자에 대하여 접수국의 '아그레망'(agreement)이 부여되었음을 확인하여야 한다(외교관계에관한비엔나협약 제4조). 아그레망의 요청은 재량행위가 아니라 파견국의 의무사항으로 보는 것이 일반적이다.

② [○] 1961년 외교관계에관한비엔나협약 전문에서는 "…… 이러한 특권과 면제의 목적이 개인의 이익을 위함이 아니라 국가를 대표하는 외교공관직무의 효율적 수행을 보장하기 위한 것임을 인식하고, ……"라고 규정하고 있다.

③ [○] 특권 및 면제를 받을 권리가 있는 자는, 그가 부임차 접수국의 영역에 들어간 순간부터, 또는 이미 접수국의 영역 내에 있을 경우에는, 그의 임명을 외무부나 또는 합의되는 기타 부처에 통고한 순간부터 특권과 면제를 향유한다(외교관계에관한비엔나협약 제39조 제1항).

④ [○] 외교사절이란 외교교섭 및 기타의 직무를 수행하기 위하여 외국에 파견되는 국가의 대외적 대표기관으로서, 접수국에 상주하여 본국과의 외교교섭을 하는 상주외교사절과, 일시적으로 외국에 파견되는 임시외교사절이 있다.

답 ①

29 **외교관계에관한비엔나협약에 대한 설명으로 옳지 않은 것은?** 08년 7급

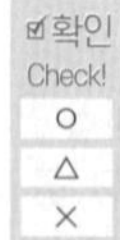

① 불가침의 대상이 되는 공관지역은 공관 및 관저의 부속지대와 건물, 그리고 그 구성물 및 공관이 보유한 교통수단을 포함하나, 임차한 경우에는 불가침이 적용되지 않는다.

② 외교공관은 파견국 영토의 연장이 아니며, 접수국의 치외법권 지역이 아니다.

③ 외교 임무에 관련된 기록문서와 재산들도 불가침성을 누린다.

④ 접수국은 공용을 위한 공관의 자유로운 통신을 허용하며 보호하여야 한다.

해설

난도 ★★

① [×] '공관지역'이라 함은 소유자 여하를 불문하고, 공관장의 주거를 포함하여 공관의 목적으로 사용되는 건물과 건물의 부분 및 부속토지를 말한다(외교관계에관한비엔나협약 제1조 (i)호).

② [○] 외교사절의 특권 · 면제를 인정하는 취지 · 목적이 무엇인가에 대해서는 견해가 대립한다. 외교사절은 국가를 대표하는 자이므로, 국가를 대표하고 그 권위를 유지하기 위해서는 특권과 면제가 인정되어야 한다는 대표설, 외교사절은 외국에서 직무를 수행하므로 외국권력의 지배하에 놓이지 않고 능률적으로 직무를 수행하기 위해서 특권 · 면제가 인정되어야 한다는 기능설, 외교사절은 접수국의 치외법원 지역에 있기 때문에 특권과 면제가 인정된다는 치외법권설 등이 있으나, 치외법권설은 현대 법원칙 중 하나인 속지주의에 반하는 것으로서 배척되고 있다.

③ [○] 공관의 문서 및 서류는 어느 때나 그리고 어느 곳에서나 불가침이다(외교관계에관한비엔나협약 제24조).

④ [○] 접수국은 공용을 위한 공관의 자유로운 통신을 허용하며 보호하여야 한다(외교관계에관한비엔나협약 제27조 제1항).

답 ①

30 외교관계에관한비엔나협약에 규정된 내용이 아닌 것은? 07년 9급

☑확인 Check! ○ △ ×

① 외교관은 접수국의 형사재판관할권으로부터의 면제를 향유한다.
② 접수국의 관헌은 공관장의 동의 없이는 공관지역에 들어가지 못한다.
③ 외교관의 신체는 불가침이다.
④ 외교관의 가족이 접수국의 국민인 경우에도 외교관과 동일한 면제를 향유한다.

해설

난도 ★★

① [○] 외교관은 접수국의 형사재판관할권으로부터의 면제를 향유한다(외교관계에관한비엔나협약 제31조 제1항 1문).
② [○] 접수국의 관헌은 공관장의 동의 없이는 공관지역에 들어가지 못한다(외교관계에관한비엔나협약 제22조 제1항 2문).
③ [○] 외교관의 신체는 불가침이다(외교관계에관한비엔나협약 제29조 1문).
④ [×] 외교관의 세대를 구성하는 그의 가족은, 접수국의 국민이 아닌 경우, 제29조에서 제36조까지 명시된 특권과 면제를 향유한다(외교관계에관한비엔나협약 제37조 제1항). 외교관의 가족은 접수국의 국민이 아닌 경우에만 특권과 면제를 향유한다.

답 ④

제2절 영사

31 1963년 영사관계에 관한 비엔나 협약상 영사의 직무에 해당되는 것은 모두 몇 개인가? 13년 7급

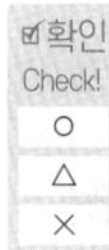

ㄱ. 접수국 내에서 파견국과 그 국민의 이익보호
ㄴ. 파견국과 접수국 간의 조약 체결
ㄷ. 파견국과 접수국 간의 통상 및 우호관계의 촉진
ㄹ. 자국민에 대한 여권 발급 및 타국민에 대한 입국사증 발급
ㅁ. 접수국 사정을 조사하여 이를 본국 정부에 보고하고 정보를 제공

① 2개 ② 3개
③ 4개 ④ 5개

해설

난도 ★★

영사의 직무에 해당되는 것은 ㄱ, ㄷ, ㄹ, ㅁ 4개이다.
ㄱ. [○] 영사관계에 관한 비엔나 협약 제5조 (a)호.
ㄴ. [×] 파견국과 접수국 간의 조약 체결은 외교사절의 직무에 해당한다.
ㄷ. [○] 영사관계에 관한 비엔나 협약 제5조 (b)호.
ㄹ. [○] 영사관계에 관한 비엔나 협약 제5조 (d)호.
ㅁ. [○] 영사관계에 관한 비엔나 협약 제5조 (c)호.

더 알아보기 영사관계에관한비엔나협약

제5조【영사기능】

영사기능은 다음과 같다.

(a) 국제법이 인정하는 범위 내에서 파견국의 이익과 개인 및 법인을 포함한 그 국민의 이익을 접수국 내에서 보호하는 것.

(b) 파견국과 접수국간의 통상, 경제, 문화 및 과학관계의 발전을 증진하며 또한 기타의 방법으로 이 협약의 규정에 따라 그들간의 우호관계를 촉진하는 것.

(c) 모든 합법적 수단에 의하여 접수국의 통상, 경제, 문화 및 과학적 생활의 제조건 및 발전을 조사하고, 이에 관하여 파견국 정부에 보고하며 또한 이해 관계자에게 정보를 제공하는 것.

(d) 파견국의 국민에게 여권과 여행증서를 발급하며, 또한 파견국에 여행하기를 원하는 자에게 사증 또는 적당한 증서를 발급하는 것.

(e) 개인과 법인을 포함한 파견국 국민을 도와주며 협조하는 것.

(f) 접수국의 법령에 위배되지 아니할 것을 조건으로 공증인 및 민사업무 서기로서 또한 유사한 종류의 자격으로 행동하며, 또한 행정적 성질의 일정한 기능을 수행하는 것.

(g) 접수국의 영역 내에서의 사망에 의한 상속의 경우에 접수국의 법령에 의거하여 개인과 법인을 포함한 파견국 국민의 이익을 보호하는 것.

(h) 파견국의 국민으로서 미성년자와 완전한 능력을 결하고 있는 기타의 자들 특히 후견 또는 재산관리가 필요한 경우에, 접수국의 법령에 정해진 범위 내에서, 그들의 이익을 보호하는 것.

(i) 접수국내의 관행과 절차에 따를 것을 조건으로 하여, 파견국의 국민이 부재 또는 기타의 사유로 적절한 시기에 그 권리와 이익의 방어를 맡을 수 없는 경우에 접수국의 법령에 따라, 그러한 국민의 권리와 이익의 보전을 위한 가처분을 받을 목적으로 접수국의 재판소 및 기타의 당국에서 파견국의 국민을 위하여 적당한 대리행위를 행하거나 또는 동 대리행위를 주선하는 것.

(j) 유효한 국제협정에 의거하여 또는 그러한 국제협정이 없는 경우에는 접수국의 법령과 양립하는 기타의 방법으로, 파견국의 법원을 위하여 소송서류 또는 소송 이외의 서류를 송달하거나 또는 증거조사 의뢰서 또는 증거조사 위임장을 집행하는 것.

(k) 파견국의 국적을 가진 선박과 파견국에 등록된 항공기 및 그 승무원에 대하여 파견국의 법령에 규정된 감독 및 검사권을 행사하는 것.

(l) 본조 세항(k)에 언급된 선박과 항공기 및 그 승무원에게 협조를 제공하는 것, 선박의 항행에 관하여 진술을 받는 것, 선박의 서류를 검사하고 이에 날인하는 것, 접수국 당국의 권한을 침해함이 없이 항해 중에 발생한 사고에 대하여 조사하는 것, 또는 파견국의 법령에 의하여 인정되는 경우에 선장, 직원 및 소속원간의 여하한 종류의 분쟁을 해결하는 것.

(m) 파견국이 영사기관에 위임한 기타의 기능으로서 접수국의 법령에 의하여 금지되지 아니하거나 또는 접수국이 이의를 제기하지 아니하거나 또는 접수국과 파견국간의 유효한 국제협정에 언급된 기능을 수행하는 것.

답 ③

32 영사의 직무가 아닌 것은? 09년 7급

① 본국을 대표하여 접수국 외무당국과 외교교섭을 함
② 본국의 이익 및 본국 국민의 이익을 접수국에서 보호함
③ 본국으로 여행하기를 원하는 자에게 사증을 발급함
④ 합법적 수단에 의하여 접수국의 통상, 경제, 문화 및 과학적 생활의 상황과 발전 상태를 조사함

해설
난도 ★★
① [×] 본국을 대표하여 접수국 외무당국과 외교교섭을 하는 것은 외교사절의 직무에 해당한다.
② [○] 영사관계에관한비엔나협약 제5조 (a)호
③ [○] 영사관계에관한비엔나협약 제5조 (d)호
④ [○] 영사관계에관한비엔나협약 제5조 (c)호

답 ①

33 1963년 영사관계협약에 따른 영사관원의 외교활동 수행에 대한 설명으로 옳은 것은? 16년 7급

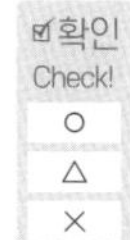

① 파견국의 영사관원은 자국의 외교공관이 없고 제3국의 외교공관에 의하여 대표되지 않는 국가 내에서 그 국가에 통고한 후, 외교관으로서 외교활동을 수행할 수 있다.
② 접수국에서 파견국 영사관원의 외교활동 수행이 허용된 경우, 영사관원이 중대한 범죄를 범하게 되면 접수국 사법부의 결정에 따라 체포될 수 있다.
③ 파견국의 영사관원이 접수국 내에서 외교활동을 수행하는 경우, 영사관원은 접수국 내에서 외교특권과 면제를 향유한다.
④ 접수국 내에서 파견국 영사관원이 정부간 국제기구에 대한 파견국의 대표로서 활동하기 위해서는 접수국의 동의를 받아야 한다.

해설
난도 ★★★
① [×], ③ [×] 파견국이 외교공관을 가지지 아니하고 또한 제3국의 외교공관에 의하여 대표되지 아니하는 국가 내에서 영사관원은, 접수국의 동의를 받아 또한 그의 영사지위에 영향을 미침이 없이, 외교활동을 수행하는 것이 허용될 수 있다. 영사관원에 의한 그러한 활동의 수행은 동 영사관원에게 외교특권과 면제를 요구할 수 있는 권리를 부여하는 것이 아니다(영사관계에관한비엔나협약 제17조 제1항). 영사관원이 외교활동을 수행하기 위해서는 접수국의 동의를 받아야 하며, 영사관원이 외교활동을 수행하더라도 외교특권 · 면제가 인정되는 것은 아니다.
② [○] 영사관원은, 중대한 범죄의 경우에 권한 있는 사법당국에 의한 결정에 따르는 것을 제외하고, 재판에 회부되기 전에 체포되거나 또는 구속되지 아니한다(영사관계에관한비엔나협약 제41조 제1항).
④ [×] 영사관원은, 접수국에 통고한 후, 정부간 국제기구에 대한 파견국의 대표로서 활동할 수 있다(영사관계에관한비엔나협약 제17조 제2항).

답 ②

34 1963년 「영사관계에관한비엔나협약」의 설명으로 옳은 것은?

20년 7급

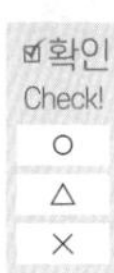

① 영사기관은 접수국과 파견국의 상호 합의에 의하여만 접수국의 영역 내에 설치될 수 있다.
② 영사관원은 특별한 사정하에서 접수국의 허가를 받아 그의 영사관할구역외에서 그의 직무를 수행할 수 있다.
③ 영사기관장은 총영사, 영사 및 부영사의 세 가지 계급으로 구분된다.
④ 명예영사관을 장으로 하는 상이한 국가 내의 2개의 영사기관간의 영사행낭의 교환은 당해 2개 접수국의 동의 없이 허용되지 아니한다.

해설

난도 ★★★

① [×] 국가간의 외교관계의 수립 및 상설 외교공관의 설치는 상호 합의(mutural consent)에 의하여 이루어진다(외교관계에관한비엔나협약 제2조). 반면, 영사기관은 접수국의 동의(consent)를 받는 경우에만 접수국의 영역 내에 설치될 수 있다(영사관계에관한비엔나협약 제4조 제1항).
② [×] 영사관원은 특별한 사정하에서 접수국의 동의(consent)를 받아 그의 영사관할구역외에서 그의 직무를 수행할 수 있다(영사관계에관한비엔나협약 제6조).
③ [×] 영사기관장은 총영사, 영사, 부영사, 영사대리의 네 가지 계급으로 구분된다(영사관계에관한비엔나협약 제9조 제1항).
④ [○] 명예영사관을 장으로 하는 상이한 국가 내의 2개의 영사기관간의 영사행낭의 교환은 당해 2개 접수국의 동의 없이 허용되지 아니한다(영사관계에관한비엔나협약 제58조 제4항).

답 ④

35 영사제도에 대한 설명으로 옳은 것은?

19년 7급

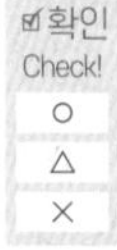

① 영사는 파견국에 등록된 항공기에 대하여 파견국의 법령에 따른 감독권을 행사할 수 있다.
② 영사는 어떠한 경우에도 본국을 외교적으로 대표할 수 없다.
③ 영사 면제 및 특권은 파견국의 국적을 가진 영사만이 향유한다.
④ 영사인가장 부여를 거절한 접수국은 그 이유를 서면으로 설명해야 한다.

해설

난도 ★★★

① [○] 영사관계에관한비엔나협약 제5조 (k)호.
② [×] 파견국이 외교공관을 가지지 아니하고 또한 제3국의 외교공관에 의하여 대표되지 아니하는 국가 내에서 영사관원은, 접수국의 동의를 받아 또한 그의 영사지위에 영향을 미침이 없이, 외교활동을 수행하는 것이 허용될 수 있다(영사관계에관한비엔나협약 제17조 제1항).
③ [×] 영사는 원칙적으로 파견국의 국적을 가져야 하지만, 접수국의 동의를 받는 경우에는 접수국의 국적을 가진 자를 임명할 수도 있다(영사관계에관한비엔나협약 제22조).
④ [×] 접수국은 영사기관장으로 임명된 자를 반드시 접수해야 할 의무는 없으므로, 영사인가장 부여를 거절할 수 있으나, 이때 그 이유를 제시할 의무는 없다(영사관계에관한비엔나협약 제23조).

답 ①

36 「영사관계에관한비엔나협약」상 영사관계에 대한 설명으로 옳지 않은 것은?

18년 7급

☑확인 Check! ○ △ ×

① 외교관계 수립에 대한 동의는 원칙적으로 영사관계 수립에 대한 동의를 포함한다.
② 외교관계 단절은 영사관계 단절을 당연히 포함하지 아니한다.
③ 영사기능은 외교공관에 의해서도 수행될 수 있다.
④ 영사기관의 소재지와 등급은 파견국이 결정하여 접수국에 통보한 후 확정된다.

해설

난도 ★★★

① [○] 양국간의 외교관계의 수립에 부여된 동의는, 달리 의사를 표시하지 아니하는 한 영사관계의 수립에 대한 동의를 포함한다(영사관계에관한비엔나협약 제2조 제2항).
② [○] 외교관계의 단절은 영사관계의 단절을 당연히 포함하지 아니한다(영사관계에관한비엔나협약 제2조 제3항).
③ [○] 영사기능은 영사기관에 의하여 수행된다. 영사기능은 또한 이 협약의 규정에 따라 외교공관에 의하여 수행된다(영사관계에관한비엔나협약 제3조).
④ [×] 영사기관의 소재지, 그 등급 및 영사관할구역은 파견국에 의하여 결정되며 또한 접수국의 승인을 받아야 한다(영사관계에관한비엔나협약 제4조 제2항).

답 ④

37 1963년 영사관계협약에 대한 설명으로 옳지 않은 것은?

15년 7급

☑확인 Check! ○ △ ×

① 외교활동의 수행이 허용되는 영사관원은 외교특권과 면제를 요구할 수 있는 권리를 부여받는다.
② 외교관계의 단절은 영사관계의 단절을 당연히 포함하는 것은 아니다.
③ 양국간 외교관계의 수립에 부여된 동의는 달리 의사를 표시하지 아니하는 한 영사관계의 수립에 대한 동의를 포함한다.
④ 영사기관장은 영사인가장 부여 일자에 따라 각 계급 내에서 그 석차가 정하여진다.

해설

난도 ★★★

① [×] 파견국이 외교공관을 가지지 아니하고 또한 제3국의 외교공관에 의하여 대표되지 아니하는 국가 내에서 영사관원은, 접수국의 동의를 받아 또한 그의 영사지위에 영향을 미침이 없이, 외교활동을 수행하는 것이 허용될 수 있다. 영사관원에 의한 그러한 활동의 수행은 동 영사관원에게 외교특권과 면제를 요구할 수 있는 권리를 부여하는 것이 아니다(제17조 제1항).
② [○] 외교관계의 단절은 영사관계의 단절을 당연히 포함하지 아니한다(제2조 제3항).
③ [○] 양국간의 외교관계의 수립에 부여된 동의는, 달리 의사를 표시하지 아니하는 한 영사관계의 수립에 대한 동의를 포함한다(제2조 제2항).
④ [○] 영사기관장은 영사인가장의 부여 일자에 따라 각 계급 내에서 그 석차가 정하여진다(제16조 제1항).

답 ①

38 **영사에 대한 설명으로 옳은 것은?** 08년 7급

☑확인 Check! ○ △ ×

① 영사관사는 어떠한 경우에도 불가침성이 인정된다.

② 영사기관의 공간이나 용구류, 재산은 접수국이 어떠한 경우에도 수용할 수 없다.

③ 영사행낭은 절대적 불가침권을 누린다.

④ 영사의 직무는 자국의 이익보호, 정보수집, 여권과 사증발급, 공증호적사무 및 기타 등이다.

해설

난도 ★★★

① [×] 접수국의 당국은, 영사기관장 또는 그가 지정한 자 또는 파견국의 외교공관장의 동의를 받는 경우를 제외하고, 전적으로 영사기관의 활동을 위하여 사용되는 영사관사의 부분에 들어가서는 아니 된다. 다만, 화재 또는 신속한 보호조치를 필요로 하는 기타 재난의 경우에는 영사기관장의 동의가 있은 것으로 추정될 수 있다(영사관계에관한비엔나협약 제31조 제2항). 원칙적으로 영사관사의 불가침성이 인정되지만, 이에 대한 예외도 함께 규정하고 있다.

② [×] 영사관사와 그 비품 및 영사기관의 재산과 그 교통수단은 국방상 또는 공익상의 목적을 위한 어떠한 형태의 징발로부터 면제된다. 그러한 목적을 위하여 수용이 필요한 경우에는 영사기능의 수행에 대한 방해를 회피하도록 모든 가능한 조치를 취하여야 하며, 또한 신속하고 적정하며 효과적인 보상이 파견국에 지불되어야 한다(영사관계에관한비엔나협약 제31조 제4항).

③ [×] 영사행낭은 개방되거나 또는 억류되지 아니한다. 다만, 영사행낭 속에 본조 4항에 언급된 서한, 서류 또는 물품을 제외한 기타의 것이 포함되어 있다고 믿을만한 중대한 이유를 접수국의 권한 있는 당국이 가지고 있는 경우에, 동 당국은 그 입회 하에 파견국이 인정한 대표가 동 행낭을 개방하도록 요청할 수 있다. 동 요청을 파견국의 당국이 거부하는 경우에 동 행낭은 발송지로 반송된다(영사관계에관한비엔나협약 제35조 제3항).

④ [○] 자국의 이익보호, 정보수집, 여권과 사증발급, 공증호적사무 및 기타 등은 영사관계에관한비엔나협약 제5조에서 규정하고 있는 영사의 기능에 해당한다.

답 ④

39 **1963년 영사관계에관한비엔나협약의 규정사항으로 옳지 않은 것은?** 07년 7급

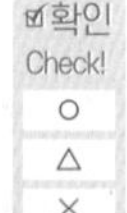

① 영사관사라 함은 소유권에 관계없이 영사기관의 목적에만 사용되는 건물만을 의미한다.

② 영사관원에 대하여 형사소송 절차가 개시된 경우 그는 관할 당국에 출두해야 한다.

③ 영사기관장의 계급을 총영사, 영사, 부영사, 영사대리의 4계급으로 나누고 있다.

④ 영사기관의 특권면제와 영사관의 특권면제를 구분하여 규정하고 있다.

해설

난도 ★★

① [×] "영사관사"라 함은 소유권에 관계없이 영사기관의 목적에만 사용되는 건물 또는 그 일부와 그에 부속된 토지를 의미한다(영사관계에관한비엔나협약 제1조 제1항 (j)호). 건물뿐만 아니라 부속된 토지도 포함된다.

② [○] 영사관원에 대하여 형사소송절차가 개시된 경우에 그는 권한 있는 당국에 출두하여야 한다(영사관계에관한비엔나협약 제41조 제3항).

③ [○] 영사기관장의 계급은 총영사, 영사, 부영사, 영사대리의 4계급으로 나누어진다(영사관계에관한비엔나협약 제9조 제1항).

④ [○] 1963년 영사관계에관한비엔나협약은 제2장 제1절에서 '영사기관에 관한 편의, 특권 및 면제'를, 제2장 제2절에서 '직업영사관원과 기타의 영사기관원에 관한 편의, 특권 및 면제'를 각각 구분하여 규정하고 있다.

답 ①

40 **1961년 외교관계에관한비엔나협약과 1963년 영사관계에관한비엔나협약에 규정된 외교관 및 영사의 특권과 면제의 내용을 비교할 때 차이가 없는 것은?** 09년 지방

☑확인 Check! ○ △ ×

① 증언의 면제
② 접수국 내의 차량에 의한 사고로부터 발생하는 손해에 대한 제3자의 민사소송
③ 면제의 포기주체와 방법
③ 화재 등 긴급상황에서의 공관출입의 동의추정

해설

난도 ★★★

① [×] 외교관은 증인으로서 증언을 행할 의무를 지지 아니한다(외교관계에관한비엔나협약 제31조 제2항). 영사기관원은 사법 또는 행정소송절차의 과정에서 증인 출두의 요청을 받을 수 있으나(영사관계에관한비엔나협약 제44조 제1항), 직무수행에 관련된 사항에 관하여는 증언을 하거나 관련된 공용 서한과 서류를 제출할 의무가 없다(영사관계에관한비엔나협약 제44조 제3항). 외교관은 일반적인 증언의무가 없으나, 영사기관원은 직무수행에 관련된 사항에 관하여 증언의무가 없을 뿐이다.

② [×] 외교관계에관한비엔나협약상 외교관은 접수국의 민사재판관할권이 면제되는 결과 외교관이 교통사고를 일으킨 경우 피해자는 손해배상을 청구할 수 있는 기회를 박탈당하게 된다. 이런 이유로 비엔나외교관계회의에서는 파견국의 임무수행에 지장이 없는 한 이러한 민사청구에 대해서는 면제를 포기하거나 청구권의 정당한 해결을 가져올 수 있도록 최선의 노력을 할 것을 결의하였다(민사청구권의 심의에 관한 결의). 그러나 이 결의는 권고적 효력만 있는 것이며 국가들을 구속하는 것은 아니다. 영사관계에관한비엔나협약에서는 영사관원이 접수국 내의 차량, 선박 또는 항공기에 의한 사고로부터 발생하는 손해에 대하여 제3자가 제기하는 민사소송에 관하여 관할권면제가 적용되지 않는다고 명시하고 있다(영사관계에관한비엔나협약 제43조 제2항 (b)호).

③ [○] 파견국은 외교관 및 제37조(외교관 가족과 공관직원 및 개인사용인의 특권과 면제)에 따라 면제를 향유하는 자에 대한 재판관할권의 면제를 포기할 수 있다(외교관계에관한비엔나협약 제32조 제1항). 포기는 언제나 명시적이어야 한다(외교관계에관한비엔나협약 제32조 제2항). 파견국은 영사기관원에 관련하여 제41조(영사관원의 신체의 불가침), 제43조(관할권으로부터의 면제) 및 제44조(증언의 의무)에 규정된 특권과 면제를 포기할 수 있다(영사관계에관한비엔나협약 제45조 제1항). 동 포기는 본조 3항에 규정된 경우를 제외하고 모든 경우에 명시적이어야 하며 또한 서면으로 접수국에 전달되어야 한다(외교관계에관한비엔나협약 제45조 제2항). 외교관의 면제, 영사의 면제 모두 포기의 주체는 국가이며, 포기는 명시적이어야 한다.

④ [×] 공관지역은 불가침이다. 접수국의 관헌은, 공관장의 동의 없이는 공관지역에 들어가지 못한다(외교관계에관한비엔나협약 제22조 제1항). 접수국의 당국은, 영사기관장 또는 그가 지정한 자 또는 파견국의 외교공관장의 동의를 받는 경우를 제외하고, 전적으로 영사기관의 활동을 위하여 사용되는 영사관사의 부분에 들어가서는 아니 된다. 다만, 화재 또는 신속한 보호조치를 필요로 하는 기타 재난의 경우에는 영사기관장의 동의가 있은 것으로 추정될 수 있다(영사관계에관한비엔나협약 제31조 제2항). 외교공관의 불가침에 대해서는 예외규정이 없지만, 영사관사의 불가침에 대해서는 '화재 또는 신속한 보호조치를 필요로 하는 기타 재난의 경우'에는 동의가 있은 것으로 추정될 수 있다는 예외에 관한 명시적 규정이 있다.

더 알아보기 외교관과 영사의 특권 · 면제

	1961년 외교관계에관한비엔나협약	1963년 영사관계에관한비엔나협약
신체의 불가침	외교관 신체는 불가침 – 예외규정 없으나(제29조), 관습법상 예외 인정	영사의 신체는 불가침 – 중대한 범죄의 경우 예외규정 있음
증언의무	증언의무 없음(제31조 제2항)	직무와 관련된 사항을 제외하고 증언을 거부해서는 아니 된다.
출두의무	출두의무규정 없음	영사관원에 대한 형사소송절차가 진행되는 경우 관할당국에 출두해야 한다(제41조 제3항).
공관의 불가침	외교공관은 불가침 – 예외규정 없으나(제22조), 관습법상 예외 인정	영사관사는 불가침 – 예외규정 있음(제31조)
문서의 불가침	공관의 문서는 불가침 – 예외규정 없음(제24조)	영사문서는 불가침 – 예외규정 없음(제33조)
통신의 불가침	통신의 자유 인정 – 단, 무선송신기는 접수국 동의 要 공용통신문 불가침 외교행낭 불가침 – 예외규정 없음 외교신서사 불가침	통신의 자유 인정 – 단, 무선송신기는 접수국 동의 要 공용서한 불가침 영사행낭 불가침 – 예외규정 있음 영사신서사 불가침
재판관할권 면제	형사재판관할권 절대적 면제 민사 및 행정재판 관할권도 원칙적 면제 – 예외규정 있음	영사직무행위에 대하여 관할권 면제 – 예외규정 있음(제43조)

답 ③

41 외교사절과 영사에 관한 다음 설명 중 옳은 것으로 묶은 것은? 08년 9급

ㄱ. 통상대표(trade delegate)는 외교사절이 아니라 영사의 일종이다.
ㄴ. 영사제도는 연혁적으로 중세유럽의 길드에서 유래한 것으로서 상업상의 이익을 보호하고 상사분쟁을 중재하는 것이 주된 임무였다.
ㄷ. 외교사절은 국제법상 국가의 기관이나 영사는 그러하지 아니하다.
ㄹ. 외교사절의 파견에는 원칙적으로 아그레망을 요하나 영사의 파견에는 이를 요하지 않는다.
ㅁ. 영사관계의 수립은 일반적으로 명시적인 국가승인으로 인정된다.
ㅂ. 외교사절은 신임장을 제정하여야 그 업무를 개시하는 데 비해 영사는 접수국의 영사인가를 받아야 그 직무를 개시할 수 있다.

① ㄱ, ㄴ, ㅁ ② ㄱ, ㄷ, ㅂ
③ ㄴ, ㄹ, ㅂ ④ ㄴ, ㅁ, ㅂ

해설

난도 ★★★

ㄱ. [×] 통상대표(trade delegate)는 외교사절도 영사도 아니다.

ㄴ. [○] 영사제도는 중세유럽의 동업조합인 길드(guild)에서 상인들의 이익을 보호하고 상사분쟁의 중재를 위하여 두었던 자치적인 재판관 제도에서 유래한다.

ㄷ. [×] 영사도 국제법상 국가의 기관에 해당되나 외교사절과 그 성격을 달리할 뿐이다.

ㄹ. [○] 외교사절의 파견 · 접수에는 아그레망과 신임장이 필요하며, 영사의 파견 · 접수에는 위임장과 인가장이 필요하다.

ㅁ. [×] 영사관계의 수립은 명시적인 국가승인으로 인정되지 않는다. 다만, 영사인가장의 발급이나 영사인가 요구는 묵시적인 국가승인으로 인정된다.

ㅂ. [○] 공관장은 일률적으로 적용되는 접수국의 일반적 관행에 따라 자기의 신임장을 제정(提呈)하였을 때 또는 그의 도착을 통고하고 신임장을 제정(提呈)하였을 때 또는 그의 도착을 통고하고 신임장의 진정등본을 접수국의 외무부 또는 합의된 기타 부처에 제출(提出)하였을 때에 접수국에서 그의 직무를 개시한 것으로 간주된다(외교관계에관한비엔나협약 제13조 제1항). 영사기관장은, 그 인가양식에 관계없이, 영사인가장으로 불리는 접수국의 인가에 의하여 그 직무의 수행이 인정된다(영사관계에관한비엔나협약 제12조 제1항).

답 ③

제3절 기타 국가기관

CHAPTER 02 조약(조약법에관한비엔나협약)

제1절 총강

01 **1969년 비엔나 조약법협약상 조약에 대한 설명으로 옳지 않은 것은?** 14년 9급

① 하나 이상의 문서로 이루어지는 경우도 있다.
② 정식조약과 달리 약식조약의 유형으로 구두조약이 포함된다.
③ 조약 외에 협정, 규약 등의 명칭도 사용할 수 있다.
④ 국가와 외국 사기업 사이의 국제적 합의는 조약으로 볼 수 없다.

해설

난도 ★★

① [○], ③ [○] "조약"이라 함은 단일의 문서에 또는 2 또는 그 이상의 관련 문서에 구현되고 있는가에 관계없이 또한 그 특정의 명칭에 관계없이, 서면형식으로 국가간에 체결되며 또한 국제법에 의하여 규율되는 국제적 합의를 의미한다(조약법에관한비엔나협약 제2조 제1항 (a)호).

② [×] 정식조약 · 약식조약은 조약체결절차에 따른 구분이다. 정식조약은 "교섭–채택–인증–기속적동의표시–발효"의 절차를 모두 거치는 조약이며 약식조약은 이 중에서 인증의 한 방법인 '서명'에 의하여 기속적 동의표시가 함께 이루어지는 조약이다. 구두조약은 서면에 의하지 않는 조약으로서 정식조약 · 약식조약의 구분과는 직접적인 관계가 없다.

④ [○] 1969년 조약법에관한비엔나협약은 국가간의 조약에 적용된다(조약법에관한비엔나협약 제1조 참조).

답 ②

02 국가가 조약의 일부 규정의 법적 효과를 배제하거나 변경하겠다는 일방적 선언은? 07년 9급

☑확인 Check! ○ △ ×

① 유보
② 해석선언
③ 정책선언
④ 조약의 정지

해설

난도 ★

① [○] "유보"라 함은 자구 또는 명칭에 관계없이 조약의 서명 · 비준 · 수락 · 승인 또는 가입시에 국가가 그 조약의 일부 규정을 자국에 적용함에 있어서 그 조약의 일부 규정의 법적 효과를 배제하거나 또는 변경시키고자 의도하는 경우에 그 국가가 행하는 일방적 성명을 의미한다(조약법에관한비엔나협약 제2조 제1항 (d)호).
② [×] 해석선언이란 조약당사국의 일방적 선언에 의해 조약의 특정 조항에 관한 자국의 해석을 선언하는 것을 말한다.
③ [×] 정책선언이란 국가가 특정한 정책을 시행하겠다고 선언하는 것을 말한다.
④ [×] '조약의 (시행)정지'란 일단 유효하게 성립한 조약이 국제법상 일정한 사유에 의해 일시적으로 실시력과 구속력이 중단되는 것을 말한다.

답 ①

제2절 조약의 체결 및 발효

1. 조약의 체결

03 조약 체결에 따른 모든 행위를 수행하는 데 전권위임장(full powers)이 필요 없는 사람들을 모두 고른 것은?
12년 7급

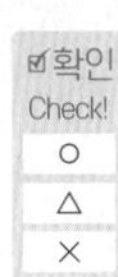

ㄱ. 대통령
ㄴ. 정부수반
ㄷ. 특명전권대사
ㄹ. 외무부장관
ㅁ. 법무부장관

① ㄱ, ㄷ
② ㄷ, ㄹ
③ ㄱ, ㄴ, ㄹ
④ ㄱ, ㄴ, ㄷ, ㄹ, ㅁ

해설

난도 ★★

조약법에관한비엔나협약 제7조 제2항 (a)호에 따르면, 조약의 체결에 관련된 모든 행위를 수행할 목적으로서 국가원수, 정부수반 및 외무부장관은 전권위임장을 제시하지 않아도 자국민을 대표하는 것으로 간주된다. 대통령은 국가원수에 해당한다.

더 알아보기 조약법에관한비엔나협약

제7조【전권위임장】

② 다음의 자는 그의 직무상 또한 전권 위임장을 제시하지 않아도 자국을 대표하는 것으로 간주된다.

(a) 조약의 체결에 관련된 모든 행위를 수행할 목적으로서는 국가원수 · 정부수반 및 외무부장관

(b) 파견국과 접수국간의 조약문을 채택할 목적으로서는 외교공관장

(c) 국제회의 · 국제기구 또는 그 국제기구의 어느 한 기관 내에서 조약문을 채택할 목적으로서는 국가에 의하여 그 국제회의, 그 국제기구 또는 그 기구의 그 기관에 파견된 대표

답 ③

04 「조약법에관한비엔나협약」상 가서명에 대한 설명으로 옳은 것은? 19년 7급

① 조약문의 정본인증 후 발견된 착오의 정정과 가서명은 그 착오를 정정하는 효력을 발생시키지 않는다.
② 조약문의 가서명은 어떠한 경우에도 기속적 동의를 위한 서명에 해당하지 않는다.
③ 조약문의 가서명은 해당 대표의 본국이 확인하는 경우에만 해당 조약의 정식 서명으로 간주된다.
④ 조약문의 가서명은 조약문의 정본인증을 위한 절차에 해당할 수 있다.

해설

난도 ★★★

① [×] 조약법에관한비엔나협약 제79조 제1항 ⓐ호.
② [×], ③ [×] 조약법에관한비엔나협약 제12조.
④ [○] 조약법에관한비엔나협약 제10조.

더 알아보기 조약법에관한비엔나협약

제10조【조약문의 정본인증】
조약문은 다음의 것에 의하여 정본으로 또한 최종적으로 확정된다.
(a) 조약문에 규정되어 있거나 또는 조약문의 작성에 참가한 국가가 합의하는 절차 또는
(b) 그러한 절차가 없는 경우에는 조약문의 작성에 참가한 국가의 대표에 의한 조약문 또는 조약문을 포함하는 회의의 최종의정서에의 서명, 「조건부서명」 또는 가서명

제12조【서명에 의하여 표시되는 조약에 대한 기속적 동의】
① 조약에 대한 국가의 기속적 동의는 다음의 경우에 국가대표에 의한 서명에 의하여 표시된다.
(a) 서명이 그러한 효과를 가지는 것으로 그 조약이 규정하고 있는 경우
(b) 서명이 그러한 효과를 가져야 하는 것으로 교섭국간에 합의되었음이 달리 확정되는 경우 또는
(c) 서명에 그러한 효과를 부여하고자 하는 국가의 의사가 그 대표의 전권위임장으로부터 나타나는 경우 또는 교섭 중에 표시된 경우
② 상기 1항의 목적상
(a) 조약문의 가서명이 그 조약의 서명을 구성하는 것으로 교섭국간에 합의되었음이 확정되는 경우에 그 가서명은 그 조약문의 서명을 구성한다.
(b) 대표에 의한 조약의 「조건부 서명」은 대표의 본국에 의하여 확인되는 경우에 그 조약의 완전한 서명을 구성한다.

제79조【조약문 또는 인증등본상의 착오 정정】
① 조약문의 정본인증 후 그 속에 착오가 있다는 것에 서명국 및 체약국이 합의하는 경우에는 그들이 다른 정정방법에 관하여 결정하지 아니하는 한 착오는 다음과 같이 정정된다.
(a) 착오문에 적당한 정정을 가하고 정당히 권한을 위임받은 대표가 그 정정에 가서명하는 것
(b) 합의된 정정을 기재한 1 또는 그 이상의 문서에 효력을 부여하거나 또는 이를 교환하는 것
(c) 원본의 경우와 동일한 절차에 의하여 조약 전체의 정정본을 작성하는 것

답 ④

05 조약의 체결절차에 대한 설명으로 옳은 것은?

11년 9급

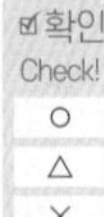

① 조약의 체결권자는 조약문 교섭에 관한 권한을 전권대표에게 위임할 수 있다.
② 국제회의에서 체결되는 다자조약의 본문은 교섭에 참석한 모든 국가의 2분의 1 다수결에 의해 채택된다.
③ 조약에 대한 국가의 기속적 동의의 방법으로는 서명과 비준만이 인정된다.
④ 조약은 당사국간의 합의에 관계없이 비준서를 기탁한 날에 효력을 발생하는 것이 원칙이다.

해설

난도 ★★

① [○] 조약법에관한비엔나협약 제7조. 조약체결권자는 조약체결에 관한 일정 권한을 제3자에게 위임할 수 있으며, 이를 통상 전권대표(全權代表)라고 부른다.

② [×] 국제회의에서의 조약문의 채택은 출석하여 투표하는 국가의 3분의 2의 찬성에 의하여 그 국가들이 다른 규칙을 적용하기로 결정하지 아니하는 한 3분의 2의 다수결에 의하여 이루어진다(조약법에관한비엔나협약 제9조 제2항).

③ [×] 조약에 대한 국가의 기속적 동의는 서명, 조약을 구성하는 문서의 교환, 비준 · 수락 · 승인 또는 가입에 의하여 또는 기타의 방법에 관하여 합의하는 경우에 그러한 기타의 방법으로 표시된다(조약법에관한비엔나협약 제11조).

④ [×] 조약은 그 조약이 규정하거나 또는 교섭국이 합의하는 방법으로 또한 그 일자에 발효한다(조약법에관한비엔나협약 제24조 제1항). 그러한 규정 또는 합의가 없는 경우에는 조약에 대한 기속적 동의가 모든 교섭국에 대하여 확정되는대로 그 조약이 발효한다(조약법에관한비엔나협약 제24조 제2항).

답 ①

06 1969년 조약법에관한비엔나협약에 규정된 기속적 동의 표시로서 비준이 필요한 경우가 아닌 것은?

10년 지방

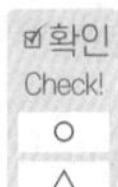

① 비준이 필요한 것으로 교섭국간에 합의되었음이 달리 확정되는 경우
② 국가의 대표가 비준을 조건으로 조약에 서명한 경우
③ 비준되어야 한다는 국가의사가 전권위임장에 표시되어 있는 경우
④ 국내법에서 조약에 대한 기속적 동의표시로 비준을 규정하고 있는 경우

해설

난도 ★★★

① [○] 조약법에관한비엔나협약 제14조 제1항 (b)호.
② [○] 조약법에관한비엔나협약 제14조 제1항 (c)호.
③ [○] 조약법에관한비엔나협약 제14조 제1항 (d)호.
④ [×] 국내법에서 조약에 대한 기속적 동의표시로 비준을 규정하고 있는 경우는 조약법에관한비엔나협약 제14조상의 기속적 동의표시로 비준이 필요한 경우에 해당하지 않는다.

더 알아보기 조약법에관한비엔나협약

제14조【비준 · 수락 또는 승인에 의하여 표시되는 조약에 대한 기속적 동의】
① 조약에 대한 국가의 기속적 동의는 다음의 경우에 비준에 의하여 표시된다.
(a) 그러한 동의가 비준에 의하여 표시될 것을 그 조약이 규정하고 있는 경우
(b) 비준이 필요한 것으로 교섭국간에 합의되었음이 달리 확정되는 경우
(c) 그 국가의 대표가 비준되어야 할 것으로 하여 그 조약에 서명한 경우 또는
(d) 비준되어야 할 것으로 하여 그 조약에 서명하고자 하는 그 국가의 의사가 그 대표의 전권위임장으로부터 나타나거나 또는 교섭 중에 표시된 경우

답 ④

2. 유보

07 **조약법에관한비엔나협약상 유보에 대한 설명으로 옳지 않은 것은?** 17년 9추

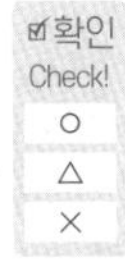

① 조약 내 특정 조항의 법적 효과를 자국에는 적용을 배제하거나 변경하는 의도의 일방적 선언이다.
② 유보는 조약의 일부 내용에 이견이 있는 국가를 당사국으로 확보하여 법공동체를 확장한다는 장점이 있다.
③ 유럽인권재판소는 Belilos 사건에서 무효인 유보를 첨부한 국가는 조약 당사자가 된다고 하였다.
④ 인권조약에 대한 유보에 관하여는 상호주의 원칙이 적용된다.

해설

난도 ★★★

① [○] '유보'라 함은 자구 또는 명칭에 관계없이 조약의 서명 · 비준 · 수락 · 승인 또는 가입시에 국가가 그 조약의 일부 규정을 자국에 적용함에 있어서 그 조약의 일부 규정의 법적 효과를 배제하거나 또는 변경시키고자 의도하는 경우에 그 국가가 행하는 일방적 성명을 의미한다(조약법에관한비엔나협약 제2조 제1항 (d)호).
② [○] 유보를 인정함으로써 보다 많은 국가들이 조약에 참여하게 되어 조약의 보편성이 신장되고 법공동체를 확장한다는 장점이 있다.
③ [○] '벨릴로스 사건'에서 유럽인권재판소(ECtHR)는 허용되지 않는 유보는 무효이므로 허용되지 않는 유보를 한 당사국은 유보 없이 조약에 가입한 것으로 취급되어 조약의 당사자로 인정된다고 하였다.
④ [×] 조약법에관한비엔나협약에서는 인권조약에 대한 유보 가부에 대한 명시적 규정이 없다. 조약의 유보에서의 상호주의 원칙이 인권조약에는 적용되지 않는 것으로 본다.

답 ④

08 조약의 유보에 대한 설명으로 옳지 않은 것은?

17년 7급

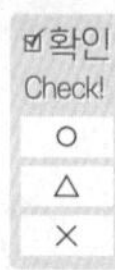

① 1969년 조약법에관한비엔나협약에 의하면 유보의 통지를 받은 후 12개월이 경과하거나 또는 그 조약에 대한 자국의 기속적 동의를 표시한 일자까지 중 더 뒤늦은 시점까지 이의를 제기하지 않으면 그 유보는 수락되었다고 간주되는 것이 원칙이다.

② 국제형사재판소(ICC)규정은 동 규정에 대한 유보를 금지하고 있다.

③ 1969년 조약법에관한비엔나협약에 의하면 조약이 국제기구의 설립문서인 경우로서 그 조약이 달리 규정하지 아니하는 한 유보는 그 기구의 권한 있는 기관에 의한 수락을 필요로 한다.

④ 1969년 조약법에관한비엔나협약에 의하면 조약에 대한 유보는 서면으로 하여야 하나, 예외적으로 구두로도 행할 수 있다.

해설

난도 ★★★

① [○] 상기 2항 및 4항의 목적상 또는 조약이 달리 규정하지 아니하는 한 국가가 유보의 통고를 받은 후 12개월의 기간이 끝날 때까지나 또는 그 조약에 대한 그 국가의 기속적 동의를 표시한 일자까지 중 어느 것이든 나중의 시기까지 그 유보에 대하여 이의를 제기하지 아니한 경우에는 유보가 그 국가에 의하여 수락된 것으로 간주된다(조약법에관한비엔나협약 제20조 제5항).

② [○] 이 규정에 대하여 어떠한 유보도 할 수 없다(ICC규정 제120조).

③ [○] 조약이 국제기구의 설립문서인 경우로서 그 조약이 달리 규정하지 아니하는 한 유보는 그 기구의 권한 있는 기관에 의한 수락을 필요로 한다(조약법에관한비엔나협약 제20조 제3항).

④ [×] 유보, 유보의 명시적 수락 및 유보에 대한 이의는 서면으로 형성되어야 하며 또한 체약국 및 조약의 당사국이 될 수 있는 권리를 가진 국가에 통고되어야 한다(조약법에관한비엔나협약 제23조 제1항).

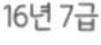 ④

09 조약의 유보(reservation)에 대한 설명으로 옳지 않은 것은?

16년 7급

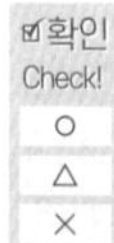

① 조약이 달리 규정하지 아니하는 한 유보의 통고를 받은 국가가 그 유보에 대하여 이의를 제기하지 아니한 경우에는 유보를 수락한 것으로 간주되지 않는다.

② 조약이 달리 규정하지 아니하는 한 유보는 언제든지 철회될 수 있고 유보수락국의 동의를 필요로 하지 않는다.

③ 첨부된 유보 내용이 조약의 '대상 및 목적'과 양립가능하다면 일부 국가의 반대가 있어도 유보국은 조약의 당사국이 될 수 있다.

④ 유보는 일방적인 선언이지만 그 효과는 상호주의적이므로 유보국과 유보수락국 간에는 유보의 범위 내에서 관련 조약규정을 변경한다.

해설
난도 ★★
① [×] 상기 2항 및 4항의 목적상 또는 조약이 달리 규정하지 아니하는 한 국가가 유보의 통고를 받은 후 12개월의 기간이 끝날 때까지나 또는 그 조약에 대한 그 국가의 기속적 동의를 표시한 일자까지 중 어느 것이든 나중의 시기까지 그 유보에 대하여 이의를 제기하지 아니한 경우에는 유보가 그 국가에 의하여 수락된 것으로 간주된다(조약법에관한비엔나협약 제20조 제5항).
② [○] 조약이 달리 규정하지 아니하는 한 유보에 대한 이의는 언제든지 철회될 수 있다(조약법에관한비엔나협약 제22조 제2항).
③ [○] 조약법에관한비엔나협약 제19조 (c)호에서 '양립성의 원칙'을 규정하고 있다.
④ [○] 조약법에관한비엔나협약 제21조 제1항에서 유보국과 유보수락국 간의 상호주의에 관한 규정을 두고 있다.

답 ①

10 1969년 조약법에관한비엔나협약상 유보에 대한 설명으로 옳지 않은 것은? 16년 9급

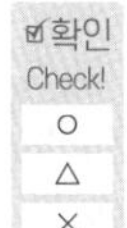

① 유보는 일방적 성명이지만 그 효과는 상호주의적이다.
② 유보제도는 다자조약의 당사국 범위를 확대하는 효과를 갖는다.
③ 유보, 유보의 명시적 수락 그리고 유보에 대한 이의는 서면으로 형성되어야 한다.
④ 유보는 조약의 서명, 비준, 수락, 승인, 가입, 채택 및 확정 등 어떠한 단계에서도 가능하다.

해설
난도 ★★
① [○] 조약의 유보란 표현 · 명칭을 불문하고 조약에 대한 기속적 동의표시, 즉 조약의 서명 · 비준 · 수락 · 승인 또는 가입 시에 국가가 자국에 대하여 조약의 일부 조항의 효력을 배제 또는 변경하기 위하여 행하는 일방적 선언을 말한다(조약법에관한비엔나협약 제2조 제1항 (d)호). 일반적으로 이러한 조약의 유보가 효력이 발생하기 위해서는 다른 체약국의 수락을 필요로 하며, 이 경우 유보국과 유보수락국 간에 유보의 효력이 발생한다.
② [○] 조약의 유보는 조약 적용상의 통일성이 손상되고 조약관계가 복잡해지더라도 다자조약의 성립을 용이하게 하고, 보다 많은 국가들이 조약에 참여할 수 있도록 하기 위하여 고안된, 조약의 보편성을 추구하는 제도이다.
③ [○] 유보, 유보의 명시적 수락 및 유보에 대한 이의는 서면으로 형성되어야 하며 또한 체약국 및 조약의 당사국이 될 수 있는 권리를 가진 국가에 통고되어야 한다(조약법에관한비엔나협약 제23조 제1항). 유보 또는 유보에 대한 이의의 철회는 서면으로 형성되어야 한다(조약법에관한비엔나협약 제23조 제4항).
④ [×] 조약법에관한비엔나협약 제19조.

더 알아보기 조약법에관한비엔나협약

제19조【유보의 형성】
국가는 다음의 경우에 해당하지 아니하는 한 조약에 서명 · 비준 · 수락 · 승인 또는 가입할 때에 유보를 형성할 수 있다.
(a) 그 조약에 의하여 유보가 금지된 경우
(b) 문제의 유보를 포함하지 아니하는 특정의 유보만을 행할 수 있음을 그 조약이 규정하는 경우 또는
(c) 상기 세항 (a) 및 (b)에 해당되지 아니하는 경우에는 그 유보가 그 조약의 대상 및 목적과 양립하지 아니하는 경우

답 ④

11 1969년 조약법에관한비엔나협약이 규정하는 조약의 유보에 대한 설명으로 옳은 것은? 13년 9급

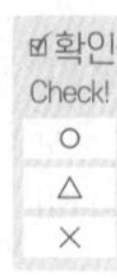

① 조약이 달리 규정하지 않는 한, 유보를 통보받은 국가가 6개월 이내 또는 조약에 구속을 받겠다는 동의를 표시할 때까지 이의를 제기하지 않으면 그 유보를 수락한 것으로 추정한다.

② 조약이 달리 규정하지 않는 한, 유보에 대해 이의를 제기한 국가는 그 조약의 발효 이후에는 그 이의를 철회할 수 없다.

③ 유보 또는 유보에 대한 이의의 철회는 서면으로만 해야 한다.

④ 조약이 달리 규정하지 않는 한, 유보를 철회하기 위해서는 유보를 수락한 국가의 동의가 필요하다.

해설

난도 ★★

① [×] 상기 2항 및 4항의 목적상 또는 조약이 달리 규정하지 아니하는 한 국가가 유보의 통고를 받은 후 12개월의 기간이 끝날 때까지나 그 조약에 대한 그 국가의 기속적 동의를 표시한 일자까지 중 어느 것이든 나중의 시기까지 그 유보에 대하여 이의를 제기하지 아니한 경우에는 유보가 그 국가에 의하여 수락된 것으로 간주된다(조약법에관한비엔나협약 제20조 제5항).

② [×] 조약이 달리 규정하지 아니하는 한 유보에 대한 이의는 언제든지 철회될 수 있다(조약법에관한비엔나협약 제22조 제2항).

③ [○] 유보 또는 유보에 대한 이의의 철회는 서면으로 형성되어야 한다(조약법에관한비엔나협약 제23조 제4항).

④ [×] 조약이 달리 규정하지 아니하는 한 유보는 언제든지 철회될 수 있으며 또한 그 철회를 위해서는 동 유보를 수락한 국가의 동의가 필요하지 아니하다(조약법에관한비엔나협약 제22조 제1항).

답 ③

12 1969년 조약법에관한비엔나협약상 조약의 유보에 대한 설명으로 옳은 것을 모두 고른 것은? 13년 7급

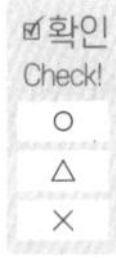

ㄱ. 유보는 조약의 일부 규정의 법적 효과를 배제하거나 변경하기 위한 것이다.
ㄴ. 유보는 그 조약의 대상 및 목적과 양립해야 한다.
ㄷ. 유보는 조약의 적용을 받는 국가를 확대하기 위하여 인정된 제도이다.
ㄹ. 유보는 타방 당사국의 동의가 있어야만 효력을 갖는다.
ㅁ. 조약이 달리 규정하지 아니하는 한 유보는 언제든지 철회될 수 있으며 또한 그 철회를 위해서는 동 유보를 수락한 국가의 동의가 필요하다.

① ㄱ, ㄴ
② ㄱ, ㄴ, ㄷ
③ ㄱ, ㄴ, ㄷ, ㄹ
④ ㄱ, ㄴ, ㄷ, ㅁ

해설

난도 ★★★

ㄱ. [○] "유보"라 함은 자구 또는 명칭에 관계없이 조약의 서명 · 비준 · 수락 · 승인 또는 가입시에 국가가 그 조약의 일부 규정을 자국에 적용함에 있어서 그 조약의 일부 규정의 법적 효과를 배제하거나 또는 변경시키고자 의도하는 경우에 그 국가가 행하는 일방적 성명을 의미한다(조약법에관한비엔나협약 제2조 제1항 (d)호).

ㄴ. [○] 조약법에관한비엔나협약 제19조 (c)호.

ㄷ. [○] 조약의 유보는 조약적용상의 통일성이 손상되고 조약관계가 복잡해지더라도 다자조약의 성립을 용이하게 하고, 보다 많은 국가들이 조약에 참여할 수 있도록 하기 위하여 고안된, 조약의 보편성을 추구하는 제도이다.

ㄹ. [×] 조약에 의하여 명시적으로 인정된 유보는 다른 체약국에 의한 추후의 수락이 필요한 것으로 그 조약이 규정하지 아니하는 한 그러한 추후의 수락을 필요로 하지 아니한다(조약법에관한비엔나협약 제20조 제1항). 조약이 국제기구의 성립문서인 경우로서 그 조약이 달리 규정하지 아니하는 한 유보는 그 기구의 권한 있는 기관에 의한 수락을 필요로 한다(조약법에관한비엔나협약 제20조 제3항). 조약에 대한 유보는 타방 당사국의 동의가 있어야 효력이 있는 것이 일반적이나, 추후의 수락(동의)이 필요하지 않은 경우도 있고, 국제기구의 기관에 의한 수락을 필요로 하는 경우도 있다.

ㅁ. [×] 조약이 달리 규정하지 아니하는 한 유보는 언제든지 철회될 수 있으며 또한 그 철회를 위해서는 동 유보를 수락한 국가의 동의가 필요하지 아니하다(조약법에관한비엔나협약 제22조 제1항).

답 ②

13 조약의 유보에 대한 설명으로 옳지 않은 것은? 12년 9급

① 국제사법재판소(ICJ)에 따르면 국가는 당해 유보가 조약의 대상 및 목적과 양립하지 않는 경우에는 유보할 수 없다.

② 첨부된 유보는 언제든지 자유롭게 철회될 수 있으며 그 철회를 위해서는 동 유보를 수락한 국가의 동의를 필요로 한다.

③ 유보한 국가는 이 유보를 수락한 국가에 대하여 자국이 유보에 의하여 면제된 조약상의 의무 이행을 요구할 수 없다.

④ 유보국과 유보반대국 간에도 조약관계는 성립되며 유보로 인한 조약관계 성립을 부인하려는 국가는 그러한 의사표시를 하여야 한다.

해설

난도 ★★★

① [○] 제노사이드협약의 유보에 관한 권고적 의견 사건에서 ICJ는 조약의 대상 및 목적과 양립가능한 유보는 인정된다고 하였다.

② [×] 조약이 달리 규정하지 아니하는 한 유보는 언제든지 철회될 수 있으며 또한 그 철회를 위해서는 동 유보를 수락한 국가의 동의가 필요하지 아니하다(조약법에관한비엔나협약 제22조 제1항).

③ [○] 다른 당사국과 유보국과의 관계에 있어서 그 다른 당사국에 대해서는 그러한 조약규정을 동일한 범위 내에서 변경한다(조약법에관한비엔나협약 제21조 제1항 (b)호).

④ [○] 유보에 다른 체약국의 이의는 이의 제기국이 확정적으로 반대의사를 표시하지 아니하는 한 이의 제기국과 유보국간에 있어서의 조약의 발효를 배제하지 아니한다(조약법에관한비엔나협약 제20조 제4항 (b)호). 위 조문의 반대해석상 이의제기국이 확정적으로 반대의사를 표시하면 이의제기국과 유보국 간에 있어서 조약의 발효를 배제한다.

답 ②

14 조약의 유보에 대한 설명 중 옳지 않은 것은?

09년 7급

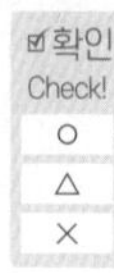

① 유보란 조약의 일부 규정의 법적 효과를 배제하거나 또는 변경하기 위한 국가의 일방적 성명을 의미한다.

② 1969년 조약법에관한비엔나협약상 유보의 철회는 상대방 국가의 동의가 있어야 가능하다.

③ 유보는 조약에 참여하는 국가의 수를 증대시키는 긍정적 측면이 있으나 조약의 통일성을 훼손하는 부정적인 측면도 있다.

④ 1969년 조약법에관한비엔나협약상 유보의 의사를 표명할 수 있는 시기는 서명, 비준, 수락, 승인 또는 가입할 때이다.

해설

난도 ★★

① [○] "유보"라 함은 자구 또는 명칭에 관계없이 조약의 서명 · 비준 · 수락 · 승인 또는 가입시에 국가가 그 조약의 일부 규정을 자국에 적용함에 있어서 그 조약의 일부 규정의 법적 효과를 배제하거나 또는 변경시키고자 의도하는 경우에 그 국가가 행하는 일방적 성명을 의미한다(조약법에관한비엔나협약 제2조 제1항 (d)호).

② [×] 조약이 달리 규정하지 아니하는 한 유보는 언제든지 철회될 수 있으며 또한 그 철회를 위해서는 동 유보를 수락한 국가의 동의가 필요하지 아니하다(조약법에관한비엔나협약 제22조 제1항). 1969년 「조약법에관한비엔나협약」상 유보의 철회는 유보를 수락한 국가의 동의 없이 가능하다.

③ [○] 조약의 유보는 조약적용상의 통일성이 손상되고 조약관계가 복잡해지더라도 다자조약의 성립을 용이하게 하고, 보다 많은 국가들이 조약에 참여할 수 있도록 하기 위하여 고안된, 조약의 보편성을 추구하는 제도이다.

④ [○] 국가는 …… 조약에 서명 · 비준 · 수락 · 승인 또는 가입할 때에 유보를 형성할 수 있다(조약법에관한비엔나협약 제19조).

답 ②

15 조약의 유보에 대한 설명으로 옳은 것은?

09년 9급

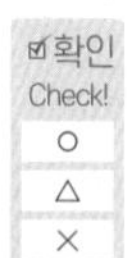

① 유보와 유보의 수락은 서면 또는 구두로 할 수 있다.

② 허용가능한 유보의 기준에는 조약의 목적 및 대상과의 양립가능성이 포함된다.

③ 조약에 대한 일국의 유보는 해당 조약의 다른 당사국들 사이의 권리 · 의무관계도 변동시킨다.

④ 유보는 조약체결 과정에서 법적용의 통일성을 추구하는 제도이다.

해설

난도 ★★

① [×] 유보, 유보의 명시적 수락 및 유보에 대한 이의는 서면으로 형성되어야 하며 또한 체약국 및 조약의 당사국이 될 수 있는 권리를 가진 국가에 통고되어야 한다(조약법에관한비엔나협약 제23조 제1항).

② [○] '제노사이드협약의 유보에 관한 권고적 의견' 사건에서 ICJ는 조약의 대상 및 목적과 양립 가능한 경우에는 조약의 유보가 가능하다고 하는 이른바 '양립성의 원칙'을 제시하였고, 이는 1969년 「조약법에관한비엔나협약」에도 반영되어 있다(조약법에관한비엔나협약 제19조 (c)호. 참조).

③ [×] 유보는 '일정 국가간의' 조약에 대한 다른 당사국에 대하여 그 조약규정을 수정하지 아니한다(조약법에관한비엔나협약 제21조 제2항).

④ [×] 유보는 조약의 일체성이 손상되고 조약관계가 복잡해지더라도 다자조약의 성립을 용이하게 하고, 보다 많은 국가들이 참여할 수 있도록 하기 위해 고안된, 조약의 보편성을 추구하는 제도이다.

답 ②

16 **1969년 '조약법에관한비엔나협약'상 유보(reservation)에 관한 설명으로 옳지 않은 것은?** 08년 9급

① 유보는 조약의 특정 조항의 법적 효력을 배제하거나 변경할 의도를 밝히는 것이다.
② 유보, 유보의 명시적 수락 및 유보에 대한 이의는 서면으로 형성되어야 한다.
③ 유보는 조약의 서명 · 비준 · 수락 · 승인 또는 가입 이후에도 형성이 가능하다.
④ 유보의 의사표시는 국가의 일방적 선언이다.

해설

난도 ★★

① [○], ④ [○] "유보"라 함은 자구 또는 명칭에 관계없이 조약의 서명 · 비준 · 수락 · 승인 또는 가입시에 국가가 그 조약의 일부 규정을 자국에 적용함에 있어서 그 조약의 일부 규정의 법적 효과를 배제하거나 또는 변경시키고자 의도하는 경우에 그 국가가 행하는 일방적 성명을 의미한다(조약법에관한비엔나협약 제2조 제1항 (d)호).

② [○] 유보, 유보의 명시적 수락 및 유보에 대한 이의는 서면으로 형성되어야 하며 또한 체약국 및 조약의 당사국이 될 수 있는 권리를 가진 국가에 통고되어야 한다(조약법에관한비엔나협약 제23조 제1항, 제4항).

③ [×] 국가는 …… 조약에 서명 · 비준 · 수락 · 승인 또는 가입할 때에 유보를 형성할 수 있다(조약법에관한비엔나협약 제19조).

더 알아보기 조약법에관한비엔나협약

제19조 【유보의 형성】

국가는 다음의 경우에 해당하지 아니하는 한 조약에 서명 · 비준 · 수락 · 승인 또는 가입할 때에 유보를 형성할 수 있다.

(a) 그 조약에 의하여 유보가 금지된 경우
(b) 문제의 유보를 포함하지 아니하는 특정의 유보만을 행할 수 있음을 그 조약이 규정하는 경우 또는
(c) 상기 세항 (a) 및 (b)에 해당되지 아니하는 경우에는 그 유보가 그 조약의 대상 및 목적과 양립하지 아니하는 경우

답 ③

제3절 조약의 준수 · 적용 및 해석

1. 조약의 해석

17 **1969년 「조약법에관한비엔나협약」 상 조약의 해석 규정의 내용으로 옳은 것은?** 19년 9급

① 조약 해석의 목적상 문맥에는 조약의 전문, 부속서 및 교섭기록을 포함한다.
② 조약의 해석에서는 조약의 특정용어에 대하여 당사국이 부여하기로 한 특별한 의미를 고려할 수 있다.
③ 조약의 해석에서는 관련 당사국 간의 후속 합의와 추후 관행을 참작하여야 한다.
④ 조약의 해석에서는 당사국 간의 관계에 적용될 수 있는 국제법의 관계규칙을 보충적 수단으로 이용할 수 있다.

해설

난도 ★★★

① [×] 조약법에관한비엔나협약 제31조 제2항. 조약교섭기록은 문맥에 포함되지 않는다.
② [×] 당사국의 특별한 의미를 특정용어에 부여하기로 의도하였음이 확정되는 경우에는 그러한 의미가 부여된다(조약법에관한비엔나협약 제31조 제4항). 재량사항이 아니라 의무사항이다.
③ [○] 조약법에관한비엔나협약 제31조 제3항 (a)호, (b)호.
④ [×] 조약법에관한비엔나협약 제31조 제3항, 제32조. 해석의 보충적 수단은 조약의 교섭기록 및 조약체결시의 사정 등이다. 국제법의 관계규칙은 문맥과 함께 1차적인 해석대상이 된다.

더 알아보기 조약법에관한비엔나협약

제31조【해석의 일반규칙】
① 조약은 조약문의 문맥 및 조약의 대상과 목적으로 보아 그 조약의 문맥에 부여되는 통상적 의미에 따라 성실하게 해석되어야 한다.
② 조약의 해석 목적상 문맥은 조약문에 추가하여 조약의 전문 및 부속서와 함께 다음의 것을 포함한다.
(a) 조약의 체결에 관련하여 모든 당사국 간에 이루어진 그 조약에 관한 협의
(b) 조약의 체결에 관련하여 또는 그 이상의 당사국이 작성하고 또한 다른 당사국이 그 조약이 관련되는 문서로서 수락한 문서
③ 문맥과 함께 다음의 것이 참작되어야 한다.
(a) 조약의 해석 또는 그 조약규정의 적용에 관한 당사국 간의 추후의 합의
(b) 조약의 해석에 관한 당사국의 합의를 확정하는 그 조약 적용에 있어서의 추후의 관행
(c) 당사국 간의 관계에 적용될 수 있는 국제법의 관계규칙
④ 당사국의 특별한 의미를 특정용어에 부여하기로 의도하였음이 확정되는 경우에는 그러한 의미가 부여된다.

제32조【해석의 보충적 수단】
제31조의 적용으로부터 나오는 의미를 확인하기 위하여 또는 제31조에 따라 해석하면 다음과 같이 되는 경우에 그 의미를 결정하기 위하여 조약의 교섭기록 및 그 체결시의 사정을 포함한 해석의 보충적 수단에 의존할 수 있다.
(a) 의미가 모호해지거나 또는 애매하게 되는 경우 또는
(b) 명백히 불투명하거나 또는 불합리한 결과를 초래하는 경우

답 ③

18 1969년 조약법에관한비엔나협약상 조약의 해석에 대한 내용으로 옳지 않은 것은? 18년 9급

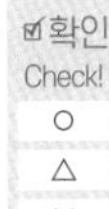

① 조약의 해석 목적상 문맥에는 조약의 부속서(annex)가 포함되지 않는다.
② 조약은 조약의 대상과 목적의 견지에서 해석되어야 한다.
③ 조약은 조약의 문언에 부여되는 통상적인 의미에 따라 해석되어야 한다.
④ 조약은 성실하게 해석되어야 한다.

해설

난도 ★★★

① [×] 1969년 조약법에관한비엔나협약 제31조 제2항에서는 조약의 해석 목적상 문맥에 부속서를 포함하는 것으로 규정하고 있다.

② [○], ③ [○], ④ [○] 조약법에관한비엔나협약 제31조 제1항.

더 알아보기 조약법에관한비엔나협약

제31조【해석의 일반규칙】

① 조약은 조약문의 문맥 및 조약의 대상과 목적으로 보아 그 조약의 문맥에 부여되는 통상적 의미에 따라 성실하게 해석되어야 한다.

② 조약의 해석 목적상 문맥은 조약문에 추가하여 조약의 전문 및 부속서와 함께 다음의 것을 포함한다.

(a) 조약의 체결에 관련하여 모든 당사국 간에 이루어진 그 조약에 관한 협의

(b) 조약의 체결에 관련하여 또는 그 이상의 당사국이 작성하고 또한 다른 당사국이 그 조약이 관련되는 문서로서 수락한 문서

답 ①

2. 조약과 제3국

19 **조약법에관한비엔나협약상 조약과 제3국과의 관계에 대한 설명으로 옳은 것은?** 17년 9급

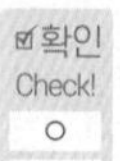

① 제3국에 권리를 부여하는 경우에는 제3국의 명시적 반대가 없는 한 동의가 있는 것으로 추정된다.
② 제3국에 부여된 권리는 언제나 제3국의 동의 없이 변경될 수 있다.
③ 제3국에 의무를 부과하는 경우에는 제3국의 묵시적 동의만으로 충분하다.
④ 제3국에 부과된 의무를 변경하는 경우에는 언제나 제3국의 새로운 동의가 필요하지 아니하다.

해설

난도 ★★★

① [○] 조약의 당사국이 제3국 또는 제3국이 속하는 국가의 그룹 또는 모든 국가에 대하여 권리를 부여하는 조약규정을 의도하며 또한 그 제3국이 이에 동의하는 경우에는 그 조약의 규정으로부터 그 제3국에 대하여 권리가 발생한다. 조약이 달리 규정하지 아니하는 한 제3국의 동의는 반대의 표시가 없는 동안 있은 것으로 추정된다(조약법에관한비엔나협약 제36조 제1항).

② [×] 제3국에 부여된 권리를 취소 · 변경할 때에는 제3국의 동의를 필요로 하는 경우와 제3국의 동의를 필요로 하지 않는 경우로 나뉜다. 제3국에 부여된 권리가 당해 제3국의 동의 없이 취소 · 변경 불가한 것으로 의도된 경우에는 그 권리는 제3국의 동의 없이 당사국에 의하여 취소 · 변경될 수 없으며, 제3국에 부여한 권리가 당해 제3국의 동의 없이 취소 · 변경 불가한 것으로 의도되지 않은 경우에는 그 권리는 제3국의 동의 없이 당사국에 의하여 취소 · 변경될 수 있다(조약법에관한비엔나협약 제37조 제2항 참조).

③ [×] 조약의 당사국이 조약규정을 제3국에 대하여 의무를 설정하는 수단으로 의도하며 또한 그 제3국의 서면으로 그 의무를 명시적으로 수락하는 경우에는 그 조약의 규정으로부터 그 제3국에 대하여 의무가 발생한다(조약법에관한비엔나협약 제35조).

④ [×] 제35조에 따라 제3국에 대하여 의무가 발생한 때에는 조약의 당사국과 제3국이 달리 합의하였음이 확정되지 아니하는 한 그 의무는 조약의 당사국과 제3국의 동의를 얻는 경우에만 취소 또는 변경될 수 있다(조약법에관한비엔나협약 제37조 제1항).

답 ①

20 **조약과 제3국과의 관계에 관한 설명으로 옳은 것은?** 10년 7급

① 당사국이 제3국에 대한 의무의 설정을 의도하여 체결한 조약은 당해 제3국에 대하여 효력을 갖는다.
② 당사국이 제3국에 대한 권리 부여를 의도하여 체결한 조약은 조약에 달리 규정이 없고, 당해 제3국의 명시적 반대가 없는 한 제3국에 대하여 효력을 갖는다.
③ 제3국에 대하여 의무를 합법적으로 발생시키고 있는 조약의 당사국이 제3국의 의무를 취소하고자 의도하는 경우에 제3국의 동의 없이도 취소할 수 있다.
④ 제3국에 대하여 권리를 합법적으로 부여한 조약의 당사국이 제3국의 권리를 취소하고자 의도하는 경우에 제3국의 동의 없이도 취소할 수 있다.

해설

난도 ★★★

① [×] 조약의 당사국이 조약규정을 제3국에 대하여 의무를 설정하는 수단으로 의도하며 또한 그 제3국이 서면으로 그 의무를 명시적으로 수락하는 경우에는 그 조약의 규정으로부터 그 제3국에 대하여 의무가 발생한다(조약법에관한비엔나협약 제35조). 당사국이 제3국에 대한 의무의 설정을 의도하여 체결한 조약은 당해 제3국이 서면으로 그 의무를 명시적으로 수락하는 경우에만 제3국에 대하여 효력을 갖는다.

② [○] 조약의 당사국이 제3국 또는 제3국이 속하는 국가의 그룹 또는 모든 국가에 대하여 권리를 부여하는 조약규정을 의도하며 또한 그 제3국이 이에 동의하는 경우에는 그 조약의 규정으로부터 그 제3국에 대하여 권리가 발생한다. 조약이 달리 규정하지 아니하는 한 제3국의 동의는 반대의 표시가 없는 동안 있은 것으로 추정된다(조약법에관한비엔나협약 제36조 제1항).

③ [×] 제35조(제3국에 대하여 의무를 규정하는 조약)에 따라 제3국에 대하여 의무가 발생한 때에는 조약의 당사국과 제3국이 달리 합의하였음이 확정되지 아니하는 한 그 의무는 조약의 당사국과 제3국의 동의를 얻는 경우에만 취소 또는 변경될 수 있다(조약법에관한비엔나협약 제37조 제1항). 적법하게 제3국의 의무를 발생시킨 조약을 취소하고자 의도하는 경우에는 당해 제3국의 동의를 얻어야 한다.

④ [×] 제36조(제3국에 대하여 권리를 규정하는 조약)에 따라 제3국에 대하여 권리가 발생한 때에는 그 권리가 제3국의 동의 없이 취소 또는 변경되어서는 아니되는 것으로 의도되었음이 확정되는 경우에 그 권리는 당사국에 의하여 취소 또는 변경될 수 없다(조약법에관한비엔나협약 제37조 제2항). 제3국의 권리를 규정한 조약을 취소 · 변경하고자 의도하는 경우에는 두 가지가 있다. 제3국에 부여한 권리가 당해 제3국의 동의 없이 취소 · 변경 불가한 것으오 의도한 경우에 그 권리는 제3국의 동의 없이 당사국에 의하여 취소 · 변경될 수 없으며, 제3국에 부여한 권리가 당해 제3국의 동의 없이 취소 · 변경 불가한 것으로 의도되지 않은 경우에는 그 권리는 제3국의 동의 없이 당사국에 의하여 취소 · 변경될 수 있다.

답 ②

제4절 조약의 부적법 · 종료 또는 시행정지

1. 조약의 무효

21 「조약법에관한비엔나협약」상 조약의 무효사유에 해당하는 것만을 모두 고르면? 18년 7급

☑확인 Check! ○ △ ×

ㄱ. 국가의 동의 표시 권한에 대한 특정한 제한
ㄴ. 사정의 근본적 변경
ㄷ. 타방 교섭국의 기만
ㄹ. 타방 당사국의 조약의 중대한 위반
ㅁ. 후발적 이행불능
ㅂ. 국가대표의 부정

① ㄱ, ㄴ, ㄷ
② ㄱ, ㄷ, ㅂ
③ ㄴ, ㄹ, ㅁ
④ ㄷ, ㅁ, ㅂ

해설
난도 ★
1969년 조약법에관한비엔나협약에서 규정하고 있는 조약의 무효사유에는 절대적 무효사유 3가지와 상대적 무효사유 5가지가 있다. 절대적 무효사유에는 '국가대표의 강제'(제51조), '일반국제법의 절대규범(강행규범)과 충돌하는 조약'(제53조), '힘의 위협 또는 사용에 의한 국가의 강제'가 있으며, 상대적 무효사유에는 '국가의 동의 표시 권한에 대한 특정의 제한 위반'(제47조), '국가대표의 부정'(제50조), '착오'(제48조), '기만'(제49조), '조약체결권에 관한 국내법 규정의 명백한 위반'(제46조)이 있다. '사정의 근본적 변경'과 '후발적 이행불능'은 조약의 종료 및 시행정지의 사유에 해당된다.

답 ②

22 1969년 조약법협약상 조약의 무효에 대한 설명으로 옳지 않은 것은? 15년 7급

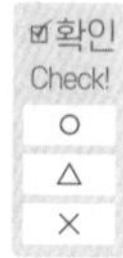

① 국가는 조약체결권 관련 국내법 규정의 위반이 명백하고 근본적으로 중요한 국내법 규칙과 관련되지 아니하는 한, 조약의 구속을 받겠다는 자국의 동의를 부적법화하기 위하여 그 동의의 표시가 그러한 국내법 규정 위반이라는 사실을 원용할 수 없다.
② 국가는 조약체결 당시 존재하고 조약의 구속을 받겠다는 동의의 본질적 기초를 구성하는 사실 또는 사태에 대한 착오를 원용하여 그 동의를 부적법화시킬 수 있다.
③ 조약의 구속을 받겠다는 국가의 동의 표시가 직접적 또는 간접적으로 그 국가대표의 부정을 통해 이루어진 경우에 그 동의는 법적 효력을 갖지 않는다.
④ 조약의 구속을 받겠다는 국가의 동의 표시가 그 국가대표에게 가해진 행동 또는 위협을 통하여 그 대표에 대한 강제에 의하여 이루어진 경우에 그 동의는 법적 효력을 갖지 않는다.

해설
난도 ★★

① [○] 조약 체결권에 관한 국내법 규정의 위반이 명백하며 또한 근본적으로 중요한 국내법 규칙에 관련되지 아니하는 한 국가는 조약에 대한 그 기속적 동의를 부적법화하기 위한 것으로 그 동의가 그 국내법 규정에 위반하여 표시되었다는 사실을 원용할 수 없다(조약법에관한비엔나협약 제46조 제1항).

② [○] 조약상의 착오는 그 조약이 체결된 당시에 존재한 것으로 국가가 추정한 사실 또는 사태로서, 그 조약에 대한 국가의 기속적 동의의 본질적 기초를 구성한 것에 관한 경우에 국가는 그 조약에 대한 그 기속적 동의를 부적법화하는 것으로 그 착오를 원용할 수 있다(조약법에관한비엔나협약 제48조 제1항).

③ [×] 조약에 대한 국가의 기속적 동의의 표시가 직접적으로 또는 간접적으로 다른 교섭국에 의한 그 대표의 부정을 통하여 감행된 경우에 그 국가는 조약에 대한 자신의 기속적 동의를 부적법화하는 것으로 그 부정을 원용할 수 있다(조약법에관한비엔나협약 제50조).

④ [○] 국가대표에게 정면으로 향한 행동 또는 위협을 통하여 그 대표에 대한 강제에 의하여 감행된 조약에 대한 국가의 기속적 동의표시는 법적 효력을 가지지 아니한다(조약법에관한비엔나협약 제51조).

답 ③

23 조약법에관한비엔나협약상 조약의 무효에 관한 설명으로 옳지 않은 것은? 15년 9급

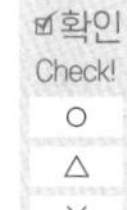

① 일반 국제법의 강행규범과 충돌하는 조약은 당사국 간의 합의를 통해서만 유효한 것으로 인정된다.
② UN 헌장에 구현되어 있는 국제법 원칙들에 위반되는 무력사용 또는 위협에 의해 체결된 조약은 무효이다.
③ 조약의 적법성은 조약법에관한비엔나협약의 적용을 통해서만 부정될 수 있다.
④ 조약의 무효를 주장하는 경우에 반드시 서면으로 다른 당사국에 통고되어야 한다.

해설
난도 ★★

① [×] 이 협약의 목적상 일반국제법의 절대규범은 그 이탈이 허용되지 아니하며 또한 동일한 성질을 가진 일반국제법의 추후의 규범에 의해서만 변경될 수 있는 규범으로 전체로서의 국제공동사회가 수락하며 또한 인정하는 규범이다(조약법에관한비엔나협약 제53조). 당사국 간의 합의에 의해서도 강행규범과 충돌하는 조약은 유효한 것으로 되지 않는다.

② [○] 국제연합헌장에 구현된 국제법의 제 원칙을 위반하여 힘의 위협 또는 사용에 의하여 조약의 체결이 감행된 경우에 그 조약은 무효이다(조약법에관한비엔나협약 제52조).

③ [○] 조약의 적법성 또는 조약에 대한 국가의 기속적 동의의 적법성은 이 협약의 적용을 통해서만 부정될 수 있다(조약법에관한비엔나협약 제42조 제1항).

④ [○] 이 협약의 규정에 따라 조약에 대한 국가의 기속적 동의상의 허가를 원용하거나 또는 조약의 적법성을 부정하거나 조약을 종료시키거나 조약으로부터 탈퇴하거나 또는 그 시행을 정지시키기 위한 사유를 원용하는 당사국은 다른 당사국에 대하여 그 주장을 통고하여야 한다(조약법에관한비엔나협약 제65조 제1항, 제67조 제1항). 절대적 무효 · 상대적 무효 불문하고 조약의 무효를 주장하는 경우에는 서면으로 다른 당사국에 대하여 통고하여야 한다. 조약의 무효원인이 절대적 무효원인인 경우에는 조약은 당연히 무효가 되고, 조약의 무효원인이 상대적 무효원인인 경우에는 일방 당사자의 무효주장(원용)에 의해 조약이 무효로 되므로, 조약의 무효화절차는 조약의 무효원인이 절대적 무효원인인 경우에는 필요하지 않고 조약의 무효원인이 상대적 무효원인인 경우에만 필요하다고 보는 것이 논리적이나, 조약의 무효원인이 절대적 무효원인인 경우에도 조약의 일방 당사자는 무효라고 주장하고 타방 당사자는 무효가 아니라고 주장하는 경우가 있을 수 있으므로 이런 경우를 명백히 하기 위하여 '조약법에관한비엔나협약'은 조약의 무효원인이 절대적 무효원인인 경우에도 무효화절차를 통하여 조약의 무효선언을 하도록 규정하고 있다.

 ①

24 '1969년 조약법협약'에서 규정하고 있는 조약의 무효 사유를 모두 고른 것은?

10년 9급

ㄱ. 조약체결권에 관하여 근본적으로 중요한 국내법 규정의 명백한 위반 ㄴ. 사정의 근본적 변경 ㄷ. 상대방 당사국의 사기 ㄹ. 일방 당사자의 중대한 위반 ㅁ. 후발적 이행 불능 ㅂ. 국가대표의 부패

① ㄱ, ㄴ, ㄹ　　② ㄴ, ㄷ, ㅁ

③ ㄱ, ㄷ, ㅂ　　④ ㄱ, ㄹ, ㅁ

해설

난도 ★

1969년 '조약법에관한비엔나협약'상 조약의 무효사유에는 '절대적 무효사유'와 '상대적 무효사유'가 있으며, '절대직 무효사유'에는 국가대표의 강제(제51조), 힘의 위협 또는 사용에 의한 국가의 강제(제52조), 일반국제법의 절대규범(강행규범)과 충돌하는 조약(제53조)이 있으며, '상대적 무효사유'에는 조약체결권에 관한 국내법 규정의 명백한 위반(제46조), 국가의 동의표시 권한에 대한 특정의 제한 위반(제47조), 착오(제48조), 기만(제49조), 국가대표의 부정(제50조)이 있다.

ㄱ. [ㅇ] 조약 체결권에 관한 국내법 규정의 위반이 명백하며 또한 근본적으로 중요한 국내법 규칙에 관련되지 아니하는 한 국가는 조약에 대한 그 기속적 동의를 부적법화하기 위한 것으로 그 동의가 그 국내법 규정에 위반하여 표시되었다는 사실을 원용할 수 없다(조약법에관한비엔나협약 제46조 제1항). 위 조문의 반대해석상 '조약체결권에 관한 국내법 규정의 명백한 위반'은 조약의 상대적 무효사유에 해당한다.

ㄴ. [×] '조약법에관한비엔나협약' 제62조에서는 '사정의 근본적 변경'을 조약의 종료 또는 시행정지의 사유로 규정하고 있다.

ㄷ. [ㅇ] 국가가 다른 교섭국의 기만적 행위에 의하여 조약을 체결하도록 유인된 경우에 그 국가는 조약에 대한 자신의 기속적 동의를 부적법화하는 것으로 그 기만을 원용할 수 있다(조약법에관한비엔나협약 제49조).

ㄹ. [×] '조약법에관한비엔나협약' 제60조에서는 '조약의 실질적 위반'을 조약의 종료 또는 시행정지의 사유로 규정하고 있다.

ㅁ. [×] '조약법에관한비엔나협약' 제61조에서는 조약의 '후발적 이행불능'을 조약의 종료 또는 시행정지의 사유로 규정하고 있다.

ㅂ. [ㅇ] 조약에 대한 국가의 기속적 동의의 표시가 직접적으로 또는 간접적으로 다른 교섭국에 의한 그 대표의 부정을 통하여 감행된 경우에 그 국가는 조약에 대한 자신의 기속적 동의를 부적법화하는 것으로 그 부정을 원용할 수 있다(조약법에관한비엔나협약 제50조).

답 ③

2. 조약의 종료 및 시행정지

25 **1969년 조약법에관한비엔나협약상 조약의 무효와 종료에 대한 설명으로 옳지 않은 것은?** 17년 7급

① 강박(coercion)에 의한 조약은 그 내용의 일부만 분리하여 무효화할 수 있다.
② 일반국제법의 새 강행규범이 출현하는 경우에 그 규범과 충돌하는 현행 조약은 무효로 되어 종료한다.
③ 외교관계나 영사관계의 단절은 외교 또는 영사관계의 존재가 조약의 적용에 불가결한 경우를 제외하고 그 조약의 당사국간의 확립된 법적 관계에 영향을 주지 않는다.
④ 사정의 근본적 변경은 원칙적으로 조약의 종료사유에 해당하기는 하나, 국경획정조약에는 적용되지 않는다.

해설

난도 ★★

① [×] 제51조(국가대표의 강제), 제52조(힘의 위협 또는 사용에 의한 국가의 강제) 및 제53조(일반국제법의 절대규범(강행규범)과 충돌하는 조약)에 해당하는 경우에는 조약규정의 분리가 허용되지 아니한다(조약법에관한비엔나협약 제44조 제5항).
② [○] 일반국제법의 새 절대규범이 출현하는 경우에 그 규범과 충돌하는 현행 조약은 무효로 되어 종료한다(조약법에관한비엔나협약 제64조).
③ [○] 조약당사국간의 외교 또는 영사관계의 단절은 외교 또는 영사관계의 존재가 그 조약의 적용에 불가결한 경우를 제외하고 그 조약에 의하여 그 당사국간에 확립된 법적 관계에 영향을 주지 아니한다(조약법에관한비엔나협약 제63조).
④ [○] 사정의 근본적 변경은 다음의 경우에는 조약을 종료시키거나 또는 탈퇴하는 사유로서 원용될 수 없다. (a) 그 조약이 경계선을 확정하는 경우(조약법에관한비엔나협약 제62조 제2항 (a)호).

더 알아보기 조약법에관한비엔나협약

제62조【사정의 근본적 변경】
① 조약의 체결 당시에 존재한 사정에 관하여 발생하였으며 또한 당사국에 의하여 예견되지 아니한 사정의 근본적 변경은 다음 경우에 해당되지 아니하는 한 조약을 종료시키거나 또는 탈퇴하기 위한 사유로서 원용될 수 없다.
(a) 그러한 사정의 존재가 그 조약에 대한 당사국의 기속적 동의의 본질적 기초를 구성하였으며 또한
(b) 그 조약에 따라 계속 이행되어야 할 의무의 범위를 그 변경의 효과가 급격하게 변환시키는 경우
② 사정의 근본적 변경은 다음의 경우에는 조약을 종료시키거나 또는 탈퇴하는 사유로서 원용될 수 없다.
(a) 그 조약이 경계선을 확정하는 경우 또는
(b) 근본적 변경이 이를 원용하는 당사국에 의한 조약상의 의무나 또는 그 조약의 다른 당사국에 대하여 지고 있는 기타의 국제적 의무의 위반의 결과인 경우
③ 상기의 제 조항에 따라 당사국이 조약을 종료시키거나 또는 탈퇴하기 위한 사유로서 사정의 근본적 변경을 원용할 수 있는 경우에 그 당사국은 그 조약의 시행을 정지시키기 위한 사유로서 그 변경을 또한 원용할 수 있다.

답 ①

26 1969년 조약법에 대한 비엔나협약상 조약의 종료사유에 대한 설명으로 옳지 않은 것은? 12년 7급

① 조약의 이행불능 상황이 발생한 경우에도 조약이 종료될 수 있다.
② 당사국 간의 무력충돌이나 적대행위의 발발(勃發)로 조약은 당연히 종료한다.
③ 조약의 중대한 위반은 조약의 종료사유이다.
④ 조약 당사국 간의 외교 또는 영사관계의 단절로 그 조약이 당연히 종료되지 않는다.

해설

난도 ★★★

1969년 조약법에 관한 비엔나협약상 조약의 종료사유에는 (ⅰ) 조약규정에 의한 종료(제54조 (a)호), (ⅱ) 당사국들의 합의에 의한 종료(제54조 (b)호), (ⅲ) 묵시적 폐기 · 탈퇴권이 인정되는 경우(제56조), (ⅳ) 후조약의 체결에 의해 묵시된 경우(제59조 제1항), (ⅴ) 조약의 중대한 위반(제60조), (ⅵ) 후발적 · 영구적 이행불능(제61조), (ⅶ) 사정의 근본적 변경(제62조), (ⅷ) 신강행규범의 출현(제64조) 등이 있다.

① [○] 조약법에관한비엔나협약 제61조.
② [×] 이 협약의 규정은 국가의 계승 · 국가의 국제책임 또는 국가간의 적대행위의 발발로부터 조약에 관하여 발생될 수 있는 문제를 예단하지 아니한다(제73조).
③ [○] 조약법에관한비엔나협약 제60조.
④ [○] 조약당사국간의 외교 또는 영사관계의 단절은 외교 또는 영사관계의 존재가 그 조약의 적용에 불가결한 경우를 제외하고 그 조약에 의하여 그 당사국 간에 확립된 법적 관계에 영향을 주지 아니한다(제63조).

더 알아보기 조약법에관한비엔나협약

제60조【조약 위반의 결과로서의 조약의 종료 또는 시행정지】

① 양자조약의 일방당사국에 의한 실질적 위반은 그 조약의 종료 또는 시행의 전부 또는 일부의 정지를 위한 사유로서 그 위반을 원용하는 권리를 타방당사국에 부여한다.

② 다자조약의 어느 당사국에 의한 실질적 위반은 관계 당사국이 다음의 조치를 취할 수 있는 권리를 부여한다.

(a) 다른 당사국이 전원일치의 협의에 의하여

(i) 그 다른 당사국과 위반국간의 관계에서 또는

(ii) 모든 당사국 간에서 그 조약의 전부 또는 일부를 시행정지 시키거나 또는 그 조약을 종료시키는 권리

(b) 위반에 의하여 특별히 영향을 받는 당사국이, 그 자신과 위반국간의 관계에 있어서 그 조약의 전부 또는 일부의 시행을 정지시키기 위한 사유로서 그 위반을 원용하는 권리

(c) 어느 당사국에 의한 조약규정의 실질적 위반으로 그 조약상의 의무의 추후의 이행에 관한 모든 당사국의 입장을 근본적으로 변경시키는 성질의 조약인 경우에, 위반국 이외의 다른 당사국에 관하여 그 조약의 전부 또는 일부의 시행정지를 위한 사유로서 그 다른 당사국에 그 위반을 원용하는 권리

③ 본조의 목적상 조약의 실질적 위반은 다음의 경우에 해당한다.

(a) 이 협약에 의하여 원용되지 아니하는 조약의 이행 거부 또는

(b) 조약의 대상과 목적의 달성에 필수적인 규정의 위반

제61조【후발적 이행불능】

① 조약의 이행불능이 그 조약의 시행에 불가결한 대상의 영구적 소멸 또는 파괴로 인한 경우에 당사국은 그 조약을 종료시키거나 또는 탈퇴하기 위한 사유로서 그 이행불능을 원용할 수 있다. 그 이행불능이 일시적인 경우에는 조약의 시행정지를 위한 사유로서만 원용될 수 있다.

② 이행불능이 이를 원용하는 당사국에 의한 조약상의 의무나 또는 그 조약의 다른 당사국에 대하여 지고 있는 기타의 국제적 의무의 위반의 결과인 경우에 그 이행 불능은 그 조약을 종료시키거나 또는 탈퇴하거나 또는 그 시행을 정지시키기 위한 사유로서 그 당사국에 의하여 원용될 수 없다.

답 ②

27 조약의 종료 및 시행정지에 대한 설명으로 옳지 않은 것은?

12년 9급

① 조약의 종료 또는 당사국의 탈퇴는 다른 체약국과 협의 후 모든 당사국의 동의를 얻는 경우 언제든지 가능하다.

② 강행규범(jus cogens)이 새로 출현하는 경우 그 규범과 충돌하는 현행 조약은 무효가 되어 종료한다.

③ 조약의 대상과 목적의 달성에 필수적인 규정 위반의 경우 조약을 종료할 수 있다.

④ 조약이 달리 규정하지 않는 한 다자조약은 그 당사국 수가 발효에 필요한 수 이하로 감소하는 경우 종료한다.

해설

난도 ★★★

① [○] 조약법에관한비엔나협약 제54조 (b)호.

② [○] 일반국제법의 새 절대규범이 출현하는 경우에 그 규범과 충돌하는 현행 조약은 무효로 되어 종료한다(조약법에관한비엔나협약 제64조).

③ [○] 조약법에관한비엔나협약 제60조 제1항 · 제2항에 의하면, 조약의 실질적 위반은 조약의 종료 또는 시행정지 사유가 되며, 제3항에 의하면, '조약의 실질적 위반'이란 '조약의 이행거부' 또는 '조약의 대상과 목적의 달성에 필수적인 규정의 위반'이 된다.

④ [×] 조약이 달리 규정하지 아니하는 한 다자조약은 그 당사국 수가 그 발효에 필요한 수 이하로 감소하는 사실만을 이유로 종료하지 아니한다(조약법에관한비엔나협약 제55조).

더 알아보기 조약법에관한비엔나협약

제54조【조약규정 또는 당사국의 동의에 따른 조약의 종료 또는 조약으로부터의 탈퇴】

조약의 종료 또는 당사국의 탈퇴는 다음의 경우에 행하여질 수 있다.

(a) 그 조약의 규정에 의거하는 경우 또는

(b) 다른 체약국과 협의한 후에 언제든지 모든 당사국의 동의를 얻는 경우

답 ④

28 **1969년 「조약법에관한비엔나협약」에 대한 설명으로 옳지 않은 것은?** 20년 7급

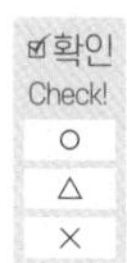

① 조약에 대한 국가의 기속적 동의가 그 조약이 발효한 후의 일자에 확정되는 경우에는 그 조약이 달리 규정하지 아니하는 한 그 동의가 확정되는 일자에 그 조약은 그 국가에 대하여 발효한다.

② 조약의 당사국이 될 수 있는 권리를 가진 모든 국가는 개정되는 조약의 당사국이 될 수 있는 권리를 또한 가지며, 개정하는 합의는 개정하는 합의의 당사국이 되지 아니하는 조약의 기존 당사국인 어느 국가도 구속하지 아니한다.

③ 조약의 불소급에 따라 이 협약과는 별도로 국제법에 따라 조약이 복종해야 하는 이 협약상의 규칙의 적용을 침해함이 없이, 이 협약은 그 발효 후에 국가에 의하여 체결되는 조약에 대해서만 그 국가에 대하여 적용된다.

④ 전조약을 시행 정지시킨 것만이 당사국의 의사이었음이 후조약으로부터 나타나거나 또는 달리 확정되는 경우에 전조약은 그 시행이 정지된 것으로만 간주된다.

해설

난도 ★★★

① [○] 조약에 대한 국가의 기속적 동의가 그 조약의 발효한 후의 일자에 확정되는 경우에는 그 조약이 달리 규정하지 아니하는 한 그 동의가 확정되는 일자에 그 조약은 그 국가에 대하여 발효한다(조약법에관한비엔나협약 제24조 제3항).

② [○] 조약의 당사국이 될 수 있는 권리를 가진 모든 국가는 개정되는 조약의 당사국이 될 수 있는 권리를 또한 가진다(조약법에관한비엔나협약 제40조 제3항). 개정되는 합의는 개정하는 합의의 당사국이 되지 아니하는 조약의 기존 당사국인 어느 국가도 구속하지 아니한다(조약법에관한비엔나협약 제40조 제4항).

③ [×] 1969년 「조약법에관한비엔나협약」 제4조(협약의 불소급)에서는 "이 협약과는 별도로 국제법에 따라 조약이 복종해야 하는 이 협약상의 규칙의 적용을 침해함이 없이, 이 협약은 그 발효 후에 국가에 의하여 체결되는 조약에 대해서만 그 국가에 대하여 적용된다."라고 규정하고 있으나, 이 규정은 1969년 「조약법에관한비엔나협약」의 불소급에 관한 것으로서 예외에 관한 규정이 없다. 반면, '조약의 불소급'이라는 것은 개별 국가들이 체결하는 조약의 불소급에 관한 것으로 「조약법에관한비엔나협약」 제28조(조약의 불소급)에서 "별도의 의사가 조약으로부터 나타나지 아니하거나 또는 달리 확정되지 아니하는 한 그 조약의 규정은 그 발효 이전에 당사국에 관련하여 발생한 행위나 사실 또는 없어진 사태에 관하여 그 당사국을 구속하지 아니한다."라고 규정하여 개별 국가들이 체결하는 조약도 불소급이 원칙이지만 예외가 인정될 수 있음을 인정하고 있다.

④ [○] 전조약을 시행정지시킨 것만이 당사국의 의사이었음이 후조약으로부터 나타나거나 또는 달리 확정되는 경우에 전조약은 그 시행이 정지된 것만으로 간주된다(조약법에관한비엔나협약 제59조 제2항).

답 ③

29 「1969년 조약법에관한비엔나협약」의 내용으로 옳지 않은 것은? 20년 9급

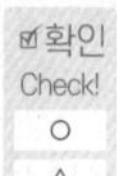

① 조약의 체결 당시 일반국제법의 강행규범과 충돌하는 조약은 무효이다.

② 새로운 강행규범의 출현으로 그 규범과 충돌하는 현행 조약은 무효로 되어 종료한다.

③ 2 또는 그 이상의 국가 간의 외교관계의 단절은 그러한 국가 간의 조약체결을 막지 아니한다.

④ 서면 형식에 의하지 아니한 국제적 합의는 조약이 아니며 국제법적 효력이 인정되지 아니한다.

해설

난도 ★★

① [○] 조약은 그 체결 당시에 일반국제법의 절대규범(강행규범)과 충돌하는 경우에 무효이다(조약법에관한비엔나협약 제53조).

② [○] 일반국제법의 새 절대규범이 출현하는 경우에 그 규범과 충돌하는 현행 조약은 무효로 되어 종료한다(조약법에관한비엔나협약 제64조).

③ [○] 조약 당사국 간의 외교 또는 영사 관계의 단절은 외교 또는 영사 관계의 존재가 그 조약의 적용에 불가결한 경우를 제외하고는 그 조약에 의하여 그 당사국 간에 확립된 법적 관계에 영향을 주지 아니한다(조약법에관한비엔나협약 제63조).

④ [×] 「조약법에관한비엔나협약」 제2조 제1호에서는 "조약이라 함은 단일의 문서에 또는 2 또는 그 이상의 관련문서에 구현되고 있는가에 관계없이 또한 그 특정의 명칭에 관계없이, 서면형식으로 국가 간에 체결되며 또한 국제법에 의하여 규율되는 국제적 합의를 의미한다."라고 규정하여 조약의 요건으로 문서를 요구하고 있지만, 그렇다고 하여 서면형식에 의하지 않은 조약의 효력을 부인하는 것은 아니라고 제3조에서 명백하게 밝히고 있다.

답 ④

30 1969년 조약법에관한비엔나협약이 규정하고 있는 조약에 관한 설명으로 옳지 않은 것은? 14년 7급

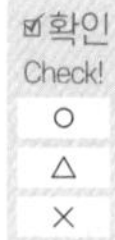

① 조약에 대한 유보는 협약에서 달리 규정하지 않는 한 언제든지 철회가 가능하나 그 철회를 위해서는 동 유보를 수락한 국가의 동의가 필요하다.

② 누구든지 적절한 전권위임장을 제시하는 경우 조약에 대한 국가의 기속적 동의를 표시하기 위한 목적으로 그 국가를 대표하는 것으로 간주된다.

③ 조약에 대한 국가의 기속적 동의는 비준 이외에도 서명, 문서의 교환, 수락, 승인, 가입 등의 방법으로 표시될 수 있다.

④ 체약국이라 함은 조약의 효력 발생 여부와 상관없이 그 조약에 대한 기속적 동의를 부여한 국가를 의미한다.

해설

난도 ★★

① [×] 조약이 달리 규정하지 아니하는 한 유보는 언제든지 철회될 수 있으며 또한 그 철회를 위해서는 동 유보를 수락한 국가의 동의가 필요하지 아니하다(조약법에관한비엔나협약 제22조 제1항).

② [○] 조약법에관한비엔나협약 제7조 제1항 (a)호.

③ [○] 조약에 대한 국가의 기속적 동의는 서명, 조약을 구성하는 문서의 교환, 비준 · 수락 · 승인 또는 가입에 의하여 또는 기타의 방법에 관하여 합의하는 경우에 그러한 기타의 방법으로 표시된다(조약법에관한비엔나협약 제11조).

④ [○] "체약국"이라 함은 조약의 효력을 발생하였는지의 여부에 관계없이 그 조약에 대한 기속적 동의를 부여한 국가를 의미한다(조약법에관한비엔나협약 제2조 (f)호).

더 알아보기 조약법에관한비엔나협약

제7조【전권위임장】

① 누구나 다음의 경우에는 조약문의 채택 또는 정본인증을 위한 목적으로 또는 조약에 대한 국가의 기속적 동의를 표시하기 위한 목적으로 국가를 대표하는 것으로 간주된다.

(a) 적절한 전권위임장을 제시하는 경우 또는

(b) 관계 국가의 관행 또는 기타의 사정으로 보아 상기의 목적을 위하여 그 자가 그 국가를 대표하는 것으로 간주되었으며 또한 전권위임장을 필요로 하지 아니하였던 것이 관계 국가의 의사에서 나타나는 경우

답 ①

31 **1969년 조약법에관한비엔나협약이 규정하는 내용으로 옳지 않은 것은?** 13년 9급

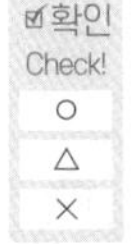

① 조약이 달리 규정하지 않는 한, 조약을 탈퇴한 국가라도 탈퇴 전 그 조약의 시행으로 발생한 그 국가의 권리 및 의무에 영향을 받지 않는다.

② 조약은 그 명칭에 상관없이 국제법으로 규율되는 국가 간의 서면 합의를 의미한다.

③ 조약이 국제관습법을 규정한 경우에는 그 조약의 비당사국에도 적용된다.

④ 조약이 강행규범과 상충되어 무효인지 여부에 관한 분쟁은 바로 국제사법법원(ICJ)의 결정에 의탁하여야 한다.

해설

난도 ★★★

① [○] 조약법에관한비엔나협약 제70조 제1항 (b)호, 제2항.

② [○] "조약"이라 함은 단일의 문서에 또는 2 또는 그 이상의 관련문서에 구현되고 있는가에 관계없이 또한 그 특정의 명칭에 관계없이, 서면형식으로 국가 간에 체결되며 또한 국제법에 의하여 규율되는 국제적 합의를 의미한다(조약법에관한비엔나협약 제2조 제1항 (a)호).

③ [○] 제34조(제3국에 관한 일반규칙) 내지 제37조(제3국의 의무 또는 권리의 취소 또는 변경)의 어느 규정도 조약에 규정된 규칙이 관습국제법의 규칙으로 인정된 그러한 규칙으로서 제3국을 구속하게 되는 것을 배제하지 아니한다(조약법에관한비엔나협약 제38조).

④ [×] 제53조(일반국제법의 절대규범(강행규범)과 충돌하는 조약) 또는 제64조(일반국제법의 새 절대규범(강행규범)의 출현)의 적용 또는 해석에 관한 분쟁의 어느 한 당사국은 제 당사국이 공동의 동의에 의하여 분쟁을 중재재판에 부탁하기로 합의하지 아니하는 한 분쟁을 국제사법재판소에 결정을 위하여 서면 신청으로써 부탁할 수 있다(조약법에관한비엔나협약 제66조 (a)호). 강행규범과 충돌하는 조약의 효력 문제에 대해서는 1차적으로 당사자 합의에 의한 중재재판에 의하며, 이러한 합의가 없는 경우에 서면으로 ICJ에 부탁하게 된다.

더 알아보기 조약법에관한비엔나협약

제70조【조약의 종료 효과】

① 조약이 달리 규정하지 아니하거나 또는 당사국이 달리 합의하지 아니하는 한 조약의 규정에 따르거나 또는 이 협약에 의거한 그 조약의 종료는 다음의 효과를 가져온다.

(a) 당사국에 대하여 추후 그 조약을 이행할 의무를 해제한다.

(b) 조약의 종료 전에 그 조약의 시행을 통하여 생긴 당사국의 권리 · 의무 또는 법적 상태에 영향을 주지 아니한다.

② 국가가 다자조약을 폐기하거나 또는 탈퇴하는 경우에는 그 폐기 또는 탈퇴가 효력을 발생하는 일자로부터 그 국가와 그 조약의 다른 각 당사국간의 관계에 있어서 상기 1항이 적용된다.

답 ④

32 **1969년 조약법에관한비엔나협약이 규정하는 내용으로 옳지 않은 것은?** 13년 9급

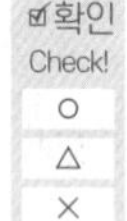

① 조약에 구속을 받겠다는 국가의 동의가 그 조약의 본질적 기초에 대한 착오에 근거하는 경우에는 그 조약은 절대적으로 무효이다.

② 조약체결이 조약체결권에 관한 국내법 규정의 위반이 명백하고 그 위반이 근본적으로 중요한 국내법 규칙에 관련된 것일 경우 그 조약이 무효임을 원용할 수 있다.

③ 국가대표에 대한 강박으로 얻어진 조약에 구속을 받겠다는 국가의 동의는 법적 효력이 인정되지 않는다.

④ 조약이 그 체결 당시에 일반 국제법의 강행규범과 충돌하는 경우 그 효력이 인정되지 않는다.

해설

난도 ★★

① [×] 조약상의 착오는 그 조약이 당시에 존재한 것으로 국가가 추정한 사실 또는 사태로서, 그 조약에 대한 국가의 기속적 동의의 본질적 기초를 구성한 것에 관한 경우에 국가는 그 조약에 대한 그 기속적 동의를 부적법화하는 것으로 그 착오를 원용할 수 있다(조약법에관한비엔나협약 제48조 제1항). 절대적 무효가 아니라 상대적 무효다.

② [○] 조약 체결권에 관한 국내법 규정의 위반이 명백하며 또한 근본적으로 중요한 국내법 규칙에 관련되지 아니하는 한 국가는 조약에 대한 그 기속적 동의를 부적법화하기 위한 것으로 그 동의가 그 국내법 규정에 위반하여 표시되었다는 사실을 원용할 수 없다(조약법에관한비엔나협약 제46조 제1항). 이 조문의 반대해석을 하면 위 지문은 옳은 것이 된다.

③ [○] 국가대표에게 정면으로 향한 행동 또는 위협을 통하여 그 대표에 대한 강제에 의하여 감행된 조약에 대한 국가의 기속적 동의표시는 법적 효력을 가지지 아니한다(조약법에관한비엔나협약 제51조).

④ [○] 조약은 그 체결 당시에 일반국제법의 절대규범과 충돌하는 경우에 무효이다(조약법에관한비엔나협약 제53조).

답 ①

33 1969년 조약법에관한비엔나협약에 대한 설명으로 옳지 않은 것은? 13년 7급

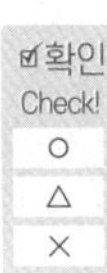

① 모든 국가는 조약을 체결하는 능력을 가진다.

② 국가원수, 정부수반, 외무부장관과 외교공관장은 전권위임장을 제시하지 않아도 조약의 체결에 관련된 모든 행위를 수행할 수 있다.

③ 비준하여야 하는 조약에 서명한 국가는 그 조약의 당사국이 되지 아니하고자 하는 의사를 명백히 표시할 때까지 그 조약의 대상과 목적을 저해하게 되는 행위를 삼가야 한다.

④ 조약이 달리 규정하지 아니하는 한, 다자조약은 그 당사국 수가 그 발효에 필요한 수 이하로 감소하는 사실만을 이유로 종료하지 아니한다.

해설

난도 ★★

① [○] 모든 국가는 조약을 체결하는 능력을 가진다(조약법에관한비엔나협약 제6조).

② [×] 국가원수 · 정부수반 및 외무부장관은 전권위임장을 제시하지 않아도 조약의 체결에 관련된 모든 행위를 수행할 수 있지만(조약법에관한비엔나협약 제7조 제2항 (a)호), 외교공관장은 파견국과 접수국 간의 조약문을 채택할 목적으로서만 전권위임장을 제시하지 않아도 자국을 대표하는 것으로 간주될 뿐이다(조약법에관한비엔나협약 제7조 제2항 (b)호).

③ [○] 조약법에관한비엔나협약 제18조.

④ [○] 조약이 달리 규정하지 아니하는 한 다자조약은 그 당사국수가 그 발효에 필요한 수 이하로 감소하는 사실만을 이유로 종료하지 아니한다(조약법에관한비엔나협약 제55조).

더 알아보기 조약법에관한비엔나협약

제18조【조약의 발효 전에 그 조약의 대상과 목적을 저해하지 아니할 의무】

국가는 다음의 경우에 조약의 대상과 목적을 저해하게 되는 행위를 삼가해야 하는 의무를 진다.

(a) 비준 · 수락 또는 승인되어야 하는 조약에 서명하였거나 또는 그 조약을 구성하는 문서를 교환한 경우에는 그 조약의 당사국이 되지 아니하고자 하는 의사를 명백히 표시할 때까지 또는

(b) 그 조약에 대한 그 국가의 기속적 동의를 표시한 경우에는 그 조약이 발효시까지 그리고 그 발효가 부당하게 지연되지 아니할 것을 조건으로 함

답 ②

34 「1969년 조약법에관한비엔나협약」에 대한 설명으로 옳지 않은 것은?

12년 9급

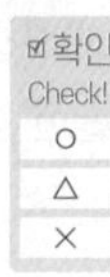

① 국가 간에 체결된 조약에만 적용되며 협약이 발효된 이후 성립된 합의에만 적용된다.
② 명칭에 관계없이 국가 간에 체결된 서면의 형식으로 이루어진 합의면 조약에 해당한다.
③ 국내법에 따른 비준 동의 절차를 거치지 아니한 조약은 당연 무효이다.
④ 조약이 발효되기 위해 UN사무국에 등록될 필요는 없다.

해설

난도 ★★

① [○] 이 협약은 국가 간의 조약에 적용된다(조약법에관한비엔나협약 제1조). 이 협약과는 별도로 국제법에 따라 조약이 복종해야 하는 이 협약상의 규칙의 적용을 침해함이 없이, 이 협약은 그 발효 후에 국가에 의하여 체결되는 조약에 대해서만 그 국가에 대하여 적용된다(조약법에관한비엔나협약 제4조).

② [○] "조약"이라 함은 단일의 문서에 또는 2 또는 그 이상의 관련문서에 구현되고 있는가에 관계없이 또한 그 특정의 명칭에 관계없이, 서면형식으로 국가간에 체결되며 또한 국제법에 의하여 규율되는 국제적 합의를 의미한다(조약법에관한비엔나협약 제2조 제1항 (a)호).

③ [×] 조약체결권에 관한 국내법규정의 위반이 명백하며 또한 근본적으로 중요한 국내법 규칙에 관련되지 아니하는 한 국가는 조약에 대한 그 기속적 동의를 부적법화하기 위한 것으로 그 동의가 그 국내법 규정에 위반하여 표시되었다는 사실을 원용할 수 없다(조약법에관한비엔나협약 제46조 제2항). 조약체결권에 관한 국내법 규정 위반은 조약의 상대적 무효사유에 해당한다.

④ [○] 국제연맹(LN)규약에서는 조약의 등록을 효력(발효)요건으로 하였으나, 국제연합(UN)헌장에서는 조약의 등록을 UN의 모든 기관에 대한 대항요건으로만 규정하고 있다.

답 ③

35 1969년 조약법협약에 대한 설명으로 옳은 것으로만 묶인 것은?

11년 7급

ㄱ. 동 협약은 국가 간에 체결된 조약뿐만 아니라 국가와 국제기구 상호 간에 체결된 조약에도 적용된다.
ㄴ. 동 협약에 따르면 조약이란 명칭에 상관없이 서면의 형식으로 국가 간에 체결되며 국제법에 의해 규율되는 국제적 합의를 의미한다.
ㄷ. 조약에 대한 국가의 기속적 동의는 비준 이외에도 서명, 문서의 교환, 수락, 승인, 가입 등의 방법으로도 표시될 수 있다.
ㄹ. 국내법상 비준에 대한 국회의 동의를 요하는 조약에 관하여 비준동의 절차를 거치지 아니한 조약은 당연 무효이다.
ㅁ. 조약이 발효되기 위해서는 UN 사무국에 등록되어야 한다.

① ㄱ, ㄴ
② ㄴ, ㄷ
③ ㄷ, ㄹ
④ ㄷ, ㅁ

해설

난도 ★★

ㄱ. [×] 이 협약은 국가 간의 조약에 적용된다(조약법에관한비엔나협약 제1조).

ㄴ. [○] "조약"이라 함은 단일의 문서에 또는 2 또는 그 이상의 관련문서에 구현되고 있는가에 관계없이 또한 그 특정의 명칭에 관계없이, 서면형식으로 국가 간에 체결되며 또한 국제법에 의하여 규율되는 국제적 합의를 의미한다(조약법에관한비엔나협약 제2조 제1항 (a)호).

ㄷ. [○] 조약에 대한 국가의 기속적 동의는 서명, 조약을 구성하는 문서의 교환, 비준 · 수락 · 승인 또는 가입에 의하여 또는 기타의 방법에 관하여 합의하는 경우에 그러한 기타의 방법으로 표시된다(조약법에관한비엔나협약 제11조).

ㄹ. [×] 국내법상의 비준의 위법성 여부는 조약상의 국제적 의무나 책임에 영향을 미치지 않는다.

ㅁ. [×] 국제연맹에서는 조약의 등록을 발효요건으로 하였으나, 국제연합에서는 조약의 등록을 대항요건으로 하고 있다(UN헌장 제102조 제2항 참조).

답 ②

36 **조약에 관한 설명 중 옳지 않은 것은?** 09년 지방

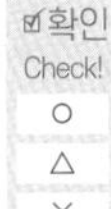

① UN헌장은 헌장 발효 후에 UN회원국이 체결하는 모든 조약의 신속한 등록을 요구하고 있다.
② 강행규범위반, 국가대표에 대한 강박에 의한 조약 등은 조약의 절대적 무효사유에 해당하여 타 당사국에 통고 없이 무효로 확정된다.
③ 국제관습법을 성문화한 조약 규정이 제3국을 구속하게 되는 것은 조약이 아닌 국제관습법의 효력이다.
④ 조약은 제3국에 대하여 그 동의 없이는 의무 또는 권리를 창설하지 않는다.

해설

난도 ★★

① [○] 이 헌장이 발효한 후 국제연합회원국이 체결하는 모든 조약과 모든 국제협정은 가능한 한 신속히 사무국에 등록되고 사무국에 의하여 공표된다(UN헌장 제102조).

② [×] 이 협약의 규정에 따라 조약에 대한 국가의 기속적 동의상의 허가를 원용하거나 또는 조약의 적법성을 부정하거나 조약을 종료시키거나 조약으로부터 탈퇴하거나 또는 그 시행을 정지시키기 위한 사유를 원용하는 당사국은 다른 당사국에 대하여 그 주장을 통고하여야 한다(조약법에관한비엔나협약 제65조 제1항).

③ [○] 제34조(제3국에 관한 일반규칙) 내지 제37조(제3국의 의무 또는 권리의 취소 또는 변경)의 어느 규정도 조약에 규정된 규칙이 관습국제법의 규칙으로 인정된 그러한 규칙으로서 제3국을 구속하게 되는 것을 배제하지 아니한다(조약법에관한비엔나협약 제38조). 「조약법에관한비엔나협약」 제38조에서는 조약에 규정된 관습국제법은 관습국제법으로서 제3국을 구속하게 된다고 규정하고 있다.

④ [○] 조약은 제3국에 대하여 그 동의 없이는 의무 또는 권리를 창설하지 아니한다(조약법에관한비엔나협약 제34조).

답 ②

37 **조약에 대한 설명으로 옳지 않은 것은?** 08년 7급

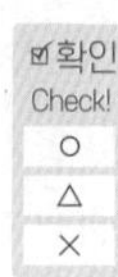

① 1969년 조약법에관한비엔나협약은 구두에 의한 국가 간 합의에는 적용되지 않는다.

② 조약체결 시 조약체결권에 관한 국내법 규정의 위반이 명백하고 또한 근본적으로 중요한 국내법 규칙에 관련되어 있다 할지라도 해당 조약의 무효를 원용할 수 없다.

③ 1969년 조약법에관한비엔나협약상의 조약 개념에 의하면, 한미행정협정(SOFA)의 합의의사록(agreed minutes)도 조약으로 보아야 한다.

④ 대통령, 수상, 외무부장관 등은 직무로 인해 전권위임장을 제시하지 않아도 자국을 대표하는 것으로 간주된다.

해설

난도 ★★

① [○], ③ [○] "조약"이라 함은 단일의 문서에 또는 2 또는 그 이상의 관련문서에 구현되고 있는가에 관계없이 또한 그 특정의 명칭에 관계없이, 서면형식으로 국가 간에 체결되며 또한 국제법에 의하여 규율되는 국제적 합의를 의미한다(조약법에관한비엔나협약 제2조 제1항 (a)호). 1969년 조약법에관한비엔나협약은 협약의 적용대상이 되는 조약을 서면형식으로 국가 간에 체결된 조약으로 한정하고 있다. 명칭은 관계없으므로 한미행정협정(SOFA)의 합의의사록(agreed minutes)도 조약에 해당한다.

② [×] 조약체결권에 관한 국내법규정의 위반이 명백하며 또한 근본적으로 중요한 국내법규칙에 관련되지 아니하는 한 국가는 조약에 대한 그 기속적 동의를 부적법화하기 위한 것으로 그 동의가 그 국내법규정에 위반하여 표시되었다는 사실을 원용할 수 없다(조약법에관한비엔나협약 제46조).

④ [○] 조약법에관한비엔나협약 제7조 제2항.

더 알아보기 조약법에관한비엔나협약

제7조 【전권위임장】(全權委任狀, full powers)

② 다음의 자는 그의 직무상 또한 전권 위임장을 제시하지 않아도 자국을 대표하는 것으로 간주된다.

(a) 조약의 체결에 관련된 모든 행위를 수행할 목적으로서는 국가원수 · 정부수반 및 외무부장관

(b) 파견국과 접수국간의 조약문을 채택할 목적으로서는 외교공관장

(c) 국제회의 · 국제기구 또는 그 국제기구의 어느 한 기관 내에서 조약문을 채택할 목적으로서는 국가에 의하여 그 국제회의, 그 국제기구 또는 그 기구의 그 기관에 파견된 대표

답 ②

PART 7
분쟁해결

CHAPTER

01 분쟁해결 개관

제1절 분쟁해결방법의 분류

01 국제분쟁의 평화적 해결방법에 대한 설명으로 옳지 않은 것은? 11년 7급

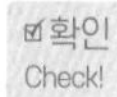

① 조정(conciliation)에서의 결정은 법적 구속력이 있다.
② 직접교섭(negotiation)은 국제분쟁의 일차적 해결방법이라 할 수 있다.
③ 주선(good offices)과 중개(mediation)는 국가는 물론 개인도 할 수 있다.
④ 사실심사(inquiry)를 위한 국제사실심사위원회는 분쟁당사국 간의 특별한 합의에 의해 설치된다.

해설

난도 ★★

① [×] 조정에서의 결정은 법적 구속력이 없고 분쟁당사국이 수락함으로써 비로소 효력이 발생한다.
② [○] 직접교섭은 제3자 개입 없이 분쟁당사국 간에 직접 외교교섭을 하는 것을 말하며, 분쟁해결의 가장 기초적이고 일차적인 해결방법이라고 할 수 있으나, 다른 분쟁해결방법에 반드시 선행되어야 하는 것은 아니다.
③ [○] 일반적으로 주선이나 중개는 국가가 담당하지만, 개인도 할 수 있다.
④ [○] 사실심사를 행하는 기관인 국제사실심사위원회(International Commission of Inquiry)는 비상설기관으로서, 분쟁당사국 간의 합의에 의해 설치된다.

답 ①

02 국제분쟁의 해결방법에 대한 설명으로 옳지 않은 것은?

11년 9급

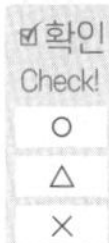

① 주선 및 중개는 제3자가 간접적으로 분쟁에 개입하여 분쟁해결을 촉진하는 제도이다.
② 사실심사는 제3자가 분쟁의 원인이 된 사실을 명확히 하여 분쟁해결을 촉진하는 제도이다.
③ 중재는 분쟁당사국이 합의하여 선정한 재판관에 의한 판정으로 분쟁을 해결하는 제도이다.
④ 조정은 제3자의 사실조사 및 법적 구속력 있는 조정안의 제시로 분쟁을 해결하는 제도이다.

해설

난도 ★★

① [○] 주선(good office)이란 제3자가 분쟁내용에는 개입하지 않으면서 당사국들에게 교섭을 권고하거나 편의를 제공하는 등의 방법으로 당사국 간의 교섭에 도움을 주는 것을 말한다. 중개(mediation)는 제3자가 분쟁내용에까지 개입하여 당사국 간 의견을 조율하거나 스스로 분쟁해결방안을 제시하는 등의 방법으로 당사국 간의 타협에 도움을 주는 것으로서, 사실관계의 조사에는 직접 관여하지 않는다는 한계가 있다. 주선과 중개 모두 제3자가 간접적으로 개입하게 된다.

② [○] 사실심사(inquiry)는 사실심사위원회와 같은 독립적인 제3자가 분쟁의 원인이 된 사실들을 조사하여 사실관계를 명백히 함으로써 분쟁의 해결을 가능하고 용이하게 하는 것을 말한다.

③ [○] 일반적으로 중재재판은 당사자들이 합의하여 선정한 재판관으로 구성된 재판부에서 당사자들이 합의하여 정한 재판절차에 따라 당사자들이 합의하여 정한 재판준칙을 적용하여 판결(award)을 내림으로써 법적 분쟁을 해결하는 제도이다.

④ [×] 조정은 조정위원회와 같은 제3자가 분쟁에 대하여 사실문제뿐만 아니라 법률문제까지도 포함한 모든 관점에서 조사하고 당사자의 의견을 들은 후 해결조건을 작성하여 그 내용을 분쟁당사국에 권고함으로써 국제분쟁을 해결하는 방법을 말한다. 조정에서의 결정은 원칙적으로 법적 구속력이 없고 분쟁당사국이 수락함으로써 비로소 효력이 발생한다.

 ④

03 국제 조정(conciliation)에 관한 설명으로 옳지 않은 것은?

08년 9급

① 조정의 결과는 일반적으로 당사자를 법적으로 구속한다.
② 중개(mediation)나 사실심사(fact-finding 또는 inquiry)보다 제3자 개입의 정도가 더 크다.
③ 조정에 회부할 것을 조약에 의하여 사전에 합의할 수 있다.
④ 제3자가 분쟁의 내용을 심사하고 그 해결방안을 제시하여 분쟁을 비사법적으로 해결하는 방법이다.

해설

난도 ★★

① [×] 조정에서의 결정 자체는 법적 구속력이 없으며 분쟁당사국이 수락함으로써 효력이 발생한다.

② [○] 중개(mediation)는 제3자가 분쟁내용에까지 개입하여 당사국 간 의견을 조율하거나 스스로 분쟁해결방안을 제시하는 등의 방법으로 당사국 간의 타협에 도움을 주는 것으로서, 사실관계의 조사에는 직접 관여하지 않는다는 한계가 있으며, 사실심사(inquiry)는 사실심사위원회와 같은 독립적인 제3자가 분쟁의 원인이 된 사실들을 조사하여 사실관계를 명백히 함으로써 분쟁의 해결을 가능하고 용이하게 하는 것을 말하는 것으로서, 분쟁해결방안을 직접 제시하지는 않는다는 한계가 있다. 반면, 조정은 사실관계의 조사뿐만 아니라 해결방안까지 제시함으로써 중개나 사실심사보다 제3자 개입의 정도가 더 크다고 할 수 있다.

③ [○] 조정에의 회부는 일반적으로 당사자 합의에 의하며, 이러한 당사자 합의는 조약 등의 형식으로 사건발생 전에 할 수도 있고, 사건발생 후에 할 수도 있다.

④ [○] 조정은 사실관계의 조사와 해결방안의 제시가 함께 이루어진다는 점에서 사법절차와 유사하지만, 제시된 해결방안에 법적 구속력이 없다는 점에서 사법절차와 구별되는 비사법적 절차에 해당한다. 다만, 사법절차와 유사한 성격이 있다는 점에서 '준사법적' 절차로 평가되기도 한다.

답 ①

04 사실심사(inquiry)와 중개(mediation)의 요소를 모두 가지고 있으며 준사법적 측면을 가지는 분쟁해결 방식은?

07년 9급

확인 Check! ○ △ ×

① 교섭(negotiation)
② 조정(conciliation)
③ 중재재판(arbitration)
④ 사법재판(judicial settlement)

해설

난도 ★

① [×] 교섭(negotiation)이란 제3자 개입 없이 분쟁당사국 간에 직접 외교교섭을 하는 것을 말한다. 분쟁해결의 가장 기초적인 방법이지만, 다른 분쟁해결방법보다 반드시 선행되어야 하는 것은 아니며, 원칙적으로 법적 구속력도 없다.

② [○] 조정(conciliation)이란 국제조정위원회와 같은 제3자가 분쟁에 대하여 사실문제뿐만 아니라 법률문제까지도 포함한 모든 관점에서 조사하고 당사자의 의견을 들은 후 해결조건을 작성하여 그 내용을 분쟁당사국에 권고함으로써 국제분쟁을 해결하는 방법을 말한다. 제3자가 사실관계를 조사한다는 측면에서 사실심사의 요소를 갖고 있으며, 제3자가 분쟁해결방안을 제시한다는 측면에서 중개의 요소를 가지고 있다. 이렇듯 사실관계의 조사와 해결방안의 제시가 함께 이루어진다는 점에서 사법적 해결방법과 유사하지만, 법적 구속력이 없다는 점에서 사법적 해결방법과 구별되어 준사법적 분쟁해결방법으로 평가된다.

③ [×] 중재재판(arbitration)은 당사자들이 선정한 법관이 당사자들이 합의한 절차규칙에 따라 당사자들이 선정한 재판준칙에 근거하여 당사자들에게 법적 구속력 있는 중재판결을 내림으로써 법적 분쟁을 해결하는 제도로서, 사법적 해결방법에 해당한다.

④ [×] 사법재판(judicial settlement)은 국제분쟁을 국제법원에 의하여 사법적으로 해결하는 절차로서, 협의의 사법적 해결에 해당한다.

답 ②

05 중재재판에 대한 설명으로 옳지 않은 것은?

20년 9급

확인 Check! ○ △ ×

① 중재재판의 판정은 사법재판의 판결과는 달리 법적 구속력을 갖지 아니한다.
② 중재재판의 준칙은 당사국 합의로 결정하며, 필요하다면 국내법도 준칙으로 활용될 수 있다.
③ 중재재판은 분쟁의 종국적 해결을 목표로 함이 보통이므로 1심으로 종결됨이 통례이다.
④ 중재판정의 부존재 내지는 무효를 구하는 소송이 국제사법재판소(ICJ)에 제기되기도 한다.

해설

난도 ★★

① [×] 중재재판의 판정도 사법재판의 판결과 같이 법적 구속력을 갖는 것이 원칙이다.

② [○] 중재재판의 준칙은 당사국 합의로 결정된다. 당사국은 중재약정 등을 통하여 자유로이 재판준칙을 정할 수 있으며, ICJ의 재판준칙을 따른다고 하거나, '형평과 선'을 재판준칙으로 정할 수 있고, 심지어 국내법을 재판준칙으로 정할 수도 있다.

③ [○] 상설재판소에서 미리 정해진 재판절차와 재판준칙에 따라 절차를 진행하는 사법재판의 경우에는 제도적으로 상소제도나 재심제도를 두는 경우가 있을 수 있으나, 특정한 분쟁에 대하여 당사자 합의로 진행되는 중재재판의 경우에는 신속한 종국적 해결을 도모하기 위하여 1심으로 제한하는 것이 일반적이다.

④ [○] 카메룬-나이지리아 경계획정 사건(2002)에서 ICJ는 '차드호관리위원회'가 사법적 판단을 내릴 수 있는 중재기관으로 볼 수 있다고 하는 나이지리아의 주장을 받아들이지 않은바 있다.

답 ①

06 국제분쟁의 사법적 해결에 대한 설명으로 옳은 것은?

19년 7급

① 중재는 그 결과가 분쟁당사국에 대해 구속력을 지닌다는 점에서 조정과 다르고 중개와 같다.
② 중재는 오로지 국가 간 혹은 사인 간에 행해지고, 일방의 국가와 타방의 비국가적 실체 사이에는 행해지지 않는다.
③ 중재에서 재판준칙은 당사국이 합의하여 결정하지만, 특정 국가의 국내법을 재판준칙으로 삼을 수 없다.
④ 국제사법재판소의 판결에 대해서는 재심절차가 있지만 권고적 의견에는 재심절차가 없다.

해설

난도 ★★

① [×] 사법적 해결방법인 중재는 원칙적으로 그 결과가 분쟁당사국에 대하여 구속력이 있지만, 외교적 해결방법인 조정과 중개는 원칙적으로 그 결과가 분쟁당사국에 대하여 구속력이 없다.

② [×] 중재는 일반적으로 국가 간에 행해지지만, 국가 이외의 국제법 주체와 국가 사이에서도 행해질 수 있다.

③ [×] 중재에서 재판준칙은 당사국이 합의하여 결정하며, 당사국이 합의한다면 특정 국가의 국내법을 재판준칙으로 삼을 수도 있다.

④ [○] 국제사법재판소의 판결에 대해서 상소제도는 없지만 재심절차는 있다. 국제사법재판소의 권고적 의견에 대하여는 상소제도도 재심절차도 없다.

답 ④

07 국제분쟁의 해결 방식인 중재재판과 사법재판에 관한 설명으로 옳지 않은 것은?

14년 7급

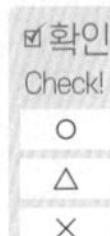

① 중재재판의 판정과 사법재판의 판결은 분쟁당사국에 대하여 구속력을 갖는다.
② 중재재판에는 국제사법재판소(ICJ) 재판과 달리 상급심에 상소가 인정된다.
③ 중재재판의 당사국 사이에 합의만 성립되면 어떠한 분쟁도 중재재판에 회부될 수 있다.
④ 중재재판부의 구성과 재판의 준칙은 국제사법재판소(ICJ)와 달리 당사자의 합의로 결정한다.

해설

난도 ★★

① [○] 중재재판 · 사법재판 모두 판결은 법적 구속력을 갖는다.
② [×] 중재재판과 ICJ사법재판 모두 상소절차는 인정되지 않는다.
③ [○] 중재재판은 당사국 합의에 의하여 이루어지제 된다.
④ [○] 중재재판은 당사국 합의에 의하여 재판부 구성과 재판준칙 결정이 이루어진다.

답 ②

08 법적 구속력 있는 결정을 수반하는 분쟁해결 방식은?

10년 지방

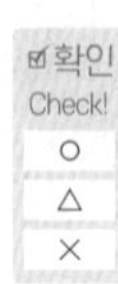

① 조정 ② 중재재판
③ 사실심사 ④ 중개

해설

난도 ★

중재재판과 사법재판은 법적 구속력이 있는 분쟁해결방법이며, 조정, 사실심사, 중개는 당사자의 의사에 따라 법적 구속력 여부가 결정된다.

① [×] 조정이란 국제조정위원회와 같은 제3자가 분쟁에 대하여 사실문제뿐만 아니라 법률문제까지도 포함한 모든 관점에서 조사하고 당사자의 의견을 들은 후 해결조건을 작성하여 분쟁당사국에 권고함으로써 국제분쟁을 해결하는 방법으로서, 원칙적으로 법적 구속력이 없다.
② [○] 사법적 해결방법인 중재는 원칙적으로 그 결과가 분쟁당사국에 대하여 구속력이 있다.
③ [×] 사실심사(inquiry)는 사실심사위원회와 같은 독립적인 제3자가 분쟁의 원인이 된 사실들을 조사하여 사실관계를 명백히 함으로써 분쟁의 해결을 가능하고 용이하게 하는 것으로서, 법적 구속력이 없다.
④ [×] 중개(mediation)는 제3자가 분쟁내용에까지 개입하여 당사국 간 의견을 조율하거나 스스로 분쟁해결방안을 제시하는 등의 방법으로 당사국 간의 타협에 도움을 주는 것이지만 법적 구속력이 없다는 한계가 있다.

답 ②

09 국제중재재판에 대한 설명으로 옳지 않은 것을 모두 고른 것은?

10년 9급

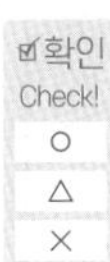

ㄱ. 중재법정의 구성은 원칙적으로 분쟁당사국들간의 합의에 의해 결정된다.
ㄴ. 중재법정의 결정은 분쟁당사국들을 구속한다.
ㄷ. 중재법정의 결정에 불복하는 당사국은 국제사법재판소(ICJ)에 항소를 제기할 수 있다.
ㄹ. UN 안전보장이사회는 중재결정의 이행을 확보하기 위하여 필요한 권고 또는 강제조치를 취할 수 있다.

① ㄱ, ㄷ
② ㄴ, ㄷ
③ ㄱ, ㄴ
④ ㄷ, ㄹ

해설
난도 ★★

ㄱ. [○] 일반적으로 중재재판은 당사자들이 합의하여 선정한 재판관으로 구성된 재판부에서 당사자들이 합의하여 정한 재판절차에 따라 당사자들이 합의하여 정한 재판준칙을 적용하여 판결(award)을 내림으로써 법적 분쟁을 해결하는 제도이다.

ㄴ. [○] 중재재판의 판결(award)은 원칙적으로 구속력이 있다. 다만 국가들이 사전에 합의하는 경우 권고적 효력만 있는 것으로 변경할 수 있다.

ㄷ. [×] 중재재판절차는 원칙적으로 당사자들의 합의로 정한 절차를 따르며, 재심의 인정 여부나 재심법원도 당사자들의 합의에 따를 뿐, 별도의 재심절차를 규정하고 있는 것은 아니다.

ㄹ. [×] ICJ 사법재판의 경우에는 판결의 이행확보수단으로 UN헌장 제94조 제2항에서 "사건의 당사자가 재판소가 내린 판결에 따라 자국이 부담하는 의무를 이행하지 아니하는 경우에는 타방의 당사자는 안전보장이사회에 제소할 수 있다. 안전보장이사회는 필요하다고 인정하는 경우 판결을 집행하기 위하여 권고하거나 취하여야 할 조치를 결정할 수 있다."고 규정하고 있으나 중재재판의 경우에는 판결의 이행확보수단도 당사자의 합의에 따를 뿐, 국제법상 특정의 이행확보수단이 정해져 있지는 않다.

답 ④

10 다음 괄호 안에 들어갈 수 있는 분쟁해결 방법으로 옳게 짝지어진 것은? 13년 9급

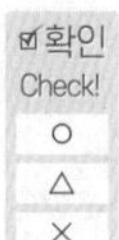

> • 국제연합(UN)헌장 제33조 1항 : "…분쟁…의 계속이 국제평화와 안전의 유지를 위태롭게 할 우려가 있는 것일 경우, 그 분쟁의 당사자는 우선 교섭, 심사, (㉠), 조정, (㉡), 사법적 해결, …에 의한 해결을 구한다."
> • 1985년 레인보우(Rainbow Warrior)호(號) 사건에 따른 뉴질랜드와 프랑스 간의 분쟁은 UN사무총장에게 맡겨져 뉴질랜드에 대한 프랑스의 손해배상과 두 프랑스 요원(Mafart, Prieur)을 남태평양 Hao섬의 프랑스 해군기지에 3년 이상 수감하는 것으로 1차적으로 해결되었다. 그러나 두 요원을 프랑스 본토로 조기 귀환시킴으로써 발생한 프랑스의 책임 문제는 (㉢)에 회부되었다.

	㉠	㉡	㉢
①	주선(good offices)	중개(mediation)	국제사법법원(ICJ)의재판
②	주선(good offices)	협의(consultation)	국제사법법원(ICJ)의재판
③	중개(mediation)	중재재판(arbitration)	중재재판(arbitration)
④	중개(mediation)	중재재판(arbitration)	국제사법법원(ICJ)의재판

해설

난도 ★★★

㉠, ㉡ 어떠한 분쟁도 그의 계속이 국제평화와 안전의 유지를 위태롭게 할 우려가 있는 것일 경우, 그 분쟁의 당사자는 우선 교섭, 심사, 중개, 조정, 중재재판, 사법적 해결, 지역적 기관 또는 지역적 약정의 이용 또는 당사자가 선택하는 다른 평화적 수단에 의한 해결을 구한다(UN헌장 제33조 제1항).

㉢ '레인보우 워리어호 사건'에서 UN사무총장의 중재안에 따라 요원들을 인도받은 프랑스가 질병치료와 임신 등을 이유로 이들을 곧바로 프랑스로 귀환시킴으로써 발생한 분쟁은 1990년 중재재판에 회부되었다.

답 ③

11 국제분쟁의 해결 방법에 대한 설명으로 옳지 않은 것은?

16년 9급

① 미국의 남북전쟁 이후 미국과 영국 사이의 Alabama호 청구 사건은 중재재판(arbitration)에 의하여 해결되었다.

② 제3자가 분쟁의 원인이 된 사실을 명확히 함으로써 분쟁의 타결을 도모하는 방법이 심사(inquiry)이다.

③ 제3자가 분쟁의 내용에는 개입하지 않고 당사자 간의 외교교섭 타결에 조력하는 방법이 주선(good offices)이다.

④ 제3자에게 사실심사를 맡기는 데 그치지 않고 제3자가 구속력 있는 해결조건까지 제시하는 방법이 조정(conciliation)이다.

해설

난도 ★★

① [○] 알라바마호 사건은 중재재판의 발전에 기여하였다.

② [○] (사실)심사(inquiry)란 독립적인 제3자(주로 사실심사위원회)가 분쟁의 원인이 된 사실들을 조사하여 사실관계를 명백히 함으로써 분쟁의 해결을 가능하고 용이하게 하는 것을 말한다.

③ [○] 주선(good office)이란 제3자가 분쟁내용에는 개입하지 않으면서 당사국들에게 교섭을 권고하거나 편의를 제공하는 등의 방법으로 당사국 간의 교섭에 도움을 주는 것을 말한다.

④ [×] 조정(conciliation)이란 제3자(대체로 국제조정위원회)가 분쟁에 대하여 사실문제뿐만 아니라 법률문제까지도 포함한 모든 관점에서 조사하고 당사자의 의견을 들은 후 해결조건을 작성하여 그 내용을 분쟁당사국에 권고함으로써 국제분쟁을 해결하는 방법을 말한다. 조정에서의 결정은 법적 구속력이 없고 분쟁당사국이 수락함으로써 비로소 효력이 발생한다.

답 ④

CHAPTER 02 국제사법재판소

제1절 재판소의 조직

01 **국제사법재판소(ICJ) 재판관에 대한 설명으로 옳지 않은 것은?** 17년 7급

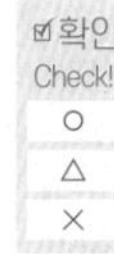

① ICJ 재판관은 자국이 재판당사국인 재판에 참여할 수 있으며, 재판소의 업무에 종사하는 동안 외교 특권 및 면제를 향유한다.

② 자국 국적의 ICJ 재판관이 없는 재판당사국은 임시재판관(judge ad hoc)을 선정할 수 있다.

③ ICJ는 재판관 중에서 3년 임기로 재판소장 및 재판소부소장을 선출하며, 그들은 재선될 수 없다.

④ ICJ 재판관은 동일한 국가의 국민이 2인 이상이 될 수 없으며, 재판관단의 구성은 세계 주요 문명 형태 및 주요 법체계를 대표하여 안배되도록 한다.

해설

난도 ★★★

① [○] 재판소의 재판관은 재판소의 업무에 종사하는 동안 외교특권 및 면제를 향유한다(ICJ규정 제19조).

② [○] 재판소가 그 재판관석에 당사자 중 1국의 국적재판관을 포함시키는 경우에는 다른 어느 당사자도 재판관으로서 출석할 1인을 선정할 수 있다(ICJ규정 제31조 제2항).

③ [×] 재판소는 3년 임기로 재판소장 및 재판소부소장을 선출한다. 그들은 재선될 수 있다(ICJ규정 제21조 제1항).

④ [○] 모든 선거에 있어서 선거인은 피선거인이 개인적으로 필요한 자격을 가져야 할 뿐만 아니라 전체적으로 재판관단이 세계의 주요 문명형태 및 주요 법체계를 대표하여야 함에 유념한다(ICJ규정 제9조).

답 ③

02 국제사법재판소(ICJ)의 재판정에 대한 설명 중 옳지 않은 것은? 09년 지방

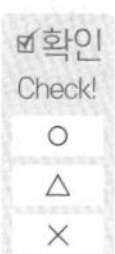

① 전원재판정(full court)이란 재판관 15명 전원의 출석에 의해 개정되며, 기피 또는 제척제도는 이 경우 적용되지 않는다.

② 특정부류재판정(chamber of particular categories)은 노동, 교통, 통신 사건 등과 같이 특정종류의 사건을 재판하기 위해 3인 이상의 재판관으로 수시로 설치되는 재판정을 말한다.

③ 간이재판정(chamber of summary procedure)이란 사건의 신속한 처리를 위하여 분쟁당사국의 청구에 의하여 매년 5명의 재판관으로 구성되는 재판정을 말한다.

④ 특별재판정(ad hoc chamber)은 특정사건의 처리를 위해 당사국의 승인을 얻어 재판소가 결정한 수의 재판관으로 구성되는 재판정을 말한다.

해설

난도 ★★★

① [×] 재판소는 15인의 재판관으로 구성된다(ICJ규정 제3조 제1항). 재판소규정에 달리 명문의 규정이 있는 경우를 제외하고는 재판소는 전원이 출석하여 개정한다(ICJ규정 제25조 제1항). 재판소의 재판관은 특별한 사유로 인하여 특정 사건의 결정에 자신이 참여하여서는 아니된다고 인정하는 경우에는 재판소장에게 그 점에 관하여 통보한다(UN헌장 제24조 제1항). 재판소장은 재판소의 재판관 중의 한 사람이 특별한 사유로 인하여 특정 사건에 참여하여서는 아니된다고 인정하는 경우에는 그에게 그 점에 관하여 통보한다(UN헌장 제24조 제2항). 당사자 신청에 의하여 법관이 배제되는 기피제도는 없지만, 법관 스스로 사건에서 배제시키는 회피나, 일정한 사유가 있는 경우 규정에 의하여 자동적으로 배제되는 제척은 유사한 제도가 있다.

② [○] 재판소는 특정한 부류의 사건, 예컨대 노동사건과 통과 및 운수 통신에 관한 사건을 처리하기 위하여 재판소가 결정하는 바에 따라 3인 또는 그 이상의 재판관으로 구성되는 1 또는 그 이상의 소재판부를 수시로 설치할 수 있다(ICJ규정 제26조 제1항).

③ [○] 업무의 신속한 처리를 위하여 재판소는, 당사자의 요청이 있는 경우 간이소송절차로 사건을 심리하고 결정할 수 있는, 5인의 재판관으로 구성되는 소재판부를 매년 설치한다(ICJ규정 제29조).

④ [○] 재판소는 특정사건을 처리하기 위한 소재판부를 언제든지 설치할 수 있다. 그러한 소재판부를 구성하는 재판관의 수는 당사자의 승인을 얻어 재판소가 결정한다(ICJ규정 제26조 제2항).

답 ①

03 국제사법재판소(ICJ)의 재판관할권과 그 행사에 대한 설명으로 옳지 않은 것은? 18년 9급

☑확인 Check! ○ △ ×

① ICJ는 국가와 국제기구 간의 분쟁을 재판사건(contentious case)으로서 재판할 수 있다.
② 상설국제사법재판소(PCIJ) 규정의 선택조항(optional clause) 수락선언은 ICJ에 대해서도 여전히 효력을 가질 수 있다.
③ 소위 확대관할권(forum prorogatum)은 ICJ규정에 명시되지는 않았으나 ICJ 실행을 통해 인정된다.
④ ICJ는 당사자가 합의하는 경우에 형평과 선에 따라(ex aequo et bono) 재판할 수 있다.

해설
난도 ★★
① [×] 국가만이 재판소에 제기되는 사건의 당사자가 될 수 있다(ICJ규정 제34조 제1항). 국제기구나 개인은 ICJ에 소송을 제기할 수 없다.
② [○] 상설국제사법재판소규정 제36조에 의하여 이루어진 선언으로서 계속 효력을 가지는 것은, 재판소규정의 당사국 사이에서는, 이 선언이 금후 존속하여야 할 기간 동안 그리고 이 선언의 조건에 따라 재판소의 강제적 관할을 수락한 것으로 본다(ICJ규정 제36조 제5항).
③ [○] 분쟁당사국이 당해 분쟁을 국제사법재판소에 제소하기로 하는 명시적 합의가 없더라도 그러한 합의를 추정할 수 있는 일정한 상황이 있는 경우에 관할권 성립을 인정하는 것을 확대관할권(forum prorogatum)이라 한다. ICJ는 코르푸해협 사건에서 이를 인정한바 있다.
④ [○] 이 규정은 당사자가 합의하는 경우에 재판소가 형평과 선에 따라 재판하는 권한을 해하지 아니한다(ICJ규정 제38조 제2항).

답 ①

04 국제사법재판소가 무해통항권 침해 문제를 다룬 사건은? 17년 9급

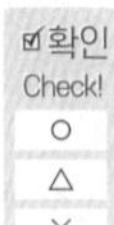

① 영국－노르웨이 어업(Anglo－Norwegian Fisheries) 사건
② 말레이시아－싱가포르 페드라 브랑카(Pedra Branca) 사건
③ 영국－알바니아 코르푸해협(Corfu Channel) 사건
④ 독일－덴마크, 독일－네덜란드 북해대륙붕(North Sea Continental Shelf) 사건

해설
난도 ★★
① [×] 영국－노르웨이 어업사건의 주요쟁점은 '직선기선'과 '지속적 반대자'이론이다.
② [×] 페드라－블랑카 섬 사건의 주요쟁점은 영유권판단의 기준이다.
③ [○] 코르푸해협 사건의 주요쟁점은 확대관할권, 무해통항권이다.
④ [×] 북해대륙붕 사건의 주요쟁점은 대륙붕경계획정이다.

답 ③

05 **국제사법재판소(ICJ)규정 제36조 제2항 선택조항에 대한 설명으로 옳지 않은 것은?** 19년 9급

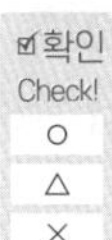

① 선택조항을 수락한 규정 당사국 상호 간에 국제법상의 문제에 관한 분쟁발생 시 일방 당사국의 제소에 의해서도 재판관할권이 성립한다.

② 규정 당사국은 모든 법률적 분쟁에 대한 재판소의 관할을 인정하는 선택조항의 수락을 언제든지 선언할 수 있다.

③ 조약의 해석, 국제법상의 문제, 국제의무위반이 되는 사실의 존재, 국제의무위반에 대한 배상의 성질 및 범위의 네 가지 사항 중 일부만 선택하여 수락을 선언할 수도 있다.

④ 선택조항을 수락한 국가는 그 선언서를 국제연합(UN) 사무총장에게 보내고 사무총장은 그 사본을 ICJ 규정 당사국과 ICJ 서기에게 송부한다.

해설

난도 ★★★

① [○], ② [○] ICJ규정 제36조 제2항.

③ [×] 선택조항 수락선언을 하게 되면 조약의 해석, 국제법상의 문제, 국제의무위반이 되는 사실의 존재, 국제의무위반에 대한 배상의 성질 및 범위에 관한 모든 법률적 분쟁에 대하여 강제관할권이 성립하게 된다. 일부만 선택하여 수락선언할 수는 없다.

④ [○] 그러한 선언서는 국제연합 사무총장에게 기탁되며, 사무총장은 그 사본을 재판소규정의 당사국과 국제사법재판소 서기에 송부한다(ICJ규정 제36조 제4항).

더 알아보기 ICJ규정

제36조【관할】

② 재판소규정의 당사국은 다음 사항에 관한 모든 법률적 분쟁에 대하여 재판소의 관할을, 동일한 의무를 수락하는 모든 다른 국가와의 관계에 있어서 당연히 또한 특별한 합의 없이도, 강제적인 것으로 인정한다는 것을 언제든지 선언할 수 있다.

가. 조약의 해석
나. 국제법상의 문제
다. 확인되는 경우, 국제의무의 위반에 해당하는 사실의 존재
라. 국제의무의 위반에 대하여 이루어지는 배상의 성질 또는 범위

답 ③

06 「국제사법재판소(ICJ)규정」 제36조 제2항에 대한 설명으로 옳은 것은? 20년 7급

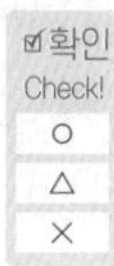

① 선택조항 수락선언은 UN사무총장에게 기탁되어야 하고 기탁을 받은 UN사무총장은 그 사본을 ICJ규정 당사국들과 ICJ행정처장에게 송부하여야 하며, ICJ는 Right of Passage over Indian Territory 사건에서 기탁의 법적 효력은 UN사무총장의 송부 행위에 의존한다고 판단하였다.

② ICJ는 Certain Norwegian Loans 사건에서, 원고국이 일정한 유보를 첨부하여 선택조항을 수락한 경우 피고국은 수락선언의 성격에 따라 원고국의 유보를 원용할 수 없다고 하였다.

③ ICJ는 Military and Paramilitary Activities in and against Nicaragua 사건에서, 선택조항에 따른 상호주의는 동 조항하에서 부담한 약속의 범위와 실질에 적용되는 것이지 약속의 종료를 위한 조건과 같은 형식적 조건에는 적용되지 않는다고 하였다.

④ ICJ는 Anglo-Iranian Oil Co. 사건에서, 피고국의 선택조항 수락범위가 원고국의 선택조항 수락범위보다 제한적인 경우라 할지라도, ICJ의 관할권은 수락선언의 상호 원용 가능성에 따라 원고국의 선택조항 수락범위에 기초할 수 있다고 하였다.

해설

난도 ★★★

① [×] 그러한 선언서는 국제연합 사무총장에게 기탁되며, 사무총장은 그 사본을 재판소규정의 당사국과 국제사법재판소 서기에게 송부한다(ICJ규정 제36조 제4항). 인도령 통행권 사건에서 인도는 포르투갈이 선택조항선언서를 UN사무총장에게 기탁한 후 UN사무총장이 그 사본을 당사국에게 송부하기 전에 제소하여 선택조항 수락의 법적 효력에 의문이 있음을 이유로 선결적 항변을 주장하였으나, ICJ는 이와 같은 선결적 항변 주장을 인정하지 않았다.

② [×] 노르웨이 공채 사건에서 ICJ는 프랑스가 선택조항 수락선언을 하면서 프랑스 정부가 판단하여 본질적으로 국내관할권에 속하는 사항에 대하여는 ICJ의 관할권을 인정하지 않는다는 유보를 하였는바, 상호주의에 따라 노르웨이도 이러한 유보를 원용할 수 있다고 판단하였다.

③ [○] 니카라과 사건에서 ICJ는 상호주의 관념은 선택조항 하에서 부담한 약속의 범위와 실질에 적용되는 것이지 약속의 종료를 위한 조건과 같은 형식적 조건에는 적용되지 않으며, 또한 상호주의란 사건의 타방 당사자의 선언에 담겨 있는 명시적 제약 · 조건을 원용함을 의미하는 것이지, 국가가 자신의 선언에서 부가했던 조건으로부터 벗어남을 정당화하기 위해 원용할 수 있는 것이 아니라고 하였다.

④ [×] 앵글로-이라니안 석유회사 사건에서 영국과 이란은 모두 선택조항을 수락하였으나 이란은 1932년 9월 이후 체결한 조약에만 적용되는 것으로 유보하였다. 원고국인 영국은 피고국인 이란이 1932년 이전에 덴마크와 체결한 조약규정이 최혜국대우원칙에 따라 영국에도 적용되어야 한다고 주장하였으나 ICJ는 영국의 주장은 이란의 유보의 범위를 벗어난 것으로 받아들일 수 없다고 하였다. 결론적으로 피고국의 선택조항 수락범위가 원고국의 선택조항 수락범위보다 제한적인 경우에는 피고국의 수락범위에 기초하여야 한다.

답 ③

07 국제사법법원(ICJ) 규정 제36조 2항(선택조항)에 대한 설명으로 옳지 않은 것은?

12년 7급

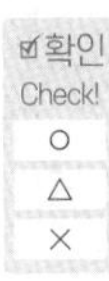

① ICJ 규정 회원국은 선택조항을 수락함으로써 ICJ의 일반적 강제관할권을 받아들일 수 있다.

② 선택조항은 조약의 해석, 국제법의 문제, 성립하는 경우 국제의무위반을 구성하는 사실의 존재, 국제의무 위반에 대한 배상의 성격이나 범위에 대하여 적용된다.

③ 선택조항을 수락한 국가는 모든 국가에 대하여 ICJ의 강제적 관할권을 주장할 수 있다.

④ 상설국제사법법원(PCIJ)의 강제관할권 수락의 효력이 지속되는(still in force) 경우 별도의 선언 없이 ICJ의 선택조항을 수락한 것으로 본다.

해설

난도 ★★

① [○], ③ [×] 선택조항을 수락한 국가는 모든 국가에 대하여가 아니라 선택조항을 수락한 다른 국가와의 관계에서만 ICJ의 강제관할권이 인정된다.

② [○] 선택조항을 수락하더라도 모든 경우에 강제관할권이 적용되는 것이 아니라, '조약의 해석', '국제법상의 문제', '확인되는 경우, 국제의무의 위반에 해당하는 사실의 존재', '국제의무의 위반에 대하여 이루어지는 배상의 성질 또는 범위'에 관한 법률적 분쟁에 대하여 강제관할권이 인정된다.

④ [○] 상설국제사법재판소규정 제36조에 의하여 이루어진 선언으로서 계속 효력을 가지는 것은, 재판소규정의 당사국 사이에서는, 이 선언이 금후 존속하여야 할 기간 동안 그리고 이 선언의 조건에 따라 재판소의 강제적 관할을 수락한 것으로 본다(ICJ규정 제36조 제5항).

답 ③

08 국제사법재판소(ICJ)의 관할권에 대한 설명으로 옳지 않은 것은?

17년 7급

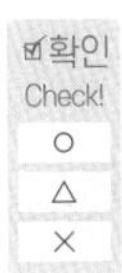

① 관할권에 대한 선결적 항변(preliminary objection)이 ICJ에 의해 거절되면, ICJ는 추가 소송절차를 위한 기한(time-limits)을 정한다.

② UN회원국은 ICJ규정 제36조 제2항의 선택조항(optional clause)을 수락하는 경우 유보를 첨부할 수 있다.

③ ICJ규정 제36조 제2항의 선택조항에 따른 ICJ관할권은 분쟁당사국들이 공통적으로 수락한 범위 내에서만 성립되므로, 분쟁의 피소국은 자신이 첨부한 유보뿐만 아니라 제소국이 첨부한 유보를 근거로도 ICJ관할권의 성립을 부인할 수 있다.

④ 모든 UN회원국은 자동적으로 ICJ규정의 당사국이 되므로, ICJ는 UN회원국 간의 분쟁에 대하여 강제관할권을 갖는다.

해설

난도 ★★

① [○] 재판소가 항변을 기각하거나 그것이 전적으로 선결적 성격을 갖지 않음을 선언하는 경우, 절차의 속행을 위한 기한을 정한다(ICJ규칙 제79조 제7항 3문).

② [○] 위에 규정된 선언은 무조건으로, 수 개 국가 또는 일정 국가와의 상호주의의 조건으로 또는 일정한 기간을 정하여 할 수 있다(ICJ규정 제36조 제3항).

③ [○] 노르웨이 공채 사건에서 ICJ는 프랑스가 선택조항을 수락하면서 프랑스 정부의 판단으로 본질적으로 국내관할권에 속하는 사항에 대해서는 ICJ의 관할권을 인정하지 않는다는 유보를 하였던바, 상호주의에 따라 노르웨이도 이러한 프랑스의 유보를 원용할 수 있다고 판시하였다.

④ [×] ICJ는 당사자들의 합의에 의해 관할권이 성립하는 임의관할권을 원칙으로 한다. UN회원국은 자동적으로 ICJ규정의 당사국이 되지만 ICJ의 관할권은 당사자 간 합의가 있어야 성립한다.

답 ④

09 **국제사법재판소(ICJ)의 관할권에 대한 설명으로 옳은 것은?** 11년 9급

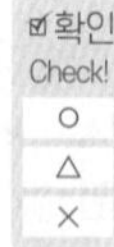

① 국가와 국제기구에게 국제사법재판소의 소송당사자능력이 인정된다.

② UN안전보장이사회 권고에 의해 총회가 결정하면 국제연합의 비회원국에게도 국제사법재판소에의 제소권이 인정된다.

③ 선택조항(ICJ규정 제36조 제2항)을 수락한 국가 간에는 의무(강제)관할권이 적용되지 않는다.

④ 국제사법재판소규정 당사국간에는 사건 당사국의 일방의 제소에 의해서도 국제사법재판소의 관할권이 성립된다.

해설

난도 ★★

① [×] 국가만이 재판소에 제기되는 사건의 당사자가 될 수 있다(ICJ규정 제34조 제1항).

② [○] 국제연합회원국이 아닌 국가는 안전보장이사회의 권고에 의하여 총회가 각 경우에 결정하는 조건으로 국제사법재판소 규정의 당사국이 될 수 있다(UN헌장 제93조 제2항).

③ [×] ICJ규정 제36조 제2항에 의하면 국가들이 스스로의 판단에 따라 재판소의 관할권을 의무적인 것으로 수락할 수 있으며 이를 수락한 국가 간에 발생하는 일정한 분쟁에 대해서는 일방의 제소로 재판소의 관할권이 성립되는데, ICJ의 강제관할권 수락 여부는 선언당사국의 선택에 달려 있다고 하여 이를 선택조항이라고 부른다.

④ [×] 국제사법재판소는 임의관할권을 원칙으로 한다. ICJ규정 당사국 간에도 명시적 또는 묵시적 합의가 있어야 관할권이 성립하는 것이 원칙이다.

답 ②

10 **특정 사건에 대한 국제사법재판소(ICJ)의 관할권 행사여부의 결정에 관한 설명으로 옳은 것은?** 10년 7급

☑확인 Check! ○ △ ×

① 국제사법재판소의 관할권을 부인하기 위해 제기하는 것을 선결적 항변이라고 하며 관할권 존부문제는 국제사법재판소 자신이 결정한다.
② 국제사법재판소는 UN의 기관이기 때문에 관할권 존부문제는 안전보장이사회가 결정한다.
③ 국제사법재판소는 UN의 기관이기 때문에 관할권 존부문제는 UN총회가 결정한다.
④ 국제사법재판소의 요청으로 UN 사무총장이 결정한다.

해설
난도 ★★
① [○], ② [×], ③ [×], ④ [×] 재판소가 관할권을 가지는지의 여부에 관하여 분쟁이 있는 경우에는, 그 문제는 재판소의 결정에 의하여 해결된다(ICJ규정 제36조 제6항).

답 ①

11 **국제사법재판소(ICJ)의 관할권에 대한 설명으로 옳지 않은 것은?** 10년 9급

☑확인 Check! ○ △ ×

① 모든 UN 회원국들은 재판소에 회부되는 사건의 당사자가 될 수 있다.
② 권고적 의견(Advisory Opinion)은 오로지 법적 문제에 대해서만 요청될 수 있다.
③ 일정한 조건을 충족하는 경우에 한하여 재심의 청구가 가능하다.
④ UN의 기관들은 다른 국제기구 또는 국가를 상대로 재판소에 제소할 수 있다.

해설
난도 ★★
① [○] 재판소는 재판소규정의 당사국에 대하여 개방된다(ICJ규정 제35조 제1항). 모든 국제연합회원국은 국제사법재판소 규정의 당연 당사국이다(UN헌장 제93조 제1항).
② [○] 재판소는 국제연합헌장에 의하여 또는 이 헌장에 따라 권고적 의견을 요청하는 것을 허가받은 기관이 그러한 요청을 하는 경우에 어떠한 법률문제에 관하여도 권고적 의견을 부여할 수 있다(ICJ규정 제65조 제1항). ICJ규정 제65조 제1항에서는 권고적 의견 요청 대상으로 '법률문제'만을 명시하고 있다.
③ [○] ICJ규정 제61조에서는 "재판소 및 재심을 청구하는 당사자가 판결이 선고되었을 당시에는 알지 못하였던 결정적 요소로 될 성질을 가진 어떤 사실의 발견에 근거하는 때"에 한하여 판결의 재심청구를 할 수 있음을 규정하고 있다.
④ [×] 국가만이 재판소에 제기되는 사건의 당사자가 될 수 있다(ICJ규정 제34조 제1항). 국제기구나 개인은 국제사법재판소에 소송을 제기할 수 없다.

답 ④

12 2008년 7월 1일 현재 A국과 B국은 UN 회원국이고, C국은 UN 회원국이 아니지만 국제사법재판소(ICJ)규정 당사국이며, D국은 UN 회원국이 아니며 ICJ규정 당사국도 아닌 국가이다. 다음은 2008년 7월 1일자로 ICJ에 접수된 사건들에 관한 설명이다. 제시된 사실만으로 판단할 때, 해당 사건에 대하여 ICJ가 관할권을 가진다고 보기 어려운 경우는? 08년 7급

확인 Check! ○ △ ×

① A국이 B국을 상대로 제소한 사건으로서, B국이 ICJ의 관할권을 다투지 않은 채 응소한 경우
② B국과 C국 사이에 발생한 분쟁에 관한 사건으로서, 양국이 이를 ICJ에 회부하기로 하는 특별협정을 체결하여 이를 ICJ에 송부한 경우
③ A, C국이 모두 당사국인 현행 조약의 해석에 관한 양국간의 분쟁을 C국이 제소한 사건으로서, 동 조약에 "이 조약의 해석에 관한 분쟁은 그 일방 당사국이 ICJ에 제소한다."고 규정한 경우
④ B국과 D국 사이에 법적 분쟁이 발생하여 D국이 제소한 사건으로서, "아무런 조건 없이 ICJ규정 제36조 제2항에 따른 ICJ의 관할권을 수락한다."는 양국의 선언이 있는 경우

해설

난도 ★★★

① [○] 확대관할권(응소관할권)에 의한 관할권이 인정되는 경우이다.
② [○] 특별협정에 의한 당사자들의 명시적 합의가 있는 경우 관할권이 성립한다.
③ [○] 약정관할권에 의한 강제관할권이 인정되는 경우다.
④ [×] B국은 UN회원국으로서 ICJ규정 당연당사국이므로 선택조항 수락의 자격이 있으나 D국은 ICJ규정 당사국이 아니므로 선택조항 수락의 자격이 없으며, D국의 선택조항 수락선언은 아무런 효력이 없다.

답 ④

13 국제사법재판소(ICJ)의 관할권에 대한 설명 중 옳지 않은 것은? 07년 7급

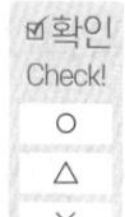

① ICJ는 당사국의 합의에 의해 부탁되는 모든 분쟁에 대하여 관할권이 있다.
② 당사국은 특정사항을 조약에 규정함으로써 ICJ가 당해 특정사항에 대하여 자국에게 강제적 관할권을 갖도록 할 수 있다.
③ UN의 주요기관은 해당 국가와 합의하여 분쟁해결을 ICJ에 부탁할 수 있다.
④ ICJ는 당사국이 소위 선택조항(ICJ규정 제36조 2항)을 수락한 경우, 수락국 간에 이에 해당되는 사항에 대하여 강제관할권을 갖는다.

해설

난도 ★★

① [○] ICJ는 당사자가 합의하여 부탁하는 사건에 대하여 관할권을 행사하는 임의관할권을 원칙으로 한다.
② [○] 약정관할권에 의한 강제관할권이 인정되는 경우에 해당한다. 약정관할권이란 일정한 당사국들이 분쟁발생 전에 분쟁발생 시 일방 당사자가 당해 분쟁을 ICJ에 제소하면 상대 당사자는 의무적으로 재판에 응할 것을 약정하여 두는 경우를 말하는 것으로서, 조약을 체결하면서 재판조항을 두는 경우와 재판조약을 별도로 체결하는 경우가 있다.
③ [×] 국가만이 재판소에 제기되는 사건의 당사자가 될 수 있다(ICJ규정 제34조 제1항). 국제기구는 ICJ 소송사건의 당사자가 될 수 없다.
④ [○] ICJ규정 제36조 제2항.

더 알아보기 ICJ규정 제36조

② 재판소규정의 당사국은 다음 사항에 관한 모든 법률적 분쟁에 대하여 재판소의 관할을, 동일한 의무를 수락하는 모든 다른 국가와의 관계에 있어서 당연히 또한 특별한 합의 없이도, 강제적인 것으로 인정한다는 것을 언제든지 선언할 수 있다.

가. 조약의 해석
나. 국제법상의 문제
다. 확인되는 경우, 국제의무의 위반에 해당하는 사실의 존재
라. 국제의무의 위반에 대하여 이루어지는 배상의 성질 또는 범위

답 ③

제3절 소송절차

14 **국제사법재판소(ICJ)의 선결적 항변(preliminary objections)에 대한 설명 중 옳지 않은 것은?** 09년 7급

① 선결적 항변이란 대체로 원고국가가 피고국가의 동의 없이 일방적으로 제기하는 소송에서 피고측이 재판관할권이나 '청구의 허용성'(admissibility of claim)을 다투기 위하여 제기하는 항변을 말한다.
② 선결적 항변이 제기되더라도 재판의 신속한 진행을 보장하기 위하여 본안심리가 계속되면서 관할권 문제에 대한 심리가 이루어진다.
③ ICJ는 선결적 항변을 인정하여 당해 사건을 소송명부에서 지울 수 있다.
④ ICJ는 '재판관할권이 있다고 인정되는 경우에만 청구의 허용성 문제를 다루는 것이 재판소의 확립된 판례'라고 언급한 바 있다.

해설
난도 ★★★

① [○] 선결적 항변(先決的 抗辯, preliminary objections)이란 본안절차에 앞서 ICJ의 관할권 부인을 목적으로 재판관할권 자체의 존부나 재판청구(訴)의 허용성 여부를 다투기 위하여 제기하는 항변을 말한다. 분쟁당사자 간 합의하에 사건이 ICJ에 회부된 경우에는 선결적 항변을 할 이유가 없으므로 일반적으로 강제관할권이 인정되는 국가들 사이에서 원고국이 피고국의 동의 없이 일방적으로 소송을 제기한 경우에 피고국이 제기하게 된다.
② [×] 선결적 항변이 제기되면 본안에 대한 절차는 중단되고 별개의 소송단계를 구성하는 일종의 '재판 내의 재판'이 개시된다.
③ [○] 재판소는 선결적 항변을 인정하여 사건을 소송명부에서 지우거나, 항변을 배척하고 본안심리를 재개할 수 있다.
④ [○] ICJ는 콩고민주공화국(DRC) v. 르완다 간 콩고령 군사활동 사건에서 "재판관할권이 있다고 인정되는 경우에만 청구의 허용성 문제를 다루는 것이 재판소의 확립된 판례"라고 언급한 바 있다.

답 ②

15 **국제사법재판소(ICJ)의 재판절차상 소송참가에 대한 설명으로 옳지 않은 것은?** 16년 7급

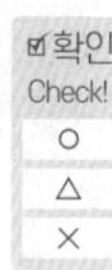

① 소송참가를 하고자 하는 제3국은 소송참가의 필요성을 입증해야 하며 서면으로 신청해야 한다.

② 협약의 해석이 문제가 되는 소송에서 기존 소송 당사국이 아닌 그 협약의 당사국이 소송에 참가할 경우, 그 국가는 판결에 구속되지 않는다.

③ 사건의 결정에 의하여 영향을 받을 수 있는 법률적 성질의 이해관계가 있다고 인정되는 제3국에 대하여 ICJ는 소송참가를 허용할 수 있다.

④ 국제공기구(public international organizations)가 당사자인 조약의 해석이 문제되는 ICJ 소송에서 그 국제공기구는 소송참가를 할 수 없고 단지 의견제출만 가능하다.

해설

난도 ★★★

① [○] ICJ규칙 제82조 제1항에서는 서면선언서 제출의무를 규정하고 있고, 제2항에서는 서면선언서에 소송참가의 근거를 포함하도록 규정하고 있다.

② [×] ICJ규정 제63조에 따르면 협약의 해석이 문제가 된 경우 재판소 서기는 협약 당사국 모두에게 통고를 하고, 통고를 받은 국가는 그 소송절차에 참가할 권리를 가지며, 이 권리를 행사한 경우에는 판결에 의하여 부여된 해석은 그 국가에 대하여도 동일한 구속력을 가진다.

③ [○] 사건의 결정에 의하여 영향을 받을 수 있는 법률적 성질의 이해관계가 있다고 인정하는 국가는 재판소에 그 소송에 참가하는 것을 허락하여 주도록 요청할 수 있다(ICJ규정 제62조 제1항). 재판소는 이 요청에 대하여 결정한다(ICJ규정 제62조 제2항).

④ [○] 국제기구는 ICJ의 소송당사자가 될 수 없으며, 소송참가도 할 수 없다.

더 알아보기 ICJ규정

제63조

① 사건에 관련된 국가 이외의 다른 국가가 당사국으로 있는 협약의 해석이 문제가 된 경우에는 재판소 서기는 즉시 그러한 모든 국가에게 통고한다.

② 그렇게 통고를 받은 모든 국가는 그 소송절차에 참가할 권리를 가진다. 다만, 이 권리를 행사한 경우에는 판결에 의하여 부여된 해석은 그 국가에 대하여도 동일한 구속력을 가진다.

답 ②

16 국제사법법원(ICJ) 판결의 효력에 대한 설명으로 옳은 것은?

13년 9급

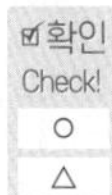

① UN안전보장이사회의 이행보장 결의가 있을 때만 법적 구속력을 가진다.
② 소재판부(chamber)가 선고한 판결은 ICJ가 선고한 것으로 본다.
③ 선례구속성(stare decisis)의 원칙이 적용된다.
④ ICJ의 판결에 대한 재심은 허용되지 않는다.

해설

난도 ★

① [×] ICJ의 판결은 UN안전보장이사회의 이행보장 결의가 없어도 법적 구속력을 가진다.
② [○] 제26조(특정부류사건 소재판부 및 특정사건 소재판부) 및 제29조(간이소송절차 소재판부)에 규정된 소재판부가 선고한 판결은 재판소가 선고한 것으로 본다(ICJ규정 제27조).
③ [×] 재판소의 결정은 당사자 사이와 그 특정사건에 관하여서만 구속력을 가진다(ICJ규정 제59조).
④ [×] 판결의 재심청구는 재판소 및 재심을 청구하는 당사자가 판결이 선고되었을 당시에는 알지 못하였던 결정적 요소로 될 성질을 가진 어떤 사실의 발견에 근거하는 때에 한하여 할 수 있다. 다만, 그러한 사실을 알지 못한 것이 과실에 의한 것이 아니었어야 한다(ICJ규정 제61조 제1항).

답 ②

17 국제사법재판소(ICJ)의 판결에 관한 설명 중 옳지 않은 것은?

09년 지방

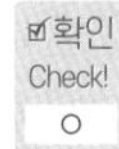

① 판결은 최종적이며 상소할 수 없다.
② 국제사법재판소는 자신의 판결에 대한 의미 또는 범위를 해석할 수 있다.
③ 국제사법재판소는 재심 청구를 인정하지 않는다.
④ 판결은 사건의 당사국과 당해 특정사건에 한하여 구속력을 갖는다.

해설

난도 ★

① [○] 판결은 종국적이며 상소할 수 없다(ICJ규정 제60조 1문).
② [○] 판결의 의미 또는 범위에 관하여 분쟁이 있는 경우에는 재판소는 당사자의 요청에 의하여 이를 해석한다(ICJ규정 제60조).
③ [×] 판결의 재심청구는 재판소 및 재심을 청구하는 당사자가 판결이 선고되었을 당시에는 알지 못하였던 결정적 요소로 될 성질을 가진 어떤 사실의 발견에 근거하는 때에 한하여 할 수 있다. 다만, 그러한 사실을 알지 못한 것이 과실에 의한 것이 아니었어야 한다(ICJ규정 제61조 제1항). ICJ규정 제61조에서 재심에 관한 명시적 규정을 두고 있다.
④ [○] 재판소의 결정은 당사자 사이와 그 특정사건에 관하여서만 구속력을 가진다(ICJ규정 제59조).

답 ③

18 국제사법재판소(ICJ)의 판결에 대한 설명으로 옳지 않은 것은?

09년 9급

☑확인 Check! ○ △ ×

① 소재판부(chamber)가 선고한 판결은 ICJ가 선고한 것으로 본다.
② 판결에는 판결이 기초하고 있는 이유를 기재하여야 한다.
③ ICJ가 판결의 의미를 해석하기 위해서는 분쟁당사자들의 합의가 필요하다.
④ 판결은 일단 내려지면 그것은 종국적이며 상소할 수 없다.

해설

난도 ★

① [○] 제26조(특정부류사건 소재판부 및 특정사건 소재판부) 및 제29조(간이소송절차 소재판부)에 규정된 소재판부가 선고한 판결은 재판소가 선고한 것으로 본다(ICJ규정 제27조).
② [○] 판결에는 판결이 기초하고 있는 이유를 기재한다(ICJ규정 제56조 제1항).
③ [×] 판결의 의미 또는 범위에 관하여 분쟁이 있는 경우에는 재판소는 당사자의 요청에 의하여 이를 해석한다(ICJ규정 제60조 2문).
④ [○] 판결은 종국적이며 상소할 수 없다(ICJ규정 제60조 1문).

답 ③

19 국제사법재판소(ICJ)의 권고적 의견(advisory opinion)에 대한 설명으로 옳지 않은 것은?

14년 7급

① ICJ 당사국은 자국이 관련된 법률적 문제에 대하여 ICJ의 권고적 의견을 요청할 권리가 없다.
② ICJ는 UN 총회로부터 허락받은 UN 전문기구에 대하여 법적 자문을 제공하기 위해 권고적 의견을 줄 수 있다.
③ UN 총회와 안전보장이사회는 ICJ에 그 어떤 법적 문제에 대해서도 권고적 의견을 요구할 수 있다.
④ ICJ는 권고적 관할권을 행사함에 있어 계쟁사건에 적용되는 ICJ 규정과 규칙의 관련 사항을 따르지 않을 수 있다.

해설

난도 ★★

① [○] 국가나 개인은 국제사법재판소(ICJ)에 권고적 의견을 요청할 권리가 없다.
② [○] 총회에 의하여 그러한 권한이 부여될 수 있는 국제연합의 다른 기관 및 전문기구도 언제든지 그 활동범위 안에서 발생하는 법적 문제에 관하여 재판소의 권고적 의견을 또한 요청할 수 있다(UN헌장 제96조 제2항). 재판소는 국제연합 헌장에 의하여 또는 이 헌장에 따라 권고적 의견을 요청하는 것을 허가받은 기관이 그러한 요청을 하는 경우에 어떠한 법률문제에 관하여도 권고적 의견을 부여할 수 있다(ICJ규정 제65조 제1항).
③ [○] 총회 또는 안전보장이사회는 어떠한 법적 문제에 관하여도 권고적 의견을 줄 것을 국제사법재판소에 요청할 수 있다(UN헌장 제96조 제1항).
④ [×] 권고적 임무를 수행함에 있어서 재판소는 재판소가 적용할 수 있다고 인정하는 범위 안에서 쟁송사건에 적용되는 재판소규정의 규정들에 또한 따른다(ICJ규정 제67조).

답 ④

20 국제사법재판소의 권고적 의견에 대한 설명으로 옳지 않은 것은?

14년 9급

① UN 총회와 UN 안전보장이사회는 어떠한 법적 문제에 관하여도 권고적 의견을 요청할 수 있다.
② 국가는 권고적 의견 절차에서 의견을 개진할 수 있다.
③ 추상적 성격의 질문은 권고적 의견 대상이 될 수 없다.
④ 권고적 의견의 부여는 국제사법재판소의 재량에 따른다.

해설

난도 ★★

① [○] 총회 또는 안전보장이사회는 어떠한 법적 문제에 관하여도 권고적 의견을 줄 것을 국제사법재판소에 요청할 수 있다(UN헌장 제96조 제1항).
② [○] 재판소에 출석할 자격이 있는 그러한 어떠한 국가도 제2항에 규정된 특별통지를 받지 아니하였을 때에는 진술서를 제출하거나 또는 구두로 진술하기를 희망한다는 것을 표명할 수 있다(ICJ규정 제66조 제3항).
③ [×] 권고적 의견의 부여는 권고적 의견을 요청한 기관이나 기구에게 법적 자문을 제공하는 데 그 목적이 있으므로, 권고적 의견의 요청이 구체적인 분쟁에 관련된 것이 아니라거나 추상적인 것이라 하더라도 권고적 관할권은 영향받지 않는다.
④ [○] 재판소는 국제연합헌장에 의하여 또는 이 헌장에 따라 권고적 의견을 요청하는 것을 허가받은 기관이 그러한 요청을 하는 경우에 어떠한 법률문제에 관하여든 권고적 의견을 부여할 수 있다(ICJ규정 제65조 제1항). ICJ가 권고적 의견을 부여하는 것은 재량적인 것이며, 의무적인 것은 아니다.

답 ③

21 국제사법재판소의 재판절차에 대한 설명으로 옳은 것은?

17년 9급

① 재판소의 관할권이 성립하더라도 일방 당사국이 불참하는 경우에는 소송이 진행되지 않는다.
② 재판소의 판결일자로부터 10년이 지난 후에는 어떠한 경우에도 재심을 청구할 수 없다.
③ 재판소에서 진행 중인 사건의 결과로 법적 이익에 영향을 받는 제3국은 재판소의 허가결정 없이 소송에 참가할 수 있다.
④ 재판소는 일방당사국의 요청이 있는 경우에만 증거수집을 위해 관련 현장을 방문할 수 있다.

해설

난도 ★★★

① [×] ICJ규정 제53조에서는 재판소의 관할권이 성립하는 경우 일방 당사국이 불참하더라도 궐석재판이 진행될 수 있음을 규정하고 있다.
② [○] 판결일부터 10년이 지난 후에는 재심청구를 할 수 없다(ICJ규정 제61조 제5항).
③ [×] 사건의 결정에 의하여 영향을 받을 수 있는 법률적 성질의 이해관계가 있다고 인정하는 국가는 재판소에 그 소송에 참가하는 것을 허락하여 주도록 요청할 수 있으며(ICJ규정 제62조 제1항), 재판소가 이 요청에 대하여 결정함으로써 소송에 참가할 수 있다(ICJ규정 제62조 제2항). 사건에 이해관계 있는 제3자가 소송에 참가하려면 재판소의 허가가 있어야 한다.
④ [×] 재판소는 직권에 의하여 또는 일방 당사자의 요청에 따라, 당사자들의 의견을 조회한 후 재판소가 정하는 조건에 의하여 사건에 관계되는 장소에서 증거수집과 관련된 직무를 수행할 것을 언제라도 결정할 수 있다(ICJ규칙 제66조). 일방 당사국의 요청이 있는 경우뿐만 아니라 재판소 직권으로도 증거수집 관련 직무를 수행할 수 있다.

답 ②

22 국제사법재판소에 대한 설명으로 옳지 않은 것은?

18년 7급

① 재판소는 권고적 관할권을 행사하는 경우에도 임시재판관을 임명할 수 있다.
② 피소국이 관할권 부인만을 목적으로 소송에 참여하는 경우에는 확대관할권이 성립되지 아니한다.
③ 재판소는 선결적 항변 절차상 관련 당사자들이 제기하지 아니한 선결적 쟁점을 자발적으로 검토할 수 없다.
④ 권고적 의견 제도는 계쟁관할권 미수락 국가의 사건을 재판소에 맡기기 위한 우회방법으로 이용될 수 있다.

해설

난도 ★★

① [○] 정규재판관인 국적재판관이 없는 분쟁당사자는 임시재판관(ad hoc judge)인 국적재판관을 임명할 수 있다. 이러한 임시재판관은 소송관할권, 권고적 관할권 모두에 적용된다.
② [○] 분쟁당사국이 당해 분쟁을 국제사법재판소에 제소하기로 하는 명시적 합의가 없더라도 그러한 합의를 추정할 수 있는 일정한 상황이 있는 경우에 관할권 성립을 인정하는 것을 확대관할권(forum prorogatum)이라 한다. 이러한 확대관할권을 발생시키는 피고국가의 태도는 '자발적이고 반박의 여지가 없는 방식으로' 재판소의 관할권을 수락한다는 욕구를 '모호하지 않게 표시'한 것으로 간주될 수 있는 정도가 되어야 한다. 의사에 반하여 제소당한 국가가 소송의 모든 단계에서 명시적으로 그리고 반복하여 재판소의 관할권에 반대하는 등, 소송참여의 목적이 오로지 재판소의 관할권을 부인하는 데 있는 경우에는 확대관할권은 성립하지 않는다.
③ [×] 일반적으로 선결적 항변이란 원고국가가 피고국가의 동의 없이 일방적으로 제기하는 소송에서 피고측이 재판관할권의 존부나 청구(소)의 허용성을 다투기 위하여 제기하는 항변을 말한다. 그러나 반드시 피고국가에 의해서만 제기되는 것은 아니며 예외적으로 원고국가가 제기한 경우도 있으며, 특별협정에 의하는 경우에도 당사자 일방이 선결적 항변을 제기한 경우가 있다. 선결적 항변이 제기되면 재판소는 당사자들에 의해 제기되지 않은 선결적 쟁점들도 자발적으로 검토할 수 있다.
④ [○] ICJ의 권고적 관할권은 ICJ의 소송당사자가 될 수 없는 UN의 기관이나 전문기구들이 자신들의 상황을 극복하기 위한 수단으로 남용하거나, ICJ의 소송관할권을 수락하지 않은 국가와 관련된 사건을 ICJ의 조사에 맡기기 위한, 우회적인 방법으로 사용될 수도 있다는 비판이 있다.

답 ③

23 국제사법재판소(ICJ)에 대한 설명으로 옳지 않은 것은?

17년 9추

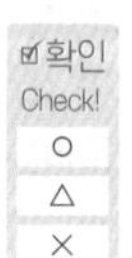

① 국가는 외교적 보호에 기초하여 개인의 손해를 회복하기 위해 타국을 상대로 ICJ에 제소할 수 있다.
② 분쟁 당사국들이 ICJ 규약 제36조 2항을 수락한 경우 법률적 분쟁에 대하여 ICJ의 강제적 재판관할권이 성립한다.
③ ICJ의 결정은 당사자 사이와 그 특정 사건에 관하여서만 구속력이 있다.
④ ICJ는 La Grand 사건에서 임시조치 명령의 법적 구속력을 인정하지 않았다.

해설

난도 ★★

① [○] 적법한 외교적 보호권 행사는 가해국의 국가책임을 발생시키며, 제소요건이 갖추어지는 경우 피해국은 가해국을 상대로 ICJ에 제소할 수 있다.

② [○] ICJ규정 제36조 제2항에 의하면 국가들이 스스로의 판단에 따라 재판소의 관할권을 의무적인 것으로 수락할 수 있으며 이를 수락한 국가 간에 발생하는 일정한 분쟁에 대해서는 일방의 제소로 재판소의 관할권이 성립한다.

③ [○] 재판소의 결정은 당사자 사이와 그 특정사건에 관하여서만 구속력을 가진다(ICJ규정 제59조).

④ [×] 라그란트 사건에서 ICJ는 잠정조치는 그 목적이 ICJ가 구속력 있는 결정에 의하여 국제분쟁의 사법적 해결 기능을 완수하도록 하는 것이므로 법적 구속력이 인정된다고 하였다.

답 ④

24 국제사법재판소(ICJ)에 대한 설명으로 옳지 않은 것은? 16년 9급

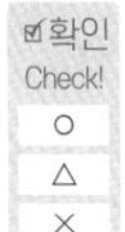

① ICJ 판결에 선례구속의 원칙은 적용되지 않는다.

② ICJ는 당사국의 요청 없이 직권으로 잠정조치를 지시할 수 없다.

③ ICJ 판결일로부터 10년이 지난 후에는 재심청구를 할 수 없다.

④ ICJ가 권고적 의견을 부여하는 것은 의무적이 아닌 재량적 성격을 지닌다.

해설

난도 ★★

① [○] 재판소의 결정은 당사자 사이와 그 특정 사건에 관하여서만 구속력을 가진다(ICJ규정 제59조).

② [×] 재판소는 사정에 의하여 필요하다고 인정하는 때에는 각 당사자의 각각의 권리를 보전하기 위하여 취하여져야 할 잠정조치를 제시할 권한을 가진다(ICJ규정 제41조 제1항). 원고국, 피고국 모두 잠정조치를 요청할 수 있으며, 당사자의 요청 없이 재판소가 직접 지시할 수도 있다.

③ [○] 판결일부터 10년이 지난 후에는 재심청구를 할 수 없다(ICJ규정 제61조 제5항).

④ [○] 재판소는 국제연합헌장에 의하여 또는 이 헌장에 따라 권고적 의견을 요청하는 것을 허가받은 기관이 그러한 요청을 하는 경우에 어떠한 법률문제에 관하여도 권고적 의견을 부여할 수 있다(ICJ규정 제65조 제1항). 의무가 아닌 재량사항으로 규정하고 있다.

답 ②

25 **국제사법재판소(ICJ)에 관한 설명으로 옳지 않은 것은?** 15년 9급

확인 Check! ○ △ ×

① ICJ 규정은 UN 헌장의 불가분의 일부를 구성하며, 모든 UN 회원국은 ICJ 규정의 당사국이 된다.
② 국제기구는 ICJ에서 재판사건의 당사자 능력을 갖는다.
③ ICJ의 재판관은 ICJ의 업무에 종사하는 동안 외교특권과 면제를 향유한다.
④ ICJ의 결정은 당사자 사이와 그 특정사건에 관하여서만 구속력을 가진다.

해설

난도 ★★

① [○] 이 규정은 상설국제사법재판소 규정에 기초하며, 이 헌장의 불가분의 일부를 이룬다(UN헌장 제92조). 모든 국제연합회원국은 국제사법재판소 규정의 당연 당사국이다(UN헌장 제93조).
② [×] 국가만이 재판소에 제기되는 사건의 당사자가 될 수 있다(ICJ규정 제34조 제1항). 국제기구나 개인은 ICJ에서의 소송당사자가 될 수 없다.
③ [○] 재판소의 재판관은 재판소의 업무에 종사하는 동안 외교특권 및 면제를 향유한다(ICJ규정 제19조).
④ [○] 재판소의 결정은 당사자 사이와 그 특정사건에 관하여서만 구속력을 가진다(ICJ규정 제59조).

답 ②

26 **국제사법법원(ICJ)에 대한 설명으로 옳지 않은 것은?** 13년 9급

① 국제기구가 ICJ의 권고적 의견을 요청하는 사안이 특정 국가와 관계되는 경우 그 국가의 동의가 필요하다.
② ICJ는 임의관할권을 원칙으로 한다.
③ ICJ 규정 제36조 2항의 선택조항을 수락한 국가들 간의 분쟁에 대해서는 ICJ의 강제관할권이 성립하는 것이 원칙이다.
④ ICJ는 라그랑(LaGrand) 사건에서 ICJ의 가보전조치(provisional measure)가 분쟁 당사국을 법적으로 구속한다고 판단하였다.

해설

난도 ★★

① [×] 국제기구의 권고적 의견 요청에 관련 국가의 동의를 요하지 않는다.
② [○] 재판소는 분쟁당사자 간 합의에 의하여 회부한 사건에 대하여 관할권을 행사하는 임의관할권을 원칙으로 한다.
③ [○] ICJ규정 제36조 제2항.
④ [○] 라그란트 사건에서 ICJ는 가보전조치의 법적 구속력을 인정하였다.

답 ①

27 국제사법재판소(ICJ)에 대한 설명으로 옳지 않은 것은?

13년 7급

☑확인 Check! ○ △ ×

① ICJ가 관할권을 가지는지의 여부에 관하여 분쟁이 있는 경우에는, 그 문제는 재판소의 결정에 의하여 해결된다.

② ICJ의 모든 재판관은 재판소의 업무에 종사하는 동안 외교특권 및 면제를 향유한다.

③ 선택조항을 수락한 국가는 모든 국가와의 관계에서 ICJ의 강제 관할권의 적용을 받는다.

④ ICJ는 사정에 의하여 필요하다고 인정하는 때에는 각 당사자의 각각의 권리를 보전하기 위하여 취하여져야 할 잠정조치를 제시할 권한을 가진다.

해설

난도 ★★

① [○] 재판소가 관할권을 가지는지의 여부에 관하여 분쟁이 있는 경우에는, 그 문제는 재판소의 결정에 의하여 해결된다(ICJ규정 제36조 제6항).

② [○] 재판소의 재판관은 재판소의 업무에 종사하는 동안 외교특권 및 면제를 향유한다(ICJ규정 제19조).

③ [×] 재판소규정의 당사국은 다음 사항에 관한 모든 법률적 분쟁에 대하여 재판소의 관할을, 동일한 의무를 수락하는 모든 다른 국가와의 관계에 있어서 당연히 또한 특별한 합의 없이도, 강제적인 것으로 인정한다는 것을 언제든지 선언할 수 있다(ICJ규정 제36조 제2항). 따라서 선택조항을 수락한 국가들 간에만 ICJ의 강제관할권이 적용된다.

④ [○] 재판소는 사정에 의하여 필요하다고 인정하는 때에는 각 당사자의 각각의 권리를 보전하기 위하여 취하여져야 할 잠정조치를 제시할 권한을 가진다(ICJ규정 제41조 제1항).

답 ③

28 국제사법법원(ICJ)에 대한 설명 중 옳지 않은 것은?

12년 7급

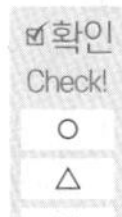

① 국가만이 ICJ에 제기되는 쟁송사건의 당사자가 될 수 있다.

② 특정 분쟁에 대하여 ICJ가 관할권을 가지는지에 대한 최종결정은 UN안전보장이사회가 행한다.

③ ICJ는 전문성 원칙에 따라 국제기구는 그 목적과 기능을 수행하는 권한의 범위에 포함되는 법률문제에 대하여만 ICJ에 권고적 의견을 요청할 수 있다고 판단하였다.

④ ICJ의 판결은 종국적이며 상소할 수 없다.

해설

난도 ★★

① [○] 국가만이 재판소에 제기되는 사건의 당사자가 될 수 있다(ICJ규정 제34조 제1항).

② [×] 재판소가 관할권을 가지는지의 여부에 관하여 분쟁이 있는 경우에는, 그 문제는 재판소의 결정에 의하여 해결된다(ICJ규정 제36조 제6항).

③ [○] 핵무기 사용의 적법성에 관한 권고적 의견 사건에서 ICJ는 UN전문기구인 WHO가 전문성 원칙에 따라 그 목적과 기능을 수행하는 권한의 범위에 포함되는 법률문제에 대하여만 ICJ에 권고적 의견을 요청할 수 있다고 판단하였다.

④ [○] 판결은 종국적이며 상소할 수 없다(ICJ규정 제60조).

답 ②

29 국제사법재판소(ICJ)에 대한 설명으로 옳지 않은 것은?

11년 7급

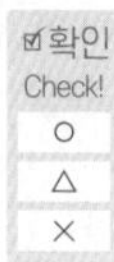

① UN 회원국은 당연히 ICJ 규정의 당사국이 되며, 회원국이 아닌 국가는 소송당사국이 될 수 없다.

② ICJ는 핵무기의 위협과 사용의 합법성에 관한 사건(The Legality of the Threat or Use of Nuclear Weapons Case)에서 권고적 의견의 관할권이 인정되기 위해서는 해당 전문기관이 권고적 의견을 요청할 수 있도록 총회로부터 적법한 권한을 인정받아야 하고, 요청대상은 법률문제여야 하며, 요청이 된 문제는 요청기관의 활동범위 내에서 발생한 것이어야 한다고 하였다.

③ 사건의 당사자가 ICJ의 판결을 이행하지 않은 경우에 타방 당사자는 이를 안전보장이사회에 제소할 수 있다.

④ 국가만이 소송을 제기할 수 있고, 개인은 당사자능력이 인정되지 않는다.

해설

난도 ★★

① [×] UN헌장 제93조 제1항에서는 "모든 국제연합 회원국은 국제사법재판소 규정의 당연 당사국이다."라고 규정하고 있으며, 제2항에서는 "국제연합회원국이 아닌 국가는 안전보장이사회의 권고에 의하여 총회가 각 경우에 결정하는 조건으로 국제사법재판소 규정의 당사국이 될 수 있다."라고 규정하여 UN비회원국도 ICJ규정 당사국이 될 수 있음을 인정하고 있다. 또한 ICJ규정 제35조 제1항에서는 "재판소는 재판소규정의 당사국에 대하여 개방된다."라고 규정하고 있으며, 제2항에서는 "재판소를 다른 국가에 대하여 개방하기 위한 조건은 현행 제조약의 특별한 규정에 따를 것을 조건으로 안전보장이사회가 정한다."라고 규정하여 일정한 경우 ICJ규정 당사국이 아닌 국가에 대해서도 소송가능성을 열어 두고 있다.

② [○] '핵무기 사용의 합법성에 관한 권고적 의견 사건'에서 ICJ는 UN전문기구인 세계보건기구(WHO)가 총회로부터 권한을 부여받은 경우에 한하여 ICJ에 권고적 의견을 요청할 수 있으며 그 대상은 WHO의 활동범위 내의 법적 문제로 제한된다고 하여, WHO가 요청한 '핵무기 사용의 적법성' 문제에 대한 권고적 의견을 거부하였다.

③ [○] 사건의 당사자가 재판소가 내린 판결에 따라 자국이 부담하는 의무를 이행하지 아니하는 경우에는 타방의 당사자는 안전보장이사회에 제소할 수 있다(UN헌장 제94조 제2항).

④ [○] 국가만이 재판소에 제기되는 사건의 당사자가 될 수 있다(ICJ규정 제34조 제1항).

답 ①

30 국제사법재판소(ICJ)에 대한 설명으로 옳은 것을 모두 고르면?

10년 지방

☑확인 Check! ○ △ ×

ㄱ. ICJ에서는 강제관할권이 원칙이다.
ㄴ. ICJ는 국가에 대해서만 소송 당사자 능력을 인정하고 있다.
ㄷ. UN 안전보장이사회와 총회는 ICJ에 대해 법률문제에 관한 권고적 의견을 요청할 수 있다.
ㄹ. ICJ의 소송절차에서 제소국이 국내적 구제절차를 완료하지 않은 경우, 피제소국은 선결적 항변을 주장할 수 있다.
ㅁ. ICJ의 판결은 당해 사건에 대해서는 모든 국가들에 대해 구속력을 가지며 선례구속성이 인정된다.

① ㄱ, ㄴ, ㄷ
② ㄱ, ㄹ, ㅁ
③ ㄴ, ㄷ, ㄹ
④ ㄷ, ㄹ, ㅁ

해설

난도 ★★

ㄱ. [×] ICJ에서는 임의관할권이 원칙이다.
ㄴ. [○] 국가만이 재판소에 제기되는 사건의 당사자가 될 수 있다(ICJ규정 제34조 제1항).
ㄷ. [○] 총회 또는 안전보장이사회는 어떠한 법적 문제에 관하여도 권고적 의견을 줄 것을 국제사법재판소에 요청할 수 있다(UN헌장 제96조 제1항).
ㄹ. [○] '선결적 항변'이란 본안절차에 앞서 ICJ의 관할권 부인을 목적으로 재판관할권 자체의 존부나 재판청구의 허용성 여부를 다투기 위하여 제기되는 항변을 말하며, 국내구제 미완료는 선결적 항변의 사유가 된다.
ㅁ. [×] 재판소의 결정은 당사자 사이와 그 특정 사건에 관하여서만 구속력을 가진다(ICJ규정 제59조). ICJ의 판결은 일반적 구속력도 선례구속성도 없다.

답 ③

31 국제사법재판소(ICJ)에 대한 설명으로 옳지 않은 것은?

09년 9급

① 총회와 안전보장이사회는 각각 독자적으로 재판관 선출절차를 진행한다.
② 재판관 선출과정에서 안전보장이사회 상임이사국의 거부권은 인정되지 않는다.
③ 국가만이 ICJ에 제기되는 사건의 당사자가 될 수 있다.
④ ICJ규정 제36조 제2항의 선택조항 수락선언은 ICJ 소장에게 선언서를 기탁함으로써 효력이 발생한다.

해설

난도 ★★★

① [○] 총회 및 안전보장이사회는 각각 독자적으로 재판소의 재판관을 선출한다(ICJ규정 제8조).
② [○] 안전보장이사회의 투표는, 재판관의 선거를 위한 것이든지 또는 제12조(합동협의회)에 규정된 협의회의 구성원의 임명을 위한 것이든지, 안전보장이사회의 상임이사국과 비상임이사국간에 구별 없이 이루어진다(ICJ규정 제10조 제2항).
③ [○] 국가만이 재판소에 제기되는 사건의 당사자가 될 수 있다(ICJ규정 제34조).
④ [×] 그러한 선언서는 국제연합 사무총장에게 기탁되며, 사무총장은 그 사본을 재판소규정의 당사국과 국제사법재판소 서기에게 송부한다(ICJ규정 제36조 제4항). 선택조항 수락선언서는 UN사무총장에게 기탁함으로써 효력이 발생한다.

답 ④

32 국제사법재판소(ICJ)에 관한 설명으로 옳지 않은 것은?

08년 9급

확인 Check! ○ △ ×

① 분쟁당사국간의 합의가 있는 경우, 국제사법재판소는 형평과 선에 의하여 결정할 수 있다.
② 국제기구는 국가를 상대로 제소할 수 없다.
③ 국제사법재판소의 판결은 법적 구속력은 없고 권고적 효력만 있다.
④ 국제사법재판소는 국제연합(UN)의 주요 사법기관이다.

해설

난도 ★★

① [○] 이 규정은 당사자가 합의하는 경우에 재판소가 형평과 선에 따라 재판하는 권한을 해하지 아니한다(ICJ규정 제38조 제2항).

② [○] 국가만이 재판소에 제기되는 사건의 당사자가 될 수 있다(ICJ규정 제34조 제1항). 국제기구나 개인은 ICJ 소송사건의 당사자가 될 수 없다.

③ [×] 재판소의 결정은 당사자 사이와 그 특정사건에 관하여서만 구속력을 가진다(ICJ규정 제59조).

④ [○] 국제연합의 주요한 사법기관으로서 국제연합헌장에 의하여 설립되는 국제사법재판소는 재판소규정의 규정들에 따라 조직되며 임무를 수행한다(ICJ규정 제1조).

답 ③

33 국제사법재판소(ICJ)에 관한 설명으로 옳지 않은 것은?

07년 9급

① 국제사법재판소의 결정은 당사자 사이와 그 특정 사건에 관하여서만 구속력을 가진다.
② 분쟁당사국의 국적을 가진 국제사법재판소 재판관은 그 분쟁의 재판에 참여할 수 없다.
③ 국제사법재판소의 재판관은 재선이 가능하다.
④ 국제사법재판소의 재판관은 15명이다.

해설

난도 ★★

① [○] 재판소의 결정은 당사자 사이와 그 특정사건에 관하여서만 구속력을 가진다(ICJ규정 제59조).

② [×] 각 당사자의 국적재판관은 재판소에 제기된 사건에 출석할 권리를 가진다(ICJ규정 제31조).

③ [○] 재판소의 재판관은 9년의 임기로 선출되며 재선될 수 있다(ICJ규정 제13조 제1항).

④ [○] 재판소는 15인의 재판관으로 구성된다(ICJ규정 제3조 제1항).

답 ②

34 국제사법법원(ICJ)과 국제형사재판소(ICC)의 구성에 대한 설명으로 옳지 않은 것은?

13년 9급

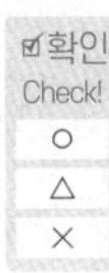

① ICJ는 15명, ICC는 18명의 재판관으로 구성된다.

② 재판의 공정성을 기하기 위하여 ICJ는 분쟁 당사국 국적을 가진 재판관, ICC는 피고인의 국적국의 국적을 가진 재판관을 당해 사건에서 배제하여야 한다.

③ ICJ와 ICC 모두 재판관 선출에 지역적 안배를 하며 재판소장의 임기는 3년이다.

④ ICJ와 ICC 모두 초대 재판관을 제외한 재판관의 임기는 9년이다.

해설

난도 ★★★

① [○] 재판소는 15인의 재판관으로 구성된다(ICJ규정 제3조 제1항). 제2항의 규정을 조건으로 재판소에는 18인의 재판관을 둔다(ICC규정 제36조 제1항).

② [×] 각 당사자의 국적재판관은 재판소에 제기된 사건에 출석할 권리를 가진다(ICJ규정 제31조 제1항). ICJ규정에는 국적재판관이 재판에 참가할 권리를 가진다는 명문의 규정이 있으나, ICC규정에는 피고인의 국적국의 국적재판관의 재판참여 가부에 관한 명문의 규정이 없다.

③ [○] 모든 선거에 있어서 선거인은 피선거인이 개인적으로 필요한 자격을 가져야 할 뿐만 아니라 전체적으로 재판관단이 세계의 주요 문명형태 및 주요 법체계를 대표하여야 함에 유념한다(ICJ규정 제9조). 재판소는 3년 임기로 재판소장 및 재판소부소장을 선출한다. 그들은 재선될 수 있다(ICJ규정 제21조 제1항). 당사국들은 재판관의 선출에 있어서 재판소 구성원 내에서 (i) 세계의 주요 법체계의 대표성 (ii) 공평한 지역적 대표성 (iii) 여성 및 남성 재판관의 공정한 대표성을 고려한다(ICC규정 제36조 제8항 가호). 재판소장과 제1부소장 및 제2부소장은 재판관들의 절대다수결에 의하여 선출된다. 그들은 각각 3년의 임기 또는 그들 각자의 재판관 임기의 종료중 먼저 만료되는 때까지 재직한다(ICC규정 제36조 제8항).

③ [○] 재판소의 재판관은 9년의 임기로 선출되며 재선될 수 있다. 다만, 제1회 선거에서 선출된 재판관 중 5인의 재판관의 임기는 3년 후에 종료되며, 다른 5인의 재판관의 임기는 6년 후에 종료된다(ICJ규정 제13조 제1항). 재판관은 나호를 조건으로 9년간 재직하며, 다호 및 제37조 제2항을 조건으로 재선될 수 없다(ICC규정 제36조 제9항).

답 ②

CHAPTER 03 무력분쟁

제1절 전쟁법

01 **'마르텐스 조항'(Martens clause)에 대한 설명으로 옳지 않은 것은?** 15년 7급

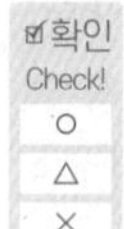

① 어떤 무기 또는 전쟁방식이 구체적 혹은 명시적으로 금지되지 않았더라도 군사필요원칙의 요구가 적용된다는 의미이다.

② 1899년 헤이그 평화회의 러시아측 대표인 마르텐스의 요청으로 헤이그 육전협약에 삽입된 전쟁법의 기본정신에 관한 것이다.

③ 조약 혹은 관습에 의하여 금지되지 않는 것은 합법이라는 전통국제법의 기본사상을 전쟁법에 관한 한 부인하는 것이다.

④ 핵무기 사용 또는 위협의 적법성(Legality of the Threat or Use of Nuclear Weapons) 사건에 관한 국제사법재판소(ICJ)의 권고적 의견에서 언급되었다.

해설

난도 ★★★

② [○] 마르텐스 조항(Martens clause)이란 1899년 제1차 헤이그 평화회의에서 러시아 대표였던 마르텐스(Fyodor F. Martens)의 주장으로 채택된 "더욱 완벽한 전쟁법전이 제정되기 전까지는, 체약국들은 그들에 의하여 채택된 규칙에 포함되지 아니하는 경우에 있어서도 주민과 교전자들이 문명화된 민족들 간에 수립된 관행, 인도의 법칙 및 공공양심의 요구로부터 오는 국제법의 제원칙의 보호 및 지배하에 놓인다고 선언함이 사리에 맞는다고 생각하는 바이다."라는 부분을 지칭하는 것으로, 전쟁법의 기본정신 중 하나에 해당한다.

① [×], ③ [○] 마르텐스 조항에 의하면 어떤 무기 또는 전쟁방식이 구체적으로 혹은 명시적으로 금지되지 않았더라도 '공공양심의 요구'(dictates of the public conscience)가 적용되며, 조약이나 관습법에 의하여 금지되지 않는 것은 합법이라는 전통국제법의 기본사상은 전쟁법에 관해 적용되지 않는다.

④ [○] 마르텐스 조항은 1977년 제네바 제1추가의정서 제1조 제2항에도 포함되어 있으며, ICJ의 핵무기사용의 적법성에 관한 권고적 의견에서도 언급된 바 있다.

답 ①

02 국제인도법상 무기의 제한에 대한 설명으로 옳지 않은 것은? 20년 7급

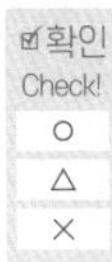

① 1868년 St. Petersburg 선언에 따라 400g 이하의 폭발탄(explosive projectiles) 사용은 금지되었다.
② 교전조리 또는 전수이론은 공공양심의 요구를 강조하는 입장으로 국제인도법상 무기의 제한에 크게 공헌하였다.
③ 1899년 확장탄환(expanding bullets)에 관한 Hague 선언에 따라 덤덤탄의 사용은 금지되었다.
④ 2008년 「집속탄에 관한 협약」은 금지대상인 무기의 객관적 특징을 구체적으로 적시하는 조약의 대표적인 예이다.

해설

난도 ★★★

① [○] 1968년의 상트페테르부르그 선언(The Declaration of St. Petersburg)에 의거하여 육전에서는 중량 400g 이하의 발사물로서 폭발성 · 소이성(燒夷性)의 물질을 충전한 것은 금지된다. 400g 이하의 탄환은 소총탄이며, 소총탄은 사람을 살상하는 효과밖에 없으므로 폭발성 또는 소이성이 없는 보통의 소총탄으로 충분히 목적을 달성할 수 있기 때문이다.
② [×] 전수이론(戰須, 戰數, Kriegräson, military necessity)이란 전쟁 중 교전당사국이 전쟁법을 준수함으로써 자국의 중대한 이익이 위험에 직면하는 예외적인 경우에는 전쟁의 필요가 전쟁법에 우선하여 전쟁법의 구속으로부터 해방된다고 주장하는 이론이며, 전시조리 또는 전시비상사유라고도 한다. 이러한 전수이론의 배척은 전쟁법의 세 분야, 적전투원의 대우, 민간인의 대우, 무기사용의 제한에 큰 영향을 끼쳤다.
③ [○] 덤덤탄(DumDum彈)은 영국이 인도의 캘커타 근교에 있는 DumDum의 병기공장에서 제조한 탄환인데, 인체에 명중되면 편평하게 전개되어 불필요한 고통을 주는 탄환으로, 1899년 헤이그선언에서는 그 사용이 금지되었다.
④ [○] 2008년 「집속탄에 관한 협약」(Convention on Cluster Munitions)은 집속탄의 사용과 보유 및 제조를 전면 금지하는 조약으로서, 금지되는 집속탄의 정의와 특성에 관한 규정들을 두고 있다.

답 ②

제2절 국제인도법

03 국제인도법상 전쟁포로의 지위에 대한 설명으로 옳지 않은 것은? 20년 9급

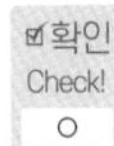

① 포로는 특히 폭행, 협박, 모욕 및 대중의 호기심으로부터 항상 보호되어야 한다.
② 포로는 그들이 포로가 될 때에 향유하던 완전한 사법상의 행위 능력을 보유한다.
③ 포로들 자신의 이익이 된다고 인정되는 특별한 경우를 제외하고는 포로들을 형무소에 억류하지 못한다.
④ 포로에게는 군사적 성질 또는 목적을 가지는 공익사업에 관련되는 노동을 강제할 수 있다.

해설

난도 ★★★

① [○] 포로는 특히 폭행, 협박, 모욕 및 대중의 호기심으로부터 항상 보호되어야 한다(포로의대우에관한제네바협약 제13조 3문).

② [○] 포로는 그들이 포로가 될 때에 향유하던 완전한 사법상의 행위능력을 보유한다(포로의대우에관한제네바협약 제14조 3문).

③ [○] 포로들 자신이 이익이 된다고 인정되는 특별한 경우를 제외하고 포로들을 형무소에 억류하지 못한다(포로의대우에관한제네바협약 제22조 2문).

④ [×] 군사적 성질 또는 목적을 가지지 않는 공익사업에 한하여 노동을 강제할 수 있다(포로의대우에관한제네바협약 제50조 바호).

더 알아보기 포로의 대우에 관한 제네바협약

제50조

포로들은, 수용소의 행정, 시설 또는 유지에 관련된 노동 이외에 다음의 종류에 포함되는 노동에 한하여 이를 행하도록 강제할 수 있다.

가. 농업

나. 원료의 생산 또는 채취에 관련되는 산업, 제조공업(야금업, 기계공업 및 화학공업은 제외한다.) 및 군사적 성질 또는 목적을 가지지 않는 토목업과 건축업

다. 군사적 성질 또는 목적을 가지지 않는 운송업과 창고업

라. 상업 및 예술과 공예

마. 가내 용역

바. 군사적 성질 또는 목적을 가지지 않는 공익사업

위의 규정에 대한 위반이 있을 경우에는 포로들은 제78조에 따라 청원의 권리를 행사하도록 허용되어야 한다.

답 ④

04 「전시에 있어서 민간인의 보호에 관한 1949년 제네바협약(제4협약)」에 대한 설명으로 옳지 않은 것은? 19년 7급

① 적대행위에 능동적으로 참여하지 않는 자는 어떠한 경우에도 차별 없이 인도적인 대우를 받아야 한다.

② 전시 점령국은 어떠한 경우에도 점령지의 현행 법령을 존중해야 한다.

③ 피보호자로부터 정보를 얻기 위해 육체적 또는 정신적으로 강제할 수 없다.

④ 피보호자들은 어떠한 경우에도 타국 영역으로 강제 이송하거나 추방되어서는 아니 된다.

해설

난도 ★★★

① [○] 무기를 버린 군대의 구성원 및 질병, 부상, 억류 또는 기타 사유로 전투 외에 놓여진 자를 포함하여 적대행위에 직접 가담하지 않는 자는 인종, 색, 종교 또는 신앙, 성, 가문 또는 재산 또는 기타 이와 유사한 기준에 근거한 불리한 차별을 받지 않고, 모든 경우에 있어서 인도적으로 대우하여야 한다(전시민간인보호에관한제네바협약 제3조 제1항).

② [×] 피점령국의 형벌법령은 그것이 점령국의 안전을 위협하거나 또는 본 협약의 적용을 방해한 때에 점령국이 이를 폐지 또는 정지시키는 경우를 제외하고는 계속하여 효력을 가진다(전시민간인보호에관한제네바협약 제64조). 위 조문의 반대해석상 점령국은 점령국의 안전을 위협하거나 또는 전시민간인보호에관한제네바협약의 적용을 방해하는 피점령국의 형벌법령을 폐지 또는 정지시킬 수 있다.

③ [○] 피보호자 또는 제삼자로부터 특히 정보를 얻기 위하여 피보호자들에게 육체적 또는 정신적 강제를 가하여서는 안된다(전시민간인보호에관한제네바협약 제31조).
④ [○] 피보호자들을 점령지역으로부터 점령국의 영역 또는 피 점령 여부를 불문하고 타국의 영역으로 개인적 또는 집단적으로 강제 이송 또는 추방하는 것은 그 이유의 여하를 불문하고 금지된다(전시민간인보호에관한제네바협약 제49조).

답 ②

05 **포로의 대우에 관한 1949년 8월 12일자 제네바협약과 1949년 8월 12일자 제네바협약에 대한 추가 및 국제적 무력충돌의 희생자보호에 관한 의정서의 내용으로 옳지 않은 것은?** 17년 7급

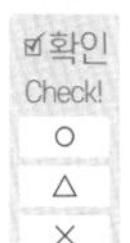

① 특정한 군사목표물을 표적으로 하지 아니하는 공격은 금지된다.
② 민간주민 사이에 테러를 만연시킴을 주목적으로 하는 폭력행위 및 위협은 금지된다.
③ 민간인인지의 여부가 의심스러운 경우에는 민간인으로 간주한다.
④ 민간인은 전투원이 아니기 때문에 군용항공기의 민간인 승무원은 포로가 될 수 없다.

해설
난도 ★★★
① [○] 제네바협약 제1추가의정서 제51조 제4항.
② [○] 제네바협약 제1추가의정서 제51조 제2항.
③ [○] 제네바협약 제1추가의정서 제50조 제1항.
④ [×] 포로의대우에관한제네바협약 제4조 제1항 라호. 군용기의 민간인이나 승무원도 포로가 될 수 있다.

더 알아보기 제네바협약 제1추가의정서

제50조【민간인 및 민간주민의 정의】
① 민간인이라 함은 제3협약 제4조 A (1), (2), (3), (6) 및 본 의정서 제43조에 언급된 자들의 어느 분류에도 속하지 아니하는 모든 사람을 말한다. 어떤 사람이 민간인인지의 여부가 의심스러운 경우에는 동인은 민간인으로 간주된다.
제51조【민간주민의 보호】
② 민간개인은 물론 민간주민도 공격의 대상이 되지 아니한다. 민간주민 사이에 테러를 만연시킴을 주목적으로 하는 폭력행위 및 위협은 금지된다.
④ 무차별공격은 금지된다. 무차별공격이라 함은,
가. 특정한 군사목표물을 표적으로 하지 아니하는 공격
나. 특정한 군사목표물을 표적으로 할 수 없는 전투의 방법 또는 수단을 사용하는 공격 또는,
다. 그것의 영향이 본 의정서가 요구하는 바와 같이 제한될 수 없는 전투의 방법 또는 수단을 사용하는 공격을 말하며, 그 결과 개개의 경우에 있어서 군사목표물과 민간인 또는 민간물자를 무차별적으로 타격하는 성질을 갖는 것을 말한다.

더 알아보기 포로의 대우에 관한 협약

제4조

① 본 협약에서 포로라 함은 다음 부류의 하나에 속하는 자로서 적의 수중에 들어간 자를 말한다.

가. 충돌 당사국의 군대의 구성원 및 그러한 군대의 일부를 구성하는 민병대 또는 의용대의 구성원.

나. 충돌 당사국에 속하며 그들 자신의 영토(동 영토가 점령되고 있는지의 여부를 불문한다) 내외에서 활동하는 기타의 민병대의 구성원 및 기타의 의용대의 구성원(이에는 조직적인 저항운동의 구성원을 포함한다). 단, 그러한 조직적 저항운동을 포함하는 그러한 민병대 또는 의용대는 다음의 조건을 충족시켜야 한다.

(i) 그 부하에 대하여 책임을 지는 자에 의하여 지휘될 것.

(ii) 멀리서 인식할 수 있는 고정된 식별표지를 가질 것.

(iii) 공공연하게 무기를 휴대할 것.

(iv) 전쟁에 관한 법규 및 관행에 따라 그들의 작전을 행할 것.

다. 억류국이 승인하지 아니하는 정부 또는 당국에 충성을 서약한 정규군대의 구성원.

라. 실제로 군대의 구성원은 아니나 군대에 수행하는 자. 즉, 군용기의 민간인 승무원, 종군기자, 납품업자, 노무대원, 또는 군대의 복지를 담당하는 부대의 구성원. 단, 이들은 이들이 수행하는 군대로부터 인가를 받고 있는 경우에 한하며, 이를 위하여 당해 군대는 이들에게 부속서의 양식과 유사한 신분 증명서를 발급하여야 한다.

마. 선장, 수로 안내인 및 견습선원을 포함하는 충돌 당사국의 상선의 승무원 및 민간 항공기의 승무원으로서, 국제법의 다른 어떠한 규정에 의하여도 더 유리한 대우의 혜택을 향유하지 아니한 자.

바. 점령되어 있지 아니하는 영토의 주민으로서 적이 접근하여 올 때, 정규군 부대에 편입할 시간이 없이 침입하는 군대에 대항하기 위하여 자발적으로 무기를 든 자. 단, 이들이 공공연하게 무기를 휴대하고 또한 전쟁법규 및 관행을 존중하는 경우에 한한다.

답 ④

제3절 중립과 안전보장

제4절 핵무기와 군축

PART 8
국제경제법

국 제 법 1 4 개 년 단 원 별 기 출 문 제 집

CHAPTER 01 국제경제법 개관

제1절 국제경제법 기초이론

제2절 국제통화제도

제3절 국제금융제도

01 「국가와 타방국가 국민 간의 투자분쟁의 해결에 관한 협약」(ICSID 협약) 및 이에 의해 설립된 '투자분쟁 해결을 위한 국제본부'(ICSID)에 대한 설명으로 옳지 않은 것은? 18년 7급

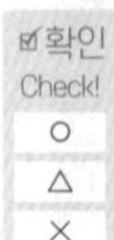

① 분쟁당사자들은 상호 합의하에 ICSID 내에서 알선, 조정, 중재 및 재정절차를 활용할 수 있다.
② 분쟁당사자들은 ICSID에 분쟁을 회부하기로 서면으로 부여한 동의를 일방적으로 철회할 수 없다.
③ 중재재판 준거법의 미합의시에 중재재판부는 분쟁당사국의 국내법과 국제법 모두를 적용하여야 한다.
④ 분쟁당사국들은 ICSID 협약에 따라 내려진 판정의 구속력을 승인하고 이를 집행하여야 한다.

해설

난도 ★★★

① [×] ICSID는 조정 및 중재기관으로서 기능한다. 알선, 재정절차에 관한 규정은 없다.

② [○] 'ICSID협약'의 체약국이라는 것은 단지 ICSID 절차를 기꺼이 이용하겠다는 의사표시에 불관한 것이므로 체약국이라는 사실만으로는 중재합의요건이 당연히 충족되는 것은 아니며, 별도의 서면합의가 필요하다. 일단 중재절차에 동의한 경우 당사자들은 일방적으로 ICSID의 관할권에 대한 동의를 철회할 수 없다.

③ [○] 중재재판부는 중재규칙의 절차에 따라 양 당사자가 합의한 적용법률을 적용하며, 적용법률 합의에 실패한 경우 적용가능한 국제법과 더불어 당사국의 실체법과 충돌법규칙을 모두 적용한다.

④ [○] 각 체약국은 중재판정을 최종적인 것으로 구속력을 인정하며 이에 따른 금전배상채무를 자국법원의 확정판결과 같이 집행하도록 한다.

답 ①

제4절 국제무역제도(국제통상법)

02 **GATT체제와 비교되는 WTO협정체제의 특징에 대한 설명으로 옳지 않은 것은?** 11년 9급

확인 Check! ○ △ ×

① GATT체제에서는 협정운영을 위한 일반적 국제기구가 존재하지 않았으나 WTO협정체제는 일반적 국제기구로서 세계무역기구를 창설하였다.

② GATT체제에는 당사국 간 무역분쟁해결을 위한 분쟁해결절차가 없었으나 WTO협정체제는 명료하고 신속한 분쟁해결절차를 규정하고 있다.

③ GATT체제가 상품교역에 대한 규율에 중점을 둔 반면 WTO협정체제는 서비스, 지적재산권 및 무역관련 투자도 규율대상에 포함하였다.

④ '1947년 GATT'를 포함하는 '1994년 GATT'는 WTO협정체제의 일부를 구성한다.

해설

난도 ★★

① [○] GATT는 법적 성격상 조약에 불과하였으나 WTO는 처음부터 법인격이 있는 국제기구로서 창설되었다.

② [×] GATT체제에서도 체약국 간 무역분쟁의 해결을 위한 분쟁해결절차는 있었으나 절차가 비효율적이었고 권고안을 제시하는 데 그쳐서 구속력이 약하다는 단점이 있었다. 이에 비해 WTO협정체제에서는 분쟁해결절차를 단계화 · 명확화함으로써 명료하고 신속한 분쟁해결이 가능하도록 하였다.

③ [○] GATT는 기본적으로 상품무역에 한정되었으며 그 중에서도 특히 공산품을 중심으로 규율하였다. 이에 비해 WTO에서는 공산품 · 농산물을 포함하는 상품무역뿐만 아니라 서비스무역, 지적재산권 및 무역관련투자 등도 규율하여 GATT체제에 비해 규율대상이 확대되었다.

④ [○] 1994년 GATT와 1947년 GATT는 법적으로 구별되는 협정이긴 하지만, 1947년 GATT의 내용 및 관련 규정은 1994년 GATT의 일부로서 WTO체제 하에서 수정 · 개정된 범위 내에서 계속 유효하다.

답 ②

03 세계무역기구(WTO)설립협정 부속서에 명시된 협정 중 다자간무역협정이 아닌 것은? 19년 9급

☑확인 Check! ○ △ ×

① 관세평가협정
② 보조금 및 상계조치협정
③ 기술무역장벽협정
④ 정부조달협정

해설
난도 ★
관세평가협정, 보조금 및 상계조치협정, 기술무역장벽협정은 다자간무역협정이고, 정부조달협정은 복수국간무역협정이다.

답 ④

04 다음 중 WTO 분쟁해결제도의 '대상이 되는 협정'에 해당되지 않는 것은? 16년 7급

☑확인 Check! ○ △ ×

① 농산물협정
② 관세평가협정
③ 선적전검사협정
④ 포괄적경제동반자협정

해설
난도 ★
DSU 부록 1.

더 알아보기 '분쟁해결규칙 및 절차에 관한 양해' 부록 1. 이 양해의 대상이 되는 협정

가. 세계무역기구설립을 위한 협정
나. 다자간무역협정
- 부속서 1가 : 상품무역에 관한 다자간협정
- 부속서 1나 : 서비스무역에 관한 일반협정
- 부속서 1다 : 무역관련지적재산권에 관한 협정
- 부속서 2 : 분쟁해결규칙 및 절차에 관한 양해

다. 복수국간무역협정
- 부속서 4 : 민간항공기무역에 관한 협정, 정부조달에 관한 협정

답 ④

05 WTO의 모든 회원국들에게 의무적으로 적용되는 다자간 협정이 아닌 것은?

11년 9급

☑확인 Check! ○ △ ×

① 정부조달협정
② 농업협정
③ 위생 및 검역협정
④기술장벽협정

해설

난도 ★

① [×], ② [○], ③ [○], ④ [○] 부속서 1, 2 및 3에 포함된 협정 및 관련 법적 문서(다자간무역협정)는 이 협정의 불가분의 일부를 구성하며, 모든 회원국에 대하여 구속력을 갖는다(WTO설립협정 제2조 제2항). 또한 부속서 4에 포함된 협정 및 관련 법적 문서(복수국간무역협정)는 이를 수락한 회원국에 대하여 이 협정의 일부를 구성하며 이를 수락한 회원국에 대하여 구속력을 갖는다(WTO설립협정 제2조 제3항). 농업협정, 위생 및 검역협정, 기술장벽협정 다자간무역협정이며, 정부조달협정은 복수국간무역협정이다.

답 ①

06 세계무역기구(WTO)의 부속협정 중 WTO의 모든 회원국을 구속하는 협정이 아닌 것은?

08년 9급

☑확인 Check! ○ △ ×

① 보조금 및 상계조치에 관한 협정
② 섬유 및 의류에 관한 협정
③ 무역관련 지적재산권에 관한 협정
④ 정부조달에 관한 협정

해설

난도 ★

① [○], ② [○], ③ [○], ④ [×] 다자간무역협정은 모든 회원국에 대하여 구속력을 가지며(WTO설립협정 제2조 제2항), 복수국간무역협정은 이를 수락한 회원국에 대하여 구속력을 갖고, 복수국간무역협정을 수락하지 않은 회원국에게 의무를 지우거나 권리를 부여하지 않는다(WTO설립협정 제2조 제3항). 보조금 및 상계조치에 관한 협정, 섬유 및 의류에 관한 협정, 무역관련 지적재산권에 관한 협정은 다자간무역협정에 속하지만, 정부조달에 관한 협정은 복수국간무역협정에 해당한다.

답 ④

CHAPTER 02 WTO협정

제1절 WTO설립협정

01 **세계무역기구(WTO) 설립협정에 대한 설명으로 옳지 않은 것은?** 18년 9급

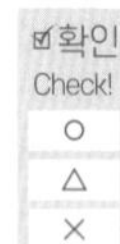

① WTO 설립협정에 대하여는 유보를 할 수 없다.
② 국가만이 WTO 설립협정에 가입할 수 있다.
③ WTO 설립협정은 UN헌장 제102조의 규정에 따라 등록된다.
④ 회원국은 WTO 설립협정으로부터 탈퇴할 수 있다.

해설
난도 ★★

① [○] 이 협정의 어느 규정에 대하여서도 유보를 할 수 없다(WTO설립협정 제16조 제5항 1문).
② [×] 국가 또는 자신의 대외무역관계 및 이 협정과 다자간무역협정에 규정된 그 밖의 사항을 수행하는 데에 있어서 완전한 자치권을 보유하는 독자적 관세영역은 자신과 세계무역기구 사이에 합의되는 조건에 따라 이 협정에 가입할 수 있다(WTO설립협정 제12조 제1항).
③ [○] 이 협정은 국제연합헌장 제102조의 규정에 따라 등록된다(WTO설립협정 제16조 제6항).
④ [○] 회원국은 이 협정으로부터 탈퇴할 수 있다(WTO설립협정 제15조 제1항).

답 ②

02 **1994년 세계무역기구(WTO) 설립협정상 WTO의 기능이 아닌 것은?** 17년 7급

① WTO 설립협정과 다자간 무역협정의 이행, 관리 및 운영의 촉진
② 다자간 무역관계에 관한 협상의 장 제공
③ 보호무역의 달성
④ 무역정책검토제도 시행

해설

난도 ★

① [○] 세계무역기구는 이 협정 및 다자간무역협정의 이행, 관리 및 운영을 촉진하고 그 목적을 증진하며 또한 복수국 간 무역협정의 이행, 관리 및 운영을 위한 틀을 제공한다(WTO설립협정 제3조 제1항).

② [○] 세계무역기구는 이 협정의 부속서에 포함된 협정에서 다루어지는 사안과 관련된 회원국 간의 다자간 무역관계에 관하여 그들 간의 협상을 위한 장을 제공한다(WTO설립협정 제3조 제2항).

③ [×] 세계무역기구는 관세 및 그 밖의 무역장벽의 실질적인 삭감과 국제무역관계에 있어서의 차별대우의 폐지를 지향한다(WTO설립협정 전문 참조).

④ [○] 세계무역기구는 이 협정 부속서 3에 규정된 무역정책검토제도를 시행한다(WTO설립협정 제3조 제4항).

답 ③

03 **세계무역기구(WTO) 설립협정상 WTO의 기능으로 옳지 않은 것은?** 15년 9급

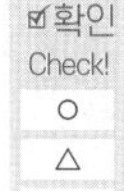

① WTO는 WTO 설립협정 및 다자간 무역협정의 이행, 관리, 운영을 촉진한다.

② WTO는 WTO 설립협정 부속서 3에 규정된 무역정책검토제도를 시행한다.

③ WTO는 WTO 설립협정에 부속된 협정들에 관련된 다자간무역관계와 관련 회원국들 간의 협상의 장(forum)을 제공한다.

④ WTO는 세계경제 정책 결정에 있어서 일관성 제고를 위하여 UN 경제사회이사회와 협력한다.

해설

난도 ★★

① [○] 세계무역기구는 이 협정 및 다자간무역협정의 이행, 관리 및 운영을 촉진하고 그 목적을 증진하며 또한 복수국 간 무역협정의 이행, 관리 및 운영을 위한 틀을 제공한다(WTO설립협정 제3조 제1항).

② [○] 세계무역기구는 이 협정 부속서 3에 규정된 무역정책검토제도를 시행한다(WTO설립협정 제3조 제4항).

③ [○] 세계무역기구는 이 협정의 부속서에 포함된 협정에서 다루어지는 사안과 관련된 회원국 간의 다자간 무역관계에 관하여 그들 간의 협상을 위한 장을 제공한다(WTO설립협정 제3조 제2항).

④ [×] 세계무역기구는 세계경제 정책 결정에 있어서의 일관성 제고를 위하여 적절히 국제통화기금과 국제부흥개발은행 및 관련 산하기구들과 협력한다(WTO설립협정 제3조 제5항). UN경제사회이사회가 아니라 국제통화기금(IMF)과 국제부흥개발은행(IBRD) 및 관련 산하기구들과 협력한다.

답 ④

04 **세계무역기구(WTO) 회원국의 지위에 대한 설명으로 옳지 않은 것은?** 12년 9급

☑확인 Check! ○ △ ×

① GATT 1947의 체약국은 WTO의 회원국으로 간주된다.
② 회원국은 WTO협정과 동 부속서 등에 규정된 권리와 의무의 주체가 된다.
③ 국가만이 회원 자격을 가지며 독자적 관세영역은 회원국이 될 수 없다.
④ 신규 회원국의 가입은 각료회의가 결정한다.

해설

난도 ★★

① [○] 이 협정 및 다자간무역협정을 수락하고, 자기 나라의 양허 및 약속표가 1994년도 GATT에 부속되며 서비스무역에 관한일반협정에 자기 나라의 구체적 약속표가 부속된 국가로서 이 협정 발효일 당시 1947년도 GATT 체약당사자와 구주공동체는 세계무역기구의 원회원국이 된다(WTO설립협정 제11조 제1항).
② [○] 부속서 1, 2 및 3에 포함된 협정 및 관련 법적 문서(다자간무역협정)는 이 협정의 불가분의 일부를 구성하며, 모든 회원국에 대하여 구속력을 갖는다(WTO설립협정 제2조 제2항).
③ [×] 국가 또는 자신의 대외무역관계 및 이 협정과 다자간무역협정에 규정된 그 밖의 사항을 수행하는 데에 있어서 완전한 자치권을 보유하는 독자적 관세영역은 자신과 세계무역기구 사이에 합의되는 조건에 따라 이 협정에 가입할 수 있다(WTO설립협정 제12조 제1항).
④ [○] 가입은 각료회의가 결정한다(WTO설립협정 제12조 제2항).

답 ③

05 **세계무역기구(WTO)의 법적 지위에 대한 설명으로 옳지 않은 것은?** 10년 9급

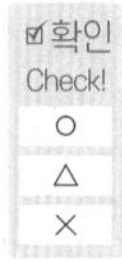

① 세계무역기구는 법인격(legal personality)을 갖는다.
② 각 회원국은 세계무역기구에 대하여 이 기구가 자신의 기능을 수행하는 데 필요한 특권과 면제를 부여한다.
③ 각 회원국은 세계무역기구의 회원국 대표에 대하여 이들이 세계무역기구와 관련하여 자신의 기능을 독자적으로 수행하는 데 필요한 특권과 면제를 부여한다.
④ 세계무역기구는 UN의 전문기구로서 UN 경제사회이사회와 업무제휴협정을 맺고 있다.

해설

난도 ★★

① [○] 세계무역기구는 법인격을 가지며 각 회원국은 세계무역기구에 대하여 이 기구가 자신의 기능을 수행하는 데 필요한 법적 능력을 부여한다(WTO설립협정 제8조 제1항).
② [○] 각 회원국은 세계무역기구에 대하여 이 기구가 자신의 기능을 수행하는 데 필요한 특권과 면제를 부여한다(WTO설립협정 제8조 제2항).
③ [○] 각 회원국은 또한 세계무역기구의 관리와 이 기구의 회원국 대표에 대하여도 이들이 세계무역기구와 관련하여 자신의 기능을 독자적으로 수행하는 데 필요한 특권과 면제를 부여한다(WTO설립협정 제8조 제3항).
④ [×] 세계무역기구(WTO)는 UN독립기구에 해당한다.

답 ④

06 유럽공동체(EC)와 WTO와의 관계에 대한 설명 중 옳지 않은 것은?

09년 지방

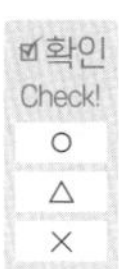

① EC는 WTO협정상 지역무협정의 한 유형에 해당한다.

② EC는 WTO의 원회원국(original members) 중 하나이므로 개별 EC 구성국들과는 별도로 WTO 회원국(Member)의 지위를 지닌다.

③ EC는 그 구성국과는 별개의 WTO 회원국의 지위를 가지므로 EC는 구성국 수에 하나 더 많은 수의 표결권을 갖게 된다.

④ EC구성국의 아닌 WTO 회원국은 이론적으로 EC 또는 EC 구성국을 대상으로 분쟁해결 절차에 제소하는 것이 가능하다.

해설

난도 ★★★

① [○] 세계경제의 관점에서 볼 때 유럽공동체(EC, European Community)는 역내무역장벽을 없애고 통합된 시장을 창설하고자 한다는 점에서 WTO협정상 다자주의 원칙의 예외로서 인정되는 지역무역협정에 해당한다고 볼 수 있다.

② [○] 이 협정 및 다자간무역협정을 수락하고, 자기 나라의 양허 및 약속표가 1994년도 GATT에 부속되며 서비스무역에 관한일반협정에 자기 나라의 구체적 약속표가 부속된 국가로서 이 협정 발효일 당시 1947년도 GATT 체약당사자와 구주공동체는 세계무역기구의 원회원국이 된다(WTO설립협정 제11조 제1항). WTO설립협정에서는 '체약당사자'라는 용어 외에 '유럽공동체'(EC)를 별도로 언급함으로써 유럽공동체(EC)에게 별도의 회원국 지위를 부여하고 있다.

③ [×] 구주공동체가 투표권을 행사할 때는, 세계무역기구의 회원국인 구주공동체 회원국 수와 동일한 수의 투표권을 갖는다. 구주공동체와 그 회원국의 투표수는 어떠한 경우에도 구주공동체의 회원국 수를 초과할 수 없다(WTO설립협정 제9조 제1항). 어떠한 경우에도 유럽공동체가 그 구성국 수를 초과하는 투표권 수를 가질 수는 없다.

④ [○] DSU 제1조 제1항에 따르면 WTO분쟁해결양해(DSU)는 대상협정과 관련된 WTO회원국 간의 분쟁에 적용된다. 따라서 EC구성국이 아닌 WTO회원국은 WTO회원국인 EC나 EC의 구성국을 대상으로 WTO분쟁해결절차에 제소하는 것이 가능하다.

답 ③

07 세계무역기구(WTO)의 의사결정에 대한 설명으로 옳지 않은 것은?

17년 9급

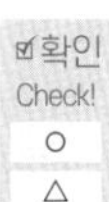

① WTO는 GATT 체제와 같이 일차적으로 총의(consensus)로 의사결정을 한다.

② WTO는 총의로 결정하지 못하고 달리 규정되지 않은 경우에는 표결로 결정한다.

③ WTO 각 회원국은 각료회의와 일반이사회에서 국제교역량에 비례하여 투표권을 가진다.

④ 각료회의와 일반이사회는 WTO 설립협정과 다자간 무역협정의 해석에 관한 권한을 독점한다.

해설

난도 ★★

① [○] 세계무역기구는 1947년도 GATT에서 지켜졌던 컨센서스에 의한 결정의 관행을 계속 유지한다(WTO설립협정 제9조 제1항 1문).

② [○] 달리 규정되지 아니하는 한, 컨센서스에 의하여 결정이 이루어지지 아니하는 경우에는 문제가 된 사안은 표결에 의한다(WTO설립협정 제9조 제1항 2문).

③ [×] 각료회의와 일반이사회에서 세계무역기구 각 회원국은 하나의 투표권을 갖는다(WTO설립협정 제9조 제1항 3문).

④ [○] 각료회의와 일반이사회는 이 협정과 다자간무역협정의 해석을 채택하는 독점적인 권한을 갖는다(WTO설립협정 제9조 제2항 1문).

답 ③

08 **세계무역기구(WTO)의 모든 회원국이 수락한 경우에만 개정될 수 있는 조문에 해당하지 않는 것은?** 16년 9급

확인 Check! ○ △ ×

① GATT 1994 제2조(양허표)
② GATT 1994 제3조(내국민대우)
③ WTO 설립협정 제9조(의사결정)
④ 무역 관련 지적재산권에 관한 협정 제4조(최혜국대우)

해설

난도 ★

WTO설립협정 제10조 제2항에서 개정에 있어서 만장일치를 필요로 하는 조문 6개를 명시하고 있는바 GATT 1994 제3조(내국민대우)는 이에 해당되지 않는다.

더 알아보기 WTO설립협정

제10조【개정】

② 이 규정과 아래 열거된 규정에 대한 개정은 모든 회원국이 수락하는 경우에만 발효한다.
이 협정 제9조, 1994년도 GATT 제1조 및 제2조, 서비스무역에관한일반협정 제2조 제1항, 무역관련지적재산권에 관한협정 제4조.

답 ②

09 **세계무역기구(WTO) 설립을 위한 마라케쉬협정에 대한 설명으로 옳지 않은 것은?** 09년 지방

① 일반이사회는 모든 회원국 대표로 구성되며 각료회의의 비회기 중에 각료회의의 기능을 수행한다.
② 가입은 각료회의가 회원국 2/3 다수결에 의하여 가입조건에 관한 합의를 승인함으로써 결정한다.
③ 각료회의와 일반이사회는 동 협정과 다자간무역협정의 해석을 채택하는 독점적인 권한을 갖는다.
④ 동 협정의 규정과 이에 부속된 다자간무역협정의 규정이 충돌하는 경우 그 범위 내에서 후자가 우선한다.

해설

난도 ★★

① [○] 모든 회원국 대표로 구성되며 필요에 따라 개최되는 일반이사회가 설치된다. 일반이사회는 각료회의 비회기중에 각료회의의 기능을 수행한다(WTO설립협정 제4조 제2항).
② [○] 가입은 각료회의가 결정한다. 각료회의는 세계무역기구 회원국 3분의 2 다수결에 의하여 가입조건에 관한 합의를 승인한다(WTO설립협정 제12조 제2항).
③ [○] 각료회의와 일반이사회는 이 협정과 다자간무역협정의 해석을 채택하는 독점적인 권한을 갖는다(WTO설립협정 제9조 제2항).
④ [×] 이 협정의 규정과 다자간무역협정의 규정이 상충하는 경우 상충의 범위 내에서 이 협정의 규정이 우선한다(WTO설립협정 제16조 제3항). WTO설립협정과 부속된 다자간무역협정의 규정이 충돌하는 경우 WTO설립협정이 우선한다.

답 ④

10 **세계무역기구(WTO) 설립협정에 관한 설명 중 옳지 않은 것은?** 09년 7급

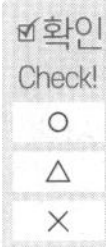

① 회원국의 탈퇴는 서면으로 탈퇴통고가 WTO 사무총장에게 접수된 날로부터 6개월이 경과된 날로부터 효력이 발생한다.
② WTO 설립협정의 조항과 다자간무역협정의 조항이 상충하는 경우 상충의 범위 내에서 전자가 우선한다.
③ 각료회의는 예외적인 상황에서 회원국 3/4이상의 다수결에 따라 특정회원국에 대하여 협정상의 의무를 면제할 수 있다.
④ 각료회의는 WTO 회원국 3/4이상의 다수결에 의하여 가입조건에 관한 합의사항을 승인함으로써 가입결정을 할 수 있다.

해설

난도 ★★

① [○] 회원국은 이 협정으로부터 탈퇴할 수 있다. 이러한 탈퇴는 이 협정 및 다자간무역협정에 대하여 적용되며, 서면 탈퇴통보가 세계무역기구 사무총장에게 접수된 날로부터 6월이 경과한 날 발효한다(WTO설립협정 제15조 제1항).
② [○] 이 협정의 규정과 다자간무역협정의 규정이 상충하는 경우 상충의 범위 내에서 이 협정의 규정이 우선한다(WTO설립협정 제16조 제3항).
③ [○] 예외적인 상황에서 각료회의는 이 협정이나 다자간무역협정이 회원국에게 지우는 의무를 면제하기로 결정할 수 있다. 다만, 이러한 결정은 이 항에 달리 규정되어 있는 경우를 제외하고는 세계무역기구 회원국 4분의 3 다수결에 의한다(WTO설립협정 제9조 제3항).
④ [×] 가입은 각료회의가 결정한다. 각료회의는 세계무역기구 회원국 3분의 2 다수결에 의하여 가입조건에 관한 합의를 승인한다(WTO설립협정 제12조 제2항).

 ④

11 **세계무역기구(WTO)에 대한 설명으로 옳지 않은 것은?** 09년 9급

① 일반이사회는 각료회의에서 선출되며 다자간무역협정의 모든 사항에 대해 결정을 내릴 권한을 갖는다.
② 일반이사회는 분쟁해결양해에 규정된 분쟁해결기구의 임무를 이행한다.
③ 각료회의와 일반이사회는 WTO 설립협정과 다자간무역협정의 해석을 채택하는 독점적인 권한을 갖는다.
④ WTO는 법인격을 가지며, 각 회원국은 WTO에게 필요한 특권과 면제를 부여한다.

해설

난도 ★★

① [×] 모든 회원국 대표로 구성되며 필요에 따라 개최되는 일반이사회가 설치된다(WTO설립협정 제4조 제2항). 각료회의는 회원국이 요청하는 경우, 이 협정과 다자간무역협정의 구체적인 의사결정 요건에 따라 다자간무역협정의 모든 사항에 대하여 결정을 내릴 권한을 갖는다(WTO설립협정 제4조 제1항).

② [○] 일반이사회는 분쟁해결양해에 규정된 분쟁해결기구의 임무를 이행하기 위하여 적절히 개최된다(WTO설립협정 제4조 제3항).

③ [○] 각료회의와 일반이사회는 이 협정과 다자간무역협정의 해석을 채택하는 독점적인 권한을 갖는다(WTO설립협정 제9조 제2항).

④ [○] 세계무역기구는 법인격을 가지며 각 회원국은 세계무역기구에 대하여 이 기구가 자신의 기능을 수행하는 데 필요한 법적 능력을 부여한다(WTO설립협정 제8조 제1항). 각 회원국은 또한 세계무역기구의 관리와 이 기구의 회원국 대표에 대하여도 이들이 세계무역기구와 관련하여 자신의 기능을 독자적으로 수행하는 데 필요한 특권과 면제를 부여한다(WTO설립협정 제8조 제3항).

답 ①

12 **세계무역기구(WTO)에 관한 설명으로 옳지 않은 것은?** 07년 9급

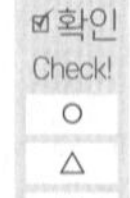

① 국가 또는 독자적 관세영역은 WTO에 가입할 수 있다.

② 각료회의는 최소 2년에 1회 개최한다.

③ WTO의 각료회의는 회원국의 총의(consensus)에 의하여 가입조건에 관한 합의를 승인한다.

④ WTO의 설립협정과 다자간무역협정이 상충하는 경우 상충의 범위 내에서 전자가 우선한다.

해설

난도 ★★

① [○] 국가 또는 자신의 대외무역관계 및 이 협정과 다자간무역협정에 규정된 그 밖의 사항을 수행하는 데에 있어서 완전한 자치권을 보유하는 독자적 관세영역은 자신과 세계무역기구 사이에 합의되는 조건에 따라 이 협정에 가입할 수 있다(WTO설립협정 제12조 제1항).

② [○] 모든 회원국 대표로 구성되며 최소 2년에 1회 개최되는 각료회의가 설치된다(WTO설립협정 제4조 제1항).

③ [×] 가입은 각료회의가 결정한다. 각료회의는 세계무역기구 회원국 3분의 2 다수결에 의하여 가입조건에 관한 합의를 승인한다(WTO설립협정 제12조 제2항).

④ [○] 이 협정의 규정과 다자간무역협정의 규정이 상충하는 경우 상충의 범위 내에서 이 협정의 규정이 우선한다(WTO설립협정 제16조 제3항).

답 ③

제2절 WTO분쟁해결제도

13 **1947년 GATT의 분쟁해결절차와 비교하여 WTO 분쟁해결절차는 많은 변화가 있다. 이러한 변화에 해당되지 않는 것은?** 14년 9급

☑확인 Check! ○ △ ×

① 각 단계의 시한을 정하여 신속한 분쟁해결을 도모하였다.
② 판정의 이행을 보장하기 위한 제도가 체계적으로 정비되었다.
③ 중재 등 다른 분쟁해결절차의 이용을 금지하여 WTO 분쟁해결절차의 통일성을 제고하였다.
④ 상설 상소기구를 설치하여 규범해석의 통일성을 제고하였다.

해설
난도 ★★
① [○] 협의 이후 패널, 상소, 권고 및 판정의 이행에 이르기까지 분쟁해결절차의 각 단계별로 구체적인 시한을 설정하여 분쟁해결절차의 신속성을 제고하였다.
② [○] DSB의 권고 및 판정의 이행에 대한 감독규정을 두었으며, 특히 DSB의 권고안과 판정의 신속한 이행을 위한 구체적인 절차를 마련하고 합리적인 이행기간을 설정함으로써 분쟁해결의 집행절차를 강화하였다.
③ [×] DSU 제25조에 따른 중재절차도 허용된다.
④ [○] 패널절차와 상소절차라는 2심제로 운영됨으로써 패널절차에서의 법규적용 및 해석상의 오류를 시정하여 상설상소기구의 법률문제와 법률적 해석 문제에 적정성과 통일성을 부여하였다.

답 ③

14 **국제무역기구(WTO) 분쟁해결제도의 특징으로 옳지 않은 것은?** 12년 7급

① 각 절차 단계별 시한(時限)의 설정
② 패널설치, 패널보고서 및 상소보고서 채택에 역(逆)컨센서스 제도의 도입
③ 상설의 상소기구(Appellate Body) 도입
④ 교차보복(cross-retaliation)조치의 불허용

해설
난도 ★★
① [○] 협의 이후 패널, 상소, 권고 및 판정의 이행에 이르기까지 분쟁해결절차의 각 단계별로 구체적인 시한 설정하여 분쟁해결절차의 신속성을 제고하였다.
② [○] 1947 GATT에서의 총의제의 관행을 유지하면서도 패널설치, 패널보고서 채택, 상소기구 보고서 채택, 보복조치 승인 등 일부 절차에 있어 역총의제를 도입함으로써 특정국가에 의한 분쟁해결절차의 지연을 방지하였다.
③ [○] 상소심의를 담당하는 상설상소기구를 설치하여 패널절차와 상소절차의 2심제로 운영된다.
④ [×] DSU 제22조 제3항에서는 교차보복을 허용하고 있다.

답 ④

1. 패널

15 세계무역기구(WTO) 분쟁해결절차 중 패널 구성에 대한 설명으로 옳지 않은 것은? 15년 7급

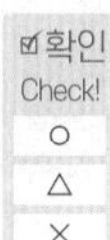

① 자기 나라 정부가 분쟁 당사자인 회원국의 국민은, 분쟁당사자가 달리 합의하지 아니하는 한, 그 분쟁을 담당하는 패널의 위원이 되지 아니한다.

② 패널 위원은 정부 대표나 기구 대표가 아닌 개인 자격으로 임무를 수행한다.

③ 패널 설치일로부터 20일 이내에 패널 위원 구성에 대해 합의하지 못하면 분쟁해결기구 의장이 패널 위원을 임명한다.

④ 선진국 회원국과 개발도상국 회원국 간의 분쟁시 개발도상국 회원국이 요청하는 경우, 패널 위원 중 적어도 1인은 개발도상국 회원국의 인사를 포함하여야 한다.

해설

난도 ★★

① [○] 자기 나라 정부가 분쟁당사자인 회원국의 국민 또는 제10조 제2항에 규정된 제3자의 국민은 분쟁당사자가 달리 합의하지 아니하는 한 그 분쟁을 담당하는 패널의 위원이 되지 아니한다(DSU 제8조 제3항).

② [○] 패널위원은 정부대표나 기구대표가 아닌 개인자격으로 임무를 수행한다(DSU 제8조 제9항).

③ [×] 패널설치일로부터 20일 이내에 패널위원 구성에 대한 합의가 이루어지지 아니하는 경우, 사무총장은 일방 분쟁당사자의 요청에 따라 분쟁해결기구 의장 및 관련 위원회 또는 이사회의 의장과의 협의를 거쳐 분쟁에서 문제가 되고 있는 대상협정의 특별 또는 추가적인 규칙이나 절차에 따라 분쟁당사국과 협의 후 가장 적합하다고 생각되는 패널위원을 임명함으로써 패널의 구성을 확정한다(DSU 제8조 제7항).

④ [○] 선진국회원국과 개발도상회원국 간의 분쟁시 개발도상회원국이 요청하는 경우, 패널위원 중 적어도 1인은 개발도상회원국의 인사를 포함하여야 한다(DSU 제8조 제10조).

답 ③

16 세계무역기구(WTO)의 분쟁해결절차와 관련된 설명으로 옳지 않은 것은? 15년 9급

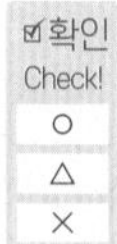

① 선진국 회원국과 개발도상국 회원국 간의 분쟁시 개발도상국 회원국이 요청하는 경우, 패널 위원 중 적어도 1인은 개발도상국 회원국의 인사를 포함하여야 한다.

② 패널의 심의는 공개되지 아니한다.

③ 상소는 패널보고서에서 다루어진 법률문제 및 패널이 행한 법률해석에만 국한된다.

④ 패널은 7인의 위원으로 구성된다.

해설

난도 ★★

① [○] 선진국회원국과 개발도상회원국 간의 분쟁시 개발도상회원국이 요청하는 경우, 패널위원 중 적어도 1인은 개발도상회원국의 인사를 포함하여야 한다(DSU 제8조 제10항).

② [○] 패널의 심의는 공개되지 아니한다(DSU 제14조 제1항).

③ [○] 상소는 패널보고서에서 다루어진 법률문제 및 패널이 행한 법률해석에만 국한된다(DSU 제17조 제6항).

④ [×] 패널은 분쟁당사자가 패널설치일로부터 10일 이내에 5인의 패널위원으로 패널을 구성하는 데 합의하지 아니하는 한 3인의 패널위원으로 구성된다(DSU 제8조 제5항).

답 ④

17 **세계무역기구(WTO)의 분쟁해결제도에 대한 설명으로 옳지 않은 것은?** 13년 7급

① 협의요청 접수일로부터 60일 이내에 협의를 통한 분쟁해결에 실패하는 경우, 제소국은 패널의 설치를 요청할 수 있다.

② 패널은 분쟁당사자가 패널설치일로부터 10일 이내에 5인의 패널위원으로 구성하는 데 합의하지 아니하는 한, 3인의 패널위원으로 구성된다.

③ 패널은 일정한 자격을 갖춘 정부인사로 구성되며, 패널위원은 자국 정부의 대표로서 활동한다.

④ 패널보고서에 표명된 개별 패널위원의 의견은 익명으로 처리된다.

해설

난도 ★★

① [○] 협의요청접수일로부터 60일 이내에 협의를 통한 분쟁해결에 실패하는 경우, 제소국은 패널의 설치를 요청할 수 있다(DSU 제4조 제7항).

② [○] 패널은 분쟁당사자가 패널설치로부터 10일 이내에 5인의 패널위원으로 패널을 구성하는 데 합의하지 아니하는 한 3인의 패널위원으로 구성된다. 패널구성은 회원국에게 신속히 통보된다(DSU 제8조 제5항).

③ [×] 패널위원은 정부대표나 기구대표가 아닌 개인자격으로 임무를 수행한다(DSU 제8조 제9항).

④ [○] 개별 패널위원이 패널보고서에서 표명한 의견은 익명으로 한다(DSU 제14조 제3항).

답 ③

18 **WTO의 분쟁해결제도에 있어서 패널절차에 대한 설명으로 옳지 않은 것은?** 10년 9급

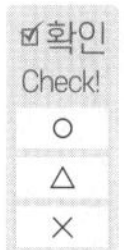

① 패널보고서에 대한 상소는 허용되지 않는다.

② 패널은 분쟁당사자가 5인의 패널위원으로 구성하는 데 합의하지 아니하는 한 3인의 패널위원으로 구성된다.

③ 패널보고서는 역총의제(reverse consensus system)에 의해 채택된다.

④ 패널의 심의(panel deliberations)는 비공개로 진행된다.

해설

난도 ★★

① [×] 분쟁해결기구는 상설상소기구를 설치한다. 상소기구는 패널사안으로부터의 상소를 심의한다(DSU 제17조 제1항). 분쟁당사자만이 패널보고서에 대하여 상소할 수 있으며 제3자는 상소할 수 없다(DSU 제17조 제3항). WTO분쟁해결제도는 패널절차와 상소절차의 2심제로 운영된다.

② [○] 패널은 분쟁당사자가 패널설치로부터 10일 이내에 5인의 패널위원으로 패널을 구성하는 데 합의하지 아니하는 한 3인의 패널위원으로 구성된다(DSU 제8조 제5항).

③ [○] 일방 분쟁당사자가 정식으로 분쟁해결기구에 자기 나라의 상소결정을 통지하지 아니하거나, 분쟁해결기구가 컨센서스로 패널보고서를 채택하지 아니하기로 결정하지 아니하는 한, 패널보고서는 회원국에게 배포된 날로부터 60일 이내에 분쟁해결기구 회의에서 채택된다(DSU 제16조 제4항).

④ [○] 패널의 심의는 공개되지 아니한다(DSU 제14조 제1항).

답 ①

19 세계무역기구(WTO) 분쟁해결제도의 패널에 관한 설명으로 옳지 않은 것은?

07년 9급

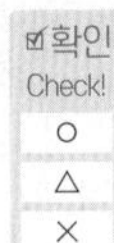

① 패널의 심의는 공개되지 아니한다.
② 패널은 분쟁당사국의 서명요청에 의해 설치된다.
③ 패널위원이 패널보고서에 표명한 의견은 익명으로 한다.
③ 패널보고서는 분쟁해결기구(DSB)에서 다수결로 채택한다.

해설

난도 ★★

① [○] 패널의 심의는 공개되지 아니한다(DSU 제14조 제1항).
② [○] 패널설치는 서면으로 요청된다(DSU 제6조 제2항 1문).
③ [○] 개별 패널위원이 패널보고서에서 표명한 의견은 익명으로 한다(DSU 제14조 제3항).
④ [×] 일방 분쟁당사자가 정식으로 분쟁해결기구에 자기 나라의 상소결정을 통지하지 아니하거나, 분쟁해결기구가 컨센서스로 패널보고서를 채택하지 아니하기로 결정하지 아니하는 한, 패널보고서는 회원국에게 배포된 날로부터 60일 이내에 분쟁해결기구에서 채택된다(DSU 제16조 제4항). 패널보고서의 채택에는 다수결이 아니라 역총의제(reverse consensus)가 적용된다.

답 ④

2. 상소

3. 이행감독·보복조치

20 세계무역기구(WTO) 분쟁해결절차상 보상과 양허의 정지에 대한 설명으로 옳지 않은 것은?

20년 9급

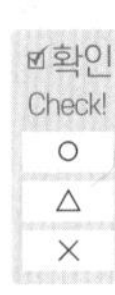

① 권고 및 판정이 합리적인 기간 내에 이행되지 아니하는 경우 취해지는 잠정적인 조치이다.
② 분쟁해결기구가 승인하는 양허 또는 그 밖의 의무의 정지의 수준은 무효화 또는 침해의 수준에 상응하여야 한다.
③ 보상은 자발적인 성격을 띠며, 이를 행하는 경우 대상협정과 합치하여야 한다.
④ 양허 또는 그 밖의 의무의 정지의 승인은 총의제(consensus)에 의한다.

해설

난도 ★★

① [○] 보상 및 양허 또는 그 밖의 의무의 정지는 권고 및 판정이 합리적인 기간 내에 이행되지 아니하는 경우 취할 수 있는 잠정적인 조치이다(DSU 제22조 제1항 1문).
② [○] 분쟁해결기구가 승인하는 양허 또는 그 밖의 의무의 정지의 수준은 무효화 또는 침해의 수준에 상응한다(DSU 제22조 제4항).
③ [○] 보상은 자발적인 성격을 띠며, 이를 행하는 경우 대상협정과 합치하여야 한다(DSU 제22조 제1항 3문).
④ [×] 제2항에 규정된 상황이 발생할 때에 분쟁해결기구는 요청이 있는 경우, 분쟁해결기구가 콘센서스로 동 요청을 거부하기로 결정하지 아니하는 한, 합리적 기간의 종료로부터 30일 이내에 양허 또는 그 밖의 의무의 정지를 승인한다(DSU 제22조 제6항 1문).

답 ④

21 **세계무역기구(WTO)의 분쟁해결절차상 보상 및 양허의 정지에 대한 설명으로 옳지 않은 것은?** 16년 9급

☑확인 Check! ○ △ ×

① 분쟁해결기구(DSB)의 권고 및 판정이 합리적인 기간 내에 이행되지 않는 경우 취할 수 있는 잠정적인 조치이다.

② DSB는 대상협정이 양허의 정지를 금지하는 경우 이를 승인하지 아니한다.

③ 보상은 자발적인 성격을 띠며, 이를 행하는 경우 대상협정과 합치하여야 한다.

④ 양허의 정지는 일반적으로 무효화 또는 침해 수준과 관계없이 징벌적으로 가능하다.

해설

난도 ★★

① [○] 보상 및 양허 또는 그 밖의 의무의 정지는 권고 및 판정이 합리적인 기간 내에 이행되지 아니하는 경우 취할 수 있는 잠정적인 조치이다(DSU 제22조 제1항).

② [○] 분쟁해결기구는 대상협정이 양허 또는 그 밖의 의무의 정지를 금지하는 경우, 이를 승인하지 아니한다(DSU 제22조 제4항).

③ [○] 보상은 자발적인 성격을 띠며, 이를 행하는 경우 대상협정과 합치하여야 한다(DSU 제22조 제1항).

④ [×] 분쟁해결기구가 승인하는 양허 또는 그 밖의 의무의 정지의 수준은 무효화 또는 침해의 수준에 상응한다(DSU 제22조 제4항).

답 ④

22 **WTO 분쟁해결기구(DSB)의 결정 및 권고를 이행하지 않는 피소국에 대하여 제소국(승소국)이 취할 수 있는 보복조치에 대한 설명으로 옳지 않은 것은?** 11년 7급

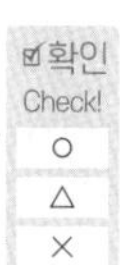

① 보복(retaliation)은 제소국이 피소국에 대하여 양허 또는 그 밖의 의무를 정지하는 방식으로만 이루어져야 한다.

② WTO 분쟁해결제도가 인정하고 있는 DSB에 의한 보복조치의 승인은 피소국의 WTO 협정 의무 위배에 근거한 처벌적 성격을 가지는 경제제재에 해당된다.

③ 제소국은 동일한 분야에서 양허 또는 그 밖의 의무를 정지하는 것이 비현실적이거나 비효과적이라고 간주하는 경우, 동일협정상의 다른 분야에서 양허의 정지를 추구할 수 있으며, 이것이 만족스럽지 않으면 교차보복까지도 허용된다.

④ 제소국이 결정하는 보복수준에 대하여 피소국이 이의를 제기하는 경우, 동 사안은 중재에 회부된다.

해설

난도 ★★

① [○] WTO분쟁해결양해(DSU) 제22조 제1항, 제8항.

② [×] 양허 또는 그 밖의 의무의 정지(보복조치)는 잠정적이며, 대상협정 위반 판정을 받은 조치가 철폐되거나 권고 또는 판정을 이행하여야 하는 회원국이 이익의 무효화 또는 침해에 대한 해결책을 제시하거나 상호 만족할 만한 해결에 도달하는 등의 시점까지만 적용된다(DSU 제22조 제8항).

③ [○] DSU 제22조 제3항

④ [○] DSU 제22조 제6항

답 ②

4. WTO분쟁해결제도(종합)

23 **WTO 「분쟁해결규칙 및 절차에 관한 양해」에 대한 설명으로 옳지 않은 것은?** 20년 7급

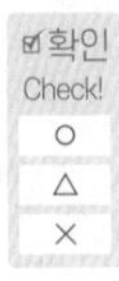

① 회원국에게 패널보고서를 검토할 충분한 시간을 부여하기 위하여 동 보고서는 회원국에게 배포된 날로부터 20일 이내에는 분쟁해결기구(DSB)에서 채택을 위한 심의의 대상이 되지 아니한다.

② 패널의 심의는 공개되지 아니하며, 패널보고서는 제공된 정보 및 행하여진 진술내용에 비추어 분쟁당사자의 참석 없이 작성되고, 개별 패널위원이 패널보고서에서 표명한 의견은 익명으로 한다.

③ 패널 또는 상소기구는 조치가 대상협정에 일치하지 않는다고 결론짓는 경우, 관련 회원국에게 동 조치를 동 대상협정에 합치시키도록 권고하며, 자신의 권고에 추가하여 패널 또는 상소기구는 관련 회원국이 권고를 이행할 수 있는 방법을 제시할 수 있다.

④ DSB는 채택된 권고 또는 판정의 이행상황을 지속적으로 감시하고, 제3국을 제외한 분쟁당사국인 회원국은 권고 또는 판정이 채택된 후 언제라도 그 이행문제를 DSB에 제기할 수 있다.

해설

난도 ★★

① [○] 회원국에게 패널보고서를 검토할 충분한 시간을 부여하기 위하여 동 보고서는 회원국에게 배포된 날로부터 20일 이내에는 분쟁해결기구에서 채택을 위한 심의의 대상이 되지 아니한다(DSU 제16조 제1항).

② [○] 패널의 심의는 공개되지 아니한다(DSU 제14조 제1항). 패널보고서는 제공된 정보 및 행하여진 진술내용에 비추어 분쟁당사자의 참석 없이 작성된다(DSU 제14조 제2항). 개별 패널위원이 패널보고서에서 표명한 의견은 익명으로 한다(DSU 제14조 제3항).

③ [○] 패널 또는 상소기구는 조치가 대상협정에 일치하지 않는다고 결론짓는 경우, 관련 회원국에게 동 조치를 동 대상협정에 합치시키도록 권고한다. 자신의 권고에 추가하여 패널 또는 상소기구는 관련 회원국이 권고를 이행할 수 있는 방법을 제시할 수 있다(DSU 제19조 제1항).

④ [×] 분쟁해결기구는 채택된 권고 또는 판정의 이행상황을 지속적으로 감시한다. 모든 회원국은 권고 또는 판정이 채택된 후 언제라도 그 이행문제를 분쟁해결기구에 제기할 수 있다(DSU 제21조 제6항). 제3국을 제외한 분쟁당사국인 회원국에 한정되지 않고 모든 회원국이 이행문제를 분쟁해결기구에 제기할 수 있다.

답 ④

24 **세계무역기구(WTO) 분쟁해결제도에 대한 설명으로 옳지 않은 것은?** 15년 7급

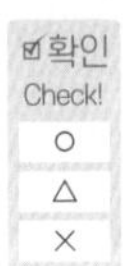

① 1994년도 GATT 제23조 제1항 (b)에 규정된 형태의 비위반제소의 경우 이익의 무효화 또는 침해의 입증책임은 제소국에게 있다.

② 1994년도 GATT 제23조 제1항 (b)에 규정된 형태의 비위반제소의 경우 피제소국은 패소하더라도 GATT/WTO 협정상의 어떤 구체적인 규정을 위반한 것이 아니기 때문에 대상조치를 철회할 의무는 없다.

③ 분쟁당사국뿐만 아니라, 패널의 사안에 대한 실질적 이익을 갖고 있음을 분쟁해결기구에 통고한 제3국도 상소할 수 있다.

④ 분쟁해결기구의 상소기관에 의한 보고서 채택은 역총의제를 적용하기 때문에 그 보고서는 사실상 자동적으로 채택된다고 할 수 있다.

✎해설

난도 ★★

① [○] 위반제소의 경우 대상협정에 따라 부담해야 하는 의무에 대한 위반이 있는 경우, 이러한 행위는 일견 명백한 무효화 또는 침해 사례를 구성하는 것으로 간주되므로(DSU 제3조 제8항), '위반조치'의 존재에 대해서는 제소국이, '상대방 이익의 무효화 · 침해'의 부존재에 대해서는 피제소국이 입증책임을 진다. 이에 반해 1994년도 GATT 제23조 제1항(b)에 규정된 형태의 비위반 제소의 경우 '비위반조치' 및 '상대방 이익의 무효화 · 침해'의 존재 모두에 대해 제소국이 입증책임을 진다.

② [○] 1994년도 GATT 제23조 제1항(b)에 규정된 형태의 비위반제소의 경우 위반조치 자체가 없으므로 위반조치 철회 의무라는 것은 있을 수가 없다.

③ [×] 분쟁당사자만이 패널보고서에 대하여 상소할 수 있으며 제3자는 상소할 수 없다(DSU 제17조 제4항).

④ [○] 상소기구보고서가 회원국에게 배포된 후 30일 이내에 분쟁해결기구가 컨센서스로 동 보고서를 채택하지 아니하기로 결정하지 아니하는 한, 분쟁해결기구는 이를 채택하며 분쟁당사자는 동 보고서를 무조건 수락한다(DSU 제17조 제14항). 모든 국가가 반대하지 않는 한(한 국가만이라도 찬성하면) 통과가 되는 역총의제가 적용되므로 사실상 자동적으로 채택되게 된다.

답 ③

25 **세계무역기구(WTO) 분쟁해결제도에 대한 설명으로 옳지 않은 것은?** 14년 7급

① 패널에서의 변론 절차와 상소 절차는 공개회의로 진행된다.

② 사무총장이 직권으로 패널위원을 임명해야 하는 경우 분쟁해결기구의 장 등과 협의하여야 한다.

③ WTO 상소기구의 검토 범위는 패널보고서에서 다루어진 법률문제 및 패널이 행한 법률 해석에 국한된다.

④ 패널보고서의 이행과 관련하여 당사국 간에 만족할 만한 보상합의가 이루어지지 않는 경우 제소국은 협정상의 양허나 다른 의무를 정지시킬 수 있다.

✎해설

난도 ★★

① [×] 패널의 심의는 공개되지 아니한다(DSU 제14조). 상소기구의 심의과정은 공개되지 아니한다(DSU 제17조 제10항).

② [○] 패널설치일로부터 20일 이내에 패널위원 구성에 대한 합의가 이루어지지 아니하는 경우, 사무총장은 일방 분쟁당사자의 요청에 따라 분쟁해결기구 의장 및 관련 위원회 또는 이사회의 의장과의 협의를 거쳐 분쟁에서 문제가 되고 있는 대상협정의 특별 또는 추가적인 규칙이나 절차에 따라 분쟁당사국과 협의 후 가장 적합하다고 생각되는 패널위원을 임명함으로써 패널의 구성을 확정한다(DSU 제8조 제7항).

③ [○] 상소는 패널보고서에서 다루어진 법률문제 및 패널이 행한 법률해석에만 국한된다(DSU 제17조 제6항).

④ [○] 합리적인 기간이 종료된 날로부터 20일 이내에 만족할 만한 보상에 대하여 합의가 이루어지지 아니하는 경우, 분쟁해결절차에 호소한 분쟁당사자는 대상협정에 따른 양허 또는 그 밖의 의무를 관련 회원국에 대해 적용을 정지하기 위한 승인을 분쟁해결기구에 요청할 수 있다(DSU 제22조 제2항). 제2항에 규정된 상황이 발생할 때에 분쟁해결기구는 요청이 있는 경우, 분쟁해결기구가 콘센서스로 동 요청을 거부하기로 결정하지 아니하는 한, 합리적 기간의 종료로부터 30일 이내에 양허 또는 그 밖의 의무의 정지를 승인한다(DSU 제22조 제6항).

답 ①

26 **세계무역기구(WTO)의 분쟁해결제도에 대한 설명으로 옳지 않은 것은?** 12년 9급

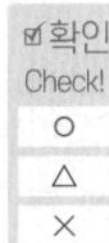

① 제소국의 일방적인 패널설치요청으로 패널이 설치된다.
② 제소국은 협의를 요청한 후 60일 이전이라도 패널설치를 요구할 수 있다.
③ 패널설치는 모든 회원국이 반대하지 아니하는 한 자동적으로 설치된다.
④ 패널설치 이후에는 주선, 중개, 조정절차를 이용할 수 없다.

해설
난도 ★★
① [○] DSU 제4조 제3항 · 제7항 · 제8항, 제6조 제1항. 협의요청국은 협의요청을 접수한 회원국이 협의에 응하지 않거나 협의를 통한 분쟁해결에 실패한 경우 패널설치를 요청할 수 있으며, 패널설치를 요청하면 역총의제로 패널이 설치되므로 사실상 자동적으로 패널이 설치된다고 할 수 있다.
② [○] 협의당사자가 협의를 통한 분쟁해결에 실패했다고 공동으로 간주하는 경우, 제소국은 위의 60일 기간 중에 패널의 설치를 요청할 수 있다(DSU 제4조 제7항 2문).
③ [○] 제소국이 요청하는 경우, 패널설치요청이 의제로 상정되는 첫 번째 분쟁해결기구 회의에서 컨센서스로 패널을 설치하지 아니하기로 결정하지 아니하는 한, 늦어도 그 분쟁해결기구 회의의 다음 번에 개최되는 분쟁해결기구 회의에서 패널이 설치된다(DSU 제6조 제1항). 패널설치에 역총의제가 적용되므로 사실상 자동적으로 설치된다고 할 수 있다.
④ [×] 분쟁당사자가 합의하는 경우, 주선, 조정 또는 중개절차는 패널과정이 진행되는 동안 계속될 수 있다(DSU 제5조 제5항).

답 ④

27 **세계무역기구(WTO) 분쟁해결제도에 대한 설명 중 옳지 않은 것은?** 09년 7급

확인 Check! ○ △ ×

① 패널절차의 각 단계별로 엄격한 시한을 설정하여 패널절차의 신속성 및 효율성을 도모하고 있다.
② 개도국과 최빈국은 '분쟁해결절차 및 규칙에 관한 양해'(DSU)의 적용에 있어 특별한 고려를 받고 있다.
③ 무역정책검토제도는 '분쟁해결절차 및 규칙에 관한 양해'(DSU)의 대상협정(covered agreements)에 포함된다.
④ 패널의 심의(deliberation)는 공개되지 아니하며, 패널보고서에 표명된 개별 패널위원의 의견은 익명으로 한다.

해설
난도 ★★
① [○] 협의 이후 패널, 상소, 권고 및 판정의 이행에 이르기까지 분쟁해결절차의 각 단계별로 구체적인 시한을 설정하고 있다.
② [○] DSU 제24조에서는 최빈개도국회원국에 대한 특별절차를 두고 있으며, 제3조 제12항, 제4조 제10항, 제8조 제10항, 제12조 제10항, 제11항, 제21조 제2항, 제7항, 제8항, 제27조 제2항 등에서 개발도상 회원국과 관련된 별도의 규정을 두고 있다.
③ [×] 이 양해의 규칙 및 절차는 이 양해의 부록 1에 연결된 협정(이하 '대상협정'이라 한다)의 협의 및 분쟁해결규정에 따라 제기된 분쟁에 적용된다(DSU 제1조 제1항).
④ [○] 패널의 심의는 공개되지 아니한다(DSU 제14조 제1항). 개별 패널위원이 패널보고서에서 표명한 의견은 익명으로 한다(DSU 제14조 제3항).

더 알아보기 DSU 부록 1 – 이 양해의 대상이 되는 협정

가. 세계무역기구 설립을 위한 협정
나. 다자간무역협정
 – 부속서 1가 : 상품무역에관한다자간협정
 – 부속서 1나 : 서비스무역에관한일반협정
 – 부속서 1다 : 무역관련지적재산권에관한협정
 – 부속서 2 : 분쟁해결규칙및절차에관한양해
다. 복수국간무역협정
 – 부속서 4 : 민간항공기무역에관한협정, 정부조달에관한협정, 국제낙농협정(1997년 삭제), 국제우육협정(1997년 삭제)

답 ③

28 **'분쟁해결규칙 및 절차에 관한 양해(DSU)'에 대한 설명으로 옳지 않은 것은?** 09년 9급

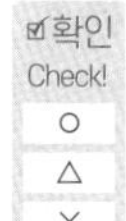

① 분쟁해결기구(DSB)의 일차적인 의사결정방법은 총의제이고 총의가 이루어지지 않는 경우 표결에 의한다.
② 보상 및 양허 또는 그 밖의 의무의 정지는 권고 및 판정이 합리적인 기간 내에 이행되지 않는 경우 취할 수 있는 잠정적인 조치이다.
③ 대상협정에 따라 부담해야 하는 의무에 대한 위반이 있는 경우, 이러한 행위는 일견 명백한 무효화 또는 침해를 구성하는 것으로 간주된다.
④ 상설상소기구(SAB)의 심리는 패널보고서에서 다루어진 법률문제 및 패널이 행한 법률해석에 국한된다.

해설
난도 ★★
① [×] 이 양해의 규칙 및 절차에 따라 분쟁해결기구가 결정을 하여야 하는 경우 컨센서스에 의한다(DSU 제2조 제4항). 「WTO설립협정」상의 의사결정 방식은 컨센서스를 원칙으로 하고 컨센서스가 이루어지지 않는 경우에는 표결에 의하도록 규정하고 있지만(WTO설립협정 제9조 제1항), DSU는 '컨센서스'에 관한 규정만을 두고 있다.
② [○] 보상 및 양허 또는 그 밖의 의무의 정지는 권고 및 판정이 합리적인 기간 내에 이행되지 아니하는 경우 취할 수 있는 잠정적인 조치이다(DSU 제22조 제1항).
③ [○] 대상협정에 따라 부담해야 하는 의무에 대한 위반이 있는 경우, 이러한 행위는 일견 명백한 무효화 또는 침해 사례를 구성하는 것으로 간주된다(DSU 제3조 제8항).
④ [○] 상소는 패널보고서에서 다루어진 법률문제 및 패널이 행한 법률해석에만 국한된다(DSU 제17조 제6항).

답 ①

29 세계무역기구(WTO)의 분쟁해결제도에 대한 설명으로 옳지 않은 것은?

08년 7급

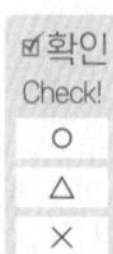

① WTO회원국간 무역분쟁이 발생하는 경우, 분쟁당사국 간 별도의 합의가 없어도 관할권이 성립한다.
② WTO는 국제사법재판소(ICJ)와 달리 상소제도를 두고 있다.
③ WTO분쟁해결제도는 선례구속의 원칙을 인정하고 있다.
④ WTO회원국의 피해기업은 WTO에 직접 제소할 수 없다.

해설

난도 ★★

① [○] 이 양해의 규칙 및 절차는 이 양해의 부록 1에 연결된 협정(대상협정)의 협의 및 분쟁해결규정에 따라 제기된 분쟁에 적용된다. 또한 이 양해의 규칙 및 절차는 세계무역기구설립을위한협정(세계무역기구협정) 및 이 양해만을 고려하거나 동 협정 및 양해를 다른 대상협정과 함께 고려하여 세계무역기구협정 및 이 양해의 규정에 따른 회원국의 권리 · 의무에 관한 회원국 간의 협의 및 분쟁해결에 적용된다(DSU 제1조 제1항). 회원국 간에는 별도의 합의가 없어도 협의요청과 협의실패시의 패널설치 요청이 가능하다.
② [○] WTO분쟁해결제도는 패널절차와 상소절차의 2심제로 운영된다. DSU 제17조에서 상소절차에 관한 규정을 두고 있다.
③ [×] WTO분쟁해결제도는 선례구속의 원칙이 인정되지 않는다.
④ [○] WTO회원국만이 DSB에 분쟁을 회부할 수 있다. 비회원국과 사인은 회원국들의 동의를 받더라도 당사자적격이 없다.

답 ③

30 국제사법재판소(ICJ)절차와 세계무역기구(WTO) 분쟁해결절차의 차이점에 대한 설명 중 옳지 않은 것은?

09년 7급

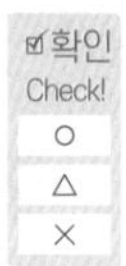

① ICJ는 단심절차인데 반해 WTO는 2심절차를 두고 있다.
② ICJ 재판관의 수는 WTO 상소기구(Appellate Body) 위원의 수보다 적다.
③ ICJ는 WTO와는 다르게 임시국적재판관(national ad hoc judge) 제도를 두고 있다.
④ 강제관할권 확보의 측면에서는 WTO 분쟁해결절차가 ICJ 절차보다 강화되어 있다.

해설

난도 ★★

① [○] 판결은 종국적이며 상소할 수 없다(ICJ규정 제60조). ICJ는 단심제인 데 반해 WTO분쟁해결절차는 패널절차(DSU 제6조~제16조)와 상소절차(DSU 제17조)의 2심제로 운영된다.
② [×] 재판소는 15인의 재판관으로 구성된다(ICJ규정 제3조 제1항). 분쟁해결기구는 상설상소기구를 설치한다. 상소기구는 패널사안으로부터 상소를 심의한다. 동 기구는 7인으로 구성되며, 이들 중 3인이 하나의 사건을 담당한다(DSU 제17조 제1항). ICJ정규재판관 수는 15인, WTO상소기구 위원 수는 7인이므로 ICJ재판관 수가 WTO상소기구 위원의 수보다 많다.
③ [○] 재판소가 그 재판관석에 당사자 중 1국의 국적재판관을 포함시키는 경우에는 다른 어느 당사자도 재판관으로서 출석할 1인을 선정할 수 있다(ICJ규정 제31조 제2항). ICJ에는 임시재판관인 국적재판관 제도가 있는 반면, WTO분쟁해결절차에서는 원칙적으로 국적패널위원은 불가능하다.
④ [○] ICJ는 임의관할권을 원칙으로 하지만(ICJ규정 제36조 제1항), WTO는 일방이 패널설치를 요청하면 역총의제로 패널이 설치되므로(DSU 제6조 제1항) 사실상 강제관할권이 인정된다.

답 ②

31 1994년 관세와 무역에 관한 일반협정(GATT)의 기본원칙이 아닌 것은? 18년 9급

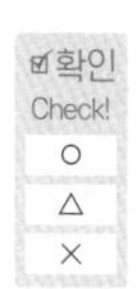

① 관세장벽의 강화 ② 비관세장벽의 철폐
③ 최혜국대우 ④ 내국민대우

해설

난도 ★★

1994 GATT의 기본원칙에는 최혜국대우원칙, 내국민대우원칙, 투명성원칙, 다자주의, 관세양허의 원칙, 수량제한금지의 원칙 등이 있다. 이들 내용에 비관세장벽의 철폐는 포함되지만 관세장벽의 강화는 포함되지 않는다.

답 ①

32 세계무역기구(WTO)의 비차별주의 및 예외에 대한 설명으로 옳지 않은 것은? 17년 9추

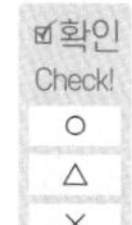

① 최혜국대우는 수입품들 간의 비차별이고 내국민대우는 수입품과 국산품에 대한 비차별을 의미한다.
② 회원국들이 자유무역협정이나 관세동맹을 맺는 경우 그 회원국에는 최혜국대우 의무의 예외가 인정된다.
③ 분쟁해결절차에서 비차별주의 위반에 대하여는 일반적으로 피소국이 입증책임을 진다.
④ 국가가 건강보호를 위하여 수입제한조치를 취하는 경우에도 자의적인 조치는 금지된다.

해설

난도 ★★

① [○] 비차별주의에는 최혜국대우 원칙과 내국민대우 원칙이 포함된다. 최혜국대우 원칙은 차별여부의 비교대상이 외국인·외국상품 대 다른 외국인·외국상품이고, 내국민대우 원칙은 차별여부의 비교대상이 내국인·내국상품 대 외국인·외국상품이다.
② [○] GATT 제24조에서는 관세동맹이나 자유무역지역 형성을 위한 협정에 대해 규정하고 있으며, 이러한 협정이 체결되는 경우 최혜국대우 원칙에 대한 예외가 인정된다.
③ [×] DSU 제26조 제1항에서는 회원국이 대상협정을 위반한 경우에 제소하는 '위반제소'에 대하여 규정하고 있는바, 제26조 제1항 가호에서 "제소국은 관련 대상협정과 상충하지 아니하는 조치에 관한 제소를 변호하는 상세한 정당한 사유를 제시한다."라고 규정하여 제소사유가 된 피소국의 위반조치에 대한 입증책임이 제소국에게 있음을 규정하고 있다.
④ [○] GATT 제20조 (b)호에서는 협정의 규정이 '인간, 동물 또는 식물의 생명 또는 건강을 보호하기 위하여 필요한 조치'를 채택하거나 실시하는 것을 방해하지 않는다고 규정하고 있으면서도, 그러한 조치를 동일한 조건하에 있는 국가 간에 임의적이며 불공평한 차별의 수단 또는 국제무역에 있어서의 위장된 제한을 과하는 방법으로 적용하지 아니하도록 규정하고 있다.

더 알아보기 GATT

제20조【일반적 예외】
본 협정의 어떠한 규정도 체약국이 다음의 조치를 채택하거나 실시하는 것을 방해하는 것으로 해석되어서는 아니된다. 다만, 그러한 조치를 동일한 조건하에 있는 국가간에 임의적이며 불공평한 차별의 수단 또는 국제무역에 있어서의 위장된 제한을 과하는 방법으로 적용하지 아니할 것을 조건으로 한다.
(b) 인간, 동물 또는 식물의 생명 또는 건강을 보호하기 위하여 필요한 조치.

답 ③

33 **세계무역기구(WTO)협정에 따른 최혜국 대우 의무의 정당한 예외사유가 아닌 것은?** 14년 7급

① 개발도상국으로부터 수입되는 물품에 대해서만 특혜 관세를 부여하는 경우
② 문화적 다양성의 보호를 이유로 외국 영화의 상영관 수를 제한한 경우
③ 국제평화와 안보의 유지 그리고 자국의 국가안보를 위해 필요한 경우
④ 자유무역협정 체약국에서 생산된 수입 물품에 대해서만 무관세 대우를 부여하는 경우

해설

난도 ★★★

① [○] 개발도상국의 수출소득의 확대 및 개발촉진을 목적으로 한 개발도상국에 대한 관세상의 특혜조치로서 선진국이 개발도상국 상품에 대해 최혜국대우에 의거한 관세율보다 낮은 관세율을 적용하여 선진국이 개발도상국에게 부여하는 특혜를 일반특혜관세제도(GSP)라고 한다. GSP는 GATT 자체에는 명문의 규정이 없으나, 국제연합무역개발회의(UNCTAD)에서 오랜 작업 끝에, 1971년 5월 25일 GATT 체약국단이 GATT 제1조(일반적 최혜국대우)의 의무면제(waiver)를 승인함으로써 10년 동안 GSP를 한시적으로 운용하도록 하였으며, 1979년 11월 28일 도쿄라운드에서 '특별대우에 관한 결정'의 권능부여 조항에 따라 제도화되었다.
② [×] GATT 제3조 제10항에서는 스크린쿼터의 운영과 관련하여 수입영화필름에 대하여 차별하는 것은 내국민대우 의무의 예외사항으로 인정하고 있다.
③ [○] GATT 제21조와 GATS 제14조의2에서는 안보상의 예외에 관한 규정을 두고 있다.
④ [○] GATT 제24조에서는 자유무역지역을 형성하는 협정을 인정하고 있으며, 이러한 협정의 체약국 상호간에는 무관세 대우를 부여하는 것도 가능하다.

답 ②

34 **X국, Y국, Z국은 WTO 회원국이고, Y국과 Z국은 WTO 정부조달협정에 가입하였다. X국과 Y국은 각각 정부조달 설비자재구매입찰의 참여를 자국 기업으로 제한하여 Z국 기업의 입찰참여가 좌절되었다. 이에 대한 설명으로 옳은 것은?** 12년 7급

☑확인 Check! ○ △ ×

① X국과 Y국 모두 정부조달협정위반이다.
② X국과 Y국 모두 GATT 제Ⅲ조(내국민대우) 위반이다.
③ X국은 GATT 제Ⅲ조 위반이 아니다.
④ Y국은 정부조달협정 위반이 아니다.

해설
난도 ★★
① [×], ② [×], ③ [○], ④ [×] X국은 WTO회원국이지만 별도로 가입하여야만 적용을 받는 복수국간무역협정들 중 하나인 정부조달협정에는 가입하지 않았으므로 정부조달협정의 규정은 X국에게는 적용되지 않는다. 따라서 X국에게 있어서 정부조달협정 위반 여부는 문제가 될 수 없으며, 정부조달에 있어서 내국민을 우대하는 것은 GATT 제3조 제8항 (a)호에서 '내국민대우 원칙'에 대한 예외로 인정하고 있으므로 GATT상의 내국민대우 위반에도 해당되지 않는다. Y국은 WTO회원국이면서 정부조달협정에도 가입하였으므로, 정부조달협정의 규정은 Y국에게 적용이 된다. 따라서 Y국에게는 정부조달협정 위반의 문제가 발생할 수 있으며, 정부조달협정 제3조에서 별도로 '내국민대우 및 무차별'에 관하여 규정하고 있으므로, Y국이 정부조달에 있어서 내국민을 우대하는 것은 GATT 제3조의 내국민 대우 위반은 아닐지라도, 정부조달협정상의 내국민 대우 규정 위반은 될 수 있다.

답 ③

35 **GATT의 최혜국대우(MFN)에 대한 설명으로 옳지 않은 것은?**

① 최혜국대우원칙은 동종상품(like products)에 대하여 적용된다.
② 최혜국대우원칙은 상품의 수입뿐만 아니라 수출에도 적용된다.
③ 자유무역협정의 경우 최혜국대우원칙의 예외로 인정된다.
④ 최혜국대우원칙 조항의 개정을 위해서는 WTO 회원국의 컨센서스(consensus)가 요구된다.

해설
난도 ★★
① [○] GATT상의 최혜국대우원칙은 동종상품(like product)에 대하여 적용된다.
② [○] GATT상의 최혜국대우원칙은 수입뿐만 아니라 수출에 대하여도 적용되며, 관세 · 과징금 및 이들의 부과방법, 수출입 관련 모든 규칙 및 절차, 내국세 및 국내규제에 대하여 적용된다.
③ [○] GATT 제24조에서는 최혜국대우원칙에 대한 예외로서 관세동맹 및 자유무역지대에 대하여 규정하고 있다.
④ [×] GATT 제1조 최혜국대우 규정에 대한 개정은 모든 회원국이 수락하는 경우에만 발효한다(WTO설립협정 제10조 제2항 참조). 컨센서스가 아니라 만장일치를 요한다.

답 ④

36 **다음은 세계무역기구(WTO)의 GATT 1994 협정의 내용에 대한 설명이다. 괄호 안에 들어갈 말로 옳게 짝지어진 것은?** 13년 9급

☑확인 Check! ○ △ ×

> GATT협정은 상품무역의 자유화를 추구하는 점에서 서비스무역의 자유화를 추구하는 (㉠)협정과 구별된다. GATT협정은 국내시장에서 외국상품과 내국상품의 경쟁조건을 동등하게 하기 위하여 내국세 등의 부과와 국내법의 적용에 있어 동종의 국내상품보다 수입상품이 불리하지 않게 대우해야 하는 (㉡)원칙과 수입상품 간에 차별적 대우를 금지하는 (㉢)원칙을 규정하고 있다. (㉡) 원칙은 동종제품(like product) 외에 (㉣)에도 적용된다.

	㉠	㉡	㉢	㉣
①	GATS	내국민대우	최혜국대우	직접적으로 경쟁관계이거나 대체적인 제품
②	TRIPS	공정무역	내국민대우	경쟁관계이고 대체적인 제품
③	TRIMS	최혜국대우	공정무역	경쟁관계이고 대체적인 제품
④	SPS	내국민대우	최혜국대우	직접적으로 경쟁관계이거나 대체적인 제품

해설

난도 ★★★

㉠ 서비스무역의 자유화를 추구하는 '서비스무역에 관한 일반협정'은 GATS(General Agreement on Trade in Services)다.

㉡ GATT상의 내국민대우는 각 회원국이 수입상품에 대한 내국세 및 무역 관련 국내규칙의 적용에 있어 국내의 동종상품과 무조건적으로 동등한 대우를 부여하는 것을 말한다.

㉢ GATT상의 최혜국대우란 한 국가가 동종상품에 대하여 관세, 통관, 수출 · 수입에 관한 규칙 및 절차 등 국제교역관계에 있어서 특정 국가에 부여하고 있는 제 조건보다도 불리하지 않은 조건을 다른 국가들에게도 부여하는 것을 말한다.

㉣ GATT상의 내국민대우원칙은 원칙적으로 동종상품에 대하여 적용된다. 단, 조세부과 문제에 있어서는 '직접경쟁 또는 대체상품관계'에까지 적용된다.

답 ①

37 **1994년 관세와 무역에 관한 일반협정(GATT) 의 내국민대우 원칙에 대한 설명으로 옳지 않은 것은?** 17년 9급

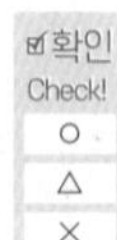

① 내국민대우 원칙은 수입관세, 내국세, 내국과징금 및 국내법규 등의 조치와 관련하여 적용된다.

② 내국민대우 원칙은 동종의 국내제품과 수입제품에 대한 법률상의 차별뿐만 아니라 사실상의 차별도 금지한다.

③ 내국민대우 원칙은 내국세 및 내국과징금에 대하여 국내제품과 직접적 경쟁관계에 있거나 대체가 가능한 수입제품까지 확대되어 적용된다.

④ 수입영화와 국산영화 간의 일정한 조건에 따른 차별조치인 스크린쿼터제는 내국민대우 원칙의 예외에 해당한다.

✎해설

난도 ★★★

① [×] 내국민대우 원칙은 수입관세에는 적용될 소지가 없다.

② [○], ③ [○] 내국민대우 원칙은 원칙적으로 동종상품에 대하여 적용되지만, 재정조치(조세, 과징금)에 있어서는 '직접경쟁 또는 대체(directly competitive or substitutable) 상품'에까지 적용된다. 국내제품과 수입제품과의 차별금지에서 차별은 법률에 의하여 정식으로 차별하는 경우뿐만 아니라 사실상의 차별도 포함한다.

④ [○] GATT 제4조에서 내국민대우 원칙에 대한 예외로서 일정 기간 이상의 국산영화 상영을 요구하는 스크린쿼터에 관한 규정을 두고 있다.

답 ①

38 **K국은 소주에 대해서는 30%의 세율을, 위스키에 대해서는 100%의 세율을 부과하고 있다. K국 내에서 소주는 K국 업체들에 의해 전량 제조되고, 위스키는 A국과 B국 업체들로부터 전량 수입되고 있다. K국, A국 및 B국은 모두 WTO 회원이다. A국과 B국이 K국을 WTO에 제소할 경우, WTO 협정상 의무위반의 근거 규정으로 옳은 것은?(다툼이 있는 경우 WTO 패널 판정에 의함)** 16년 7급

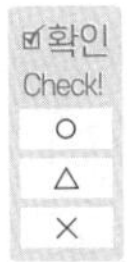

① GATT 제1조상 최혜국대우

② GATT 제2조상 관세양허약속

③ GATT 제3조상 내국민대우

④ GATT 제12조상 국제수지의 보호를 위한 제한

✎해설

난도 ★★

① K국은 B국으로부터 수입하는 위스키와 A국으로부터 수입하는 위스키에 대하여 동등하게 대우하였으므로 최혜국대우 원칙을 위반한 것은 아니다.

② K국은 수입위스키에 대하여 약속한 관세를 부과하였다면 관세양허의 원칙을 위반한 것은 아니나, 위 사안에는 관세양허에 관한 구체적인 내용이 없으므로 관세양허의 원칙을 위반한 것인지는 알 수 없다.

③ K국은 자국상품인 소주를 수입상품인 A국과 B국으로부터 수입되는 위스키보다 우대하였으므로 내국민대우 원칙을 위반한 것이다.

④ GATT 제12조에서는 '수량제한금지 원칙'에 대한 예외로서 '국제수지의 보호를 위한 제한'을 규정하고 있다. '수량제한금지의 원칙'은 수입 · 수출에 있어서 '관세, 조세, 과징금'을 제외한 금지 또는 제한을 설정하거나 유지해서는 안된다는 원칙으로서, 위 사안의 경우 관세 이외에 다른 조치가 없었으므로 수량제한금지 원칙과는 관계가 없다.

답 ③

39 **세계무역기구(WTO) 회원 중에는 자국에서 제작된 영화필름에 대해서는 연간 최저 상영 일수를 규정하여 동 일수 이상의 기간 동안 의무 상영을 보장하도록 하는 소위 스크린쿼터를 시행하고 있다. WTO협정상 이러한 스크린쿼터의 직접적인 허용 근거는?** 13년 7급

☑확인 Check! ○ △ ×

① GATT 제20조 (a)호상 공중도덕을 보호하기 위해 필요한 조치
② GATT 제12조상 국제수지의 보호를 위한 제한
③ GATT 제11조 제2항상 수량제한의 일반적 철폐에 대한 예외
④ GATT 제3조 제10항상 내국민대우에 대한 예외

해설

난도 ★

GATT 제3조에서 내국민대우를 규정하면서 내국민대우 원칙에 대한 예외로서 GATT 제3조 제10항에서 '스크린쿼터'에 관한 규정을 두고 있다.

더 알아보기 GATT

제3조【내국과세 및 규칙에 관한 내국민대우】

⑩ 본 조의 규정은 체약국이 노출영화 필림에 관한 내국의 수량적 규칙으로서 제4조의 요건을 충족하는 규칙을 설정 또는 유지하는 것을 방해하지 아니한다.

답 ④

40 **WTO의 내국민대우원칙에 대한 설명으로 옳지 않은 것은?** 11년 7급

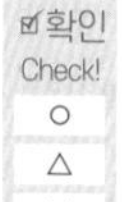

① 수입품의 국내판매, 운송, 분배 등에 영향을 미치는 모든 법규 및 요건에 관하여 동종의 국내제품에 부여하고 있는 대우보다 불리하지 아니한 대우를 부여하여야 한다.
② 특정 제품의 혼합, 가공, 사용에 자국산 원료의 일정수량 또는 비율이 직접 · 간접으로 포함되어야 한다는 수량규제는 내국민대우원칙에 위배된다.
③ WTO 회원국의 상품이 다른 회원국에 수입될 경우 수입국 내의 동종상품에 부과되는 조세 또는 기타 부과금을 초과하여(in excess of) 수입품에 대해 과세하지 말 것을 요구하고 있고, 수입품과 직접 경쟁 또는 대체상품에 대해서는 비슷하게(similarly) 과세할 것을 요구하고 있다.
④ 1970년 '국경과세조정보고서' 이래로 GATT/WTO 패널은 제품의 물리적 특성이나 성질, 제품의 최종 소비용도 및 소비자의 기호나 습관 등을 모두 고려하여 동종상품인지 여부를 판단하였다.

해설

난도 ★★★

① [○], ② [○] 체약국은 내국세, 기타 내국과징금과 산품의 국내판매, 판매를 위한 제공, 구매, 수송, 분배 또는 사용에 영향을 주는 법률, 규칙 및 요건, 그리고 특정한 수량 또는 비율의 산품의 혼합, 가공 또는 사용을 요구하는 내국의 수량적 규칙은 국내생산을 보호하기 위하여 수입산품 또는 국내산품에 대하여 적용하여서는 아니된다는 것을 인정한다(GATT 제3조 제1항).

③ [○] 체약국 영역의 산품으로서 다른 체약국의 영역에 수입된 산품은 동 국내에서의 판매, 판매를 위한 제공, 구입, 수송, 분배 또는 사용에 관한 모든 법률, 규칙 및 요건에 관하여 국내 원산의 동종 산품에 부여하고 있는 대우보다 불리하지 아니한 대우를 부여하여야 한다. 본 항의 규정은 교통수단의 경제적 운영에 전적으로 입각하였으며 산품의 원산국을 기초로 하지 아니한 차별적 국내 운송요금의 적용을 방해하지 아니한다(GATT 제3조 제4항).

④ [×] 동종상품 판단기준에 대해서는 '제품성질설', '목적효과설', '시장기반설' 등이 있다. 1970년 '국경과세조정보고서'상의 객관적 요소인 제품의 물리적 특성과 성질, 구성성분, 제조방법, 최종용도 등을 고려하여 동종성 여부를 판정하는 것은 제품성질설(상품성질설)에 근거한 것이다. 그러나 1992년 '미국-맥아'(US-Malt Beverages) 사건과 '미국-자동차'(US-Taxes on Automibiles/미채택) 사건에서는 '목적효과설'이 원용되기도 하였으므로 위 지문은 틀린 것이 된다.

답 ④

41 1994년 관세 및 무역에 관한 일반협정(GATT1994)상의 내국민대우원칙에 대한 설명으로 옳지 않은 것은?

10년 지방

① 국내생산자들에게만 보조금을 지급하는 것은 금지된다.

② 정부조달을 규율하는 규정, 법률 및 요건에는 내국민대우 원칙에 대한 예외가 인정된다.

③ 수입품과 국산품이 동종상품(like product)인 경우, 국산품에 부과되는 내국세보다 높은 내국세를 수입품에 부과해서는 안된다.

④ 내국민대우원칙은 차별을 금지한다는 점에서 최혜국대우원칙과 공통점을 갖는다.

해설

난도 ★★

① [×] 본 조(내국과세 및 규칙에 관한 내국민대우)의 규정은 본 조의 규정에 합치하여 부과하는 내국세 또는 내국과징금에 의한 수입과 국내상품의 정부구매에 의하여 생기는 보조를 포함하여 국내 생산업자에 한하여 보조금을 지불함을 방해하지 아니한다(GATT 제3조 제8항 (b)호). 내국민대우 원칙에 대한 예외로서 국내생산업자에 대한 보조금 지급에 있어 우대조치가 인정된다.

② [○] 본 조(내국과세 및 규칙에 관한 내국민대우)의 규정은 상업적 재판매를 위하여서나 상업적 판매를 위한 재화의 생산에 사용하지 아니하고 정부기관이 정부용으로 구매하는 산품의 조달을 규제하는 법률, 규칙, 또는 요건에는 적용되지 아니한다(GATT 제3조 제8항 (a)호). 정부조달의 경우에는 내국민대우 원칙에 대한 예외가 인정된다.

③ [○] 다른 체약국의 영역 내에 수입된 체약국 영역의 산품에 대하여는 동종의 내국산품에 직접 또는 간접으로 부과되는 내국세 또는 기타 모든 종류의 내국과징금을 초과하는 내국세 또는 기타 모든 종류의 내국과징금을 직접 또는 간접으로 부과하여서는 아니 된다. 또한, 체약국은 본 조 제1항에 규정된 원칙에 위배되는 방법으로 내국세 또는 기타 내국과징금을 수입산품 또는 국내산품에 부과하여서는 아니된다(GATT1994 제3조 제2항).

④ [○] 내국민대우원칙과 최혜국대우원칙을 포함하여 비차별주의라고 한다. 내국민대우 원칙은 내국인과 외국인 또는 국내상품과 외국상품 간에 차별을 금지하는 것이며, 최혜국대우 원칙은 외국인과 다른 외국인 또는 외국상품과 다른 외국상품의 차별을 금지하는 것이다. 내국민대우 원칙과 최혜국대우 원칙 모두 차별을 금지한다는 점에서는 공통적이다.

답 ①

42 「관세와 무역에 관한 일반협정(GATT)」상 금지되는 수량제한조치에 해당하는 것만을 모두 고르면? 19년 7급

☑확인 Check! ○ △ ×

ㄱ. 수출입할당
ㄴ. 수출입허가
ㄷ. 최저수입가격제도
ㄹ. 매년 자동 갱신되는 수입면허제도
ㅁ. 국내 판매에 영향을 주는 법령
ㅂ. 국내 농수산물 시장을 안정시키기 위한 조치

① ㄱ, ㄴ, ㄷ
② ㄱ, ㄴ, ㄹ
③ ㄷ, ㄹ, ㅁ
④ ㄷ, ㄹ, ㅂ

해설

난도 ★★★

GATT 제11조에서 명시하고 있는 내용이다.

더 알아보기 관세와무역에관한일반협정

제11조【수량제한의 일반적 폐지】

체약국은 다른 체약국 영역의 산품의 수입에 대하여 또는 다른 체약국 영역으로 향하는 산품의 수출 또는 수출을 위한 판매에 대하여, 할당제나 수입허가 또는 수출허가 또는 기타 조치에 의거하거나를 불문하고 관세, 조세 또는 기타 과징금을 제외한 금지 또는 제한을 설정하거나 유지하여서는 아니 된다.

답 ①

43 1994년 관세와 무역에 관한 일반협정(GATT)상 수입 상품에 대하여 수량제한을 할 수 없는 경우에 해당하는 것은? 10년 7급

☑확인 Check! ○ △ ×

① 현재 국내에서 공급이 과잉된 상품이 수입되고 있다.
② 대외지불통화의 준비가 현저하게 감소하여 국제수지의 심각한 불균형을 초래하였다.
③ 예측하지 못한 사태로 인하여 특정 상품이 자국의 동종상품 생산자에게 중대한 손해를 입힐 정도로 많이 수입되고 있다.
④ 공중도덕에 유해한 상품이 수입되고 있다.

해설

난도 ★★★

1994GATT 제11조 제1항에서는 수량제한금지원칙에 관한 일반적 규정을 두고, 이에 대한 예외규정을 제11조 제2항, 제12조에서 규정하고 있다.

① [×] 1994GATT 제11조 제2항 (c)(ⅱ)호에서는, 농업 또는 어업 산품에 대하여 산품의 일시적인 과잉상태를 제거하기 위하여 무상 또는 당시의 시장가격보다 낮은 가격으로 일정한 국내소비자의 집단에 제공하는 방법으로 수입제한의 방법을 사용하는 것은 '수량제한금지 원칙'의 예외로서 인정하고 있는바, 이는 '농업 또는 어업 산품'에 한정되는 것이며, 모든 공급과잉상품에 적용되는 것은 아니다.

② [○] 1994GATT 제12조에서는 체약국이 자국의 대외 자금사정과 국제수지를 보호하기 위하여 수입허가 상품의 수량 또는 가액을 제한할 수 있도록 규정하고 있다.

③ [○] 1994GATT 제19조에서는 '동종산품 또는 직접적 경쟁산품의 국내생산자에 대하여 중대한 손해를 주거나 손해를 줄 우려가 있을 정도로 수입이 증가하였을 때'에는 협정상 의무의 전부 또는 일부를 정지하거나 또는 양허를 철회 또는 수정할 수 있도록 규정하고 있는바, 이에 따라 '수량제한금지원칙'에 따른 의무도 제한될 수 있다.

④ [○] 1994GATT 제20조 (a)호에서는 '공중도덕을 보호하기 위하여 필요한 조치'를 '일반적 예외'로 규정하고 있는바, 이에 따라 '수량제한금지원칙'에 대한 예외도 인정된다.

답 ①

44 「관세 및 무역에 관한 일반협정(GATT)」 제24조에 대한 설명으로 옳지 않은 것은?

20년 9급

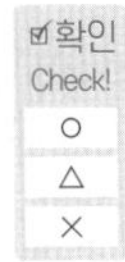

① 관세동맹 구성 영토 간의 실질적으로 모든 무역에 관하여 또는 적어도 동 영토를 원산지로 하는 상품의 실질적으로 모든 무역에 관하여 관세 및 그 밖의 제한적인 상거래 규정은 철폐된다.

② 자유무역지역의 비당사자인 체약당사자와의 무역에 대하여 자유무역지역 창설 시에 부과되는 관세는 동 지역의 형성 이전에 구성영토에서 적용 가능한 관세 및 그 밖의 상거래규정의 일반적 수준보다 전반적으로 더 높거나 제한적이어서는 아니 된다.

③ 관세동맹이나 자유무역지역, 또는 동 동맹이나 지역의 형성으로 이어지는 잠정협정에 참가하기로 결정하는 체약당사자는 신속히 체약당사자단에 통보해야 한다.

④ 각 체약당사자는 자신의 영토 내의 지역 및 지방 정부와 당국에 의한 이 협정 규정의 준수를 확보하기 위해 자신에게 이용 가능할 수 있는 합리적인 조치를 취한다.

해설

난도 ★★★

① [○] 관세동맹은 관세 및 기타 제한적 통상규칙은 관세동맹의 영역국간의 실질상 모든 무역에, 또는 최소한 영역의 원산품의 실질상 모든 무역에 관하여 폐지된다(GATT 제8조 (a)(i)).

② [×] 자유무역지역 또는 자유무역지역의 형성을 위한 잠정협정에 관하여는, 각 구성영역에서 유지되고 또한 동 자유무역지역의 형성 또는 동 잠정협정의 체결 시에 이러한 지역에 포함되지 않은 체약국 또는 협정의 당사자가 아닌 체약국과의 무역에 적용되는 관세 또는 기타 통상규칙은 자유무역지역이나 또는 잠정협정의 형성 이전에 동 구성영역에 존재하였던 해당 관세 기타 통상규칙보다 각기 높거나 또는 제한적인 것이어서는 아니 된다(GATT 제24조 제5항 (b)호).

③ [○] 관세동맹 또는 자유무역지역이나 관세동맹 또는 자유무역지역의 형성을 위한 잠정협정에 가담하기로 결정한 체약국은 즉시 체약국단(WTO. 상품무역이사회)에 통고하여야 하며, 아울러 체약국단으로 하여금 그들이 적당하다고 인정하는 보고 및 권고를 체약국들에게 행할 수 있도록 동 동맹 또는 지역에 관한 정보를 체약국단에 제공하여야 한다(GATT 제24조 제7항 (a)호).

④ [○] 각 체약국은 각국의 영역 내에서 지역적 및 지방적 정부와 기관에 의한 본 협정의 규정의 준수를 보상하기 위하여 허용 가능한 합리적인 조치를 취하여야 한다(GATT 제24조 제12항).

답 ②

45 **세계무역기구(WTO)체제하에서 자유무역지역 및 관세동맹 협정에 대한 설명으로 옳지 않은 것은?** 18년 7급

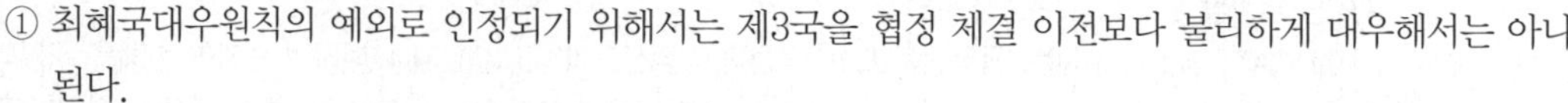

☑확인 Check! ○ △ ×

① 최혜국대우원칙의 예외로 인정되기 위해서는 제3국을 협정 체결 이전보다 불리하게 대우해서는 아니 된다.

② 자유무역지역으로 인정되기 위해서는 일정 기간 내에 역내 관세가 실질적으로 철폐되어야 한다.

③ 제3국에 대해, 자유무역지역 회원국은 단일한 관세를 부과해야 하지만 관세동맹 회원국은 상이한 관세를 유지할 수 있다.

④ 최혜국대우원칙에 대한 예외로 인정된다.

해설

난도 ★★★

① [○] 자유무역지역과 관세동맹 공히, 역외 국가들과의 무역에 대하여 관세 및 기타 통상규칙이 관세동맹이나 자유무역지대 형성 이전보다 높거나 제한적이어서는 아니 된다(GATT 제24조 제5항).

② [○] 자유무역지역과 관세동맹 공히, 관세 및 기타 제한적 통상규칙은 역내 구성원들 간에 폐지된다(GATT 제24조 제8항).

③ [×] 역외 국가에 대해, 관세동맹 회원국은 단일한 관세를 부과해야 하지만 자유무역지역 회원국은 상이한 관세를 유지할 수 있다(GATT 제24조 제8항 (a)(ii)호).

④ [○] 관세동맹 및 자유무역지역 결성은 최혜국대우 원칙의 예외로 인정된다(GATT 제24조, GATS 제5조).

답 ③

46 **1994년 관세 및 무역에 관한 일반협정(GATT1994) 제24조에 열거되어 있는 지역경제통합의 형태로 옳지 않은 것은?** 10년 지방

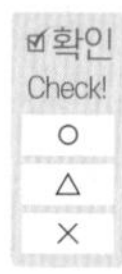

① 관세동맹

② 특혜무역지대

③ 자유무역지대

④ 관세동맹 또는 자유무역지대의 창설을 위한 잠정협정

해설

난도 ★

① [○], ③ [○], ④ [○] GATT1994 제24조 제4항, 제5항, 제7항, 제8항, 제9항에서 관세동맹과 자유무역지역에 관한 규정을 두고 있으며, 제5항, 제7항에서 관세동맹 또는 자유무역지역의 형성에 필요한 잠정협정에 관한 규정을 두고 있다.

② [×] GATT 제24조에 특혜무역지대에 관한 내용은 없다.

답 ②

47 **지역무역협정에 대한 설명으로 옳지 않은 것은?** 13년 9급

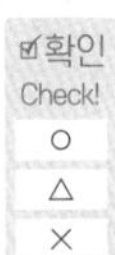

① 지역무역협정의 체결 이후 역외국가에 대한 무역장벽을 체결 전보다 높이거나 더 제한적이어서는 아니된다.

② GATT협정은 자유무역지역, 관세동맹, 공동시장을 지역무역협정의 종류로 명시하고 있다.

③ 잠정협정의 경우 완전한 지역무역협정으로의 이행기간은 원칙적으로 10년 이내이다.

④ 지역무역협정은 GATT협정 제I조의 최혜국대우원칙에 대한 예외이다.

해설

난도 ★★

① [○] 자유무역지역 또는 자유무역지역의 형성을 위한 잠정협정에 관하여는, 각 구성영역에서 유지되고 또한 동 자유무역지역의 형성 또는 동 잠정협정의 체결시에 이러한 지역에 포함되지 않은 체약국 또는 협정의 당사자가 아닌 체약국과의 무역에 적용되는 관세 또는 기타 통상규칙은 자유무역지역이나 또는 잠정협정의 형성 이전에 동 구성영역에 존재하였던 해당 관세 기타 통상규칙보다 각기 높거나 또는 제한적인 것이어서는 아니 된다(GATT 제24조 제5항 (b)호).

② [×] GATT 제24조에서는 관세동맹과 자유무역지역만을 명시하고 있다.

③ [○] 제24조 제5항 (c)에 언급된 "합리적인 기간"은 예외적인 경우에만 10년을 초과한다. 10년이 불충분하다고 판단하는 잠정협정당사자인 회원국은 보다 장기간의 필요성에 대한 충분한 설명을 상품무역이사회에 제시한다(1994년도관세및무역에관한일반협정제24조의해석에관한양해 제3항).

④ [○] 지역무역협정은 협정 당사국인 국가들을 다른 국가들보다 우대하는 것을 인정하는 것으로서 최혜국대우원칙의 예외에 해당한다.

답 ②

48 **세계무역기구(WTO)체제에서 인정하는 예외사항으로서 당사국이 일방적으로 실시할 수 있는 것만을 모두 고르면?** 19년 7급

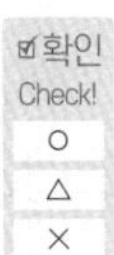

> ㄱ. 제12조의 국제수지보호조치
> ㄴ. 제19조의 긴급수입제한조치
> ㄷ. 제20조에 근거한 수입 제한조치
> ㄹ. 제21조에 근거한 수출 제한조치
> ㅁ. 제25조 제5항에 따른 의무면제

① ㄱ, ㄴ　　② ㄴ, ㄷ

③ ㄷ, ㄹ　　④ ㄹ, ㅁ

해설
난도 ★★★
ㄱ. [×], ㄴ. [×] GATT 제12조의 '국제수지의 보호를 위한 제한'과 GATT 제19조의 '특정산품의 수입에 대한 긴급조치'의 경우 일정한 조건에 따라서 할 수 있다고 규정하고 있다.
ㄷ. [○], ㄹ. [○] GATT 제20조의 '일반적 예외'와 GATT 제21조의 '안전보장을 위한 예외'는 "본 협정의 어떠한 규정도 …… 해석되어서는 아니 된다."라고 하여 당사국이 일방적으로 실시할 수 있는 것으로 규정하고 있다.
ㅁ. [×] GATT 제25조 제5항의 의무면제에 대한 결정은 투표된 표수의 3분의 2 이상의 다수에 의하여 승인되어야 하며 또한 이러한 다수는 체약국수의 과반수를 포함하여야 한다.

답 ③

49 세계무역기구 분쟁해결기구(WTO DSB)가 다룬 환경 관련 분쟁사례에 해당하지 않는 것은? 18년 7급

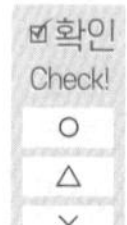

① 2006년 유럽공동체(EC) 유전자변형식품(GMO) 사건
② 2007년 브라질 타이어 사건
③ 2013년 유럽연합(EU) 물개 사건
④ 2014년 일본 포경 사건

해설
난도 ★★★
① [○] 2006년 유럽공동체(EC) 유전자변형식품(GMO) 사건은 위생 및 검역규제와 관련된 통상분쟁이다. 이 밖에 위생 및 검역규제 관련 통상분쟁에는 'EC 호르몬 사건'(1998, DSB), '호주 연어사건'(1998, DSB), '일본－농산품종별구분사건'(1998, DSB), '일본－사과사건'(2003, DSB) 등이 있다.
② [○] 브라질 타이어 사건은 브라질이 보건 및 환경문제를 이유로 시행한 중고타이어 수입금지조치에 대하여 유럽공동체(EC)가 WTO에 제소한 사건이다.
③ [○] 유럽연합(EU) 물개 사건은 유럽연합이 생태계 보호를 이유로 한 물개제품 수입금지조치에 대하여 캐나다가 WTO에 제소한 사건이다. 2013년에 패널 판정이, 2014년에 상소기구의 판정이 있었으며, 유럽연합이 모두 승리하였다.
④ [×] 일본포경사건은 일본이 과학조사목적의 포경프로그램을 하면서 실질적으로 상업포경활동을 하자 고래보존활동을 해온 호주가 일본을 국제포경협약 위반으로 ICJ에 제소한 사건이다. WTO가 아니라 ICJ에서 있었던 사건이다.

답 ④

제4절 국제관세규칙

제5절 공정무역규범

50 **세계무역기구(WTO)설립협정의 부속문서로서 1994년 '관세 및 무역에 관한 일반협정(GATT)'과 '반덤핑관세협정'상의 덤핑에 관한 설명으로 옳지 않은 것은?** 08년 9급

확인 Check! ○ △ ×

① 덤핑은 동종의 물품을 수출국과 수입국에서 서로 다른 가격으로 판매하는 것으로서 정상가격보다 낮은 수출가격으로 판매하는 것이다.

② 덤핑행위는 불공정한 무역을 야기하지 아니하더라도 그 자체로서 위법하다.

③ 정상가격의 결정은 수출국 내의 동종상품에 대한 통상거래상 행해지는 비교가능한(comparable) 국내 판매가격을 의미한다.

④ 비교가능한 국내 판매가격이 존재하지 않으면 상품의 생산비에 합리적인 판매관리비와 기타 비용 및 이윤을 가산한 구성가격을 정상가격으로 적용할 수 있다.

해설

난도 ★★★

① [○], ③ [○] 이 협정의 목적상, 한 국가로부터 다른 국가로 수출된 상품의 수출가격이 수출국내에서 소비되는 동종 상품에 대한 정상적 거래에서 비교가능한 가격보다 낮을 경우 동 상품은 덤핑된 것, 즉 정상가격보다 낮은 가격으로 다른 나라의 상거래에 도입된 것으로 간주된다(반덤핑협정 제2조 제1항).

② [×] 덤핑이 발생한다고 해서 모든 경우에 반덤핑협정상의 반덤핑규제가 가해지는 것은 아니다. 특정의 덤핑행위가 수입국의 확립된 산업에 실질적 피해를 야기하거나 야기할 우려가 있는 경우와, 덤핑이 실제로 수입국의 산업확립을 지연하는 경우에만 반덤핑협정상의 반덤핑규제가 인정된다.

④ [○] 수출국의 국내시장 내에 통상적인 거래에 의한 동종 상품의 판매가 존재하지 아니하는 경우, 또는 수출국 국내시장의 특별한 시장상황 또는 소규모의 판매 때문에 적절한 비교를 할 수 없는 경우, 덤핑마진은 동종 상품의 적절한 제3국 수출시 비교가능한 가격으로서 대표적인 경우 동 가격 또는 원산지국에서의 생산비용에 합리적인 금액의 관리비, 판매비, 일반비용과 이윤을 합산한 가격과의 비교에 의하여 결정된다(반덤핑협정 제2조 제2항).

답 ②

51 **세계무역기구(WTO)의 보조금 및 상계조치에 관한 협정상 보조금에 대한 설명으로 옳지 않은 것은?** 19년 9급

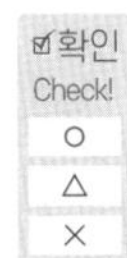

① WTO 회원국은 자국산 특정 제품의 수출 실적에 비례해서 그 제품을 생산하는 자국 기업에 수출 장려 보조금을 줄 수 없다.

② WTO 회원국은 외국산 특정 제품을 수입하는 대신 국내상품을 사용하는 조건으로 자국 기업에 보조금을 지급할 수 없다.

③ WTO 회원국이 자국산 특정 제품에 보조금을 지급한 결과 다른 회원국의 생산 업계에 피해를 주는 경우 피해를 당한 국가는 WTO 분쟁해결기구(DSB)에 제소할 수 있다.

④ WTO 회원국이 자국산 특정 제품에 대한 보조금을 지급한 결과, 제3국에 수출하는 다른 회원국의 기업이 가격 경쟁을 유지하기 위해 특정 제품의 가격 인하를 해야 할 경우에 후자의 회원국은 상계조치만 취할 수 있다.

✍해설

난도 ★★★

'보조금 및 상계조치에 관한 협정'(Agreement on Subsidies and Countervailing Measures; SCM협정)상 보조금은 특정적인 경우에 한하여 규제대상이 된다.

① [○] ② [○] SCM협정 제3조 제1항에 의하면, 법률상 또는 사실상 수출실적에 따라 지급되는 보조금(수출보조금) 또는 수입품 대신 국내상품의 사용을 조건으로 지급되는 보조금(수입대체보조금)은 금지된다.

③ [○] 다른 회원국에 의해서 금지보조금이 지급 또는 유지되고 있다고 믿을만한 사유를 가진 회원국은 이러한 다른 회원국에게 협의를 요청할 수 있으며(SCM협정 제4조 제1항), 협의요청일로부터 30일 이내에 상호 합의된 해결책에 도달하지 못하는 경우, 이러한 협의의 당사국인 회원국은 분쟁해결기구에 사안을 회부할 수 있다(SCM협정 제4조 제4항).

④ [×] 수출입에 직접 영향을 주지 않아 직접적인 무역왜곡효과를 야기하지 않기 때문에 원칙적으로 허용되지만, 다른 회원국의 국내산업에 대한 피해와 같은 부정적 효과를 초래하는 보조금을 조치가능보조금(상계대상보조금, 상계가능보조금)이라고 한다. 이러한 조치가능보조금이 지급되는 경우 협의 · 패널 · 상소와 같은 다자적 절차를 이용하여 구제될 수도 있고, 상계관세 부과와 같은 상계조치가 취해질 수도 있다(SCM협정 제7조).

더 알아보기 SCM협정

제3조 【금지】

3.1 농업에관한협정에 규정된 경우를 제외하고, 제1조의 의미 내에서의 다음의 보조금은 금지된다.

가. 부속서 1(Re.4)에 예시된 보조금을 포함하여 유일한 조건으로서 또는 다른 여러 조건 중의 하나로서, 법률상 또는 사실상(Re.5) 수출 실적에 따라 지급되는 보조금,

나. 유일한 조건으로서 또는 다른 여러 조건 중의 하나로서, 수입품 대신 국내상품의 사용을 조건으로 지급되는 보조금.

답 ④

52 **세계무역기구(WTO)의 '보조금 및 상계조치에 관한 협정(Agreement on Subsidies and Countervailing Measures)'상의 보조금에 대한 설명으로 옳지 않은 것은?** 07년 7급

① 농업에 관한 수출보조금에 대해서는 WTO의 '농업에 관한 협정(Agreement on Agriculture)'이 적용된다.

② 보조금이 특정기업이나 산업군에 지급되었다는 특정성의 요건을 갖출 경우 상계관세의 대상이 된다.

③ 상계관세는 원칙적으로 부과일로부터 5년 이내에 종료한다.

④ 상계관세부과를 위한 조사는 서면 또는 구두신청에 의해 개시된다.

해설
난도 ★★★

① [○] 일반적인 보조금은 「보조금 및 상계조치에 관한 협정」이 적용되지만, 농업보조금은 「농업에 관한 협정」이, 서비스 보조금은 「서비스무역에 관한 일반협정」이 적용된다.

② [○] 보조금은 특정적인 경우에 한하여 규제대상이 된다(제1조 제2항). 특정성이 있는 경우로는, (ⅰ) 공여당국 또는 공여당국의 법률이 보조금에 대한 접근을 특정기업으로 명백하게 한정하는 경우, (ⅱ) 공여기관의 관할지역 중 지정된 지역 내에 위치하는 특정기업에 한정된 보조금, (ⅲ) 법률상 또는 사실상 수출실적에 따라 지급되는 보조금 또는 수입품 대신 국내상품의 사용을 조건으로 지급되는 보조금 등이 있다.

③ [○] 상계관세는 상계관세의 종료가 보조금의 지급과 피해의 계속 또는 재발가능성이 있다고 판정하지 않는 한 부과일로부터 5년 이내에 종료된다(제21조 제3항).

④ [×] 조사는 국내산업에 의하거나 또는 이를 대신하여 행하여진 서면신청으로 개시되며(제11조 제1항), 예외적으로 특별한 상황에서 관계당국의 직권에 의한 조사개시결정에 따라 개시될 수 있다(제11조 제6항).

답 ④

53 **WTO의 긴급수입제한(Safeguard) 제도에 대한 설명으로 옳지 않은 것은?** 13년 9급

① WTO 규정을 위반한 불공정무역행위에 대해 발동하는 조치이다.
② WTO의 설립 이전 수출자율규제(VER)나 시장질서유지협정(OMR)과 같은 회색지역조치(grey area measures)에 의존하던 관행을 없애고 GATT 제19조의 실효성을 제고하기 위하여 WTO의 긴급수입제한협정(Agreement on Safeguard)이 체결되었다.
③ 수입의 증가가 국내 동종산업 또는 직접적으로 경쟁관계인 제품산업에 심각한 피해(serious injury)를 초래하거나 초래할 우려가 있어야 발동할 수 있다.
④ '심각한 피해'는 국내 산업의 상태에 있어 중대하고 전반적인 손상을 의미하고 '심각한 피해의 우려'는 명백하게 임박한 심각한 피해의 우려를 의미한다.

해설
난도 ★★★

① [×] 덤핑이나 보조금은 그 불공정한 성격 때문에 규제대상이 되는 것이나, 세이프가드 조치는 공정한 수입을 대상으로 규제조치를 취하는 것이라는 데 차이가 있다. 따라서 그 발동요건이 엄격하여야 하고, 또한 제한된 기간 내에서만 적용되어야 한다.

② [○] 종래 미국 등 선진국들이 발동요건이 엄격한 GATT 제19조의 세이프가드를 적용하지 않고 유사한 효과를 갖는 GATT 규정 밖의 조치들을 취하였던바, GATT 규정상 근거가 불명확하다는 점에서 이를 회색지대조치(grey area measures)라고 한다. 이에는 수출자율규제(VER), 시장질서유지협정(OMA) 등이 있으며, 세이프가드협정에서는 이를 4년 내에 철폐하도록 하였으며, 이들 조치에 비견될 수 있는 산업 간 협정의 채택 · 유지를 지원하거나 고무하여서는 아니된다고 규정하였다.

③ [○], ④ [○] 특정상품이 국내생산에 비해 절대적 또는 상대적으로 증가된 물량으로 수입되어, 동종상품이나 직접경쟁상품을 생산하는 국내산업에 심각한 피해를 초래하거나 초래할 우려가 있는 경우에 세이프가드 조치를 취할 수 있다. 또한 심각한 피해란 국내산업에 미치는 중대하고 전반적인 손상을 의미하며, 심각한 피해의 우려는 심각한 피해가 명백히 임박한 것을 말한다.

답 ①

제6절 분야별 무역협정

54 **세계무역기구(WTO)에서 관할하는 무역관련투자조치협정에 관한 설명 중 옳지 않은 것은?** 07년 7급

확인 Check! ○ △ ×

① 상품무역과 관련된 투자조치에만 적용된다.
② 투명성원칙이 적용된다.
③ 개발도상국에 대한 우대규정이 없다.
④ 1994년 관세및무역에관한일반협정(GATT) 제20조(일반적 예외)와 제21조(국가안보예외)에 입각한 무역관련투자조치는 예외적으로 허용된다.

해설
난도 ★★★
① [○] 무역관련투자조치에관한협정(TRIMs)은 전적으로 상품무역에 관련된 투자조치에 적용된다(제1조). 보조금 등 인센티브, 간접적인 조치, 종전투자에 대한 조치, 기술이전의무, 외국인 지분참여제한제도, 포트폴리오 투자 등은 규율대상에서 제외된다.
② [○] TRIMs 제6조에 '투명성'에 관한 규정을 두고 있다.
③ [×] TRIMs 제4조에서 개도국 특별규정을 두고 있으며, 제5조 제2항에서도 반협정 투자조치의 철폐기간과 관련하여 선진국보다 완화된 우대규정을 두고 있다.
④ [○] TRIMs 제3조에서 "1994년도 GATT에 따른 모든 예외는 이 협정의 규정에 적절히 적용된다."고 규정하고 있으며, 1994GATT 제20조에서는 '일반적 예외'를, 제21조에서는 "안전보장을 위한 예외'에 관한 규정을 두고 있다.

답 ③

제7절 기타 협정들

55 **WTO 「무역에 대한 기술장벽에 관한 협정(TBT협정)」에 대한 설명으로 옳지 않은 것은?** 20년 7급

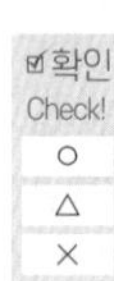

① 기술규정은 사소한 성격의 개정 또는 추가뿐만 아니라 그에 대한 개정 및 그 규칙 또는 대상품목의 범위에 대하여 추가하는 것을 포함한다.
② 기술규정은 그 채택을 야기한 상황 또는 목적이 더 이상 존재하지 아니하거나, 변화된 상황 또는 목적이 무역에 덜 제한적인 방법으로 처리될 수 있는 경우에는 유지되지 아니하여야 한다.
③ 기술규정이 요구되고 관련 국제표준이 존재하거나 그 완성이 임박한 경우, 회원국은 예를 들어 근본적인 기후적 또는 지리적 요소나 근본적인 기술문제 때문에 그러한 국제표준 또는 국제표준의 관련부분이 추구된 정당한 목적을 달성하는 데 비효과적이거나 부적절한 수단일 경우를 제외하고는 이러한 국제표준 또는 관련부분을 자기나라의 기술규정의 기초로서 사용한다.
④ 회원국은 비록 그 밖의 회원국의 기술규정이 자기나라의 기술규정과 다를지라도 자기나라의 기술규정의 목적을 충분히 달성한다고 납득하는 경우 이러한 기술규정을 자기나라의 기술규정과 동등한 것으로 수용하는 것을 적극 고려한다.

해설
난도 ★★★

① [×] 기술규정, 표준 및 적합판정 절차에 대한 이 협정에서의 모든 언급은 사소한 성격의 개정 또는 추가를 제외하고는 그에 대한 개정 및 그 규칙 또는 대상품목의 범위에 대한 모든 추가를 포함하는 것으로 해석된다(TBT협정 제1조 제6항).
② [○] 기술규정은 그 채택을 야기한 상황 또는 목적이 더 이상 존재하지 아니하거나, 변화된 상황 또는 목적이 무역에 덜 제한적인 방법으로 처리될 수 있을 경우에는 유지되지 아니하여야 한다(TBT협정 제2조 제3항).
③ [○] 기술규정이 요구되고 관련 국제표준이 존재하거나 그 완성이 임박한 경우, 회원국은 예를 들어 근본적인 기후적 또는 지리적 요소나 근본적인 기술문제 때문에 그러한 국제표준 또는 국제표준의 관련부분이 추구된 정당한 목적을 달성하는 데 비효과적이거나 부적절한 수단일 경우를 제외하고는 이러한 국제표준 또는 관련부분을 자기나라의 기술규정의 기초로서 사용한다(TBT협정 제2조 제4항).
④ [○] 회원국은 비록 그 밖의 회원국의 기술규정이 자기나라의 기술규정과 다를지라도 자기나라의 기술 규정의 목적을 충분히 달성한다고 납득하는 경우 이러한 기술규정을 자기나라의 기술규정과 동등한 것으로 수용하는 것을 적극 고려한다(TBT협정 제2조 제7항).

답 ①

제8절 WTO협정(종합)

56 **WTO에 대한 설명으로 옳은 것만을 모두 고르면?** 14년 9급

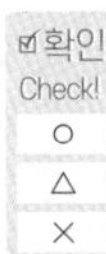

ㄱ. WTO 기능 가운데 하나는 회원국 사이에 다자간 무역협상의 장을 제공하는 것이다.
ㄴ. WTO 회원국이 특정 기업에 보조금을 제공하는 경우, 그 기업의 상품을 수입하는 다른 회원국은 보조금의 효과를 상쇄하기 위하여 반덤핑조치를 취할 수 있다.
ㄷ. WTO는 패널절차와 상소절차를 통하여 회원국 사이의 무역분쟁을 해결한다.
ㄹ. WTO 협정은 상품무역만을 규율하고 서비스무역은 규율하지 않는다.

① ㄱ, ㄴ　② ㄱ, ㄷ
③ ㄴ, ㄹ　④ ㄷ, ㄹ

해설
난도 ★★

ㄱ. [○] 세계무역기구는 이 협정의 부속서에 포함된 협정에서 다루어지는 사안과 관련된 회원국 간의 다자간 무역관계에 관하여 그들 간의 협상을 위한 장을 제공한다(WTO설립협정 제3조 제2항).
ㄴ. [×] 특정 기업에 한정하여 보조금을 제공하는 것은 특정성이 있는 경우로 '보조금 및 상계조치에 관한 협정'상 규제대상이 되며, 상계조치를 취할 수 있다. 반덤핑조치는 덤핑행위가 있는 경우 취해지는 조치로서 '보조금 및 상계조치에 관한 협정'상의 상계조치와는 구별된다.
ㄷ. [○] WTO는 패널절차와 상소절차라는 2심제로 운영되고 있다.
ㄹ. [×] WTO설립협정 부속서 1A에서는 상품무역을, 부속서 1B에서는 서비스무역을 규율하고 있다.

답 ②

57 **WTO체제상 관련규범에 관한 설명으로 옳지 않은 것은?** 10년 7급

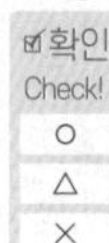

① 서비스 분야의 반덤핑 행위에 대해서는 반덤핑관세를 부과할 수 없다.
② GATT와 SPS 협정 규정이 충돌하면 SPS 협정이 우선하여 적용된다.
③ WTO 협정은 지리적 표시에 관한 규정을 두고 있지 않다.
④ WTO 분쟁해결양해는 적절한 경우에 교차보복을 허용하고 있다.

해설

난도 ★★★

① [○] 반덤핑협정(1994년도 GATT 제6조의 이행에 관한 협정)은 상품무역에 대해 적용된다.

② [○] 1994년도 관세및무역에관한일반협정의 규정과 세계무역기구설립을 위한 협정의 부속서 1가의 그 밖의 협정의 규정이 상충하는 경우 상충 범위 내에서 그 밖의 협정 규정이 우선한다(부속서 1가에 대한 일반적인 주해). 따라서 위생 및 식물위생조치의 적용에 관한 협정(SPS)이 1994년도 관세 및 무역에 관한 일반협정(1994년도 GATT)에 우선한다.

③ [×] WTO설립협정 부속서 1C인 TRIPs협정(무역관련지적재산권에관한협정)은 상품의 품질과 명성 및 기타 특징이 본질적으로 지리적 원산지에서 비롯되는 경우 회원국의 영역 또는 회원국의 지역이나 지방을 원산지로 하는 상품임을 명시하는 표시를 지리적 표시로서 보호하고 있다.

④ [○] DSU 제22조 제3항에서 보복조치는 원칙적으로 피해를 입은 분야와 동일 분야에서 추구하며, 동일 분야에서의 보복조치가 비현실적 또는 비효과적인 경우 동일 협정상의 다른 분야에서 추구하며, 동일 협정상의 다른 분야에서의 보복조치가 비현실적 또는 비효과적인 경우에는 다른 대상협정에서의 보복조치를 추구할 수 있는 것으로 규정하고 있다.

답 ③

PART 9
국제법(종합)

국제법 14개년 단원별 기출문제집

CHAPTER 01 국제법(종합)

CHAPTER 01 국제법(종합)

01 다음 내용에 근거한 국제법상 설명으로 옳은 것은? 15년 7급

- A국, B국 및 C국은 1961년 외교관계협약 및 1951년 난민지위협약의 당사국이다.
- A국과 B국은 1984년 고문방지협약의 당사국이다.
- C국 국민인 갑은 C국에서 인도에 반한 죄를 범하고 살인죄로 기소되었다.
- C국은 범죄수사과정에서 고문을 활용하고 있다.
- 갑은 A국에 주재하는 B국 대사관 내에 피신한 상태에서 B국에 망명을 신청하였다.
- A국의 사법기관은 갑에 대한 체포영장을 적법하게 발부하였다.

① A국 사법경찰이 B국 공관지역에 공관장 동의 없이 진입하여 갑에 대한 체포영장을 집행하는 것은 국제법 위반이 아니다.
② A국 주재 B국 대사관이 체포영장이 발부된 갑을 비호하는 것은 국제법 위반이다.
③ B국이 갑에게 협약상 난민지위를 부여하지 않는 것은 1951년 난민지위협약의 위반이다.
④ A국이 갑의 신병을 확보하고 C국으로 인도하는 것은 국제법 위반이 아니다.

해설
난도 ★★★
① [×] 공관지역은 불가침이다. 접수국의 관헌은 공관장의 동의 없이는 공관지역에 들어가지 못한다(외교관계에관한비엔나협약 제22조 제1항). A국은 B국 공관지역에 공관장 동의 없이 진입하는 경우 외교관계에관한비엔나협약을 위반한 것이 되며, 갑에 대한 체포영장 집행은 관습법상의 예외사유에도 해당되지 않는다.
② [○] 국제법상 영토적 비호는 일반적으로 인정되지만, 외교적 비호는 일반적으로 인정되지 않는다. B국이 당사국인 위 문제에서 제시된 세 조약에서도 외교적 비호를 인정하는 명시적 규정은 없다. 따라서 B국 외교공관에게는 갑을 비호할 수 외교적 비호의 권리가 없으며, B국 외교공관이 갑을 비호하는 것은 국제법 위반이 된다.
③ [×] 1951년 난민지위에 관한 협약의 당사국일지라도 난민의 입국을 허용해야 할 의무는 없으며, 또한 일단 입국한 난민에 대해 난민의 지위를 부여할 것인지도 당사국의 국내법에 맡겨져 있다. 따라서 B국이 갑에게 1951년 난민지위에 관한 협약상의 난민지위를 부여하지 않았더라도 그 자체만으로 난민지위에 관한 협약의 위반이 되는 것은 아니다.
④ [×] 어떠한 당사국도 고문받을 위험이 있다고 믿을 만한 상당한 근거가 있는 다른 나라로 개인을 추방 · 송환 또는 인도하여서는 아니 된다(고문방지협약 제3조 제1항). 따라서 고문방지협약의 당사국인 A국이 고문받을 위험이 있는 C국으로 갑의 신병을 인도하는 것은 국제법 위반이 된다.

답 ②

02 다음 설명 중 옳은 것은?

14년 9급

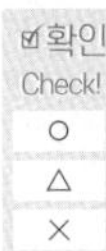

① 중앙 정부가 자신을 상대로 반란을 일으킨 단체를 교전단체로 승인한 경우 생포된 교전단체 소속 전투원은 포로의 지위를 누린다.

② 정당성이 없거나 억압적인 체제에 대항하고, 민주적 정부체제를 지지하거나 수립하기 위한 무력개입은 국제관습법에서 인정된다.

③ 타국 내에서 극악한 인권침해로 인하여 대규모 난민이 발생하거나 전국적으로 인도에 반한 죄가 빈번한 경우 어느 국가든지 '보호책임법리'에 의하여 그 국가에 대해서 무력을 사용하는 것이 국제관습법에서 인정된다.

④ 어느 국가의 인도주의적 위기 사태로 인하여 발생한 다수의 실향민이나 난민에게 구호품이 안전하게 전달되도록 하기 위하여 외국의 군대가 출동하는 경우 UN 안전보장이사회는 이를 불법적인 무력사용으로 간주하여 허가한 적이 없다.

해설

난도 ★★★

① [○] 중앙정부가 자신을 상대로 반란을 일으킨 단체를 교전단체로 승인한 경우 내란은 전쟁으로 변화되고, 국내법이 아닌 국제법이 적용되며, 따라서 반란죄로 처벌되지 않고 국제법상의 포로의 대우를 받게 된다.

② [×] 국가는 타국의 국내관할권 침해의 결과를 가져오는 간섭을 하지 않을 국내문제불간섭 의무를 부담하며, 예외적으로 허용되는 적법한 간섭에는 (i) 자위를 위한 간섭, (ii) 조약에 기한 간섭, (iii) 정통정부의 요청에 의한 간섭, (iv) 국제연합에 의한 간섭, (v) 국제법 위반에 대한 간섭, (vi) 권리남용에 대한 간섭, (vii) 민족자결권 행사를 하는 반란단체의 요청에 의한 간섭 등이 있으며, 인도적 간섭의 인정 여부에 대해서는 견해가 대립한다. 또한 적법한 간섭으로 인정되는 경우에도 무력행사금지 원칙을 준수하여야 한다. UN헌장에서는 무력행사를 전면적으로 금지하고 자위권 행사, UN의 강제조치, 지역적 기구 · 지역적 협정에 의한 강제조치, 구적국조항 등에 의한 경우만을 예외로 인정하고 있다.

③ [×] 보호책임'(R2P, Responsibility to Protect)은 대규모 비인도적 인명 살상행위가 자행되는 상황에서 그러한 상황이 발생한 국가와 국제사회의 시민보호 책임에 관한 문제를 말한다. 2000년대 들어 본격적으로 논의되기 시작하였고, 2005년 UN총회 결의 형태로 채택된 '2005 World Summit Outcome'과 '개입과 국가주권에 관한 국제위원회'(ICISS, International Commission on Intervention and State Sovereignty)가 2011년 9월 발간한 '보호책임'(The Responsibility to Protect)이라는 제목의 보고서 등에서 언급되어 있으며, 2011년 리비아 사태 당시 리비아 정부군의 반군에 대한 적극적인 무력공격으로 인하여 막대한 인명피해가 예견됨으로 인하여 UN안전보장이사회는 '보호책임' 개념을 리비아 사태에 적용하기로 결정하고 리비아 내전에 UN의 군사적 개입을 승인하는 결의안을 채택한바 있다.

④ [×] 안전보장이사회는 1992년의 보스니아 사태와 소말리아 사태, 1994년 르완다 사태 등에서 난민보호와 인도적 구호물자 수송을 위한 군사력 사용을 승인하는 결의안을 채택한바 있다.

답 ①

03 국제분쟁 사례와 그 주요 쟁점의 연결이 적절하지 않은 것은?

14년 9급

☑확인 Check! ○ △ ×

① 비호권(Asylum) 사건－지역적 국제관습법 문제
② 트레일 제련소(Trail Smelter) 사건－타국에 환경피해를 야기하지 않을 의무
③ 북해 대륙붕 사건－형평한 배분의 원칙
④ 인터한델(Interhandel) 사건－자국민 보호를 위한 영사의 권리

해설

난도 ★★★

① [○] 비호권 사건에서의 주요쟁점은 외교적 비호권의 인정 여부와 지역적 국제관습법에 관한 것이었다.
② [○] 트레일 제련소 사건에서의 주요쟁점은 국제법상 영역사용관리책임(타국에 환경피해를 야기하지 않을 의무)의 인정 여부에 관한 것이었다.
③ [○] 북해대륙붕 사건에서의 주요쟁점은 국제관습법의 성립요건과 대륙붕 경계획정의 원칙이었으며, ICJ는 북해대륙붕의 경계획정은 형평의 원칙에 따라 연안형태, 물리적 · 지질학적 구조, 천연자원 등 모든 사정을 고려한 합의에 의하여 이루어져야 한다고 하였다.
④ [×] 인터한델 사건의 주요쟁점은 외교적 보호권 행사에 있어서의 국내구제완료의 원칙과 ICJ관할권에 있어서의 선결적 항변이었다. 자국민 보호를 위한 영사의 권리와 관련된 판례로는 카사블랑카 사건이 있다.

답 ④

04 국제사법재판소(ICJ) 판례와 그 사건의 법적 쟁점으로 옳지 않은 것은?

10년 7급

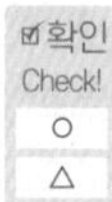

① The Asylum Case－공관의 비호권
② The Nottebohm－국적의 진정한 관련성
③ Interhandel Case－사정 변경의 원칙
④ The Fisheries Case(U.K. v. Norway)－직선기선제도

해설

난도 ★★★

① [○] 비호사건(The Asylum Case)의 주요쟁점은 국제관습법의 요건과 외교공관의 비호권 인정 여부에 관한 것이었다.
② [○] 노테봄 사건의 주요쟁점은 자연인에 대한 외교적 보호권 행사에 있어서의 국적문제였으며, ICJ는 자연인의 국적국이 외교적 보호권을 행사하기 위해서는 자연인과 국적국 간에 진정한 관련성(genuine link)이 있어야 한다고 하였다.
③ [×] 인터한델 사건의 주요쟁점은 외교적 보호권 행사에 있어서의 국내구제완료의 원칙이다.
④ [○] 영국－노르웨이 어업사건의 주요쟁점은 국제법상 직선기선의 유효성 여부와 합법적인 직선기선의 요건, 국제관습법의 효력과 집요한 불복이론 등이었다.

답 ③

05 상설국제사법재판소(PCIJ) 및 국제사법재판소(ICJ)에서 판결한 다음 사례 중에서 그 주요 판시 내용의 국제사회의 일반적인 승인을 얻게 된 것이 아닌 것은? 08년 7급

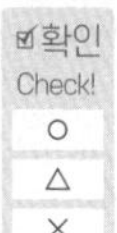

① 공해상의 선박충돌 시 피해선박 국적국의 형사재판관할권을 인정한 '로터스호 사건(Lotus case)'
② 개인과 청구국 사이에 국적의 '진정한 관련(genuine link)' 개념을 인정한 '노테봄 사건(Nottebohm case)'
③ 영해기준선 중 하나로 직선기선을 인정한 영국과 노르웨이 간 '어업 사건(Fisheries case)'
④ UN의 법인격을 인정한 'UN 활동 중 입은 손해에 관한 배상 사건(Reparation for injuries case)'

해설

난도 ★★★

① [×] '로터스호 사건'에서 PCIJ는 프랑스의 주관적 속지주의 주장과 터키의 객관적 속지주의 주장은 인정하였으나, 피해자의 국적국이 관할권을 행사한다는 수동적 속인주의에 대한 프랑스의 주장은 고려하지 않았다.
② [○] '노테봄 사건'에서 ICJ는 자연인에 대한 외교적 보호권을 행사하기 위해서는 자연인과 국적국 사이에 진정한 관련(genuine link)이 있어야 한다고 하였고 이는 현대국제법의 일반적인 태도다.
③ [○] '영국-노르웨이 어업사건'에서 ICJ는 노르웨이의 직선기선 주장을 인정하고 합법적인 직선기선의 요건을 제시하였으며, 이러한 직선기선의 내용은 현대국제법상 해양법에 관한 일반법인 1982년 UN해양법협약에서도 규정하고 있다.
④ [○] 'UN근무 중 입은 손해배상에 관한 권고적 의견' 사건에서 ICJ는 UN이라는 보편적 국제기구의 법인격을 인정하였으며, 이는 현대국제법에서 일반적으로 인정되는 것이다.

답 ①

06 다음 분쟁해결기관 중 그 해결 방식이 다른 것은? 12년 9급

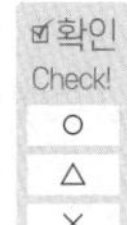

① UN해양법재판소(ITLOS)
② 국제투자분쟁해결센터(ICSID)
③ 상설중재재판소(PCA)
④ 이란-미국청구법원(Iran-United States Claims Tribunal)

해설

난도 ★★★

국제투자분쟁해결센터(ICSID), 상설중재재판소(PCA), 이란-미국 청구법원(Iran-United States Claims Tribunal)은 모두 당사자 합의에 의한 중재재판의 해결방식이나 UN해양법재판소(ITLOS)는 사법재판의 성격을 띤다.

답 ①

좋은 책을 만드는 길
독자님과 함께하겠습니다.

도서나 동영상에 궁금한 점, 아쉬운 점, 만족스러운 점이
있으시다면 어떤 의견이라도 말씀해 주세요.
시대고시기획은 독자님의 의견을 모아 더 좋은 책으로 보답하겠습니다.

www.sidaegosi.com

2022 국가직 7·9급 국제법 14개년 단원별 기출문제집 + 빈출 지문 OX

개정1판1쇄 발행	2022년 01월 05일 (인쇄 2021년 11월 11일)
초 판 발 행	2021년 01월 05일 (인쇄 2020년 11월 27일)
발 행 인	박영일
책 임 편 집	이해욱
편 저	원혜광
편 집 진 행	송재병 · 정유진
표지디자인	박서희
편집디자인	채경신 · 박종우
발 행 처	(주)시대교육
공 급 처	(주)시대고시기획
출 판 등 록	제 10-1521호
주 소	서울시 마포구 큰우물로 75 [도화동 538 성지 B/D] 9F
전 화	1600-3600
팩 스	02-701-8823
홈 페 이 지	www.edusd.co.kr
I S B N	979-11-383-1134-2 (13350)
정 가	29,000원

국제법
14
개년
단원별 기출문제집
+
빈출 지문 OX

국제법

14 개년

단원별 기출문제집
+
빈출 지문 OX

항균 99.9% 안심도서
본 도서는 항균잉크로 인쇄하였습니다.

2022 합격의 공식 시대에듀

최신 개정판

국가직 7·9급 외무영사직·출입국관리직 대비

2022 국가직 7·9급

국제법

14 개년

원혜광 편저

부록

빈출 지문 OX + 최신기출문제

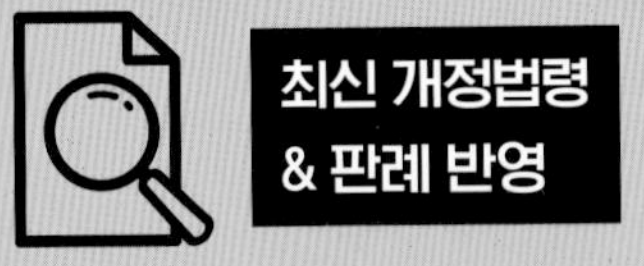

목차

책속의 책

부록 1

단원별 빈출 지문 ○ ×

국제법 14개년 단원별 기출문제집

단원별 빈출 지문 ○ ×

단원별 빈출 지문 ○ × 정답

부록 1 단원별 빈출 지문 ○×

PART 1 국제법 기초이론

001 국제조직과 개인이 국제법 주체로 등장함으로써 국제법의 개념을 국가 간의 관계를 규율하는 법이 아닌 국제사회의 법으로 파악하는 주장의 근거가 되었다. [98년 외시] ○ ×

002 A국 민간기업이 B국 민간기업과 상품의 수출입 계약을 체결했는데, B국 민간기업이 이유 없이 일방적으로 계약 파기를 선언한 경우, 국제법의 규율사항으로 볼 수 없다. [09년 7급] ○ ×

003 국제사법은 국제적 규범체제, 즉 국제법이 아닌 특정 국가의 국내법의 명칭에 불과하다. [20년 9급] ○ ×

004 Jus gentium이라는 용어는 현재에도 국제법의 다른 표현으로 널리 이용되고 있다. [20년 9급] ○ ×

005 Zouche는 국제법을 jus inter gentes 대신 jus gentium으로 호칭하자고 주장하였다. [20년 7급] ○ ×

006 Bentham은 jus gentium을 law of nations로 번역하여 사용한 최초의 학자이다. [20년 7급] ○ ×

007 푸펜도르프(Pufendorf)는 실정법만이 법적으로 구속력 있는 규칙을 담고 있다고 주장하였다. [20년 9급] ○ ×

008 현대국제사회는 수평적 · 분권적 구조로 되어 있는 국제공동체로 이루어져 있다. [21년 9급] ○ ×

009 현대국제사회에서 UN안전보장이사회는 법집행기관의 역할을 수행한다. [21년 9급] ○ ×

010 현대국제사회의 재판기관은 원칙적으로 강제관할권을 갖는다. [21년 9급] ○ ×

011 의사주의는 국가주권을 절대시하여 국가들 위에 존재하는 상위법질서의 존재를 부정한다. [14년 경간] ○ ×

012 의사주의에 의하면 국제법의 연원은 조약과 관습만이다. [20년 해경승진] [14년 경간] ○ ×

013 집요한 반대자이론에 대한 지지는 의사주의적 국제법관에 충실한 입장이다. [14년 경간] O X

014 국제법학에 있어 보편주의는 국가주권을 절대시하여 국가들 위에 존재하는 상위법질서의 존재를 부정한다. [20년 해경승진] O X

015 보편주의에 의하면 국제법은 국제사회 구성원들의 개별 의사와는 관계없이 존재하는 객관적 법질서이다. [14년 경간] O X

016 국가승인을 의사주의는 선언적 효과로, 보편주의는 창설적 효과로 본다. [14년 경간] O X

017 Gentili는 국제법학을 신학이나 윤리학으로부터 분리하고 확립한 학자로 평가된다. [20년 7급] O X

018 그로티우스(Grotius)는 주로 자연법에 기초한 국제법론을 주장하였다. [21년 7급] O X

019 Grotius는 『전쟁과 평화에 관한 법』에서 인간이 존재하는 곳에는 항상 자연법이 존재하며, 개인 간의 관계에서와 같이 국가 간의 관계도 자연법이 존재한다고 보고 자연법적 규칙이 기본적 국제법을 형성한다고 주장하여 오늘날 국제법의 시조라 불린다. [06년 7급] O X

020 중세유럽에서 신교와 구교 간의 전쟁이 치열한 시기에 모든 국가에 공통적으로 적용될 규칙을 만들기 위해서는 종교적 가치와 분리된 법이론을 바탕으로 하여야만 했던 이유로 초기 국제법 학자들은 실증주의에 경도되게 되었다. [06년 7급] O X

021 Bynkershoek는 자연법론에 입각한 국제법관을 주장한 대표적인 학자이다. [20년 7급] O X

022 현대국제사회에서 법실증주의는 국익에 기반을 둔 국가 간 합의보다 보편적 국제규범을 더 중시한다. [21년 9급] O X

023 국제법이란 법적으로 대등한 다수의 주권국가를 전제로 하여 성립되므로, 유럽에서 근대 국민국가의 출현과 궤를 같이하여 발전하기 시작하였다. [06년 7급] O X

024 1648년 30년 전쟁의 결과 체결되는 웨스트팔리아조약에 의해 국가는 교황과 독립적인 존재로서 자신의 의사만으로 외국과의 동맹 등 조약을 체결할 권리가 인정되었다. [06년 7급] O X

025 19세기 국제법은 탈식민지를 위한 이론적 도구가 되었다. [21년 7급] O X

026 국제법은 국내법의 입법부와 같은 법창설 기관을 갖고 있지 못하지만, 국제법이 어떻게 생성되느냐에 대하여는 오늘날 일반적으로 널리 수락된 방법이 있는데, 이를 국제법의 법원이라 한다. [15년 경간] O X

027 형식적 법원이란 국제법을 성립시키는 방법 또는 절차를 가리킨다. 반면, 실질적 법원이란 그러한 국제법이 만들어지게 된 배경이나 요인 또는 국제법의 내용을 확인할 수 있는 자료 등을 가리킨다. [15년 경간] O X

028 형식적 법원의 범위와 내용은 실질적 법원의 근거가 필요하다. 반면, 실질적 법원은 형식적 법원의 성립을 촉진하거나 그 증거로 기능한다. 때문에 현실에서는 형식적 법원과 실질적 법원의 양자를 엄격하게 구별하기는 어렵다. [15년 경간] O X

029 국제법의 연원에는 국제협약, 국제관습법, 법의 일반원칙 등이 있다. [15년 9급] [17년 해경2] O X

030 모든 조약은 ICJ의 재판준칙이 된다. [98년 외시] O X

031 「국제사법재판소 규정」 제38조 제1항은 국제법의 연원을 직접 정의한 것이 아니다. [17년 9급] O X

032 1920년 제정된 「상설국제사법재판소(PCIJ) 규정」 제38조 제1항은 재판의 준칙으로 조약, 국제관습법, 법의 일반원칙, 사법판결 및 학설을 제시하였다. 이 4가지 법형식은 이후 국제법의 법원을 표시하는 의미로 널리 받아들여졌다. [15년 경간] O X

033 「국제사법재판소 규정」 제38조 제1항에 규정되어 있는 것이 국제법의 모든 법원을 열거한 것인가에 대해 논란이 있다. [04년 행시] O X

034 국제법상 강행규범(jus cogens)은 일반 국제관습법보다 우월한 효력이 있다. [17년 9급] O X

035 조약과 관습법 간에는 법적 효력에 있어 서로 우열의 차이가 없으나, 조약은 법의 수범자 측면에서 관습법의 경우보다 제한적이다. [모의] O X

036 조약이나 관습법이 존재하는 경우에도 법의 일반원칙을 우선적으로 적용할 수 있다. [01년 사시] O X

037 관습국제법과 조약 사이에는 효력의 우열관계가 존재하지 않으며, 양자가 상충하는 경우에는 신법우선의 원칙이나 특별법우선의 원칙 등에 따라 해결한다. [13년 사시] O X

038 UN회원국의 「UN헌장」상 의무와 UN회원국의 다른 국제협정상 의무가 상충되는 경우 「UN헌장」상의 의무가 우선한다. [14년 사시] O X

039 국제강행법규(jus cogens)는 후법우선의 원칙과 특별법우선의 원칙에 대한 예외가 인정된다. [98년 외시] ○ ×

040 일반관습법의 적용이 조약당사국들의 명시적 합의에 의해 배제될 수 있다. [모의] ○ ×

041 체결된 조약과 반대되는 관습법이 형성되는 경우, 그 조약을 유지할 것인가의 문제는 당사국의 의사와는 관계없이 후법우선의 원칙에 따라 그 관습법이 우선한다. [모의] ○ ×

042 국제법의 법전화는 관습국제법을 성문화하는 것을 말한다. [16년 사시] ○ ×

043 국제연맹체제에서도 국제법의 법전화가 시도되었다. [16년 사시] ○ ×

044 20세기 이후 많은 국제관습법 규범들이 성문화되었다. [07년 7급] ○ ×

045 「UN헌장」상 국제법의 법전화를 장려하는 것은 총회의 임무에 속한다. [16년 사시] ○ ×

046 「UN헌장」 제13조에 규정된 '국제법의 점진적 발달과 성문법전화' 작업을 수행하기 위해 설치된 UN총회의 보조기관에는 국제법위원회(ILC), UN국제무역법위원회(UNCITRAL), 우주의 평화적 이용위원회(COPUOS)가 있다. [01년 외시] ○ ×

047 1961년 「외교관계에 관한 비엔나협약」과 1963년 「영사관계에 관한 비엔나협약」의 대부분의 규정은 기존 관습국제법을 성문화한 것이다. [16년 사시] ○ ×

048 국가들이 현행 국제법을 수정하고자 하는 경우 UN국제법위원회(ILC)의 작업에 의존하는데 1982년 「해양법에 관한 국제연합(UN)협약」이 그 대표적인 사례이다. [16년 사시] ○ ×

049 국제법의 연원에 해당하는 조약에는 국제기구가 당사자인 조약이나 구두조약이 포함되지 않는다. [17년 9급] ○ ×

050 ICJ는 분쟁 당사국 간 회의의사록이 ICJ 관할권 성립에 기초가 되는 국제협정으로 판단하였다. [16년 7급] ○ ×

051 신사협정에는 선언, 양해각서, 합의서 등의 명칭이 사용된다. [07년 사시] ○ ×

052 신사협정이 정부수반에 의하여 체결되는 경우 법적 구속력이 부여된다. [07년 사시] ○ ×

053 신사협정의 이행은 자발적 의사에 기초한다. [07년 사시] ○ ×

054 신사협정의 예로는 1941년 대서양헌장과 1975년 헬싱키최종의정서 등을 들 수 있다. [07년 사시] O X

055 우리나라 헌법재판소는 1991년 남북합의서에 대해서 국가와 국가 사이의 조약으로 볼 수 없다고 결정하였다. [15년 사시] O X

056 미국에서 조약과 조약에 의거하여 체결한 행정협정(executive agreement)은 의회의 비준동의를 받아야 한다. [08년 7급] O X

057 조약은 가입허용 여부에 따라 보편조약, 일반조약 그리고 특별조약으로 분류할 수 있다. [09년 사시] O X

058 입법조약(law–making treaty)에 대해서만 국제법으로서의 지위가 인정되고 있다. [02년 외시] O X

059 영역권의 한계를 설정하는 국경획정조약은 처분적 조약에 해당한다. [99년 외시] O X

060 대외적 이행의무의 유무에 있어서 자기집행적 조약과 비자기집행적 조약은 차이가 있다. [14년 9급] O X

061 자기집행적 조약(self–executing treaty)은 별도의 시행법률 없이도 국내법원에 의하여 직접 적용될 수 있는 조약을 가리킨다. [14년 경간] O X

062 미국에서 대부분의 인권조약은 재판규범으로 인정받기 어렵다. [21년 7급] O X

063 조약의 자기집행성 여부는 그 조약자체에 규정된다. [14년 경간] O X

064 동일한 조약이 그 당사자들 중 어느 국가에서는 자기집행적 조약으로 그리고 다른 국가에서는 비(非)자기집행적 조약으로 취급될 수 있다. [14년 경간] O X

065 미법원은 범죄인 인도, 영사 권리, 최혜국 대우 등은 자기집행적 조약이라고 보았다. [11년 경간] O X

066 약식조약은 별도의 기속적 동의절차 없이 서명만으로도 효력이 발생한다. [03년 사시] O X

067 약식조약은 그 절차가 간단하지만 법적 효력에서는 정식조약과 차이가 없다. [03년 사시] O X

068 약식조약의 일방 당사국이 정식 조약체결 절차를 거치는 경우에라도 타방 당사국은 반드시 정식 조약체결 절차를 거칠 필요는 없다. [03년 사시] O X

069 약식조약은 대체로 휴전협정과 미국에서 발전한 행정협정(executive agreement)의 형태로 발전하여 왔다. [03년 사시] O X

070 독립국가, 국제연합(UN), 영세중립국, 교전단체 모두 조약체결의 당사자능력이 인정될 수 있는 주체이다. [05년 사시] O X

071 국제사회를 국가 간의 사회로 생각하던 과거에는 국가만을 국제법 주체로 여겨왔으나, 오늘날은 국제법 주체의 인정범위를 확대하면서 국제기구도 조약의 당사자로 인정하는 경향이다. [12년 해경] O X

072 국가에 있어서 조약체결권자는 원칙적으로 국가원수이지만 전시에는 군지휘관이 국가를 대표하여 조약을 체결할 수도 있다. [00년 사시] O X

073 우리나라에서 헌법상의 조약체결권자는 대통령이다. [12년 해경] O X

074 국제법상 조약의 등록과 공고는 비밀조약의 폐해를 예방하기 위하여 도입된 제도이다. [10년 지방] O X

075 국제연맹은 조약등록을 대항요건으로 하고 있는 반면, UN은 조약등록을 효력요건으로 하고 있다. [15년 사시] O X

076 '법으로 수락된 일반관행의 증거로서의 국제관습'이 성립하기 위해서는 국제법 주체의 일관되게 반복되는 행위로 형성되는 일반관행과 법적 확신(opinio juris)을 갖추어야 한다. [12년 7급] O X

077 ICJ는 North Sea Continental Shelf 사건에서 비교적 단기간에는 국제관습법이 성립될 수 없다고 판단하였다. [20년 7급] O X

078 국제관습법이 형성되기 위해서는 적어도 일반관행(general practice)이 있어야 한다. [17년 9급] O X

079 국제관습법은 보편적 성격을 갖는 것이 일반적이나 때로는 지역적 국제관습법이나 양국 간의 국제관습법도 형성될 수 있다. [14년 경간] O X

080 ICJ는 Right of Passage over Indian Territory 사건에서 두 국가 간의 국제관습법은 성립될 수 없다고 판단하였다. [20년 7급] O X

081 Asylum 사건에서 국제사법법원(ICJ)은 외교공관으로의 망명권(Diplomatic Asylum)이 국제관습법으로 인정된다고 판단하였다. [12년 7급] O X

082 일반관행이 국제관습법이 되기 위해서는 국가들에 의하여 법적 구속력이 있는 것으로 수락되어야 한다. [20년 해경승진] [14년 7급] O X

083 국제인권법의 영역에서는 법적 확신보다 국가 관행이 더 중요하다. [17년 9추] O X

084 ICJ는 Military and Paramilitary Activities in and against Nicaragua 사건에서 법적 확신만을 통한 국제관습법의 성립 가능성을 부인하였다. [20년 7급] O X

085 동일한 내용을 담은 조약의 누적적 체결을 통해서도 국제관습법이 형성될 수 있다. [06년 사시] [16년 경간] O X

086 국내법원의 판결도 국제관습법 형성에 기여할 수 있다. [17년 9추] [20년 해경5급] O X

087 규범성을 가진 결의, 다수결로 채택된 결의, 후에 광범위한 국가의 관행이 누적되는 결의는 후에 관습국제법이 될 수 있다. [06년 7급] O X

088 일반적 견해에 따르면 국제관습법은 모든 국가에 대해서 적용되는 것이 원칙이므로 신생독립국에도 적용된다. [00년 사시] O X

089 조약으로 성문화된 국제관습법규는 그 조약의 비당사국에 적용된다. [17년 9급] O X

090 특정 국제관습법의 성립 당시부터 명백하고 지속적으로 반대 의사를 표시한 국가에 대해서는 그 특정 국제관습법의 효력은 미치지 아니한다. [20년 해경5급] O X

091 집요한 반대자이론에 대한 지지는 의사주의적 국제법관에 충실한 입장이다. [14년 경간] O X

092 ICJ는 Fisheries 사건에서 노르웨이의 집요한 반대자(persistent objector)론에 근거한 주장을 배척하였다. [20년 7급] O X

093 국제관습법은 관행의 형성에 참여하지 않은 국가에게는 법적 구속력이 없다. [16년 전직] O X

094 북해대륙붕 사건은 대륙붕이 '육지영토의 자연적 연장'이라고 판시하였다. [05년 7급] O X

095 1969년 「조약법에 관한 비엔나협약」은 강행규범을 명시하고 있다. [19년 9급] [20년 해경승진] O X

096 강행규범은 그 이탈이 허용되지 않는 규범이다. [13년 7급] [19년 해경승진] O X

097 강행규범은 동일한 성질을 가진 추후의 규범에 의해서만 변경될 수 있다. [19년 9급] O X

098 강행규범은 전체로서의 국제공동사회가 수락하고 인정하는 규범이다. [13년 7급] [19년 해경승진] O X

099 강행규범은 이탈이 허용되지 아니하며 또한 동일한 성질을 가진 일반 국제법의 추후의 규범에 의해서만 변경될 수 있는 규범으로 전체로서의 국제 공동사회가 수락하며 인정하는 규범이다. [15년 9급] O X

100 강행규범은 국제법의 다른 법원(法源)보다 그 효력이 우위에 있다. [08년 사시] O X

101 조약은 그 체결 당시에 강행규범과 충돌하는 경우에 무효이다. [19년 9급] [20년 해경승진] O X

102 일반국제법의 새 강행규범이 출현하는 경우에 그 규범과 충돌하는 현행 조약은 무효로 되어 종료한다. [17년 7급] O X

103 강행규범의 존재에 대한 입증책임은 이를 주장하는 측에 있다. [11년 9급] [13년 해경] O X

104 「국제연합헌장」은 집단살해, 전쟁범죄 그리고 노예제도 금지를 강행규범으로 규정하고 있다. [09년 9급] [13년 해경] O X

105 「조약법에 관한 비엔나협약」에서는 국제법상 강행규범의 예를 구체적으로 적시하지 않고 있다. [15년 9급] O X

106 UN국제법위원회(ILC)가 「조약법에 관한 비엔나협약」 초안을 작성할 당시에, 일부 ILC위원들은 노예매매, 해적행위, 집단살해 등을 강행규범 위반의 예로 제시한 바 있다. [03년 사시] O X

107 바르셀로나 전기 · 전력회사 사건에서 국제사법재판소는 강행규범의 내용을 명시적으로 확인하고 있다. [14년 경간] O X

108 강행규범은 대세적 의무와 국제범죄라는 개념과 밀접한 관련이 있지만 이들과 동일한 개념은 아니다. [02년 외시] O X

109 국제사법재판소(ICJ)는 테헤란 인질 사건(The US Diplomatic and Consular Staff in Teheran Case)에서 외교공관에 대한 불가침원칙이 강행규범이라는 점을 밝히고 있다. [08년 사시] O X

110 국제재판소는 현재까지 판결에서 강행규범의 개념을 인정하지 않고 있다. [15년 9급] O X

111 문명국에 의하여 인정된 법의 일반원칙은 국제사법재판소(ICJ)의 재판준칙이 될 수 있다. [12년 9급] O X

112 법의 일반원칙은 ICJ의 재판준칙 중 하나로 통설의 입장에 따르면 국내법의 일반원칙을 그 내용으로 한다. [13년 7급] O X

113 법의 일반원칙은 ICJ규정에 처음 도입된 개념이다. [13년 7급] O X

114 국제조약은 문명국에 의하여 인정된 법의 일반원칙(general principles of law)에 우선한다. [04년 사시] [11년 7급] [17년 해경2] O X

115 프레비히어 사원 사건(Temple of Preah Vihear Case)에서 ICJ는 금반언의 원칙을 법의 일반원칙으로 원용하였다. [13년 7급] O X

116 ICJ는 회부된 분쟁에 적용되는 국제법규를 해석할 때 형평(equity)을 고려하여 판단한 적이 없다. [16년 7급] O X

117 법의 일반원칙의 내용은 점차 조약과 국제관습법으로 흡수되어 독립적인 재판의 준칙으로 자주 원용되지 않고 있다. [14년 7급] O X

118 학설의 경우는 국제법의 법원성은 부정되나 간접적 · 보조적 법원으로 원용될 수 있다. [10년 7급] O X

119 국제사법재판소는 당사자가 합의하는 경우 형평과 선에 따라(ex aequo et bono) 재판할 수 있다. [11년 사시] [18년 9급] [19년 해경승진] O X

120 규범성을 가진 결의, 다수결로 채택된 결의, 후에 광범위한 국가의 관행이 누적되는 결의는 후에 관습국제법이 될 수 있다. [06년 7급] O X

121 UN총회의 결의 자체에 대해 법적 구속력이 있는가에 대해, 즉 하나의 연원을 구성하는가에 대해서는 논란이 있다. [06년 7급] O X

122 안전보장이사회와 총회 모두 국제평화와 안전을 위협하는 행위에 대해 법적 구속력 있는 결정(decision)을 내릴 권한을 보유하고 있다. [10년 지방] O X

123 「UN헌장」 제7장에 따라 국제평화와 안전의 유지에 관하여 안전보장이사회가 채택한 결정은 회원국에 대하여 구속력을 가진다. [18년 9급] O X

124 연성법(Soft Law)은 조약이나 국제관습법과 같이 법적 구속력을 가진다. [15년 9급] O X

125 뮤즈강 수로변경 사건(1937) – 국제 재판에서 형평원칙의 활용 [11년 경간] O X

126 국제법 우위의 일원론이 가장 먼저 주장되었다. [16년 전직] O X

127 국내법 우위 일원론에 따르면, 국제법과 국내법은 별개의 독자적인 법체계를 형성한다. [12년 경간] O X

128 국내법 우위의 일원론은 결과적으로 국제법의 독자성을 인정하지 않는다. [16년 전직] O X

129 국내법 우위론에 따르면, 국제법은 국가의 대외법(external state law)에 해당되므로 엄격한 의미에서의 국제법은 존재하지 않는다. [06년 사시] O X

130 이원론(Dualism)은 Triepel, Anzilotti, Oppenheim 등이 주장하였다. [03년 외시] O X

131 이원론(Dualism)은 국제법과 국내법을 서로 독립된 별개의 법체계로 보는 이론이다. [17년 7급] O X

132 이원론에 따르면 국내법에 의해 국제법의 효력이 좌우되지 않는다. [18년 9급] O X

133 이원론에 따르면 국제법은 국제관계에 적용되는 법규범으로 그 자체로는 국내적으로 효력을 갖지 않는다. [13년 사시] [13년 해경] [18년 해경승진] O X

134 이원론의 입장에 따르면 국제법을 국내적으로 수용하기 위해서는 변형절차를 거쳐야 한다. [12년 9급] [16년 해경] [17년 해경1] O X

135 이원론은 개별국가 주권에 대한 존중을 기초로 한다. [16년 전직] O X

136 켈젠(H. Kelsen)은 근본규범설에 입각하여 국제법 우위 일원론을 주장하였다. [09년 사시] [20년 해경승진] O X

137 오늘날 일원론은 국내법 우위론을 의미한다. [16년 9급] O X

138 일원론에 따르면 국제법과 국내법이 하나의 통일된 법질서를 구성한다. [18년 9급] O X

139 국제법 우위론에 따르면 국내법의 유효성 및 타당성의 근거는 국제법에 있다. [17년 7급] O X

140 국제법 우위의 일원론(monism)은 국제법과 국내법의 관계를 상하관계로 보고, 국내법은 국제법에 의해 위임(delegation)된 부분적 질서에 불과하다고 주장한다. [11년 7급] O X

141 일원론에 따르면 국제법은 국내법적 변형절차 없이 국내재판소가 직접 적용할 수 있다. [18년 9급] O X

142 국제사법재판소는 국제법의 국내법에 대한 우위 원칙을 견지해 왔다. [12년 9급] [15년 해경] [18년 해경승진] O X

143 상설국제사법재판소(PCIJ)는 국제적 차원에서 국내법에 대한 국제법 우위의 원칙을 적용하였다. [09년 사시] [11년 해경] O X

144 1969년 「조약법에 관한 비엔나협약」에 의하면, 조약의 불이행을 정당화하기 위하여 자국의 국내법 규정을 원용할 수 없다. [08년 7급] O X

145 현대 국제법질서하에서는 국제법에 위반되는 국내법의 경우 국내적으로 당연히 무효가 되는 것이 관례이다. [17년 7급] O X

146 국제재판소의 입장에서 국내법은 단순한 사실에 지나지 않는다. [16년 9급] O X

147 국제관계에서는 국제법만이 구속력이 있는 법규범으로 인정되며, 국내법은 규범이 아닌 사실로서 인정된다. [14년 9급] O X

148 국제재판에서 국제법은 국내법에 우선한다. [99년 사시] O X

149 국가는 국제의무를 이행할 수 있도록 자국의 법률을 정비해야 한다. [99년 외시] O X

150 국내재판소는 국제재판소의 판결을 무효로 하지 못한다. [00년 외시] O X

151 국제재판소의 판례에 따르면, 국가는 국제조약을 시행할 국내법의 결여를 이유로 국제법상의 의무를 거부할 수 없다. [09년 7급] O X

152 국가는 국제의무를 면탈할 목적으로 헌법 등을 원용할 수 없다. [99년 외시] O X

153 국제재판에서 자국의 국내법 규정을 원용하여 국제법 위반을 정당화할 수 없다. [07년 7급] [17년 해경1] O X

154 국제재판소들의 일반적 입장에 따르면, 국가는 자국의 국제의무를 회피하기 위하여 국내법을 원용할 수 없다. [06년 사시] O X

155 상설국제사법재판소(PCIJ)는 1926년 Certain German Interests in Polish Upper Silesia 사건에서 국내법은 단순한 사실이 아니라 구속력 있는 규범이라는 점을 확인하였다. [20년 9급] O X

156 PCIJ는 호르조공장 사건에서 “약속위반이 배상의무를 동반한다는 것은 국제법이 일반원칙이자 법의 일반개념이기도 하다.”라고 판시한 바 있다. [12년 경간] O X

157 대부분의 국가에서 국제관습법은 변형의 방식으로 국내법적 효력을 갖는다. [17년 9추] [19년 해경승진] O X

158 국제법상 의무이행의 방법은 원칙적으로 개별국가가 판단할 문제이다. [17년 9추] [19년 해경승진] O X

159 우리나라에서 국제법의 국내적 효력을 법률과 동위로 보는 것처럼, 다른 국가들도 모두 국제법의 국내적 효력은 법률과 동위로 보고 있다. [07년 7급] O X

160 국제적으로 국제법을 국내법체계 내로 받아들이는 방법은 통일되어 있다. [07년 9급] O X

161 변형이란 국제법이 국제법의 자격으로 직접 국내적으로 적용되고, 사법부도 국제법에 직접 근거하여 재판을 함으로써 국제법을 실현하는 방식을 의미한다. [20년 9급] [20년 해경5급] O X

162 이원론(Dualism)을 취하는 국가에서는 조약이 비준되었다고 하더라도 국내적 효력을 갖기 위해서는 국제법을 국내법으로 변경하는 변형(transformation)이 필요하며, 이러한 변형의 방식으로 입법기관이 해당 조약과 동일한 내용의 상세한 국내법을 제정하는 방식을 취하거나 해당 조약을 국내법으로 시행한다는 형식적인 법률만을 제정하여 국제법의 국내적 실현을 달성할 수도 있다. [11년 7급] O X

163 영국에서 조약은 의회 제정법을 통하여 국내법적 효력을 가질 수 있다. [21년 7급] O X

164 영국은 이원론에 의거하여 의회의 이행법률 제정을 통해 조약을 적용한다. [18년 7급] O X

165 영국의 경우 조약은 영국 국왕이 비준했을 때 국제법상 효력을 발생하나, 국내적 차원에서는 영국의회가 관련 조약에 국내적 효력을 주는 법률안을 통과시키기 전까지는 국내법상 효력을 갖지 못하게 된다. [11년 경간] O X

166 영국의 판례는 일부 판례를 제외하면 국제관습법에 대하여 수용이론을 적용하고 있다. [14년 7급] O X

167 영국은 국제법과 국내법의 관계에 대해 Mortensen 대 Peters 사건을 통하여 의회제정법이 국제관습법에 우선함을 확인하였다. [14년 9급] O X

168 영국의 재판소는 일반적으로 국제관습법과 의회제정법이 저촉되는 경우 의회제정법을 적용한다. [사시] [15년 해경] O X

169 미국에서는 조약을 자기집행 조약과 비자기집행 조약으로 나누어 조약의 국내적 효력발생 절차를 달리하고 있다. [17년 7급] O X

170 미국은 자기집행적 조약 규정에 대해서는 수용이론을 적용한다. [18년 7급] O X

171 미국의 경우 비자기집행적 조약은 입법에 의한 변형을 거쳐야만 미국법이 될 수 있다. [10년 지방] O X

172 미국은 관습법에 대해 수용이론을 적용한다. [05년 7급] O X

173 미국 연방헌법에 의할 때 조약은 미연방을 구성하는 각 주의 법률보다 우위이나 주의 헌법보다는 하위의 효력을 갖는다. [14년 7급] [15년 해경] O X

174 독일은 연방 의회의 동의법률 제정을 통해 조약에 국내법적 효력을 부여한다. [18년 7급] O X

175 대한민국 헌법은 '헌법에 의하여 체결 · 공포된 조약과 일반적으로 승인된 국제법규는 국내법과 같은 효력을 가진다.'고 명시하고 있다. [16년 해경] [18년 해경승진] O X

176 헌법에 의하여 체결 · 공포된 조약은 국내입법을 통하여만 국내법과 같은 효력을 가진다. [08년 9급] O X

177 우리나라에서는 헌법에 의하여 체결 · 공포된 조약은 일반적으로 국내 법률과 같은 효력을 갖는다. [08년 7급] O X

178 한국에서 조약은 그 자체로 직접 국내적으로 적용될 수 없고, 국회가 이에 관한 법률을 제정해야만 이를 통하여 적용될 수 있다. [16년 경간] O X

179 우리나라는 일원론에 의거하여 모든 조약을 변형 없이 직접 적용한다. [18년 7급] O X

180 한국 대법원은 자기집행적 조약과 비자기집행적 조약의 기준을 제시하고 있다. [21년 7급] O X

181 대한민국 헌법은 일반적으로 승인된 국제법규를 국내법의 일부로서 수용한다는 의사를 표명하고 있다. [12년 9급] O X

182 우리나라의 경우 일반적으로 승인된 국제법규는 특별한 입법절차 없이도 국내법적 효력을 갖는다. [10년 지방] O X

183 우리나라 헌법에서는 헌법이 조약보다 우선한다고 명시하고 있다. [16년 9급] [20년 해경5급] O X

184 한국에서 국회 동의를 거친 조약은 항상 국내법률보다 상위의 효력을 지닌다고 보는 것에 이견이 없다. [16년 경간] O X

185 우리나라 헌법은 조약과는 달리 일반적으로 승인된 국제법규는 법률에 우선하는 효력을 인정하고 있다. [09년 7급] O X

186 대한민국에서 관습국제법과 국내법률 간의 충돌이 있을 경우, 이들 간에는 특별법우선원칙이나 신법우선원칙에 의하여 해결한다. [16년 7급] O X

187 우리나라의 경우, 우리나라가 당사국인 조약에 위반하는 조례는 무효로 될 수 있다. [09년 사시] [11년 해경] [20년 해경승진] O X

188 우리나라의 대법원 판례는 변형이론을 채택하고 있다. [07년 사시] [15년 경간] O X

189 대한민국 대법원은 급식조례사건(대법원 2005.9.9. 선고, 2004추10판결)에서 학교급식에 우리 농산물을 사용하도록 한 조례가 「관세 및 무역에 관한 일반협정(GATT)」 제1조 최혜국대우 원칙에 위반된다고 하였다. [20년 9급] [20년 해경5급] O X

190 대법원은 지방자치단체의 조례가 세계무역기구(WTO) 「정부조달에 관한 협정(AGP)」에 위반되는 경우 그 효력이 없다고 판단하였다. [16년 7급] O X

191 우리나라의 판례에 의하면 대통령이 비준하여 공포 · 시행된 「1994년 관세 및 무역에 관한 일반협정(GATT, 1994)」에 위반되는 지방자치단체의 조례는 효력이 없다. [15년 사시] O X

192 우리나라의 판례에 의하면 우리나라가 당사국인 1955년 헤이그에서 개정된 「항공운송에 관한 바르샤바협약」은 국제항공운송에 관한 법률관계에서 일반법인 민법에 대한 특별법으로 우선 적용된다. [15년 사시] O X

193 내법원과 헌법재판소는 한국이 당사국인 모든 조약의 위헌성 심시를 할 수 있다. [16년 경간] O X

194 국제법은 변형되어야 국내법으로 효력을 가질 수 있으며, 조약은 위헌법률심판의 대상이 되지 않는다는 것이 우리나라 대법원과 헌법재판소의 입장이다. [17년 해경1] O X

195 헌법재판소는 마라케쉬협정에 의하여 관세법위반자의 처벌이 가중된다고 하더라도 이는 법률에 의한 형사처벌이라고 판단하였다. [16년 7급] O X

196 우리나라의 판례에 의하면 마라케쉬협정에 의하여 관세법위반자의 처벌을 가중하는 것은 법률에 의하지 아니한 형사처벌 또는 행위시의 법률에 의하지 아니한 형사처벌이므로 죄형법정주의에 어긋난다. [15년 사시] O X

197 우리나라의 판례에 의하면 국회의 동의를 거친 조약은 법률과 동일한 효력을 가진다. [15년 사시] O X

198 우리나라의 판례에 의하면 「헌법재판소법」 제68조 제2항은 심판대상을 법률로 규정하고 있으나, 여기서의 법률에는 조약이 포함된다. [15년 사시] O X

199 한국 법원은 특별한 입법조치 없이 관습국제법을 적용할 수 있다. [21년 7급] O X

200 국내법과 충돌하는 조약의 국제적 효력은 국제법에 따라 결정된다. [03년 사시] O X

201 국내법에 저촉되는 조약이라도 국제적으로는 유효할 수 있다. [09년 사시] [11년 해경] [15년 경간] O X

202 대한민국은 국제평화의 유지에 노력하고 침략적 전쟁을 부인한다. [08년 9급] O X

203 대한민국에서 국제형사재판소(ICC)에 관한 로마규정은 자기집행 조약인바 국회의 비준동의 없이도 국내법과 동일한 효력을 갖는다. [16년 7급] O X

204 국회는 국군의 외국에의 파견에 대한 동의권을 가진다. [08년 9급] O X

205 남북 간의 이른바 4개 경제협력 합의서(투자보장, 이중과세, 상사분쟁해결, 청산결제 관련 합의서)는 국회의 동의를 거친 바 있다. [07년 사시] O X

206 우리나라에서 헌법상의 조약체결권자는 대통령이다. [12년 해경] O X

PART 2 국가

001 국가로서의 요건을 규정하는 국제협약은 아직까지 존재하지 않는다. [14년 사시] O X

002 1933년 「국가의 권리와 의무에 관한 몬테비데오협약」은 국가의 성립요건으로서 '항구적 인구', '일정한 영역', '정부' 및 '타국과 관계를 맺을 수 있는 능력' 등을 제시하고 있다. [11년 9급] O X

003 국가의 성립요건으로 국민의 수에 대해서는 일정한 기준이 없다. [12년 사시] [18년 해경승진] O X

004 국가의 성립요건으로 영토의 크기에 대한 기준은 없지만, 영토는 서로 접속해 있어야 한다. [12년 사시] [18년 해경] O X

005 국가의 성립요건으로 실효성 있고 독립적인 정부가 있어야 한다. [12년 사시] [18년 해경승진] O X

006 국가 간의 조약에 따른 제약은 그 국가를 타국가의 법적 권한하에 두지 않는 한, 독립된 정부의 요건 충족에 영향을 미치지 않는다. [12년 사시] [18년 해경승진] O X

007 국가의 성립요건으로 다른 국가의 승인이 있어야 하는가의 여부에 대해서는 이론적 대립이 존재한다. [12년 사시] [18년 해경승진] O X

008 자결권의 행사로 국가가 분리독립되어 새로운 국가가 성립할 수 있다. [14년 사시] O X

009 1914년 제1차 세계대전이 일어날 때까지 분리독립에 의하여 국가가 탄생한 예가 없다. [15년 7급] [18년 해경승진] O X

010 어느 국가의 중앙정부가 그 국가 영역 내 특정 지역을 통제하는 지방 조직을 국가로 승인하는 경우 그 지역에서 국가가 탄생한다. [15년 7급] [18년 해경승진] O X

011 어느 국가의 영토 일부 및 그 영토상의 주민이 분리독립하는 경우 그 국가의 계속성은 소멸한다. [15년 7급] [18년 해경승진] O X

012 1945년 제2차 세계대전이 종결된 이후 자결권 행사를 통해서 분리독립이 실현된 예가 없다. [15년 7급] [18년 해경승진] O X

013 대한민국, 일본, 미국, 프랑스는 국제법상 국가 분류에 있어서 단일국가이다. [18년 해경승진] O X

014 연방국가의 구성국은 원칙적으로 국제법상 국가로서의 자격이 없다. [15년 사시] O X

015 연방국가에서 외교, 국방 등의 주요한 대외적 문제들은 원칙적으로 연방정부가 처리한다. [12년 사시] O X

016 연방국가(federal state)는 국제법상 단일의 법인격을 향유하는 국제법 주체이기 때문에 그 구성국인 州의 국제의무 위반은 연방국가의 국제책임을 수반한다. [13년 경간] O X

017 연방국가(federal state)의 중앙정부는 그 구성 국가에 대해서만 권한을 미칠 수 있을 뿐이며, 그 국민에게 직접 적용되는 법을 제정할 권한은 갖지 못한다. [15년 경간] O X

018 국가연합(confederation of states)은 설립조약이 부여하기로 한 범위 내에서만 국제법적 능력을 가지고, 독자적인 국제법상의 법인격을 갖지 못한다. [15년 경간] O X

019 연방국가는 대등적 국가결합이나, 국가연합은 그렇지 않다. [15년 사시] O X

020 피보호국(protected state)이 되어도 국제법상 국가 자격을 상실하지 않는다. [15년 사시] O X

021 스위스는 국제조약을 통해 영세중립국의 지위를 인정받았음에 비해 오스트리아는 국내법으로 영세중립을 다른 국가에 통고하는 형식을 취하였다. [15년 경간] O X

022 교황청은 조약체결권을 가지며 각국과 외교관계를 맺고 있다. [16년 사시] O X

023 회원국은 UN안전보장이사회의 결의에 따른 군사적 조치에 참여할 의무가 있기 때문에 영세중립국은 회원국이 될 수 없다. [16년 전직] O X

024 스위스는 영세중립국의 지위와 UN회원국의 지위가 조화되지 않는다는 이유로 지금도 UN에 가입하고 있지 않다. [16년 7급] O X

025 국가를 대표할 정부가 없거나 정상적인 기능을 수행하지 못하는 국가도 국제법상 법주체성을 유지한다. [21년 9급] O X

026 국가승인은 승인국의 단독행위이다. [11년 7급] O X

027 국가승인은 승인하는 국가와 승인받는 국가의 쌍방적 행위이다. [17년 9급] O X

028 국가승인은 국가의 재량적 행위로 신생국을 승인해야 할 법적 의무는 없다. [09년 사시] O X

029 승인에는 국제정치적 요소가 고려될 수 있다. [14년 경간] O X

030 국가승인의 의미에 관하여 창설적 효과설과 선언적 효과설이 대립하고 있다. [16년 전직] O X

031 창설적 효과설에 따르면 국가 승인은 신생국가에 국제적 법인격을 부여하는 행위이다. [20년 7급] O X

032 국가승인 이전의 국가는 사실상의 존재에 지나지 않는 것으로서 국제법주체성이 부정된다는 견해가 창설적 효과설이다. [11년 7급] O X

033 창설적 효과설은 승인에 의해서만 신국가가 사실적 존재로부터 법적 존재로 승격된다고 보는 견해이다. [04년 행시] O X

034 창설적 효과설에 따르면 신생국은 기존 국가의 승인을 받아야만 법적으로 존재하게 된다. [17년 9추] O X

035 선언적 효과설에 대해서 '식민제국의 붕괴에 따른 신국가의 형성을 되도록 지연시키려는 구세계의 이데올로기적 무기'라는 비판이 있다. [04년 행시] O X

036 신국가 또는 신정부가 국제법위반의 결과로 생겨난 경우는 제외하되, 국가들은 사실상의 요건을 구비한 신국가나 신정부를 승인할 의무가 있다는 내용의 주장은 라우터팍트 독트린이다. [14년 9급] O X

037 선언적 효과설에 따르면 국가성(statehood)을 갖춘 국가는 타국의 승인여부와 무관하게 국제법의 주체로 인정된다. [16년 7급] O X

038 「국가의 권리와 의무에 대한 몬테비디오 협약」은 "국가는 다른 국가의 승인과 상관없이 존재한다."라고 규정하여 '선언적 효과설'에 입각하고 있다. [12년 7급] O X

039 선언적 효과설에 대해서 '신국가가 분리 · 독립할 때 승인이 없다면 기존국가와 법적 지위상의 혼란이 초래된다'는 비판이 있다. [04년 행시] O X

040 국가승인이 갖는 국내적 효과는 각 국가의 국내법에 의해 결정되기 때문에 국가마다 다를 수 있다. [15년 경간] O X

041 영국의 경우 승인은 창설적 효과를 가지므로 승인 받은 국가만이 영국 법원에 소(訴)를 제기할 수 있다. [15년 경간] O X

042 미국 법원에서 미승인국가나 미승인정부의 제소권은 인정되지 않는 것이 원칙이다. [17년 9추] ○ ×

043 어떠한 정치적 실체가 영토, 국민, 정부 등 국가로서의 요건을 구비하고 있음에도 불구하고 타국으로부터 국가승인을 얻지 못하면 일반국제법상의 여하한 권리와 의무를 갖지 못하는 것이 국제사회의 현실이다. [14년 사시] ○ ×

044 국가로 승인되기 위해서는 국가로서의 실체적 요건과 국제법을 준수할 의지와 능력을 갖출 것이 요구된다. [09년 7급] ○ ×

045 전쟁으로 인하여 정부가 일시적으로 국외로 이동하더라도 그 국가는 존재하는 것으로 간주된다. [10년 사시] ○ ×

046 승인의 요건을 완전히 갖추지 못한 국가에 대한 승인을 '시기상조의 승인'이라고 한다. [11년 9급] ○ ×

047 상조의 승인(premature recognition)이나 지연승인이 발생하는 것은 승인행위가 개별 국가에 의해 판단되고 행해지기 때문이다. [09년 7급] ○ ×

048 국가의 성립요소를 갖추지 못한 경우에도 승인한 사례가 있다. [09년 사시] ○ ×

049 일본이 1931년 무력을 사용하여 만주국을 건설하였을 때 미국은 1928년 조약(不戰條約)에 위반된 수단으로 형성된 사태, 조약 등을 승인하지 않겠다고 경고하였다. 이처럼 국제법을 위반하여 성립한 국가를 승인하지 말아야 한다는 주장을 스팀슨주의(Stimson Doctrine)이라 한다. [03년 사시] ○ ×

050 1965년 UN안전보장이사회는 인종차별적 소수 백인국가인 로디지아를 승인하지 말 것을 요구하는 결의를 채택하였다. [12년 7급] ○ ×

051 제2차 세계대전 이후 불법적 무력행사로 수립된 국가에 대한 불승인의무를 받아들이는 경향이 증대되고 있다. [09년 사시] ○ ×

052 국가승인 여부는 국가의 재량사항이므로 어떠한 경우에도 UN안전보장이사회의 결의에 의하여 제한될 수 없다. [16년 사시] [19년 해경승진] ○ ×

053 국가승인은 반드시 「UN헌장」에 규정된 방식과 절차에 따른다. [07년 9급] ○ ×

054 '사실상(de facto) 승인'은 19세기 라틴아메리카 국가들의 독립에 대해 영국이나 미국 등이 자국의 이익을 고려하여 행한 잠정적인 성격의 승인을 한 것에서 유래한다. [16년 경간] ○ ×

055 법률상 승인(recognition de jure)과 사실상 승인(recognition de facto)은 모두 법적 효과를 갖는다. [09년 사시] O X

056 사실상의 승인은 요건의 충족에 의구심이 갈 때 행하여지는 잠정적 승인이다. [05년 9급] O X

057 사실상의 승인은 명시적이든 묵시적이든 철회할 수 있다. [12년 해경] [08년 사시] O X

058 사실상의 승인은 외교관계의 수립과 정치적 성격의 양자조약의 체결을 통해 이루어진다. [15년 9급] O X

059 상조의 승인과 사실상(de facto)의 승인은 동일한 의미를 갖는 것이다. [09년 7급] O X

060 국가승인은 명시적 또는 묵시적으로 행하여질 수 있다. [04년 사시] O X

061 승인은 조약규정 또는 국제회의의 결의나 공동선언을 통해 이루어질 수 있다. [11년 9급] O X

062 신생국과 우호통상항해조약을 체결하는 경우, 이는 그 신생국을 국가로 승인하는 효과를 가져온다. [20년 해경승진] [13년 사시] O X

063 신생국과의 외교관계 수립은 그 국가에 대한 묵시적 승인으로 간주된다. [13년 사시] O X

064 국가는 영사특권을 부여하겠다는 구상서로써 미승인국을 승인할 수 있다. [16년 7급] O X

065 일국의 국가원수가 승인되지 않은 국가를 국빈 자격으로 공식 방문하는 것은 묵시적 승인의 한 형태로 간주된다. [09년 7급] O X

066 신생국에 대한 독립 축하 메시지 부여, 외교관계의 수립, 영사인가장의 부여, 우호통상항해조약의 체결 등으로는 묵시적 국가승인의 효과가 있다고 볼 수 없나. [21년 7급] O X

067 무역사절단의 교환이나 통상교섭행위는 신생국가에 대한 묵시적 승인으로 본다. [11년 7급] O X

068 신생국이 타국과 상호 통상대표부 설치에 합의하는 경우 그 국가로부터 국가승인을 받은 것으로 본다. [16년 사시] [19년 해경승진] O X

069 신생국은 다자조약에 가입함으로써 그 조약의 타당사국들로부터 국가로 승인된 것으로 간주된다. [16년 사시] [19년 해경승진] O X

070 기존 국가가 신생국 국민에게 비자를 발급하는 것은 묵시적 국가승인에 해당하지 않는다. [16년 9급] O X

071 정식 외교관계의 수립과 UN 가입 신청에 대한 지지 등은 묵시적 승인에 해당하는 것으로 간주된다. [15년 9급] O X

※ 정식 외교관계의 수립에 대해서는 묵시적 승인으로 보는 것이 일반적이다. UN 가입 신청에 대한 지지에 대해서는 이를 국가승인으로 보는 견해와 국가승인과는 별개의 문제로 보는 견해가 대립한다. UN에서의 관행과 다수설은 신회원국의 UN 가입과 국가승인을 별개의 문제로 본다. 이 지문은 다수설과 UN의 관행에 따르면 옳지 않은 지문이나 소수설에 따를 경우 옳은 지문이 될 수도 있다. 따라서 다른 지문들까지 참고하여 정오를 상대적으로 판단하여야 한다. 2015년 국가직 9급 시험에서는 옳은 지문으로 출제되었다.

072 국가승인은 일반적으로 각 국가에 의하여 개별적으로 이루어지나, 관련 국가들이 공동으로 승인을 부여하는 경우도 있다. [15년 9급] [20년 해경승진] O X

073 국제연합(UN) 회원국으로서의 가입이 그 국가에 대한 기존 UN회원국의 집단적 승인으로 해석되지 않는다. [16년 7급] O X

074 우리 헌법재판소는 남북한 UN 동시가입이 곧 남북한 상호 간에 국가승인의 효력을 발생시켰다고는 볼 수 없다고 판시하였다. [08년 사시] O X

075 국가승인 시 일정한 조건을 부과할 수 있다. [07년 9급] O X

076 조건부 승인에 있어서 조건의 불이행이 있다고 해서 승인이 무효가 되는 것은 아니며, 다만 의무불이행에 대한 국가책임 문제가 발생할 뿐이다. [11년 7급] O X

077 국가승인은 승인한 국가와 승인받은 국가 사이에만 효력이 있다. [02년 7급] [18년 9급] O X

078 국가승인의 효력은 창설적 또는 선언적 효과이든 관계없이 승인 시점 이후부터 발생된다. [15년 경간] O X

079 「몬테비데오 조약」에 따르면 승인은 무조건적이고 철회할 수 없다. [14년 경간] O X

080 국가가 소멸하는 경우 소멸된 국가에 대한 승인은 합법적으로 철회될 수 있다. [15년 9급] O X

081 국가가 소멸하는 경우에는 국가승인의 명시적 취소가 필요하다. [17년 9급] O X

082 국가승인의 일반적 효과는 새로이 성립된 국가에 국제법 주체성을 인정하는 것이다. [02년 사시] O X

083 미국에 의해서 승인된 피승인국은 미국법원에 제소할 수 있는 권리를 취득한다. [12년 7급] O X

084 정식 외교관계가 개설되지 않은 국가 간에도 국가승인이 가능하다. [16년 사시] [19년 해경승진] O X

085 외교관계의 단절은 승인의 철회로 간주된다. [19년 7급] O X

086 1992년 우리나라가 대만과 외교관계를 단절하고 중화인민공화국과 외교관계를 맺은 조치는 법적으로 대만에 대한 국가승인을 취소한 것으로 볼 수 없다. [16년 경간] O X

087 승인을 받지 않은 국가적 실체는 국제법상 권리를 향유하거나 의무를 부담하지 않는다. [19년 7급] O X

088 정부승인의 필요성은 정부가 혁명이나 쿠데타와 같이 비합헌적인 방법으로 변경되는 경우에 제기된다. [21년 7급] O X

089 단순한 영역 · 인구 · 국명 등의 변동에 관계없이 계속성과 동일성을 보전할 뿐 아니라, 정부의 변경에 의해서도 아무런 영향을 받지 않고 동일한 국제법 주체로서 존속한다는 원칙을 국가계속성의 원칙이라고 한다. [18년 해경승진] O X

090 정부승인의 변경은 국가승인 여부에 영향을 주지 아니한다. [17년 9급] O X

091 국가승인제도는 1930년의 에스트라다주의(Estrada Doctrine)로 점차 대체되었다. [16년 7급] O X

092 혁명 · 쿠데타 등 헌법에 위반하여 중앙정부를 전복시키고 성립한 사실상의 정부는 합헌적 절차에 의해 국가원수가 선출될 때까지 승인해서는 안 된다는 주의를 토바르주의(Tobar Doctrine)라고 한다. [18년 해경승진] O X

093 “각국은 다른 국가의 신정권에 대하여 그 성립이나 법적 자격의 정당성 여부 등 국내문제에 대한 가치판단을 하는 것을 억제하여야 하고, 국가로서 이미 승인되어 있는 이상 그 국내에서 혁명에 의하여 정부가 교체되더라도 정부승인의 행위는 불필요하며, 외교관계의 지속 여부만을 결정하면 된다.”라는 것을 내용으로 하는 정책은 에스트라다주의(Estrada Doctrine)이다. [02년 사시] O X

094 국가, 국제기구, 개인에 해당하지 않는 실체가 국제법의 주체로 인정되는 경우는 없다. [14년 사시] O X

095 제3국은 반도단체를 교전단체로 승인함으로써 반도단체가 점거한 지역 내에 있는 자국의 이익을 보호할 수 있다. [12년 경간] O X

096 제3국은 반란지역에서의 자국민의 이익을 보호하기 위하여 교전단체 승인을 할 필요가 있다. [18년 9급] O X

097 중앙정부는 반란단체를 교전단체로 승인할 수 없다. [15년 사시] O X

098 반란단체가 일정 지역에서 중앙정부의 공권력 행사를 배제하고 이 지역을 실효적으로 통제하는 경우 이 단체는 교전단체로 승인될 수 있다. [15년 사시] ○ ×

099 제3국이 반란단체와 중앙정부 간의 무력충돌에 대해 중립선언을 하는 경우 교전단체 승인이 된 것으로 볼 수 있다. [18년 9급] ○ ×

100 중앙정부에 의한 교전단체 승인의 효력은 교전단체에만 미치고 제3국에는 미치지 않는다. [18년 9급] ○ ×

101 교전단체로 승인받은 반란단체는 제한된 범위 내에서 국제법의 주체가 된다. [15년 사시]

102 주권국가 내에서 반란상태가 발생하여 중앙(합법)정부를 상대로 투쟁하고 있는 '반란단체'에 대하여 중앙정부나 제3국이 '교전단체'의 승인을 하는 경우, 이 반란단체는 '전쟁법(jus in bello)'상 권리 · 의무의 주체가 된다.[13년 경간] ○ ×

103 교전단체 승인이 있는 경우 교전단체와 중앙정부 간의 무력충돌은 국제적 무력충돌로 간주된다. [18년 9급] ○ ×

104 중앙 정부가 자신을 상대로 반란을 일으킨 단체를 교전단체로 승인한 경우 생포된 교전단체 소속 전투원은 포로의 지위를 누린다. [14년 9급] ○ ×

105 반란단체를 교전단체로 승인한 제3국은 중립의 지위에 놓인다. [15년 사시] ○ ×

106 반란단체를 교전단체로 승인한 제3국은 반란지역에서의 반란단체 행위에 대하여 중앙정부에 책임을 물을 수 없다. [15년 사시] ○ ×

107 반란단체가 제한적으로나마 국제법인격을 인정받으려면 반란이 발생한 국가의 일정지역을 실효적으로 점거하여야 한다. [16년 사시] ○ ×

108 반란단체는 교전단체로 승인을 받지 않으면 국제인도법의 주체가 될 수 없다. [14년 사시] ○ ×

109 교전자의 요건을 못 갖춘 반란조직도 전쟁포로의 규정을 적용하기 위하여 반란단체(insurgency)로 승인한다. [12년 경간] ○ ×

110 국가를 구성하지 못한 일정 범주의 민족도 제한된 범위 내에서 국제인격을 갖는다. [15년 경간] ○ ×

111 Tinoco 중재 판정은 정부의 실효적 통제를 중시하여 선언적 효과설을 따르고 있다. [17년 9추] ○ ×

112 영국과 코스타리카 간의 Tinoco 중재 사건의 주요 논점은 사실상 정부의 법적 행위능력에 관한 것이다. [01년 7급] [20년 해경승진] O X

113 1978년 「조약승계에 관한 비엔나협약」에 의하면, 승계국이 선임국의 영역 일부를 승계한 경우에는 선임국의 비(非)국경조약이 해당 영역에 계속 적용된다. [19년 9급] O X

114 1978년 「조약승계에 관한 비엔나협약」에 의하면, 선임국이 승계국에 병합된 경우 승계국은 선임국이 체결했던 국경조약에 구속되지 않는다. [19년 9급] O X

115 1978년 「조약승계에 관한 비엔나협약」에 의하면, 신생국은 해당 영역에 적용되던 선임국의 비(非)국경조약을 계속 인정할 의무가 없다. [19년 9급] O X

116 1978년 「조약승계에 관한 비엔나협약」에 의하면, 승계국은 선임국이 당사국인 기본적 인권과 권리에 관한 조약을 자동적으로 승계한다. [19년 9급] O X

117 「조약의 국가승계에 관한 비엔나협약」상 국가승계란 영토의 국제관계 관련 책임이 한 국가로부터 다른 국가로 이전되는 것을 말한다. [18년 7급] O X

118 「조약의 국가승계에 관한 비엔나협약」상 국가의 일부 분리에 있어서 선행국 영토 전체에 유효한 조약은 각 승계국의 승계통고에 의해 효력을 가진다. [18년 7급] O X

119 「조약의 국가승계에 관한 비엔나협약」상 새로 독립한 국가는 승계통고에 의해 기존 다자조약의 당사자로 될 수 있다. [18년 7급] O X

120 「조약의 국가승계에 관한 비엔나협약」상 조약에 의해 수립된 국경은 국가승계의 영향을 받지 않는다. [18년 7급] O X

121 국가관할권이란 국가가 그 국내법을 일정범위의 사람 · 재산 또는 사실에 대하여 구체적으로 적용 및 행사하는 권능을 말한다. [14년 경간] O X

122 국가는 일반적으로 자국영역 내에서 물리적으로 발생하는 행위를 규율하기 위한 국내법규를 제정할 수 있는 역내관할권을 가진다. [06년 사시] O X

123 입법관할권은 자국영역 밖의 행위를 규율하기 위하여 행사되기도 한다. [06년 사시] O X

124 국가는 자국에서 살인을 저지르고 외국으로 도주한 자국민에 대하여 재판관할권을 가지지만 외국에서 그를 직접 체포할 권한은 없다. [19년 9급] O X

125 국가가 자국법을 시행할 권한을 말하는 집행관할권은 원칙적으로 입법관할권의 존재에 의지한다. [18년 해경승진] O X

126 국제법상 관할권 행사의 원칙으로는 속지주의, 속인주의, 피해자국적주의, 효과이론, 보호주의 및 보편주의 등이 논해지는데, 이들 원칙은 관할권 행사의무를 부과한다. [18년 해경승진] O X

127 속지주의에 따르면, 국가는 자국 영토 내에서 발생한 범죄에 대해 범죄자 · 피해자의 국적을 불문하고 관할권을 행사할 수 있다. [14년 사시] O X

128 속지주의 이론에 따르면, 국가는 행위자의 국적에 상관없이 자국 영역 내에서 발생한 사건에 대해 관할권을 가지므로 범죄행위의 개시국과 범죄결과의 최종발생국 모두 관할권을 행사할 수 있다. [21년 9급] O X

129 A국 국민인 甲이 A국내에서 국경너머 B국에 소재하는 C국 국민인 乙에게 총격을 가해 B국에서 乙이 사망한 경우, B국이 甲에 대해 형사관할권의 행사를 주장할 수 있는 근거가 되는 이론은 객관적 속지주의(objective territorial principle)이다. [18년 9급] O X

130 대한민국 영역 외에 있는 대한민국의 선박 또는 항공기 내에서 죄를 범한 외국인에게 우리나라 형법을 적용하도록 규정한 「형법」 제4조에 해당되는 관할권 원칙은 속지주의이다. [16년 9급] O X

131 속인주의란 범죄실행지의 여하를 불문하고 범죄실행자의 국적에 입각하여 관할권을 결정하는 입장이다. [14년 경간] O X

132 대한민국 「형법」 제3조는 형사관할권 행사의 원칙으로 속인주의를 반영하고 있다. [20년 9급] O X

133 능동적 속인주의 이론에 따르면, A국 국적의 갑이 B국에서 C국 국적의 을을 살해한 경우 C국이 갑에 대하여 형사관할권을 행사할 수 있다. [21년 9급] O X

134 A국의 국적을 가진 민간인 갑(甲)이 B국에서 C국 국적의 여행객들을 상대로 절도행위를 한 경우, C국이 갑(甲)에 대하여 형사관할권의 행사를 주장할 수 있는 근거는 수동적 속인주의(Passive Personality Principle)이다. [17년 7급] O X

135 영미법계 국가는 속지주의를 원칙으로 하고 속인주의는 보충적으로만 채택하고 있다. [20년 9급] O X

136 해외 테러단체가 해외에서 한국인을 상대로 저지른 범죄에 대하여 대한민국이 관할권을 행사할 수 있는 근거는 보호주의이다. [21년 7급] O X

137 보호주의는 피해국가의 영토 내에서 효과 또는 결과가 발생될 것을 요구하지 않는다. [20년 9급] O X

138 외국에서 발생한 외국인의 행위로 인하여 국가적 이익을 침해당한 국가가 당해 외국인에 대하여 형사관할권을 행사하려고 할 때 근거가 되는 관할권 행사의 원칙은 보호주의이다. [16년 전직] O X

139 보호주의 이론에 따르면, A국 국적의 갑이 B국 영역 내에서 C국의 화폐를 위조하여 사용한 경우 C국이 갑에 대하여 형사관할권을 행사할 수 있다. [21년 9급] O X

140 외국인이 외국에서 외국인을 상대로 저지른 범죄에 대하여 대한민국이 관할권을 행사할 수 있는 근거는 보편주의이다. [21년 7급] O X

141 형사관할권 행사의 근거 중 하나로서 보편적 관할권은 주로 해적행위, 전쟁범죄, 집단살해 등 국제범죄를 비롯한 강행규범 위반을 대상으로 적용되며 발전되어 왔다. [16년 경간] O X

142 모든 국가는 보편주의에 따라 해적선, 해적항공기의 재산을 반드시 압수해야 한다. [20년 9급] O X

143 공해상에서 A국 국적의 해적들에 의해 피랍된 B국 선박과 관련된 사건에 대하여 C국이 관할권을 행사하기 위한 근거가 될 수 있는 이론은 보편주의이다. [16년 해경] O X

144 항공기 납치와 같은 일정한 범죄행위의 방지와 처벌에 관한 조약들은 피의자의 신병을 확보한 당사국에게 그를 기소하거나 관할권을 행사할 수 있는 다른 당사국으로 그 신병을 인도할 의무를 부과하는 경우도 있다. [13년 경간] O X

145 '인도 아니면 소추(aut dedere aut judicare)' 의무를 규정한 조약에 의한 그 조약 당사국의 관할권은 진정한 의미의 보편관할권이다. [13년 경간] O X

146 우리나라의 법률에는 아직 보편주의를 규정한 조항이 없다. [13년 경간] O X

147 효과이론에 따르면, 외국인이 자국 영역 밖에서 행한 행위로 인하여 그 결과가 자국에게 실질적인 영향을 미친 경우 역외에 있는 해당 외국인에 대해서도 관할권을 갖는다. [21년 9급] O X

148 EU의 경쟁법은 단일경제실체이론에 따라 자회사의 경쟁법 위반에 대하여 EU 밖에 있는 모회사에 대하여 관할권을 인정하고 있다. [12년 경간] O X

149 국제법상 관할권 행사의 여러 근거로 인하여 동일 사안에서 동일인에 대해 형사관할권을 행사할 수 있는 국가가 복수로 존재할 수 있다. [19년 9급] O X

150 영토에 근거한 관할권은 영토국의 이해관계가 국적에 근거한 타국의 이해를 압도하므로 국적에 근거한 관할권보다 우월한 지위를 가진다. [19년 9급] O X

151 1961년 아돌프 아이히만 사건 – 재판 관할권 문제 [13년 경간] O X

152 미국연방대법원은 Alvarez–Machain 사건에서 동 법원은 관할권을 행사할 수 없다고 판시하였다. [20년 9급] O X

153 상설국제사법재판소(PCIJ)는 Lotus호 사건에서 국가가 영역 밖으로 관할권을 행사하려면 명시적인 국제법적 근거가 필요하다고 보았다. [21년 7급] O X

154 아칠레 라우로(Achille Lauro)호 사건은 1973년 외교관 등 국제적 보호인물에 대한 범죄의 예방 및 처벌에 관한 협약(The 1973 UN Convention on the Prevention and Punishment of Crimes Against Internationally Protected Persons, Including Diplomatic Agents)을 채택하게 되는 배경이 된 사건이다. [14년 경간] O X

155 Chung Chi Cheung vs. The King 사건에서 영국 추밀원은 정부선박의 치외법권을 인정하였다. [20년 9급] O X

156 국가면제에 대하여 과거에는 주권면제 또는 군주의 면제라고 불렀다. [12년 해경] O X

157 국가면제란 어느 국가 및 그 재산이 다른 국가의 재판 및 강제집행관할권으로부터 면제를 받는다는 것을 말한다. [12년 7급] O X

158 국가면제는 주권평등원칙의 논리적 귀결로 흔히 "대등한 자들은 서로에 대해 관할권을 갖지 못한다."는 격언으로 표현된다. [10년 7급] [13년 해경] O X

159 주권면제는 국가의 주권평등 원칙에 토대를 둔 국제법 질서의 근본원칙이다. [19년 9급] O X

160 주권면제는 국제법상 강행규범이므로 침해할 수 없다. [19년 7급] O X

161 한 국가의 재판소에서 국가면제의 주장은 소송의 일방당사자가 외국이거나 또는 소송의 객체가 외국의 재산인 경우에 제기된다. [09년 7급] O X

162 국가면제는 집행관할권으로부터의 면제를 포함하지 아니한다. [08년 9급] O X

163 주권면제는 각국 국내법원의 민사소송 외에 형사소송에서도 인정된다. [19년 9급] [20년 해경승진] O X

164 주권면제는 구체적인 내용에 있어서 각국의 국내법과 사법실행의 영향을 받는다. [19년 9급] [20년 해경승진] O X

165 국가면제는 법정지국의 입법관할권의 면제까지 포함하고 있다. [10년 7급] [13년 해경] O X

166 주권면제는 국가의 위법행위에 대한 국제법적 책임의 면제를 포함한다. [19년 9급] O X

167 제한적 주권면제론에서는 주권면제 대상이 국가의 주권적 행위로 한정되고 상업적 행위는 배제된다. [18년 7급] O X

168 절대적 주권면제의 경향에서 점차 상대적(제한적) 주권면제의 경향으로 변하게 된 주요한 이유로는, 러시아 혁명 이후 공산국가들이 출현하여 이들이 모든 대외무역을 국가 독점체제로 운영하고 국유화를 단행한 데 따른 현실적 필요성을 들 수 있다. [16년 경간] O X

169 국가의 주권적 행위와 상업적 행위를 구분할 경우 목적 개념을 기준으로 하면 제한적 주권면제론의 취지를 살리기 어렵다. [16년 7급] O X

170 국가면제론은 19세기 이래 영국과 미국 등에서의 판례를 바탕으로 하여 국제관습법의 형태로 발전되어 왔다. [15년 9급] O X

171 Schooner Exchange호 사건 판결(1812)에서 미국 연방대법원은 자국 항구에 입항한 프랑스 군함에 대하여 국가면제를 인정하였다. [13년 경간] O X

172 미국과 영국의 국가면제 관련 법률은 제한적 면제이론을 따르고 있다. [10년 9급] O X

173 우리나라는 주권면제에 관한 국내법의 제정 없이 국제관습법의 형태로 주권면제론을 수용하고 있다. [18년 7급] O X

174 국가면제를 규율하는 협약은 존재하지 않는다. [14년 해경] O X

175 1972년의 「유럽국가면제협약」은 제한적 면제의 입장에서 면제가 인정되지 않는 경우를 명시하고 있다. [08년 9급] O X

176 UN총회는 2004년 「국가와 그 재산의 관할권 면제에 관한 UN협약」을 채택하였다. [09년 7급] O X

177 「국가 및 그 재산의 관할권 면제에 관한 국제연합협약」에 따른 국가면제는 국제법에 따라 주어지는 국가원수의 면제와 특권을 저해하지 않는다. [18년 7급] O X

178 국가면제의 향유 주체인 국가는 국가 또는 중앙정부만을 의미하며, 공법인 등은 제외된다. [15년 9급] [17년 해경2] O X

179 제한적 면제를 부여하기 위하여 국가행위를 상업적 행위(acts jure gestionis)와 권력적 행위(acts jure imperii)로 구분하고 있다. [08년 9급] O X

180 국가는 국가면제를 포기할 수 있다. [15년 9급] [17년 해경2] O X

181 2004년 「국가 및 그 재산의 관할권 면제에 관한 UN협약」상 국가는 국제협정, 서면상의 계약, 특정 소송 관련 법정에서의 선언 또는 서면상의 통고를 통하여 타국 법정이 관할권을 행사하는 것을 명시적으로 동의한 경우, 타국 법정에 제기된 소송에서 관할권 면제를 원용할 수 없다. [15년 7급] O X

182 본소에서 피고가 된 외국이 반소를 제기하더라도 본소에서는 주권면제를 향유한다. [19년 7급] [20년 해경승진] O X

183 2004년 채택된 「국가 및 국유재산의 관할권 면제에 관한 UN협약」상 타국 법의 적용에 대한 국가의 동의는 그 타국 법정의 관할권 행사에 대한 동의로 간주될 수 없다. [20년 7급] O X

184 2004년 「국가 및 그 재산의 관할권 면제에 관한 UN협약」상 국가의 대리인이 타국 법정에 증인으로 출석하는 경우, 이는 전자의 국가가 타국 법정의 관할권 행사에 동의하는 것으로 해석될 수 없다. [15년 7급] O X

185 피고국가가 소환장을 송달받고도 아무런 답변을 하지 않거나 재판정에 모습을 나타내지 않는 경우에는 주권면제의 묵시적 포기로 해석된다. [12년 경간] O X

186 국제법상 강행규범을 위반하는 경우에는 국가면제를 부여하지 않는 것이 각국 국내법원에 의해 통일적으로 확립된 사법관행이다. [15년 7급] [18년 해경승진] O X

187 원칙적으로 피고국가가 행한 재판관할권의 면제 포기에는 자국 재산의 압류 또는 강제집행의 면제 포기까지 포함하는 것은 아니다. [14년 9급] O X

188 2004년 「국가 및 그 재산의 관할권 면제에 관한 UN협약」상 국가 간의 상업적 거래와 관련된 분쟁이 타국 법정의 관할권에 속하는 경우, 국가는 그 관할권으로부터 면제를 주장할 수 있다. [15년 7급] O X

189 상업적 거래는 제한적 국가면제의 대상이 아니나 국가 간에 이루어지는 경우에는 국가면제를 원용할 수 있다. [10년 7급] [13년 해경] O X

190 「주권면제협약」에 따르면 피고용인이 특정한 공권력 행사를 위하여 채용되는 경우 주권면제가 부인되지 않는다. [17년 9추] O X

191 2004년 「UN 국가 및 그 재산의 관할권 면제에 관한 협약」에 따르면 소송의 내용이 고용계약에 관한 것으로 복직을 요구하는 경우, 주권면제는 부인된다. [21년 7급] O X

192 2004년 「UN 국가 및 그 재산의 관할권 면제에 관한 협약」에 따르면 원고가 법정지국 밖에서 고문의 피해를 받아 손해배상을 청구하는 경우, 주권면제는 인정된다. [21년 7급] O X

193 2004년 「UN 국가 및 그 재산의 관할권 면제에 관한 협약」에 따르면 원고가 법정지국에서 발생한 교통사고에 대하여 손해배상을 청구하는 경우, 주권면제는 부인된다. [21년 7급] O X

194 2004년 「UN 국가 및 그 재산의 관할권 면제에 관한 협약」에 따르면 원고가 외국 정부의 명예훼손으로 인한 손해배상을 청구하는 경우, 주권면제는 부인된다. [21년 7급] O X

195 국가는 법정지국에 소재하는 부동산과 관련된 소송에서 주권면제를 원용할 수 없다. [19년 7급] [20년 해경승진] O X

196 제한적 주권면제론에 따르면 재판관할권이 성립할 경우에 그에 따른 강제집행관할권도 성립한다. [16년 7급] O X

197 이탈리아 최고법원인 Corte di Cassazione는 Ferrini 사건에서 국제범죄행위에 대하여는 주권면제를 인정할 필요가 없다고 판시하였다. [20년 7급] O X

198 ICJ는 Jurisdictional Immunities of the State 사건에서 주권면제의 법리와 강행규범의 내용은 서로 충돌의 여지가 없다고 판단하였다. [20년 7급] O X

199 국제사법재판소(ICJ)는 국가의 관할권 면제(Jurisdictional Immunities of the State) 사건에서 문제의 행위가 강행규범 위반이더라도 국내법원에 의한 국가면제 적용 여부에 영향을 미치지 아니한다고 밝혔다. [15년 7급] [18년 해경승진] O X

200 유럽인권재판소(ECHR)는 알 아자니(Al Adsani) 사건에서 국내법원이 고문 관련 민사소송에서 국가면제 주장을 받아들임으로써 공정한 재판에 대한 피해자의 권리를 침해하였다고 밝혔다. [15년 7급] [18년 해경승진] O X

201 국가행위이론은 국가가 제정한 법령이나 자국영역 내에서 행한 공적 행위에 관해서 타국의 재판소에서 그 법적 유효성에 대한 판단을 해서는 안 된다는 이론이다. [01년 7급] O X

202 국가의 행위가 2001년 초안 규정상 국제범죄에 해당하는 경우에는 국가책임이 가중된다. [18년 7급] O X

203 2001년 국제법위원회(ILC)가 채택한 「국제위법행위에 대한 국가 초안」은 국가의 범위를 축소하기 위해 대세적 의무 내지는 당사자 간 대세적 의무의 관념을 도입하고 있다. [12년 경간] O X

204 2001년 「국가책임초안」상 국가의 국제위법행위는 국제책임을 초래한다. [17년 9추] O X

205 2001년 국제법위원회(ILC)가 채택한 「국제위법행위에 대한 국가 초안」상 국제위법행위는 작위에 의해서도, 부작위에 의해서도 발생할 수 있다. [18년 9급] O X

206 2001년 국제법위원회에서 채택된 「국제위법행위에 대한 국가책임에 관한 규정 초안」은 국가책임의 성립요건으로서 행위의 국가로의 귀속과 국제의무의 위반을 규정하고 있다. [11년 사시] O X

207 2001년 「국가책임초안」상 국가책임이 성립하기 위해서는 국가에 귀속되는 행위에 의한 국제의무 위반, 고의 또는 과실 및 손해의 발생이 필요하다. [15년 7급] O X

208 2001년 「국가책임초안」에 따르면, 국가책임의 성립요소로 손해의 발생을 열거하지 않고 있다. [17년 7급] O X

209 국가행위의 국제위법성 결정은 국제법에 의하여 정해지며, 이는 동일한 행위가 국내법상 적법하다는 결정에 의하여 영향받지 아니한다. [20년 9급] O X

210 2001년 「국제위법행위에 대한 국가책임초안」상 비공권적 성격을 가지는 국가기관의 행위는 국제법상 국가의 행위로 귀속될 수 없다. [19년 9급] O X

211 2001년 「국제위법행위에 대한 국가책임초안」상 국가의 행위가 상업적 성격을 지닌 경우에는 국가책임이 성립하지 않는다. [18년 7급] O X

212 2001년 국제법위원회(ILC)가 채택한 「국제위법행위에 대한 국가책임규정 초안」상 행정부뿐만 아니라 입법부나 사법부의 행위에 의해서도 국가의 국제책임이 성립한다. [18년 9급] O X

213 UN국제법위원회의 2001년 「국제위법행위에 대한 국가책임초안」상 해당 국가의 국내법에 따라 국가기관의 지위를 갖는 모든 사람의 직무상 행위는 국제법상 그 국가의 행위로 간주된다. [13년 사시] O X

214 외교업무를 담당하지 않는 공무원의 국제법 위반행위는 국가에 책임이 귀속되지 않는다. [09년 사시] O X

215 하급공무원의 국제위법행위는 국가책임을 발생시킨다. [09년 9급] O X

216 2001년 국제법위원회(ILC)가 채택한 「국제위법행위에 대한 국가 초안」상 지방자치단체의 행위는 그 국가의 행위로 간주되지 않는다. [18년 9급] O X

217 재판의 거부에는 불공정한 판결을 내리거나, 재판절차가 불공정하거나, 소송의 수리를 거부하거나, 오판, 판결을 집행하지 않는 것이 포함된다. [12년 경간] O X

218 국제법위원회(ILC) 2001년 「국제위법행위에 관한 국가책임초안」의 해석상 국가가 종교단체에 교도소의 운영을 위탁한 경우, 그 종교단체의 행위로 국가책임이 성립할 수 있다. [21년 7급] O X

219 2001년 「국제위법행위에 대한 국가책임초안」상 공권력을 행사할 권한을 부여받고 그 자격으로 행동한 개인의 행위는 국제법상 국가의 행위로 귀속될 수 있다. [19년 9급] O X

220 2001년 「국가책임초안」상 타국의 통제(at the disposal)하에 놓인 기관이 타국의 공권력을 행사하는 경우 그 행위는 국제법상 그 기관의 소속국 행위로 간주된다. [15년 사시] O X

221 국제법위원회(ILC) 2001년 「국제위법행위에 관한 국가책임초안」의 해석상 범죄를 수사하는 공무원이 고문을 금지하는 법령을 위반하여 외국인을 고문한 경우에 이는 국가의 행위로 귀속되지 않는다. [21년 7급] O X

222 2001년 「국제위법행위에 대한 국가책임초안」상 공권력을 행사할 권한을 부여받고 그 권한을 초월하여 행동한 개인의 행위는 국제법상 국가의 행위로 귀속될 수 없다. [19년 9급] O X

223 국제법위원회(ILC) 2001년 「국제위법행위에 관한 국가책임초안」의 해석상 시민들이 외국인을 공격하는 것을 국가가 방치하고 부추기는 경우, 그 시민들의 행위는 국가에 귀속될 수 있다. [21년 7급] O X

224 2001년 「국가책임초안」상 개인의 행위는 그 행위를 수행함에 있어서 사실상 국가의 지시를 받아서 행동하는 경우에도 국제법상 그 국가의 행위로 간주되지 않는다. [15년 9급] O X

225 2001년 「국제위법행위에 대한 국가책임초안」상 공권력의 부재 시 그 행사가 요구되는 상황에서 그 권한을 행사한 개인의 행위는 국제법상 국가의 행위로 귀속될 수 있다. [19년 9급] O X

226 국제법위원회(ILC) 2001년 「국제위법행위에 관한 국가책임초안」의 해석상 국가가 외국의 반란단체에 무기를 판매한 경우에 원칙적으로 반란단체의 행위는 그 국가에 귀속되지 않는다. [21년 7급] O X

227 2001년 「국가책임초안」상 국가의 새 정부를 구성하는 데 성공한 반란단체의 행위는 국제법상 그 국가의 행위로 간주된다. [15년 9급] O X

228 2001년 「국가책임초안」상 국가행위로 귀속될 수 없는 행위에 대하여 국가가 자신의 행위로 승인하고 채택하는 경우 당해 행위는 그 범위 내에서 그 국가의 행위로 간주된다. [15년 9급] O X

229 사인의 행위와 관련하여, 국가가 사전에 위법행위를 상당한 주의로 방지하지 않았거나 사후에 침해된 법익에 대하여 적절한 국내적 구제를 다하지 않은 경우에 국가책임이 발생할 수 있다. [03년 외시] O X

230 '테헤란 주재 미국대사관원 인질 사건'에서 사인의 행위로 인한 국가책임이 인정되었다. [03년 사시] O X

231 1987년 Yeager 사건에서 혁명수비대원들이 공권력 부재 시 정부권한을 행사한 것을 인정하였다. [20년 9급] O X

232 2001년 「국가책임초안」에 따르면, 국제의무의 연원에는 조약과 국제관습법이 모두 포함된다. [17년 7급] O X

233 2001년 UN의 국제법위원회(ILC)가 채택한 「국제위법행위에 대한 국가책임에 관한 규정 초안」상 지속적인 성격의 위법행위인 경우, 국제의무의 위반은 행위가 개시된 시점에 발생한다. [13년 경간] O X

234 2001년 「국가책임초안」에 의하면 한 국가가 타국 기관의 행위에 대해서도 책임지는 경우가 있다. [15년 사시] O X

235 피해국의 유효한 동의에 기초한 국가의 행위는 동의의 범위 내에서 당해 행위의 위법성이 조각된다. [04년 행시] O X

236 동의국이 상대국에게 사후 동의를 부여하는 경우, 이는 동의국의 상대국에 대한 책임추궁권을 저해하지 않는다. [20년 7급] O X

237 2001년 「국가책임초안」상 국가행위가 「UN헌장」과 합치되는 합법적 자위조치에 해당하는 경우 그 행위의 위법성은 조각된다. [17년 9추] O X

238 UN국제법위원회의 2001년 「국제위법행위에 대한 국가책임초안」 주해에 따르면 자위권 행사가 「UN헌장」 제2조 제4항 의무 외 다른 국제의무의 불이행을 구성하는 경우, 그러한 불이행의 위법성은 동항의 위반과 관련되는 한 조각된다. [20년 7급] O X

239 불가항력에 해당하는 상황은 자연적 또는 물리적 상황으로 발생될 수 있으나, 인간의 행위로는 발생될 수 없다. [20년 7급] O X

240 불가항력(Force Majeure)의 경우는 스스로 자초한 경우에도 위법성이 조각된다. [10년 7급] O X

241 UN국제법위원회(ILC)가 채택한 2001년 「국가책임초안」상 불법행위 주체가 자신 또는 자신에 의하여 보호를 받는 다른 사람의 생명을 구하는 데 다른 합리적인 방법이 존재하지 않을 경우, 즉 조난(distress) 행위는 그 불법성(위법성)이 조각된다. [13년 9급] O X

242 UN국제법위원회(ILC)가 채택한 2001년 「국가책임초안」상 조난 행위(불법행위)가 더 중대한 위험을 초래하는 경우에도 그 불법성은 조각된다. [13년 9급] O X

243 2001년 「국가책임초안」상 조난(distress)은 개인의 생명을 보호하려는 것이고, 긴급피난(necessity)은 국가의 본질적 이익을 중대하고 급박한 위험으로부터 보호하려는 것이다. [19년 7급] [20년 해경승진] O X

244 불가항력과 달리 조난의 경우, 행위 주체의 측면에서 의무의 준수 여부는 선택적이라 할 수 있다. [20년 7급] O X

245 2001년 「국제위법행위에 관한 국가책임초안」상 불가항력(force majeure)과 조난(distress)에 책임이 있는 국가는 이를 원용할 수 없다. [21년 7급] O X

246 2001년 「국가책임초안」상 국제위법행위가 국제공동체의 본질적 이익을 중대하게 침해하더라도 그 행위국의 본질적 이익을 보호하는 유일한 수단일 경우에는 위법성이 조각된다. [19년 7급] [20년 해경승진] O X

247 필요성(긴급피난)은 대응조치, 자위 등의 사유와 같이 선행되는 국제의무 위반행위를 전제로 한다. [20년 7급] O X

248 2001년 「국가책임초안」상 국제위법행위에 대한 위법성 조각사유의 존재는 해당 규범의 법적 성질에 관계없이 모든 국제법규범의 위반을 정당화한다. [19년 7급] O X

249 2001년 「국가책임초안」상 국제위법행위에 대한 위법성 조각사유의 존재는 그 행위국의 피해배상(reparation for injury) 의무를 완전하게 면제시킨다. [19년 7급] O X

250 2001년 ILC가 채택한 「국제위법행위에 대한 국가 초안」상 책임국(responsible State)은 사정에 따라서는 재발방지를 보장하여야 한다. [07년 사시] O X

251 2001년 ILC가 채택한 「국제위법행위에 대한 국가 초안」상 책임국은 국제위법행위로 인한 손해에 대하여 '완전한 배상(full reparation)'을 할 의무를 진다. [07년 사시] O X

252 국가가 특정 협약을 위반하는 경우 손해배상책임을 부담하려면 해당 협약에서 손해배상에 관한 사항을 규정하고 있어야 한다. [04년 행시] O X

253 2001년 「국제위법행위에 관한 국가책임초안」상 국가의 국제위법행위에 의하여 야기된 피해에 대한 배상의 범위에는 물질적 손해뿐만 아니라 정신적 손해도 포함된다. [21년 7급] O X

254 국가는 국제책임의 불이행을 정당화하기 위하여 자국의 국내법을 원용할 수 있다. [08년 사시] O X

255 2001년 ILC가 채택한 「국제위법행위에 대한 국가 초안」상 국가책임의 해제는 국가의 국제책임으로부터 발생하는 개인의 권리를 소멸시킨다. [07년 사시] O X

256 2001년 「국제위법행위에 대한 국가 초안」상 국제위법행위의 법적 결과에는 의무 위반 중지 및 재발방지, 계속적 의무 이행, 만족이 포함된다. [18년 7급] O X

257 2001년 ILC가 채택한 「국제위법행위에 대한 국가 초안」상 배상은 원상회복, 보상(compensation) 및 만족(satisfaction)의 형태를 단독적으로 또는 결합적으로 취한다. [07년 사시] O X

258 2001년 「국제위법행위에 관한 국가책임초안」상 유책국은 1차적으로 금전배상 의무를 부담하며, 전보되지 않은 손해에 대하여 원상회복 의무를 부담한다. [21년 7급] O X

259 2001년 ILC가 채택한 「국제위법행위에 대한 국가 초안」상 만족은 위반의 인정, 유감의 표명, 공식 사과 등의 방식으로 이루어질 수 있다. [07년 사시] O X

260 국제법정이나 국가관행의 입장을 보면, 국가의 불법행위시의 고의 · 과실의 정도는 손해배상액 산정에 참고로 하고 있다. [02년 외시] O X

261 2001년 「국제위법행위에 관한 국가책임초안」상 어떠한 국가도 일반국제법의 강행규범 위반에 의해 창설된 상황을 승인하거나 지원 또는 원조해서는 아니 된다. [21년 7급] O X

262 국가책임 추구의 주체는 원칙적으로 국가이나 예외적으로 개인도 책임추구의 주체가 될 수 있다. [09년 7급] O X

263 2001년 「국가책임초안」상 유책국이 복수인 경우 각 국가는 전체 위법행위에 대하여 연대책임을 진다. [17년 9추] O X

264 ILC의 작업 초기에는 피해국 이외의 국가가 책임을 물을 수 있도록 하기 위해 국제범죄라는 용어를 사용하였으나 많은 비판이 있어, 2001년 채택된 초안에서는 직접 피해를 입은 국가만이 그 책임을 물을 수 있도록 한정하였다. [12년 사시] O X

265 국제연합(UN)의 2001년 「국제위법행위에 대한 국가책임에 관한 규정 초안」은 위법성 조각사유와 대항조치에 대하여 규정하고 있다. [11년 9급] O X

266 대응조치(countermeasures)는 국가의 고유한 권리이기에 다자협약의 틀에서 제한될 수 없다. [20년 9급] O X

267 대응조치(countermeasures)로 인하여 발생한 타국(제3국)의 권리에 대한 침해는 정당화된다. [20년 9급] O X

268 대항조치는 그 조치를 취하는 국가가 책임국에 대한 국제의무를 당분간 불이행하는 것으로 제한된다. [09년 7급] O X

269 국가는 인도주의적 조약에서 보호하는 개인에 대하여 복구로써 대응조치(countermeasures)를 취할 수 있다. [20년 9급] O X

270 2001년 「국제위법행위에 대한 국가책임초안」상 대응조치를 취하는 국가는 책임국과 관계에서 적용되는 분쟁해결절차상의 의무로부터 면제된다. [18년 7급] O X

271 대항조치로서 기본적 인권의 보호 의무를 부과하고 있는 국제법을 위반할 수는 없다. [09년 7급] O X

272 국가행위가 일반국제법의 강행규범으로부터 발생하는 의무와 일치하지 않더라도 타국의 국제위법행위에 대한 대응조치에 해당하는 경우에는 위법성이 조각된다. [15년 사시] O X

273 무력사용에 의한 대항조치는 위법성을 조각하지 않는다. [10년 7급] O X

274 2001년 국제법위원회(ILC)가 채택한 「국제위법행위에 대한 국가 초안」상 대응조치(countermeasures)는 받은 피해에 비례하여야 한다. [18년 9급] O X

275 대항조치(Countermeasure)가 위법성 조각사유로 원용되기 위해서는 사전에 위반국에게 의무의 이행을 요청하여야 한다. [10년 7급] O X

276 대항조치는 일방적으로 결정하여 실시할 수 있으며 분쟁상대방에 대하여 대항조치를 취하기 전에 교섭을 제의할 의무는 없다. [09년 7급] O X

277 국제위법행위가 중지되고 또한 분쟁이 당사국들에게 구속력 있는 결정을 할 수 있는 재판소에 계류중인 경우에는 대항조치를 취해서는 안 된다. [09년 7급] O X

278 타국으로부터 무력 공격(armed attack)을 받은 국가는 자위권 행사의 수단으로 무력을 사용할 수 있으나, 그것은 「UN헌장」상의 권리일 뿐이고 국제관습법상 그러한 권리는 인정되지 않는다. [07년 7급] O X

279 UN회원국은 고유한 권리로서 개별적 자위권을 갖는다. [17년 해경1] O X

280 「UN헌장」은 무력의 위협이나 무력 사용을 금지하고 있으므로 회원국은 무력공격에 대하여 자위권을 행사할 수 없다. [18년 9급] O X

281 자위권은 국가의 고유한 권리로서 개별적 자위권과 집단적 자위권으로 구분된다. [15년 9급] O X

282 국제법상 자위권 행사의 요건은 '무력공격'의 발생에 한정된다. [10년 7급] O X

283 「UN헌장」과 1974년 UN총회의 침략정의 결의에 따르면 무력공격의 주체는 국가에 국한된다. [14년 9급] O X

284 ICJ는 콩고민주공화국과 우간다 간의 Armed Activities on the Territory of the Congo 사건에서 콩고령에 주둔하는 비정규군 조직이 우간다를 공격한 행위에 대하여 우간다는 자위권을 행사할 수 있는 상황은 아니라고 판단하였다. [20년 7급] O X

285 「UN헌장」은 무력공격 또는 그 급박한 위협이 존재하는 경우 자위의 권리를 명문으로 인정하고 있다. [16년 사시] O X

286 UN은 상대방으로부터 위법한 무력공격이 없더라도 그 징후가 뚜렷하다면 미리 이를 타격할 수 있다는 예방적(anticipatory) 자위권의 행사가 허용된다는 논리를 지지하고 있다. [16년 경간] O X

287 이미 종료된 공격에 대항한 무력공격은 국제법상 금지된 무력복구에 해당한다. [19년 7급] O X

288 자위권은 무력공격에 비례하고 필요한 범위 내에서만 정당화된다. [21년 7급] O X

289 아직 임박하지 않은 추정적 공격에 대한 자위권 행사는 「UN헌장」이 아닌 Caroline 공식에 의하면 수락될 가능성이 크다. [20년 7급] O X

290 1834년 'Caroline호 사건'을 통해 미국의 국무장관 Daniel Webster는 자위권을 행사할 필요성은 "급박하고, 압도적이며, 다른 수단을 택할 여지가 없고, 숙고할 여지가 없으며, 그 내용이 비합리적이거나 과도한 행사가 아닌 경우"에 인정됨을 주장하였다. [16년 경간] O X

291 뉘른베르크 국제군사재판소는 자위권 행사의 합법성 여부는 궁극적으로 조사 및 재판의 대상이 된다고 판결하였다. [20년 7급] O X

292 자위권은 안전보장이사회가 국제평화와 안전을 유지하기 위해 필요한 조치를 취할 때까지 행사될 수 있다. [15년 9급] O X

293 침략국에 대한 안전보장이사회의 경제제재 중에는 피침략국이 영토 침범 상태하에 놓여 있더라도 개별적 자위권을 행사할 수 없다. [19년 7급] O X

294 무력공격을 받은 국가는 안전보장이사회가 침략국에 대해 경제제재 조치를 취하면 피(被)점령상태가 지속되고 있더라도 자위권 행사를 계속할 수 없다. [19년 9급] O X

295 무력공격을 받은 국가는 자위권을 즉시 행사하여야 하며, 그 내용은 안전보장이사회에 보고되어야 한다. [21년 7급] O X

296 「UN헌장」 제51조상의 자위권의 행사로 회원국이 취한 조치는 즉각 안전보장이사회에 보고되어야 하며, 이러한 회원국의 조치는 안전보장이사회의 사후 심사대상이 된다. [11년 7급] O X

297 자위권 발동 여부는 1차적으로 개별 국가가 판단하며, 무력공격의 존재 여부는 공격을 당한 국가가 증명해야 한다. [19년 7급] O X

298 사법절차상 자위권을 이유로 자신의 무력사용이 정당하다고 주장하는 국가가 관련 사실관계를 입증해야 한다. [14년 9급] O X

299 자위권의 행사와 「UN헌장」 제7장에 따른 안전보장이사회의 권한은 서로 배타적이다. [17년 9추] O X

300 회원국의 조치는 안전보장이사회가 국제평화와 안전의 유지 또는 회복을 위하여 필요하다고 인정되는 조치를 언제든지 취한다는, 이 헌장에 의한 안전보장이사회의 권한과 책임에 어떠한 영향도 미치지 않는다. [04년 7급] O X

301 「국제연합헌장」 제51조는 개별적 자위권뿐만 아니라 집단적 자위권도 국가의 고유한 권리로 인정하고 있다. [18년 7급] O X

302 「UN헌장」상 집단적 자위권의 경우에는 그 행사에 있어 UN안전보장이사회의 사전승인을 얻어야 한다. [15년 경간] [18년 해경승진] O X

303 집단적 자위권은 무력공격의 직접적 피해자가 아닌 제3국이 독자적으로 판단하여 행사할 수는 없다. [19년 9급] O X

304 국제사법재판소(ICJ)는 니카라과 사건에서 타국으로부터 무력공격을 받은 국가를 위하여 제3국이 집단적 자위권을 행사하려면 그 무력공격을 받은 국가의 요청이 있어야 한다고 판시했다. [07년 7급] O X

305 이라크의 쿠웨이트 침공 당시 집단적 자위권 및 안전보장이사회의 결의가 다국적군의 무력행사의 근거가 되었다. [17년 9추] O X

306 국제사법재판소(ICJ)의 노테봄(Nottebohm) 사건은 개별적 자위권과 관련된 대표적 사례이다. [15년 경간] O X

307 ICJ 제소 시에 이미 유효하게 성립한 관할권일지라도 선택조항 수락선언의 철회에 의하여 관할권이 소멸될 수 있다는 것이 ICJ판례의 입장이다. [08년 사시] [20년 해경승진] O X

308 국제사법재판소는 국제법상 자위권이 조약상 권리이면서 국제관습법상 고유한 권리로도 병존하고 있다고 밝혔다. [19년 9급] O X

309 「국제연합헌장」에서 규정하고 있지 않은 자위권의 내용은 국제관습법에 의해 보완된다는 것이 국제사법재판소의 입장이다. [19년 7급] O X

310 국제사법재판소는 니카라과 사건에서 「국제연합헌장」 제51조의 자위권이 기존의 국제관습법상 자위권 개념을 모두 포섭하고 있다고 보았다. [18년 7급] O X

311 비정규군이나 무장단체의 무력행사는 무력공격에 해당될 수 있으나, 반군에 대한 단순한 무기 · 병참지원은 해당되지 않는다. [19년 9급] O X

312 니카라과 사건(military and paramilitary activities in and against Nicaragua)에서 국제사법재판소는 법적 확신만을 통한 국제관습법의 성립 가능성을 부인하였다. [14년 경간] O X

313 니카라과 사건에서 ICJ는 총회에서 일반적 동의를 얻어 채택된 우호관계원칙선언(결의2625), 불간섭원칙선언(결의2131)은 법적 확신 추정에 기여한다고 하였다. [06년 7급] O X

314 니카라구아 사건(1986)의 판결에서 국제사법재판소는 미국의 니카라구아에 대한 경제원조의 중단이 불간섭원칙의 위반이라고 인정하였다. [11년 사시] O X

315 1986년 Nicaragua 사건에서 미국의 일반적 통제에 따른 콘트라반군의 행위는 미국에 귀속될 수 있다고 하였다. [20년 9급] O X

316 국제사법재판소는 Oil Platforms 사건에서 자위권을 행사하기 위한 무력공격의 존재 여부에 대한 입증책임이 피침국에 있다고 확인하였다. [18년 7급] O X

317 국제사법재판소는 Oil Platforms 사건에서 사망자가 없는 함정피격에 대응하여 순양함을 포함한 여러 척의 해군 함정과 비행기를 공격한 행위가 자위권 행사의 비례성 요건을 위반하였다고 판단하였다. [18년 7급] O X

318 오늘날 무력 행사금지는 「UN헌장」에 의한 것으로 UN회원국에게만 적용된다. [12년 9급] [18년 해경] O X

319 무력사용금지원칙은 강행규범의 지위를 가진다. [02년 7급] O X

320 1907년 계약상의 채무회수를 위한 병력 사용의 제한에 관한 협약(Porter Convention)은 채무국이 중재 제의를 거부하거나 중재 판정을 준수하지 않을 경우에는 병력 사용을 금지하지 않는다. [18년 9급] O X

321 1919년 국제연맹규약은 전쟁을 완전히 금지하지는 않고 분쟁에 대한 중재 판정이나 사법 판결 또는 연맹이사회의 심사보고 후 3개월 이내에는 연맹 회원국이 전쟁에 호소하지 못하도록 하였다. [18년 9급] O X

322 1928년 부전조약은 캐롤라인(Caroline)호 사건에서 나온 자위권 요건을 명시적으로 반영하여 무력 사용의 금지를 규정하였다. [18년 9급] O X

323 1945년 「UN헌장」은 국제관계에서 무력의 위협이나 무력 사용을 일반적으로 금지하였다. [18년 9급] O X

324 「UN헌장」에서 예외적으로 인정되는 무력사용으로는 자위권에 의한 무력행사, UN에 의한 강제조치, 지역적 기구에 의한 강제조치, 구 적국조항에 의한 무력사용 등이 있다. [02년 외시] O X

325 어느 국가의 인도주의적 위기 사태로 인하여 발생한 다수의 실향민이나 난민에게 구호품이 안전하게 전달되도록 하기 위하여 외국의 군대가 출동하는 경우 UN안전보장이사회는 이를 불법적인 무력사용으로 간주하여 허가한 적이 없다. [14년 9급] O X

326 1970년 UN총회에서 결의된 이른바 '우호관계선언(총회결의2625)'에서는 모든 형태의 무력개입이 국제법 원칙을 위반한다고 하였다. [02년 외시] O X

327 「UN헌장」은 분쟁의 평화적 해결을 UN의 기본원칙의 하나로 규정하고 있다. [13년 경간] O X

328 국내문제 불간섭의무는 주권평등원칙에 기초를 두고 있다. [13년 사시] [17년 해경1] O X

329 국내문제 불간섭은 일반국제법상의 의무이다. [16년 사시] O X

330 국내문제 불간섭의무는 국제관습법적으로도 인정된다. [03년 외시] O X

331 국내문제 불간섭은 강행규범적 의무는 아니다. [16년 사시] O X

332 국내문제 불간섭원칙은 주권평등 원칙을 보장하며 안정적인 국제질서를 유지하는 기능을 한다. [17년 9급] [19년 해경승진] O X

333 인권문제의 국제화는 오늘날 국제사회에서 국내문제 불간섭원칙이 약화된 원인이라고 볼 수 있다. [17년 해경2] O X

334 UN에 대해서는 '불간섭의 원칙'이 적용되지 않기 때문에 회원국의 국내문제에 언제든지 개입할 수 있다. [13년 경간] O X

335 국내문제는 국가의 대내적 문제와 대외적 문제를 포함하므로, 영토적 개념에 기반을 두지 않는다. [20년 9급] [21년 해경승진] O X

336 전통적으로 인정되어 온 국내 관할 사항으로는 헌법상의 문제, 관세 문제, 외국인의 출입과 이민 문제, 국적 문제 등이 있다. [11년 경간] O X

337 국제법상 국내문제라 함은 국가가 임의로 처리할 수 있는 사항으로서 대내적 사항뿐만 아니라 대외적 문제도 포함한다. [11년 사시] [17년 해경2] O X

338 국제관계가 긴밀화되고 국제사회가 조직화됨에 따라 국내문제의 범위는 축소되는 경향이 있다. [06년 사시] O X

339 국가가 주권국가로서 존속하는 한 국내문제가 소멸될 수는 없다. [06년 사시] O X

340 국내문제인가의 여부는 고정적이고 불변적이 아니라 유동적이고 가변적이다. [17년 9급] [19년 해경승진] [21년 해경승진] O X

341 상설국제사법재판소(PCIJ)는 "국내문제와 국제문제 사이의 경계설정은 본질적으로 상대적인 문제로서 그것은 국제관계의 발전에 따라 가변적이다."라고 권고적 의견을 제시한 바 있다. [09년 7급] O X

342 간섭이란 일반적으로 어느 국가가 자신의 의사를 다른 국가에게 강제하는 것을 말한다. [02년 사시] [20년 해경승진] O X

343 일국이 타국의 문제에 개입할 경우 그것이 강제적인 것이 아닐지라도 간섭에 해당한다. [20년 9급] O X

344 정당성이 없거나 억압적인 체제에 대항하고, 민주적 정부체제를 지지하거나 수립하기 위한 무력개입은 국제관습법에서 인정된다. [14년 9급] O X

345 무력에 의한 간섭은 금지되나 비무력적 간섭은 허용된다. [13년 사시] [17년 해경1] [17년 해경2] O X

346 국제법상 '조약에 의한 간섭', '권리남용에 대한 간섭', '인도적 문제에 대한 간섭'은 적법한 간섭으로 간주하고 있다. [20년 해경승진] O X

347 자결권을 갖는 민족에 대해서 압제국이 무력을 행사하는 경우 제3국이 해당 민족을 군사적으로 지원해도 이는 압제국 국내문제의 불간섭원칙을 위반하지 않는다. [21년 9급] O X

348 외국에 소재하는 자국민의 보호를 이유로 군사적으로 개입하는 것은 해당 영토국의 동의가 있더라도 국제법상 허용되지 않는다. [14년 9급] O X

349 국제관계가 긴밀해져 가는 추세에서 국내문제의 범위는 축소되고 있으며, 특히 인권문제는 순수한 국내문제가 아닌 것으로 인식되고 있다. [11년 사시] O X

350 타국 내에서 극악한 인권침해로 인하여 대규모 난민이 발생하거나 전국적으로 인도에 반한 죄가 빈번한 경우 어느 국가든지 '보호책임법리'에 의하여 그 국가에 대해서 무력을 사용하는 것이 국제관습법에서 인정된다. [14년 9급] O X

351 UN의 관행상 UN총회에서 회원국의 인권상황을 단지 토론하는 것도 UN에 의한 간섭으로 인정되어 왔다. [06년 사시] O X

352 국내문제 불간섭의 원칙은 「국제연맹규약」 제15조 제8항과 「UN헌장」 제2조 제7항에 규정되어 있다. [09년 7급] O X

353 「국제연맹규약」은 전적으로 국내문제에 대한 간섭을 금지한다. [17년 9급] [21년 해경승진] O X

354 국내문제 불간섭원칙은 국제연합의 기본원칙을 정한 「국제연합헌장」 제2조에 규정되어 있다. [09년 9급] O X

355 국제연맹의 경우 국내문제 판정의 1차 주체는 분쟁당사국이다. [02년 7급] O X

356 「UN헌장」은 무엇이 국내문제인지에 대한 결정 권한을 안전보장이사회에 부여하고 있다. [09년 7급] ○ ×

357 「국제연맹규약」 제15조 제8항은 전적으로(solely) 국내문제에 속하는 사항에 대해 간섭할 수 없다고 규정하였다. [09년 사시] ○ ×

358 「UN헌장」 제2조 제7항에 따르면 본질상 국내 관할권 안에 있는 사항에 대하여는 UN도 간섭할 수 없다. [20년 9급] ○ ×

359 UN은 「UN헌장」상의 국내문제의 범위를 가능한 한 넓게 해석하려는 경향이 있다. [09년 사시] ○ ×

360 「국제연합(UN)헌장」에 따르면, 제7장의 규정은 UN회원국의 본질적인 국내관할권에 대한 사항에 적용될 수 없다. [21년 9급] ○ ×

361 국제사법법원의 1986년 니카라과 사건 판결에 따르면 자발적 경제원조의 중단은 불간섭원칙을 위반한 것이다. [21년 해경승진] ○ ×

362 한 국가가 타국의 반란단체에 대해 재정지원, 무기공급, 정보제공 또는 병참지원을 하는 것은 간섭에 해당되지 않는다. [13년 사시] [17년 해경1] ○ ×

PART 3 국제기구

001 국제기구는 일반적으로 그 기구의 설립조약을 가지고 있다. [08년 9급] O X

002 일반적으로 국제기구라 함은 정부 간 국제기구를 의미한다. [07년 7급] O X

003 국가 이외의 다른 실체는 국제기구의 회원이 될 수 없다. [14년 9급] [18년 해경승진] O X

004 국제기구가 소재지국과 조약 체결을 통해 국내법상 법인격을 부여받게 되는 경우에는 그 기구에 속한 모든 회원국의 국내법상 법인격을 인정받게 된다. [15년 7급] O X

005 정부 간 국제기구는 일반적으로 총회, 이사회(집행기구), 사무국의 조직을 갖는다. [11년 9급] O X

006 국제기구의 공무원은 국제기구 회원국가의 영토상에서 그 기능수행과 관련하여 특권 · 면제를 향유한다. [01년 7급] O X

007 1986년의 「국가와 국제기구 간 및 국제기구 상호 간의 조약법에 관한 비엔나협약」에서는 국제기구 공무원의 법적 지위를 자세하게 규정하고 있다. [01년 7급] O X

008 국제기구 직원의 면제와 특권은 한시적으로 제한된 임무를 수행하는 전문가에게는 인정되지 않는다. [19년 7급] [20년 해경승진] O X

009 국제기구는 직무보호권에 근거하여 소속 공무원에게 통행권(laissez-passer)이라는 신분증을 발급한다. [11년 7급] O X

010 국제기구 회원국의 상주대표부 설치는 국제관습법에 따라 해당 기구 및 소재지국의 동의를 받아야 한다. [19년 7급] [20년 해경승진] O X

011 국제기구가 회원국과 별개의 법적 실체로 인정되려면 법인격을 보유하여야 한다. [14년 9급] O X

012 국가의 포괄적 법인격에 비해 국제기구의 법인격은 상대적으로 그 범위가 제한적이다. [16년 7급] O X

013 국제기구는 법인격을 향유할 수 있다. [07년 7급] O X

014 국제기구의 법인격은 고유권한설에 따르면 그 목적과 역할의 범위 내에서 당연히 인정된다. [14년 9급] [18년 해경승진] O X

015 국제기구는 그 회원국 국내법상의 권리능력을 가질 수 없다. [02년 7급] O X

016 복수 국가의 합의로 설립된 모든 기구는 독자적 법인격이 자동적으로 인정된다. [19년 7급] [20년 해경승진] O X

017 국제기구는 특정 국가 내에서 법인격을 인정받기 위해 많은 경우 설립헌장에 그 근거를 두고 있다. [16년 7급] O X

018 국제법상 법인격을 가진 국제기구는 별도의 법적 조치나 합의 없이도 모든 회원국 내에서 국내법상 법인격을 가진다. [17년 9급] O X

019 「UN헌장」은 UN 자체의 국제 법인격성에 대해서는 명시적으로 규정하고 있지 않으나, 국내 법인격성에 대해서는 명시적인 근거규정을 두고 있다. [11년 경간] O X

020 국제기구는 국제법상의 주체이다. [05년 7급] O X

021 국제기구가 국제법상의 법인격을 갖는 것과 특정 국가 내에서 법인격을 인정받는 것은 별개의 문제이다. [20년 7급] [21년 해경승진] O X

022 국제사법재판소는 'UN의 직무수행 중 입은 손해배상에 대한 권고적 의견'에서 국제기구의 법인격을 인정하였다. [02년 외시] O X

023 「UN헌장」에는 UN의 국제법상 법인격을 부여하는 직접적인 명문 규정이 없음에도 UN의 목적, 직무, 권한 등에 따라 UN의 국제법상 법인격이 인정되고 있다. [15년 7급] O X

024 「UN헌장」 제43조의 조약체결권과 제105조의 목적달성에 필요한 특권과 면제에 대한 권한 부여는 UN의 국제법상 법인격을 전제로 한 것이다. [15년 7급] O X

025 정부 간 국제기구는 일반적으로 무제한적인 법인격 또는 관할권을 보유한다. [11년 9급] O X

026 1986년 「국가와 국제기구 간 또는 국제기구 상호 간의 조약법에 관한 비엔나협약」 제6조에 따라 국제기구의 조약 체결능력은 그 기구의 규칙에 따르는바, 국제기구는 설립 조약상의 명문 규정 이상으로 조약체결권을 행사할 수 없다. [20년 7급] [21년 해경승진] O X

027 국제법상 법인격을 가진 국제기구는 설립조약과 기타 부여된 임무의 범위 내에서 조약체결권을 가진다. [17년 9급] O X

028 국제법상 법인격을 가진 국제기구는 회원국의 국제위법행위로 인한 자신의 피해에 대하여 회원국을 상대로 배상청구권을 행사할 수 있다. [17년 9급] O X

029 국제사법재판소(ICJ)는 'UN 근무 중 입은 손해배상사건(Reparation for Injuries Suffered in the Service of the United Nations)'에서 UN의 손해배상 청구적격을 인정하였다. [10년 사시] O X

030 국제기구는 보통의 경우 설립조약에서 특권 및 면제에 대한 원칙을 설정하고 상세협정을 통해 이를 구체화하는 경향이 있다. [21년 9급] O X

031 국제법상 법인격을 가진 국제기구의 특권과 면제는 기구가 회원국 공동의 이익을 위해 활동할 수 있도록 기구의 자유와 법적 안전을 보장하는 것이다. [17년 9급] O X

032 국제기구가 개별 국가의 국내 법원의 재판관할권으로부터 면제를 향유할지라도, 그 위법행위에 대한 국제법상의 책임까지도 면제되는 것은 아니다. [21년 9급] O X

033 UN국제법위원회 2011년 「국제기구의 책임에 관한 규정 초안」에 따라 국제기구 행위의 국제위법성은 국제법에 의하여 결정된다. [20년 7급] O X

034 UN국제법위원회 2011년 「국제기구의 책임에 관한 규정 초안」에 규정된 위법성 조각사유에 자위는 포함된다. [20년 7급] O X

035 UN국제법위원회 2011년 「국제기구의 책임에 관한 규정 초안」에 따라 국제기구의 행위는 그 행위 발생 시에 그 국제기구가 문제의 의무에 구속되지 않는 한, 국제의무의 위반을 구성하지 않는다. [20년 7급] O X

036 식무보호권은 국제기구 소속공무원이 공무수행 중 국제불법행위로 손해를 입은 경우, 소속 국제기구가 손해배상을 받기 위해 가해국에 대해 국제책임을 추구하는 것을 말한다. [11년 7급] O X

037 국가는 자국민을 위해 외교적 보호권을 갖는 반면, 국제기구는 소속공무원을 위해 직무보호권을 갖는다. [11년 7급] O X

038 국제사법재판소(ICJ)에 따르면, UN은 비회원국에 대해서는 법인격을 갖지 않는다. [21년 9급] O X

039 UN의 직원이 공무수행 중에 국제위법행위로 인하여 손해를 입은 경우 직원의 국적국이 외교적 보호권에 근거하여 가해국에 대하여 국제책임을 물을 수 있다. [21년 9급] O X

040 1949년 벨나돗트백작 사건에서 ICJ는 외교적 보호권과 직무보호권이 경합하는 경우 UN의 직무보호권이 우선한다는 권고적 의견을 주었다. [11년 7급] O X

041 네덜란드 대법원은 Nuhanović사건에서 UNPKO 활동과정에서 비롯된 결과라도 문제의 행위에 대해 네덜란드가 실효적 통제를 하고 있었다면 그 책임은 네덜란드에 귀속된다고 판단하였다. [20년 7급] O X

042 유럽인권재판소는 Behrami 및 Saramati 사건에서 UNKFOR의 행위는 피고 「유럽인권협약」 당사국들에 귀속된다고 판결하였다. [20년 7급] O X

043 UN은 국가로 구성되는 보편적인 국제기구이다. [04년 행시] O X

044 국제연합에서 제명된 회원국은 국제연합 전문기구의 회원국 자격도 박탈된다. [17년 9급] O X

045 국제원자력기구(IAEA)는 유엔의 전문기구로 핵시설 및 핵물질의 안전, 방사능 오염방지 등에 관련된 활동을 하고 있다. [16년 경간] O X

046 세계기상기구(WMO)는 유엔의 전문기구로 기상관측 및 이용에 관한 세계 각국의 협력을 도모하고 있다. [16년 경간] O X

047 국제해사기구(IMO)는 유엔의 전문기구로 해양환경의 보존과 보호를 위한 활동을 하고 있다. [16년 경간] O X

048 세계보건기구(WHO)는 유엔의 전문기구로 인간의 건강증진을 목적으로 하는 활동을 하고 있다. [16년 경간] O X

049 국제노동기구(ILO)는 국제법 주체성을 갖는다. [16년 사시] O X

050 세계무역기구는 UN의 전문기구로서 UN경제사회이사회와 업무제휴협정을 맺고 있다. [10년 9급] O X

051 비정부 간 국제기구는 설립지의 국내법에 의하여 규율된다. [07년 7급] O X

052 국제적십자위원회(ICRC)는 민간단체로 출발했으나, 오늘날 정부 간 국제기구에 준하는 국제법 주체성을 인정받는 독특한 존재이다. [20년 7급] O X

053 국제적십자위원회(ICRC)는 국가들과 조약을 체결함으로써 이들 국가로부터 국제법인격을 인정받고 있다. [16년 사시] O X

054 국제적인 단체들 가운데 국제적십자위원회(International Committee of the Red Cross)는 정부 간 국제기구(Inter-Governmental Organization)가 아니다. [08년 사시] O X

055 UN은 회원국에 대하여 직접적 효력을 갖는 법규범을 정립할 수 있다는 점에서 '초국가적 국제조직(supranational organization)'으로서의 지위를 가지고 있다. [13년 경간] O X

056 UN은 주요기관, 표결 방식, 국제평화와 안전에 관한 결의의 구속력 등에서 과거의 국제연맹과 차이가 있다. [11년 경간] O X

057 국제연맹이 연맹이사회의 만장일치로 가입을 결정한 반면, UN은 총회에 출석하여 투표하는 회원국의 과반수 찬성으로 가입을 결정하고 있다. [15년 사시] O X

058 국제연맹의 본부 소재지는 제네바였고, UN의 본부 소재지는 뉴욕이다. [03년 외시] O X

059 국제연맹이 다수결제를 표결방식으로 채택하고 있는 반면, UN은 만장일치제를 취하고 있다. [15년 사시] O X

060 상설국제사법재판소(PCIJ)는 국제연맹의 주요기관이 아닌 반면, 국제사법재판소(ICJ)는 UN의 주요기관 중 하나이다. [15년 사시] O X

061 국제연맹규약에서는 회원국의 탈퇴에 관해 명문의 규정을 두었으나 「UN헌장」에서는 탈퇴에 관해 명문의 규정이 없다. [03년 외시] O X

062 「UN헌장」에 탈퇴에 관한 규정은 없으나 탈퇴가 가능하다는 것이 다수설이다. [98년 외시] O X

063 인도네시아는 한때 국제연합으로부터 탈퇴한다는 선언을 한 사실이 있다. [01년 9급] O X

064 PKO는 「UN헌장」에 명문규정이 있다. [98년 사시] O X

065 평화유지활동은 안전보장이사회 또는 총회의 결의에 근거하여 수행된다. [15년 사시] O X

066 최초의 평화유지군이었던 UNEF(United Nations Emergency Force)는 UN안전보장이사회의 결의로 설치되었다. [16년 7급] O X

067 걸프전(1991) 당시 파견된 다국적군은 UN평화유지군이었다. [01년 외시] O X

068 UN평화유지활동은 헌장 제7장에서 규정하고 있는 집단적 강제조치가 강대국간의 갈등과 대립으로 실효를 거둘 수 없게 되면서 UN 차원의 집단안전보장 개념의 변형된 형태로 UN의 관행에 의거하여 형성되어 온 것이다. [13년 경간] O X

069 최초의 평화유지군은 1956년 수에즈분쟁 시 국제연합 총회에 의해 창설된 UNEF이다. [09년 9급] O X

070 UN의 평화유지활동은 평화유지와 함께 선거감시 등 평화의 구축을 위한 임무로 확대되고 있다. [15년 사시] O X

071 평화유지활동에 관한 안전보장이사회의 모든 결의는 헌장 제7장에 근거하므로 분쟁당사국이 UN회원국이면 평화유지군을 받아들이고 그 활동을 보장할 법적 의무를 진다. [15년 사시] O X

072 평화유지군은 주재국(host State)이 주둔동의를 철회하면 철수하여야 한다. [09년 9급] O X

073 UN안전보장이사회는 유고슬라비아와 소말리아 사태에서 평화유지군 설치를 위한 결의를 채택하였지만, 개별국가의 무력사용은 허용하지 않았다. [16년 7급] O X

074 평화유지군이 구성된 예로는 UN한국방어군, UN비상군, UN이라크감시단 등이 있다. [13년 경간] O X

075 분쟁의 평화적 해결은 UN의 목적과 원칙을 밝힌 헌장 제1조와 제2조에 규정되어 있다. [15년 사시] O X

076 국가가 UN에 가입하기 위해서는 평화애호국이어야 한다. [14년 사시] O X

077 회원국의 가입조건에 대한 헌장 제4조 제1항의 규정에 대해서 그 법적 성격이 단순한 예시 규정에 지나지 않는다고 ICJ는 평결한 바 있다. [04년 행시] O X

078 국제연합 회원국 가입은 안전보장이사회의 권고에 따라 총회의 결정에 의하여 이루어진다. [17년 9급] O X

079 안전보장이사회 강제조치의 대상이 되는 회원국에 대해서는 안전보장이사회의 권고에 따라 총회가 회원국으로서 갖는 권리 및 특권의 행사를 정지시킬 수 있다. [12년 사시] O X

080 정지된 회원국의 특권과 권리는 안전보장이사회의 권고에 따라 총회에 의해 회복될 수 있다. [14년 사시] O X

081 「UN헌장」에 규정된 원칙을 지속적으로 위반하는 회원국은 UN안전보장이사회의 권고에 따라 총회가 제명을 결정할 수 있다. [16년 전직] O X

082 회원국의 제명은 해당 조항이 실제 적용된 사례가 있고, 탈퇴는 관련 명문 조항이 없으나 실제 제기된 사례가 있다. [19년 9급] O X

083 UN에는 총회, 안전보장이사회, 경제사회이사회, 신탁통치이사회, 국제사법재판소 등 총 5개 주요기관이 있다. [08년 사시] O X

084 「UN헌장」 제7조 제2항에 따르면 전문기구는 필요시 동 헌장에 따라 창설될 수 있다. [20년 9급] O X

085 총회는 국제연합의 모든 회원국으로 구성되며, 각 회원국은 총회에 5명 이하의 대표를 출석시킬 수 있다. [16년 경간] O X

086 총회는 「UN헌장」의 범위 내에 있는 여하한 문제에 대해서도 토의할 수 있다. [12년 사시] O X

087 국제평화와 안전의 유지에 있어서의 협력의 일반원칙을 군비축소 및 군비규제를 규율하는 원칙을 포함하여 심의하고, 그러한 원칙과 관련하여 안전보장이사회에 권고할 수 있다. [16년 경간] O X

088 국제평화 및 안전에 관하여 총회가 회원국의 행동을 요하는 문제에 대하여 토의할 경우에는 그 전이나 후에 안전보장이사회에 그 문제를 부탁해야 한다. [03년 외시] O X

089 총회는 국제평화와 안전을 위태롭게 할 우려가 있는 사태에 대하여 안전보장이사회의 주의를 환기할 수 있다. [06년 사시] [08년 사시] [11년 경간] [12년 사시] [15년 사시] [15년 7급] [20년 해경] O X

090 「UN헌장」에 의하면 안전보장이사회가 분쟁이나 사태에 대해 임무를 수행하는 동안에 총회는 안전보장이사회가 요청하지 않는 한 어떤 권고도 할 수 없다. [21년 7급] O X

091 총회는 국제법의 점진적 발달과 그 법전화를 장려하기 위하여 연구를 발의하고 권고할 수 있다. [15년 사시] O X

092 「UN헌장」 규정에 의하면 총회는 인종 · 성별 · 언어 또는 종교에 관한 차별 없이 모든 사람의 인권 및 기본적 자유의 실현을 위한 원조를 위하여 연구를 발의하고 권고할 수 있는 권한을 가진다. [10년 사시] O X

093 총회는 안전보장이사회가 국제평화와 안전의 일차적 책임을 다할 수 없는 경우 회원국에 집단적 조치를 권고할 수 있다. [19년 9급] O X

094 총회는 안전보장이사회로부터 연례보고와 특별보고를 받아 심의한다. [04년 사시] [10년 9급] [16년 경간] O X

095 UN의 예산은 총회가 심의하고 승인한다. [13년 사시] O X

096 총회의 각 구성국은 1개의 투표권을 가진다. [10년 9급] O X

097 총회에서의 표결은 출석하여 투표하는 회원국의 2/3 이상의 찬성으로 결정되는 '중요문제'와 출석하여 투표하는 회원국의 과반수의 찬성으로 결정되는 '기타문제'로 나누어진다. [11년 경간] O X

098 예산문제는 출석하여 투표하는 회원국 3분의 2 이상의 찬성으로 결정한다. [14년 사시] O X

099 총회는 전체 회원국 3분의 2 이상의 찬성으로 국제평화와 안전의 유지에 관한 권고, 안전보장이사회 비상임이사국의 선출, 회원국의 권리 및 특권행사의 정지 등을 결정한다. [12년 사시] O X

100 중요문제를 추가하기로 하는 결정에는 중요문제에 관한 표결규칙이 적용된다. [14년 사시] O X

101 분담금 체납액이 만 2년간 지불하였어야 할 분담금액 이상인 회원국은 총회에서 투표권을 가지지 못한다. [09년 9급] O X

102 총회는 회원국으로서의 분담금 지불의 불이행이 그 회원국이 제어할 수 없는 사정에 의한 것임이 인정되는 경우 그 회원국의 투표를 허용할 수 있다. [09년 사시] O X

103 총회의 특별회기는 안전보장이사회의 요청 또는 UN회원국의 과반수의 요청에 따라 사무총장이 소집한다. [04년 사시] O X

104 총회는 그 임무의 수행에 필요하다고 인정되는 보조기관을 설치할 수 있다. [04년 사시] [10년 9급] [14년 경간] O X

105 안전보장이사회는 UN의 주요 기관 중 하나로서 5개의 상임이사국과 10개의 비상임이사국으로 구성된다. [17년 7급] O X

106 총회는 안전보장이사회 비상임이사국을 선출한다. [06년 사시] O X

107 안전보장이사회 비상임이사국의 선출에 있어서 UN의 목적에 공헌한 정도와 공평한 지리적 분포를 고려요소로 규정하고 있다. [97년 9급] O X

108 안전보장이사회 비상임이사국의 임기는 2년이며 연이어 재선될 수 있다. [13년 경간] O X

109 안전보장이사회의 각 이사국은 1인의 대표를 가진다. [07년 7급] O X

110 UN회원국은 국제평화와 안전의 유지를 위한 일차적 책임을 UN안전보장이사회에 부여하고 있다. [20년 9급] O X

111 국제평화와 안전에 대한 일차적인 책임(primary responsibility)은 안전보장이사회가 지나, 안전보장이사회가 자신의 기능을 수행하지 못할 경우 이차적으로 총회가 개입할 수 있다. [11년 7급] O X

112 UN회원국은 안전보장이사회의 결정을 「UN헌장」에 따라 수락하고 이행할 것을 동의한다. [15년 9급] O X

113 안전보장이사회의 각 이사국은 1개의 투표권을 가진다. [13년 7급] O X

114 새로운 의제의 삽입, 회의의 정지와 휴회 등 절차사항에 관한 UN안전보장이사회의 결정은 9개 이사국의 찬성투표로써 한다. [20년 9급] O X

115 절차사항이 아닌 모든 사항에 관한 안전보장이사회의 결정은 상임이사국의 동의투표를 포함한 9개 이사국의 찬성투표로 이루어진다. [14년 경간] O X

116 안전보장이사회의 표결은 절차사항과 비절차사항으로 구분되는데, 비절차사항에 관한 결정은 상임이사국의 동의투표를 포함하는 9개 이사국의 찬성투표로 성립한다. [09년 7급] O X

117 안전보장이사회 상임이사국은 안전보장이사회의 권한 사항에 대한 모든 의결에서 거부권을 행사할 수 있다. [19년 9급] O X

118 UN안전보장이사회 상임이사국은 평화에 대한 위협의 존재에 대한 결정에 대하여 거부권을 행사할 수 있다. [12년 7급] O X

119 UN안전보장이사회의 상임이사국은 UN 사무총장 선출에 거부권을 행사할 수 없다. [12년 7급] O X

120 국제연합 회원국 가입에 관한 안전보장이사회의 권고에는 상임이사국의 거부권이 인정된다. [17년 9급] O X

121 UN에 가입하기 위하여는 안전보장이사회 이사국의 만장일치가 필요하다. [08년 사시] O X

122 UN안전보장이사회 상임이사국은 해당 사항이 절차사항(procedural matters)인지 아니면 그 외의 모든 사항(all other matters)인지를 결정하는 표결에서 거부권을 행사할 수 있다. [12년 7급] O X

123 안전보장이사회가 「UN헌장」 제6장에 의한 결정을 하는 경우 분쟁 당사국인 이사국은 기권을 해야 한다. [17년 7급] O X

124 안전보장이사회 이사국은 국제연합 소재지에 대표를 항상 두어야 한다. [18년 7급] O X

125 UN 관행상 안전보장이사회 상임이사국의 거부권(veto)이 적용되는 문제에 대해서 기권은 거부권의 행사로 간주되지 않는다. [11년 경간] O X

126 UN안전보장이사회는 필요시 보조기관을 설치할 수 있으며, 설치된 보조기관은 UN안전보장이사회 결의를 통하여 해체된다. [20년 9급] O X

127 안전보장이사회는 자체 의사규칙을 채택한다. [18년 7급] O X

128 안전보장이사회의 이사국이 아닌 국제연합회원국도 안전보장이사회가 그 회원국의 이해에 특히 영향이 있다고 인정하는 때에는 언제든지 안전보장이사회에 회부된 어떠한 문제의 토의에도 참가하여 투표권을 행사할 수 있다. [15년 경간] O X

129 회원국이 아닌 국가가 안전보장이사회에서 심의 중인 분쟁의 당사자인 경우에는 이 분쟁에 관한 안전보장이사회의 토의에 투표권 없이 참가하도록 초청된다. [14년 사시] O X

130 분쟁의 계속이 국제평화와 안전의 유지를 위태롭게 하는 경우, 분쟁의 당사자들은 우선 교섭, 심사, 중개, 조정, 중재재판, 사법적 해결, 지역적 기관 또는 지역적 약정의 이용 또는 당사자가 선택하는 다른 평화적 수단에 의해 해결을 구한다. [15년 7급] O X

131 안전보장이사회는 어떠한 분쟁의 계속이 국제평화와 안전의 유지를 위태롭게 할 우려가 있는지를 확인하기 위하여 조사할 수 있다. [16년 사시] O X

132 모든 회원국은 국제적 마찰로 이어지거나 분쟁을 발생하게 할 우려가 있는 여하한 사태에 대해서도 안전보장이사회 또는 총회의 주의를 환기할 수 있다. [12년 사시] O X

133 분쟁의 당사자인 UN비회원국은 「UN헌장」에 규정된 평화적 해결의무를 관련 분쟁에 관하여 미리 수락한 경우에는 안전보장이사회 및 총회의 주의를 환기할 수 있다. [15년 7급] O X

134 UN회원국만이 자국이 당사자인 분쟁에 관하여 안전보장이사회의 주의를 환기할 수 있다. [10년 9급] [11년 해경] O X

135 UN안전보장이사회, 분쟁 당사국인 회원국, 분쟁 당사국이 아닌 회원국, 분쟁 당사국인 비회원국, 사무총장은 분쟁의 해결을 위하여 UN총회에 주의를 환기시키거나 회부할 수 있다. [12년 경간] O X

136 안전보장이사회는 국제평화와 안전의 유지를 위태롭게 할 우려가 있는 국제분쟁의 어떠한 단계에서도 적절한 조정방법을 권고할 수 있다. [14년 사시] O X

137 안전보장이사회는 분쟁의 계속이 국제평화와 안전의 유지를 위태롭게 할 우려가 실제로 있다고 인정하는 경우 적절하다고 인정되는 해결 조건을 권고할 것인지를 결정한다. [15년 7급] O X

138 안전보장이사회는 어떠한 분쟁에 관하여 분쟁당사국의 요청 여부와 관계없이 분쟁당사국에 그 분쟁의 평화적 해결을 위한 권고를 할 수 있다. [14년 7급] O X

139 총회는 평화에 대한 위협, 평화의 파괴 또는 침략행위의 존재를 결정하고, 그 해결을 위해 권고하거나 비군사적 또는 군사적 제재조치를 취할 수 있다. [15년 7급] O X

140 강제조치의 발동요건으로서 평화에 대한 위협, 평화의 파괴 또는 침략행위의 존재가 결정되어야 한다. [16년 9급] O X

141 UN안전보장이사회는 평화에 대한 위협, 평화의 파괴 또는 침략행위의 존재를 먼저 결정하여야 한다. [16년 7급] O X

142 안전보장이사회는 국제인도법과 국제인권법의 중대한 위반이 평화에 대한 위협이 될 수 있다고 해석한다. [21년 7급] O X

143 냉전이 종식된 이후에 안전보상이사회는 '평화의 파괴' 개념을 확대하여 헌장 제7장을 발동하고 있다. [21년 7급] O X

144 안전보장이사회는 국제평화와 안전의 유지 또는 회복을 위하여 권고한다. [07년 9급] [15년 해경] O X

145 안전보장이사회는 국제평화와 안전을 유지하기 위하여 헌장 제7장을 발동할 수 있다. [21년 7급] O X

146 안전보장이사회가 국제평화와 안전의 유지 또는 회복에 필요한 공군, 해군 또는 육군에 의한 조치를 취하려 할 때는 총회의 사전 동의를 얻어야 한다. [15년 7급] O X

147 UN안전보장이사회는 강제조치를 취하기 전에 잠정조치에 따르도록 당사국에게 요청할 수 있다. [11년 9급] O X

148 안전보장이사회는 비군사적 조치의 하나로 무역금지 등의 경제제재조치를 취할 수 있다. [18년 9급] O X

149 비무력적 강제조치에는 경제관계의 중단, 교통 및 통신수단의 중단, 외교관계의 단절 등이 포함된다. [11년 9급] O X

150 최근에 안전보장이사회는 포괄적 제재조치보다는 특정한 개인이나 단체를 대상으로 하는 이른바 '표적제재(smart sanctions)'를 채택하는 경향이 있다. [21년 7급] O X

151 일반적으로 군사적 조치는 회원국에게 무력의 사용을 허가하는 방식이 이용된다. [21년 7급] O X

152 안전보장이사회의 군사적 강제조치 결정은 표적국가를 포함한 모든 회원국에게 법적 의무를 부과한다. [16년 9급] O X

※ 「UN헌장」 제42조의 무력적 강제조치에 관한 안전보장이사회의 결의는 그 결의만으로는 모든 회원국에게 직접적인 구속력과 법적 의무가 발생하는 것은 아니고, 「UN헌장」 제42조에 근거하여 「UN헌장」 제43조 상의 특별협정이 체결되면 그에 따라 직접적인 법적 의무가 발생한다고 해석하는 견해에 따르면 위 지문은 옳지 않은 지문이 된다.

153 UN안전보장이사회가 취하는 강제조치의 경우에 비군사적 조치는 반드시 군사적 조치보다 선행되어야 한다. [20년 9급] O X

154 안전보장이사회가 군사적 조치를 취하는 경우, 그러한 조치는 회원국의 병력에 의한 봉쇄 등을 포함할 수 있다. [18년 9급] O X

155 안전보장이사회는 헌장 제7장에 따라 군사적 강제조치를 취하기 위하여, 특별협정의 체결 없이도 회원국들에게 병력 제공을 요청할 수 있으며 회원국은 그러한 요청에 따라야 한다. [15년 사시] O X

156 UN회원국과의 특별협정에서 병력의 수 및 종류를 규율한다. [16년 7급] O X

157 한국전쟁 당시 UN군은 군사참모위원회(Military Staff Committee)의 지휘를 받았다. [16년 7급] O X

158 무력적 강제조치를 취하기 위한 군대의 파병을 위해 UN과 회원국 간에 특별협정을 체결한 사례는 없다. [11년 9급] O X

159 강제조치를 위하여 적절한 경우 지역적 약정이나 지역적 기관을 이용할 수 있다. [17년 9추] [19년 해경승진] O X

160 「국제연합(UN)헌장」에 따르면, 모든 UN회원국은 제55조에 명시된 목적을 달성하기 위해서 UN과 협력할 것을 약속하고 있다. [21년 9급] O X

161 전문기구의 활동분야는 군사, 경제, 사회, 문화, 교육, 보건이다. [20년 9급] O X

162 「UN헌장」 규정에 의하면 경제사회이사회는 인권 및 기본적 자유의 존중과 준수를 촉진하기 위하여 권고할 수 있다. [10년 사시] O X

163 UN경제사회이사회가 자신의 권한사항에 관하여 행하는 결정은 구속력이 없는 권고적 효력만이 인정된다. [11년 경간] O X

164 경제사회이사회는 UN과 전문기구 사이의 제휴관계를 설정하는 협정을 체결할 수 있다. [07년 9급] O X

165 UN경제사회이사회는 전문기구로부터 정기보고를 받기 위한 적절한 조치를 취할 수 있다. [20년 9급] O X

166 총회, 안전보장이사회, 경제사회이사회에서의 표결에는 모두 1국1표의 원칙이 적용된다. [11년 경간] O X

167 경제사회이사회의 결정은 출석하여 투표하는 이사국의 과반수 찬성에 의한다. [12년 사시] O X

168 신탁통치이사회는 신탁통치지역 주민의 정치, 경제, 사회 및 교육 분야의 발전에 관하여 총회에 매년 보고를 하고 있다. [19년 9급] O X

169 신탁통치이사회는 신탁통치지역 주민의 정치적, 경제적, 사회적 및 교육적 발전을 촉진하기 위해 설치된 것이나, 현재에는 신탁통치대상국이 없다. [09년 7급] O X

170 국제사법재판소는 국제연합(UN)의 주요 사법기관이다. [08년 9급] O X

171 ICJ규정은 「UN헌장」의 불가분의 일부를 구성하며, 모든 UN회원국은 ICJ규정의 당사국이 된다. [15년 9급] [18년 해경승진] O X

172 UN안전보장이사회 권고에 의해 총회가 결정하면 국제연합의 비회원국에게도 국제사법재판소에의 제소권이 인정된다. [11년 9급] [21년 해경승진] O X

173 소송사건의 당사자가 ICJ의 판결에 따라 자국이 부담하는 의무를 이행하지 않는 경우 타방 당사자는 UN안전보장이사회에 호소할 수 있다. [10년 사시] O X

174 안전보장이사회는 필요하다고 인정하는 경우 국제사법재판소(ICJ)의 판결을 집행하기 위하여 권고하거나 취하여야 할 조치를 결정할 수 있다. [09년 사시] [11년 7급] O X

175 「UN헌장」은 회원국이 그들 간의 분쟁을 해결하기 위하여 ICJ 이외의 다른 재판소에 제소하는 것을 방해하지 않는다. [13년 사시] O X

176 UN총회와 안전보장이사회는 ICJ에 그 어떤 법적 문제에 대해서도 권고적 의견을 요구할 수 있다. [14년 7급] O X

177 총회에 의하여 그러한 권한이 부여될 수 있는 UN의 전문기구는 그 활동범위 안에서 발생하는 법적 문제에 관하여 국제사법재판소(ICJ)의 권고적 의견을 요청할 수 있다. [18년 9급] O X

178 ICJ는 UN총회로부터 허락받은 UN 전문기구에 대하여 법적 자문을 제공하기 위해 권고적 의견을 줄 수 있다. [14년 7급] O X

179 UN총회와 안전보장이사회를 제외한 UN의 다른 기관과 전문기구가 권고적 의견을 요청할 경우, 요청된 문제는 자신의 활동범위 내에서 발생한 법적 문제이어야 한다. [04년 사시] O X

180 사무국은 UN의 주요기관으로서 1인의 사무총장과 UN이 필요로 하는 직원으로 구성하고, 사무총장은 안전보장이사회의 권고로 총회가 임명한다. [18년 9급] O X

181 UN 사무총장은 안전보장이사회의 권고로 총회가 임명한다. [12년 7급] [13년 사시] O X

182 사무총장은 안전보장이사회의 권고에 따라 총회에서 임명되며, 헌장상 사무총장의 임기에 관한 규정은 없다. [09년 7급] O X

183 사무총장은 국제평화와 안전의 유지에 관한 사항에 대해서 안전보장이사회의 주의를 환기할 수 있다. [17년 9급] O X

184 UN의 직원은 임무수행에 있어 오직 UN과 자신의 국적국에 대해서만 책임을 진다. [21년 9급] O X

185 「UN헌장」은 헌장 발효 후에 UN회원국이 체결하는 모든 조약의 신속한 등록을 요구하고 있다. [09년 7급] O X

186 UN 사무국에 등록되지 않은 조약도 당사국에 대하여 효력이 발생한다. [14년 7급] O X

187 사무국에 등록되지 않은 조약의 당사국은 UN의 기관에 대해 그 조약을 원용할 수 없다. [14년 사시] [15년 해경] O X

188 ICJ는 「UN헌장」에 따라 채택된 UN안전보장이사회의 결의에 따른 의무가 UN회원국들이 체결한 조약상의 의무에 우선한다고 판단하였다. [16년 7급] O X

189 회원국의 헌장상 의무와 회원국의 다른 국제협정상 의무가 상충되는 경우 헌장상의 의무가 우선한다. [14년 사시] [15년 해경] O X

190 UN은 임무 수행과 목적 달성을 위하여 필요한 법적 능력과 특권 및 면제를 회원국의 영토 내에서 향유할 수 있다. [13년 9급] O X

191 1946년 「UN의 특권과 면제에 관한 협약」에서는 UN의 직원과 UN과 밀접한 관계를 갖는 전문기구의 직원에 대해서 특권과 면제를 인정한다. [21년 9급] O X

192 국제연합헌장의 개정은 총회 구성국의 3분의 2의 투표에 의하여 채택된다. [16년 경간] O X

PART 4 개인

001 전통국제법에서는 오직 국가만을 국제법의 주체로 보았을 뿐, 개인은 국제법의 객체에 지나지 않았다. [16년 사시] O X

002 일반적으로 개인에게는 조약체결능력이 인정되지 않는다. [16년 사시] O X

003 다양한 국제법 분야에서 개인의 역할은 지속적으로 확대되는 추세이다. [16년 전직] O X

004 개인은 제한적으로 국제법상의 권리를 향유하고 의무를 부담한다. [16년 사시] O X

005 권리 측면에서 보면, 국제법 주체로서의 개인의 법적 지위는 주로 제2차 세계대전 이후 국제인권법의 발달에 따라 확립되기 시작하였으나, 개인의 국제법상 의무는 이미 전통 국제법 시기부터 인정되어 왔다. [13년 경간] O X

006 국제재판소에서 아직까지 개인이 직접 제소할 수 있는 권리는 인정되지 않는다. [16년 사시] O X

007 국제포획재판소(IPC)는 중립국과 교전국 간의 중대한 마찰의 주요 원인을 없애려고 하였다. [13년 7급] O X

008 국제포획재판소(IPC) 창설에 관한 협약상 이 재판소에는 국가만이 제소를 할 수 있었다. [13년 7급] O X

009 UN공무원은 UN행정법원에 직접 소송 제기가 가능하다. [02년 7급] O X

010 국제법상 개인의 법적 구제절차는 여전히 제한적으로만 인정되고 있으나, 유럽연합사법재판소(ECJ)와 유럽인권재판소(ECHR)에서는 개인의 제소권이 인정되고 있다. [13년 경간] O X

011 국제법이 일정한 행위를 하지 않도록 개인에게 직접 의무를 부과하는 것은 제2차 세계대전 전에도 인정되었다. [11년 경간] O X

012 중요한 국제법 규칙을 위반한 개인에게 국제책임이 성립될 수 있다는 원칙 자체는 일반적으로 수용되고 있다. [20년 9급] O X

013 국제법을 위반한 개인에 대해 각국의 국내법원에서 처벌하도록 하는 것도 있지만, 국제재판소가 직접 처벌하도록 하는 것도 있다. [11년 경간] O X

014 국적의 부여 요건을 정하는 것은 원칙적으로 각국의 국내문제이다. [07년 9급] O X

015 상설국제사법재판소(PCIJ)는 국내문제인지 아니면 국제문제인지에 대한 구분은 상대적이라는 견해를 밝혔다. [09년 사시] O X

016 1930년 「국적법 저촉에 관한 헤이그협약」에 따르면 누가 자국의 국민인가는 각국의 국내법에 의하여 결정된다. [17년 7급] [19년 해경승진] O X

017 국적은 국가의 인적 관할권 행사의 기초가 된다. [19년 7급] [20년 해경승진] O X

018 국가는 개인의 국적을 자의적으로 박탈할 수 없고, 개인은 자신의 국적을 변경할 권리를 갖지 않는다. [19년 7급] O X

019 국제사법재판소(ICJ)는 1955년 4월 6일 노테봄(Nottebohm) 사건 판결에서 국적부여의 결정은 임의적 행위가 아니라 '진정한 유대(genuine connection)'를 갖는 사회적 사실을 반영해야 다른 국가에 대항할 수 있다고 선언하였다. [13년 경간] O X

020 회사의 국적을 결정짓기 위해 일반적으로 사용되는 기준은 주된 주주의 국적을 근거로 결정하는 지배지 기준이다. [13년 경간] O X

021 선박과 항공기는 국적을 보유할 수 없다. [11년 해경] O X

022 국적의 저촉문제는 각국의 국적부여기준이 상이하기 때문에 일어난다. [01년 7급] O X

023 자진하여 외국국적을 취득한 자국민에게 국적을 유지시켜줌으로써 이중국적의 발생을 사실상 수용, 방임하는 예가 증가하고 있다. [20년 9급] O X

024 이중국적과 무국적자에 대한 국제협약은 존재하지 않는다. [00년 사시] [11년 해경] O X

025 우리나라 「국적법」은 부모 양계 혈통주의를 적용하고 있다. [19년 7급] [20년 해경승진] [21년 해경승진] O X

026 우리나라 「국적법」에 의하면, 외국인의 자(子)로서 민법상 미성년인 자는 부 또는 모가 귀화허가를 신청할 때 함께 국적 취득을 신청할 수 있다. [14년 경간] [21년 해경승진] O X

027 대한민국의 국민이었던 외국인은 외교부장관의 국적회복허가를 받아 다시 대한민국의 국적을 취득할 수 있다. [14년 경간] [21년 해경승진] O X

028 대한민국 국적을 취득한 외국인으로서 외국 국적을 가지고 있는 자는 대한민국 국적을 취득한 날부터 6개월 내에 그 외국 국적을 포기하여야 한다. [14년 경간] [21년 해경승진] O X

029 「국적법」은 후천적 복수 국적자가 국내에서 외국 국적을 행사하지 않겠다는 서약을 하는 경우 외국 국적의 유지를 허용하고 있다. [19년 7급] O X

030 국가는 자국민이 외국에서 부당하게 권리를 침해당한 경우, 그 외국을 상대로 책임을 추궁할 수 있으며, 이를 외교적 보호라고 한다. [15년 사시] O X

031 신생국은 자국을 승인하지 않은 국가에 있는 자국민에 대하여 외교적 보호권을 행사할 수 없다. [12년 경간] O X

032 국제책임은 타국가에 대한 직접침해에 의해서도 발생할 수 있고, 타국가에 대한 간접침해에 의해서도 발생할 수 있다. [12년 경간] O X

033 국가는 자국민을 위한 외교적 보호의 권리를 갖는다. [13년 해경] O X

034 국가는 타국의 국제위법행위에 의하여 피해를 입은 자국민을 위하여 외교적 보호를 하여야 할 의무가 있다. [16년 사시] O X

035 원칙적으로 피청구국은 외국인 피해자에 대해서가 아니라 그 외국인의 본국에 대하여 국제책임 해제의 의무를 진다. [05년 사시] O X

036 2006년 「외교적 보호에 관한 규정 초안」에 따르면, 국가는 피해자의 피해가 특별히 중대한 경우, 외교적 보호를 할 의무가 있다. [21년 7급] O X

037 외교적 보호권의 행사를 위해서는 자국민의 요청이 요구된다. [07년 사시] O X

038 국가는 피해 자국민의 요청이 있을지라도 외교적 보호권을 발동해야 할 의무는 없다. [05년 9급] O X

039 외교적 보호권은 국가의 권리이지 재외국민의 권리가 아니므로 개인이 일방적으로 포기할 수 없다. [02년 사시] [18년 해경승진] O X

040 외교적 보호권은 사전에 조약에 의하여 혹은 사후에 일방적으로 포기할 수 있다. [08년 사시] O X

041 외교적 보호권은 명시적 또는 묵시적으로 포기할 수 있다. [08년 사시] O X

042 외교적 보호권은 한 번 포기하더라도 나중에 다시 청구할 수 있다. [08년 사시] O X

043 1965년 한일청구권협정으로 한국정부가 외교적 보호권과 개인청구권을 포기한 것인지에 대하여 논란이 있다. [12년 사시] O X

044 칼보조항(Calvo Caluse)은 외국인의 국적국에 의한 외교적 보호권의 행사를 제한하기 위한 것이다. [10년 사시] [16년 경간] O X

045 강대국의 외교적 보호권을 제한하기 위하여 칼보(Calvo)조항이 등장하였다. [21년 7급] O X

046 칼보(Calvo)조항은 내국민대우기준을 주장하는 라틴아메리카 국가들의 입장이 반영된 것이다. [08년 9급] O X

047 칼보조항(Calvo clause)이 자국민을 보호할 국가의 주권적 권리를 포기하거나 부인하려고 시도하는 것이라면 그 한도 내에서 무효이다. [08년 사시] O X

048 국가는 외교적 보호에 기초하여 개인의 손해를 회복하기 위해 타국을 상대로 ICJ에 제소할 수 있다. [17년 9추] O X

049 드라고주의(Drago Doctrine)는 계약상의 채무 회수를 위하여 국가가 무력을 행사할 수 없다는 주장을 말한다. [07년 사시] O X

050 강대국의 힘의 사용을 정당화하는 주장으로 드라고(Drago)주의가 등장하였다. [21년 7급] O X

051 국적계속의 원칙에서 국적은 재외국민이 권리이익의 침해 시부터 외교적 보호권을 행사할 때까지 동일국적을 가져야 한다. [18년 해경승진] O X

052 국적계속의 원칙이 요구되는 이유 중 하나는 피해자가 보다 강한 외교적 보호를 구하기 위하여 국적을 변경하는 것을 방지하기 위함이다. [05년 사시] O X

053 2006년 국제법위원회(ILC)의 외교적 보호권 초안에 의하면, 개인은 피해를 입은 당시부터 국가의 외교적 보호권 청구 시까지 청구국의 국적을 계속 유지하여야 한다. [12년 사시] O X

054 국적이란 법률행위 또는 기타 권위 있는 행위로 국적을 부여한 개인에 대하여 타국에 비해 밀접한 관계를 갖는다고 하는 법적 표현이다. 따라서 타국에 대한 외교적 보호의 주장도 국적국만이 할 수 있다. [06년 7급] O X

055 국제법상 외교적 보호권은 외국의 국제위법행위로 인하여 피해를 입은 자국민에 대해서 행해지는 것이 원칙이나 자국민 이외의 자에 대해서도 행해질 수 있다. [09년 사시] O X

※ 원칙적으로 외교적 보호권은 국적국이 자국민에 대해서만 행사할 수 있으나, 예외적인 경우 타국의 국민을 위하여 행사하는 것이 허용된다. 앞의 두 지문은 원칙적인 태도를 물어본 것으로서 옳은 지문으로 출제되었고, 이 지문은 예외를 고려하여 출제된 것으로서 옳은 지문으로 출제되었다. 실제 시험에서 이런 지문이 나오면 원칙을 물어본 것인지 예외까지 고려하여 물어본 것인지를 감안하여 정오를 상대적으로 판단하여야 한다.

056 자연인뿐만 아니라 법인에 대해서도 외교적 보호가 가능하다. [15년 사시] O X

057 국제사법재판소(ICJ)는 1955년 노테봄(Nottebohm) 사건에서 외교적 보호권의 행사가 유효하기 위해서는 국적국과 그 국민 사이에 진정한(genuine) 유대(link/connection)가 있어야 한다고 판시하였다. [17년 7급] [19년 해경승진] O X

058 2006년 「외교적 보호에 관한 규정 초안」은 국적국의 기준에 노테봄(Nottebohm) 사건의 '진정한 유대(genuine link)'가 규정되었다. [21년 7급] O X

059 법인의 국적국도 외교적 보호권의 행사가 가능하다. [20년 해경5급] O X

060 국제사법재판소(ICJ)는 Barcelona Traction Co. 사건에서 회사의 경우 원칙적으로 그 주주의 국적국이 회사를 위하여 외교적 보호권을 행사할 수 있다고 판결하였다. [13년 사시] O X

061 2006년 「외교보호초안」상 기업의 경우 주주의 국적국이 외교적 보호를 행사할 수 있는 경우가 있다. [15년 9급] O X

062 2006년 「외교보호초안」상 회사가 등록지국법상 더 이상 존속하고 있지 않을 때는 그 회사 주주의 국적국도 외교적 보호를 행사할 수 있다. [15년 7급] O X

063 2006년 「외교적 보호에 관한 규정 초안」에 따르면, 위법행위가 주주의 이익을 직접적으로 침해한 경우에 주주의 국적국이 외교적 보호를 할 수 있다. [21년 7급] O X

064 1930년 「국적법 저촉에 관한 문제에 관한 헤이그협약」은 이중국적자 소속국 상호 간에는 외교적 보호를 행사할 수 없다고 규정하였다. [15년 경간] O X

065 2006년 「외교적 보호에 관한 규정 초안」에 따르면, 이중국적국 상호 간에는 우세한 국적국이 외교적 보호를 할 수 있다. [21년 7급] O X

066 이중국적자가 제3국의 국제위법행위에 의하여 피해를 입을 경우 두 국적국 중 어느 국가도 그 위법행위국을 상대로 외교적 보호권을 행사할 수 있다. [16년 사시] O X

067 2006년 「외교보호초안」상 이중국적자에 대해서는 그 중 어느 국가라도 또는 공동으로 제3국에 대하여 외교적 보호를 청구할 수 있다. [15년 7급] O X

068 2006년 국제법위원회(ILC)의 외교적 보호권 초안에 의하면, 이중국적을 가진 개인이 제3국에 의하여 피해를 입은 경우, 이중국적국 중의 어느 한 국가가 외교적 보호권을 포기하면 다른 국적국도 외교적 보호권을 행사할 수 없다. [12년 사시] O X

069 1930년 「국적법 저촉에 관한 헤이그협약」에 따르면 둘 이상의 국적을 가진 개인은 그 각각의 국적국에 의하여 자국민으로 간주될 수 있다. [17년 7급] [19년 해경승진] O X

070 무국적자는 어떠한 경우에도 외교적 보호를 받을 수 없다. [16년 사시] O X

071 UN국제법위원회의 「외교적보호 규정 초안」 제8조는 난민의 합법적인 상거주지국의 이들에 대한 외교적보호 행사를 불허한다. [20년 9급] O X

072 외교적 보호권 행사의 요건으로서 피해자의 국적은 피해의 발생시부터 국제청구에 의한 해결이 완료되는 시점까지 계속 유지되어야 한다. [16년 사시] O X

※ 과거로 올라갈수록 국적의 계속성을 강력히 요구하는 경향이며, 최근에는 외교적 보호권 행사시까지 국적이 계속되면 충분하다고 보는 견해가 일반적이다. 최근의 일반적 견해에 따르면 옳지 않은 지문이다.

073 2006년 「외교보호초안」상 피해 발생시와 외교적 보호의 청구 제기시의 국적이 동일한 경우에는 피해자 국적이 계속되었다고 추정한다. [15년 7급] O X

074 2006년 「외교보호초안」상 피해 발생 이후 청구와 관계없는 이유로 국적이 변경된 경우, 새로운 국적 취득이 국제법에 반하지 않으면 현재의 국적국이 외교적 보호를 행사할 수 있다. [15년 9급] O X

075 원칙적으로 타국의 국제위법행위에 의하여 피해를 입은 개인이 그 국가의 국내법상의 구제절차를 완료한 경우에 피해자의 국적국이 외교적 보호권을 행사할 수 있다. [16년 사시] O X

076 국제사법재판소(ICJ)는 인터한델(Interhandel) 사건에서 국내구제수단의 완료는 외교적 보호권 행사의 선행요건이라고 밝혔다. [08년 사시] O X

077 국내구제완료원칙은 가해국으로 하여금 일차적으로 국제법 의무위반에 대한 교정의 기회를 부여하고 당해국의 주권을 존중하려는 데 목적이 있다. [09년 7급] O X

078 국내적 구제절차 완료의 원칙에서 국내의 의미는 재외국민의 본국을 의미한다. [02년 사시] [18년 해경] O X

079 국내구제완료원칙의 국내적 구제수단에는 사법적 구제수단 뿐만 아니라 행정적 구제수단도 포함된다. [14년 경간] O X

080 외교사절이나 국가기관에 해당하는 개인 등 국가 자체가 입은 피해에 대하여는 국내 구제절차를 완료하지 않아도 된다. [14년 경간] O X

081 불가항력으로 외국영토에 들어가 손해를 입은 경우, 즉 외국과 개인 간에 자발적 연관(voluntary link)이 없는 경우에는 국내구제절차완료의 원칙을 배제하고 바로 소속 국가의 외교적 보호권 행사가 가능하다. [08년 7급] O X

082 국내구제완료원칙은 가해국의 실체법 또는 절차법상에서 외국인에 대하여 법적 진입장벽이 존재하는 경우에는 적용되지 않는다. [09년 7급] O X

083 국내적 구제절차가 없음이 명백한 경우 국내구제완료의 원칙은 적용되지 않는다. [03년 행시] O X

084 국가는 조약을 통하여 혹은 외국인과의 계약을 통하여 국내구제절차완료 원칙의 적용을 배제할 수 있다. [08년 7급] O X

085 과거에 외국인은 곧 적국인으로서 취급되기도 하였다. [12년 경간] O X

086 외국인에는 무국적자와 외국국적자가 포함된다. [15년 7급] O X

087 외국인은 재류국의 영토관할권에만 복종하며, 본국의 관할권은 배제된다. [00년 사시] O X

088 외국인의 모든 기본권은 내국인과 동일하게 인정되어야 한다. [16년 경간] O X

089 외국인에게는 국가주권에 직접 영향을 미치는 참정권을 주지 않을 수 있다. [09년 7급] [13년 해경] [21년 해경승진] O X

090 외국인에게는 병역의무와 납세의무를 부과할 수 없다. [09년 7급] [13년 해경] O X

091 오늘날 외국인 대우의 기준에 관해 국내표준설과 국제표준설의 대립이 있다. [12년 경간] [21년 해경승진] O X

092 외국인 대우의 국제최소기준은 주로 선진국들의 입장이다. [10년 사시] [16년 경간] O X

093 국가가 외국인의 입국을 허용한 경우에 국제법이 요구하는 일정한 기준에 따라 대우해야 한다. [09년 7급] [13년 해경] [21년 해경승진] O X

094 외국인 보호에 있어서 내국민대우주의는 내국민과 동등한 대우를 하라는 것이다. [08년 9급] O X

095 외국인 보호에 있어서 국제표준주의는 국제적으로 적용되는 최소한의 보호기준을 정하고 그 이상으로 보호하라는 것이다. [08년 9급] O X

096 외국인의 대우기준과 관련하여 개발도상국은 국제표준주의를 선호하는 경향이 있다. [07년 사시] [12년 경간] [21년 해경승진] O X

097 불법체류 외국인에 대하여서도 재류국은 인권을 보장할 의무를 진다. [06년 사시] O X

098 무국적자는 그가 체류하는 국가 내에서 어떠한 권리도 누리지 못한다. [01년 외시] O X

099 외국인의 입국 허용 여부는 달리 정한 조약이 없는 한 국가의 재량에 속한다. [15년 7급] O X

100 국가들은 조약을 통해서 국민의 상호입국을 허용할 의무를 부담할 수 있다. [09년 9급] [15년 경간] O X

101 실제로 2개국 간에 체결되는 우호통상항해조약에서 당사국 국민의 상호입국을 인정하는 것이 일반적이다. [07년 7급] [19년 해경승진] O X

102 비자(VISA)란 외국정부가 발행하는 입국사증이다. [09년 7급] [13년 해경] O X

103 국가는 외국인의 체류조건을 정할 수 있다. [12년 사시] [16년 해경] O X

104 일단 입국한 외국인에게는 출국의 자유가 없다. [15년 7급] O X

105 국가는 합법적으로 입국한 외국인을 자의적으로 추방할 수 없다. [15년 7급] O X

106 국가는 정당한 이유 없이도 외국인을 추방할 수 있다. [12년 경간] O X

107 추방은 형벌에 해당하기 때문에 엄격한 사법심사를 거쳐 이루어져야 한다. [09년 9급] [12년 해경] [16년 해경] [19년 해경승진] O X

108 외국인을 추방할 경우 반드시 외교기관을 경유하여야 한다. [07년 7급] [19년 해경승진] O X

109 일반국제법은 외국인의 집단적 추방을 금지하지 않은 것으로 보이나, 국가 간의 조약을 통해서 이를 금지시킬 수 있다. [20년 9급] O X

110 국가는 국제법상 일정한 요건을 충족하는 경우 자국 내 외국인의 재산을 국유화할 수 있다. [07년 사시] O X

111 재산에 대한 수용은 수용국가의 경제정책을 달성하기 위한 주권행사로 인정된다. [08년 사시] O X

112 내 · 외국인 간 및 외국인 상호 간의 비차별은 합법적 수용 요건으로 간주되고 있다. [10년 7급] [18년 해경] O X

113 국유화의 경우는 보상에서 제외된다. [10년 7급] [18년 해경] O X

114 선진국은 신속하고 효과적이고 합리적인 보상을 주장한다. [00년 외시] O X

115 제3세계 국가들은 수용과 관련된 분쟁은 수용국의 국내법에 따라 해결되어야 한다고 주장하고 있다. [10년 7급] [18년 해경] O X

116 국제법상 국가는 자국영토 내 외국인의 재산을 수용하거나 국유화할 수 있는 주권적 권한을 가지나, 수용 시에는 공익의 원칙, 비차별의 원칙, 보상의 원칙 등이 충족되어야 한다. [16년 7급] O X

117 1962년 천연자원에 대한 영구주권결의는 각국의 국유화 또는 수용의 권리를 인정하며 소유주는 "국제법에 따라 적절한 보상을 지급받아야 한다."고 규정하였다. [16년 7급] O X

118 1973년 천연자원에 대한 영구주권결의는 "각국은 가능한 보상금액과 지급방법을 결정할 권리가 있다."라고 규정하였다. [16년 7급] O X

119 범죄인인도는 국가관할권의 영토적 한계를 극복하기 위하여 고안된 것이라는 점에 제도적 의의가 있다. [09년 사시] [20년 해경승진] O X

120 한국은 「범죄인 인도법」(1988년)을 제정하고, 호주와 최초로 범죄인인도조약을 체결하였다. [09년 사시] O X

121 범죄인인도 전반을 규율하는 보편적인 다자조약은 존재하지 않는다. [09년 사시] [20년 해경승진] O X

122 일반 국제관습법상 범죄인인도 의무는 확립되지 않았다. [15년 경간] O X

123 범죄인인도조약이 체결되어 있지 않은 국가 간의 범죄인인도 의무는 국제관습법상 확립되어 있지 않다. [14년 7급] ○ ×

124 범죄인인도는 원칙적으로 국가의 재량사항에 해당하나 조약에 의하여 의무화되기도 한다. [08년 7급] ○ ×

125 인도 요청국과 피요청국 사이에 범죄인인도조약이 없더라도 범죄인을 인도할 수 있다. [14년 7급] ○ ×

126 개인이나 사회단체는 범죄인인도를 청구할 권리가 없다. [13년 사시] [16년 경간] ○ ×

127 범죄인이 여러 국가에서 범죄를 범한 경우, 먼저 인도를 청구한 국가에 우선적으로 인도되어야 한다. [13년 사시] [18년 해경승진] ○ ×

128 인도 대상은 형사소추 대상이나 유죄판결을 받은 사람이어야 한다. [12년 7급] ○ ×

129 민사소송판결의 집행을 위해 필요한 사람의 인도청구도 가능하다. [06년 사시] ○ ×

130 일반적으로 대륙법계 국가들은 자국민을 타국에 인도하지 않지만 영미법계 국가들은 자국민도 인도한다. [17년 9추] ○ ×

131 일반적으로 중한 범죄가 인도의 대상이 된다. [01년 사시] ○ ×

132 한 · 미 범죄인인도조약의 인도대상 범죄는 인도 시에 양국법률에 의하여 1년 이상의 자유형 또는 그 이상의 중형으로 처벌될 수 있는 범죄이다. [02년 외시] ○ ×

133 일반적으로 인도 대상 범죄는 범죄인인도조약 체약국 쌍방의 국내법상 범죄로 규정되어 있어야 한다. [13년 사시] [17년 9추] [18년 해경승진] ○ ×

134 인도절차에 있어서 국제법상 유용성의 원칙이 적용되는데, 유용성의 원칙이란 범죄인인도가 범죄사실을 처벌할 수 있다는 데 기초하는 것이 아니라 실제로 처벌하기 위하여 필요하다는 데 기초하고 있으므로 인도가 실제로 유용해야 한다는 원칙이다. [13년 경간] ○ ×

135 유용성의 원칙에 의하면 시효에 걸렸다든지 사면을 내린 경우에는 인도를 해도 아무 소용이 없기 때문에 인도할 필요가 없다는 것이다. [13년 경간] ○ ×

136 인도 또는 송환되어 사형, 고문 또는 기타 비인도적 대우를 받을 것이 예견되는 경우에 인도를 거절할 수 있다. [20년 9급] ○ ×

137 범죄인인도는 인도를 요구하는 국가와 요구받은 국가 간의 외교경로를 통하여 진행한다. [13년 경간] O X

138 범죄인인도를 청구할 때는 청구국이 비용을 부담하고 범죄인을 인도할 때도 특별한 합의가 없는 한 청구국이 비용을 전적으로 부담한다. [00년 외시] O X

139 특정성의 원칙이란 인도된 범죄인 또는 피의자는 인도청구의 대상이 된 범죄행위에 한하여 기소 · 처벌된다는 것을 말한다. [14년 경간] O X

140 인도요청된 범죄보다 중한 다른 범죄로 처벌할 수는 없으나, 경한 다른 범죄로 처벌할 수 있다. [20년 해경승진] O X

141 범죄인 인도 시에 발견되지 않았으나 인도 후에 발견된 범죄일지라도 인도국의 동의 없이 처벌하는 것은 금지된다. [04년 행시] O X

142 유럽연합(EU)의 유럽체포영장제도상 범죄특정의 원칙은 상호주의 조건하에서 포괄적으로 포기 또는 제한되고 있다. [20년 9급] O X

143 국내법에 의해 정치범불인도원칙을 최초로 규정한 국가는 벨기에이다. [09년 7급] O X

144 서울고등법원은 중국 국적의 리우치앙(劉强)을 정치범으로 인정하여 그를 일본으로 인도하는 것을 허용하지 않았다. [17년 7급] O X

145 정치범은 범죄인 인도의 대상에서 제외되는 것이 일반적이다. [02년 외시] O X

146 정치범불인도원칙은 국제관습법상 원칙으로 확립되었다. [00년 외시] O X

147 오늘날 대부분의 범죄인 인도조약은 정치범죄를 인도대상에서 제외시키고 있다. [12년 9급] O X

148 기존 정부의 전복과 새로운 정부의 수립을 목적으로 비밀정치조직을 구성한 자에 대하여는 정치범불인도 원칙이 적용되지 않는다. [11년 9급] O X

149 일반적으로 피청구국이 범죄의 정치적 성격을 결정한다. [12년 9급] O X

150 국가원수에 대한 살해는 정치범죄로 인정되지 않는다. [17년 9추] O X

151 국가원수 및 그 가족을 살해하려다가 미수에 그친 자에 대해서는 정치범불인도 원칙이 적용되지 않는다. [11년 9급] O X

152 무정부주의자의 테러범죄에 대해서는 정치범불인도 원칙이 적용되지 않는다. [11년 9급] O X

153 집단살해죄, 인도에 반한 죄, 전쟁범죄, 항공기납치범죄 등은 정치범으로 인정되지 않는다. [20년 9급] O X

154 「1979년 인질억류방지에 관한 국제협약(The 1979 UN Convention Against the Taking of Hostages)」은 인질억류행위를 협약의 당사국 간에 범죄인인도의 대상이 되는 범죄로 규정하고 있다. [14년 경간] O X

155 우리나라는 범죄인 인도심사 및 그 청구와 관련된 사건은 서울고등법원과 서울고등검찰청이 전속 관할하고 있다. [20년 해경5급] O X

156 우리나라가 체결한 범죄인 인도조약은 인도청구국의 법률상 범죄로 성립되기만 하면 그 행위를 인도대상범죄로 규정하고 있다. [17년 7급] O X

157 우리나라 「범죄인 인도법」상 '청구국과 피청구국의 법률에 의해 장기 1년 이상 징역 또는 금고에 해당하는 경우'에는 범죄인을 인도할 수 있다. [20년 해경5급] O X

158 우리나라 「범죄인 인도법」은 우리나라 또는 청구국의 법률에 따라 인도범죄에 관한 공소시효가 완성된 경우를 임의적 인도거절 사유로 규정하고 있다. [17년 7급] O X

159 인도대상 범죄에 관하여 우리나라 법원에서 재판 계속 중인 경우 인도 거절사유에 해당된다. [07년 사시] O X

160 우리나라는 범죄인이 인종, 종교, 국적, 성별, 정치적 신념 또는 특정 사회단체에 속한 이유로 처벌되는 경우 범죄인을 인도하지 아니한다. [20년 해경5급] O X

161 인도청구국의 인도청구가 범죄인이 행한 정치적 성격을 지닌 다른 범죄에 대하여 재판을 하거나 그러한 범죄에 대하여 이미 확정된 형을 집행할 목적으로 행하여진 것이라고 인정되는 경우에는 범죄인을 인도하여서는 안 된다. [08년 7급] O X

162 우리나라 「범죄인 인도법」은 범죄인이 대한민국 국민인 경우를 절대적 인도거절 사유로서 규정하고 있다. [17년 7급] O X

163 「범죄인 인도법」상 인도범죄의 전부 또는 일부가 대한민국 영역 안에서 행해진 경우 임의적 인도거절사유에 해당한다. [14년 해경] [16년 경간] O X

164 우리나라는 범죄인 인도범죄 외의 범죄에 관하여 대한민국 법원에서 재판이 계속 중인 경우에도 범죄인을 인도하여야 한다. [20년 해경5급] O X

165 「범죄인 인도법」상 범죄인이 인도범죄 이외의 범죄에 관한 사건으로 인하여 형의 선고를 받고 그 집행을 종료하지 아니한 경우는 임의적 인도거절사유에 해당한다. [08년 7급] O X

166 「범죄인 인도법」상 범죄인이 처한 환경 등에 비추어 범죄인을 인도함이 비인도적이라고 인정되는 경우에는 범죄인을 인도하지 않을 수 있다. [10년 사시] O X

167 우리나라 「범죄인 인도법」은 범죄인이 인도가 허용된 범죄 외의 범죄로 처벌받지 않는다는 청구국의 보증을 요구하고 있다. [07년 사시] O X

168 국제형사법상의 범죄를 행한 개인에게 국제법상 책임은 직접 부과되지 않는다. [16년 전직] O X

169 제2차 세계대전 후에 들어와 국제형사재판을 통하여 전쟁범죄자들을 처벌하기 시작하였다. [16년 사시] O X

170 뉘른베르크 국제군사재판소는 「1945년 전범 소추 및 처벌에 관한 협정」을 체결하여 그에 근거하여 전범들을 재판한 바 있다. 당시 범죄인을 처벌한 범죄 유형은 평화에 대한 범죄, 전쟁범죄, 인도에 대한 범죄이다. [02년 외시] O X

171 UN안전보장이사회는 비군사적인 강제조치로서 구 유고국제형사재판소를 설치한 바 있다. [17년 9추] [19년 해경승진] O X

172 구 유고형사재판소는 안전보장이사회가 제7장을 동원, 강제조치의 일환으로 설치하였고 항소심도 유지되고 있다. [04년 7급] O X

173 ICC는 전범과 대량학살범을 처벌하기 위한 최초의 국제사법기관이다. [07년 7급] [16년 경간] O X

174 국제범죄에 대한 개인의 책임을 추궁하기 위한 국제법원에는 구(舊) 유고 국제형사재판소(International Criminal Tribunal for the Former Yugoslavia), 르완다 국제형사재판소(International Criminal Tribunal for Rwanda), 국제형사재판소(International Criminal Court) 등이 있다. [14년 경간] O X

175 ICC는 상설기관이다. [06년 9급] O X

176 개별 국가는 ICC의 관할범죄에 대하여 보충적 관할권을 갖는다. [21년 7급] O X

177 ICC는 UN과 별개의 국제법인격을 갖는 독립된 국제기구이다. [14년 7급] O X

178 국제형사재판소는 국제법인격을 향유하는 독립된 상설기구이다. [10년 사시] O X

179 ICC는 집단살해죄, 인도에 반한 죄, 전쟁범죄, 침략범죄에 대하여 관할권을 가진다. [16년 7급] O X

180 ICC의 관할범죄 중 침략범죄에 대해서 현재에는 ICC가 관할권을 행사할 수 없다. [17년 7급] O X

※ ICC규정 제5조 제2항은 침략범죄를 정의하고 관할권 행사조건을 정하는 조항이 채택될 때까지 침략범죄에 대한 관할권을 유예하도록 규정하였으나, 2010년 로마규정재검토회의에서 제5조 제2항을 삭제하고, 침략범죄의 정의규정인 제8조의2와 침략범죄의 관할권 규정인 제15조의2, 제15조의3을 신설하였고, 2017년 12월에 침략범죄에 대한 관할권을 2018년 7월 17일부터 행사하도록 하는 결의가 채택됨으로써 침략범죄에 대한 관할권 유예는 사라졌다. 이 지문은 출제 당시의 상황을 기준으로 할 때에는 옳은 지문이 되나, 현재는 옳지 않은 지문이 된다.

181 제노사이드는 특정 개인을 목표로 하는 범죄가 아니라 집단을 파괴할 의도로 행해지는 범죄이다. [16년 전직] O X

182 제노사이드는 인도에 반하는 죄와 동일하게 민간인 주민에 대한 광범위하거나 체계적인 공격의 일환으로 행해질 것을 요건으로 한다. [16년 전직] O X

183 일부의 파괴가 전체 집단에 상당한 충격을 줄 정도의 규모가 되는 경우에 집단의 일부만을 대상으로 하는 제노사이드도 성립할 수 있다. [16년 전직] O X

184 국민적 · 민족적 · 인종적 · 종교적 집단의 전부 또는 일부를 파괴할 의도로 집단의 아동을 타 집단으로 강제로 이주시키는 것은 집단살해죄에 해당한다. [21년 7급] O X

185 국제형사재판소 재판관할 범죄 중 인도에 반하는 죄를 구성하는 체계적인 공격은 반드시 국가의 공식적인 정책일 필요는 없다. [18년 7급] O X

186 국제형사재판소 재판관할 범죄 중 인도에 반하는 죄는 무력분쟁 상황 등 전시에 이루어지는 것을 전제로 한다. [18년 7급] O X

187 국제형사재판소 재판관할 범죄 중 인도에 반하는 죄를 구성하는 공격은 폭력적 형태로 자행된 행위만을 포함한다. [18년 7급] O X

188 국제형사재판소 재판관할 범죄 중 인도에 반하는 죄가 성립하기 위해서는 공격에 대한 인식이 존재할 필요가 없다. [18년 7급] O X

189 민간인 주민에 대한 광범위하거나 체계적인 공격의 일부로 그 공격에 대한 인식을 가지고 고문을 하는 것은 인도에 반한 죄에 해당한다. [21년 7급] O X

190 전쟁범죄는 무력충돌에 관한 국제법을 중대하게 위반한 행위를 의미한다. [21년 7급] O X

191 만18세 미만의 사람을 강제징집하면 전쟁범죄로 처벌한다. [05년 7급] O X

192 국제형재판소(ICC)는 「국제형사재판소에 관한 로마규정」이 발효한 후에 행해진 범죄에 대해서만 관할권을 가진다. [19년 9급] [20년 해경승진] O X

193 ICC 로마규정의 당사국이 된 국가는 ICC의 관할범죄에 대한 재판관할권을 수락한 것이 된다. [14년 7급] O X

194 UN안전보장이사회가 ICC에 관한 로마규정 비당사국 국적의 범인을 ICC에 회부하는 경우, 비당사국의 ICC 재판권 수락 선언은 필요 없다. [16년 7급] O X

195 ICC는 관할범죄에 대하여 그 행위가 발생한 영역국 또는 그 범죄 혐의자의 국적국이 당사국이거나 ICC의 관할권을 수락하였다면 그 사건에 대하여 관할권을 행사할 수 있다. [14년 사시] O X

196 ICC규정의 당사국이 아닌 국가는 ICC의 관할권 행사를 수락하는 선언을 할 수 없다. [14년 경간] O X

197 국제형사재판소의 관할권 성립시 안전보장이사회와 총회의 승인이 요구된다. [04년 7급] O X

198 기소 요청의 주체는 ICC설립규정 당사국으로만 한정된다. [16년 경간] O X

199 국제연합 안전보장이사회는 범죄가 발생한 것으로 보이는 사태를 소추관에게 회부할 수 있다. [17년 9급] O X

200 소추관은 재판소 관할범죄에 관한 정보에 근거하여 독자적으로 수사를 개시할 수 있다. [17년 9급] O X

201 국제형사재판소(ICC)가 관할권을 행사하게 할 수 있는 제소주체로서 ICC에 관한 로마규정 제13조에 규정된 것은 ICC의 소추관(the Prosecutor), UN안전보장이사회, ICC에 관한 로마규정의 당사국이다. [18년 9급] O X

202 UN안전보장이사회가 「UN헌장」 제7장에 따라 채택하는 결의로 ICC에 수사 또는 기소의 연기를 요청하는 경우 12개월의 기간 동안은 ICC규정에 따른 어떠한 수사나 기소도 개시되거나 진행되지 아니한다. [17년 7급] [20년 해경5급] O X

203 국제형사재판소(ICC)의 관할범죄에 대해 재판관할권을 가진 국가가 수사 중일 때에는 원칙적으로 재판소가 관할권을 행사하지 않는다. [19년 9급] [20년 해경승진] O X

204 특정 사건에 대하여 관할권을 갖는 국가가 이를 수사하고 있더라도 그 국가가 진정으로 수사할 의사가 없는 경우에는 ICC는 그 사건에 대하여 관할권을 행사할 수 있다. [14년 사시] O X

205 사건에 대해 재판관할권을 가지는 국가가 관련자를 보호할 목적으로 무죄판결을 내린 경우 국제형사재판소(ICC)의 재판적격(issues of admissibility)의 대상이 된다. [13년 경간] O X

206 사건이 그 사건에 대하여 재판관할권을 가진 국가가 소추의사 또는 능력이 없어 관련자를 소추하지 않기로 결정한 경우 국제형사재판소(ICC)가 재판관할권을 행사할 수 있는 경우에 해당한다. [10년 7급] O X

207 ICC규정에 의한 처벌은 일사부재리원칙이 적용되지 않는다. [13년 7급] [15년 경간] [20년 해경5급] O X

208 ICC에 의하여 유죄판결을 받은 자는 ICC규정에 따라서만 처벌될 수 있다. [13년 7급] O X

209 ICC는 자연인에 대하여만 관할권을 가진다. [17년 7급] O X

210 국제형사재판소(ICC)는 자연인에 대하여만 재판관할권이 있고 법인에 대하여는 재판관할권이 없다. [10년 9급] O X

211 ICC는 국가를 피고로 할 수 있다. [07년 7급] [11년 경간] [16년 경간] O X

212 ICC는 범행 당시 18세 미만자에 대하여 관할권을 가지지 아니한다. [13년 7급] O X

213 국제형사재판소(ICC)의 관할범죄를 저지른 국가원수에 대해서는 국가면제가 적용되어 재판소는 관할권을 행사할 수 없다. [19년 9급] [20년 해경승진] O X

214 국제형사재판소(ICC)의 관할범죄에 대해서는 어떠한 시효도 적용되지 아니한다. [19년 9급] [20년 해경승진] [20년 해경5급] O X

215 ICC의 재판관은 18명이며, 선출의 방식은 ICJ의 재판관을 선출하는 방식과 같다. [16년 7급] O X

216 국제형사재판소 재판관은 국제연합 총회에서 비공개 투표를 통해 선출된다. [17년 9급] O X

217 국제형사재판소는 최고 30년을 초과하지 않는 유기징역 또는 무기징역을 부과할 수 있으나, 어떠한 경우에도 사형은 부과할 수 없다. [10년 사시] O X

218 ICC규정은 특정인을 당사국이 사면(amnesty)한 경우에 ICC가 재판적격성을 가지는지에 대하여 명시적으로 규정하지 않는다. [14년 경간] O X

219 국제형사재판소(ICC)규정은 동 규정에 대한 유보를 금지하고 있다. [17년 7급] O X

220 난민협약은 난민을 '인종, 종교, 국적, 특정사회집단의 구성원 신분 또는 정치적 의견을 이유로 박해를 받게 될 우려가 있는 충분한 근거가 있는 공포 때문에 자기 국적국 밖에 있는 자'라고 정의하고 있다. [12년 경간] O X

221 「난민지위협약」상 난민에는 내전으로 인한 국내적 실향민(internally displaced people)도 포함된다. [21년 9급] O X

222 환경난민은 1951년 「난민의 지위에 관한 협약」에 의하여 보호된다. [21년 7급] O X

223 1951년 「난민지위협약」은 경제적 사유나 자연재해로 인한 난민도 적용대상에 포함된다. [16년 9급] [21년 해경승진] O X

224 난민에 대한 국제적 원조의 중앙기구는 UNHCR이다. [12년 경간] O X

225 무국적자도 난민에 해당될 수 있다. [17년 9추] O X

226 한국 법원은 성적 지향으로 인한 박해의 피해자를 특정 사회집단의 구성원 신분에 해당하는 난민으로 본다. [21년 7급] O X

227 「난민협약」 및 「난민법」상 난민은 비호를 신청할 국가에 입국한 시점에 난민 요건을 충족해야 한다. [21년 7급] O X

228 전쟁범죄(war crime) 또는 인도에 반한 죄(crime against humanity)를 범한 사람은 난민협약 규정의 적용을 받지 못한다. [17년 7급] [20년 해경5급] O X

229 「난민지위협약」상 난민신청자는 박해받을 공포가 있음을 객관적인 증거에 의하여 주장사실 전체를 증명해야 한다. [21년 9급] O X

230 국제적으로 통일적인 난민 인정 절차를 마련하고 있다. [17년 9추] O X

231 1951년 「난민지위협약」은 난민으로서의 법적 요건을 갖추었는지에 대한 판정권이 개별 국가에 유보되어 있다. [16년 9급] [21년 해경승진] O X

232 「난민의 지위에 관한 협약」의 체약국은 인종, 종교 또는 출신국에 의거하여 난민을 차별해서는 아니 된다. [18년 7급] [21년 해경승진] O X

233 「1951년 난민의 지위에 관한 협약」에 따르면 난민의 개인적 지위는 1차적으로 거소지 국가의 법률에 의하여 규율된다. [12년 9급] O X

234 「1951년 난민의 지위에 관한 협약」에 따르면 난민은 체약국 내에서 재판을 받을 권리, 공공교육, 사회보장제도에 대하여 내국민대우를 받는다. [12년 9급] O X

235 「난민협약」에 따르면 난민은 모든 영역에서 내국민과 동등한 대우를 받는다. [공무원] O X

236 「난민지위협약」의 체약국은 난민에게 원칙적으로 외국인에게 부여하는 대우와 동등한 대우를 부여하여야 한다. [21년 9급] O X

237 국가는 생명이 위협되는 영역으로부터 직접 온 난민에게 즉시 합법적 입국을 허용하여야 한다. [17년 7급] O X

238 국가는 외국인에게 입국을 허용해야 할 국제법상 의무가 없으므로 난민도 해당 국가로부터 입국허가를 받아야 한다. [14년 해경] O X

239 국가는 불법입국한 난민에게 불법입국의 상당한 이유가 있는 경우, 그 불법입국만을 이유로 형벌을 부과할 수 없다. [16년 사시] O X

240 국가들은 그 영역에 합법적으로 체류하는 난민에게 여행증명서를 발급하여야 한다. [16년 사시] O X

241 1951년 「난민의 지위에 관한 협약(난민협약)」상 국가는 국가안보, 공공질서 또는 경제 상황을 이유로 합법적으로 그 영역에 있는 난민을 추방할 수 있다. [17년 7급] O X

242 「난민의 지위에 관한 협약」의 체약국은 생명이 위협받을 우려가 있는 국가로 난민을 추방하여서는 아니 된다. [18년 7급] O X

243 난민을 그 생명 또는 자유가 위협받을 우려가 있는 영역으로 추방하거나 송환해서는 안 된다는 원칙을 'principle of non-refoulement'라고 한다. [01년 외시] O X

244 「난민협약」 및 「난민법」상 강제송환금지 원칙은 불법입국자에게도 적용된다. [21년 7급] O X

245 「1951년 난민의 지위에 관한 협약」상 강제송환금지 규정은 국제관습법상 확립된 원칙을 명문화한 것이다. [12년 9급] ○ ×

※ 「난민협약」 제33조의 강제송환금지는 난민협약 성립 당시에 이미 일반관습법규가 되어 있었다는 주장도 있으나(김대순), 국제관습법상 확립된 원칙은 아니라는 견해도 있다(이한기). 따라서 시험 지문에서는 상대적으로 판단하여야 하며, 이 문제에서는 다른 지문에 명확히 옳은 지문이 있어서 이 지문은 옳지 않은 것으로 처리되었다.

246 「난민의 지위에 관한 협약」의 체약국은 난민의 귀화를 장려하는 정책을 실시하여서는 아니 된다. [18년 7급] ○ ×

247 난민의 비호는 개인에게 부여되는 국가의 권리이며, 개인이 외국에 대하여 요구할 수 있는 권리가 아니다. [05년 9급] ○ ×

248 국가가 외국으로부터의 정치범이나 정치적 난민을 자국 영역 내에서 비호하는 것을 영토적 비호라고 한다. [04년 행시] ○ ×

249 영토적 비호는 오랜 관행을 거쳐 국제관습법화하였다. [05년 9급] ○ ×

250 국가는 영토적 비호권을 가지고 있지만 일반적으로 난민을 비호할 의무를 지지는 않는다. [04년 행시] ○ ×

251 1951년 「난민협약」은 세계인권선언과 마찬가지로 체약국의 난민 비호 의무를 규정하고 있다. [14년 9급] [16년 경간] ○ ×

252 정치적 난민에게 망명을 허용한 경우 본국에의 인도를 거절할 수 있다. [08년 7급] ○ ×

253 국제사법재판소는 1950년 비호권 사건(Asylum case)에서 외교공관의 외교적 비호권을 인정하였다. [08년 7급] ○ ×

254 정치범이나 정치적 난민을 재외 외교공관에서 비호하는 것을 외교적 비호라고 한다. [04년 행시] ○ ×

255 일반적으로 외교적 비호는 인정되지 않는다. [02년 7급] ○ ×

256 본국에의 추적이 미치지 않는 외교사절 공관에 들어온 정치적 난민에게 망명을 허용한 경우 본국에의 인도를 거절 할 수 있다. [17년 해경2] ○ ×

257 우리나라는 난민을 인정한 경우가 없다. [14년 9급] ○ ×

258 「UN헌장」에 따르면 총회는 인권 및 기본적 자유의 실현을 원조하기 위한 권고를 행한다. [20년 7급] ○ ×

259 인권위원회(Commission on Human Rights)는 경제사회이사회의 보조기관이다. [20년 7급] O X

260 인권이사회(Human Rights Council)는 2008년 UN안전보장이사회의 결의에 의해 설립되었다. [18년 9급] O X

261 인권이사회(Human Rights Council)는 UN의 전문기구(specialized agency)로서의 지위를 가진다. [18년 9급] O X

262 인권이사회(Human Rights Council)의 보편적 정례 인권 검토제도(UPR)는 모든 회원국에게 적용된다. [20년 7급] O X

263 인권이사회(Human Rights Council)는 국가의 인권 의무 이행과 관련하여 보편적 정례검토(Universal Periodic Review)를 행한다. [18년 9급] O X

264 인권이사회(Human Rights Council) 자문위원회는 개인 자격으로 봉사하는 20인의 인권전문가로 구성된다. [18년 9급] O X

265 인권고등판무관(High Commissioner for Human Rights)은 사무총장의 동의를 얻어 총회가 임명한다. [20년 7급] O X

266 세계인권선언은 UN안전보장이사회의 보조기관인 인권위원회(Commission on Human Rights)가 준비하여 UN의 제3차 총회에서 채택되었다. [07년 7급] O X

267 1948년 세계인권선언은 법적 구속력이 없는 정치적 · 도덕적 문서에 불과하다. [11년 7급] O X

268 1948년 세계인권선언은 특히 민족자결원칙을 강조하고 있다. [02년 외시] O X

269 세계인권선언은 「경제적 · 사회적 및 문화적 권리에 관한 국제규약」과 「시민적 및 정치적 권리에 관한 국제규약」의 기초가 되었다. [21년 7급] O X

270 국제인권규약은 세계인권선언의 일반원칙들을 법적 구속력이 있는 문서에 담을 필요성에 따라 채택되었다. [15년 9급] [17년 해경2] O X

271 「경제적 · 사회적 및 문화적 권리에 관한 국제규약」에는 근로의 권리와 사회보장을 받을 권리 등이 규정되어 있다. [15년 9급] O X

272 「시민적 및 정치적 권리에 관한 국제규약」에는 생명권과 신체의 자유와 안전에 관한 권리 등이 규정되어 있다. [15년 9급] O X

273 「경제적 · 사회적 및 문화적 권리에 관한 국제규약」과 「시민적 및 정치적 권리에 관한 국제규약」 모두 자결권을 명문으로 보장하고 있다. [19년 7급] O X

274 「경제적 · 사회적 및 문화적 권리에 관한 국제규약」은 당사국이 권리의 완전한 실현을 가용자원의 한도 내에서 점진적으로 달성하도록 명시하고 있다. [17년 9급] O X

275 「시민적 · 정치적 권리에 관한 국제규약(B규약)」은 규약의무의 즉시 실시의무를 부담한다. [17년 해경2] O X

276 「경제적 · 사회적 및 문화적 권리에 관한 국제규약」은 외국인의 경제적 권리 보장 정도에 대한 개발도상국의 재량을 인정하고 있다. [17년 9급] O X

277 사회권규약은 개발도상국들에게 경제적 권리에 관한 한 외국인을 차별할 수 있는 권리를 허용하고 있다. [09년 7급] O X

278 A규약, B규약 모두 국가의 비상사태 시 당사국의 의무 위반 조치가 허용되는 인권과 허용되지 않은 인권을 구분하고 있다. [16년 7급] O X

279 A규약, B규약 모두 재산권에 관하여 규정하고 있지 않다. [16년 7급] O X

280 1966년 「시민적 및 정치적 권리에 관한 국제규약」의 이행감독장치로 인권위원회(Human Rights Committee)가 설치되었다. [11년 7급] O X

281 B규약은 18인으로 구성되는 인권이사회(Human Rights Committee)를 설치하고 있다. [01년 외시] O X

282 B규약상 인권이사회 위원의 임기는 4년이며 재지명된 경우에 재선될 수 있다. [01년 외시] O X

283 B규약상 인권이사회는 동일 국가의 국민을 2인 이상 포함할 수 없다. [01년 외시] O X

284 B규약상 인권이사회는 관계당사국의 사전동의를 얻어 특별조정위원회를 설치할 수 있다. [01년 외시] O X

285 국제인권조약상 국가보고제도는 인권조약의 당사국이 정기적으로 자국의 인권상황을 보고하는 것을 의미한다. [21년 7급] O X

286 「경제적 · 사회적 및 문화적 권리에 관한 국제규약」은 모든 당사국에게 권리의 실현을 위해 취한 조치와 발전을 보고할 의무를 부과하고 있다. [17년 9급] O X

287 B규약의 각 당사국은 규약상 권리를 실현하기 위해 취한 조치와 진전상황에 관하여 UN 사무총장에게 보고서를 제출하여야 한다. [10년 9급] O X

288 B규약상 가입국은 인권위원회에 보고서를 제출할 의무가 있다. [05년 7급] O X

※ B규약은 보고서를 사무총장에게 제출하고, 사무총장이 B규약에 관한 보고서를 인권위원회(Human Rights Committee)에 송부하도록 규정하였다. B규약에 관한 보고서는 최종적으로는 인권위원회에 제출되므로 옳은 지문으로 처리되었다.

289 A규약, B규약 모두 당사국은 규약상의 권리의 실현을 위한 조치 및 상태 등에 대한 보고서를 UN인권위원회에 제출하여야 한다. [08년 7급] O X

290 「시민적 및 정치적 권리에 관한 국제규약」상 Human Rights Committee의 최종 견해는 당사국에게 구속력이 인정되지 않는다. [21년 7급] O X

291 「경제적 · 사회적 및 문화적 권리에 관한 국제규약」에서 보장하는 권리를 침해받은 개인이 국제적으로 통보를 제출할 수 있는 국제진정절차가 수립되어 있다. [19년 7급] O X

292 1966년 「경제적 · 사회적 및 문화적 권리에 관한 국제규약」은 국가간고발제도를 도입하고 있다. [11년 7급] O X

※ A규약과 관련된 국가간고발제도는 A규약 선택의정서에서 규정하고 있다. 2011년 출제 당시에는 A규약 선택의정서가 발효되기 전이고 A규약에서 직접 규정한 것이 아니라 선택의정서에서 규정한 것이므로 옳지 않은 지문으로 출제되었으나, 현재는 2013년 발효된 A규약 선택의정서까지 고려한다면 옳은 지문이 될 수도 있다.

293 「시민적 및 정치적 권리에 관한 국제규약」에서 보장하는 권리를 침해받은 개인이 국내적 구제조치를 거치지 않고 국제적으로 통보하는 것이 보장된다. [19년 7급] O X

294 B규약상 모든 당사국은 인권이사회(Human Rights Committee)에 타당사국의 규약위반 사실을 통고하여 심리하게 할 수 있다. [01년 외시] O X

295 A규약, B규약 모두 국가간통보제도와 개인통보제도를 도입하여 조약의 이행감독장치를 강화하였다. [16년 7급] O X

296 1966년 「시민적 및 정치적 권리에 관한 국제규약 선택의정서」상 개인통보제도에는 국내적 구제완료 원칙이 적용된다. [16년 9급] O X

297 1966년 「시민적 및 정치적 권리에 관한 국제규약 선택의정서」상 개인통보제도는 자연인이 아닌 단체의 통보도 받아들여진다. [16년 9급] O X

298 1966년 「시민적 및 정치적 권리에 관한 국제규약 선택의정서」상 당사국의 관할권에 복종하지 않는 외교사절의 행위는 개인통보의 대상이 되지 않는다. [16년 9급] O X

299 1966년 「시민적 및 정치적 권리에 관한 국제규약 선택의정서」상 국가에 귀속시킬 수 없는 사인(私人)에 의한 권리침해는 개인통보의 대상이 되지 않는다. [16년 9급] O X

300 B규약의 각 당사국은 동 규약을 위반한 다른 당사국을 고발할 의무가 있다. [10년 9급] O X

301 「시민적 · 정치적 권리에 관한 국제규약 선택의정서」는 인권침해에 대하여 개인이 인권위원회(Human Rights Committee)에 통보(Communication)할 수 있는 제도를 두고 있다. [07년 7급] O X

302 A규약과 B규약의 이행감독장치로서 인권위원회가 설치되어 있고 개인통보제도(국가고발제도)가 마련되어 있다. [12년 경간] O X

303 사회권규약과 자유권규약은 모두 국가보고제도와 개인의 국가고발제도를 도입하고 있다. [09년 7급] O X

※ B규약(자유권규약)은 국가보고제도를, B규약 선택의정서는 개인의 국가고발제도를 규정하고 있다. A규약(사회권규약)은 국가보고제도를, A규약 선택의정서는 개인의 국가고발제도를 규정하고 있다. 다만 이 지문은 A규약 선택의정서가 발효되기 전에 출제되어 옳지 않은 지문으로 처리되었으나, 2013년에 발효된 A규약 선택의정서까지 고려하면 옳은 지문이 될 수도 있다.

304 개인이 직접 인권위원회에 청원할 수 있는 제도는 「경제적 · 사회적 · 문화적 권리에 관한 국제규약」뿐만 아니라 「시민적 · 정치적 권리에 관한 국제규약」 위반의 경우에도 적용된다. [09년 7급] O X

305 A규약, B규약 모두 규약상의 권리침해의 희생자임을 주장하는 개인은 UN인권위원회에 청원할 수 있다. [08년 7급] O X

306 개인통보절차를 이용할 수 있는 조약으로는 「여성에 대한 모든 형태의 차별철폐에 관한 협약」, 「모든 형태의 인종차별 철폐에 관한 국제협약」, 「시민적 및 정치적 권리에 관한 국제규약」, 「아동의 권리에 관한 협약」 등이 있다. [19년 9급] O X

307 국제인권규약, A규약, B규약 모두 남녀평등권 조항을 두고 있다. [09년 7급] O X

308 모든 사람은 자국을 포함하여 어떠한 나라로부터도 자유로이 퇴거할 수 없음이 원칙이다. [17년 7급] O X

309 Human Rights Committee는 국가가 「시민적 및 정치적 권리에 관한 국제규약」에 가입한 이후에 자유롭게 탈퇴할 수 있다고 해석하고 있다. [21년 7급] O X

310 「경제적 · 사회적 및 문화적 권리에 관한 국제규약」은 대규모적이고 지속적 형태의 권리 침해를 조사할 수 있는 특별보고관 제도를 두고 있다. [17년 9급] O X

311 1966년 A규약과 B규약으로 UNHCHR이 창설되었다. [05년 7급] O X

312 「시민적 · 정치적 권리에 관한 국제규약」과 동 규약의 선택의정서에 나타난 인권보호의 이행을 위한 제도적 장치로는 개인의 국가고발(청원)제도, 국가별 보고서 검토 제도, 국가간고발제도가 있다. [10년 지방] O X

313 1978년 발효한 미주인권협약은 미주인권재판소를 창설하였다. [07년 7급] O X

314 유럽국가들 간에는 1953년 9월 「인권 및 기본적 자유의 보호를 위한 협약」이 발효하여 세계인권선언의 조약화가 처음으로 실현되었다. [07년 7급] O X

315 한국도 1990년에 B규약에 가입하여 당사국이 되었다. [10년 9급] O X

PART 5 국가영역 및 해양법

001 1982년 「UN해양법협약」은 각국의 이해대립으로 합의를 보지 못하던 영해의 한계에 관하여 명시하였다. [04년 사시] O X

002 1982년 「UN해양법협약」이 체결되기 전에 무해통항권은 국제관습법적 권리였다. [00년 외시] O X

003 1982년 「UN해양법협약」은 접속수역의 외측한계를 영해기선으로부터 24해리까지로 확대하였다. [06년 사시] O X

004 1982년 「UN해양법협약」은 국제해협 통항제도의 하나로서 통과통항제도를 도입하였다. [06년 사시] O X

005 1982년 「해양법에 관한 국제연합협약」은 내수 · 영해 · 공해의 전통적 삼분법을 수정하여 혼혈적 성격의 특수수역을 인정하였다. [15년 경간] O X

006 1982년 「UN해양법협약」은 군도국가들의 요청을 수용하여 새로운 제도로서 군도수역제도를 도입하였다. [04년 사시] O X

007 배타적 경제수역 제도는 1982년 「UN해양법협약」에서 국제법상 처음으로 성문화되었다. [05년 사시] O X

008 1982년 「해양법에 관한 국제연합협약」은 대륙붕의 법적 정의를 명확히 하였다. [15년 경간] O X

009 1982년 「UN해양법협약」상의 심해저제도는 인류의 공동유산 개념에 입각해서 제도화된 것이다. [09년 9급] [21년 해경승진] O X

010 1982년 「UN해양법협약」에서 배타적 경제수역, 군도수역, 통과통항제도 등이 처음 명시적으로 도입되었다. [12년 사시] [17년 해경2] [19년 해경승진] O X

011 연안국의 주권은 영해의 상공 · 해저 및 하층토에까지 미친다. [10년 사시] O X

012 영해는 기선으로부터 12해리 폭으로 설정되었으나 대한해협의 경우는 3해리 영해만을 설정하여 일본 대마도와의 사이에 공해대를 남겨두었다. [11년 경간] O X

013 모든 국가는 이 협약에 따라 결정된 기선으로부터 12해리를 넘지 아니하는 범위에서 영해의 폭을 설정할 권리를 가진다. [13년 7급] O X

014 영해의 폭에 관한 12해리의 규정은 영해의 폭이 예외 없이 12해리여야 한다는 것을 의미하지는 않는다. [06년 사시] [12년 경간] O X

015 영해의 기선은 통상기선과 직선기선으로 구분된다. [10년 9급] [11년 해경] O X

016 통상기선은 원칙적으로 연안국이 공인한 대축척해도에 표시된 해안의 저조선으로 한다. [13년 사시] O X

017 영해기선은 접속수역, 대륙붕 등 모든 수역의 기선이기도 하다. [17년 해경1] O X

018 해안선이 깊게 굴곡이 지거나 잘려 들어간 지역, 또는 해안을 따라 아주 가까이 섬이 흩어져 있는 지역에서는 직선기선의 방법이 사용될 수 있다. [15년 9급] O X

019 삼각주가 있거나 그 밖의 자연조건으로 인하여 해안선이 매우 불안정한 곳에서는 바다쪽 가장 바깥 저조선을 따라 적절한 지점을 선택할 수 있으나 그 후 저조선이 후퇴하게 되면 직선기선도 따라서 후퇴하게 된다. [14년 경간] O X

020 직선기선의 설정은 해안의 일반적 방향으로부터 현저하게 벗어날 수 없다. [09년 7급] O X

021 원칙적으로 간조노출지까지 또는 간조노출지로부터 직선기선을 설정할 수 있다. [15년 9급] O X

022 특정한 기선을 결정함에 있어서 그 지역에 특유한 경제적 이익이 있다는 사실과 그 중요성이 오랜 관행에 의하여 명백히 증명된 경우 그 경제적 이익을 고려할 수 있다. [14년 경간] O X

023 국가는 어떠한 경우라도 타국의 영해를 공해로부터 격리시키는 방법으로 직선기선제도를 적용할 수 없다. [19년 7급] O X

024 3면이 바다로 둘러싸인 우리나라는 영일만과 울산만을 제외한 동해에서는 직선기선을 적용하고 있고, 해안선이 복잡하고 도서가 많은 서남 해안 전체에 대해서는 통상기선을 적용하고 있다. [11년 경간] O X

025 최초로 직선기선의 설정을 인정한 사건은 영국 · 노르웨이 간 어업(Anglo-Norwegian Fisheries) 사건이다. [03년 외시] O X

026 만의 입구를 직선으로 연결하여 기선으로 삼을 경우, 만 폐쇄선 안쪽의 수역은 영해로 본다. [19년 7급] O X

027 1982년 「해양법에 관한 국제연합 협약」상 연안국이 새로이 직선기선을 적용하여 영해가 내수로 변경된 수역에서는 외국 선박의 무해통항권이 인정되지 않는다. [19년 9급] [21년 해경승진] O X

028 만(bay)의 자연적 입구 양쪽의 저조지점간의 거리가 24해리를 넘지 않는 경우, 폐쇄선을 두 저조지점 간에 그을 수 있으며, 이 안에 포함된 수역은 내수로 본다. [01년 사시] O X

029 1982년 「UN해양법협약」상 역사적 만(historic bays)은 그 해안이 한 국가에 속하지 않아도 만으로 인정될 수 있다. [15년 사시] O X

030 영해의 경계를 획정할 때 항만체계와 불가분의 일체를 이루는 가장 바깥의 영구적인 항만시설은 해안의 일부를 구성한다. [14년 7급] [16년 해경] O X

031 특별한 경우를 제외하고, 직선기선은 간조노출지까지 또는 간조노출지로부터 설정할 수 있다. [20년 해경5급] O X

032 간조노출지 전부가 본토나 섬으로부터 영해의 폭을 넘는 거리에 위치하는 경우, 그 간조노출지는 자체의 영해를 가지지 아니한다. [12년 경간] O X

033 연안국은 자국 해안선의 조건에 따라 통상기선과 직선기선을 교대로 적용할 수 있다. [17년 해경1] O X

034 영해의 경계획정은 역사적 권원이나 특별한 사정이 존재하지 않는 한 중간선에 의한다. [16년 7급] O X

035 무해통항권이란 선박이 연안국의 사전허가나 연안국에 대한 사전통고 없이도 외국영해를 무해하게 통과할 수 있는 권리를 의미한다. [14년 경간] O X

036 연안국이거나 내륙국이거나 관계없이 모든 국가의 선박은 동 협약에 따라 영해에서 무해통항권을 향유한다. [20년 9급] [21년 해경승진] O X

037 외국항공기는 연안국의 동의가 없더라도 영해 상공에서 비행의 자유를 향유한다. [19년 7급] O X

038 1982년 「UN해양법협약」은 군함의 무해통항권을 인정하지 않으며 외국 군함이 연안국의 영해에 들어올 때는 그 연안국의 사전허가를 얻어야 한다고 명시적으로 규정하고 있다. [18년 9급] O X

039 한국 영해 내에서 모든 외국선박은 무해통항을 할 수 있다. 단, 외국군함이나 비상업용 정부선박은 외교 경로를 통해 3일 전에 사전통고를 해야 한다. [11년 경간] O X

040 통항이란 타국의 영해를 횡단하거나 내수로 출입하기 위하여 그 영해를 지나는 것이다. [11년 9급] [16년 해경] [19년 해경승진] O X

041 정선이나 닻을 내리는 행위는 불가항력이나 조난으로 인하여 필요한 경우 통항에 포함된다. [07년 사시] O X

042 무해통항은 연안국의 평화, 공공질서 또는 안전을 해치지 아니하고 이 협약과 기타 국제법규칙에 합치되게 이루어져야 한다. [06년 사시] O X

043 「UN해양법협약」상 유해한 통항의 사례가 명시적으로 규정되어 있다. [15년 해경] O X

044 외국선박이 무기를 사용하여 훈련이나 연습을 하는 것은 무해통항으로 보지 않는다. [04년 사시] [18년 해경승진] O X

045 통항 중 연안국의 국방이나 안전에 해가 되는 정보 수집을 하는 것은 무해통항에 해당되지 않는다. [13년 사시] O X

046 외국선박에 의한 항공기의 선상발진 · 착륙 또는 탑재행위는 무해통항으로 보지 않는다. [04년 사시] [18년 해경승진] O X

047 외국 선박이 타국의 영해에서 어로 활동에 종사하는 경우, 이를 무해한 통항으로 보지 않는다. [15년 9급] [21년 해경승진] O X

048 조사활동이나 측량활동을 수행하는 외국선박의 통항은 연안국의 평화, 공공질서 또는 안전을 해치는 것으로 본다. [20년 9급] O X

049 잠수함과 그 밖의 잠수항행기기는 영해에서 해면 위로 국기를 게양하고 항행하여야 한다. [20년 해경5급] O X

050 잠수함은 타국의 영해에서 해면 위로 국기를 게양하고 항행한다. [15년 9급] O X

051 1958년 「영해협약」과 1982년 「UN해양법협약」에서 전자는 잠수함에 대하여, 후자는 잠수함과 기타 잠수항행기기에 대해서만 영해에서 물위로 떠올라 국기를 게양할 것을 조건으로 무해통항을 허용하고 있다. [14년 경간] O X

052 연안국은 외국선박의 자국 영해통항에 관한 법령을 제정하여 준수를 요구할 수 있다. [11년 9급] [16년 해경] [19년 해경승진] O X

053 연안국은 항해안전을 위하여 필요한 경우 영해상에 통항로를 지정하고 분리통항방법을 설정하여 외국선박으로 하여금 이에 따르게 할 수 있다. [01년 9급] O X

054 연안국은 무해통항권을 행사하는 외국선박이라 하더라도 유조선, 핵추진선박, 그리고 핵물질 또는 그 밖의 유해한 물질을 운반하는 선박에 대해서는 지정된 항로대만을 통항하도록 요구할 수 있다. [14년 경간] O X

055 타국의 영해를 통항하는 핵물질 또는 유독 물질을 운반 중인 선박은 무해통항권 자체가 인정되지 않는다. [14년 7급] [16년 해경] O X

056 연안국은 자국이 인지하고 있는 자국 영해에서의 통항에 관한 위험을 적절히 공표한다. [07년 9급] O X

057 연안국은 무해하지 아니한 통항을 방지하기 위하여 필요한 조치를 자국 영해에서 취할 수 있다. [18년 9급] [20년 해경5급] O X

058 연안국은 군사훈련을 포함하여 자국 안보에 필요한 경우 외국선박의 무해통항을 일시적으로 정지시킬 수 있다. [20년 9급] O X

059 연안국은 자국 영해를 통과하는 외국선박에 대하여 그 통항만을 이유로 부과금을 징수할 수 없다. [14년 경간] O X

060 연안국은 영해를 통항하는 외국선박에 제공된 특별한 용역에 대한 대가로서 수수료를 부과할 수 없다. [20년 9급] [21년 해경승진] O X

061 연안국은 영해를 통항하고 있는 외국 선박 내에서 발생한 범죄의 결과가 자국에 미치는 경우 해당 범죄자를 체포하기 위하여 그 선박 내에서 형사관할권을 행사할 수 있다. [14년 사시] [15년 해경] [16년 해경] O X

062 영해를 통항 중인 외국 선박 내에서 발생한 범죄와 관련하여 그 선박의 선장이 현지 당국에 지원을 요청한 경우 연안국은 형사관할권을 행사할 수 있다. [18년 9급] O X

063 연안국은 자국의 내수를 떠나 영해를 통과 중인 외국선박에 대하여 범인 체포에 필요한 어떠한 조치도 취할 수 있다. [19년 7급] O X

064 연안국은 영해를 통항 중인 외국선박 내에 있는 사람에 대해서 민사관할권을 행사하기 위하여 그 선박을 정지시킬 수 있다. [19년 7급] O X

065 불가항력 등 합리적 사유 없이 영해에 정박하고 있거나 내수를 떠나 영해를 통항 중인 외국선박에 대하여 연안국은 민사관할권을 행사할 수 있다. [20년 9급] O X

066 영해에 정박한 외국선박에 대하여 민사소송절차의 목적으로 강제집행할 수 있다. [09년 사시] O X

067 연안국은 외국군함이 영해통항에 관한 연안국의 법령을 준수하지 않는 경우에 나포는 할 수 없고 단지 퇴거요청을 할 수 있다. [16년 경간] O X

068 외국군함이 연안국의 영해 내에서 향유하는 면제에는 연안국이 무해하지 아니한 통항을 방지하기 위하여 영해 내에서 채택하는 필요한 조치로부터의 면제도 포함된다. [20년 9급] O X

069 연안국의 접속수역은 내수를 포함하며 관세 · 재정 · 출입국관리 · 위생 및 군사적 목적의 관할권을 행사하기 위한 수역이다. [19년 7급] O X

070 자국의 접속수역 상공을 비행 중인 항공기에 대해 해당 연안국은 자국의 접속수역에서의 선박에 대해 행하는 것과 동일한 목적의 규제를 실시할 수 있다. [20년 9급] O X

071 접속수역은 영해기선으로부터 24해리 범위 내에서 설정할 수 있다. [09년 9급] [19년 해경승진] O X

072 접속수역의 해저로부터 역사적 유물을 반출하는 행위는 연안국의 영토나 영해에서의 법령위반행위로 추정될 수 있다. [09년 9급] [19년 해경승진] O X

073 접속수역은 연안국이 당연히 갖게 되는 수역이 아니라 연안국의 선포를 요한다. [09년 9급] [19년 해경승진] O X

074 통과통항은 공해나 배타적 경제수역의 일부와 공해나 배타적 경제수역의 다른 부분 사이의 국제항행에 이용되는 해협에 적용된다. [15년 7급] [16년 경간] O X

075 1982년 「UN해양법협약」상 통과통항제도는 군함이나 군용 항공기에도 적용된다는 것에 대하여 논란이 없다. [16년 전직] O X

076 1982년 「UN해양법협약」상 통과통항권은 모든 선박과 항공기가 향유한다. [10년 9급] [19년 해경승진] O X

077 국제항행용 해협 안에 항행상 및 수로상의 특성에서 유사한 편의성이 인정되는 공해통과항로가 있는 경우, 이 해협에서는 통과통항이 적용되지 않는다. [09년 사시] O X

078 통과는 무해통항의 경우와 마찬가지로 계속적이고 신속하여야 한다. [12년 9급] O X

079 1982년 「UN해양법협약」상 통과통항권을 행사하는 잠수함은 잠수항행을 할 수 있다. [13년 9급] [20년 해경승진] O X

080 해양과학조사선과 수로측량선을 포함한 외국 선박은 통과통항 중 해협연안국의 사전허가 없이 어떠한 조사활동이나 측량활동도 수행할 수 없다. [13년 7급] O X

081 1982년 「UN해양법협약」상 해협연안국은 필요한 경우 해협 내에 항로대를 지정하고, 통항분리방식을 설정할 수 있다. [10년 9급] [19년 해경승진] O X

082 연안국은 항로대를 지정하거나 통항분리방식을 설정할 수 있으나 통과통항 자체를 정지시킬 수는 없다. [02년 외시] O X

083 연안국은 통과통항에 관한 법령을 제정 · 공포하여 이를 시행할 수 있다. [02년 외시] O X

084 연안국은 통과통항을 방해하거나 정지시킬 수 없으며, 해협 내의 위험을 적절히 공표할 의무를 진다. [15년 7급] O X

085 「해양법에 관한 국제연합협약」상 국제해협의 통과통행이 적용되는 상부 공간에 대해서는 연안국이 완전하고 배타적인 주권을 행사할 수 없다. [19년 7급] O X

086 공해 또는 배타적 경제수역의 일부와 외국 영해와의 사이에 있는 국제항행에 이용되는 해협에는 무해통항이 적용된다. [15년 7급] O X

087 군도국가의 영해, 접속수역, 배타적 경제수역(EEZ)과 대륙붕의 폭은 군도기선을 설정한 경우 이로부터 측정한다. [09년 7급] O X

088 1982년 「UN해양법협약」상 군도국가의 경우 내수 바깥에 소재하는 군도기선의 육지 측 수역은 영해가 아니다. [15년 사시] O X

089 군도수역(archipelagic waters)은 군도기선 내측의 수역을 말한다. [14년 해경] O X

090 모든 선박과 항공기는 군도항로대에서 군도항로대통항권(the right of archipelagic sea lanes passage)을 향유한다. [14년 해경] O X

091 배타적 경제수역은 연안국의 주권적 권리 및 관할권과 공해자유의 일부가 병존하는 제3의 특별수역으로서 영해와 공해의 중간적 법제도이다. [11년 7급] [18년 해경승진] O X

092 연안국의 배타적 경제수역에 대한 권리는 해저의 상부수역, 해저 및 그 하층토에 미친다. [04년 사시] O X

093 연안국은 EEZ에서 생물 및 무생물 등 천연자원의 탐사, 개발, 보존 · 관리를 목적으로 하는 주권적 권리를 갖는다. [21년 7급] O X

094 배타적 경제수역에서 연안국은 해수 · 해류 및 해풍을 이용한 에너지 생산과 같은 경제적 개발과 탐사를 위한 활동에 관한 주권적 권리를 가진다. [11년 경간] ○ ×

095 연안국은 배타적 경제수역에서의 인공섬, 시설 및 구조물의 설치와 사용에 대한 관할권을 갖는다. [14년 9급] ○ ×

096 연안국은 자국의 EEZ에서 해양과학조사에 대한 관할권을 갖는다. [07년 7급] [11년 해경] ○ ×

097 배타적 경제수역에서 연안국은 해양환경의 보호와 보전에 관한 관할권을 갖는다. [11년 사시] ○ ×

098 연안국은 EEZ에서 인공섬, 시설 및 구조물의 설치와 사용, 해양과학조사, 해양환경의 보호와 보전에 관한 관할권을 갖는다. [21년 7급] ○ ×

099 배타적 경제수역은 영해기선으로부터 200해리를 넘을 수 없다. [15년 7급] ○ ×

100 배타적 경제수역에서 모든 국가는 어업의 자유 및 항행의 자유를 가진다. [11년 경간] ○ ×

101 모든 국가는 타국의 배타적 경제수역의 상공에서 상공비행의 자유를 누린다. [17년 9추] ○ ×

102 모든 국가는 일정한 제한에 따를 것을 조건으로 항행 · 상공비행의 자유 등을 향유한다. [08년 9급] ○ ×

103 모든 국가는 타국의 배타적 경제수역에서 일정한 조건하에 해저전선 · 관선을 부설할 수 있다. [07년 9급] ○ ×

104 배타적 경제수역에서 연안국은 인공섬, 시설 및 구조물의 설치와 사용에 대한 배타적 관할권을 행사할 수 없다. [15년 7급] ○ ×

105 연안국은 자국의 배타적 경제수역에 인공섬이나 구조물을 설치할 수 있고, 그 인공섬 및 구조물의 안전을 보장하기 위하여 안전수역을 설정할 수 있다. [17년 7급] ○ ×

106 인공섬은 그 자체의 영해를 가질 수 없다. [13년 9급] [19년 해경승진] ○ ×

107 연안국은 배타적 경제수역의 생물자원에 관한 자국의 어획능력을 결정한다. [18년 9급] ○ ×

108 연안국은 배타적 경제수역 내에서 어업에 대한 배타적인 권한을 가지는 동시에 생물자원을 보존, 관리하기 위한 조치를 취하여야 한다. [01년 사시] ○ ×

109 총허용어획량을 어획할 능력이 없는 경우, 연안국은 잉여분에 대해서 일정한 조건하에서 타국의 입어를 허용해야 한다. [06년 사시] O X

110 배타적 경제수역에서 연안국은 '생물자원의 개발 및 보존에 관한 국내법령'을 제정하고 시행할 수 있다. [10년 지방] O X

111 배타적 경제수역에서 어로행위를 하는 다른 국가의 국민은 연안국의 법령에 의하여 수립된 보존조치와 그 밖의 조건을 준수하여야 한다. [20년 해경5급] O X

112 내륙국은 연안국의 EEZ의 잉여생물자원에 대해 어떠한 권리도 갖지 않는다. [12년 7급] O X

113 지리적 불리국과 내륙국은 연안국의 배타적 경제수역의 잉여생물자원에 대해 어떠한 권리도 갖지 않는다. [02년 사시] O X

114 연안국은 배타적 경제수역의 생물자원을 관리하는 주권적 권리를 행사함에 있어서 자국법령을 준수하도록 보장하기 위하여 승선 · 검색 · 나포 및 사법절차를 포함하여 필요한 조치를 취할 수 있다. [18년 9급] O X

115 배타적 경제수역에서 연안국은 나포된 선박과 승무원이 적정한 보석금이나 그 밖의 보증금을 예치하면 신속히 석방하여야 한다. [17년 해경1] O X

116 배타적 경제수역(EEZ)에서 어업법령 위반에 대한 연안국의 처벌에는 관련국간 달리 합의하지 않는 한 금고 또는 다른 형태의 체형이 포함되지 아니한다. [09년 7급] [15년 해경] O X

117 배타적 경제수역에서 연안국은 외국선박을 나포하거나 억류한 경우에 취해진 조치와 부과된 처벌에 관하여 기국에 신속히 통고해 주어야 한다. [17년 해경1] O X

118 ICJ는 배타적 경제수역의 경계획정에 관한 「UN해양법협약규정」이 관습국제법을 반영하는 것으로 판단하였다. [16년 7급] O X

119 서로 마주보고 있거나 인접한 연안국 간의 배타적 경제수역 경계획정은 중간선의 원칙 또는 형평의 원칙에 의해 해결한다. [11년 7급] [18년 해경승진] O X

120 서로 마주보고 있거나 인접한 연안을 가진 국가 간의 배타적 경제수역 경계획정은 공평한 해결에 이르기 위하여, 「국제사법재판소규정」 제38조에 언급된 국제법을 기초로 하는 합의에 의하여 이루어진다. [13년 경간] O X

121 대향국 또는 인접국간의 배타적 경제수역의 경계획정은 당사국 간의 합의에 의하고, 합의가 안 되면 「UN해양법협약」상의 분쟁해결절차에 회부한다. [01년 사시] O X

122 합의에 이르는 동안 관련국은 이해와 상호협력의 정신으로 실질적인 잠정약정을 체결할 수 있도록 모든 노력을 다한다. [13년 경간] O X

123 관련국은 과도기간 동안 최종적인 합의에 이르는 것을 위태롭게 하거나 방해하지 말아야 한다. [13년 경간] O X

124 관련국 간에 발효 중인 협정이 있는 경우, EEZ의 경계획정에 관련된 사항은 그 협정의 규정에 따라 결정된다. [21년 7급] O X

125 대륙변계의 바깥 끝이 영해기선으로부터 200해리에 미치지 못하면, 연안국의 대륙붕은 영해기선으로부터 200해리까지로 한다. [21년 7급] O X

126 1982년 「UN해양법협약」은 대륙붕의 범위를 육지영토의 자연적 연장이라는 기준과 200해리라는 절대거리기준의 두 가지 기준으로 정하도록 하였다. [99년 외시] O X

127 200해리 밖으로 연장된 대륙붕의 외측한계는 영해기선으로부터 350해리를 넘거나 2500미터 등심선으로부터 100해리를 넘을 수 없다. [11년 사시] [17년 해경1] [20년 해경승진] O X

128 1982년 「해양법에 관한 국제연합협약」에 따르면 대륙붕한계위원회는 영해기선으로부터 200해리 이원의 대륙붕 경계에 대해서 권고를 행한다. [21년 9급] O X

129 200해리 밖으로 연장되는 대륙붕의 외측한계는 대륙붕한계위원회가 최종 확정하여 연안국에 통보한다. [17년 해경1] [20년 해경승진] O X

130 연안국은 측지자료를 비롯하여 항구적으로 자국 대륙붕의 바깥한계를 표시하는 해도와 관련 정보를 UN사무총장에게 기탁한다. [21년 7급] O X

131 대륙붕에 관한 국제법적 법리가 발달된 계기는 1945년 미국의 트루먼 대통령의 대륙붕 선언에서 비롯된다. [21년 9급] O X

132 대륙붕에 관한 최초의 일반적 다자조약은 1958년 「대륙붕협약」으로 본다. [21년 9급] O X

133 대륙붕과 배타적 경제수역 모두 무생물자원(non-living resources) 개발(exploiting)에 대한 연안국의 주권적 권리(sovereign rights)를 인정한다. [17년 해경2] O X

134 200해리 밖으로 연장된 대륙붕의 석유자원개발에 대하여도 연안국이 주권적 권리를 행사할 수 있다. [11년 사시] O X

135 연안국은 명시적인 선언을 통해 대륙붕에 대한 권리를 취득해야 한다. [16년 사시] O X

136 모든 국가는 연안국의 동의 없이 연안국의 대륙붕에서 정착성어종을 수확할 수 있다. [21년 7급] O X

137 대륙붕에 관한 연안국의 권리는 그 상부수역이나 수역 상공의 법적 지위에 영향을 미치지 아니한다. [03년 행시] [16년 사시] O X

138 대륙붕에서 연안국이 자원개발을 수행하고 있는 지점의 반경 12해리 이내에서는 제3국 선박들의 항행이 금지된다. [08년 사시] O X

139 모든 국가는 관련 규정에 따라 연안국의 대륙붕에 해저 전선과 관선을 부설할 자격을 갖는다. [16년 사시] O X

140 연안국은 대륙붕에서 모든 목적의 시추를 허가하고 규제할 배타적 권리를 가진다. [21년 7급] O X

141 연안국은 대륙붕의 개발에 필요한 인공섬이나 구조물을 설치하고 사용할 권리를 갖는다.[03년 행시] O X

142 연안국은 대륙붕에 안전수역을 설정할 수 있다. [16년 사시] O X

143 연안국은 200해리 밖의 대륙붕의 광물자원을 개발하는 경우 일정기간 경과 후 현물 또는 금전을 국제해저기구에 납부하여야 한다. [11년 사시] [17년 해경1] [20년 해경승진] O X

144 대륙붕 경계획정은 공평한 해결에 이르기 위하여, ICJ규정 제38조에 언급된 국제법을 기초로 하는 합의에 의하여 이루어진다. [16년 7급] O X

145 「1982년 UN 해양법협약」상 대향국 또는 인접국간 배타적 경제수역과 대륙붕의 경계획정은 형평한 해결(equitable solution)에 이르기 위하여 국제법에 기초하여 합의하도록 한다. [10년 9급] [21년 해경승진] O X

146 1969년 북해 대륙붕 사건 판결에서 국제사법재판소(ICJ)는 지리적 인접성을 대륙붕 경계획정의 핵심 개념으로 보았다. [21년 9급] O X

147 2012년 방글라데시와 미얀마 간 벵골만 사건은 국제해양법재판소가 판결한 첫 번째 해양경계획정 사례이다. [14년 9급] [15년 해경] O X

148 항행과 상공비행의 자유는 배타적 경제수역과 공해에서 동일하게 인정된다. [11년 7급] O X

149 협약은 연안국이 관할권을 행사할 수 있는 수역 이외를 공해로 보는 소극적 방식으로 규정하였다. [19년 9급] O X

150 공해는 어떤 국가의 내수 · 영해 · 군도수역 · 배타적 경제수역에도 속하지 아니하는 바다이다. [11년 9급] O X

151 공해의 자유에는 항행의 자유, 상공비행의 자유, 해저전선과 관선 부설의 자유 등이 포함된다. [17년 9추] O X

152 국가는 공해의 일부를 자국의 주권하에 둘 수 없다. [17년 9추] O X

153 공해는 모든 국가에 개방되므로 국가들은 공해에서 자국기를 게양한 선박을 항해시킬 권리를 가진다. [19년 9급] O X

154 국제해양법재판소는 M/V Saiga호 사건(1999)에서 기니 정부의 추적권 행사가 위법하다고 판단하였다. [21년 7급] O X

155 The M/V Saiga호 사건에서 국제해양법재판소(ITLOS)는 연안국이 배타적 경제수역 내의 외국선박에 대하여 자국의 관세법을 강제할 권리를 가진다고 판결하였다. [20년 9급] O X

156 선박은 한 국가의 국기만을 게양하고 항행하며 공해에서 그 국가의 배타적 관할권에 속한다. [17년 7급] [21년 해경승진] O X

157 공해에서 2개국 이상의 국기를 게양하고 항행하는 선박은 기국 모두가 관할권을 가진다. [14년 9급] [18년 해경] [20년 해경승진] O X

158 공해에서 모든 국가는 자국기를 게양한 선박에 대하여 행정적 · 기술적 · 사회적 사항에 관하여 관할권을 행사한다. [14년 9급] [18년 해경] [20년 해경승진] O X

159 기국 외의 어떠한 국가도 공해상의 군함에 대해 관할권을 주장할 수 없다. [14년 9급] [18년 해경] [20년 해경승진] O X

160 기국 외의 어떠한 국가도 공해상의 비상업용 업무에만 사용되는 국가소유의 선박에 대해 관할권을 주장할 수 없다. [14년 9급] [18년 해경] [20년 해경승진] O X

161 1982년 「해양법에 관한 국제연합협약」은 공해상에서의 선박충돌 시 관할권과 관련하여 가해선박의 기국과 범인의 국적국에 대해서만 관할권을 인정하고 있다. [15년 경간] O X

162 해적행위의 주체에는 사선(私船)은 물론 사항공기(私航空機)의 승무원과 승객도 포함되는 것으로 규정하고 있다. [07년 7급] [21년 해경승진] O X

163 「UN해양법협약」상 해적은 공해 또는 국가관할권 밖의 장소에서 행해진 해적행위에 대하여 적용된다. [07년 7급] [21년 해경승진] O X

164 「UN해양법협약」상 승무원이 반란을 일으켜 통제하면서 해적행위를 하는 군함은 사적 선박으로 간주되지 않는다. [19년 해경승진] O X

165 모든 국가는 해적선 · 해적항공기 또는 해적행위에 의하여 탈취되어 해적의 지배하에 있는 선박 · 항공기를 나포하고, 그 안의 해적들을 체포하며, 재산을 압수할 수 있다. [17년 7급] O X

166 해적 선박을 나포한 국가의 법원은 부과될 형벌을 결정할 수 있다. [14년 7급] O X

167 해적행위에 대한 국가관할권은 항공범죄(항공기 불법납치)에 관한 국가관할권과 다른 성격을 가진다. [18년 해경승진] O X

168 「UN해양법협약」상 해적행위에 대해서는 보편주의원칙에 기초하여 모든 국가가 관할권을 행사 할 수 있다. [11년 7급] [17년 해경2] [19년 해경승진] O X

169 「UN해양법협약」상 해적을 체포한 국가는 해적을 '인도하거나 소추(aut dedere, aut juricare)'하여야 한다. [11년 7급] [17년 해경2] O X

170 해적행위의 혐의가 있는 선박의 나포가 충분한 근거 없이 행하여진 경우, 나포를 행한 국가는 그 선박의 국적국에 대하여 나포로 인하여 발생한 손실 또는 손해에 대한 책임을 진다. [11년 7급] [17년 해경2] O X

171 해적행위를 이유로 한 나포는 군함 · 군용항공기 또는 정부업무를 수행 중인 것으로 명백히 표시되고 식별이 가능하며 그러한 권한이 부여된 그 밖의 선박이나 항공기만이 행할 수 있다. [11년 7급] [17년 해경2] [18년 해경승진] O X

172 모든 국가는 공해상에서 선박에 의하여 국제협약을 위반하여 행하여지는 마약과 향정신성물질의 불법거래를 진압하기 위하여 협력한다. [13년 경간] O X

173 「해양법에 관한 국제연합협약」상 공해로부터의 무허가방송과 관련하여 선박의 기국은 무허가방송 종사자를 자국 법원에 기소할 수 있다. [18년 7급] O X

174 「해양법에 관한 국제연합협약」상 공해로부터의 무허가방송 종사자의 국적국은 그 종사자를 자국 법원에 기소할 수 있다. [18년 7급] O X

175 「해양법에 관한 국제연합협약」상 공해로부터의 무허가방송과 관련하여 해적방송이 수신되지만 허가된 무선통신이 방해받지 않는 국가는 무허가방송 종사자를 자국 법원에 기소할 수 없다. [18년 7급] O X

176 「해양법에 관한 국제연합협약」상 공해로부터의 무허가방송과 관련하여 시설의 등록국은 무허가방송 종사자를 자국 법원에 기소할 수 있다. [18년 7급] O X

177 공해상의 무허가 방송 종사자에 대하여는 선박의 기국, 종사자의 국적국만이 형사관할권을 행사할 수 있다. [17년 9추] O X

178 군함은 일정한 범죄혐의가 있는 외국선박(군함 및 비상업용 정부선박을 제외한다)을 임검할 수 있다. [17년 7급] O X

179 임검의 대상은 해적행위, 노예매매, 무허가방송 등을 행한 선박, 무국적 선박, 외국국기를 게양한 선박, 국기게양을 거절한 선박 등이다. [16년 경간] O X

180 「해양법에 관한 국제연합협약」상 공해로부터의 무허가방송과 관련하여 모든 국가의 군함은 무허가방송에 종사하는 선박에 대해 임검권을 갖는다. [18년 7급] O X

181 임검 후 혐의가 근거 없는 경우에는 그 선박이 입은 손실이나 피해에 대해 보상해야 할 책임이 있다. [16년 경간] O X

182 군함 이외의 군용항공기와 정부 공용선박은 임검권을 행사할 수 없다. [13년 7급] [21년 해경승진] O X

183 외국 어선이 영해 내에서 불법어로작업을 하다가 도주하는 경우, 연안국의 공선이 영해 밖으로까지 쫓아가서 나포할 수 있는 해양법상의 권리는 추적권이다. [00년 사시] [15년 해경] [16년 해경] O X

184 추적권은 공해자유 원칙을 제한하여 인정하는 예외적 권리이므로 법령위반으로 믿을만한 충분한 이유가 있을 때 인정된다. [19년 9급] O X

185 추적은 연안국의 권한 있는 당국이 그 선박이 자국의 법령을 위반한 것으로 믿을 만한 충분한 이유가 있을 때 행사할 수 있다. [16년 해경] O X

186 외국선박이 추적국의 내수, 군도수역, 영해, 접속수역에 있어야 추적을 개시할 수 있다. [12년 9급] [16년 해경] O X

187 외국선박에 대한 추적은 외국선박이나 그 선박의 보조선이 추적국의 내수 · 군도수역 · 영해 또는 접속수역에 있을 때 시작되고 또한 추적이 중단되지 아니한 경우에 한하여 영해나 접속수역 밖으로 계속될 수 있다. [14년 경간] O X

188 추적의 방법은 중단이 없는 계속추적이어야 하나, 인계추적도 인정된다. [02년 사시] [17년 해경1] [18년 해경] O X

189 추적은 중단 없이 계속되어야 하며, 정선명령을 한 선박은 영해 또는 접속수역에 있어야 할 필요는 없다. [12년 9급] O X

190 자국의 EEZ에서 불법 조업을 하던 타국 어선을 해양경찰 선박이 추적하여 공해상에서 나포한 것은 정당한 추적권의 행사이다. [14년 7급] [16년 해경] O X

191 연안국의 추적권(right of hot pursuit)은 추적당하는 선박이 그 국적국 또는 제3국의 영해에 들어가면 소멸한다. [12년 7급] O X

192 선단을 이루고 있는 배들의 경우, 자선이 관할수역 내에서 연안국법령을 위반하여 추적을 받기 시작한다면 추적개시 당시 관할수역 외부에 있던 모선을 추적하는 것도 가능하다. [17년 해경2] O X

193 추적은 시각이나 음향 정선신호가 외국선박이 보거나 들을 수 있는 거리에서 발신된 후 비로소 이를 시작할 수 있다. [21년 7급] O X

194 추적권은 군함 · 군용항공기 또는 정부업무에 사용 중인 것으로 명백히 표시되어 식별이 가능하며 그러한 권한이 부여된 그 밖의 선박이나 항공기에 의하여서만 행사될 수 있다. [14년 경간] [21년 7급] O X

195 추적권의 행사가 정당화되지 아니하는 상황에서 선박이 영해 밖에서 정지되거나 나포된 경우 그 선박은 이로 인하여 받은 모든 손실이나 피해를 보상받는다. [13년 경간] [16년 해경] O X

196 추적권과 관련된 사건으로는 '아임 얼론(I'm Alone)호 사건'과 '베링해 해구중재 사건'을 들 수 있다. [04년 행시] O X

197 섬은 바닷물로 둘러싸여 있으며, 밀물일 때에도 수면 위에 있는, 자연적으로 형성된 육지지역이다. [15년 9급] [20년 해경승진] O X

198 본토로부터 30해리 떨어진, 인간이 거주할 수 없거나 독자적인 경제 활동을 유지할 수 없는 돌섬(rocks)도 그 자체의 영해를 가진다. [13년 9급] [19년 해경승진] O X

199 섬(islands)은 배타적 경제수역과 대륙붕을 가질 수 있다. [14년 해경] O X

200 섬은 영해와 대륙붕 및 배타적 경제수역을 가지나, 암석(rocks)은 영해, 대륙붕, 배타적 경제수역을 갖지 않는다. [10년 7급] O X

201 인간이 거주할 수 없거나 독자적인 경제활동을 유지할 수 없는 암석(rocks)은 배타적 경제수역을 가질 수 없다. [15년 9급] [17년 7급] [20년 해경승진] O X

202 인간이 거주할 수 없거나 독자적인 경제활동을 유지할 수 없는 암석(rocks)도 대륙붕을 가진다. [05년 사시] O X

203 특수한 지리적 위치를 이유로 하여 내륙국의 권리와 편의를 설정하고 있는 이 협약의 규정과 해양출입권의 행사에 관한 특별협정은 최혜국대우조항의 적용에 포함된다. [20년 7급] O X

204 내륙국의 국기를 게양한 선박은 해항에서 다른 외국선박에 부여된 것과 동등한 대우를 받지 않는다. [20년 7급] O X

205 공해와 독립된 법체제를 형성하고 있는 심해저의 한계설정은 대륙붕의 바깥한계를 결정한다. [19년 9급] O X

206 심해저와 그 자원에 대한 모든 권리는 인류 전체에게 부여된 인류공동유산이다. [11년 7급] [16년 해경] O X

207 심해저와 그 자원을 '인류의 공동유산'이라고 규정하고, 모든 국가의 자유로운 개발을 허용하였다. [06년 사시] O X

208 인류공동유산 개념은 특정국가에 의하여 독점되지 않고 인류 전체의 이익을 위한 활용이 예정된 지역으로 개별 국가의 접근은 보장될 수 있으나, 독점적 이익추구는 배제된다. [11년 7급] O X

209 인류공동유산(common heritage of mankind)의 개념이 최초로 명문화된 국제조약은 1979년 「달과 기타 천체에서의 국가 활동에 관한 협약」(달조약)이다. [08년 7급] [19년 해경승진] O X

210 「남극조약」 전문에서는 남극지역은 특정 국가의 전용 대상이 아닌 인류공동유산이라고 명시하고 있다. [11년 7급] [16년 해경] O X

211 1982년 「UN해양법협약」 제11부의 이행에 관한 협정이 체결된 것은 인류의 공동유산 개념의 현실화가 어렵다는 점을 보여준다. [16년 7급] O X

212 1994년에 체결된 「UN해양법협약」 제11부의 이행협정은 기존 심해저 개발에 관한 시장경제원리를 완화시키고, 개도국들의 재정부담을 경감하였다. [09년 7급] O X

213 국제해저기구 이사회는 중대하고도 계속적으로 제11부의 규정을 위반한 당사국에 대하여는 총회의 권고에 따라 회원국으로서의 권리와 특권의 행사를 정지시킬 수 있다. [20년 7급] O X

214 협약 당사국들은 국제해양법재판소(ITLOS)의 심해저분쟁재판부(Sea-Bed Dispute Chamber)에서 심해저기구(Sea-Bed Authority)의 재량권 행사가 부당함을 다툴 수 있다. [09년 7급] [20년 해경승진] O X

215 모든 국가는 「UN해양법협약」에 규정된 다른 국가의 권리와 의무를 존중할 것을 조건으로 해양과학조사를 수행할 권리를 가진다. [20년 해경5급] O X

216 해양과학조사는 평화적 목적으로 수행하며, 적절한 과학적 수단과 방법에 따라 수행한다. [20년 해경5급] O X

217 해양과학조사활동은 해양환경이나 그 자원의 어느 한 부분에 대한 어떠한 권리 주장의 법적 근거도 될 수 없다. [20년 7급] O X

218 당사국은 1982년 「UN해양법협약」의 해석이나 적용에 관한 당사국 간의 모든 분쟁을 평화적 수단에 의하여 해결하여야 한다. [18년 9급] O X

219 「UN해양법협약」 제15부의 분쟁해결제도상 당사국 스스로가 선택한 평화적 분쟁해결수단이 우선 적용된다. [17년 9추] O X

220 당사국 간 분쟁이 일어난 경우, 분쟁당사국은 교섭이나 그 밖의 평화적 수단에 의한 분쟁의 해결에 관한 의견을 신속히 교환할 필요는 없다. [20년 해경5급] O X

221 「UN해양법협약」 제15부의 분쟁해결제도상 국가는 협약의 가입 시 또는 그 이후 언제라도 국제해양법재판소, 국제사법재판소, 제7부속서 중재재판소, 제8부속서 중재재판소 중 하나 또는 그 이상을 분쟁해결절차로 선택할 수 있다. [17년 9추] O X

222 「UN해양법협약」 제15부의 분쟁해결제도상 분쟁 당사국이 제287조의 재판소를 선택하지 않은 경우 제7부속서에 따른 중재를 수락한 것으로 본다. [17년 9추] O X

223 분쟁당사자가 그 분쟁에 관하여 동일한 분쟁해결절차를 수락한 경우, 당사자 간 달리 합의하지 아니하는 한, 그 분쟁은 그 절차에만 회부될 수 있다. [20년 해경5급] O X

224 분쟁당사국이 동일한 분쟁해결절차를 수락하지 않는 경우, 달리 합의하지 않는 한 당해 분쟁은 중재에 회부된다. [09년 7급] [15년 해경] O X

225 국제해양법재판소는 해양법협약과 관련된 사항이라면 인권에 관한 사항에 대해서도 재판권을 행사할 수 있다. [14년 9급] O X

226 배타적 경제수역과 대륙붕에서의 해양과학조사, 배타적 경제수역의 생물자원에 대한 연안국의 주권적 권리에 관한 분쟁의 경우 강제절차를 수락할 의무가 없기 때문에 강제절차 적용이 제한을 받는다. [20년 해경승진] O X

227 당사국은 해양경계획정과 관련된 분쟁에 대하여 강제절차의 적용 배제를 서면으로 선언할 수 있다. [20년 해경5급] O X

228 해양분쟁과 도서 영토에 관한 분쟁이 함께 검토되어야 하는 경우 의무적 조정절차로부터 면제된다. [16년 7급] O X

229 협약 당사국들은 해양경계획정에 대해서 협약상 강제절차를 배제하는 서면선언을 할 수 있지만, 섬의 영유권을 둘러 싼 분쟁과 결부되는 경우 반드시 조정절차를 거쳐야 한다. [09년 7급] O X

230 1982년 「UN해양법협약」은 분쟁해결 방법으로 교섭을 규정하고 있다. [14년 사시] O X

231 강제적 절차의 적용배제선언을 할 수 있는 '선택적 예외(Optional exception)'의 경우, 해양경계획정 및 역사적 만과 관련된 분쟁, 군사활동 관련 분쟁, 어업 및 해양과학조사를 위한 연안국 법집행 활동, UN안전보장이사회가 다루는 분쟁 등 네 가지에 대해서 협약에 규정되어 있다. [20년 해경승진] O X

232 국제해양법재판소 재판관은 UN총회가 설정한 각 지리적 그룹에서 최소한 3인이 선출되도록 지리적 안배를 하고 있다. [16년 경간] O X

233 국제해양법재판소 재판관은 당사국 회의에서 2/3 이상의 다수결로 선임된다. [16년 경간] O X

234 국제해양법재판소는 9년 임기의 15명의 재판관으로 구성되어 있다. [16년 경간] O X

235 국제해양법재판소는 권고적 의견을 내릴 수 있는 권한이 있다. [14년 9급] [15년 해경] [19년 해경승진] O X

236 국제해양법재판소의 판결은 참석한 판사 과반수로 결정한다. [공무원] [12년 해경] [19년 해경승진] O X

237 국제해양법재판소의 재판절차에서 가부동수인 때는 재판장의 결정권이 인정된다. [12년 해경] O X

238 국제해양법재판소는 궐석재판제도가 인정되지 않는다. [12년 해경] O X

239 국제해양법재판소의 판결은 최종적이며 재판소와 당사자를 구속한다. [12년 해경] O X

240 한국은 배타적 경제수역(EEZ)과 관련하여 일본과는 중간수역, 중국과는 잠정조치수역을 설정한 바 있다. [17년 9추] O X

241 국제법상 uti possidetis 원칙은 현재의 점유자가 계속 점유한다는 로마법에서 유래하였다. [17년 9급] O X

242 uti possidetis(현상유지) 원칙은 식민지 독립 후의 국경분쟁을 방지하는 이론이다. [15년 경간] O X

243 uti possidetis 원칙은 원래 아시아 식민지의 행정구역상 경계가 독립 이후의 국경이 된다는 원칙이다. [15년 경간] O X

244 중남미 국가들은 독립 당시 국경선에 uti possidetis 원칙을 적용하였다. [17년 9급] O X

245 아프리카단결기구(OAU)는 자결권에 의거하여 uti possidetis 원칙의 적용을 반대하는 결의를 채택하였다. [17년 9급] O X

246 uti possidetis(현상유지) 원칙은 국제사법재판소(ICJ)는 부르키나 파소/말리간 국경분쟁(Burkina Faso/Mali) 사건에서 이 원칙이 독립국 수립시에 일반적으로 적용될 수 있는 원칙이라고 하였다. [15년 경간] O X

247 국제사법재판소는 uti possidetis 원칙을 독립국의 수립 시에 어디서나 적용되는 일반원칙이라고 밝혔다. [17년 9급] O X

248 국제사법재판소(ICJ)가 신생독립국의 국경은 과거 식민지배 제국들이 정하고 관리하였던 경계선을 따라야 한다는 uti possidetis juris(과거에 네가 소유한 대로 소유)원칙을 「UN헌장」상의 민족자결원칙에 우선하는 것으로 본 것은 새로운 국가의 독립과 안정이 지배 세력의 철수에 따른 골육상잔의 국경분쟁으로 위협받는 것을 방지하기 위한 것이다. [12년 경간] O X

249 uti possidetis(현상유지) 원칙은 국제법상 민족자결원칙과 충돌할 수 있는 이론이다. [15년 경간] O X

250 오늘날 해양에서의 국가 영역주권은 배타적 경제수역(EEZ)에까지 미친다고 보는 것이 일반적이다. [13년 경간] O X

251 연안국은 내수로 진입한 외국 민간선박의 내부사항에 대하여 자국의 이해가 관련되어 있지 않는 한 관할권을 행사하지 않는 것이 관례이다. [19년 9급] [21년 해경승진] O X

252 탈베그(Talweg) 원칙에 따르면, 가항 하천에 교량이 없는 경우 국경선을 이루는 하천의 중간선이 국경선이 된다. [21년 9급] O X

253 운하는 연안국의 내수에 해당되지만 국제적으로 중요한 국제운하는 조약을 통하여 이용이 개방되어 있다. [19년 9급] [21년 해경승진] O X

254 영토와 영수의 상공을 영공이라 한다. [05년 9급] O X

255 외국선박이 향유하는 영해에서의 무해통항권은 외국항공기에도 인정된다. [16년 전직] O X

256 국제사회의 어떠한 조약도 영공의 수직적 한계를 구체적으로 제시하지 못하고 있다. [16년 전직] O X

257 선점은 타국 영토의 일부를 상당기간 영유의사로서 실효적으로 지배하고 있는 경우 그 사실상황을 정당한 권원으로서 인정하는 취득사유이다. [17년 해경2] O X

258 선점은 국가가 영토취득의 의사를 가지고 무주지를 실효적으로 지배함으로써 완성되는 권원이다. [14년 9급] O X

259 선점은 국가의 행위가 있어야 한다. [04년 7급] O X

260 선점은 무주지(terra nullius)를 대상으로 한다. [11년 사시] [15년 9급] O X

261 선점이 성립하기 위해서는 '실효적 지배(effective control)'가 요구된다. [11년 9급] O X

262 실효적 지배의 개념은 대상지역에 따라 다를 수 있는 상대적인 개념이다. [14년 9급] O X

263 국가행정기구의 설치는 실효적 지배 완성의 필수요소이다. [14년 9급] [17년 해경2] [20년 해경승진] O X

264 실효적 지배란 일시적으로나마 군대를 주둔시키는 것을 의미한다. [15년 사시] O X

265 영토취득에 있어 선점은 일회적 점유를 통해 완성이 가능하다. [20년 9급] O X

266 선점이 유효하기 위해서는 물리적 지배만으로 충분하며, 영유의 의사는 요구되지 않는다. [14년 사시] [18년 해경승진] O X

267 선점은 주변국에 통고가 필요하다. [04년 7급] O X

268 할양이란 국가 간 합의에 근거한 영토주권의 이전이다. [21년 9급] O X

269 전시점령은 영토취득의 권원에 해당되지 않는다. [11년 사시] O X

270 오늘날에도 정복은 영토 취득의 권원으로 인정된다. [14년 사시] [18년 해경승진] O X

271 첨부(Accretion)는 인공적 또는 자연적 사실에 의한 영토의 취득사유이다. [11년 9급] [20년 해경승진] O X

272 시효는 무주지를 장기간 점유하여 영토를 취득하는 것이다. [15년 경간] O X

273 시효의 대상은 무주지인 반면 선점의 대상은 타국의 영토이다. [20년 9급] O X

274 선점과 시효에 의한 영토 취득은 모두 실효적 지배를 요건으로 한다. [14년 사시] [18년 해경승진] O X

275 시효(時效)는 선점의 경우와 비교하여 실효적 지배가 더 오랜 기간 요구된다. [08년 사시] O X

276 원소유국의 묵인은 시효를 완성시키기 위해 필요하지 아니하다. [20년 9급] O X

277 선점과 시효 양자 모두 실효적 지배와 국가의 영토취득 의사를 필요로 한다. [20년 9급] O X

278 동부 그린란드 사건(Legal Status of Eastern Greenland)에서 상설국제사법재판소(PCIJ)는 실효적 지배가 대상지역에 따라 다를 수 있는 상대적인 개념임을 결정하였다. [17년 해경2] O X

279 본토로부터 먼 거리에 있는 무인도에 대해 단순한 주권의 선언만으로도 실효적 지배를 인정한 바 있다. [20년 해경승진] O X

280 팔마스섬(Island of Palmas) 사건에서 Huber 중재재판관은 선점은 실효적이어야 한다는 것을 확인한 바 있다. [15년 9급] O X

281 서부 사하라(Western Sahara) 사건에서 국제사법재판소(ICJ)는 정치적으로나 사회적으로 조직화된 부족들의 거주지는 무주지로 볼 수 없다고 판단하였다. [15년 9급] O X

282 섬의 영유권 판단과 주변 해양경계 판단 시 동일 사건에서는 각기 다른 '결정적 기일(critical date)'이 적용될 수 없다. [21년 9급] O X

283 페드라 블랑카 섬 영유권 사건(Case concerning Sovereignty over Pedra Branca/Pulau Batu Puteh, Middle Rocks and South Ledge)에서 국제사법재판소(ICJ)는 선점 사실을 이해 관계국에 통고하여야 한다는 입장을 취하였다. [15년 9급] O X

284 ICJ는 우크라이나와 루마니아 간 흑해해양경계획정 사건에서 섬의 존재를 반영하여 EEZ 경계를 획정하였다. [21년 7급] O X

285 1959년 「남극조약」의 당사국이 아닌 1980년 「남극해양생물자원보존에 관한 협약」의 체약당사국은 남극조약지역의 환경보호 및 보존을 위한 남극조약 협의당사국의 특별한 의무와 책임을 인정한다. [20년 7급] O X

286 1991년 「남극조약 환경보호의정서」는 남극환경보호를 위해 상호협력하는 것을 주요 내용으로 하며, 남극조약지역에서 과학적 연구를 제외하고는 광물자원과 관련된 어떠한 활동도 금지한다. [20년 7급] O X

287 「남극조약」상 남극은 평화적으로 이용해야 한다. [04년 7급] O X

288 「남극조약」은 남극에 군사기지 설치를 허용한다. [14년 7급] O X

289 「남극조약」상 군사기지 설치, 무기실험은 금지되나 군사훈련은 인정된다. [12년 해경] O X

290 「남극조약」은 과학적 연구나 평화적 목적을 위한 군의 요원 또는 장비 사용을 허용한다. [14년 7급] O X

291 1959년 「남극조약」에 따라 남극에 대한 각국의 영유권 주장은 동결되었다. [16년 7급] O X

292 「남극조약」상 남극에서는 모든 핵폭발 및 방사능 폐기물의 처분이 금지된다. [04년 7급] O X

293 「남극조약」의 적용 대상은 남위 60도 이남의 남극대륙으로서 빙산은 적용 대상이 아니다. [14년 7급] O X

294 「남극조약」 당사국 중에서 협의당사국은 자국민 중에서 사찰을 행할 감시원을 지명하는 권리를 가진다. [04년 7급] O X

295 「남극조약」상 남극에서 활동하는 과학 및 감시요원은 그들 소속 체약국의 관할권에만 복종한다. [12년 해경] O X

296 「남극조약」의 효력은 체약국의 이의제기가 없는 한 계속된다. [12년 해경] O X

297 「남극조약」은 폐쇄조약이다. [12년 해경] O X

298 북극지역의 원주민을 대표하는 일부 민간단체는 오타와선언으로 설립된 북극이사회에 영구참여자의 자격으로 참여하며, 북극이사회의 의사결정은 절대 다수결에 의한다. [20년 7급] O X

299 비북극국가들, 세계적 및 지역적 차원의 정부 간 및 의회 간 기구, 그리고 비정부기구는 북극이사회로부터 옵서버 지위를 부여받을 수 있다. [20년 7급] O X

300 영해와 접속수역 상공까지 연안국의 완전하고 배타적인 주권이 미친다. [19년 9급] O X

301 영공의 상방한계는 「국제민간항공협약」에서 정하고 있다. [19년 9급] O X

302 방공식별구역(Air Defense Identification Zone)은 연안국의 주권이 인정되는 공역(空域)이다. [19년 7급] O X

303 방공식별구역(ADIZ)은 대부분의 국가가 실시하고 있는 제도는 아니며, 그 운영 폭이 제각각이고 통일된 기준도 없으므로 일반적 관행이 수립되었다고 할 수 없다. [20년 9급] O X

304 비행정보구역(FIR)은 민간항공의 안전과 효율을 도모하기 위한 제도이며 영공 주권의 인정과는 무관하지만 공해 상공으로는 펼쳐질 수 없다. [20년 9급] O X

305 비행정보구역(Flight Information Region)은 항공교통관제서비스를 제공하는 구역으로 국제법상 주권적 성격을 가지는 영공으로 간주된다. [19년 7급] O X

306 1944년 「국제민간항공협약」은 군, 세관 및 경찰업무에 사용되는 항공기, 국가원수와 기타 고위 공직자들을 위해 준비되는 항공기에는 적용되지 않는다. [20년 9급] O X

307 국가항공기는 하부국가의 동의하에 그 영공을 비행할 수 있다. [19년 9급] O X

308 민간항공기는 제3국의 영공에서 완전한 상공비행의 자유를 향유한다. [19년 9급] O X

309 국가영역을 통과하는 외국선박이나 항공기는 항상 영역국의 동의를 구해야 하는 것은 아니다. [05년 7급] O X

310 1944년 「국제민간항공에 관한 시카고협약」에 의하면, 항공기는 그 등록국가의 국적을 가지게 된다. [13년 경간] O X

311 1963년 「항공기 내에서 범한 범죄 및 기타 행위에 관한 협약(도쿄협약)」은 항공기의 불법납치를 명시적으로 규정하지 않고, 항공기 내부의 질서교란행위자를 대상으로 규율하는 데 그치고 있다. [15년 경간] O X

312 1963년 「항공기 내에서 행한 범죄 및 기타 행위에 관한 협약(동경협약)」에 따르면 각 체약국은 자국에 등록된 항공기 내에서 범하여진 범죄에 대하여 재판관할권을 확립하기 위하여 필요한 조치를 취하여야 한다. [21년 7급] O X

313 1963년 「항공기 내 범죄 및 기타 행위에 관한 협약(일명 1963년 동경협약)」은 범죄인 인도 의무를 규정하고 있다. [15년 7급] [19년 해경승진] O X

314 1970년 「항공기 불법납치 억제를 위한 협약(헤이그협약)」상 항공기의 불법납치는 비행 중(in flight)인 항공기 내에서 행하여져야 한다. [15년 경간] O X

315 1970년 「항공기 불법납치 억제를 위한 협약(헤이그협약)」상 공항시설에 대한 공격은 이 협약의 범위에 들지 않는다. [15년 경간] O X

316 1970년 「항공기 불법납치 억제를 위한 헤이그협약」은 항공기의 폭파행위를 규율하지 않는다. [14년 경간] O X

317 1970년 「헤이그조약」상 공중납치사건의 관할권을 갖는 국가는 항공기등록국, 착륙국, 항공기임차인의 주영업소 관할국이다. [공무원] O X

318 1970년 「항공기의 불법납치 억제를 위한 협약(헤이그협약)」은 인도 아니면 소추의 원칙을 규정하고 있다. [21년 7급] O X

319 1971년 「민간항공의 안전에 대한 불법적 행위의 억제를 위한 협약(일명 1971년 몬트리올협약)」은 비행중인 항공기 및 운항 중인 항공기와 그 탑승자의 안전에 대한 불법적 행위의 억제를 목적으로 한다. [15년 7급] [19년 해경승진] O X

320 「몬트리올협약」은 비행중인 항공기에 적용하고 운항중인 항공기에는 적용하지 않는다. [공무원] O X

321 1971년 「민간항공의 안전에 대한 불법적 행위의 억제를 위한 협약(몬트리올협약)」은 군사, 세관, 경찰 업무에 이용되는 항공기에는 적용되지 아니한다. [21년 7급] O X

322 「몬트리올협약」은 항공기 등록국, 범죄발생지국, 착륙국 등 관할권의 보편화를 인정한다. [공무원] O X

323 1971년 「민간항공의 안전에 대한 불법적 행위의 억제를 위한 협약(몬트리올협약)」은 인도 아니면 소추의 원칙(aut dedere aut judicare)을 규정하고 있지 않다. [21년 7급] O X

324 2010년 「국제민간항공에 관련된 불법적 행위의 억제에 관한 협약(베이징협약)」은 범죄에 적용되는 형량을 구체적으로 규정하였다. [15년 경간] O X

325 2010년 「국제민간항공에 관련된 불법행위 억제에 관한 협약(일명 2010년 북경협약)」은 적용 대상 범죄들을 정치범죄로 간주하지 않는다고 명시하고 있다. [15년 7급] [19년 해경승진] O X

326 현재 발효 중인 조약 중에 우주물체로부터 발생한 손해배상과 관련한 조약은 없고, 손해배상과 관련해서는 국제관습법에 의한다. [09년 7급] O X

327 「우주조약」의 목적은 우주이용을 법으로 규제하고 우주에서의 법질서를 창설 · 유지하는 데 있다. [11년 7급] O X

328 「우주조약」은 우주질서의 창설을 위한 기본법과 우주군축실현을 위한 군축조약으로서의 양면성을 가지고 있다. [11년 7급] O X

329 우주는 특정 국가가 점유하지 못하는 공간이며 모든 국가가 자유롭게 이용할 수 있다. [10년 지방] [19년 해경승진] O X

330 천체의 탐사와 이용은 인류의 이익을 위하여 평등하고 자유롭게 행해져야 한다. [10년 지방] [19년 해경승진] O X

331 우주공간에 대해서도 국가의 관할권이 인정된다. [16년 경간] O X

332 「우주조약」에 의하면 달과 기타 천체를 포함한 외기권은 영유가 금지되어 있다. [11년 7급] O X

333 천체에서의 군사적 이용은 금지된다. [10년 지방] [19년 해경승진] O X

334 1967년 「달과 기타 천체를 포함한 외기권의 탐색과 이용에 있어서의 국가 활동을 규율하는 원칙에 관한 조약」에 따라 과학적 조사 또는 기타 모든 평화적 목적을 위하여 군인을 이용하는 것은 금지되지 아니한다. [20년 7급] O X

335 「우주조약」에 의하면 비록 과학적 조사의 목적일지라도 군인을 이용하는 것은 금지된다. [11년 7급] O X

336 우주물체를 소유하고 발사한 경우에 대해서도 소속국이 국제책임을 져야 한다. [18년 7급] [21년 해경] O X

337 1967년 「달과 기타 천체를 포함한 외기권의 탐색과 이용에 있어서의 국가 활동을 규율하는 원칙에 관한 조약」에 따라 외기권에 발사된 물체 또는 구성 부분이 그 등록국인 본 조약의 당사국의 영역 밖에서 발견된 것은 동 당사국에 반환되어야 한다. [20년 7급] O X

338 1972년 「우주물체에 의하여 발생한 손해에 대한 국제책임에 관한 협약」상 발사국은 자국 우주물체가 지구 표면에 또는 비행중의 항공기에 끼친 손해에 대하여 보상을 지불할 절대적인 책임을 진다. [21년 해경승진] O X

339 1972년 「우주물체에 의하여 발생한 손해에 대한 국제책임에 관한 협약」상 지구 표면 이외의 영역에서 한 발사국의 우주물체가 다른 발사국의 우주물체에 손해를 끼친 경우, 과실이 없더라도 손해를 끼친 발사국이 배상책임을 진다. [21년 9급] O X

340 1972년 「우주물체에 의하여 발생한 손해에 대한 국제책임에 관한 협약」상 국제책임은 우주물체의 발사를 의뢰한 국가가 부담하고 그 발사를 실시한 국가는 면책이 된다. [18년 7급] [21년 해경승진] O X

341 1972년 「우주물체에 의하여 발생한 손해에 대한 국제책임에 관한 협약」상 손해를 입은 국가의 중대한 과실로 손해가 발생하였다고 발사국이 입증할 수 있으면 그 범위 내에서 발사국의 절대책임이 면제된다. [21년 9급] O X

342 1972년 「우주물체에 의하여 발생한 손해에 대한 국제책임에 관한 협약」상 손해가 「국제연합(UN)헌장」이나 1967년 「달과 기타 천체를 포함한 외기권의 탐색과 이용에 있어서의 국가 활동을 규율하는 원칙에 관한 조약」을 포함한 국제법과 일치하지 않는 발사국의 활동 결과로 야기된 경우, 손해가 피해국의 과실에 의한 것이라 할지라도 책임은 면제되지 않고 완전한 배상책임을 진다. [21년 9급] O X

343 1972년 「우주물체에 의하여 발생한 손해에 대한 국제책임에 관한 협약」상 손해에 대한 배상청구 이전에 청구국은 국내적 구제를 완료하지 않아도 된다. [21년 9급] O X

344 1975년 「외기권에 발사된 물체의 등록에 관한 협약」에 따라 각 등록국은 때때로 등록이 행해진 우주 물체에 관련된 추가 정보를 UN 사무총장에게 제공할 수 있다. [20년 7급] O X

345 국제환경조약의 체결에 있어서는 먼저 기본협약을 만들고 그 후에 의정서를 추가하는 방식의 유용성이 크다. [15년 7급] O X

346 환경보호를 위한 법은 국제법이 먼저 정립되고 이를 국내법이 수용하여 이행하는 방식으로 발전하였다. [15년 7급] O X

347 국제환경조약의 체결과정에서는 상대적으로 비국가행위자(non-state actor)의 참여가 활발하다. [15년 7급] O X

348 국제환경법의 이행과 준수는 주로 상호주의에 의해 뒷받침되고 있다. [15년 7급] O X

349 어느 국가도 자신의 관할권 내에서의 활동으로 다른 국가 또는 자국 관할권 바깥 지역에 환경피해를 야기하지 말아야 한다. [16년 7급] O X

350 사전주의의 개념은 독일 「임미시온방지법」 제5조에 규정된 Vorsorgeprinzip에서 유래되었다. [20년 9급] O X

351 심각한 환경피해의 우려가 있는 경우 과학적 확실성이 다소 부족해도 환경 훼손에 관한 방지조치를 우선 취해야 한다. [16년 7급] O X

352 사전주의 원칙은 환경훼손의 위험성이 농후하나 그 과학적 확실성을 확신할 수 없는 경우에 적용하기 위하여 등장한 것이다. [11년 7급] O X

353 1991년 「월경 차원의 환경영향평가에 관한 협약」은 당사국은 사업계획으로부터 국경을 넘어선 환경에 대한 심각한 악영향을 방지 · 경감 · 통제하기 위하여 모든 적절하고도 실효성 있는 조치를 취해야 한다는 예방원칙을 규정하고 있다. [21년 9급] O X

354 1941년 Trail Smelter 사건에서도 중재법원은 캐나다에 대해 미래의 침해를 방지하기 위한 조치를 취할 것을 결정하였는데 이는 사전주의 원칙의 개념이 반영된 것으로 해석할 수 있다. [12년 경간] O X

355 리오선언에 규정된 사전주의원칙(precautionary principle)은 확립된 국제관습법상의 원칙으로 트레일(Trail Smelter) 사건에서 비롯되었다. [03년 외시] O X

356 사전주의 원칙의 법적 성격에 대해서는 국제관습법으로 확립되었다는 주장과 아직 내용상 불확실한 부분이 많아 국제관습법으로 인정되지 않는다는 주장이 대립되고 있다. [12년 경간] O X

357 1992년 리우선언에서 각 국가는 개별 능력에 따라 사전주의적 접근법을 도입하도록 요구되었다. [17년 9추] O X

358 1992년 '환경과 개발에 관한 리우선언' 제15원칙에서는 사전주의 원칙을 적용한 예방조치는 각국의 능력에 따라 실시되어야 한다고 규정하고 있다. [12년 경간] O X

359 1996년 「런던덤핑의정서」는 해양환경에 유입되는 폐기물 또는 그 밖의 물질이 그 영향과의 인과관계를 증명하는 단정적인 증거가 없더라도 피해를 발생시킨다고 믿을 만한 이유가 있으면 동 물질을 해양에 투기하여서는 아니 된다고 규정함으로써 사전배려의 원칙을 채택하였다. [20년 7급] O X

360 환경보호에 관하여 모든 국가가 공동의 책임을 지나, 각국은 경제적 · 기술적 상황을 고려하여 차별화된 책임을 부담한다. [16년 7급] O X

361 차별적 공동책임은 선진국은 개도국에 대하여 환경오염해결에 필요한 기술이전과 재정지원을 하여야 한다는 것이다. [11년 9급] [17년 해경2] O X

362 차별적 공동책임은 인간환경에 관한 스톡홀름회의에서 처음으로 공식 선언되었다. [11년 9급] [17년 해경2] O X

363 리우선언은 선진국과 개발도상국의 '공동의 그러나 차별적인(common but differentiated)' 책임을 인정하고 있다. [17년 7급] O X

364 인간환경에 관한 「스톡홀름 원칙 21」, 「우주조약」, 「생물다양성협약」 등은 차별적 공동책임(common but differentiated responsibility) 원칙과 관련이 있다. [11년 7급] O X

365 협력의 원칙은 「UN해양법협약」 제198조, 「생물다양성협약」 제5조 등에서 중요하게 다루어지고 있다. [20년 9급] O X

366 1989년 「유해폐기물의 월경 이동 및 처리의 통제에 관한 바젤협약」은 유해폐기물 또는 그 밖의 폐기물의 국가 간 이동에서 사고가 발생한 경우, 이를 알게 되는 즉시 해당 국가들에게 통보하여야 한다는 국가 간 협력의무를 규정하고 있다. [21년 9급] O X

367 1992년 「국경을 넘는 수로와 국제호수의 보호와 이용에 관한 협약」은 환경오염을 유발한 책임이 있는 자가 오염의 방지와 제거를 위한 비용을 담당해야 한다는 오염자 부담 원칙을 수용하였다. [21년 9급] O X

368 환경오염을 유발한 책임이 있는 자와 오염발생지역을 관할하는 국가기관이 공동으로 오염처리비용을 부담한다. [16년 7급] O X

369 오염자 부담 원칙은 오염방제의 비용에 관한 원칙으로서 법적인 측면보다는 경제정책적인 측면이 강한 원칙이다. [11년 7급] O X

370 1992년 리우선언의 오염자 부담의 원칙에서는 다른 원칙들에 비해 법적 강제성이 강화된 용어를 사용하여 법적 규범성을 강조하였다. [17년 9추] O X

371 지속가능개발의 개념은 1987년 브룬트란드(Brundtland) 보고서를 계기로 국제사회에서 일반화되었다. [17년 9급] O X

372 국제사법재판소는 가비치코브-나지마로스(Gabčikovo-Nagymaros) 사건에서 지속가능개발 원칙이 일반 국제관습법임을 확인하였다. [17년 9급] O X

373 지속가능한 발전의 세부원칙에는 세대 간 형평(inter-generational equity), 지속가능한 이용(sustainable use), 공정한 이용(fair use) 등이 포함된다. [20년 9급] O X

374 지속가능한 개발의 원칙은 세대 간 형평의 원칙, 지속가능한 사용의 원칙, 형평한 이용의 원칙 또는 세대 내 형평의 원칙, 환경과 개발의 통합 원칙 등을 포함한 개념이다. [11년 7급] O X

375 지속가능개발 원칙은 개발의 권리가 현세대와 미래세대의 요구를 공평하게 충족할 수 있도록 실현될 것을 포함한다. [17년 9급] O X

376 지속가능개발 원칙은 환경보호가 개발과정의 중요한 일부이고 개발과정과 분리되어서는 아니 된다는 것을 포함한다. [17년 9급] O X

377 환경영향평가는 1969년 유럽에서 최초로 도입되었으며, 전세계적으로 보편적인 제도로 자리 잡아가고 있다. [14년 경간] O X

378 많은 국가가 환경영향평가 제도를 시행하고 있지만, 국가별로 이 제도가 다양한 형태를 띠고 있기 때문에 이를 조화 · 통합하기는 쉽지 않다. [14년 경간] O X

379 환경영향평가를 명시적으로 언급하고 있는 협약은 1982년 「UN해양법협약」, 1985년 아세안 「자연보전협정」, 1991년 「초국경적 환경영향평가에 관한 협약」, 1992년 「생물다양성협약」 등이 있다. [14년 경간] O X

380 리우선언에서는 환경에 심각한 악영향을 초래할 가능성이 있고 관할 국가당국의 결정을 필요로 하는 사업계획에 대하여는 환경영향평가가 국가적 제도로서 실시되어야 한다고 천명하고 있다. [21년 7급] O X

381 1972년에 개최된 유엔인간환경회의를 통해 인간환경선언과 행동계획 등 많은 법적 구속력 있는 문서가 채택되었다. [13년 경간] O X

382 1992년 리우데자네이루에서 유엔환경개발회의가 개최되었으며, 이를 계기로 환경 관련 조약의 채택이 가속화 되었다. [13년 경간] O X

383 리우선언의 시행을 위해 법적 구속력을 갖춘 구체적 행동지침으로서 「의제 21(Agenda 21)」과 「기후변화협약」, 「생물다양성협약」이 함께 채택되었다. [17년 7급] O X

384 Rio선언은 UNCED 주최로 지구환경보호와 지속가능한 개발을 주제로 모인 회의에서 채택한 선언이다. [05년 7급] O X

385 Rio선언이란 1992년 브라질 리우에서 개최된 UN환경개발회의에서 지구환경보호를 위한 헌법이라 할 수 있는 '리우환경선언'을 말한다. [05년 7급] O X

386 리우선언은 기본적으로 스톡홀름선언의 정신을 계승하고 있으며, 국가가 자원을 개발할 때 자원 개발이 지속 가능하게 수행되어야 함을 선언하고 있다. [17년 7급] O X

387 리우선언은 환경목적을 위한 무역정책조치가 국제무역상 자의적 또는 부당한 차별조치나 위장된 규제수단이 되어서는 안 된다는 점을 선언하였다. [17년 7급] O X

388 1992년 리우선언의 협력의무의 원칙에 따르면 환경에 해로운 효과를 초래할 긴급사태 발생 시 즉각 다른 국가들에게 이를 통고해야 한다. [17년 9추] O X

389 세계자연보전연맹(IUCN)은 국가, 정부 기관, NGO, 연구소 등에 회원자격을 개방하고 있다. [20년 9급] O X

390 2002년 요하네스버그에서 지속가능한 발전을 주제로 지구환경 정상회의가 개최되었다. [13년 경간] O X

391 1979년 「장거리 월경 대기오염협약」은 오존층 보호를 위해 각국이 오염에 기여한 정도와 능력에 따라 차별적인 책임을 진다는 공동의 그러나 차별화된 책임 원칙을 규정하고 있다. [21년 9급] O X

392 1985년 「오존층보호협약」에 따르면 협약 당사국은 개도국에 대체 기술을 신속히 이전할 의무를 부담한다. [14년 7급] [20년 해경승진] O X

393 1987년 오존층 파괴물질에 관한 의정서는 비당사국들과 통제 물질을 교역하는 것을 금지함으로써 환경과 무역을 연계시키고 있다. [14년 7급] O X

394 1987년 「오존층 파괴물질에 관한 몬트리올 의정서」에 따르면 최소 환경 기준을 이행하지 않는 당사국에 대해서 무역제재를 가할 수 있다. [12년 경간] O X

395 1992년 「기후변화협약」은 지구온난화를 방지하기 위하여 이산화탄소 등의 온실가스 배출을 제한하고 있다. [16년 9급] [21년 해경승진] O X

396 1992년 「기후변화협약」은 공동의 그러나 차별화된 책임 원칙을 적용하고 있다. [16년 9급] [21년 해경승진] O X

397 1992년 「기후변화협약」은 협약이행을 지원하기 위한 재정지원 체제를 두고 있지 않다. [09년 지방] O X

398 1992년 「기후변화협약」에 대하여는 어떠한 유보도 행할 수 없다. [16년 9급] [21년 해경승진] O X

399 녹색기후기금(Green Climate Fund)은 기후변화에 대처하기 위해 국제사회가 정한 목표를 달성하려는 지구적 노력에 기여하기 위하여 설립되었다. [17년 7급] O X

400 미국은 「교토의정서」에 비준하지 않았으며 현재 동 의정서는 발효하지 않은 상태이다. [10년 7급] [21년 해경승진] O X

401 「교토의정서」는 「기후변화협약」에 따른 후속 합의로서 주요 국가들의 온실가스배출 감축 의무를 규정하고 있다. [12년 9급] [18년 해경] O X

402 1997년 「교토의정서(Kyoto Protocol)」 '부속서A'에 의하면 감축대상이 되는 온실가스는 여섯 가지이다. [15년 경간] O X

403 「교토의정서」상 온실가스에는 이산화탄소 외에도 메탄, 아산화질소, 수소불화탄소 등도 포함된다. [09년 7급] O X

404 「기후변화에 관한 국제연합 기본협약에 대한 교토의정서」는 모든 당사국에 온실가스를 감축할 의무를 공통으로 부과하면서도 감축치를 차등적으로 정하였다. [19년 7급] O X

405 1997년 「교토의정서」는 부속서 I 국가들에게 2008년부터 2012년까지 1990년 배출수준보다 5% 이상 감축하도록 보장하는 규정을 두었다. [09년 지방] O X

406 1997년 「기후변화협약 교토의정서」의 온실가스 배출량 감축의무는 협약 제1부속서에 포함되지 않는 당사국들에게는 적용되지 않는다. [14년 9급] [20년 해경승진] O X

407 우리나라는 1997년 「교토의정서(Kyoto Protocol)」상의 의무감축국 명단에 포함되지 않았다. [15년 경간] O X

408 1997년 「기후변화협약 교토의정서」는 온실가스 배출량 감축의무를 이행하는 데 있어 소위 배출적립제도를 두었다. [14년 9급] [20년 해경승진] O X

409 1997년 「기후변화협약 교토의정서」는 온실가스 배출량의 국가 간 거래를 허용하는 소위 배출권거래를 마련하였다. [14년 9급] [20년 해경승진] O X

410 「교토의정서」상 「UN기후변화협약」 제1부속서에 포함된 당사자들은 온실가스 배출감축의무를 공동으로 이행할 수 있다. [09년 7급] O X

411 1992년 「기후변화협약」은 청정개발체제, 공동이행제도, 배출권거래제도 등을 도입하였다. [16년 9급] [21년 해경승진] O X

412 「파리협정」은 기온 상승 폭을 산업화 이전에 비해 섭씨 2도보다 낮은 수준으로 유지하고자 역사적 누적 책임이 있는 선진국에 한정하여 감축의무를 부과하였다. [19년 7급] O X

413 「파리협정」에 따라 국가별 감축은 개별 국가가 5년 단위로 제출하는 자발적 기여 방안에 따라 이행하기로 하고, 별도의 등록부를 통해 관리하기로 하였다. [19년 7급] O X

414 물새의 서식지로서 국제적 중요성이 있는 「습지에 관한 협약」(Ramsar Convention)은 생태계보존을 위한 습지의 중요성을 인식한 국제사회가 1975년 이라크의 람사르에서 채택하였다. [17년 7급] [20년 해경승진] O X

415 「멸종위기에 처한 야생 동식물종의 국제거래에 관한 협약(CITES)」은 3개의 부속서(Appendix)에 열거된 종의 표본에 대한 국제거래를 규제하고 있다. [17년 7급] O X

416 1973년 「멸종위기에 처한 야생동식물종의 국제거래에 관한 협약(CITES)」 제1부속서에 포함된 멸종위기에 처한 종들에 대해서는 어떤 형태의 국제적 교역도 금지되고 있다. [12년 경간] O X

417 1973년 「멸종위기에 처한 야생동식물종의 국제거래에 관한 협약(CITES)」에 대해서는 필요 이상의 규제가 가해지고 있다는 비판도 있으나 멸종위기 동식물의 보전이 개선되었다는 평가도 있다. [12년 경간] O X

418 「생물다양성협약(Convention on Biological Diversity)」의 목적은 생물다양성의 보존, 그 구성요소의 지속 가능한 이용, 유전자원의 공정하고 공평한 이익의 공유이다. [17년 7급] O X

419 2000년 「바이오 안정성에 관한 의정서」는 생물다양성협약의 구체적 이행을 확보하기 위한 수단으로 체결되었다. [12년 경간] O X

420 1950년대부터 1960년대 초반까지 유류의 유출로 인한 해양오염이 국제사회의 관심대상이 되었다. [13년 경간] O X

421 1969년 「유류오염에 대한 민사책임에 관한 국제협약」의 규정은 군함 또는 국가에 의하여 소유되거나 운영되는 선박으로서 당분간 정부의 비상업적 역무에 사용되는 것에 대하여 적용된다. [20년 7급] O X

422 1972년 「런던덤핑협약」은 선박 · 항공기 · 해양구조물 등으로부터의 고의적인 폐기물 투기는 물론 선박 · 항공기 · 해양구조물 자체를 투기하는 행위를 금지하고 있다. [20년 해경승진] O X

423 1972년 「런던덤핑협약」은 지구온난화 방지를 위한 온실가스 배출권의 거래를 제한하고 있다. [14년 7급] O X

424 「바젤(Basel)협약」 – 유해 폐기물의 국가간 이동 및 그 처리의 통제 [13년 경간] O X

425 1999년 「바젤책임배상의정서」는 국경을 넘는 대기오염에 있어서의 지역적 협력을 의무화하고 있다. [14년 7급] [20년 해경승진] O X

426 국제사법재판소(ICJ)는 우루과이와 아르헨티나 간 Pulp Mills 사건에서 환경영향평가는 사업시행 전에 수행되어야 한다고 판시하였다. [21년 7급] O X

427 ICJ는 Construction of a Road in Costa Rica along the San Juan River 사건에서 심각한 월경침해의 위험이 존재하는 경우에는 환경영향평가를 실시할 것이 요구된다는 취지의 판결을 하였다. [21년 7급] O X

428 트레일 제련소(Trail Smelter) 사건 – 타국에 환경피해를 야기하지 않을 의무 [14년 9급] O X

429 중재법원은 Lanoux호 사건에서 국가는 자국의 관할권 내 국제하천을 이용하기 위하여 타국의 동의를 얻어야 한다는 국제관습법상 협의의무를 확인하였다. [20년 7급] O X

430 2001년 MOX 제조공장(The MOX Plant) 사건은 핵연료의 재처리문제로 인하여 발생한 국제사건이다. [17년 7급] [19년 해경승진] O X

PART 6 국가기관 및 조약

001 외교사절이란 외교교섭 및 기타의 직무를 수행하기 위하여 외국에 파견되는 국가의 대외적 대표기관이다. [08년 7급] O X

002 「외교관계에 관한 비엔나협약」상 외교공관의 모든 공관원은 협약상 외교관에 해당한다. [18년 7급] O X

003 통상적으로 외교사절단의 장(長)과 외교직원을 외교관이라고 한다. [01년 외시] [04년 행시] O X

004 1961년 「외교관계에 관한 비엔나협약」상 외교공관 불가침의 대상은 공관의 건물 뿐 아니라 건물의 부지도 포함한다. [13년 7급] O X

005 불가침의 대상이 되는 공관지역은 공관 및 관저의 부속지대와 건물, 그리고 그 구성물 및 공관이 보유한 교통수단을 포함하나, 임차한 경우에는 불가침이 적용되지 않는다. [08년 7급] O X

006 외교관은 합법적 수단을 통해 접수국의 사정을 본국 정부에 보고한다. [21년 9급] O X

007 외교사절을 파견하기 위하여 접수국의 동의를 구하는 것을 아그레망(agreement)의 요청이라고 한다. [02년 외시] O X

008 파견국은 파견하고자 하는 공관장에 대한 접수국의 아그레망 부여 여부를 사전에 확인하여야 한다. [17년 9급] O X

009 파견국은 파견하고자 하는 공관직원에 대한 접수국의 아그레망을 요청할 필요가 없다. [17년 9급] O X

010 접수국이 아그레망의 부여를 거부하려면 정당한 이유를 파견국에 서면으로 제시하여야 한다. [17년 9급] O X

011 아그레망의 거부는 국가승인의 철회를 의미한다. [09년 7급] O X

012 이전에 아그레망을 부여했으면 접수의무가 있다. [02년 7급] O X

013 공관장이나 공관의 외교직원은 어떠한 국제기구에 대해서도 파견국의 대표로서 행동할 수 있다. [15년 경간] O X

014 접수국의 반대가 없는 한, 2개국 또는 그 이상의 국가가 동일한 자를 공관장으로 파견할 수 있다. [10년 9급] O X

015 접수국은 파견국의 무관 임명을 승인하기 위하여 사전에 명단제출을 요구할 수 있다. [17년 9급] O X

016 'Persona non Grata'란 외교사절이건 기타 외국인이건 그들을 자국에서 받아들일 수 없거나 체류시킬 수 없을 때의 이유로 쓰이는 외교적 용어이다. [사시] O X

017 접수국은 불만한 인물 통보를 그 인사의 자국 부임 전까지만 할 수 있다. [19년 9급] O X

018 접수국은 개인적 불만사항이 없더라도 불만한 인물로 통보할 수 있다. [19년 9급] O X

019 파견국은 접수국의 불만한 인물 통보를 수용하여야 한다. [19년 9급] O X

020 접수국은 불만한 인물 통보에 대한 사유를 설명할 의무가 없다. [19년 9급] O X

021 외교사절에 대해서는 직접 퇴거를 명할 수 없고, 파견국에 소환을 요구할 수 있을 뿐이다. [04년 행시] O X

022 접수국은 외교사절단의 수가 지나치게 많다는 이유로 접수를 거부할 수 없다. [09년 7급] O X

023 파견국은 접수국의 명시적인 사전 동의 없이 공관이 설립된 이외의 다른 장소에 공관의 일부를 구성하는 사무소를 설치할 수 있다. [15년 경간] O X

024 파견국이 외교사절단의 장을 파견할 때 외교사절단의 장을 통해 접수국 원수 또는 외무장관에게 보내는 것이 신임장이다. [07년 9급] O X

025 외교사절은 신임장 제정 후부터 직무가 개시된다. [05년 7급] O X

026 외교사절단의 장은 대사, 공사, 대리공사의 3가지 계급으로 구분될 수 있다. [02년 외시] O X

027 「외교관계에 관한 비엔나협약」상 공관장은 서열과 의례에 관계되는 것을 제외하고 계급에 따른 차별을 받지 아니한다. [18년 7급] O X

028 「외교관계에 관한 비엔나협약」상 외교공관의 공관장 계급은 파견국과 접수국의 합의에 따른다. [18년 7급] O X

029 「외교관계에 관한 비엔나협약」상 공관장의 해당 계급 내 서열은 직무를 개시한 일자와 시간의 순서에 따라 정해진다. [18년 7급] O X

030 외교사절의 특권과 면제는 외교사절의 독립적이고 효율적인 업무수행을 위하여 인정된다. [11년 9급] O X

031 접수국은 긴급사태에서도 외교공관에 강제로 진입할 수 없다. [17년 9추] O X

※ 1961년 「외교관계에 관한 비엔나협약」에서는 '외교공관의 불가침'에 대한 예외를 인정하지 않고 있다. 그러나 전염병 예방이나 화재진화와 같은 긴급한 필요가 있는 경우 국제관습법상 예외가 인정된다고 보는 것이 다수설이다. 이 지문의 경우 1961년 「외교관계에 관한 비엔나협약」이라는 전제가 없었음에도 명확하게 틀린 다른 지문이 있어서 옳은 지문으로 처리되었다.

032 외교공관이나 공관장 관저는 불가침의 대상으로 접수국의 관헌은 공관장의 동의 없이 공관이나 관저에 들어갈 수 없다. [12년 7급] O X

※ 위 지문은 「1961년 외교관계에 관한 비엔나협약」이라는 전제가 없었던 문제였음에도 명확하게 틀린 다른 지문이 있어서 옳은 지문으로 처리되었다.

033 긴급한 필요가 있는 경우 접수국 관헌은 외교공관에 출입할 수 있다. [01년 9급] O X

※ 위 지문은 「1961년 외교관계에 관한 비엔나협약」이라는 전제가 없었던 문제다. 외교공관의 불가침에 대한 예외를 인정하는 국제관습법을 고려하면 옳은 지문이다.

034 접수국은 외교공관을 보호하기 위해 '적절한 모든' 조치를 취할 특별한 의무를 진다. [20년 해경5급] O X

035 접수국은 파견국의 동의 없이 파견국의 공관부지를 강제적으로 수용할 수 없다. [16년 사시] O X

036 공관지역, 공관내의 설비 및 기타 재산과 공관의 수송수단은 수색, 징발, 차압 또는 강제집행으로부터 면제된다. [09년 9급] O X

037 「1961년 외교관계협약」은 외교공관에서의 비호가 인정되지 않음을 명시적으로 규정하고 있다. [16년 경간] O X

038 공관의 비호권은 인정되지 않고, 예외적으로 폭도의 위해로부터 일시 비호할 수 있을 뿐이다. [14년 경간] O X

039 Asylum 사건에서 국제사법법원(ICJ)은 외교공관으로의 망명권(Diplomatic Asylum)이 국제관습법으로 인정된다고 판단하였다. [12년 7급] O X

040 외교공관의 문서 및 서류는 어느 때나 그리고 어느 곳에서나 불가침이다. [14년 9급] O X

041 외교사절단의 공문서는 압수의 대상이 될 수 없고, 소송에서 증거자료로 제출하도록 강제할 수 없다. [20년 해경5급] O X

042 「1961년 외교관계협약」상 접수국은 외교사절단 구성원들의 안전을 생각하여 공관 입구 가까이에 주차공간을 제공할 국제법상 의무가 있다. [16년 경간] O X

043 접수국은 국가안보의 목적으로 그 영토 내에서 외교사절의 여행의 자유를 제한할 수 있다. [08년 9급] O X

044 1961년 「외교관계에 관한 비엔나협약」상 공관은 접수국의 동의를 얻어야만 무선송신기를 설치하고 사용할 수 있다. [18년 9급] O X

045 접수국은 외교신서사가 휴대하는 외교행낭을 개봉하거나 유치할 수 없다. [10년 7급] O X

046 외교행낭은 외부에 식별가능한 표지가 부착되어야 하며 개봉되거나 유치되지 않는다. [17년 9급] O X

047 외교신서사는 직무수행상 접수국의 보호를 받는다. [10년 7급] O X

048 임시외교신서사의 경우는 접수국에서 특권과 면제의 대상이 되지 않는다. [10년 7급] O X

049 외교관은 어떠한 형태의 체포나 구금도 당하지 않는다. [12년 7급] O X

※ 위 지문은 1961년 「외교관계에 관한 비엔나협약」이라는 전제가 없었음에도 다른 지문에 보다 더 명확하게 틀린 지문이 있어 옳은 지문으로 처리되었다.

050 외교사절은 어떠한 형태의 체포 또는 구금도 당하지 아니한다. [03년 외시] O X

※ 1961년 「외교관계에 관한 비엔나협약」이라는 전제가 없는 문제다. 시험종료 직후 가정답 발표에서는 옳은 지문으로 처리되었으나, '이란인질 사건'에 관한 ICJ의 판결과 국제관습법에서는 예외가 인정되므로 틀린 지문이라는 이의제기가 받아들여져 최종정답 발표에서는 틀린 지문으로 처리되었다.

051 1961년 「외교관계협약」상 외교관의 신체는 불가침이며 어떠한 형태의 체포 또는 구금도 당하지 아니한다. [16년 7급] [18년 해경] O X

052 ICJ는 Arrest Warrant 사건에서 주권면제의 법리보다 강행규범의 실현이 우선되어야 한다는 다수의견을 제시하였다. [20년 7급] O X

053 외교관의 개인 주거와 개인적 서류도 불가침과 보호의 대상이 된다. [17년 9추] O X

054 1961년 「외교관계에 관한 비엔나협약」상 외교관의 개인주거는 공관지역과 동일한 불가침과 보호를 향유한다. [16년 7급] [18년 해경] O X

055 1961년 「외교관계에 관한 비엔나협약」상 외교관은 접수국의 형사재판관할권으로부터 절대적으로 면제된다. [09년 9급] [16년 9급] [19년 해경승진] O X

056 외교관은 접수국의 민사 및 행정관할권으로부터 원칙적으로 면제된다. [09년 9급] O X

057 외교관은 공무 이외의 상업적 활동에 관한 소송에서는 접수국의 민사 및 행정 재판관할권에 복종해야 한다. [17년 9추] O X

058 외교관의 민사 및 행정재판 관할권의 면제는 부동산, 상속, 접수국에서의 영업활동에 관한 소송에도 적용된다. [07년 7급] O X

059 외교관이 사절단의 목적을 위해 파견국을 대신하여 임차한 것으로서 접수국 영역 내에 소재하는 건물에 대해서 민사소송이 제기된 경우 접수국의 재판관할권으로부터 면제된다. [07년 7급] O X

060 1961년 「외교관계에 관한 비엔나협약」상 외교관은 민사재판의 경우 증인으로서 증언할 의무를 부담한다. [16년 7급] [18년 해경] O X

061 외교관의 면제는 접수국의 재판관할권으로부터의 면제를 의미하는 것이지 파견국의 재판관할권으로부터도 면제되는 것은 아니다. [11년 7급] O X

062 외교관의 면제는 실질적으로 파견국에 속하는 것이기 때문에 면제를 포기할 수 있는 자는 외교관이 아니고 파견국이다. [11년 7급] O X

063 외교사절의 재판관할권 면제의 포기는 언제나 명시적으로 하여야 한다. [10년 지방] O X

064 외교관은 자신이 제기한 본소(本訴)와 직접 관련되는 반소(反訴)에 대해서는 재판관할권 면제를 주장할 수 없다. [10년 지방] O X

065 민사소송에 관한 재판관할권으로부터의 면제의 포기는 동 판결의 집행에 관한 면제의 포기로 간주되지 않는다. [18년 9급] O X

066 외교관은 접수국의 중앙 및 지방정부가 부과하는 조세로부터 면제되며, 전기 및 수도요금을 포함한 각종 부과금으로부터도 면제된다. [07년 7급] O X

067 외교관은 접수국의 모든 인적 및 공적 역무로부터 면제된다. [17년 9급] O X

068 외교관의 세대를 구성하는 그의 가족은 접수국 국민이 아닌 경우에 한하여 신체의 불가침을 향유한다. [16년 사시] O X

069 외교관의 세대를 구성하는 가족 중 접수국의 국민이 아닌 자는 접수국의 형사재판 관할권으로부터 면제된다. [14년 7급] [21년 해경승진] O X

070 외교관의 세대에 속하는 가족도 접수국의 국민이 아닌 한 외교관과 동일한 면제와 특권을 누린다. [09년 9급] O X

071 행정 · 기술 직원의 관세 면제는 최초 부임 시 가져오는 물품에 대해서만 적용된다. [14년 7급] O X

072 접수국의 국민이나 영주자가 아닌 역무직원은 봉급에 대한 세금 면제와 사회보장규정의 적용에 대한 면제를 향유한다. [14년 7급] O X

073 접수국의 국민이 아닌 개인적 사용인은 봉급에 대한 세금에서 면제되지 않는다. [14년 7급] [21년 해경승진] O X

074 외교관은 그가 접수국 국민인 경우에도 그의 직무 수행 중에 한 공적 행위에 대해서는 재판관할권으로부터 면제를 향유한다. [13년 경간] [21년 해경승진] O X

075 특권 · 면제를 받을 권리가 있는 자가 이미 접수국 영역 내에 있을 경우 접수국 외무부에 그의 임명을 통고한 순간부터 특권 · 면제를 향유한다. [19년 9급] O X

076 외교사절의 직무가 종료하여 퇴거하거나 또는 퇴거에 필요한 상당한 기간이 만료되었을 때 그의 특권은 소멸한다. [08년 9급] O X

077 외교관의 공적 행위에 관한 면제는 그 직무 종료 후에도 계속된다. [09년 7급] O X

078 외교관의 가족은 그 외교관이 사망하는 경우 접수국으로부터 퇴거하는 데에 필요한 상당한 기간이 만료할 때까지 기존의 특권 · 면제를 계속 향유한다. [19년 9급] O X

079 「외교관계에 관한 비엔나협약」상 제3국은 외교관의 체류 목적을 불문하고 그 외교관에게 불가침권을 부여해야 한다. [19년 7급] O X

080 외교관이 사적인 목적으로 제3국에 체류하는 경우, 제3국은 그 외교관에게 특권과 면제를 부여할 의무가 없다. [16년 사시] O X

081 외교관이 주재국에 부임하기 위해 제3국을 통과할 때도 특권 면제가 인정된다. [00년 외시] O X

082 「외교관계에 관한 비엔나협약」상 제3국은 노무직원의 통과에 대하여 이들의 통행을 방해하지 않을 의무가 있다. [19년 7급] O X

083 외교관의 부임과 귀국을 위해 필요한 여권사증을 부여한 제3국은 그 외교관에게 통과의 보장에 필요한 면제와 불가침권을 부여하여야 한다. [19년 9급] ○ ×

084 「외교관계에 관한 비엔나협약」상 제3국은 불가항력으로 자국 영역에 들어온 외교관 가족의 귀국 보장에 필요한 면제를 부여해야 한다. [19년 7급] ○ ×

085 외교관의 직무 수행에 직접 사용되는 차량은 불법주차 시에도 과태료 부과가 면제된다. [21년 9급] ○ ×

086 외교관은 접수국의 내정에 개입하지 아니할 의무를 진다. [21년 9급] ○ ×

087 외교관은 접수국에서 개인적 영리를 위한 어떠한 직업활동도 할 수 없다. [21년 9급] ○ ×

088 1961년 「외교관계에 관한 비엔나협약」상 파견국과 접수국 간에 외교관계가 단절되거나 무력충돌이 발생한 경우에도 공관의 재산과 문서는 보호된다. [16년 9급] [19년 해경승진] ○ ×

089 영사는 파견국의 대표기관으로 본국을 대표하여 외교교섭을 할 수 있다. [14년 경간] ○ ×

090 외교사절은 국제법상 국가의 기관이나 영사는 그러하지 아니하다. [08년 9급] ○ ×

091 영사제도는 정치적 대표성은 없고 기능적 성격만 띤다. [02년 7급] ○ ×

092 영사는 외교사절의 특권과 면제에 비하여 상당히 제한된 범위의 특권과 면제를 향유한다. [15년 해경] ○ ×

093 영사는 원칙적으로 접수국가의 비정치적 기관과 접촉한다. [99년 외시] ○ ×

094 영사제도는 연혁적으로 중세유럽의 길드에서 유래한 것으로서 상업상의 이익을 보호하고 상사분쟁을 중재하는 것이 주된 임무였다. [08년 9급] ○ ×

095 영사기관은 접수국과 파견국의 상호 합의에 의하여만 접수국의 영역 내에 설치될 수 있다. [20년 7급] ○ ×

096 영사기관의 소재지와 등급은 파견국에 의하여 결정되며, 접수국의 승인을 받아 확정된다. [21년 해경승진] ○ ×

097 접수국 내에 여러 개의 영사관을 설치할 수 있다. [02년 7급] ○ ×

098 영사는 특별한 사정하에서 접수국의 동의를 받아 영사관할구역 외에서 직무를 수행할 수 있다. [16년 경간] ○ ×

099 외교사절의 파견에는 원칙적으로 아그레망을 요하나 영사의 파견에는 이를 요하지 않는다. [08년 9급] O X

100 외교사절은 신임장을 제정하여야 그 업무를 개시하는데 비해 영사는 접수국의 영사인가를 받아야 그 직무를 개시할 수 있다. [08년 9급] O X

101 영사인가장 부여를 거절한 접수국은 그 이유를 서면으로 설명해야 한다. [19년 7급] O X

102 양국 간 외교관계의 수립에 부여된 동의는 달리 의사를 표시하지 아니하는 한 영사관계의 수립에 대한 동의를 포함한다. [15년 7급] O X

103 외교관계 단절은 영사관계 단절을 당연히 포함하지 아니한다. [18년 7급] O X

104 영사관계의 수립은 일반적으로 명시적인 국가승인으로 인정된다. [08년 9급] O X

105 영사제도는 국가승인과는 직접적인 관계가 없다. [02년 7급] O X

106 명예영사는 접수국의 국민 중에서 선임될 수 있다. [02년 7급] O X

107 통상대표(trade delegate)는 외교사절이 아니라 영사의 일종이다. [08년 9급] O X

108 1963년 「영사관계에 관한 비엔나협약」에서는 영사기관장의 계급을 총영사, 영사, 부영사, 영사대리의 4계급으로 나누고 있다. [07년 7급] O X

109 1963년 「영사관계협약」상 영사기관장은 영사인가장 부여 일자에 따라 각 계급 내에서 그 석차가 정하여진다. [15년 7급] O X

110 영사 면제 및 특권은 파견국의 국적을 가진 영사만이 향유한다. [19년 7급] O X

111 영사는 파견국을 대표하여 접수국과 외교관계를 유지한다. [16년 경간] O X

112 영사는 파견국의 대표기관으로 본국을 대표하여 외교교섭을 할 수 있다. [15년 해경] O X

113 영사는 외교사절과 달리 정식 국가대표성이 없으며, 자국민 보호 · 원조, 여권 · 사증의 발급과 같은 비정치적 · 상업적 기능 등을 수행한다. [04년 행시] O X

114 영사는 파견국에 등록된 항공기에 대하여 파견국의 법령에 따른 감독권을 행사할 수 있다. [19년 7급] O X

115 영사는 접수국 내에서 파견국 국민의 권리를 보호하는 것이 주요 임무이다. [16년 경간] O X

116 영사의 직무는 자국의 이익보호, 정보수집, 여권과 사증발급, 공증호적사무 및 기타 등이다. [08년 7급] O X

117 영사는 어떠한 경우에도 본국을 외교적으로 대표할 수 없다. [19년 7급] O X

118 파견국의 영사관원은 자국의 외교공관이 없고 제3국의 외교공관에 의하여 대표되지 않는 국가 내에서 그 국가에 통고한 후, 외교관으로서 외교활동을 수행할 수 있다. [16년 7급] O X

119 파견국의 영사관원이 접수국 내에서 외교활동을 수행하는 경우, 영사관원은 접수국 내에서 외교특권과 면제를 향유한다. [16년 7급] [21년 해경승진] O X

120 접수국 내에서 파견국 영사관원이 정부 간 국제기구에 대한 파견국의 대표로서 활동하기 위해서는 접수국의 동의를 받아야 한다. [16년 7급] O X

121 「영사관계에 관한 비엔나협약」상 영사기능은 외교공관에 의해서도 수행될 수 있다. [18년 7급] O X

122 1963년 「영사관계에 관한 비엔나협약」은 영사기관의 특권면제와 영사관의 특권면제를 구분하여 규정하고 있다. [07년 7급] O X

123 영사관사라 함은 소유권에 관계없이 영사기관의 목적에만 사용되는 건물만을 의미한다. [07년 7급] O X

124 영사관사는 어떠한 경우에도 불가침성이 인정된다. [08년 7급] [11년 해경] O X

125 영사기관의 공간이나 용구류, 재산은 접수국이 어떠한 경우에도 수용할 수 없다. [08년 7급] [11년 해경] O X

126 파견국이 소유 또는 임차하는 영사기관의 공관 및 영사기관장의 관저는 접수국 또는 지방자치단체의 모든 조세 및 부과금으로부터 면제된다. [14년 경간] [15년 해경] O X

127 영사문서와 서류는 언제 어디서나 불가침이다. [21년 7급] O X

128 영사행낭의 개방이 거부되면 영사행낭은 발송지로 반송될 수 있다. [16년 전직] O X

129 영사행낭은 절대적 불가침권을 누린다. [08년 7급] [11년 해경] O X

130 명예영사관을 장으로 하는 상이한 국가내의 2개의 영사기관간의 영사행낭의 교환은 당해 2개 접수국의 동의 없이 허용되지 아니한다. [20년 7급] [21년 해경승진] O X

131 영사는 신체적 불가침성이 제한되어 중죄의 경우 체포가 가능하다. [21년 7급] O X

132 접수국에서 파견국 영사관원의 외교활동 수행이 허용된 경우, 영사관원이 중대한 범죄를 범하게 되면 접수국 사법부의 결정에 따라 체포될 수 있다. [16년 7급] [21년 해경승진] O X

133 1963년 「영사관계협약」상 영사관원에 대하여 형사소송절차가 개시된 경우 영사관원은 출두할 의무가 있다. [16년 전직] O X

134 영사는 재판권 및 행정권으로부터의 면제를 인정받고 있으나 그 범위는 외교관에 비하여 상당히 제한되고 있다. [04년 행시] O X

135 1963년 「영사관계협약」상 영사관원의 사저는 영사관사와 동일한 불가침을 향유한다. [16년 전직] O X

136 1963년 「영사관계협약」상 영사의 개인적 서류에 대하여는 불가침이 인정되지 아니한다. [16년 전직] O X

137 외교관이나 영사와 달리 명예영사는 가족에 대한 특권과 면제가 인정되지 않는다. [21년 7급] O X

138 외교행낭과 영사행낭의 불가침성의 내용과 범위는 모두 동일하다. [21년 7급] O X

139 1969년 「조약법에 관한 비엔나협약」은 협약에 규정되지 않은 부분에 대해서는 국제관습법이 적용된다. [16년 경간] O X

140 1969년 「조약법에 관한 비엔나협약」은 국가 간의 조약에 적용된다. [14년 사시] O X

141 1969년 「조약법에 관한 비엔나 협약」상 "조약"이라 함은 단일의 문서에 또는 2 또는 그 이상의 관련문서에 구현되고 있는가에 관계없이 또한 그 특정의 명칭에 관계없이, 서면형식으로 국가 간에 체결되며 또한 국제법에 의하여 규율되는 국제적 합의를 의미한다. [15년 경간] O X

142 1969년 「비엔나 조약법협약」상 조약은 하나 이상의 문서로 이루어지는 경우도 있다. [14년 9급] [20년 해경승진] O X

143 1969년 「비엔나 조약법협약」상 조약은 조약 외에 협정, 규약 등의 명칭도 사용할 수 있다. [14년 9급] ○ ×

144 1969년 「조약법에 관한 비엔나협약」은 서면의 형식으로 된 조약에 적용된다. [14년 사시] ○ ×

145 "비준" "수락" "승인" 및 "가입"이라 함은 국가가 국제적 측면에서 조약에 대한 국가의 기속적 동의를 확정하는 경우에 각 경우마다 그렇게 불리는 국제적 행위를 의미한다. [15년 경간] [20년 해경승진] ○ ×

146 조약체결권자는 조약체결에 관한 일정 권한을 제3자에게 위임할 수 있다. [15년 경간] [20년 해경승진] ○ ×

147 조약체결을 위하여 특별히 임명된 정부대표가 유효하게 조약을 체결하는 데 필요한 문서는 전권위임장이다. [02년 사시] ○ ×

148 유보란 자구 또는 명칭에 관계없이 조약의 서명, 비준, 수락, 승인 또는 가입 시에 국가가 그 조약의 일부 규정의 법적 효과를 배제하거나 변경시키는 일방적 행위를 의미한다. [13년 경간] ○ ×

149 "체약국"이라 함은 조약의 효력 발생 여부와 상관없이 그 조약에 대한 기속적 동의를 부여한 국가를 의미한다. [14년 7급] [21년 해경승진] ○ ×

150 "당사국"이라 함은 조약이 효력을 발생하였는지의 여부에 관계없이 그 조약에 대한 기속적 동의를 부여한 국가를 의미한다. [15년 경간] ○ ×

151 서면 형식에 의하지 아니한 국제적 합의는 조약이 아니며 국제법적 효력이 인정되지 아니한다. [20년 9급] ○ ×

152 1969년 「조약법에 관한 비엔나협약」은 국제기구 간에 체결된 조약의 효력을 부인하지 않는다. [99년 외시] ○ ×

153 1969년 「조약법에 관한 비엔나협약」은 국가 간에 체결된 조약에만 적용되며 협약이 발효된 이후 성립된 합의에만 적용된다. [12년 9급] ○ ×

154 1969년 「조약법에 관한 비엔나협약」은 국제기구의 설립문서가 되는 조약이나 국제기구 내에서 채택되는 조약에는 적용되지 아니한다. [14년 사시] ○ ×

155 1969년 「조약법에 관한 비엔나협약」에서는 '모든 국가는 조약체결능력을 가지고 있다'고 규정하여 국가만이 조약체결능력을 가지고 있는 것으로 본다. [15년 경간] ○ ×

156 누구든지 적절한 전권위임장을 제시하는 경우 조약에 대한 국가의 기속적 동의를 표시하기 위한 목적으로 그 국가를 대표하는 것으로 간주된다. [14년 7급] [21년 해경승진] ○ ×

157 국가원수, 정부수반, 외무부장관과 외교공관장은 전권위임장을 제시하지 않아도 조약의 체결에 관련된 모든 행위를 수행할 수 있다. [13년 7급] O X

158 외교사절의 파견국과 접수국 간에 조약을 체결하는 경우 외교사절은 별도의 전권위임장을 요하지 않는다. [00년 사시] O X

159 국제회의에 파견된 대표가 그 국제회의에서 조약문을 채택하기 위해서는 전권위임장을 제시하여야 자국을 대표하는 것으로 간주된다. [14년 사시] O X

160 국제회의에서 체결되는 다자조약의 본문은 교섭에 참석한 모든 국가의 2분의 1 다수결에 의해 채택된다. [11년 9급] O X

161 국제회의에서의 조약문의 채택은 별도의 합의가 없는 한, 출석하고 투표한 국가들의 3분의 2의 다수결에 의하여 이루어진다. [모의] O X

162 인증이 이루어진 이후에는 조약문의 수정과 변경이 허용되지 않는다. [모의] O X

163 1969년 「조약법에 관한 비엔나협약」상 조약 교섭국간에 별도의 합의가 없는 경우 조약문을 정본이며 최종적인 것으로 확정하는 방식으로 서명(signature), 가서명(initialling), 조건부서명(signature ad referendum)이 있다. [13년 사시] [16년 해경] O X

164 조약문의 가서명은 조약문의 정본인증을 위한 절차에 해당할 수 있다. [19년 7급] [20년 해경승진] O X

165 조약에 대한 국가의 기속적 동의는 비준 이외에도 서명, 문서의 교환, 수락, 승인, 가입 등의 방법으로도 표시될 수 있다. [11년 7급] [14년 7급] O X

166 비준 전에 입법부의 동의를 받게 하는 것은 국제법상 조약의 성립요건이 아니다. [06년 사시] [11년 해경] O X

167 조약에 서명한 국가라 하더라도 달리 합의하지 않는 한 비준의무를 부담하지는 않는다. [06년 사시] [11년 해경] O X

168 조약체결권자는 비준과정에서 전권대표가 그 지시대로 따랐는지를 확인할 수 있다. [06년 사시] O X

169 서명이 조약에 의하여 구속받겠다는 동의의 효과를 갖는 것으로 조약에서 규정하는 경우, 서명만으로 그러한 효과가 발생할 수 있다. [16년 사시] O X

170 조약문의 가서명은 어떠한 경우에도 기속적 동의를 위한 서명에 해당하지 않는다. [19년 7급] O X

171 서명에 의하여 기속적 동의를 표시하는 조약의 경우, 교섭국의 대표에 의한 조약의 조건부서명은 그 대표의 본국에 의하여 확인되면 그 조약의 완전한 서명을 구성한다. [05년 사시] O X

172 교환문서 또는 교환서한과 같은 조약을 구성하는 문서의 교환도 동의표시가 될 수 있다. [16년 사시] O X

173 국가대표가 추후 비준을 조건으로 조약에 서명한 경우, 그 조약에 의하여 구속받겠다는 동의는 비준에 의하여 표시된다. [16년 사시] O X

174 비준에 적용되는 것과 유사한 조건으로 수락 또는 승인에 의해서도 동의가 표시될 수 있다. [16년 사시] O X

175 조약의 일부에 대해서만 구속받겠다는 동의표시는 어떠한 경우에도 유효하지 않다. [16년 사시] O X

176 비준하여야 하는 조약에 서명한 국가는 그 조약의 당사국이 되지 아니하고자 하는 의사를 명백히 표시할 때까지 그 조약의 대상과 목적을 저해하게 되는 행위를 삼가야 한다. [13년 7급] O X

177 유보란 명칭 여하에 관계없이 서명, 비준, 승인, 가입, 수락시에 그 조약의 일부 규정을 자국에 적용함에 있어 그 법적 효력을 배제 또는 변경시키기 위한 의도로 행하는 일방적 선언이다. [06년 7급] O X

178 유보는 조약의 적용을 받는 국가를 확대하기 위하여 인정되는 제도이다. [05년 사시] [13년 7급] O X

179 유보는 다자조약에 있어서 가급적 많은 국가의 참여를 확보하기 위해 고안된 제도이다. [02년 사시] O X

180 조약의 유보제도는 다자조약의 성립을 용이하게 하고, 보다 많은 국가의 참여를 유도하려는 것이다. [01년 사시] O X

181 조항의 유보는 특정조항의 적용을 배제하는 것이고, 해석의 유보는 특정조항을 일정한 의미로만 해석하는 것이다. [14년 해경] O X

182 강행규범을 위반하는 유보를 행할 수는 없다. [04년 7급] O X

183 「UN해양법협약」은 명시적 허용 규정이 없는 경우에 유보를 금지하고 있다. [11년 경간] O X

184 국제사법재판소(ICJ)에 따르면 국가는 당해 유보가 조약의 대상 및 목적과 양립하지 않는 경우에는 유보할 수 없다. [12년 9급] O X

185 1969년의 「조약법에 관한 비엔나협약」상 유보에 관해서는 국제연맹방식을 그대로 채택하였다. [03년 외시] O X

186 유보는 일방적 성명이지만 그 효과는 상호주의적이다. [16년 9급] [21년 해경승진] O X

187 유보는 조약체결에 탄력성을 부여하여 조약의 적용범위를 확대시켜 주는 긍정적인 측면이 있지만 조약내용의 통일성을 저해하는 부정적 측면도 내포하고 있다. [14년 해경] O X

188 유보는 조약의 일부 내용에 이견이 있는 국가를 당사국으로 확보하여 법공동체를 확장한다는 장점이 있다. [17년 9추] O X

189 1951년 국제사법재판소(ICJ)의 「Genocide협약의 유보에 관한 권고적 의견」에서는 유보를 인정했다. [02년 외시] O X

190 유럽인권재판소는 Belilos 사건에서 무효인 유보를 첨부한 국가는 조약 당사자가 된다고 하였다. [17년 9추] O X

191 1969년 「조약법에 관한 비엔나협약」상 유보의 의사를 표명할 수 있는 시기는 서명, 비준, 수락, 승인 또는 가입할 때이다. [09년 7급] O X

192 특정 조약이 명시적으로 유보를 금지하고 있는 경우, 그 조약에 대한 유보는 허용될 수 없다. [13년 사시] O X

193 첨부된 유보 내용이 조약의 '대상 및 목적'과 양립 가능하다면 일부 국가의 반대가 있어도 유보국은 조약의 당사국이 될 수 있다. [16년 7급] [18년 해경] O X

194 조약이 명시적으로 유보를 허용한 경우 원칙적으로 타국의 수락을 필요로 하지 않는다. [21년 7급] O X

195 교섭국의 한정된 수와 조약의 대상과 목적으로 보아 그 조약 전체를 모든 당사국간에 적용하는 것이 조약에 대한 각 당사국의 기속적 동의의 필수적 조건으로 보이는 경우 유보는 모든 당사국에 의한 수락을 필요로 한다. [13년 경간] O X

196 조약이 국제기구의 성립문서인 경우, 유보는 원칙적으로 그 기구의 권한 있는 기관에 의한 수락을 필요로 한다. [21년 7급] O X

197 일부 다른 당사국의 반대가 있을지라도 유보 첨부국은 조약의 당사국이 될 수 있다. [16년 경간] O X

198 유보에 대한 다른 체약국의 이의 제기는 그 국가가 확정적으로 반대의사를 표시하지 않는 한, 이의제기국과 유보국 간에 있어서의 조약의 발효를 배제하지 않는 것이 일반적이다. [13년 사시] O X

199 유보는 타방당사국의 동의가 있어야 효력을 갖는다. [08년 사시] [13년 7급] O X

200 1969년 「조약법에 관한 비엔나협약」에 의하면 유보의 통지를 받은 후 12개월이 경과하거나 또는 그 조약에 대한 자국의 기속적 동의를 표시한 일자까지 중 더 뒤늦은 시점까지 이의를 제기하지 않으면 그 유보는 수락되었다고 간주되는 것이 원칙이다. [17년 7급] O X

201 유보는 일방적인 선언이지만 그 효과는 상호주의적이므로 유보국과 유보수락국 간에는 유보의 범위 내에서 관련 조약규정을 변경한다. [16년 7급] [18년 해경] O X

202 유보한 국가는 이 유보를 수락한 국가에 대하여 자국이 유보에 의하여 면제된 조약상의 의무 이행을 요구할 수 없다. [12년 9급] O X

203 조약에 대한 일국의 유보는 해당 조약의 다른 당사국들 사이의 권리 · 의무관계도 변동시킨다. [09년 9급] O X

204 조약의 당사자가 타 당사자의 유보에 대하여 조약의 대상 및 목적과 양립하지 않는다고 생각하여 반대하는 경우, 탈퇴하지 않는 이상 서로에게 유보의 효력이 인정된다. [01년 행시] O X

205 조약이 달리 규정하지 아니하는 한 유보는 언제든지 철회될 수 있다. [20년 해경5급] O X

206 유보국이 유보를 철회하기 위해서는 원칙적으로 수락국의 동의가 필요하다. [21년 7급] O X

207 조약이 달리 규정하지 아니하는 한 유보는 언제든지 철회될 수 있고 유보수락국의 동의를 필요로 하지 않는다. [16년 7급] [18년 해경] [21년 해경] O X

208 조약이 달리 규정하지 않는 한, 유보에 대해 이의를 제기한 국가는 그 조약의 발효 이후에는 그 이의를 철회할 수 없다. [13년 9급] O X

209 유보는 서면으로 하여야 하나, 예외적으로 구두로도 행할 수 있다. [17년 7급] [21년 해경승진] O X

210 유보와 유보에 대한 명시적 수락 및 유보에 대한 이의는 모두 서면으로써 행해야 한다. [04년 행시] O X

211 유보 또는 유보에 대한 이의의 철회는 서면으로만 해야 한다. [13년 9급] O X

212 조약은 그 조약에서 규정하고 있거나 교섭국들이 합의하는 방법과 일자에 효력을 발생한다. [15년 경간] O X

213 조약은 당사국 간의 합의에 관계없이 비준서를 기탁한 날에 효력을 발생하는 것이 원칙이다. [11년 9급] O X

214 조약에 대한 국가의 기속적 동의가 그 조약이 발효한 후의 일자에 확정되는 경우에는 그 조약이 달리 규정하지 아니하는 한 그 동의가 확정되는 일자에 그 조약은 그 국가에 대하여 발효한다. [20년 7급] O X

215 1969년 「조약법에 관한 비엔나협약」에는 조약의 잠정적 적용에 관한 규정이 없다. [02년 사시] O X

216 당사국은 조약 불이행의 사유로 국내법 규정을 원용할 수 있다. [07년 사시] [15년 해경] O X

217 조약은 별도의 합의가 있는 경우에도 소급 적용될 수 없다. [02년 사시] O X

218 조약은 원칙적으로 각 당사국의 모든 국가영역(state territory)에 적용된다. [02년 사시] O X

219 신조약에서는 구조약의 효력문제를 규정할 수 없다. [02년 사시] O X

220 당사자가 동일하며 임의법규적 성격을 갖는 다자조약 상호 간에는 구조약은 신조약과 양립하는 범위 내에서만 적용된다. [01년 외시] O X

221 개정조약이 발효되면, 개정조약의 당사국과 개정에 동의하지 않은 원조약 당사국과의 관계에서 원조약은 폐기된다. [13년 사시] O X

222 조약은 조약의 대상과 목적의 견지에서 해석되어야 한다. [18년 9급] O X

223 조약은 문맥에 따라 조약의 문언에 부여하는 통상적 의미에 의거하고 그 대상 및 목적에 비추어 성실하게 해석하여야 한다. [12년 경간] O X

224 조약의 해석상 문맥이라 함은 조약의 전문, 본문, 부속서, 그리고 당해 조약의 체결에 관련되는 모든 당사국간의 합의사항을 포함하는 의미이다. [04년 행시] O X

225 조약의 해석 및 적용에 관한 당사국 간의 사후합의와 사후관행 및 당사국 간의 관계에 적용될 수 있는 국제법의 관련법규 등이 있을 경우에는 이를 조약의 문맥과 함께 고려한다. [04년 행시] O X

226 특별한 의미를 특정용어에 부여하기로 한 당사국의 특별한 의도가 확정되는 경우에 그러한 의미로 해석된다. [04년 행시] O X

227 조약의 해석에 관한 학설로서는 당사자의사주의, 문언주의, 목적론주의 등의 대립이 있으며 실제적인 조약의 해석에 있어서는 이러한 여러 입장들의 조화가 불가피하다. [12년 경간] O X

228 조약의 준비문서 및 조약체결 사정 등은 조약문언의 의미가 불명확하거나 명백히 불합리한 경우에 적용되는 해석의 보충적 수단에 불과하다. [12년 경간] O X

229 둘 이상의 언어로 작성된 조약문은 똑같이 정문으로 되며, 동일한 의미를 갖는 것으로 추정된다. [05년 9급] O X

230 국제사회의 조직화에 따라 제3자적 효력이 보편화되는 초국가주의 현상이 등장하고 있다. [14년 경간] O X

231 조약은 제3국에 대하여 그 동의 없이는 의무 또는 권리를 창설하지 않는다. [09년 7급] O X

232 제3국에 의무를 설정하는 조약의 경우, 제3국이 서면으로 그 의무를 명시적으로 수락하는 동의가 있어야 의무가 부과된다. [15년 사시] O X

233 PCIJ는 제3국에 의무를 과하는 조약은 그 제3국이 동의하지 않으면 효력이 없다고 해석하였다. [98년 외시] O X

234 제3국에 권리를 부여하는 경우에는 제3국의 명시적 반대가 없는 한 동의가 있는 것으로 추정된다. [17년 9급] O X

235 제3국에 의무가 발생한 경우, 특별한 합의가 없는 한 조약당사국과 당해 제3국의 동의를 통해서만 의무의 '취소 내지 변경'이 가능하다. [12년 경간] O X

236 제3국의 동의에 따라 부여된 조약상 제3국의 권리는, 제3국의 동의 없이 취소되어서는 아니되는 것으로 의도되었음이 확정되는 경우에 당사국에 의해 일방적으로 취소될 수 없다. [15년 사시] O X

237 조약이 국제관습법을 규정한 경우에는 그 조약의 비당사국에도 적용된다. [13년 9급] O X

238 조약의 제3자효는 국제사회의 발전에 따라 조약상대성의 원칙이라는 전통적 개념이 변경된 것이다. [20년 해경승진] O X

239 다자조약을 개정할 경우 모든 체약국이 이를 위한 교섭 및 합의 성립에 참가할 권리를 갖는다. [13년 사시] O X

240 조약의 당사국이 될 수 있는 권리를 가진 모든 국가는 개정되는 조약의 당사국이 될 수 있는 권리 또한 가지며, 개정하는 합의는 개정하는 합의의 당사국이 되지 아니하는 조약의 기존 당사국인 어느 국가도 구속하지 아니한다. [20년 7급] O X

241 개정조약이 발효되면, 개정조약의 당사국과 개정에 동의하지 않은 원 조약 당사국과의 관계에서 원 조약은 폐기된다. [13년 사시] [16년 경간] O X

242 조약의 적법성은 「조약법에 관한 비엔나협약」의 적용을 통해서만 부정될 수 있다. [15년 9급] O X

243 조약의 무효원인이 발생한 경우, 특별한 경우를 제외하고 일부 조항만을 무효로 할 수 없고 조약 전체에 대해서만 원용될 수 있다. [11년 경간] O X

244 특정 조항만을 무효로 하기 위해서는 잔여 조항의 계속적 이행이 부당하지 않아야 한다. [14년 경간] O X

245 강박(coercion)에 의한 조약은 그 내용의 일부만 분리하여 무효화할 수 있다. [17년 7급] O X

246 절대적 무효사유에 해당하는 경우 조약의 일부 무효는 인정되지 않는다. [13년 경간] O X

247 강행규범(jus cogens)의 위반이 있었다 하더라도 당사국의 행동으로 보아 조약의 적법성 또는 그 효력이나 시행의 존속을 묵인한 것으로 간주될 수 있으면 무효로 되지 않는다. [11년 경간] O X

248 조약의 무효사유에는 절대적 무효사유 및 상대적 무효사유가 있다. [02년 7급] O X

249 국가는 조약체결권 관련 국내법 규정의 위반이 명백하고 근본적으로 중요한 국내법 규칙과 관련되지 아니하는 한, 조약의 구속을 받겠다는 자국의 동의를 부적법화하기 위하여 그 동의의 표시가 그러한 국내법 규정 위반이라는 사실을 원용할 수 없다. [15년 7급] O X

250 조약 체결 권한에 대한 중요성이 없는 국내 규정의 사소한 위반은 조약의 무효 원용 사유로 인정되지 않을 수도 있다. [11년 경간] O X

251 국내법에 따른 비준 동의 절차를 거치지 아니한 조약은 당연 무효이다. [12년 9급] O X

252 자국의 담당자가 대표권을 초과하여 조약을 체결하였기 때문에 무효라는 주장은 사전통고가 없는 한 원칙적으로 수락되지 않는다. [11년 경간] O X

253 어느 조약에 대한 국가의 기속적 동의를 표시하는 대표의 권한이 특정의 제한에 따를 것으로 하여 부여된 경우에, 그 대표가 그 제한을 준수하지 아니한 것은 그러한 동의를 표시하기 전에 그 제한을 다른 교섭국에 통고하지 아니한 한 그 대표가 표시한 동의를 무효화(invalidating)하는 것으로 원용될 수 없다. [03년 사시] O X

254 국가는 조약체결 당시 존재하고 조약의 구속을 받겠다는 동의의 본질적 기초를 구성하는 사실 또는 사태에 대한 착오를 원용하여 그 동의를 부적법화시킬 수 있다. [15년 7급] O X

255 조약문의 자구에만 관련되는 착오는 조약의 적법성에 영향을 주지 않는다. [11년 경간] O X

256 프레아비히어(Preach Vihear) 사원 사건(1962)은 조약 무효사유로서의 착오와 관련이 있다. [11년 사시] ○ ×

257 어떤 국가가 다른 교섭국의 기만적 행위로 조약을 체결하게 된 경우, 그 어떤 국가는 이를 조약의 무효사유로 원용할 수 있다. [10년 사시] ○ ×

258 어떤 국가가 다른 교섭국의 대표를 직접 또는 간접으로 매수하여 조약을 체결한 경우, 그 다른 교섭국은 이를 조약의 무효사유로 원용할 수 있다. [10년 사시] ○ ×

259 조약의 구속을 받겠다는 국가의 동의 표시가 그 국가대표에게 가해진 행동 또는 위협을 통하여 그 대표에 대한 강제에 의하여 이루어진 경우에 그 동의는 법적 효력을 갖지 않는다. [15년 7급] ○ ×

260 「UN헌장」에 구현되어 있는 국제법 원칙들에 위반되는 무력사용 또는 위협에 의해 체결된 조약은 무효이다. [15년 9급] ○ ×

261 조약의 체결 당시 일반국제법의 강행규범과 충돌하는 조약은 무효이다. [20년 9급] [21년 해경승진] ○ ×

262 조약의 종료 또는 당사국의 탈퇴는 다른 체약국과 협의 후 모든 당사국의 동의를 얻는 경우 언제든지 가능하다. [12년 9급] ○ ×

263 조약이 달리 규정하지 아니하는 한, 다자조약은 그 당사국 수가 그 발효에 필요한 수 이하로 감소하는 사실만을 이유로 종료하지 아니한다. [13년 7급] [21년 해경승진] ○ ×

264 전조약을 시행 정지시킨 것만이 당사국의 의사이었음이 후조약으로부터 나타나거나 또는 달리 확정되는 경우에 전조약은 그 시행이 정지된 것으로만 간주된다. [20년 7급] ○ ×

265 양자조약의 한 당사국이 조약의 대상과 목적의 달성에 필수적인 규정을 위반하는 경우, 타 당사국은 조약의 종료사유로 그 위반을 원용할 수 있다. [16년 사시] ○ ×

266 양자조약의 일방 당사국에 의한 실질적 위반(material breach)은 그 조약의 종료 또는 시행의 전부나 일부의 정지를 위한 사유로서 그 위반을 원용하는 권리를 타방 당사국에 부여한다. [09년 사시] ○ ×

267 조약 당사국은 자국의 의무위반의 결과로 조약의 이행이 불가능하게 된 경우, 이를 조약의 이행정지의 근거로 원용할 수 있다. [16년 경간] ○ ×

268 조약의 대상과 목적의 달성에 필수적인 규정 위반의 경우 조약을 종료할 수 있다. [12년 9급] ○ ×

269 조약의 시행에 불가결한 대상의 영구적 소멸이나 파괴로 인하여 조약의 이행이 종국적으로 불가능해진 경우, 당사국은 그 조약의 종료를 위하여 이를 원용할 수 있다. [16년 사시] ○ ×

270 조약체결시의 사정이 근본적으로 변경됨으로써 조약 당사국의 의무범위에 급격한 변환을 가져오는 경우, 이는 조약의 종료 또는 정지의 사유로 원용될 수 있다. [13년 사시] [16년 경간] ○ ×

271 사정의 근본적 변경은 원칙적으로 조약의 종료사유에 해당하기는 하나, 국경획정조약에는 적용되지 않는다. [17년 7급] ○ ×

272 국가는 자신의 국제의무 위반의 결과로 발생한 사정의 근본적 변경을 조약의 종료사유로 원용할 수 없다. [16년 사시] ○ ×

273 조약체결 시의 사정이 근본적으로 변경됨으로써 조약 당사국의 의무범위에 급격한 변환을 가져오는 경우, 이는 조약의 종료 또는 정지의 사유로 원용될 수 있다. [13년 사시] [16년 경간] ○ ×

274 1997년 Gabčikovo–Nagymaros Project 사건에서 위법성조각사유가 문제의 의무를 종료시키는 것은 아니라고 하였다. [20년 9급] ○ ×

275 2 또는 그 이상의 국가 간의 외교관계의 단절은 그러한 국가 간의 조약체결을 막지 아니한다. [20년 9급] ○ ×

276 외교관계나 영사관계의 단절은 외교 또는 영사 관계의 존재가 조약의 적용에 불가결한 경우를 제외하고 그 조약의 당사국 간의 확립된 법적 관계에 영향을 주지 않는다. [17년 7급] ○ ×

277 새로운 강행규범의 출현으로 그 규범과 충돌하는 현행 조약은 무효로 되어 종료한다. [20년 9급] ○ ×

278 강행규범위반, 국가대표에 대한 강박에 의한 조약 등은 조약의 절대적 무효사유에 해당하여 타 당사국에 통고 없이 무효로 확정된다. [09년 지방] ○ ×

279 조약의 종료 의사가 통고된 후 12개월이 경과할 때까지 다른 당사국들로부터 이의가 제기되지 않는 경우, 그 통고를 한 국가는 그 종료를 선언할 수 있다. [14년 경간] ○ ×

280 국제사법재판소(ICJ)는 강행규범의 적용과 해석에 관한 분쟁에 대한 관할권을 가진다. [14년 사시] [16년 해경] ○ ×

281 「1969년 조약법에 관한 비엔나협약」의 당사국들 사이에 강행규범과의 충돌로 인하여 조약의 무효 또는 종료와 관련된 분쟁이 발생하는 경우, 이 분쟁은 국제사법재판소에 회부될 수 있다. [11년 사시] [17년 해경2] ○ ×

282 「1969년 조약법에 관한 비엔나협약」에 의하면 강행규범의 적용에 관한 분쟁은 양 당사국이 중재재판에 부탁하기로 합의하지 않는 경우, 일방당사국이 서면으로 국제사법재판소의 결정을 부탁할 수 있다. [02년 외시] O X

283 조약의 무효를 주장하는 경우에 반드시 서면으로 다른 당사국에 통고되어야 한다. [15년 9급] O X

284 조약이 달리 규정하지 않는 한, 조약을 탈퇴한 국가라도 탈퇴 전 그 조약의 시행으로 발생한 그 국가의 권리 및 의무에 영향을 받지 않는다. [13년 9급] [21년 해경승진] O X

285 강행규범과 충돌하는 조약규정에 근거하여 행하여진 행위의 결과는 가능한 한 제거되어야 한다. [10년 9급] [15년 해경] O X

286 새로운 강행규범의 출현으로 조약이 종료되는 경우 종료 전에 그 조약의 시행을 통해 생긴 당사국의 권리, 의무 또는 법적 상태는 그 유지 자체가 새로운 강행규범과 충돌하지 않는 범위 내에서만 유지될 수 있다. [15년 사시] O X

287 1969년 「조약법에 관한 비엔나협약」은 국가승계, 국가책임, 국가 간의 적대행위의 발발로부터 조약에 관하여 발생할 수 있는 문제를 예단하지 아니한다. [14년 사시] O X

288 조약문의 정본인증 후 발견된 착오의 정정과 가서명은 그 착오를 정정하는 효력을 발생시킨다. [20년 해경승진] O X

289 1969년 「조약법에 관한 비엔나협약」은 유엔 국제법위원회의 준비를 거쳐 유엔총회에서 채택되었으므로 유엔 회원국만 당사국이 될 수 있다. [16년 경간] O X

PART 7 분쟁해결

001 국제분쟁을 평화적으로 해결하기 위한 외교적 또는 정치적 방법에는 교섭, 주선, 중개, 조정이 있다. [01년 7급] O X

002 통상적으로 교섭은 제3자가 개입하는 다른 분쟁해결 방법이 사용되기 전에 분쟁해결의 첫 번째 단계에서 많이 사용된다. [14년 사시] O X

003 직접교섭(negotiation)은 국제분쟁의 일차적 해결방법이라 할 수 있다. [11년 7급] [18년 해경승진] O X

004 어떠한 방법에 의하여 분쟁을 해결할 것인가는 분쟁당사자의 자유로운 선택에 따른다. [99년 외시] O X

005 제3자가 분쟁의 내용에는 개입하지 않고 당사자 간의 외교교섭 타결에 조력하는 방법이 주선(good offices)이다. [16년 9급] O X

006 중개는 제3자가 분쟁당사국들의 동의에 따라 분쟁당사국들의 교섭에 적극 참여하여 원칙적으로 법적 구속력이 있는 해결책을 제시하는 분쟁해결 방법이다. [14년 사시] O X

007 주선(good offices)과 중개(mediation)는 국가는 물론 개인도 할 수 있다. [11년 7급] [18년 해경승진] [20년 해경승진] O X

008 주선 및 중개는 제3자가 간접적으로 분쟁에 개입하여 분쟁해결을 촉진하는 제도이다. [11년 9급] O X

009 법적 쟁점을 갖는 국제분쟁이라 하더라도 교섭, 중개 등의 비사법적인 방법으로 해결될 수 있다. [11년 사시] [20년 해경승진] O X

010 중개는 해결안을 제시하는 등 적극적이나 임의적이어서 실효성이 약하다. [96년 외시] O X

011 제3자가 분쟁의 원인이 된 사실을 명확히 함으로써 분쟁의 타결을 도모하는 방법이 심사(inquiry)이다. [16년 9급] O X

012 「UN헌장」은 평화적 분쟁해결 방법으로 사실심사를 명시하고 있다. [14년 사시] O X

013 사실심사(inquiry)에 의한 국제분쟁해결의 대표적 사례로는 도거뱅크(Dogger Bank) 사건이 있다. [15년 경간] O X

014 제3자에게 사실심사를 맡기는 데 그치지 않고 제3자가 구속력 있는 해결조건까지 제시하는 방법이 조정(conciliation)이다. [16년 9급] O X

015 조정은 중개(mediation)나 사실심사(fact-finding 또는 inquiry)보다 제3자 개입의 정도가 더 크다. [08년 9급] O X

016 조정(conciliation)은 사실심사(inquiry)와 중개(mediation)의 요소를 모두 가지고 있으며 준사법적 측면을 가지는 분쟁해결방식이다. [07년 9급] O X

017 조정에 회부할 것을 조약에 의하여 사전에 합의할 수 있다. [08년 9급] O X

018 조정(conciliation)에서의 결정은 법적 구속력이 있다. [11년 7급] [18년 해경승진] [20년 해경승진] O X

019 국제재판에는 중재재판과 사법재판의 두 가지가 있다. [02년 외시] O X

020 중재재판이란 분쟁당사국이 스스로 선정한 재판관에 의하여 법에 대한 존중을 바탕으로 분쟁을 구속력 있는 판정으로 해결함을 목적으로 하는 제도이다. [15년 경간] [20년 해경5급] O X

021 중재재판은 정치적 분쟁을 해결대상으로 한다는 점에서 다르다. [99년 외시] O X

022 중재는 오로지 국가 간 혹은 사인 간에 행해지고, 일방의 국가와 타방의 비국가적 실체 사이에는 행해지지 않는다. [19년 7급] O X

023 국제재판은 국가만이 소송을 제기할 수 있다. [모의] O X

024 근대적 중재재판의 효시는 1794년 영 · 미 간의 제이조약(Jay Treaty)에 의한 중재재판이다. [02년 외시] O X

025 미국의 남북전쟁 이후 미국과 영국 사이의 Alabama호 청구 사건은 중재재판(arbitration)에 의하여 해결되었다. [16년 9급] O X

026 국제사법재판소(ICJ), 국제해양법재판소(ITLOS) 등 상설재판소의 활성화에 따라 중재재판은 그 역할이 크게 위축되었다. [13년 경간] O X

027 중재는 분쟁당사국이 합의하여 선정한 재판관에 의한 판정으로 분쟁을 해결하는 제도이다. [11년 9급] O X

028 중재재판소의 구성은 원칙적으로 분쟁당사국 간의 합의에 의해 결정된다. [02년 사시] [10년 9급] O X

029 중재재판소는 대체로 3명 또는 5명의 재판관으로 구성되지만 단독재판관에 맡기는 경우도 있다. [13년 경간] O X

030 중재재판의 준칙은 당사국 합의로 결정하며, 필요하다면 국내법도 준칙으로 활용될 수 있다. [20년 9급] [21년 해경승진] O X

031 중재재판의 당사국 사이에 합의만 성립되면 어떠한 분쟁도 중재재판에 회부될 수 있다. [14년 7급] [21년 해경승진] O X

032 중재재판의 판정은 사법재판의 판결과는 달리 법적 구속력을 갖지 아니한다. [20년 9급] O X

033 중재재판은 그 결과가 분쟁당사국에 대해 구속력을 지닌다는 점에서 조정, 심사 등과 같은 분쟁의 비사법적 해결방법과 차이가 있다. [15년 경간] O X

034 중재법정의 결정은 분쟁당사국에 대하여 구속력을 갖는다. [21년 해경승진] O X

035 중재재판은 분쟁의 종국적 해결을 목표로 함이 보통이므로 1심으로 종결됨이 통례이다. [20년 9급] O X

036 상설중재재판소(PCA)는 1899년에 체결된 「국제분쟁의 평화적 해결에 관한 헤이그협약」에 의거, 설치되어 현재 헤이그에 소재하고 있다. [11년 경간] O X

037 PCA는 현재도 존재하여 분쟁의 평화적 해결을 위해 여러 서비스를 제공 중이다. [11년 경간] O X

038 상설중재재판소(PCA)에서 실제로 상설적으로 설치된 것은 '재판소'가 아니라 '중재재판관명부'이다. [11년 경간] O X

039 PCA는 1899년 「헤이그협약」의 당사국이 임명한 각각 4명 이내의 법관 전원으로 구성되며 임기는 6년이고 재임될 수 있다. [00년 외시] O X

040 PCA의 재판절차나 재판준칙은 중재약정에 의해 당사국이 합의하여야 한다. [00년 외시] O X

041 중재판정의 부존재 내지는 무효를 구하는 소송이 국제사법재판소(ICJ)에 제기되기도 한다. [20년 9급] O X

042 모든 국제분쟁을 해결할 수 있는 보편적이고 강제적인 관할권을 갖는 국제사법기관은 존재하지 않는다. [11년 사시] O X

043 ICJ는 PCIJ를 실질적으로 승계하였다. [00년 외시] O X

044 국제사법재판소의 재판절차는 당사국 간의 합의에 의해서도 변경할 수 없다. [02년 외시] O X

045 중재재판에서는 국제사법재판소에서와 달리 분쟁당사국이 재판부의 구성과 재판준칙 및 재판절차를 합의로써 결정할 수 있다. [99년 외시] O X

046 중재재판과 국제사법재판소의 분쟁해결방식에는 차이가 없다. [99년 외시] O X

047 재판준칙의 선정에 있어서 사법재판보다 중재재판의 경우 당사국의 재량이 더 많이 보장되고 있다. [02년 사시] O X

048 중재재판은 사법재판에 비해 재판기관의 독립성과 상설성이 불충분한다. [02년 사시] O X

049 중재재판과 사법재판 모두 '형평과 선'을 재판준칙으로 선택할 수도 있다. [02년 외시] O X

050 중재재판은 분쟁당사국들이 합의하여 중재판정부를 구성하는 반면, 국제사법재판소(ICJ) 사법재판의 경우에는 재판소가 사전에 설립되어 있다. [12년 사시] O X

051 중재판정부의 판정은 원칙적으로 법적 구속력을 가지며, 국제사법재판소의 판결도 법적 구속력을 갖는다. [12년 사시] O X

052 중재재판의 판정과 사법재판의 판결은 분쟁당사국에 대하여 구속력을 갖는다. [14년 7급] O X

053 중재재판에는 국제사법재판소(ICJ) 재판과 달리 상급심에 상소가 인정된다. [14년 7급] O X

054 중재재판부의 구성과 재판의 준칙은 국제사법재판소(ICJ)와 달리 당사자의 합의로 결정한다. [14년 7급] O X

055 국제사법재판소는 국제연합(UN)의 주요 사법기관이다. [08년 9급] O X

056 ICJ는 국가 간의 법적 분쟁인 재판사건의 해결을 한다. [02년 외시] O X

057 ICJ는 국제평화를 위한 국가 간 정치적 분쟁의 중재와 권고를 한다. [02년 외시] O X

058 국제사법재판소의 재판관은 15명이다. [07년 9급] O X

059 동일한 국가의 국민 2인 이상이 동시에 재판관이 될 수 없다. [01년 사시] O X

060 재판소는 15인의 재판관으로 구성된다. 다만, 2인 이상이 동일국의 국민이어서는 아니 된다. [15년 경간] O X

061 국제사법재판소 재판관 선임과정에 총회와 안전보장이사회가 관여한다. [10년 사시] [12년 해경] O X

062 재판소 규정의 당사국이지만 국제연합의 비회원국인 국가가 재판소의 재판관 선거에 참가할 수 있는 조건은, 특별한 협정이 없는 경우에는, 안전보장이사회의 권고에 따라 총회가 정한다. [15년 경간] O X

063 안전보장이사회와 총회 모두 독립적으로 국제사법재판소(ICJ) 재판관 선출권을 갖는다. [10년 지방] O X

064 ICJ 재판관은 동일한 국가의 국민이 2인 이상이 될 수 없으며, 재판관단의 구성은 세계 주요 문명 형태 및 주요 법체계를 대표하여 안배되도록 한다. [17년 7급] O X

065 ICJ 재판관의 선출은 안전보장이사회의 권고로 총회에 출석하여 투표한 회원국의 3분의 2의 다수로 결정된다. [16년 9급] O X

066 UN총회와 UN안전보장이사회에서 절대다수표를 얻은 ICJ 재판관 후보자는 당선된 것으로 본다. [14년 사시] [17년 해경2] O X

067 UN안전보장이사회 상임이사국은 국제사법법원(ICJ) 판사의 선출을 위한 표결에서 거부권을 행사할 수 있다. [12년 7급] O X

068 ICJ 재판관의 선거를 위한 안전보장이사회의 투표는 안전보장이사회의 상임이사국과 비상임이사국 간에 구별 없이 이루어진다. [14년 사시] O X

069 절대다수표를 얻지 못하면 제3차 선거까지 실시한다. [14년 해경] O X

070 제3차 선거도 실패하면 총회와 안전보장이사회의 각 3인으로 공동협의회를 구성하여 선출한다. [14년 해경] O X

071 공동협의회에서도 실패하면 이미 선출된 판사들이 나머지 판사들을 선출한다. [14년 해경] O X

072 국제사법재판소의 재판관은 재선이 허용되지 않는다. [15년 사시] O X

073 국제사법재판소의 재판관은 임기 9년이며 정원은 15명이다. [11년 해경] O X

074 임기가 만료된 재판관은 후임자가 충원될 때까지 계속 직무를 수행한다. [14년 사시] [20년 해경승진] O X

075 임기가 종료되지 아니한 재판관을 교체하기 위하여 선출된 재판소의 재판관은 전임자의 잔임기간 동안 재직한다. [15년 경간] O X

076 재판소의 재판관은 정치적 또는 행정적인 어떠한 임무도 수행할 수 없으나 전문적 성질을 가지는 다른 직업에는 종사할 수 있다. [15년 경간] O X

077 재판관은 이전에 그가 변호인으로 관여하였던 사건의 판결에 참여할 수 없다. [14년 사시] [20년 해경승진] O X

078 ICJ의 재판관은 ICJ의 업무에 종사하는 동안 외교특권과 면제를 향유한다. [15년 9급] [18년 해경승진] O X

079 ICJ는 재판관 중에서 3년 임기로 재판소장 및 재판소부소장을 선출하며, 그들은 재선될 수 없다. [17년 7급] O X

080 재판소의 소재지는 헤이그로 한다. [14년 경간] O X

081 전원재판정(full court)이란 재판관 15명 전원의 출석에 의해 개정되며, 기피 또는 제척제도는 이 경우 적용되지 않는다. [09년 7급] O X

082 재판소규정에 달리 명문의 규정이 있는 경우를 제외하고는 국제사법재판소는 전원이 출석하여 개정한다. [12년 사시] O X

083 특정부류재판정(chamber of particular categories)은 노동, 교통, 통신사건 등과 같이 특정 종류의 사건을 재판하기 위해 3인 이상의 재판관으로 수시로 설치되는 재판정을 말한다. [09년 7급] O X

084 1993년 ICJ는 환경 사건을 처리하기 위하여 재판관 7명으로 구성된 소재판부를 설치한 바 있다. [09년 사시] O X

085 특별재판정(ad hoc chamber)은 특정 사건의 처리를 위해 당사국의 승인을 얻어 재판소가 결정한 수의 재판관으로 구성되는 재판정을 말한다. [09년 7급] O X

086 소재판부(chamber)가 선고한 판결은 ICJ가 선고한 것으로 본다. [09년 9급] [13년 9급] [20년 해경승진] O X

087 소재판부는 당사국들의 동의를 얻어 헤이그 이외의 장소에서 개정하여 임무를 수행할 수 있다. [09년 사시] O X

088 간이재판정(chamber of summary procedure)이란 사건의 신속한 처리를 위하여 분쟁당사국의 청구에 의하여 매년 5명의 재판관으로 구성되는 재판정을 말한다. [09년 7급] O X

089 ICJ는 당사자의 요청이 있는 경우 간이소송절차로 사건을 심리하고 결정할 수 있는, 재판관 5명으로 구성된 소재판부를 매년 설치하여야 한다. [09년 사시] ○ ×

090 분쟁당사국의 국적을 가진 국제사법재판소 재판관은 그 분쟁의 재판에 참여할 수 없다. [07년 9급] [07년 9급] ○ ×

091 자국 국적의 ICJ 재판관이 없는 재판당사국은 임시재판관(judge ad hoc)을 선정할 수 있다. [17년 7급] ○ ×

092 동일한 이해관계를 가진 수 개의 분쟁 당사국은 1인의 임시재판관을 선임할 수 있다. [08년 사시] ○ ×

093 임시재판관은 당사국에서 최고 법관으로 임명될 수 있는 변호사 자격을 갖춘 자이어야 한다. [08년 사시] ○ ×

094 국제사법재판소의 임시재판관(judge ad hoc)이란 재판관 중에 해당 소송 사건의 당사국 국적을 가진 재판관이 없을 경우에 임시로 선임되는 재판관을 말한다. [15년 사시] ○ ×

095 재판부에 자국 출신 재판관이 없는 분쟁의 당사국은 임시재판관 1인을 지명할 권리를 갖는다. [16년 사시] ○ ×

096 임시재판관은 반드시 그를 지명하는 국가의 국민일 필요가 없다. [16년 사시] ○ ×

097 분쟁이 소재판부에 회부되는 경우에는 국적재판관(judge ad hoc)제도가 적용되지 않는다. [21년 7급] ○ ×

098 재판소는 권고적 관할권을 행사하는 경우에도 임시재판관을 임명할 수 있다. [18년 7급] ○ ×

099 국제사법재판소의 경비는 총회가 정하는 방식에 따라 분쟁당사국이 부담한다. [10년 사시] [12년 해경] [17년 해경2] ○ ×

100 안전보장이사회가 다루고 있는 사태에 대하여도 총회는 국제사법재판소(ICJ)에 권고적 의견을 요청할 수 있다. [16년 9급] ○ ×

101 UN총회는 ICJ에 국가의 핵실험의 적법성에 관한 권고적 의견을 요청할 수 있다. [02년 7급] ○ ×

102 UN총회와 안전보장이사회는 어떠한 법률문제에 관하여도 권고적 의견을 요청할 수 있다. [21년 9급] ○ ×

103 UN총회가 권고적 의견을 요청할 수 있는 권한을 부여한 UN의 다른 기관 및 전문기구는 자신의 활동범위에 속하는 법률문제에 관해 권고적 의견을 요청할 수 있다. [21년 9급] ○ ×

104 UN총회의 허가를 받은 세계보건기구(WHO)는 그 활동범위 안에서 발생하는 법률문제에 관하여 ICJ에 권고적 의견을 요청할 수 있다. [09년 사시] O X

105 ICJ는 UN총회로부터 허락받은 UN전문기구에 대하여 법적 자문을 제공하기 위해 권고적 의견을 줄 수 있다. [14년 7급] O X

106 UN기관 중 권고적 의견 요청권은 UN총회와 안전보장이사회 그리고 전문기관에 한정되지 않는다. [12년 경간] O X

107 UN총회에 의해 자격이 부여된 사무총장은 UN 활동 전반에 속하는 법률문제에 대해 권고적 의견을 요청할 수 있다. [21년 9급] O X

108 ICJ는 전문성 원칙에 따라 국제기구는 그 목적과 기능을 수행하는 권한의 범위에 포함되는 법률문제에 대하여만 ICJ에 권고적 의견을 요청할 수 있다고 판단하였다. [12년 7급] O X

109 ICJ는 핵무기의 위협과 사용의 합법성에 관한 사건(The Legality of the Threat or Use of Nuclear Weapons Case)에서 권고적 의견의 관할권이 인정되기 위해서는 해당 전문기관이 권고적 의견을 요청할 수 있도록 총회로부터 적법한 권한을 인정받아야 하고, 요청대상은 법률문제여야 하며, 요청이 된 문제는 요청기관의 활동범위 내에서 발생한 것이어야 한다고 하였다. [11년 7급] O X

110 개인, 국가, 국제기구가 재판소에 대하여 권고적 의견을 요청할 수 있다. [06년 7급] O X

111 국가는 ICJ 소송에서 재판 당사자가 될 수는 있으나, 법률문제에 관하여 권고적 의견을 요청할 수 없다. [21년 9급] O X

112 UN의 어떠한 주요기관 또는 전문기구도 국제사법재판소에 국가를 상대로 계쟁 사건(contentious case) 소송을 제기할 수 없다. [10년 사시] O X

113 ICJ규정은 「UN헌장」의 불가분의 일부를 구성하며, 모든 UN 회원국은 ICJ규정의 당사국이 된다. [15년 9급] [18년 해경승진] O X

114 UN안전보장이사회 권고에 의해 총회가 결정하면 국제연합의 비회원국에게도 국제사법재판소에의 제소권이 인정된다. [11년 9급] O X

115 국가만이 ICJ에 제기되는 쟁송사건의 당사자가 될 수 있다. [12년 7급] O X

116 국가만이 소송을 제기할 수 있고, 개인은 당사자능력이 인정되지 않는다. [11년 7급] O X

117 국제사법재판소(ICJ)는 'Legal Consequences of the Construction of a Wall in the Occupied Palestinian Territory' 사건에서 비국가행위자에 대한 자위권의 발동을 명시적으로 인정하였다. [21년 7급] O X

118 ICJ는 권고적 의견을 요청한 사안이 특정 국가와 관련되는 사안에서 해당 국가의 동의가 없는데도 권고적 의견을 부여하였다. [14년 사시] O X

119 안전보장이사회는 법률적 분쟁을 직권으로 국제사법재판소에 회부할 수 있다. [15년 사시] O X

120 분쟁당사국 간에 특별협정이 체결된 경우 국제사법재판소는 관할권을 갖는다. [04년 행시] O X

121 분쟁당사국이 그들의 분쟁을 재판소에 맡긴다는 명시적 합의가 없더라도 그러한 합의를 추정할 수 있는 일정한 상황이 있는 경우에 관할권 성립을 인정하는 것을 확대관할권(forum prorogatum)이라 한다. [04년 행시] O X

122 소위 확대관할권(forum prorogatum)은 ICJ규정에 명시되지는 않았으나 ICJ 실행을 통해 인정된다. [18년 9급] [19년 해경승진] O X

123 분쟁당사국 중 어느 국가가 일방적으로 ICJ에 제소한 사건에 대하여 상대방 당사국이 재판소에 출정하는 등 응소하는 경우 ICJ의 관할권이 성립된다. [11년 사시] O X

124 당사국은 특정사항을 조약에 규정함으로써 ICJ가 당해 특정사항에 대하여 자국에게 강제적 관할권을 갖도록 할 수 있다. [07년 7급] O X

125 「국제사법재판소규정」 제36조 제2항에 의하면 국가들이 스스로의 판단에 따라 재판소의 관할권을 의무적인 것으로 수락할 수 있다. 이를 수락한 국가 간에 발생하는 일정한 분쟁에 대해서는 일방의 제소로 재판소의 관할권이 성립되는데, 이것을 선택조항이라고 부른다. [02년 외시] O X

126 선택조항은 1920년 「상설국제사법재판소(PCIJ)규정」 채택 당시 강제관할권을 논의하는 과정에서 나온 타협의 산물로 이를 ICJ가 그대로 계승한 것이다. [08년 사시] [20년 해경승진] O X

127 어떠한 조건, 기한 또는 유보 없이 선택조항을 수락한 ICJ규정 당사국 상호 간에 국제법상의 문제에 관한 분쟁발생 시 일방 당사국의 제소에 의하여 강제관할권이 성립한다. [10년 사시] O X

128 선택조항의 수락은 다른 당사국과의 합의에 의해 이루어져야 한다. [21년 7급] O X

129 모든 UN회원국은 자동적으로 ICJ규정의 당사국이 되므로, ICJ는 UN회원국 간의 분쟁에 대하여 강제관할권을 갖는다. [17년 7급] O X

130 국가만이 ICJ에 제기되는 사건의 당사자가 될 수 있고, ICJ의 관할은 당사자가 ICJ에 회부하는 모든 사건과 「국제연합헌장」 또는 현행의 제조약 및 협약에서 특별히 규정된 모든 사항에 미친다. [15년 경간] O X

131 ICJ는 당사국의 합의에 의해 부탁되는 모든 분쟁에 대하여 관할권이 있다. [07년 7급] O X

132 분쟁당사국 사이에 장래에 발생하는 분쟁을 ICJ에 회부하기로 조약에 미리 규정하는 경우 ICJ의 관할권이 성립될 수 있다. [13년 사시] O X

133 규정 당사국은 모든 법률적 분쟁에 대한 재판소의 관할을 인정하는 선택조항의 수락을 언제든지 선언할 수 있다. [19년 9급] O X

134 선택조항을 수락한 규정 당사국 상호 간에 국제법상의 문제에 관한 분쟁발생 시 일방 당사국의 제소에 의해서도 재판관할권이 성립한다. [19년 9급] O X

135 선택조항을 수락할 수 있는 주체는 ICJ규정 당사국이다. [10년 사시] O X

136 선택조항은 조약의 해석, 국제법의 문제, 성립하는 경우 국제의무위반을 구성하는 사실의 존재, 국제의무 위반에 대한 배상의 성격이나 범위에 대하여 적용된다. [12년 7급] O X

137 UN회원국은 ICJ규정 제36조 제2항의 선택조항(optional clause)을 수락하는 경우 유보를 첨부할 수 있다. [17년 7급] O X

138 ICJ규정 제36조 제2항의 선택조항에 따른 ICJ관할권은 분쟁당사국들이 공통적으로 수락한 범위 내에서만 성립되므로, 분쟁의 피소국은 자신이 첨부한 유보뿐만 아니라 제소국이 첨부한 유보를 근거로도 ICJ관할권의 성립을 부인할 수 있다. [17년 7급] O X

139 선택조항은 조건부 또는 기한부로 수락할 수 있다. [20년 해경승진] O X

140 선택조항을 수락한 국가는 그 선언서를 국제연합(UN) 사무총장에게 보내고 사무총장은 그 사본을 ICJ규정 당사국과 ICJ 서기에게 송부한다. [19년 9급] O X

141 ICJ규정 제36조 제2항의 선택조항 수락선언은 ICJ 소장에게 선언서를 기탁함으로써 효력이 발생한다. [09년 9급] [19년 해경승진] O X

142 상설국제사법재판소(PCIJ) 규정의 선택조항(optional clause) 수락선언은 ICJ에 대해서도 여전히 효력을 가질 수 있다. [18년 9급] [19년 해경승진] O X

143 ICJ규정 제36조 제2항(선택조항)에 따른 관할권수락선언은 철회되거나 수정될 수 없다. [13년 사시] O X

144 ICJ가 관할권을 가지는지의 여부에 관하여 분쟁이 있는 경우에는, 그 문제는 재판소의 결정에 의하여 해결된다. [13년 7급] [17년 해경1] [21년 해경승진] O X

145 선택조항 수락선언에 붙이는 유보 중 수락선언국 자신이 국내문제라고 판단하는 사항을 제외한다는, 이른바 자동적 유보(automatic reservation)는 ICJ 자신이 ICJ의 관할권에 관한 분쟁을 결정한다는 원칙에 위배된다는 비판이 있다. [08년 사시] O X

146 국제사법재판소(ICJ)의 확대관할권(forum prorogatum)과 직접적으로 관계되는 사건으로 코르푸해협 사건(Corfu Channel Case)이 있다. [06년 사시] O X

147 선택조항 수락선언은 UN사무총장에게 기탁되어야 하고 기탁을 받은 UN사무총장은 그 사본을 ICJ규정 당사국들과 ICJ 행정처장에게 송부하여야 하며, ICJ는 Right of Passage over Indian Territory 사건에서 기탁의 법적 효력은 UN사무총장의 송부 행위에 의존한다고 판단하였다. [20년 7급] O X

148 ICJ는 Certain Norwegian Loans 사건에서, 원고국이 일정한 유보를 첨부하여 선택조항을 수락한 경우 피고국은 수락선언의 성격에 따라 원고국의 유보를 원용할 수 없다고 하였다. [20년 7급] O X

149 ICJ는 Military and Paramilitary Activities in and against Nicaragua 사건에서, 선택조항에 따른 상호주의는 동 조항하에서 부담한 약속의 범위와 실질에 적용되는 것이지 약속의 종료를 위한 조건과 같은 형식적 조건에는 적용되지 않는다고 하였다. [20년 7급] O X

150 ICJ는 Anglo-Iranian Oil Co. 사건에서, 피고국의 선택조항 수락범위가 원고국의 선택조항 수락범위보다 제한적인 경우라 할지라도, ICJ의 관할권은 수락선언의 상호 원용 가능성에 따라 원고국의 선택조항 수락범위에 기초할 수 있다고 하였다. [20년 7급] O X

151 ICJ 제소 시에 이미 유효하게 성립한 관할권일지라도 선택조항 수락선언의 철회에 의하여 관할권이 소멸될 수 있다는 것이 ICJ판례의 입장이다. [08년 사시] O X

152 재판소의 공용어는 영어, 스페인어로 한다. [14년 경간] O X

153 ICJ는 계쟁사건 관할권(contentious jurisdiction), 권고적 관할권(advisory jurisdiction), 부수적 관할권(incidental jurisdiction)을 행사할 수 있다. [15년 경간] O X

154 선결적 항변이란 대체로 원고국가가 피고국가의 동의 없이 일방적으로 제기하는 소송에서 피고측이 재판관할권이나 '청구의 허용성(admissibility of claim)'을 다투기 위하여 제기하는 항변을 말한다. [09년 7급] O X

155 국제사법재판소의 관할권을 부인하기 위해 제기하는 것을 선결적 항변이라고 하며 관할권 존부 문제는 국제사법재판소 자신이 결정한다. [10년 7급] O X

156 선결적 항변의 제기는 피소국에게만 허용된다. [16년 전직] O X

157 대표적인 선결적 항변의 유형은 ICJ의 관할권 성립 근거를 부정하는 주장이다. [16년 전직] O X

158 선결적 항변에 의해 관할권에 대한 이의제기가 가능하다. [06년 사시] O X

159 ICJ의 소송절차에서 제소국이 국내적 구제절차를 완료하지 않은 경우, 피제소국은 선결적 항변을 주장할 수 있다. [10년 지방] O X

160 재판소는 선결적 항변 절차상 관련 당사자들이 제기하지 아니한 선결적 쟁점을 자발적으로 검토할 수 없다. [18년 7급] O X

161 선결적 항변이 제기된 경우, 타방 당사국들은 이것을 검토하고 이에 대한 자국의 입장을 해명할 수 있다. [01년 사시] O X

162 선결적 항변은 그 근거가 되는 사실 및 법을 명시하여 제기하여야 한다. [01년 사시] O X

163 분쟁당사국이 선결적 항변을 제기하지 않더라도 ICJ가 스스로의 판단에 따라 관할권 없음을 결정할 수 있다. [21년 7급] O X

164 관할권에 대한 선결적 항변(preliminary objection)이 ICJ에 의해 거절되면, ICJ는 추가 소송절차를 위한 기한(time-limits)을 정한다. [17년 7급] O X

165 선결적 항변이 제기되더라도 재판의 신속한 진행을 보장하기 위하여 본안심리가 계속되면서 관할권 문제에 대한 심리가 이루어진다. [09년 7급] O X

166 ICJ가 선결적 항변을 수락하면 소송절차는 종료된다. [16년 전직] O X

167 ICJ는 선결적 항변을 인정하여 당해 사건을 소송명부에서 지울 수 있다. [09년 7급] O X

168 ICJ는 '재판관할권이 있다고 인정되는 경우에만 청구의 허용성 문제를 다투는 것이 재판소의 확립된 판례'라고 언급한 바 있다. [09년 7급] O X

169 ICJ는 경우에 따라 선결적 항변과 본안을 함께 판단하기도 한다. [16년 전직] O X

170 제기된 선결적 항변 사유가 둘 이상인 경우, 그 항변 사유 모두가 인정되어야 그 사건에 대한 관할권이 부인된다. [01년 사시] O X

171 ICJ의 재판절차에서는 잠정조치 행사가 가능하다. [99년 사시] O X

172 가보전조치는 국제사법재판소의 소송절차의 완전성을 확보하기 위한 수단이다. [02년 외시] O X

173 ICJ는 당사국의 요청 없이 직권으로 잠정조치를 지시할 수 없다. [16년 9급] [18년 해경] O X

174 피고국의 요청에 의하여 가보전조치가 취해질 수도 있다. [02년 외시] O X

175 가보전조치에 대한 국제사법재판소의 결정은 명령의 형태로 내려진다. [02년 외시] O X

176 가보전조치가 지시된 경우 분쟁당사국들은 그 이후 국제사법재판소의 관할권에 관한 이의를 제기할 수 없다. [02년 외시] O X

177 ICJ는 라그랑(LaGrand) 사건에서 ICJ의 가보전조치(provisional measure)가 분쟁 당사국을 법적으로 구속한다고 판단하였다. [13년 9급] O X

178 ICJ는 필요하다고 인정하는 때에는 소송당사자 각각의 권리를 보전하기 위하여 취하여져야 할 잠정조치를 제시할 수 있으며 ICJ가 제시한 잠정조치는 당사자 및 안전보장이사회에 통지된다. [14년 사시] O X

179 소송절차는 서면절차와 구두절차로 구분된다. [07년 사시] O X

180 재판소에서의 심리는 공개를 원칙으로 한다. [05년 사시] O X

181 재판소는 일방당사국의 요청이 있는 경우에만 증거 수집을 위해 관련 현장을 방문할 수 있다. [17년 9급] O X

182 일방 당사자가 재판소에 출석하지 않거나 그 사건을 방어하지 않는 경우, 타방 당사자는 자기의 청구에 유리하게 결정할 것을 재판소에 요청할 수 있다. [13년 사시] O X

183 판결을 비롯한 모든 문제는 출석한 재판관의 과반수로 결정한다. [05년 7급] O X

184 ICJ는 출석재판관의 과반수로 판결하고, 가부동수인 때에는 재판장이 결정투표권을 행사한다. [16년 사시] O X

185 판결에는 판결이 기초하고 있는 이유를 기재하여야 한다. [09년 9급] O X

186 판결에는 결정에 참여한 재판관의 성명이 포함되지 않는다. [14년 사시] O X

187 국제사법재판소(ICJ)의 판결은 대리인에게 적절히 통지된 후 공개된 법정에서 낭독된다. [02년 사시] O X

188 ICJ의 결정은 당사자 사이와 그 특정 사건에 관하여서만 구속력이 있다. [17년 9추] O X

189 패소국이 판결을 이행하지 않는 경우, 승소국은 UN안전보장이사회에 사안을 제기할 수 있다. [21년 7급] O X

190 안전보장이사회는 필요하다고 인정하는 경우 국제사법재판소(ICJ)의 판결을 집행하기 위하여 권고하거나 취하여야 할 조치를 결정할 수 있다. [09년 사시] O X

191 ICJ의 판결은 종국적이며 상소할 수 없다. [12년 7급] O X

192 ICJ 판결의 해석에 관한 분쟁을 재판하기 위해서는 분쟁당사국들간의 합의가 필요하다. [16년 사시] O X

193 ICJ판결에 대한 상소는 허용되지만, 재심은 허용되지 않는다. [20년 해경승진] O X

194 국제사법재판소의 판결에 대해서는 재심절차가 있지만 권고적 의견에는 재심절차가 없다. [19년 7급] O X

195 분쟁당사국은 판결 당시 알지 못하였던 결정적 사실이 발견된 경우에 한하여 재심을 청구할 수 있다. [16년 사시] O X

196 재판소의 판결일자로부터 10년이 지난 후에는 어떠한 경우에도 재심을 청구할 수 없다. [17년 9급] O X

197 사건의 결정에 의하여 영향을 받을 수 있는 법률적 성질의 이해관계가 있다고 인정되는 제3국에 대하여 ICJ는 소송참가를 허용할 수 있다. [16년 7급] O X

198 소송참가를 하고자 하는 제3국은 소송참가의 필요성을 입증해야 하며 서면으로 신청해야 한다. [16년 7급] O X

199 사건의 결정에 의해 영향을 받을 수 있는 법률적 성질의 이해관계가 있다고 인정되어 소송에 참가한 국가는 ICJ의 판결에 구속된다. [14년 사시] O X

200 ICJ에 의하면 제62조에 따른 소송참가를 위해서는 기존의 분쟁당사국과 소송참가국 간에도 ICJ의 관할권 성립근거가 있어야 한다. [13년 경간] O X

201 ICJ가 제62조에 의한 소송참가를 최초로 허용한 사건은 엘살바도르/온두라스 간 육지, 도서 및 해양경계 사건이다. [13년 경간] O X

202 국제공기구(public international organizations)가 당사자인 조약의 해석이 문제되는 ICJ 소송에서 그 국제공기구는 소송참가를 할 수 없고 단지 의견제출만 가능하다. [16년 7급] O X

203 협약의 해석이 문제가 되는 소송에서 기존 소송 당사국이 아닌 그 협약의 당사국이 소송에 참가할 경우, 그 국가는 판결에 구속되지 않는다. [16년 7급] O X

204 제63조에 따른 소송참가는 그 요건과 효과가 비교적 분명하게 규정되어 있어 제62조에 따른 소송참가보다 논란이 적다. [13년 경간] O X

205 ICJ가 달리 결정하지 않는 한 각 당사자는 각자의 소송비용을 부담한다. [14년 사시] O X

206 권고적 의견 제도는 계쟁관할권 미수락 국가의 사건을 재판소에 맡기기 위한 우회방법으로 이용될 수 있다. [18년 7급] O X

207 권고적 의견은 원칙적으로 법적 구속력이 없지만, 국제기구와 국가들은 조약을 체결하여 권고적 의견에 구속력을 부여하기로 합의할 수 있다. [09년 사시] O X

208 권고적 의견(Advisory Opinion)은 오로지 법적 문제에 대해서만 요청될 수 있다. [10년 9급] O X

209 추상적 성격의 질문은 권고적 의견 대상이 될 수 없다. [14년 9급] O X

210 ICJ가 권고적 의견을 부여하는 것은 의무적이 아닌 재량적 성격을 지닌다. [16년 9급] [18년 해경] O X

211 재판소에 출석할 자격이 있는 국가는 권고적 의견을 직접 요청할 수는 없으나, 요청된 권고적 의견 부여절차에 참여하여 서면 또는 구두로 진술할 수 있다. [13년 사시] O X

212 국가는 권고적 의견 절차에서 의견을 개진할 수 있다. [14년 9급] O X

213 ICJ는 공개법정에서 권고적 의견을 발표한다. [07년 사시] O X

214 ICJ는 권고적 관할권을 행사함에 있어 계쟁사건에 적용되는 ICJ규정과 규칙의 관련 사항을 따르지 않을 수 있다. [14년 7급] ○ ×

215 권고적 의견 부여에 있어서 재판소는 가능한 범위 내에서 쟁송사건에 적용되는 절차를 따른다. [13년 사시] ○ ×

216 휴전은 교전 당사자가 쌍방의 합의에 의하여 적대행위를 정지시키는 행위를 말한다. [05년 9급] ○ ×

217 휴전은 전쟁의 법률상 종료를 의미하지 않는다. [05년 9급] ○ ×

218 휴전은 평시법의 적용을 받는다. [05년 9급] ○ ×

219 휴전기간은 전시로 규정된다. [05년 9급] ○ ×

220 휴전은 전전투지역에서의 전투행위를 중지시키는 일반적 휴전과 특정지역에서의 전투행위를 중지하는 부분적 휴전이 있다. [05년 9급] ○ ×

221 휴전협정은 그 성격상 반드시 양자조약이다. [05년 9급] ○ ×

222 휴전협정은 규정된 기간의 만료나 해제조건의 충족, 중대한 협정위반이 있으면 종료한다. [05년 9급] ○ ×

223 1868년 St. Petersburg 선언에 따라 400g 이하의 폭발탄(explosive projectiles) 사용은 금지되었다. [20년 7급] ○ ×

224 1899년 확장탄환(expanding bullets)에 관한 Hague 선언에 따라 덤덤탄의 사용은 금지되었다. [20년 7급] ○ ×

225 2008년 「집속탄에 관한 협약」은 금지대상인 무기의 객관적 특징을 구체적으로 적시하는 조약의 대표적인 예이다. [20년 7급] ○ ×

226 국제인도법은 무력충돌로 인하여 야기되는 인간의 고통을 완화하기 위한 법이다. [04년 행시] ○ ×

227 국제인도법과 국제인권법은 그 상호 작용에도 불구하고 각각 독자성을 유지한다는 견해가 있다. [04년 행시] ○ ×

228 국제인도법은 일국내 반란의 경우에는 적용되지 않는다. [00년 외시] ○ ×

229 인권법이 비상시에 적용되는 훼손가능성을 인정하는 것과는 달리 국제인도법은 이를 인정하지 않는다. [00년 외시] O X

230 국제인도법은 무력사용에 있어 국가의 재량을 제한하는 방향에서 발전되어 왔다. [00년 외시] O X

231 교전조리 또는 전수이론은 공공양심의 요구를 강조하는 입장으로 국제인도법상 무기의 제한에 크게 공헌하였다. [20년 7급] O X

232 국제인도법의 가장 기본이 되는 것은 1907년 「육전법규에 관한 헤이그협약」, 1949년 4개의 「제네바협약」, 1977년 2개의 「제네바협약 추가의정서」이다. [00년 외시] O X

233 국제인도법은 기본적으로 타방 교전 당사자 측의 민간인과 전투원의 적절한 보호에 관심을 두고 있다. [00년 외시] O X

234 국제인도법은 조약과 국제관습법으로 이루어지며, 비국제적 무력충돌의 경우에도 적용된다. [04년 행시] O X

235 비정규군이나 조직적인 저항단체의 구성원은 일정한 경우, 적의 수중에 들어가면 포로의 지위를 갖는다. [21년 7급] O X

236 무력충돌 당사국의 상선 승무원이나 민간 항공기 승무원은 일정한 경우, 적의 수중에 들어가면 포로의 지위를 갖는다. [21년 7급] O X

237 간첩행위에 종사하는 동안 적대당사국의 권력 내에 들어간 충돌당사국 군대의 구성원은 포로의 지위를 갖는다. [21년 7급] O X

238 교전행위를 행하여 적의 수중에 들어간 자가 포로의 지위가 명확하지 않은 경우, 관할 재판소가 결정을 내릴 때까지 포로의 지위를 갖는다. [21년 7급] O X

239 국제인도법상 개인은 포로나 비전투원으로 처우 받을 권리를 향유한다. [16년 전직] O X

240 포로는 특히 폭행, 협박, 모욕 및 대중의 호기심으로부터 항상 보호되어야 한다. [20년 9급] O X

241 포로는 그들이 포로가 될 때에 향유하던 완전한 사법상의 행위 능력을 보유한다. [20년 9급] O X

242 포로들 자신의 이익이 된다고 인정되는 특별한 경우를 제외하고는 포로들을 형무소에 억류하지 못한다. [20년 9급] O X

243 포로에게는 군사적 성질 또는 목적을 가지는 공익사업에 관련되는 노동을 강제할 수 있다. [20년 9급] O X

244 「핵무기비확산조약(NPT)」의 목적은 핵무기의 확산을 방지하는 데 있다. [03년 외시] O X

245 오늘날 대부분의 국가가 「핵무기비확산조약(NPT)」에 가입하고 있다. [03년 외시] O X

246 「핵무기비확산조약(NPT)」의 핵무기보유국이란 미국, 러시아, 영국, 인도, 파키스탄, 프랑스 및 중국을 지칭한다. [03년 외시] O X

247 「핵무기비확산조약(NPT)」에서는 핵무기 비보유국인 조약 당사국의 수평적 의무(핵무기 및 핵폭발 장치의 제조, 획득, 원조, 인수금지 등)가 법적으로 구속력 있고 강하게 요구되고 있다. [11년 경간] O X

248 NPT는 핵보유국의 비보유국에 대한 핵무기, 핵폭발장치, 그 통제권 양도금지 및 핵개발지원을 금지한다. [06년 7급] O X

249 「핵무기비확산조약(NPT)」에서 핵무기 보유국들은 비보유국이 핵무기 수평적 의무준수의 대가로서 '핵군축 협상을 성실히 추구할 것'을 선언적으로 약속하였다. [11년 경간] O X

250 NPT는 핵 비보유국의 IAEA와의 안전협정 체결의무, 안전조치 없이 핵 비보유국에 대한 핵물질, 장비 제공을 금지한다. [06년 7급] O X

251 NPT는 핵무기 비보유국이 핵무기, 핵폭발장치를 양도받거나 원조를 받지 않을 의무를 규정한다. [06년 7급] O X

252 「핵무기비확산조약(NPT)」상 핵무기 비보유국 당사국들은 국제원자력기구(IAEA)와 안전조치협정을 체결하여야 한다. [11년 경간] O X

253 NPT는 조약의 탈퇴권 규정이 없다. [06년 7급] O X

254 「핵무기비확산조약(NPT)」의 탈퇴 국가는 모든 당사국과 UN안보리에 대하여 3개월 이전에 조약의 탈퇴를 통고하여야 한다. 이 통고에는 특별한 사유서 기재를 포함하지 않아도 된다. [11년 경간] O X

255 북한의 핵문제는 「핵무기비확산조약(NPT)」과 밀접한 관계를 갖는다. [03년 외시] O X

256 1995년의 '재검토 및 효력연장회의'에 따라 「핵무기비확산조약(NPT)」의 효력은 무기한 연장되었다. [03년 외시] O X

PART 8 국제경제법

001 ICSID협약에 따른 중재재판은 외국정부를 상대로 한 국내소송이나 외교협상에 의해 해결되기 곤란한 해외투자 문제를 해결하기 위한 방법이 된다. [01년 외시] O X

002 분쟁당사자들은 상호 합의하에 ICSID 내에서 알선, 조정, 중재 및 재정절차를 활용할 수 있다. [18년 7급] O X

003 국제투자분쟁해결센터는 일반국제기구와 마찬가지로 법인격을 가지며 또한 일정한 특권 및 면제를 향유한다. [01년 외시] O X

004 ICSID의 대상이 되는 분쟁은 한 체약국과 다른 체약국 간의 투자로부터 발생하는 정치적 분쟁이어야 한다. [01년 외시] O X

005 ICSID협약에 따른 중재재판관할권이 성립하기 위해서는 분쟁당사자 간의 합의가 있어야 한다. [01년 외시] O X

006 분쟁당사자들은 ICSID에 분쟁을 회부하기로 서면으로 부여한 동의를 일방적으로 철회할 수 없다. [18년 7급] O X

007 체약국이 「국가와 외국국민간의 투자분쟁해결조약」에 따라 중재처리에 동의하고 또 회부한 분쟁에 대해서는 외교적 보호나 국제청구의 제기를 허용하지 않는다. [99년 외시] O X

008 중재재판 준거법의 미합의 시에 중재재판부는 분쟁당사국의 국내법과 국제법 모두를 적용하여야 한다. [18년 7급] O X

009 ICSID 중재의 재판준칙은 ICSID협약에 의한다. [99년 외시] O X

010 분쟁당사국은 ICSID의 중재판정에 대해 항소할 수 있다. [99년 외시] O X

011 분쟁당사국들은 ICSID협약에 따라 내려진 판정의 구속력을 승인하고 이를 집행하여야 한다. [18년 7급] O X

012 ICSID협약에 따른 중재재판판결은 해당 체약국 법원의 최종판결과 동일한 취급을 받는다. [01년 외시] O X

013 최근 타결된 한미 FTA협정문에서는 투자자-국가 간 분쟁해결제도를 인정하고 있다. [08년 사시] O X

014 GATT체제에서는 협정운영을 위한 일반적 국제기구가 존재하지 않았으나 WTO협정체제는 일반적 국제기구로서 세계무역기구를 창설하였다. [11년 9급] O X

015 WTO협정은 서비스무역과 무역관련 지적재산권도 규제대상으로 한다. [04년 사시] O X

016 GATT체제가 상품교역에 대한 규율에 중점을 둔 반면 WTO협정체제는 서비스, 지적재산권 및 무역관련 투자도 규율대상에 포함하였다. [11년 9급] O X

017 GATT체제에는 당사국 간 무역분쟁해결을 위한 분쟁해결절차가 없었으나 WTO협정체제는 명료하고 신속한 분쟁해결절차를 규정하고 있다. [11년 9급] O X

018 WTO설립협정에는 동 협정에 부속된 다자간 무역협정들이 포함된다. [13년 경간] O X

019 1994년 GATT의 내용과 다자간 상품무역협정이 저촉되는 경우에는 그 범위 내에서 후자가 우선한다. [14년 사시] O X

020 GATT규정과 보조금 및 상계조치에 관한 협정의 규정이 상충하는 경우, 상충의 범위 내에서 보조금 및 상계조치에 관한 협정이 우선한다. [12년 사시] O X

021 GATT와 SPS협정 규정이 충돌하면 SPS협정이 우선하여 적용된다. [10년 7급] O X

022 WTO법 체제는 UR최종의정서, 4개 부속서를 포함한 WTO설립협정, 각료결정 및 선언 등으로 구성되어 있다. [00년 사시] O X

023 각국의 시장개방 협상으로 도출된 관세 인하 또는 철폐 약속은 WTO설립협정의 불가분의 일부를 구성한다. [12년 사시] O X

024 WTO설립협정 부속서 1A는 13개의 상품무역에 관한 다자간 무역협정으로 구성되어 있다. [14년 경간] O X

025 다자간 상품무역협정은 모두 13개의 협정으로 구성되어 있다. [04년 행시] O X

026 다자간 상품무역협정 가운데 1994년 GATT는 상품무역 전반에 관해 규율하는 포괄적인 협정이라는 특징을 가진다. [04년 행시] O X

027 1947년 GATT를 포함하는 1994년 GATT는 WTO협정체제의 일부를 구성한다. [11년 9급] O X

028 상품무역, 서비스무역 및 무역관련 지적재산권 분야에 별도의 협정이 존재하고 있어 단일 분쟁 사안에 이들 협정들이 중복되어 적용되는 경우를 방지하고 있다. [08년 사시] O X

029 섬유 및 의류에 관한 협정은 종료되었고, 섬유 및 의류분야는 1994년 GATT에 의해 규율된다. [07년 사시] O X

030 1994년 GATT 외의 다자간 상품무역협정들은 특정한 부문, 일정한 조치 또는 1994년 GATT의 특정 조문의 시행을 위한 구체적 내용이 담긴 협정이다. [04년 행시] O X

031 1994년 GATT상 특정 조문의 시행을 위한 협정으로서 반덤핑협정, 관세평가협정 및 세이프가드(Safeguards)협정 등이 있다. [04년 행시] O X

032 위생 및 검역조치, 무역관련 투자조치, 원산지규정, 무역정책검토제도(TPRM)는 부속서1A의 상품무역협정에 속한다. [20년 해경승진] O X

033 부속서1B는 서비스협정(GATS), 부속서1C는 지적재산권협정(TRIPs)으로 구성된다. [20년 해경승진] O X

034 WTO협정은 상품무역만을 규율하고 서비스무역은 규율하지 않는다. [14년 9급] O X

035 WTO설립협정 부속서 3은 무역정책검토제도이다. [14년 경간] O X

036 WTO설립협정 부속서 4는 모든 회원국에 의무적으로 적용되는 복수 간 무역협정이다. [14년 경간] O X

037 정부조달협정(GPA)과 같은 복수국 간 무역협정도 모든 회원국에게 적용된다. [13년 경간] O X

038 현재 효력이 있는 복수국 간 무역협정으로는 정부조달협정과 민간항공기협정뿐이다. [04년 행시] O X

039 복수국 간 무역협정의 운용과 관련하여 각 협정별로 별도의 운영위원회가 구성된다. [04년 행시] O X

040 WTO설립협정 부속서의 다자간 무역협정(Multilateral Trade Agreement)은 1A, 1B, 1C, 2, 3이다. [20년 해경승진] O X

041 WTO는 설립협정에 근거하여 만들어진 국제기구이다. [04년 사시] O X

042 WTO설립협정에 부속된 다자간 무역협정(MTA)은 이를 수락한 회원국에 대하여만 구속력을 갖는다. [04년 사시] O X

043 WTO회원국은 TRIPs의 적용 여부에 대해 선택할 수 있게 하였다. [06년 7급] O X

044 복수국 간 무역협정(Plurilateral Trade Agreement)은 WTO회원국이라도 이들 협정에 가입할지 여부를 선택할 수 있도록 하고 있다. [08년 사시] O X

045 WTO설립협정에 부속된 복수국 간 무역협정(PTA)은 모든 회원국에 대하여 구속력을 갖는다. [04년 사시] O X

046 1947년 GATT는 1994년 GATT의 구성요소이며, 1994년 GATT와 법적으로 구별된다. [12년 사시] O X

047 WTO는 WTO설립협정 및 다자간 무역협정의 이행, 관리, 운영을 촉진한다. [15년 9급] O X

048 WTO는 복수국 간 무역협정의 이행, 관리 및 운영을 위한 틀을 제공한다. [13년 사시] O X

049 WTO는 WTO설립협정에 부속된 협정들에 관련된 다자간 무역관계와 관련 회원국들 간의 협상의 장(forum)을 제공한다. [15년 9급] O X

050 WTO는 분쟁해결규칙 및 절차에 관한 양해(DSU)를 시행한다. [13년 사시] O X

051 WTO는 WTO설립협정 부속서 3에 규정된 무역정책검토제도를 시행한다. [04년 사시] [15년 9급] O X

052 WTO는 세계경제 정책 결정에 있어서 일관성 제고를 위하여 UN경제사회이사회와 협력한다. [15년 9급] O X

053 WTO는 세계경제 정책결정에 있어서의 일관성 제고를 위하여 국제통화기금(IMF)과 협력한다. [13년 사시] O X

054 WTO는 WTO회원국 중 최빈개도국에 대한 개발원조를 제공한다. [03년 사시] O X

055 각료회의는 모든 회원국 대표로 구성된다. [00년 사시] O X

056 각료회의는 WTO의 모든 회원국으로 구성되며, 최소한 2년에 1회 이상 열도록 되어 있다. [14년 해경] O X

057 회원국의 대표들로 구성되는 각료회의(Ministerial Conference)는 WTO의 기능을 수행하며, 이를 위하여 필요한 조치를 취한다. [03년 외시] O X

058 각료회의는 회원국이 요청하는 경우 다자간 무역협정의 모든 사항에 대해 결정을 내릴 권한을 갖는다. [15년 사시] O X

059 최고 의사결정 기구는 각료회의(Ministerial Conference)이다. [10년 사시] O X

060 일반이사회는 모든 회원국의 대표로 구성된다. [02년 9급] O X

061 일반이사회는 필요에 따라 개최된다. [00년 사시] O X

062 일반이사회는 각료회의 비회기 중에 각료회의의 기능을 수행한다. [15년 사시] O X

063 DSB는 임무수행에 필요하다고 판단되는 의사규칙을 제정한다. [05년 사시] O X

064 분쟁해결에 관한 문제는 WTO회원국 대표로 구성된 분쟁해결기구(DSB)에서 담당한다. [10년 사시] O X

065 일반이사회는 분쟁해결기구(DSB)의 임무를 수행하고 무역정책검토기구의 임무를 수행한다. [14년 해경] O X

066 일반이사회 산하에는 상품무역이사회, 무역관련 지적재산권이사회, 서비스무역이사회가 설치된다. [03년 사시] O X

067 각료회의는 특별위원회인 무역개발위원회, 국제수지위원회, 예산 · 재정 · 행정위원회를 설치한다. [14년 해경] O X

068 각료회의 산하에 설치된 무역환경위원회는 WTO 출범 이후 설치된 것이다. [03년 외시] O X

069 복수국 간 무역협정(Plurilateral Trade Agreements)에 따라 설치된 기관을 제외하고는 WTO의 기관은 모든 WTO회원국에게 개방된다. [99년 외시] O X

070 세계무역기구(WTO)는 행정기관인 사무국을 둔다. [00년 사시] O X

071 사무총장은 각료회의에 의하여 임명된다. [10년 사시] O X

072 일반이사회는 연간 예산안을 회원국의 반 이상을 포함하는 3분의 2 다수결에 의하여 채택한다. [09년 사시] O X

073 WTO는 법인격을 가지며 각 회원국은 WTO에 필요한 특권과 면제를 부여한다. [21년 9급] O X

074 각 회원국은 세계무역기구의 회원국 대표에 대하여 이들이 세계무역기구와 관련하여 자신의 기능을 독자적으로 수행하는 데 필요한 특권과 면제를 부여한다. [10년 9급] [21년 해경승진] O X

075 WTO공무원이 각 회원국에서 향유하는 특권과 면제는 1947년 전문기구의 특권과 면제에 관한 협약에 규정된 특권과 면제와 유사하여야 한다. [03년 사시] O X

076 WTO는 본부 협정을 체결할 수 있다. [00년 사시] [16년 경간] ○ ×

077 WTO는 총의(consensus)와 투표를 결합한 의사결정 방식을 취하고 있다. [21년 9급] ○ ×

078 WTO는 GATT체제와 같이 일차적으로 총의(consensus)로 의사결정을 한다. [17년 9급] [21년 해경승진] ○ ×

079 WTO에서는 명문으로 다수결을 규정하고 있는 경우에도 실제로 총의가 의사결정방식으로 이용되고 있다. [15년 사시] ○ ×

080 WTO회원국의 기권은 컨센서스에 영향을 미치지 않는다. [05년 9급] ○ ×

081 WTO는 총의로 결정하지 못하고 달리 규정되지 않은 경우에는 표결로 결정한다. [17년 9급] ○ ×

082 WTO 각 회원국은 한 표를 갖는다. [05년 9급] ○ ×

083 유럽연합(EU)이 투표권을 행사할 때는 세계무역기구의 회원국인 유럽연합 회원국 수와 동일한 수의 투표권을 갖는다. [11년 사시] ○ ×

084 WTO설립협정 또는 다자간 무역협정에 달리 규정되어 있는 경우를 제외하고는, 각료회의와 일반이사회의 결정은 투표과반수에 의한다. [13년 사시] ○ ×

085 의사결정에서 어떤 참석 회원국도 공식적으로 제안에 반대하지 않으면 총의에 의하여 결정된 것으로 간주한다. [11년 경간] ○ ×

086 각료회의와 일반이사회는 WTO설립협정과 다자간 무역협정의 해석에 관한 권한을 독점한다. [17년 9급] ○ ×

087 각료회의와 일반이사회의 해석에 대한 채택은 총의(consensus)에 의하는 것이 원칙이다. [14년 사시] ○ ×

088 각료회의에서의 WTO설립협정 부속서 1의 다자간 무역협정에 관한 해석결정은 회원국 4분의 3 다수결에 의한다. [13년 사시] ○ ×

089 WTO설립협정 제9조 제3항과 제4항에 의한 면제의 대상이 될 수 있는 의무는 GATT 및 WTO협정이 규정하고 있는 모든 의무이다. [01년 외시] ○ ×

090 의무면제를 받을 수 있는 예외적 상황에 대해서는 WTO협정에 구체적으로 정의되어 있지 않다. [01년 외시] ○ ×

091 각료회의는 예외적인 상황에서 회원국 3/4 이상의 다수결에 따라 특정 회원국에 대하여 협정상의 의무를 면제할 수 있다. [14년 해경] O X

092 면제 부여의 기간은 최대 1년이며 각료회의의 검토에 따라 연장될 수 있다. [01년 외시] O X

093 면제 부여 기간의 연장은 각료회의의 검토에 따라 1회로 제한한다. [01년 외시] O X

094 세계무역기구(WTO)의 모든 회원국이 수락한 경우에만 개정될 수 있는 조문에는 GATT 1994 제2조(양허표), WTO설립협정 제9조(의사결정), 무역 관련 지적재산권에 관한 협정 제4조(최혜국대우) 등이 있다. [16년 9급] O X

095 내국민대우원칙 규정의 개정은 모든 WTO 회원국이 수락하는 경우에만 발효한다. [16년 경간] O X

096 WTO 회원국 권리의무의 변경을 가져오는 협정의 개정은 WTO의 모든 회원국이 수락할 경우에만 결정될 수 있다. [03년 외시] O X

097 복수국 간 무역협정은 상황에 따라 새로이 추가되거나 기존의 협정이 삭제될 수도 있다. [04년 행시] O X

098 WTO설립협정 발효 당시의 1947년 GATT의 체약당사자 및 구주공동체(EC)는 일정조건을 구비하여 WTO의 원회원이 된다. [16년 사시] O X

099 GATT 1947의 체약국은 WTO의 회원국으로 간주된다. [12년 9급] O X

100 WTO의 원회원국이 되기 위해서는 WTO협정 발효일 당시에 1947년 GATT의 체약당사국이며, WTO협정과 다자간무역협정을 수락하고, GATT 양허표와 GATS의 구체적 약속표를 부속해야 한다. [11년 경간] O X

101 EC는 WTO의 원회원국(original members) 중 하나이므로 개별 EC 구성국들과는 별도로 WTO 회원국(Member)의 지위를 지닌다. [09년 7급] O X

102 WTO설립협정 제11조 제2항에 의하면, 최빈개도국들(least-developed countries)은 자국의 개별적인 개발, 금융 및 무역의 필요나 행정 및 제도적인 능력에 부합하는 수준의 약속 및 양허를 하도록 요구된다. [02년 사시] O X

103 WTO의 신규회원의 자격은 국가뿐만 아니라 일정한 조건을 만족시키는 독자적 관세영역에도 부여된다. [16년 사시] O X

104 세계무역기구(WTO) 회원국은 WTO협정과 동 부속서 등에 규정된 권리와 의무의 주체가 된다. [12년 9급] O X

105 신규 회원국의 가입은 각료회의가 결정한다. [12년 9급] O X

106 각료회의는 WTO 회원국 2/3 다수결에 의하여 가입 조건에 관한 합의를 승인한다. [16년 사시] O X

107 WTO에 가입하려는 국가에 대해 WTO 회원국들의 요구를 반영하여 가입의정서에서 조건을 부과하는 것이 가능하다. [10년 사시] O X

108 국가가 WTO에 가입할 때 다른 특정 회원국에 대하여 WTO설립협정과 동 협정 부속서 1, 2의 다자간 무역협정의 비적용을 결정할 수 있다. [12년 사시] O X

109 복수국 간 무역협정의 수락 및 발효에 관하여 WTO협정이 준용된다. [04년 행시] O X

110 회원국은 WTO설립협정으로부터 탈퇴할 수 있다. [18년 9급] O X

111 회원국이 WTO설립협정에서 탈퇴하더라도 그 부속서 I의 다자간 무역협정의 효력은 그 국가에 대하여 유지된다. [16년 사시] O X

112 회원국의 탈퇴는 WTO 사무총장에게 서면으로 탈퇴의사를 통보하여야 하며 탈퇴통보가 WTO 사무총장에게 접수된 후 6월이 경과한 날부터 발효한다. [14년 해경] O X

113 WTO설립협정과 다자간 상품무역협정 간에 저촉이 있을 경우 WTO설립협정이 우선한다. [14년 사시] O X

114 회원국은 자국의 법과 규칙 및 행정절차가 WTO협정에 합치하도록 할 법적인 의무를 진다. [13년 경간] O X

115 WTO설립협정에 대하여는 유보를 할 수 없다. [18년 9급] O X

116 다자간 무역협정의 규정에 대한 유보는 동 협정에 명시된 범위 내에서만 할 수 있다. [00년 사시] O X

117 WTO설립협정은 「UN헌장」 제102조의 규정에 따라 등록된다. [18년 9급] O X

118 WTO 설립협정의 정본으로 인정되는 언어의 수는 국제사법재판소(ICJ)의 공용어보다 더 많다. [14년 경간] O X

119 WTO설립협정은 회원국의 지방정부나 비정부기관에 대한 책임에 대하여 명시적으로 규정하고 있지 않다. [12년 사시] O X

120 WTO는 분쟁해결절차를 통합하여 분쟁해결절차의 통일성을 제고하였다. [04년 사시] O X

121 WTO는 분쟁해결기구(DSB)를 설치, 제도화하고 있다. [00년 사시] O X

122 WTO 회원국 간 무역분쟁이 발생하는 경우, 분쟁당사국간 별도의 합의가 없어도 관할권이 성립한다. [08년 7급] O X

123 WTO 분쟁해결절차는 규칙지향적 접근방식을 채택하였다. [01년 사시] O X

124 WTO의 분쟁해결절차는 사법적 절차로서의 성격보다 타협을 중시하는 정치적 성격이 강하다. [16년 전직] O X

125 DSU는 분쟁해결방법으로 패널 및 상소절차뿐만 아니라 주선, 조정, 중개, 중재에 대해서도 규정하고 있다. [14년 사시] O X

126 패널절차 이전에 협의절차를 규정하고 있다. [04년 사시] O X

127 역총의(reverse consensus) 제도를 도입하여 패널 보고서의 채택을 용이하게 하였다. [04년 사시] O X

128 협의 및 패널절차에 있어 제3국(이해관련 회원국)의 참가를 보장하고 있고, 개도국과 최빈개도국에 대한 특별절차를 별도로 규정하여 저개발국의 열악한 경제적 상황을 적절히 고려하게 함으로써 분쟁해결의 공정성을 제고하였다. [13년 경간] O X

129 개도국과 최빈국은 '분쟁해결절차 및 규칙에 관한 양해(DSU)'의 적용에 있어 특별한 고려를 받고 있다. [09년 7급] O X

130 WTO는 패널절차와 상소절차를 통하여 회원국 사이의 무역분쟁을 해결한다. [14년 9급] O X

131 패널절차의 각 단계별로 엄격한 시한을 설정하여 패널절차의 신속성 및 효율성을 도모하고 있다. [09년 7급] O X

132 비위반사건에 대해서도 제소가 가능하다. [02년 7급] O X

133 WTO 회원국(Members)만이 분쟁해결기구(DSB)에 분쟁을 회부할 수 있다. [12년 사시] O X

134 비정부기구(NGO), 지방정부 또는 개인은 직접 WTO에 분쟁의 해결을 요청할 수 없다. [12년 사시] O X

135 유럽연합(EU)은 WTO 분쟁해결절차에서 당사자 적격성을 갖는다. [12년 사시] O X

136 WTO회원국의 피해기업은 WTO에 직접 제소할 수 없다. [08년 7급] O X

137 독립된 패널에 의한 공평한 심리절차를 강화하고 상설항소제도를 도입하는 등 분쟁해결절차의 사법성, 공정성, 적정성을 강화하였다. [13년 경간] O X

138 WTO의 모든 분쟁은 기본적으로 분쟁해결기구(DSB)가 통일적으로 절차를 관장한다. [16년 전직] O X

139 DSU에 따르면 DSU 자체는 분쟁해결 대상협정에 속하지 않는다. [14년 사시] O X

140 WTO설립협정 부속서2의 분쟁해결양해(DSU)와 부속서3의 무역정책검토제도는 DSU 대상협정에 속하지 않는다. [10년 사시] [12년 경간] [14년 경간] O X

141 무역정책검토제도는 '분쟁해결절차 및 규칙에 관한 양해(DSU)'의 대상협정(covered agreements)에 포함된다. [09년 7급] O X

142 WTO의 분쟁해결제도가 갖는 사물관할의 범위는 지적재산권과 서비스분야에 한정되었다. [99년 외시] O X

143 WTO 정부조달협정에 관한 분쟁에 대해서는 WTO의 '분쟁해결규칙 및 절차에 관한 양해'를 적용할 수 있다. [02년 외시] O X

144 '분쟁해결양해(DSU)의 규칙 및 절차'가 '분쟁해결에 관한 특별 또는 추가적인 규칙 및 절차(DSU의 부록 2)'와 충돌하는 경우 후자가 우선한다. [11년 사시] O X

145 2개 이상의 '분쟁해결에 관한 특별 또는 추가적인 규칙 및 절차'가 충돌하는 경우, 분쟁당사자의 합의로 정하고 합의하지 못하면 일방 분쟁당사자의 요청 후 분쟁해결기구(DSB)의 의장이 적용 규칙 및 절차를 확정한다. [11년 사시] O X

146 세계무역기구 설립협정 및 그 부속현정상의 무든 분쟁을 해결하기 위하여 DSB를 설치한다. [05년 9급] O X

147 분쟁해결기구(DSB)의 일차적인 의사결정방법은 총의제이고 총의가 이루어지지 않는 경우 표결에 의한다. [09년 9급] O X

148 패널의 설치와 패널보고서 채택, 상소보고서의 채택과 보복조치의 승인과 관련하여 역총의제를 도입하고 있다. [16년 경간] O X

149 패널은 평결(rulings)과 권고(recommendations)에서 대상협정에 규정된 권리와 의무를 가감할 수 있다. [05년 사시] O X

150 패소국이 상소기구판정을 이행하지 않고 보상합의도 없게 되면 승소국은 WTO의 승인을 얻어 무역보복 조치를 취할 수 있다. [10년 사시] O X

151 패소국이 DSB의 권고 또는 판정을 이행하지 않으면, 제소국은 DSB의 승인이 없더라도 패소국에 대한 양허 또는 기타 의무의 정지를 실행할 수 있다. [02년 외시] O X

152 대상협정에 따라 부담해야 하는 의무를 위반하는 행위는 일견 WTO 회원국의 이익을 무효화 또는 침해한 것으로 간주된다. [15년 사시] O X

153 분쟁당사국은 패널설치요청에 앞서 반드시 협의를 요청하여야 한다. [16년 사시] O X

154 분쟁해결의 첫 단계는 협의이다. [05년 9급] O X

155 패널은 협의 중에도 설치될 수 있다. [05년 9급] O X

156 패널은 분쟁당사국의 서면요청에 의해 설치된다. [07년 9급] O X

157 협의요청 접수일로부터 60일 이내에 협의를 통한 분쟁해결에 실패하는 경우 제소국은 패널의 설치를 요청할 수 있다. [05년 사시] [13년 7급] O X

158 제소국은 협의요청 접수일로부터 60일 이내라도 패널의 설치를 요청할 수 있다. [15년 사시] O X

159 부패하기 쉬운 상품에 관한 분쟁과 같이 긴급을 요하는 경우 협의요청 후 10일 내에 협의가 개시되고 20일 이내에 협의가 종결되어야 한다. [99년 외시] O X

160 제3자는 분쟁해결기구(DSB)에 협의 참가 의사를 통고하면 동 분쟁의 협의에 자유롭게 참여할 수 있다. [09년 사시] O X

161 분쟁당사국이 합의하는 경우 주선, 조정 또는 중개에 의하여 분쟁을 해결할 수 있다. [10년 사시] O X

162 주선, 조정 및 중개는 분쟁당사국이 합의하는 경우에 취해지는 자발적 절차이다. [02년 사시] O X

163 주선, 조정 및 중개에 의한 분쟁해결이 실패하는 경우, 제소국(complaining party)은 패널의 설치를 요청할 수 있다. [02년 사시] O X

164 주선, 조정 및 중개는 언제든지 개시되고 종료될 수 있다. [02년 사시] O X

165 분쟁당사국들이 합의하는 경우 주선 · 중개 · 조정 절차는 패널과정 중에도 계속될 수 있다. [19년 해경승진] O X

166 WTO 사무총장은 회원국의 분쟁해결을 지원하기 위하여 직권으로 주선, 조정 또는 중개절차를 제공할 수 있다. [13년 사시] O X

167 일방당사국의 요청만으로도 패널이 설치된다. [15년 사시] O X

168 패널설치 요청에 대해 모든 회원국이 총의(consensus)로 패널을 설치하지 않기로 결정하지 않는 한, 패널은 설치된다. [13년 사시] O X

169 DSB는 패널설치 요청이 의제에 상정된 첫 번째 회의에서 패널설치 여부를 최종적으로 결정한다. [05년 사시] O X

170 패널설치 요청은 서면 또는 구두로 이루어지며, 반드시 그 법적 이유를 밝혀야 한다. [13년 사시] [20년 해경승진] O X

171 패널은 분쟁 당사자가 패널 설치로부터 20일 이내에 달리 합의하지 아니하는 한 표준위임사항을 부여받는다. [15년 경간] O X

172 민간인사뿐만 아니라 정부인사도 패널위원이 될 수 있다. [01년 사시] O X

173 패널리스트는 관련분야의 지식과 경험이 풍부한 사람이어야 하며, 정부 관리도 패널리스트가 될 수 있다. [01년 외시] O X

174 자기 나라 정부가 분쟁 당사자인 회원국의 국민은, 분쟁당사자가 달리 합의하지 아니하는 한, 그 분쟁을 담당하는 패널의 위원이 되지 아니한다. [15년 7급] O X

175 패널리스트는 WTO 사무국이 작성 · 관리하는 명부에서 선출한다. [01년 외시] O X

176 패널은 분쟁당사자가 패널설치일로부터 10일 이내에 5인의 패널위원으로 구성하는 데 합의하지 아니하는 한, 3인의 패널위원으로 구성된다. [13년 7급] O X

177 사무국이 패널위원 후보자를 제의하지만, 분쟁당사자는 불가피한 사유(compelling reason)가 있는 경우 그 후보자를 거부할 수 있다. [11년 사시] O X

178 DSB는 분쟁당사국들에게 패널위원 후보를 제안한다. [05년 사시] O X

179 패널 설치일로부터 20일 이내에 패널 위원 구성에 대해 합의하지 못하면 분쟁해결기구 의장이 패널 위원을 임명한다. [15년 7급] [20년 해경승진] O X

180 사무총장이 직권으로 패널위원을 임명해야 하는 경우 분쟁해결기구의 장 등과 협의하여야 한다. [14년 7급] O X

181 패널위원은 정부대표나 기구대표가 아닌 개인자격으로 임무를 수행한다. [01년 사시] [15년 경간] [15년 7급] [16년 경간] [20년 해경승진] O X

182 선진국 회원국과 개발도상국 회원국 간의 분쟁 시 개발도상국 회원국이 요청하는 경우, 패널 위원 중 적어도 1인은 개발도상국 회원국의 인사를 포함하여야 한다. [15년 9급] [15년 7급] [19년 해경승진] O X

183 동일한 사안에 대해 2개 이상의 회원국이 패널의 설치를 요청하는 경우 단일패널의 설치가 가능하다. [15년 사시] O X

184 실질적인 이해관계를 갖고 있는 제3자는 분쟁당사국의 동의가 없더라도 패널절차에 참여할 수 있다. [15년 사시] O X

185 분쟁해결절차에 참가하는 제3국은 당해 분쟁에 대하여 실질적인 이해관계가 있어야 한다. [12년 사시] O X

186 패널절차에서 제3자는 의견을 진술하고 서면입장을 제출할 기회를 갖는다. [09년 사시] O X

187 제3자의 서면입장은 분쟁 당사자에게 전달되며, 패널보고서에 반영된다. [09년 사시] O X

188 제3자는 패널절차의 대상인 조치가 대상협정에 따라 자국에 귀속된 이익을 무효화 또는 침해한다고 간주하는 경우, 분쟁해결양해(DSU)에 따른 정상적인 분쟁해결절차에 호소할 수 있다. [09년 사시] O X

189 패널은 분쟁의 사실부분에 대한 객관적 평가를 할 권한을 가진다. [99년 사시] O X

190 패널은 WTO협정의 위반여부에 관한 법률적 해석을 할 권한을 가진다. [99년 사시] O X

191 부패의 우려가 있는 상품에 관한 분쟁을 포함한 긴급한 분쟁의 경우 패널보고서 제출기간이 단축될 수 있다. [06년 사시] [14년 해경] O X

192 패널의 구성 및 위임사항에 대하여 합의가 이루어진 날로부터 최종보고서가 분쟁당사자에게 제시되는 날까지의 패널이 자신의 검토를 수행하는 기간은 일반적인 규칙으로서 6월을 초과하지 아니한다. [00년 외시] O X

193 패널은 환경보호단체와 같은 비정부기구(NGO)로부터 정보를 구할 수 있다. [07년 사시] O X

194 패널에 비밀정보가 제공되는 경우, 그 정보는 이를 제공하는 회원국의 개인, 기관 또는 당국으로부터 공식적인 승인 없이는 공개되지 아니한다. [10년 사시] O X

195 패널은 사안의 특정 측면에 대한 의견을 구하기 위해 전문가와 협의할 수 있다. [10년 사시] O X

196 패널의 심의는 공개되지 아니하며, 패널보고서는 제공된 정보 및 행하여진 진술내용에 비추어 분쟁당사자의 참석없이 작성되고, 개별 패널위원이 패널보고서에서 표명한 의견은 익명으로 한다. [20년 7급] O X

197 잠정보고서에 대한 의견 제출 기간 내에 분쟁당사국들로부터 아무런 의견이 주어지지 않는 경우 잠정보고서는 최종보고서로 간주되며 회원국들에게 즉시 회람한다. [00년 외시] O X

198 회원국에게 패널보고서를 검토할 충분한 시간을 부여하기 위하여 동 보고서는 회원국에게 배포된 날로부터 20일 이내에는 분쟁해결기구(DSB)에서 채택을 위한 심의의 대상이 되지 아니한다. [20년 7급] O X

199 패널보고서에 이의가 있는 회원국은 적어도 동 보고서가 심의되는 회의가 개최되기 20일 이전에 회원국에게 배포되도록 자신의 이의를 설명하는 이유를 서면으로 제출한다. [16년 경간] O X

200 패널보고서는 역총의제(reverse consensus system)에 의해 채택된다. [10년 9급] O X

201 패널에서 항소된 사건은 상설항소기구(Standing Appellate Baby)가 심의한다. [03년 외시] O X

202 상소기구는 7인의 위원으로 구성되며, 이들 중 3인이 하나의 사건을 담당한다. [11년 사시] O X

203 상소기구위원의 임기는 4년이며 1차에 한하여 연임할 수 있다. [04년 행시] O X

204 분쟁당사자인 회원국의 상소기구위원도 해당 분쟁사건을 담당할 수 있다. [14년 사시] O X

205 분쟁당사국 뿐만 아니라, 패널의 사안에 대한 실질적 이익을 갖고 있음을 분쟁해결기구에 통고한 제3국도 상소할 수 있다. [15년 7급] O X

206 사안에 대한 실질적인 이해관계가 있음을 분쟁해결기구에 통지한 제3국은 상소기구에 서면입장을 제출하고 상소기구에서 자신의 입장을 밝힐 수 있다. [08년 사시] O X

207 원칙적으로 분쟁당사자가 상소 결정을 공식적으로 통지한 날로부터 상소기구가 자신의 보고서를 배포하는 날까지의 절차는 60일을 초과할 수 없다. [14년 사시] O X

208 상소기구의 판정기간은 통상 60일 이내이나, 연장 시 90일까지 가능하다. [99년 사시] O X

209 WTO 상소기구의 검토 범위는 패널보고서에서 다루어진 법률문제 및 패널이 행한 법률 해석에 국한된다. [14년 7급] O X

210 항소기구의 심의과정은 공개되지 아니한다. [03년 외시] O X

211 상소기구 보고서에 표명된 개별 위원의 견해는 익명으로 한다. [11년 사시] O X

212 상소기구는 패널의 법률적인 조사결과와 결론을 확정, 변경 또는 파기할 수 있다. [08년 사시] O X

213 상소기구 보고서가 회원국에게 배포된 후 30일 이내에 분쟁해결기구가 컨센서스로 동 보고서를 채택하지 않기로 결정하지 않는 한, 분쟁해결기구는 동 보고서를 채택한다. [11년 사시] O X

214 분쟁해결기구의 상소기관에 의한 보고서 채택은 역총의제를 적용하기 때문에 그 보고서는 사실상 자동적으로 채택된다고 할 수 있다. [15년 7급] O X

215 패널 또는 상소기구는 조치가 대상협정에 일치하지 않는다고 결론짓는 경우, 관련 회원국에게 동 조치를 동 대상협정에 합치시키도록 권고하며, 자신의 권고에 추가하여 패널 또는 상소기구는 관련 회원국이 권고를 이행할 수 있는 방법을 제시할 수 있다. [20년 7급] O X

216 패널과 상소기구는 자신의 조사 결과와 권고에서 '대상협정'에 규정된 권리와 의무를 증가 또는 감소시킬 수 없다. [16년 사시] O X

217 WTO 회원국들은 분쟁해결기구의 결정이나 권고를 신속히 이행해야 한다. [00년 사시] O X

218 판정의 즉각적인 이행이 불가능한 경우, 관련 회원국은 준수를 위한 '합리적인 기간'을 부여받을 수 있으며, 이 기간 동안 위반조치에 따라 발생하는 피해에 대해 구제를 제공할 의무가 없다. [16년 사시] O X

219 패널보고서 또는 상소보고서가 채택된 날로부터 30일 내에 DSB는 소집되어야 하며, 이때 분쟁당사국은 보고서에 대하여 자국의 입장을 밝혀야 한다. [02년 외시] O X

220 분쟁당사국 간에 판정의 이행을 위한 조치가 '대상협정'에 합치하는지의 여부에 대한 이견이 있는 경우, 이러한 분쟁은 원패널에 회부될 수 있다. [16년 사시] O X

221 DSB는 채택된 권고 또는 판정의 이행상황을 지속적으로 감시하고, 제3국을 제외한 분쟁당사국인 회원국은 권고 또는 판정이 채택된 후 언제라도 그 이행문제를 DSB에 제기할 수 있다. [20년 7급] O X

222 분쟁해결기구(DSB)에 의해 승인된 보복조치는 최혜국대우원칙의 예외에 해당된다. [15년 사시] O X

223 보복(retaliation)은 제소국이 피소국에 대하여 양허 또는 그 밖의 의무를 정지하는 방식으로만 이루어져야 한다. [11년 7급] O X

224 WTO 분쟁해결제도가 인정하고 있는 DSB에 의한 보복조치의 승인은 피소국의 WTO 협정 의무 위배에 근거한 처벌적 성격을 가지는 경제제재에 해당된다. [11년 7급] O X

225 보상 및 양허의 정지는 분쟁해결기구(DSB)의 권고 및 판정이 합리적인 기간 내에 이행되지 않는 경우 취할 수 있는 잠정적인 조치이다. [16년 9급] O X

226 대상협정에 합치시키도록 하는 권고의 완전한 이행이 우선되어야 하므로 보상 및 양허의 정지는 잠정적인 조치이다. [15년 사시] O X

227 보상은 자발적인 성격을 띠며, 이를 행하는 경우 대상협정과 합치하여야 한다. [16년 9급] [20년 9급] O X

228 판정이 합리적인 기간 내에 이행되지 않는 경우, 의무불이행국은 추가적인 시장개방 형태의 무역보상을 피해국에 대해 차별적으로 제공할 수 있다. [16년 사시] O X

229 패소한 회원국이 판정을 이행하지 않는 경우, DSB는 금전배상을 명한다. [13년 사시] O X

230 분쟁해결기구(DSB)의 결정이나 권고를 이행하지 않거나 할 수 없으면 보상을 위한 교섭을 해야 한다. [00년 사시] O X

231 패널보고서의 이행과 관련하여 당사국 간에 만족할 만한 보상합의가 이루어지지 않는 경우 제소국은 협정상의 양허나 다른 의무를 정지시킬 수 있다. [14년 7급] O X

232 보복조치는 협정위반이 인정된 분야와 동일한 분야에 우선적으로 적용되어야 한다. [01년 사시] O X

233 제소국은 동일한 분야에서 양허 또는 그 밖의 의무를 정지하는 것이 비현실적이거나 비효과적이라고 간주하는 경우, 동일협정상의 다른 분야에서 양허의 정지를 추구할 수 있으며, 이것이 만족스럽지 않으면 교차보복까지도 허용된다. [11년 7급] O X

234 WTO 분쟁해결양해는 적절한 경우에 교차보복을 허용하고 있다. [10년 7급] [13년 해경] O X

235 분쟁해결기구가 승인하는 양허 또는 그 밖의 의무의 정지의 수준은 무효화 또는 침해의 수준에 상응하여야 한다. [20년 9급] O X

236 DSB는 대상협정이 양허의 정지를 금지하는 경우 이를 승인하지 아니한다. [16년 9급] O X

237 양허 또는 그 밖의 의무의 정지의 승인은 총의제(consensus)에 의한다. [20년 9급] O X

238 양허의 정지 수준에 이의가 있는 회원국은 분쟁해결양해(DSU)에 규정된 중재절차를 이용할 수 있다. [15년 사시] O X

239 제소국이 결정하는 보복수준에 대하여 피소국이 이의를 제기하는 경우, 동 사안은 중재에 회부된다. [11년 7급] O X

240 세계무역기구(WTO) 분쟁해결절차는 최빈국 회원국을 위한 특별규정을 두고 있지 않다. [03년 사시] O X

241 중재는 분쟁해결절차의 대안으로서 DSU에 명시되어 있다. [03년 외시] O X

242 분쟁당사국이 아닌 회원국은 중재에 회부하기로 합의한 분쟁당사국이 동의하는 경우에만 중재절차의 당사자가 될 수 있다. [03년 외시] O X

243 중재결정의 내용은 분쟁해결기구 및 관련협정이사회 또는 위원회에 통고되어야 한다. [03년 외시] O X

244 DSU는 WTO협정 위반의 경우뿐만 아니라 비위반제소에 대해서도 규정하고 있다. [14년 사시] O X

245 WTO의 분쟁해결에서 비위반제소(non-violation complaints)는 피소국의 조치로 인해 대상협정상의 이익이 무효화 또는 침해되어야 한다. [09년 사시] O X

246 비위반제소의 경우 이익의 무효화 또는 침해와 피소국의 조치 간에 인과관계가 존재하여야 한다. [09년 사시] O X

247 분쟁해결절차에서 비차별주의 위반에 대하여는 일반적으로 피소국이 입증책임을 진다. [17년 9추] O X

248 1994년도 GATT 제23조 제1항 (b)에 규정된 형태의 비위반제소의 경우 이익의 무효화 또는 침해의 입증책임은 제소국에게 있다. [15년 7급] O X

249 1994년도 GATT 제23조 제1항 (b)에 규정된 형태의 비위반제소의 경우 피제소국은 패소하더라도 GATT/WTO 협정상의 어떤 구체적인 규정을 위반한 것이 아니기 때문에 대상조치를 철회할 의무는 없다. [15년 7급] O X

250 비위반제소는 위반제소와 병행하여 제기될 수 있다. [09년 사시] O X

251 비위반제소를 다룬 사례로 '일본-필름 사건(Japan-Measures Affecting Consumer Photo-graphic Film and Paper)'이 있다. [09년 사시] O X

252 WTO 분쟁해결제도는 선례구속의 원칙을 인정하고 있다. [08년 7급] O X

253 ICJ는 단심절차인데 반해 WTO는 2심절차를 두고 있다. [09년 7급] O X

254 ICJ 재판관의 수는 WTO 상소기구(Appellate Body) 위원의 수 보다 적다. [09년 7급] O X

255 ICJ는 WTO와는 다르게 임시국적재판관(national ad hoc judge) 제도를 두고 있다. [09년 7급] O X

256 강제관할권 확보의 측면에서는 WTO 분쟁해결절차가 ICJ 절차 보다 강화되어 있다. [09년 7급] O X

257 내국민대우원칙은 최혜국대우원칙과 함께 GATT 1994의 양대 비차별원칙이다. [16년 경간] O X

258 1994GATT 내국민대우원칙은 차별을 금지한다는 점에서 최혜국대우원칙과 공통점을 갖는다. [10년 지방] O X

259 최혜국대우(MFN)란 통상 · 항해조약을 체결한 국가가 상대국에 대하여 가장 유리한 혜택을 받는 제3국과 동등한 대우를 하는 것이다. [05년 9급] O X

260 최혜국약관에는 제3국에 부여하는 것과 동일한 이익을 줄 것을 규정한 적극적 약관과 제3국보다는 불리한 대우를 하지 않을 것을 규정한 소극적 약관이 있다. [05년 9급] O X

261 최혜국대우원칙이 철저히 적용될 경우 원산지를 따질 이유가 없고 통관절차도 간소화되어 상품거래의 비용이 최소화되는 효과가 있다. [02년 외시] O X

262 일국의 상품에 부여되고 있는 호의적인 대우는 원칙적으로 타 회원국의 동종 상품에 대하여도 부여되어야 한다. [16년 사시] O X

263 최혜국대우원칙에서의 차별금지는 관세부과 등의 국경조치와 관련한 것이며 내국세 등의 국내조치와 관련된 것이 아니다. [16년 사시] O X

264 GATT상 최혜국대우원칙은 수입영역에만 적용되는 것이 아니라 수출영역에도 적용된다. [16년 사시] O X

265 GATT 최혜국대우규정은 생산품뿐만 아니라 용역, 기업설립에도 적용된다. [05년 9급] O X

266 최혜국대우는 동종제품에 대한 법률상의 차별뿐만 아니라, 사실상의 차별도 금지한다. [21년 7급] O X

267 최혜국대우는 WTO체제의 기본원칙이지만 일정한 예외가 허용된다. [02년 외시] O X

268 자유무역지역 및 관세동맹 협정은 최혜국대우원칙에 대한 예외로 인정된다. [18년 7급] O X

269 개발도상국에게 일반특혜관세(GSP)를 부여하는 것은 비차별원칙의 예외로 인정된다. [07년 사시] O X

270 세계무역기구(WTO)협정에 따른 최혜국 대우 의무의 정당한 예외사유에는 문화적 다양성의 보호를 이유로 외국 영화의 상영관 수를 제한한 경우가 있다. [14년 7급] O X

271 서비스무역일반협정(GATS)에서는 1994년 GATT와 비교하여 최혜국대우원칙에 있어 광범위한 예외가 인정된다. [04년 행시] O X

272 최혜국대우는 수입품들 간의 비차별이고 내국민대우는 수입품과 국산품에 대한 비차별을 의미한다. [17년 9추] O X

273 특정 제품의 혼합, 가공, 사용에 자국산 원료의 일정수량 또는 비율이 직접 · 간접으로 포함되어야 한다는 수량규제는 내국민대우원칙에 위배된다. [11년 7급] O X

274 GATT 1994 내국민대우원칙은 동종의 국내제품과 수입제품에 대한 법률상의 차별뿐만 아니라 사실상의 차별도 금지한다. [17년 9급] O X

275 GATT 내국민대우원칙상 수입상품에 부과되는 국내조치가 자국상품을 보호하도록 적용되어서는 안된다. [16년 사시] O X

276 내국민대우는 동종의 국내제품에 부여하고 있는 대우를 동일하게 수입제품에 부여하는 것을 의미하므로 동종의 국내제품보다 수입제품에 대한 유리한 대우는 내국민대우 위반이 된다. [21년 7급] O X

277 수입상품에 대하여 동종의 국산상품보다 불리한 대우를 하면 내국민대우원칙 위반이다. [16년 경간] O X

278 내국민대우원칙은 재정조치뿐만 아니라 비재정조치에 대해서도 적용된다. [15년 사시] O X

279 1970년 '국경과세조정보고서' 이래로 GATT/WTO 패널은 제품의 물리적 특성이나 성질, 제품의 최종 소비용도 및 소비자의 기호나 습관 등을 모두 고려하여 동종상품인지 여부를 판단하였다. [11년 7급] O X

280 조세조치의 경우 '동종제품관계'뿐만 아니라 '직접 경쟁 또는 대체상품관계'에까지 내국민대우가 적용된다. [21년 7급] O X

281 동종상품은 '직접경쟁 또는 대체가능한 상품(directly competitive or substitutable products)'과 그 의미가 다르다는 것이 GATT의 패널의 입장이다. [03년 외시] O X

282 동종상품의 개념과 기준에 대해서는 WTO협정상 확립된 규정이 있다. [03년 외시] O X

283 WTO패널은 동종상품의 판단기준으로 상품의 물리적 특성, 최종용도, 소비자인식 등을 고려하였다. [03년 외시] O X

284 GATT 1994 내국민대우원칙은 내국세 및 내국과징금에 대하여 국내제품과 직접적 경쟁관계에 있거나 대체가 가능한 수입제품까지 확대되어 적용된다. [17년 9급] O X

285 GATT 내국민대우원칙은 일정한 수량 또는 비율에 의한 제품의 혼합 · 가공 또는 사용을 요구하는 국내수량규제에 대해서도 적용된다. [16년 사시] O X

286 WTO 내국민대우원칙상 수입품의 국내판매, 운송, 분배 등에 영향을 미치는 모든 법규 및 요건에 관하여 동종의 국내제품에 부여하고 있는 대우보다 불리하지 아니한 대우를 부여하여야 한다. [11년 7급] O X

287 GATT 1994 내국민대우원칙은 수입관세, 내국세, 내국과징금 및 국내법규 등의 조치와 관련하여 적용된다. [17년 9급] O X

288 WTO 회원국의 상품이 다른 회원국에 수입될 경우 수입국 내의 동종상품에 부과되는 조세 또는 기타 부과금을 초과하여(in excess of) 수입품에 대해 과세하지 말 것을 요구하고 있고, 수입품과 직접 경쟁 또는 대체상품에 대해서는 비슷하게(similarly) 과세할 것을 요구하고 있다. [11년 7급] O X

289 「1994년 관세 및 무역에 관한 일반협정(GATT)」상의 내국민대우는 GATT 및 WTO협정의 기본원칙이지만, 이에 대한 일정한 예외가 허용된다. [13년 경간] O X

290 1994 GATT상 정부조달을 규율하는 규정, 법률 및 요건에는 내국민대우 원칙에 대한 예외가 인정된다. [10년 지방] O X

291 1994 GATT상의 내국민대우원칙상 국내생산자들에게만 보조금을 지급하는 것은 금지된다. [10년 지방] O X

292 GATT 1994 수입영화와 국산영화 간의 일정한 조건에 따른 차별조치인 스크린쿼터제는 내국민대우 원칙의 예외에 해당한다. [17년 9급] O X

293 WTO설립협정에 따라 승인된 의무면제(waiver)는 최혜국대우원칙의 예외에 해당된다. [15년 사시] O X

294 서비스무역에 관한 일반협정(GATS)의 경우 내국민대우원칙은 양허가 이루어진 서비스에 대하여 적용된다. [15년 사시] O X

295 GATT의 내국민대우 의무는 '구체적 약속(specific commitments)'의 형태로 규정되어 있다. 14년 사시] [18년 해경승진] O X

296 「무역관련 지적재산권에 관한 협정(TRIPS협정)」상 저작권의 보호와 관련한 내국민대우의 부여에 대해서는 예외가 인정되지 않는다. [02년 외시] O X

297 WTO 패널 및 상소기구는 원칙적으로 시장기반설(Market-based Approach)을, 보완적으로 목적효과설(Aim and Effect Approach)을 고려하여 제품의 동종성 여부를 판정하였다. [21년 7급] O X

298 명료성과 공개성을 내용으로 하는 투명성원칙은 국제무역의 예측가능성을 제고하는 기능을 수행한다. [06년 사시] O X

299 「서비스무역일반협정(GATS)」에서는 투명성원칙은 각 국가의 시장상황 차이를 감안하여 전면적으로 적용되지 않는 것으로 하였다. [04년 행시] O X

300 WTO는 다자주의를 원칙으로 하나 일정한 요건 하에서 지역주의를 허용하고 있다. [06년 사시] O X

301 EC는 WTO협정상 지역무역협정의 한 유형에 해당한다. [09년 7급] O X

302 GATT협정은 자유무역지역, 관세동맹, 공동시장을 지역무역협정의 종류로 명시하고 있다. [13년 9급] O X

303 자유무역지역으로 인정되기 위해서는 일정 기간 내에 역내 관세가 실질적으로 철폐되어야 한다. [18년 7급] O X

304 관세동맹 구성 영토 간의 실질적으로 모든 무역에 관하여 또는 적어도 동 영토를 원산지로 하는 상품의 실질적으로 모든 무역에 관하여 관세 및 그 밖의 제한적인 상거래 규정은 철폐된다. [20년 9급] O X

305 자유무역지역 및 관세동맹 협정이 최혜국대우원칙의 예외로 인정되기 위해서는 제3국을 협정 체결 이전보다 불리하게 대우해서는 아니 된다. [18년 7급] O X

306 자유무역지역의 비당사자인 체약당사자와의 무역에 대하여 자유무역지역 창설 시에 부과되는 관세는 동 지역의 형성 이전에 구성영토에서 적용 가능한 관세 및 그 밖의 상거래규정의 일반적 수준보다 전반적으로 더 높거나 제한적이어서는 아니 된다. [20년 9급] O X

307 제3국에 대해, 자유무역지역 회원국은 단일한 관세를 부과해야 하지만 관세동맹 회원국은 상이한 관세를 유지할 수 있다. [18년 7급] O X

308 관세동맹(Customs Union)과 자유무역지대(Free Trade Area)의 차이점은 체약국들이 공동역외관세를 도입하느냐 여부에 있다. [08년 사시] [12년 경간] O X

309 관세동맹이나 자유무역지역, 또는 동 동맹이나 지역의 형성으로 이어지는 잠정협정에 참가하기로 결정하는 체약당사자는 신속히 체약당사자단에 통보해야 한다. [20년 9급] O X

310 잠정협정의 경우 완전한 지역무역협정으로의 이행기간은 원칙적으로 10년 이내이다. [13년 9급] O X

311 각 체약당사자는 자신의 영토 내의 지역 및 지방 정부와 당국에 의한 이 협정 규정의 준수를 확보하기 위해 자신에게 이용 가능할 수 있는 합리적인 조치를 취한다. [20년 9급] O X

312 관세양허는 어떤 물품에 대한 관세를 특정 수준으로 양허하기로 동의한 경우 그 수준 이상으로 관세를 인상하지 않기로 하는 회원국의 약속을 의미한다. [04년 행시] O X

313 회원국들이 통관단계에서 부과하는 실행관세율은 양허관세율과 다를 수 있다. [04년 행시] O X

314 회원국들은 주요 관련국과 합의를 하면 관세양허 후 매 5년마다 이를 수정 또는 철회할 수 있다. [04년 행시] O X

315 수량제한금지원칙에는 예외가 허용되지 아니한다. [06년 사시] O X

316 GATT 제20조를 원용하는 국가는 그에 대한 입증책임을 부담한다. [21년 7급] O X

317 특정의 무역규제조치가 GATT 제20조 각 호의 예외에 해당하는 경우라도 자의적이거나 부당한 차별금지원칙과 위장된 무역제한금지원칙이 준수되어야 한다. [21년 7급] ○ ×

318 국가가 건강보호를 위하여 수입제한조치를 취하는 경우에도 자의적인 조치는 금지된다. [17년 9추] ○ ×

319 바다거북을 보호하기 위하여 특별히 고안된 어업기구를 사용하지 않은 어로행위를 통해서 어획한 참치를 수입금지시키는 취지의 국내법 제정은 참치 가공 식품의 수입을 제한하는 조치이기에 허용되지 않는다. [12년 경간] ○ ×

320 '사람, 동물 또는 식물의 생명 또는 건강 보호를 위해 필요한 조치', '미술적 가치, 역사적 가치 또는 고고학적 가치가 있는 국보의 보호를 위하여 부과되는 조치', '금 또는 은의 수입 또는 수출에 대한 조치' 등은 「관세 및 무역에 관한 일반협정(GATT)」 제20조의 일반적인 예외에 해당한다. [21년 9급] ○ ×

321 세계무역기구(WTO)체제에서 인정하는 예외사항으로서 GATT 제20조에 근거한 수입 제한조치 및 GATT 제21조에 근거한 수출 제한조치는 당사국이 일방적으로 실시할 수 있다. [19년 7급] ○ ×

322 미국-가솔린 사건에서 상소기구가 2단계분석법을 해석기준으로 제시한 이후, 2단계분석법은 WTO 패널 및 상소기구 보고서의 관행으로 확립되었다. [21년 7급] ○ ×

323 미국-새우 사건에서 상소기구는 GATT 제20조 (g)호에 규정되어 있는 유한천연자원에 생물자원이 포함되지 않는다고 판단하였다. [21년 7급] ○ ×

324 「위생검역(SPS)협정」은 인간이나 동 · 식물의 생명 또는 건강을 보호하기 위해 필요한 위생검역조치를 취할 수 있는 회원국의 기본적 권리를 인정함과 동시에 '필요성요건', '비차별원칙', '위장된 무역제한금지원칙', '과학적 증거요건' 등에 입각하여 위생검역조치를 취할 의무를 부과하였다. [13년 경간] ○ ×

325 「위생검역협정」상의 위생검역조치는 최종제품(final products)뿐만 아니라, 공정 및 생산방법(PPMs)에 대해서도 적용된다. [13년 경간] ○ ×

326 「위생검역(SPS)협정」은 위생 및 검역기준을 채택할 경우 관련 국제기구의 '표준, 지침, 권고'에 입각하도록 함으로써 국제표준과의 조화를 의무화 하고 있다. [13년 경간] ○ ×

327 「위생검역(SPS)협정」상 어떠한 경우에도 국제기준과 상이한 국내기준을 채택할 수 없다. [13년 경간] ○ ×

328 WTO 「무역에 대한 기술장벽에 관한 협정(TBT협정)」상 기술규정은 사소한 성격의 개정 또는 추가뿐만 아니라 그에 대한 개정 및 그 규칙 또는 대상품목의 범위에 대하여 추가하는 것을 포함한다. [20년 7급] ○ ×

329 WTO 「무역에 대한 기술장벽에 관한 협정(TBT협정)」상 기술규정은 그 채택을 야기한 상황 또는 목적이 더 이상 존재하지 아니하거나, 변화된 상황 또는 목적이 무역에 덜 제한적인 방법으로 처리될 수 있는 경우에는 유지되지 아니하여야 한다. [20년 7급] O X

330 WTO 「무역에 대한 기술장벽에 관한 협정(TBT협정)」상 기술규정이 요구되고 관련 국제표준이 존재하거나 그 완성이 임박한 경우, 회원국은 예를 들어 근본적인 기후적 또는 지리적 요소나 근본적인 기술문제 때문에 그러한 국제표준 또는 국제표준의 관련부분이 추구된 정당한 목적을 달성하는 데 비효과적이거나 부적절한 수단일 경우를 제외하고는 이러한 국제표준 또는 관련부분을 자기나라의 기술규정의 기초로서 사용한다. [20년 7급] O X

331 WTO 「무역에 대한 기술장벽에 관한 협정(TBT협정)」상 회원국은 비록 그밖의 회원국의 기술규정이 자기나라의 기술규정과 다를지라도 자기나라의 기술규정의 목적을 충분히 달성한다고 납득하는 경우 이러한 기술규정을 자기나라의 기술규정과 동등한 것으로 수용하는 것을 적극 고려한다. [20년 7급] O X

332 서비스 분야의 반덤핑 행위에 대해서는 반덤핑관세를 부과할 수 없다. [10년 7급] [13년 해경] O X

333 덤핑은 동종의 물품을 수출국과 수입국에서 서로 다른 가격으로 판매하는 것으로서 정상가격보다 낮은 수출가격으로 판매하는 것이다. [08년 9급] O X

334 정상가격의 결정은 수출국 내의 동종상품에 대한 통상거래상 행해지는 비교가능한(comparable) 국내 판매가격을 의미한다. [08년 9급] O X

335 비교 가능한 국내 판매가격이 존재하지 않으면 상품의 생산비에 합리적인 판매관리비와 기타 비용 및 이윤을 가산한 구성가격을 정상가격으로 적용할 수 있다. [08년 9급] O X

336 동일한 거래단계 그리고 가능한 한 같은 시기에 이루어진 판매에 대하여 수출가격과 정상가격을 비교하여야 한다. [04년 행시] O X

337 반덤핑조치의 발동을 위해서는 덤핑사실이 존재할 것과 덤핑으로 인해 국내산업에 실질적인 피해 또는 피해의 우려가 있어야 한다. [04년 행시] O X

338 피해의 결정은 명백한 증거(positive evidence)에 근거해야 하는데 여기에는 덤핑수입의 물량 및 덤핑수입품이 동종물품의 가격에 미치는 영향 등에 관한 객관적 검토를 포함한다. [04년 행시] O X

339 피해의 판정은 명확한 증거에 기초하여야 한다. [03년 외시] O X

340 각 국가로부터의 수입으로 인한 효과를 개별적으로 평가한다면 어떤 피해도 인정되지 아니하는 경우에 각각의 피해를 합산한 자료를 근거로 피해결정을 내리는 것은 부당하다는 일부 국가들의 주장을 수용하여 협정에서는 예외적인 경우에 한하여 피해의 누적 평가를 허용하고 있다. [04년 행시] O X

341 덤핑행위는 불공정한 무역을 야기하지 아니하더라도 그 자체로서 위법하다. [08년 9급] O X

342 덤핑수입과 국내산업에 대한 피해 사이에 인과관계가 존재하여야 한다. [03년 외시] O X

343 덤핑조사는 어떠한 경우에도 18개월을 초과할 수 없다. [03년 외시] O X

344 반덤핑 조사기간 중에는 반덤핑과 관련한 잠정조치를 취할 수 없다. [03년 외시] O X

345 반덤핑관세 부과여부는 수입회원국 당국이 결정한다. [03년 외시] O X

346 반덤핑협정은 우회덤핑에 관해 규정하고 있지 않으므로 WTO의 모든 회원국은 이를 규제하지 않고 있다. [04년 행시] O X

347 「WTO보조금 및 상계조치에 관한 협정」은 보조금의 사용과 보조금의 효과를 상쇄시키기 위하여 회원국들이 취할 수 있는 조치에 관하여 규정하고 있다. [02년 외시] O X

348 「보조금 및 상계조치에 관한 협정」 제3조에 규정된 금지보조금의 적용 대상에서 「농업에 관한 협정」에 규정된 경우는 제외된다. [11년 사시] O X

349 농업에 관한 수출보조금에 대해서는 WTO의 「농업에 관한 협정(Agreement on Agriculture)」이 적용된다. [07년 7급] [21년 해경승진] O X

350 「WTO보조금 및 상계조치에 관한 협정」의 금지보조금에 관한 규정은 「농업에 관한 협정」에서 규정하고 있는 보조금에는 적용되지 않는다. [02년 외시] O X

351 보조금이란 정부나 공공기관에 의한 재정적 지원, 모든 소득지원 및 가격지원으로 혜택이 발생하는 지원을 의미한다. [05년 7급] O X

352 규제대상이 되는 특정성이 있는 보조금이란 공여대상이 특정기업에 해당되는 경우이다. [05년 7급] O X

353 공여당국이나 관련 법규가 보조금의 수혜자격과 금액을 객관적인 기준을 설정하고 수혜자격이 자동적으로 정해지고 엄격히 준수되는 경우에는 특정성이 있다. [05년 7급] O X

354 특정성이 있다고 판단되는 경우 상계조치에 관한 규정이 적용 된다. [03년 외시] O X

355 「WTO보조금 및 상계조치에 관한 협정」은 동경라운드 보조금협정의 보조금에 관한 정의 및 특정성의 개념을 그대로 도입하고 있다. [02년 외시] O X

356 보조금의 종류로 금지보조금, 상계대상보조금, 허용보조금이 있다. [05년 7급] O X

357 보조금은 금지보조금(prohibited subsidy), 상계보조금(actionable subsidy), 상계불가보조금(non-actionable subsidy)으로 나뉜다. [03년 외시] O X

358 「보조금 및 상계조치에 관한 협정」상 WTO 회원국은 자국산 특정 제품의 수출 실적에 비례해서 그 제품을 생산하는 자국 기업에 수출 장려 보조금을 줄 수 없다. [19년 9급] [21년 해경승진] O X

359 「보조금 및 상계조치에 관한 협정」상 WTO 회원국은 외국산 특정 제품을 수입하는 대신 국내상품을 사용하는 조건으로 자국 기업에 보조금을 지급할 수 없다. [19년 9급] O X

360 보조금이 특정기업이나 산업군에 지급되었다는 특정성의 요건을 갖출 경우 상계관세의 대상이 된다. [07년 7급] O X

361 수입품 대신 국내상품의 사용을 조건으로 지급되는 보조금은 금지보조금이다. [03년 외시] O X

362 「보조금 및 상계조치에 관한 협정」상 WTO 회원국이 자국산 특정 제품에 보조금을 지급한 결과 다른 회원국의 생산 업계에 피해를 주는 경우 피해를 당한 국가는 WTO 분쟁해결기구(DSB)에 제소할 수 있다. [19년 9급] [21년 해경승진] O X

363 「보조금 및 상계조치에 관한 협정」상 WTO 회원국이 자국산 특정 제품에 대한 보조금을 지급한 결과, 제3국에 수출하는 다른 회원국의 기업이 가격 경쟁을 유지하기 위해 특정 제품의 가격 인하를 해야 할 경우에 후자의 회원국은 상계조치만 취할 수 있다. [19년 9급] O X

364 WTO 회원국이 특정 기업에 보조금을 제공하는 경우, 그 기업의 상품을 수입하는 다른 회원국은 보조금의 효과를 상쇄하기 위하여 반덤핑조치를 취할 수 있다. [14년 9급] O X

365 회원국들이 보조금의 철회 또는 보조금의 부정적 효과의 제거를 위하여 WTO분쟁해결 절차를 이용할 수 있음을 규정하고 있다. [02년 외시] O X

366 특정성이 없는 보조금은 상계불가보조금에 해당된다. [03년 외시] O X

367 상계관세부과를 위한 조사는 서면 또는 구두신청에 의해 개시된다. [07년 7급] O X

368 최소허용수준(de minimis)이 가액대비 1% 미만이면 즉각 조사가 종결된다. [05년 7급] O X

369 상계조치규정은 최소규칙(de minimis rule) 및 종결조항(sunset clause)이 적용되지 않는다. [03년 외시] O X

370 회원국은 자국의 조사절차에 의해서 국내생산자에게 피해를 초래한다고 판명된 수입품에 대해 상계관세를 부과할 수 있다. [02년 외시] O X

371 상계관세는 상계관세의 종료가 보조금의 지급과 피해의 계속 또는 재발가능성이 있다고 판정하지 않는 한 부과일로부터 3년 이내에 종료된다. [21년 해경승진] O X

372 상계관세는 원칙적으로 부과일로부터 5년 이내에 종료한다. [07년 7급] O X

373 WTO의 긴급수입제한(Safeguard) 제도는 WTO 규정을 위반한 불공정무역행위에 대해 발동하는 조치이다. [13년 9급] O X

374 기본적으로 반덤핑제도는 불공정 무역에 대한 규제라는 점에서 세이프가드제도와 취지를 달리한다. [04년 행시] O X

375 세이프가드는 반덤핑, 상계관세 등 불공정무역을 규제하는 제도보다도 발동 요건에 엄격하다. [02년 외시] O X

376 WTO 체제하에서 반덤핑조치의 발동요건 및 절차가 강화되었으므로 세이프가드제도의 중요성이 증가하였다는 견해가 있다. [04년 행시] O X

377 세이프가드조치는 상대국에 대한 보상을 전제로 하나, 반덤핑조치는 그렇지 아니하다. [04년 행시] O X

378 세이프가드제도는 수량제한 형태로만 수입품에 대한 제한이 가해지는 반면, 반덤핑제도는 관세의 인상 형태로만 제한이 가해지는 차이가 있다. [04년 행시] O X

379 긴급수입제한조치는 수출국의 공정무역에 대한 수입규제이므로 그 발동요건을 엄격하게 정하고 있다. [01년 사시] O X

380 직접경쟁상품이 아닌 동종상품의 급격한 수입증가로 인하여 산업피해가 발생하여야 한다. [02년 외시] O X

381 수입의 증가가 예견치 못한 사태로 발생하였거나, 회원국이 관세양허 등 WTO가 요구하는 제반의무를 준수한 결과로서 나타난 경우에만 세이프가드조치가 적용된다. [04년 7급] O X

382 세이프가드 발동은 수입물품이 절대적인 증가가 있어야만 한다. [04년 7급] O X

383 WTO의 긴급수입제한(Safeguard) 제도는 수입의 증가가 국내 동종산업 또는 직접적으로 경쟁관계인 제품산업에 심각한 피해(serious injury)를 초래하거나 초래할 우려가 있어야 발동할 수 있다. [13년 9급] O X

384 WTO의 긴급수입제한(Safeguard) 제도의 '심각한 피해'는 국내 산업의 상태에 있어 중대하고 전반적인 손상을 의미하고 '심각한 피해의 우려'는 명백하게 임박한 심각한 피해의 우려를 의미한다. [13년 9급] O X

385 세이프가드 발동은 관련 국내산업에 심각한 피해(serious injury) 및 그 우려가 있어야 한다. [04년 7급] O X

386 국내산업에 대한 피해의 정도에 있어, 세이프가드제도는 반덤핑제도보다 더욱 심한 피해를 그 발동 요건으로 하고 있다. [04년 행시] O X

387 세이프가드 발동은 수입증가와 국내산업 피해 간에 인과관계가 있어야 한다. [04년 7급] O X

388 수입증가와 산업피해 간에는 인과관계의 증명이 요구된다. [02년 외시] O X

389 세이프가드의 구체적인 내용에는 관세인상, 수입수량할당 등이 있다. [02년 외시] O X

390 WTO의 설립 이전 수출자율규제(VER)나 시장질서유지협정(OMR)과 같은 회색지역조치(grey area measures)에 의존하던 관행을 없애고 GATT 제XIX조의 실효성을 제고하기 위하여 WTO의 긴급수입제한협정(Agreement on Safeguard)이 체결되었다. [13년 9급] O X

부록 1 단원별 빈출 지문 ○× 정답

PART 1 국제법 기초이론

001	○	002	○	003	○	004	×	005	×	006	×	007	×	008	○	009	×	010	×
011	○	012	○	013	○	014	×	015	○	016	×	017	○	018	○	019	○	020	×
021	×	022	×	023	○	024	○	025	×	026	○	027	○	028	○	029	○	030	×
031	○	032	×	033	○	034	○	035	○	036	×	037	○	038	○	039	○	040	○
041	×	042	○	043	○	044	○	045	○	046	○	047	○	048	×	049	×	050	○
051	○	052	×	053	○	054	○	055	○	056	×	057	×	058	×	059	○	060	×
061	○	062	○	063	×	064	○	065	○	066	○	067	○	068	○	069	○	070	○
071	○	072	○	073	○	074	○	075	×	076	○	077	×	078	○	079	○	080	×
081	×	082	○	083	×	084	○	085	○	086	○	087	○	088	○	089	○	090	○
091	○	092	×	093	×	094	○	095	○	096	○	097	○	098	○	099	○	100	○
101	○	102	○	103	○	104	×	105	○	106	○	107	×	108	○	109	×	110	×
111	○	112	○	113	×	114	○	115	○	116	×	117	○	118	○	119	○	120	○
121	○	122	×	123	○	124	×	125	○	126	×	127	×	128	○	129	○	130	○
131	○	132	○	133	○	134	○	135	○	136	○	137	×	138	○	139	○	140	○
141	○	142	○	143	○	144	○	145	×	146	○	147	○	148	○	149	○	150	○
151	○	152	○	153	○	154	○	155	×	156	○	157	×	158	○	159	×	160	×
161	×	162	○	163	○	164	○	165	○	166	○	167	○	168	○	169	○	170	○
171	○	172	○	173	×	174	○	175	○	176	×	177	○	178	×	179	×	180	×
181	○	182	○	183	×	184	×	185	×	186	○	187	○	188	×	189	×	190	○
191	○	192	○	193	×	194	×	195	○	196	×	197	○	198	○	199	○	200	○
201	○	202	○	203	×	204	○	205	○	206	○								

PART 2 국가

001	×	002	○	003	○	004	×	005	○	006	○	007	○	008	○	009	×	010	○
011	×	012	×	013	×	014	○	015	○	016	○	017	×	018	○	019	×	020	○
021	○	022	○	023	×	024	×	025	○	026	○	027	×	028	○	029	○	030	○
031	○	032	○	033	○	034	○	035	×	036	○	037	○	038	○	039	○	040	○
041	○	042	○	043	×	044	○	045	○	046	○	047	○	048	○	049	○	050	○
051	○	052	×	053	×	054	○	055	○	056	○	057	○	058	×	059	×	060	○
061	○	062	○	063	○	064	○	065	○	066	×	067	×	068	×	069	×	070	○
071	○	072	○	073	○	074	○	075	○	076	○	077	○	078	×	079	○	080	○
081	×	082	○	083	○	084	○	085	×	086	○	087	×	088	○	089	○	090	○
091	×	092	○	093	○	094	×	095	○	096	○	097	×	098	○	099	○	100	×
101	○	102	○	103	○	104	○	105	○	106	○	107	○	108	×	109	○	110	○
111	○	112	○	113	×	114	×	115	○	116	×	117	○	118	×	119	○	120	○
121	○	122	○	123	○	124	○	125	○	126	×	127	○	128	○	129	○	130	○
131	○	132	○	133	×	134	○	135	○	136	×	137	○	138	○	139	○	140	○
141	○	142	×	143	○	144	○	145	×	146	×	147	○	148	○	149	○	150	×
151	○	152	×	153	×	154	×	155	×	156	○	157	○	158	○	159	○	160	×
161	○	162	×	163	○	164	○	165	×	166	×	167	○	168	○	169	○	170	○
171	○	172	○	173	○	174	×	175	○	176	○	177	○	178	×	179	○	180	○
181	○	182	×	183	○	184	○	185	×	186	×	187	○	188	○	189	○	190	○
191	×	192	○	193	○	194	×	195	○	196	×	197	○	198	○	199	○	200	×
201	○	202	×	203	×	204	○	205	○	206	○	207	×	208	○	209	○	210	×
211	×	212	○	213	○	214	×	215	○	216	×	217	×	218	○	219	○	220	×
221	×	222	×	223	○	224	×	225	○	226	○	227	○	228	○	229	○	230	○
231	○	232	○	233	×	234	○	235	○	236	×	237	○	238	○	239	×	240	×
241	○	242	×	243	○	244	○	245	○	246	×	247	×	248	×	249	×	250	○
251	○	252	×	253	○	254	×	255	×	256	○	257	○	258	×	259	○	260	○
261	○	262	○	263	×	264	×	265	○	266	×	267	×	268	○	269	×	270	×
271	○	272	×	273	○	274	○	275	○	276	×	277	○	278	×	279	○	280	×
281	○	282	○	283	×	284	○	285	×	286	×	287	○	288	○	289	×	290	○
291	○	292	○	293	×	294	×	295	○	296	○	297	○	298	○	299	×	300	○
301	○	302	×	303	○	304	○	305	○	306	×	307	×	308	○	309	○	310	×
311	○	312	○	313	○	314	×	315	×	316	○	317	○	318	×	319	○	320	○
321	○	322	×	323	○	324	○	325	×	326	○	327	○	328	○	329	○	330	○
331	○	332	○	333	○	334	×	335	○	336	○	337	○	338	○	339	○	340	○
341	○	342	○	343	×	344	×	345	×	346	○	347	○	348	×	349	○	350	×
351	×	352	○	353	○	354	○	355	○	356	×	357	○	358	○	359	×	360	×
361	×	362	×																

PART 3 국제기구

001	○	002	○	003	×	004	×	005	○	006	○	007	×	008	×	009	○	010	×
011	○	012	○	013	○	014	○	015	×	016	×	017	○	018	×	019	○	020	○
021	○	022	○	023	○	024	○	025	×	026	×	027	○	028	○	029	○	030	○
031	○	032	○	033	○	034	○	035	○	036	○	037	○	038	×	039	○	040	×
041	○	042	×	043	○	044	×	045	×	046	○	047	○	048	○	049	○	050	×
051	○	052	○	053	○	054	○	055	×	056	○	057	×	058	○	059	×	060	○
061	○	062	○	063	○	064	×	065	○	066	×	067	×	068	○	069	○	070	○
071	×	072	○	073	×	074	×	075	○	076	○	077	×	078	○	079	○	080	×
081	○	082	×	083	×	084	×	085	○	086	○	087	○	088	○	089	○	090	○
091	○	092	○	093	○	094	○	095	○	096	○	097	○	098	○	099	×	100	×
101	○	102	○	103	○	104	○	105	○	106	○	107	○	108	×	109	○	110	○
111	○	112	○	113	○	114	○	115	○	116	○	117	×	118	○	119	×	120	○
121	×	122	○	123	○	124	○	125	○	126	○	127	○	128	×	129	○	130	○
131	○	132	○	133	○	134	×	135	×	136	○	137	○	138	×	139	×	140	○
141	○	142	○	143	×	144	○	145	○	146	×	147	○	148	○	149	○	150	○
151	○	152	×	153	×	154	○	155	×	156	○	157	×	158	○	159	○	160	○
161	×	162	○	163	○	164	○	165	○	166	○	167	○	168	×	169	○	170	○
171	○	172	○	173	○	174	○	175	○	176	○	177	○	178	○	179	○	180	○
181	○	182	○	183	○	184	×	185	○	186	○	187	○	188	○	189	○	190	○
191	×	192	○																

PART 4 개인

001	○	002	○	003	○	004	○	005	○	006	×	007	○	008	×	009	○	010	○
011	○	012	○	013	○	014	○	015	○	016	○	017	○	018	×	019	○	020	×
021	×	022	○	023	○	024	×	025	○	026	○	027	×	028	×	029	○	030	○
031	○	032	○	033	○	034	×	035	○	036	×	037	×	038	○	039	○	040	○
041	○	042	×	043	○	044	○	045	○	046	○	047	○	048	○	049	○	050	×
051	○	052	○	053	○	054	○	055	○	056	○	057	○	058	×	059	○	060	×
061	○	062	○	063	○	064	○	065	○	066	○	067	○	068	×	069	○	070	×
071	×	072	×	073	○	074	○	075	○	076	○	077	○	078	×	079	○	080	○
081	○	082	○	083	○	084	○	085	○	086	○	087	×	088	×	089	○	090	×
091	○	092	○	093	○	094	○	095	○	096	×	097	○	098	×	099	○	100	○
101	○	102	○	103	○	104	×	105	○	106	×	107	×	108	×	109	○	110	○
111	○	112	○	113	×	114	○	115	○	116	○	117	○	118	○	119	○	120	○
121	○	122	○	123	○	124	○	125	○	126	○	127	×	128	○	129	×	130	○
131	○	132	○	133	○	134	○	135	○	136	○	137	○	138	○	139	○	140	×
141	○	142	○	143	○	144	○	145	○	146	×	147	○	148	×	149	○	150	○
151	○	152	○	153	○	154	○	155	○	156	×	157	○	158	×	159	○	160	○
161	○	162	×	163	○	164	×	165	○	166	○	167	○	168	×	169	○	170	○
171	○	172	○	173	×	174	○	175	○	176	×	177	○	178	○	179	○	180	×
181	○	182	×	183	○	184	○	185	○	186	×	187	×	188	×	189	○	190	○
191	×	192	○	193	○	194	○	195	○	196	×	197	×	198	×	199	○	200	○
201	○	202	○	203	○	204	○	205	○	206	○	207	×	208	○	209	○	210	○
211	×	212	○	213	×	214	○	215	×	216	×	217	○	218	○	219	○	220	○
221	×	222	×	223	×	224	○	225	○	226	○	227	×	228	○	229	×	230	×
231	○	232	○	233	×	234	○	235	×	236	○	237	×	238	○	239	○	240	○
241	×	242	○	243	○	244	○	245	×	246	×	247	○	248	○	249	○	250	○
251	×	252	○	253	×	254	○	255	○	256	○	257	×	258	○	259	○	260	×
261	×	262	○	263	○	264	×	265	×	266	×	267	○	268	×	269	○	270	○
271	○	272	○	273	○	274	○	275	○	276	○	277	○	278	×	279	○	280	○
281	○	282	○	283	○	284	○	285	○	286	○	287	○	288	○	289	×	290	○
291	○	292	×	293	×	294	×	295	○	296	○	297	×	298	○	299	○	300	×
301	○	302	×	303	×	304	×	305	×	306	○	307	○	308	×	309	×	310	×
311	×	312	○	313	○	314	○	315	○										

PART 5 국가영역 및 해양법

001	○	002	○	003	○	004	○	005	○	006	○	007	○	008	○	009	○	010	○
011	○	012	○	013	○	014	○	015	○	016	○	017	○	018	○	019	×	020	○
021	×	022	○	023	○	024	×	025	○	026	×	027	×	028	○	029	○	030	○
031	×	032	○	033	○	034	○	035	○	036	○	037	×	038	×	039	○	040	○
041	○	042	○	043	○	044	○	045	○	046	○	047	○	048	○	049	○	050	○
051	○	052	○	053	○	054	○	055	×	056	○	057	○	058	○	059	○	060	×
061	○	062	○	063	○	064	×	065	○	066	○	067	○	068	×	069	×	070	○
071	○	072	○	073	○	074	○	075	○	076	○	077	○	078	○	079	○	080	○
081	○	082	○	083	○	084	○	085	○	086	○	087	○	088	○	089	○	090	○
091	○	092	○	093	○	094	○	095	○	096	○	097	○	098	○	099	○	100	×
101	○	102	○	103	○	104	×	105	○	106	○	107	○	108	○	109	○	110	○
111	○	112	×	113	×	114	○	115	○	116	○	117	○	118	○	119	×	120	○
121	○	122	○	123	○	124	○	125	○	126	○	127	○	128	○	129	×	130	○
131	○	132	○	133	○	134	○	135	×	136	×	137	○	138	×	139	○	140	○
141	○	142	○	143	○	144	○	145	○	146	×	147	○	148	○	149	○	150	○
151	○	152	○	153	○	154	○	155	×	156	○	157	×	158	○	159	○	160	○
161	○	162	○	163	○	164	×	165	○	166	○	167	○	168	○	169	×	170	○
171	○	172	○	173	○	174	○	175	×	176	○	177	×	178	○	179	○	180	×
181	○	182	×	183	○	184	○	185	○	186	○	187	○	188	○	189	○	190	○
191	○	192	○	193	○	194	○	195	○	196	○	197	○	198	○	199	○	200	×
201	○	202	×	203	×	204	×	205	×	206	○	207	×	208	○	209	○	210	×
211	○	212	×	213	×	214	×	215	○	216	○	217	○	218	○	219	○	220	×
221	○	222	○	223	○	224	○	225	○	226	○	227	○	228	○	229	×	230	○
231	○	232	○	233	○	234	×	235	○	236	○	237	○	238	×	239	○	240	○
241	○	242	○	243	×	244	○	245	×	246	○	247	○	248	○	249	○	250	×
251	○	252	○	253	○	254	○	255	×	256	○	257	×	258	○	259	○	260	○
261	○	262	○	263	×	264	×	265	×	266	×	267	×	268	○	269	○	270	×
271	○	272	×	273	×	274	○	275	○	276	×	277	○	278	○	279	○	280	○
281	○	282	×	283	×	284	×	285	○	286	○	287	○	288	×	289	×	290	○
291	○	292	○	293	×	294	○	295	○	296	×	297	×	298	×	299	○	300	×
301	×	302	×	303	○	304	×	305	×	306	○	307	○	308	×	309	○	310	○
311	○	312	○	313	×	314	○	315	○	316	○	317	○	318	○	319	○	320	×
321	○	322	○	323	×	324	×	325	○	326	×	327	○	328	○	329	○	330	○
331	×	332	○	333	○	334	○	335	×	336	○	337	○	338	○	339	×	340	×
341	○	342	○	343	○	344	○	345	○	346	○	347	○	348	×	349	○	350	○
351	○	352	○	353	○	354	○	355	×	356	○	357	○	358	○	359	○	360	○
361	○	362	×	363	○	364	×	365	○	366	○	367	○	368	×	369	○	370	×
371	○	372	×	373	×	374	○	375	○	376	○	377	×	378	○	379	○	380	○
381	×	382	○	383	×	384	○	385	○	386	○	387	○	388	○	389	○	390	○

391	×	392	×	393	○	394	○	395	○	396	○	397	×	398	○	399	○	400	×
401	○	402	○	403	○	404	×	405	○	406	○	407	○	408	○	409	○	410	○
411	×	412	×	413	○	414	×	415	○	416	×	417	○	418	○	419	○	420	○
421	×	422	○	423	×	424	○	425	×	426	○	427	○	428	○	429	×	430	○

PART 6 국가기관 및 조약

001	○	002	×	003	○	004	○	005	×	006	○	007	○	008	○	009	○	010	×
011	×	012	○	013	○	014	○	015	○	016	○	017	×	018	○	019	○	020	○
021	×	022	×	023	×	024	○	025	○	026	○	027	○	028	○	029	○	030	○
031	○	032	○	033	○	034	○	035	○	036	○	037	×	038	○	039	×	040	○
041	○	042	×	043	○	044	○	045	○	046	○	047	○	048	×	049	○	050	×
051	○	052	×	053	○	054	○	055	○	056	○	057	○	058	×	059	○	060	×
061	○	062	○	063	○	064	○	065	○	066	×	067	○	068	○	069	○	070	○
071	○	072	○	073	×	074	○	075	○	076	○	077	○	078	○	079	×	080	○
081	○	082	○	083	○	084	○	085	×	086	○	087	○	088	○	089	×	090	×
091	○	092	○	093	○	094	○	095	×	096	○	097	○	098	○	099	○	100	○
101	×	102	○	103	○	104	×	105	○	106	○	107	×	108	○	109	○	110	×
111	×	112	×	113	○	114	○	115	○	116	○	117	×	118	×	119	×	120	×
121	○	122	○	123	×	124	×	125	×	126	○	127	○	128	○	129	×	130	○
131	○	132	○	133	○	134	○	135	×	136	○	137	○	138	×	139	○	140	○
141	○	142	○	143	○	144	○	145	○	146	○	147	○	148	○	149	○	150	×
151	×	152	○	153	○	154	×	155	×	156	○	157	×	158	○	159	×	160	×
161	○	162	○	163	○	164	○	165	○	166	○	167	○	168	○	169	○	170	×
171	○	172	○	173	○	174	○	175	×	176	○	177	○	178	○	179	○	180	○
181	○	182	○	183	○	184	○	185	×	186	○	187	○	188	○	189	○	190	○
191	○	192	○	193	○	194	○	195	○	196	○	197	○	198	○	199	○	200	○
201	○	202	○	203	×	204	×	205	○	206	×	207	○	208	×	209	×	210	○
211	○	212	○	213	×	214	○	215	×	216	×	217	×	218	○	219	×	220	○
221	×	222	○	223	○	224	○	225	○	226	○	227	○	228	○	229	○	230	○
231	○	232	○	233	○	234	○	235	○	236	○	237	○	238	○	239	○	240	○
241	×	242	○	243	○	244	○	245	×	246	○	247	×	248	○	249	○	250	○
251	×	252	○	253	○	254	○	255	○	256	○	257	○	258	○	259	○	260	○
261	○	262	○	263	○	264	○	265	○	266	○	267	×	268	○	269	○	270	○
271	○	272	○	273	○	274	○	275	○	276	○	277	○	278	×	279	×	280	○
281	○	282	○	283	○	284	○	285	○	286	○	287	○	288	○	289	×		

PART 7 분쟁해결

001	○	002	○	003	○	004	○	005	○	006	×	007	○	008	○	009	○	010	○
011	○	012	○	013	○	014	×	015	○	016	○	017	○	018	×	019	○	020	○
021	×	022	×	023	×	024	○	025	○	026	×	027	○	028	○	029	○	030	○
031	○	032	×	033	○	034	○	035	○	036	○	037	○	038	○	039	○	040	○
041	○	042	○	043	○	044	○	045	○	046	×	047	○	048	○	049	○	050	○
051	○	052	○	053	×	054	○	055	○	056	○	057	×	058	○	059	○	060	○
061	○	062	○	063	○	064	○	065	×	066	○	067	×	068	○	069	○	070	○
071	○	072	×	073	○	074	○	075	○	076	×	077	○	078	○	079	×	080	○
081	×	082	○	083	○	084	○	085	○	086	○	087	○	088	○	089	○	090	×
091	○	092	○	093	×	094	○	095	○	096	○	097	×	098	○	099	×	100	○
101	○	102	○	103	○	104	○	105	○	106	○	107	×	108	○	109	○	110	×
111	○	112	○	113	○	114	○	115	○	116	○	117	×	118	○	119	×	120	○
121	○	122	○	123	○	124	○	125	○	126	○	127	○	128	×	129	×	130	○
131	○	132	○	133	○	134	○	135	○	136	○	137	○	138	○	139	○	140	○
141	×	142	○	143	×	144	○	145	○	146	○	147	×	148	×	149	○	150	×
151	×	152	×	153	○	154	○	155	○	156	×	157	○	158	○	159	○	160	×
161	○	162	○	163	○	164	○	165	×	166	○	167	○	168	○	169	○	170	×
171	○	172	○	173	×	174	○	175	○	176	×	177	○	178	○	179	○	180	○
181	×	182	○	183	○	184	○	185	○	186	×	187	○	188	○	189	○	190	○
191	○	192	×	193	×	194	○	195	○	196	○	197	○	198	○	199	×	200	×
201	○	202	○	203	×	204	○	205	○	206	○	207	○	208	○	209	×	210	○
211	○	212	○	213	○	214	×	215	○	216	○	217	○	218	×	219	○	220	○
221	○	222	○	223	○	224	○	225	○	226	○	227	○	228	×	229	○	230	○
231	×	232	○	233	○	234	○	235	○	236	○	237	○	238	○	239	○	240	○
241	○	242	○	243	×	244	○	245	○	246	×	247	○	248	○	249	○	250	○
251	○	252	○	253	×	254	×	255	○	256	○								

PART 8 국제경제법

001	○	002	×	003	○	004	×	005	○	006	○	007	○	008	○	009	×	010	×
011	○	012	○	013	○	014	○	015	○	016	○	017	×	018	○	019	○	020	○
021	○	022	○	023	○	024	○	025	○	026	○	027	○	028	×	029	○	030	○
031	○	032	×	033	○	034	×	035	○	036	×	037	×	038	○	039	○	040	○
041	○	042	×	043	×	044	○	045	×	046	○	047	○	048	○	049	○	050	○
051	○	052	×	053	○	054	×	055	○	056	○	057	○	058	○	059	○	060	○
061	○	062	○	063	○	064	○	065	○	066	○	067	○	068	○	069	○	070	○
071	○	072	○	073	○	074	○	075	○	076	○	077	○	078	○	079	○	080	○
081	○	082	○	083	○	084	○	085	○	086	○	087	○	088	○	089	○	090	○
091	○	092	×	093	×	094	○	095	×	096	×	097	○	098	○	099	○	100	○
101	○	102	○	103	○	104	○	105	○	106	○	107	○	108	○	109	×	110	○
111	×	112	○	113	○	114	○	115	○	116	○	117	○	118	○	119	○	120	○
121	○	122	○	123	○	124	×	125	○	126	○	127	○	128	○	129	○	130	○
131	○	132	○	133	○	134	○	135	○	136	○	137	○	138	○	139	×	140	×
141	×	142	×	143	○	144	○	145	○	146	○	147	×	148	○	149	×	150	○
151	×	152	○	153	○	154	○	155	×	156	○	157	○	158	○	159	○	160	×
161	○	162	○	163	○	164	○	165	○	166	○	167	○	168	○	169	×	170	×
171	○	172	○	173	○	174	○	175	○	176	○	177	○	178	×	179	×	180	○
181	○	182	○	183	○	184	○	185	○	186	○	187	○	188	○	189	○	190	○
191	○	192	○	193	○	194	○	195	○	196	○	197	○	198	○	199	×	200	○
201	○	202	○	203	○	204	○	205	×	206	○	207	○	208	○	209	○	210	○
211	○	212	○	213	○	214	○	215	○	216	○	217	○	218	○	219	○	220	○
221	×	222	○	223	○	224	×	225	○	226	○	227	○	228	×	229	×	230	○
231	○	232	○	233	○	234	○	235	○	236	○	237	×	238	○	239	○	240	×
241	○	242	○	243	○	244	○	245	○	246	○	247	×	248	○	249	○	250	○
251	○	252	×	253	○	254	×	255	○	256	○	257	○	258	○	259	○	260	○
261	○	262	○	263	×	264	○	265	×	266	○	267	○	268	○	269	○	270	×
271	○	272	○	273	○	274	○	275	○	276	×	277	○	278	○	279	×	280	○
281	○	282	×	283	○	284	○	285	○	286	○	287	×	288	○	289	○	290	○
291	×	292	○	293	○	294	○	295	×	296	×	297	×	298	○	299	×	300	○
301	○	302	×	303	○	304	○	305	○	306	×	307	×	308	○	309	○	310	○
311	○	312	○	313	○	314	×	315	×	316	○	317	○	318	○	319	×	320	○
321	○	322	○	323	×	324	○	325	○	326	○	327	×	328	×	329	○	330	○
331	○	332	○	333	○	334	○	335	○	336	○	337	○	338	○	339	○	340	○
341	×	342	○	343	○	344	×	345	○	346	×	347	○	348	○	349	○	350	○
351	○	352	○	353	×	354	○	355	×	356	○	357	○	358	○	359	○	360	○
361	○	362	○	363	×	364	×	365	○	366	○	367	×	368	○	369	×	370	○
371	×	372	○	373	×	374	○	375	○	376	○	377	○	378	×	379	○	380	×
381	○	382	×	383	○	384	○	385	○	386	○	387	○	388	○	389	○	390	○

MEMO

부록 2

최신기출문제

국제법 14개년 단원별 기출문제집

- 2021년 국가직 7급 국제법
- 2021년 국가직 9급 국제법개론
- 2021년 국가직 7급 국제법 정답 및 해설
- 2021년 국가직 9급 국제법개론 정답 및 해설

2021년 9월 11일 시행

2021 국가직 7급 국제법

풀이시간 : ________분

01 국가관할권에 대한 설명으로 옳은 것은?

① 상설국제사법재판소(PCIJ)는 Lotus호 사건에서 국가가 영역 밖으로 관할권을 행사하려면 명시적인 국제법적 근거가 필요하다고 보았다.
② 해외 테러단체가 해외에서 한국인을 상대로 저지른 범죄에 대하여 대한민국이 관할권을 행사할 수 있는 근거는 보호주의이다.
③ 외국인이 외국에서 외국인을 상대로 저지른 범죄에 대하여 대한민국이 관할권을 행사할 수 있는 근거는 보편주의이다.
④ 입법관할권은 국가의 영역 내로 제한된다.

02 승인제도에 대한 설명으로 옳지 않은 것은?

① 신생국에 대한 독립 축하 메시지 부여, 외교관계의 수립, 영사인가장의 부여, 우호통상항해조약의 체결 등으로는 묵시적 국가승인의 효과가 있다고 볼 수 없다.
② 다자조약의 동시 가입, 통상대표부의 설치 허가, 장기간의 양국 회담은 묵시적 국가승인으로 보기 어렵다.
③ 정부승인의 필요성은 정부가 혁명이나 쿠데타와 같이 비합헌적인 방법으로 변경되는 경우에 제기된다.
④ 국가는 원칙적으로 승인을 받아야 승인국에서 주권면제를 향유한다.

03 국제법위원회(ILC) 2001년 「국제위법행위에 관한 국가책임초안」의 해석상 국가책임에 대한 설명으로 옳지 않은 것은?

① 국가가 종교단체에 교도소의 운영을 위탁한 경우, 그 종교단체의 행위로 국가책임이 성립할 수 있다.
② 시민들이 외국인을 공격하는 것을 국가가 방치하고 부추기는 경우, 그 시민들의 행위는 국가에 귀속될 수 있다.
③ 국가가 외국의 반란단체에 무기를 판매한 경우에 원칙적으로 반란단체의 행위는 그 국가에 귀속되지 않는다.
④ 범죄를 수사하는 공무원이 고문을 금지하는 법령을 위반하여 외국인을 고문한 경우에 이는 국가의 행위로 귀속되지 않는다.

04 외교 및 영사 면제 · 특권에 대한 설명으로 옳지 않은 것은?

① 영사문서와 서류는 언제 어디서나 불가침이다.
② 외교관이나 영사와 달리 명예영사는 가족에 대한 특권과 면제가 인정되지 않는다.
③ 영사는 신체적 불가침성이 제한되어 중죄의 경우 체포가 가능하다.
④ 외교행낭과 영사행낭의 불가침성의 내용과 범위는 모두 동일하다.

05 1982년 「UN해양법협약」상 추적권에 대한 설명으로 옳지 않은 것은?

① 국제해양법재판소는 M/V Saiga호 사건(1999)에서 기니 정부의 추적권 행사가 위법하다고 판단하였다.
② 추적은 시각이나 음향 정선신호가 외국선박이 보거나 들을 수 있는 거리에서 발신된 후 비로소 이를 시작할 수 있다.
③ 피추적선이 타국의 배타적 경제수역(EEZ)으로 들어가면 추적은 종료되어야 한다.
④ 추적권은 군함 · 군용항공기 또는 정부업무에 사용 중인 것으로 명백히 표시되어 식별이 가능하며, 그러한 권한이 부여된 그 밖의 선박이나 항공기에 의해서만 행사될 수 있다.

06 국제법의 역사에 대한 설명으로 옳은 것만을 모두 고르면?

> ㄱ. 그로티우스(Grotius)는 주로 자연법에 기초한 국제법론을 주장하였다.
> ㄴ. 강대국의 외교적 보호권을 제한하기 위하여 칼보(Calvo)조항이 등장하였다.
> ㄷ. 19세기 국제법은 탈식민지를 위한 이론적 도구가 되었다.
> ㄹ. 강대국의 힘의 사용을 정당화하는 주장으로 드라고(Drago)주의가 등장하였다.

① ㄱ, ㄴ
② ㄱ, ㄹ
③ ㄴ, ㄷ
④ ㄷ, ㄹ

07 국제인권조약에 대한 설명으로 옳지 않은 것은?

① 세계인권선언은 「경제적 · 사회적 및 문화적 권리에 관한 국제규약」과 「시민적 및 정치적 권리에 관한 국제규약」의 기초가 되었다.
② Human Rights Committee는 국가가 「시민적 및 정치적 권리에 관한 국제규약」에 가입한 이후에 자유롭게 탈퇴할 수 있다고 해석하고 있다.
③ 국제인권조약상 국가보고제도는 인권조약의 당사국이 정기적으로 자국의 인권상황을 보고하는 것을 의미한다.
④ 「시민적 및 정치적 권리에 관한 국제규약」상 Human Rights Committee의 최종 견해는 당사국에게 구속력이 인정되지 않는다.

08 1969년 「조약법에 관한 비엔나협약」상 조약의 유보에 대한 설명으로 옳은 것만을 모두 고르면?

> ㄱ. 조약이 명시적으로 유보를 허용한 경우 원칙적으로 타국의 수락을 필요로 하지 않는다.
> ㄴ. 국가는 조약에 서명 또는 비준할 때에 유보를 할 수 있으나, 수락, 승인 또는 가입 시에는 유보를 할 수 없다.
> ㄷ. 유보국이 유보를 철회하기 위해서는 원칙적으로 수락국의 동의가 필요하다.
> ㄹ. 조약이 국제기구의 성립문서인 경우, 유보는 원칙적으로 그 기구의 권한 있는 기관에 의한 수락을 필요로 한다.

① ㄱ, ㄴ ② ㄱ, ㄹ
③ ㄴ, ㄷ ④ ㄷ, ㄹ

09 「관세 및 무역에 관한 일반협정(GATT)」 제20조 (일반적 예외)에 대한 설명으로 옳지 않은 것은?

① 미국-새우 사건에서 상소기구는 GATT 제20조 (g)호에 규정되어 있는 유한천연자원에 생물자원이 포함되지 않는다고 판단하였다.

② 특정의 무역규제조치가 GATT 제20조 각 호의 예외에 해당하는 경우라도 자의적이거나 부당한 차별금지원칙과 위장된 무역제한금지원칙이 준수되어야 한다.

③ 미국-가솔린 사건에서 상소기구가 2단계분석법을 해석기준으로 제시한 이후, 2단계분석법은 WTO 패널 및 상소기구 보고서의 관행으로 확립되었다.

④ GATT 제20조를 원용하는 국가는 그에 대한 입증책임을 부담한다.

10 2004년 「UN 국가 및 그 재산의 관할권 면제에 관한 협약」에 따른 주권면제에 대한 설명으로 옳은 것만을 모두 고르면?(단, 관계국들 간에 별도의 합의는 없다고 가정한다)

> ㄱ. 소송의 내용이 고용계약에 관한 것으로 복직을 요구하는 경우, 주권면제는 부인된다.
> ㄴ. 원고가 법정지국 밖에서 고문의 피해를 받아 손해배상을 청구하는 경우, 주권면제는 인정된다.
> ㄷ. 원고가 법정지국에서 발생한 교통사고에 대하여 손해배상을 청구하는 경우, 주권면제는 부인된다.
> ㄹ. 원고가 외국 정부의 명예훼손으로 인한 손해배상을 청구하는 경우, 주권면제는 부인된다.

① ㄱ, ㄴ ② ㄱ, ㄹ
③ ㄴ, ㄷ ④ ㄷ, ㄹ

11 국제연합(UN) 총회 및 안전보장이사회에 대한 설명으로 옳지 않은 것은?

① UN헌장에 의하면 안전보장이사회가 분쟁이나 사태에 대해 임무를 수행하는 동안에 총회는 안전보장이사회가 요청하지 않는 한 어떤 권고도 할 수 없다.

② UN총회는 회부된 국제평화와 안전의 유지에 관한 문제를 토의할 수 있다.

③ 최근에 안전보장이사회는 포괄적 제재조치보다는 특정한 개인이나 단체를 대상으로 하는 이른바 '표적제재(smart sanctions)'를 채택하는 경향이 있다.

④ 회원국의 다른 조약상의 의무는 안전보장이사회의 결의보다 우선한다.

12 국제법상 자위권에 대한 설명으로 옳지 않은 것은?

① 무력공격을 받은 국가는 자위권을 즉시 행사하여야 하며, 그 내용은 안전보장이사회에 보고되어야 한다.

② 자위권은 무력공격에 비례하고 필요한 범위 내에서만 정당화된다.

③ 국제사법재판소(ICJ)는 「Legal Consequences of the Construction of a Wall in the Occupied Palestinian Territory」 사건에서 비국가행위자에 대한 자위권의 발동을 명시적으로 인정하였다.

④ UN헌장 제51조에 의하면 집단적 자위권은 국가의 고유한 권리로 해석된다.

13 1982년 「UN해양법협약」상 EEZ에 대한 설명으로 옳지 않은 것은?

① 연안국은 EEZ에서 생물 및 무생물 등 천연자원의 탐사, 개발, 보존·관리를 목적으로 하는 주권적 권리를 갖는다.
② 연안국은 EEZ에서 인공섬, 시설 및 구조물의 설치와 사용, 해양과학조사, 해양환경의 보호와 보전에 관한 관할권을 갖는다.
③ ICJ는 우크라이나와 루마니아 간 흑해해양경계획정 사건에서 섬의 존재를 반영하여 EEZ 경계를 획정하였다.
④ 관련국 간에 발효 중인 협정이 있는 경우, EEZ의 경계획정에 관련된 사항은 그 협정의 규정에 따라 결정된다.

14 국제인도법상 전쟁포로의 지위에 대한 설명으로 옳지 않은 것은?

① 비정규군이나 조직적인 저항단체의 구성원은 일정한 경우, 적의 수중에 들어가면 포로의 지위를 갖는다.
② 교전행위를 행하여 적의 수중에 들어간 자가 포로의 지위가 명확하지 않은 경우, 관할 재판소가 결정을 내릴 때까지 포로의 지위를 갖는다.
③ 무력충돌 당사국의 상선 승무원이나 민간 항공기 승무원은 일정한 경우, 적의 수중에 들어가면 포로의 지위를 갖는다.
④ 간첩행위에 종사하는 동안 적대당사국의 권력 내에 들어간 충돌당사국 군대의 구성원은 포로의 지위를 갖는다.

15 국제사법재판소(ICJ)에 대한 설명으로 옳은 것만을 모두 고르면?

ㄱ. 분쟁이 소재판부에 회부되는 경우에는 국적재판관(judge ad hoc)제도가 적용되지 않는다.
ㄴ. 분쟁당사국이 선결적 항변을 제기하지 않더라도 ICJ가 스스로의 판단에 따라 관할권 없음을 결정할 수 있다.
ㄷ. 패소국이 판결을 이행하지 않는 경우, 승소국은 UN안전보장이사회에 사안을 제기할 수 있다.
ㄹ. 선택조항의 수락은 다른 당사국과의 합의에 의해 이루어져야 한다.

① ㄱ, ㄴ　　② ㄴ, ㄷ
③ ㄴ, ㄹ　　④ ㄷ, ㄹ

16 국제법과 국내법의 관계에 대한 설명으로 옳지 않은 것은?

① 한국 대법원은 자기집행적 조약과 비자기집행적 조약의 기준을 제시하고 있다.
② 영국에서 조약은 의회 제정법을 통하여 국내법적 효력을 가질 수 있다.
③ 미국에서 대부분의 인권조약은 재판규범으로 인정받기 어렵다.
④ 한국 법원은 특별한 입법조치 없이 관습국제법을 적용할 수 있다.

17 **UN헌장 제7장의 강제조치에 대한 설명으로 옳지 않은 것은?**

① 냉전이 종식된 이후에 안전보장이사회는 '평화의 파괴' 개념을 확대하여 헌장 제7장을 발동하고 있다.
② 안전보장이사회는 국제평화와 안전을 유지하기 위하여 헌장 제7장을 발동할 수 있다.
③ 안전보장이사회는 국제인도법과 국제인권법의 중대한 위반이 평화에 대한 위협이 될 수 있다고 해석한다.
④ 일반적으로 군사적 조치는 회원국에게 무력의 사용을 허가하는 방식이 이용된다.

18 **1982년 「UN해양법협약」상 대륙붕에 대한 설명으로 옳지 않은 것은?**

① 대륙변계의 바깥 끝이 영해기선으로부터 200해리에 미치지 못하면, 연안국의 대륙붕은 영해기선으로부터 200해리까지로 한다.
② 모든 국가는 연안국의 동의 없이 연안국의 대륙붕에서 정착성어종을 수확할 수 있다.
③ 연안국은 대륙붕에서 모든 목적의 시추를 허가하고 규제할 배타적 권리를 가진다.
④ 연안국은 측지자료를 비롯하여 항구적으로 자국 대륙붕의 바깥한계를 표시하는 해도와 관련 정보를 UN사무총장에게 기탁한다.

19 **항공기범죄의 방지와 억제를 위한 국제법에 대한 설명으로 옳지 않은 것은?**

① 1971년 「민간항공의 안전에 대한 불법적 행위의 억제를 위한 협약(몬트리올협약)」은 인도 아니면 소추의 원칙(aut dedere aut judicare)을 규정하고 있지 않다.
② 1963년 「항공기내에서 행한 범죄 및 기타 행위에 관한 협약(동경협약)」에 따르면 각 체약국은 자국에 등록된 항공기 내에서 범하여진 범죄에 대하여 재판관할권을 확립하기 위하여 필요한 조치를 취하여야 한다.
③ 1970년 「항공기의 불법납치 억제를 위한 협약(헤이그협약)」은 인도 아니면 소추의 원칙을 규정하고 있다.
④ 1971년 「민간항공의 안전에 대한 불법적 행위의 억제를 위한 협약(몬트리올협약)」은 군사, 세관, 경찰 업무에 이용되는 항공기에는 적용되지 아니한다.

20 **2001년 「국제위법행위에 관한 국가책임초안」에 대한 설명으로 옳지 않은 것은?**

① 불가항력(force majeure)과 조난(distress)에 책임이 있는 국가는 이를 원용할 수 없다.
② 유책국은 1차적으로 금전배상 의무를 부담하며, 전보되지 않은 손해에 대하여 원상회복 의무를 부담한다.
③ 어떠한 국가도 일반국제법의 강행규범 위반에 의해 창설된 상황을 승인하거나 지원 또는 원조해서는 아니 된다.
④ 국가의 국제위법행위에 의하여 야기된 피해에 대한 배상의 범위에는 물질적 손해뿐만 아니라 정신적 손해도 포함된다.

21 2006년 「외교적 보호에 관한 규정 초안」에 따른 외교적 보호에 대한 설명으로 옳은 것만을 모두 고르면?

> ㄱ. 이중국적국 상호 간에는 우세한 국적국이 외교적 보호를 할 수 있다.
> ㄴ. 국가는 피해자의 피해가 특별히 중대한 경우, 외교적 보호를 할 의무가 있다.
> ㄷ. 국적국의 기준에 노테봄(Nottebohm) 사건의 '진정한 유대(genuine link)'가 규정되었다.
> ㄹ. 위법행위가 주주의 이익을 직접적으로 침해한 경우에 주주의 국적국이 외교적 보호를 할 수 있다.

① ㄱ, ㄴ ② ㄱ, ㄹ
③ ㄴ, ㄷ ④ ㄷ, ㄹ

22 1951년 「난민의 지위에 관한 협약」 및 「난민법」에 대한 설명으로 옳은 것만을 모두 고르면?

> ㄱ. 환경난민은 협약에 의하여 보호된다.
> ㄴ. 강제송환금지 원칙은 불법입국자에게도 적용된다.
> ㄷ. 난민은 비호를 신청할 국가에 입국한 시점에 난민 요건을 충족해야 한다.
> ㄹ. 한국 법원은 성적 지향으로 인한 박해의 피해자를 특정 사회집단의 구성원 신분에 해당하는 난민으로 본다.

① ㄱ, ㄴ ② ㄱ, ㄷ
③ ㄴ, ㄹ ④ ㄷ, ㄹ

23 국제환경법의 일반원칙에 대한 설명으로 옳지 않은 것은?

① 리우선언에서는 환경에 심각한 악영향을 초래할 가능성이 있고 관할 국가당국의 결정을 필요로 하는 사업계획에 대하여는 환경영향평가가 국가적 제도로서 실시되어야 한다고 천명하고 있다.
② 국제사법재판소(ICJ)는 우루과이와 아르헨티나 간 Pulp Mills 사건에서 환경영향평가는 사업시행 전에 수행되어야 한다고 판시하였다.
③ ICJ는 Construction of a Road in Costa Rica along the San Juan River 사건에서 심각한 월경침해의 위험이 존재하는 경우에는 환경영향평가를 실시할 것이 요구된다는 취지의 판결을 하였다.
④ ICJ는 Gabčikovo-Nagymaros Project 사건에서 환경영향평가의무를 관습국제법의 하나로 인정하였다.

24 「관세 및 무역에 관한 일반협정(GATT)」의 주요 원칙에 대한 설명으로 옳은 것만을 모두 고르면?

> ㄱ. 조세조치의 경우 '동종제품관계'뿐만 아니라 '직접 경쟁 또는 대체상품관계'에까지 내국민대우가 적용된다.
> ㄴ. 내국민대우는 동종의 국내제품에 부여하고 있는 대우를 동일하게 수입제품에 부여하는 것을 의미하므로 동종의 국내제품보다 수입제품에 대한 유리한 대우는 내국민대우 위반이 된다.
> ㄷ. 최혜국대우는 동종제품에 대한 법률상의 차별뿐만 아니라, 사실상의 차별도 금지한다.
> ㄹ. WTO 패널 및 상소기구는 원칙적으로 시장기반설(Market-based Approach)을, 보완적으로 목적효과설(Aim and Effect Approach)을 고려하여 제품의 동종성 여부를 판정하였다.

① ㄱ, ㄴ ② ㄱ, ㄷ
③ ㄴ, ㄹ ④ ㄷ, ㄹ

25 **국제형사재판소(ICC) 규정에 대한 설명으로 옳지 않은 것은?**

① 국민적 · 민족적 · 인종적 · 종교적 집단의 전부 또는 일부를 파괴할 의도로 집단의 아동을 타 집단으로 강제로 이주시키는 것은 집단살해죄에 해당한다.

② 민간인 주민에 대한 광범위하거나 체계적인 공격의 일부로 그 공격에 대한 인식을 가지고 고문을 하는 것은 인도에 반한 죄에 해당한다.

③ 개별 국가는 ICC의 관할범죄에 대하여 보충적 관할권을 갖는다.

④ 전쟁범죄는 무력충돌에 관한 국제법을 중대하게 위반한 행위를 의미한다.

2021년 4월 17일 시행

2021 국가직 9급 국제법개론

풀이시간 : ________ 분

01 국제법에서 의미하는 현대 국제사회의 특징으로 옳은 것은?

① 국제사회의 재판기관은 원칙적으로 강제관할권을 갖는다.
② 국제사회는 수평적 · 분권적 구조로 되어 있는 국제공동체로 이루어져 있다.
③ 국제사회에서 법실증주의는 국익에 기반을 둔 국가 간 합의보다 보편적 국제규범을 더 중시한다.
④ 국제사회에서 UN 안전보장이사회는 법집행기관의 역할을 수행한다.

02 국가의 기본적 권리 · 의무에 대한 설명으로 옳지 않은 것은?

① 「국제연합(UN)헌장」에 따르면, 모든 UN 회원국은 제55조에 명시된 목적을 달성하기 위해서 UN과 협력할 것을 약속하고 있다.
② 자결권을 갖는 민족에 대해서 압제국이 무력을 행사하는 경우 제3국이 해당 민족을 군사적으로 지원해도 이는 압제국 국내문제의 불간섭원칙을 위반하지 않는다.
③ 「국제연합(UN)헌장」에 따르면, 제7장의 규정은 UN 회원국의 본질적인 국내관할권에 대한 사항에 적용될 수 없다.
④ 국가를 대표할 정부가 없거나 정상적인 기능을 수행하지 못하는 국가도 국제법상 법주체성을 유지한다.

03 세계무역기구(WTO)에 대한 설명으로 옳지 않은 것은?

① 국가가 아니면서 완전한 자치능력을 가진 독립된 관세지역의 경우에는 회원국 지위를 갖지 아니한다.
② WTO는 법인격을 가지며 각 회원국은 WTO에 필요한 특권과 면제를 부여한다.
③ 각료회의와 일반이사회는 WTO협정의 해석을 채택할 독점적인 권한을 가지고 있다.
④ WTO는 총의(consensus)와 투표를 결합한 의사결정 방식을 취하고 있다.

04 국가관할권의 결정준칙에 대한 설명으로 옳지 않은 것은?

① 속지주의 이론에 따르면, 국가는 행위자의 국적에 상관없이 자국 영역 내에서 발생한 사건에 대해 관할권을 가지므로 범죄행위의 개시국과 범죄결과의 최종발생국 모두 관할권을 행사할 수 있다.

② 능동적 속인주의 이론에 따르면, A국 국적의 갑이 B국에서 C국 국적의 을을 살해한 경우 C국이 갑에 대하여 형사관할권을 행사할 수 있다.

③ 보호주의 이론에 따르면, A국 국적의 갑이 B국 영역 내에서 C국의 화폐를 위조하여 사용한 경우 C국이 갑에 대하여 형사관할권을 행사할 수 있다.

④ 효과이론에 따르면, 외국인이 자국 영역 밖에서 행한 행위로 인하여 그 결과가 자국에게 실질적인 영향을 미친 경우 역외에 있는 해당 외국인에 대해서도 관할권을 갖는다.

05 영토에 대한 설명으로 옳지 않은 것은?

① 섬의 영유권 판단과 주변 해양경계 판단 시 동일 사건에서는 각기 다른 '결정적 기일(critical date)'이 적용될 수 없다.

② 할양이란 국가 간 합의에 근거한 영토주권의 이전이다.

③ 국제사법재판소(ICJ)에 따르면, 사회적 및 정치적 조직을 갖춘 주민이 거주하던 지역은 무주지가 아니기에 선점의 대상이 될 수 없다.

④ 탈베그(Talweg) 원칙에 따르면, 가항 하천에 교량이 없는 경우 국경선을 이루는 하천의 중간선이 국경선이 된다.

06 국제연합(UN)에서 근무하는 직원에 대한 설명으로 옳은 것은?

① UN의 직원은 임무수행에 있어 오직 UN과 자신의 국적국에 대해서만 책임을 진다.

② 1946년 「UN의 특권과 면제에 관한 협약」에서는 UN의 직원과 UN과 밀접한 관계를 갖는 전문기구의 직원에 대해서 특권과 면제를 인정한다.

③ UN의 직원이 공무수행 중에 국제위법행위로 인하여 손해를 입은 경우 직원의 국적국이 외교적 보호권에 근거하여 가해국에 대하여 국제책임을 물을 수 있다.

④ UN의 직원은 그 국적이나 직무에 상관없이 외교적 보호를 받을 수 있으나, 만일 외교적 보호를 받을 수 없다면 부득이 그 국적국이 직무적 보호를 행사할 수 있다.

07 국제기구의 권한에 대한 설명으로 옳지 않은 것은?

① 국제사법재판소(ICJ)에 따르면, UN은 비회원국에 대해서는 법인격을 갖지 않는다.

② UN의 옵저버 지위는 UN 총회의 결의에 의해서 부여되며 결의 이행에 필요한 행동은 사무총장에게 일임되고 있다.

③ 국제기구는 보통의 경우 설립조약에서 특권 및 면제에 대한 원칙을 설정하고 상세협정을 통해 이를 구체화하는 경향이 있다.

④ 국제기구가 개별 국가의 국내 법원의 재판관할권으로부터 면제를 향유할지라도, 그 위법행위에 대한 국제법상의 책임까지도 면제되는 것은 아니다.

08 「고문방지협약」에 대한 설명으로 옳지 않은 것은?

① 「고문방지협약」의 당사국은 고문자를 직접 처벌하든가 기소를 위하여 타국으로 인도해야 한다.
② 직접 고문한 자뿐만 아니라 고문을 교사 · 동의 · 묵인한 자도 처벌 대상이 된다.
③ 「고문방지협약」의 국가 간 통보제도는 동 협약 제21조를 수락한 당사국 상호 간에만 인정된다.
④ 고문피해자인 개인이 직접 고문방지위원회에 조사를 요청할 수는 없다.

09 우리나라 헌법에 따른 국회 동의대상 조약 중 다음 내용에 공통으로 해당하는 것은?

> • 인접국과 해양경계를 획정하는 조약
> • 국제재판소의 관할을 인정하는 조약
> • 자국 내 화학무기 등 대량 살상무기 생산시설 통제 등을 규정하는 조약
> • 당사국의 핵실험 금지와 현장사찰 등을 규정하고 있는 조약

① 상호원조 또는 안전보장에 관한 조약
② 중요한 국제조직에 관한 조약
③ 주권의 제약에 관한 조약
④ 중대한 재정적 부담을 지우는 조약

10 국제법상 개별 국가의 주권 또는 주권적 주장이 인정되지 않거나 주권 분쟁을 동결한 영역 또는 대상에 해당하지 않는 것은?

① 1959년 「남극조약」상 남극
② 1979년 「달과 기타 천체에서의 국가의 활동에 적용되는 협정」상 달과 기타 천체의 천연자원
③ 1982년 「해양법에 관한 국제연합협약」상 국가관할권 이원의 심해저 지역
④ 2018년 「중앙북극해 비규제어업방지협정」상 북극해의 해양생물자원

11 국제분쟁의 평화적 해결과 관련하여 ㉠~㉢에 들어갈 말을 바르게 연결한 것은?

분류		해결수단
분쟁 당사자 간 해결		(㉠) · 협의
제3자 개입에 의한 해결	비사법적 해결	주선 · 중개 · 심사 · (㉡)
	사법적 해결	(㉢) · 사법재판

	㉠	㉡	㉢
①	조정	교섭	중재
②	교섭	중재	조정
③	중재	조정	교섭
④	교섭	조정	중재

12 **난민에 대한 설명으로 옳은 것은?**

① 「난민지위협약」상 난민에는 내전으로 인한 국내적 실향민(internally displaced people)도 포함된다.

② 「난민지위협약」의 체약국은 난민에게 원칙적으로 외국인에게 부여하는 대우와 동등한 대우를 부여하여야 한다.

③ 「난민지위협약」상 난민신청자는 박해받을 공포가 있음을 객관적인 증거에 의하여 주장 사실 전체를 증명해야 한다.

④ 난민신청자가 난민으로서의 법적 요건을 갖는지 여부에 대한 판정권은 UN 난민고등판무관(UNHCR)에 있다.

13 **「관세 및 무역에 관한 일반협정(GATT)」 제20조의 일반적인 예외에 해당하지 않는 것은?**

① 사람, 동물 또는 식물의 생명 또는 건강 보호를 위해 필요한 조치

② 미술적 가치, 역사적 가치 또는 고고학적 가치가 있는 국보의 보호를 위하여 부과되는 조치

③ 영화 필름의 상영에 대한 양적 제한 조치

④ 금 또는 은의 수입 또는 수출에 대한 조치

14 **국제법위원회(ILC)의 2001년 「국제위법행위에 관한 국가책임초안」의 해석상 국가의 행위로 귀속되지 않는 행위는?**

① 외국에서 특수업무를 수행하도록 정부로부터 지시받은 민간인의 행위

② 공공당국의 부재 시 공권력의 행사가 요구되는 상황에서 자발적으로 행한 주민단체의 행위

③ 국가의 위임을 받아 공항에서 출입국 업무를 수행하는 민간항공사의 행위

④ 국가의 통제가 불가능한 지역에서의 조직화된 반란단체의 행위

15 **〈보기 1〉의 국가 또는 국제기구가 체결한 조약 중 「조약법에 관한 비엔나협약」(1969년 채택, 1980년 발효)이 적용되는 조약을 〈보기 2〉에서 모두 고르면?**

〈보기 1〉

- A, B 국가 : 「조약법에 관한 비엔나협약」에 1969년 서명 및 비준한 국가
- C 국가 : 「조약법에 관한 비엔나협약」에 1983년 서명 및 비준한 국가
- D 국가 : 「조약법에 관한 비엔나협약」에 서명한 미비준국
- E 국가 : 「조약법에 관한 비엔나협약」의 미서명국
- F 국제기구

〈보기 2〉

ㄱ. A국과 B국 간 1970년 서명되어 발효한 양자조약
ㄴ. A국과 C국 간 1982년 체결한 양자조약
ㄷ. A국, B국, C국 간 1984년 체결한 다자조약
ㄹ. B국과 D국 간 「조약법에 관한 비엔나협약」이 적용됨을 잡칙에 규정하여 1970년 체결한 양자조약
ㅁ. D국과 E국 간 「조약법에 관한 비엔나협약」이 적용됨을 잡칙에 규정하여 1983년 체결한 양자조약
ㅂ. A국이 자국이 회원국인 F기구와 1990년 자국 내에서 F기구의 직원의 면책특권을 부여하는 조약

① ㄱ, ㄴ, ㄷ
② ㄱ, ㄷ, ㄹ
③ ㄴ, ㄷ, ㅂ
④ ㄷ, ㄹ, ㅁ

16 대륙붕에 대한 설명으로 옳지 않은 것은?

① 대륙붕에 관한 국제법적 법리가 발달된 계기는 1945년 미국의 트루먼 대통령의 대륙붕 선언에서 비롯된다.
② 대륙붕에 관한 최초의 일반적 다자조약은 1958년 「대륙붕 협약」으로 본다.
③ 1969년 북해 대륙붕 사건 판결에서 국제사법재판소(ICJ)는 지리적 인접성을 대륙붕 경계획정의 핵심 개념으로 보았다.
④ 1982년 「해양법에 관한 국제연합협약」에 따르면 대륙붕한계위원회는 영해기선으로부터 200해리 이원의 대륙붕 경계에 대해서 권고를 행한다.

17 외교사절의 직무에 대한 설명으로 옳지 않은 것은?

① 외교관은 접수국의 내정에 개입하지 아니할 의무를 진다.
② 외교관의 직무 수행에 직접 사용되는 차량은 불법주차 시에도 과태료 부과가 면제된다.
③ 외교관은 접수국에서 개인적 영리를 위한 어떠한 직업활동도 할 수 없다.
④ 외교관은 합법적 수단을 통해 접수국의 사정을 본국 정부에 보고한다.

18 국제환경법상 일반원칙에 대한 설명으로 옳지 않은 것은?

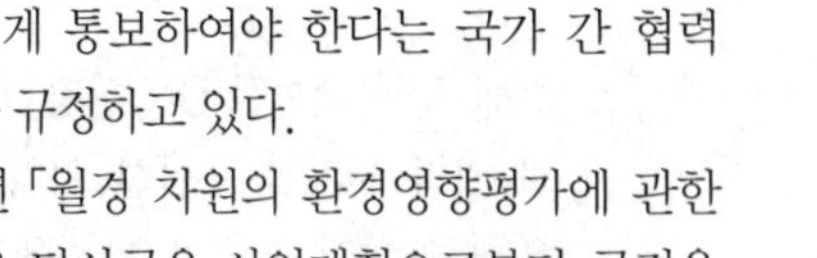
① 1979년 「장거리 월경 대기오염협약」은 오존층 보호를 위해 각국이 오염에 기여한 정도와 능력에 따라 차별적인 책임을 진다는 공동의 그러나 차별화된 책임 원칙을 규정하고 있다.
② 1989년 「유해폐기물의 월경 이동 및 처리의 통제에 관한 바젤협약」은 유해폐기물 또는 그 밖의 폐기물의 국가 간 이동에서 사고가 발생한 경우, 이를 알게 되는 즉시 해당 국가들에게 통보하여야 한다는 국가 간 협력의무를 규정하고 있다.
③ 1991년 「월경 차원의 환경영향평가에 관한 협약」은 당사국은 사업계획으로부터 국경을 넘어선 환경에 대한 심각한 악영향을 방지 · 경감 · 통제하기 위하여 모든 적절하고도 실효성 있는 조치를 취해야 한다는 예방원칙을 규정하고 있다.
④ 1992년 「국경을 넘는 수로와 국제호수의 보호와 이용에 관한 협약」은 환경오염을 유발한 책임이 있는 자가 오염의 방지와 제거를 위한 비용을 담당해야 한다는 오염자 부담원칙을 수용하였다.

19 우주발사물체에 의해 야기된 손해의 책임문제와 관련하여 1972년 「우주물체에 의하여 발생한 손해에 대한 국제책임에 관한 협약」에 대한 설명으로 옳지 않은 것은?

① 지구 표면 이외의 영역에서 한 발사국의 우주물체가 다른 발사국의 우주물체에 손해를 끼친 경우, 과실이 없더라도 손해를 끼친 발사국이 배상책임을 진다.

② 손해를 입은 국가의 중대한 과실로 손해가 발생하였다고 발사국이 입증할 수 있으면 그 범위 내에서 발사국의 절대책임이 면제된다.

③ 손해가 「국제연합(UN)헌장」이나 1967년 「달과 기타 천체를 포함한 외기권의 탐색과 이용에 있어서의 국가 활동을 규율하는 원칙에 관한 조약」을 포함한 국제법과 일치하지 않는 발사국의 활동 결과로 야기된 경우, 손해가 피해국의 과실에 의한 것이라 할지라도 책임은 면제되지 않고 완전한 배상책임을 진다.

④ 손해에 대한 배상청구 이전에 청구국은 국내적 구제를 완료하지 않아도 된다.

20 국제사법재판소(ICJ)의 권고적 의견(advisory opinion)에 대한 설명으로 옳지 않은 것은?

① 국가는 ICJ 소송에서 재판 당사자가 될 수는 있으나, 법률문제에 관하여 권고적 의견을 요청할 수 없다.

② UN 총회와 안전보장이사회는 어떠한 법률문제에 관하여도 권고적 의견을 요청할 수 있다.

③ UN 총회가 권고적 의견을 요청할 수 있는 권한을 부여한 UN의 다른 기관 및 전문기구는 자신의 활동범위에 속하는 법률문제에 관해 권고적 의견을 요청할 수 있다.

④ UN 총회에 의해 자격이 부여된 사무총장은 UN 활동 전반에 속하는 법률문제에 대해 권고적 의견을 요청할 수 있다.

2021년 9월 11일 시행

정답 및 해설

2021 국가직 7급 국제법

01	02	03	04	05	06	07	08	09	10
③	①	④	④	③	①	②	②	①	③
11	12	13	14	15	16	17	18	19	20
④	③	③	④	②	①	①	②	①	②
21	22	23	24	25					
②	③	④	②	③					

01

답 ③

해설

난도 ★★

① [×] 로터스호 사건에서 PCIJ는 입법관할권의 경우에는 금지한 것을 제외하고는 모두 허용되지만(금지이론), 집행관할권의 경우에는 허용한 것을 제외하고는 모두 금지된다고 하였는바, 입법관할권은 명시적인 국제법적 근거가 없더라도 명시적으로 금지되어 있지 않다면 관할권 행사가 가능하고, 집행관할권은 명시적인 국제법적 근거가 있거나 관할 국가의 동의가 있으면 관할권 행사가 가능하다.

② [×] 해외 테러단체가 해외에서 한국인을 상대로 저지른 범죄에 대하여 대한민국이 관할권을 행사할 수 있는 근거는 피해자의 국적을 기준으로 관할권을 판단하는 수동적 속인주의이다. 보호주의는 통화위조와 같은 국가적 법익이 침해된 사건에서 국가적 법익이 침해된 국가가 관할권을 행사하는 것을 말한다.

③ [○] 보편주의란 다수국가에 공통된 이익을 해하는 범죄에 대해 그 행위자의 신병을 확보한 모든 국가에게 관할권이 인정된다는 원칙을 말한다.

④ [×] 입법관할권은 원칙적으로 영토적 한계가 없어서 국가의 영역 외 행위까지도 입법대상으로 할 수 있다.

02

답 ①

해설

난도 ★

① [×] 신생국에 대한 독립 축하 메시지 부여, 외교관계의 수립, 영사인가장의 부여, 우호통상항해조약의 체결 등은 묵시적 국가승인에 해당된다.

② [○] 다자조약의 동시 가입, 통상대표부의 설치 허가, 장기간의 양국회담 등은 묵시적 국가승인에 해당되지 않는다.

③ [○] 정부승인이란 일국의 정부가 비합법적인 방법으로 변경되었을 때 타국이 신정부를 그 국가의 대표기관으로 인정하는 의사표시를 말한다. 일국의 정부가 합법적인 방법으로 변경된 경우에는 타국으로부터 승인을 받지 않아도 당연히 그 국가를 대표하게 된다.

④ [○] 국가면제(주권면제)란 법정지국이 자국영역 내에서 외국 및 그 외국의 재산에 대하여 주권평등원칙에 입각하여 당해 외국을 당사자로 한 소송에서 자국관할권의 행사를 면제하는 행위를 말하는바, 국가면제가 적용되기 위해서는 법정지국에 의해 국가로 인정되는 경우여야 한다.

묵시적 승인에 해당되는 것	묵시적 승인에 해당되지 않는 것
우호통상(항해)조약 등 포괄적 (양자)조약의 체결, 외교관계의 수립, 미승인국 외교사절의 공식 접수, 상임외교사절의 교환, 주권국가로 인정하는 외무부장관의 기자회견, 신생국 국기(國旗) 승인, 국기에 대한 예의 표시, 신생국이 파견한 영사에게 인가장(認可狀) 발급, 신생국에 자국영사의 인가(認可) 요구, 신생국에 독립 축하 메시지 전달, 국내법원의 제소권(提訴權) 인정, 국가원수의 국빈자격 방문, 대통령의 공식 접견, 미승인국의 영역주장에 대한 합법성 인정	인가장 없는 영사의 파견 및 접수, 미승인국가를 포함한 다자간 협정의 체결, 미승인국 대표가 참가하는 국제회의 출석, 미승인국의 국제조직 참가, 단순한 통상교섭행위, 정부관리들에 의한 공식 교섭행위, 무역사절단의 파견 · 교환, 통상대표부의 설치, 통상대표의 파견 · 접수, 임시사절의 파견 · 접수, 범죄인 또는 납치된 승객 등의 인도, 반란단체와의 교섭, 국제적 청구의 제기와 보상금지급, 미승인국가의 국민에 대한 비자발급, 여러 가지 일상적이거나 긴급한 문제에 관한 공식 또는 비공식접촉의 유지, 특정문제에 관한 의사교환, 미승인국 법률의 효력 인정, 정식국호의 사용, 외교적 편의를 위한 연락사무소 설립, 단순한 행정편의를 위한 협정의 체결, 고위급 회담의 개최, 불승인의사를 명백히 한 상태에서 양자조약의 체결, 단순한 사무적 내용의 양자조약 체결, 포로협정의 체결, 신사협정의 체결

03

답 ④

해설

난도 ★★

① [○] 국제법위원회(ILC)의 2001년 「국제위법행위에 관한 국가책임초안(국가책임초안)」 제5조에서는 "국가기관은 아니지만 당해 국가의 법에 의하여 정부권력요소를 행사하도록 권한을 부여받은 개인 또는 실체의 행위는 그러한 개인 또는 실체가 개별적인 경우에 있어서 그러한 자격으로 행위한 경우 국제법상 당해 국가의 행위로 간주된다."라고 규정하고 있는바, 국가로부터 교도소 운영 권한을 위탁받아 행사하는 종교단체의 행위는 그 국가의 행위로 간주되고, 요건이 갖추어진 경우 국가책임이 성립할 수 있다.

② [○] 순수한 사인의 행위는 원칙적으로 국가에 귀속되지 않는다. 다만, 「국가책임초안」 제8조에 따르면 국가의 지시 · 감독 · 통제하에 이루어진 사인의 행위는 국가의 행위로 귀속되는바, 위 지문에서의 "국가가 방치하고 부추기는 경우"가 국가의 지시 · 감독 · 통제로 인정되는 경우에는 그 행위는 국가에 귀속될 수 있다.

③ [○] 반란단체의 행위는 원칙적으로 국가에 귀속되지 않는다. 다만, 「국가책임초안」 제10조에 따르면, 반란단체가 그 국가의 새로운 정부를 수립하거나, 새로운 국가를 수립한 경우에는 반란단체가 새로운 정부를 수립한 그 국가 또는 반란단체가 수립한 새로운 국가에 귀속된다.

④ [×] 「국가책임초안」 제7조에서는 국가기관의 행위가 국가기관의 자격으로서 이루어진 경우에는 그 권한을 초과하거나 지시를 위반한 경우에도 국가의 행위로 귀속된다고 규정하고 있는바, 범죄를 수사하는 공무원은 국가기관에 해당하고 범죄의 수사는 국가기관의 자격으로서 이루어진 행위이므로 범죄를 수사하는 과정에서 고문행위를 함으로써 법령을 위반하였더라도 그 행위는 국가의 행위로 귀속된다.

04

답 ④

해설

난도 ★

① [○] 영사문서와 서류는 언제 어디서나 불가침이다(「영사관계에 관한 비엔나협약」 제33조). 1963년 「영사관계에 관한 비엔나협약」에는 영사문서와 서류의 불가침에 대한 예외규정이 없다.

② [○] 외교관의 세대를 구성하는 가족에 대한 특권과 면제에 대해서는 「외교관계에 관한 비엔나협약」 제37조 제1항에서 규정하고 있으며, 영사관원의 세대의 일부를 이루는 가족에 대한 특권과 면제에 대해서는 「영사관계에 관한 비엔나협약」 제46조 제1항, 제48조 제1항, 제49조 제1항, 제50조 제3항, 제52조, 제53조 제2항, 제54조 제1항 등에서 규정하고 있다. 이에 반해 명예영사관원의 가족 구성원

에게는 특권과 면제가 부여되지 않는다고 「영사관계에 관한 비엔나협약」 제58조 제3항에서 명시하고 있다.

③ [○] 영사관원은 원칙적으로 재판에 회부되기 전에 체포·구속되지 않으며, 구금·기타 신체의 자유에 대한 제한을 받지 않는다. 다만, 중대한 범죄와 관련하여 권한있는 사법당국의 결정이 있는 경우, 확정적 효력을 가진 사법상의 결정을 집행하는 경우에는 예외가 인정된다(「영사관계에 관한 비엔나협약」 제41조 제1항, 제2항 참조).

> **「영사관계에 관한 비엔나협약」 제41조【영사관원의 신체의 불가침】**
> 1. 영사관원은, 중대한 범죄의 경우에 권한있는 사법당국에 의한 결정에 따르는 것을 제외하고, 재판에 회부되기 전에 체포되거나 또는 구속되지 아니한다.
> 2. 본조 1항에 명시된 경우를 제외하고 영사관원은 구금되지 아니하며 또한 그의 신체의 자유에 대한 기타 어떠한 형태의 제한도 받지 아니한다. 다만, 확정적 효력을 가진 사법상의 결정을 집행하는 경우는 제외된다.
> 3. 영사관원에 대하여 형사소송절차가 개시된 경우에 그는 권한있는 당국에 출두하여야 한다. 그러나 그 소송절차는, 그의 공적 직책상의 이유에서 그가 받아야 할 경의를 표하면서 또한, 본조 1항에 명시된 경우를 제외하고는, 영사직무의 수행에 가능한 최소한의 지장을 주는 방법으로 진행되어야 한다. 본조 1항에 언급된 사정 하에서 영사관원을 구속하는 것이 필요하게 되었을 경우에 그에 대한 소송절차는 지체를 최소한으로 하여 개시되어야 한다.

④ [×] 「외교관계에 관한 비엔나협약」 제27조 제3항에서는 "외교행낭은 개봉되거나 유치되지 아니한다."라고만 규정하고 예외에 관한 규정이 없으나, 「영사관계에 관한 비엔나협약」 제35조 제3항에서는 예외를 함께 규정하고 있다.

> **「영사관계에 관한 비엔나협약」 제35조【통신의 자유】**
> ③ 영사행낭은 개봉되거나 또는 억류되지 아니한다. 다만, 영사행낭 속에 본조 4항에 언급된 서한, 서류 또는 물품을 제외한 기타의 것이 포함되어 있다고 믿을만한 중대한 이유를 접수국의 권한 있는 당국이 가지고 있는 경우에, 동 당국은 그 입회하에 파견국이 인정한 대표가 동 행낭을 개방하도록 요청할 수 있다. 동 요청을 파견국의 당국이 거부하는 경우에 동 행낭은 발송지로 반송된다.

05 　　답 ③

해설

난도 ★

① [○] M/V Saiga호 사건에서 국제해양법재판소는 세인트 빈센트 그레나딘이 기니의 법규를 위반하지 않았으므로 기니의 추적권 행사는 근거가 없는 것이며, 세인트 빈센트 그레나딘이 기니의 법규를 위반하였다고 의심할 만한 사유가 있었더라도 추적권 개시 전 시각신호·음향신호를 보내지 않았고, 추적행위가 중단 없이 계속되지도 않았으므로 정당한 추적권 행사가 아니라고 하였다.

② [○] 추적은 시각이나 음향 정선신호가 외국선박이 보거나 들을 수 있는 거리에서 발신된 후 비로소 이를 시작할 수 있다(「UN해양법협약」 제111조 제4항).

③ [×] 추적권은 추적당하는 선박이 그 국적국 또는 제3국의 영해에 들어감과 동시에 소멸한다(「UN해양법협약」 제111조 제3항). 진입과 동시에 추적권이 소멸하는 수역은 배타적 경제수역이 아니라 영해다.

④ [○] 추적권은 군함·군용항공기 또는 정부업무에 사용 중인 것으로 명백히 표시되어 식별이 가능하며 그러한 권한이 부여된 그 밖의 선박이나 항공기에 의하여서만 행사될 수 있다(「UN해양법협약」 제111조 제5항).

06 　　답 ①

해설

난도 ★★

ㄱ. [○] 초기의 국제법 학자인 비토리아, 수아레즈, 젠틸리, 그로티우스 등은 자연법론에 기초한 국제법론을 전개하였다.

ㄴ. [○] 남미국가들이 외국인과 계약체결 시 "계약상의 분쟁에 관하여 어떠한 경우에도 본국의 외교적 보호를 인정하지 않는다."는 내용의 조항을 삽입하는 경우가 있는바, 이를 칼보(Calvo)조항이라고 한다. 칼보조항은 외국인의 보호수준에 대해 국내표준주의를 주장하는 남미국가들이 강대국의 외교적 보호권 행사를 제한하기 위해 등장한 것으로 볼 수 있으나, 외교적 보호권은 국제법상 국가의 권리이며 개인이 포기할 수 있는 것이 아니므로, 본국의 외교적 보호권을 배제하려는 의도를 가지는 한 국제법상 무효로 간주된다.

ㄷ. [×] 19세기는 유럽국가들 간에는 협조체제를 유지하면서 유럽 외의 지역에 대해서는 식민지나 굴복체제를 요구하던 시기로서, 유럽국가들 간에 협조체제를 유지하기 위한 목적의 국제법이 발달하였던 시기다.

ㄹ. [×] 1902년 베네수엘라의 채무변제 중단에 따른 유럽국가들의 무력공격이 있자, 아르헨티나의 외무장관이었던 드라고(Luis M. Drago)가 "국가는 계약상 채무회수를 목적으로 무력을 사용할 수 없다."고 주장하였던바 이러한 주장을 드라고의 이름을 따서 드라고주의(Drago Doctrine)라고 하며, 이는 강대국들의 무력사용을 제한하고자 하는 주장이다.

07

답 ②

해설

난도 ★★★

① [○] 세계인권선언은 인권에 관한 구체적인 내용을 담고 있으나 UN총회의 결의에 불과하여 법적 구속력이 없었던바, 인권에 관한 구속력 있는 규범을 정립하고자 세계인권선언을 기초로 제정된 것이 국제인권규약(국제인권조약)이며, 국제인권규약에는 「경제적 · 사회적 및 문화적 권리에 관한 국제규약」(A규약, 사회권규약)과 「시민적 및 정치적 권리에 관한 국제규약」(B규약, 자유권규약)이 포함된다.

② [×] 「시민적 및 정치적 권리에 관한 국제규약」에는 탈퇴에 관한 규정이 없다. 다만 이에 대해 UN사무총장이 탈퇴의 요건에 관하여 언급한 적이 있는바 그 경과는 다음과 같다. 북한은 1997년 UN인권소위원회에서 북한인권결의가 최초로 채택된 데 항의하여 「시민적 및 정치적 권리에 관한 국제규약」 탈퇴를 통고하였다. 그러나 UN사무총장은 1997년 9월 23일 북한에 보낸 비망록(aide-mémoire)을 통해 규약의 모든 당사국이 동의하지 않는 한 규약으로부터의 탈퇴는 가능하지 않다고 밝혔다. 북한은 이후 자연스레 UN자유권위원회의 활동에 참여함으로써 당사국으로서의 지위 및 의무를 인정하였다.

③ [○] 국제인권규약상 국가보고제도는 인권조약의 당사국이 정기적으로 자국의 인권상황을 보고하는 것을 의미한다. 규약당사국은 인권실현을 위해 취한 조치와 발전에 관한 보고서를 사무총장에게 제출하고, 제출된 보고서는 A규약에서는 경제사회이사회에, B규약에서는 인권위원회(Human Rights Committee)에 송부된다.

④ [○] 국제인권규약에서 가입국의 규약 준수 및 이행 여부를 전면적 · 구체적으로 확인하기 위해 UN은 해당 규약의 위원회로 하여금 가입국이 제출한 정부보고서를 심의하고 그에 대한 최종견해(Concluding Observations)를 밝히도록 하고 있다. 「시민적 및 정치적 권리에 관한 국제규약(자유권규약)」도 제40조에서 가입국으로 하여금 자유권규약에서 인정된 권리를 실현하기 위하여 취한 조치 및 그러한 권리를 향유함에 있어서 성취 · 진전된 사항에 관한 보고서를 제출하도록 하고, 인권위원회(Human Rights Committee)는 정부보고서를 검토하여 최종견해를 가입국에게 송부하도록 하였다. 그러나 이러한 최종견해는 당사국에 대하여 이행을 촉구하는 의미만 있을 뿐 법적인 구속력은 없다.

08

답 ②

해설

난도 ★★

ㄱ. [○] 조약에 의하여 명시적으로 인정된 유보는 다른 체약국에 의한 추후의 수락이 필요한 것으로 그 조약이 규정하지 아니하는 한 그러한 추후의 수락을 필요로 하지 아니한다(「조약법에 관한 비엔나협약」 제20조 제1항).

ㄴ. [×] 국가는 원칙적으로 조약에 서명 · 비준 · 수락 · 승인 또는 가입할 때에 유보를 형성할 수 있다(「조약법에 관한 비엔나협약」 제19조).

ㄷ. [×] 조약이 달리 규정하지 아니하는 한 유보는 언제든지 철회될 수 있으며 또한 그 철회를 위해서는 동 유보를 수락한 국가의 동의가 필요하지 아니하다(「조약법에 관한 비엔나협약」 제22조 제1항).

ㄹ. [○] 조약이 국제기구의 성립문서인 경우로서 그 조약이 달리 규정하지 아니하는 한 유보는 그 기구의 권한 있는 기관에 의한 수락을 필요로 한다(「조약법에 관한 비엔나협약」 제20조 제3항).

09

답 ①

해설

난도 ★★★

① [×] 미국-새우 사건에서는 「관세 및 무역에 관한 일반협정(GATT)」 제20조(일반적 예외) (g)호 '유한 천연자원의 보존에 관한 조치'의 요건은 충족하였으나, '국가 간의 임의적이며 불공평한 차별'을 금지한 GATT 제20조 본문을 위반한 것으로 판단하였다.

② [○] 본 협정의 어떠한 규정도 체약국이 다음의 조치를 채택하거나 실시하는 것을 방해하는 것으로 해석되어서는 아니된다. 다만, 그러한 조치를 동일한 조건하에 있는 국가 간에 임의적이며 불공평한 차별의 수단 또는 국제무역에 있어서의 위장된 제한을 과하는 방법으로 적용하지 아니할 것을 조건으로 한다(GATT 제20조).

③ [○] 미국-가솔린 사건에서 상소기구는 GATT 제20조 (d)호의 예외 인정 여부와 관련하여 우선 (d)호의 요건이 충족되는지를 판단하고 그 다음에 제20조 본문에 적합한지 여부를 판단한다고 하였고, 이러한 2단계분석법은 그 후 WTO의 패널과 상소기구에서 관행으로 확립되었다.

> **GATT 제20조【일반적 예외】**
> 본 협정의 어떠한 규정도 체약국이 다음의 조치를 채택하거나 실시하는 것을 방해하는 것으로 해석되어서는 아니된다. 다만, 그러한 조치를 동일한 조건하에 있는 국가 간에 임의적이며 불공평한 차별의 수단 또는 국제무역에 있어서의 위장된 제한을 과하는 방법으로 적용하지 아니할 것을 조건으로 한다.
> (d) 관세의 실시, 제2조 제4항 및 제17조에 따라 운영되는 독점의 실시, 특허권, 상표권 및 저작권의 호 그리고 사기적인 관습의 방지에 관한 법률과 규칙을 포함하여 본 협정의 규정에 반하지 아니하는 법률 또는 규칙의 준수를 확보하기 위하여 필요한 조치

④ [○] GATT 제20조의 일반적 예외 요건의 충족에 관한 입증책임은 이를 원용하는 국가가 부담한다.

10 　답 ③

해설

난도 ★★★

ㄱ. [×] 2004년 「UN 국가 및 그 재산의 관할권 면제에 관한 협약(국가면제협약)」 제11조 제1항에서는 고용계약과 관련된 소송에서 국가면제(주권면제)를 주장할 수 없다고 규정하였으나, 제2항에서 이에 대한 예외로서 '소송의 대상이 개인의 채용, 고용의 갱신 또는 복직에 관련된 경우'를 명시하고 있다.

> **「국가면제협약」 제11조【고용계약】**
> 1. 관계국들 간에 별도의 합의가 없는 경우, 국가는 타국의 영토상에서 전체적으로 또는 부분적으로 수행되었거나 또는 수행될 사업을 위해 그 국가와 개인 간에 체결된 고용계약과 관련된 소송에 있어서 권한 있는 그 타국의 법정에서 관할권 면제를 주장할 수 없다.
> 2. 제1항은 다음과 같은 경우에 적용되지 아니한다.
>   (a) 피고용자가 공권력행사에 있어 특별한 기능의 수행을 위하여 고용된 경우
>   (b) 피고용자가 다음에 해당되는 경우
>   (i) 1961년 외교관계에 관한 비엔나협약에서 정의된 외교관
>   (ii) 1963년 외교관계에 관한 비엔나협약에서 정의된 영사관
>   (iii) 국제기구에 파견된 상주사절 또는 특별사절의 외교직원이거나, 또는 국제회의에서 국가를 대표하기 위하여 고용된 자
>   (iv) 기타 외교면제를 향유하는 사람
>   (c) 소송의 대상이 개인의 채용, 고용의 갱신 또는 복직에 관련된 경우
>   (d) 소송의 대상이 개인의 해고 또는 고용의 종료이며, 고용국의 국가원수, 정부수반, 또는 외무부장관에 의하여 그러한 소송이 그 국가의 안보상의 이익과 관련된 것임이 확인되는 경우
>   (e) 피고용자가 소송 개시 당시 고용국의 국민이면서 법정지국에 상주주소를 갖지 않고 있는 경우
>   (f) 고용국과 피고용자가 서면상으로 달리 합의한 경우, 이는 소송의 대상을 이유로 법정지국의 법정에 대하여 배타적 관할권을 부여하는 공공정책의 고려에 따를 것을 조건으로 한다.

ㄴ. [○] ㄷ. [○] 「국가면제협약」 제12조에서는 인적 피해나 재산상의 피해가 법정지국의 영토상에서 발생한 경우에는 국가면제를 원용할 수 없다고 규정하고 있는바, 이를 반대해석하면 인적 피해나 재산상의 피해가 법정지국의 영토 밖에서 발생한 경우에는 국가면제를 원용할 수 있는 것으로 해석된다. 알 아자니 사건에서 유럽인권재판소는 영국이라는 법정지국 밖에서 발생한 고문에 대하여 영국을 상대로 손해배상을 요구하는 민사소송에서 영국의 국가면제를 인정하는 판결을 하였다.

> **「국가면제협약」 제12조【인적 피해 및 재산상의 손해】**
> 관계국들 간에 별도의 합의가 없는 한, 국가는 타국의 권한 있는 법정에서 자국에게 귀속되는 것으로 주장되는 작위 또는 부작위로 인한 사망 기타 인적 피해 또는 유형의 재산상의 피해에 대한 금전적 배상에 관한 소송에 있어서 관할권 면제를 원용할 수 없다. 단, 이는 그 작위 또는 부작위가 전체적으로 또는 부분적으로 그 타국의 영토상에서 발생하였으며 그 작위 또는 부작위의 주체가 그 작위 또는 부작위의 발생 당시에 그 영토상에 있는 경우에 한한다.

ㄹ. [×] 「국가면제협약」 제3부(제10조~제17조)에서 규정하고 있는 '국가면제가 원용될 수 없는 소송'의 범위에 정신적 피해로 인한 손해배상청구는 포함되지 않는다.

11 답 ④

해설

난도 ★

① [○] 안전보장이사회가 어떠한 분쟁 또는 사태와 관련하여 이 헌장에서 부여된 임무를 수행하고 있는 동안에는 총회는 이 분쟁 또는 사태에 관하여 안전보장이사회가 요청하지 아니하는 한 어떠한 권고도 하지 아니한다(UN헌장 제12조 제1항).

② [○] 총회는 국제연합회원국이나 안전보장이사회 또는 제35조 제2항에 따라 국제연합회원국이 아닌 국가에 의하여 총회에 회부된 국제평화와 안전의 유지에 관한 어떠한 문제도 토의할 수 있으며, 제12조에 규정된 경우를 제외하고는 그러한 문제와 관련하여 1 또는 그 이상의 관계국이나 안전보장이사회 또는 이 양자에 대하여 권고할 수 있다(UN헌장 제11조 제2항).

③ [○] 경제제재를 포함하는 전면적 제재가 대상국의 일반 국민들에게 인도주의적 피해를 초래하고 해당 정부의 대국민 통제력을 강화하는 부작용을 초래함에 따라 제재의 실효성에 대한 문제가 대두되었고, 이에 따라 최근에는 전반적 제재의 문제점을 개선하여 제재효과를 극대화하고 특히 무고한 민간인들의 피해를 줄일 목적으로 특정집단이나 개인을 표적으로 하는 '표적제재'(targeted sanction)가 등장하였다. 안전보장이사회 제재위원회가 정부인사, 반군 등 제재대상자 리스트를 작성하고 이들에 대해 자산동결(financial freeze), 국외여행 금지(travel ban)등의 제재조치를 부과하는 형태로 나타난다.

④ [×] 국제연합회원국은 안전보장이사회의 결정을 이 헌장에 따라 수락하고 이행할 것을 동의한다(UN헌장 제25조). 국제연합회원국의 헌장상의 의무와 다른 국제협정상의 의무가 상충되는 경우에는 이 헌장상의 의무가 우선한다(UN헌장 제103조).

12 답 ③

해설

난도 ★★★

① [○] 자위권을 행사하기 위해서는 급박한 무력공격이 있어야 하는바, 무력공격이 현존하거나 무력공격의 직후여야 한다. 무력공격이 있기 전에 하는 예방적 자위권 행사는 인정되지 않으며(이견 있음), 무력공격이 지나간 후에 하는 보복적 무력행사도 인정되지 않는다.

② [○] 자위권 행사로서의 방위행위는 필요성의 요건과 비례성의 요건을 충족하여야 한다.

③ [×] 팔레스타인 점령지역에서의 이스라엘의 장벽건설에 관한 권고적 의견(2004)에서 ICJ는 이스라엘의 분리장벽 건설이 무력사용금지의무와 민족자결권, 국제인권법, 국제인도법을 위반한 것이며, 자위권 행사 또는 긴급피난의 상황에 해당되어 위법성이 조각된다는 이스라엘의 주장은 받아들이지 않았다.

④ [○] UN헌장 제51조에서는 "… 개별적 또는 집단적 자위의 고유한 권리를 …"이라고 하여 개별적 자위권 · 집단적 자위권 모두 국가의 고유한 권리로 규정하고 있다.

13 답 ③

해설

난도 ★★★

① [○] 「UN해양법협약」 제56조 제1항 (a)호

② [○] 「UN해양법협약」 제56조 제1항 (b)(i)호

> **「UN해양법협약」 제56조【배타적경제수역에서의 연안국의 권리, 관할권 및 의무】**
>
> 1. 배타적경제수역에서 연안국은 다음의 권리와 의무를 갖는다.
>   (a) 해저의 상부수역, 해저 및 그 하층토의 생물이나 무생물 등 천연자원의 탐사, 개발, 보존 및 관리를 목적으로 하는 주권적 권리와, 해수 · 해류 및 해풍을 이용한 에너지생산과 같은 이 수역의 경제적 개발과 탐사를 위한 그 밖의 활동에 관한 주권적 권리
>   (b) 이 협약의 관련규정에 규정된 다음 사항에 관한 관할권
>   (i) 인공섬, 시설 및 구조물의 설치와 사용
>   (ii) 해양과학조사
>   (iii) 해양환경의 보호와 보전
>   (c) 이 협약에 규정된 그 밖의 권리와 의무

③ [×] 우크라이나–루마니아 흑해 해양경계획정 사건에서 ICJ는 EEZ 경계획정에 뱀섬(Serpent Island)의 존재를 반영하여야 한다는 우크라이나의 주장을 받아들이지 않았다.

④ [○] 관련국 간에 발효 중인 협정이 있는 경우, 배타적경제수역의 경계획정에 관련된 사항은 그 협정의 규정에 따라 결정된다(「UN해양법협약」 제74조 제4항).

14 답 ④

해설

난도 ★★★

① [○] 「포로의 대우에 관한 제네바협약」 제4조 제1항 나호

> **「포로의 대우에 관한 제네바협약」 제4조**
> 1. 본 협약에서 포로라 함은 다음 부류의 하나에 속하는 자로서 적의 수중에 들어간 자를 말한다.
>   나. 충돌 당사국에 속하며 그들 자신의 영토(동 영토가 점령되고 있는지의 여부를 불문한다) 내외에서 활동하는 기타의 민병대의 구성원 및 기타의 의용대의 구성원(이에는 조직적인 저항운동의 구성원을 포함한다). 단, 그러한 조직적 저항운동을 포함하는 그러한 민병대 또는 의용대는 다음의 조건을 충족시켜야 한다.
>   (1) 그 부하에 대하여 책임을 지는 자에 의하여 지휘될 것
>   (2) 멀리서 인식할 수 있는 고정된 식별표지를 가질 것
>   (3) 공공연하게 무기를 휴대할 것
>   (4) 전쟁에 관한 법규 및 관행에 따라 그들의 작전을 행할 것

② [○] 「포로의 대우에 관한 제네바협약」 제5조

> **「포로의 대우에 관한 제네바협약」 제5조**
> 본 협약은 제4조에 말한 자에 대하여 이들이 적의 권력 내에 들어간 때부터 그들의 최종적인 석방과 송환 때까지 적용된다. 교전 행위를 행하여 적의 수중에 빠진 자가 제4조에 열거한 부류의 1에 속하는가의 여부에 대하여 의문이 생길 경우에는 그러한 자들은 그들의 신분이 관할 재판소에 의하여 결정될 때까지 본 협약의 보호를 향유한다.

③ [○] 「포로의 대우에 관한 제네바협약」 제4조 제1항 마호

> **「포로의 대우에 관한 제네바협약」 제4조**
> 1. 본 협약에서 포로라 함은 다음 부류의 하나에 속하는 자로서 적의 수중에 들어간 자를 말한다.
>   마. 선장, 수로 안내인 및 견습선원을 포함하는 충돌 당사국의 상선의 승무원 및 민간 항공기의 승무원으로서, 국제법의 다른 어떠한 규정에 의하여도 더 유리한 대우의 혜택을 향유하지 아니하는 자

④ [×] 「포로의 대우에 관한 제네바협약」상 간첩행위에 관한 규정은 없다.

15 답 ②

해설

난도 ★★

ㄱ. [×] 국적재판관(judge ad hoc)제도는 전원재판부뿐만 아니라 ICJ규정 제26조의 '특정부류사건소재판부'·'특정사건소재판부', 제29조의 '간이소송절차소재판부'에도 적용된다.

ㄴ. [○] 콩고령 군사활동 사건에서 ICJ는 "재판관할권이 있다고 인정되는 경우에만 청구의 허용성 문제를 다루는 것이 재판소의 확립된 판례"라고 하여 청구의 허용성 문제를 판단하기 전에 스스로 관할권의 존부를 판단하게 된다.

ㄷ. [○] 사건의 당사자가 재판소가 내린 판결에 따라 자국이 부담하는 의무를 이행하지 아니하는 경우에는 타방의 당사자는 안전보장이사회에 제소할 수 있다. 안전보장이사회는 필요하다고 인정하는 경우 판결을 집행하기 위하여 권고하거나 취하여야 할 조치를 결정할 수 있다(UN헌장 제94조 제2항).

ㄹ. [×] ICJ규정 제36조 제2항의 선택조항의 수락 여부는 ICJ규정 당사국의 선택사항일 뿐, 다른 당사국과의 합의는 필요로 하지 않는다.

16 답 ①

해설

난도 ★★

① [×] 조약을 자기집행성 여부에 따라 자기집행적 조약과 비자기집행적 조약으로 구분하는 것은 미국 법원의 판례로 발달한 이론이다.

② [○] '왕권에 대한 의회의 견제'라는 전통에 따라, 국제관습법과는 달리 조약에 대해서는 원칙적으로 의회의 이행법률 제정을 통하여 국내적으로 입법화되어야 당해 조약이 국내적으로 적용될 수 있다.

③ [○] 미국은 조약의 자기집행성 여부에 따라 자기집행적 조약과 비자기집행적 조약으로 구분한다. 자기집행적 조약은 국내에 적용되기 위하여 별도의 입법과 같은 구체화가 필요한 조약을 말하며, 비자기집행적 조약은 국내에 적용되기 위하여 별도의 입법을 통한 구체화가 필요한 조약을 말한다. 인권조약의 경우 구체적인 규정을 두고 있지 않은 경우들이 많은바 이러한 인권조약들은 비자기집행적 조약으로서 미국 법원에서 재판규범으로 인정받기 어렵다.

④ [○] 헌법 제6조 제1항에서 "헌법에 의하여 체결·공포된 조약과 일반적으로 승인된 국제법규는 국내법과 같은 효력을 지닌다."고 규정하고 있는 바, 여기에서의 '일반적으로 승인된 국제법규'에 국제관습법이 포함된다고 보는 것이 일반적 견해다. 이러한 견해에 따라 우리나라 법원은 국제관습법에 대하여 특별한 입법조치 없이도 국내에 적용될 수 있다.

17

답 ①

해설

난도 ★★★

① [×] UN헌장 제7장에 근거한 활동에는 안전보장이사회의 평화에 대한 위협, 평화의 파괴, 침략행위의 존재에 대한 결정이 있어야 하는 바, 이 중에서 안전보장이사회가 '평화의 파괴' 결정을 내린 경우로는 1950년 한국전쟁에 관한 결의, 1982년 아르헨티나의 포클랜드 침공에 관한 결의, 1987년 이란 · 이라크 전쟁에 관한 결의, 1990년 이라크의 쿠웨이트 침공에 관한 결의 네 번이 있었다. 냉전 종식 이후로는 '평화의 파괴'에 대한 안전보장이사회의 결정은 없었다.

② [○] 안전보장이사회는 국제평화와 안전을 유지하기 위하여 UN헌장 제7장에 의거하여 강제조치를 할 수 있다.

③ [○] 안전보장이사회는 1992년 소말리아 사태, 1993년 보스니아 사태, 1994년 르완다 사태, 1994년 아이티 사태 등에 관한 결의에서 인권보호나 인도적 구호를 목적으로 하는 경우에도 '평화에 대한 위협'이라는 용어를 사용한바 있다.

④ [○] 군사적 조치는 UN헌장 제7장에 근거한 안전보장이사회 결의에 의하여 이루어지는데, 일반적으로 안전보장이사회의 결의에서는 회원국에게 무력사용을 허가하고 그 결의에 따라 회원국들이 군사적 조치에 참여하는 방식으로 이루어진다.

18

답 ②

해설

난도 ★★

① [○] 「UN해양법협약」 제76조 제1항

> **「UN해양법협약」 제76조 【대륙붕의 정의】**
> 1. 연안국의 대륙붕은 영해 밖으로 영토의 자연적 연장에 따라 대륙변계의 바깥 끝까지, 또는 대륙변계의 바깥 끝이 200해리에 미치지 아니하는 경우, 영해기선으로부터 200해리까지의 해저지역의 해저와 하층토로 이루어진다.

② [×] 대륙붕의 천연자원을 개발할 수 있는 권리는 연안국에 있으며, 여기에서의 천연자원에는 정착성어종이 포함된다.

> **「UN해양법협약」 제77조 【대륙붕에 대한 연안국의 권리】**
> 1. 연안국은 대륙붕을 탐사하고 그 천연자원을 개발할 수 있는 대륙붕에 대한 주권적 권리를 행사한다.
> 4. 이 부에서 규정한 천연자원은 해저와 하층토의 광물, 그 밖의 무생물자원 및 정착성어종에 속하는 생물체, 즉 수확가능단계에서 해저표면 또는 그 아래에서 움직이지 아니하거나 또는 해저나 하층토에 항상 밀착하지 아니하고는 움직일 수 없는 생물체로 구성된다.

③ [○] 「UN해양법협약」 제81조

> **「UN해양법협약」 제81조 【대륙붕시추】**
> 연안국은 대륙붕에서 모든 목적의 시추를 허가하고 규제할 배타적 권리를 가진다.

④ [○] 「UN해양법협약」 제76조 제9항

> **「UN해양법협약」 제76조 【대륙붕의 정의】**
> 9. 연안국은 측지자료를 비롯하여 항구적으로 자국 대륙붕의 바깥한계를 표시하는 해도와 관련정보를 국제연합 사무총장에게 기탁한다. 국제연합 사무총장은 이를 적절히 공표한다.

19

답 ①

해설

난도 ★★★

① [×] 1971년 「민간항공의 안전에 대한 불법적 행위의 억제를 위한 협약(몬트리올협약)」 제7조에서 이에 관한 규정을 두고 있다.

> **「몬트리올협약」 제7조**
> 그 영토 내에서 범죄 혐의자가 발견된 체약국은 만약 동인을 인도하지 않은 경우, 예외 없이 또한 그 영토 내에서 범죄가 범하여진 것인지 여부를 불문하고, 소추를 하기 위하여 권한 있는 당국에 동 사건을 회부하여야 한다. 그러한 당국은 그 국가의 법률상 중대한 성질의 일반 범죄의 경우에 있어서와 같은 방법으로 그 결정을 내려야 한다.

② [○] 1963년 「항공기내에서 행한 범죄 및 기타 행위에 관한 협약(동경협약)」 제3조 제2항

> **「동경협약」 제3조 【재판관할권】**
> 2. 각 체약국은 자국에 등록된 항공기내에서 범하여진 범죄에 대하여 등록국으로서의 재판관할권을 확립하기 위하여 필요한 조치를 취하여야 한다.

③ [○] 1970년 「항공기의 불법납치 억제를 위한 협약(헤이그협약)」 제7조에서 이에 관한 규정을 두고 있다.

> **「헤이그협약」 제7조**
> 그 영토 내에서 범죄혐의자가 발견된 체약국은 만약 동인을 인도하지 않을 경우에는, 예외 없이, 또한 그 영토 내에서 범죄가 행하여진 것인지 여부를 불문하고 소추를 하기 위하여 권한 있는 당국에 동 사건을 회부하여야 한다. 그러한 당국은 그 국가의 법률상 중대한 성질의 일반적인 범죄의 경우에 있어서와 같은 방법으로 결정을 내려야 한다.

④ [○] 「몬트리올협약」 제4조 제1항

> **「몬트리올협약」 제4조**
> 1. 본 협약은 군사, 세관 또는 경찰 업무에 사용되는 항공기에는 적용되지 아니한다.

20

답 ②

해설

난도 ★★

① [○] 2001년 「국제위법행위에 관한 국가책임초안(국가책임초안)」 제23조 제2항 (a)호와 제24조 제2항 (a)호에서 이에 관한 규정을 두고 있다.

> **「국가책임초안」 제23조 【불가항력】**
> 1. 당해 국가의 국제의무와 일치하지 않는 국가행위의 위법성은 그 행위가 불가항력, 즉 국가의 통제를 넘어서 그 의무를 실행하는 것을 실질적으로 불가능하게 만드는 저항할 수 없는 힘 또는 예상하지 못한 사건의 발생에 기인하는 경우 조각된다.
> 2. 다음의 경우에는 제1항이 적용되지 아니한다.
>   (a) 불가항력의 상황이 단독으로 또는 다른 요인들과 결합하여 불가항력의 상황임을 주장하는 국가의 행위에 기인하는 경우 또는
>   (b) 그 국가가 발생한 당해 상황의 위험을 인수한 경우
>
> **「국가책임초안」 제24조 【조난】**
> 1. 당해 국가의 국제의무와 일치하지 않는 국가행위의 위법성은 그 문제의 행위를 한 자가 조난의 상황에서 자신의 생명 또는 자신의 보호에 맡겨진 다른 사람들의 생명을 구하기 위한 다른 합리적인 방법을 갖고 있지 못하다면 조각된다.
> 2. 다음의 경우에는 제1항이 적용되지 아니한다.
>   (a) 조난의 상황이 단독으로 또는 다른 요인들과 결합하여 조난의 상황임을 주장하는 국가의 행위에 기인하는 경우 또는
>   (b) 문제의 행위가 그에 상당한 또는 더 큰 위험을 일으킬 것 같은 경우

② [×] 「국가책임초안」상 책임이 있는 국가는 원상회복, 금전배상(보상), 사죄(만족)의 형식으로 배상을 하게 된다. 1차적으로 원상회복이 원칙이나, 원상회복이 불가능하거나 원상회복으로 얻게 되는 이익과 원상회복을 위해 부담하게 되는 비용 간에 심각한 불균형이 있는 경우에는 금전배상(보상)을 하게 되고, 원상회복이나 금전배상에 의하여 달성할 수 없는 부분에 대해서는 사죄(만족)의 의무를 진다.

> **「국가책임초안」 제34조 【배상의 형식】**
> 국제위법행위에 의한 손해에 대한 완전한(full) 보상은 이 장의 규정에 따라 단독으로 또는 공동으로 원상회복(restitution), 보상(금전배상, compensation), 사죄(만족, satisfaction)의 형식으로 나타난다.
>
> **「국가책임초안」 제35조 【원상회복】**
> 국제위법행위에 대하여 책임 있는 국가는 그 원상회복이 다음의 한도 내인 경우 원상회복을 할, 즉 범하여진 위법행위 이전에 존재하였던 상태를 재건할 의무를 진다.
>   (a) 물질적으로 불가능하지 않고
>   (b) 보상(금전배상) 대신 원상회복으로부터 파생되는 이익이 전혀 균형이 잡히지 않는 부담을 수반하지 않는 경우
>
> **「국가책임초안」 제36조 【보상(금전배상)】**
> 1. 국제위법행위에 대하여 책임 있는 국가는 원상회복에 의하여 달성할 수 없는 그러한 손해의 한도에서는 그로부터 발생한 손해에 대하여 보상(금전배상)을 할 의무를 진다.
> 2. 보상(금전배상)은 확인되는 한도에 있어서는 이익의 손실을 포함하여 재정적으로 평가할 수 있는 어떠한 손해도 포함한다.
>
> **「국가책임초안」 제37조 【사죄(만족)】**
> 1. 국제위법행위에 대하여 책임 있는 국가는 원상회복 또는 보상(금전배상)에 의하여 달성할 수 없는 한도에서는 그 행위에 의하여 발생한 손해(injury)에 대하여 사죄를 할 의무를 진다.
> 2. 사죄는 위반의 인정, 유감의 표시, 공식 사과 또는 다른 적절한 방식으로 이루어진다.
> 3. 사죄는 그 손해와 균형이 잡히지 않고 책임 있는 국가에게 굴욕적인 형식을 취해서는 아니 된다.

③ [○] 「국가책임초안」 제40조, 제41조에서 이에 관한 규정을 두고 있다.

> **「국가책임초안」 제40조 【이 장의 적용】**
> 1. 이 장은 일반국제법의 강행규범에 의하여 발생하는 의무의 국가에 의한 중대한 위반에 의하여 발생하는 국제책임에 적용된다.
> 2. 그러한 의무의 위반이 그 의무를 이행할 책임 있는 국가에 의한 총체적 또는 계획적인 불이행인 경우 중대한 위반이 된다.
>
> **「국가책임초안」 제41조 【이 장에 의한 의무의 중대한 위반의 특별한 효과】**
> 1. 국가들은 제40조 의미 내의 어떠한 중대한 위반을 적법한 수단으로 끝내기 위하여 협력하여야 한다.
> 2. 어떠한 국가도 제40조 의미 내의 중대한 위반에 의하여 발생한 상태를 적법한 것으로 인정하여서는 아니 되며 또한 당해 상태를 유지하는데 원조나 도움을 주어서는 아니 된다.
> 3. 이 조는 이 부에서 언급된 다른 결과들과 그리고 이 장이 적용되는 위반에 따라 국제법에 의하여 발생하는 그 이상의 결과들을 침해하지 아니한다.

④ [○] 「국가책임초안」 제31조 제2항에서 이에 관한 규정을 두고 있다.

> **「국가책임초안」 제31조 【배상】**
> 1. 책임 있는 국가는 국제위법행위에 의하여 발생한 손해에 대하여 완전한(full) 배상을 할 의무를 진다.
> 2. 손해(injury)는 물질적이든 또는 정신적이든 국가의 국제위법행위에 의하여 발생한 어떠한 손해(damage)도 포함한다.

21 답 ②

해설

난도 ★★★

ㄱ. [○] 2006년 「외교적 보호에 관한 규정 초안(외교보호초안)」 제7조에서는 "외교적 보호를 행사하고자 하는 국가의 국적이 피해 시와 공식청구 제기 시에 모두 우세하지 않는 한, 그 국적국가는 타국적국가에 대하여 외교적 보호를 행사할 수 없다."라고 규정하여 이중국적국 상호 간에도 우세한 국적국이 외교적 보호를 할 수 있는 가능성을 열어두고 있다.

ㄴ. [×] 「외교보호초안」 제3조 제1항에서는 "외교적 보호는 국적국가가 행사할 권리를 갖는다."라고 규정하고 있는 바, 외교적 보호는 국적 국가가 행사할 수 있는 권리일 뿐, 의무가 아니다.

ㄷ. [×] 「외교보호초안」 제4조에서는 "자연인에 대한 외교적 보호의 목적상 국적 국가는 그 자연인이 국제법에 부합되지 않는 것이 아닌 그 국적국의 법에 따라 출생, 혈통, 귀화, 국가승계, 혹은 기타 다른 방법으로 취득한 국적의 국가이다."라고 규정하고 있을 뿐, 노테봄 사건의 '진정한 유대'(genuine link)를 직접 규정하지는 않았다.

ㄹ. [○] 「외교보호초안」 제12조에서는 "국가의 국제위법행위로 인해 회사 자체의 권리와는 별개로서 회사 주주의 권리를 직접적으로 침해한 경우에, 그 주주의 국적 국가는 그 자국민에 대해서 외교적 보호를 행사할 수 있다."라고 규정하고 있다.

22 답 ③

해설

난도 ★★

ㄱ. [×] 1951년 「난민의 지위에 관한 협약(난민조약)」 및 「난민법」에 의하여 보호되는 난민은 정치적 난민에 한한다. 경제적 난민, 자연적 난민, 환경적 난민 등은 이들 조약이나 법률에 의하여 보호되지는 않는다.

ㄴ. [○] 강제송환금지의 원칙은 난민이 불법적으로 피난국 내에 있는 경우에도 적용된다.

ㄷ. [×] 「난민법」에서는 대한민국 안에 있는 외국인이 난민인정 신청을 하는 경우(「난민법」 제5조)와 외국인이 입국심사를 받는 때에 난민인정 신청을 하는 경우(「난민법」 제6조)를 구분하여 규정하고 있는 바, 반드시 입국한 시점에 난민 요건을 충족해야 하는 것은 아니며, 입국 이후 사정의 변경으로 인하여 난민이 된 경우에도 난민으로 인정될 수 있다.

ㄹ. [○] 대법원 판결에서 동성애라는 성적 지향이 특정 사회집단의 구성원 신분이 될 수 있다고 판시한 바 있다.

> [판례] 이때 '특정 사회집단'이란 한 집단의 구성원들이 선천적 특성, 바뀔 수 없는 공통적인 역사, 개인의 정체성 및 양심의 핵심을 구성하는 특성 또는 신앙으로서 이를 포기하도록 요구해서는 아니 될 부분을 공유하고 있고, 이들이 사회환경 속에서 다른 집단과 다르다고 인식되고 있는 것을 말하며, 동성애라는 성적 지향이 난민신청자의 출신국 사회의 도덕규범이나 법규범에 어긋나 그것이 외부로 드러날 경우 그로 인해 박해에 노출되기 쉬우며, 이에 대해 출신국 정부에서 보호를 거부하거나 보호가 불가능한 경우에는 특정 사회집단에 해당한다고 볼 수 있다(대판 2017. 7. 11. 2016두56080).

23

답 ④

해설

난도 ★★★

① [○] 리우선언 원칙 17에서 규정하고 있다.

> **리우선언 원칙 17【환경영향평가】**
> 환경에 심각한 악영향을 초래할 가능성이 있으며 관할 국가 당국의 의사 결정을 필요로 하는 사업 계획에 대하여 환경 영향 평가가 국가적 제도로서 실시되어야 한다.

② [○] 우루과이와 아르헨티나 간 펄프공장(Pulp Mills) 사건(2010)에서 ICJ는 국제환경법 관련 조약 등에서 규정하고 있는 환경영향평가는 이제 국제관습법의 일부를 구성하는 것으로 볼 수 있으며, 건설공사 전에 환경영향평가를 실시해야 하고 건설 후에도 지속적으로 환경영향평가를 실시하여야 한다고 하였다.

③ [○] 코스타리카 · 니카라과 간 산후안강 준설공사 · 도로건설 사건(2015)에서 ICJ는 펄프공장 사건에서 중대한 월경 피해의 위험이 있는 경우에는 환경영향평가의 요건이 충족된다고 판시하였다는 점을 언급한바 있다.

④ [×] 국제판례에서 환경영향평가 의무를 국제관습법의 하나로 인정하기 시작한 것은 펄프공장 사건(2010)부터이다. 가브치코보-나기마로스 사건(1997)의 주요쟁점은 조약상 의무와 사정변경의 관계에 관한 것이다.

24

답 ②

해설

난도 ★★

ㄱ. [○] 「관세 및 무역에 관한 일반협정(GATT)」상의 내국민대우 원칙은 원칙적으로 동종상품에 대하여 적용된다. 단, 재정조치(조세, 과징금)에 있어서는 '직접경쟁 또는 대체(directly competitive or substitutable) 상품'에까지 적용된다.

ㄴ. [×] GATT상 내국민대우란 GATT의 일방당사국이 자국영역 내에서 타방 당사국의 국민 및 상품에 대하여 자국민 및 자국상품에 부여하는 대우보다 불리하지 않은 대우를 부여하는 것을 말하며, 동종의 국내제품보다 수입제품에 유리한 대우를 하는 것은 내국민대우 위반이 되지 않는다.

ㄷ. [○] GATT상 최혜국대우란 GATT의 어느 당사국이 동종상품에 관한 관세, 통관, 수출 · 수입에 관한 규칙 · 절차 등 교역과 관련하여 특정 당사국에 부여하고 있는 대우보다 불리하지 않은 대우를 다른 당사에게도 부여하는 것을 말한다. 법률상의 차별뿐만 아니라, 사실상의 차별도 금지된다.

ㄹ. [×] WTO 패널과 상소기구는 일반적으로 사안에 따라 제품성질설을 원칙적으로 시장기반설을 보완적으로 고려하여 판단한다.

25

답 ③

해설

난도 ★★★

① [○] ICC규정 제6조 마호

> **ICC규정 제6조【집단살해죄】**
> 이 규정의 목적상 "집단살해죄"라 함은 국민적, 민족적, 인종적 또는 종교적 집단의 전부 또는 일부를 그 자체로서 파괴할 의도를 가지고 범하여진 다음의 행위를 말한다.
> 마. 집단의 아동을 타집단으로 강제 이주

② [○] ICC규정 제7조 제1항 바호

> **ICC규정 제7조【인도에 반한 죄】**
> 1. 이 규정의 목적상 "인도에 반한 죄"라 함은 민간인 주민에 대한 광범위하거나 체계적인 공격의 일부로서 그 공격에 대한 인식을 가지고 범하여진 다음의 행위를 말한다.
> 바. 고문

③ [×] ICC규정 제1조

> **ICC규정 제1조【재판소】**
> 재판소는 상설적 기구이며, 이 규정에 정한 바와 같이 국제적 관심사인 가장 중대한 범죄를 범한 자에 대하여 관할권을 행사하는 권한을 가지며, 국가의 형사관할권을 보충한다. 재판소의 관할과 기능은 이 규정에 정한 바에 의하여 규율된다.

④ [○] ICC규정 제8조 제2항 나호

> **ICC규정 제8조【전쟁범죄】**
> 2. 이 규정의 목적상 "전쟁범죄"라 함은 다음을 말한다.
> 나. 확립된 국제법 체제 내에서 국제적 무력충돌에 적용되는 법과 관습에 대한 기타 중대한 위반, 즉 다음 행위 중 어느 하나

2021년 4월 17일 시행

정답 및 해설

2021 국가직 9급 국제법개론

01	02	03	04	05	06	07	08	09	10
②	③	①	②	①	③	①	④	③	④
11	12	13	14	15	16	17	18	19	20
④	②	③	④	④	③	②	①	①	④

01

답 ②

해설

난도 ★

① [×] 국제사회의 재판기관은 일반적으로 당사자 간 합의에 의하여 관할권이 성립하는 임의관할권을 원칙으로 한다.

② [○] 국제사회에서 가장 기본적인 국제법 주체인 국가들 간의 관계는 원칙적으로 평등하며, 국제법의 정립 · 적용 · 집행에 관한 권한이 이러한 국가들에게 분권화되어 있다.

③ [×] 국제법에 있어서 법실증주의는 조약, 국제관습법 등의 실정국제법의 존재를 인정할 뿐만 아니라 이러한 실정국제법을 보편적 법규범인 자연법보다 더 중요한 것이라고 주장하는 견해다.

④ [×] 국제사회에는 중앙집권적인 입법기관이나 중앙집권적인 집행기관이 없으며, UN 안전보장이사회는 UN이라는 국제기구의 주요기관 중 하나일 뿐이다. UN이 설립된 이후 국제사회에서 다양한 역할을 하여 왔음에도 UN은 국제기구의 하나일 뿐이며, 안전보장이사회는 UN이라는 국제기구의 기관 중 하나일 뿐이다.

02

답 ③

해설

난도 ★★

① [○] 모든 회원국은 제55조에 규정된 목적의 달성을 위하여 기구와 협력하여 공동의 조치 및 개별적 조치를 취할 것을 약속한다(「UN헌장」 제56조).

② [○] 다른 국가의 국내문제에 대한 간섭은 원칙적으로 국제법상 위법이나 예외적으로 적법한 경우가 있는바, 민족자결권을 행사하는 반란단체의 요청에 의한 간섭도 이에 해당한다는 주장이 있다.

③ [×] 「UN헌장」 제2조 제7항에서는 "이 헌장의 어떠한 규정도 본질상 어떤 국가의 국내관할권 안에 있는 사항에 간섭할 권한을 국제연합에 부여하지 아니하며, 또는 그러한 사항을 이 헌장에 의한 해결에 맡기도록 회원국에 요구하지 아니한다. 다만, 이 원칙은 제7장에 의한 강제조치의 적용을 해하지 아니한다."라고 규정하여 '본질상 국가의 국내관할권' 안에 있는 사항에 간섭하지 않는다고 하는 '국내문제 불간섭원칙'을 규정하면서도 「UN헌장」 제7장에 의한 강제조치는 예외로 허용하고 있다.

④ [○] 국가를 대표할 정부가 없거나 정상적인 기능을 수행하지 못하는 이른바 '실패한 국가(failed states)'의 경우에도 국가로서의 승인이 계속 유지되고 국제법 주체성이 인정된다.

03

답 ①

해설

난도 ★

① [×] 국가 또는 자신의 대외무역관계 및 이 협정과 다자간무역협정에 규정된 그 밖의 사항을 수행하는 데 있어서 완전한 자치권을 보유하는 독자적 관세영역은 자신과 세계무역기구 사이에 합의되는 조건에 따라 이 협정에 가입할 수 있다(「WTO설립협정」 제12조 제1항).

② [○] 세계무역기구는 법인격을 가지며 각 회원국은 세계무역기구에 대하여 이 기구가 자신의 기능을 수행하는 데 필요한 법적 능력을 부여한다(「WTO설립협정」 제8조 제1항).

③ [○] 각료회의와 일반이사회는 이 협정과 다자간무역협정의 해석을 채택하는 독점적인 권한을 갖는다(「WTO설립협정」 제9조 제2항).

④ [○] 세계무역기구는 1947년도 GATT에서 지켜졌던 컨센서스에 의한 결정의 관행을 계속 유지한다. 달리 규정되지 아니하는 한, 컨센서스에 의하여 결정이 이루어지지 아니하는 경우에는 문제가 된 사안은 표결에 의한다(「WTO설립협정」 제9조 제1항).

04 답 ②

해설

난도 ★★

① [○] '속지주의'란 국가가 자국영토 내에서 발생한 사안에 대해 행위자의 국적에 관계없이 사안의 발생장소를 기준으로 관할권의 존부를 결정하는 원칙을 말하며, 행위의 개시국과 결과의 발생국 모두 관할권을 행사할 수 있다. 행위의 개시를 중심으로 관할권을 판단하는 것을 '주관적 속지주의'라고 하며, 행위의 결과를 중심으로 관할권을 판단하는 것을 '객관적 속지주의'라고 한다.

② [×] '능동적 속인주의'란 행위의 장소에 관계없이 행위자의 국적을 기준으로 관할권을 행사하는 원칙을 말하며, '수동적 속인주의'란 행위의 장소에 관계없이 피해자의 국적을 기준으로 관할권을 행사하는 원칙을 말한다. A국 국적의 갑이 B국에서 C국 국적의 을을 살해한 경우 C국이 갑에 대하여 형사관할권을 행사할 수 있는 근거는 '수동적 속인주의'에 해당한다.

③ [○] '보호주의'란 행위의 장소나 행위자의 국적에 관계없이 국가적 법익이 침해된 경우에 그 국가적 법익이 침해된 국가가 관할권을 행사하는 원칙을 말한다. 국가의 안전, 영토의 보전, 독립의 침해, 통화 · 여권 등의 위조 · 행사 등을 국가적 법익이 침해된 경우로 본다.

④ [○] '효과이론'이란 어떤 행위가 영토 밖에서 외국인에 의해 행해지더라도 그 효과가 영토국에 미치는 경우, 그 영토국이 관할권을 갖는다는 이론이다. '효과주의' 또는 '영향이론'이라고도 하며, 객관적 속지주의의 한 유형으로 파악하는 견해도 있고, 보호주의의 일면으로 보는 견해도 있다.

05 답 ①

해설

난도 ★★★

① [×] 결정적 기일(critical date)이란 영토분쟁에 관한 당사국의 권리가 명백해져 이후에 전개된 당사국의 행위는 문제영역의 법적 지위에 영향을 미치지 않게 되는 시점을 의미한다. 섬의 영유권 판단과 주변 해양경계 판단 시 동일 사건에서도 각기 다른 '결정적 기일'이 적용될 수 있다. 망끼에-에끄레오 군도 사건(1953)에서 ICJ는 망끼에-에끄레오 군도에 대한 영유권 판단과 군도 주변 지역의 어업수역 판단에 있어서 각기 다른 판단을 한 바 있다.

② [○] 할양이란 국가간의 합의에 의한 영토의 이전을 말한다.

③ [○] 서부사하라 사건(1975)에서 ICJ는 선점의 대상이 되는 지역은 무주지여야 하며, 사회적 · 정치적 조직을 갖춘 원주민이 거주하고 권한 있는 대표자가 존재한다면 그 지역은 선점의 대상이 될 수 없다고 하였다.

④ [○] 탈베그(Thalweg, Talweg)원칙이란 항행 가능한 하천이 국경선이 되는 경우 가항수로의 중간선을 국경선으로 정하는 원칙을 말한다.

06 답 ③

해설

난도 ★★

① [×] UN 사무총장 및 직원의 책임은 전적으로 국제적인 성격을 갖는다(「UN헌장」 제100조 제2항 참조).

② [×] 1946년 「UN의 특권과 면제에 관한 협약」에서는 UN 직원의 특권 · 면제에 관하여 규정하고 있을 뿐이다. UN 전문기구 직원의 특권 · 면제에 대하여는 1947년 채택된 「UN전문기구의 특권과 면제에 관한 협약」이 있다.

③ [○] 국제기구의 직원이 국제기구의 공무를 수행하던 중에 국제위법행위로 인하여 손해를 입은 경우에는 피해를 입은 직원의 국적국이 행사하는 외교적 보호권과 국제기구가 행사하는 직무보호권이 모두 인정되어 경합할 수 있다.

④ [×] 외교적 보호권과 직무보호권이 경합하는 경우 어느 것이 우선하는가에 대한 국제법상의 원칙은 없다는 것이 일반적 견해다.

07 답 ①

해설

난도 ★★

① [×] 'UN근무 중 입은 손해배상에 관한 권고적 의견' 사건에서 ICJ는 UN의 국제적 법인격을 인정하였으며, 이러한 법인격은 UN회원국뿐만 아니라 비회원국에 대해서도 인정된다고 하였다.

② [○] UN총회는 정회원국국이 아닌 국가나 국제기구 등에 대하여 옵저버(observer) 지위를 부여하여 UN총회 작업에 참여할 수 있도록 허용하고 있는바, 이렇듯 투표권 없이 UN총회의 작업에 참여할 수 있도록 권한이 부여된 국가나 국제기구를 옵저버라고 한다. 옵저버 지위는 UN총회 결의에 의하여 부여되며, 그 결의의 이행은 사무총장에 맡겨져 있다.

③ [○] 국제기구의 경우 설립조약에서 국내적 법인격 및 관련된 특권 · 면제에 관하여 명시적 규정을 두는 것이 일반적이다(예 「UN헌장」 제104조, 제105조 제1항). 다만 특권 · 면제에 관한 구체적인 내용들은 별도의 협정으로 구체화하는 경향이다(예 「UN의 특권과 면제에 관한 협약」).

④ [○] 국제기구는 법인격이 인정되는 한도 내에서 국제법상 국제기구의 기관이나 대리인이 행한 국제위법행위에 대해 국제책임을 부담한다. ILC의 「국제기구책임초안(국제기구의 책임에 관한 규정 초안, 2011)」에서는 「국가책임초안(2001)」과 유사한 내용을 규정하고 있다.

08

답 ④

해설

난도 ★★★

① [○] 「고문방지협약」 제5조 제1항과 제7조 제1항에서 '인도 아니면 소추'에 관한 규정을 두고 있다.

> **「고문방지협약」 제5조**
> ② 당사국은 범죄혐의자가 자기나라 관할하의 영토내에 소재하나 이러한 범죄혐의자를 제1항에 규정된 어느 국가에도 제8조에 따라 인도하지 아니하는 경우에는 위와 마찬가지로 이러한 범죄에 대한 관할권을 확립하기 위하여 필요한 조치를 취한다.
>
> **「고문방지협약」 제7조**
> ① 당사국은 제4조에 규정된 범죄를 실행한 것으로 추정되는 혐의자가 자기나라 영토 안에 소재하나, 제5조에 규정된 사건과 관련 이러한 범죄혐의자를 인도하지 아니하는 경우에는, 기소를 위하여 사건을 권한있는 당국에 회부한다.

② [○] 「고문방지협약」 제1조 제1항

> **「고문방지협약」 제1조**
> ① 이 협약의 목적상 "고문"이라 함은 공무원이나 그 밖의 공무수행자가 직접 또는 이러한 자의 교사·동의·묵인 아래, 어떤 개인이나 제3자로부터 정보나 자백을 얻어내기 위한 목적으로, 개인이나 제3자가 실행하였거나 실행한 혐의가 있는 행위에 대하여 처벌을 하기 위한 목적으로, 개인이나 제3자를 협박·강요할 목적으로, 또는 모든 종류의 차별에 기초한 이유로, 개인에게 고의로 극심한 신체적·정신적 고통을 가하는 행위를 말한다. 다만, 합법적 제재조치로부터 초래되거나, 이에 내재하거나 이에 부수되는 고통은 고문에 포함되지 아니한다.

③ [○] 「고문방지협약」 제21조 제1항

> **「고문방지협약」 제21조**
> ① 이 협약의 당사국은 어떤 당사국이 이 협약에 따른 의무를 다른 당사국이 이행하지 아니하고 있다고 통보하는 경우에 위원회가 이러한 통보를 수리하여 심리할 권능을 가지고 있음을 인정한다는 선언을 이 조에 따라 언제든지 할 수 있다. 이러한 통보는 위원회의 권능을 자기나라에 대하여 인정한다는 선언을 한 당사국이 제출한 경우에 한하여, 이 조에 규정된 절차에 따라 수리되어 심리될 수 있다. 위원회는 이러한 선언을 하지 아니한 당사국과 관련된 통보를 이 조에 따라 처리할 수 없다.

④ [×] 「고문방지협약」 제22조에 개인의 통보에 의한 고문방지위원회의 심리에 대하여 규정하고 있다.

> **「고문방지협약」 제22조**
> ① 이 협약의 당사국은 자기나라의 관할권 내에 소재하는 개인이 당사국의 협약 규정 위반 때문에 피해를 받았다고 주장하는 경우에 위원회가 그 개인으로부터 직접 또는 그의 대리인으로부터 통보를 수리하고 심리할 권능을 가지고 있음을 인정한다는 선언을 이 조에 따라 언제든지 할 수 있다. 위원회는 이러한 선언을 하지 아니한 당사국과 관련된 통보는 수리하지 아니한다.
> ④ 위원회는 개인이 직접 또는 그의 대리인 및 관련당사국이 제공한 모든 정보를 고려하여, 이 조에 따라 수리된 통보를 심리한다.

09

답 ③

해설

난도 ★★

헌법 제60조 제1항에서는 "국회는 상호원조 또는 안전보장에 관한 조약, 중요한 국제조직에 관한 조약, 우호통상항해조약, 주권의 제약에 관한 조약, 강화조약, 국가나 국민에게 중대한 재정적 부담을 지우는 조약 또는 입법사항에 관한 조약의 체결·비준에 대한 동의권을 가진다."라고 규정하고 있는바, 이들 조약 중에서 문제의 조건에 모두 부합하는 조약은 '주권의 제약에 관한 조약'이다.

10 답 ④

해설

난도 ★★★

① [○] 1959년 「남극조약」에서는 남극에 대한 국가들의 영유권 주장을 동결하였다.

② [○] 1979년 「달과 기타 천체에서의 국가의 활동에 적용되는 협정」에서는 달과 기타 천체 및 그 천연자원을 인류공동유산으로 규정하였다.

③ [○] 1982년 「해양법에 관한 국제연합협약」에서는 심해저를 인류공동유산으로 규정하였다.

④ [×] 2018년 「중앙북극해 비규제어업방지협정」은 북극해 연안 5개국 배타적경제수역(EEZ)으로 둘러싸인 중앙 북극해 공해지역 해양생물자원의 보존 및 지속가능한 이용을 위해 '한시적' 사전예방조치 도입을 위해, 북극해 연안 5개국(미국, 러시아, 캐나다, 덴마크, 노르웨이)과 비연안 5개국(대한민국, EU, 아이슬란드, 중국, 일본) 간에 2019.10.3. 체결되었다.

11 답 ④

해설

난도 ★

㉠ 교섭 : 교섭이란 제3자 개입 없이 분쟁당사국 간에 직접 외교교섭을 하는 것을 말한다.

㉡ 조정 : 조정이란 제3자(대체로 국제조정위원회)가 분쟁에 대하여 사실문제뿐만 아니라 법률문제까지도 포함한 모든 관점에서 조사하고 당사자의 의견을 들은 후 해결조건을 작성하여 그 내용을 분쟁당사국에 권고함으로써 국제분쟁을 해결하는 방법을 말한다.

㉢ 중재 : 중재란 당사자들이 선정한 법관이 당사자들이 합의한 절차규칙에 따라 당사자들이 선정한 재판준칙에 근거하여 당사자들에게 법적 구속력 있는 중재판정을 내림으로써 법적 분쟁을 해결하는 제도이다.

12 답 ②

해설

난도 ★★

① [×] 「난민지위협약」상 난민은 박해의 공포로 국외에 거주하고 있는 자에 한한다. 내전으로 인한 국내적 실향민은 「난민지위협약」상의 난민에 포함되지 않는다.

② [○] 「난민지위협약」 제7조 제1항에서는 "체약국은 난민에게 이 협약이 더 유리한 규정을 두고 있는 경우를 제외하고, 일반적으로 외국인에게 부여하는 대우와 동등한 대우를 부여한다."라고 규정하고 있다.

③ [×] 「난민지위협약」에는 난민지위의 신청 · 결정의 구체적인 절차에 관한 규정이 없다.

④ [×] 「난민지위협약」상 난민지위의 결정에 대해서는 각 체약국에게 맡겨져 있다. UN난민고등판무관(UNHCR)이 난민지위결정 과정에 여러 형태로 참여할 여지는 있지만 최종적인 판정권은 각 체약국에게 있다.

13 답 ③

해설

난도 ★★

① [○] 「관세 및 무역에 관한 일반협정(GATT)」 제20조 (b)호

② [○] 「관세 및 무역에 관한 일반협정(GATT)」 제20조 (f)호

③ [×] 「관세 및 무역에 관한 일반협정(GATT)」 제3조 제10항 및 제4조. 영화 필름의 상영에 대한 양적 제한 조치인 이른바 '스크린쿼터' 제도는 내국민대우원칙에 대한 예외로서 별도의 규정을 두고 있다.

④ [○] 「관세 및 무역에 관한 일반협정(GATT)」 제20조 (c)호

더 알아보기 「관세 및 무역에 관한 일반협정(GATT)」

제20조【일반적 예외】

본 협정의 어떠한 규정도 체약국이 다음의 조치를 채택하거나 실시하는 것을 방해하는 것으로 해석되어서는 아니된다. 다만, 그러한 조치를 동일한 조건하에 있는 국가 간에 임의적이며 불공평한 차별의 수단 또는 국제무역에 있어서의 위장된 제한을 과하는 방법으로 적용하지 아니할 것을 조건으로 한다.

(a) 공중도덕을 보호하기 위하여 필요한 조치

(b) 인간, 동물 또는 식물의 생명 또는 건강을 보호하기 위하여 필요한 조치

(c) 금 또는 은의 수입 또는 수출에 관한 조치

(d) 관세의 실시, 제2조 제4항 및 제17조에 따라 운영되는 독점의 실시, 특허권, 상표권 및 저작권의 호 그리고 사기적인 관습의 방지에 관한 법률과 규칙을 포함하여 본 협정의 규정에 반하지 아니하는 법률 또는 규칙의 준수를 확보하기 위하여 필요한 조치

(e) 교도소 노동산품에 관한 조치

(f) 미술적 가치, 역사적 가치 또는 고고학적 가치가 있는 국보의 보호를 위하여 적용되는 조치

(g) 유한 천연자원의 보존에 관한 조치, 다만 동 조치가 국내의 생산 또는 소비에 대한 제한과 관련하여 유효한 경우에 한한다.

(h) 체약국단에 제출되어 부인되지 아니한 기준에 합치하는 정부간 상품협정 또는 체약국단에 제출되어 부인되지 아니한 정부간 상품협정에 의한 의무에 따라 취하는 조치

(i) 국내원료의 국내가격이 정부의 안정계획의 일부로서 국제가격보다 저가격으로 유지되고 있는 기간 중, 국내 가공산업에 필수적인 수량의 원료를 확보하는데 필요한 국내원료의 수출에 제한을 과하는 조치. 다만, 동 제한은 이러한 국내산업의 산품의 수출을 증가시키거나 또는 이러한 국내산업에 주어진 보호를 증대하도록 운영되어서는 아니되며, 또한 무차별대우에 관한 본 협정의 규정으로부터 이탈하여서는 아니된다.

(j) 일반적으로 또는 지역적으로 공급이 부족한 산품의 획득 또는 분배를 위하여 불가결한 조치. 다만 이러한 조치는, 전 체약국이 해당 산품의 국제적 공급에 있어서 정당한 몫을 공급받을 권리를 가진다는 원칙에 합치하여야 하며, 또한 본 협정의 다른 규정에 반하는 이러한 조치는 이를 야기한 조건이 존재하지 아니하는 때에는, 즉시 정지하여야 한다. 체약국단은 1960년 6월 30일 이전에 본 규정의 필요성에 관하여 검토하여야 한다.

제3조【내국과세 및 규칙에 관한 내국민대우】

10. 본 조의 규정은 체약국이 노출영화 필름에 관한 내국의 수량적 규칙으로서 제4조의 요건을 충족하는 규칙을 설정 또는 유지하는 것을 방해하지 아니한다.

제4조【영화필름에 관한 특별규정】

체약국이 노출영화 필름 관한 내국의 수량적 규칙을 설정 또는 유지할 때에는 동 규칙은 다음의 요건에 합치하는 영사시간 할당 형식을 취하여야 한다.

(a) 영사시간 할당은 원산지를 불문한 모든 필름에 대하여 1년 이상의 일정기간 상업적 상영에 실제로 사용된 총 영사시간의 최소한의 일정비율 시간의 국산 영화 필름의 상영을 요구할 수 있으며 또한 극장당 연간 영사시간 또는 이에 상당하는 기준에 의하여 계산되어야 한다.

(b) 영사시간 할당에 의하여 국산필름을 위하여 유보된 영사시간을 제외하고는 국산필름을 위하여 유보된 영사시간중 행정조치에 의하여 해제된 부분을 포함한 영사시간을 정식으로 또는 사실상으로 공급원간에 할당하여서는 아니된다.

(c) 본 조 (b)의 규정에 불구하고, 체약국은 본 조(a)의 요건에 합치하는 것으로서 이러한 영사시간 할당을 과하는 체약국이외의 특정 원산지의 필름에 대하여 최소한도 비율의 영사시간을 유보하는 할당제를 유지할 수 있다. 다만, 영사시간의 최소한도 비율은 1947년 4월 10일 현재의 수준을 초과할 수 없다.

(d) 영사시간 할당은 그 제한, 자유화 또는 폐지를 하기 위하여는 교섭을 행하여야 한다.

14

답 ④

해설

난도 ★

① [○] 개인 또는 집단의 행위는 당해 개인 또는 집단이 그 행위를 실행하는데 있어서 사실상 국가의 지시 또는 감독이나 통제 하에 행위하였다면 국제법상 국가의 행위로 간주된다(「국가책임초안」 제8조).

② [○] 개인 또는 집단의 행위는 그러한 개인 또는 집단이 공공당국의 부재 또는 결여 상태이고 그러한 권력요소의 행사가 요구되는 것과 같은 상화에서 사실상 정부권력요소를 행사한 경우 국제법상 국가의 행위로 간주된다(「국가책임초안」 제9조).

③ [○] 제4조에 의한 국가기관은 아니지만 당해 국가의 법에 의하여 정부권력요소를 행사하도록 권한을 부여받은 개인 또는 실체의 행위는 그러한 개인 또는 실체가 개별적인 경우에 있어서 그러한 자격으로 행위한 경우 국제법상 당해 국가의 행위로 간주된다(「국가책임초안」 제5조).

④ [×] 반란단체가 어떤 국가의 새로운 정부를 수립하거나 새로운 국가를 수립하는 경우에는 그 반란단체의 행위는 그 국가로 귀속되어 국가책임이 발생할 수 있지만(「국가책임초안」 제10조 제1항, 제2항), 국가의 통제가 불가능한 지역에서의 국가의 통제 없이 이루어진 반란단체의 행위는 반란단체 자신이 책임지는 것이 원칙이다.

15

답 ④

해설

난도 ★★★

ㄱ. [×] 「조약법에 관한 비엔나협약」 제4조에서는 “이 협약과는 별도로 국제법에 따라 조약이 복종해야 하는 이 협약상의 규칙의 적용을 침해함이 없이, 이 협약은 그 발효 후에 국가에 의하여 체결되는 조약에 대해서만 그 국가에 대하여 적용된다.”라고 규정하고 있는바, A국과 B국 간 1970

년 서명되어 발효한 양자조약은 「조약법에 관한 비엔나협약」이 발효된 1980년 이전에 체결된 조약이므로 「조약법에 관한 비엔나협약」이 적용되지 않는다.

ㄴ. [×] C국은 1983년에 「조약법에 관한 비엔나협약」에 서명 · 비준하였으므로 C국이 「조약법에 관한 비엔나협약」의 체약국이 아니었던 1982년에 A국과 C국 간 체결한 양자조약에는 별도의 합의가 없는 한 「조약법에 관한 비엔나협약」이 적용되지 않는다.

ㄷ. [○] A국, B국, C국 모두 「조약법에 관한 비엔나협약」에 서명 · 비준한 이후인 1984년에 A국, B국, C국 간 체결한 다자조약에는 「조약법에 관한 비엔나협약」이 적용된다.

ㄹ. [○] 비록 D국이 「조약법에 관한 비엔나협약」의 체약국이 아니고 「조약법에 관한 비엔나협약」이 발효되지 않았더라도 B국과 D국이 별도의 합의로 「조약법에 관한 비엔나협약」을 적용하기로 하였다면 그에 따라 「조약법에 관한 비엔나협약」이 적용된다.

ㅁ. [○] D국, E국 모두 「조약법에 관한 비엔나협약」의 체약국이 아니라도 별도의 합의로 「조약법에 관한 비엔나협약」을 적용하기로 하였다면 그에 따라 D국과 E국 간 체결된 양자조약에 「조약법에 관한 비엔나협약」이 적용된다.

ㅂ. [×] 「조약법에 관한 비엔나협약」 제1조에 따르면 「조약법에 관한 비엔나협약」은 국가 간의 조약에 적용되는 것을 원칙으로 하며, 「조약법에 관한 비엔나협약」 제3조에서 국가와 국제기구 간에 체결된 조약에 「조약법에 관한 비엔나협약」을 적용하기로 하는 국제적 합의가 있는 경우에는 적용 가능하다는 규정을 두고 있으나, A국과 F기구 간에 그러한 합의가 있었다는 내용이 없으므로 A국과 F기구 간에 체결된 조약에 대하여는 「조약법에 관한 비엔나협약」이 적용되지 않는다.

16

답 ③

해설

난도 ★★

① [○] 미국의 트루먼 내통령은 1945년 9월 28일 최초의 대륙붕선언인 '대륙붕의 지하 및 해저의 천연자원에 관한 미합중국 선언'을 하였고, 이를 계기로 전세계적으로 30여개 국가들이 대륙붕선언을 하였다.

② [○] 대륙붕은 1958년 「대륙붕에 관한 제네바협약」에서 국제법상 최초로 성문제도화 되었으며, 대륙붕의 정의에 있어 자연적 기준에 따라 기본적으로 수심 200m까지로 하였다.

③ [×] 북해대륙붕 사건(1969)에서 ICJ는 북해대륙붕의 경계획정은 원칙에 따라 연안형태, 물리적 · 지질학적 구조, 천연자원 등 모든 사정을 고려한 합의에 의하여 이루어져야 하며, 1국의 대륙붕은 육지영토의 자연적 연장으로서 타국영토의 자연적 연장을 침해할 수 없다고 하였다.

④ [○] 연안국은 영해기선으로부터 200해리를 넘는 대륙붕의 한계에 관한 정보를 공평한 지리적 배분의 원칙에 입각하여 제2부속서(대륙붕한계위원회)에 따라 설립된 대륙붕한계위원회에 제출한다. 위원회는 대륙붕의 바깥한계 설정에 관련된 사항에 관하여 연안국에 권고를 행한다. 이러한 권고를 기초로 연안국이 확정한 대륙붕의 한계는 최종적이며 구속력을 가진다(「UN해양법협약」 제76조 제8항).

17

답 ②

해설

난도 ★

① [○] 그들은 또한 접수국의 내정에 개입하여서는 아니할 의무를 진다(「외교관계에 관한 비엔나협약 제41조 제1항 2문).

② [×] 외교관의 직무 수행에 직접 사용되는 차량일지라도 불법주차 시 과태료 부과가 면제되지는 않는다.

③ [○] 외교관은 접수국에서 개인적 영리를 위한 어떠한 직업적 또는 상업적 활동도 하여서는 아니된다(「외교관계에 관한 비엔나협약」 제42조).

④ [○] 「외교관계에 관한 비엔나협약」 제3조 제1항 (d)호

더 알아보기 「외교관계에 관한 비엔나협약」

제3조

1. 외교공관의 직무는 특히 아래와 같은 것을 포함한다.
   (a) 접수국에서의 파견국의 대표
   (b) 접수국에 있어서, 국제법이 허용하는 한도 내에서, 파견국과 파견국 국민의 이익 보호
   (c) 접수국 정부와의 교섭
   (d) 모든 합법적인 방법에 의한 접수국의 사정과 발전의 확인 및 파견국 정부에 대한 상기 사항의 보고
   (e) 접수국과 파견국간의 우호관계 증진 및 양국 간의 경제, 문화 및 과학관계의 발전

18

답 ①

해설

난도 ★★★

① [×] 1979년 「장거리 월경 대기오염협약(The Convention on Long-range Transboundary Air Pollution)」은 1975년 유럽안보회의에서 스웨덴 등 북유럽 대표들이 국경을 넘는 대기오염문제를 공식 제기하여 1979년에 스위스 제네바에서 협약이 채택되고 1983년 3월에 발효되었다. 이 협약은 동유럽과 서유럽 국가가 함께 참여하여 대기환경을 다룬 최초의 다자간 환경협약이나 구체적 규제사항은 없고 과학 및 기술정보교환을 촉진하고 대기오염물질의 방출을 저감하기 위한 방향을 제시하고 있다. '차별적 공동책임'에 관한 내용은 없다.

② [○] 1989년 「유해폐기물의 월경이동 및 처리의 통제에 관한 바젤협약」 제13조는 "당사국들은 다른 국가의 인간건강과 환경에 위험을 초래할 것으로 보이는 유해폐기물 또는 기타 폐기물의 국가 간 이동 혹은 처리과정에서 사고가 발생한 경우, 이를 알게 되는 즉시 그 다른 국가들에게 통보하여야 한다."라고 규정하고 있다.

③ [○] 1991년 "월경 차원의 환경영향평가에 관한 협약"은 예방원칙에 입각하여 "각 당사국은 개별적으로 혹은 공동으로, 사업계획으로부터 국경을 넘어선 환경에 대한 심각한 악영향을 방지, 경감 및 통제하기 위하여 모든 적절하고도 실효성 있는 조치를 취해야 한다."고 규정하고 있다.

④ [○] 리우선언 제16원칙에서 '오염자 부단의 원칙'이 적용되어야 함을 천명하고 있으며, 이 밖에 1992년 「국제수로와 국제호수의 보호와 사용에 관한 협약」, 1990년 「유류오염의 준비, 대응 및 협력에 관한 국제협약」 등의 조약에서 이 원칙을 수용하고 있다.

19

답 ①

해설

난도 ★★★

① [×] 지구 표면 이외의 영역에서 발사국의 우주물체 또는 동 우주물체상의 인체 또는 재산이 타 발사국의 우주물체에 의하여 손해를 입었을 경우, 후자는 손해가 후자의 과실 또는 후자가 책임져야 할 사람의 과실로 인한 경우에만 책임을 진다(「우주손해배상조약」 제3조).

② [○] 본조 제2항의 규정을 따를 것으로 하여 발사국 측의 절대책임의 면제는 손해를 입히려는 의도 하에 행하여진 청구국 또는 청구국이 대표하는 자연인 및 법인 측의 작위나 부작위 또는 중대한 부주의로 인하여 전적으로 혹은 부분적으로 손해가 발생하였다고 발사국이 입증하는 한도까지 인정된다(「우주손해배상조약」 제6조 제1항).

③ [○] 특히 UN헌장 및 「달과 기타 천체를 포함한 외기권의 탐색과 이용에 있어서의 국가활동을 규율하는 원칙에 관한 조약」을 포함한 국제법과 일치하지 않는 발사국에 의하여 행하여진 활동으로부터 손해가 발생한 경우에는 어떠한 면책도 인정되지 않는다(「우주손해배상조약」 제6조 제2항).

④ [○] 이 협약에 의거 발사국에 대한 손해보상청구의 제시는 청구국 또는 청구국이 대표하고 있는 자연인 및 법인이 이용할 수 있는 사전 어떠한 국내적 구제의 완료를 요구하지 않는다(「우주손해배상조약」 제11조 제1항).

20

답 ④

해설

난도 ★

① [○] 국가만이 재판소에 제기되는 사건의 당사자가 될 수 있다(ICJ규정 제34조 제1항). ICJ에 대한 권고적 의견의 요청은 UN의 총회, 안전보장이사회 또는 총회에 의하여 그러한 권한이 부여될 수 있는 UN의 다른 기관 및 전문기구가 할 수 있으며(UN헌장 제96조), 국가나 개인은 ICJ에 권고적 의견을 요청할 수 없다.

② [○] 총회 또는 안전보장이사회는 어떠한 법적 문제에 관하여도 권고적 의견을 줄 것을 국제사법재판소에 요청할 수 있다(UN헌장 제96조 제1항).

③ [○] UN헌장 제96조 제2항에 따르면 UN 총회에 의하여 ICJ에 대한 권고적 의견 요청의 권한이 부여될 수 있는 UN의 다른 기관 및 전문기구는 언제든지 그 활동범위 안에서 발생하는 법적 문제에 관하여 ICJ의 권고적 의견을 요청할 수 있다.

④ [×] UN사무총장에게 ICJ의 권고적 의견을 요청할 권한이 있는지 여부에 대해서는 견해가 대립한다. 과거 부트로스 부트로스갈리 사무총장 시절 UN사무총장에게 권고적 의견 요청 권한이 있음을 선언한 바 있으나 이는 법적 구속력이 없는 일방적 선언이었을 뿐이다.

국가직 7 · 9급 외무영사직 · 출입국관리직 대비

2022 국가직 7·9급 국제법

14개년 단원별 기출문제집 + 빈출 지문 OX

2021년 국가직 7 · 9급 최신기출문제 수록

국가직 7 · 9급 14개년(2007~2020) 기출문제 수록
최신 개정법령 및 판례 반영
정확하고 상세한 해설
문항별 점검표 구성
단원별 빈출 지문 OX 수록

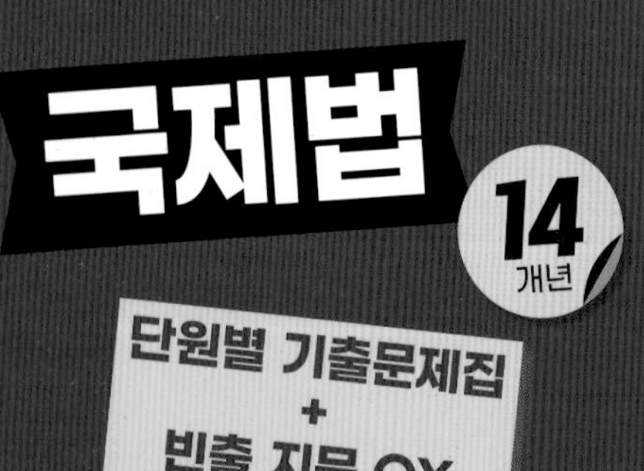
국제법
14
개년
단원별 기출문제집
+
빈출 지문 OX

국제법

14 개년

단원별 기출문제집
+
빈출 지문 OX

시대고시기획 한국사능력검정시험
PASSCODE 시리즈

한국사능력검정시험 기출문제집 시리즈

최신 기출문제 최다 수록!

》》》 체계적인 4단계 기출 분석과 기본서가 필요 없는 상세한 해설!

• 기출문제집 16회분 심화

• 기출문제집 8회분 심화

• 기출문제집 16회분 기본

• 기출문제집 8회분 기본

한국사능력검정시험 시대별·유형별 기출 307제

8가지 유형으로 시대별 핵심 공략!

》》》 빅데이터 기출문제 분석으로 시대별·유형별
기출문제 학습법 제시!

한국사능력검정시험 한권으로 끝내기

핵심 개념+기출을 한꺼번에 싹! 정리

》》》 역알못이어도 괜찮아요~
EBS 황의방 강사의 저자 직강 무료 동영상 강의 제공!

※ 도서의 구성과 이미지는 변경될 수 있습니다.